1 MONTH OF
FREE
READING

at

www.ForgottenBooks.com

By purchasing this book you are eligible for one month membership to ForgottenBooks.com, giving you unlimited access to our entire collection of over 1,000,000 titles via our web site and mobile apps.

To claim your free month visit:

www.forgottenbooks.com/free1300612

ISBN 978-0-428-68962-9
PIBN 11300612

Revue

de

Métaphysique

et de

Morale

PARAISSANT TOUS LES DEUX MOIS

VINGT-DEUXIÈME ANNEE — 1914

Secrétaire de la Rédaction : M. XAVIER LÉON

Librairie Armand Colin

103, Boulevard Saint-Michel, Paris, 5ᵉ

REVUE

DE

MÉTAPHYSIQUE ET DE MORALE

RELIGION ET RAISON [1]

Le problème des rapports de la religion et de la raison, si amplement et profondément étudié au moyen âge, renouvelé d'une façon originale par les philosopies modernes, de Descartes à Hegel, parut résolu définitivement, au XIXe siècle, dans la société et dans les consciences, par le système, alors adopté en toute matière, de la séparation des domaines. « Rendez à César ce qui est à César et à Dieu ce qui est à Dieu ». Il suffisait, dans ce système, d'assimiler la raison et la religion à deux territoires entre lesquels on dresse un mur infranciissable, pour mettre enfin un terme à une lutte tant de fois séculaire, et où tant de génie s'était déployé.

Mais cet expédient, commode aux esprits paresseux et aux consciences amies du confort, ne peut être la solution définitive du conflit, aux yeux de l'iumanité pensante. Notre siècle en particulier qui est, par excellence, l'âge des communications matérielles et intellectuelles, ne peut manquer d'abattre cette séparation comme il supprime toutes les autres et de mettre la religion et la raison en demeure de se confronter mutuellement, de mamière à créer entre elles un régime de droit véritable et non pas seulement un régime de fait érigé en droit.

Or, si de cette confrontation i résulte qu'il y a une contradiction véritable entre la religion et la raison, on invoquerait vainement, en faveur du *statu quo*, la complaisance singulière de l'imagination et du sentiment pour l'illogique et le contradictoire. Certes, l'imagi-

1. Conférence faite à l'École des Hautes Études sociales le 4 mai 1913.

Rev. Méta. — I. XXII (n° 1-1914). 1

nation ne suit la raison que de loin, et en maugréant. Elle suit pourtant, tôt ou tard. De deux termes contradictoires, l'un, de par la raison, est appelé à disparaître. Si la raison maintient son attitude, l'imagination. d'abord récalcitrante, finit par s'adapter. L'adulte ne demande plus qu'on lui donne la lune.

Peu importe, par conséquent, que la question des rapports de la religion et de la raison ne se pose pas pour certains individus : elle se pose nécessairement pour l'esprit humain, aujourd'hui plus que jamais.

Ce n'est pas tout. La prétention, tant de la raison que de la religion. est telle, qu'il ne suffirait pas, pour établir entre elles une conciliation véritable, de les montrer comme compatibles l'une avec l'autre. La raison considère le rêve, en tant que rêve, comme compatible avec la perception de la réalité ; et, de son côté, la religion ne prendrait nul ombrage d'une raison qui, d'elle-même, s'enfermerait dans le monde visible, sans nier la possibilité, pour l'homme, d'entrer en rapport avec un monde invisible.

Il suffirait, pour que religion et raison fussent jugées compatibles, qu'elles fussent conçues comme n'ayant entre elles rien de commun. Mais, dans ce cas, chacune d'elles, ignorant totalement l'autre et s'en passant, n'en reconnaîtrait qu'en paroles l'existence et la valeur. La religion pourrait fort bien n'être, pour la science, qu'une poésie prise naïvement pour une réalité, et la science n'être, pour la religion, qu'une connaissance des lois de la matière, indifférente à qui s'occupe de l'esprit.

Pour que chacune de ces deux puissances reconnaisse effectivement la légitimité de l'autre, il faut qu'on puisse montrer entre elles, non seulement une compatibilité qui n'est encore qu'un accord négatif. mais un accord positif, c'est-à-dire une certaine connexion, participation mutuelle, solidarité, communauté. Les idées vraies, disait Platon, ont ce caractère, de se marier entre elles. Une idée qui serait sans parenté avec les autres ne serait qu'une abstraction, et non une réalité vivante.

Religion et raison sont-elles, en ce sens, non seulement compatibles, mais solidaires?

La méthode que l'on emploie en général pour résoudre ce genre de problèmes consiste à poser une définition de chacun des deux termes, et à comparer ensuite ces définitions l'une avec l'autre. On peut appeler cette manière de procéder la méthode conceptuelle.

Il est assez aisé, en suivant cette méthode, de démontrer l'accord de la raison et de la religion. Il suffit, par exemple, de définir la religion un ensemble de dogmes dont tout le contenu se ramène à la morale, et de définir la raison la faculté de concevoir les principes universels et nécessaires, pour qu'aussitôt se manifeste une harmonie parfaite entre la raison et la religion.

Malheureusement, il suffirait, inversement, de définir la raison le pouvoir et le droit de penser uniquement par soi-même, et la religion l'obéissance passive à une autorité despotique, pour faire éclater immédiatement une incompatibilité radicale entre la religion et la raison.

La séduction qu'exerce une pareille manière de raisonner vient de sa clarté et de sa rigueur logique. Le vice, c'est que ces définitions, si nettes, si exactement circonscrites, si bien faites pour la déduction logique, sont, le plus souvent, posées par un décret de l'entendement, ou même de la volonté, bien plus que tirées docilement de la réalité elle-même. Elles sont donc insuffisamment fondées; et il n'est que trop juste de dire que, sans qu'on y prenne garde, elles sont souvent imaginées pour les besoins de la cause même que l'on a en vue. Clarté, logique ne sont pas, à elles seules, synonymes de vérité. La conformité à la réalité en est une condition plus essentielle. Sans doute, nous ne pensons qu'avec des concepts. Mais rien ne prouve que les choses soient elles-mêmes des concepts. La traduction des choses en concepts est l'œuvre difficile et délicate par excellence. Il est particulièrement dangereux de poser d'abord des concepts précis, quand il s'agit de saisir des choses qui, par essence, sont vie et activité, telles que la raison et la religion. Qui sait si la religion, en particulier, n'est pas, précisément, l'effort de l'âme pour s'évader de toute forme d'existence exprimable par un concept, et pour s'élancer dans cette région étrange, que l'on nomme l'infini?

Il est une seconde méthode, fort estimée de tout temps, et peut-être aujourd'hui surtout, de mettre d'accord la religion et la raison. C'est de se placer sur le terrain dit pragmatiste, où, seule, l'efficacité est principe de vérité, et de montrer qu'à ce point de vue la religion doit être tenue pour véridique, au même titre que la raison. En vain notre entendement, selon le pragmatisme, prétend-il connaître une vérité qui serait antérieure à la possibilité pratique : une telle vérité ne pourrait être déterminée qu'arbitrairement. C'est le possible qui est premier : le vrai, c'est la méthode, relativement générale, que crée le possible en se réalisant. Une idée vraie est une idée qui réussit, une idée qui paie. C'est parce qu'elle paie qu'elle est vraie, non parce qu'elle est vraie qu'elle paie.

Ceci s'applique à la raison. Si cette faculté est considérée comme digne de foi, c'est, en réalité, uniquement, parce que ses suggestions nous orientent dans le monde où nous vivons, parce qu'elle nous est, dans nos rapports avec les hommes et avec les choses, un guide utile et sûr, en général.

Or, ce même caractère, qui nous fait apprécier la raison et la qualifier de véridique, se retrouve dans la religion. Elle aussi, à sa manière, nous aide à vivre convenablement et heureusement. Elle soulage nos souffrances, morales et même physiques, comme fait la science, et parfois mieux qu'elle; elle illumine notre existence par le sens sublime qu'elle lui donne; elle nous propose un idéal qui nous dépasse comme infiniment, et elle nous communique la force nécessaire pour travailler à le réaliser. Il en est donc de la religion comme de la raison; et justifier l'une, c'est justifier l'autre. Croire à la religion et croire à la raison n'est qu'une seule et même manière de penser : c'est vouloir vivre la vie la plus pleine et la plus haute possible, et adopter les divers moyens qui s'offrent à nous de réaliser cette fin.

Doctrine simple et claire en apparence, sujette, pourtant, à plusieurs objections.

Le point de vue où se place cette doctrine, c'est celui de l'empirisme radical. Une expérience, au sens anglais de chose éprouvée, vécue, vaut une expérience. Or c'est un fait d'expérience, en ce sens, que la raison nous guide utilement; et c'est, pareillement, un fait d'expérience, que la religion nous console et nous fortifie : ces constatations sont sur la même ligne.

Il est bien difficile, pourtant, que l'homme qui a été initié à la science admette ce point de vue. La science n'est pas seulement une connaissance, c'est aussi une éducation. C'est, avant tout, la préoccupation de distinguer entre l'expérience brute et l'expérience scientifique. Certes, tout fait est, pour la science, une donnée inviolable et sacrée; mais la question est d'interpréter cette donnée, de savoir si elle doit être maintenue, par la conscience critique du savant,

telle qu'elle apparaît à la conscience spontanée de l'individu. Un fait
scientifique se distingue, en ce sens, d'un fait pur et simple. Celui-
ci ne représente, aux yeux du savant, qu'un problème à étudier, à
savoir un sentiment subjectif, qu'il s'agit de résoudre en éléments
objectifs, valables pour toute intelligence. L'homme qui, par la
pratique de la science, a acquis le sens de l'expérience critique et
objective, ne peut plus confondre avec elle l'expérience brute et
instinctive : celle-ci, telle qu'elle se présente, ne comporte de vérité
que relativement au sujet sentant : il est incontestable que j'éprouve
telle impression, que je suis attaché à telle croyance. Mais, seule,
l'expérience scientifique démêlera, dans cette masse chaotique de
données, quelques rapports, qui, par leur généralité, mériteront
d'être conçus comme des liaisons objectives, indépendantes de l'imagination de l'individu.

Si donc l'expérience religieuse a une valeur indéniable, non moins
que l'expérience scientifique, ce ne saurait être en tant qu'elle se
présente comme semblable à cette dernière; car la différence, aux
yeux du savant à tout le moins, est radicale. Mais on croit pouvoir
démontrer qu'en dernière analyse, le savant lui-même admet le
critérium pragmatiste. Car, allègue-t-on, nulle idée, en somme, non
pas même l'idée scientifique, n'est dite vraie, sinon parce qu'elle
produit des résultats qui nous satisfont : *it works satisfactorily.*

Cette formule sera, sans doute, généralement admise. Mais on
demandera à distinguer entre les satisfactions, à dresser une échelle
des valeurs. Et au sommet de cette échelle on placera la satisfaction
causée par la vérité elle-même, dont le pragmatisme ne voudrait
faire qu'une qualité seconde de nos idées. L'homme est ainsi fait,
que la plus haute satisfaction, pour lui, c'est de se savoir en communion avec le vrai en soi, avec un être dont l'existence doit être
admise par toute intelligence comme par la sienne. C'est cette vérité
intrinsèque de l'idée qui fait, pour nous, son prix. Que si, en outre,
l'idée nous est utile dans la vie pratique, c'est, estimons-nous, précisément, parce qu'elle est en conformité avec les lois inhérentes à
la nature : elle est efficace parce qu'elle est vraie, elle n'est pas vraie
parce qu'elle est efficace.

La conciliation pragmatiste de la raison et de la religion recèle
sans doute, chez ses plus profonds représentants, une part de vérité.

Mais, sous sa forme commune, elle échappe difficilement au
reproche de cercle vicieux.

Ainsi, il semble malaisé de réfuter l'opinion suivant laquelle religion et raison représentent des tendances contradictoires, et ne peuvent manquer de se combattre de plus en plus, jusqu'à ce que l'une détruise entièrement l'autre.

Cependant, jetons les yeux sur l'histoire morale de l'humanité. Ne nous montre-t-elle pas la raison et la religion, en même temps que souvent elles se combattent, influant, en fait, l'une sur l'autre, et tendant, non sans doute à se confondre, mais à se rapprocher l'une de l'autre?

Que la raison agisse sur la religion, s'y introduise, dans une certaine mesure, s'y fasse une place, dont la religion même se plaît à se glorifier, c'est ce qui est généralement admis.

Xénophane se moquait de l'anthropomorphisme grossier des croyances populaires : le paganisme tel qu'il se maintint dans la société cultivée, distingue, avec les Stoïciens et les Alexandrins, entre la lettre et l'esprit, et ne voit plus que des allégories poétiques, inventées par l'imagination des hommes, dans les plus antiques et vénérables traditions religieuses. Après que les Pères de l'Église chrétienne eurent rapproché le christianisme de la philosophie grecque, la scolastique prit pour devise : *Fides quærens intellectum*, visant ainsi à une alliance avec la raison, que devait un jour lui reprocher Luther. Il n'est guère de religion consciente d'elle-même qui n'admette une apologétique. Or une apologétique est nécessairement un appel à la raison. Que de croyances ou de rites religieux, en fait, tombent en désuétude, parce qu'ils se trouvent en contradiction trop sensible avec ce que la raison, décidément, tient pour certain et pour inviolable!

Cette influence de la raison sur la religion est-elle la seule forme de leurs rapports? Si la raison, dans une certaine mesure, modèle la religion, la réciproque ne se produit pas moins.

La raison, telle que la conçut Parménide, est un véritable culte de l'Un comme forme par excellence du divin et de l'être. Puis Platon et Aristote, se persuadant que l'intelligence active, la causalité et la vie ne peuvent manquer d'appartenir, eux aussi, à Jupiter, assouplissent la raison de manière à lui faire comprendre le multiple, le mouvement et l'action, non moins que l'un et l'immobile. La raison de Descartes s'élargit encore, et la religion ne fut pas étrangère à ce progrès. Le dieu du christianisme, en effet, n'est pas seulement parfait et vivant : il est créateur universel et infini. La raison, qu'un secret instinct conduit à adopter ces croyances, se travaille, chez Descartes, pour concevoir l'infini comme intelligible. Elle modifie, elle agrandit la notion d'intelligibilité. Elle tiendra désormais pour intelligibles toutes les idées qui, prises en elle-mêmes indépendamment de leurs relations avec les autres, c'est-à-dire de leur intelligibilité relative, apparaissent à la pensée pure comme évidentes. Quant aux rapports de ces idées entre elles, il suffira, si nous ne les pouvons apercevoir immédiatement, que nous comprenions qu'ils sont fondés en Dieu. Ainsi se rejoignent, par exemple, l'idée d'étendue et l'idée de pensée, l'idée d'entendement et l'idée de libre arbitre. La philosophie de Leibnitz, celle de Kant et celle de Hegel représentent, elles aussi, une série d'efforts pour adapter la raison à la religion, selon le mot de Raphaël : « Comprendre, c'est égaler. » Leibniz conçoit une intelligence du compossible, de l'harmonie, supérieure à l'intelligence de l'abstrait, du possible logique ou mathématique. Kant a besoin d'une raison pure, non seulement spéculative, mais spécialement pratique, pour comprendre la possibilité du devoir, expression de la religion dans la conscience. Hegel, qui veut comprendre la réalisation de la parole : Père, que ton règne vienne sur la terre! superpose à la logique de la contradiction et de l'exclusion mutuelle la logique de la synthèse, où les contradictoires se muent en membres d'un même tout : d'où le nom de *rationnelle Mystik* donné par Ludwig Feuerbach à son système. L'histoire de la raison consiste dans son progrès, à partir d'une raison purement logique et abstraite, vers une raison munie de principes qui lui permettraient de comprendre les formes les plus diverses et les plus hautes de l'être. C'est, notamment, sous l'influence de la religion, que la raison s'est ainsi assouplie et agrandie.

Il doit donc exister entre la raison et la religion un autre rapport que celui de l'incompatibilité et de l'exclusion mutuelle. Pourtant, c'est un fait, que religion et raison se sont combattues et se combattent impitoyablement. Il semble que chacune des deux dise à l'autre :

...Nec sine te, nec tecum vivere possum.

Comment résoudre cette antinomie?

D'un côté, religion et raison s'excluent, de l'autre elles se pénètrent mutuellement. Les mots de raison et de religion sont-ils bien pris, ici et là, dans le même sens?

Si nous considérons l'histoire intellectuelle de l'humanité, nous observons, si je ne me trompe, une dualité de points de vue qui s'y est peu à peu manifestée, et qui ne semble pas près de s'effacer. D'une part, la science s'est distinguée de l'action, et s'est efforcée de réduire les réalités en concepts, en en dégageant les caractères généraux. D'autre part, l'humanité a continué de vivre, et, dans sa manière d'agir, elle ne s'est inspirée que partiellement des définitions et démonstrations formulées par la science. Les historiens, les psychologues, les sociologues peuvent déterminer très savamment la notion de la liberté ou de l'égalité qui répond à l'ensemble des faits donnés par l'histoire. Mais ce n'est pas cette notion qui soulève les hommes. C'est la liberté, telle qu'ils la rêvent, telle qu'ils se la représentent, telle qu'ils la vivent par l'imagination : mélange étrange de pensée, de sentiment, d'élan, individuel et collectif. Les esprits déliés disent que ce ne sont là que des mots, et ils analysent curieusement la puissance invraisemblable de quelques syllabes dénuées de sens, par quoi sont mues des masses d'hommes, et qui déterminent tant d'actions énormes, sublimes ou exécrables. Mais les savants sont dupes de leur intellectualité abstraite, quand, dans la liberté telle que les hommes effectivement la cherchent, ils ne veulent voir qu'un mot : cet objet est l'anticipation d'une réalité que les hommes embrassent et poursuivent avec tout leur être : avec leur cœur, leur imagination et leur volonté, aussi bien qu'avec leur intelligence.

Et, d'un bout à l'autre de l'histoire, ce qui agit, ce qui est, ce ne sont pas les abstractions logiques des savants, ce sont les aspirations, plus ou moins confuses, des hommes d'action. Les héros de l'histoire ignorent les lois dites historiques ou sociologiques; peut-être leur ignorance même est-elle une partie de leur héroïsme.

Faut-il dire, purement et simplement, que l'action retarde sur la connaissance, et que, peu à peu, elle se réglera, non plus sur des sentiments confus, mais sur de claires théories?

Il paraît plus juste de distinguer deux modes de représentation des objets : le concept et l'idée. Le concept, c'est le genre sous lequel on peut ranger tous les cas jusqu'ici donnés, ou plutôt connus de la chose en question; l'idée, c'est la forme la plus parfaite dont soit susceptible un être ou une manière d'être. Les savants visent le concept; les hommes, pour agir, fixent les yeux sur l'idée, telle qu'elle leur apparait. C'est la distinction que fit Platon, et d'où naquit la métaphysique. Elle est, certes, donnée par l'histoire et par la vie. Le difficile, c'est de déterminer l'idée d'une manière qui ne paraisse pas arbitraire et purement individuelle.

Elle ne peut être définie suivant une méthode purement *a posteriori*, puisqu'elle précède sa réalisation. Mais elle ne peut être imaginée arbitrairement, puisqu'elle doit se réaliser dans ce monde, et être douée d'une valeur certaine et supérieure à celle du donné.

Il semble que le procédé employé par l'esprit humain pour concevoir l'idée, en tant que distincte des concepts, consiste à combiner les enseignements de l'expérience, de l'histoire et de la science avec le sens de l'être et de la perfection qui se développe dans les esprits, grâce à l'expérience de la vie et à la communion des intelligences et des volontés. Une grande idée, c'est une idée, à la fois suggérée par le passé, et capable de former et de grandir les générations futures.

La distinction que nous venons de faire s'applique, semble-t-il, à la raison.

Si l'on se demande en quoi consiste l'élément le plus évidemment commun à toutes les pensées dites raisonnables, on trouve cet élément dans l'effort de l'esprit pour éviter la contradiction. Le concept de raison a pour contenu, en ce sens, la nécessité d'unir les termes entre lesquels il existe un rapport d'identité, et d'opter entre les termes qui se contredisent.

Mais déjà la raison commune est tout autre chose que ce jeu logique. Lorsque l'on dit à un enfant : « Sois raisonnable », on n'entend pas lui dire simplement qu'il doit syllogistiquement conformer sa conduite à telle règle conceptuelle, et en exclure telle manière d'être également exprimable par une formule. On l'exhorte à conformer sa conduite à la raison même, comme à une puissance vivante, plus large et souple que toute formule, de juger du vrai et du convenable. Et c'est précisément cette raison, irréductible aux concepts, déterminée cependant et source de règles, que les métaphysiciens se sont efforcés de pénétrer, de cultiver et de développer.

Pour conclusion de la morale que je m'étais tracée, écrit Descartes,
dans la troisième partie du *Discours de la Méthode*, je résolus
d'employer toute ma vie à cultiver ma raison. Il est clair qu'il ne
veut pas parler de la faculté d'ordonner les concepts suivant les
rapports d'identité et de contradiction, et de faire des syllogismes,
lesquels, selon lui, en eux-mêmes, ne prouvent que la vraisemblance, non la vérité, et peuvent bien servir à exposer les connaissances acquises, mais non à en acquérir de nouvelles. La raison, à
l'étude et à la formation de laquelle se sont consacrés les philosophes,
n'est pas simplement la faculté d'unifier les concepts en vertu des
principes d'identité et de contradiction. C'est, essentiellement, la
puissance de découvrir, non plus entre des termes abstraits, mais
entre les êtres eux-mêmes, des rapports de convenance ou d'harmonie, qui établissent entre eux une intime solidarité, sans dis-
soudre leur essence originale et individuelle.

Cette raison peut être dite concrète et vivante, à la différence de
la raison du pur logicien, qui n'opère que sur des cadres rigides et
artificiels. La raison de l'enfant, celle du métaphysicien est la raison
telle qu'elle existe effectivement : la raison du logicien est la forme
idéalement vide de la première, la limite, réalisée par abstraction,
de l'effacement graduel des caractères individuels et irréductibles
que possède toute substance réelle. Πᾶσα οὐσία δοκεῖ τόδε τι σημαίνειν.
L'individuel, l'être, est avant le général et l'abstrait, et ne saurait
s'y ramener.

Or il semble que la raison purement logique ne représente que le
concept de la raison, tandis que la raison vivante et concrète, qui
cherche des rapports de compossibilité harmonieuse, et non pas
seulement d'inclusion et d'exclusion, répond à ce que l'on peut
appeler l'idée de la raison.

S'il est légitime de distinguer ainsi entre le concept et l'idée de
la raison, la même distinction n'est-elle pas permise en ce qui concerne la religion?

Le concept de religion, c'est ce que l'analyse dégagerait de la
comparaison de toutes les religions passées, présentes et à venir,
comme constituant leur élément commun. Tâche infinie, et pourtant
insuffisante à qui demande des lumières en vue de la vie pratique.
Nous voulons vivre la vie la plus haute et la plus belle, non la plus
banale. Donc, laissant à la science le soin de connaître et de formuler, de plus en plus adéquatement, ce qui fut, nous ferons comme

tous ceux qui ont agi : nous déterminerons par nous-mêmes notre idéal, en utilisant, certes, les connaissances acquises, mais aussi en nous inspirant de ce que nous pouvons concevoir de plus haut et de plus parfait.

L'essence de la religion a été, en ce sens, déterminée par Pascal d'une manière qui paraît répondre excellemment, aujourd'hui encore, à l'aspiration des consciences religieuses : « Dieu, dit-il, ne peut être la fin, s'il n'est le principe. » Ce qui veut dire : Il y a deux manières de concevoir le rapport entre le pouvoir et le devoir. On peut faire du premier la mesure du second, et prendre pour maxime : *Nemo ultra posse tenetur* : C'est alors l'homme enfermé dans la nature, s'en contentant, et traitant de chimère tout ce qui la dépasse.

On peut aussi, au contraire, considérer le devoir comme s'imposant à la volonté des êtres raisonnables, en vertu de sa propre valeur et vérité, indépendamment des facultés dont peut disposer cette volonté pour le réaliser. Or la religion consiste à croire que, même dans ce cas, l'accomplissement du devoir est obligatoire et possible, parce qu'il existe un être en qui l'être et le devoir être ne font qu'un, et que cet être nous communique sa puissance surnaturelle.

Entre ces deux conceptions il n'y a pas de milieu. On ne peut, posant comme fin une perfection surnaturelle, déclarer que la nature nous suffit pour y atteindre. Si nous nous donnons comme but de nous faire dieux, il nous faut demander à Dieu même la force de nous unir à lui. L'idéal comme fin et la nature comme unique moyen, ce n'est pas l'exaltation de l'homme, c'est, pour lui, l'humiliation et le désespoir.

La religion, c'est, réalisée, donc réalisable, une perfection que la nature, à elle seule, ne permet, ni d'atteindre, ni même de concevoir.

C'est en ce sens que le philosophe américain Emerson a écrit :

So nigh is grandeur to our dust,
So near is God to man,
When duty whispers low, Thou must,
The youth replies, I can!

Et Gœthe, à la fin de la seconde partie du Faust :

Das Unzulängliche
Hier wird's Ereignis;
Das Unbeschreibliche
Hier ist's getan.

Et ces paroles ne sont autre close que le commentaire du mot de
l'Évangile dans la prière que le Christ enseigne à ses disciples :

Γενηθήτω το θέλημά σου ὡς ἐν οὐρανῷ καὶ ἐπὶ γῆς.

Comment ne pas considérer comme éminemment religieux ce qui
est l'âme même du christianisme?

Si telle est, non le concept, mais l'idée, et de la raison et de la
religion, ne pouvons-nous concevoir, entre elles, un autre rapport
que celui d'une séparation absolue, désormais impraticable, ou celui
d'une exclusion mutuelle, qui étonne la conscience humaine, ou
celui d'une réduction pure et simple de l'une à l'autre, qui rendrait
l'une des deux méconnaissable?

Entre l'idée du vrai et l'idée du bien, Platon voyait un rapport de
participation, qui laissait à chacune des deux idées sa réalité et son
originalité. Un rapport analogue n'est-il pas concevable entre l'idée
de la raison et l'idée de la religion?

Réduite à sa forme vide, simple machine à constater l'identité ou
la contradiction, la raison semble se suffire. En réalité, elle en est
incapable, parce qu'elle ne peut identifier ou exclure, que si des
termes lui sont donnés. Mais il est clair que la raison, envisagée
dans son idée, et non pas seulement dans son concept, ne se suffit
pas. Elle vise, non plus la réduction des choses les unes aux autres,
mais leur conciliation et leur combinaison, en une sorte de synthèse,
qui, tout en les unifiant, maintienne et développe encore leur individualité. Or, ainsi que l'ont montré Kant et Hegel, une telle synthèse suppose un point d'appui, une règle, un principe, sans quoi
elle ne serait autre chose qu'un rapprochement matériel, sans originalité, sans valeur, sans garantie contre une confrontation brutale
avec le principe de contradiction, lequel demeurerait premier.

Ce n'est pas tout. La raison, en prescrivant aux êtres de la nature,
non seulement de persévérer dans leur être, mais encore de s'unir
les uns aux autres pour former des touts supérieurs, leur demande,
en réalité, de se dépasser, de sortir d'eux-mêmes, de devenir autres,
tout en restant eux-mêmes. Mais une telle puissance appartient-elle
à la nature comme telle? Et n'est-il pas nécessaire, si quelque être

veut ainsi se surpasser, qu'il en puise la force à quelque source
supérieure?

Il paraît juste de dire que la raison elle-même, pour opérer ce
qu'assez grossièrement l'on nomme ses synthèses, pour unir harmonieusement, non plus des concepts, mais des êtres, et cela, non
seulement en théorie, mais en fait, c'est-à-dire pour réaliser sa
tâche, et en pensée et en action, requiert une puissance plus haute
qu'elle-même. L'homme passe l'homme, selon le mot de Pascal. Sa
raison appelle, et une idée suprême, et une puissance capable de
réaliser cette idée.

Qu'est-ce à dire, sinon que, loin d'exclure la religion, elle s'en
reconnaît solidaire. La réalité de Dieu et son rapport au monde, qui
sont les deux dogmes fondamentaux de la religion, fournissent à la
raison les deux principes qu'elle postule.

Livrée à elle-même, la raison ne pourrait franchir le domaine du
formel et de l'abstrait. Après même qu'elle aurait été fécondée par
l'action du principe de vie, elle réduirait en scolastique les intuitions
du génie, et transformerait de nouveau le concret en abstrait. Tandis
qu'elle préconiserait l'harmonie et le progrès, elle ne pourrait, en fait,
réussir à donner une forme déterminée et digne d'amour au modèle
de cette harmonie, non plus qu'à susciter en elle-même la puissance
de réaliser ce modèle dans notre monde. La religion, en posant
l'acte avant la puissance, met fin aux hésitations et aux doutes de la
raison. La perfection où celle-ci aspire est possible, puisqu'elle est.

C'est ainsi que la raison trouve sa satisfaction dans la religion.

Que dire, maintenant, de la religion elle-même? Peut-on admettre
qu'elle plane dans un monde entièrement séparé du nôtre, et n'ait
que faire de s'accorder avec la raison? Ses décrets sont-ils, pour
celle-ci, comme des coups d'État, en face desquels elle ne puisse
qu'obéir passivement ou protester?   ·

La religion n'est pas la contemplation pure et simple d'une perfection transcendante et inaccessible, comme le supposait Epicure :
c'est le royaume de Dieu se réalisant sur la terre, c'est Dieu appelant
à lui les hommes, et leur communiquant la force d'obéir à son com-
mandement.

Mais serait-ce vraiment grandir, exalter, ennoblir la nature
humaine, que de la transformer du tout au tout, en faisant abstraction de ce qui constitue son essence : la raison? L'être qui surgirait
par suite d'une telle intervention du créateur tout-puissant pourrait

être supérieur à l'homme : ce ne serait plus un homme. Plus qu'une transformation, ce changement serait la substitution d'un être à un autre. Seule, la persuasion peut améliorer une personne. L'abolition de la raison la supprime, donc elle supprime l'idée même de la religion.

Aussi le christianisme enseigne-t-il que, pour que l'homme pût devenir Dieu, Dieu s'est lui-même fait homme.

Et la même religion nous présente la raison, le λόγος comme étant, de toute éternité, non seulement avec Dieu mais Dieu même.

Comment la religion peut-elle satisfaire la raison, tout en demeurant elle-même?

Elle satisfera la raison si elle est orientée vers les problèmes mêmes que notre science et notre vie posent à notre réflexion. Dieu n'est pas un être étranger à la création, il est adoré comme père. La religion vraie a donc ce premier caractère, de féconder et de fortifier l'esprit de l'homme, en vue de son travail naturel et humain. « Personne, lisons-nous dans les *Épîtres* de saint Jean, n'a jamais vu Dieu. Si nous nous aimons les uns les autres, Dieu demeure en nous, et son amour est réalisé en nous. »

Si la raison, pour se réaliser, cherche en Dieu un point d'appui, la religion, en tant qu'elle accomplit son œuvre, s'unit à la raison pour l'attirer vers elle. Notre pensée, disait Pascal, constitue notre dignité. Nous ne sommes que des roseaux en face des forces de la nature, mais nous sommes des roseaux pensants. Instinctive ou réfléchie, notre pensée cherche Dieu, et nous reconnaissons que Dieu vient à nous, tout d'abord à ce signe, que nous pensons plus profondément et plus efficacement.

C'est ainsi que l'on peut concevoir un rapport intelligible entre la religion et la raison. Celle-ci est l'intermédiaire entre la nature et Dieu, entre la science et l'être. Dieu est un être; les phénomènes de la nature sont produits par des êtres. La raison est la puissance de considérer en eux-mêmes les rapports des êtres. Elle démêle l'ordre qui existe dans le monde, et travaille, d'après des suggestions supérieures, à réaliser dans le monde humain un ordre meilleur que l'ordre purement naturel.

Comment nommer, comment définir, au juste, le rapport qui existe, en ce sens, entre la raison et la religion ? C'est ce qu'il serait malaisé de dire sans aborder de laborieuses recherches. Si, déjà, la logique pure éprouve de grandes difficultés à définir les rapports

relativement simples qu'elle considère, combien n'est-il pas plus
difficile de définir les rapports, beaucoup plus subtils et variés,
qui peuvent exister entre les êtres! La métaphysique s'y est appliquée, et son œuvre ne comporte évidemment que des approximations successives. Le rapport que nous avons déterminé est, en gros,
un rapport de participation mutuelle. Mais il ne rentre exactement
dans aucune catégorie générale. Il est seul de son espèce, *sui generis*,
comme disent les logiciens, parce que la raison et la religion n'ont
point de semblables.

En somme, il y a, dans l'interprétation des différences de points
de vue qui se manifestent parmi les hommes, deux attitudes très
différentes. On peut, faisant, de la logique pure, tout le fond de
la pensée, réduire les opinions diverses en concepts exacts, et les
réunir ensuite ou les séparer, selon leurs rapports d'identité ou de
contradiction. Cette manière d'opérer satisfait notre goût d'unité,
d'uniformité, de clarté, d'ordre matériel et définitif. Il n'est pas rare
de voir ceux-là mêmes qui adoptent cette méthode préconiser en
même temps la liberté de penser et la tolérance. Mais on ne voit pas
comment il s'agirait, pour ces esprits, d'autre chose que d'une
tolérance relative et provisoire. Ils sont en possession de la vérité,
et ils n'admettent d'autres rapports entre les choses que l'identité
et la contradiction. Donc, qui ne pense pas comme eux est dans le
faux, et il est absurde d'admettre que le faux ait les mêmes droits
que le vrai. Tolérerait-on sérieusement qu'un homme soutînt que 2
et 2 font 5?
Mais il est une autre attitude : celle qui consiste à admettre que
le divers, l'irréductible, le multiple, l'individuel, est réel et légitime.
C'est ainsi qu'Aristote faisait l'individuel antérieur, en droit, au
général. A ceux qui pensent ainsi, nulle formule générale ne peut
apparaître comme le type unique de l'être et de la vérité. Il y a, véritablement, des êtres différents, et subsistant comme individus ; et les
rapports concrets qui existent entre ces êtres, s'ils ressortissent,
eux aussi, à l'intelligence, sont appréhendés par cette activité de
l'intelligence qui pense le contingent, et non plus seulement le
nécessaire logique.
Ceux qui conçoivent de la sorte la légitimité du divers et de l'individuel pratiquent une tolérance, non plus relative et provisoire,

mais absolue et définitive. Ou plutôt, considérant que les opinions
des hommes ne sont jamais que des aperçus partiels, et non des
connaissances complètes, ils éprouvent, à l'égard des autres
hommes, en tant précisément que ceux-ci sont autres qu'eux-mêmes,
respect, désir de comprendre, sympathie.

Aujourd'hui comme dans l'ancienne Grèce, à propos du rapport
de la religion et de la raison, comme à propos de tous les antago-
nismes que nous présente la vie humaine, la manière la plus haute
et la plus pratique de poser les problèmes paraît être celle-là même
qu'indique un vers célèbre :

Πῶς δέ μοι ἕν τι τὰ πάντ' ἔσται καὶ χωρὶς ἕκαστον;

« Comment faire pour que tout soit un, et que chaque chose soit
un tout? »

ÉMILE BOUTROUX.

UN INÉDIT DE FICHTE [1]

I. — APHORISMEN

§ 1. — Alle Philosophie bis auf Kant ohne Ausnahme hat das *Seÿn* (die objective Existenz) zum Gegenstande gehabt; und die Aufgabe, das in der Erfahrung liegende Mannigfaltige, welches Theil an der Existenz hat, auf Eins zurückzuführen. — Im Dualismus wurde das Bewusstseÿn, als *denkendes* (Seele, Geist, und wie sie es noch nennen mochten) zu einem Seÿn, und die besondre Aufgabe dieses Systems wurde nun die, den Zusammenhang dieser beiden Arten des Seÿns, des körperlichen, und des geistigen, anzugeben.

§ 2. — Es war lediglich Mangel an gehöriger. Aufmerksamkeit, dass man hiebei übersahe, wie kein Seÿn vorkomme, ausser im Bewusstseÿn, und kein Bewusstseÿn, ausser über und an einem Seÿn : woraus folgt, dass der Gegenstand der philosophischen Untersuchung keinesweges das Seÿn, noch das Bewusstseÿn, sondern ein A seÿ, das sich in der Sprache vorläufig nicht anders ausdrücken lässt, als Seÿn + Bewusstseÿn (oder Bewusstseÿn + Seÿn), d. h. die bisher unerforschte Einheit beider vor ihrer Trennung in der Empirie vorher. Der erste, der diese Ueberlegung machte, war *Kant;* und so entstand der Transcendentalismus; das Ueberschreiten des letzten im empirischen Bewusstseÿn als unvereinbar sich darstellenden Mannigfaltigen, Seÿns, und Bewusstseÿns.

§ 3. — Darin, sage ich, besteht der distinktiv Character der Transcendental Philosophie von jeder andern nothwendig mislingen-

1. Trouvé dans les papiers mss de Henry Crabbe Robinson (cf. plus loin , Dr Williams's Library, Londres. — *Autographe de Fichte* (lettres latines) avec la note de Robinson : « über sein philosophisches System ». — **En publiant, à cette date, l'inédit de Fichte que M. J.-M. Carré a eu la bonne fortune de découvrir récemment; en publiant en outre l'article suivant sur le socialisme de Fichte, on s'est souvenu que le 27 janvier prochain marquera le centenaire de la mort du philosophe et on a voulu rendre ainsi hommage à sa mémoire. N. D. L. R.**

den Philosophie. (Obgleich selbst dieser Grundcharacter sogar in
Deutschland noch so gut als unbekant ist, und diejenigen, welche
am lautesten mitsprechen, vermeinen, die Tr. Ph. ¹ keire das
dogmatische Verfahren bloss nm, und mache das Bewusstseyn
zum ersten, und höchsten, so wie die Vorkantische Philosophie das
Seyn, welches eben so verkehrt seyn würde). Ihr Wesen besteht
in der Anerkennung, dass das allem Mannigfaltigen zu Grunde
liegende Eine und Unwandelbare sey Seyn + Bewusstseyn; dass
diese Einheit in aller Spaltung in Mannigfaltiges fortdaure, und
alles mögliche Mannigfaltige im Grunde sey Seyn + Bewusstseyn.
Die eigenthümliche Aufgabe dieser Philosophie ist die, dieses
Mannigfaltige durch eine vollständige Ableitung aus dem Einen zu
erschöpfen.

Anmerk. — Im Grundwesen, als Transcendentalismus, wie es
so eben beschrieben worden, sind die Kantische Philosophie und die
Wissenschaftslehre ganz einig, und die letztere anerkent hierüber
dankbar den Gebrauch einer fremden Erfindung. Nicht so im eigentlichen Geschäft, wovon sogleich, nämlich

§ 4. — In der erwähnten Ableitung kann man *entweder* also
verfahren, dass man gewisse Grundunterschiede, wie sie im empirischen Bewusstseyn als Thatsachen vorkomen, als erste nicht weiter
zu erklärende hinstellt, von denen man hinterher nur *versichert*,
keinesweges aber begreiflich *nachweiset*, dass sie in der höchsten
Einheit doch zusamenhängen. (Man sehe Kant's Einleitung zur
Kritik der Urtheilskraft, in welcher er auf dem Gipfel seiner
Speculation steht.)

Durch ein solches Verfahren entsteht die Kantische unvollstän-
dige, der systematischen Einheit ermangelnde, denn gegen die
wissenschaftliche Form sündigende, obgleich in den Hauptre-
sultaten meistens richtige Philosophie. Es ist noch zu bemerken,
dass dergleichen unvollständiger Transcendental Philosophien
mehrere, und auf mehrere Weisen, möglich sind.

§ 5. — *Oder* man verfährt also, dass man jenes A der Transcendental Philosophie, ausserdem dass man es als Seyn + Bewusstseyn anerkent, auch noch in *seiner absoluten innern Qualität* erkenne,
und durchdringe, und zeige, *dass* und *wie* aus dieser Qualität
gerade ein solches System des Mannigfaltigen *nothwendig hervorgehe*,

---

1. *Transcendental Philosophie.*

wie dasselbe im empirischen Selbstbewusstseÿn thatsächlich sich vorfindet : kurz schlechthin aus Einem völlig construirbaren Punkte das ganze empirische Bewusstseÿn in seiner Mannigfaltigkeit ableite.

Dieses letztere durchgeführte Verfahren nun ist die Wissenschaftslehre.

Anmerk. — Es ist unmittelbar klar, dass die Wissenschaftslehre nur auf eine Weise möglich, und dass sie nothwendig, so gewiss wie W. L.[1] ist, ein unveränderliches in allen seinen Theilen geschlossenes, Ganzes ist.

Beschluss

Und so wäre denn der Begriff der Wissenschaftslehre sowohl ihrer *Form* nach, als Transcendentalism im Gegensatze aller nicht transcendentalen, oder vorkantischen Philosophien, als ihrer *spezifischen Differenz* nach, durch den Gegensatz mit der kantischen Philosophie, scharf angegeben, welches der Zweck dieser Aphorismen war.

Andere Fragen betreffend, als die über die *Möglichkeit* einer solchen Wissenschaft; so ist hierüber klar, dass der Beweiss nur faktisch, durch das Daseÿn derselben geführt werden kann, und dass hierüber keiner eine Stimme hat, der nicht entweder in eigner Person den gelungenen Versuch angestellt, oder der den positiven Beweiss der Unmöglichkeit a priori führen kann, welches, als Position einer Negation schon der Form nach absurd ist; oder über die Grenzen der von ihr zuführenden Ableitung, und ob denn nicht doch auch ihr ein wenigstens im gegenwärtigen Standpunkte des Einen ewigen Lebens, unableitbares und unbegreifliches übrigbleibe, lassen sich nur innerhalb der Wissenschaft selber beantworten.

II. — APHORISMES

§ 1. — Toute philosophie jusqu'à Kant sans exception a eu pour objet l'*Être* (l'existence objective); et pour tâche la réduction à l'unité du Divers de l'expérience qui participe à l'existence. Dans le dualisme, la conscience, en tant que *pensante* (âme, esprit et quel

1. *Wissenschaftslehre.*

que soit le nom qu'on lui donne) était considérée comme un Être,
et la tâche spécifique de ce système était dès lors d'établir le
rapport entre ces deux espèces de l'Être, l'être corporel et l'être
spirituel.

§ 2. — Ce fut uniquement faute d'une attention suffisante qu'on
mnit de voir qu'aucun être ne se présente à nous, sinon dans la
conscience, et qu'aucune conscience ne se présente à nous, sinon
réléchissant sur un être et attachée à un être : d'où il suit que
l'objet de la recherche philosophique n'est nullement ou l'Être, ou
la conscience, mais un A dont l'expression ne saurait, provisoirement, être autre que celle-ci : Être + conscience (ou conscience
+ Être), c'est-à-dire leur unité — jusqu'ici inexplorée — qui est
antérieure à leur séparation dans l'expérience. Le premier qui ait
fait cette réflexion fut Kant; et ainsi naquit le transcendentalisme,
qui consiste à passer par delà la dernière des diversités qui se présente comme inconciliable dans la conscience empirique, celle de
l'Être et de la conscience.

§ 3. — C'est en cela, dis-je, que consiste le caractère qui distingue
la philosophie transcendentale de toute autre philosophie, vouée
à un échec nécessaire. (Bien que ce caractère fondamental
lui-même soit, même en Allemagne, autant dire inconnu, et
que ceux qui se mêlent le plus bruyamment de dire leur mot,
s'imaginent que la philosophie transcendentale se borne à renverser
le procédé dogmatique et fait de la conscience son principe premier
et suprême, comme la philosophie prékantienne avait fait de l'Être
le sien : ce qui serait précisément aussi absurde.) Son essence consiste à reconnaître que l'Unité immuable qui est à la base de tout le
Divers est : l'Être + la conscience; que cette unité persiste à travers
toutes les scissions d'où dérive le Divers, et que tout le Divers possible est au fond : l'Être + la conscience. La tâche propre de cette
philosophie est d'épuiser cette diversité en la déduisant tout entière
de l'unité.

Remarque. — En leur fond, en tant que transcendentalisme, tel
qu'il vient d'être décrit, la philosophie de Kant et la *Théorie de la
Science* sont absolument d'accord, et cette dernière admet sur ce
point avec reconnaissance qu'elle fait usage d'une découverte qui
ne lui appartient pas. Il n'en est plus de même lorsqu'il s'agit de son
œuvre propre. On va le voir aussitôt.

§ 4. — Dans la déduction dont nous avons parlé, on peut suivre deux procédés. Ou bien établir certaines distinctions fondamentales, telles qu'elles se présentent, comme des faits, dans la conscience empirique, les présenter comme primitives et inexplicables, et se borner à *certifier* après coup, sans le *démontrer*, en aucune façon, de manière intelligible, qu'elles n'en sont pas moins liées les unes aux autres dans l'Unité suprême. (Que l'on consulte l'Introduction à la *Critique du Jugement* de Kant, où il atteint le point culminant de sa spéculation.)

La conséquence d'un tel procédé, c'est la philosophie kantienne, incomplète, privée de l'unité systématique, donc péchant contre la forme de la science, bien que la plupart du temps juste dans ses principaux résultats. Il faut encore remarquer que plus d'un transcendentalisme incomplet de ce genre est possible, et de plus d'une façon.

§ 5. — *Ou bien* — c'est le second procédé — tout en reconnaissant cet A de la philosophie transcendentale comme : l'Être + la conscience, on le considère en outre dans sa *qualité interne absolue*, on le pénètre, et on montre *que* et *comment* cette qualité produit *nécessairement* un système du Divers tel qu'en fait il se rencontre dans la conscience empirique de soi-même : bref, à partir d'un point entièrement constructible, on déduit l'ensemble de la conscience empirique dans sa diversité.

Ce dernier procédé, poursuivi jusqu'au bout, constitue la *Théorie de la Science.*

Remarque. — Il est évident que la Théorie de la Science n'est possible que d'une seule façon et que, aussi certainement qu'elle est une Théorie de la Science, elle est nécessairement un tout immuable, dans toutes ses parties achevé.

Conclusion

Ainsi donc le concept de la *Théorie de la Science*, aussi bien dans sa *forme*, comme transcendentalisme, par opposition à toutes les philosophies non transcendentales ou prékantiennes — que dans sa *différence spécifique* par opposition à la philosophie kantienne, est rigoureusement défini. Ce qui était le but de ces Aphorismes.

En ce qui touche d'autres questions comme celle qui concerne la *possibilité* d'une pareille science, il est clair qu'il ne peut y avoir

qu'une démonstration de fait, par l'existence même de cette science,
et qu'à cet égard celui-là seul a voix au chapitre qui, ou bien a fait
en personne cette tentative et a réussi, ou bien peut faire, *a priori*,
la démonstration positive de son impossibilité : ce qui, en tant que
position d'une négation, est déjà absurde quant à la forme. En ce
qui touche enfin les limites de la déduction qu'elle apporte et sur la
question de savoir si malgré tout il ne reste pas encore, du moins
du point de vue actuel sur la vie une et éternelle, quelque chose
d'indérivable ou d'incompréhensible, on ne peut trouver une
réponse qu'à l'intérieur de la science même.

III. — A PROPOS DES APHORISMES

HENRY CRABB ROBINSON ET LES PHILOSOPHES KANTIENS.

C'est en dépouillant les papiers de H. C. Robinson, à la *Dr Williams's
Library*, à Londres, que j'ai trouvé, parmi d'autres autographes[1], ces
Aphorismes inédits de Fichte. H. C. Robinson qui avait étudié à Iéna de
1802 à 1805, s'était donné pour mission de faire connaître à ses compatriotes la philosophie et la littérature allemandes[2]. Comme en témoignent
les extraits de son journal et de sa correspondance, publiés en deux
volumes après sa mort[3], il fut d'un précieux secours aux germanistes
anglais de la première heure, Coleridge, Carlyle, Sarah Austin, etc. Mais il
fut aussi celui qui, avant A. W. Schlegel, initia Mme de Staël à la philosophie kantienne[4], et c'est, je crois, par l'intermédiaire de son illustre élève,
qu'il obtint cet autographe de Fichte. Robinson avait écrit pour elle
quelques dissertations sur la « nouvelle philosophie » et elle le réclama
à Berlin, le 27 mars 1804, pour le présenter à Fichte. Sollicitude utilitaire d'ailleurs, car elle attendait de lui de nouveaux renseignements.
On sait que sa première entrevue avec Fichte ne fut pas très chaude. Ne
l'avait-elle pas prié de lui exposer son système en un quart d'heure? Et,
comme elle en avait l'habitude, elle l'avait bientôt interrompu, pour
établir, entre son *Moi* et je ne sais quelle anecdote des aventures de
Münchhausen, une impertinente comparaison. Fichte avait été froissé, et
elle avait tiré peu de profit de cette « interview ». Dans la suite, elle sut
probablement s'arranger pour obtenir, soit directement du philosophe,
soit d'un ami commun, ce résumé de la *Théorie de la Science*. Fichte y

1. Cf. *Göthe-Jahrbuch*, 1912.
2. Cf. J.-M Carré, *H. C. Robinson : un ami et défenseur de Gœthe en Angleterre*
(1775-1867), *Rev. Germ.*, juillet 1912 et *Sarah Austin et H. C. Robinson. Archiv für
das St. der neueren Lit.*, 1913, vol. 131.
3. L'édition dont je me suis servi est celle de 1872 : *Diary, Reminiscences and
Correspondence*, Macmillan (2 vol.).
4. Cf. J.-M. Carré, *Mme de Staël et H. C. Robinson, Rev. d'Hist. Litt.*, juillet 1912.

précise, d'une façon brève et rigide, sa position par rapport à Kant. Et
que le bon Robinson ait été chargé par la baronne de traduire ces *Aphorismes*, qu'elle les lui ait laissés, en témoignage de gratitude, après avoir
cru en dégager l'essentiel, il n'y a là rien que de naturel. Avant de partir
pour Berlin, Mme de Staël avait écrit à Robinson, le 24 février 1804 :
« Si vous aviez un moment de loisir pour m'écrire quelque chose sur
Kant, vous augmenteriez mes richesses morales, car je n'entends rien
qu'à travers vos idées ». De Berlin, elle l'appelle, un mois plus tard :
« Fichte ne va point à Halle. Il recommence ses cours ici dans quatre
semaines. Il faut donc que vous veniez ici [1] ». Évidemment, son intérêt,
détourné de Kant, est maintenant dirigé vers Fichte. D'autre part, que
celui-ci ait écrit ses *Aphorismes* à cette époque, cela est à peu près
certain. Comme fond et comme forme, ils ne sont pas sans parenté avec
la *Théorie de la Science* de 1804 [2]. De plus, ils semblent bien être écrits
pour un débutant : il y a là une synthèse concise et très charpentée, une
armature qu'il se serait donné le plaisir d'étoffer, s'il s'était adressé à un
ami de sa pensée, familier avec ses idées. Il veut simplement enfoncer
quelques notions claires dans le cerveau de son lecteur, et Mme de Staël
avait certes, à ce moment surtout, besoin de netteté et de précision.

Tout ceci n'est qu'une explication provisoire, une hypothèse que les
recherches de M. le comte d'Haussonville sur la *Correspondance de Mme de
Staël*, n'ont pu jusqu'à présent ni confirmer ni infirmer [3]. D'ailleurs l'histoire de H. C. Robinson, étudiant en philosophie, est plus intéressante
que celle de son petit manuscrit.

Après des études de droit dont il était peu satisfait, H. C. Robinson
était parti en Allemagne, à l'âge de vingt-cinq ans, pour se faire une
culture philosophique. A Francfort, chez les Brentano, il avait déjà
entendu répéter le fameux propos schlégélien : « Les trois faits significatifs du siècle sont la Révolution française, le système de Fichte et les
Années d'apprentissage de Wilhelm Meister. » Au cours d'un voyage qu'il
entreprit avec Clément Brentano, le frère du poète, il rencontra, à
Göttingen, un jeune étudiant, nommé Winckelmann, qui lui révéla, le
premier, le caractère idéaliste de la philosophie fichtéenne : « Il me
poussa, écrit-il, à étudier la *Théorie de la Science* qui était, selon lui,
dans ses éléments, la philosophie de Platon, de Spinoza et de Berkeley [4] ».

1. Cette lettre est datée du 27 mars. — Fichte mentionne la visite de Mme de
Staël, dans une lettre à Jacobi, le 31 mars.
2. La phrase « Soviel aus allen Philosophien bis auf Kant klar hervor-
geht,... etc. (*Wissenschaftslehre*, Nachgelassene Werke, Bd. II, p. 89) ressemble
assez au début des *Aphorismes*.
3. La *Revue des Deux Mondes* (1913) a déjà publié une partie de ces remarquables études.
4. *Diary*, I, 48.

En 1801, Robinson, alors à Grimma, commença la lecture de Kant[1], et dès le mois d'octobre 1802, il se fit immatriculer à l'Université d'Iéna pour suivre les cours de Schelling.

Tout d'abord il est partagé entre des sentiments d'admiration et de rancune. Schelling le passionne, mais il maltraite Locke et les philosophes anglais. Comment peut-on attendre la vraie science d'un pays où les mathématiques ne sont appréciées que pour leurs applications, où elles sont soumises à la construction des métiers à tisser?[2] Néanmoins Robinson sent la grandeur de cet enseignement, il comprend les 130 enthousiastes qui boivent les paroles du maître, il en arrive bientôt à mépriser le scepticisme de Hume et l'empirisme de Locke. Schelling l'accueille avec bonté, et l'étudiant raconte, dans son Journal, un dîner chez le philosophe[3]. Ce fut simple, jovial comme chez un ami. Un des convives montra, à table, une bague en forme de serpent qu'il avait reçue d'Angleterre. « Ce serpent serait-il le symbole de la philosophie anglaise? demanda Schelling. — Oh! non, dit Robinson, les Anglais y voient précisément le symbole de la philosophie allemande, parce qu'elle change de peau tous les ans. — Cela prouve, répliqua son hôte, qu'ils ne voient pas plus loin que le vêtement ». Robinson aimait Schelling, qu'il appelait, à cause de ses cheveux frisés, de son nez plat et de ses lèvres épaisses, « un nègre blanc ». Il suivit ses cours d'esthétique et de philosophie spéculative. J'ai retrouvé deux de ses cahiers, l'un renferme l'esthétique générale, l'autre traite de la peinture et contient un appendice sur le christianisme et le paganisme. Schelling lui avait donné une classification synoptique des beaux-arts et des tableaux de psychologie établissant une hiérarchie des facultés et des disciplines correspondantes : ces documents se trouvent encore dans les papiers de la *Dr Williams's Library*.

Mais Robinson fréquentait aussi Fries, « le plus distingué des kantiens, écrit-il, à l'époque où les idéalistes partisans de Fichte et de Schelling, avaient déjà presque détruit la philosophie critique[4] ». C'était, à l'en croire, un homme simple et timide, qui avait grandi chez les Frères Moraves et dont l'unique plaisir était une promenade quotidienne à Zwätzen, dans la vallée d'Iéna. Il inculqua à Robinson les éléments du kantisme, et celui-ci publia, dans le *Monthly Register* (1802-1803) ses *Lettres sur la philosophie de Kant*.

Le 4 avril 1803, heureux de se détendre après le long semestre d'hiver, l'étudiant partit à pied pour Berlin. Là, il s'en fut trouver Nicolaï[5]. Le vieillard le reçut avec affabilité, et malgré son antipathie pour les transcendentalistes, il lui conseilla de faire une visite à Fichte[6]. Robinson

---

1. *Diary*, I, 50.
2. *Id.*, I, 69.
3. *Id.*, I, 70.
4. *Id.*, et Lettres de H. C. Robinson à son frère sur Kant, *Id.*, 74-77.
5. Cf. J.-M. Carré, *Nicolaï et H. C. Robinson, Archiv. für das St. der neueren Lit.*, Berlin, mai 1912.
6. Fichte avait écrit en 1801 sa satire : *Vie et singulières opinions de F. Nicolaï*.

refusa, par délicatesse pour son rôte. Mais celui-ci tenait à affirmer une tolérance qu'on avait mille raisons de mettre en doute. « Vous n'avez pas besoin de vous excuser, lui écrivait-il le 10 août, parce que vous faites plus de cas que moi de la nouvelle philosophie allemande. Je suis un grand partisan de la liberté d'opinions.... Mais je saisis volontiers toutes les occasions de montrer les folies de nos plus récents philosophes, car ces messieurs vont tout droit bannir de l'Allemagne la saine raison ». Nicolaï offrit à Robinson ses œuvres complètes et celui-ci donna plus tard à Carlyle, pour son commentaire au *Roman allemand* (1827 , des renseignements sur le rôle du libraire « Aufklärer ».

. C'est au début de 1804 que Robinson fut présenté, à Weimar, à Mme de Staël. Boettiger lui avait écrit le 14 janvier : « Mme de Staël dont les lèvres distillent l'esprit et le miel, désire faire votre connaissance.... Elle se languit d'une conversation philosophique avec vous et s'occupe, à présent, des cahiers sur l'esthétique de Schelling que je possède, grâce à votre bonté. Elle en a même traduit des passages en français avec un art admirable [1]. » J'ai décrit ailleurs ces conversations, j'en rappelle simplement quelques détails piquants. Robinson cita un jour à la baronne la parole de Kant : « Il y a deux choses qui, plus je les contemple, me remplissent d'admiration : les cieux étoilés au-dessus de moi et la loi morale en moi. — Ah! que cela est beau, s'écria-t-elle, il faut que je l'écrive ». Et plus tard Robinson retrouve sa citation, ainsi complétée dans l'*Allemagne* : « Car comme un philosophe célèbre a très bien dit : *pour les cœurs sensibles* (!) il y a deux choses..., etc. Robinson prêta à Mme de Staël ses cahiers sur Schelling, écrivit, à sa requête, quatre dissertations sur Kant et la nouvelle philosophie, et, selon toute probabilité, il lui traduisit aussi les *Aphorismes* de Fichte. Mme de Staël n'exagérait donc pas, lorsqu'elle dit au duc de Weimar en lui présentant « son Anglais » : « J'ai voulu connaître la philosophie allemande, j'ai frappé à la porte de tout le monde. Robinson seul me l'a ouverte ». Elle voulut le faire venir à Berlin au printemps de 1804, et il avait accepté, mais la mort de Necker la rappela à Coppet. Elle quitta précipitamment l'Allemagne, non sans enlever toutefois A. W. Schlegel [2]. Robinson avait un successeur et il était d'ailleurs pressé de rentrer en Angleterre. Il ne semble pas avoir rencontré Fichte, il se borna à jouer le rôle du philosophe, dans une bruyante soirée d'étudiants, à Würzbourg, en 1804. Afin de mystifier l'hôtelier, ses amis le rent passer pour Fichte, et il profita de son prestige passager pour discuter dogmatiquement avec un prêtre catholique [3]. Il quitta l'Allemagne en 1805.

Telles sont ses « années d'apprentissage ». En 1806, il publia dans le *Monthly Repository*, un article sur Herder et une traduction du traité de Lessing : l'*Éducation du genre humain* [4]. L'année suivante, à Altona, où il

1. Les cahiers de cours mentionnés plus haut.
2. *Diary*, I, 95.
3. *Diary*, I, 106.
4. *Monthly Repository*, 1806, I, 412-467.

était correspondant du *Times*, il s'entretint encore de Kant avec Charles de Villers, mais peu à peu il perdit de vue les métaphysiciens, et Hegel ne l'intéressa pas[1]. Il entra au barreau. La philosophie allemande l'avait délivré de Locke, mais elle ne parvint pas à se l'attacher. Les tendances catholiques du Romantisme ne lui étaient pas sympathiques : il resta un non-conformiste, travaillé à la fois par Kant et par Voltaire. En poésie, à Novalis et à Schlegel il préférait au fond Wieland et Göthe.

S'il avait conservé des relations suivies avec Carlyle[2], le prophète l'aurait peut-être entraîné vers ce sommet où il évoquait Fichte : « esprit froid, colossal, dur comme le diamant, debout comme un Caton l'ancien parmi les hommes dégénérés[3] ». Mais Carlyle trouva seul, dans les leçons d'Erlangen sur l'*Essence du savant*, sa théorie du héros voyant[4]. D'autre part, Coleridge ramenait toujours Robinson vers Kant. Sans doute, il lui demandait, le 7 décembre 1812, le *Sendschreiben* de Jacobi à Fichte[5], mais plus il avançait dans la théosophie et le mysticisme, plus il prétendait marcher seul. Il confessait la même année qu'il n'avait pas tiré une grande idée de Fichte ou de Schelling, qu'il avait découvert lui-même, ou trouvé dans Jacob Bœhme, ce que lui apportait la *Philosophie de la nature*, mais qu'il devait à Kant une reconnaissance in nie[6]. Quelques années plus tard, dans sa *Biographia Literaria* (1817), il dé nit ses obligations intellectuelles avec plus de justesse et de prudence. Robinson fut pour lui un ami compétent et serviable : il lui racontait ses études d'Iéna, partagées entre Schelling et Göthe, il lui prêtait des livres et venait souvent à Highgate discuter (ou plutôt entendre discourir Coleridge) sur la métaphysique allemande. Son rôle en Angleterre est comparable à celui que joua en France Charles de Villers. Il a bien mérité de la philosophie kantienne.

JEAN-MARIE CARRÉ.

---

1. *Phénoménologie de l'Esprit*, 1807.
2. Cf. J. M. Carré, *Lettres inédites de Coleridge et de Carlyle à H. C. Robinson* Rev. Germ., janvier 1912.
3. Carlyle, *State of german literature* (1827), *Essays*, Chapman, I, 65.
4. *Id.*, I, 49-52.
5. *Diary*, I, 222. *Sendschreiben an Lavater und Fichte über den Glauben an Gott*.
6. *Id.*, I, 159, 198, 202.

LE SOCIALISME DE FICHTE

D'APRÈS L'ÉTAT COMMERCIAL FERMÉ [1]

L'État commercial fermé parut dans les derniers mois de l'année 1800, un peu plus d'un an après l'arrivée de Fichte à Berlin [2]. Pour en comprendre toute la signification il importe de rappeler brièvement dans quelles circonstances Fichte avait dû abandonner sa chaire d'Iéna.

Dès son arrivée à l'Université d'Iéna les « défenseurs du trône et de l'autel », n'ayant pu empêcher sa nomination, l'avaient traité en suspect. On le savait l'auteur anonyme et de la *Revendication de la liberté de penser auprès des princes qui l'ont opprimée jusqu'ici* et des *Contributions destinées à rectifier les jugements du public sur la Révolution française*. On se souvenait qu'il avait adressé aux princes la « prière de communiquer sa *Revendication* à leurs prêtres » et qu'il avait écrit ses *Contributions* au moment même où la Révolution qui avait suscité d'abord en Allemagne un si grand enthousiasme, devenait jacobine... et sanglante, provoquant de toutes parts un mouvement de réaction et de réprobation. De pareils antécédents autorisaient à voir en Fichte un « démocrate », un allié, on allait jusqu'à dire un agent des révolutionnaires. Et c'est ce qu'un certain parti ne lui pardonnait pas.

Soutenu par Göthe et par la cour de Weimar, alors singulièrement libérale, Fichte repoussa les premiers assauts : il démasqua ceux qu'il appelait ses « calomniateurs ». Tout en revendiquant

1. Extrait d'un ouvrage qui paraîtra en 1914 à la librairie A. Colin sous ce titre : *Fichte et son temps*.
- 2. *J. G. Fichte's Leben und literarischer Briefwechsel* von seinem Sohne J. H. Fichte, zweite sehr vermehrte und verbesserte Auflage, Leipzig. F. A. Brockhaus, 1862. Bd. II; zweite Abth., IV, 26. Fichte an Schelling, den 31. Mai 1801, p. 346. « Fichte y déclare que, depuis près d'un an, il n'y a presque rien de fait que d'entamer par différentes voies et divers moyens des recherches à ce sujet ».

lièrement les droits de la pensée libre — même en matière de politique — il se défendit d'être un agitateur, un fauteur de troubles.
Il obtint d'abord gain de cause, mais ses adversaires ne désarmaient
pas. Ils poursuivirent la campagne d'abord sourdement, puis publiquement dans un journal à leur dévotion, l'*Eudæmonia* jusqu'au
jour où, à propos d'un article paru dans le *Journal philosophique*
dirigé par Fichte et Niethammer, sur *le fondement de notre
croyance en une divine Providence*, article où au Dieu personnel et
créateur Fichte substituait l'idée de Dieu comme ordre moral du
monde, ils arrachèrent à la Cour des poursuites contre le journal et
contre l'auteur, accusé d'athéisme. L'accusation n'était qu'un prétexte commode pour perdre celui en qui ils haïssaient le « démocrate », le « jacobin ». Et, dans sa défense Fichte, révélant leurs
manœuvres, le déclarait expressément. On le vit bien d'ailleurs
quand, plutôt que d'accepter le blâme que voulait lui infliger le
gouvernement, Fichte préféra donner sa démission. Obligé de
quitter léna, aucun État ne voulait accueillir celui qui passait alors
pour un « révolutionnaire ».

Fichte se demandait déjà s'il n'allait pas connaître le sort de
Rousseau persécuté. Le libéralisme du roi de Prusse le sauva; il
trouva un refuge à Berlin. L'expérience qu'il venait de faire aurait
pu l'assagir; il savait ce qu'il en coûtait de passer pour un ami des
idées de la Révolution française; il n'en fut rien.

A peine installé à Berlin le philosophe, croyant le milieu et le
moment favorables, orienta son action vers la politique. Il commença par fréquenter la Franc-Maçonnerie berlinoise ; il accepta de
s'affilier à la Loge Royal-York, croyant y trouver à la fois une
garantie pour sa sécurité personnelle et un instrument de propagande politique pour la réalisation de ses idées. Il fit plus : à une
heure où le problème économique se posait avec une acuité singulière, où, en Prusse, le mercantilisme chancelant était battu en brèche
par un libre-échangisme d'ailleurs assez bâtard, il osa proposer au
gouvernement dont il était l'hôte une solution qui, aux yeux de ses
contemporains, allait passer pour une utopie. Cette solution, c'était
une sorte de socialisme d'État, et le socialisme d'État c'était, au fond,
la systématisation philosophique des principes économiques de la
Révolution française.

Fichte avait été amené à écrire son ouvrage « à l'occasion des propos stupides qu'il lui fallait entendre autour de lui [1] ».

Il s'agissait de questions économiques et sociales qui préoccupaient alors vivement les esprits, en particulier les hommes d'État. A s'en emparer Fichte attestait le souci du philosophe de ne point séparer la pensée de l'action.

Fichte n'oubliait pas, en effet, que « le philosophe, si seulement il ne tient pas sa science pour un simple jeu, mais pour quelque chose de sérieux n'admet ou ne suppose en aucun cas que ses projets sont absolument inapplicables, car alors il emploierait sans aucun doute son temps à quelque chose de plus utile qu'à ce qu'il aurait reconnu lui-même pour un simple jeu de concepts [2] ». C'est en ces termes mêmes qu'il dédiait au ministre des finances Struensée, économiste réputé et qui venait lui-même de publier un *Traité sur les principaux objets de l'économie politique* [3] son *État commercial fermé*, « une application à la politique économique des principes de sa philosophie du Droit. » L'ouvrage avait paru dans les derniers mois de l'année 1800 [4]. Fichte y attachait lui-même une importance capitale; il le considérait, déclare son fils qui le tenait de source sûre, comme son meilleur ouvrage, comme un des plus médités [5], et les précautions dont il enveloppe sa pensée dans sa dédicace à Struensée ne doivent pas faire douter de la valeur pratique qu'il lui attribuait.

Si, en effet, Fichte reconnait que son projet pourrait demeurer, lui aussi, un simple exercice d'école sans conséquences pour le monde réel, un anneau dans la chaîne du développement progressif de son système et dit qu'il lui suffirait, en le faisant connaitre, d'avoir donné à d'autres l'occasion de réfléchir plus profondément sur ces questions ou suscité peut-être un jour quelque découverte

1. *Güthe-Jahrbuch* hgg. von L. Geiger, XV, I, 5. Zwei Briefen von Fichte an Schiller hgg. von R. Steiner, VIII, p. 43.
2. Fichte's S. W., Bd. III. *Der Geschlossene Handelstaat*. Dédicace à Struensée, p. 390.
3. A Berlin en 1800.
4. A la fin d'octobre ou au commencement de novembre; la lettre où Struensée accuse réception de l'ouvrage, à lui envoyé l'avant-veille, est du 9 novembre 1800. *Fichte's Leben*. Bd. II. Zweite Abth., XVIII, 29, p. 559.
5. Fichte's S. W., Bd. III, Vorrede des Herausgebers, p. XXXVIII.

utile et applicable [1] ce n'est pas qu'il le juge utopique, c'est qu'il
connaît son siècle et les résistances que lui opposeront les hommes
de son temps [2], c'est peut-être aussi qu'il accomplit la formalité
nécessaire pour oser présenter au premier ministre de l'État — du
seul État où il avait trouvé un refuge en Allemagne — une œuvre
dont la hardiesse, si elle avait passé pour autre chose qu'une
utopie, aurait pu effrayer ceux qui voyaient toujours en Fichte le
représentant de la Révolution française.

Cette concession de prudence qu'exigeaient les circonstances
n'était cependant à aucun degré une abdication des droits du philosophe à examiner et à juger les questions de la politique courante. Qu'on en juge :

« Le reproche adressé jusqu'ici aux projets des politiques spéculatifs, disait Fichte dans cette même dédicace, d'être sans application immédiate ne tournait nullement à la honte des auteurs de
ces projets quand ceux-ci se cantonnaient volontairement dans un
monde idéal, quand ils le reconnaissaient expressément ou le
montraient en fait. De tels projets étaient, par leur nature même,
destinés à demeurer purement abstraits, sans rapport avec la situation de fait où se trouve l'homme politique qui a la responsabilité
du pouvoir (ausübende Politiker).

« Mais c'était justement la prétention du vrai philosophe de ne pas
s'en tenir à une science qui consistât dans un pur jeu — dans un jeu
méprisable de l'esprit — d'y voir une chose sérieuse qui valût
qu'on s'en occupât. Fichte ne pouvait donc concevoir un projet
qu'on jugerait absolument impraticable ; il reconnaissait seulement
que des principes aussi généraux que les principes de la pure
théorie pouvaient, à raison de leur généralité même, n'être pas
susceptibles de s'appliquer à des cas déterminés et qu'il fallait, pour
les adapter aux circonstances données, en préciser davantage
l'acception [3]. »

Cette acception précise, il considérait qu'elle était justement
l'œuvre de la Science politique qui, comme Science, relevait de la
philosophie spéculative. A ce point de vue — et l'aveu de Fichte est

1. Fichte's S. W., III, Der geschlossene Handelstaat. Dédicace à Struensée, p. 393.
2. Les lignes qui précèdent dans cette dédicace ne peuvent laisser de doute
à cet égard : elles résument les opinions journalières des contemporains de
Fichte.
3. Ibid., p. 390.

à retenir — il y aurait pour un écrit politique une sorte de honte à
mériter le reproche de présenter des projets inapplicables et à s'en
voir administrer la preuve.

Maintenant quelle méthode devait suivre la Politique comme
Science? Elle ne devait pas partir de la considération d'un État
absolument déterminé — elle n'aurait pas de caractère général
scientifique — mais de ce qu'il y a de commun par exemple à tous
les États de la grande République européenne, dans le siècle où elle
se constitue. L'application de la règle générale aux cas particuliers
sera ensuite l'art et l'œuvre de l'homme politique [1].

Une politique appuyée sur la connaissance exacte de la situation
actuelle, avec des principes constitutionnels fermes pour fondement
et dont les raisonnements seraient corrects ne devait paraître
inutile qu'au pur empirique hostile à tout concept et à tout calcul,
qui ne se fie qu'à la sanction de l'expérience immédiate et qui
rejetterait cette politique parce qu'elle n'est pas la constatation
pure et simple de faits, qu'elle consiste uniquement en concepts et
en calculs de faits, bref parce qu'elle n'est pas de l'histoire. Pour un
tel homme d'État il n'y aurait d'autres règles à suivre que celles de
l'expérience, d'autre culture que celle de la mémoire. Faudrait-il
pourtant lui rappeler que tout ce qui apparaît aujourd'hui comme
vieux a eu son heure de nouveauté; faudrait-il lui montrer que le
progrès de l'humanité a changé bien des choses et rendu nécessaire
des mesures nouvelles — dont l'idée, ni l'application ne seraient
jamais venues aux siècles précédents? On pourrait instituer devant
lui une recherche instructive sur la question de savoir ce qui, dans
le monde a causé plus de mal : les nouveautés audacieuses ou
l'inerte stagnation dans des mesures vieillies devenues à une
certaine heure inapplicables ou insuffisantes [2].

En terminant cette dédicace Fichte se demandait — question
significative encore — si son présent ouvrage satisfaisait aux conditions requises pour être un traité solide de politique : il déclarait
qu'il n'appartenait pas à l'auteur d'y répondre. Cependant il y
répondait en montrant à quels problèmes de l'heure présente l'*État
commercial fermé* prétendait donner une solution, il dénonçait les
méfaits du mercantilisme avec son cortège de monopoles et de

1. Fichte's S. W., III, p. 391.
2. *Ibid.*, p. 391-392.

corruption, avec l'oppression des colonies par la métropole, avec la traite des esclaves — et il combattait également le remède proposé par le libre-échangisme naissant[1].

Est-ce à dire qu'il se fit grande illusion sur le succès de la réforme préconisée. Il serait téméraire de l'affirmer. Mais ce n'était point qu'elle lui parût inapplicable, c'était qu'il connaissait le mauvais vouloir du monde au milieu duquel il vivait.

« Pour supprimer la raison de ce non-vouloir il faudrait montrer, disait-il, l'impossibilité de maintenir un rapport tel que l'Europe le soutient à l'égard du reste du monde, un rapport qui n'est pas fondé sur le droit et l'équité » et cette preuve ne rentrait pas dans les limites de son présent objet; mais une fois même cette preuve faite, on pourrait encore lui dire. « Jusqu'ici au moins ce rapport a duré, jusqu'ici dure l'assujetissement des colonies aux métropoles, dure la traite des esclaves, et de notre vivant, nous ne verrons pas cesser tout cela. Laissez-nous en tirer nos bénéfices tant que cela dure. Le siècle, où la chose se produira verra comment le mener à bien. A lui d'examiner alors au besoin s'il peut tirer quelque chose de votre pensée; nous, nous ne pouvons vouloir ce but que vous poursuivez, nous n'avons donc pas besoin qu'on nous montre les moyens qui y conduisent ». A cela, déclarait Fichte avec une ironie cinglante, « je reconnais que je n'ai pas de réponse[2] ».

Et dans cette réplique perce la pensée intime du philosophe : la question politique, économique, sociale, est, au fond, pour lui, une question morale : l'*État commercial fermé* n'est pas et ne veut pas être une utopie, c'est la protestation de la conscience contre un ordre économique qui est un outrage à la moralité et qui doit être modifié : on va voir en quel sens Fichte projette de tranformer le monde économique de XIXᵉ siècle naissant et comment il fut le premier à proposer un Socialisme d'État. Le regard prophétique du philosophe annonçait déjà l'avenir.

Mais pour comprendre toute la portée et toute la hardiesse de cette tentative, il faut rappeler brièvement quelle était alors la situation économique de la Prusse.

1. Fichte's S. W., III. *loc. cit.*, p. 392-393.
2. *Ibid.*, p. 393.

Le régime du mercantilisme y était depuis longtemps installé comme dans le reste de l'Allemagne : il s'adaptait parfaitement à l'absolutisme monarcique, au système de l'équilibre politique réclamé par la constitution d'États fermés les uns aux autres, enfin aux besoins d'argent rapidement croissants [1].

Il y avait revêtu la forme dite « caméraliste » : Frédéric-Guillaume Ier que, pour son esprit de système et pour le style de ses ordonnances, l'économiste W. Roscher compare à Colbert [2], avait, de sa main un peu rude, nivelé les différences régionales pour constituer l'unité économique de la Prusse comme il avait créé son unité politique [3] : croyant, avec tous les mercantilistes, que l'argent fait la richesse d'un pays il avait pris les dispositions les plus profitables à l'accumulation d'une encaisse métallique: pour favoriser l'entrée de l'or, pour entraver sa sortie, il avait établi une réglementation policière minutieuse de la production, de la consommation, des échanges, des exportations et importations. Mais il ne s'était pas borné à ces mesures pratiques, il avait conçu la nécessité d'un enseignement méthodique de la science économique et fondé les deux premières chaires « caméralistes » à Halle et à Francfort-sur-l'Oder, l'une qui fut occupée par le juriste Gasser, l'autre, par l'historien Dithmar.

Le grand Frédéric ne fit guère ici que développer, améliorer et parfois adoucir les mesures prises par Frédéric-Guillaume Ier.

Convaincu, lui aussi, que la fortune se mesure à la quantité du métal précieux accumulé, désireux sans doute, à son tour, d'accroître, en vue des guerres futures, le trésor de la Prusse, il avait pour principe et pour devise que si l'on prend chaque jour de l'or dans sa bourse sans y faire rien rentrer en retour, elle se vide bientôt Aussi multiplia-t-il les règlements destinés à empêcher la circulation de l'or : interdiction de voyager hors du royaume sans permission expresse du roi; interdiction, sous peine d'exclusion de toutes fonctions civiles et ecclésiastiques, de fréquenter plus d'un

---

1. *Geschichte der National Oekonomik in Deutschland*, von W. Roscher, München, R. Oldenbourg, 1874, zweite Periode, XII. Kap., 57, p. 234-235.
2. *Op. cit.*, XVIII. Kap., 83, p. 360.
3. *Ibid.*, p. 363.

trimestre les Universités des pays voisins[1]; entraves de toutes
sortes à la liberté du commerce, prohibition relative ou absolue
d'importer — sauf pour les produits manquants ou afin d'éviter le
drainage de l'argent insuffisant dans le royaume; prohibition relative ou absolue d'exporter en ce qui concerne les matières premières
tirées des lieux ou les produits fabriqués dans le pays (par crainte
d'une pénurie ultérieure pour les besoins nationaux, conséquemment d'un appauvrissement du pays, obligé d'acheter ces objets au
dehors); inversement faveurs ou primes accordées à toutes les
industries capables d'enrichir le pays, création d'industries nouvelles
(au besoin avec le concours d'étrangers) destinées à restreindre
encore les importations (les soieries par exemple ou la fabrication
sur place du sucre); constitution de compagnies à monopoles pour
le commerce ou le transport des denrées ou objets de nécessité —
toujours dans le but d'éviter les intermédiaires et la concurrence,
c'est-à-dire le risque de laisser sortir l'argent du pays (et ces
compagnies accapareront bientôt directement ou indirectement tous
les échanges dans la Monarchie); création d'une monnaie purement
fictive, mais seule valable à l'intérieur du pays qui, par le change
envers l'étranger, permet encore un enrichissement de l'État[2]. Enfin,
pour achever ce tableau de la situation économique de la Prusse
sous Frédéric II, il faut mentionner la prépondérance accordée par
lui à l'agriculture, il voit en elle l'origine de toutes les richesses. Or
il considère qu'elle doit, plus que toute autre branche de l'économique, être protégée et réglementée; de cette protection, de cette
réglementation dépend l'alimentation, c'est-à-dire la vie même du
royaume : de là toute une série de décrets relatifs à la production,
à la vente, à l'importation, à l'exportation au transport des grains,
inspirés par le souci de maintenir constante la relation entre la production et la consommation; de favoriser dans les cas d'abondance
l'exportation qui enrichit l'État, mais de régler et, au besoin, d'in-

---

1. Roscher. *loc. cit.*, xix. Kap., 90, p. 396.
2. Pour se faire une idée de la complication de toute cette organisation
économique du royaume de Prusse, de toutes les lois prohibitives, de toutes
les faveurs, de tous les monopoles, de tout ce qui concerne la production ou
les échanges, il faut lire le livre du comte Mirabeau (Londres 1778). *De la
monarchie prussienne sous Frédéric-le-Grand*, en particulier les volumes III et
V, livres IV, V, et le vol. IV, livre VI, consacrés aux manufactures, au commerce,
aux revenus et dépenses : on y trouvera le détail de faits singulièrement
instructifs que nous ne pouvons reproduire ici, mais qui justifient nos affirmations.

d'interdire la vente à la première apparence de cierté — toute importation entraînant pour lui une perte sèche. Et, afin d'éviter cette
extrémité, des magasins généraux continuèrent d'être édifiés où
s'accumulaient le surplus des récoltes pour obvier à la disette —
durant les années maigres — suffire à l'alimentation générale du
pays et garantir une sensible égalité dans le prix courant du pain,
l'État, personnifié par le roi, devenant ainsi, conformément à l'idéal
de Frédéric II, le père de famille de son peuple [1].

Cependant, à l'heure même où florissait en Prusse le système des
prohibitions et des monopoles, cortège ordinaire de la politique
mercantile, un grand courant d'idées. venu une fois encore de
France, allait précipiter la chûte du mercantilisme. Entre 1756 et
1776, l'école des Physiocrates, la première école économique proprement dite, publiait une série d'ouvrages qui bouleversaient les
idées régnantes.

Le principe essentiel en était qu'il existe entre tous les phénomènes sociaux un ordre naturel qu'on peut reconnaître à son évidence, qu'il s'agit et qu'il suffit de découvrir pour établir la science
économique. Cet ordre naturel est d'ailleurs un ordre surnaturel,
un ordre providentiel, l'ordre établi par Dieu pour le bonheur des
humains.

Par là même il emprunte à la divinité, avec un caractère d'universalité, d'immutabilité, une autorité qui l'élève fort au-dessus de la
contingence des faits et de l'arbitraire des rois : et s'il est établi
que tout l'ancien régime économique n'est que l'effet de cette contingence et de cet arbitraire, ce régime est condamné sans appel.

Mais cette condamnation résulte précisément de la découverte de
l'ordre en question qui est le renversement du système mercantile.

Dans le mercantilisme c'est le commerce — le commerce extérieur
en particulier — qui tient le premier rang parce qu'un tel commerce
procure à l'État cette accumulation de numéraire où le mercantilisme voit la richesse du pays. Or les Physiocrates s'efforcent d'établir que le commerce n'est créateur d'aucune richesse réelle, mais
qu'il est bien plutôt une dilapidation de la richesse à cause du
prélèvement opéré par le trafiquant : et le commerce, est improductif, il est stérile, parce que l'unique source d'un « produit net »,
d'un excédent de la richesse créée sur la richesse consommée c'est

---

1. W. Roscher, *op. cit*. XIX. Kap., 90, p. 393 et 405.

l'industrie agricole. La terre a seule une vertu créatrice : elle rend
en blé plus que les semailles ne consomment et plus que ne con-
somme, pendant l'année, le laboureur qui la travaille. Et dans cette
vertu de la terre — et de la terre seule — les Physiocrates voient
justement encore l'efficacité de la puissance divine, comme ils voient
dans la stérilité de toutes les productions humaines, la preuve que
l'homme est sans aucun pouvoir de création.

Une pareille conception entrainait le renversement des valeurs
économiques admises jusqu'alors. Renversement de la thèse fameuse
de la balance du commerce : l'enrichissement en numéraire d'une
nation ne pouvant s'opérer que par l'appauvrissement des nations
voisines la balance aboutirait, en dernière analyse, à sa destruction,
à la cessation de toute exportation, les pays étrangers n'étant plus
capables d'acheter, et à la nécessité des importations, de la sortie
du numéraire, en raison de la cherté excessive où monteraient alors
les objets de la consommation.

Renversement de la thèse que les droits de douane seraient
payés par l'étranger : ces droits ne feront qu'élever les prix des
marchandises importées au détriment des acheteurs du pays qui
les taxe, ce sont eux qui payeront la différence.

Renversement de la thèse de la réciprocité : les représailles en
matière de douanes ne sont pas un remède. En quoi le fait qu'à
un tarif frappant l'entrée de vos produits vous répondez par un
tarif frappant les produits de la nation qui vous a ainsi tarifés peut-
il contribuer à améliorer vos rapports économiques, en quoi la
guerre de tarifs profitera-t-elle à l'écoulement des produits prohibés?

En un mot, renversement de toute la conception protectionniste et prohibitive qu'entrainait le système de la balance du
commerce, à la fois illusoire et immoral; illusoire — puisque le prétendu enrichissement poursuivi n'était qu'un leurre et
immoral puisque enfin toutes ces mesures vexatoires tendaient à
détruire l'ordre naturel, à favoriser l'industrie aux dépens de
l'agriculture par le développement de l'exportation des produits
manufacturés, par la prohibition de l'exportation, par les entraves
mises à la libre circulation intérieure des grains et des autres
matières premières de façon à mieux assurer les bénéfices des manufactures en baissant par le faible prix des denrées de première
nécessité le prix de la main-d'œuvre. Et substitution à cette conception erronée, d'un régime d'absolue liberté, seul conforme à

l'ordre naturel, qui ne connaît pas de frontières aux lois du jeu
de la production, de la consommation, des échanges, seul capable
d'assurer le *bon prix*.

Enfin, comme dernière conséquence, limitation des fonctions de
l'État en matière économique.

Telles étaient les vues que les Physiocrates opposaient au mercantilisme régnant.

A leur suite, en modifiant profondément et en dépassant certaines
de leurs thèses, Adam Smith reprit le combat et multiplia les attaques
contre l'édifice déjà branlant de l'économie politique traditionnelle
pour créer, sur ses ruines, l'économie politique moderne.

A. Smith révère les Physiocrates et leur rend pleine justice : mais
sans nier la valeur évidente et la place spéciale de la production
agricole — la seule où les forces de la nature collaborent avec le
travail de l'homme et qui, par là, donne un rendement supérieur à la
simple rémunération normale du capital et du travail, une « rente
du sol », A. Smith oppose à la thèse que « l'agriculture est la source
de toutes les richesses de l'État et de celles de tous les citoyens »
(Quesnay). l'idée que c'est non pas la terre, mais l'activité de
l'homme, mais le travail qui crée la richesse ; et le travail n'est pas
l'apanage d'une seule branche de la production économique, à
l'exclusion de toutes les autres, c'est le travail de l'ensemble de la
nation.

Ainsi s'efface la distinction qu'avaient établie les Physiocrates
entre la classe productive et les classes soi-disant stériles, toutes
les classes collaborent par leur labeur commun à l'établissement de
la fortune publique.

Comment, dans les sociétés humaines, cette collaboration s'est
réalisée sous la forme de la division du travail, d'une division qui,
par la spécialisation, augmente la productivité totale, économise la
dépense des efforts individuels, solidarise tous les membres de la
communauté dont elle fait un véritable organisme, favorise et facilite les échanges, ce n'est pas ici le lieu de le montrer. Qu'il nous
suffise de rappeler qu'en découvrant lui, le premier, ce phénomène
économique et social fondamental — base de tout son système —
A. Smith renversait la conception, au fond théocratique, des Physiocrates et substituait à leur « ordre naturel » qui n'était qu'un ordre
providentiel — un ordre rationnel et simplement humain — un
ordre de phénomènes résultant du développement spontané des

tendances individuelles ou collectives de la nature de l'homme et du jeu de ses intérêts. Cet ordre n'était pas, comme pour les Physiocrates, quelque chose d'idéal et en quelque sorte de divin, qu'une invention géniale retrouve et qui, pour être appliqué, requiert l'aide d'un bon tyran, mais un ordre de fait, un ordre vraiment naturel, actuellement existant sous toutes les conventions et sous tous les artifices de la société présente, analogue à celui des Sciences Naturelles et qui, lui aussi, repose sur l'observation et sur l'analyse.

Ajoutons que si, pour A. Smith, la Providence n'a pas inscrit en quelque sorte de toute éternité dans les consciences la législation économique, une « législation unique, éternelle, invariable, universelle, une législation évidemment divine et essentielle » (Bandeau, I, 280) elle a cependant créé la nature humaine avec ses inclinations, ses tendances, avec ce désir du bien-être qui est le ressort essentiel de toute l'organisation économique présente, et qu'en ce sens, mais en ce sens seulement, on peut dire que nos institutions économiques ont quelque chose de providentiel : elles sont bonnes par essence même.

D'un tel naturalisme doublé d'un pareil optimisme A. Smith devait tirer le libéralisme économique : les institutions économiques résultant du jeu naturel et spontané des intérêts individuels, il serait absurde autant que vain de vouloir réglementer artificiellement l'activité économique. Le système de prohibition, la conception de l'État-Providence sont définitivement condamnés, et A. Smith consacre toute une longue partie de la *Richesse des Nations* à dresser contre le mercantilisme le plus violent, le plus passionné et aussi le plus documenté des réquisitoires.

Après les Physiocrates il réclame le libre-échange, la liberté entière du commerce, mais dans un sens plus intégral encore : ceux-ci, avec l'espèce de dédain où ils tenaient les classes stériles, ne voyaient guère dans le commerce — dans le commerce extérieur surtout — qu'un « pis aller » mais le libre-échange était, à leur yeux, la condition du développement de l'agriculture; pour Smith, qui, par sa division du travail, réhabilite le commerce, les échanges internationaux ont une valeur en eux-mêmes.

Loin donc d'admettre cette balance du commerce qui devait enrichir un État aux dépens des autres, A. Smith établit que la liberté du commerce entre les nations profite aux pays qui échangent. Il

montre aussi que la monnaie n'a pas en soi de valeur privilegiée ;
elle n'est qu'un signe de la valeur, elle n'est qu'un instrument de la
circulation des richesses, un moyen commode d'échange et de transport, une espèce de marchandise comme les autres et, par là même,
il ruine à sa base le « préjugé populaire » que la monnaie c'est la
richesse, préjugé sur lequel reposait précisément la thèse mercan-
tiliste de la balance du commerce.

Le puissant mouvement de réaction contre le mercantilisme en
France et en Angleterre devait avoir forcément sa répercussion en
Allemagne ; il y eut des physiocrates allemands parmi lesquels on
peut citer un Mauvillon, un Krug, un Schmalz (celui-là même qui,
en 1807, à Memel où il professait depuis 1802, alla trouver le roi et
lui suggéra l'idée de fonder à Berlin l'Université dont il devait être
le premier recteur). Schmalz le dernier des physiocrates allemands,
au dire de Roscher, mais non le moins ardent, comparait tout simplement le Colbertisme au système de Ptolémée, la Physiocratie à
celui de Copernic : il était convaincu que Quesnay avait trouvé la
vérité définitive et qu'elle était sur le point de triompher bientôt
partout. Il en voulait à Adam Smith de ne s'y être pas tenu : il
voyait en lui une sorte de Tycio-Brahé entre Colbert et les Physiocrates ; il était impossible à Smith de méconnaître la force de la
vérité qui éclatait ciez eux comme ciez Copernic, mais il ne la
voyait pas entièrement, il ne pouvait se débarrasser entièrement de
ses préjugés colbertiens, enfin il n'était pas sans chercher la gloire
d'une découverte originale et il caressait le rêve de concilier tous les
partis [1].

Ce jugement défavorable n'empêchait pas d'ailleurs les idées
d'Adam Smith de pénétrer en Allemagne avec les traductions de
Weidmann (1792) et de Garve (1re éd., 1794, 2e éd., 1799).

Il est à remarquer toutefois que si les idées nouvelles ne sortaient
guère du domaine de la théorie et rencontraient difficilement du
crédit dans les sphères du monde politique : le mercantilisme, avec
l'étatisme, avec les prohibitions et les monopoles, dominait toujours
le régime économique.

Il est vrai qu'en Prusse, au début de son règne, Frédéric-Guillaume II, ce prince qui donnait au peuple de grandes espérances,
avait eu quelques velléités de libéralisme.

1. W. Roscher, *op. cit.*, XXI. Kap., III, p. 498-499.

Au moment même où mourait son oncle, le grand Frédéric, le comte de Mirabeau était à Berlin en mission extraordinaire : on comptait sur son ascendant personnel et sur son éloquence pour acquérir à la France l'amitié du nouveau roi. Et Mirabeau lui écrivit une lettre demeurée fameuse qui était tout un programme de gouvernement : il y était notamment question de la réforme économique et de l'introduction du système physiocratique dont Mirabeau était un ardent défenseur. Mirabeau recommandait au roi l'abolition des entraves à l'importation, la suppression de la colonisation étrangère, l'autorisation d'exporter les métaux précieux, le remplacement des douanes et des impôts de consommation par un impôt foncier direct, la facilité des transports, la destruction des monopoles.

Le roi fut-il sensible à la séduction de Mirabeau, perçut-il l'écho des plaintes et des revendications pressantes d'un peuple opprimé[1], ou suivit-il plutôt les conseils, prépondérants sur son esprit, de Wollner qui se piquait d'être un économiste, et, à cette heure encore, un économiste libéral, réformateur[2], toujours est-il qu'au début de son règne, il sembla favoriser les projets les plus hardis.

Un de ses premiers actes de souverain fut de nommer, le 28 août 1786, une commission chargée, sous la présidence du ministre de Werder, de réviser toute l'économie des impôts alors régnants pour pouvoir affranchir la Prusse de la régie française instituée par le grand Frédéric en 1766, régie odieuse au peuple, et pour supprimer les monopoles, non moins odieux, du tabac et du café[3]. Cette réorganisation fondée — comme le voulait Mirabeau — sur le principe d'un impôt direct de consommation, devait être liée à un adoucissement du système de protection à outrance et d'entraves au transit intérieur et extérieur, établi sous les régimes précédents. Le roi avait donné ordre en particulier à la commission de rechercher les voies et moyens qui pourraient, plus que jusqu'alors, engager de nouveau l'étranger à faire prendre à ses marchandises et à ses biens, d'après la situation de chaque lieu d'expédition, le chemin plus court des

---

1. Philippson, *Geschichte des preussischen Staatswesens vom Tode Friedrich des Grossen bis zu den Freiheitskriegen*, Leipzig, Verlag von Weit und Comp., 1880, Bd. I, II, p. 98-99.

2. Wollner en 1776 avait pour se faire connaître du roi Frédéric écrit un ouvrage sur des questions économiques (la suppression des communautés dans la marche de Brandebourg) qui enfermait des vues assez nouvelles et avait été traduit en français. Philippson, I, II, p. 71.

3. Philippson, *loc. cit.*, p. 101.

États prussiens[1]; et cet ordre du roi de réfléchir aux améliorations concernant la police économique devait servir d'amorce à un projet de réformes plus important encore — celui de la franchise du commerce des grains. Cette franchise que demandaient les Physiocrates en France, le grand économiste allemand J. Moser, l'avait déjà réclamée, lui aussi, à la même époque. Dix ans environ avant le projet en question, dans ses *Fantaisies patriotiques* il affirmait que la liberté entière du commerce en général et, en particulier, du commerce des grains — était le moyen le plus sûr et le plus efficace de prévenir ou de pallier toutes les disettes. Mieux encore, en Prusse même, Ch.-Auguste Struensée, le traducteur d'Isaac Pinto, l'auteur du *Bref exposé du commerce dans les principaux États d'Europe* et du *Traité sur les principaux objets de l'économie politique* (Berlin, 1800), essayait de mettre en application quelques-unes des idées de la doctrine libérale.

Charles-Auguste Struensée, tour à tour professeur de philosophie et de mathématiques à l'Académie des chevaliers de Liegnitz (en 1757, à vingt-deux ans), puis conseiller intime à la justice et intendant des Finances à la cour de Danemark où, en 1769, l'avait appelé son frère Jean-Frédéric (médecin et favori avant d'être en 1771 le premier ministre du roi Christian VII) s'était, après la mort tragique de ce frère, exécuté en 1772[2], retiré dans ses terres d'Alzenau, près de Haynau en Silésie ; il s'était entièrement consacré à ses travaux scientifiques et économiques, il avait en particulier cherché à mettre à exécution, jusque dans les détails, sur ses domaines, les vues libre-échangistes prônées par les Physiocrates et par Moser, du moins en ce qui concernait le commerce des grains[3].

---

1. Philippson, *Ibid.*, p. 104.
2. J.-F. Struensée avait été accusé par ceux qu'avait inquiétés ou lésés ses réformes radicales — en particulier par la reine douairière et le comte de Ranzau-Aschberg — de conspiration : on lui prêtait pour complice et pour amante la propre femme du roi, la reine Caroline-Mathilde. Struensée et la reine furent arrêtés: Struensée fut mis en jugement et condamné à avoir la tête tranchée après avoir avoué, dit-on, ses relations intimes avec Caroline-Mathilde.
3. Struensée est, en effet, plutôt un éclectique qu'un doctrinaire. Sans doute il croit encore assez volontiers, avec les partisans de l'ancien système, à la balance du commerce, il admet qu'une balance défavorable pourrait drainer tout l'or d'un pays (1,76) et n'autorise d'emprunt à l'étranger qu'autant qu'il ne peut nuire à cette balance; mais il n'est plus un adepte du mercantilisme, il sait et déclare nécessaire une décadence et une ruine progressives, après le plein épanouissement du peuple sous l'influence du commerce extérieur, de l'industrie, de la circulation de l'argent, des colonies lointaines, des conquêtes, des emprunts d'État (1,38); il reconnaît comme absolument sans danger la

Encouragés et endoctrinés par lui, les négociants de Breslau réclamèrent alors à grands cris la suppression des prohibitions relatives au commerce de grains.

C'est à leur instigation que le directeur général des Finances proposa au roi Frédéric-Guillaume, le 31 octobre 1786, l'abrogation de tous les impôts qui pesaient sur l'importation et sur l'exportation des grains [1], avec une réserve cependant : les magasins militaires ayant coutume de s'approvisionner en Pologne où le blé était à très bon marché, on pouvait craindre que le régime de la porte ouverte et de la libre concurrence ne fît singulièrement enchérir les prix et n'appauvrit d'autant le Trésor, il fut donc décidé qu'on frapperait d'un droit les blés polonais pour en rendre aux acquéreurs autres que l'État le prix plus onéreux [2]. Ces promesses de réformes n'eurent, malheureusement, qu'un commencement d'exécution : la seule annonce de la suppression des monopoles du café, du tabac et de la refonte des droits de douane sur les grains avait déchaîné, chez les commerçants, comme un esprit de révolution. Les négociants de Breslau en particulier, dont les vues, en matières économiques, grâce aux enseignements de Struensée, étaient singulièrement avancées, non contents de leur première victoire, exigeaient maintenant l'extension du libre-échange à tout le trafic international pour le plus grand bien, disaient-ils, de leur province si commerçante ; d'autre part, le public simpliste, entendant parler de suppression de monopoles escomptait une mesure générale abolissant toutes les mesures de prohibitions relatives à l'entrée des produits étrangers,

libre exportation de l'argent et de l'or; il est libre-échangiste en matière de grains et se refuse à voir dans l'exportation du blé une cause de déficit; il combat en conséquence la conception des magasins nationaux capables tout au plus de retarder le dommage d'un abaissement ou d'une élévation des prix, et toujours grâce aux remèdes les plus nocifs; il réclame pour le bien général du commerce et de la nation la liberté des échanges à l'intérieur du pays, liberté nécessaire à la circulation de l'argent, mais il ne requiert pas une liberté sans réserves (Roscher *loc. cit.*, XXIV. Kap., 132, p. 580-582) Il croit encore à l'efficacité — pour maintenir la prospérité commerciale du pays — d'une protection contre les marchandises étrangères. (Freymark, *Zur preussischen Handels und Zollpolitik von 1848-1816*, Halle-an-Saale, 1899, Kap. II., p. 5) et il considère que les Physiocrates qui ont, en quelque sorte, condamné l'industrie et exigé le libre-échange absolu — ont perverti les esprits en France et égaré le gouvernement III, 126, Roscher, *loc. cit.*, p. 581.) Bref, Struensée apparaît comme un opportuniste sympathique aux idées libérales, mais prudent dans les applications, sachant qu'en matière d'économie politique il n'y a pas de lois universellement valables et sans exception. (I, 258, Roscher. *Ibid.*, p. 580.)

1. Philippson, *loc. cit.*, p. 109; et II. Bd., III. Kap., p. 95-97.
2. *Ibid.*, *id.*, I. II. Kap., p. 110.

se refusait aux visites douanières, et réclamait des abaissements de
prix, enfin les cultivateurs de tabac se livrèrent à la contrebande ;
ils firent tant et si bien que la commission chargée de la révision
douanière dut y mettre bon ordre, proposer des pénalités sévères ;
que le roi, auquel ces menées avait donné à réfléchir, s'émut[1] et,
en dépit de ses premières velléités de libéralisme, finit par céder
aux adversaires du projet de réformes de de Werder[2]. Ce fut le
triomphe de la réaction et de Wöllner, devenu conservateur en
matière d'économie politique comme en d'autres matières il était
devenu clérical ; la commission de révision fut licenciée le 30 janvier 1787 ; on revint à un mercantilisme encore aggravé ; on établit
une série de tarifs nouveaux dégrevant peut-être quelques impôts,
mais aggravant d'une façon singulière les droits de consommation
sur les objets de première nécessité (on en escomptait un revenu
annuel de deux millions de Thaler) au risque de faire baisser la
consommation et de menacer le bien-être national. L'exportation de
toutes les matières premières fut à nouveau interdite. Interdites
furent nombre d'industries ; toutes les contributions augmentées[3].
Est-il besoin d'ajouter que la liberté du commerce des grains sombra
dans la tempête. Les paysans, craignant que la libre entrée des
blés étrangers amenât une dépréciation de la valeur de leurs produits, les consommateurs même qui redoutaient de voir sortir de
la liberté des échanges, de la liberté de l'offre et de la demande,
un renchérissement des prix fixés pour les denrées, se firent les
complices de la réaction. Dès janvier 1787, un réglement de police
interdisait « l'accaparement des grains » et cherchait à supprimer le
libre commerce des spéculateurs en grains ; par peur d'un envahissement des blés polonais sur les marchés de la Silésie et de la ruine
de l'agriculture en ce pays ; un ordre du cabinet du roi (contresigné
par Hoym) du 4 février 1787 interdisait dans cette province l'importation et l'exportation des grains. Les militaires se mirent de la
partie et protestèrent, au nom de la défense nationale, contre la
liberté des transactions sur les grains qui rendaient les approvisionnements plus difficiles et plus coûteux[4].

Circonvenu de tous les côtés, et de plus en plus apeuré, le roi, dans

1. Philippson, *loc. cit.*, p. 114, 116 et 121.
2. *Ibid.*, *id.*, p. 116 et suiv.
3. *Ibid.*, *id.*, III. Kap., p. 248-250.
4. *Ibid.*, *id.*, p. 253-254.

un ordre de cabinet du 5 janvier 1788, déclarait que l'expérience de deux années avait prouvé que le libre commerce des grains faisait sortir du pays une quantité énorme de blé, vidait les magasins de leurs réserves de paix et de guerre, et menaçait, en cas de mauvaise année, la nation de disette, et il appelait l'attention de la direction compétente sur ce fâcheux état de choses.

Pour essayer de sauver ce qui restait du libre-échange les partisans de la réforme à la commission de révision firent la part du feu : établir une barrière douanière vis-à-vis des blés de Pologne ; assurer à l'administration de la guerre le monopole dans les districts où elle avait ses magasins.

Struensée, qui faisait partie des conseils de la direction générale, eut beau alléguer qu'on ne pouvait juger le système du libre-échange sur une expérience d'un an et demi — et sur une expérience combien restreinte, il eut beau multiplier les raisons décisives en faveur de la liberté illimitée du commerce et contre toutes les barrières, montrer qu'en accordant à la Pologne le libre passage, Stettin et toute la Poméranie y gagneraient de devenir des centres d'exportation de grains, que toute la marine marchande en bénéficierait, et non seulement la marine, mais le commerce entier, car les marchands polonais viendraient alors s'approvisionner en Prusse, la commission avait son siège fait — croyant impossible d'aller à l'encontre de la volonté du roi et s'imaginant qu'il fallait se contenter des concessions consenties pour diminuer la résistance de la réaction ; elle fit donc la sourde oreille aux arguments de Struensée — ou plutôt elle crut habile de les réfuter.

Puérile tentative : le roi était emporté par le courant, les moyens termes lui parurent des faiblesses ; il rejeta le projet de la commission et céda aux sollicitations de plus en plus pressantes des militaires.

Sans même consulter au préalable la direction générale il signa, le 19 octobre 1788, un premier décret frappant l'exportation des grains d'un droit si formidable qu'il équivalait déjà presque à une prohibition, et, en dépit des efforts de la direction, des propositions de de Werder, des doléances des intéressés, le 10 janvier 1789, il donnait le coup de grâce aux réformes libérales par lesquelles s'était annoncé son règne : il interdisait purement et simplement d'une façon absolue dans toutes les provinces de la Prusse, par mesure de protection. disait-il, l'exportation de toutes les sortes de grains[1].

Quand, en octobre 1791, la situation politique et financière du royaume contraignit la camarilla des Rose-Croix, des Wollner, des Hilmer, des Hermès et des Bichoffswerder tout-puissants auprés du roi, à accepter, en dépit de leurs sentiments intimes, le concours de Struensée comme ministre des Finances, il put sembler que les choses allaient changer et que le nouveau ministre aurait à cœur de réaliser au pouvoir les réformes qu'il avait prônées comme économiste. Malheureusement Struensée avait fait en Danemark un apprentissage qui l'avait rendu prudent : l'exemple de son frère lui avait enseigné qu'il était parfois dangereux de briser les coteries, de rompre en visière avec les préjugés et de menacer les intérêts de ceux qui avaient l'oreille des rois. Il savait les répugnances et les résistances que ses projets réformateurs rencontraient chez ses collègues, il savait les haines qui le guettaient, il savait la versatilité du monarque : après avoir soutenu la réforme économique libérale pour laquelle Struensée avait mené le combat, Frédéric-Guillaume II avait tout abandonné et tout cédé à la réaction sans cesse grandissante.

Pour triompher de tels obstacles il eût fallu un courage et une fermeté de caractère que Struensée n'avait pas : il ne pouvait, il ne voulait pas lutter contre « dix États antiques, vingt greffes, cinquante constitutions, cent privilèges, et d'innombrables intérêts personnels »; il préférait se laisser porter sans secousses par le flot du monde : convaincu que, pour triompher des résistances de la vieille organisation douanière il faudrait un coup d'état et, ne voulant pas le tenter, il se consolait à l'idée qu'il y aurait du « foin au ratelier quelque temps encore ». Il se borna donc à faire du mieux qu'il put — et sans éclat — sa besogne de financier[2].

A l'issue de la campagne de France, après les victoires des armées révolutionnaires sur le sol même de l'Allemagne, à la fin de l'année 1794, Struensée, profitant de l'état lamentable ou se trouvait financièrement et économiquement la Prusse, avait bien essayé de rétablir la liberté du commerce des grains; il alléguait que la récente acquisition des provinces du Sud, essentiellement productrices de grains, modifiant les conditions économiques permettrait d'abaisser

1. Philippson, p. 259-261.
2. *Ibid., id.*, Bd. II, III, p. 97-99.

les prix si la liberté du commerce était assurée entre ces provinces et les autres; et il obtint, le 30 janvier 1794, l'approbation du roi sous réserve de certaines mesures destinées à préserver les anciennes provinces d'un abaissement trop rapide et de prix ruineux pour elles.

Victoire éphémère des vues chères à Struensée : une liberté, même restreinte, du commerce était incompatible avec le système étatiste de la création des magasins et des réserves.

Une fois encore le conseil supérieur de la guerre fit entendre ses doléances : la liberté du commerce des grains, loin d'abaisser les prix, les ferait monter — car elle permettrait leur sortie — les achats pour les magasins de l'État deviendraient ruineux, les réserves seraient entamées, la défense nationale compromise. Et le 6 mai 1794 moins de quatre mois après que la liberté avait été rétablie, un ordre du roi supprimait à nouveau la libre sortie des grains [1].

Cependant dans les derniers mois de son règne la question fut encore une fois agitée.

Un ordre du cabinet du 29 juin 1797 appelle l'attention des ministres sur les inconvénients que présentent, au point de vue du commerce intérieur, la diversité et la multiplicité des taxes douanières de province à province, voire au dedans de la même province, et exprime la volonté de supprimer entièrement les barrières artificielles à l'intérieur du royaume pour ne conserver que les octrois aux frontières et vis-à-vis de l'étranger, taxant d'ailleurs aussi bien les exportations que les importations; le même ordre demandait enfin aux directions compétentes d'examiner la question des pertes que causerait au Trésor une réforme complète ou partielle du système des douanes intérieures, celle aussi des bénéfices que procureraient au trésor les douanes de frontières [2].

Comme il était à prévoir, les directions compétentes, la direction des douanes en particulier, tout en reconnaissant la réforme désirable, allégua qu'elle était grosse de dangers et ruineuse pour les finances publiques (7, VII, 1797) [3].

Il fallut, pour vaincre ces résistances, attendre la mort du roi (16 novembre 1797) et l'avènement de Frédéric-Guillaume III. Celui-

1. Philippson, loc. cit., p. 112-113.
2. H. Freymark, Zur preussischen Handels-und-Zollpolitik von 1648-1818, Halle-an-Saale 1897, II. Kap., p. 25.
3. Ibid, id., p. 25.

ci, dont le libéralisme connu allait jusqu'à le faire passer pour un démocrate capable de réaliser dans l'ordre et progressivement ce pour quoi les Français avaient fait une Révolution [1], paraissait décidé à mener à bien la réforme économique projetée depuis si longtemps et tant de fois remise en question.

En dépit des observations de la direction des douanes qui déclarait encore le 20 décembre 1797 que si la réforme aboutissait, on ne trouverait pas de recettes pour combler le déficit [2], il pressa autant qu'il put la réforme, mais elle ne fut accomplie qu'avec le ministère de Stein, successeur aux finances de Struensée et disciple décidé d'Adam Smith [3] : un décret du 26 décembre 1805 annonce, en effet, qu'elle serait appliquée à partir du 1er janvier 1806 [4].

Cependant si l'honneur d'avoir signé la réforme revient au roi et revient à Stein il est difficile d'oublier que Struensée en avait eu — sous le règne précédent — l'idée et l'initiative premières et qu'il ne tenait pas uniquement à lui de ne pas l'avoir accomplie. Qui donc sinon Struensée, avait pu inspirer à Frédéric-Guillaume II mourant l'ordre de cabinet du 29 juin 1797 proposant d'abolir toutes les prohibitions intérieures pour ne laisser subsister que les douanes des frontières, ordre de cabinet repris par Frédéric-Guillaume III, dès son avènement, et dont le décret du 26 décembre 1805 n'était que la consécration définitive.

Les réformes économiques du nouveau roi et du nouveau ministre ne furent donc que la réalisation des idées que Struensée avait eu le mérite d'être le premier à annoncer. Il ne lui manqua sans doute pour la faire aboutir qu'un peu de cette audace et de cette énergie dont Stein allait donner plus d'une preuve.

En dédiant à Struensée son *État commercial fermé*, au moment même, où, avec le nouveau roi, la question de la réforme économique était à l'ordre du jour, où le projet de refonte des douanes était soumis à la discussion des hommes du métier, l'année même

---

1. H. von Treitschke. *Deustche Geschichte im Neunzehnten Jahrhundert*, Leipzig, Hirzel, 1882, Ier Theil I, 2, p. 149-151.
2. Freymark. *loc. cit.*, p. 25, Zoll. Dir, 20 Dez. 1897. Dir Küstrin. 10 April 1898.
3. *Ibid.*, *id.*, p. 27.
4. *Ibid.*, *id.*, p. 26.

où Struensée publiait son *Traité sur les principaux objets de l'économie politique*, Fichte, sans aucun doute, n'ignorait ni le sens de la réforme, ni les sentiments et le caractère du ministre : il ne paraît donc pas douteux qu'il espérait, lui dont on connaît l'ardente ambition d'action et de réformes, collaborer à l'œuvre qui se préparait en opposant ses projets de réglementation économique aux propositions du libéralisme naissant.

L'*État commercial fermé* n'est, en dépit des apparences, nullement une utopie, une fantaisie de philosophe, il prétend être la solution originale d'un problème économique donné dans les faits : c'est ce qui ressort avec évidence de la courte introduction où Fichte dé nit le rapport de l'État conforme à la raison avec l'État réel, de l'État conforme au droit pur avec la politique. Il prend soin de dire que la construction de la cité vraiment rationnelle à partir des concepts du droit pur fait abstraction de tous les rapports juridiques — ou du moins de tous les rapports en tenant lieu — qui auraient pu exister antérieurement entre les hommes.

Or, en fait, les hommes vivent sous une constitution qui n'est sans doute l'œuvre ni de la réflexion, ni de l'art, mais bien plutôt du hasard ou de la Providence. L'État réel, en présence de cette situation, ne peut procéder à la destruction soudaine de cette Constitution sans dispenser les membres de la communauté, sans les rendre à la sauvagerie et, par conséquent, sans aller à l'encontre du but même qu'il poursuit : l'édification de l'État conforme à la raison. Tout ce qu'il peut faire c'est, partant de la situation du fait, de procéder progressivement et, par étapes, à la réalisation de cet état ; la question qui, pour lui, se pose n'est pas une question de droit, c'est une question de fait et d'opportunité, c'est de savoir ce qui, dans des conditions données, est applicable de l'idéal du droit ; on reconnaît là l'œuvre de la politique : la politique tient le milieu entre l'état actuellement donné et l'État conforme à la raison ; elle décrit la ligne continue suivant laquelle du premier on passe au second.

Précisant, conformément à ces principes, le but qu'il se propose dans l'*État commercial fermé*, Fichte ajoutait :

« Celui qui entreprend de montrer les lois qu'il s'agit d'établir pour les rapports commerciaux publics dans l'État, a donc une triple tâche ; chercher ce que dans l'État conforme à la raison le droit exige relativement au commerce ; exposer quel est, à cet égard, la situation des mœurs dans les États réellement existants ; tracer enfin la voie suivant laquelle un Etat peut passer de la situation de fait à la situation de droit. Je ne m'en défends pas, je parle d'une science et d'un art visant à l'établissement progressif de l'État conforme à la raison.

« Tout le bien qui peut écloir à l'homme en partage, doit être forcément produit par son propre art conformément à la science : c'est sa destination. La nature ne lui donne rien d'avance que la possibilité d'appliquer l'art[1] ».

Par là se trouve nettement défini le dessein de Fichte dans l'*Etat commercial fermé* et justifiée la division même de l'ouvrage : Philosophie ou établissement des principes qui, au point de vue du droit pur, doivent, dans l'Etat conforme à la raison, gouverner les relations commerciales. Histoire : situation des relations commerciales dans les Etats actuellement existants. Politique : comment amener à la constitution requise par la Raison les relations commerciales d'un État donné ou fermeture de l'État commercial.

Une analyse rapide des trois chapitres qui constituent ainsi la matière de l'*État commercial fermé* fera ressortir tout à la fois l'originalité du penseur et le caractère pratique de l'écrit qui prétend apporter une solution précise et rationnelle au problème économique posé à cet instant même en Prusse et que les hommes d'Etat cherchaient à résoudre d'une manière purement empirique.

Disons-le tout de suite : pour Fichte la Raison ou, si l'on préfère, la Science exige — au nom de la pure justice — dans le domaine économique, l'établissement de ce que nous appelons aujourd'hui une constitution socialiste; voilà ce que Fichte, le premier, du moins en Allemagne, proclame et entend démontrer. Et cette conclusion est dans la logique de son système.

En effet, la *Théorie du Droit* enseigne que l'exercice de la libre activité de l'individu dans le monde sensible, son droit primordial, n'est possible que sous la garantie de l'État et par la constitution d'un contrat d'association. Par ce contrat l'individu se trouve intégré dans une société, il devient membre d'un organisme dont toutes les parties sont solidaires et en réciprocité d'action; d'un organisme qui a en lui-même, comme tout organisme, son principe et sa fin. Ce contrat ne repose pas d'ailleurs sur une pure fiction ou sur une simple convention; la société n'est pas un tout imaginaire, la créa-

---

1. Fichte's S. W. Bd. III; *Der Geschlossene Handelstaat*, Einleitung. p. 397-398.

tion plus ou moins arbitraire d'un concept ou d'un décret, c'est un
tout existant et vivant, un organisme véritable. La vie en société —
qui est aussi réelle et aussi naturelle que la vie individuelle car il
n'y a pas plus d'individus 1ors de la société qu'il n'y a de société
sans individus — reconstitue ainsi dans le monde sensible, à travers
la nécessaire division et multiplicité des consciences individuelles,
l'unité que la raison exige; ou plutôt elle est l'incarnation même de
cette unité. Dans le tout organisé et organique que constitue la
société la Raison se réalise comme *Humanité une*; la société civile
exprime donc une fonction naturelle d'unification qui réalise déjà,
dans la nature même, dans la nature sensible, une communauté
véritable des individus, une communauté qui sera la base même sur
laquelle pourra s'édifier l'unification morale du genre 1umain, le
règne des lins, une communauté qui prépare l'accomplissement de
ce règne, et sans laquelle l'1umanité se perdrait dans le désordre
et l'anarc1ie des appétits individuels.

C'est ce caractère de l'*organisme social* qui est, à proprement
parler, le trait essentiel de la *Théorie du Droit* c1ez Fic1te.

Le droit c'est, au fond, pour lui, l'affirmation que l'1omme individuel n'est un 1omme que parmi des 1ommes et qu'il ne devient
ce qu'il est réellement que comme membre d'une société organique,
où tous les individus sont solidaires; que l'1omme est le concept
d'un genre, non celui d'un individu, car l'individu isolé de l'humanité n'est qu'une fiction de l'imagination [1].

Et cette conception de l'État, de la Société, comme organisme,
est une conception originale de Fic1te qui dépasse le point de vue
encore individualiste, au fond, de Rousseau et de Kant, et qui introduit, en morale, une valeur nouvelle : le Social.

Or cette substitution même du point de vue social, au point de
vue individuel dans le contrat civil conduit, pour toute l'économique,
à une conception nettement socialiste. Par la dé1ition même de
la propriété d'abord : du moment où, dans l'État, l'individu n'existe
qu'en fonction de la société dont il fait partie intégrante, il ne peut
y avoir, pour l'individu, un droit primitif et absolu de propriété sur
les c1oses, comme le prétend le droit moderne, issu du droit
romain; car la propriété ainsi comprise, comme purement individuelle ou individualiste, aboutit, en dernière analyse, à la justifica-

1. Fichte's S. W., III: *Grundlage es Na urrechte*, II. Theil, 17, A, p. 203-207.

tion de la grande propriété foncière, à une espèce de féodalité agrarienne, directement contraire aux intérêts de la communauté; il est clair, sans qu'il soit besoin d'y insister, que la répartition du sol, source des subsistances nécessaires à la vie, d'un sol limité en quantité, entre quelques gros propriétaires exclut le reste des membres de la société de la jouissance des biens auxquels leur donne droit le fait même d'appartenir à cette société.

Tous les membres de l'État ayant exactement le même droit à la vie, la justice exige qu'ils aient tous le moyen de vivre; une constitution sociale qui confère à quelques-uns aux dépens de tous l'appropriation des conditions de toute la subsistance, est une constitution mauvaise et que condamne l'État conforme à la raison.

La seule conception admissible est celle qui détermine la propriété en fonction non plus de l'individu, mais de la communauté des individus; et elle suppose que le droit de propriété soit défini non plus comme la possession exclusive d'une *chose donnée*, mais comme l'attribution d'une certaine sphère d'action, comme la condition nécessaire de toute existence dans le monde physique, d'un mot comme la production du travail qui permet à chaque homme de vivre.

Une pareille définition fondée d'une façon manifeste sur les principes de l'ensemble de la *Théorie de la Science* n'oppose pas le droit d'un individu aux droits des autres individus, elle implique la coexistence des droits de tous les individus en affirmant pour *tout* individu la nécessité de trouver les moyens de vivre, de vivre de son travail[1].

Déjà dans sa *Théorie du Droit*, Fichte avait écrit: « Le but suprême, le but universel de toute activité libre est de pouvoir vivre. Ce but, chacun de nous l'a en vue; il lui est garanti dans la mesure où la liberté en général lui est garantie. S'il n'arrivait pas à ce but la liberté et la durée de la personne ne seraient pas possible... la faculté de vivre est la propriété inaliénable, absolue de tout homme[2]. »

Dès les premières pages de l'*État commercial fermé* il revient sur cette idée:

« Le but de toute activité humaine est de pouvoir vivre. Tous ceux que la nature a jetés dans la vie ont le même droit à revendiquer cette possibilité de vivre. La division doit donc être nécessai-

1. Fichte's S. W., III; *Der Geschlossene Handelstaat*, Erstes Buch., I. Kap., p. 401-403 et VII. Kap., p. 440-443.
2. *Ibid.*; *Grundlage des Naturrechts* II, 2, § 18, p. 212.

rement faite de telle sorte que tous y puissent trouver de quoi vivre.
La vie pour soi et pour les autres [1]. »

Et c'est précisément sur l'obligation, au point de vue social,
d'assurer la vie à tous les membres de la Cité, sans exception
aucune, que repose, en principe, la division et la réglementation
du travail.

« Chacun veut vivre aussi confortablement que possible et comme
chacun le demande à titre d'homme et que personne n'est homme
à un degré plus ou moins grand que le voisin, tous ont, à cette
requête, le même droit. Il faut que la division se fasse conformément
à cette égalité de leur droit et de telle sorte que tous ensemble et
que chacun puissent vivre aussi confortablement que possible,
quand autant d'hommes qu'ils en comptent doivent se trouver réunis
et subsister dans la sphère d'action considérée, c'est-à-dire que tous
puissent vivre dans un confort approximativement égal. »

« Posez comme première grandeur une somme déterminée d'activité possible dans une certaine sphère d'action. Le confortable de
vie résultant de cette activité est la valeur de cette grandeur. Posez
comme seconde grandeur un nombre déterminé d'individus. Divisez
la valeur de la première grandeur par parts égales entre ces individus: vous aurez ce que, dans les circonstances données, chacun
doit recevoir. Si la première somme grandissait, si la seconde diminuait, la part de chaque individu augmenterait, mais si vous n'y
pouvez rien changer, votre affaire est tout simplement de partager
également ce qui est donné [2]. »

Cette arithmétique économique est tout justement l'œuvre propre
de l'État : elle aboutit, suivant Fichte, à une division et à une réglementation du travail, telles qu'elles puissent assurer à l'ensemble
des citoyens le maximum de bien-être, qu'elles puissent aussi prévenir le désordre économique et conséquemment l'injustice qui
naîtraient forcément de la liberté anarchique.

Visiblement inspiré à la fois des travaux des Physiocrates et de
l'ouvrage d'A. Smith, dont la seconde édition de la traduction de
Garve venait de paraître (1799), Fichte, dans son économique, d'une
part insiste sur la valeur éminente des produits naturels, des produits du sol, comme condition première de tout gain, de toute
richesse dans la cité, et comme unité de la valeur. Le prix de

1. Fichte's S. W., III; *Der Geschlossene Handelstaat*, I, I., II, p. 402.
2. *Ibid.*, I., p. 402-403.

tout objet se mesure en particulier soit à la quantité de blé qui aurait pu être produite pendant le temps qu'on a consacré à le faire, soit à celle qu'aurait exigé pendant ce temps la vie de l'artisan[1].

L'agriculture et, avec elle, l'exploitation et l'obtention de tous les produits naturels, est, dit-il, le fondement même de l'État, la norme qui règle les prix de tout le reste. Le bien-être et le luxe plus ou moins grand de la Société dépendent des conditions plus ou moins favorables de la production, du degré d'avancement ou d'enfance de l'exploitation[2].

La première place — dans la division des branches de l'activité humaine — appartient au travail des produits naturels, à la classe des *producteurs* opposée à celles des *non-producteurs*, suivant l'expression que Fichte emprunte aux Physiocrates. Les *producteurs* — détenant les produits naturels — sont les seuls qui pourraient, à la rigueur, se passer de toute aide étrangère : il suffît d'opérations, en somme assez faciles, pour faire servir ces produits à la nourriture et aux vêtements indispensables. Au contraire tous les autres artisans ne peuvent se passer de ces produits naturels à la fois pour leur subsistance et pour leur travaux; ajoutons que le but de l'artisan ne peut être nullement dans son travail même (comme pour celui qui récolte les produits naturels); son but c'est de vivre de son travail et si sa vie ne lui est pas assurée par son travail, il n'y a pour lui rien d'assuré. La première condition, la condition nécessaire pour que la vie soit possible dans l'État, c'est que les producteurs obtiennent une quantité de produits suffisante pour subvenir à la nourriture de l'ensemble des membres qui composent la Société[3].

Mais en reconnaissant avec les Physiocrates dans la part privilégiée de l'agriculture et de ses annexes la source même de la richesse de l'État, Fichte, comme A. Smith, estime que la division du travail est un fait économique et social de première importance : il permet d'obtenir dans la Société le maximum de bien-être avec le minimum d'effort.

Pour cette division du travail Fichte admet la distinction, alors courante, en trois grandes classes : Producteurs, Artisans, Commer-

1. Fichte's S. W., III; *Der Geschlossene Handelstaat*, I, II., v, p. 416-417.
2. *Ibid.*, II., II, p. 408.
3. *Ibid.*, *id.*, II., I, p. 404; et II, p. 408.

çants, chacune de ces classes, susceptible elle-même de subdivisions plus ou moins nombreuses [1].

Il exige seulement entre ces différentes classes un rapport tel que d'une part les producteurs soient en nombre suffisant pour entretenir avec la vie de leur propre classe, celle des deux autres, pour fournir aussi aux artisans les matériaux nécessaires à la fabrication ; que d'autre part les artisans fournissent aux producteurs le nombre d'objets fabriqués dont l'usage leur est habituel, au prix fixé par la valeur du produit estimée comme il a été dit et de la qualité que rend possible la situation même et la sphère d'action de l'État ; enfin que les commerçants qui servent d'intermédiaires entre ces deux classes et leur épargnent la peine et le temps de se chercher mutuellement renoncent entre eux à tout commerce direct, source de tous les accaparements et de tous les monopoles, véritable plaie inhérente au mercantilisme, qu'ils cessent d'être soit marchands et producteurs ou artisans, soit les deux à la fois, et restent toujours pourvus, en tout temps, des objets qu'on leur demande, en échange de quoi les deux autres classes s'engagent à leur remettre le superflu de leurs produits ou de leurs objets fabriqués et à leur acheter les objets dont ils ont besoin à un prix tel qu'il permette aux marchands de vivre de leur commerce aussi confortablement que les membres des autres classes [2].

Il convient d'ajouter que cette division ne se fait pas arbitrairement et au hasard, qu'elle exige une réglementation minutieuse de l'État. seul capable de fixer, suivant les besoins de la communauté, le nombre respectif des travailleurs de chaque classe, d'établir, au cas où une branche manque de bras, un système de primes pour attirer les travailleurs ; d'interdire à certains, en cas d'incapacité, l'exercice public du métier [3], de fixer les prix des échanges en fonction de la quantité des marchandises et du nombre des consommateurs, de surveiller la régularité des opérations commerciales et de punir la fraude [4].

Bref la tâche de l'État est d'assurer à tous les citoyens, par cette

---

1. Par exemple les producteurs comportent des agriculteurs, des maraichers, des jardiniers, des forestiers, des éleveurs, des pêcheurs, etc. ; de même les artisans se divisent en presque autant de catégories qu'il y a d'objets fabriqués et les branches du commerce sont également multiples. *Ibid.*, I, II., II, p. 406-408.
2. *Ibid.*, id., I, II, I, 404-405 ; voir aussi VII, p. 447.
3. *Ibid.*, id., II et III, p. 408-411.
4. *Ibid.*, p. 413.

réglementation du travail, avec le maximum de bien-être national ou de richesse publique [1], à la fois l'égalité du confort qu'exige la justice et le maximum de confort compatible avec une situation donnée.

Remarquons d'ailleurs que cette égalité de confort n'entraîne pas, dans l'esprit de Fichte, une égalisation des individus.

Sans doute, il convient, déclare-t-il, que tous aient une vie également agréable; mais il ajoute : proportionnellement agréable, c'est-à-dire telle qu'on obtienne l'espèce de force et de bien-être dont chacun a besoin pour ses fonctions propres. Par exemple, l'homme occupé à de profondes méditations et dont l'imagination doit prendre son élan pour la découverte n'aurait pas même le nécessaire s'il devait se nourrir comme l'agriculteur qui, au jour le jour, fait un travail tout mécanique, et ne dépense que des forces corporelles. Celui-ci peut, sans inconvénient, les jours où il travaille, apaiser sa faim avec une quantité d'aliments végétaux qu'il digère sans aucun doute en plein air; de plus un vêtement fin et soigné serait, dans ses occupations, bien vite perdu. Au contraire celui qui fait, assis dans sa chambre, un travail manuel a besoin d'une nourriture dont une plus petite quantité le rassasie; et celui qui, soit dans les arts supérieurs, soit dans la science, doit faire des découvertes, a besoin d'une nourriture plus variée et plus réconfortante, il a besoin d'avoir constamment devant les yeux, au dehors, cette pureté et cette noblesse qui doivent régner, intérieurement, en lui [2].

Il convient aussi de remarquer que cette égalité du confort, loin de tendre, dans l'esprit de Fichte, à un matérialisme médiocre a, au fond, pour but de rendre accessible à *tous* le loisir destiné à l'élévation spirituelle et qui, dans l'ordre économique actuel, est le privilège singulièrement mal employé de quelques oisifs.

« Ce n'est pas simplement pour l'humanité un pieux désir, c'est l'exigence inéluctable de son droit et de sa destinée qu'elle vive sur la terre aussi aisément, aussi librement, aussi maîtresse de la nature, aussi vraiment *humainement* que le permet, où que ce soit, la nature. L'homme doit travailler, mais non pas comme une bête de somme qui s'endort sous son fardeau et qu'après la réfection nécessaire de ses forces épuisées, on réveille en sursaut pour porter de nouveau le même fardeau. L'homme doit travailler sans l'aiguil-

---

1. Fichte's S. W., III; *Der Geschlossene Handelstaat*, I, III., VI, p. 423.
2. *Ibid., id.*, III., V, p. 418.

lon de la peur, avec plaisir, avec joie et conserver du temps de reste afin de lever vers le ciel, pour la contemplation duquel il est formé, son esprit et son regard. Il ne doit précisément pas manger avec sa bête de somme, mais sa nourriture doit être aussi différente du foin, son habitation de l'écurie que, par sa conformation, il est différent de sa bête de somme. Il possède ce droit justement parce qu'il est un homme [1]. »

Et voici le point important : cette réglementation qui assure à tous les membres de la Cité avec l'égalité du confort, une sorte d'égalité dans la participation à la vie spirituelle, cette réglementation qui est la condition même de la justice, n'est possible qu'à l'intérieur d'un État commercial fermé, car toute introduction de produits étrangers à l'État romprait nécessairement l'équilibre si laborieusement constitué entre les différentes branches du travail [2]. « S'il n'est pas absolument indifférent à l'État de savoir de quelle manière le citoyen, est parvenu à l'acquisition de ce que l'État doit reconnaître comme sa propriété et lui garantir comme telle; si le citoyen, dans ses acquisitions, se voit refuser, jusqu'à une certaine limite, la limite du vol à main armée, la liberté sans obstacles qui permettrait à l'un de s'emparer de tout sans que l'autre n'ait rien ; si tout le devoir du gouvernement ne consiste pas seulement à veiller d'une certaine manière sur les tas amassés et à empêcher celui qui n'a rien d'obtenir quelque chose; si c'est bien plutôt le véritable but de l'État d'aider tous les citoyens à acquérir ce qui leur appartient comme membres copartageants de l'humanité... alors il faut que tout le commerce soit réglé de la manière qui a été dite; il faut, pour que cette réglementation soit possible, qu'on puisse faire abstraction de l'influence de l'étranger qu'il faut bien introduire en ligne de compte, et alors l'État conforme à la Raison est un État commercial fermé aussi bien qu'il est un royaume fermé quant à ses lois et aux individus qui le composent [3] ».

Mais trois choses peuvent compromettre à l'intérieur même de l'État fermé, l'équilibre de la justice, c'est d'abord l'existence d'une classe de citoyens qui ne sont ni producteurs, ni fabricants, ni commerçants, la classe des fonctionnaires qui consomment sans produire, fabriquer ou échanger, diminuant le bien-être général

---

1. Fichte's S. W., III: *Der Geschlossene Handelstaat*, I, III., p. 422-423.
2. *Ibid.*, II., vi, p. 420.
3. *Ib. d.*, II., vi, p. 420.

sans compensation. C'est, en second lieu, l'impossibilité de prevoir
le rendement annuel des produits naturels et, par suite, la menace
d'un déficit dans la production. C'est enfin la nécessité de recourir
à la monnaie comme valeur d'échange et la possibilité de constituer
avec elle une richesse purement fictive.

Mais d'abord les fonctionnaires assurent les services publics, ce
sont eux aussi qui garantissent à tous les citoyens la jouissance de
leurs droits, il est donc à la fois nécessaire et juste qu'ils aient dans
l'État leur place et dans la fortune publique leur part; il faut donc,
dans le calcul économique qui règle le rapport des classes et le
degré du confort commun, commencer par opérer la déduction de
la somme qu'exigent l'entretien et l'existence des fonctionnaires
— c'est là le principe même des impôts; et sans doute la fortune
publique et le bien-être de tous en sont diminués, sans doute le
prix des denrées se trouve augmenté d'autant, mais l'équilibre
commercial n'en est pas rompu[1].

En second lieu, l'équilibre, pourrait être modifié non pas sans
doute par une perturbation dans la quantité des objets de fabrication, puisque ceux-ci peuvent toujours être réglementés suivant le
calcul des besoins, mais par une insuffisance dans la production
annuelle; insuffisance sur laquelle aucune réglementation n'a de prise.

Pour y obvier, l'État n'a qu'une ressource. Calculer — sur un
espace de cinq ans environ — la moyenne de la production et de la
consommation annuelle. Créer des magasins où il mette en réserve
dans les années de surproduction le surplus des produits nécessaires à l'alimentation annuelle, et obliger les producteurs soit à
verser dans les magasins de l'État, soit à conserver par devers eux,
après déclaration préalable, ce surplus qu'on inscrit à leur crédit et
qui sera payable au moment de la livraison[2].

Mais c'est surtout l'introduction de l'argent et de l'or, des métaux
précieux, condition des échanges, qui est susceptible de troubler
l'équilibre économique de l'État en modifiant la valeur même des
produits, le rapport entre la quantité des objets de consommation
et le prix en argent qu'ils représentent étant alors essentiellement
variable. Visiblement Fichte dénonce ici les méfaits du mercantilisme qui voyait dans la quantité de métal précieux accumulé la
richesse même d'un pays.

1. Fichte's S. W., III; *Der Geschlossene Handelstaat*, I, IV., p. 424-427.
2. *Ibid.*, *id.*, V., p. 428-431.

Or sans doute Fichte ne va pas jusqu'à interdire toute introduction de monnaie dans l'État conforme à la raison [1]; mais il va s'efforcer de montrer que, dans un *État commercial fermé* où les citoyens n'ont pas de commerce direct avec l'étranger, l'argent ne peut pas avoir par lui-même de valeur réelle, il ne doit avoir qu'une valeur purement représentative, celle d'un signe, d'un simple instrument d'échange, d'un nouvel et commode intermédiaire, parce que plus maniable, dans le troc des marchandises [2].

Dans l'État commercial fermé la quantité d'argent en circulation, pour parler le langage ordinaire, n'a aucune importance, le plus ou le moins n'a aucun sens, sa valeur n'a qu'une valeur fictive, celle que l'État lui donne; la somme totale de l'argent en circulation représente exactement la somme totale des denrées en circulation publique dans le commerce: la dixième partie de l'argent, la dixième partie des marchandises, le centième de l'un, la centième des autres. Peu importe donc qu'on appelle *Thaler* une fraction quelconque de l'argent en circulation, car quelle que soit la fraction en question, elle ne pourra jamais servir qu'à se procurer la même fraction de marchandises. La fortune d'un individu ne dépend pas du nombre de pièces d'argent qu'il accumule, mais de la fraction de la totalité de l'argent en circulation que ce nombre exprime, c'est-à-dire, au fond, de la fraction des denrées et marchandises qu'il représente.

Il suit de là que la quantité d'argent, c'est-à-dire de signes mis en circulation par l'État est purement arbitraire. Grande ou petite, aussi grande ou aussi petite qu'elle soit, elle a toujours exactement la même valeur, elle représente toujours exactement la quantité de blé qui, comme unité, mesure, tant en nature qu'en valeur d'équivalence, la nourriture et l'entretien global des membres de la Cité.

Tant que ce rapport entre l'argent et les marchandises en circulation persiste, les prix ne peuvent changer; ils ne changeraient que si, en présence de la même masse d'argent, les marchandises en circulation augmentaient en quantité ou en valeur interne, que si, en présence de la même valeur des marchandises, la masse d'argent augmentait. Dans le premier cas chaque partie de l'argent en cours aurait plus de valeur puisque le tout dont il est une part représenterait une valeur supérieure; dans le second cas chaque pièce

---

1. Fichte's S. W., III; *Der Geschlossene Handelstaat*, I, VI., p. 432.
2. *Ibid.*, id., p. 433.

d'argent perdrait de sa valeur puisqu'elle ne serait plus la même
fraction de la totalité qui, après comme avant, représente la même
valeur des marchandises [1].

Mais si l'État est seul à pouvoir fabriquer l'argent, si la contre-
façon en est impossible — deux conditions indispensables —
l'équilibre commercial ne peut être changé, à l'insu de l'État — il
ne peut être augmenté sans sa volonté expresse, cela est trop clair,
et il ne doit l'être que pour rétablir l'équilibre des prix en cas
d'augmentation de la valeur des denrées. Mais peut-il arriver qu'il
soit diminué?

On peut imaginer deux causes de diminution : l'usure par l'usage,
l'épargne. L'usure par l'usage n'entre pas en ligne de compte si
la monnaie est faite d'une matière durable, si, pour les rares pièces
devenues par le temps hors d'usage, l'État, à mesure qu'elles
rentrent dans ses caisses les retire de la circulation et les remplace
par des nouvelles. Reste l'épargne. Si l'épargne est généralisée et
si elle est considérable, il est clair qu'il en résulte une diminution
appréciable de l'argent en circulation.

Cependant, à y regarder de plus près, cet argent n'est que
momentanément soustrait à la circulation, car le but de l'épargne
n'est pas l'épargne même, c'est le désir d'assurer l'aisance des vieux
jours, l'aisance de ceux qui nous sont chers. Tôt ou tard l'argent,
l'argent économisé fera retour à la masse; et la compensation
s'établit assez régulièrement — chaque année — entre les nouvelles
épargnes et le retour à la circulation des économies antérieures;
l'État d'ailleurs agirait sagement en tenant compte dans son calcul
annuel des prix des marchandises (du rapport entre les denrées et
l'argent), de la somme moyenne que l'épargne retire de la circulation [2].

Toute cette théorie monétaire repose sur une hypothèse : celle
d'une monnaie d'État, d'une monnaie que l'État est seul à fabriquer,
d'une monnaie qui n'a cours qu'au sein de l'État. Il est trop évident
que l'importation de l'argent étranger romprait l'équilibre établi
puisqu'il ne permettrait plus à l'État de régler l'émission de la
monnaie suivant l'exacte proportion des marchandises en circulation.
Cette introduction de l'argent étranger n'est d'ailleurs pas possible
dans l'État commercial fermé, puisque les citoyens d'un tel État ne

1. Fichte's S. W., III; Der Geschlossene Handelstaat, I, VI., p. 434-436.
2. Ibid., id., p. 436-439.

peuvent faire de commerce qu'entre eux, tout trafic avec l'étranger
leur étant par hypothèse interdit [1].

Telle est, dans ses traits essentiels, l'esquisse que Fichte présente
de ce qu'il appelle sa philosophie de l'économique ou l'État
absolument conforme à la raison.

Absolument conforme à la raison — dans quelle mesure? Il
paraît légitime d'admettre avec Mᵐᵉ Marianne Weber, dans son
excellente étude sur le Socialisme de Fichte, que le philosophe, au
lieu de s'en être tenu à établir un idéal d'État construit d'après
des normes *a priori*, un idéal universellement valable et, précisément
pour cela, sans intérêt historique et sans application possible à
aucun temps, ait été poussé par le désir, si conforme à son tempérament d'homme d'action, de pouvoir faire descendre du ciel sur la
terre, quelque jour et quelque part — en Prusse peut-être bien —
son État d'après la raison, et c'est pourquoi il a entrepris un examen
détaillé des moyens économiques et techniques pour la réalisation
pratique de son idéal, se donnant à lui-même l'illusion qu'il le
déduisait de la pure raison, leur attribuant la valeur d'axiomes,
comme à des actes nécessaires de l'esprit [2].

« Aussi tombe-t-il, sans en avoir conscience et sans tracer de
division nette entre la norme et la réalité, de la sphère des lois universelles dans la sphère des conditions historiques, donnant cependant une valeur normative à toutes ses exigences économiques particulières singulières (*Einzelforderungen*) — spécialement à l'exigence
de la fermeture de l'État commercial qui, autant que sa réalisation
pouvait être envisagée, n'avait de valeur que pour un certain temps
dans des hypothèses très déterminées, comme moyen de rétablir des
conditions de vie plus morales [3] ».

L'inconsciente confusion que semble commettre ici Fichte confirme
l'hypothèse que l'*État commercial fermé* — loin d'être l'utopie sans
réalité que les contemporains ont cru y voir — est bien, comme
nous le disions au début, une œuvre de circonstance, une tentative
pour donner à la réforme économique à laquelle travaillait Frédéric-
Guillaume III, une orientation nouvelle, l'orientation que Fichte
croit seule conforme à la raison.

1. *Ibid.*, id., p. 133.
2. *Fichte's Sozialismus und sein Verhältniss zur Marx'schen Docktrin*, von
Marianne Weber, Tubingen, Verlag von J.-B. Mohr (Paul Siebeck), 1900, II, 3,
p. 61.
3. *Ibid.*, p. 62.

L'impression est confirmée par les deux dernières parties de
l'ouvrage : celle où Fichte examine la situation économique du
temps, celle où il prétend appliquer à cette situation les principes
même de l'État idéal.

La situation économique du temps ne se comprend que par le
passé. C'est l'erreur de celui qui n'a pas l'habitude de la réflexion,
de se borner au présent, à l'immédiat et c'est son ordinaire illusion
de croire, en conséquence, que les idées et les mœurs du peuple
auquel il appartient, du siècle où il vit sont, pour tous les peuples et
dans tous les siècles, les seuls concepts, les seules mœurs possibles [1].

Mais le philosophe — qui connaît la contingence des choses —
comprend la nécessité, pour rendre compte du présent, de considérer les événements qui l'ont déterminé et, pour s'expliquer comment tel fait — qui aurait pu être différent — s'est produit, de faire
appel à l'histoire. « L'histoire ne peut et ne doit rien être d'autre
qu'une réponse génétique à la question de la causalité, à la question
de savoir comment s'est produit l'état actuel des choses, pour quelles
raisons le monde est fait comme il se trouve l'être sous nos
yeux [2]. »

Ce qui caractérise le monde ancien, au moins jusqu'à l'Empire
romain, c'est qu'il est constitué par une foule de peuples nettement
séparés les uns des autres? Pour eux l'étranger est un ennemi ou
un barbare. Au contraire, les peuples de la nouvelle Europe chrétienne se considèrent comme une seule et même Nation : et c'est à
l'intérieur de cette Unité que, par une série de circonstances dont
on ne peut exposer le détail, les différents États modernes se sont
peu à peu constitués.

Leur formation ne répond pas à l'origine que, dans la théorie
du droit, on assigne généralement à la constitution de l'État :
la réunion et l'assemblage d'individus sans lien sous l'unité de la
loi ; elle a été la séparation et la division d'une seule et même
grande masse d'hommes — dont le lien était seulement très faible ;
rien d'étonnant à ce que cette séparation, de date encore récente, ne
soit pas achevée, qu'il subsiste toujours des traces visibles de l'assemblage d'autrefois et qu'une partie de nos concepts et de notre orga-

1. Fichte's S. W., III; *Der Geschlossene Handelstaat*, Zweites Buch. Zeitges-
chichte, I, Vorerinnerung, p. 448.
· 2. *Ibid.*, p. 449.

nisation paraisse supposer comme encore subsistant cet assemblage
qui a été détruit[1].

Or, précisément à l'époque où régnait l'unité de l'Europe chrétienne, s'est constitué un système commercial qui, au moins dans
ses traits essentiels, durait encore au temps où vivait Fichte. Chaque
région du grand Tout fabriquait ce que sa position naturelle rendait
le plus aisé, l'envoyait sans entraves à travers toutes les parties de
l'Europe chrétienne et les prix s'établissaient d'eux-mêmes.

Le lieu d'origine était, en quelque sorte, la marque de fabrique
des objets; comme moyen d'échange commun, la monnaie d'or et
d'argent dont le cours était sensiblement le même dans toutes les
parties de ce grand État commercial et qui y circulait librement.
Aucune statistique de ce commerce par rapport à l'ensemble de la production, car il n'y avait pas de véritable gouvernement commun, mais
bien plutôt partout l'anarchie. Bref dans cet état de choses, liberté
absolue du commerce, pas de limitation.

Et cette liberté convenait bien au régime d'alors; tous les citoyens
de l'Europe chrétienne pouvaient se considérer comme les membres
d'un seul et même État commercial, libres, par conséquent, dans
leurs transactions réciproques.

L'application à la situation actuelle était facile. Si toute l'Europe
chrétienne, en y ajoutant les colonies et les comptoirs dans les
autres parties du monde, constituait toujours un Tout unique, le
commerce devait rester libre, comme il l'était originellement entre
toutes les parties.

Si, au contraire, l'Europe actuelle était divisée en une diversité
d'états constituant des Touts par eux-mêmes, avec des gouvernements distincts, elle devait être divisée en autant d'États commerciaux entièrement fermés les uns aux autres.

Mais qu'en est-il dans la réalité? Force est de reconnaître que
l'organisation politique actuelle de l'Europe ne présente pas un
caractère aussi nettement tranché.

Assez longtemps dans l'Europe moderne il n'y a pas eu d'États;
et l'on assiste, précisément au temps de Fichte, à la tentative pour
en constituer. mais on se débat encore dans une espèce d'anarchie :
anarchie politique et, bien plus encore, anarchie commerciale.

Les systèmes qui réclament la liberté du commerce, la revendica-

tion d'acheter et de vendre dans tout le monde connu sont, déclare
Fichte, une survivance de la mentalité de nos ancêtres pour lesquels
ces systèmes convenaient; — ces systèmes, ces revendications qu'ils
nous ont transmis, nous les avons reçus sans examen, nous nous y
sommes habitués et il n'est pas pour nous sans difficultés de leur en
substituer d'autres [1].

Or à quoi conduit l'anarchie commerciale qui résulte de la liberté
sans limites? Tant que les relations économiques ont été trop simples
pour amener l'accumulation des stocks, l'inondation des marchés,
les crises commerciales, l'insécurité économique et les catastrophes
financières, cette anarchie n'a pas causé de graves dommages, mais
avec le progrès de la civilisation et de la production, avec la complication de plus en plus grande de la vie, avec le raffinement des
désirs, avec la croissance des besoins, les relations économiques —
en présence de cette anarchie foncière — ont pris de plus en plus le
caractère d'une guerre, plus âpre et plus redoutable que la guerre
politique, car c'est une guerre sans issue : la guerre des appétits [2].

« De là une guerre sans fin de tout le public commerçant contre
tous, la guerre des acheteurs et des vendeurs et cette guerre devient
plus acharnée, plus inique, plus dangereuse dans ses conséquences
à mesure que le monde se peuple, que l'État commercial s'accroît
d'acquisitions toujours nouvelles, que la production et les arts
s'élèvent, que par là s'augmente et se multiplie la quantité des marchandises en circulation et, avec elle, les besoins de tous. Des pri-
vations qu'on pouvait accepter sans grande injustice et sans grande
vexation, lorsque les habitudes de vie des nations étaient simples,
deviennent, quand les besoins s'accroissent, l'injustice la plus criante
et la source de grands malheurs.

L'acheteur cherche à arracher ses marchandises au vendeur;
voilà pourquoi il réclame la liberté du commerce, c'est-à-dire la
liberté pour le vendeur de transporter les marchandises sur les
marchés de l'acheteur au risque de ne pas trouver de débit et d'être
forcé de vendre fort au-dessous de la valeur des objets; voilà pourquoi il réclame une âpre concurrence entre fabricants et commerçants afin que l'accroissement du débit et la nécessité d'avoir de l'argent comptant force le vendeur à lui livrer les marchandises à n'importe quel prix — que sa générosité voudra encore bien lui faire.

1. Fichte's S. W., III; *Der Geschlossene Handelstaat.* II. II.. p. 450-454.
2. *Ibid., id.*, III., p. 454-457. •

S'il réussit, l'ouvrier s'appauvrit, des familles travailleuses tombent dans la misère et dans le malheur ou émigrent d'une nation injuste. Contre cette tyrannie le vendeur se défend : il épuise le stock des approvisionnements par les moyens les plus divers, par les accaparements, par le renchérissement artificiel, etc. Il met par là l'acheteur en danger d'être subitement privé dans ses besoins habituels, ou, pour les satisfaire, de payer beaucoup plus cher qu'il n'en a l'habitude et, par suite, d'être forcé de se restreindre à d'autres points de vue. Ou bien encore, quand on rogne sur le prix des marchandises, il rogne sur leur qualité. Et l'acheteur n'obtient pas ce qu'il croyait : il est trompé....

« Bref, pas la moindre garantie pour personne que sa position actuelle lui sera conservée alors que continuera son travail ; car les hommes veulent être absolument libres de se ruiner mutuellement. » [1]

Telle est, sous le régime de la liberté pure, la situation mutuelle des individus dans le grand État commercial formé par le monde moderne, considéré comme un seul Tout ; mais que deviennent alors les relations réciproques des Nations entre elles.

Tant que les gouvernements des États particuliers peuvent couvrir les frais du gouvernement avec le revenu des domaines sans imposer directement les membres de la Cité, la situation pécuniaire de ceux-ci n'intéresse pas l'État : la richesse ou la pauvreté de chacun n'intéresse que lui-même.

Mais tout change le jour où l'État exige des citoyens des impôts payables en argent mondial (*Weltgeld*), autant d'impôts qu'il peut (un État conforme à la raison exigerait seulement autant d'impôts que besoin est).

Ce jour-là l'intérêt de l'État est que ses membres possèdent autant d'argent que possible, afin qu'il puisse leur en soutirer le plus possible : la fortune métallique des individus mesure alors la richesse de l'État. De là toute la théorie de la monnaie et de la balance du commerce qui caractérise le mercantilisme.

Trois cas sont possibles : le pays importe autant qu'il exporte ; c'est l'équilibre absolu. L'État ne s'appauvrit ni ne s'enrichit, il conserve intact l'argent en circulation ; le gouvernement peut donc continuer à percevoir les mêmes impôts.

Deuxième cas : La Nation, en ce qui concerne sa production et sa

---

1. Fichte's S. W., III, *Der Geschlossene Handelstaat*, II, III., p. 457-458.

fabrication, trouve dans les besoins habituels de l'étranger des débouchés assez nombreux et assez avantageux pour que le chiffre dé ses exportations dépasse de beaucoup celui des importations nécessaires à la satisfaction de ses propres besoins; elle reçoit beaucoup plus d'argent qu'elle n'en donne; l'argent en circulation s'accroît périodiquement : elle est riche en numéraire. Et cette richesse est durable tant que les sources de sa production ne se tarissent pas, tant que les besoins de l'étranger restent les mêmes. Alors de deux choses l'une : ou cet excédent de richesses servira à améliorer le bien-être général de la nation aux dépens de l'étranger qui s'appauvrira toujours davantage. Ou — ce qui est plus probable — le gouvernement augmentera les impôts pour drainer, au profit des fins de l'État, cet accroissement de la richesse publique.

Dernier cas : un pays importe constamment plus qu'il n'exporte : son argent, de plus en plus, passe à l'étranger : d'année en année il s'appauvrit. Si le gouvernement, par souci de maintenir le bien-être général ou par nécessité, en présence de la pauvreté générale, abaisse ses impôts, il s'affaiblit; s'il les maintient ce serait aux dépens du bien-être de la nation et il verrait bientôt sa population diminuer, soit par restriction volontaire de la natalité, soit même par l'émigration de ses nationaux : il aura peut-être ainsi l'illusion de conserver sa situation : au fond il prépare sa propre aliénation, il se vend en quelque sorte lui-même [1].

Tous les gouvernements qui ont ouvert les yeux sur ce rapport de leurs nations avec les autres dans le grand État commercial du monde et ne se sont pas contentés de laisser tout aller au bon plaisir de Dieu, ont pris presque les mêmes mesures pour tourner artificiellement à leur profit ce rapport, autant que cela leur était possible.

Faveurs accordées aux fabriques nationales.

Par contre entraves à l'importation des produits fabriqués étrangers pour éviter l'écoulement de l'argent à l'étranger, soit par une interdiction absolue, soit par des droits énormes [2].

Mais ce système atteint-il vraiment son but? Si un état donné ne peut s'enrichir qu'aux dépens des autres, s'il cherche pour lui des avantages exclusifs, les autres gouvernements, lésés par lui, se défendront : ils emploieront à leur tour des mesures de rigueur, ils

1. Fichte's S. W., III; *Der Geschlossene Handelstaat*, II, IV. p. 459-464.
2. *Ibid., id.,* V, p. 465-466.

s'entendront et feront tout leur possible pour affaiblir sa prépondérance et rétablir l'équilibre : et, s'ils ne peuvent entamer d'emblée sa puissance, à leur tour, ils chercheront leur fortune dans la ruine d'États plus faibles qu'eux : la tendance à l'inimitié qu'ont déjà tous les États à l'égard les uns des autres, à cause de leurs frontières territoriales, s'accroîtra d'une hostilité nouvelle : l'hostilité pour les intérêts commerciaux ; et ce sera — en secret — une guerre commerciale universelle.

Cette guerre secrète se changera en violences, et en violences qui n'ont rien d'honorable. On favorisera la contrebande dans les pays voisins, on l'encouragera publiquement. La rivalité des intérêts commerciaux est souvent la véritable cause de guerres auxquelles on donne un autre prétexte, on gagne ainsi la moitié du monde contre les principes politiques d'un peuple — c'est du moins ce qu'on dit — alors qu'au fond la guerre est dirigée contre son commerce, et ce, au détriment des nations qu'on y a gagnées [1].

Enfin l'intérêt commercial produit des idées politiques qui pourraient n'être pas aventureuses, et de ces idées sortent des guerres dont loin de cacher la vraie raison, on l'étale ouvertement aux yeux. De là cette domination des mers, des mers qui, à l'exception de la portée des côtes des pays habités, devraient être, sans aucun doute, aussi libres que l'air et que la lumière. De là un droit exclusif au commerce avec un peuple étranger, un droit qui n'appartient pas plus à une des nations commerçantes qu'à une autre; et à propos de cette domination, à propos de ce droit, des guerres sanglantes [2].

Ce n'est pas tout : si la sécurité de la situation de ses habitants est à la fois pour l'État un devoir de prudence et un devoir de justice, si c'est là son premier but, il faut bien reconnaître que le système économique en vigueur est intenable, car aucun État qui compte sur la vente à l'étranger et qui règle sur cette vente son industrie n'est sûr du lendemain, puisque ce lendemain ne dépend pas de lui : il est à la merci de tous les hasards, de tous les changements de ressources, de goûts, d'intérêts, etc., des étrangers.

Tous les désavantages de la liberté absolue du commerce subsistent après comme avant cette demi et incomplète limitation.

Voici les maximes ordinaires qui expriment ce point de vue :

1. Allusion significative au procédés de l'Angleterre à l'égard de la France.
2. Ibid., id., VI, p. 167-468.

l'argent doit rester dans le pays; il faut drainer dans le pays l'argent étranger.

Sans rabaisser en rien les intentions paternelles et bienfaisantes de tant de gouvernements à l'égard de leurs sujets, on peut pourtant admettre que ces dispositions visent moins à garantir le maintien de la situation de leurs administrés qu'à conserver ou qu'à élever le taux des impôts dont ils les peuvent frapper, et, grâce à ces impôts, leur puissance guerrière vis-à-vis d'autres États.

De là toutes les mesures qui caractérisent le mercantilisme : accroissement des exportations et conséquemment de l'argent qu'on tire de l'étranger. Encouragement à l'agriculture, pour avoir des produits à exporter : primes pour favoriser cette exportation. Appel aux ouvriers étrangers pour la création d'industries nouvelles dans le pays. Interdiction d'exporter les produits bruts et des denrées de première nécessité. Ces demi-mesures qui — dans la nation même — lèsent, sans réel profit, des intérêts particuliers et renchérissent la vie, apparaissent comme des mesures vexatoires uniquement destinées à enrichir l'État aux dépens des citoyens; elles insufflent au cœur des sujets la haine des gouvernements; elles donnent lieu à la fraude et à la contrebande organisées — contre l'ennemi — contre le gouvernement avec la complicité de tous. De son côté le gouvernement prend des mesures de défense : contre les fraudeurs il dresse l'armée des douaniers et des agents du fisc, de tous les fonctionnaires qu'il multiplie au détriment de la fortune publique; et c'est la guerre à l'intérieur, comme c'était la guerre au dehors.

Bref ce système de fermeture incomplète à l'égard du commerce étranger — sans la possibilité de calculer avec précision la quantité de denrées à mettre sur le marché en présence des besoins de la nation, — ne donne pas ce qu'il devrait et introduit des maux nouveaux [1].

Après le libéralisme économique — la liberté anarchique — c'est donc le mercantilisme d'alors — la réglementation anarchique — que Fichte combat; les deux systèmes économiques régnants sont condamnés au nom de la raison. Il reste à fournir la solution du problème : c'est l'objet du dernier livre — c'est proprement la *politique*, l'application à la situation commerciale d'un État déterminé de la constitution économique réclamée par la raison.

1. Fichte's S. W., III: *Der Geschlossene Handelstaat*. II, VI, p. 469-474.

Cette solution, Fichte la donne tout de suite : c'est la fermeture entière de l'État à l'égard de tout le commerce avec l'étranger.

L'État forme alors un corps commercial séparé comme il formait déjà un corps juridique ou un corps politique séparé.

Une fois obtenue cette fermeture, tout le reste va de soi : la réglementation économique qu'exige l'État conforme à la Raison devient possible, les mesures à prendre, ne relèvent non plus de la politique, mais de la législation civile : ce sont celles qui ont été exposées au premier livre.

Seule la question de la fermeture commerciale de l'État est l'objet de la politique; seule elle reste à examiner ici.

Il se pourrait qu'à raison de leur situation historique antérieure de membres libres dans la grande république commerciale, les individus et l'État, comme partie d'un grand tout auquel un hasard l'a arraché, eussent un droit de revendication légitime à formuler, que les citoyens de l'État conforme à la raison et cet État lui-même — dans leur idée *a priori* — n'auraient pas ; il se pourrait qu'avant de fermer totalement l'État et de le séparer complètement du reste du monde habité, il fallût donner satisfaction à ces revendications. C'est une nouvelle question à examiner[1].

Et d'abord : tout citoyen, par son travail et par l'argent qu'il en a tiré, a acquis le droit d'obtenir tout ce que la nature et tout ce que l'art peuvent produire dans une partie quelconque de la grande république commerciale. De là une première revendication en face de laquelle se trouve l'État qui veut fermer ses frontières commerciales : cette revendication des individus est un droit absolu; il faut qu'il y donne satisfaction. De là une première exigence : le citoyen qui, antérieurement, était membre participant de tout le commerce mondial a légitimement le droit de continuer à jouir de tous les biens que, jusqu'alors, il pouvait se procurer dans la grande république commerciale européenne, à en jouir *dans la mesure où le pays qu'il habite est capable de les produire ou de les confectionner*. Les confectionner, il le pourra toujours, avec l'éducation et l'habitude, s'il possède les matières premières. Les produire, c'est une autre question : mais on peut admettre que les produits manquants d'un pays — à cause du climat ou pour toute autre raison — trouveront des équivalents et des substituts dans les

1. Fichte's S. W., III ; *Der Geschlossene Handelstaat*, Drittes Buch., I, p. 475-477.

produits naturels à ce pays. Donc il faudrait que le gouvernement qui a l'intention de se fermer commercialement fût en mesure de fournir à ses membres, en quantité suffisante par la fabrication nationale, tous les objets dont ceux-ci ont coutume de se pourvoir et qui sont devenus pour eux des besoins. Et il ne le pourra que s'il a acquis ses frontières naturelles, parce que c'est seulement dans les limites de ces frontières que peuvent se trouver l'ensemble des produits nécessaires et suffisants à la vie nationale.

Quant aux objets dont la production ou la confection seraient absolument impossibles dans le pays, ils ne devraient pas être retirés brusquement, mais peu à peu et progressivement, pour ne pas troubler les habitudes. Il y aurait lieu d'ailleurs de distinguer à cet égard entre les objets qui apportent en réalité un supplément de bien-être, par exemple le blé, les fourrures en hiver, les vêtements légers en été, et ceux qui ne l'apportent que suivant l'opinion (par exemple on ne voit pas pourquoi une fourrure devrait être nécessairement de la zibeline, ou un vêtement, de la soie [1].)

Après les revendications légitimes des individus, les revendications légitimes de l'État.

Une fois admis qu'il y a sur la surface du globe des terriloires dont visiblement la nature a elle-même tracé les frontières (fleuves, mers, montagnes), pour en constituer des unités politiques, si l'on considère que les divisions de la République européenne moderne sont le résultat d'un hasard aveugle, et qu'à défaut de l'histoire, la nature des choses manifeste suffisamment que les États ainsi constitués n'ont pas leurs frontières naturelles, la conclusion s'impose : tant que certains États n'auront pas conquis ces frontières, tant que certains autres s'étendront au delà des leurs, les États seront toujours plus ou moins à l'état de guerre, les plus faibles chercheront des alliances contre les plus forts, contre ceux par lesquels ils auront été lésés : on ne conclura la paix que pour pouvoir recommencer la guerre [2].

« De tout temps ç'a été le privilège des philosophes de gémir sur la guerre. L'auteur, déclare ici Fichte, n'aime pas plus les guerres qu'un autre; mais il croit apercevoir qu'elles sont inévitables dans l'état actuel des choses, et il considère comme malséant de se lamenter sur l'inévitable. Si la guerre doit disparaître, il faut que

1. Fichte's S. W., III : *Der Geschlossene Handelstaat*, III, II. p. 477-480.
2. *Ibid.*. III, p. 480-482.

sa cause disparaisse. Il faut que chaque État obtienne par la guerre
ce à quoi il vise et cela seul à quoi il peut viser raisonnablement,
c'est-à-dire ses frontières naturelles [1].

Et tout État qui forme le projet de se fermer commercialement
doit, au préalable, avoir conquis ces frontières-là. Il le doit parce
que, en général, il pourra ainsi suffire par lui-même à toutes les
exigences de ses nationaux, sans recours à l'étranger, l'étendue
d'un pays ainsi déterminé lui permettant de trouver sur son propre
sol tous les produits nécessaires à assurer le bien-être de ses administrés; il le doit parce qu'une fois fermé il perdra toute capacité
d'exercer sur l'étranger une action efficace; il le doit parce qu'il
faut donner et pouvoir donner à ses voisins l'assurance qu'il ne
cherche pas à s'agrandir. Et seul, au fond, l'État commercial qui se
ferme peut donner aux autres cette garantie, car tout État qui
adopte le système commercial courant cherche la prédominance du
commerce et a un perpétuel intérêt à étendre ses limites pour
étendre son commerce et accroître sa fortune [2].

Supposons réalisées ces conditions préalables, pour que cette fermeture soit accomplie une chose est requise et suffit : l'interdiction
de tout commerce entre un citoyen du présent État et l'étranger, et
cette interdiction ne peut être efficace que si ce commerce est, en
fait, impossible.

Il sera impossible si l'on y supprime l'instrument et le véhicule
de l'échange international : l'or et l'argent monnayés ayant cours
dans le monde entier.

La solution du problème serait donc la suivante : retirer de la
circulation tout l'argent mondial, tout l'or et l'argent monnayés qui
se trouvent aux mains des membres de la Cité, et le changer contre
un nouvel argent, un argent national ayant cours dans le pays, mais
n'ayant cours que dans le pays [3]; et la chose est facile à réaliser.
L'État n'a qu'à décréter qu'à un jour dit tout l'or et tout l'argent
deviendront inutilisables dans le pays et ne pourront servir qu'à
être échangés contre la monnaie nationale, la seule qui puisse servir
aux achats nécessaires à la vie [4].

Comment le décret qui promulgue l'établissement d'une monnaie

1. Fichte's S. W., III; Der Geschlossene Handelstaat, III, III, p. 482.
2. Ibid., III, p. 481-483.
3. Ibid., IV, p. 484-485.
4. Ibid., id., p. 589.

nationale — seul instrument d'échange — au sein de l'État doit être
suivi d'une série de mesures destinées à substituer l'État aux particuliers dans les marchés conclus, sous l'ancien régime monétaire,
avec les étrangers, l'État étant alors seul détenteur de l'argent
mondial; comment d'autre part, l'État qui se ferme doit tendre de
plus en plus à s'affranchir de ce tribut que, par le commerce extérieur, il paye à l'Étranger; comment il doit chaque année restreindre ce commerce, non par misère, mais par indépendance (il
aura su se créer les ressources nécessaires pour se passer du secours
que lui fournissait jusqu'alors l'étranger; il aura, par exemple,
attiré à prix d'or — pour développer son industrie nationale — les
chimistes, les physiciens, les mécaniciens, les artistes, les fabricants étrangers capables de lui apporter le secret des industries
anciennes ou récentes de leurs pays respectifs ou encore il aura su
— en ce qui concerne les matières premières que son sol ou son
climat ne peuvent lui fournir — leur trouver des équivalents; il
sera de la sorte devenu capable de suffire par lui-même aux besoins
de son peuple et de lui assurer le maximum de bien-être); comment
enfin l'État doit, en même temps, obtenir ces frontières naturelles —
soit en les acquérant à prix d'argent, soit, au besoin, en employant
la force des armes, puis, une fois en possession de ces frontières,
devenu essentiellement pacifique, licencier toute armée régulière,
sauf les troupes nécessaires au maintien de l'ordre public, et organiser un système d'armée nationale permettant, en cas d'agression,
d'opposer à l'ennemi tous les hommes valides capables de porter
les armes, c'est ce que Fichte explique dans les derniers chapitres
de son *État commercial fermé* [1].

XAVIER LÉON.

(*A suivre.*)

1. Fichte's S. W., III; *Der Geschlossene Handelstaat*, III, III, p. 495-503; IV,
p. 504-509.

LA RÉPARTITION DES RICHESSES

COMPRISE

COMME SIMPLE INTRODUCTION A L'ÉCONOMIE SOCIALE

Le *Traité d'Économie politique* que Jean-Baptiste Say publiait il y a plus d'un siècle, présentait à côté de mérites très grands — trop peu reconnus souvent — une innovation capitale. Le premier, Jean-Baptiste Say se préoccupait de rechercher une division rationnelle de l'économie politique et d'indiquer la matière même de chaque partie de la science. Son effort a une valeur scientifique considérable, non sans doute par suite du résultat atteint, mais à raison de l'intention dont il témoigne. Cependant les contemporains de Jean-Baptiste Say confondirent l'excellence de l'intention et la valeur du résultat. Tout leur sembla parfait. Presque immédiatement adoptée par tous les auteurs, la division de la science, proposée par l'économiste français, devint rapidement classique.

Jean-Baptiste Say et les auteurs postérieurs avaient coutume de projeter exactement sur le même plan les quatre parties de la science distinguées par eux : la production, la circulation, la consommation et la répartition des richesses.

La division de l'économie politique étant ainsi comprise, quelle était la matière même de la répartition des richesses? Telle que l'école classique l'envisageait, la répartition des richesses revient à rechercher à quel taux se fixe le prix des différents services ou éléments nécessaires à la production : taux du salaire, de l'intérêt et de la rente. La détermination de ceux-ci a pour conséquence immédiate la répartition des revenus entre les différents producteurs, chacun d'eux disposant d'un revenu global plus ou moins considérable suivant le nombre et le prix des services offerts par lui sur le marché. A son tour la répartition des revenus entre les producteurs décide de la répartition du revenu national entre les classes sociales. Ainsi on comprend que déterminer le niveau des salaires, l'intérêt du capital et la rente de la terre ait constitué, aux termes de l'école classique, l'objet unique de la répartition.

Durant presque tout le XIXᵉ siècle, semblable conception a paru satisfaisante. Cependant la critique économique étant devenue plus pénétrante, on s'est enquis de savoir si la conception classique était justifiée.

Porter la main sur une portion quelconque des constructions classiques, c'était les soumettre, dans leur ensemble, à un examen décisif.

Par une nécessaire extension, le problème soulevé non seulement revenait à se demander si les conceptions classiques sur l'objet même de la répartition des richesses étaient exactes, mais encore si celle-ci pouvait continuer à passer pour l'une des parties authentiques de la science économique. Dans l'immense désarroi qu'ont marqué le renouvellement des idées économiques aux environs de 1880-1890 et l'apparition des écoles autrichienne et américaine d'économie pure, non seulement l'*objet* de la répartition, mais la *position de celle-ci* par rapport aux autres parties de la science devinrent la matière d'un examen indispensable. Ainsi, malgré la constitution et les recherches continuelles de la science économique depuis plus d'un siècle, nous sommes moins avancés aujourd'hui sur ce point que ne paraissaient l'être les économistes de la génération précédente. Mais il est des reculs qui constituent les progrès.

Nous voudrions démontrer que *la conception classique sur l'objet même de la Répartition est radicalement fausse.* L'erreur commise provient de l'usage qui s'est implanté, d'étudier sous le nom de Répartition tout un ensemble de théories qui forment *l'ossature et la charpente maîtresse des théories de la Production.* Tant que l'objet de la Répartition restera ainsi défini, il y aura donc conflit permanent entre la Production et la Répartition.

Nous serons conduits à observer que *l'objet réel de la Répartition* n'est autre que l'*étude statistique* des rapports qui s'établissent entre les rémunérations globales des différentes classes de producteurs ou les rémunérations moyennes de chaque producteur.

En un mot, la répartition ne comprend que ce que l'on désigne communément sous le nom de *Résultats statistiques de la répartition.*

Ainsi définie, la Répartition fait *partie intégrante de l'Économie Sociale* dont elle forme l'introduction nécessaire et comme le vestibule d'entrée. Elle ne se rattache à aucun degré à l'économie politique.

Ces différentes démonstrations apportées, l'objet et la position de la Répartition apparaîtront en pleine clarté.

§ 1. — *La conception classique sur l'objet même de la répartition est radicalement fausse.*

Les classiques se sont accoutumés à donner de la production et de la répartition des définitions beaucoup trop générales pour être vraiment instructives et fécondes.

La *production* se définit comme l'étude du processus de *création* des richesses. La *répartition*, au contraire, comme l'étude de la *distribution* des richesses entre les hommes ou les classes sociales. Une définition véritable ne contient pas en elle le mot à définir. En l'occurrence, on voit qu'il y a là non définition, mais simple répétition des termes à définir. Processus de création des richesses ou de distribution des richesses, ne sont-ce là des termes identiques à ceux de production et de répartition dont il s'agit précisément de faire connaître le sens?

En particulier la définition donnée de la répartition est si lâche qu'elle ne suffit pas à délimiter les objets qui rentrent dans le cadre de la répartition.

Au début du XIXᵉ siècle, les auteurs étaient dépourvus de toute statistique générale, indiquant la *répartition globale des richesses entre les classes* — telle notre statistique successorale actuelle. — C'était là une grave lacune. Heureusement ou plutôt malheureusement, il a semblé aux auteurs qu'on pouvait suppléer à cette absence de renseignements.

1º *L'erreur des classiques sur l'objet de la répartition et son origine.* — Les classiques sont partis de l'idée que la répartition globale et définitive d'une somme de valeurs — le revenu national — dépend d'un seul facteur, le *taux de rémunération* ou le prix obtenu sur le marché par chacun des services nécessaires à la production. Ils ont, dès lors, été conduits à confondre le problème de la répartition du revenu national avec celui du prix des services. Cependant la confusion demeure énorme. La répartition du revenu national entre les classes de producteurs résulte du concours de plusieurs élé-

ments, parmi lesquels le *taux de rémunération* de chaque service
offert sur le marché par chaque classe. Mais elle dépend en même
temps du *nombre des services fournis.* Par conséquent, il est singulièrement abusif de réserver la qualification générale de « répartition » qui indique un *résultat final, un effet,* de la réserver non pas
même à l'ensemble des facteurs de ce résultat, mais à l'un seulement des facteurs arbitrairement choisi.

L'erreur commise est donc double : 1º il y a erreur à confondre le
résultat obtenu, l'effet final avec les facteurs de celui-ci ; 2º en
second lieu, du moment qu'on en est à envisager les facteurs et non
la résultante de ceux-ci, il y a erreur encore à isoler un facteur et à
négliger sans raison les autres.

En réalité la valeur ou le revenu attribué à chaque co-partageant
résulte de la combinaison du prix de chaque service et du nombre
de services fournis par lui. La multiplication de l'un par l'autre
donne seule le montant de l'allocation dévolue à chaque co-partageant. Celle-ci, rapportée aux allocations moyennes données aux
autres producteurs, fournit la répartition cherchée entre les différentes classes de producteurs.

2º *Conséquence de l'erreur commise. Conflit entre la Production et
la Répartition qui revendiquent les mêmes objets d'étude.*

L'erreur que les classiques ont commise entre la répartition et
l'une seulement de ses causes — le taux de rémunération des facteurs de la production, — les a tout naturellement amenés à attribuer à la répartition tout un ensemble de théories qui ressortissent
aux théories de la production. Cependant comment ne pas voir que
la détermination de ces différents taux de rémunération est une
tâche essentielle, nous dirions presque la tâche unique des théories
de la production?

A aucun degré, il n'existe de cloison étanche entre la production
et la répartition définies à la manière classique. La preuve en est
bien simple. Il suffit d'observer que presque tous les auteurs, dans
le cours d'un traité d'économie politique, sont amenés à reprendre
deux fois les mêmes sujets, une première fois quand ils décrivent
la production, une seconde fois quand ils traitent de la répartition.

Selon la conception traditionnelle qu'exposent les ouvrages de
J.-B. Say, de Stuart Mill, pour ne prendre que les plus illustres, la
répartition comprend la détermination du prix de location des agents
de la production, savoir le salaire de l'ouvrier, l'intérêt du capita-

liste, la rente foncière du propriétaire — et, à ce propos, d'abondants développements sont fournis.

Cependant le travail, le capital et la terre ne sont-ils pas les facteurs indispensables de toute production? Dès lors, quand les auteurs traitent de la production, comment éviter de donner à leur endroit de nécessaires précisions et, notamment, d'examiner leur prix?

Aussi sommes-nous d'accord avec M. Simiand, pour reconnaître que la théorie du prix et des éléments du prix, c'est-à-dire des facteurs de la production, est l'aboutissement nécessaire de la théorie de la production [1].

La détermination du taux du salaire fait partie intégrante de la théorie de la production et d'elle seule. Le salaire dont, affirme-t-on, la répartition a pour but de déterminer le taux, n'est autre que le *coût de la main-d'œuvre*. La production doit en revendiquer l'étude. La même somme ou valeur qui est baptisée salaire, quand elle est envisagée sous le point de vue social de l'ouvrier qui la perçoit, est baptisée coût de la main-d'œuvre, prix de revient du travail au point de vue économique de l'entrepreneur qui calcule le prix coûtant du produit fabriqué. Si la répartition, comme la production, donne occasion de présenter l'étude du prix du travail, comment éviter un conflit permanent entre ces deux parties en apparence distinctes, en réalité confondues de la science économique au sens le plus large du mot?

De même l'*intérêt* du capital, — concept économique — n'est autre que le revenu du capitaliste — concept social — que la répartition a, affirme-t-on, mission d'étudier.

Le *fermage des terres*, payé par l'entrepreneur de la production agricole — concept économique — est la rente foncière que perçoit le propriétaire — concept social — sujet d'étude favori de la répartition. Qu'est-ce à dire?

Les deux parties instituées au sein de la science économique revendiquent les mêmes sujets d'étude comme ressortissant à leur sphère? En présence de ce conflit, que décider? Admettrons-nous, comme la plupart des auteurs, qu'il faille pour partie se répéter et pour partie aussi diviser à peu près arbitrairement l'étude du salaire, de la rente et de l'intérêt entre la production et la réparti-

1. F. Simiand, *La Méthode positive en économie politique*. Paris, Alcan, 1913.

tion, ne donnant tout ni à l'une ni à l'autre de ces deux parties, mais, quelque chose à chacune?

Ainsi tel cours récent d'économie politique. — d'ailleurs d'une grande valeur scientifique — traite dans la Production. de la loi de rendement non-proportionnel des machines et des terres et étudie dans la Répartition la loi de la rente foncière, simple application à la terre de la loi de rendement non-proportionnel. C'est le même ouvrage qui, dans sa première partie (production). traite de la productivité du travail et, dans la seconde partie (répartition), indique les lois du salaire, parmi lesquelles la théorie du salaire, équivalent à la productivité marginale du travail. C'est enfin l'étude détaillée de l'escompte, rangée dans la première partie de l'ouvrage (la circulation étant, par hypothèse, confondue avec la production) et l'étude de l'intérêt, rejetée dans la seconde partie. alors que l'escompte n'est que l'intérêt des capitaux prêtés en échange d'effets de commerce à terme.

L'erreur de cette classification se marque d'ailleurs au désaccord si grand des auteurs entre eux. La division classique reproduite par M. Gide dans son cours d'économie politique — en dépit des critiques que lui-même lui adresse dans la préface de l'ouvrage — a soulevé de la part de M. Simiand différentes objections. Aussi M. Gide et M. Simiand sont-ils portés à assigner aux mêmes matières économiques des places différentes dans la science. Tandis que M. Gide estime que l'étude de la condition des ouvriers, des modalités du salaire, des syndicats ouvriers fait partie de la production, M. Simiand pense que cette étude « ressortit essentiellement à la répartition[1] ».

A l'inverse, M. Gide, ayant rangé, comme il nous semble assez naturel, la participation aux bénéfices, dans la répartition, M. Simiand estime que cette institution est « plutôt un régime de la production[1] ». Quant à la propriété « elle n'est pas plus, dit M. Simiand, une institution de la production que de la répartition » ce qui signifie qu'elle est tout autant l'un que l'autre, aussi M. Gide est-il conduit à scinder en deux l'étude de la propriété et à la présenter à propos de la production comme à propos de la répartition. Est-ce là une solution satisfaisante?

Un nouvel exemple entre beaucoup de cette confusion des deux

1. Simiand. *Ibid.*, p. 175. — Voir Gide, *Economie Sociale*. Paris. Larose. 3ᵉ édit., 1907. p. 3-5.

domaines. L'épargne est à l'origine du capital qui est l'un des facteurs indispensables de la production; par conséquent, à titre d'agent producteur d'un élément de la production, l'épargne semble mériter d'être étudiée à propos de la production. Cependant « les phénomènes de l'épargne, et surtout l'institution des caisses d'épargne » paraissent à M. Simiand « ressortir incontestablement à la répartition[1] ».

Inutile de continuer à l'infini l'énumération des conflits nés de la mise en pratique de la classification, en apparence si simple, de toutes les matières économiques entre la production et la répartition.

Perpétuellement deux noms sont donnés aux mêmes objets. Comment une double revendication de ces objets ne se serait-elle pas produite? A le dire d'un mot, la conception classique de la classification de la science aboutit à instituer en principe la confusion et l'illogisme. *Il n'est ni opportun, ni même rationnellement possible de distinguer la production de la répartition*, si nous nous en tenons aux significations traditionnelles des termes. La conception classique de l'objet de la répartition est toute entière à rejeter.

LA SOLUTION NÉCESSAIRE. — Cependant quelle solution préconiser? La plus simple de toutes. Les difficultés sont venues de ce qu'*on a voulu distinguer deux parties là où une seule aurait suffi.* Les manières étudiées sous couleur de répartition appartiennent en propre à la production.

La division classique de l'économie politique en quatre parties doit en conséquence complétement disparaître. D'un accord unanime, la *Circulation* des richesses a été envisagée par les auteurs les plus récents comme une partie intégrante de la Production. Un bien n'est complétement produit au point de vue économique — c'est-à-dire sous l'angle de sa valeur — que lorsqu'il a été apporté à l'endroit même où le besoin qu'il doit satisfaire est le plus grand et où, par conséquent, il sera consommé.

De même la *Consommation* des richesses est aujourd'hui jugée incapable de former une division de l'économie politique[2].

---

1. Simiand. *Ibid.*, p. 169.
2. Consommer n'est en rien un acte économique; c'est un simple fait physique. Aussi les auteurs qui croyent encore au bien-fondé de cette division éprouvent-ils la plus grande peine à composer quelques chapitres sur des sujets très dissemblables et arbitrairement choisis, tels que l'absentéisme, le luxe, les sociétés coopératives de consommation, les Monts-de-Piété, l'assurance et, pour compléter ce véritable pot-pourri, — qu'on nous passe l'expression — l'épargne, laquelle est cependant précisément le contraire de la consommation.

Sur ces entrefaites, la *Répartition* venant à disparaître — au moins
en tant que partie distincte de *la Science Économique* — celle-ci se
trouve n'avoir qu'un *unique objet* : la *Production des richesses* ou, pour
mieux dire, adoptant ici le langage de l'école psychologique, *le
mécanisme de détermination des valeurs produites.*

Telle est la doctrine unanime des auteurs de l'école psychologique
ou mathématique qui, tous, dans leurs Principes d'Économie Politique : Menger (1872), Jevons (1872), Walras (1875) ainsi que les
auteurs américains, ne ménagent aucune place à la répartition
et font consister l'économie politique dans *l'étude du mécanisme
de détermination des valeurs et leur expression en monnaie.* Nous
sommes ici aux antipodes de la pensée classique.

Les classiques, assimilant par une comparaison plus hardie
qu'heureuse le produit achevé à une personne, s'étaient proposés
d'étudier la formation physique du produit, sa génèse ou sa naissance, puis sa destinée, c'est-à-dire sa circulation à travers le
monde, enfin son attribution à un titulaire et sa destruction par
consommation. Ainsi, jusqu'il y a peu de temps, l'économie politique, prenant pour type un produit déterminé, s'attachait à décrire
sa *naissance*, sa *vie* et sa *mort* à la façon dont l'histoire décrit celle
d'un homme illustre. Cette méthode s'impose sans doute en histoire
qui est à la fois une étude et un art, non une science — le but de
l'histoire étant d'étudier non le général, l'abstrait, mais le particulier, le contingent.

Appliquée à l'économie politique, une semblable méthode conduit
la science économique à être non pas même une histoire naturelle
des produits économiques — l'histoire naturelle a droit au titre de
science — mais l'histoire descriptive de la formation et de la destruction des produits naturels ou fabriqués utiles à l'homme. Autant
dire que l'économie politique, au lieu de constituer une science
parvenant à l'établissement des lois exactes, demeure au rang d'une
étude historique tout au plus préoccupée de rechercher de simples
tendances générales [1].

---

1. Il est curieux d'observer que presque le seul point où Adam Smith et ses
disciples modernes, les « réalistes » ou « historistes » de l'école allemande
tombent d'accord, soit précisément cette division très défectueuse de l'économie
politique. Sur ce point Roscher, Schmoller, Wagner, et Paul Leroy-Beaulieu
se rencontrent avec Adam Smith, Ricardo et Malthus. C'est, à tout prendre, la
seule conception que les historistes ont empruntée aux classiques. Ils ne pouvaient faire plus mauvais choix.

L'école psychologique moderne rejette la méthode et la division de la science économique traditionnelle, autant que la définition de son objet.

§ 2. — *L'objet réel de la Répartition.*
La Répartition, partie intégrante de l'Économie Sociale.

Nous venons de dire *ce que la répartition n'est pas*. Tant la conception classique de l'objet de la répartition que la classification ancienne de l'économie politique, tout est tombé à la fois.

Recherchons maintenant *ce que la répartition doit être*.

1° Quiconque, faisant complète abstraction du point de vue traditionnel, recherche le sens étymologique du mot « répartition » se convaincra que ce mot s'entend de toute somme d'argent ou de revenus qui vient à être divisée, jusqu'à épuisement complet, en différentes parts — chacune étant attribuée à un titulaire distinct. — La répartition consiste et consiste uniquement en la division d'une somme en parties distinctes. Qui dit répartition, dit opération de partage, c'est-à-dire proportion ou rapport. Le mot de répartition vise donc uniquement le *résultat* mathématique, non les causes de ce résultat.

Le sens vulgaire du mot étant précisé, il est clair que la répartition, au point de vue économique, a pour objet de rechercher, dans le présent ou dans le passé, les *rapports qu'ont entre elles les rémunérations respectives des différentes classes sociales* ou, ce qui revient au même, *les rapports qui s'établissent entre les rémunérations moyennes de chaque producteur dans chaque classe distincte.*

Des matières ou objets d'étude que les auteurs rangent traditionnellement sous le chef de répartition, deux parts très inégales doivent donc être faites. A l'exception des *résultats statistiques* de la répartition, tous les sujets d'étude ordinairement compris sous cette rubrique doivent faire retour aux doctrines de la Production, matière unique de l'économie politique.

L'étude des résultats statistiques de la répartition des revenus doit être distraite des théories de la Production et constitue seule l'objet de la Répartition.

2° L'objet de la répartition détermine sa méthode. Du moment que la répartition est une étude de proportions, la méthode de la répartition est et ne peut être que *statistique.*

3° Reste le problème de savoir à quelle discipline appartient l'étude de la répartition.

Cette étude statistique doit-elle être rattachée à l'*économie politique* ou à l'*économie sociale*? La conception que nous avons défendue de la répartition tranche, d'autorité, ce débat sans cesse renouvelé.

La *Répartition*, définie comme une simple étude du rapport des rémunérations des diverses classes sociales, *diffère de l'économie politique à la fois par son objet et par sa méthode*.

Par son *objet* d'abord, puisque la science économique a pour unique objet le mécanisme de détermination de toutes valeurs économiques et leur mesure en monnaie (le terme de valeurs économiques comprenant à la fois les produits achevés et les facteurs de la production).

Par sa *méthode* également, la méthode de la science économique étant essentiellement déductive et abstraite — il n'est de science que de l'abstrait — alors que l'étude des résultats statistiques de la répartition est inductive et expérimentale.

En revanche, ainsi définie, la répartition acquiert un caractère nouveau. Elle apparait comme l'*introduction nécessaire de l'économie sociale*[1].

Quel besoin éprouverait-on d'institutions sociales destinées à rendre plus démocratique la répartition des revenus nationaux (ces institutions sont l'objet et le but même de l'économie sociale) si la répartition actuelle était satisfaisante? C'est donc là ce qu'il faut d'abord rechercher.

La répartition une fois comprise comme l'introduction nécessaire de l'économie sociale, sa méthode et son objet, au lieu d'être une

---

1. Un auteur pénétrant, M. Simiand a récemment soutenu, avec de très sérieux arguments, que les phénomènes de répartition ressortissaient à l'Économie Sociale. Cependant son argumentation ne peut pas être invoquée à l'appui de notre thèse; la théorie soutenue par M. Simiand est loin de concorder avec la nôtre. Le contenu de la Répartition est, dans la conception de M. Simiand, très différent et beaucoup plus ample que dans notre propre conception. En dépit de désaccords fréquents avec les auteurs classiques, M. Simiand prend soin de ranger, dans une assez large mesure, sous la rubrique de la répartition les mêmes théories que les auteurs classiques. Sa théorie très originale du rattachement nécessaire des doctrines de répartition à l'Économie sociale a donc pour effet de faire rentrer dans le cadre de l'Économie sociale de nombreuses théories dites de répartition — que nous croyons nécessaire de rattacher à la production, par conséquent de laisser à l'économie politique. C'est seulement dans la mesure où M. Simiand fait place dans la répartition à l'étude des résultats statistiques de distribution des revenus entre les classes sociales que notre théorie concorde avec la sienne. C'est là un cas exceptionnel.

cause d'étonnement, s'éclairent et se justifient d'eux-mêmes. L'économie sociale, tout entière vouée à la méthode expérimentale, historique et statistique, peut se définir *l'étude de la répartition de la richesse nationale entre les classes sociales et des moyens propres à rendre plus démocratique cette répartition.* Identité d'objet et identité de méthode, tout démontre que la répartition est partie intégrante de l'économie sociale[1].

Aussitôt que la répartition n'est pas définie et comprise à la façon traditionnelle que nous avons combattue, l'économie politique et l'économie sociale se voient assigner des objets d'étude parfaitement précis et distincts, leurs méthodes opposées se justifient aisément. Le rejet de la conception classique est donc la condition de tout progrès possible de la Science Économique.

BERNARD LAVERGNE.

1. Cette conception de la répartition, comprise comme une étude purement statistique et qui sert d'introduction à l'économie sociale, cadre parfaitement avec la division de la science récemment proposée et mise en application par Walras qui distinguait trois parties essentielles : 1° une partie théorique et déductive : la *science économique proprement dite*; 2° une partie pratique et descriptive : *l'économie appliquée*; 3° en n une partie sociale, également descriptive et expérimentale : l'*économie sociale*.

ÉTUDES CRITIQUES

LES PROBLÈMES DE LA LOGIQUE

SELON F. ENRIQUES

Il est 1ors de doute qu'un des résultats les plus notables et les
plus significatifs du travail intense de réflexion, qui s'exerce depuis
un certain nombre d'années sur les principes et les conditions de
développement des disciplines positives, consiste dans le besoin qu'on
ressent toujours davantage d'un renouvellement substantiel de la
science qui a précisément pour objet l'analyse de ces principes
et la détermination de ces conditions, c'est-à-dire de la logique
comprise dans le sens le plus large du terme. En vérité, il n'aurait
pu en être autrement, puisque la science contemporaine, malgré
tout effort d'exégèse, ne peut plus considérer ses procédés, ses
méthodes, sa portée comme suffisamment définis et interprétés dans
des doctrines telles que celles de la logique traditionnelle tant
déductive qu'inductive; doctrines qui, ayant été élaborées à l'origine en rapport avec une phase encore peu avancée d'évolution
scientifique, n'ont pas cessé de correspondre dans leur ensemble à
un degré encore très obscur de conscience épistémologique. Dans
ce sens il semble qu'une importance tout à fait spéciale revienne
à ces développements récents du savoir mathématique, qui, tandis
qu'ils incitaient ceux qui cultivent les sciences exactes à exiger une
rigueur plus étroite dans la définition des concepts initiaux et dans
l'enchaînement des théories, les ont amenés tout de suite à rechier-
cher des moyens d'exposition plus aptes à satisfaire à cette exigence; ce qui impliquait naturellement l'obligation de soumettre à

une révision attentive les règles et les schémas de la logique aristotélicienne et scolastique. En même temps, l'emploi toujours plus
large des mathématiques comme instrument d'étude dans les
sciences qui ont pour objet la réalité expérimentale, et la constatation toujours plus claire de la part principale qu'occupent les
procédés déductifs non seulement dans la systématisation, mais
même aussi dans l'accroissement des connaissances objectives, ont
conduit à regarder comme trop simplistes les vues de la logique de
l'induction. telle qu'elle a été exposée par Bacon et par Stuart Mill
lui-même. Dès lors, rien de plus opportun et en même temps de
plus urgent que d'éclaircir et d'organiser les nouvelles conceptions
qui peu à peu se sont fait jour dans le domaine de la logique générale. Et à cet égard, on ne peut certes dire que les tentatives aient
manqué, tentatives couronnées assez souvent par le succès, un
succès au moins partiel. Il serait vraiment injuste de méconnaître
que dans les grandes systématisations dues à Lotze, à Drobisch, à
Sigwart. à Jevons, à Dühring. à Wundt, etc., la logique soit allée
sans cesse se rapprochant d'une doctrine complète du savoir; mais,
surtout en ce qui concerne la nature de la pensée par concepts et
du raisonnement déductif, il règne encore beaucoup d'incertitudes,
qu'il est indispensable de faire disparaître si l'on veut établir les
fondements d'un système qui possède toutes les qualités nécessaires
de précision et de progressivité scientifique. C'est sous cet aspect
qu'une attention particulière est due, à côté des travaux de
Duhamel, de Milhaud, de Tannery et d'autres mathématiciens philosophes, aux travaux de M. Frédéric Enriques, qui depuis plusieurs
années, s'emploie à cette œuvre [1], et qui a tout récemment ramassé
et condensé les principaux résultats de ses recherches en un lucide
essai qui se présente comme une mise au point très utile des problèmes de la logique [2].

Considérée dans son ensemble, la logique comprend la théorie de
toutes les opérations destinées à enrichir notre patrimoine de connaissances et à maintenir et à rendre toujours plus complet l'accord

1. Cf. *Problemi della Scienza*, 2ᵉ édit., Bologne, 1910; trad. franç. : *Les Problèmes
de la Science et la Logique*, Paris, Alcan, 1908.
2. *Die Probleme der Logik*, dans *Encyclopädie der philos. Wissenschaften*, in
Verbindung mit W. Windelband, herausg. von A. Ruge, 1912, Tübingen, t. I,
Logik. p. 219-232.

de la pensée et des choses: mais ces opérations constituent un tout
fort complexe que, comme l'observe avec justesse Enriques, l'on ne
peut embrasser d'un seul coup d'œil. Rien qu'à observer le processus
de la connaissance vulgaire, en effet, on peut facilement se rendre
compte que les conditions en fonction desquelles est assurée la
cohérence de la pensée avec elle-même ne sont pas de la même
nature que les conditions auxquelles sont soumises la vérification
de la correspondance entre nos idées et les objets, et, par là, la
possibilité de se servir des premières à titre de représentations
adéquates des seconds. C'est de là que sort la distinction courante
entre la forme et la matière, c'est-à-dire le contenu, de nos concepts, jugements et raisonnements, de même que la division habituelle de la logique en logique formelle et logique matérielle. Mais
cette distinction n'a presque jamais été et n'est presque jamais
comprise convenablement; et puisque, lorsqu'on juge et qu'on raisonne, on a toujours pour objectif d'affirmer l'existence ou de
découvrir les propriétés ou les rapports d'un objet quelconque, on
en arrive ainsi à attribuer aux processus mentaux de toute espèce
un rapport immanent et nécessaire avec les choses. C'est ce qui a
précisément donné naissance aux deux équivoques opposées, dont
on retrouve la répercussion dans toute l'histoire de la logique et
qui en ont notablement troublé le développement régulier et fructueux : l'une propre, et l'on pourrait dire immanente à la logique
aristotélicienne ainsi que, au moins en partie, à la logique cartésio-
leibnizienne, et grâce à laquelle, — en jugeant, d'après l'exemple des
mathématiques, qu'il ne peut pas y avoir de science parfaite sans le
rigoureux enchainement démonstratif des propositions, — on fut
amené à identifier les conditions du savoir objectif avec celles de la
démonstration, en reléguant à la seconde place ou même en regar-
dant comme d'une utilité purement provisoire aux fins de la connaissance scientifique les secours de l'expérience et de l'induction ;
l'autre, inhérente à la logique baconienne, grâce à laquelle, en
partant de la constatation que les procédés de raisonnement sont
indifférents à l'égard du vrai objectif, on arriva à considérer ces
procédés comme illusoires ou dans tous les cas inutiles pour la formation du savoir, qu'on estima par conséquent légitime seulement
en tant qu'il s'appuyait sur les méthodes de la preuve expérimentale. La logique qu'on enseigne d'ordinaire croit concilier ces vues
opposées en admettant éclectiquement que la science résulte de

l'harmonieuse collaboration de la raison et de l'expérience, c'est-à-dire de la déduction et de l'induction; et, sous un certain aspect, cela est vrai; mais un pareil système reste parfaitement vague et indéterminé tant qu'on n'a pas exactement défini l'essence et la fonction respective des deux procédés. Cette obligation est d'ailleurs d'autant plus nécessaire que la question est liée à des problèmes gnoséologiques et ontologiques d'une grande conséquence; ces problèmes ne peuvent être intrinsèquement résolus, ou si on reconnaît comme illégitime de les poser, ils ne peuvent être éliminés, du moment qu'on n'arrive pas à résoudre clairement et nettement cette question. Mais pour que la solution de celle-ci puisse être définitive, elle ne doit à son tour partir d'aucun *a priori* métaphysique, elle ne doit pas avoir pour fin préconçue de justifier l'une quelconque des doctrines philosophiques qui concernent la nature du réel et de ses rapports transcendants avec la pensée; elle doit au contraire partir de l'analyse des sciences positives, et particulièrement des plus parfaites d'entre elles toutes, les mathématiques telles qu'elles existent concrètement, et, au lieu de prétendre juger et évaluer leurs principes et leurs procédés en conformité avec une théorie gnoséologique quelconque, s'en servir comme d'une base unique pour arriver à édifier une doctrine vraie et positive du savoir.

Or, pour qui s'attache à tout ce que suggère et démontre l'examen objectif des mathématiques modernes, il ne peut y avoir de doute relativement à la possibilité de constructions conceptuelles purement analytiques, c'est-à-dire de théories excluant tout rapport intrinsèque avec le réel, mais d'ailleurs parfaitement semblables pour la forme et la rigueur à celles qui ont été créées en vue d'applications physiques directes. Telles sont en effet les différentes géométries des espaces à plusieurs dimensions, ou non-euclidiens, non-archimédéens, etc., géométries qui, au point de vue de leur structure logique, ne se différencient pas de la géométrie ordinaire, sans posséder toutefois d'objet réel auquel on puisse les rapporter. Et le droit de pouvoir séparer les procédés analytiques de ceux qu'il est permis d'appeler, en employant un terme général, synthétiques, devient, si l'on peut dire, tangible, dans ces généralisations si fécondes de la géométrie, amorcées par Pluecker, où des interprétations concrètes infinies d'une théorie abstraite, deviennent possibles, grâce au procédé qui consiste à fixer comme l'on veut le sens des termes qui ont été laissés indéfinis dans l'énoncé, à la seule condition que les propositions fondamentales exprimant les rapports géométriques soient formellement satisfaites.

La logique pure ou formelle a pourtant un droit évident à l'existence, comme théorie des opérations de pensée qu'on qualifie par excellence de rationnelles, c'est-à-dire comme théorie du raisonnement dans ces formes rigoureuses qui font de lui un instrument de transformation conceptuelle, incapable d'altérer les données de la connaissance, ainsi que leur degré de correspondance avec la réalité, et établissant seulement entre elles un lien, grâce auquel la vérité ou la fausseté des unes emporte la vérité ou la fausseté des autres. Le problème entier de la logique sera épuisé : 1° quand on aura en outre indiqué les moyens à l'aide desquels il nous est donné de conférer une valeur objective à nos systèmes de concepts, de sorte que les déductions purement logiques qui en seront tirées puissent être vérifiées par l'expérience (*problème méthodologique*); 2° quand on aura établi quelle sorte d'hypothèses concernant la réalité et ses relations avec la pensée il y a lieu d'admettre pour expliquer cet accord effectif existant entre la logique et l'expérience, accord qui sert de fondement à la science et la rend possible (*problème critique*).

D'après une opinion très répandue, la nouvelle logique formelle aurait été déjà constituée par ceux qui cultivent la logistique, ou logique mathématique; mais c'est inexact, puisque, si la création d'un système de symboles, par eux-mêmes sans signification, et toutefois aptes à reproduire par simple développement algébrique toutes les formes de la proposition et du raisonnement, fournit la preuve ultérieure de la possibilité d'une logique pure, cette création n'est cependant pas la même chose qu'une logique pure. La logique algorithmique représente une théorie déductive, qui substitue heureusement ses schémas à ceux de la logique verbaliste, en rendant complète et rigoureuse l'expression du discours mathématique; mais les procédés intellectuels qui sont à la base de celui-ci, comme de tout autre, possèdent une réalité qui leur est propre, que la logistique elle-même présuppose et qui ne peuvent être découverts et déterminés en dehors de la réflexion psychologique, s'exerçant à travers les produits mêmes de l'activité cognitive. L'étude de la logique formelle implique ainsi une recherche tendant à mettre en lumière les conditions auxquelles la pensée se subordonne *en fait*, toutes les fois qu'elle réussit à garder avec elle-même pleine coïérence, — coïérence, il faut l'ajouter, qui, au moins dans ses expressions élémentaires, est un fait d'expérience immédiate, en l'absence duquel la reciercie des règles logiques n'aurait aucun sens. La métiode de la logique doit donc être considérée comme essentiellement psyciologique, puisque dire que la logique peut être regardée comme un ensemble de règles qui doivent être observées, si l'on tient à la coïérence de la pensée, c'est dire que, entre les divers procédés mentaux, on en distingue quelques-uns où se trouvent satisfaites certaines conditions de coïérence, et qui, précisément pour cette raison, sont dénommés procédés logiques.

Ce n'est pas le cas ici de reproduire dans toute son extension le développement que fait Enriques de la tiéorie de ces procédés, et, d'autre part, les quelques indications qu'on pourrait présenter à ce sujet ne seraient pas suffisantes pour en donner une idée convenable. Si nous nous limitons, en conséquence, aux conclusions d'Enriques, nous pouvons les résumer de la manière suivante. A supposer que la pensée logique, à l'égal de toute autre forme d'activité cognitive, s'adresse toujours à des objets, divers selon les cas, mais aptes à être classés dans quelques catégories générales (cioses du monde sensible, abstractions ou rapports de ces cioses, entités ou relations purement possibles, ou même symboles d'une valeur objective indéterminée), on est amené à reconnaître que tous ces objets, en tout ce qui concerne les définitions et les déductions qui s'y rapportent, c'est-à-dire en tant qu'ils sont propres à entrer comme termes dans une construction logique, ont pour caractère commun d'être pris comme des données invariables de la pensée. Ce caractère d'invariabilité des objets logiques est exprimé par les trois principes fondamentaux d'identité, de contradiction et de moyen terme exclus, principes qui signifient que les jugements d'identité et de différence, auxquels donne lieu le rapprochement de représentations contemporaines, dépendent seulement des objets qu'on rapprocie, et non du moment où l'on pense ces objets ou des autres circonstances psychologiques qui peuvent en accompagner la représentation. De là résultent la propriété des objets logiques d'exister *sub specie æternitatis* et la possibilité pour eux d'être exprimés au moyen de mots ou de symboles. Dans ces conditions, l'activité logique de la pensée peut toujours faire dériver d'objets donnés d'autres objets, moyennant des opérations qui se laissent ramener aux procédés élémentaires de l'association et de la dissociation psyciologiques et consistent dans le fait de réunir plusieurs objets en une classe, de les ordonner en séries, de composer des classes de classes, et des séries de séries, d'établir des correspondances fonctionnelles entre classes et entre séries, ou bien mettre en interférence deux groupes de façon à distinguer leurs éléments communs de leurs éléments non communs, intervertir une correspondance fonctionnelle donnée, « créer l'abstrait » d'une classe donnée, etc. C'est de cette façon que la pensée forme les *concepts*, avec leurs caractéristiques logiques de l'extension et de la compréhension, et que l'ensemble des opérations constructives des concepts et des rapports qui viennent à s'établir entre eux, en vertu de ces opérations, se réfléchit ensuite soit dans les *définitions*, — grâce auxquelles un concept est déterminé au moyen d'autres concepts ou objets donnés, dont il peut dériver au moyen d'un certain ensemble d'opérations logiques, et qui se répartiront par conséquent en autant d'espèces qu'il y a de systèmes possibles d'opérations logiques (définitions par réunion, interférence, correspondance, abstraction), — soit dans les *propositions*, où d'ordinaire les relations logiques des concepts donnés et construits trouvent leur expression (relations d'inclusion, d'interférence, de fonctionnalité, etc.). Une catégorie particulière de concepts est celle des concepts purement logiques (tels que ceux de classe, de série, de correspondance, etc.), qu'on peut regarder comme résultant de la réflexion qui agit sur les produits de l'activité logique elle-même, considérée en dehors de tout contenu; tandis que les rapports généraux qui interviennent entre ces concepts, en tant qu'ils expriment les propriétés essentielles des opérations logiques, fournissent les principes fondamentaux, ou *axiomes*, de la déduction. En vérité *déduire* veut dire opérer sur les systèmes de rapports logiques, en les réunissant, en les interférant et en leur substituant d'autres systèmes, qui, précisément en conséquence des axiomes, sont reconnus comme les équivalents des premiers. Quand donc on possède un ensemble de concepts donnés et de rapports logiques donnés entre ces concepts et qu'on veut construire une théorie déductive, le développement de celle-ci ne pourra consister en rien d'autre que dans la formation de nouveaux concepts, obtenus au moyen d'opérations logiques à partir des concepts et rapports donnés, ainsi que dans la dérivation des nouveaux rapports (*théo-rèmes*) que ces concepts et rapports donnés ont pour conséquence. Quant aux conditions de plénitude et de rigueur des théories déductives, elles sont subordonnées au choix des concepts et des rapports logiques initiaux (*postulats*), à la détermination de leur irréductibilité, de leur indépendance, de leur compatibilité respectives, et enfin à l'élimination intégrale de la représentation des entités sur lesquelles on raisonne de tout ce qui n'est pas directement contemplé dans le processus logique.

Nous possédons ici, comme on le voit, les éléments utiles pour un développement organique de la logique formelle, développement qu'Enriques a poussé fort loin dans ses *Problèmes de la Science;* mais ce qu'il importe le plus d'observer, c'est que, tandis que, d'une part, les doctrines relatives au concept, au jugement, au raisonnement, à la méthode démonstrative, comme on les expose communément, y apparaissent généralisées et complétées conformément à la signification que ces faits et ces procédés prennent dans les sciences exactes, où leur fonction logique se manifeste le plus clairement et le plus explicitement, — d'autre part, la logicité s'y trouve présentée dans son aspect rigoureusement analytique, c'est-à-dire qu'elle y est traitée en sa qualité de procédé purement mental, demeurant le même et tenu de satisfaire aux mêmes conditions, quels que soient les objets de la recherche objective. Mais alors, comment pourra-t-il se faire que des constructions de concepts fondées sur des exigences et des règles intrinsèquement propres à la seule pensée, aient la vertu de représenter les choses, permettent de prévoir sûrement l'ordre de nos sensations, servent, en somme, à dominer le cours de la réalité, en substituant, parmi les objets et les phénomènes du monde expérimental, les liens inflexibles de la logique à ces groupements toujours plus ou moins accidentels et variables que nous fournit l'expérience? Il n'y a point de doute qu'il en soit ainsi puisque la science en est le fruit, et la méthodologie est précisément l'ensemble des règles, — que nous n'avons point pour le moment à exposer, — au moyen desquelles on parvient à obtenir l'accord de la pensée logique avec les choses et même, par une véritable, la rationalisation du réel, à s'assurer la possibilité d'anti-

ciper par déduction le cours des événements et d'aller jusqu'à le
reconstruire en dehors de toute expérience concrète réalisable;
mais au regard de la réflexion philosophique, il y a là un problème
qu'on ne peut résoudre qu'en le subordonnant au problème qui
concerne la correspondance de la pensée avec la réalité, c'est-à-dire
l'explication de leur accord. Mais c'est encore de la science, de la
science telle qu'elle existe en effet, — laquelle se justifie elle-
même par ses propres succès et ne peut attendre d'être légitimée
par quoi que ce soit d'autre, — qu'on doit attendre une réponse. La
science seule. et principalement les branches de la science qui ont
atteint le plus haut degré de systématisation rationnelle, sans toutefois rien perdre de leur validité objective, mais plutôt en augmentant et en renforçant cette validité, peuvent nous apprendre quelle
idée nous devons nous faire du réel, par rapport à sa cognoscibilité
scientifique, c'est-à-dire par rapport à l'aptitude du réel a été
représenté au moyen de systèmes de concepts, groupés déductivement entre eux. La conception à laquelle on parvient à ce sujet,
est celle à laquelle Enriques donne le nom de *positivisme critique*;
mais le nom n'y fait rien : ce qui importe c'est que l'application de
la logique au réel, entendu comme domaine de l'expérience possible,
peut avoir lieu, en tant que le réel est sans doute varié et changeant,
— par opposition à la thèse de l'école d'Elée, qui veut que le réel
soit absolument un et immobile, — mais, — par opposition à la
thèse d'Héraclite du flux éternel des choses, — en tant qu'il contient des éléments et des rapports au moins relativement invariables,
qu'on peut pourtant prendre comme objets de la pensée logique.
Chaque stade de la connaissance scientifique est pour ainsi dire
caractérisé par un degré donné d'approximation dans le choix des
invariants (invarianti) pris comme objets de la pensée logique, et ce
qui confirme la réalité objective des invariants ainsi pris, c'est le
fait que tout progrès de la science consiste précisément dans la
découverte, au moyen de la déduction et de la preuve expérimentale, d'invariants toujours nouveaux et plus rigoureux. La synthèse
entre intelligence et réalité se révèle à nous comme un processus
progressif, dépendant d'une détermination toujours plus exacte de
ces données réelles, qu'on reconnaît satisfaire aux principes fondamentaux de la logique, ce qui implique que, sous les conditions de
non variation qu'expriment ces principes, l'ensemble des choses
réelles doit avoir les propriétés réclamées par les axiomes. De ce

point de vue, la vieille question du réalisme et du nominalisme
arrive à prendre un aspect nouveau, puisque, tandis qu'on ne peut
nier que la réalité expérimentale consiste seulement dans les objets
et phénomènes individuels et que, psychologiquement, la connaissance du particulier précède celle du général, on est obligé en
même temps de reconnaître que la possibilité de grouper les êtres
de la nature en classes et de subordonner les événements à des lois
ne dépend pas du libre arbitre de ceux qui pensent, mais possède
un véritable fondement objectif. La vue qui s'impose est dès lors
celle d'un *réalisme scientifique*, grâce auquel les classes des objets
et les lois des phénomènes ne sont pas des entités abstraites, constituant une réalité supérieure à celle du monde expérimental, mais
des constructions de la pensée, dont la valeur objective repose sur
l'existence dans les choses de propriétés et de rapports invariables,
qu'on peut réduire dans leur ensemble aux propriétés et rapports
déterminés par les idées fondamentales, ou *catégories*, de substance
et de cause. Il ne faut pas d'ailleurs oublier que l'existence de propriétés et de rapports semblables n'est pas une donnée explicite de
la pensée, qui serait antérieure à la science, mais qu'elle a pour la
science en quelque sorte la valeur d'une hypothèse directrice
suprême, dont les développements de la science elle-même concourent à fournir une vérification toujours plus étendue et qui trouve
son application dans les hypothèses implicites, ou suppositions
aprioristiques, se trouvant à la base de toutes les élaborations
scientifiques en même temps que de la connaissance vulgaire.

C'est à ce point, que nous nous arrêterons. Ce que nous avons dit
peut suffire pour comprendre ce qu'il y a d'essentiel dans le problème des conditions de possibilité et de la valeur de la science.
Comme il est facile de le constater, on se tient ici à égale distance
tant des doctrines qui voudraient faire des principes de la science
un ensemble de pures conventions, que des doctrines qui préten-
draient en établir dogmatiquement le système complet, pris à la
manière d'un tout fermé et inchangeable. En général, on peut dire
qu'on est bien loin, de ce point de vue, de nier l'*a priori* : en premier lieu, comme *a priori* analytique, en second lieu comme *a priori*
synthétique, dans le sens kantien du terme : mais cet *a priori* synthétique ne doit pas être considéré comme quelque chose de fixe,
de donné une fois pour toutes, que la philosophie pourrait mettre en
lumière d'un seul coup, mais bien au contraire comme quelque

chose d'intrinsèquement variable selon le degré d'extension et d'organisation rationnelle de l'expérience, et qu'on ne peut déterminer dans ses caractères les plus généraux et les plus constants qu'au moyen d'une analyse patiente et méthodique des formes concrètes de la science. La conquête scientifique du réel s'opère en effet par des approximations successives, et puisque la création de la science constitue justement ce réel sur lequel s'exerce la réflexion gnoséologique, celle-ci même ne peut aboutir qu'à des théories approximatives et toujours sujettes à révision. Cette conclusion, à vrai dire, n'est pas faite pour plaire aux esprits en quête d'absolu; mais ce n'est pas à tort que M. Enriques juge que c'est précisément en tant qu'elle n'émet pas de trop hautes prétentions que la théorie positive de la connaissance est en train de réaliser d'une façon vraiment scientifique le programme critique du cantisme. En tout cas, ajoutons-nous, il faut reconnaître que maints résultats obtenus dans cette direction ont profité largement au développement des questions gnoséologiques et n'ont pas peu contribué à en rendre la discussion beaucoup plus régulière qu'elle ne l'était auparavant.

ENRICO DE MICHELIS.

TEXTES INÉDITS DE LEIBNIZ

PUBLIÉS PAR M. IVAN JAGODINSKY

———

Il existe à la Bibliothèque royale de Hanovre plusieurs liasses de textes philosophiques de Leibniz, qui ont échappé pendant longtemps à tous les éditeurs. Erdmann et Gerhardt les ont maniés, sans se douter de leur importance. Peut-être ces textes sont-ils trop mal écrits, d'une écriture trop hâtive et le voisinage de beaux manuscrits bien lisibles leur a-t-il nui. Une partie se trouve parmi les *Écrits philosophiques*, vol. III, section 9 B, f. 6-12. D'autres pièces analogues se rencontrent dans d'autres dossiers, par exemple aux volumes III et V des manuscrits relatifs à la physique, en plusieurs endroits des manuscrits mathématiques et au premier volume des écrits théologiques. Tous ces textes ont été composés pendant le séjour de Leibniz à Paris : les plus importants datent de la fin de l'année 1675 et des premiers mois de l'année 1676, c'est-à-dire du moment où Leibniz assure d'une manière définitive les grandes lignes du système qu'il consacrera toute sa vie à approfondir. Ce moment, on le dit depuis longtemps, sans soupçonner toujours jusqu'à quel point la proposition est vraie, est décisif pour sa pensée. La fin de l'année 1675 et le début de l'année 1676 sont pour Leibniz une période de production intense. En quelques semaines, il énonce les principes de son nouveau calcul et il dégage clairement les idées essentielles dont vivra sa philosophie. Rien de plus émouvant que ces essais de jeunesse : on y sent une ampleur, une richesse, une sûreté de pensée qui étonnent. La vie y déborde et à chaque instant des formules saisissantes résument en quelques mots tout un monde de méditations prolongées. Un grand système est en voie de formation sous nos yeux. Sûre de sa direction générale, la pensée hésite et tâtonne encore sur les détails : elle s'essaye dans une foule de voies différentes : elle éprouve tour à tour sans lassitude toutes les solutions possibles. Et le spectacle de ces tentatives renouvelées est singulièrement attaçant. On y saisit sur le fait la méthode propre de Leibniz, ce mélange d'intuition et de dialectique, de raisonnement rigoureux et d'invention hardie, qui caractérise aussi ses travaux mathématiques. Aucune raideur, nul dogmatisme dans ces loyaux essais d'un grand esprit aux prises avec les plus difficiles problèmes de la métaphysique : une souplesse, une liberté, une faculté d'adaptation incomparables. Leibniz se montre à nous tel qu'il est : il écrit pour lui-même; il note ses pensées à mesure qu'elles lui viennent; nous assistons à son travail, nous en suivons tous les détours; nous repassons par toutes les étapes où sa méditation s'est arrêtée.

M. Ivan Jagodinsky, professeur à l'Université de Kasan, vient d'éditer, avec traduction russe quelques-uns des textes philosophiques les plus intéressants de cette période [1]. Comme il s'agit de la publication la plus importante qui ait été faite d'inédits de Leibniz, depuis celle de M. Couturat, comme les textes édités par M. Jagodinsky sont, en dépit de leur brièveté, d'un intérêt intrinsèque et aussi d'un intérêt historique extrêmes, je voudrais appeler l'attention sur cette édition provisoire, que remplacera d'ailleurs, d'ici peu, l'édition critique de l'Association des Académies. Non que le livre de M. Jagodinsky soit excellent. L'éditeur ne semble très familiarisé ni avec l'écriture parfois déconcertante de Leibniz, ni même avec les abréviations latines usuelles au XVIIe siècle. Il lui arrive de souder ensemble plusieurs pièces distinctes écrites sur la même feuille. Il saute des mots ou même des phrases, change la ponctuation, déclare illisibles plus d'un mot ou d'un passage très clair [2].

1. Ivan Jagodinsky, professor an der Universität Kasan. *Leibnitiana, Elementa Philosophiae arcanae, De Summa Rerum*, Kasan, Typographie de l'Université impériale, 1913, Grand in-8°, XVI-136 p., avec fac-similés (texte latin et traduction russe.)
2. Exemples : p. 2, ligne 8. *rotavi*, au lieu de *notavi*; ligne 12 : *inter (se)* omis; p. 4, ligne 2 : *processin* au lieu de *processim*; ligne 3. *fiat* au lieu de *fiant*. Les fautes de ce genre sont vraiment trop nombreuses dans la publication de M. Jagodinsky. Je suis hors d'état de vérifier l'exactitude de sa traduction, mais le texte qu'il donne fait craindre des erreurs graves. M. Jagodinsky a publié 7 feuilles de manuscrit et il n'a presque jamais distingué les pièces différentes écrites sur la même feuille. Le n° 1 (Hannover, *Königl. Bibliothek*, Leibniz-Handschriften, Abt. IV, vol. III, section 9, f. 6) comprend 4 pièces différentes : le n° 3 (*Ibid.*, f. 8) 2 pièces; le n° 5 (*Ibid.*, f. 12), 3 pièces; le n° 6 (f. 10), 2 pièces; le n° 7 (f. 9), 4 pièces. Le n° 4 (Hannover, *Königl. Bibliothek*, Leibniz-Handschriften, Abt. IV, Bd. I, 8, f. 1-2) ne comprend pas moins de 6 fragments différents. Je citerai le texte de M. Jagodinsky, en le corrigeant, s'il y a lieu, d'après les manuscrits.

Le choix qu'il a fait est contingent et arbitraire. Une dizaine
d'autres pièces, dispersées, il est vrai, dans tous les dossiers de
Hanovre, eussent mérité, au même titre d'être publiées [1]. Enfin,
M. Jagodinsky n'utilise pas des travaux antérieurs, comme ceux de
M. Willy Kabitz [2]. Mais, je ne veux pas faire la critique de son livre.
Ce serait anticiper sur une publication, qui, j'espère, ne se fera plus
longtemps attendre. Je me propose simplement de résumer les
textes publiés, afin d'en montrer l'intérêt. Je donnerai ensuite quelques indications sommaires sur d'autres manuscrits analogues. Cet
article ne vise nullement à être complet. Il faudrait un volume pour
étudier en détail cette période de la vie de Leibniz, et joindre aux
textes les renseignements historiques indispensables.

Trois séries de considérations, liées du reste étroitement entre
elles dominent les essais publiés par M. Jagodinsky. Leibniz formule
le principe de l'harmonie universelle et il en déduit les conséquences.
Il réfléchit à cette occasion sur la nature de l'infini et de l'indéfini et
il examine les répercussions métaphysiques de ses travaux mathématiques. Enfin (peut-être sous l'influence de Spinoza, dont
Schuller et Tschirnhaus lui ont fait connaître les idées essentielles),
il détermine les conditions générales de l'attribution et s'efforce de
préciser le rapport ontologique qui unit les attributs à leur sujet.
Dans les trois cas, il part toujours de la considération de l'ensemble
des choses. Il ne remonte pas de tel ou tel détail à l'Univers entier.
Sa pensée embrasse d'emblée la totalité du réel : elle est, dans son
essence, métaphysique ou synthétique au suprême degré. Pour
Leibniz, et c'est une des notions directrices permanentes de sa
philosophie, le détail ne peut jamais être connu que par l'ensemble
auquel il se subordonne. Les phénomènes particuliers dont il veut
que parle toute étude scientifique, lui servent seulement d'occa-

1. Sur près de 1 600 lettres et manuscrits relatifs au séjour de Leibniz à Paris
et a Londres, on trouve environ 60 pièces de contenu proprement philosophique,
depuis le *De Definitione et Demonstratione* (vers 1672, Hannover, *Königl Bibliothek*, Leibniz-Handschriften, Abt. I, Bd. XX. f. 223-224, jusqu'au mémoire *de la
Sagesse*, publié par Erdmann (p. 673) et Gerhardt (*Philosophische Schriften*,
VII. p 82) qui est peut-être de juin ou de juillet 1676.
2 Willy Kabitz, *Die Philosophie des jungen Leibniz. Untersuchungen zur
Entwicklungsgeschichte seines Systems*, Heidelberg, Karl Winter, 1909.

sion pour dégager d'une manière intuitive les lois générales de
l'être.

Le principe de l'harmonie traduit précisément cette nécessité primordiale. On peut l'énoncer de diverses manières. C'est une vérité
évidente qu'il doit exister le plus possible d'essence[1]. Cela est vrai
non seulement de l'essence réalisée et devenue concrète, mais de
l'essence possible elle-même. En effet, il y a plus de raison pour
l'existence que pour la non-existence, pour l'affirmation que pour
la négation. Ce qui est, d'une manière générale, est ce qui enferme
le plus d'être ou d'essence. Ce principe, qui est une vérité identique,
nous oblige à ne jamais considérer isolément une essence ou une
réalité quelconque, mais à raisonner toujours sur la totalité des
choses Leibniz admet ainsi implicitement la réalité d'une pluralité
d'essences distinctes. De là résulte que l'être n'existe pas en vertu
de sa masse ou de sa force brutes : la nécessité qui le porte à l'existence est d'ordre logique et rationnel ; elle pourra coïncider avec
l'intelligibilité souveraine et le principe d'harmonie pourra se confondre avec le principe de raison. L'univers forme un tout cohérent :
tout ce qui est, fut et sera, constitue un ensemble bien lié. La
combinaison réalisée est celle qui enferme le plus d'essence, c'est-
à-dire celle où l'effet le plus grand est obtenu au prix de la dépense
la plus petite[2].

De cette loi se déduit immédiatement la condition à laquelle une
existence particulière est donnée : exister, c'est entrer dans l'harmonie du tout, c'est être harmonique[3]. La non-contradiction (principe logique) ne suffit pas à assurer l'existence d'un objet : il faut,
de plus, que cet objet trouve sa place dans l'ensemble, qu'il soit
compatible avec les autres.

1. Jagodinsky, p, 28 (11 février 1676) *Recte expensis rebus pro principio statuo
Harmoniam rerum, id est quantum plurimum essentiae potest existat. Sequitur
plus rationis esse ad existendum quam ad non existendum. Et omnia extitura* [et
non *extrema*, comme l'imprime M. Jagodinsky] *si id fieri posset.*
  Il ne faudrait pas prendre au pied de la lettre certains titres et certains
préambules, par exemples celui des *Propositiones quaedam Physicae* (composées
probablement vers le début de 1673); entre autres Hannover, *Königl. Bibliothek.*
Leibniz-Handschriften, Abt. 37, vol. III. f. 39-60. Leibniz déclare vouloir expliquer : *phaenomena ex phaenomenis*, c'est-à-dire vouloir s'abstenir d'hypothèses arbitraires. Mais cette proposition a chez lui, à peu près le même sens
que le fameux : *Hypotheses non fingo* de Newton.
  2. Jagodinsky, p. 16 : *Simplicissima enim eligere ad maxima praestanda sapien-
tissimi est.*
  3. P. 32 : *Existere nihil aliud esse, quam Harmonicum esse...* Cf. : p. 36.

Or l'harmonie, loi universelle de l'être, est une loi d'intelligibilité. Seul un esprit peut percevoir et rendre effective cette liaison des parties en un tout harmonique. Notre esprit fini étant incapable d'embrasser l'harmonie universelle, il faut admettre l'existence d'un esprit infini et parfait qui possède la sagesse absolue. De là une définition nouvelle de l'harmonie : ce qui est harmonique, c'est ce qui est le plus agréable à l'esprit le plus parfait[1]. Et de là résulte aussitôt que Dieu existe et qu'il est un esprit[2].

Ces différents énoncés du principe d'harmonie se complètent les uns les autres. La notion d'harmonie est déjà étrangement riche et complexe. Elle contient des éléments logiques, mais aussi un élément esthétique et moral dont l'importance va grandir, à mesure que Leibniz dégagera les conséquences de sa proposition initiale.

D'abord, l'existence de Dieu est rendue évidente. L'argument ontologique se déduit très simplement de la notion d'harmonie. Le plus parfait de tous les êtres possibles, étant, par définition, celui qui enferme le plus d'essence, existe nécessairement[3], c'est-à-dire que seul, il est cause de soi. En dépit des critiques de saint Thomas, l'argument ontologique est bon; il suffit de le compléter, comme Leibniz le réclame depuis longtemps, en montrant, ce qui ne sera pas difficile, que Dieu, somme de tous les attributs positifs, est possible logiquement, et n'enferme aucune contradiction[4]. Car ces attributs, étant parfaits, sont distincts les uns des autres et ne peuvent interférer, ni se contredire.

En deuxième lieu, le même principe permet d'établir que Dieu est pensée et non matière. En effet, l'être nécessaire est cause de soi :

1. P. 36 : *Harmonicum maxime quod gratissimum perfectissimo Mentium.*

2. *Ibid.* : *Non possint omnia possibilia a quoquam distincte intelligi, implicant enim. Perfectissimum Ens est quod plurima continet. Quale est Ens capax idearum et cogitationum; hoc enim multiplicat rerum varietates ut speculum. Unde Deus necessario Ens cogitans, et si non est ens cogitans, omnia erit perfectius ipso. Ens omnisciens et omnipotens perfectissimum est.* L'existence de Dieu sera du reste prouvée de beaucoup d'autres manières. C'est un des caractères de la philosophie de Leibniz que chaque proposition importante y peut être établie de plusieurs façons différentes.

3. P. 32 : *huic Menti (Dei) etiam existentiam deberi rerum, Ipsam esse causam sui.*

4. P. 112 : *D. Thomas. hoc argumentum refutat : mihi videtur non esse refutandum, sed indigere supplemento, supponit enim Ens quod non potest non esse, item Ens maximum seu perfectissimum esse possibilia.* — P. 32 : *Ex eo quod aliquid existit sequitur ejus rei esse aliquam necessitatem, adeoque aut omnes res esse necessarias per se (quod falsum), aut certe earum causas ultimas. Unde sequitur Ens absolute necessarium esse possibile, seu non implicare contradic-*

il agit donc sur lui-même, puisqu'il se donne l'existence, et il
échappe ainsi à la loi d'inertie qui régit les objets matériels. Du
même coup, nous pouvons déterminer le contenu de la pensée
divine, savoir l'harmonie universelle, et puisque cette harmonie
est certaine, l'existence de Dieu se trouve ainsi démontrée une
deuxième fois, par un argument très fort et distinct de la preuve
ontologique [1].

Les conséquences du principe d'harmonie ne sont pas moins
importantes en ce qui touche l'Univers. Il faut qu'il y ait le plus
d'être possible, qu'il y ait de l'être partout, qu'il n'y ait de vide ni
dans la série des formes, ni dans l'espace, ni dans le temps [2].

Cette dernière proposition, qui est évidente, soulève une grave
difficulté mécanique. Le mouvement est quelque chose de réel; car
il est une condition de la richesse et de la variété des choses [3]. Mais
comment est-il possible? Pour expliquer le mouvement dans un
espace plein de matière, on peut supposer d'abord que tous les
corps sont, sinon élastiques, du moins flexibles. S'ils étaient rigides
et pouvaient néanmoins se mouvoir, il y aurait de la place perdue
et le principe d'harmonie serait en défaut [4]. Mais cette première
solution appauvrit l'univers : les corps rigides, renfermant plus
d'essence que les corps souples, sont plus parfaits qu'eux. (On
notera que Leibniz tient ainsi compte non seulement de la quantité
de l'essence, mais, si l'on peut ainsi dire, de sa qualité.) Au surplus
s'il n'existe que des fluides, la matière se confond avec l'espace
vide [5]. Le monde renferme donc à la fois des solides et des fluides [6].

1. Cf. p. 32.
2. p. 14 : *Ex hoc principio jam sequitur nullum esse vacuum in formis, item
nullum esse vacuum in loco et tempore, quoad eius fieri potest.*
3. P. 14, p. 16 : *Nam plenitudinem mundi esse consentaneam harmoniae rerum
utique concedetur. Aliquam enim partem loci inutilem sine necessitate relictam
esse intelligi non potest; plena autem esse omnia intelligo, id est materia varie
mota; nam si tota quaedam massa infinita intelligitur universali quodam motu
ferri, is motus poterit haberi pro nullo.*
4. P. 20 : *Posito concursu duorum perfecte rectilineorum homogeneorum
sequetur tum motum perditum iri, adeoque turbari totam harmoniam rerum.*
5. P. 16 :... *non videtur intelligi posse differentia inter modum explicandi per
fluidum et per spatium.* Cf. p. 30.
6. P. 30 : *Ante omnia autem probabimus necessario praeter fluida etiam
existere solida. Sunt enim fluidis perfectiora, quia plus essentiae continent; non
tamen omnia possunt esse solida; tunc enim se mutuo impedirent: sunt ergo
solida immixta fluidis... Videtur sequi ex solido in liquido, quod materia perfecte fluida sit, nihil nisi multitudo infinitorum punctorum, seu corporum
minorum quam quae assignari possint, seu quod necessario datur vacuum inter-
spersum Metaphysicum quod non pugnat cum pleno physico...*

Or, qu'est-ce qu'un fluide? Tout fluide peut évidemment se décomposer en particules très petites, et voilà, semble-t-il, l'atomisme. Les corps sont alors contigus et non continus; le mouvement se fait par saccades; il semble qu'une réalité soit anéantie en un point, pour être créée de nouveau en un point voisin. Tout mouvement suppose ainsi des variations discontinues de la distance d'un point mobile à un point fixe, en sorte qu'une ligne mobile doit être actuellement divisée en un nombre infini de points. Cette solution est physiquement impossible : la discontinuité physique soulève de telles difficultés que nous ne pouvons l'admettre [1]. S'il existe des atomes et du vide, ce ne peut être dans l'ordre des corps. Le mouvement des corps est continu et la loi d'inertie nous apprend qu'il ne peut disparaître de lui-même. Par suite le vide et les indivisibles doivent se trouver en dehors du domaine des corps, dans celui des esprits. Seul un esprit peut assurer la continuité du mouvement de l'être qui se meut; il ne peut exister de vide que dans l'ordre métaphysique, si cela est conciliable avec la loi d'harmonie. Seuls des vides métaphysiques et des points spirituels sont possibles [2].

Le principe d'harmonie suppose également que l'univers change constamment, et qu'il contient un nombre infini d'êtres distincts soumis à des variations continuelles. L'harmonie n'est satisfaite que si la variété des choses est la plus grande possible. Il faut donc qu'il y ait à la fois dans toutes les parties de l'univers un changement ininterrompu, joint à la plus parfaite détermination. Si toutes choses se meuvent dans une direction unique avec la même vitesse, ou encore si la vitesse de translation augmente ou diminue partout dans la même proportion, c'est comme s'il n'y avait pas de changement du tout [3]. De même un espace rempli d'un fluide homogène

1. P. 50. Cf. p. 78 (10 avril 1676) : *Quaedam iam mutare sum in his coactus, nempe ratiocinationem, quod motus non sit continuus, quia tunc in quolibet puncto fieret mutatio distantiae. Adeoque essent tot distantiae quot puncta; eodem argumento probaretur nec corpus esse continuum, quia... quod si quis crederet mederi, ponendo corpus non esse continuum, sed constare ex punctis meris disgregatis, huic obstaret tum quod compressa non componerent corpus; tum quod maneret eadem difficultas, quoad eorum intervalla.*

2. P. 50 : *Natura corporis seu materiae ultra hoc, ut unum ab altero loco pellatur : hoc continet arcanum adhuc mirabile, quod scilicet magnitudo celeritatem compensat, quasi essent res homogeneae, quod indicio est, materiam ipsam resolvi in aliquid, in quod et motus resolvatur, scilicet intellectionem quandam generalem. Nam cum duo corpora colliduntur patet non singulorum mentes efficere ut hinc sequatur lex compensationis, sed generalem illam, ubique una omnibus assistentem.*

3. P. 15 : *Et si dicam omnia in certam quandam plagam moveri, idem est ac si*

immobile ne se distingue pas d'un espace vide. Le principe d'harmonie suppose que les différences subsistent partout : là où il
n'y a plus de différence, il n'y a plus d'existence. Un corps animé
d'une vitesse absolument infinie ne se meut pas, car il est partout à
la fois[1]. Un mouvement infiniment lent se confond avec le repos.
Un espace infiniment petit absolument n'est plus rien de réel, car il
n'a plus aucune détermination. Un côté d'un carré infiniment petit
ne se distingue pas de la diagonale[2].

Par suite tout corps est en mouvement; il n'y a pas de repos à
proprement parler; les deux termes, corps et mouvement sont équivalents. Ou, comme le dit énergiquement Leibniz, être en un lieu
c'est traverser ce lieu[3]. Ainsi se trouve énoncé, au moins d'une
manière implicite, cette proposition essentielle dans le système de
Leibniz, que l'être est identique au changement et que le repos, c'est
le néant.

De même qu'il exclut le vide physique, le principe d'harmonie
permet de démontrer la conservation de la quantité de mouvement.
Descartes faisait appel, pour prouver que le mouvement se conserve
à l'immutabilité divine. La notion d'harmonie fournit une démonstration plus directe, qui peut recevoir une forme géométrique. Toute
variation en un point de l'univers doit être compensée par une
variation de signe contraire en un autre point. Dans le cube ABCD
représentant l'espace et le temps, tout déplacement d'une particule
quelconque peut être figuré sous la forme d'un cylindre infiniment
petit; ce cylindre, en se déplaçant, produit un vide, qui doit être
comblé par une matière provenant d'une autre partie du cube, en
sorte que la quantité de changement demeure constante[4].

Ce que Leibniz appellera plus tard le principe des indiscernables
se déduit enfin de la loi d'harmonie. En théorie, une cause peut être
connue par son effet. Un esprit suffisamment puissant verrait toujours la cause agir dans son effet. Toutefois cette règle ne semble

---

dicam omnia quiescere. Si dicam omnia majori quam nunc celeritate proportione
moveri, nihil reapse immutatum erit. Si in spatio loco extensi imaginer fluidum
quiescens perfectum... nihil aliud quam spatium vacuum dico.

1. P. 24 : Punctum, velocitate infinita motum lineam momento implet. Si quid
velocitate aliqua moveatur, qua nequeat intelligi major, simul erit ubique.

2. P. 24 : Non datur minima spatii pars, quia alioqui tot essent minimae in
diagonali quam in latere... adeoque diagonalis aequalis lateri.

3. P. 26 : Esse in loco est per locum transire quia momentum nullum et omne
corpus movetur.

4. P. 14-20.

pas toujours applicable. Voyant un carré je ne puis pas dire s'il a
été construit avec deux triangles ou avec deux parallélogrammes.
Serait-ce que la liaison des causes et des effets est moins rigoureuse
qu'il ne le paraît? La solution est plus simple. Deux carrés construits
de manière différente ne sont jamais identiques et ils présentent
toujours des différences, qui nous sont insensibles [1]. Il faut donc
admettre que tous les objets réels sont différents les uns des autres.
Seul un esprit infini, dont la nécessité se trouve encore une fois
démontrée peut embrasser toute cette diversité. Et l'on voit à quel
point la richesse et la variété de l'Univers s'en trouvent augmentées.

Quant à l'origine même des différences, elle ne peut pas d'après
ce qui précède être recherchée dans la matière toute seule. La
matière a une réalité limitée au moment présent : au contraire
l'esprit, principe d'unité du divers, suppose toujours la mémoire :
par lui l'effet conserve le souvenir de ce qui était dans la cause. De
cette façon, on pourra dire que le principe de l'individuation réside,
non dans l'effet, mais dans la cause, c'est-à-dire en dernière analyse,
dans un esprit. Et Leibniz admet déjà sans le dire explicitement,
qu'il y a dans la perception un nombre infini de degrés.

II

Toutes ces spéculations impliquent l'idée de l'infini. Ici les
réflexions métaphysiques viennent rejoindre les recherches mathématiques poursuivies par Leibniz, depuis 1673 et qui aboutissent en
novembre 1675 à la découverte du calcul intégral et quelques jours
plus tard, du calcul différentiel. Que les deux séries de recherches
soient liées intimement, ce n'est pas ici le lieu de le démontrer.
Mais, on ne peut pas dire que les unes aient déterminé les autres : le
même esprit puissant et complexe a réagi de manière analogue, en
présence de questions différentes ; mais Leibniz n'a pas cru pouvoir
résoudre les problèmes mathématiques par de simples considérations métaphysiques, non plus qu'il n'a cru possible le transfert pur
et simple des notions mathématiques dans la philosophie. Ce qui
est vrai seulement, c'est que Leibniz (comme Pascal), applique à la

---

1. P. 11. p. 46 : *Ideoque impossibile est, ut duo quadrata eiusmodi sint perfecte similia, quia er materia constabunt, ea autem mentem habebit et mens reti-
nebit effectum status prioris.*

philosophie des procédés de raisonnement essentiellement mathématiques, comme par exemple, le passage à la limite, l'analogie (au sens technique de ce terme), etc., et c'est même ce qui donne à plusieurs de ses essais philosophiques un tour paradoxal et surprenant à première vue.

Dans les fragments publiés par M. Jagodinsky, on trouve à plusieurs reprises des réflexions profondes, à demi mathématiques, sur la notion d'infini. Des spéculations analogues se rencontrent depuis 1673 dans un grand nombre de pièces proprement mathématiques. Il semble, pour le dire en passant, que Leibniz ait fixé ses idées générales sur ce sujet capital, dès la fin de l'année 1674.

La loi d'harmonie nous oblige à concevoir que l'être est le plus riche possible : il faut donc que les créatures soient en nombre infini. En conséquence, chaque parcelle de la matière doit être actuellement divisée à l'infini et commensurable avec toutes les autres [1]. Chacune d'elles est comme un monde plein de créatures en nombre infini. Mais, s'il en est ainsi, les infiniment petits eux-mêmes ne seront jamais des indivisibles. Toute quantité, si petite qu'on la suppose, est indéfiniment divisible. Cette proposition est de conséquence. Une quantité finie sous un certain rapport, peut être en un sens, infinie, puisqu'elle est indéfiniment divisible. Et inversement, une ligne, une durée infinies ou interminées par une extrémité peuvent avoir un commencement. Il n'est donc pas contradictoire de supposer que le monde, qui a été créé, qui a un commencement, dure depuis un nombre infini d'années, ou doive durer indéfiniment. Il n'est pas contradictoire non plus qu'un univers infini ait un centre. Mais, pour le bien concevoir, il importe de réfléchir un peu sur la nature de l'infini [2].

Supposons d'abord une ligne interminée par les deux bouts ou sans extrémités : il est possible *à priori* de parler du milieu d'une telle ligne, ou encore du centre du monde, le monde étant supposé interminé dans toutes les directions. Cependant, prenons un point

1. P. 34 : *Hinc porro sequitur quamlibet materiae partem esse cuilibet commensurabilem qui rursus est admirabilis effectus hormoniae rerum.* Cf. p. 68.
2. P. 36 : *Tentandum an demonstrari possit esse aliquod infinité parvum, nec tamen indivisibile, quo existente sequuntur mira de infinito. Nempe, si fingantur creaturae alterius mundi infinitè parvi, nos ipsorum comparatione fore infinitos. Unde patet vicissim nos fingi posse infinite parvos comparatione alterius Mundi, qui infinitae magnitudinis et tamen terminatus sit.*
[On reconnaît ici l'influence de Pascal, une des plus fortes que Leibniz ait subies.]

sur une telle ligne interminée. Ce point la divisera en deux parties
qui sont soit égales, soit inégales. Admettons qu'elles soient inégales. Qu'est-ce que cela signifie? Des deux parties de la ligne qui
sont toutes deux interminées par une extrémité, l'une ne peut être
le triple de l'autre, car une ligne interminée ne peut avoir que deux
extrémités interminées. Par suite, aucune fraction comprise entre
2 et 3 ne pourra exprimer le rapport des deux nombres. D'autre
part supposons qu'un point B soit le centre de l'univers. Toutes les
lignes interminées issues de ce point sont égales entre elles :
BF = BH = BR = BJ. Or, par un point pris sur BF menons une
parallèle MN à BR. Cette ligne est égale BR. Mais, par une rotation
appropriée nous pouvons la faire coïncider avec MF. Or est-elle
égale ou inégale à BF, dont elle diffère de la quantité MB [1]?.

De même une ligne interminée par les deux bouts est plus longue
qu'une ligne interminée par un seul bout, quelle que soit l'origine
de la seconde. Trois lignes interminées par un seul bout font une
somme plus grande que les deux moitiés d'une ligne interminée par
les deux bouts. Une ligne interminée AD diffère d'une autre ligne
interminée EF, située sur son prolongement d'une quantité donnée
et finie DE, dont le milieu (C) semble être le milieu de la ligne interminée AE, formée par la réunion des deux premières [2].

Une difficulté du même ordre peut être présentée autrement.
Supposons qu'une ligne interminée AE, soit divisée en parties distinctes A, B, C, D, E. Nous pouvons concevoir que ces parties se
meuvent normalement à la direction AE et occupent ainsi des positions nouvelles a, b, c, d, e. Mais on peut aussi supposer un déplacement oblique, à la suite duquel les parties de la ligne AE occupe-
raient les positions α, β, γ, δ, ε. Dans le deuxième cas, le déplacement
est plus grand que dans le premier [3].

Comment imaginer ces deux déplacements différents et ne faut-il
pas qu'une ligne interminée soit immobile? De ces observations,
Leibniz tire une double conclusion. D'abord, les deux termes, fini et
infini s'enchevêtrent étrangement. Deux quantités infinies ne diffè-

1. P. 65 et suiv.
2. P. 55-58.
3. P. 68.

rent pas moins l'une de l'autre que deux quantités finies. Dans l'ordre
de l'infini, il n'y a pas moins de différences que dans l'ordre du ni ;
le calcul ne sera pas moins possible dans le domaine de l'in ni que
dans celui du fini. Et d'autre part, faudra-t-il, en présence de ces
difficultés, renoncer à l'infini actuel ? Faudra-t-il déclarer le mouvement impossible, parce que notre entendement ne le comprend
pas ? Leibniz ne le croit pas. Ces difficultés cessent si l'on songe
d'abord à l'esprit qui explique la matière et si l'on se souvient
ensuite qu'aucune essence isolée n'enferme en elle-même, la raison
de sa possibilité, mais qu'il faut toujours considérer l'univers entier.
Or le tout précède les parties, l'absolu et l'infini sont antérieurs à
toute limite. Pour un esprit capable de tout comprendre, le mélange
du fini et de l'infini n'a rien de surprenant et seul un tel esprit possède le critérium de l'impossibilité véritable [1].

Si, au lieu de considérer des lignes, nous considérons des nombres,
nous trouvons des problèmes analogues. Ces problèmes auxquels
Leibniz a consacré de 1673 à 1676 de très nombreux essais (entre
autres l'*Accessio ad Arithmeticam infinitorum* de 1674 et une bonne
partie du *Traité de la Quadrature arithmétique du cercle*) sont seulement indiquées dans les textes publiés par N. Jagodinsky. La
somme d'une série infinie de termes peut être finie. Mais tantôt, le
nombre qui la mesure est donné, comme il arrive dans beaucoup
de séries de fractions, tantôt, comme en ce qui touche la série de
tous les nombres carrés, ou de tous les nombres en général, la
somme n'est pas assignable. En pareil cas, nous pouvons parfois
user d'artifice et dire qu'un nombre donné diffère de la somme
cherchée d'une quantité aussi petite qu'on le voudra [2]. Ces difficultés,
et d'autres encore montrent quelle prudence il convient d'observer
dans l'usage métaphysique de la notion d'infini. C'est ainsi que
Leibniz fait servir à la philosophie son expérience de mathématicien.

La même expérience lui permet d'écarter d'emblée les constructions géométriques de l'univers à la mode cartésienne. Il est tentant
de tout vouloir expliquer par la figure et le mouvement. Cependant,
la géométrie nous atteste que les figures ne sont point des êtres
réels, mais des êtres feints [3]. *A priori*, il semble possible de réaliser

1. P. 70.
2. P. 40, p. 70.
3. P. 58 : *Circulum aliaque id genus Entia ficta sunt : ut polygonum quolibet
assignabili majus, quasi hoc esset possibile.*

la quadrature parfaite, c'est-à-dire de passer géométriquement
d'une figure curviligne à une figure rectiligne de même surface.
Par exemple une courbe sera réalisée mécaniquement par la rencontre de deux mobiles qui se déplacent en sens contraire [1]. Mais
en bonne logique cela est impossible. En effet le *conatus* qui explique
le mouvement ne réside pas dans la courbe qui n'existe pas encore,
mais dans sa tangente. Et pour engendrer la courbe, il faut qu'il
varie à chaque instant. Pour expliquer mécaniquement la formation
d'un cercle, il faudrait donc imaginer un fluide idéal, tel que la
direction du *conatus* pût y varier régulièrement, d'une manière
continue. De même, une courbe telle que la parabole est mécaniquement quelque chose d'absurde. Elle implique la combinaison
impossible d'un mouvement uniforme et d'un mouvement unifor-
mément accéléré. Dans ces conditions, que certaines quadratures
exactes, comme celle de la lunule d'Hippocrate, soient possibles,
cela prouve simplement que les figures géométriques sont des êtres
de raison, des êtres feints. Outre ces impossibilités mécaniques, il
existe une impossibilité mathématique de concevoir une quadrature
exacte. En effet, égaler une courbe à une figure rectiligne, c'est
trouver entre elles une commune mesure. Il suffit pour l'obtenir
de diviser la courbe et la figure rectiligne en carrés très petits et de
poursuivre la division jusqu'à ce que les ordonnées soient commen-
surables. Or cela ne devient possible, qu'au moment où le nombre
des carrés est infini, c'est-à-dire que la commune mesure doit être
infiniment petite. Mais, pour le cercle par exemple, nous savons
qu'il n'existe aucune commune mesure, même infiniment petite [2].

On peut faire le même raisonnement à propos d'un angle. Réduit
à l'essentiel un angle réside en un point. Mais, alors ses côtés sont
infiniment petits et l'angle est caractérisé par des rapports entre
des quantités infiniment petites [3]. Autrement dit, les mêmes différences qui existent dans le fini et l'infiniment grand peuvent se
rencontrer aussi dans l'infiniment petit. Des quantités infiniment
petites peuvent être aussi incommensurables que des quantités
finies données. Les figures, lorsqu'on sait les interpréter nous révèlent ces différences. Mais il serait vain de vouloir se fier à la figure

1. P. 46, 48.
2. P. 56, 58.
3. P. 60 : *Ecce enim angulus. Nonne in puncto est? Nihil enim ad eum pertinet
longitudo laterum et manet, etsi semper abscindas. Ergo quantitas in puncto, nam
anguli quantitas est.*

seule. Le cercle et les autres figures géométriques ne sont pas des
êtres réels. Ce sont des images, des abrégés qui expriment simplement d'une manière visible les propriétés complexes des êtres véritables[1]. Ces propriétés peuvent être énoncées d'une manière abstraite,
sans le secours des figures; mais les ligures aident l'esprit à les
concevoir clairement. Une figure contient à l'état enveloppé toutes
les vérités relatives à certains rapports des essences réelles; elle est
un être feint, dont la contemplation est singulièrement instructive.
Mais il est clair qu'on ne peut expliquer les choses par la figure,
sans prendre pour des réalités véritables les constructions de
l'esprit[2].

III

Ces idées générales conduisent Leibniz à une conception de
l'univers, où se retrouvent beaucoup des idées déjà exprimées dans
l'*Hypothesis physica nova* de 1671, mais où transparaissent déjà
les linéaments de sa physique définitive, telle qu'il l'exposera, à
partir de 1688 environ.

Tout ce qui précède nous oblige à constater la situation privilégiée
de l'esprit dans le monde. La pensée est quelque chose de distinct
du mouvement et de la matière. Rien de corporel ne peut rendre
compte de la pensée. Ce qui est divisible ne saurait penser. En
effet, partout, soit en Dieu, soit en nous-mêmes, la pensée apparaît
comme un principe d'unité et de liaison. En Dieu elle est cause
dernière de l'harmonie des choses. En nous, elle est principe de
l'individuation. L'existence des êtres individuels et l'ordre de l'Univers dépendent également de la pensée. Être, dit Leibniz, c'est
pouvoir être perçu, d'une formule qui ferait songer à Berkeley, si
la suite ne montrait clairement la différence des deux doctrines[3].
Leibniz veut dire par là que toute pensée supposant une liaison
d'éléments distincts, l'unité, l'harmonie est le caractère essentiel
de la pensée et de l'être.

Penser, c'est expliquer; expliquer, c'est rendre raison : on ne rend

1. P. 60, p. 62 : *Etsi Entia ista sint fictitia, Geometria tamen reales exhibet
veritates, quae aliter et sine ipsis enuntiari possunt, sed Entia illa fictitia prae-
clara sunt enuntiationum compendia...*
2. P. 62 et suiv.
3. P. 14 : *Esse nihil aliud esse quam percipi posse sequitur ex quibusdam ratio-
cinandi modis.*

compte que de ce qui est lié. Il faut donc que les éléments de l'être
soient congruents, qu'ils s'accordent les uns avec les autres, de telle
sorte que l'on puisse toujours rendre raison de chacun d'eux [1]. Et l'on
voit comment le principe de raison se rattache aux notions d'unité et
d'harmonie. De là suit que toutes les pensées ont le même contenu.
Deux pensées différentes se distinguent l'une de l'autre, non par la
nature, mais par l'ordre des éléments qui les constituent. De même,
c'est par leur ordre que les perceptions de la veille se distinguent
des rêveries du sommeil [2]. S'il existe des esprits différents de nous,
c'est seulement par l'ordre différent de leurs perceptions qu'ils sont
autres que nous. L'ordre général étant conçu par Dieu, l'existence
d'un être sera déterminée par la place qu'il prend dans le système
intelligible tel que le perçoit la pensée divine. Et il y a là toute la
monadologie.

L'esprit seul étant principe d'unité, toute matière implique un
esprit et réciproquement toute âme est unie à un corps. Mais puisque le mouvement est partout, le corps est un tourbillon de matière.
Et il y a autant d'esprits que de tels tourbillons. Ni l'esprit, ni le
corps ne sauraient périr. L'esprit existe dans l'œuf avant la naissance [3]. On ne peut pas dire cependant que l'âme est l'idée du corps
car le corps peut être modifié sans que l'esprit soit changé [4].

Ne pouvant périr, ni le corps ni l'esprit ne peuvent commencer
dans la durée. Proposition qui n'est pas en contradiction avec le
dogme de la création, puisque l'infini de la durée n'exclut pas, nous
l'avons vu, la possibilité d'un commencement. Ne pouvant mourir,
il est nécessaire que l'esprit conserve une réminiscence après la
mort [5]. Dès ce moment Leibniz est optimiste. Sa théorie de l'infini lui
permet de supposer que si la béatitude des bienheureux peut être

---

1. P. 112 : *Re recte expensa tantum illud certum est nos sentire et sentiri
congruenter et quandam in sentiendo observari à nobis regulam. Congruenter
sentiri est ita sentiri, ut omnium ratio reddi possit, omniaque praedici.*

2. Ibid. : *Porro necesse non est realitate quadam differre intrinseca somnum a
vigilia, sed tantum forma sive ordine sensionum.* Cf. : p. 114.

3. P. 38. p. 108. P. 38 : *Mentem omnem etiam Materiae cuidam indissolubiliter
implantatam. Materiam illam esse certae magnitudinis. Omnem mentem habere
vorticem circa se.*

4. P. 110 : *Itaque Spinosae sententiam non probo, quod Mens singularis cum
corpore extinguatur, quod Mens ullo modo meminerit praecedentium; quod
super it tantum id, quod in Mente aeternum est, corporis idea, vel essentia hujus
scilicet....* P. 128 : *An Mens sit idea corporis; hoc fieri non potest, quod corpore
continuo mutato mens manet.*

5. P. 116 : *Mihi contra videtur nullam unquam animam cepisse, aut desinere
...*

éternelle, les châtiments des damnés auront seulement une durée
indéfinie. Le monde lui apparaît comme une République parfaite,
dont Dieu est le Monarque et où seuls sont malheureux ceux qui
veulent l'être [1].

IV

Tous ces textes se tiennent et l'on y trouve partout le développement rigoureux de la notion d'harmonie. Une autre série de fragments semble inspirée de doctrines d'origine différente. On y rencontre une théorie de l'attribution, où se reconnaît l'influence de la
scolastique et peut-être de Spinoza. L'être, dit Leibniz, est constitué par des formes ou attributs. Il y a des formes simples telles
que la perception et la position. Il y a des formes complexes qui
résultent du concours des formes simples. Seuls les attributs ou
formes simples sont connus *per se* : les modes ne sont connus que
par les attributs [2]. Mais, ni les attributs, ni les modes n'existent sans
un sujet, sans un support. Le sujet de tous les attributs ou de
toutes les formes simples, c'est évidemment Dieu [3]. En lui se trouvent toutes les formes simples et positives, et par suite compatibles
entre elles. Aucun de ces attributs, pris isolément n'épuise la totalité de l'essence divine. Au contraire, et cette proposition est de la
plus grande importance, chaque mode, quel qu'il soit, implique la
totalité de l'essence divine et la somme de tous les attributs [4]. De
là résulte non seulement que les modes sont en nombre infini,
mais encore que chacun d'eux est d'une richesse et d'une variété

---

1. P. 38, p. 114. P. 38 : *Itaque in Mundo nemo debet miser esse, nisi qui velit.
Unum rationi videtur consentaneum, ut ne maneat quidem miser, nisi qui velit.
Unde sequetur nullum unquam cuiquam fore relictum querendi colorem. Omnia
bona sunt credenti, Deum amanti, Deo confidenti.... Non video an non damnatio
aeterna sit conformis cum harmonia rerum. Posse fieri, ut damnatio sit infinitae
durationis, non tamen interminatae, idque probabile esse, consentaneum esse
harmoniae rerum.* Est-il besoin d'observer que le principe même de l'harmonie
est celui de l'optimisme : l'être vaut mieux que le non-être, c'est, nous l'avons
vu, le point de départ de Leibniz. C'est aussi celui de Descartes et de tous les
philosophes qui admettent la validité de l'argument ontologique.
2. P. 94.
3. P. 96, 128.
4. P. 96 : *Attributum Dei est forma simplex quaelibet. Attributa Dei infinita
sed eorum nullum essentiam Dei involvit totam; nam essentia Dei in eo consistit,
ut sit subjectum omnium attributorum compatibilium. Quaelibet vero proprietas
sive affectio Dei totam eius essentiam involvit; ut Deum certum aliquod nobis
sensu constans produxisse; quantulumcunque sit, totam involvit naturam Dei;
quia totam involvit seriem rerum illius generis.*

infinies. En effet, chaque mode, impliquant tous les attributs, peut
être considéré d'une infinité de points de vue différents et sa
variété est inépuisable. Ainsi, une ville paraît différente suivant
qu'on la regarde d'un endroit ou d'un autre. Ainsi, un nombre
peut être exprimé de beaucoup de manières diverses : $6 = 3 \times 2$
ou $1 \times \frac{3}{2}$ [1]. La variété intime des modes vient donc de ce que
chacun d'eux exige le concours de l'essence divine tout entière.
Elle ne se déduit pas analytiquement de la seule considération des
attributs : elle veut le concours permanent de l'intelligence divine
qui pense toutes choses ensemble et donne à chacune sa place dans
le tout. Une méthode analogue à celle que suit Spinoza donnera un
résultat sensiblement différent de celui qu'obtient Spinoza.

Or, l'objet unique de la connaissance ce sont les formes simples
ou les attributs : sans elles, il n'y a pas de démonstration possible [2].
Dieu les connaît par intuition : il saisit d'une manière immédiate
leurs rapports et la manière dont les modes en dérivent. Au contraire,
pour notre esprit limité qui est condamné à la pensée discursive,
les définitions et les démonstrations suppléent en quelque mesure à
l'intuition qui nous fait défaut [3]. Par suite, les définitions ont une
importance capitale : seules elles permettent de réfuter les sophismes
tant anciens que modernes. Elles dépendent elles-mêmes des vérités
premières, qui sont connues par intuition. Mais ces vérités sont en
petit nombre. Peut-être n'y en a-t-il que deux : le principe d'identité : (une chose est ce qu'elle est et n'est pas ce qu'elle n'est pas) et
cette proposition également immédiate : j'ai des apparences [4]. Le
Cogito ergo sum implique le principe d'identité et ce n'est pas une
vérité première. Les démonstrations exigent un travail complexe et
susceptible d'erreur, car la mémoire doit y concourir.

On trouverait mille autres détails significatifs, notamment une
curieuse théorie de la conscience renouvelée de Hobbes et de
Spinoza et qui est une des pièces les plus intéressantes de la philosophie du XVII° siècle.

1. P. 120, 122, 130.
2. P. 72.
3. P. 100, 102.
4. P. 104 et suiv.

Tel est, trop brièvement résumé, le contenu des textes publiés par
M. Jagodinsky. Les commenter, ce serait mettre en regard les fragments composés par Leibniz pendant son séjour à Mayence et les
passages analogues de la *Theoria Motus abstracti* et de l'*Hypothesis
physica nova*. Ce serait en rapprocier les autres textes inédits,
composés à Paris et que M. Jagodinsky a omis. Ce serait montrer ce
qui subsiste de ces idées dans la philosophie définitive de Leibniz.
Ce serait enfin déterminer, sous quelles influences ces doctrines se
sont formées. Je me bornerai à quelques brèves indications.

Les rapports de nos textes avec les deux ouvrages que Leibniz
avait publiés en 1671, la *Theoria Motus abstracti* et l'*Hypothesis
physica nova* sont évidents. A peine Leibniz avait-il, le cœur battant
d'espérances illimitées, expédié ces deux petits livres aux Académies
pour lequelles il les avait écrites, qu'il en sentait l'imperfection et
cierciait à les refaire. Non seulement parce que des lectures continuelles avaient rectifié sur bien des points ses erreurs primitives,
mais aussi parce qu'il n'avait pas cessé de méditer et d'approfondir
ses idées. A partir du mois d'avril 1671, ce travail se poursuit sans
interruption, comme en témoignent une série de manuscrits étroitement connexes avec la *Theoria Motus abstracti* et dont les essais
publiés par M. Jagodinsky contiennent le développement logique.
Bientôt, il ne s'agit plus d'un simple remaniement des livres originels,
mais d'une œuvre nouvelle, autrement vaste et importante, pour
laquelle Leibniz imagine des titres ronflants : *Elementa Philosophiae
arcanae, de Summa Rerum,* ou même *de Arcanis sublimium* [1]. Ces
projets prennent forme dès la fin de 1671. Leibniz y revient avec
ardeur à la fin de son séjour à Paris; il les avait abandonnés provisoirement pour s'initier aux mathématiques: il les reprend dès
qu'il se sent maitre de l'analyse, tout de suite après la découverte
merveilleuse qui le récompense de trois ans d'efforts ininterrompus.

On connaît l'hypothèse (renouvelée semble-t-il de Hobbes), qui
figure dans la *Theoria Motus abstracti*, et suivant laquelle la réalité
est constituée de *conatus*, éléments infiniment petits de mouvement

---

1. P. 32 : *Elementa philosophiae arcanae de summa rerum Geometrice demons-
trata...* — P. 34 : *Possent inscribi Meditationes istae de arcanis sublimium, vel
etiam de Summa Rerum.*

ou de pensée. Ces *conatus* fondent l'existence des esprits aussi bien
que celle des corps : Leur système constitue l'univers. Développé,
un *conatus* devient une existence concrète. Enveloppé, réduit à sa
plus simple expression, c'est une pièce de la pensée divine, une
essence. Cette doctrine assez remarquable par elle-même, sert de
point de départ à de nouveaux développements.

Dès 1672 la loi d'harmonie explique le passage de l'existence : si
entre les essences, l'une est élue à un moment donné, ce choix ne
résulte pas d'une simple opération mathématique, addition ou soustraction : le terme qui est élu est le plus harmonique : ἁρμονι
κώτατος [1]. C'est l'harmonie universelle qui détermine l'existence de
chaque chose particulière : « Ratio cur aliquid sit est'quia jam est,
aut quia harmonicum est. » Le principe de l'inertie gouverne les
actions des corps, le principe d'harmonie gouverne celles des âmes.
On peut même aller plus loin : les lois du mouvement, c'est-à-dire
les lois du concours des *conatus*, sont déterminées non par de
simples raisons géométriques, mais par le principe d'harmonie. Le
mot *Harmonia* peut donc servir à désigner le système des *conatus* [2].
Dans le même fragment, Leibniz justifie déjà de plusieurs manières
la loi d'harmonie. Une de ces justifications est très remarquable en
ce qu'elle montre nettement le rapport qui unit la loi d'harmonie
au principe d'ordre ou de raison et d'autre part le parallélisme
nécessaire de l'être et de la pensée. Dans chaque pensée particulière,
on doit pouvoir trouver la raison en vertu de laquelle cette pensée
et non une autre apparaît à la conscience. Or, cette raison ne se
rencontre pas dans une pensée particulière en tant que telle : elle
réside dans la pensée du tout. Ce qui revient à dire qu'il n'y a pas
d'idées isolées, que toute pensée implique une coordination, un
système. Le principe d'une telle coordination c'est précisément un
esprit, c'est-à-dire l'unité jointe à la multitude, ou la diversité
compensée par l'identité [3]. Penser un être, c'est penser quelque chose
d'harmonique, et l'harmonie est à la fois la raison de l'être lui-même et

1. Hannover. *Königl. Bibliothek*, Leibniz-Handschriften, Abth. 37 (Physik),
Vol. V, f. 222-223 : 222 recto : *In Mente omnes conatus durant, nec eligitur aliquis
addendo aut substrahendo, sed is qui est ἁρμονικώτατος.*

2. *Ibid.* : *Harmonia id est compositio conatuum.*

3. *Ibid.* : *Necesse est in cogitationibus ipsis rationem esse cur sentiantur, id est
cur existant; ea non est in singulorum cogitatione, erit ergo in cogitatione plu-
ribus. Ergo in mente id est uno cum multis. Ergo in Harmonia, id est unitate plu-
rimorum seu diversitate identitate compensata.* On remarquera que la définition
de l'Harmonie est la définition même de la Pensée.

la loi suprême de la pensée [1]. Or, seule, la pensée divine embrasse la totalité des essences; seule elle peut rendre compte de la place d'une essence donnée dans le système des essences. La même loi permet de comprendre ce qui constitue une pensée : penser, c'est penser à la fois plusieurs choses différentes [2]. Mais elle permet aussi d'expliquer le corps. La différence entre le corps et l'esprit ne porte pas sur la nature des deux termes, mais sur leur étendue, si l'on peut ainsi s'exprimer. Corps et esprit sont constitués également par des *conatus*. Le *conatus* corporel est toujours accompagné de mouvement. Un esprit c'est un *conatus* sans mouvement. De plus, par le seul fait que toute pensée est la représentation de la multitude dans l'unité, tous les éléments de l'esprit interviennent dans chaque fait mental, alors que dans le corps, il suffit de considérer le dernier état [3]. Traduisez cette idée en termes psyciologiques : ce qui caractérise l'esprit c'est la mémoire. Toute la réalité du corps n'est (au moins en apparence) que dans l'état présent. Ou d'une autre manière encore : l'esprit échappe à la loi d'inertie; penser c'est être capable de se changer soi-même [4]. La conscience ne sera pas autre chose que cette possibilité d'agir sur soi-même, qui distingue absolument le monde spirituel du monde matériel.

Dès ce moment aussi, Leibniz affirme que les *conatus* constitutifs du corps ne peuvent pas plus périr que ceux qui forment les âmes. Les unités d'être se conservent indéfiniment. Et de même l'harmonie, qui règle le concours des *conatus* est indestructible [5].

Le monde des corps est-il continu ou discontinu : sur ce point on peut hésiter. La notion du *conatus* enveloppe l'infini. Chaque parcelle du corps a un effort dans toutes les directions imaginables. Tout corps est infiniment divisible à l'infini. Pourtant, Leibniz en 1671 n'exclut pas absolument l'existence possible du vide [6].

1. *Ens cogitare est cogitare sensum rationalem harmonicum, conciliabilem.*
2. Hannover, *Königliche Bibliothek*, Leibniz-Handschriften, Abth. 37 (Physik), Vol. V. f. 222-223; 222 recto : *Nihil aliud est cogitatio quam sensus comparationis aut brevius sensus plurium simul, aut unum in multis.*
3. *Ibid.* : *Quicquid aliquando conatum habet sine motu, mens est... Hoc differunt actiones Mentis a Corpore quod in corpore non nisi postremi conatus considerantur, in Mente retro omnes... Ergo conatuum omnium retentio imo comparationum in iis, id est sui statuum. Hoc facit mentem.*
4. *Cogitare est esse rationem mutationis, seu mutare se ipsum.*
5. *Ibid.* : *Hoc uno admisso corpus datum non annihilari totum demonstratur. Manent conatus omnes omnes in pari gradu. Si hi manent poterunt in posterum quoque manere alii omnes. Etiam Harmonia, id est compositio conatuum.*
6. *Ibid.* : *Hinc sequetur omnes corpus in puncta usque seu in infinitum subdividi, omni puncto conante simul in omnes plagas. Vacuum tum ita excludi non potest*

Mais quelques mois plus tard, il aperçoit clairement que la notion d'harmonie est incompatible avec le vide. Il lui suffit, pour cela, de montrer que les deux idées de corps et d'espace sont distinctes et ne peuvent être confondues comme le veulent les Cartésiens. En effet, pour que nous pensions quelque chose, il faut outre l'espace, une certaine qualité, couleur, résistance, effort, etc. [1]. Nous pouvons continuer à penser l'espace, même quand le corps qui l'occupait a changé de nature [2]. Ce qui définit le corps, c'est non l'extension, mais la possibilité de changer. Sans doute, tout changement corporel peut être ramené à un déplacement dans l'espace, à un mouvement. Mais le mouvement lui-même est quelque chose de différent de l'espace et qui ne peut s'expliquer par l'extension seule.

Ainsi dès 1671, Leibniz avait énoncé le principe d'harmonie et il en avait déduit quelques conséquences notables, entre autres cette définition de la pensée, à laquelle il restera constamment fidèle. Mais pendant son séjour à Paris, il n'a pas cessé de tourner et de retourner sous toutes leurs faces les problèmes qui l'obsédaient depuis si longtemps. Les textes publiés par M. Jagodinsky représentent les résultats d'une longue série d'efforts que Leibniz a poursuivis dès le moment où il a pu considérer comme terminées les négociations qui avaient absorbé les premiers mois de son séjour. Ces efforts, complémentaires de ceux qui ont abouti à la découverte du calcul infinitésimal nous en voyons les traces dans plus de 60 mémoires, opuscules fragments, dont la présente édition ne renferme que les derniers en date. Dès 1673, Leibniz s'est occupé de démontrer qu'il ne peut exister d'indivisibles, ni dans le lieu, ni dans le temps, ni dans le mouvement. En ce qui touche l'espace, la démonstration est curieuse. Supposons qu'une ligne *ab* soit constituée de points indivisibles : par chacun de ces points nous pouvons mener une perpendiculaire à notre ligne. Toutes ces perpendiculaires composées elles-mêmes de points indivisibles sont parallèles entre elles. Imaginons qu'elles soient coupées par une deuxième ligne parallèle à *ab*, ou par une diagonale *ad*. Chaque

---

etsi in infinitum assumantur orbes orbibus minores, aut statuantur orbes minores quolibet dato.

1. Hannover, *Königl. Bibliothek*, Leibniz-Handschriften, Abt. 37, vol. III, fol. 155. Recto : *Cum extensio sola iis illis qui cogitant nunquam appareat sed colore aliquando aut conatu aut resistentia aliave qualitate vestita...*

2. Hannover, *Königl. Bibliothek*, Leibniz-Handschriften, Abt. 37, vol. III, fol. 154 verso, 155 recto.

point de *cd* ou de *ad* sera par hypothèse sur une des perpendiculaires à *ab*. Par suite la diagonale et la parallèle doivent renfermer
le même nombre de points indivisibles. Cependant elles diffèrent
d'une longueur *id*. Donc, il ne peut exister de points indivisibles[1].
Un raisonnement analogue s'applique au temps et au mouvement.
En un temps *ab*, un espace est parcouru par un mobile animé d'un
mouvement uniforme. Puisque les espaces parcourus sont propor-
tionnels aux temps, en un temps de moitié moindre, un espace
deux fois plus petit sera parcouru. En un temps indivisible, le
mobile parcourra un espace indivisible. Or cela est impossible,
puisque d'après la démonstration précédente, il n'existe pas
d'espaces indivisibles. Enfin, les mêmes propositions amènent
Leibniz à affirmer qu'il ne peut exister de nombre maximum ou
infini, somme de toutes les unités. Un tel nombre est nécessairement
égal à zéro. Leibniz le démontre de diverses manières, dont voici la
moins technique. La somme de tous les carrés est une partie de ce
nombre total. Or tout nombre quelconque est la racine d'un carré.
Il y a donc autant de carrés que de nombres et par suite le nombre
total, somme de tous les nombres est égal à une de ses parties, ce
qui est absurde[2].

S'il n'existe pas d'indivisibles, la matière, le temps, l'espace sont
divisibles à l'infini et chaque partie, si petite qu'elle soit est indéfiniment divisible à son tour. De là résulte qu'il y a des infiniment
petits et qu'il y en a à l'infini[3]. Naturellement, toute réalité ainsi
divisible est corruptible et elle peut périr[4]. Où chercherons-nous
donc la véritable réalité de la matière? Nous venons de voir qu'elle
ne réside pas dans l'espace. D'autre part, nous ne pouvons pas
supposer qu'il existe un corps immobile, car un tel corps contien-
drait des indivisibles, ce qui est impossible. Reste donc que la
matière se confonde avec le mouvement[5]. Or, la notion du *conatus*

1. Hannover, *Königl. Bibliothek*, Leibniz-Handschriften, Abt. 37, vol. IV. fol. 45-46,
45 recto : *Nullum datur Minimum seu indivisible in Spatio et Corpore.*
2. *Ibid.*, f. 45 recto.
3. *Ibid.*, f. 45 verso : *Sunt aliqua in continuo infinite parva seu infinities minora
quovis sensibili dato...* F. 46 recto : *Datur punctum puncto minus... Punctum
unum alio potest esse infinities minus.*
4. 18 mars 1676, Hannover, *Königl. Bibliothek*, Leibniz-Handschriften, Abt.
37, vol. IV, f. 14-15; l. 14 verso : *Materia est divisibilis, ergo est destruibilis.*
5. Hannover, *Königl. Bibliothek*. Leibniz-Handschriften, Abt. 37, vol. III,
fol. 45 recto : *Hinc sequitur nullam esse in corpore materiam a motu distinctam,
ea enim necessario indivisibilia contineret. Quare multo minus spatium a materia
distinctum est. Hinc intelligitur denique nihil aliud esse corpus quam moveri.*

rend compte à merveille de ce fait. Ce qui constitue la matière, ce
sont des *conatus*. Un *conatus*, ce n'est pas autre chose qu'un mouvement infiniment petit ou plutôt le commencement d'un mouvement,
ou encore le commencement du passage d'un lieu en un autre. Le
conatus lui-même n'est, à proprement parler ni dans un lieu, ni dans
l'autre : il n'est déjà plus dans l'un et n'est pas encore dans l'autre.
D'où il suit qu'il est dans les deux à la fois, sans quoi il ne serait
nulle part. Chaque corps agit donc là où il n'est pas, ou les différents
corps agissent les uns dans les autres. En d'autres termes ils sont
cohérents et le mouvement se transmet dans le plein [1]. C'est là une
proposition d'une grande portée. En effet, d'abord, elle exclut le
repos absolu, comme les raisonnements précédents avaient exclu
les indivisibles. « Le repos est simplement un effort moindre que
tout autre effort assignable, et qui a besoin justement d'une éternité
pour faire sortir un corps qui a un tel effort tant soi peu de sa
place [2] ». De plus, tout *conatus* est indestructible; il est perpétuellement efficace; il est hors du lieu et du temps [3].

Nous sommes ainsi ramenés par un détour au principe d'harmonie,
dont la théorie du *conatus* va permettre de donner une explication
physique. Tout *conatus* étant suivi d'effet, et tous les effets se pénétrant dans le plein, il est nécessaire que tous les corps soient sympathiques. Cela veut dire que tout changement se propage à l'infini,
que toute modification d'un corps, si petite soit-elle, retentit sur
tous les autres. Et ce théorème déjà fort notable, si l'on admet
l'existence du vide (il vaut alors pour tous les corps cohérents), a
une portée universelle, si, comme il paraît, il n'y a pas de vide. Il

---

1. F. 44 recto : *Conatus est initium motus, momento aliquo dato, est ergo
initium loci mutati, seu transitus de loco in locum. Simul ergo in loco utroque est,
cum in neutro, id est nullibi esse non possit... Hinc sequitur quicquid in alterius
locum conatur [44 verso], jam extremo suo incipere in ejus loco esse, id est extrema
corum esse unum sive se penetrare, ac proinde alterum sine altero impelli non
posse. Magni momenti haec propositio est, hinc sequitur enim propagatio motuum
in pleno, et corpus unum motum caetera omnia secum abripere; conari et quantulumcunque in Mundo sentiri a toto Universo*. Leibniz développera longuement
cette idée dans un grand nombre de travaux de physique et de mécanique,
composés à Paris.

2. Hannover, *Königl. Bibliothek*, Leibniz-Handschriften, Abt. 37, vol. III,
fol. 136-143.

3. *Ibid.*, Abt. 37, vol. IV, f. 45-46 : *Conatus scilicet nullos perire, sed omnes in
universum esse efficaces, perpetuosque etsi aliis conatibus super additis mixtis
non sentiantur; motuum lineis ea compositione tam multiplici in immensum
variatis : hinc sequitur corpus quoque quiescens, si quod extat conatum impressum
eve accepturum, eumque conatum perinde ut alios omnes esse efficacem... Appa-
rebat nihil harmonicum magis concinniumque dici posse...*

exprime une loi générale de la nature, qui est la loi de l'uniformité. La nature tend à l'uniformité disait Leibniz dès le début de 1673[1]. Tout corps sera donc entraîné par tous les autres. Tout phénomène, quel qu'il soit, se répercutera à l'infini dans tout l'univers. Mais la loi de l'uniformité se présente sous deux aspects, suivant que l'on fait intervenir les esprits, ou que l'on considère les corps tout seuls. Si l'on s'en tient à la considération des corps, l'uniformité se confond avec l'équilibre. Tous les mouvements s'uniformisent, c'est-à-dire que toutes les différences s'atténuent, jusqu'au moment où règne l'uniformité absolue, qui est le repos. Mais nous avons vu que le repos équivaut au néant. Il est possible de donner de la même loi un énoncé différent; la nature tend à l'uniformité, c'est-à-dire, qu'il y a dans l'ensemble une compensation exacte de toutes les variations, de telle sorte que tout gain en une région de l'univers soit balancé par une perte équivalente en une autre région. Et sous cette deuxième forme, nous retrouvons le principe d'harmonie.

On voit ainsi par combien de démarches différentes, Leibniz est arrivé à cette loi d'harmonie. Elle est impliquée dans toutes ses théories particulières, au moins depuis 1671. A partir de la fin de 1675, elle est énoncée sous une forme absolument générale et toutes les analyses de détail qui ont conduit à la formuler, sont présentées comme ses applications.

D'un autre côté, comme l'harmonie n'existe pas en dehors d'un esprit, Leibniz est amené à réfléchir sur les rapports de l'univers avec l'esprit infini qui en assure l'harmonie. L'existence même des corps exige l'existence d'un esprit distinct de tout corps et différent par là de tous les esprits que nous connaissons[2]. Ce sera l'esprit divin, qui est conçu par Leibniz comme le lieu de toutes les essences positives. Mais, de même que le monde des corps forme un système bien lié, de même le monde des essences ou des possibles avant l'existence doit former un système dans la pensée divine. Leibniz

---

1. Hannover, Abt. 37, vol. III, f. 150-151 : *Il s'ensuit de ce mouvement la Règle générale de l'Équilibre universel, c'est-à-dire se trouvent des forces égales par tout. De sorte que la pesanteur compense le ressort, la vitesse compense la petitesse, la fermeté de l'obstacle l'effort arrêté. Par conséquence, s'il y a un lieu mal pourvu de forces et qui n'a pas assez de résistance pour équilibrer les corps ambiants, toute la nature s'efforcera de lui faire justice et détachera autant qu'il lui faut de toutes les autres parties du monde et cela en un moment.*

2. *Ibid.*, Abt. 37, vol. III, folio 46 recto : *Ad corporum existentiam requiri certum est mentem quandam a corpore immunem, aliam ab illis omnibus quas sentimus.*

n'aborde pas encore en 1676, le difficile problème de la réalité des
possibles qui ne passent pas à l'existence. Il semble porté à confondre d'une manière complète l'ordre des possibles avec celui des
existences. En effet, on ne saurait parler d'une manière déterminée
des possibles inexistants ou des essences qui ne passent pas à l'être
complet. Un possible non réalisé est, en fait, impossible, bien qu'il
ne soit pas contradictoire, car il est incompatible avec le système
des essences qui passe à l'existence [1]. Ce texte, écrit à un moment
où Leibniz connaît par Schuller et Tschirnhaus la doctrine de
Spinoza, semble impliquer une conception panthéistique. Un passage
curieux écrit le 18 mars 1676 expose une doctrine très voisine en
apparence de celle de Spinoza.

L'espace sensible est constitué de parties; ce n'est pas un être,
mais un « tout », une somme qui n'a pas de réalité propre en dehors
de ses parties. Mais cet espace sensible lui-même se rattache aux
attributs divins. Son essence est en Dieu et il a pour fondement
l'immensité divine : l'extension n'est qu'une propriété ou une manifestation de l'essence infinie de Dieu.

Mais de là résulte une conception remarquable du rapport des
attributs et des modes. A chaque ordre de réalités correspond un
attribut divin. Par exemple, la pensée en nous comprend deux éléments : un élément éphémère qui change sans cesse et un élément
immuable qui est une partie de l'omniscience divine. Leibniz rapproche lui-même cette doctrine de celle d'Aristote. De même le
temps est une manifestation de l'éternité divine, le changement une
propriété dérivée de la toute-puissance de Dieu. C'est donc en Dieu
que se concentre toute la réalité, en lui que viennent se réunir tous
les attributs positifs. Qu'un tel être soit possible, la chose est évidente, puisque les attributs positifs n'ayant rien de commun ne
peuvent empiéter les uns sur les autres. A ce moment, il semble que
la doctrine de Leibniz soit tout près de se confondre avec celle de
Spinoza. Mais la différence essentielle est indiquée dans un des
textes publiés par M. Jagodinsky; tout mode implique le système
total des attributs, c'est-à-dire l'unité divine elle-même ou la Pensée
agissante de Dieu : il ne se rattache pas nécessairement à un
attribut donné. Dieu tout entier, conçu comme la souveraine intel-

---

1. Hannover, Abt. 37, vol. VI, fol. 14 recto : *Nunc tandem video possibilium non
existentium sive quae nec sunt nec fuere nec erunt, nullum esse numerum sive
multitudinem, quia ipsamet positione sive per accidens impossibilia sunt.*

ligence et la souveraine volonté intervient dans l'acte par lequel
une essence est admise dans le système harmonieux des possibles [1].

VI

Ces textes soulèvent des problèmes historiques de toute sorte,
qu'il ne saurait être question d'aborder dans ce résumé rapide. Ils
démontrent surabondamment, semble-t-il, comme on pouvait le
soupçonner par la lecture de l'*Hypothesis*, que les préoccupations
logiques seules n'ont pas déterminé l'évolution de la pensée de
Leibniz, et que le souci de fournir du monde envisagé dans tous ses
aspects une interprétation cohérente est primitif chez lui. S'il n'était
toujours téméraire de prétendre expliquer en quelques formules
simples un esprit si varié et si divers, on serait tenté de dire que le
principe d'harmonie a été le centre autour duquel toutes ses idées,
sont venues, parfois à son insu, se cristalliser. Et ce principe lui-
même apparaît dès le début, non comme une simple loi logique
d'intelligibilité, mais comme une nécessité esthétique et morale. De
là vient précisément sa richesse infinie, la variété innombrable de
ses applications. Jamais chez Leibniz, le point de vue logique et le
point de vue ontologique ne sont complètement séparés.

Maintenant d'où Leibniz tient-il cette forme de pensée étrangère,
du moins d'une manière générale, à Descartes et aux Cartésiens?
Ici, il faut se garder des hypothèses trop simples. Si l'on songe que
dès sa jeunesse, Leibniz servi par une mémoire merveilleuse et
une facilité de travail sans exemple, possède une érudition immense,
si l'on songe qu'aucune de ses lectures n'est demeurée extérieure
à son esprit, mais qu'il les a toutes assimilées; qu'il n'a lu aucun
livre, même le plus médiocre ou le plus insignifiant pour tout autre
que lui, sans y chercher de quoi accrocher ses méditations propres,
on éprouvera quelque embarras à décider quelles influences ont
agi sur lui. Sa doctrine même est l'image de son esprit, le plus
varié, le plus souple, le moins systématique en un sens et pourtant
le plus original qui soit. Bacon et Hobbes, Descartes, Pascal,

---

1. P. 96 : *Attributum Dei est forma simplex quaelibet... Attributum Dei infinita,
sed eorum nullum essentiam Dei involvit totam; nam essentia Dei in eo consistit.
ut sit subjectum omnium attributorum compatibilium. Quaelibet vero proprietas
sive affectio Dei totan eius essentiam involvit; ut Deum certum aliquod nobis
sensu constans produxisse; quantulumcunque sit, totam involvit naturam Dei,
quia totam involvit seriem rerum illius generis.*

Huygens, Galilée et d'autre part les scolastiques, Platon et Aristote, Nuland, Henry Morus, les Cabbalistes, les Alchimistes, il a tout connu, souvent de première main et il a tiré profit de tout. A Paris même, il ne cesse de lire, de s'informer, de fouiller les bibliothèques, aussi curieux des faits concrets que des théories, des lettres que des sciences et de la technique, toujours prêt à tout comprendre et à tout attirer dans le cercle habituel de ses méditations. Toutefois, par cette idée d'harmonie ou d'ordre sa pensée va, par delà les maitres du xviie siècle, rejoindre celle d'un Léonard de Vinci et d'un Képler; elle s'apparente à celle des hommes de la Renaissance, auxquels Leibniz ressemble par tant de côtés. M. Kabitz a montré le parti que Leibniz a tiré des écrits d'un auteur à peu près inconnu, J. H. Bisterfeld[1]. Mais Bisterfeld lui-même n'a fait que reproduire, on peut le démontrer, des idées familières à beaucoup de savants du xve et du xvie siècle. L'harmonie universelle c'est la vie même de la Nature, la φύσις antique, telle qu'ont pu l'imaginer, sous le coup des découvertes nouvelles de la science, des esprits, encore nourris, par l'intermédiaire de la scolastique, des spéculations de l'hellénisme finissant. Il est facile d'établir que Leibniz a conçu ses idées maitresses, bien avant de connaitre Spinoza[2]. Que sur plus d'un point il se soit rencontré avec lui, cela n'a rien de surprenant, si l'on réfléchit que tous deux, en un temps où à la suite de Descartes, la philosophie entend rompre avec la tradition, ont essayé d'utiliser la science nouvelle à garantir et à restaurer, du moins en partie, l'héritage du passé.

ALBERT RIVAUD.

1. W. Kabitz, op. cit., p. 6-7; cf. : De arte combinatoria, Gerhardt Phil. 4 p. 56; Leibniz cite également Képler dans le De arte combinatoria.

2. Leibniz n'a connu les idées de Spinoza que vers la fin de 1675, par Tschirnhaus. Cf. le texte publié par Gerhardt, Sitzungsberichte der preuss. Akademie, 28 nov. 1889, p. 1076 (texte reproduit par Stein, Leibniz und Spinoza, Berlin, 1890, p. 282 et Freudenthal, Die Lebensgeschichte Spinozas, etc., p. 201).

QUESTIONS PRATIQUES

LA MORALE SEXUELLE[1]

(Suite et Fin.)

De l'union accidentelle au mariage, il semble bien que nous ayons envisagé tous les modes possibles des relations intersexuelles. Cependant, nous sommes loin d'avoir épuisé le problème et c'est maintenant, au contraire, que nous pénétrons dans les plus redoutables complications du cœur humain.

Jusqu'ici, en effet, nous avons omis de considérer l'enfant. Nous l'avons fait à dessein, parce que nous nous proposions de suivre le développement réel de l'appétit sexuel tel qu'il se déroule dans la conscience humaine. Or, c'est un fait très général, croyons-nous, que, dans l'amour, la recherche de l'enfant n'est pas au premier plan de la conscience. L'homme tend à l'amour; il « aime à aimer »; il recherche la femme, en qui se satisfait ce besoin d'amour; la préoccupation de l'enfant ne vient qu'en seconde ligne.

Cependant, si l'on replace l'homme dans la série animale à laquelle il appartient, il semble que l'acte sexuel ne soit qu'un moment d'un processus plus vaste qui dépasse, non seulement la brève minute où il s'accomplit, mais les individus mêmes qui le recherchent. Dans toutes les espèces, il a, semble-t-il, pour « fin naturelle » prochaine, la procréation d'un ou de plusieurs êtres nouveaux, pour fin plus lointaine et, en un sens, infinie, la perpétuité de l'espèce.

Or, à première inspection, la considération de l'enfant, bien loin de compliquer le problème semble y introduire une heureuse

1. Voir le numéro du 15 nov. 1913.

simplification. Il ne se trouverait pas un moraliste pour contester à l'acte sexuel, quand il a pour fin expresse la transmission de la vie, avec tout ce qu'elle implique de douleurs et de responsabilités, un caractère de haute moralité. C'est d'ailleurs un fait général que la pensée de l'enfant possible, surtout de l'enfant désiré, relève, devant les yeux les plus pudiques, ce que les fonctions génératrices offrent, à la plupart des esprits, de pénible ou de grossier. C'est la maternité entrevue qui fait accepter aux épousées les plus chastes des hardiesses dont leur virginité s'épouvante; nous éprouvons tous, d'instinct, pour la fille-mère une pitié et une sorte de respect que nous refuserions à une fille séduite sans enfants; enfin des lois de plus en plus douces protègent l'enfant naturel au lieu de le reléguer en marge de la société. En revanche, l'avortement nous révolte et peu d'esprits entendent parler sans malaise ou sans indignation de pratiques anticonceptionnelles. Il y a là tout un ensemble de sentiments profonds dont la signification ne saurait être négligée. Si nous cherchions à dégager les éléments intellectuels qui éclairent cet état affectif, nous découvrons une sorte d'adhésion plus ou moins implicite de la raison à ce que nous croyons être l'intention de la « nature ». Celle-ci, nous semble-t-il, veut la vie; elle multiplie, pour la perpétuer, les ruses, les moyens de conquête et de protection [1]. Un optimisme confus nous fait admirer ces artifices. Nous aussi, comme la nature, nous voulons la vie; nous lui savons gré d'avoir confié à de sûrs instincts le soin de repeupler les tanières, les nids, les ruches et les berceaux, et nous sommes indulgents aux douleurs et aux fautes où nous croyons reconnaitre les complices bienfaisants de l'universelle fécondité.

Dès lors, dira une morale un peu simpliste, n'y a-t-il pas lieu d'admirer l'harmonie des fins naturelles? L'homme veut l'amour, mais il veut aussi la vie intégrale, celle de son espèce comme la sienne propre; il n'aspire à se donner que pour créer; l'amour paternel et maternel n'est que l'aspect social du sentiment dont le désir sexuel est l'aspect individuel. Où donc sont ici les complications, les cas de conscience, les conflits? Les deux amours se fondent en une synthèse ineffable où la joie, la tendresse, le respect de l'individu aimé et les intérêts de la race trouvent également leur compte. Et l'on peut, sur ces données, esquisser le schéma de la

1. Voir sur ce point le livre richement documenté de M. André Cresson, *L'Espèce et son Serviteur*, Paris. F. Alcan, 1913.

famille idéale : deux êtres s'aiment d'un amour unique et définitif;
leur confiance admet les abandons les plus intimes, mais leur volonté
réduit strictement ces ardeurs aux embrassements nécessaires à
assurer la durée de la famille et la perpétuité de la race humaine ;
ils ne voient dans leur chair que la servante de l'espèce; ils sont
malthusiens au sens où l'entendait l'honnête Malthus lui-même : ils
pratiquent dans toute sa rigidité le « moral restraint ».

Cet idéal est-il réalisable? Oui, sans aucun doute, et, s'il est
obtenu de haute lutte par des époux ou des amants également
passionnés, mais également soucieux aussi de discipline morale, il
représente la plus magnifique victoire de l'esprit sur les sens. Mais
il faut ajouter bien vite que l'abstention de rapports sexuels dans
l'intervalle des actes procréateurs peut provenir, et provient
souvent, en fait, de mobiles infiniment moins nobles que ceux que
nous venons de prêter un instant à des époux exceptionnels. On
connaît le cas classique, si fréquent à la campagne, du paysan
propriétaire qui, venant à perdre un héritier unique, se hâte, dans
les dix mois, de lui donner un successeur. La peur de l'enfant et de
la famille nombreuse, c'est-à-dire, en définitive, la peur de l'effort
et de la gêne, suffit ainsi à inspirer la prudence à des époux médio-
crement austères, mais qui cependant, par ignorance ou répugnance,
s'abstiennent des pratiques néo-malthusiennes. Il faut tenir compte
aussi des réactions que peuvent engendrer les combinaisons infiniment diverses des tempéraments des époux. Bien des femmes
éprouvent à l'égard des relations intimes une répugnance ou, tout
au moins, une indifférence définitive et leur répulsion ou simplement
leur frigidité suffit à décourager des maris timides qui voudraient,
pour oser, un peu de tendresse prévenante. Du côté de l'homme
même, avec une fréquence moindre, on constate parfois la froideur ou même une véritable aversion à l'égard des réalités char-
nelles. On connaît le cas classique de Louis XIII hésitant, de longs
mois, à aborder Anne d'Autriche.

Mais la casuistique morale n'est pas faite seulement pour les êtres
d'exception, qu'ils soient des saints ou des anormaux. C'est aussi,
c'est surtout pour l'humanité moyenne qu'elle doit tenter de
formuler des devoirs réalisables. Or voici que nous nous heurtons à
un conflit étrangement complexe et troublant. C'est un fait que,
chez l'homme, l'amour physique et la fécondité ne connaissent
point de saison. Tous les mois, chez la femme, des ovules fécon-

da les nouveaux viennent regarnir les ovaires et, dans l'intervalle,
les périodes de stérilité sont brèves, souvent nulles. Chez l'homme
surtout, à des intervalles variables avec l'âge, et qui peuvent ne pas
dépasser deux ou trois jours, reparait le besoin tout mécanique de
décharger les vésicules séminales. Mais on sait que la réplétion
complète n'est même pas nécessaire pour que l'homme soit susceptible de devenir père ni surtout pour qu'il éprouve la tension musculaire spéciale qui est pour lui le signe extérieur du réveil de
l'appétit: bien souvent il suffit, nous l'avons dit, de la vue d'une
femme, surtout de certaines femmes, moins encore, d'une image :
photographie, tableau, dessin, statue, moins encore, de représentations libres, tout intérieures, pour susciter l'illusion du besoin. Or,
en pareil cas, c'est chose bien frappante que l'illusion ne se distingue
du besoin réel par aucun indice précis; souvent, même, elle est plus
tenace, plus obsédante, plus affolante, tandis que la réplétion réelle
se traduit, généralement dans l'inconscience d'un sommeil profond, par une évacuation spontanée. Telles sont, réduites à leurs
éléments bruts, les données du problème infiniment grave qui
s'impose maintenant à notre examen. La femme et l'homme sont
prêts à l'amour physique à brefs intervalles; chez l'homme, surtout,
l'inquiétude sexuelle peut se renouveler avec une extraordinaire
fréquence, devenir même l'idée fixe de toutes les heures : or la
femme ne peut être mère, — et, par suite, la généralité des hommes
ne peuvent être pères, — qu'une fois par an environ, et il est de
l'intérêt de la mère, des enfants, de la race et en un sens, du
père lui-même, que les maternités soient encore beaucoup moins
fréquentes. De là, entre l'appétit individuel et l'intérêt évident de
l'espèce, un redoutable conflit : à la perpétuité et à la santé de
l'espèce suffirait, dans une vie humaine, un très petit nombre de
rencontres; or ni l'homme, ni souvent la femme, ne se contentent
d'une si étroite mesure; ils tendent à l'amour fréquent, et cet
amour, dans l'immense majorité des cas, ne peut être que stérile.

C'est à ce point précis que le « néo-malthusianisme » offre aux
deux sexes, pour s'évader du conflit, des procédés spéciaux, voire
une morale appropriée. Il nous faut donc aborder et serrer de près
le problème difficile que ce mot seul suffit à évoquer.

Le problème est d'autant plus troublant qu'il n'est pas, tant s'en
faut, de date récente comme semble l'impliquer le terme de néo-
malthusianisme. Si la recherche de l'amour stérile était un signe

exclusif du temps présent, il serait permis d'y voir une crise passagère appelée à disparaître avec les causes qui l'ont produite. Mais, à vrai dire, la stérilité volontaire associée à la poursuite de l'amour n'est pas close nouvelle. Peut-être, sans doute, n'est-elle pas de tous les temps, puisqu'il existe, dans certaines sociétés, des époques du mariage où on a cru reconnaître le souvenir de saisons réservées à l'amour et en dehors desquelles l'homme, comme l'animal, a peut-être ignoré le trouble du désir. Mais peu nous importent ces survivances, s'il est vrai, — et l'on n'en peut douter, — que, depuis qu'il y a une histoire humaine, la civilisation a détruit chez l'homme, et jusque dans les espèces domestiquées, la corrélation rigoureuse de la fécondité et du cours des saisons. Ce défaut d'équilibre entre l'appétit génésique individuel et le besoin social de la repopulation est, croyons-nous, l'un des faits les plus importants qui dominent l'époque historique. Qu'a fait l'homme pour rétablir l'équilibre? Il a étendu de bonne heure à l'entretien de sa race ce même esprit de prévoyance qui le met au premier plan des animaux capables de travailler en vue de leur vie à venir et de celle de leur descendance. Il pourvoit à la perpétuité de son espèce, mais il veut l'assurer au prix du minimum d'efforts et de sacrifices; il limite le nombre de ses enfants, de même qu'il n'a garde de laisser la vie pulluler dans la bergerie ou dans la basse-cour; et comme, en général, le besoin sexuel le tenaille plus souvent que ne le demande le besoin de l'espèce, comme il recule devant les douleurs et les dangers de la castration, sans consentir d'ailleurs à s'imposer la gêne d'une abstention totale, il tourne la difficulté, il ruse avec la nature, il « fraude ». A cet égard, le néo-malthusianisme n'a rien inventé; il a seulement ajouté aux procédés banaux que la simple réflexion suggère, — interruption calculée de l'acte sexuel, choix de certains moments du cycle menstruel ou irrigation du vagin, — une technique matérielle qui, tout en permettant le plein achèvement de l'acte, empêche la fécondation de s'opérer.

Il est vraisemblable, sans doute, que les facilités nouvelles offertes à la recherche de l'amour sans risque ont contribué, dans une proportion qui échappe d'ailleurs à toute évaluation, aux progrès récents de la dépopulation et nous aurons tout à l'heure à nous préoccuper des conséquences sociales de la propagation des procédés anticonceptionnels. Mais, en définitive, si le néo-malthusianisme est condamnable, il ne l'est manifestement pas pour avoir mis des procédés

matériels à la disposition des amants qui redoutent les conséquences
de leurs actes, puisque ces procédés ne sont point indispensables pour arriver à la fin poursuivie. La responsabilité des débitants
d'appareils « préservatifs » n'est pas plus caractérisée que celle du
coutelier, de l'armurier, du droguiste ou du marciand de ciarbon
dans la multiplication des suicides et des meurtres. Alléguera-t-on
que les pratiques néo-malthusiennes sont loin d'être inoffensives,
qu'elles impliquent des risques d'infection, voire de lésions, et qu'en
tout état de cause, elles ne sont pas toujours efficaces[1]? Nous l'admettons; mais cette objection, qu'on veuille bien l'observer, n'a qu'une
valeur provisoire et conditionnelle : elle tomberait d'elle-même le jour
où d'industrieux praticiens découvriraient un moyen absolument
efficace et inoffensif de rendre inféconde l'accouplement intégral, sans
stériliser d'ailleurs, ni ciez l'iomme ni ciez la femme, les sources
de la vie. Bien osé qui affirmerait que pareille découverte est au-
dessus des forces iumaines d'invention. Le jour est peut-être procie
où l'iomme pourra, sans risque personnel direct et sans mesurer
parcimonieusement les joies qu'il s'accorde, fixer l'ieure et les circonstances où il sera père. Supposons réalisée cette iypolièse qui
n'a rien d'invraisemblable : quelles en seraient les conséquences aux
yeux du moraliste et du sociologue?

Or, c'est bien quand il est posé en ces termes que le problème
apparaît infiniment grave et difficile. En effet, tant que les pratiques
anticonceptionnelles impliquent un risque, elles sont condamnables
pour une double raison. Raison d'iygiène, d'abord, si c'est la santé
piysique ou morale des amants qui est en jeu, si notamment, en
deiors même du risque matériel d'infection et de lésion, les amants
qui reciercient fréquemment l'intimité sexuelle, en écartant soigneusement toute chance de conception, s'exposent à un surmenage
nerveux, à des obsessions maladives, à un déséquilibre profond de la
vie affective, ainsi que le professent certains médecins; — raison de
morale sociale, ensuite, si les pratiques anticonceptionnelles ne sont
pas toujours efficaces; car si l'enfant qui provient des relations
sexuelles normales est loin d'être toujours désiré, quel accueil feront
les parents au malieureux rejeton dont la vie possible a été haïe et
combattue jusque dans son germe? quel iéritage d'amour lui sera
réservé, à supposer même que la mère consente à courir pour lui

1. Voir a ce sujet les déclarations catégoriques du Dr S. Ribbing, L'Hygiène
sexuelle et ses conséquences morales (traduit du suédois), Paris, 1895, p.126 sqq.

jusqu'au terme les misères de la grossesse et les douleurs de l'accouchement? Sur ce point, sans doute, tous les moralistes seront d'accord. Mais, encore une fois, que deviendra cet accord si les objections de simple hygiène disparaissent et si les risques de surprise sont réduits à zéro? Si l'homme est un jour maître des sources de la vie, comme il l'est aujourd'hui, avec une sûreté presque absolue, des sources de l'énergie physique, s'il peut provoquer et doser la natalité comme il produit et modère la lumière et le mouvement, que pensera le moraliste de cette conquête imprévue de l'esprit sur la nature?

A pareille question, on se rend compte bien vite qu'il ne suffit pas d'opposer, comme le font trop facilement certains moralistes, animés d'ailleurs des plus nobles intentions, des protestations de dégoût ou d'indignation. On ne saurait, par exemple, se borner à déclamer contre le néo-malthusianisme, en alléguant qu'il va à l'encontre des fins de la nature qui veut la vie féconde et qui n'assure la perpétuation des espèces qu'en multipliant sans compter les rencontres d'où la vie peut jaillir. Que vaut, en effet, cette croyance, très répandue mais infiniment vague, à l'excellence des fins naturelles? Il n'est pas même besoin d'être philosophe pour en reconnaitre l'inconsistance. Nous ne savons rien des fins de la nature, pas même si elles sont réelles. Peut-être même n'est-il pas assuré que l'expression ait un sens, s'il est vrai que la seule finalité dont nous puissions parler avec exactitude est celle de nos actes réfléchis. Les seules fins certaines sont celles que nous créons; les valeurs les plus hautes sont celles que notre volonté s'assigne à elle-même. Ce n'est pas le lieu d'ailleurs d'entamer ici un débat sur le finalisme en général ni sur la finalité de la vie en particulier, de savoir si cette vie est résultante ou spontanéité d'action, si elle est fin en soi ou moyen par rapport à des fins ultérieures. Toujours est-il qu'on ne peut, en morale, invoquer la « nature » pour principe d'action sans condamner implicitement toute notre civilisation; car celle-ci est faite de toutes les violations que nous avons infligées au développement spontané des forces sous-jacentes à l'expérience. Ni la culture de la terre n'est naturelle, ni la coction des aliments. ni le vêtement, ni la science, ni l'art. Toute l'histoire humaine commente le mot si expressif de Bacon : *Homo additus naturae.* Dès lors, de quel droit condamner au nom de la « nature » telle ou telle modification de l'instinct sexuel? Pourquoi n'y aurait-il pas, par surcroît à

l'amour reproducteur, admis comme nécessaire, un « art de l'amour »,
un amour qui serait une « finalité sans fin, de même que l'art culi-
naire a pour effet de rendre l'aliment désirable à l'homme qui n'a
plus faim? Vous reprochez à ce néo-malthusien de vouloir l'amour
infécond? Il vous objectera vos mauvaises habitudes, votre cigare
ou votre alcool, ou même votre hygiène artificielle, vos bains de
vapeur et vos massages électriques.

Peut-être même faut-il aller plus loin et, si l'on veut faire preuve
de sincérité philosophique, reconnaître que la stérilité volontaire
peut, jusque dans l'amour physique, procéder de mobiles qui n'ont
rien de spécifiquement immoral. Pour fixer les idées, envisageons
un cas-limite. Supposons, — l'hypothèse n'a rien que de normal, —
un couple d'époux sains et vigoureux. Supposons-les mariés jeunes,
le mari à vingt-six ans, la femme à vingt. Admettons qu'ils se sont
épousés dans un sentiment d'amour complet, c'est-à-dire qu'ils se
sont assigné pour fin, non seulement d'être heureux l'un par l'autre,
mais de remplir sans lésiner leur devoir social, de fonder une famille
aussi nombreuse que le comporteront leurs ressources. Dix ans
plus tard, ils ont tenu leur promesse; ils ont eu soin, seulement,
de ne pas compromettre par des grossesses trop rapprochées la
santé de la mère et l'allaitement des derniers-nés. Les voici, dans
ces conditions, à trente-six et trente ans, parents de cinq enfants
bien constitués et bien élevés. Nul n'osera contester qu'ils ont fait
mieux que payer leur dette sociale et que, dans notre société
française du début du xxᵉ siècle, ils ont fourni un effort sensiblement supérieur à celui de la moyenne des familles. Mais supposons
leurs ressources limitées, — le mari fonctionnaire, par exemple, —
sans qu'aucune circonstance leur permette d'espérer un accroissement du revenu domestique annuel; supposons que, vivant déjà
simplement, ils ne puissent envisager la venue d'un sixième enfant
à moins de consentir à une véritable chute au-dessous d'un niveau
économique, d'un « standard of life » à peine satisfaisant déjà ou
sans compromettre l'avenir des aînés. Que feront-ils? Qui oserait
leur reprocher d'introduire le calcul en une matière où tant d'autres
n'apportent qu'imprévoyance et légèreté? Et qui se sentira le cœur
de leur jeter la pierre, s'ils décident de ne plus accroître désormais
leurs charges familiales? Mais que deviendra dès lors leur vie conjugale? Une épouse de trente ans n'est pas encore une vieille femme,
un mari de trente-six est encore presque un jeune homme. Que

feront-ils donc si persiste en eux, accrue par l'habitude, l'ardeur des premières années? Pense-t-on qu'après dix années d'intimité physique confiante, peut-être même joyeuse et passionnée, ils vivront sans trouble l'un près de l'autre dans une réserve absolue? Est-il bien certain même que leur intimité morale n'y perdra rien? La femme est-elle assurée de conserver intact l'amour de son mari si celui-ci ne voit plus en elle, malgré leur commune jeunesse, que la mère, la ménagère et l'amie? N'a-t-elle pas intérêt à rester désirable à côté d'un compagnon encore épris?· Le moraliste aurait grand tort de ne pas compter l'intimité conjugale au nombre des facteurs de l'union du foyer. Plus d'une journée d'orage s'est apaisée dans l'amour d'un soir, plus d'un malentendu s'est dissipé dans un baiser.

Sans doute, nous avons dit plus haut et nous maintenons que les relations sexuelles ne sont pas indispensables à la santé; la continence est toujours possible pour l'adulte normal; mais nous avons dit aussi que, sans constituer tout l'amour, l'intimité sexuélle l'achève, le consacre et l'assainit, et que, d'ailleurs, si l'abstention est relativement aisée pour l'homme chaste, la renonciation est plus laborieuse pour quiconque a trempé ses lèvres à la coupe des joies physiques. Dès lors, on est bien loin d'embrasser la réalité humaine dans toute sa complexité quand on propose comme limite stricte aux relations conjugales le vœu exprès de donner naissance à une vie nouvelle. La vie sexuelle à deux, mariage ou union libre durable, est quelque chose de beaucoup moins brutal et de plus élevé que le simple rapprochement des sexes en vue de la perpétuité de l'espèce, mais elle est autre chose aussi que la simple association de deux consciences. Elle a une base physiologique dont on ne la sépare pas impunément. C'est un tout infiniment complexe où l'homme s'engage tout entier, ange et bête, et il est à craindre, dans la moyenne des couples, que l'ange lui-même ne se ressente du divorce matériel imposé à la bête. C'est pourquoi nous cherchons en vain au nom de quelle morale individuelle on pourrait condamner, chez le couple que nous supposions naguère, une fois la dette sociale acquittée et même dans l'intervalle des maternités, la recherche de l'amour stérile. A coup sûr on peut concevoir un plus haut idéal; l'absolue maîtrise des sens par la volonté réfléchie restera toujours la maxime sur laquelle chercheront à se régler les âmes éprises de perfection, et rien de ce que nous

avons dit n'est propre, tant s'en faut, à diminuer la grandeur d'un
amour assez fort pour rester chaste. Mais il serait profondément
injuste — et imprudent, — de ne pas tenir compte ici de l'extrême
diversité des tempéraments, accrue, dans l'union sexuelle durable,
par la réaction réciproque des deux caractères : injuste, car on ne
peut, en bonne équité, tenir pour vertu la réserve de deux tempéraments froids, fortifiée parfois par une véritable antipathie physique,
ni, inversement, taxer de défaillances les abandons d'une passion
dont la base est moralement saine; — imprudent, parce qu'il est
difficile d'introduire une casuistique trop systématique dans un
ordre de devoirs où il convient de laisser une ample marge à la
liberté. Un ménage n'est pas une caserne; une vie fondée sur
l'amour ne se laisse pas régler par la rigueur d'un code. Si, à leur
point de départ, l'union conjugale ou l'union libre sont un contrat
de justice, assurant les deux époux contre tout empiètement
mutuel de leurs libertés, elles sont aussi et deviennent de plus en
plus, en se consacrant par le temps, un contrat de tendresse qui
déborde le premier et se traduit chaque jour en manifestations
libres. A cette étape, la vie morale devient un art, plutôt qu'une
régle; elle est affaire de « goût » plus encore que de jugement normatif rigoureux : *Amate et facite quod vultis.*

Est-ce à dire, cependant, que cette liberté ne comporte à son
tour aucun risque? Tant s'en faut. Nous touchons ici à des réalités
si étrangement complexes que toute affirmation appelle un correctif
et presque une négation. Si l'art de vivre consiste à modifier plus
ou moins profondément la nature, souvent aussi la nature prend sa
revanche et les avertissements qu'elle nous donne sont peut-être
particulièrement sévères quand nous nous avisons de détourner de
leur cours les sources primordiales de la vie. Nous ne pensons pas
simplement ici aux risques matériels qu'entraînent les pratiques
anticonceptionnelles; ces risques sont réels, mais, ils ne sont pas
inévitables et l'on peut admettre que, chez des amants prudents et
suffisamment maîtres d'eux-mêmes, les procédés classiques, les
plus simples, soient matériellement inoffensifs. Mais on peut douter
qu'il en soit toujours de même des répercussions psychologiques et
morales. Il est notoire, en effet, que la maternité et la paternité apportent dans les relations intersexuelles un élément d'équilibre et
d'apaisement très sain et très bienfaisant, parce qu'elles offrent un
dérivatif incomparable au besoin de tendresse et d'intimité et parce

qu'elles orientent l'attention vers des fins trés envaiissantes. Il n'est
pas rare, même, que, ciez la femme, la mère évince définitivement
l'amante. Ne peut-on dire, pareillement, que la préoccupation de
l'enfant possible entretient dans la vie sexuelle un élément de
pondération salutaire qu'on ne supprime pas toujours impunément?
L'abdication définitive au risque de procréer l'enfant peut déterminer chez les amants qui se mettent systématiquement à couvert
des surprises un sentiment de sécurité dangereux qui les incite à
multiplier sans mesure les rencontres de pur jeu. A ces facilités
nouvelles, bien des tempéraments fragiles risquent de perdre leur
équilibre. De fait, les spécialistes de l'iystérie comptent l'usage
immodéré des jouissances vénériennes au nombre des causes les
plus fréquentes de cette affection[1]. N'est-il pas à craindre aussi que
l'amour lui-même ne perde, à la fréquence calculée des rencontres
et aux minutieuses précautions dont on les entoure, le ciarme puissant
qu'il doit à l'abandon, aux appels imprévus de la passion. Edward Car-
penter signale avec raison « le côté désespérément matériel du
procédé si nuisible au sentiment vrai[2] ». Car l'inconscient ne se
laisse pas sans altérations transposer en termes conscients, et c'est
l'amour lui-même qui risque de se flétrir au feu des ardeurs stériles.

Cependant, si fortes que soient ces raisons, on aura peine à en
tirer une règle de conduite bien convaincante. Tels sont les amants,
tel sera l'amour. Les risques moraux que nous venons d'indiquer
seraient graves surtout pour les natures délicates, mais, ciez celles-
ci la passion se tempérera toujours de respect mutuel. Quant aux
autres, elles ne se laisseront guère émouvoir par des risques
auxquels elles auront peine à se croire exposées. Elles se tiendront
pour satisfaites si une bonne iygiène les met à l'abri du péril
piysique, et, au surplus, une fois quittes du devoir social, elles
revendiqueront le droit de régler à leur guise le détail intime de la
vie conjugale.

Que si, d'ailleurs, on insiste pour condamner, au nom d'un impératif absolu, toute fraude en matière d'amour, on arrivera à cette
conclusion étrange de déclarer la procréation inconsidérée des
enfants plus morale que la prudence, dans un domaine où l'iomme
et la femme sont appelés à endosser les plus lourdes responsa-

---

1. On trouvera des références dans Ribbing, *ouvr. cit.*, p. 100 sqq.
2. Enquête sur le Néo-malthusianisme, dans la *Revue de Morale sociale*,
février 1903, p. 357.

bilités. Aussi bien n'est-il pas rare d'entendre énoncer ces conclusions. Il est de bon ton, dans certains milieux, de parler de la limitation volontaire des naissances comme de la plus basse des
perversions morales ; en revanche on admire complaisamment l'héroïsme des parents pauvres qui multiplient sans compter le nombre
de leurs rejetons. Il serait bon, cependant, de mettre un peu d'ordre
dans ses idées. Si le propre de la vie morale est de soumettre l'activité à une loi reconnue bonne, si, le plus souvent, elle n'assure
le triomphe de cette loi qu'en disciplinant ou même en meurtrissant
les impulsions naturelles, en vertu de quelle exception l'instinct
sexuel recevrait-il du moraliste licence de tout oser du moment où
il ne serait pas dissocié de ses conséquences naturelles, et pourquoi
trouverait-il sa justification morale dans l'inconscience et dans l'ir-
réflexion ? En quoi la naissance éventuelle de l'enfant confère-t-elle
l'innocence à un acte qu'en d'autres circonstances on tiendrait pour
malpropre ? On répondra sans doute que les amants qui ne rusent
point avec la nature acceptent implicitement toutes les conséquences de leurs actes, qu'ils vont ainsi au-devant de responsabilités qu'ils savent lourdes et que ce consentement au résultat
possible confère sa valeur au moyen employé. Mais qui ne voit l'insuffisance flagrante de cet argument et que l'immoralité, tout au
contraire, consiste à consentir à un acte dont on se borne à accepter
les conséquences sans les rechercher délibérément, avec, peut-être,
le secret espoir que celles-ci ne se produiront pas ? Si, au nom
d'on ne sait quel mysticisme trouble, on attache à l'acte sexuel un
caractère d'impureté, il ne suffit pas que la fécondation possible
soit acceptée pour en purifier la cause, il faut que cette conséquence
soit expressément voulue. Sinon, l'impureté de l'acte s'aggrave de
la légèreté avec laquelle on risque d'appeler à la vie un être en
qui l'on verra, s'il survient, un hôte indésirable. La naissance de
l'enfant, son éducation, sa formation sociale sont choses assez
graves pour qu'on n'abandonne pas aux hasards déconcertants de
la fécondation le soin de fixer le nombre des petits qui s'assoieront
un jour à la table familiale.

Qui ne voit, d'ailleurs, que la restriction volontaire de la natalité
peut procéder de mobiles moralement très inégaux ? S'il entre, en
général, beaucoup d'égoïsme et de lâcheté dans le soin avec lequel
les parents esquivent le risque de paternité, il peut se mêler aussi à
cette prudence un juste sentiment des forces dont on dispose pour

accroître la famille, le souci légitime de ménager une femme fatiguée
et le souci même d'épargner à l'enfant qui naîtrait de trop rudes
débuts. Tout médiocre qu'il soit le plus souvent, ce sentiment
n'implique pas moins une réaction de l'intelligence et de la volonté
sur l'impulsion naturelle, une conquête de la liberté sur la brutalité
de l'instinct. Tout compte fait, le néo-malthusianisme systématique
n'a pu se développer que dans des sociétés et dans les classes les
plus cultivées, c'est-à-dire les plus capables de réflexion. On ne
peut le condamner en bloc sans condamner avec lui la civilisation
dont il est solidaire. En définitive, entre le calcul mesquin du rentier
qui ménage à son héritier unique une vie facile et l'imprévoyance
de l'ouvrier brutal qui, parfois dans l'inconscience de l'ivresse,
inflige à sa femme une suite indéfinies de maternités, le moraliste
ne pourra que se résigner à préférer le premier.

Il est à prévoir, en revanche, que le sociologue se résignera moins
aisément. Bien au contraire, soucieux des intérêts de l'espèce, il se
félicitera de l'imprévoyance féconde qui repeuple les berceaux ; il y
verra une sorte de revanche bienfaisante de la nature sur les artifices d'une civilisation qui tend à fausser les ressorts les plus essentiels du mécanisme de la vie. Or ne semble-t-il pas que, dans l'instinct sexuel, nous trouvions l'exemple le plus frappant d'une force
naturelle mise au service des fins les plus hautes que l'homme
puisse se proposer? Toute morale implique l'acceptation de la vie.
Les morales pessimistes elles-mêmes n'ont cherché la voie du salut
ni dans le suicide individuel ni dans le suicide cosmique. Il est
permis, dès lors, de voir dans les fonctions fécondes de l'individu
l'instrument d'une finalité supérieure ou égale aux plus hautes, la
condition de toutes les valeurs dont la durée est un élément inté-
grant. A ce point de vue même, il semble que la nature travaille
mieux que nous-mêmes à la perpétuité de ces valeurs? Elle réalise,
par l'inconscience de l'instinct, la vie dont notre égoïsme conscient
ferait bon marché. Une société d'hommes assez maîtres d'eux-
mêmes pour maîtriser leurs impulsions génésiques, assez instruits
ou assez habiles pour les détourner de leurs fins naturelles, n'abdi-
querait-elle pas tout simplement de l'effort de vivre, puisque aussi
bien la mise au monde et l'éducation des enfants, après les risques

graves de l'enfantement, exigent le plus pénible et le plus continu des labeurs? En fait, dans nos sociétés modernes, si la naissance des premiers enfants est souvent désirée, la venue des suivants est tout au plus acceptée quand elle n'est pas accueillie comme une véritable calamité. Quel serait, dès lors, l'étiage de la population si l'instinct ne suppléait aux défaillances du vouloir? L'imprudence des parents ne serait-elle pas l'instrument d'une sorte de prévoyance immanente à l'espèce?

A ces questions, des faits proches de nous semblent apporter une réponse sans appel. La dépopulation, ou tout au moins le ralentissement du croit de la population semble atteindre aujourd'hui les nations arrivées au plus haut palier de la civilisation. Et comme, d'autre part, la durée moyenne de la vie ne cesse de croître avec les progrès de l'hygiène, comme, en particulier, la mortalité infantile recule partout où l'on institue des crèches, des « gouttes de lait », des dispensaires, des services de désinfection à domicile, il faut bien admettre qu'en définitive c'est l'abaissement de la natalité qui entraine le fléchissement des courbes de la population. Or, tous les démograpnes sont d'accord aujourd'hui pour admettre que cet abaissement est volontaire; car il ne correspond ni à une diminution de la nuptialité ni à un accroissement numérique des mariages inféconds. Tel est donc le fait social, d'une incalculable portée, auquel nous devons maintenant nous arrêter : les nations civilisées les moins fécondes sont précisément celles qui pourraient consacrer à la multiplication de la vie les richesses les plus amples, le savoir le plus étendu, la technique la plus consommée. La civilisation, qui semble être une exaltation de la vie, tarit celle-ci à sa source.

Quelles causes convient-il d'assigner à cette sorte de découragement du vouloir-vivre social? Nous ne nous attarderons pas à le rechercher ici. D'autres l'ont fait avec toute l'exactitude et la précision désirables, et nous ne pensons pas qu'on puisse se dérober à l'évidence de cette conclusion que le ralentissement de la population est solidaire du développement même de la civilisation. On a moins d'enfants, d'abord, parce que plus de savoir rend plus prévoyant et moins impulsif, et parce que, ensuite, l'empire que nous avons gagné sur la nature a affaibli en nous l'audace entreprenante à l'égard du risque. La civilisation a accru, dans d'immenses proportions, notre prévision de l'avenir, et, par suite, notre pouvoir de nous garantir contre les risques; nous ne craignons ni la famine,

ni le froid : nous prenons des « assurances » contre l'accident, la
maladie, le chômage, voire contre la mort. Or on peut dire qu'aujourd'hui, après tant de garanties prises contre les risques du lendemain, l'inconnu le plus formidable qui pèse encore sur une existence individuelle est tout justement le problème de l'enfant. De
celui-ci, nous ne savons ni s'il naîtra, ni quels seront son sexe, son
tempérament, ses aptitudes, son caractère ; nous ignorons quelles
joies ou quels désespoirs il nous ménage. De lui, nous ne prévoyons
guère avec certitude que les douleurs de sa naissance, les inquiétudes suspendues à ses frêles débuts, les soucis de l'éducation, le
partage inévitable du bien-être, la restriction de la liberté. Bref,
par une sorte de revanche de la nature, et peut-être parce que sa
naissance nous ramène aux sources profondes de la vie, nous pouvons redouter de l'enfant cela même que le soi-disant « progrès »
nous habitue à redouter comme autant de formes du mal : la douleur, la gêne, l'effort, la servitude. Comment s'étonner, dès lors,
qu'une génération accoutumée à commander sans fatigue aux
énergies naturelles recule devant la seule tâche peut-être dont la
civilisation, bien loin de diminuer les aléas, a singulièrement accru
les responsabilités et les difficultés.

Que si les causes de la dépopulation, — les plus décisives du
moins, — sont évidentes, les conséquences ne sont pas moins palpables et nous ne nous attarderons pas davantage à les relever.
En ce qui concerne notre pays, notamment, la dépopulation a suscité toute une littérature à laquelle nous renvoyons [1]. Cette littérature est, en général, fort pessimiste. Elle signale, à l'Extrême-
Orient, le Péril jaune, la menace dirigée, sinon contre le sol
européen, du moins contre le travail et le salaire des ouvriers
d'Occident par le pullulement des travailleurs jaunes, sobres et
satisfaits d'un salaire de famine ; plus près de nous, la pression de
la masse slave contre le groupe germanique et latin ; plus près
encore, la disproportion croissante de la force allemande et de la
force française, et l'on nous fait entrevoir le jour proche où, selon

---

1. Notamment, pour ne citer que les travaux récents les plus importants :
J. Bertillon. *La Dépopulation de la France, ses conséquences, ses causes : mesures
pour la combattre*, Paris. 1911. — R. De Felice, *Les Naissances en France ; la
situation, ses conséquences, ses causes ; existe-t-il des remèdes ?* Paris., 1910. —
G. Rossignol, *Un Pays de célibataires et de fils uniques*. Paris, 1913. — On fera
bien également de relire l'ouvrage très pénétrant et suggestif d'Arsène Dumont,
Dépopulation e Civilisation, Paris. 1890.

la prophétie de Rommel[1], les trois fils pauvres du Michel allemand bousculeront sans peine lors de son héritage le fils unique du Jacques Bonhomme français.

Or, pour en revenir au problème qui nous occupe, on s'explique que les sociologues qui s'alarment de l'affaiblissement numérique, relatif ou absolu, des peuples de vieille culture se montrent particulièrement sévères pour le néo-malthusianisme. Ils y voient, non sans raison, sinon la cause principale, du moins un auxiliaire séduisant de la mauvaise volonté des parents, une incitation à rechercher sans scrupules des jouissances dont les conséquences fâcheuses seraient théoriquement annulées. Avec les pratiques anticonceptionnelles, — à les supposer inoffensives et efficaces, — plus de maternités involontaires; l'espèce n'a rien à attendre de l'instinct dont les surprises lui sont profitables; elle n'a plus à compter que sur l'altruisme des générateurs. Autant dire, au prix de revient moyen d'un enfant, qu'il n'y aura plus désormais, pour entretenir l'espèce, que des héros, des saints, — ou des imbéciles.

Or ces griefs des moralistes contre le néo-malthusianisme semblent aujourd'hui d'autant plus fondés que celui-ci ne se borne plus à pénétrer les alcôves à la faveur de l'affaiblissement général des volontés. Voici qu'il est devenu, depuis quelques années, l'objet d'une propagande systématique; il a sa littérature, ses journaux, ses praticiens, ses officines; il dispose enfin d'une publicité parfois discrète, parfois cynique, en tout cas fort bien organisée, et qui atteint les milieux les plus divers. Il y a plus : le néo-malthusianisme ne se présente plus seulement comme un appel à la lâcheté individuelle; il se pose en bienfaiteur, s'inspire de principes humanitaires. Ce dissolvant social revêt les dehors d'un remède social. Il s'adresse tout particulièrement aux ouvriers et aux ouvrières jeunes; il s'est affirmé dans plus d'un congrès syndical. Au salarié non marié, il dénonce, les risques sociaux de l'union libre imprudente; à l'ouvrier marié, il rappelle la gêne imposée par l'enfant, la brèche faite au salaire insuffisant déjà. Il représente au prolétaire la misère de sa condition et lui fait un devoir de ne pas transmettre à un enfant cet héritage maudit; il lui enjoint de ne pas accroître inconsidérément le nombre des travailleurs, lui rappelant que le taux des salaires monte à mesure que se raréfie la main-

---

1. Dr Rommel, *Au Pays de la Revanche*, Genève, 1886.

d'œuvre ; il fait au travailleur un cas de conscience de ne pas grossir
à la légère le nombre des sans-travail; bref, il invoque, non seulement
l'égoïsme légitime du père de famille soucieux de proportionner ses
charges à ses forces, mais les sentiments sociaux les plus nobles
auxquels l'ouvrier est particulièrement sensible, sentiment de classe,
responsabilité ouvrière. Il fait plus encore, il se couvre de préoccupations morales et vante les manœuvres anticonceptionnelles comme
le seul moyen de réduire la prostitution, de supprimer l'infanticide
et l'avortement; enfin, dans les joies du plaisir sans trouble il
montre à l'ouvrier la revanche la moins coûteuse de sa vie terne, le
moyen d'exalter sa personnalité. Bref, les apôtres du néo-malthusianisme ne sont point à court d'arguments économiques, psycholo-
logiques et moraux pour préconiser hardiment la « grève des
ventres [1] ».

Dans ces conditions, on s'explique que les publicistes soucieux de
l'avenir de leur pays reconnaissent dans les apôtres les plus récents du
malthusianisme des adversaires particulièrement redoutables et qu'ils
leur aient déclaré guerre ouverte. Pour notre part, nous n'hésitons
pas à penser qu'ils font bien. Quand on peut dire de la France, comme
l'écrivait naguère un juge informé, M. G. Rossignol [2] que ce pays
« depuis quarante ans se regarde mourir avec sérénité », quand on
croit reconnaître dans la vie de la nation des symptômes morbides,
avant-coureurs de la mort prochaine, on a le devoir de porter à la
plaie le fer rouge et le bistouri. Que les sociétés qui veulent vivre se
défendent donc contre la propagation publique des procédés anticonceptionnels, comme elles interdisent le commerce libre de la
morphine ou du sublimé, rien de mieux, et l'on comprend fort
bien que, dans cette lutte pour le salut public, les champions de
l'ordre social ne s'embarrassent pas de casuistique.

Cependant, si l'on veut étendre à ce dernier problème la sincérité
philosophique qu'il convient d'appliquer aux cas de conscience les
plus troublants, force est bien de reconnaître que, pas plus sous
son aspect social que sous son aspect individuel, le problème de
la limitation des naissances ne comporte de solution simpliste.

Tout d'abord, comment les adversaires du néo-malthusianisme

---

1. Sur cet aspect du néo-malthusianisme, on lira avec profit l'article précis
de M. Maxime Leroy, *Le Néo-malthusianisme ouvrier* dans la *Revue du Mois* du
10 octobre 1912.
2. *La Chance suprême : des lois de fer ou la mort*, Châteauroux, 1913.

ne se rendent-ils pas compte de l'étroitesse du terrain sur lequel
ils ont coutume de porter leur polémique? Quand MM. De Félice,
J. Bertillon et G. Rossignol prennent alarme de la restriction
de la natalité française, ils se préoccupent bien moins du phénomène en lui-même que de la situation amoindrie à laquelle elle
condamne notre pays. On rappelle qu'au xviie siècle, la France
représentait les deux cinquièmes de la population des nations dirigeantes d'Europe et le quart de toute la population européenne,
tandis qu'aujourd'hui elle ne compte guère plus du dixième de la
population européenne. Plus particulièrement on s'inquiète du péril
allemand; les statistiques de la population publiées chaque année
par le ministère de l'Intérieur sont régulièrement accompagnées,
dans la presse, d'une comparaison avec le croit, à vrai dire ralenti,
mais encore formidable, de la population allemande. On calcule que,
tous les deux ans, l'Allemagne gagne sur nous, sans coup férir,
l'équivalent d'une Alsace-Lorraine, et, en guise de commentaire, on
met en parallèle l'activité débordante de nos voisins de l'Est, les
progrès de leur exportation, l'accroissement vertigineux de leur
fortune, avec la stagnation de nos affaires, le marasme de notre
industrie, la timidité de nos rentiers. Or, de tels avertissements,
nous sommes bien loin de contester la gravité et la nécessité; les
nations sont soumises à un régime de concurrence outrancière dont
il leur faut, pour vivre, accepter les conditions présentes, et il
n'est pas douteux qu'une natalité élevée ne soit, dans les circonstances actuelles, un facteur primordial de résistance et d'expansion.
Il n'en reste pas moins que ces arguments, à les discuter en logicien,
perdent en portée générale ce qu'ils gagnent en actualité. Si, en
effet, c'est le péril national qui nous rend sévères pour la restriction
volontaire de la natalité, n'est-ce pas d'un tout autre œil que nous
jugerons la propagande néo-malthusienne chez le voisin? N'a-t-on
pas vu naguère des publicistes se féliciter de la diminution de la
natalité qui commence à s'affirmer dans quelques grandes villes
allemandes? N'y a-t-il pas, au surplus, des pays positivement sur-
peuplés, le Japon par exemple. Il est vrai qu'aujourd'hui l'immi-
gration accueillie, encouragée même par les pays de population
clairsemée, assure presque partout l'évacuation des bras qui chô-
ment vers les terres riches en ressources et pauvres en main-
d'œuvre. Mais il n'est pas certain que ce libre-échange des personnes soit toujours consenti entre les nations. Déjà la libérale

Angleterre ferme ses portes à un petit nombre d' « indésirables » ;
les États-Unis font un triage sévère des immigrants de race blanche
et n'admettent plus d'immigrants de race jaune ; la Russie est à peu
près fermée aux étrangers israélites. Qui sait où s'étendront ces
prohibitions? En admettant même que les lois de Malthus ne se
vérifient pas en ce qui concerne les denrées de première nécessité,
on peut envisager l'hypothèse d'un nationalisme outrancier refusant le droit de séjour, de commerce et de travail à tout étranger
dont l'admission risquerait d'abaisser le taux des salaires ou d'accroître l'usure de certains produits rares. Bref, il n'est pas assuré
que certaines nations, dont la fécondité fait aujourd'hui la force
incontestée, soient maîtresses d'un avenir plus ou moins lointain ;
nous ignorons les surprises prochaines que nous réservent la
machine, le trust, la coopérative et le syndicat. Le jour pourra
venir où les nations prolifiques auront à se repentir d'avoir multiplié les champions de la concurrence vitale. Que penseront alors
les moralistes qui condamnent tout uniment la restriction des naissances? En face de besoins nouveaux, improviseront-ils une morale
de circonstance?

Est-ce tout? Non, car, jusque dans les circonstances présentes, il
faut bien reconnaître une part de vérité aux théories néo-malthusiennes. Mettre l'homme en garde contre l'aveuglement de l'instinct, l'inviter à n'endosser qu'à bon escient les devoirs doux mais
graves de la paternité, condamner l'étourderie ou la brutalité qui
jettent sur le pavé des faubourgs populeux ou sur la terre battue
des chaumières bretonnes des enfants indésirés, c'est parler avec la
raison, avec la morale même. Et quand, par surcroît, on invoque
la fréquence des infanticides et des avortements, il faut convenir
qu'on apporte à l'appui du néo-malthusianisme un argument profondément troublant. Ici encore, supposons un cas typique, —
typique, parce que banal. Voici un ouvrier des grandes villes, intelligence moyenne mais esprit curieux, avide de lecture. Pour toute
éducation, outre l'école primaire, il a le journal, le tract, la conférence publique, les palabres syndicalistes; il sait la médiocrité de
sa vie sans horizon, l'insuffisance sans espoir du salaire; il sait
aussi l'égoïsme et la dureté de cœur de maint bourgeois; il a,
cependant, autour de lui, entendu exalter la vie, affirmer le droit au
bonheur; il a, par ailleurs, le cerveau empli de littérature romanesque, violente, érotique peut-être, pornographique souvent; il

subit, par surcroît, l'excitation quotidienne de l'alcool, du café, de
la nourriture trop azotée; il traverse ciaque soir les tentations de
la rue.... Il séduit une femme. Banale istoire de faubourgs, dira-
t-on. Mais ajoutons ce détail : il « fraude »; il met lui-même et sa
complice à couvert des risques de la paternité; et c'est en quoi,
aux yeux de certains, le scandale devient grave. Or, qu'on y réfléchisse en conscience : eût-on préféré qu'il abandonnât la femme
enceinte? qu'il la conduisit ciez quelque avorteuse? qu'il lui con-
seillât l'infanticide? Certes il eût mieux fait d'épouser cette femme
et de faire avec elle l'essai d'une vie plus rude et plus saine. Mais
ce parti suppose ciez lui un niveau de moralité au-dessous duquel,
sans grande invraisemblance, nous l'avons supposé descendu. Or,
dans la prudence qui l'a induit à ciercier le plaisir sans risque, il
entre, sans doute des mobiles assez bas, la peur de l'effort, l'abdication du devoir social; mais il peut entrer aussi, — car toute âme
est complexe, — des préoccupations inspirées d'une moralité relative, le souci de ne pas assumer un devoir auquel on se sait
incapable de faire ionneur, quelque pitié, et, en somme, une sorte
de respect pour la compagne de débaucie dont on ne veut pas
grever l'avenir. Il y a, en tout cas, quelque ciose de pire que cette
prudence égoïste et calculeuse, c'est la lâcieté de l'amant de fortune
qui, dès qu'il se sait père, abandonne la femme enceinte aux
iontes, aux dangers et aux suggestions criminelles de l'accouchement clandestin.

On a le droit d'éprouver à l'égard des manœuvres néo-malthusiennes les répugnances les plus fortes, car elles n'ont, le plus
souvent, pour objet que de favoriser la satisfaction des formes les
plus basses de l'amour piysique. Et cette aversion s'accroît quand
on se rend compte que, sous des deiors de propagande iumani-
taire, le néo-malthusianisme abrite un mercantilisme de bas étage,
qu'il n'est, bien souvent, que réclame commerciale au profit de certains livres et de certaines officines; en quoi il a généralement partie
liée avec la littérature et l'imagerie obscènes[1]. Néanmoins un fait
demeure, qui interdit au moraliste les condamnations sommaires.
Le ciiffre des avortements et des infanticides ne cesse de croître.
Le Dr Lacassagne, de Lyon, évalue à quatre cent mille le ciiffre
annuel des avortements; et des médecins sont allés jusqu'à estimer

---

1. On trouvera, sur le mercantilisme néo-malthusien, des faits précis dans
la brochure de M. E. Pourésy, *Immoralité et Néo-malthusianisme*, Bordeaux, 1912.

qu'il se faisait en France plus d'avortements que d'accouchements. Évidemment, ce sont là chiffres purement théoriques, qu'aussi bien aucune statistique ne saurait vérifier. Mais voici des données plus précises : les observations personnelles des Dʳˢ Doléris et Boissard prouvent qu'en dix ans les avortements criminels constatés aux hôpitaux Boucicaut, Saint-Antoine et Tenon ont passé du simple au triple [1]. Aussi bien qu'importent les chiffres, si cette vérité d'expérience s'impose : dans la génération présente, affolée d'érotisme, des centaines de milliers d'hommes sont capables de sacrifier au plaisir d'un moment l'honneur, la santé, la vie même d'autant de femmes, en répudiant à l'avance les responsabilités éventuelles de leurs actes, et ces femmes, à leur tour, sont prêtes à exposer leur vie et à sacrifier l'enfant de leur sein pour sauver les débris de leur honneur ou simplement leur liberté. Devant pareils faits, devant ces conséquences de l'imprudence virile et féminine, on se résout à entrevoir dans le néo-malthusianisme un moindre mal. Entre les manœuvres anticonceptionnelles et les pratiques abortives, — assassinat de l'enfant doublé du meurtre possible de la mère, — est-il permis d'hésiter?

Mais, à peine s'est-on résigné à cette conclusion, qu'on est tenté de la reprendre, car on en entrevoit tout aussitôt les récurrences sociales. Reconnaître dans le néo-malthusianisme un moindre mal, n'est-ce pas en encourager la diffusion et n'est-ce pas, par là même, porter la plus grave des atteintes aux intérêts de l'espèce qui exerce son avenir dans des générations fortes et nombreuses? Le jour où les doctrines et l'outillage néo-malthusiens, excusés, en quelque sorte, par la résignation des moralistes, se glisseraient dans toutes les associations passagères de l'homme et de la femme, du jour surtout où ils auraient pénétré dans les foyers, n'en serait-ce pas fait du lendemain des races civilisées?

L'objection est grave et nous ne pensons pas qu'il soit possible de la lever tout entière. Nous nous heurtons ici à une sorte d'antinomie morale redoutable : opposer au néo-malthusianisme un *veto* catégorique, c'est, dans une société incapable, de par ses mœurs et ses préjugés, de pratiquer la continence absolue, exposer des milliers de femmes innocentes au risque toujours périlleux de l'avortement; lever ou atténuer ce *veto,* c'est apporter le bénéfice

---

1. Cf. Dʳ Le Bec, *Avortement et Néo-malthusianisme.* Saint-Étienne, 1912.

inquiétant d'un « laissez faire » nouveau à une société qu'on peut
estimer déjà sursaturée de plaisirs faciles. N'y a-t-il pas péril,
comme l'a dit Gœthe avec profondeur, à libérer l'homme de certains risques, sans lui donner en même temps une force morale
suffisante pour vouloir encore les risques nécessaires? Et nous
nous heurtons pareillement à une antinomie sociale non moins
troublante : les sociétés ne se survivent à elles-mêmes que par
l'inconsciente générosité de leurs membres, et voici que le savoir,
instrument de progrès social, risque de devenir, dans les sociétés
les plus élevées, un facteur de stérilité!

Ainsi présentée, l'antinomie est sans doute insoluble si l'on en
suppose les termes immuables. Mais y a-t-il rien d'immuable en
matière de vie morale? Est-il impossible d'attendre d'une évolution
des consciences la solution du problème angoissant qui nous
préoccupe?

Or, dès le début de cette étude, nous signalions ce fait frappant
que les questions de morale sexuelle sont relativement neuves, bien
qu'elles portent sur des réalités aussi anciennes que la vie elle-
même. Il semble que, jusqu'à une époque assez récente, les prescriptions civiles et surtout religieuses aient seules paru susceptibles
de régler l'usage de fonctions que leur caractère mystérieux, fatal,
dérobe, en quelque sorte, au contrôle de la conscience individuelle.
Quand elle s'est emparée de ces questions, la morale indépendante
s'est trouvée à court; nos notions morales usuelles ne se sont pas
adaptées d'emblée aux données du problème. Notamment on a mis
longtemps à s'aviser des corollaires qu'impliquerait le respect de la
personne, quand cette personne serait une femme; le féminisme ne
s'est greffé que tardivement sur l'individualisme. Peut-être aussi
notre conception de la justice ne s'est-elle pas trouvée d'emblée
propre à résoudre les conflits de devoirs sexuels, car, ici, ce qui est
en jeu, ce n'est plus simplement l'antagonisme banal de l'individu
et du groupe social auquel il appartient, c'est l'option qui s'impose
entre le plus impérieux appel de la passion égoïste et les intérêts
lointains d'une humanité à venir. Qu'un individu se dévoue au bien
de sa famille ou de sa patrie, ce sacrifice se justifie par des liens
visibles de solidarité; mais la solidarité est plus lâche, la distance

plus grande, de l'individu à l'espèce, ou, plus simplement, de l'individu d'aujourd'hui à la société de demain, et la tentation est grande de s'en remettre à d'autres du soin de pourvoir à la survie de l'espèce.

Après tout, cependant, la différence est de degré plus encore que de nature. Il n'y a pas deux morales. Si notre notion de la justice est encore pauvre et étroite, elle peut à la fois s'enrichir et s'élargir. Conçue par l'homme, principalement en vue des relations viriles, elle peut s'étendre à la femme, à l'enfant à venir; elle peut aussi, dans les applications, devenir plus minutieuse et plus scrupuleuse. Nous ne pensons donc pas qu'aux problèmes nouveaux posés par la vie sexuelle il soit nécessaire d'apporter des systèmes de préceptes inédits; il suffit d'exiger des consciences qu'elles aillent jusqu'au bout de leur propres principes, — devoir, à vrai dire, assez rude! Ne fît-on que pratiquer sans restriction mentale ou effective ces simples maximes de bon sens : ne fais pas à autrui ce que tu ne voudrais pas qu'on te fît; — ne fais pas à une autre femme ce que tu ne voudrais pas qu'on fît à la tienne, à ta sœur ou à ta fille; — donne à ton pays les fils que tu voudrais que ton voisin lui donnât; — réalise, dans la mesure de tes forces, l'humanité dans la justice et la beauté que tu rêves pour elle, etc., et l'on aurait très simplement résolu les plus pressants des problèmes de morale sexuelle.

En définitive, point n'est besoin d'improviser des morales de circonstance. Ce n'est point d'idées que nous manquons, mais d'ordre, de logique, — et de courage. Ce ne sont même pas les mœurs qui nous font défaut. Il existe, en matière sexuelle, de « bonnes mœurs », que les moins scrupuleux ne laissent pas, en général, de distinguer fort clairement des autres. Le malheur est qu'un trop grand nombre se contentent de cet hommage platonique de leurs vices à la vertu des autres. De même donc qu'un adolescent, nous l'avons dit plus haut, a tout à gagner et rien à perdre à s'imposer la discipline sexuelle la plus rigoureuse, de même, et plus encore, nous pensons que les sociétés les plus saines et les meilleures sont celles qui pratiquent résolument les mœurs qu'elles-mêmes tiennent pour saines et bonnes. Conclusion si banale qu'elle pourra passer pour une sorte de lapalissade. Mais peut-être est-ce tout justement la banalité qui en fait la solidité. Le propre de la morale pratique n'est pas d'improviser des paradoxes, mais d'organiser la conscience suivant des directions acquises et de résoudre, au nom de principes constants, les conflits que la vie propose. C'est la tâche que nous avons tenté de remplir.

Pour passer aux applications, il ne saurait, croyons-nous, y avoir de plus sûr moyen de combattre l'immoralité sexuelle que de munir les esprits d'une forte éducation morale. Il est bon, sans doute, de poursuivre la propagation publique des doctrines néo-malthusiennes aussi bien que l'excitation au meurtre ou à la sédition, parce qu'une société qui se sent menacée exerce un droit de défense mesuré à sa volonté de vivre. Il est bon aussi de poursuivre la basse littérature, l'imagerie obscène, le journalisme graveleux ou violent qui entretiennent autour des cerveaux débiles une atmosphère d'érotisme proprement affolante; et ces sévérités seront d'autant plus légitimes que, dans l'immense majorité des cas, ni la science ni l'art n'auront rien à souffrir de ces prohibitions. Mais la valeur de ces mesures défensives est, à nos yeux, plus symbolique que réelle. En affirmant, par les sanctions qu'elle exerce contre les facteurs morbides, sa volonté de vivre, une société rend confiance aux éléments sains en qui l'inertie des pouvoirs publics aurait vite fait de relâcher les ressorts de la solidarité. Mais, en matière aussi intime, il y aurait duperie à accorder grande créance aux mesures négatives. La stagnation de la natalité résulte de décisions — ou d'abdications — individuelles consenties dans le mystère de la vie interpersonnelle, en des régions secrètes où toute intervention publique serait à la fois odieuse et vaine. Aussi bien, avons-nous dû reconnaître plus haut que l'accomplissement le plus généreux du devoir social laisse encore une large marge à l'exercice de la liberté individuelle. De même on ne fera rien pour la repopulation tant qu'on se bornera à punir l'infanticide et l'avortement, à limiter la mortalité infantile, à sauver quelques déchets qui deviendront des générateurs médiocres. Trop de mobiles puissants, dont quelques-uns sont respectables, inclinent les volontés du côté de la prudence sexuelle, et l'on n'aura rien fait, ou peu de chose, si l'on n'arrive à rendre à ces volontés de solides raisons de préférer les fortes joies de l'amour fécond aux voluptés énervantes de l'amour stérile. A malaise moral, remèdes moraux.

Quels pourraient être ces remèdes? Nous ne saurions ici les examiner longuement. Mais peut-être de l'étude même qu'on vient de lire peut-on dégager quatre conclusions pratiques

1. — La première, c'est qu'on aurait tort de se montrer trop

sceptique quant à l'efficacité des idées. Nous rappelions plus haut l'étroite solidarité des réactions sexuelles et des représentations, et, d'une manière plus générale, l'action de l'intelligence sur l'amour physique. La débauche n'a très souvent à sa base qu'une perversion intellectuelle. On peut donc puiser, dans la réforme des notions relatives à la vie sexuelle, des ressources dont on a jusqu'ici trop peu usé. La vie sexuelle plonge dans l'inconscient : il est possible de projeter de la clarté dans ces ténèbres. Si jeunesse savait, elle serait souvent plus sage. Si les jeunes hommes entendaient plus souvent parler, en termes sérieux et simples, des responsabilités qu'ils encourent par le geste d'un soir, s'ils savaient mieux tous les risques physiques des amours de rencontre, s'ils connaissaient l'abime de misère où sombrent les courtisanes, s'ils avaient lu quelques bons travaux scientifiques sur les dangers graves de l'onanisme et sur le surmenage nerveux qui suit les abus sexuels, sur les conséquences sociales de la débauche et de l'amour sans risques, ils passeraient peut-être avec moins de légèreté par-dessus les cas de conscience de la vie sexuelle. Pareillement, si la jeune femme savait combien la maternité est saine et combien périlleux l'avortement, si elle savait de quel déséquilibre nerveux se paient souvent les manœuvres anticonceptionnelles, elle se montrerait sans doute moins folle de son corps, moins prodigue de sa chair. Mais peu de gens savent cela ; le mystère hypocrite qui entoure les fonctions génératrices entretient nombre de préjugés ou de demi-connaissances pires que l'ignorance ; et l'on peut soutenir sans paradoxe que la discrétion de notre langage est complice des vices dont elle prétend nous détourner.

Ne peut-on espérer aussi qu'une littérature plus saine que celle dont nous nous imprégnons arrivera à faire descendre l'amour physique du piédestal où l'ont hissé le roman et le théâtre? Victor Hugo voulait, pour fonder la paix, « déshonorer la guerre. » Ne pourrait-on tenter, non pas de déshonorer l'amour, mais simplement de le remettre à sa vraie place, qui demeure assez grande et assez belle? On calomnie la vie moderne quand on dit et redit que la littérature est faite à son image, et quand on répète cette autre formule, que le public a la littérature qu'il mérite. La vie réelle est autrement riche et, dans son fond, plus dramatique et romanesque que le théâtre et le roman. Il en coûte seulement moins d'effort de la voir grossie par l'optique littéraire, comme il est plus facile de saisir le comique ou le tragique d'une scène cinématographique que

de pénétrer les scènes réelles de la comédie humaine. C'est aussi
la loi du moindre effort qui incite nos industriels de littérature à
satisfaire indéfiniment, par les mêmes produits, les goûts qu'ils nous
ont faits, tels ces marchands de vin du Midi qui fabriquent des crus
immuables au gré de la clientèle. Que l'amour, au surplus, par les
crises imprévues, rapides qu'il provoque, par les transformations
qu'il inflige au caractère, demeure dans la vie humaine l'élément
« catastrophique » par excellence, nul ne le conteste. Il n'en
reste pas moins que la place qui lui a été faite dans l'art déborde
de beaucoup son importance réelle. D'autres sources d'émotion sont
là, science, travail, vie sociale, famille, histoire, d'autres beautés et
d'autres douleurs, dont romanciers, dramaturges et poètes pourraient s'inspirer davantage. Il est vrai que les moyens nous manquent
pour susciter une orientation nouvelle des écrivains et des lecteurs.
C'est affaire au génie d'imposer ses directions. Mais quand on
songe au retentissement qu'ont eu sur les mœurs certaines œuvres
populaires, quand on se souvient qu'un livre de Rousseau suffit à
remettre l'allaitement maternel à la mode, on est en droit de croire
possible une variation des modes littéraires dissipant le bluff érotique qui a fait la fortune de trop d'écrivains.

2. — Nous parlons de mode. Une mode littéraire serait sans effet
si elle n'était solidaire d'une mode dans les mœurs. Il serait naïf sans
doute d'escompter que la « vertu » soit un jour à la mode; mais des
modes pourraient se développer auxquelles gagneraient les mœurs
proprement dites. Il ne semble pas douteux, par exemple, que les
peuples anglo-saxons, chez lesquels les préoccupations sexuelles
semblent bien être moins absorbantes que chez les latins, sont ceux
qui ont donné depuis longtemps aux sports le développement le plus
intensif. Il y a sans doute entre ces faits plus qu'une simple coïncidence. La vie sportive rétablit entre la sensibilité et l'activité un
équilibre que la vie sédentaire, l'abus des viandes, l'usage des exci-
tants rompent fréquemment. En outre, elle entretient chez les jeunes
gens, et même chez les adultes, une sorte de naïveté, parfois même
de puérilité dont la vie sexuelle éprouve les effets. Les sports,
enfin, sont un exercice de volonté; ils supposent l'effort pour l'effort,
parfois même le goût du risque, ils sont ainsi, dans nos sociétés de
haute culture affranchies des nécessités les plus lourdes de la lutte
contre la nature, la dernière forme de l'exercice de la volonté contre
un obstacle physique. Vaincre, aux jeux de force ou d'habileté, c'est

aussi se vaincre et la maitrise générale de soi ne saurait qu'y gagner.

Faut-il aller plus loin même et peut-on concevoir une sorte de sport spécial qui ne tendrait à rien moins qu'à entretenir chez les jeunes gens la force de résistance contre l'appétit sexuel? On sait que la gageure en a été tenue. Il s'est fondé dans les pays anglo-saxons et jusqu'en France, des associations de jeunes gens expressément créées en vue d'entretenir chez eux-mêmes et de répandre autour d'eux le culte d'une « pureté » toute monacale jusqu'au mariage. ainsi que la sévérité dans la vie conjugale. Comme les sociétés de tempérance demandent de leurs membres un engagement d'abstinence totale ou partielle, ces ordres laïques d'un nouveau genre exigent de leurs adeptes un « vœu » de sévérité sexuelle.

On ne peut, certes, que rendre hommage à la vaillance de ces jeunes gens. Ils font preuve du plus rare courage, puisqu'ils acceptent d'affronter à la fois le ridicule extérieur et les sollicitations du dedans, et cela pour conquérir des vertus qu'aucun éclat public ne rehausse. Mais il ne semble pas que ces ligues de continence soient appelées à un large développement. En fait, elles n'ont guère pris quelque développement que dans des groupements religieux, notamment dans les Unions chrétiennes, où elles n'ont pas même rallié de gros effectifs. Le contraire surprendrait. La vertu intime, parce qu'elle est la plus personnelle des formes de l'effort, semble celle aussi qui se prête le moins à la mise en commun. Il a pu se constituer de vastes sociétés de tempérance, parce que l'usage des spiritueux est le plus souvent un acte public. L'ivrognerie est rarement un vice purement individuel; on boit entre amis, entre camarades d'atelier, à la foire, dans les banquets corporatifs, dans les repas de noces, au retour des enterrements. L'intempérance n'est qu'un revers malpropre de la politesse. C'est pourquoi l'abstinence du tempérant a une portée sociale; c'est une affirmation publique, un enseignement par le fait, une preuve vivante. Au contraire un homme chaste, s'il n'a pas à rougir de son inexpérience, aurait mauvaise grâce à la donner en exemple. Aussi la portée éducative d'un vœu de continence ne peut-elle guère dépasser un cercle très restreint. Au surplus, il est à prévoir que des jeunes hommes, par ailleurs très réservés, répugneront à faire de leur honnêteté l'objet d'une sorte de confession et de pacte public; il est des engagements qu'on ne prend guère qu'avec soi-même ou avec le partenaire d'un contrat d'amour.

Toutefois, s'il est difficile de faire de la moralité sexuelle le pivot de la vie de société, elle peut plus aisément être impliquée dans certains pactes d'association. Un groupement d'hommes qui, entre autres conventions, s'engageraient à ne rien faire contre l'honneur, et laisseraient à chacun le soin d'élargir ce vœu jusqu'à ses conséquences logiques, respect de la femme et respect d'eux-mêmes, aurait sans doute beaucoup plus de chances d'attirer les jeunes gens que les ligues de continence pure. Un engagement d'honneur est à la fois assez précis pour exclure, chez quiconque est sincère avec soi-même, certaines défaillances, et assez général pour laisser libre jeu à l'interprétation individuelle des cas de conscience. On sait d'ailleurs qu'aucun sentiment, après l'amour, n'exerce sur les volontés juvéniles un ascendant aussi puissant que l'honneur. Serait-il donc impossible d'en tirer meilleur parti? Sans constituer des ligues spéciales d'honneur, ne pourrait-on inciter les associations de jeunes gens à introduire dans leurs statuts une clause générale de fidélité à ce sentiment. La moralité sexuelle y trouverait son compte. La chevalerie était logique quand elle étendait à la protection des faibles et au respect des femmes la notion de l'honneur militaire. Or le sentiment de l'honneur ne prend toute sa valeur, il n'a même de sens que dans un groupe social défini. La chevalerie était un « ordre ». Nous connaissons encore aujourd'hui l'honneur professionnel, corporatif. Que les jeunes gens qui s'associent prennent donc l'habitude d'introduire la notion d'honneur dans leurs engagements mutuels, et qu'ils prêtent à ce terme toute son extension; peut-être alors comprendront-ils que la vie en partie double que mènent beaucoup d'entre eux est un manquement implicite à cet honneur. A cet égard on peut attendre d'heureux effets des groupements récents constitués au nom d'une volonté expresse de vie commune meilleure et plus saine, sociétés d'éclaireurs et campements de vacances, dont la charte implique expressément l'engagement d'honneur.

3. — Nous venons de parler des jeunes gens. Mais n'est-il pas bien tard déjà pour leur demander de prendre au sérieux les problèmes de la vie sexuelle? Si aucune éducation ne les y a préparés, qu'attendre de ces conseils tardifs à l'heure où s'éveillent les suggestions impérieuses du désir? Nous sommes ainsi amenés à dire un mot du problème si discuté de l'éducation sexuelle. Une distinction, dont on ne s'avise pas assez, nous permettra d'être bref. Autre chose est la

préparation intellectuelle, autre chose la formation morale. Il n'est
personne, croyons-nous, pour tenter aujourd'hui l'apologie du
silence ou des légendes ridicules dont tant de parents entourent
encore les phénomènes de la génération. On prépare ainsi à l'enfant
des surprises angoissantes, des curiosités malsaines, parfois des
obsessions perverses, et l'on perd, du même coup, le droit à sa confiance. Il faut donc parler et, dans la famille tout au moins, parler
clair, sans embarras ni équivoques, en mesurant l'étendue des explications au développement actuel de l'enfant. A l'école, une certaine
réserve s'impose. Mais on pourrait, croyons-nous, sans inconvénient,
exposer le mécanisme général de la fécondation chez les animaux,
au lieu de se borner au règne végétal; et comme, dans tous les
manuels, l'homme est classé à sa place dans la nomenclature animale, la logique naturelle de l'enfant achèverait cet enseignement.

Autrement troublant est le problème de la formation morale. Il
ne s'agit plus seulement ici de décrire des organes, d'expliquer des
fonctions naturelles; il s'agit de prévenir des perversions possibles.
Or, prévenir, n'est-ce pas, du même coup, suggérer? F. W. Fœrster,
dans son livre si pénétrant sur l'*École et le Caractère* [1], redoute précisément l'effet des révélations précoces. L'innocence n'est-elle pas
une ignorance? M. Gide s'est demandé naguère si les livres écrits
récemment, avec les meilleures intentions, pour instruire les adolescents, ne sont pas plus troublants qu'efficaces [2] et nous connaissons des moralistes qui n'y voient rien moins qu'une sorte de
pornographie *ad usum scholarum.* L'objection a son poids. Elle
serait même dirimante s'il était question d'initier soudain aux
devoirs de la vie sexuelle des adolescents qu'aucune éducation
morale n'y aurait préparés. L'éducation sexuelle n'aura d'innocuité
et d'efficacité que là où elle apparaîtra comme un appel à des habitudes morales déjà constituées. L'accoutumance à une vie simple,
disciplinée, active, voire quelque peu rude, la subordination systématique des actes quotidiens à un idéal religieux, moral ou social,
en un mot la formation du caractère, telle est la condition primordiale de toute éducation sexuelle sérieuse. Ces conditions assurées,
les surprises de l'ignorance totale nous paraissent autrement
dangereuses que l'impression produite par une initiation prudente,

1. Saint-Blaise, 1910, p. 61.
2. Enquête des *Documents du Progrès* sur l'*Éducation sexuelle*, décembre 1912,
p. 277.

progressive, inspirée des circonstances, adaptée au caractère de
l'enfant. Tôt ou tard, en définitive, l'enfant sera instruit. Espère-t-on
mieux du hasard, que de l'action réfléchie des éducateurs?

A la famille la première revient tout d'abord ce devoir d'assurer,
avec les ressources que suggèrent l'affection et l'expérience, l'éducation sexuelle de l'adolescent. Mais comment se dissimuler que fort peu
de parents sont propres à cet enseignement? Nous avons dit plus
haut les raisons de leur timidité et de leur maladresse. Faut-il donc
confier à l'école le soin de combler, avec tant d'autres, cette lacune
de l'éducation domestique? Nous n'oserions l'affirmer, ou plutôt
nous apercevons une raison décisive pour incliner vers la négative :
à savoir la contrariété même des « deux morales » entre lesquelles
des éducateurs et l'État lui-même seraient tenus de choisir. Qu'en-
seignera-t-on à nos enfants? La chasteté prescrite au séminariste?
Bien des maîtres seraient fort en peine de la justifier et quelques-uns
auraient des raisons par trop personnelles de se récuser. Prêchera-
t-on l'hygiène, la modération? Mais certaines familles s'indigneront
avec raison, en montrant que proscrire l'abus c'est encore admettre
l'usage en une matière où une morale exigeante réclame l'abstention totale. Et s'il s'agit d'enseignement public, quels programmes
imposera-t-on aux maîtres? Verra-t-on une grave commission
d'inspecteurs et de chefs du bureau décider entre Kant et Aristippe?
Un enseignement public de la morale suppose sur les devoirs un
minimum d'unanimité; c'est pourquoi l'on remet sans trouble aux
maîtres le soin de commenter les règles ordinaires de l'honnête et
du juste. Mais des leçons publiques de morale sexuelle révéleraient
de trop scandaleuse façon l'incohérence de nos idées et de nos
mœurs, et l'on ne peut, sur ce point, que s'en remettre au tact et
au courage personnel des maîtres, notamment des professeurs de
philosophie. Quelques-uns se sont risqués à aborder en toute franchise
ce terrain difficile; ils l'ont fait de leur plein gré, sans tapage; nul
au dehors ne s'en est ému et nous savons des élèves qui en ont
conservé une salutaire impression.

4. — Un dernier mot. Nous disions, au début de cette étude, que
l'on devait au développement du féminisme une bonne part de
l'intérêt tout actuel qui s'attache aux problèmes sexuels. De cette
remarque on est en droit de conclure qu'un rôle capital revient aux
femmes dans la réorganisation de la conscience des hommes du
temps présent. La femme a cruellement souffert de l'immoralité

masculine ; mais il faut bien dire qu'elle a été, par sa passivité, la complice habituelle des violences qu'elle a subies. Il lui appartient de montrer si elle est capable de se reprendre et de se mettre elle-même à plus haut prix. Plus conservatrice que l'homme, plus morale aussi, puisqu'elle occupe un rang très inférieur sur l'échelle de la criminalité, elle peut, à coup sûr, apporter dans la réforme des mœurs sexuelles, un élément très important d'équilibre et d'honnêteté. Mais, d'autre part, si elle est moins accessible aux nouveautés, on sait que, quand celles-ci l'ont séduite, elle s'y porte avec une sorte de fureur anarchique. Que sera donc, en face des problèmes sexuels, l'attitude de la femme de demain ? A cet égard, avouons que l'avenir est trouble. Le féminisme est riche de pro-messes, — peut-être parce que ses progrès les plus décisifs ont été réalisés par des femmes remarquablement équilibrées des sociétés anglo-saxonnes et scandinaves, et qu'il y a peut-être, à la base de ces progrès un fond de puritanisme. Mais quel appoint apportera à ce féminisme celui des races latines et slaves ? Avec le rôle de la femme verrons-nous croître celui de la névrose ? Le féminisme va-t-il, à la suite des suffragettes, s'enliser dans la violence stérile ? La féministe d'aujourd'hui, instruite, débrouillarde, organisatrice, nous allions dire virile, saura-t-elle entraîner la femme insouciante, coquette, mobile, la « femme-enfant » ? Sera-t-elle débordée par celle-ci ? En particulier, à l'égard de la morale sexuelle, la femme émancipée saura-t-elle, contre certaines revendications d'un indivi-dualisme purement anarchiste, sauvegarder le prestige de la mater-nité, affirmer la noblesse de la vie conjugale ? Après s'être affran-chie, continuera-t-elle, par amour et par sentiment du devoir social, à accepter les inévitables servitudes de la fécondité ? Comprendra-t-elle que ces charges constituent pour elle un privilège et une force, parce que nul n'a droit au pouvoir s'il ne consent à servir ? Tout le problème est là. La moralité sexuelle de l'avenir sera ce que la fera la femme de demain.

TH. RUYSSEN.

L'éditeur-gérant : MAX LECLERC.

Coulommiers. — Imp. PAUL BRODARD.

LIVRES NOUVEAUX

Le Rythme du Progrès. *Étude socio-logique*, par Louis WEBER. 1 vol. in-8, de XIV-311 p., Paris, Alcan, 1913. — Auguste Comte considère l'évolution du genre humain, interprétée en termes intellectuels, comme ayant commencé par le fétichisme et la théologie, continué par les fictions de la métaphysique, et venant s'achever à la science positive. M. Louis Weber n'aime pas une philosophie de l'évolution qui assigne au progrès un terme où celui-ci doive finir par mourir : l'évolution est, par essence, indéfinie. Il n'admet pas davantage que le fétichisme soit le stade initial de l'évolution intellectuelle. Ni la psychologie individuelle ni l'observation des p uples primitifs, ne nous autorisent à l'affirmer. Le fétichisme est déjà un système explicatif des choses, une « métaphysique ». Or « comprendre » est un acte intérieur, que nous ne jugeons chez autrui que par la parole ou les actions visibles. Cet acte intérieur, c'est l'intelligence prenant conscience de sa fonction pratique. Sa fonction explicative suppose préalablement donnée une *matière* sur laquelle elle peut s'exercer, c'est-à-dire un système de représentations et d'idées que l'action même, l'action intelligente, a contribué à former » (P. 87). L' « intelligence explicative » — et sous cette rubrique il faut faire rentrer la théologie, la métaphysique, la science abstraite — suppose l'existence antérieure de l' « intelligence agissante », orientée vers l'action. L'homme a été fabricant d'outils avant d'être fabricant de systèmes ; « positiviste » ou « pragmatiste » pourrait-on dire, avant d'être théologien, métaphysicien ou savant. D'ailleurs, la pensée « spéculative », la « pensée de réflexion »,

s'égare, divague, dès qu'elle perd sa base solide, se détache du matériel technique que lui fournit le travail de l'intelligence pratique. « Au lieu de la division en science pure et science appliquée, qui est artificielle, et qui n'est d'accord avec les faits que dans un petit nombre de cas, observés de nos jours, où l'on voit l'industrie mettre à profit certaines découvertes théoriques, il serait plus conforme à l'histoire de distinguer, dans le progrès de la connaissance et de la réflexion, deux tendances et deux courants : une tendance vers l'utilisation de la matière et une tendance vers la compréhension de l'être ; un courant de technique et un courant de pensée réfléchie, qui s'entrecroisent et se balancent sans toutefois jamais fusionner entièrement, dont les apports combinés constituent le savoir total, et dont la double impulsion engendre et règle le progrès d'ensemble de l'intelligence » (p. 136).

Dans une série de chapitres, qui visent moins à imposer un système qu'à suggérer les solutions possibles d'une série de problèmes très complexes, M. Louis Weber essaie de montrer comment se laisserait interpréter le progrès de l'intelligence humaine, alternativement pratique et spéculative. D'abord, l'homme, à peine différent physiologiquement des autres animaux, se différencie d'avec eux non pas en ce qu'il se fait une religion, mais en ce qu'il fabrique des outils, instruments tranchants, instruments perforants, et découvre l'utilisation du feu. Mais il ne faut pas croire que le progrès de la pensée se développe continûment à partir de ces premières inventions. L'*homo faber* découvre un « outil » nouveau, qui est d'une importance sans pareille, le langage ; et cet outil offre des caractères extraordinaires, qui fascinent l'inventeur. « Le geste et la parole sont des agents dont l'efficacité se traduit par son seul résultat, *sans véhicule sensible*... Cette causalité introduit dans l'imagination un élément nouveau, *sui generis*, irréductible aux phénomènes matériels, et cet élément, c'est l'élément spirituel, « ce qui agit sans corps » : « la causalité interhumaine ou intersociale, sur laquelle se concentre dès lors, l'attention des individus les plus intelligents, relègue au second plan la causalité mécanique » (p. 151). L'homme se met à spéculer sur les mots, à les transfigurer en idées, à créer des systèmes religieux, a constituer, au temps de la Grèce antique, la science abstraite, lorsque les mots sur lesquels il spécule sont les mots dont il se sert pour compter. La métaphysique hellénique, la scolastique chrétienne, sont les dernières formes du développement de la spéculation rationnelle des Grecs. Viennent, en réaction contre Pythagore autant que contre Aristote ou saint Thomas, les temps modernes, où l'activité technique prend de nouveau, comme aux temps primitifs, le dessus sur l'activité spéculative de l'esprit humain. Les lecteurs de la *Revue de Métaphysique et de Morale* connaissent ce dernier chapitre du livre, où M. Louis Weber essaie de définir, à la lumière de sa philosophie de l'histoire, la crise actuelle de la pensée humaine, conflit non pas « entre la raison et la foi », mais « entre la raison et la science ». « Le positivisme, sous toutes ses formes, ainsi que le pragmatisme récent sont des manières diverses d'exprimer le sentiment des difficultés où se débat la philosophie » (p. 290).

Tel est, bien brièvement, trop brièvement résumé, ce curieux ouvrage. Nous ferions des réserves au sujet d'un chapitre où M. Louis Weber semble vouloir donner pour base à sa philosophie de l'histoire une prétendue loi physique du rythme universel. Nous doutons que « l'alternance des générations chez les mousses et les fougères » soit de nature à apporter la moindre confirmation aux vues sociologiques de l'auteur; et nous nous referons volontiers, pour faire ces réserves, aux principes « criticistes » qui guidaient la pensée de M. Louis Weber dans ses précédents ouvrages. Mais, à vrai dire, cette théorie cosmologique du rythme offre-t-elle, dans le présent ouvrage, une telle importance? La preuve que non, c'est que, dans notre analyse, nous avons pu faire sauter le chapitre, sans nuire, croyons-nous, à aucune des idées essentielles de M. Louis Weber.

On pourra demander encore si M. Louis Weber a défini, avec toute la précision désirable, les deux formes d'activité intellectuelle qu'il oppose l'une à l'autre : s'agit-il d'une différence de nature, ou seulement d'une différence d'orientation? D'ailleurs, ces deux manifestations de notre activité, l'une intéressée, l'autre désintéressée, se soutiennent, s'appellent l'une l'autre; et M. Louis Weber, qui le reconnaît expressément, n'établit-il pas, afin de rendre sa philosophie de l'histoire plus frappante, une séparation trop radicale entre deux immenses périodes où l'une des deux tendances réussirait à complètement étouffer l'autre? L'homme n'a jamais été plus technologique qu'aujourd'hui : a-t-il jamais été plus audacieusement spéculatif? Mais ce sont ici des réserves plus que des objections : elles ne nous empêchent pas d'être reconnaissants à M. Louis Weber pour avoir découvert une de ces oppositions de termes, ou de catégories, qui peuvent guider bien des recherches, éclairer bien des problèmes. Les sociologues discuteront sans doute la théorie suivant laquelle le phénomène, le « miracle » du langage serait à l'origine du phénomène religieux. Qu'il nous suffise, à nous qui ne sommes pas sociologues, de constater, en attendant, qu'elle mérite l'attention. Les réflexions de M. Louis Weber, dirions-nous volontiers, constituent une réaction utile contre cette obsession du « social » qui, si elle envahissait toute la sociologie moderne, finirait par paralyser la science, après avoir, pour un temps, stimulé l'esprit de découverte; elles constituent, dirions-nous encore si nous ne craignions de faire tort à l'originalité du livre, une tentative pour qualifier, sous l'influence d'idées pragmatistes, certaines exagérations du sociologisme durkheimien.

Les Principes de l'Analyse mathématique. *Exposé historique et critique.* PIERRE BOUTROUX. t. I, 1 vol. in-8° de 544 p. Paris, Hermann, 1914. — L'important ouvrage que publie M. P. Boutroux comprendra deux volumes. Le tome premier vient de paraître. La *Revue de Métaphysique*, consacrera une étude approfondie au travail de M. Boutroux après la publication du second volume. La présente note n'a donc pour but que de signaler au public philosophique et scientifique cet ouvrage considérable. Mathématicien éminent et pénétrant philosophe, nul n'était mieux préparé que M. P. Boutroux pour entreprendre un exposé historique et critique des théories mathématiques élémentaires. On a longtemps cru que l'exposition des éléments des mathématiques devait se faire d'un point de vue purement logique et statique : la science sortait brusquement, et avec son dernier degré de perfection, du cerveau du professeur, comme Minerve en armes de la tête de Jupiter. Mais les inconvénients de ce point de vue trop dogmatique se sont bientôt fait sentir; il est apparu qu'une méthode plus conforme à la nature des choses, une méthode qui tiendrait compte des conditions historiques du développement de la science, et qui n'éliminerait pas systématiquement les éléments intuitifs (procédés de représentation géométrique, etc.) serait préférable. M. Boutroux ne méconnaît ni la valeur du point de vue des logiciens « qui fait des mathématiques une école sans pareille de raisonnement » ni l'importance de la conception intuitionniste « qui unit la science pratique à la science théorique et sauve cette dernière du discrédit qui la menace ». Il caractérise de la manière suivante la méthode qu'il a adoptée. « Ce sont les faits mathématiques étudiés objectivement et pour eux-mêmes, qui retiendront notre attention, plutôt que les procédés souvent artificiels par lesquels ces faits sont découverts et contrôlés... Le présent tome contient tout ce qui a trait aux éléments de l'arithmétique, de la géométrie et de l'algèbre, y compris le calcul des dérivées et la théorie élémentaire des équations différentielles... Si le présent livre prétend être un exposé systématique de la science — et qui dit systématique, dit jusqu'à un certain point subjectif — si (nous l'espérons du moins) il remue quelque idées et invite à la réflexion philosophique, son premier objet n'en est pas moins de fournir des renseignements objectifs et de servir de répertoire aux débutants en mathématiques. » M. P. Boutroux a dissimulé discrètement derrière les faits ses préoccupations philosophiques, mais ces préoccupations existent cependant. Dans la zone un peu confuse qui s'étend aux confins de la science, les problèmes philosophiques surgissent nécessairement. Malgré son caractère nettement objectif, l'ouvrage de M. P. Boutroux donne l'impression — ne serait-ce que par les indications historiques — qu'il y a un esprit derrière les faits, un esprit qui les dépasse puisqu'il est essentiellement esprit de recherche. Après la lecture du livre de M. P. Boutroux la science n'apparait pas comme un système logique fermé, mais comme un organisme qui se développe incessamment et qui, par suite, doit rester en contact avec l'expérience et aussi avec une

pensée moins rigoureuse que la pensée logique, avec une pensée toute chargée d'éléments disparates : intuitions, images, ... et grosse des découvertes futures.

Les premières pages du livre I, consacré aux nombres, intéresseront particulièrement les philosophes. Signalons également le début du chapitre II : les grandeurs géométriques et le calcul, et le chapitre IV où est étudié le calcul combinatoire. Mais c'est certainement aux chapitres I et II du livre deuxième, relatif au calcul algébrique, que l'on découvre toute la pensée de l'auteur. « L'état d'esprit du mathématicien, dit-il, qui entreprend d'étudier les fonctions pour elles-mêmes est quelque chose de nouveau en Algèbre : il ne s'agit plus de combiner des formules, mais d'analyser a priori, afin d'en déterminer la signification et les lois, les divers modes de correspondance qui peuvent être établis entre des quantités variant simultanément. »

La distinction entre le calcul formel et l'être analytique que l'on étudie en se servant de ce calcul apparait comme l'une des idées maîtresses de la philosophie de l'auteur. Nombreux, d'ailleurs, sont les problèmes que soulève le présent travail ; mais, nous l'avons dit en débutant, leur examen dépasserait considérablement les limites de cette notice. Nous espérons avoir fait sentir dans ces quelques lignes toute l'importance d'un remarquable ouvrage qui intéressera également les philosophes et les mathématiciens.

La Coutume ouvrière. *Syndicats, Bourses du travail, Fédérations professionnelles, Coopératives. Doctrines et Institutions* par MAXIME LEROY. 2 vol. in-8 de 934 p. Paris, Giard et Brière, 1913. — Le livre de M. Leroy est d'abord un répertoire extrêmement précieux. Il constitue, pour le syndicalisme français, une œuvre d'analyse et de classification qui rappelle — et ce seul rapprochement n'est pas un mince éloge — celle que les Sidney Webb ont dédiée au *Trade-Unionisme*. Comment se forme et s'organise un syndicat — quelles sortes d'obligations il impose à ses membres ou s'impose à lui-même — comment les syndicats se fédèrent, et quels organes se donne leur fédération, — quelles relations ils soutiennent avec le parti socialiste, avec les coopératives — quels sont leurs moyens d'actions propres (boycottage et grève, label, sabotage). M. Leroy précise tous ces points par l'analyse des règles que les ouvriers élaborent, ou des pratiques qu'ils s'imposent, elles-mêmes éclairées par les théories ou les programmes qu'ils formulent.

Mais M. Leroy ne se contente pas de décrire comme du dehors cet ensemble d'institutions. Il en suit le progrès avec la sympathie d'un juriste, d'un juriste qui aime la vie, respecte l'avenir et se réjouit de voir naître des formes juridiques inédites. Le peuple ouvrier, dont la bourgeoisie, souvent, ne veut connaître que les gestes désordonnés, est lui aussi, comme disait Pelloutier, « créateur et inventeur ». Au courant de sa vie il creuse le lit de son droit, tout comme l'ont fait naguère les bourgeois des Communes. Ses Congrès ont conscience de dire le droit. « Ses Syndicats agissent et pensent, malgré le droit civil, en véritables associations publiques qui s'arrogent, sur toutes les choses relevant de la profession, une sorte de souveraineté. Ainsi prend corps, peu à peu, un esprit juridique nouveau : tendance à égaliser les individus, les salaires et les fonctions, en réservant aux collectivités organisées leur pleine faculté de contrôle, en résorbant en elle toute puissance de direction.

M. Leroy nous invite à comprendre la belle nouveauté de cet effort : il ne néglige pas pour autant de le rattacher à une tradition. Il note, chemin faisant, ce que doivent telles tendances du syndicalisme d'aujourd'hui à Blanqui, à Proudhon, voire à Fourier. Il voit renaître, dans les programmes de Griffuelhes ou de Pouget, telles idées déjà chères à l'Internationale d'avant 1870. Bien plus, il rappelle, non pas seulement à propos du socialisme guesdiste, mais aussi bien à propos du syndicalisme le plus émancipé, que les révolutionnaires gardent toujours, tant dans leurs pratiques que dans leur idéologie, beaucoup plus qu'ils ne croient du monde qu'ils maudissent. Visiblement agacé par le lyrisme — et les satires — de quelques apologistes un peu tranchants, il rétablit la continuité entre des termes qu'on disjoignait à plaisir : le mouvement qu'il décrit en juriste, il l'explique en historien.

C'est d'ailleurs un historien à qui la philosophie n'est pas étrangère. Lorsqu'il rencontre telle « thèse » à la mode, il ose réagir, et la ramener à la juste mesure. C'est ainsi qu'il dénonce (vol. II, p. 547-550) ce qu'il y a d'imprécis dans la théorie ajustée par « le religieux M. Georges Sorel » à la tactique ouvrière, la théorie du « mythe » de la grève générale. Ailleurs vol. II, p. 842, 853] il signale les exagérations et le danger des réquisitions portées contre l'intelligence constructive au nom des intuitions qui jailliraient de l'action ouvrière elle-même.

Remarques jetées en passant, et qui laissent un peu indécises, à vrai dire, les positions de M. Leroy entre l'intellectualisme et le pragmatisme. De même, dans la partie historique, certaines filiations (celle qui irait par exemple de Fourier au Syndicalisme en passant par Proudhon et l'Internationale) sont indiquées plutôt qu'établies. Dans la partie descriptive elle-même on aperçoit des lacunes assez graves : par exemple, dans le chapitre sur l'Internationalisme ouvrier et les obligations internationales, pourquoi M. Leroy n'a-t-il pas noté le curieux mouvement par lequel nos syndicalistes, se heurtant aux résistances ou aux lenteurs de leurs camarades étrangers, ont été amenés à se replier en quelque sorte sur eux-mêmes, à retrouver leur caractère national, et à se faire gloire de leur « méthode française » ?

Tel quel, ce *Corpus*, œuvre de juriste, d'historien et de philosophe, est une œuvre trois fois intéressante. Nous avons l'intention de consacrer à l'ouvrage une étude plus approfondie.

L'Espèce et son Serviteur, par A. Cresson. 1 vol. in-8 de 347 p., Paris, Alcan, 1913. — Le serviteur de l'espèce, c'est l'individu. Non seulement, comme chacun sait, dans le monde animal, les individus sont organisés en vue de la conservation et de la prospérité de l'espèce à laquelle ils appartiennent, mais en outre les opérations à la faveur desquelles l'espèce se conserve et se développe semblent se faire toutes plus ou moins *aux dépens* des individus qui les exécutent. Le monde végétal donne aussi un spectacle analogue, quoique moins frappant. Dans la première partie du livre, M. Cresson établit cette thèse sur de nombreux exemples, empruntés à Darwin, à Brehm, à l'entomologiste Fabre, notamment. Les faits qu'il rassemble montrent bien que tous les actes successifs de la reproduction, depuis l'accouplement jusqu'à l'élevage des jeunes, sont pour l'individu un labeur absorbant, tyrannique et épuisant, dans lequel il s'oublie lui-même et perd fréquemment le sens de sa propre conservation. Mais il ne suffit pas de constater ainsi le « labeur pour l'espèce ». Pour en comprendre toute la portée il y a lieu d'étudier les procédés au moyen desquels la nature obtient des adultes l'attitude nécessaire au bien de leur type, c'est-à-dire, pour parler un langage plus moderne, les adaptations à la fonction reproductrice. Ici, l'ingéniosité de la nature est sans pareille. Chez les êtres inconscients, comme les végétaux, elle a varié, de toutes manières les structures,

les appareils de protection, les mécanismes automatiques qui facilitent la
fécondation, la conservation ou bien la
diffusion des germes. Chez les espèces
conscientes, la nature a usé de politique
et de ruse. Elle a fait naître des besoins
et des instincts qui tendent à faire obéir
les individus à ses fins avec l'illusion
qu'ils travaillent pour eux-mêmes. Bref,
l'espèce tend à subjuguer l'individu. « La
nature le triture en vue des besoins de
son type. S'il est conscient, elle l'illu-
sionne, elle l'aveugle, elle l'accapare, et
elle le fait si bien qu'elle finit par transformer l'axe de son égoïsme. » Par des
exemples nombreux, bien choisis, la thèse
que Schopenhauer déduisait analytiquement des principes mêmes de sa métaphysique, se trouve de la sorte appuyée
sur les faits et démontrée d'une manière
concrète. Nous n'y contredirons pas. Il
est exact que la fonction reproductrice
est une lourde charge pour l'individu,
qui semble se sacrifier en l'accomplis-
sant. Il est exact que les instincts
sexuels, les sentiments paternels et mater-
nels, et même parfois les sentiments
altruistes, ne s'expliquent qu'en tant qu'ils
contribuent à la conservation et au développement de l'espèce, et qu'ils sont souvent une duperie pour l'individu, un
inconvénient, une gène, un danger, dont
il ne s'aperçoit pas, sous l'empire des
illusions de l'instinct, de l'appétit et du
sentiment.
De l'altruisme à la moralité, il n'y a
qu'un pas, et l'auteur n'hésite point à le
franchir. La conscience morale, le sentiment de l'obligation morale sont des
formes, sans doute in niment élevées et
respectables, de représentation et de
tendances qui ne peuvent s'expliquer
biologiquement que comme des modalités
du phénomène général de l'adaptation.
« Aujourd'hui subsiste encore, très souvent, un conflit entre ce que nous désirons pour nous-mêmes et ce que l'intérèt
de notre espèce veut que nous exécutions.
Nous sentons alors, en agissant, que nous
nous contraignons et nous avons le sentiment que nous accomplissons un devoir »
(p. 341). Mais si l'évolution se poursuit
dans le sens où elle est déjà commencée,
un jour viendra où le sentiment de contrainte disparaîtra et où l'exercice de la
vertu sera pour tout homme la plus vive
des jouissances, les actions immorales,
par contre, les pires des tourments.
Ainsi, plus l'évolution se poursuit, plus
l'individu devient le serviteur joyeux de
l'espèce, et la même loi semble régir
aussi bien l'homme que l'animal, les plus
hautes manifestations de la moralité

comme les variétés les plus humbles de
l'instinct.
Nous n'entreprendrons pas de discuter
cette conclusion de philosophie naturaliste. Les dif cultés d'interprétation du
progrès moral au point de vue de l'évolution en général nous paraissent, en réalité, insurmontables. On ne s'en tire qu'en
distinguant, dans l'action morale, le
« conformiste » et le « non-conformiste »
(p. 208). Le premier sert la société,
puisque celle-ci repose sur la tradition,
sans aucun doute : mais le second? Comment Socrate sert-il la société athénienne ?
Parce que, répond-on, sa notion supérieure du devoir correspond à une forme
plus évoluée de société, qui doit succéder à la forme existante. Son acte de
novateur est d'abord un danger, un mal
et un trouble (P. 227). Mais finalement, il
rend service au groupe, et, dès lors, à
l'espèce. Bref, le novateur, en morale,
ne se justifie que comme un rouage
du vaste mécanisme d'adaptation qui
régit la nature entière. Il en faut conclure que le critère définitif de l'acte
moral c'est l'utilité. Mais comme, pour
être juge de cette utilité, il nous faudrait
une expérience et une prescience pour
ainsi dire infinies, lorsqu'il s'agit des
problèmes moraux infiniment complexes
aux prises avec lesquels nous nous trouvons presque chaque jour, c'est à une
conclusion de pur scepticisme moral que
l'on aboutit, semble-t-il.
**La Culture morale aux divers de-
grés de l'Enseignement public**, par
Arthur Bauer. Ouvrage couronné par l'Institut, avec extraits du rapport de M. Gabriel Compayré. 1 vol. in-8 de 261 p. Paris,
Giard et Brière, 1913. — Cet ouvrage répond à une question proposée par l'Académie des Sciences morales et politiques
et a obtenu le prix. C'est une longue dissertation d'un genre mi-philosophique,
mi-littéraire, où la plupart des lieux communs pédagogiques sont entrelacés par
une plume diserte aux plus aimables fleurs
de la rhétorique. Les opinions soutenues,
les préceptes donnés d'un ton d'autorité
ferme et douce, se situent constamment
au juste milieu, et même les innovations
proposées portent le cachet de l'esprit le
plus résolument sage, conciliant et conservateur. Une telle œuvre, incapable de
surexciter les passions qui désunissent,
est fort propre à mériter l'unanime approbation d'un jury : La preuve en est dans
les élogieuses appréciations du rapport
de M. Gabriel Compayré, dont l'auteur
a bien voulu nous communiquer dans
son introduction les passages saillants.
Les qualités de cet ouvrage sont d'ail-

leurs difficilement compatibles avec celles qui auraient pu le rendre utile soit aux éducateurs, soit aux spécialistes au courant du mouvement pédagogique. Les faits et les questions sont aperçus de loin et pliés aux cadres d'une dissertation bien construite; en sorte qu'ayant lu, si l'on ne se trouve pas fort instruit, on n'éprouve du moins aucune impression de fatigue.

Croyances. par URBAIN MENGIN, 2ᵉ édition. 1 vol. in-12, de X-266 p., Paris, Fischbacher (s. d.). — C'est un petit livre de « morale vécue », d'une morale de bonté et d'amour, où sont d'abord agitées des questions métaphysiques intéressant l'inspiration générale de la vie morale, où sont ensuite présentés les grands cadres sociaux des devoirs. A la simplicité, à la pureté, à l'évidente loyauté de cette pensée il est difficile de refuser la sympathie. D'autre part l'auteur nous avertit lui-même qu'il n'a aucune prétention à l'originalité philosophique. Cependant, lors même qu'on ne prétend pas à instruire, encore faut-il, pour inspirer l'action, centrer l'émotion et le vouloir à l'aide de suggestions nettes et fortement synthétiques, soit par des moyens rationnels, soit par des moyens d'art. On ne voit guère de telles suggestions surgir de ces pages, où la sincérité et la qualité du sentiment ne compensent pas le défaut de dérision philosophique et de parti pris social.

A travers l'Œuvre de M. Ch. Maurras, par PEDRO DESCOQS, S. J., 3ᵉ édition entièrement refondue, 1 vol. in-16 de XXIV-474 p., Paris, Beauchesne, 1913. — Du même auteur : **Monophorisme et Action française**, 1 vol. in-16 de XI-168 p., Paris, Beauchesne, 1913. — La polémique soulevée parmi les catholiques français par le livre de M. Descoqs sur Maurras fait, dans le domaine des idées politiques, pendant à celle que M. de Tonquédec a engagée contre M. Blondel sur le terrain de la pure théologie. M. Descoqs soulève, lui aussi, dans le même esprit que M. de Tonquédec, la question théologique, l'opposition entre l'intrinsécisme et l'extrinsécisme : il serait inutile d'y revenir, et nous renverrons le lecteur au numéro de septembre de la *Revue de Métaphysique et de Morale*. Qu'il nous soit cependant permis de remarquer que les adversaires du modernisme, tels que MM. de Tonquédec et Descoqs, se plaisent à montrer que les modernistes du type Laberthonnière et Blondel versent dans l'intrinsécisme ou l'immanentisme absolu. Ils rejettent en même temps, pour leur propre compte, l'accusation d'extrinsécisme ou de « monophorisme » excessif

que leur adressent les modernistes. Ils affirment qu'ils sont seuls à suivre la voie moyenne, qui est la voie royale, la voie catholique par excellence. Opposition curieuse et suggestive! Que la voie moyenne soit, en principe, la voie catholique, il ne peut y avoir doute à ce sujet. Mais les adversaires du modernisme négligent deux faits essentiels. C'est tout d'abord que le modernisme, rattaché à ses antécédents historiques, est loin d'être un immanentisme absolu et a, de tout temps, cherché, au cours du XIXᵉ siècle, la voie moyenne. C'est ensuite que, par la vigueur et l'éloquence avec lesquelles il défend, en ses affirmations légitimes, le point de vue de l'immanence, il est le correctif indispensable de l'ancienne théologie française, trop intellectualiste et extrinséciste. Ainsi sont donnés, en France, les éléments d'une refonte intégrale de la pensée catholique. Mais les partis en présence ne peuvent s'entendre. *Membra disjecta poetæ!*

Il nous faut revenir à la question politique. M. Descoqs avait publié un livre sur M. Maurras. Il étudiait ses idées essentielles, sa passion dominante de l'ordre, sa lutte contre l'individualisme démocratique. Il négligeait sans doute, à notre sens, de montrer que nombre d'idées germaniques, sous les noms fallacieux d'organisme vivant et de vie corporative, se sont subrepticement glissées en l'œuvre de ce pur nationaliste français, disciple de Taine et, par là même, tributaire de la pensée allemande. M. Descoqs montrait ensuite l'analogie qui existe entre les principes de M. Maurras et ceux du catholicisme, du catholicisme social en particulier. Il insinuait qu'un accord pouvait se produire entre catholiques et incroyants de l'Action Française sur les « résultats » à obtenir. A l'appui de sa thèse, M. Descoqs invoquait le dogme catholique lui-même, cette affirmation que la raison d'un Maurras peut, sans le secours de la révélation, atteindre les vérités « naturelles »! (p. 192). M. Maurras veut le triomphe de l'Église dans la société. Or ce triomphe n'équivaut-il pas à celui du Christ dans les âmes? L'apologétique catholique ne peut-elle pas utiliser l'apport des théories de l'Action française? (p. 278). Pour atténuer la thèse, M. Descoqs terminait toutefois par une critique des théories de M. Maurras. Mais il concluait encore en montrant que M. Maurras, malgré les éléments de « décomposition » contenus dans ses théories, répand nombre d'idées salutaires, que c'était beaucoup, à l'heure actuelle, d'avoir une doctrine politique cohérente, que l'ordre

« naturel » préconisé par M. Maurras est le vrai, que la société civile est bien une « hiérarchie » où l' « autorité » joue son rôle.

On connaît la réponse de MM. Laberthonnière et Blondel (voir Abbé Laberthonnière, *Positivisme et Catholicisme*, 1911- et Testis, *Annales de Philosophie chrétienne*, mars 1910). C'est à ces adversaires que M Descoqs répond dans son opuscule *Monophorisme et Action française*. Sa réponse à Testis contient des objections d'ordre théologique sur lesquels, encore une fois, nous n'avons pas à revenir. Mais M. Descoqs précise, à cette occasion, le sens qu'il a entendu donner à l'entente entre catholiques et incrédules de l'Action française. Il s'agit non d'une « alliance », mais de « rencontres » entre gens qui apportent, de côtés différents, des « madriers » pour la reconstruction de l'Église, rencontres qui n'excluent pas de graves conflits, mais qui n'impliquent pas la « défaillance totale » dont parle Testis. M. Descoqs insinue que M. Blondel-Testis fait avec l'incrédule Jules Payot une alliance qui n'est pas sans analogie avec celle des catholiques sociaux et de l'Action française. Ici la polémique devient personnelle et ces querelles assez vaines n'intéressent plus le fond du débat. — La réponse à l'abbé Laberthonnière concerne la question des rapports entre l'Église et l'Etat. Elle nous montre avec précision les dissentiments qui séparent le modernisme et ses adversaires dans l'ordre des idées politiques. La thèse de M. Laberthonnière est que l'Eglise est une réalité d'ordre spirituel et intérieur, bien que visible, qu'elle n'a pas à compter sur l'appui de la société, qu'elle ne sera jamais triomphante dans le monde, que l'Etat n'a pas à lui donner le secours de sa force. Contre cette thèse qui est la vraie, M. Descoqs rappelle les idées de l'Eglise sur le recours à la force, le droit du glaive, l'union intime de l'État et de l'Eglise, la nécessité pour l'Église reconnue comme religion d'État. Si l'Église renonce à la contrainte extérieure, c'est en « pratique » seulement. Le libéralisme de M. Laberthonnière, l'Église libre dans l'Etat libre, est inacceptable aux yeux de M. Descoqs. La portée du débat est évidente. Les partis en présence ont tous deux recours à la même tradition. Elle est assez riche pour leur fournir des arguments opposés. Mais comment ne pas voir qu'à l'heure actuelle la thèse de MM. Blondel et Laberthonnière est la seule admissible, la seule capable de régénérer le catholicisme français?

Introduction à la Physique aristo- télicienne, par AUGUSTE MANSION. (*Aristote, traductions et études :* collection publiée par l'Institut supérieur de philosophie de l'Université de Louvain.) 1 vol. in-8 de IX-209 p., Louvain et Paris, Alcan, 1913. — L'Université de Louvain continue exécuter son plan d'une édition commentée d'Aristote. Après la traduction du premier livre de la *Métaphysique*, publiée par G. Colle, voici une introduction générale à la *Physique* d'Aristote. Cette introduction consiste essentiellement en une analyse détaillée des deux premiers livres de la *Physique* (p. 13). C'est en effet dans ces deux livres qu'Aristote expose le plus clairement sa conception de la Nature et de la science qui s'y rapporte. Cette analyse est exacte et consciencieuse, et l'auteur est informé des différents travaux relatifs à la physique d'Aristote. Il fait un usage judicieux des commentaires scolastiques. D'après M. Mansion, la philosophie d'Aristote est une philosophie du concept dans laquelle cela seul est intelligible qui est nécessaire. Or le monde physique est celui du changement, c'est-à-dire de la contingence. Par suite une part considérable du réel échappe aux prises de l'intelligence. L'originalité d'Aristote réside dans l'effort qu'il fait pour limiter autant que possible la part de l'inconnaissable. Les natures physiques ou formes des substances matérielles ont une fixité suffisante pour « servir de support au système idéal que doit être la conception philosophique du monde » (p. 199). Tantôt Aristote envisage le changement qui se produit entre deux ou plusieurs points de repère fixes et, de la sorte, il établit sa théorie du mouvement; tantôt il considère le système total des formes, la Nature, et il en décrit la coordination harmonieuse. Il est clair du reste que dans le deuxième cas la connaissance que nous prenons du changement est simplement analogique (p. 201). Le caractère qualitatif de la physique d'Aristote s'explique par l'ambiguïté du terme de qualité qui peut désigner soit le principe de la détermination la plus complète (la différence spécifique) soit au contraire les accidents, principes de la contingence.

Livre parfois obscur, où abondent, à côté de passages excellents, des formules bizarres ou même incorrectes.

Descartes, par DENYS COCHIN, membre de l'Académie française. 1 vol. in-8, de 279 p. Paris, Alcan, 1913. — Le titre même de l'ouvrage et l'esprit de la collection (*Les Grands Philosophes*) dont il fait partie autoriseraient le lecteur à espérer une étude d'ensemble sur la pensée du philosophe. Et cependant, le livre de M. Denys Cochin, envisagé sous ce point de vue, n'apporte à l'historien contemporain que des déceptions. Les exposés de la doctrine cartésienne qui peuvent s'y rencontrer sont super ciels et vagues; on n'y trouve rien de plus que ce qu'une simple lecture de Descartes révélerait à un lecteur moyennement attentif. Et nous nous exprimons avec modération. En exposant un système où l'ordre des idées joue un rôle prépondérant — à tel point qu'il est difficile de déplacer un seul argument des *Méditations métaphysiques* sans commettre un faux sens — l'auteur intervertit comme à plaisir l'ordre des arguments et des démonstrations. L'exposé du *Cogito* se trouve immédiatement suivi par la thèse de l'immortalité de l'âme et par une analyse de la liberté humaine; la preuve ontologique vient ensuite, et, enfin, la preuve par l'application du principe de causalité à la réalité objective de notre idée de Dieu. Cela reviendrait à placer la quatrième méditation immédiatement après la seconde, en y amalgamant certaines conclusions de la sixième; à exposer ensuite la cinquième méditation pour terminer par la troisième. C'est mettre un tas de pièces anatomiques à la place d'un organisme vivant.

Aussi bien, le dessein avoué de l'auteur n'est-il pas de nous donner un exposé du système cartésien, mais bien plutôt de démontrer cette thèse dogmatique, « que tout le relativisme de Kant a été connu de Descartes, et qu'il s'est dégagé de cette prison intellectuelle par l'effort bien dirigé de l'intelligence elle-même, sans appeler à l'aide la Vie, ou la Nature, ou la Volonté » (p. 8). En disant que tout le relativisme de Kant a été connu de Descartes, M. Denys Cochin pense au doute méthodique et à l'argumentation qui couronne l'affirmation du Moi, substance pensante. Comment ne pas apercevoir ce qu'une telle assimilation a d'artificiel? Il faudrait, pour l'admettre, confondre scepticisme et relativisme. Ce qui est vrai, c'est que Descartes et Kant ont connu et dépassé le scepticisme, mais alors que Descartes en sort par le dogmatisme, Kant en sort par le relativisme. La première et la deuxième *Méditations métaphysiques* ne contiennent pas la *Critique de la raison pure*; elles contiennent seulement quelques-unes des dif cultés que prétendra résoudre le relativisme kantien. En réalité Descartes n'a rien connu du criticisme de Kant. Alors que la critique kantienne porte sur nos facultés de connaître, celle de Descartes porte uniquement sur la méthode qu'il convien-

dra de suivre pour en bien user. Non seulement cela est vrai, mais encore c'est une des pièces fondamentales du système; Descartes lui-même nous avertit à maintes reprises que le doute méthodique s'étend à tout, sauf à notre entendement. Si Descartes avait réellement posé le problème critique, il ne serait rendu impossible l'af rmation du *Cogito*, et c'est le Dr Bourdin qui aurait en raison. Il faut laisser à Kant ce qui appartient à Kant. On peut dire que Descartes a traversé l'idéalisme sans le savoir; on peut encore dire, sauf un certain nombre de réserves, qu'il a consciemment traversé le scepticisme, mais aucun texte ne permet de supposer qu'il ait connu et dépassé le relativisme kantien.

Est-ce à dire qu'il n'y ait aucun profit à retirer du livre de M. Denys Cochin? Telle n'est pas notre pensée. L'auteur aime Descartes; il pense que sa métaphysique intellectualiste résout avec profondeur les problèmes que résolvent moins heureusement nos philosophes contemporains. Sa doctrine du vrai et du bien l'emporte sur le pragmatisme de James ou le sociologisme de M. Durkheim; sa physique rigoureusement mécaniste l'emporte sur le contingentisme de M. Boutroux et l'évolution créatrice de M. Bergson. Ces thèses sont exposées et défendues en quelques chapitres, à la fois sobres et vivants, qui constituent sans aucun doute la meilleure partie du livre (chapitres vi et ix-xiii). On y trouvera des formules heureuses, des comparaisons spirituelles, de bonnes descriptions de tableaux et des allusions discrètes à l'affaire des fiches, comme aussi à l'Affaire, tout court, et encore à M. Clemenceau et à Mgr Montagnini : on peut lire ce livre aimable. Il introduira le lecteur dans la conversation d'un *honnête homme* et d'un esprit parfaitement cultivé; mais il ne fera pas oublier cet autre *Descartes*, si plein d'idées et d'interprétations profondes, écrit en une langue ferme, forte et véritablement cartésienne : celui de notre maître Hamelin, qui ne fut pas membre de l'Académie française.

La Question du « Contrat social ». *Nouvelle contribution sur les rapports de J.-J. Rousseau avec les encyclopédistes,* par ALBERT SCHINZ. 1 vol. in-8 de 49 p., Paris, A. Colin (s. d.). — La philosophie politique de Rousseau a donné lieu à des interprétations fort diverses. Tandis que certains critiques, M. Lanson, M. Nourrisson et M. Dreyfus-Brisac notamment, affirment l'unité de l'œuvre, d'autres au contraire parmi lesquels J. Morley, Beaudouin, Champion, croient à une dualité irréductible. La position de M. Schinz est assez nouvelle néanmoins : il pense qu'une évolution s'est produite dans la pensée de Rousseau, mais que, loin de s'exprimer par une succession d'idées hétérogènes, elle aboutit, dans l'édition définitive du *Contrat*, à l'opposition de deux tendances contradictoires. Cette conclusion critique repose d'ailleurs sur la comparaison du manuscrit de Genève et du texte imprimé. Et tout d'abord se pose la question de la date du manuscrit. Dreyfus-Brisac avait en définitive refusé de se prononcer. M. Bertrand le plaçait vers 1754, entre le Second Discours et l'article Économie politique. M. Schinz, au contraire, le situe entre le Premier et le Second Discours. Il est postérieur au premier, parce qu'il développe l'idée, indiquée seulement dans celui-ci, que la civilisation nuit à l'homme. Il est antérieur au second, parce que l'idée de la bonté naturelle n'y est point encore nettement dégagée. Enfin, dans le manuscrit de Genève, Rousseau se montre le disciple, — ou le collaborateur fidèle des Encyclopédistes. C'est en dehors de toute notion religieuse ou morale qu'il s'efforce d'établir le *Contrat social*, et d'expliquer comment la volonté générale peut contraindre les volontés particulières. M. Schinz n'hésite même pas à voir dans Rousseau un continuateur de Hobbes.

Mais plus tard — et somme toute assez rapidement — Rousseau en quelque sorte se retrouve; et c'est alors que, reprenant ses Institutions Politiques pour en tirer le *Contrat social*, il supprime le chapitre sur la société générale du genre humain et ajoute le chapitre sur la Religion civile. L'organisation sociale repose dès lors sur une double base : le Contrat d'une part, la Volonté divine d'autre part. Est-il possible de concilier les deux thèses? Rousseau paraît avoir entrevu la difficulté. Néanmoins, loin d'avoir cherché à la résoudre, il a plutôt tenté de la dissimuler. Il reste néanmoins que le chapitre ajouté constitue, après la Lettre à Voltaire et la Lettre sur les Spectacles, une nouvelle déclaration spiritualiste et une nouvelle manifestation de la divergence d'idées qui existe désormais entre le philosophe genevois et ses anciens amis.

Nous ne saurions entrer dans l'examen approfondi de la thèse de M. Schinz. Nous avouons pourtant que certains arguments nous ont paru plus ingénieux que solides. L'auteur, par exemple, constatant dans le *Contrat* le maintien de textes contraires à la théorie qu'il attribue à Rousseau, l'explique par un oubli involontaire de celui-ci. De même il est singu-

lièrement embarrassé par tel passage du manuscrit où Rousseau ayant écrit : « Si, comme je le crois, les notions du Grand-Être et de la loi naturelle étaient innées », efface ensuite les mots « comme je le crois ». Dans le même passage enfin, où Rousseau conclut de ce qui précède, que « ce fut un soin bien superflu d'enseigner expressément l'un et l'autre », est-il bien sûr qu'il rejette par là toute espèce d'idée religieuse ou morale, et non pas seulement l'idée d'une révélation religieuse ou morale? Nombre d'autres points appelleraient des objections ou des réserves analogues. L'interprétation de M. Schinz n'en est pas moins fort intéressante et, somme toute, étayée de nombreuses et fortes raisons. Quiconque voudra étudier cet aspect de la philosophie de Rousseau ne pourra se permettre de la négliger.

Schelling, par ÉMILE BRÉHIER. 1 vol. in-8 de 314 p., Paris, Alcan, 1912. — M. Bréhier a fort bien conçu son ouvrage. Il s'est proposé de suivre, en se réglant sur l'ordre chronologique des œuvres, le mouvement interne de la pensée de Schelling, de le rattacher aux circonstances extérieures sans l'en faire dépendre. Il a rempli avec une parfaite sûreté de connaissances, avec une intelligence remarquable du sens des textes, ce très difficile programme. Il a su ne pas s'asservir à une fidélité littérale, qui aurait certainement déconcerté plus d'une fois le lecteur non initié. Il a accompagné son exposé d'un commentaire perpétuel. Parfois cependant ce commentaire étrique quelque peu la pensée de Schelling et l'empêche de se déployer dans sa liberté et sa magnificence : on ne se douterait pas toujours, à lire M. Bréhier, de l'incomparable virtuosité, de la splendide éloquence qui donnent tant d'éclat à ces spéculations abstraites et qui contribuent à en faire accepter l'audace. Mais ce sont là des qualités dont seule une lecture directe peut donner l'exacte impression. L'important, après tout, c'est de pénétrer jusqu'à la signification des idées de Schelling et, s'il est possible, jusqu'à la détermination des causes qui les ont fait se renouveler sans cesse. Or pour cette tâche d'assimilation et d'explication le livre de M. Bréhier apporte de très précieux secours. Il aurait pu être plus utile encore, si M. Bréhier avait usé d'une langue un peu plus souple et un peu moins chargée. Le sens presque toujours très ferme des interprétations qu'il propose ne se projette pas assez en formules expressives et lumineuses. Mais la familiarité avec la pensée qu'il restitue est en elle-même très intime et parfaitement digne d'obtenir du lecteur tout crédit. En particulier les chapitres consacrés à la doctrine de l'art et à la position des problèmes religieux mettent en lumière, avec beaucoup de vigueur et d'esprit critique, certains aspects importants de la philosophie de Schelling. Sur la façon dont cette philosophie s'est développée, M. Bréhier a dit l'essentiel et l'a dit presque toujours, semble-t-il, avec justesse. Peut-être cependant incline-t-il trop à diminuer l'influence de Fichte sur les premiers écrits de Schelling. Peut-être n'est-il pas tout à fait d'accord avec lui-même quand, après avoir rejeté vivement l'opinion qui voit dans la *Darstellung meines Systems der Philosophie* le commencement d'une période nouvelle, il insiste tant lui-même sur ce qu'a introduit d'original, par rapport même à la philosophie antérieure de la nature, la philosophie de l'identité. Quant à la caractéristique de la pensée de Schelling, elle aurait peut-être gagné à être dégagée davantage de certains rapprochements avec des théories contemporaines; mais elle reste intéressante, et elle marque fort bien par quels caractères le rationalisme *momentané* de Schelling se distingue du rationalisme de Hegel comme son volontarisme *momentané* du volontarisme de Schopenhauer. En somme le livre de M. Bréhier enrichit heureusement la collection, si pauvre encore il y a peu d'années, des ouvrages sérieux et précis qui peuvent initier le public français à la connaissance de la philosophie allemande post-kantienne.

A. Cournot. Souvenirs (1760-1860), précédés d'une introduction par E. P. Bottinelli. 1 vol. in-8 de xxxviii-265 p., Paris, Hachette, 1913. — Il est heureux que les descendants de Cournot aient consenti à cette publication, qui, si elle n'éclaire pas d'un jour nouveau l'œuvre du philosophe, nous renseigne du moins sur les événements et les milieux qui ont entouré la formation de ses idées. La période sur laquelle s'étendent ces *Souvenirs* a été décisive dans l'histoire. Les bouleversements auxquels a assisté Cournot ont été jugés par lui d'une âme sereine et d'un esprit averti. Ses appréciations prudentes et mesurées n'étonneront point. On admirera, de la part de l'idéologue, un sentiment net et juste des besoins de la société moderne, que révèlent, sans prétentions ni longueurs, des phrases comme celle-ci, qui termine le volume : « Tant que l'on ne pourra pas se passer de force politique, il faudra bien la prendre où elle se trouve, selon l'état des esprits et l'organisation de la société. Il faudra renoncer à la trouver dans des

arrangements théoriques, dans de pures combinaisons d'idées. » Les méditations auxquelles Cournot employait ses loisirs, sur les plus hauts sujets de la philosophie générale, ne voilaient donc pas à ses yeux la réalité au milieu de laquelle il vivait, et ce sens du réel donne peut-être plus de valeur à sa pensée théorique. En somme, livre attachant, aussi bien pour le philosophe que pour l'historien.

A. Cournot, Métaphysicien de la Connaissance, par E. P. Bottinelli. 1 vol. in-8 de xi-286 p., Paris, Hachette, 1913. — La doctrine de Cournot, selon M. Bottinelli, se situe à égale distance du dogmatisme et du scepticisme, et se ramène à un probabilisme original et nouveau. « Sa pensée s'oppose à l'intellectualisme scientique; et graduellement, à mesure que ses analyses deviennent plus profondes, il s'achemine vers un vitalisme central qui, du point de vue de la connaissance, justifie son probabilisme rationnel et commande toutes ses positions. »

Ce n'est pas la première fois, croyons-nous, qu'on met ainsi l'accent sur le probabilisme chez Cournot et sur les préférences qu'il avouait pour le vitalisme. On se tromperait peut-être si l'on y voyait une opposition aussi tranchée à l'intellectualisme scientique. L'expression « intellectualisme » n'est-elle pas ici susceptible de prêter à équivoque? Au point de vue de la connaissance, l'intellectualisme s'oppose surtout à l'intuitionnisme. Au point de vue de l'être, l'intellectualisme s'oppose au volontarisme. L'intellectualisme, chez Cournot, est implicite, et il empêche son probabilisme de dévier vers le scepticisme; il inspire sa critique des notions du sens commun et des idées scientiques, et si cette critique demeure aujourd'hui encore digne de retenir l'attention, précieuse pour l'histoire de l'épistémologie, elle le doit certainement à la méthode, rigoureusement intellectualiste, dont elle s'inspire et qui la guide constamment.

Mais M. Bottinelli a raison de souligner la valeur et la nouveauté, pour son époque, de la pensée de Cournot. « Son mérite fut de rompre avec une métaphysique close pour proposer une métaphysique ouverte, conçue à la façon d'un art supérieur et rationnel. » Il y aurait peut-être des réserves à exprimer sur l'assimilation, chez Cournot, de la métaphysique à l'art; mais il est incontestable que la métaphysique étroite et l'enseignement officiel ne pouvaient lui suffire et qu'il a puissamment contribué, par ses analyses vigoureuses et pénétrantes, à en denoncer la fragilité.

Essays, par RAOUL RICHTER. 1 vol. in-16, de 416 p., Leipzig, Félix Meiner, 1912. — Raoul Richter a été, au cours d'une carrière trop brève, l'un des plus sincères, des plus suggestifs et des plus pénétrants penseurs de l'Allemagne. Son premier article date de 1892, sa dernière conférence de 1911 : mais il est au moins deux de ses ouvrages, son livre sur Nietzsche et sa grande étude sur le scepticisme, qui sont et resteront classiques. Les essais réunis aujourd'hui par les soins de Mme Lina Richter sont des articles et des conférences qui marquent en quelque sorte les étapes de la vie littéraire de Richter : en dehors des œuvres de longue haleine qu'il construisait avec patience. Richter aimait à exprimer sous une forme plus libre. et populaire dans le meilleur sens du mot, des pensées également mûries et des sentiments également profonds. Il est tel de ces essais qui vaut un livre, et parfois mieux que beaucoup de livres, et dont il faut se garder de mesurer au petit nombre des pages la réelle et durable valeur.

Dans le premier, intitulé *La Solution du problème de Faust*, il s'attache à définir l'unité profonde du poème de Gœthe, sans méconnaître que ce poème traite un double problème, problème céleste et problème terrestre, problème que Faust pose à Dieu et problème que la vie pose à Faust. L'unité consiste en ce que la solution d'un des problèmes dépend de celle de l'autre, le problème terrestre n'étant que le reflet du problème céleste, le degré de la pureté morale dépendant de la réponse faite à la question de la valeur de la vie. La réponse de Faust est à la fois optimiste et pessimiste; le travail intellectuel ne conduit pas à lui seul à la vérité, au bonheur: l'amour individuel n'y conduit pas non plus, ni l'énivrement du plaisir sensuel: l'idéal suprême est l'idéal de l'action, et l'action la plus haute, comme le vrai bonheur, est pour l'homme de discipliner les forces de la nature. Solution optimiste ou pessimiste, selon que l'ambition humaine se borne à ce que la force humaine ne peut atteindre, ou se tend vers l'impossible, l'in ni, le surhumain. — La deuxième étude est consacrée à *la Philosophie morale de Pascal*, la troisième à *la Méthode de Spinosa*. — Les cinq suivantes portent sur la personnalité, la vie et la pensée de *Frédéric Nietzsche*. Richter aperçoit le caractère fondamental de l'œuvre de Nietzsche dans

cette sorte d'instinct apostolique qui fit de lui le prédicateur de ses doctrines et le martyr de ses idées : il a donné son existence à la culture comme d'autres l'ont vouée à la religion, il a voulu avant tout éduquer l'humanité, l'éveiller à une vie plus libre et plus audacieuse. Si le philosophe est, selon le mot de Kant, un professeur d'idéal, Nietzsche est un philosophe au sens le plus élevé du mot. L'idéal de Spinosa est le sage, celui de Schopenhauer le saint : l'idéal de Nietzsche, c'est le héros. Il a exercé sur la culture contemporaine la plus décisive action : l'œuvre de Klinger, de Dehmel, de Richard Strauss, est pleine de son influence; il a rendu possible une religion plus pure, plus dégagée des contingences et de l'extériorité des dogmes, des églises et des rites, il a montré la possibilité d'une religion sans culte, sans christianisme, sans au delà, sans Dieu, d'une religion qui affirmerait la vie terrestre au lieu de la nier. Il a été le moraliste de la personnalité, du courage, de la fermeté, de la force, de la joie, du rire, de l'orgueil, de l'inégalité, de la vie. Il a été le philosophe de son temps, le philosophe de l'anthropologie biologique; il a introduit en philosophie les valeurs biologiques et dans la biologie la réflexion philosophique: il a vu dans la vie la valeur suprême. Nous ne pouvons ici résumer en détail ces éloquentes et pénétrantes études sur Nietzsche, mais nous devons les signaler comme d'utiles et importants compléments au livre où l'auteur a décrit et caractérisé l'évolution de la pensée nietzschéenne.

Dans l'essai *Philosophie et Religion* Richter s'efforce de concilier ces deux puissances ennemies en leur assignant à chacune un domaine propre. La philosophie est un effort pour connaître l'unité systématique de l'être. La religion est la position que prennent notre sentiment et notre volonté par rapport à l'ordre de l'univers. L'objet de la religion et de la philosophie est le même : c'est cet ordre systématique des choses. Mais la position de l'homme par rapport à cet objet est bien différente dans la philosophie et la religion, différente comme le vouloir et le connaître. La philosophie est relativement indépendante de la religion, et la religion est relativement dépendante de la philosophie : dans ses résultats et dans ses moyens. Peu importe à la philosophie d'être en accord ou en désaccord avec la religion. L'image du monde que dessine la philosophie, qu'elle considère comme la plus vraie ou la plus vraisemblable, peut paraître ou non désirable, être voulue ou rejetée avec horreur par la religion, subir de la part de cette dernière, telle évaluation qu'on voudra : elle n'en est ni plus vraie ni plus fausse. La religion au contraire dépend dans ses postulats des résultats de la philosophie ; elle ne peut se désintéresser de la réalité, de la vérité ; elle peut accepter ou condamner le réel, mais elle a besoin de savoir ce qui est réel. « La religion aime et hait, se réjouit et se repent, persuade et prêche ; la philosophie observe et recherche, convainc et enseigne. » Pourtant, sous un autre point de vue, la relation se renverse et l'on peut dire également bien que la philosophie est relativement dépendante de la religion et la religion relativement indépendante de la philosophie. En effet, si la philosophie ne pose pas de valeurs par elle-même, elle ne saurait se désintéresser des valeurs que posent en fait les hommes et qui constituent une partie intégrante de l'univers considéré dans son ensemble. Or ces évaluations ne s'expriment nulle part plus profondément que dans les religions. La philosophie dépend donc de la religion dans la mesure où elle emprunte à cette dernière une matière de connaissance, et la religion est indépendante de la philosophie en ce qu'elle est un acte libre de la volonté individuelle.

Ainsi la philosophie est la réaction intellectuelle, la religion la réaction émotionnelle de l'homme en face du système des choses. Mais dans la réalité il n'y a pas de sujets seulement connaissants et de sujets qui veulent seulement ; tout sujet est à la fois connaissant et voulant : d'où la possibilité d'un conflit de la religion et de la philosophie dans la vie interne de l'homme. D'autre part, si la religion et la philosophie considérées en elles-mêmes ne sont point ennemies, la philosophie a dû bien des fois lutter contre les formes historiques concrètes de la religion : bien des religions ont prétendu imposer comme révélées des images du monde émanées du sentiment trompeur et de la volonté décevante, oubliant que, si la philosophie laisse en dehors d'elle la création des valeurs, la religion ne saurait en revanche prétendre à la connaissance de la vérité ; et que la fin véritable est de purifier la religion de toute philosophie et la philosophie de toute religion pour édifier en dernière analyse la religion sur la philosophie.

Richter aborde un problème non moins délicat de délimitation des concepts en étudiant *l'art et la philosophie chez Richard*

Wagner. Dans un autre essai il caractérise la personnalité et résume l'œuvre de *Ludwig Woltmann*, le fondateur de l'anthropologie politique. Puis il apporte une contribution intéressante à l'histoire de la pensée kantienne et à la psychologie de Kant et de Schiller en recherchant *ce que Kant et Schiller ont pensé l'un de l'autre*. Il analyse le poème de Dehmel *Zwei Menschen* considéré comme l'épopée du panthéisme moderne. Il définit enfin avec une élévation de pensée et une largeur de vues tout à fait exceptionnelles *les fins du vouloir et du savoir chez la jeunesse universitaire*.

L'homme qui a écrit ses essais n'était point seulement un penseur profond, un savant historien, et un excellent écrivain : l'on ne peut douter qu'il n'ait été un rare éducateur.

Die Situation auf dem psychologischen Arbeitsfelde, par le Prof. Dr REINHOLD GEIJER (*Bibliothek für Philosophie*, publiée par Ludwig Stein, t. IV). 1 broch. in-8°, de 90 p., Berlin, Leonhard Simion. 1912. — Le distingué psychologue suédois s'est proposé de définir la « situation régnante dans le champ de l'investigation psychologique ». L'on ne s'étonnera pas que le bilan qu'il dresse enregistre moins de résultats acquis que de problèmes à résoudre, et que l'auteur nous apporte principalement l'énumération et la classification des controverses qui partagent les psychologues. Ces controverses se rapportent, les unes à l'*objet*, les autres à la *fonction*, les dernières enfin à la *méthode* de la psychologie. En ce qui concerne l'objet de la psychologie, elles portent sur sa définition même (science de l'âme ou substantialisme psychologique *versus* psychologie sans âme ou collectivisme), sur le rapport entre l'âme et le corps (matérialisme, dualisme, « duplicisme », monisme immatérialiste, positivisme), la morphologie de la vie psychologique (intellectualisme contre volontarisme, déterminisme contre indéterminisme). En ce qui concerne la fonction de la science psychologique, celle-ci doit-elle être une science empirique, où il n'y aurait place que pour la description et la classification, ou une science s'efforçant d'atteindre à une explication soit ontogénétique soit phylogénétique, soit mécanique soit téléologique : la psychologie peut-elle être au contraire une science spéculative ? La psychologie doit-elle attendre son progrès des recherches portant sur l'individu normal et sain, ou doit-elle s'attacher principalement à l'étude de l'individu malade (psychopathologie) ou bien doit-elle, pour des raisons de méthode, porter toute son attention sur les phénomènes psychiques que présentent les collectivités (psychologie des foules, *Völkerpsychologie*)? Enfin, en ce qui concerne la méthode, celle-ci doit-elle être directe et introspective, ou doit-on donner la préférence aux procédés d'investigation indirecte (expérimentation psychophysique, enquêtes, etc.)?

Ce questionnaire peut être considéré comme la table des matières de l'étude de M. Geijer : son livre en donne une illustration intéressante et instructive et pourra servir de guide dans la vaste littérature psychologique. Bien que M. Geijer nous annonce à la dernière page qu'il a pour sa part choisi son parti et qu'il se propose dans un prochain ouvrage d'exposer et d'interpréter le témoignage de l'expérience interne pour l'existence de l'âme, son spiritualisme n'est point venu troubler la sérénité de ses classifications. Il ne serait certes pas impossible de discuter et parfois de critiquer son travail : pour éviter de se perdre dans la multiplicité des nuances évanescentes, des compromis et des tentatives de médiation, M. Geijer s'est en effet tenu en principe à un petit nombre d'exemplaires typiques de chacune des tendances qui divisent les psychologies : or la constitution des types présente dans l'histoire de la philosophie la même difficulté qu'en sociologie et dans les sciences de la nature. Opposant, par exemple, le substantialisme psychologique aux doctrines qui croient possible et désirable une « psychologie sans âme », M. Geijer, se rend compte lui-même de l'ambiguïté de cette notion de « substance » dont il veut faire le critère de sa classification, et il prend soin d'avertir que, par substance, il ne faut pas entendre l'*ens metaphysicum* de Descartes ou de Herbart, mais « bien plutôt » la monade leibnizienne ou la substance au sens de Lotze (P. 7). Il était naturel que les imprécisions de la terminologie philosophique constituassent pour un travail comme celui-ci une difficulté notable; mais des obstacles de cette nature, auxquels M. Geijer a eu raison de ne point s'arrêter, s'ils rendent plus délicat le travail de classification des doctrines et plus considérable l'effort pour les caractériser exactement, n'empêchent pas de tracer une sorte de carte d'ensemble d'une région scientifique. Ce relevé général, qui demande à être fait périodiquement, peut et doit être rectifié sur certains points par des études plus poussées; mais son utilité est incontestable,

et il est infiniment plus aisé de le compléter que de s'en passer.

Der Gottesgedanke in der Geschichte der Philosophie, par HERMANN SCHWARZ, Erster Teil, von HERAKLIT bis JAKOB BÖHME. 1 vol. petit in-8 de VIII-612 p. (Collection Synthesis; Sammlung historischer Monographien philosophischer Begriffe), Heidelberg, Carl Winter, 1913. — L'auteur part de l'opposition entre la conception juive d'un Dieu personnel en relations directes avec l'homme et la conception grecque d'un Dieu organisateur de la nature et étranger en fait à l'humanité. Il suit d'abord en Grèce les différents essais pour déterminer un rapport entre l'humanité et Dieu (Pythagore, Héraclite, Xénophane, Parménide, Platon, Aristote, les Stoïciens, Philon, Plotin). Puis il examine les notions théologiques impliquées dans le christianisme primitif, les doctrines d'Origène, de saint Augustin, Duns Scot, Eckhardt, Tauler, Luther, Nicolas de Cosa, Giordano Bruno, Jacob Böhme. Les analyses fort inégales qu'il consacre à ces différentes doctrines sont, pour l'ordinaire, composées d'après des ouvrages de seconde main. Elles manquent de lien entre elles et les indications historiques sont partout très insuffisantes. Il faut aussi regretter que M. Schwarz utilise un vocabulaire tout à fait étranger aux philosophes dont il expose les théories. Enfin on signalerait sans peine de nombreuses lacunes, particulièrement en ce qui touche les sources juives de la notion moderne de la divinité.

Der Phaidros in der Entwicklung der Ethik und der Reformgedanken Platons, par VICTOR POTEMPA. 1 vol. in-8 de VII-68 p., Breslau, 1913. — Ce travail est divisé en quatre parties. Un premier chapitre très court s'efforce d'établir que l'interprétation du Platonisme en général doit être entreprise du point de vue moral. Platon a été avant tout préoccupé du problème moral (p. 6). Cela est vrai particulièrement du *Phèdre*, qui est probablement un ouvrage de la vieillesse de Platon. Le second chapitre contient une brève histoire du développement et des théories morales de Platon (Hippias II, Lachès, République 429-430, Ménon, Charmide, Hippias I, Euthyphron, Apologie, Criton, Gorgias, Ménon, Euthydème, Cratyle, Menexène, Lysis, Banquet, Phédon, République 518-539). Vient ensuite une analyse du Phèdre (p. 29-50). Le dernier chapitre donne les conclusions. Dans son ensemble le dialogue est relatif à la rhétorique. Le problème de la nature de l'amour y est traité à titre d'exemple de la mauvaise et de la bonne rhétorique. Une étude sérieuse de l'amour implique une analyse psychologique, impossible elle-même sans une connaissance des principes de la métaphysique. M. Pote ne estime que les mythes du Phèdre contiennent des éléments philosophiques importants à côté de simples images. Notamment il est clair d'après le grand mythe (p. 237 D et suiv.) que le lieu « supracéleste » et le « champ de la vérité » ne sont pas moins mythiques que le char de l'âme et ses deux coursiers. Ce qui exclut, selon M. Potempa, l'interprétation réaliste du Platonisme et nous empêche de croire à l'existence distincte des blés (p. 57, note 5). L'Idée est l'idéal moral vers lequel les hommes doivent tendre, la divinité qu'ils imitent sans l'approcher jamais (p. 58). L'objet essentiel du Phèdre est de développer une morale analogue à la morale chrétienne. Comme le christianisme, Platon admet la présence en l'homme de deux instincts opposés qui luttent et dont l'un doit être subordonné à l'autre.

Ce travail honnête n'apprendra que peu de chose à ceux qui le liront. Il aborde un grand nombre de questions difficiles, sans donner sur aucune d'elles autre chose que de vagues indications. La thèse qu'il soutient n'est pas nouvelle. Et il n'ajoute rien à ce qu'avait dit par exemple F. A. Cavenagh.

Meister Eckharts Reden der Unterscheidung, herausgegeben von ERNST DIEDERICHS. 1 vol., in-16, de 45 p., Bonn, A. Marcus und E. Weber, 1913. — Ce petit volume ainsi que les trois suivants fait partie d'une série intitulée *Kleine Texte für Vorlesungen und Uebungen*, éditée par H. Lietzmann. Une brève introduction précise le caractère du traité de Maître Eckhart et détermine les sources dont l'éditeur s'est servi pour établir son texte. La publication est faite avec beaucoup de soin ; les variantes sont indiquées, ainsi que les références aux textes de l'Écriture ou des Pères qui se trouvent cités dans le traité. Peut-être n'eût-il pas été impossible d'être plus complet sur ce dernier point, mais, telle quelle, cette publication facilitera beaucoup l'explication d'un texte célèbre qu'il était difficile de mettre entre les mains des étudiants.

Texte zu dem Streite zwischen Glauben und Wissen im Islam, par M. HORTEN. 1 vol. in-16, de 43 p., Bonn, Marcus und E. Weber, 1913. — L'auteur estime qu'il est intéressant pour l'historien de la philosophie médiévale de comparer la solution que les philosophes occidentaux ont apportée au problème des rapports entre la foi et la raison avec celle qu'en ont proposée les philosophes musulmans. Contrairement à l'opinion courante, ils n'ont pas voulu superposer une philosophie à leur révélation comme une forme supérieure à une forme inférieure de connaissance. Ils ont voulu défendre leur révélation. Leurs systèmes, considérés du point de vue de l'histoire, sont des tentatives apologétiques pour harmoniser les dogmes coraniques avec la science de leur temps. Plus exactement, ils représentent les efforts poursuivis par l'Islam lui-même pour se mettre en accord avec la connaissance naturelle. C'est ce que l'auteur établit de la façon la plus heureuse en groupant des textes caractéristiques de Farabi, Avicenne, Gazali et Averroès sur la doctrine de la prophétie et de la révélation. Les pages consacrées à la philosophie d'Averroès sont particulièrement précises et intéressantes.

Urkunden zur Entstehungsgeschichte des Donatismus, par HANS VON SODEN. 1 vol. in-16, de 56 p. Bonn, Marcus und E. Weber, 1913. — Les documents relatifs à la première phase du mouvement donatiste ne nous sont parvenus qu'incomplets et se trouvent dispersés dans des recueils très divers. L'un des plus importants est le reste d'un recueil d'actes publié par Optatus en appendice à son ouvrage contre le donatisme. A cette source s'ajoutent les fragments d'actes insérés dans les écrits polémiques d'Augustin contre les donatistes et dans sa correspondance. Viennent enfin les *Gesta collationis carthaginiensis* et les lettres de Constantin conservées par Eusèbe. L'auteur publie à part ces divers documents, selon l'ordre chronologique, en donnant pour chacun l'appareil critique le plus complet et des notes qui limitent volontairement aux problèmes que soulève l'établissement du texte.

Hugo von Saint-Victor. Soliloquium de Arrha animae und de Vanitate mundi, herausgegeben von KARL MÜLLER. 1 vol. in-16, de 51 p., A. Marcus und E. Weber, Bonn, 1913. — Il faut louer sans réserve le choix qu'a fait l'éditeur de ces deux dialogues. Les travaux les plus récents relatifs à Hugues de Saint-Victor ont mis en évidence le rôle de premier plan qu'il a joué dans l'histoire de la philosophie médiévale. Son influence se retrouve jusque chez les penseurs en apparence les moins ouverts à la spéculation mystique des victorins. Ses ouvrages demeurent cependant enfermés dans des collections peu maniables et sur lesqu'elles il est impossible de poursuivre un travail en commun. En mettant à la disposition des professeurs et étudiants le texte de deux dialogues aussi caractéristiques de la pensée du philosophe et dont l'authenticité est incontestable, l'auteur a fait œuvre très utile. Pour le *Soliloquium* le texte suivi est, dans l'ensemble, celui de Migne: les manuscrits consultés par M. Müller (Paris et Stuttgart) lui ont semblé moins satisfaisants que le texte imprimé, et relativement peu instructifs. Pour le *De vanitate mundi* au contraire le ms de Paris (Bib. Nat. fonds lat. 15139, fol. 232ᵇ — 242ᵃ) originaire de Saint-Victor même, a fourni un texte nettement supérieur à celui de Migne et de l'édition de Rouen. Il est à souhaiter que la même collection nous apporte d'autres éditions maniables de textes médiévaux; les opuscules de saint Anselme ou l'*Itinerarium* de saint Bonaventure seraient les bien venus.

Der Gegenwartswert der geschichtlichen Erforschung der mittelalterlichen Philosophie, par M. GRABMANN. 1 vol. in-16, de VI-94 p., Vienne et Fribourg en Brisgau, Herder, 1913. — Cette leçon d'ouverture que le professeur Grabmann publie, étendue et complétée, se propose d'établir trois points. Le premier est qu'une connaissance approfondie de la philosophie médiévale permettra seule d'apprécier cette philosophie. Dès à présent on peut juger que, contrairement à l'opinion généralement répandue, elle a eu le sens du réel et le goût des faits, que son interprétation d'Aristote n'a rien eu d'un asservissement littéral, et qu'enfin, tout en demeurant au service de la foi, elle n'a jamais adopté une attitude purement passive et réceptive. Lorsqu'on met en comparaison la Somme théologique de Thomas d'Aquin avec la Somme d'un Guillaume d'Auxerre, plus vieille à peine de quelques dizaines d'années, on constate aisément quelle extension la pensée philosophique peut avoir imprimée à la spéculation théologique. Le second point est que, seule, l'histoire des philosophies médiévales permettra de restituer exactement les doctrines particulières et aussi le système complet de la philosophie chrétienne. Le moyen âge n'a pas rédigé de manuels, sa pensée est éparse dans de nombreuses œuvres : commentaires, opuscules, questions, quodlibet, etc., dont beaucoup d'ailleurs sont demeurés inédites. Seul leur dépouillement laissera discerner ce qui fut opinion particulière et ce qui rentre dans le bien commun de la pensée médiévale ou, selon l'expression de M. de Wulf, dans « la synthèse

scolastique ». Le troisième point est qu'une connaissance plus approfondie des philosophes du moyen âge permettra de voir sur quelles questions l'accord est possible entre la doctrine traditionnelle du catholicisme et les exigences de la culture moderne. Pour beaucoup d'esprits la spéculation médiévale représente un effort de la pensée humaine glorieux, mais dont les résultats n'ont plus pour nous aucune valeur. Il y a de bonnes raisons pour en appeler de ce jugement, car les points de contact entre la pensée moderne et la tradition thomiste se sont singulièrement multipliés depuis cinquante ans. En ce qui concerne la logique il semble que Husserl et son école se rapprochent du péripatétisme: pour la métaphysique les derniers travaux d'O. Külpe paraissent s'orienter vers une restauration de cette discipline considérée comme couronnement des sciences et vers une critique de l'idéalisme contemporain; en philosophie naturelle il est possible de s'entendre avec le néo-vitalisme: la psychologie trouvera chez les grands penseurs du moyen âge des modèles d'observation intérieure, des doctrines profondément élaborées et qui laissent la porte ouverte à toutes les recherches ultérieures; en morale, enfin, le thomisme peut nous offrir sa conception de l'acte humain, dont le Dʳ Grabmann rappelle que nous avons reconnu ici même la haute valeur, et son analyse des passions dont nous reconnaissons non moins volontiers qu'elle est admirable. L'auteur conclut en espérant que l'unité pourra se faire autour d'une philosophie éminemment capable de satisfaire la soif de divin qui caractérise, au fond, la pensée contemporaine et de conduire les esprits vers le premier et souverain principe de tout être, de toute vérité et de tout bien.

Dans cette belle et éloquente leçon le Dʳ Grabmann s'est souvenu de saint Thomas : *Studium philosophi non est ad hoc, quod sciatur quid homines senserint, sed qualiter se habeat veritas rerum.* Mais il n'a pas pu ne pas rester lui-même, c'est-à-dire l'historien le mieux informé peut-être du travail fait et à faire sur les philosophies médiévales. On glanera dans les notes des indications sur les sources manuscrites, les publications en cours ou imminentes, qui permettront d'attendre avec moins d'impatience le tome III de la *Geschichte der scholastischen Methode*. En ce qui concerne les conclusions dogmatiques de l'auteur, bien des réserves s'imposeraient. N'y a-t-il pas quelque équivoque dans la notion de philosophie médiévale sur laquelle il argumente? En.

tant qu'historien, la philosophie du moyen âge comprend pour lui toutes les œuvres philosophiques de cette époque; en tant que philosophe proprement dit, l'auteur ne désigne plus sous ce nom que le « Gemeingut » de la pensée médiévale, c'est-à-dire, en somme, le système thomiste. Et cette attitude s'explique aisément puisque le but que se proposent les néo-scolastiques est de grouper les esprits autour d'une même philosophie catholique. On raisonne donc, en fait, comme s'il n'y avait eu qu'une synthèse scolastique; mais pour l'historien il y en a eu au moins deux : celle de saint Bonaventure et celle de saint Thomas. Que si l'on réserve à celle de saint Thomas le nom de scolastique, il faudra dire tout au moins que le catholicisme connaît deux synthèses philosophiques également traditionnelles. Et l'on n'aura toujours pas le droit d'argumenter comme si le ralliement devait nécessairement se faire autour du seul saint Thomas.

De plus on peut juger insuffisantes les raisons alléguées par le Dr Grabmann pour établir la possibilité d'un retour des esprits au système thomiste. Il est incontestable que l'échec du positivisme absolu et l'affaiblissement progressif de l'influence kantienne ont ramené la spéculation philosophique aux grands problèmes métaphysiques; on se pose de nouveau les questions que se posait saint Thomas; on peut citer encore des directions philosophiques contemporaines qui, par certains points, s'accordent avec les siennes, mais ces rencontres isolées ne prouvent rien. Il n'est pas dit, en effet, que celles d'entre les directions philosophiques d'aujourd'hui avec lesquelles s'accorde le thomisme soient précisément celles qui doivent, en fin de compte, prévaloir. Si le néo-vitalisme est acceptable pour la néo-scolastique, le mécanisme, qui lui aussi, est une tendance contemporaine, n'est nullement acceptable : or c'est peut-être lui qui doit finalement l'emporter. La simple énumération des cas favorables est une mauvaise méthode de démonstration. Ce qui résulte le plus évidemment de cet opuscule, c'est que, même pour des esprits familiers avec la culture moderne, la philosophie de saint Thomas est encore tenable. Cette survivance ne s'explique pas uniquement par des raisons philosophiques. Il n'en est pas moins infiniment honorable pour un système de laisser ouverte, après six siècles d'existence, une telle possibilité.

Die Wissenschaft Demokrits und ihr Einfluss auf die moderne Naturwissenschaft par Lois Löwenheim,

herausgegeben von Leopold Löwenheim (Archiv für Geschichte der Philosophie, Beilage zu Band XXVI, Heft 4). 1 vol. in-8 de 48 p., Berlin, Leonhardt Simion, 1913. — La philosophie moderne commence au moment où Galilée réfute définitivement la doctrine d'Aristote. Bacon, Gassendi et Hobbes dépendent de Galilée, comme le prouvent des textes formels. Or, Galilée lui-même se rattache à Démocrite : on peut le prouver. En exposant ses vues sur l'accélération, Galilée se réfère à une allusion qu'Alexandre d'Aphrodise fait à l'astronome Hipparque (p. 9). Mais Galilée tient du commentaire de Simplicius sur la physique d'Aristote le texte d'Alexandre d'Aphrodise. Or, dans ce même texte, il est question de Démocrite (p. 10). Cela établi, M. Löwenheim expose les doctrines de Démocrite.

Geschichte der neueren Philosophie von Nikolaus von Kues bis zur Gegenwart im Grundriss dargestellt. Siebente verbesserte und ergänzte Auflage, par Richard Falckenberg. 1 vol. in-8 de viii-692 p., Leipzig, Veit et Cⁱᵉ, 1913. — La première édition de ce livre a paru en 1885. L'auteur l'avait conçu sur le modèle du célèbre Grundriss der Geschischte der griechischen Philosophie de Zeller (1883). Mais surtout, il voulait en faire un manuel d'enseignement d'où seraient exclues les discussions et les interprétations personnelles et qui fût plus maniable que l'ouvrage d'Ueberweg et plus précis que celui de Windelband. Les défauts du livre sont restés les mêmes que dans les éditions précédentes. L'exposé est clair, agréable et superficiel : il est scolaire en ce qu'il explique tout, même ce qui n'a pas besoin d'explication. Par contre, il est d'ordinaire très réservé en ce qui concerne les difficultés véritables des systèmes. Le nombre des doctrines étudiées est trop grand pour un ouvrage d'enseignement, il est trop petit pour un livre de références. La part faite à la philosophie post-kantienne est excessive comme dans tous les manuels allemands. Le plan adopté est fâcheux : il n'est ni méthodique ni chronologique. Par exemple, Lotze vient après Boutroux et Bergson. La bibliographie est abondante et elle sera commode à ceux qu'effrayent les listes compactes d'Ueberweg. La partie consacrée à la philosophie contemporaine est soignée et, en général, exacte.

Spinozas philosophische Terminologie historich und immanent kritisch untersucht par Gustav Theodor Richter. (Erste Abteilung, Grundbegriffe der Metaphysik). 1 vol. gr. in-8 de 170 p., Leipzig,

Ambrosius Barth, 1913. — Ce livre est la
première partie d'un travail étendu que
M. Richter compte consacrer au vocabulaire de Spinoza, et qui doit lui-même
servir d'introduction à un index de Spinoza. M. Richter veut employer la critique « immanente », recommandée par
son maitre M. Riehl, c'est-à-dire qu'il
entend surtout expliquer Spinoza par
lui-même. Mais, en même temps, il donne
des indications historiques sur la langue
philosophique du XVII° siècle et il la compare avec celle des scolastiques. Diverses
raisons extérieures expliquent l'extrême
difficulté que l'on a à bien entendre le
vocabulaire de Spinoza. D'abord Spinoza
est polyglotte : il écrit en latin, mais sa
langue maternelle est l'espagnol; il parle
le hollandais; il a appris à fond le
syriaque, l'hébreu et même l'arabe. Il
n'est donc pas surprenant qu'il soit assez
indifférent à l'usage consacré des termes
et qu'il lui arrive de les employer dans
des acceptions inusitées. En outre, non
seulement la composition de l'*Éthique* a
duré longtemps, mais, dans l'intervalle,
Spinoza a entrepris de résumer les doctrines cartésiennes et scolastiques et il
s'est ainsi familiarisé avec des vocabulaires variés. A ses correspondants, il
doit parler la langue de la scolastique ou
du cartésianisme. Quelques-uns de ses
écrits sont destinés au grand public et
non à des philosophes (p. 14). Enfin, la
persécution qui atteint ses coreligion-
naires l'oblige à la plus grande prudence.
De là vient qu'une étude précise de sa
langue est indispensable.

Il faut donc examiner les sens que Spinoza donne à tous les termes techniques
et ensuite comparer les données que l'on
peut tirer du rapprochement des textes
avec celles que fournit l'étude du langage
usuel de son temps qui est le langage
« scolastique ». Le même langage a été
parlé, avec quelques variantes, par Giordano Bruno, Bacon, Hobbes, Descartes,
Gassendi, Geulincx, par les scolastiques
proprement dits que Spinoza connus :
saint Thomas, Suarez, Scheibler, Clau-
berg, Heerebord, Goclenius, etc., et aussi
par les Cabbalistes, notamment par Knorr
de Rosenroth (p. 17). Ce premier fascicule contient des études sur les termes
suivants : *Attributum, attributa infinita,
in se, per se, a se, substantia, modus, modificatio, accidens, affectus, modi infiniti*.
Deux appendices sont consacrés, l'un à
l'étude des rapports entre Spinoza et
Geulincx, l'autre à établir le sens de la
formule *res fixæ et æternæ* dans le *de
Intellectus emendatione*. Chemin faisant,
M. Richter aborde et tente de résoudre la
plupart des questions relatives à la philosophie de Spinoza. Et les considérations
qu'il présente ont assez d'intérêt pour
qu'il soit nécessaire de les résumer en
détail.

La scolastique distingue des attributs
nécessaires ou qui tiennent à l'essence et
des attributs contingents. La réalité d'une
essence est formée par les attributs essentiels, parmi lesquels l'un, appelé *essentia*,
a une situation privilégiée en ce sens que
les autres attributs essentiels dépendent
de lui. Tous les attributs essentiels d'un
sujet sont étroitement unis : ils ne se distinguent pas les uns des autres et seule
la faiblesse de notre pensée nous oblige
à les séparer. De même, c'est par une
pure opération logique que nous isolons
les attributs du sujet. Pour Descartes, au
contraire, un sujet n'a qu'un seul attribut
essentiel : les autres déterminations du
sujet sont des modes (p. 24, 25). Toutefois, entre l'attribut essentiel et les
modes, Descartes intercale d'autres attributs qui sont joints à l'essence, non par
un lien analytique, mais du dehors et
par synthèse. Ces attributs désignent des
manières d'être du sujet ce sont proprement des modes de pensée (*modi cogitandi*, temps, extension, etc). Dans le
Cogitata et dans le *Traité théologico-poli-
tique*, Spinoza reproduit les distinctions
scolastiques (p. 27). Dans les *Principia
philosophiæ cartesianæ*, il se conforme au
langage cartésien, non sans faire usage
parfois de la terminologie scolastique.
Au contraire, dans le *Court Traité* et dans
l'*Éthique*, il s'écarte à la fois du langage
cartésien et de l'usage scolastique et sa
doctrine donne lieu à de graves difficultés. Dans le *Court Traité*, le terme
attributum ne désigne que les déterminations nécessaires de l'essence et il n'est
jamais appliqué aux déterminations contingentes. Spinoza maintient rigoureusement la distinction scolastique entre les
attributs et les propriétés (p. 29, 41). De
plus, il affirme que l'essence est constituée par les attributs, qu'elle est identique
aux attributs (p. 32). Mais, tandis que pour
la scolastique, une même substance ne
peut recevoir deux attributs contraires
(le corps et l'esprit par exemple), Spinoza admet, sans du reste justifier l'assertion, que des attributs contraires peuvent coexister en Dieu. Jamais, sauf dans
deux textes des Dialogues, qui expriment
non sa propre pensée, mais celle de contradicteurs éventuels, il n'assimile l'attribut à une *action* du sujet (p. 35, 36).
L'interprétation dynamiste de Trendelenburg et Kuno Fischer (p. 51), d'après
lesquels les attributs sont les forces de la

substance implique donc un contresens formel. Etre et force sont, pour Spinoza, deux termes synonymes, dont l'un ne peut expliquer l'autre (p. 52). De même, dans l'*Éthique*, Spinoza affirme l'identité de la substance et de l'attribut (p. 39). Quel rapport existe donc entre l'essence et les attributs? Selon J. Richter, ce rapport n'est pas analytique. Spinoza dit que l'attribut exprime la substance. Or, on voit par divers exemples que, pour Spinoza, exprimer, c'est réaliser *in concreto*. Ainsi, un cas particulier exprime une loi générale : par exemple l'attribut de la pensée exprime l'essence éternelle de la *Cogitatio* (p. 44, 46). On pourrait croire que cette conception est en contradiction avec les formules, d'après lesquelles l'attribut constitue, explique la substance, comme s'il en était une partie. Mais dans le langage scolastique, *exprimere*, *constituere*, c'est toujours rendre concret.

Or les attributs (déterminations ontologiques) de la substance sont en nombre infini, bien que récemment Anna Tumarkin ait soutenu le contraire, en opposant l'infini au nombre, comme l'éternité s'oppose au temps (p. 53). Il est possible que, sur ce point, Spinoza ait subi l'influence de l'atomisme qui admet et l'existence d'univers en nombre infini. Mais déjà Descartes semble admettre au moins l'existence possible d'un nombre infini d'attributs (p. 55), et Suarez soutient (p. 56) que toutes les qualités ontologiques connaissables, doivent exister réellement en Dieu toutes celles qui pourraient être pensées, encore que nous soyons incapables de les penser en réalité.

Ces attributs sont indépendants les uns des autres, et Spinoza utilise, pour caractériser cette indépendance, des expressions telles que *in se*, *per se*, *a se esse et concipi* (p. 57). Mais il donne à ces formules un sens qu'elles n'avaient pas dans la scolastique. Chez Suarez *in se esse* indique l'existence réelle (p. 59). Chez Spinoza l'expression s'oppose à *in alio esse* et elle sert seulement a signaler l'absence de tout rapport d'inhérence à une autre chose. La formule *per se esse* n'est pas employée dans l'*Éthique*; dans les autres écrits de Spinoza, elle est synonyme de *a se esse*, et elle indique qu'un être est *causa sui* (p. 62).

Tous les auteurs scolastiques définissent la substance comme Aristote : ce qui est toujours sujet et jamais prédicat. Le caractère essentiel de la substance scolastique, c'est la non-inhérence à un sujet. L'indépendance ne figure pas parmi les déterminations classiques de la substance.

Même, suivant Heerebord, un être dépendant peut être une substance parfaite (p. 66). Descartes reproduit fidèlement la doctrine classique. Au contraire, dès les *Principia philosophiæ Cartesianæ*, Spinoza distingue les substances indépendantes et les substances dépendantes. Il constate que toute substance infinie est nécessairement indépendante au point de vue causal (p. 69). Une substance corporelle infinie est forcément unique. Au contraire, il peut y avoir à la fois plusieurs substances spirituelles infinies. Descartes était déjà de cet avis, mais il se refusait à appeler infinie une substance corporelle. Dans le *Court Traité*, Spinoza ne mentionne pas l'indépendance parmi les caractères de la substance : à côté de la substance infinie de Dieu (Nature), il y a des substances corporelles et des substances pensantes dont l'essence n'implique pas l'existence. Mais il y a beaucoup d'obscurité dans la doctrine : Spinoza admet effectivement une pluralité de substances infinies et, en même temps, il affirme qu'une substance infinie ne peut être causée (p. 73). Il faut donc, s'il existe une multiplicité de substances infinies, que ces substances coïncident. De plus, suivant en cela la direction indiquée par Geulincx (p. 75), Spinoza montre qu'une étendue infinie est nécessairement indivisible et que la division ne peut se réaliser que dans les modes. Dans les lettres de Spinoza (Cf. Ep. 4 et 12), l'indépendance apparait comme un caractère essentiel de la substance, et ce caractère résulte immédiatement de la non-inhérence (comme dans l'*Éthique*, I, 6). En somme, la substance restera toujours pour Spinoza le sujet, qui n'est jamais prédicat : l'existence nécessaire, l'indivisibilité, l'unité sont des propriétés dérivées de ce fait initial que la substance est le sujet. Et cette idée se retrouve, avec des variantes de détail, dans tous les écrits de Spinoza.

De là résultera la doctrine spinoziste des modes. Ici encore, Spinoza se sert de la terminologie scolastique modifiée par Descartes. La scolastique use de trois termes : *affectio*, *modus* (termes généraux), et *accidens*, ce dernier terme réservé pour les accidents proprement dits, qui ne tiennent pas à l'essence (p. 83). Descartes n'emploie que deux mots : *attributum*, qui indique la détermination essentielle, et *modus* (ou *modificatio*), qui désigne l'altération produite dans l'attribut par le mode. De même Spinoza élimine à peu près le mot *accidens* (employé dans l'appendice du *Court Traité*, dans les *Cogitata* et une seule fois dans

l'*Éthique*, IV, 36 scol.). Pour lui, le mode
est une détermination de l'attribut, liée au
sujet par un rapport causal : la réalité
véritable appartient non au mode, mais
au sujet, d'où vient que Spinoza ne parle
jamais du mode tout seul, mais du sujet,
en tant qu'il est modifié (p. 88).

Une difficulté grave est relative à la
situation des modes infinis. En effet, tout
mode infini a pour cause, non la substance
elle-même, mais un autre mode infini
(*Éth.*, I, 25), ce qui parait contredire la
définition générale du mode. Spinoza a
résolu cette difficulté de diverses manières. Dans le *Court Traité*, il mentionne
deux modes immédiats et infinis de la
substance : l'intellect infini et le mouvement. Seuls ces deux modes n'exigent pas
l'existence de modes intermédiaires,
(comme par exemple l'Amour et le Désir
qui n'existent pas sans la représentation
(p. 91). Dans l'*Éthique*, Spinoza ne dénom-
bre pas les modes infinis, et il faut compléter le texte de l'*Éthique* par celui des
lettres. Mais, il attribue aux modes infinis
une situation intermédiaire entre les
attributs et les modes finis. D'autre part
il affirme énergiquement que l'infini ne
peut produire que de l'infini Comment se
fait donc le passage de l'infini au fini?
Selon M. Richter, Spinoza ne donne
aucune solution précise sur ce point
(p. 97, 98) et il s'est engagé tour à tour
dans diverses directions, sans rien achever. Tantôt, comme dans le *Court Traité*,
il admet que le mode infini est seule ment
cause seconde des modes finis, la cause
première étant Dieu. Tantôt, comme dans
les *Cogitata*, il distingue deux sortes de
causalités qui agissent simultané ment,
sans interférer jamais (p. 95). Mais, dans
l'*Éthique*, il n'admet plus qu'une causalité
unique. Toutes les essences finies sont
produites par la substance, qui en est
cause intemporelle. Elles existent en elles
d'une réalité latente (1, 8, *Scol.* 2). Ces
essences présentes en Dieu, ce sont précisément les *res firæ et æternæ* du *de
Emendatione* (p. 117 et suiv.). Exa minant
toutes les interprétations qui ont été
proposées de ce texte difficile, M. Richter
établit qu'il ne s'agit pas, comme on le
croit souvent, des modes infinis, mais des
essences des choses particulières ou des
modes finis, telles qu'elles existent en
Dieu. Seules ces essences peuvent être
connues, tandis que les essences concrètes, réalisées ne peuvent être objet de
connaissance, car elles sont en nombre
infini. Pourtant ces essences contenues
dans l'essence divine se commandent les
unes les autres et forment une série qui
constitue le contenu de l'intellect infini

(p. 40). Sur la sorte de réalité qui leur
appartient, les textes sont pleins d'obscurité (p. 97). Parfois, Spinoza parle de
certi modi cogitandi (30, *Scol.* et *Ep.* 32);
et d'autres fois, au contraire, il semble
que ces modes finis n'aient aucune réalité distincte, avant l'existence temporelle (v. 29, *Scol.*). En somme, Spinoza ne
pose nulle part claire ment le problème
du rapport de l'intemporel à la durée
(p. 99). Cela tient sans doute à ce que, pour
lui, il est impossible à la pensée de
suivre la série infinie des objets dans la
durée (p. 100).

Ces obscurités relatives à la situation
des modes infinis s'expliquent historiquement. On a fait intervenir ici un grand
nombre d'influences différentes. Sigwart
y trouvait la trace de l'enseigne ment des
Cabbalistes (p. 103). Mais les textes qu'il
invoque ne se rapportent nullement à la
question traitée par Spinoza. D'autres ont
pensé à Plotin, à la doctrine du *Logos* de
l'Évangile selon saint Jean et du début de
l'*Épître aux Hébreux* (p. 105). Pour
J. Richter, l'influence do minante est celle
de Plotin, qui a donné à tous les philosophes de la Renaissance leur conception
particulière de la divinité. Mais, tandis
que le Dieu de Plotin est transcendant,
celui de Spinoza est immanent. Interpréter le Spinozisme comme une doctrine
de la transcendance (Camerer et Windelband), c'est, selon J. Richter, faire le
contresens le plus complet (p. 108).

Dans un appendice, M Richter entend
établir que Spinoza, contraire ment à
l'opinion reçue, a subi très forte ment
l'influence de Geulincx. Sans doute, les
œuvres posthumes de Geulincx n'ont
paru qu'après la mort de Spinoza. Mais
Geulincx professait à Leyde entre 1658 et
1669 et dès 1669 il avait traité *ex professo*
de la plupart des sujets abordés dans les
Opera posthuma. Or Spinoza a séjourné à
Rhynsburg (à une heure et demie de
Leyde) de 1661 à 1663 et il a été en relations avec une foule d'érudits de Leyde.
Il a été lié avec les professeurs de Leyde,
Heereborb et Craanen, et plusieurs de ses
disciples ont étudié à l'université de
Leyde. Il est probable que des relations
personnelles ont existé entre Spinoza et
Geulincx (p. 114). L'exa men des textes
confirme ces indications. Non seulement
les critiques dirigées par Spinoza contre
Descartes sont identiques à celles qu'énonçait Geulincx, mais plusieurs doctrines
particulières sont présentées exacte ment
dans les mêmes termes chez les deux
philosophes. Telle la curieuse théorie de
l'association des idées (*Éthique*, II, 18;
Geulincx, *Op.*, III, 420); tel le renvoi à la

for ı ıle ἐν θεῷ ζῶμεν καὶ κινούμεθα καὶ ἐσμεν. (Geulincx, II. 239); telle la singulière expression *facies totius universi* (*Ep.* 64; Geulincx, II. 288; III, 348, 368); telle enfin la coıparaison célèbre entre l'intellect huıain et l'intellect divin (*Eth.* I, 17, *Scol.*; Geulincx, III, 384).

Ce livre d'une lecture un peu difficile est d'une grande valeur. L'appendice apporte quantité de textes curieux empruntés aux auteurs scolastiques et il complète heureusement le travail un peu soııaire de Freudenthal. Surtout Ꭻ. Richter s'est engagé résoluıent dans la seule direction où l'on puisse espérer de rencontrer quelque clarté. Spinoza doit d'abord être commenté par lui-ıêıe, et une analyse exacte de son vocabulaire peut seule nous renseigner sur ce qu'il a voulu faire. ꝉour une telle doctrine, où tout se tient, où chaque texte en iıplique une foule d'autres, un index est le ıeilleur coıılentaire et celui qui, ıalgré les apparences, évite les plus de répétitions inutiles. Il faut aussi savoir gré à Ꭻ. Richter d'avoir francheıent reconnu les obscurités du système et de ne s'être pas contenté de la phraséologie par laquelle on s'ingénie d'ordinaire à les dissiıuler. Interpréter Spinoza, c'est trop souvent insister plus que de raison sur ce qui est seuleıent iıpliqué dans les textes; c'est y ajouter ce qu'ils auraient peut-être pu contenir, ıais ne contiennent pas effectivement. On aimera la forme sobre, précise et nette que M. Richter a donnée à ses explications, encore qu'il abuse parfois de forııles énigmatiques. En utilisant un noıbre liıité de textes étrangers à Spinoza, Ꭻ. Richter a évité le fatras de références superflues qui encoıbre les ouvrages de Sigwart et de Ꭻ. Joël. On regrettera cependant qu'il n'ait point tiré parti ni du petit livre si curieux de Bisterfeld, ni de la *Medicina Mentis* de Tschirnhaus, qui donne par endroits une véritable caricature des doctrines de Spinoza et aide à en distinguer les traits par le grossisseıent qu'elle leur donne. Sur plusieurs points, notaııent en ce qui touche les doctrines de l'essence et de l'intellect infini, les exposés de Ꭻ. Richter restent obscurs. Il faut attendre la suite de son travail pour juger d'ense ble son interprétation. Ꭻ. Richter s'étonne (p. 59) que Spinoza ait adıis. sans la justifier, la coexistence en Dieu d'attributs opposés, comme la pensée et l'étendue. Les raisons en sont sans doute plus simples que M. Richter le croit. Non seuleıent la distinction réelle des essences des attributs exclut toute opposition entre elles, ıais encore leur coexistence apparaît

ıanifeste en nous-mêmes. C'est en partie parce qu'il attribue à l'individualité et même à l'individualité corporelle une plus grande iıportance que ne le faisait Descartes, que Spinoza est aıené à affirıer la coexistence en Dieu d'attributs différents, et qu'il peut conclure, à sa coıture, du ıicrocosıe à l'univers entier.

The Satakas or Wise Sayings of Bhartrihari, *translated from the Sanskrit,* by J. Ꭻ. KENNEDY, 1 vol. in-8, de 166 p., Londres, Werner Laurie (s. d.). — Le voluıe qui s'offre à nous sous ce titre inaugure une série de traductions destinées à rendre accessibles, pour un prix ıodique, ıaints chefs-d'œuvre de la spéculation de l'Orient, qui, ou bien n'ont été qu'incoıplèteıent traduits en des langues européennes, ou bien le furent en des publications rares et chères. Il convient donc d'accueillir avec syıpathie cette tentative et ce programme. Souhaitons que l'éditeur, ıêıe qu'il ne désirerait pas entreprendre de publications scientifiques, s'adresse cependant, pour cette œuvre de haute vulgarisation, à des spécialistes d'une réelle compétence.

La présente traduction de Bhartrihari, quoiqu'elle ne repose pas sur une étude critique du texte, donne une idée approximative de ce que ux recueil de sentences. En outre, elle n'a pas oıis la troisième section, coııe l'avait fait telle traduction antérieure. C'en est assez, sinon pour contenter les indianistes, du ıoins pour faire œuvre utile et pour intéresser quiconque se plaît aux ıaxiıes ıorales, sorte de littérature qui a fleuri dans l'Inde avec abondance. Nous ne ferons pas grief à Ꭻ. Kennedy d'avoir présenté, en guise de préface, un exposé trop vague et quelquefois inexact de l'ense ble de la philosophie indienne; car, en vérité, cette cinquantaine de pages est étrangère au sujet. ꝉoint n'est besoin d'avoir entendu parler des Métaphysiques du Sâmkhya ou du Vedânta pour aborder la lecture de ces aphorismes, pas plus qu'il n'est indispensable de connaître Descartes pour goûter La Bruyère. Ꭻais on désirerait, par contre, que l'auteur nous renseignât quelque peu sur la place qu'occupa Bhartrihari parıi les moralistes indiens et sur la signification de ses apophtegıes. Il ne nous est pas indifférent qu'il ait vécu, soit au IIᵉ siècle, soit au VIIIᵉ ou au IXᵉ. L'accent du troisièıe livre est si différent, dans l'ensemble, de celui des deux précédents, qu'il y aurait intérêt à rechercher si les Indiens ont aiıé en Bhartrihari ce qu'il conservait de goût pour la volupté dans son zèle ascétique, ou au contraire s'ils n'ont apprécié en lui que le moraliste sévère et le Civaïte convaincu. Un critique peut même se demander si la troisième section est de la même main que les autres, tls d'une interférence ou répétition atteste que le texte a subi des remaniements : le nombre de cent maximes (sataka), très dépassé en ce qui concerne chacune des deux premières parties, pourrait n'être qu'un cadre artificiel tardive ment imposé à une collection de sentences.

Si nous nous bornons à prendre ces maximes telles qu'elles nous sont données, nous éprouvons soit de l'embarras à les concilier en une pensée cohérente, soit un certain charme à constater l'indifférence de cet esprit « ondoyant et divers » à l'égard de toute systématisation. Il admet tantôt que la bonté ou la méchanceté des hommes dépend de la qualité du milieu où ils vivent (I. 67), tantôt qu'elle est la conséquence des actions accomplies dans une vie antérieure (I, 94). Il affirme que notre existence est le jouet du destin (I, 88), même d'une fatalité absurde (I. 92; II. 110); et pourtant il paraît subordonner cette nécessité à la rétribution de nos actes antérieurs (I, 94), qui est chose éminemment certaine et raisonnable aux yeux d'un Indien. Il prétend s'unir à l'Esprit suprême (II, 72, 81, 87, 108, 136, 147); il invective contre le Polyeucte les plaisirs terrestres : « Que ne me quittez-vous, quand je vous ai quittés ! » Toutefois, il se demande encore si le renoncement est la meilleure voie à suivre (II, 40). Il déclare que la beauté d'une femme ne mérite pas de louanges (II, 20), et se révèle, dans tout le troisième chapitre, foncièrement épris des charmes qu'il raudit. « Ami de la vertu plutôt que vertueux », Bhartrihari devait être un homme aimable, ardent au plaisir quoique sensible à ses amertumes, capable d'élévation malgré ses faiblesses et ses doutes : par quelques-uns de ces traits, il montre une posture morale analogue à celle d'Horace. Insoucieux de la révélation religieuse et des systèmes, ne se professe-t-il pas disciple des poètes (III, 51)? Sachons-lui gré de nous rappeler combien l'Inde eut de mérite à être la terre de l'ascétisme, tant les séductions voluptueuses y exercèrent d'empire jusque **sur les désabusés.**

The Divan of Zet-un-Nissa. the first fifty ghazals, rendered from the Persian by MAGAN LAL and JESSIE DUNCAN WESTBROOK, with an introduction and notes, 1 vol. in-16 de 112 p., Londres, Murray, 1913. — Ce volume, comme les trois volumes suivants, fait partie d'une collec-

tion relative à la « Sagesse de l'Orient » (*The Wisdom of the East Series*). Les quarante petits volumes élégants qui constituent cette série offrent au public d'excellentes traductions, œuvres de spécialistes éprouvés. Il n'en est aucune qui n'intéresse l'historien de la métaphysique, de la religion ou de la morale, l'historien même de la science : car n'est-ce pas à travers les spéculations qui nous paraissent à présent, dans notre Europe moderne, peu « positives », quoi qu'elles aient, en leur temps, prétendu à l'objectivité, que se constituèrent, par un lent progrès, les procédés de raisonnement sous-jacents à notre science?

Fille de l'empereur Mogol de l'Inde Aurungzeb, la poétesse Zeb-un-Nissa, qui fleurissait dans la seconde moitié du XVIIe siècle, fut un spécimen tardif, mais savoureux encore, de la culture persane. Cette civilisation apparaît dans les vers de la princesse sous son double caractère habituel : elle est mièvre et inspirée tout ensemble, car la préciosité de l'expression n'exclut pas le souffle mystique. Cette descendante de Gengis-khan et de Tamerlan, nourrie de poésie musulmane et imbue de religiosité indienne, surtout vedàntique, fit l'ornement de cette cour raffinée. L'ornement même de son sexe entier. Elle renouvela le caractère devenu quelque peu conventionnel de la poésie persane par l'ardeur de sa foi soufie, qui anéantit l'adorateur humain devant l'Aimé divin, subi une mais tyrannique à l'égard de ses fidèles. Les vers anglais qu'on nous présente ici ont de la tenue, même de la force et de la grâce.

Ancient Egyptian Legends, by M. A. MURRAY, 1 vol. in-16 de 119 p., Londres, Murray, 1913. — L'Égypte antique n'ayant jamais, à notre connaissance, tenté de formuler en termes abstraits ses idées philosophiques, sauf pour ce qui concerne l'eschatologie, force nous est bien de glaner dans les récits légendaires quelque notion de ses doctrines implicites. Les neuf extraits qui nous sont offerts dans cet ouvrage, sont, malgré leur caractère fragmentaire, très aptes à nous renseigner sur l'attitude propre de l'Égyptien en face des problèmes spéculatifs, tant par le choix fait parmi des textes difficilement accessibles même aux spécialistes, que par l'exactitude de la traduction et la conscience avec laquelle furent rédigées les notes utiles même aux égyptologues.

The Way of Contentment, translated from the Japanese of KAIBARA EKKEN, by KEN HOSHINO, 1 vol. in-16 de 124 p., Londres, Murray, 1913. — Kaisara Atsunobu,

...urno... Ekken, a joué un rôle essentiel dans la vie morale du Japon depuis deux cent cinquante ans. Comme l'un des créateurs du style littéraire moderne, comme promoteur de la pédagogie, il a exercé une influence singulière et plus grande qu'on ne l'eût attendu de sa médiocre originalité à titre de moraliste. Son confucéisme est prolixe, dilué; mais on remarque, à maints indices, chez ce lettré, le tils d'un médecin, car il a un goût très marqué pour l'observation de la nature; il écrit sur la géographie, sur la botanique; la morale est chez lui apparentée à la médecine, et « la science médicale est l'art de la bienveillance ». — La collaboration d'un Japonais et d'un érudit de notre race, J. Evelyn Aldridge, a donné dans ce volume la preuve de son efficacité; souhaitons que cette méthode se généralise, pour le bien commun des orientaux et des occidentaux et pour le profit des lecteurs, qui obtiendraient ainsi la double garantie d'une compréhension exacte des idées et de l'adoption d'un esprit critique.

Buddhist Scriptures, a selection translated from the Pâli with Introduction, by E. J. THOMAS, M. A., 1 vol. in-16 de 124 p., Londres, Murray, 1913. — Ces extraits de la littérature pâlie où se conserva l'inspiration la plus ancienne du Bouddhisme, ont été choisis très heureusement parmi les livres canoniques les plus caractéristiques. La lecture des textes eux-mêmes, fût-ce en traduction, est souvent fatigante par l'abondance des lieux communs aussi puérils qu'édifiants et par l'insipide rabâchage où la pensée se perd, parce que l'attention faiblit. Pourtant, par mi beaucoup de fatras, ces ouvrages renferment d'inestimables documents qui nous révèlent dans le Bouddhisme primitif, non pas seulement, comme on l'a trop dit, une doctrine morale, mais aussi certains germes d'une philosophie ultérieure. La série des conditions qui fait dépendre nécessairement de l'ignorance la douleur et la mort; la loi morale de l'acte (karman; l'impermanence des éléments de notre personnalité; le salut par le renoncement, c'est-à-dire par l'extinction (nirvâna) du désir : tous ces dogmes étaient destinés à s'épanouir en des doctrines métaphysiques. On les trouvera dans ce livre sous leurs énoncés les plus anciens; c'est vraiment « la substantifique moelle » de toute une littérature. Quelques pages exactes, en guise d'introduction, quelques lignes avant chaque extrait, ont suffi, à cause de leur sobre précision, à M. Thomas, pour rendre accessible à tous la signi-

fication de ces textes dont il faut tenir en suspicion l'apparente simplicité.

The Philosophy of Nietzsche, *an exposition and appreciation,* by GEORGES CHATTERTON-HILL. 1 vol. in-8 de 292 p., Londres, Ouseley, 1913. — L'ouvrage se divise en deux livres. Dans le premier (*Philosophie critique*), après une biographie que suit une « vie générale de l'idéal nietzschéen », viennent les chapitres sur l'État, la loi morale, les religions, la science. Le second (*Philosophie positive*) étudie : la volonté de pouvoir comme postulat fondamental, — la théorie de la connaissance comme expression de la volonté de pouvoir, — les systèmes moraux (maîtres et esclaves) et le surhomme. Sauf les théories esthétiques, qui mériteraient bien un chapitre à part, ce plan ne néglige aucun des points essentiels; il assure une progression d'intérêt, en faisant converger toutes les thèses de Nietzsche vers les affirmations lyriques du *Zarathustra;* mais, en négligeant la chronologie, il sert mal le dessein de l'auteur, qui prétendait écrire un livre « aussi objectif que possible ». Il masque l'importance des premiers ouvrages, résumés très brièvement au cours de la biographie; à peine laisse-t-il voir la succession de plusieurs stades de pensée; les aphorismes de la période proprement critique et négative se mêlent, dans le premier livre, à des idées de la dernière époque. Et sans doute les fragments de *La Volonté de Puissance,* bien que publiés après la mort de Nietzsche, ne représentant pas le dernier travail de sa vie; mais en considérer les thèses comme aboutissant à la morale des maîtres, à l'idéal du Surhomme, n'est-ce pas donner une notion fausse de la méthode du philosophe et de son tempérament? Ce n'est point hasard si cette œuvre posthume est une œuvre inachevée : les préférences pratiques, la position de nouvelles valeurs, ont précédé et primé, dans l'esprit de Nietzsche, l'effort pour les appuyer sur un fondement théorique qui demeure insuffisant.

J. Chatterton-Hill définit nettement la différence entre Nietzsche et Stirner; son chapitre sur la valeur de Nietzsche écarte toute interprétation superficielle de l'« immoralisme nietzschéen »; mais la discussion de la doctrine n'y est aucunement tentée. Il faut dire que le manuscrit de l'ouvrage était terminé dès 1905. A cette date, pour dissiper les malentendus, il y avait encore place pour un exposé clair et simple, écrit sur le ton d'une apologie. Il nous faut à présent une analyse plus complète, une recherche exacte des sources, une critique approfondie; et le livre de M. Chatterton-Hill vient trop tard, après les articles de M. Andler, après les livres de N. Daniel Halévy et de N. René Berthelot.

Il Comico, par GIULIO A. LEVI. 1 vol. in-8 de 134 p., Gènes, Formiggini, 1913. — Dans la préface M. G. A. Levi nous dit tant de bien de son ouvrage, qu'il faudrait être très malveillant pour ne pas reconnaître à son livre quelque valeur A titre de « garantie » l'auteur fait un exposé critique trop long des théories proposées sur le comique, afin de montrer qu'elles sont fausses ou insuffisantes, la sienne seule étant « vraie ». Bornons-nous à quelques indications sur cette première partie qui renferme beaucoup de subtilité et souvent de l'injustice ou de l'imprécision.

Les théories de Kräpelin et de Lipps ont pour point de départ une analyse du comique de l'objet : c'est là une erreur. Les mêmes objets ne font pas naitre chez tous les hommes le sentiment du comique : « l'analyse de l'impression comique doit précéder l'analyse de l'objet qui la produit » (P. 11). L'auteur examine ensuite longuement les théories de M. Bergson et de Schütze. A M. Bergson il reproche de confondre le comique et le rire, de soutenir aussi que le sentiment du comique ne s'éprouve qu'en société et qu'il a pour origine « du mécanique appliqué sur du vivant ». Sa conception ainsi que certains exemples se retrouvent d'ailleurs et en des termes très analogues (p. 41, n° 1) esquissés dans l'ouvrage de Schütze (*Versuch einer Theorie des Komischen*, Leipzig, 1817). De la théorie de ce dernier, N. G. A. Levi retient que le comique doit se définir « en rapport avec la liberté » (p. 82), puis il expose sa conception personnelle, dont il montre — trop longuement d'ailleurs — les origines historiques.

En face des êtres conscients deux attitudes sont possibles. Ou bien nous les reconnaissons comme doués de liberté, nous les prenons au sérieux. Ou bien nous ne les reconnaissons pas comme des « personnes », nous ne les prenons pas au sérieux. Une personne est comique, lorsque « en niant sa réalité éthique, qui est finalité libre, nous en mettons à nu les limites », lorsque ses actes ne témoignent pas d'une vie intérieure personnelle. L'auteur fait jouer un grand rôle à l'obstination, à « l'aveuglement spirituel », mais n'est-ce pas là une des idées fondamentales de la théorie bergsonienne contre laquelle il a si vivement protesté? D'autre part, parmi les actes qui ne sont pas

libres, pourquoi certains seulement ont-ils le privilège d'être comiques?

Mettant ensuite sa théorie à l'épreuve (3e partie), M. G. A. Levi dépense beaucoup d'ingéniosité pour en montrer la valeur; mais, refusant de s'adresser à l'idée de « raideur » pour ne songer qu'à celle d' « intérêts spirituels », il en arrive à des explications puériles : c'est ainsi qu'une difformité devient comique parce que l'individu « la porte sans s'en apercevoir ». De plus, faire abstraction du contenu psychologique d'une personne, n'est-ce pas reprendre l'idée si critiquée du « mécanisme »? Plus originale est l'explication du comique de mots, qui consiste à reproduire tout l'extérieur du raisonnement : « Un raisonnement absurde est une forme sans substance » ou une forme liée à une substance qui ne lui appartient pas. Signalons enfin d'intéressantes observations sur le comique de caractère et de situation.

Malgré beaucoup d'imprécision dans la pensée et de flottement dans la composition, sachons gré à M. G. A. Levi ne nous avoir donné des exemples intéressants et ingénieux, et de nous avoir montré qu'une des sources du comique était la méconnaissance « de la réalité éthique ».

La Fantasia Estetica, par ANDREA LEVI. 1 vol. in-8 de 262 p., Florence, B. Seeber, 1913. — Cet ouvrage très documenté pèche par une mise en œuvre hâtive et vaut par les observations de détail plus que par l'ensemble. Dans la première partie, « L'imagination artistique et ses produits », l'auteur, après avoir distingué dans la fonction inventive la forme supérieure (*fantasia*) et la forme inférieure (*immaginazione*), met en lumière l'autonomie de l'imagination artistique, et recherche les caractères spécifiques de l'œuvre d'art.

L'œuvre d'art doit être simple et une: l'unité artistique, c'est « l'unité de la vie et du sentiment, et non pas celle des schèmes de la pensée abstraite » (P. 35); l'artiste exprime-t-il le général ou l'individuel? La conception classique « confond l'art avec la connaissance théorique »; mais d'autre part « toute production individuelle n'est pas artistique ». L'individualité artistique, c'est la marque donnée par la personnalité de l'artiste à des sentiments universels, c'est le général subissant la différence des caractères et des tempéraments, idée exprimée bien souvent et que l'auteur illustre à l'aide de trop nombreux exemples.

Il y a trois degrés dans la beauté, « qualitatif, expressif, suggestif »: et les véritables créations artistiques ont une « struc-

ture organique » telle, qu'on ne peut rien
leur ajouter ou rien leur retrancher.

Dans la deuxième partie de son ouvrage,
de beaucoup supérieure à la première,
M. A. Levi étudie « le fonctionnement de
l'imagination artistique ». La genèse d'une
œuvre d'art comprend trois moments,
« inspiration, création, exécution » ; l'auteur en étudie les rapports : que devient
la vision initiale?

Ce qui distingue les artistes, ce n'est pas
la technique, mais l'inspiration (thèse
d'ailleurs insuffisamment démontrée par
l'auteur). L'inspiration a pour condition
nécessaire un « état de tension générale
de l'esprit » (p. 122); mais en elle-même
la révélation garde toujours un caractère
mystérieux. Elle est tantôt vision d'ensemble (« les Maîtres Chanteurs ») et
tantôt comme un point autour duquel se
groupent les éléments du travail artistique (Salammbô). L'artiste éprouve ensuite
un sentiment de contrainte, puis de libération : le moment créateur intervient.
pendant cette période de maturation
silencieuse, l'artiste voit se soulever devant lui une série de voiles qui laissent
apparaître l'intuition première sous des
formes de plus en plus concrètes; il passe
de la souffrance à la joie; la création est
libération. La réflexion et le facteur
volontaire dirigés par le sens de l'harmonie jouent ici un rôle important; de nouvelles inspirations sont aussi susceptibles
d'enrichir le germe primitif ou de le transformer complètement. A l'aide d'exemples
fort intéressants et empruntés aux manifestations artistiques les plus diverses.
M. A. Levi nous montre les oscillations
de ce processus infiniment complexe.
Le troisième moment est « l'exécution ».
L'auteur se borne le plus souvent à nous
livrer ici des citations sans commentaire, et cette partie n'a pas reçu l'ampleur
qui lui convenait.

L'étude de M. A. Levi, souvent trop
générale et parfois d'une analyse psychologique insuffisante, reste précieuse par la
solidité de sa documentation et l'effort
d'interprétation.

**Correnti di Filosofia Contemporanea
a Cura del Circolo Filosofico di Ge-
nova.** 1 vol. in-8 de 144 p., Gênes, Formiggini, 1913. — Ce recueil de conférences
faites à la Société de Philosophie de Gênes
sur les sujets les plus divers ne renferme
aucune indication sur « les courants de
la philosophie contemporaine », comme
son titre permettrait de le supposer.
Signalons, parmi les plus importants,
l'article de Roberto Benzoni, *Filosofia
e Religione*, où l'auteur, s'inspirant de la
méthode kantienne, distingue dans les

phénomènes religieux « l'apport de l'expérience et la fonction de l'esprit ». La philosophie est, selon M. Benzoni, une « forme
de la connaissance »; la religion « une
forme de la vie, une réaction totale de
l'homme en face de la réalité ».

L'article de F. Morigliano, *Roberto
Ardigò e la crisi del positivismo*, met bien
en lumière les caractères du positivisme
italien et ses rapports avec le positivisme
français et anglais; celui de R. Savelli,
il concetto e la filosofia, renferme de
bonnes, mais trop brèves indications sur
la philosophie de Croce et ses rapports
avec celle de Hegel.

**Rousseau nella Formazione della
Coscienza Moderna** (Extrait de la
Rivista Pedagogica, Ann. VI, vol. I.,
fasc. 3, déc. 1912), par Rodolfo Mondolfo.
1 vol. in-8 de 48 p., Genève, Formiggini, 1912. — C'est à tort, selon M. Mondolfo, que Gomperz a rapproché Rousseau
des Cyniques : lorsque Rousseau parle
d'un retour à la nature, il s'agit uniquement pour lui de retrouver l'humanité,
et non l'animalité, de revenir à la vie, à
la vérité intérieures. Jusqu'à lui, en effet,
le subjectivisme philosophique est intellectualiste. C'est lui qui donne la formule
du subjectivisme sentimental. C'est là ce
qui le sépare le plus profondément de
l'École encyclopédique, préoccupée avant
tout de la connaissance de la nature et
de l'ordre extérieurs. De ce subjectivisme
sentimental résultent des conséquences
morales, l'amour de soi, qui n'est point
l'amour-propre, mais l'amour de ce qu'il
y a d'humain en nous, et l'affirmation de
la liberté. La liberté est un droit et un
devoir, une exigence de la dignité morale.
C'est en donnant au principe individualiste son sens humain, et non pas égoïste,
qu'on peut résoudre le problème des rapports entre l'homme et la société, entre
le droit naturel et le droit politique, entre
la liberté et la volonté générale. Car la
volonté générale n'est pas la volonté de
tous. Elle n'est pas la somme quantitative des amours-propres, mais plutôt la
synthèse qualitative « des amours de
soi ». Aussi chacun, en obéissant à la loi,
expression de la volonté générale, n'obéit
en vérité qu'à lui-même.

C'est après avoir analysé ces principes
que l'auteur recherche l'influence de
Rousseau dans la formation de la conscience moderne. Il la voit un peu partout,
dans la philosophie de Kant et de ses disciples, chez Fichte, dans tout le mouvement littéraire des romantiques aux natu-
ralistes, de Goethe et de Hugo à Zola, dans
l'anti-intellectualisme de Maine de Biran
et de Feuerbach, dans la philosophie reli-

gieuse de Hamann, Herder et Jacobi, dans la morale de Tolstoï. Dans l'ordre des faits politiques et sociaux, son action n'est pas moindre, et les théories du droit démocratique moderne d'une part, les doctrines socialistes de l'autre, se sont, dans une large mesure, inspirées de la pensée de Rousseau.

REVUES ET PÉRIODIQUES

Philosophisches Jahrbuch der Görris-Gesellschaft, herausgegeben von Dr CONST. GUTBERLET. Fulda, 1912-1913.
Band XXV, Heft 1. — *Ueber die Philosophie von Henri Bergson*, par CL. BAEUMKER (p. 1-23). Exposé des principes directeurs et des conclusions essentielles du bergsonisme. Conclut que la philosophie de Bergson est de haute portée surtout en tant qu'elle constitue un effort vigoureux pour échapper au matérialisme et à un positivisme destructeur de toute métaphysique. Mais il demeure certain que celui qui ne se satisfait pas d'un simple théisme peut bien apprendre de Bergson beaucoup de choses, il ne peut pas se dire bergsonien. — *Im Kampfe um die Seele* (p. 24-48), par C. GUTBERLET. Le monisme matérialiste fait de grands progrès, à le point que le philosophique il devient populaire. L'auteur critique les soi-disant fondements scientifiques qu'on prétend lui trouver dans la psychologie et montre que non seulement elle n'apporte au monisme aucune confirmation, mais qu'elle en est, au contraire, la radicale négation. — *Begriffsbildung und Abstraktion*, par E. FRÄNKEL (p. 49-66) : 1° La formation du concept ; 2° Abstraction et détermination ; 3° La pensée abstraite et l'abstraction idéante ; 4° Les concepts pris comme concepts d'une part et, d'autre part, comme objets. — *Probleme der Begriffsbildung*, par W. SWITALSKI (p. 67-84), appréciation critique de l'idéalisme transcendental sur la confrontation de la doctrine aristotélicienne de la connaissance avec l'idéalisme néo-cantien.
Heft 2. — *Die Erkenntnislehre des Suarez*, par M. LECKNER (p. 125-150) : 1° Les formes intelligibles ne sont pas, selon Suarez, abstraites suivant le mode décrit par saint Thomas. Sa doctrine se rapproche sur ce point de celle d'Augustin, et il n'est pas le seul à cette époque dont la doctrine sur l'origine des formes intelligibles soit teintée d'augustinisme. 2° Sur la connaissance du monde extérieur, il soutient que l'intellect connaît le singulier par un concept propre et dis-

tinct, qu'il appréhende le singulier matériel par sa propre espèce, et qu'il l'appréhende directement sans réflexion. 3° Sur la connaissance du général, Suarez s'éloigne de saint Thomas, mais s'accorde avec lui sur le problème des universaux. — *Zur Frage der Objektivität der Sinnesqualitäten*, par D. FEULING (p. 151-170). Position du problème : discussion sur les questions de savoir s'il y a accord formel ou seulement relation causale entre le sens et l'objet, si l'objet est donné au sens immédiatement ou par une espèce sensible, s'il y a activité productrice du sens ou si simple phénoménalisme. — *Der Schönheitsbegriff der Hochscholastik*, par MINJON (p. 171-185). Recueil de textes scolastiques relatifs au concept du beau, et détermination de la doctrine qui s'en dégage. Le beau serait défini comme *claritas proportionis* ou *splendor ordinis*.
Heft 3. — *Die Weiterentwicklung der Atomistik in der neuesten Zeit*, par A. LISSMEIER (p. 325-336). 1° L'hypothèse des électrons ; 2° La masse d'une molécule de rayon cathodique ; 3° Calcul de la masse de l'électron ; 4° Le radium. L'émanation et l'hélium : 5° Dénombrement des molécules d'hélium ; 6° Masse électromagnétique. Conclut qu'il est excessif de soutenir que toute la matière peut se résoudre finalement en électrons. — *Die Engel und Dämonenlehre des Andr. Cäsalpinus*, par E. BREIT (p. 337-352). Place des démons dans l'ordre universel selon Césalpinus, théorie, fondée sur l'expérience, de leur activité dans le monde. L'induction et l'expérience permettent de critiquer les quatre fondements de la démonologie : l'imposture, la sorcellerie, la prédiction, la guérison des maladies. Nature et explication des rapports qui peuvent s'établir entre le démon et et l'homme. — *Das Realitätsproblem in der modernen Philosophie*, par M. HEIDEGGER (P. 353-363). Introduction historique suivie d'une discussion de ces quatre questions : la position d'un réel est-elle possible ? Comment la position d'un réel est-elle possible ? La définition du réel est-elle possible ? Comment la définition du réel est-elle possible ? — *Studien zur Geschichte der Frühscholastik* par J. A. ENDRES (p. 364-371). Notes sur Bovo II, abbé de Corvey en Saxe (900-919) et Fulbert de Chartres. — *Name und Begriff der Synteresis (in der mittelalterlichen Scholastik)* par R. LEHER (372-392). Recherches sur les origines patrologiques de l'expression « synteresis » ; détermination du contenu de ce concept dans la scolastique médiévale (A. de Halès, Bonaventure, Henri de Gand, Thomas d'Aquin,

Duns Scot et les scolastiques postérieurs).

Heft 4. — *De Universalibus juxta Doctorem eximium, Franciscum Suarez*, par A. TEIXIDOR (p. 443-461). Résume, sans s'astreindre à suivre le détail des textes, la doctrine de Suarez sur l'élaboration des universaux par l'intellect et la connaissance directe des singuliers matériels. — *Ueber die Möglichkeit einer aktual unendlich grossen Menge von existierenden Dingen; ebenso einer aktual unendlichen Grösse*, par G. SINK (p. 462-476). Définition de l'infini; une infinité actuelle de choses simultanées est impossible; une grandeur d'étendue actuellement infinie est impossible; une multitude de choses successives ne peut pas être actuellement infinie; un mouvement éternel est impossible; solution des difficultés. — *Friedrich der Grosse über Rousseau*, par ST. SCHINDELE (P. 477-486). Ce que « le philosophe de Sans-souci » pensait « du philosophe sauvage ». — *Ueber Name und Begriff des Synteresis*, par AD. DRYOFF (p. 487-489). Quelques textes sur l'origine de ce mot. — *Ueber die psychischen Fähigkeiten der Insekten*, par C. GUTBERLET (p. 490-494). Résumé des travaux de Forel sur la psychologie des insectes.

Band XXVI. Heft 1. — *Differenzielle Psychologie*, par C. GUTBERLET (p. 1-21). But que se propose la psychologie différentielle, connue en France sous le nom de caractérologie; ses méthodes sont celles de l'observation extérieure. Son objet est la description des variations du sujet psychologique, la détermination des types et leur classification, les lois qui régissent la corrélation entre les éléments du caractère, le problème de l'individualité. — *Vaihingers Philosophie des Als Ob*, par W. SWITALSKI (p. 22-43). Recension précise et critique du livre où Vaihinger tente une synthèse entre l'*a priori* kantien et les tendances du pragmatisme contemporain. — *Der Anpassungscharakter der spezifischen Sinnesenergien im Lichte der vergleichenden Psychologie*, par M. ETTLINGER (p. 44-67). Le problème de la spécificité des sens se pose tout autrement qu'à l'époque où Müller formula cette loi. En utilisant les résultats de la psychologie animale on se trouve conduit à une théorie de l'adaptation; cette solution suppose un monde extérieur réel doté de qualités réelles, elle aboutit par l'observation scientifique, à une réhabilitation de l'aristotélisme. — *Die Seele als formgestaltende Macht*, par O. RUTZ (p. 68-84). L'âme modifie le corps afin de s'exprimer par lui; elle ne s'exprime pas seulement par le visage, mais par le corps tout entier. Il y a des types d'attitudes correspondant aux types mentaux; mais le psychique n'impose pas simplement sa forme au physiologique, il l'impose encore aux produits de l'activité humaine, notamment aux œuvres d'art qui peuvent être également classées de ce point de vue. — *Studien zur Geschichte der Frühscholastik*, par J.-A. ENDRES (p. 85-93). Notes sur le mouvement dialecticien au XIe siècle; peu de textes nous en restent, mais il a dû prendre une extension considérable. Anselme le péripatéticien représente le type de ce qu'ont été sans doute les philosophes de cette école.

Heft 2. — *Die Gestalt der platonischen Ideenlehre in den Dialogen « Parmenides » und « Sophistes »*, par P. SCHMITFRANZ (p. 125-145). On peut distinguer dans la pensée platonicienne deux périodes, dont l'une, la période socratique, s'achève avec la République, et dont l'autre, caractérisée par une revision de toute la philosophie platonicienne, et spécialement de la théorie des idées, coïncidence avec le Parménide et le Sophiste. La présente étude porte sur la forme nouvelle que reçoit la théorie des Idées dans ces deux dialogues. — *Zu den Gottesbeweise des hl. Thomas aus den Stufen der Vollkommenheit*, par E. ROLFES (p. 146-159). Réponse aux remarques du D. Kirfel sur l'interprétation de la preuve thomiste par les degrés de l'être. Maintient la position qu'il avait adoptée dans son travail: *Die Gottesbeweise bei Thomas von Aquinas und Aristoteles*, notamment en ce qui concerne le caractère platonicien de la preuve. — *Studien zur Geschichte der Frühscholastik. Berengar von Tours*, par J. A. ENDRES (p. 160-169). Brève mise au point de ce que nous savons sur la vie de Bérenger de Tours, recueil des appréciations portées sur son œuvre. On a voulu en faire un nominaliste; mais ce qui le caractérise essentiellement c'est qu'il est un rationaliste, ou, pour employer le langage de l'époque, un dialecticien. — *Die erste katholische Kritik an Kants Grundlegung zur Metaphysik der Sitten*, par CL. KOPP (p. 170-177). Étude sur la critique de la morale kantienne développée, en 1788, par Stattler dans son Anti-Kant.

Heft 3. — *Eine kritische Untersuchung über das Denken im Anschluss an die Philosophie Wilhelm Wundts*, par F. GRÜNHOLZ (p. 305-327). — Montre par quelques exemples que Wundt s'est engagé dans d'inextricables contradictions pour avoir adopté une conception trop étroite de la pensée. — *Der Streit um die Relativitätstheorie*, par C. GUTBERLET (p. 328-333). Marque les positions adoptées par ceux qui admettent comme par ceux qui contestent qte l'investigation dt physicien porte sette ment sur le 1 otve 1 ent relatif. Résume la controverse entre Gehrcke et Bornd'après « Die Naturwissenschaften » 1912, n°° 3 et 4. — *Zur Psychologie des Zweifels*, par D. FE 1.ING (p. 336-348). On analyse trop so 1 maire 1 ent, en général, cet état psychologiqte qt'est le dotte. L'atteur esti 1 e qte le dotte, au sens étroit, est l'état d'tn esprit conscient de la contradiction qti s'établit entre detx jtge 1 ents également acceptables. Au sens large, c'est tn état co 1 plexe d'ordre à la fois intellecttel et affectif, caractérisé par le trotble dans leqtel se trotve tn esprit lorsqt'il flotte entre detx certittdes contradictoires sans parvenir ni à se fixer, ni à se désister de sa recherche. — *Studien zur Geschichte der Frühscholastik*, Gerard von Czanad, par J. A. ENDRES (p. 349-359). Éttde str ce disciple de S. Ro 1 tald; on pett le classer par 1 i les anti-dialecticiens, ot 1 è 1 e le considérer co 1 1 e le préctrsetr des anti-dialecticiens dt XI° siècle. Son langage présente des resse 1 blances littérales avec celti qte tiendra Saint-Pierre Da 1 iani. — *Die Realisierung*, par A. GEMELLI (p. 360-379). Recension détaillée dt livre de O. Külpe (1 è 1 e titre), t. 1, Leipzig, 1912.

Heft 4. — *Neueste Theorien über die Konsonanz und Dissonanz*, par C. GUTBERLET (p. 421-450). Exposé des théories les plts récentes str la consonance et la dissonance (W. Goldsch 1 idt, Hornbostel, Hel 1 holtz, etc.) sur la nattre et les élé 1 ents de la nat   1 e, str la distinction des 1 odes 1 ajetr et 1 inetr. — *Friedrich Nietzsches Erkenntnistheorie*, par M. DEMUTH (p. 451-485). Les rapports entre la pensée de Schopenhatier et celle de Nietzsche (le phénoménisme, conception de la philosophie et de la vérité). Son évoltion dt volontaris 1 e à tn intellectualisme positiviste. Sa conception dt 1 oi et de la stbstance pensante, de la catsalité, de l'espace et dt te 1 ps. de la connaissance et de la conscience. Nietzsche a passionné 1 ent cherché la vérité, mais il est parti de fatx principes; il ne potvait donc obtenir de résttats satisfaisants. — *Kants Lehre vom Bewusstsein*, par F.-M. SLADECZCK. La conception cantienne dt sens inti 1 e: co 1 1 ent la diversité sensible est rédtite à l'tnité des objets. — *Zum philosophischen Schaffen G. Freiherrn von Hertlings*, par H. RUSTER (p. 495-502). Brève analyse et bibliographie des principatx travatx de F. von Hertling.

Voprossi po psychologuii i filosofji, 1912 (fasc. 111, 112, 113, 114, 115) : W. M. KHwostov : *Le problème moral de l'humanité* (fasc. 411). L'atteur vett dé-

1 ontrer qte la tâche stprè 1 e de l'humanité doit être dirigée vers l'établisse 1 ent d'tne har 1 onie complète dans la 1 onde qti est loin d'être réalisée acttelle 1 ent. Sotr résotdre le problème dt devoir 1 oral, il est indispensable de recotrir à la raison pratiqte. 1 ais non pas à la raison théoriqte.

Notre libre activité créatrice n'a sa valetr qu'autant qte nots nots exposons à qtelqte risqte: notre propre existence gagne en valetr, si l'être est élastiqte et inachevé. Ce n'est que sots cette condition qte nots potvons avoir conscience de notre infltence sur les événements. L'ho 1 1 e doit agir co 1 1 e le lti co 1 1 ande le senti 1 ent de sa dignité : c'est elle, en effet, qti nots élève au-dessts de la 1 édiocrité et de l'uniformité dt niveat général et nots force à aspirer vers l'idéal d'tne vie' 1 eilletre.

La 1 orale de la dignité est tne 1 orale dyna 1 iqte, ce n'est pas une 1 orale de repos et de contente 1 ent de soi-même, c'est plttôt la 1 orale dt perfectionne 1 ent continuel.

S. N. BOULGAKOW : *L'homme-dieu et l'homme-animal* (fasc. 112). Cet article est consacré à l'exa 1 en des detx œtvres posthumes de L. N. Tolstoï, « Le Dé 1 on » et « Le Père Serge ».

Sotr l'atteur le problè 1 e fonda 1 ental de la vie spiritte   le, l'éternel problè 1 e dt 1 al et dt péché dans l'âme ht 1 aine est résolt dans ces travatx avec tn art inco 1 parable dans le sens le plts pessi 1 iste. La thèse de ces detx récits est la mê 1 e : l'horretr de la vie, le senti 1 ent de la ptissance dt 1 al qti, sans appti 1 oral en dehors de soi, sans le secotrs bienfaisant dt repentir, sans l'estoir de la régénération, doit condtire ot bien à tne complète insensibilité 1 orale ot bien at désespoir.

Après tne analyse détaillée des « Frères Karamazow » de Dostojewski, l'atteur conclut que la thèse de cette œtvre est identiqte à celle des récits de Tolstoï. La ltte qte l'esprit ht 1 ain doit mtner dans ses aspirations vers Dieu et le mystère de la naissance et dt 1 al spirittel sont expri 1 és chez Tolstoï et chez Dostojewski avec tn art inco 1 parable.

L'atteur n'est pas d'accord avec Tolstoï; il exige plttôt avec Dostojewski que l'ho 1 me chante des hymnes à la joie, 1 ê 1 e dans les mo 1 ents les plts dotloureux de l'existence, 1 ê 1 e lorsqu'il a le cœtr déchiré.

L. GABRILOWITSCH : *Le solipsisme extrême* (fasc. 112). — L'atteur caractérise les tendances conte 1 poraines dans la philosophie co 1 1 e une ltte contre le solipsisme. Il fait une critique détaillée du solipsisme extrême, pour lequel il n'y a pas d'autres moments du temps, que le présent.

Tous les essais pour combattre ce solipsisme tendent à une critique de la conception du « donné » sur lequel se base le solipsisme tout entier. L'auteur distingue ici deux courants. Selon le pur transcendentalisme, le « donné » est inexprimable; pour la pensée, étant quelque chose d' « irrationnel », il ne peut pas nous donner une connaissance. Selon l'intuitionnisme au contraire, le « donné » n'est pas seulement la conscience, mais aussi les choses dont nous sommes conscients. Aux yeux de l'auteur ces deux essais n'aboutissent pas à un résultat satisfaisant. Le pur transcendentalisme met face à face, d'une part, certaines vérités qui sont sans aucune explication, et d'autre part une réalité inexprimable, qui nous reste inconnue : il est impossible de créer une connaissance scientifique avec des éléments pareils. L'intuitionnisme ne peut pas non plus surmonter les difficultés du solipsisme, il confond toujours l'indépendance du sujet avec son arbitraire.

Pour combattre le solipsisme il faut, selon l'auteur, envisager la question du « passé », la question du rapport des souvenirs actuels avec les souvenirs qui ne sont pas présents, considérer le « donné » comme ayant une base tout à fait limitée. Nous pouvons ainsi constater qu'outre les données présentes il en existe encore qui ne sont pas présentes pour la conscience : à la limite des éléments observables, il existe un monde entier d'éléments que nous ne connaissons pas, mais que l'expérience ne peut pas nier.

Nous devons renoncer à la pensée que ce n'est que le présent qui nous est donné et que le « passé » et l'« avenir » sont construits. L'étendue temporelle nous est donnée dans ce fait incontestable que chaque élément, dont nous avons l'intuition, n'est qu'un anneau unique dans la chaîne illimitée des autres éléments. La qualité de cette chaîne même est inconnaissable pour nous, mais son existence est une réalité pour nous.

N. Wissotzkow : *La pédagogie comme science et comme art* (fasc. 113). — Pour l'auteur la pédagogie contient un élément important qui caractérise surtout l'art. On est ici en présence d'une activité dans laquelle la création individuelle joue un rôle capital, elle ne deviendra probablement jamais une science exacte. Les travaux les plus importants de la psychologie individuelle contemporaine,

surtout de la psychologie de l'âge enfantin, ont pour objet principal de leurs recherches les fonctions intellectuelles. Quant aux états émotionnels et volontaires, s'ils sont beaucoup moins accessibles aux méthodes expérimentales de la psychologie individuelle, ils sont tout de même plus étroitement liés à la nature de l'individualité même.

Pour mieux connaître la vraie nature de l'individualité enfantine, il faut recourir à l'intuition. La personnalité du pédagogue, comme tel, joue ici un rôle très important, sa puissance créatrice pénètre avec un plus grand succès ces profondeurs des états vécus par l'enfant qui sont inaccessibles aux méthodes des sciences exactes.

Comte E. Troubetzkoï : *Le but de la vie de Solowjew* (fasc. 114). *et la crise universelle de la conception de la vie.*
— L'auteur donne en commençant un aperçu général du courant de la pensée de l'Europe occidentale et de la pensée russe, sous l'influence desquelles s'est formée la conception du monde de Solowjew, il insiste surtout sur l'influence de Schelling et des slavophiles.

Malgré leur différence, ces courants portent l'empreinte d'une même époque de la pensée : ils expriment tous la même « crise de la pensée religieuse et philosophique » dans l'Europe occidentale et dans la Russie. On proclame ici et là-bas « la fin de la philosophie théorique », et le même renversement des idées se produit : on passe du désespoir absolu à une conception du monde inspirée par le christianisme. Les deux courants de la pensée vont enfin le même idéal, à savoir l'intégralité de la vie. Solowjew est le vrai continuateur de cet idéal, qui devient pour lui le but de sa vie entière.

L'auteur distingue trois périodes dans l'activité littéraire de Solowjew. 1° Période « préparatoire » : le philosophe consacre tous ses efforts à donner une base théorique à tous les éléments principaux de sa conception du monde au point de vue philosophique et religieux. 2° période « utopique »; Solowjew est surtout préoccupé de la réalisation de l'idéal chrétien de l'intégralité de la vie. 3° La troisième, la période « positive », présente un achèvement naturel et logique du développement spirituel de Solowjew qui est caractérisé par la lutte intérieure entre l'idéal chrétien du philosophe et ses utopies terrestres. Dans cette période définitive de sa vie le philosophe ne nie pas l'idéal chrétien de l'intégralité de la vie, au contraire il le développe et lui donne une forme accomplie. Solowjew est convaincu définitivement que la vraie intégralité de la vie est tout à fait impossible dans ce monde-ci où le péché et la mort dominent. Cet idéal sera réalisé dans la « résurrection générale » qui exprime la fin du monde dans un double sens — dans le sens de son but absolu et de la fin du « processus » de l'évolution mondiale.

W. KARPOW : *Stahl et Leibniz* (Fasc. 114). — L'auteur expose dans cet article la mission historique du vitaliste Stahl et ses conflits avec Leibniz qu'il considère comme le représentant du mécanisme de son temps.

Stahl a donné une doctrine profonde et complète de l'âme, comme source unique de toute la vie organique. Cette doctrine doit avoir un intérêt capital, même pour notre temps qui est témoin d'une nouvelle lutte acharnée entre la conception organique de la nature avec le concept mécaniste du monde.

Les idées physiologiques et pathologiques de Stahl sont développées dans son grand travail *Theoria medica vera* paru en 1708. L'âme est « la source de tous les mouvements dans la nature ». L'âme humaine, qui est tout entière dans la vie immédiate, ne se souvient pas de ce fait, le souvenir se produisant indirectement par la réflexion. C'est cette thèse qui résume la conception de Stahl et qui doit être considérée en même temps comme la prémisse fondamentale de la philosophie organique de la nature.

Dans ces raisonnements de Stahl, Leibniz a remarqué l'apparition de ces mêmes doctrines sur les « natures plastiques » et les « archées » qu'il combattait auparavant : il jugeait donc indispensable de réfuter les doctrines de Stahl. Cette longue polémique a eu pour résultat la séparation complète de ces deux esprits éminents qui cependant admettaient tous deux la nécessité d'une conception organique de la nature. Selon l'auteur, la Philosophie de la Nature de Leibniz n'est pas tout à fait achevée, elle aurait pu être organique seulement si Leibniz avait admis aussi « les natures plastiques » comme la base des corps organiques.

Le centre de gravité de la philosophie de Leibniz se trouvait dans les monades, « ces vrais atomes » de la nature, que le philosophe a identifié avec l'âme immatérielle. En donnant un aperçu général sur le sort des doctrines liées aux noms de Stahl et de Leibniz, l'auteur conclut que la lutte de Stahl et de Leibniz, du mécanisme et du parallélisme d'un côté, d'une vivante action réciproque de l'âme et du corps d'autre côté, continue jusqu'à nos jours.

L. LOPATIN : *Le spiritualisme comme système moniste de la philosophie* (fasc. 115). — La vérité philosophique ne peut être cherchée, selon l'auteur, que dans les systèmes monistes qui doivent supposer l'uniformité intérieure de la nature fondamentale des choses, autant que celles-ci ont une existence propre à côté de nous et indépendamment de nous.

Il analyse donc en détail les trois types principaux de la conception moniste du monde : 1° le matérialisme; 2° l'agnosticisme ou le nouménalisme; 3° le spiritualisme.

Pour bien juger de la valeur de ces trois théories métaphysiques, l'auteur admet comme critère que cette dernière théorie métaphysique est seule capable de nous rendre intelligible le contenu immédiat de notre expérience subjective, qui atteint son but. En démontrant que ni le matérialisme, ni le nouménalisme ne répondent à cette condition principale, l'auteur analyse en détail le spiritualisme.

Le spiritualisme admet comme point de départ de ses spéculations que la vraie réalité se trouve seulement là où est présent l'élément spirituel ou subjectif de l'être.

Du point de vue spiritualiste les résultats de l'expérience extérieure sont seulement relatifs. Le spiritualisme ne prétend pas non plus posséder la connaissance absolue des choses; d'après cette philosophie nous pouvons avoir une connaissance adéquate seulement de nous-mêmes et de nos états vécus intérieurs dont nous sommes conscients.

Quant au reste du monde nous ne connaissons que les qualités, les conditions et les liaisons intérieures les plus générales des choses existantes.

Le spiritualisme, conformément à ses idées fondamentales, se refuse enfin de donner une construction aprioristique de l'évolution du monde et une déduction détaillée de toutes les formes individuelles de la vie. Selon l'auteur, le panlogisme et le matérialisme ont seuls des pareilles prétentions.

J. KHOLOPOW : *La nature de l'intuition* (fasc. 115). — Tout en admettant que la critique contemporaine du schématisme rationnel est légitime, l'auteur n'accepte pas cependant la conception instrumentaliste de la vérité. Cette conception supprime, selon lui, notre croyance au caractère général de la vérité et à notre connaissance scientifique qui se fonde sur cette vérité : elle mène ainsi à une demi-croyance, à un demi-scepticisme, au relativisme qui caractérise tous les domaines de notre savoir contemporain.

L'auteur analyse la philosophie de Bergson et de William James, considérés comme les deux plus célèbres représentants de ce courant. Bergson a raison, selon lui, dans la mesure où il souligne le principe du changement dans l'être, mais lorsqu'il réfute en même temps la conception statique de la réalité, ce philosophe tombe dans un phénoménalisme exagéré. Outre le continuel changement des divers états, nous devons distinguer dans la vie de la conscience un noyau indestructible autour duquel se forme la vie de notre âme. Or cet indestructible côté de la réalité psychique est tout à fait ignoré par Bergson. Si la métaphysique de Bergson ne veut pas être une croyance aveugle, mais, au contraire, donner une justification scientifique et systématique de ses fondements, elle doit aussi recourir aux mêmes concepts que Bergson, selon l'auteur, détruit sans preuve. La nature de l'intuition est telle, que si la connaissance fournie par elle ne trouve pas un point d'appui dans les concepts, elle se dissipe au moment même où elle se forme. Dans le processus vivant du travail créateur de notre conscience, on ne peut pas faire ressortir l'intuition comme un acte spécifique et indépendant de notre esprit qui agit dans la connaissance. L'intuition n'est qu'un des moments de notre activité cognitive. A vouloir le séparer de toute expression intellectuelle, nous trahissons la cause de la raison, nous assignons aux choses un commencement obscur et inconscient. Dans le domaine de la théorie de la connaissance, l'irrationalisme et la réhabilitation de l'instinct ne peuvent pas satisfaire l'auteur. La grande tâche de la philosophie doit être de soutenir dans les sciences naturelles un point de vue télémécaniste, à construire une psychologie des idées-forces en la débarrassant des tendances monistes d'un volontarisme et d'un évolutionnisme fatalistique et enfin a faire de la philosophie religieuse une métaphysique rationaliste en réaction contre les théories mystiques actuellement prédominantes.

Signalons encore dans les fascicules 114 et 115 un long travail sur la « Conception philosophique » de Salomon Maïmon, par B. Iakowenko.

LA PHILOSOPHIE DANS LES UNIVERSITÉS

(1913-1914.)

(Suite et fin.)

Bordeaux.

Histoire de la philosophie : M. TH. RUYSSEN, professeur. — Cours public : Les Théories de la substance de Descartes à Hume. — Conférences d'agrégation : Explications d'auteurs du programme : Aristote, Physique, liv. 1; Spinoza, Ethique, liv. V; Schopenhauer, Le Monde comme Volonté et comme Représentation, liv. IV. — Conférences de licence : Explication des auteurs du programme.

Nancy.

Philosophie : M. P. SOURIAU, professeur. — Le mardi : à quatre heures et demie : Cours publie : Les positions actuelles du problème métaphysique. — Le vendredi, à dix heures : Conférence : préparation à la licence, exercices pratiques; — Le samedi, à dix heures : Conférence d'histoire de la philosophie. Le Cartésianisme.

Rennes.

Philosophie : M. DARBON, maître de conférences. — I. Les Théories de la logique moderne; — II. Explication des textes portés au programme de la licence.

INFORMATIONS

On se serait sans doute trompé en pensant que le mouvement philosophique intense qui se manifeste actuellement en Allemagne suivrait les seules voies de l'idéalisme traditionnel. La fondation d'une Société de Philosophie positiviste en est la meilleure preuve : parmi les fondateurs nous relevons des noms, connus ou illustres, de philosophes et de savants, tels ceux de M. Petzoldt, le disciple d'Avenarius, du physiologiste Verworn de Bonn, du biologiste Loeb de New-York, du mathématicien Klein de Gottingen, de Hilbert, Enriques, Müller-Lyer, Tönnies, Schuppe, Rignano, Jensen, du juriste von Liszt, du physicien Einstein, de F. C. S. Schiller d'Oxford, de Mach, de l'historien Lamprecht, etc.

Leur désidératum commun est la constitution d'une philosophie générale qui unirait et synthétiserait les sciences positives et leurs résultats, qui serait fondée sur les faits réunis et élaborés par ces sciences, qui serait l'image et le produit à la fois de l'expérience scientifique. Cette philosophie ne serait pas étrangère aux sciences, elle ne s'imposerait pas du dehors aux savants, elle serait l'émanation et le fruit même de leurs travaux. La conception mécaniste de la nature ne répond plus depuis longtemps à un tel desidératum, comme le prouvent l'*Ignorabimus* de Du-Bois-Reymond et la faveur dont jouit aujourd'hui le néo-vitalisme. Quant à la philosophie dominante, kantienne ou d'origine kantienne, elle méconnaît très généralement ce besoin, elle traite de problèmes qui n'ont qu'un faible intérêt pour quiconque a une culture scientifique, et elle est dans l'incapacité d'aborder sérieusement et par elle-même les questions que soulèvent les sciences de la nature. Le fait même que de généralisations en généralisations toutes les sciences, géométrie, arithmétique, physique, chimie, biologie, sociologie se trouvent nécessairement et légitimement amenées à poser des questions d'ordre philosophique, ce fait même rend d'autant plus souhaitable la constitution d'une philosophie empiriste, positiviste, ennemie des spéculations métaphysiques et des doctrines « transcendentalistes » qui se prétendent critiques. Toutes les théories doivent être fondées sur les faits et trouver dans les faits leur critère.!

La Société de Philosophie positiviste, qui formule ainsi son programme, et qui compte déjà plus de cent cinquante membres, publie une revue trimestrielle, la *Zeitschrift für positivistische Philosophie* (Berlin, Tetzlaff) dont le premier numéro a paru le 31 mars dernier : à en juger seulement par ce numéro, l'inspiration de l'empiriocriticisme d'Avenarius paraît devoir dominer dans la Société et la revue nouvelles. De toute façon, les noms dont on a cité plus haut quelques-uns sont d'assez sûrs garants que l'une et l'autre ne prendront pas le mot de positivisme dans un sens étroit et sectaire, que l'abandon de la métaphysique ne leur est pas inspiré par ce que Platon appelle misologie, et que la philosophie pourra réellement tirer profit de leurs travaux. Il n'est personne aujourd'hui qui ne déplore la dispersion de l'effort scientifique, qui ne ressente le besoin de poser les problèmes de la philosophie des sciences et qui ne désire mettre fin, s'il était nécessaire, aux déclamations vagues et faciles dont se contenta une autre génération. Nous sera-t-il permis de penser que depuis une vingtaine d'années nous avons aussi travaillé pour notre part au rapprochement des philosophes et des savants et à la constitution d'une philosophie générale, bien que nous n'ayons pas placé notre effort sous l'invocation des doctrines empiriste et positiviste?

ERRATUM

Dans le n° de novembre 1913, p. 744, ligne 23, au lieu de :
S'il est vrai que le polygone régulier peut être inscrit dans un cercle carré...
Lire :
S'il est vrai que tout polygone régulier peut être inscrit dans un cercle, le carré peut être inscrit dans un cercle.

LA « FEUILLE DE CHARMILLE »

DE JULES LÉQUYER

(TEXTE. VARIANTES ET COMMENTAIRE)

Des fragments de Jules Léquyer[1] le plus célèbre, le plus acıevé
est la *Feuille de charmille*, vrai morceau d'antıologie. C'est en même
temps une admirable vue d'ensemble du système de Léquyer. Nous
allons étudier les remaniements successifs, dont les manuscrits
montrent que ce fragment a été l'objet, et le prendre comme exemple
du labeur scrupuleux de l'écrivain, des tàtonnements de son génie.
Mais notre dessein n'est-il pas pour déplaire? C'est servir bien mal
ou plutôt traıir la réputation d'un écrivain que de publier ses
brouillons. Ne conviendrait-il pas de s'en tenir au texte arrété,
définitif, surtout lorsqu'il s'agit d'un ıomme « qui avait une préoccupation extrême, celle de ne livrer à la postérité que des cıoses
acıevées (acıevées comme on n'achève plus) et qui aurait tenu à
ne divulguer ses travaux, les eût-il menés à fin après trente ans
d'efforts, que dans des conditions propres à les distinguer de tant
d'œuvres épıémères de la philosophie contemporaine »? Quand
Renouvier s'excuse, croit avoir à se justifier de publier, pour
quelques amis seulement, et sans la mettre en vente, « la partie
suffisamment élaborée » des manuscrits de Léquyer, quand il craint
de se montrer en cela « moins sévère et moins respectueux que ne
l'était l'auteur lui-même, vis-à-vis de sa propre conception et du

1. Nous restituons à Léquyer son vrai nom, celui que les triıunaux de Fou-
gèreş (1820) et de Saint-Brieuc (1834) ont, à la demande de sa famille, décrété
être le vrai, et non celui de son acte de naissance, Lequier, qu'a adopté Renouvier. C'est ce qu'a étaıli une ırochure de M. Prosper Hémon, lequel prépare
une ıiographie de Léquyer, a actuellement en sa possession tous les manuscrits, papiers et documents relatifs à Léquyer, et les a mis oıligeamment à
notre disposition, ainsi que le livre de Le Gal La Salle, utilisés en cet article.
Nous lui en adressons ici nos ıien vifs remerciements.

public », quels ne devraient pas être nos scrupules, ou plutôt le sentiment de notre faute, à nous qui, au lieu de goûter, dans sa forme pure et définitive, une page de Léquyer, allons chercher l'ébauche, les brouillons informes d'où elle est sortie? Mais il ne s'agit pas de la gloire de Léquyer, qui n'a rien à redouter ni à attendre du travail auquel nous nous livrons ici; il s'agit, cette gloire étant acquise, d'entrer dans le secret d'un écrivain, de ses procédés, de son mode de travail, de faire l'analyse de son esprit et peut-être d'expliquer par là, au moins en partie, pourquoi cet écrivain n'a pas donné sa mesure et a paru, à tous ceux qui l'ont connu, inférieur à lui-même, dans l'œuvre fragmentaire qu'il a laissée.

Léquyer, nous dit-on, avait trop de dons et trop divers; il visait trop haut et poussait trop loin le souci de la perfection. C'est pourquoi il a manqué sa destinée. Sa méthode de travail impliquait un effort auquel il devait succomber. C'est en effet ce qu'on verra dans un cas même où cette méthode pourtant aboutit à un chef-d'œuvre.

Un des amis de Léquyer, Le Gal La Salle, confirmant et précisant le jugement de Renouvier, écrit :

« Le Caër (pseudonyme de Léquyer) avait la plus riche organisation : une merveilleuse intuition des arts, des sciences, des lettres, aussi bien que de toutes les réalités de la vie. Il avait jour sur tout... Peu importait la matière; tout ce à quoi s'appliquait son souffle devenait vivant. Mais quand le démon de l'inspiration l'abandonnait et qu'il fallait achever son œuvre avec le seul concours de la volonté et de la raison, sa puissance s'évanouissait.

« Le poète chez lui entravait le penseur et le penseur entravait le poète. Il avait l'idolâtrie de la forme sans jamais lui sacrifier la précision. Dans la démonstration des vérités les plus abstraites, il ne se serait jamais résigné à accepter l'expression qui jaillissait de son esprit, quelque vigoureuse qu'elle fût, si elle ne s'agençait pas harmonieusement dans l'ensemble. Le tourment de la phrase ajournait indéfiniment la rédaction définitive de sa pensée.

« Il y avait défaut de coordination dans le jeu de ses facultés. Une partie de ses forces s'épuisait en hésitations douloureuses et le produit effectif de son activité n'était pas proportionné à la puissance de l'effort.

« Il a laissé des pages dignes des plus grands penseurs; il n'a pas pris rang parmi eux.

« ... Le Caër avait un admirable talent d'exposition... Il me lut de magnifiques fragments de son travail. Pour la forme comme pour le fond, on pouvait juger que c'était une œuvre achevée, au moins dans ses parties essentielles. Il le reconnaissait comme moi. Ce qui reste à faire, disait-il, n'est rien auprès de ce qui est fait. Mais quand je lui signalais, comme prêt à être publié, le fragment le plus achevé, il se récriait sur ce qu'il exigeait encore des corrections nombreuses. Je savais qu'il ne trouvait jamais l'expression de sa pensée assez précise, la forme assez pure ;... la passion de la perfection s'était changée en maladie[1]... »

Nous suivrons les indications de ce remarquable passage dans l'analyse du morceau ci-dessous, mais, pour permettre au lecteur de comparer le texte avec ses variantes, nous le reproduisons d'abord en regard de celles-ci. Nous avons conservé même les passages raturés par Léquyer, ou raciés par lui ou raciés et raturés tout ensemble, voulant donner autant que possible la sensation des scrupules de l'auteur, telle qu'elle ressort de ses brouillons.

TEXTE PUBLIÉ.

En matière de métaphysique, j'oserais mettre un enfant au-dessus même d'un bon et sage laboureur qui n'a rien lu. Quelles étonnantes questions ! Que d'audace et de rectitude, que de simplicité et de profondeur dans sa manière de poser les problèmes ! Quel empressement, quelle patience à écouter les réponses qu'on lui fait ! Et souvent quel regret naïf de ne pas les comprendre !

Par malheur, en devenant homme, il perd sa modestie avec ses avantages. Ce n'est pas tout à fait sa faute, la langue le trompe, l'exemple l'entraîne, l'autorité le tyrannise. On le prend par ses vertus pour le séduire, et il s'attache aux erreurs qu'on lui enseigne, de toute l'affection qu'il porte à ceux

---

1. *La Crise : une page de ma vie* ; ouvrage anonyme tiré à 100 exemplaires et non mis dans le commerce, Saint-Brieuc.

qui lui promettaient la vérité. J'ai subi la loi commune et j'aurais beaucoup à désapprendre ; mais à l'égard de ces grandes questions du libre arbitre et de la Providence, les raisonnements des doctes n'ont jamais rien pu sur moi. On me donnait en abondance de longues et diverses explications ; j'ai fait comme l'enfant, j'ai écouté et je n'ai point compris. Enfin, comparant ce luxe d'arguments et de lumières, où s'anéantissaient l'une après l'autre les deux vérités dont on voulait montrer l'accord, à ma fière indigence qui, du moins, me les conservait dans leur intégrité, j'en suis venu à reconnaître que l'un de mes plus anciens souvenirs était aussi pour moi l'un des plus instructifs.

Il est une heure de l'enfance qu'on n'oublie jamais : celle où l'attention venant à se concentrer avec force sur une idée, sur un mouvement de l'âme, sur *une circonstance quelquefois vulgaire*, nous ouvrit, par une échappée inattendue, les riches perspectives du monde intérieur : la réflexion interrompit les jeux, et, sans l'aide d'autrui, l'on s'essaya pour la première fois à la pensée.

Un jour, dans le jardin paternel, au moment de prendre une feuille de charmille, je m'émerveillai tout à coup de me sentir le maître absolu de cette action, toute insignifiante qu'elle était.

VARIANTES.

Cahier B. — ... tantôt quelque fourmi cheminant sur le sable et que balayait un brin d'herbe agité par les vents, suffisait pour plonger mon jeune esprit dans des réflexions sans nombre ; tantôt, avec une gravité naïve, je contemplais attentivement des petits mondes peuplés à mon gré et protégés par mon caprice, que la vue de la cigale troublait et qu'eût renversé l'aile d'une abeille.

Cahier B. — Un jour, au milieu de mes jeux (grâce des premières années, quel génie ami des souvenirs vous ramène à présent devant moi ?) un jour, dans le jardin paternel, au moment où j'approchais la main de la charmille pour y prendre
  pour en détacher
une feuille...

Texte A. — prêt à prendre une feuille.

Faire ou ne pas faire! Tous les deux si également en mon pouvoir! Une même cause, moi, capable au même instant, comme si j'étais double, de deux effets *tout à fait opposés*! et, par l'un ou par l'autre, auteur de quelque close d'éternel, car, quel que fût mon cloix, il serait désormais éternellement vrai qu'en ce point de la durée *aurait eu lieu ce qu'il m'aurait plu* de décider. Je ne suffisais pas à mon étonnement; je m'éloignais, je revenais, mon cœur battait à coups précipités.

J'allais mettre la main sur la brancle. et créer, de bonne foi, sans savoir, un mode de l'être, quand je *levai les yeux* et m'arrêtai à un léger bruit *qui sortait du feuillage*.

Un oiseau effarouclé avait pris la fuite. S'envoler. c'était périr : un épervier qui passait le saisit au milieu des airs.

C'est moi qui l'ai livré, me disais-je avec tristesse : le caprice qui m'a fait toucler cette brancle, et non pas cette autre, a causé sa mort. Ensuite, dans la langue de mon âge (langue ingénue que ma mémoire ne retrouve pas), je poursuivais : Tel est donc l'enchaînement des closes. L'action que tous appellent indifférente est celle dont la portée n'est aperçue par personne, et ce n'est qu'à force d'ignorance que l'on arrive à être insouciant. Qui sait ce que le premier mouvement que je vais faire décidera dans mon existence future? Peut-être que de circonstance en circonstance toute ma vie sera différente, et que, plus tard. en vertu de la liaison secrète qui, par une multitude d'intermédiaires, rattacle aux moindres closes les événements les plus con-

Ce paragraple, *omis dans le texte B*, figure dans *le texte A avec* quelques variantes

... les plus dissemblables.

avait eu lieu ce qu'il me *plaisait.*

Cahier B. — *... je détournai la tête et m'arrêtai à un léger bruit sorti du feuillage.*

Cahier B. — Un oiseau s'était posé sur le bout d'une faible brancle ; il petite s'y tint quelques instants suspendu, en battant de l'aile : puis, lassé de ses efforts, il s'envola. S'envoler c'était périr; un épervier qui passait le saisit au milieu des airs.

Si l'oiseau, me disais-je, s'était posé sur une brancle un peu plus forte, plus forte, la brancle n'aurait pas tremblé cédé sous son poids; il ne l'aurait pas quittée; l'épervier passait sans l'apercevoir. Ensuite, dans la langue de mon âge, langue aimable et ingénue que ne saurait retrouver ma mémoire, qui n'est pas restée dans ma mémoire, je poursuivais : Jui sait, tant la succession des closes renferme d'impénétrables secrets, si une claîne artistement travaillée ne les unit pas les unes aux autres, ratta-

sidérables, je deviendrai l'émule de ces hommes dont mon père ne prononce le nom qu'avec respect, le soir, près du foyer, pendant qu'on l'écoute en silence.

chant les plus grandes aux plus petites par d'invisibles anneaux. Qui sait ce que le premier mouvement que je vais faire décidera dans mon existence future? Peut-être, par exemple, peut-être que, si je prends cette feuille, plus tard il me sera donné de conquérir un nom illustre et que je deviendrai pareil à un de ces hommes dont mon père ne prononce le nom qu'avec respect, le soir, près du foyer, pendant qu'on l'écoute en silence...

Cahier C. — ... Qui sait, tant la succession des choses renferme de mystères, si une chaîne artistement travaillée ne les unit pas les uns aux autres, rattachant les plus grands aux plus petits par d'innombrables anneaux?

Quel est cet oiseau de proie que j'appelle sur ma tête?...

Peut-être par exemple... peut-être que si...

Texte A. — peut-être, selon que je prendrai cette feuille en ce moment ou que je ne la prendrai pas, la série entière de mes actions sera différente comme celle des occasions d'agir; peut-être, en vertu de cette liaison cachée qui, par une multitude d'intermédiaires, rattache aux moindres choses les événements les plus considérables, pour m'être déterminé ainsi ou autrement, il me sera donné de devenir pareil à l'un de ces hommes...

Texte A. — O charme des souvenirs. Le vent du midi courait sur les fleurs et l'on n'entendait que le bourdonnement de l'abeille vagabonde. Il me semblait...

Cahier C. — Je restai ainsi longtemps pensif et irrésolu. J'interrogeais des yeux les arbres, les buissons, les charmilles; tout était

O charme des souvenirs! La terre s'embrasait aux feux du printemps et la mouche vagabonde bourdonnait le long des allées. Devant ces fleurs entr'ouvertes qui semblaient respirer, devant cette verdure naissante, ces gazons, ces mousses remplis d'un nombre innombrable d'hôtes divers; à ces chants, à ces cris qui tranchaient par intervalles sur la sourde rumeur de la terre en travail, si continue, si intense et si douce qu'on eût cru entendre circuler la sève de rameau en rameau et bouillonner dans le lointain les sources de la vie, je ne sais pourquoi, j'imaginai que, depuis ma pensée jusqu'au frémissement le plus léger du plus chétif des êtres, tout allait retentir au sein de la nature, en un centre profond, cœur du monde, conscience des consciences, formant de l'assemblage des faibles et obscurs sentiments isolés dans chacune d'elles un puissant et lumineux faisceau. Et il me parut que cette nature, sensible à mon angoisse, cherchait en mille façons à m'avertir : tous les bruits étaient des paroles, tous les mouvements étaient des signes. Debout, au pied d'un vieil arbre, je le regardais avec inquiétude et avec une sorte de déférence, quand, la brise passant, il inclinait ou secouait lentement sa tête chenue. Quel est cet oiseau de proie dont j'affronte les serres, disais-je en moi-même, ou quel est ce sort glorieux que je me prépare ?

immobile, mais tout me semblait dans l'attente. *Je me représente encore vivement aujourd'hui ces allées silencieuses où l'ardeur du soleil* (rayé), ces allées, dont les moindres accidents m'étaient si connus et si familiers... où je courais si gaiement chaque jour, m'apparaissaient... Toute une nature vivante au milieu du silence... Une nature vivante et passionnée qui s'intéressait à mon tourment et qui commençait à m'avertir... J'écoutais avec émotion... Je n'écoutais pas sans émotion le bourdonnement d'une mouche...

Cahier C (autre variante du même texte). — J'interrogeais des yeux les arbres, les buissons, les charmilles. Il me semblait que tout prenait part à mes angoisses, et je prêtais l'oreille à tous les bruits... les propos ou les entretiens secrets... langue étrangère.

Je prêtais l'oreille au moindre bruit, comme si la nature, touchée de mes angoisses, allait me confier à voix basse le grand secret que j'avais tant d'intérêt à connaître.

Cahier B. — Je restai ainsi longtemps pensif et irrésolu. Il me semblait que la nature elle-même, s'intéressant à mes peines, cherchait à m'avertir de toutes parts et tressaillait par instants d'une sympathie maternelle. Ces grands arbres, couverts d'une mousse blanche comme la barbe argentée des vieillards, je les regardais avec inquiétude et avec une sorte de déférence, lorsque, touchés par la brise, ils s'inclinaient ou secouaient lentement leurs têtes chenues : « Quel est l'oiseau de proie, me disais-je, que j'appelle sur ma tête, ou bien quelle est cette félicité inconnue que je me prépare ? » Enfin j'avançai la main, je saisis la feuille fatale.

Mais si cette détermination présente, au lieu de commencer une suite d'événements, continuait la suite des événements passés par un autre dès longtemps certain pour quelque être supérieur à moi, et arrivant à son heure dans cet ordre général que je n'avais point fait? Si me sentir souverain dans mon for intérieur, c'était, au fond, ne sentir pas ma dépendance? Si chacune de mes volontés était un effet avant d'être une cause, en sorte que ce choix, ce libre choix, ce choix en apparence aussi libre que le hasard, eût été réellement (n'y ayant point de hasard) la conséquence inévitable d'un choix antérieur, et celui-ci la conséquence d'un autre, et toujours de même, à remonter jusqu'à ces temps dont je n'avais nulle mémoire?

Ce fut dans mon esprit comme l'aube pleine de tristesse d'un jour révélateur. Une idée... Ah! quelle idée! quelle vision! J'en suis ébloui. L'homme aujourd'hui, en rassemblant les réminiscences de ce trouble extraordinaire qu'éprouva l'enfant, l'éprouve derechef; je ne peux plus distinguer les angoisses de l'un des angoisses de l'autre; la même idée, terrible, irrésistible, inonde encore de sa clarté mon intelligence, occupant à la fois toute la région et toutes les issues de la pensée. Je ne sais comment peindre le conflit de ces émotions. En un point de ce vaste monde animé d'un mouvement continuel et continuellement transformé, où d'instant en instant rien ne se produisait qui n'eût la raison de son existence dans l'état antérieur des choses, je me vis au delà de mes souvenirs; je me vis, à mon origine, moi, ce nouveau-né qui était moi,

Mais si ce choix libre d'une volonté présente, qui devait tant influer sur l'avenir, n'était lui-même à mon insu qu'une conséquence inévitable du passé? A cette idée qui révolta tout mon être, je poussai un cri de douleur et d'effroi; la feuille s'échappa de mes mains et, comme si j'eusse touché l'arbre de la science, je baissai la tête en pleurant.

Texte A. — Si ce choix de ma volonté souveraine était la conséquence inévitable, etc... Si, au fond, se sentir libre c'était ne sentir pas sa dépendance! A cette idée... ... décidera dans cet avenir inconnu...
                                    .

Cahier B (addition au texte publié). — Combien de fois, plus tard, errant, aux heures avancées de la nuit, sur des grèves qui n'étaient plus les grèves natales, tous ces souvenirs sont revenus se presser en foule dans mon âme! Combien de fois, penché sur les abîmes du passé, j'ai cru encore prêter l'oreille au murmure du torrent, au chant mélancolique des pâtres, au bruit du vent quand il siffle dans les bruyères ou dans les branches noueuses
mousses des chênes! Que mes
mouvantes
yeux vous eussent revus alors avec délices, lieux où j'ai pris naissance, terre chérie où fut déposé si beau, si riche en promesses, le germe de cette plante qui n'a pas fleuri!

ce moi étranger qui commença
mon être, je le vis déposé à son
insu en un point de cet univers :
mystérieux germe, destiné à devenir
avec les années ce que compor-
taient sa nature et celle du milieu
complexe qui l'environnait. Puis,
dans les perspectives de la mémoire
de moi-même, que je prolongeai
des perspectives supposées de ma
vie future, je m'apparus : multiplié
en une suite de personnages divers,
dont le dernier, s'il se tournait
vers eux, un jour, à un moment
suprême, et leur demandait : Pourquoi ils avaient agi de la sorte?
Pourquoi ils s'étaient arrêtés à telle
pensée? les entendrait de proche
en proche en appeler sans fin les
uns aux autres. Je compris l'illusion
de murmurer au moment d'agir ces
mots dérisoires : Réfléchissons,
voyons ce que je vais faire; et que
j'aurais beau réfléchir, je ne par-
viendrais pas plus à devenir l'auteur
de mes actes par le moyen de mes
réflexions que de mes réflexions
par le moyen de mes réflexions;
que, si j'avais le sentiment de ma
force, car je l'avais pourtant, le
sentiment de ma force propre : si
j'en étais parfois débordé, c'est que
je la sentais en moi à son passage,
c'est qu'elle me submergeait d'une
de ses vagues, la force occupée à
entretenir le flux et reflux universel. Je connus que, n'étant pas
mon principe, je n'étais le principe
de rien; que mon défaut et ma
faiblesse étaient d'avoir été fait;
que quiconque a été fait, a été fait
dénué de la noble faculté de faire;
que le sublime, le miracle aussi,
hélas! et l'impossible était d'agir :
n'importe où en moi et n'importe
comment, mais d'agir; de donner
un premier branle, de vouloir un

premier vouloir, de commencer
quelque chose en quelque façon
(que n'eussé-je pu si j'eusse pu
quelque chose!), d'agir, une fois,
tout à fait de mon chef, c'est-à-dire
d'agir : et sentant, par la douleur
d'en perdre l'illusion, la joie qu'on
aurait eue à posséder un privilège
si beau, je me trouvai réduit au
rôle de spectateur, tour à tour
amusé et attristé d'un tableau
changeant qui se dessinait en moi
sans moi, et qui, tantôt fidèle et
tantôt mensonger, me montrait,
sous des apparences toujours équivoques et moi-même et le monde à
moi toujours crédule, et toujours
impuissant à soupçonner mon
erreur présente ou à retenir la
vérité : ne fût-ce que cette vérité,
maintenant si claire à mes yeux, de
mon impuissance invincible à me
défaire jamais d'aucune erreur, si
par une autre erreur, j'en tentais
l'effort inutile et inévitable. Une
seule, une seule idée, partout réver-
bérée, un seul soleil aux rayons
uniformes : Cela que j'ai fait était
nécessaire, Ceci que je pense est
nécessaire, L'absolue nécessité, pour
quoi que ce soit, d'être à l'instant et
de la manière qu'il est, avec cette
conséquence formidable : le bien
et le mal confondus, égaux, fruits
nés de la même sève sur la même
tige. A cette idée, qui révolta tout
mon être, je poussai un cri de
détresse et d'effroi : la feuille
échappa de mes mains et, comme
si j'eusse touché l'arbre de la
science, je baissai la tête en pleurant. Soudain je la relevai. Ressai-
sissant la foi en ma liberté par ma
liberté même, sans raisonnement,
sans hésitation, sans autre gage de
l'excellence de ma nature que ce
témoignage intérieur que se ren-

dait mon âme créée à l'image de
Dieu et capable de lui résister, puisqu'elle devait lui obéir, je venais
de me dire, dans la sécurité d'une
certitude superbe : Cela n'est pas,
je suis libre.

Et la chimère de la nécessité
s'était évanouie, pareille à ces fantômes, formés pendant la nuit d'un
jeu de l'ombre et des lueurs du
foyer. qui tiennent immobile de
peur. sous leurs yeux flamboyants,
l'enfant. réveillé en sursaut, encore
à demi perdu dans un songe : complice du prestige, il ignore qu'il
l'entretient lui-même par la fixité
du point de vue, mais, sitôt qu'il s'en
doute, il le dissipe d'un regard au
premier mouvement qu'il ose faire.

Cahier D. — Et la chimère de la
nécessité s'était évanouie, pareille à
ces fantômes formés *du mélange*
(rayé) des ombres et de la clarté
des étoiles. qui, alors qu'il se
réveille en sursaut d'un songe, fascinent de leurs yeux flamboyants
l'enfant *immobile de peur* (rayé)
réveillé en sursaut d'un songe : il
reste d'abord immobile de peur, et il
les dissipe d'un regard. au premier
pas qu'il ose faire. Encore à moitié
perdu dans un songe...

Plus prompte que le rayon du
matin, une idée qui franchit l'horizon, une idée, ah! quelle idée! Le
trouble de l'homme d'aujourd'hui
se mêle au trouble de l'enfant.
Comment exprimer la multitude et
la violence de ces émotions! A peine
si je distingue dans mon propre
trouble les réminiscences du trouble
extraordinaire qu'éprouva l'enfant ;
je m'arrête, lassé d'avance de la
fatigue de l'exprimer.

De même que cette minute mêla
l'avenir au présent, au présent se
mêle mon propre trouble d'aujour-
d'hui.

Quelle vision! Il me semble qu'elle
revient encore...; *de même que cette
minute, embrassa, agrandit le présent,
accrut l'émotion... image de l'avenir,*
(rayé) fidèle à sa propre menace.
A peine si l'homme d'aujourd'hui
distingue de son trouble la réminiscence de ce trouble extraordinaire qu'éprouva l'enfant; et je
m'arrête, je m'arrête. accablé
d'avance de la fatigue de l'exprimer ; une idée terrible...

Indiquons d'abord le plan définitivement adopté par Léquyer. Dans un préambule, qui n'a pas de variantes, et a été probablement écrit après coup, le sujet est ainsi posé : Les réflexions d'un enfant peuvent avoir une valeur métaphysique. Devant les grands problèmes, l'enfant est égal, que dis-je? est supérieur au philosophe, parce qu'il a plus de candeur, qu'il est plus libre de préjugés, qu'il va plus directement au vrai, qu'il est aussi plus humble, plus exempt d'orgueil dogmatique. C'est là une idée chère à Léquyer. Dans le dialogue de *Probus*, un enfant, Caliste, est interrogé et pris pour juge du vrai. Léquyer, qui va rapporter un souvenir d'enfance, nous avertit donc qu'il ne s'agit ici de rien moins que de puérilités : « l'un de mes plus anciens souvenirs est aussi pour moi l'un des plus instructifs ». Ce préambule a de la grandeur et du charme. On dirait du Platon.

Il est un moment dramatique, celui où l'esprit s'éveille, s'essaie « pour la première fois à la pensée ». La pensée revêt elle-même alors une forme dramatique : elle est empreinte d'émotion, ou plutôt elle est à la fois sentiment et pensée. Le drame qui se développe dans l'âme de Léquyer enfant est en deux actes :

1ᵉʳ *acte.* — Je prends pour la première fois conscience, dit-il, à l'occasion d'un fait insignifiant, d'un acte libre, accompli par moi, et de la responsabilité redoutable, tragique, que me crée cet acte, lequel engendre une série de conséquences désormais inévitables, détermine pour moi un tournant de vie, engage toute ma destinée. A cette pensée, une émotion inconnue, grandiose s'empare de moi.

2ᵉ *acte.* Mais si ce sentiment de ma liberté n'était qu'une illusion, si, me croyant cause, je n'étais qu'un effet, si mon acte n'était qu'une suite d'actes antérieurs à ma naissance, si moi-même je n'étais qu'un prolongement des générations qui m'ont précédé sur la terre, si, ne m'étant pas fait, j'étais dénué de la faculté de faire, si, n'étant pas mon principe, je n'étais le principe de rien ! A cette idée de la nécessité universelle, qui succède à celle de ma liberté et la détruit, je suis saisi d'angoisse, anéanti.

Mais tout drame veut un *dénoûment*. Le dénoûment est ici un appel à la liberté. Le sentiment de la liberté renaît, dans l'âme de l'enfant, rappelé par un acte de sa volonté, et le cauchemar du déterminisme, « la chimère de la nécessité s'évanouit ».

Tout ce drame est bien construit et se développe harmonieusement. On serait tenté de croire que Léquyer ne fait qu'assembler et

dérouler ses souvenirs; en réalité, il les revit, les compose, les
arrange, les combine; il fait œuvre de poésie, d'art et de science.

Il fait œuvre de science, car il énonce une tьèse et poursuit une
démonstration.

Cette tьèse ne s'est pas présentée d'emblée à son esprit, telle
qu'elle apparaissait dans le texte publié. Ce texte en effet porte que
le premier moment de la réflexion cьez l'enfant est la découverte en
soi d'un pouvoir créateur, que le second est de douter de la réalité
de ce pouvoir, que le troisième enfin et dernier est de se ressaisir et
de poser, par un acte de liberté, cette liberté dont il doutait, de
l'affirmer et d'y croire. Or, d'après le caьier B, supposé un brouillon
du texte publié, donc antérieur à ce texte, la dialectique primitive
aurait été tout autre et précisément inverse. L'enfant aurait été
témoin d'un acte accidentel, fatal, déroulant ses conséquences
nécessaires et se serait élevé de là à l'idée de la nécessité universelle,
dont ses actes à lui-même feraient partie ou dans laquelle du moins
ils viendraient s'insérer et deviendraient alors comme un anneau
d'une cьaine fatale. La solidarité des événements du monde, dont
les actions ьumaines font partie, avec la nécessité qu'elle implique,
telle serait alors l'idée dominante de la *Feuille de charmille* sous sa
forme première, idée qui, il est vrai, se dissipe d'elle-même, comme
un mauvais rêve, mais simplement, à ce qu'il semble, parce qu'elle
répugne à l'ᵉsprit optimiste de l'enfant, ou que celui-ci est trop
faible pour la porter, pour s'y attacьer et s'y tenir. Autrement dit,
avant de devenir un ьymne à la liberté, la *Feuille de charmille*
aurait traduit la ьantise et l'ьorreur de la nécessité. Le caractère
et le sens du morceau aurait donc été d'abord très différent de ce
qu'il a été par la suite. Il ne faut pas s'en étonner. La pensée des
pьilosopьes a aussi son évolution et, comme l'a dit l'un d'eux, la
dernière cьose dont on s'avise, quand on compose un ouvrage, est
celle qu'il faut mettre la première ou au premier rang.

Par là même qu'il modifiait sa tьèse, son plan, l'ordre de ses
idées, Léquyer devait modifier et a modifié en effet les détails de sa
composition. Le récit qu'il fait veut être démonstratif, probant. Il
sera donc symbolique; il vaudra par l'idée qu'il exprime. Peu
importe dès lors qu'il soit vrai d'une vérité ьistorique; il faut et il
suffit qu'il ait un sens et une portée pьilosopьiques. Nous ne nous
scandaliserons donc pas si nous constatons que Léquyer a tricьé
avec ses souvenirs.

Il avait d'abord décrit un fait fatal dans sa cause et dans ses suites : un oiseau, posé sur une branche de charmille, s'envole et est dévoré par un épervier, passant à ce moment dans les airs; il décrit ensuite le même fait, mais en le rapportant à un acte libre : l'enfant a fait fuir l'oiseau, qui a été dévoré.

Relisons les deux récits, pour voir combien la contradiction es flagrante et le truquage ingénieux, trop ingénieux, car il en devient suspect; les circonstances s'arrangent trop bien, la ruse se devine.

1ʳᵉ *version*. — « Un oiseau s'était posé sur le bout d'une faible
                                                        petite
branche; il s'y tint quelques instants suspendu, en battant de l'aile; puis, lassé de ses efforts, il s'envola. S'envoler, c'était périr; un épervier qui passait le saisit au milieu des airs. Si l'oiseau, me disais-je, s'était posé sur une branche un peu plus forte, la branche
                                            plus forte,
n'aurait pas tremblé
          cédé sous son poids; il ne l'aurait pas quittée; l'épervier passait sans l'apercevoir. Ensuite, dans la langue de mon âge, langue aimable et ingénue que ne saurait retrouver ma mémoire;
                          qui n'est pas restée dans ma mémoire,
je poursuivais : Qui sait, tant la succession des choses renferme d'impénétrables secrets, si une chaîne artistement travaillée ne les unit pas les unes aux autres, rattachant les plus grandes aux plus petites par d'invisibles anneaux? Qui sait ce que le premier mouvement que je vais faire décidera dans mon existence future?... »

2ʳ *version*. — « Un jour, dans le jardin paternel, au moment de prendre une feuille de charmille, je m'émerveillai tout à coup de me sentir le maître absolu de cette action, tout insignifiante qu'elle était. Faire ou ne pas faire! Tous les deux si également en mon pouvoir! Une même cause, moi, capable au même instant, comme si j'étais double, de deux effets tout à fait opposés! et par l'un ou par l'autre, auteur de quelque chose d'éternel, car, quel que fût mon choix, il serait éternellement vrai qu'en ce point de la durée aurait eu lieu ce qu'il m'aurait plu de décider. Je ne suffisais pas à mon étonnement; je m'éloignais, je revenais, mon cœur battait à coups précipités.

« J'allais mettre la main sur la branche et créer, de bonne foi, sans savoir, un mode de l'être, quand je levai les yeux et m'arrêtai, à un léger bruit sorti du feuillage.

« Un oiseau effarouché avait pris la fuite. S'envoler, c'était périr : un épervier qui passait le saisit au milieu des airs.

« C'est moi qui l'ai livré, me disais-je avec tristesse : le caprice qui m'a fait toucher cette branche, et non pas cette autre, a causé sa mort. Ensuite, dans la langue de mon âge (langue ingénue que ma mémoire ne retrouve pas), je poursuivais : Tel est donc l'enchaînement des choses. L'action que tous appellent indifférente est celle dont la portée n'est aperçue par personne, et ce n'est qu'à force d'ignorance qu'on arrive à être insouciant. Qui sait ce que le premier mouvement que je vais faire décidera dans mon existence future? »

Cependant, si l'on serre de près la comparaison des deux textes, on verra que Léquyer ne s'est pas écarté, autant qu'on pourrait croire, de sa pensée première. Le changement opéré consiste à mettre à l'origine du fait rapporté (le vol d'un oiseau, cause de sa perte) un acte volontaire, au lieu d'un événement fortuit; mais cet acte volontaire est, si on peut dire, réduit au minimum, c'est à peine si on peut même l'appeler ainsi; s'il apparaît comme volontaire, c'est seulement après coup, car il a été accompli « sans savoir » (mot ajouté par Léquyer et qui n'existe que dans la version dernière). L'enfant dit, il est vrai : « C'est moi qui ai livré l'oiseau. » Mais en cela il se trompe ou il se peut qu'il se trompe. En effet, il n'a pas prévu, comment donc aurait-il voulu ce qu'il lui est arrivé de produire? Admettons cependant qu'il ait voulu, sans savoir. C'est à peine si son acte se distingue alors de l'un quelconque des événements qui forment la chaîne universelle des choses ; et en vérité, ce qui domine ici, ce n'est pas l'idée ou le sentiment de la liberté, conçue sous sa forme la plus humble, celle de la liberté d'indifférence, mais l'idée ou le sentiment de la liberté saisie, à peine née, par la Fatalité universelle et prise dans son engrenage. Donc la pensée de Léquyer ne s'est pas, à vrai dire, radicalement transformée, et la comparaison des deux textes sous ce rapport est instructive.

L'interprétation à donner de la *Feuille de charmille* nous paraît, en dernière analyse, devoir être celle-ci : L'enfant, en s'éveillant à la réflexion, ne découvre pas la liberté; il n'a pas à la découvrir, car il la sent ou croit la sentir naturellement en lui; mais, au contraire, il s'aperçoit que la liberté, qu'il croyait être un fait, est un problème, et ce problème étonne et confond sa raison. Ce qu'il

découvre, ce sont les difficultés qu'il y a à ce que la liberté soit :
Qu'est-ce en effet que la liberté en elle-même? Rien moins qu'un
pouvoir créateur, ce qui est à peine compréhensible. D'autre part,
les effets de ce pouvoir, les actes libres, du fait qu'ils sont produits,
rentrent dans la fatalité, deviennent fatals, eux et leurs suites. Enfin
qui sait si la mise en action de la liberté, le jaillissement spontané
de l'acte libre, n'est pas une suite, au lieu d'être, comme il le paraît,
un commencement, n'est pas dès lors et par conséquent un effet
nécessaire de causes ignorées? Ces hypothèses, ces doutes assaillent
l'esprit de l'enfant, le troublent, l'émeuvent. Sa foi ingénue, candide
en la liberté du vouloir, est perdue désormais, sans retour. Un problème est posé devant sa raison et il n'aura plus de repos qu'il ne
l'ait résolu par sa raison. Cette révélation intérieure est la marque
d'une vocation philosophique. L'enfant ne fait qu'entrevoir ce problème, qu'en saisir la portée et la grandeur; l'homme, le philosophe
passera sa vie à en poser les termes, à en préciser la notion, à en
développer les conséquences, à le discuter et à le résoudre.

La *Feuille de charmille* n'est pas un simple épisode de la vie de
Léquyer; elle est un moment décisif, solennel de cette vie, celui
qui le marque pour sa destinée, le sacre philosophe. Léquyer,
comme Malebranche à la lecture d'un livre de Descartes, a eu son
coup de foudre, son illumination soudaine. L'horizon philosophique,
« par une échappée inattendue », s'ouvrit alors devant lui; il
aperçut « les riches perspectives du monde intérieur ». Ce fut un
éblouissement autant qu'une vision; il fut saisi d'un « trouble extraordinaire », assailli d'émotions dont il ne saurait « exprimer, dit-il,
la multitude et la violence ». Or, en évoquant ce souvenir émouvant
de sa vie d'enfant, Léquyer fait revivre ses sentiments autant que
ses idées d'alors ou plutôt il ne sépare pas artificiellement les uns
des autres. Il se montre à la fois poète et philosophe.

De même que, d'un manuscrit à l'autre, on voit l'idée devenir
plus dégagée, plus précise, l'argumentation plus directe, plus
sûre, de même aussi l'expression du sentiment paraît plus sobre,
plus pure, moins *littéraire* et plus vraie. Léquyer a montré plus
d'hésitations et de scrupules encore dans la peinture des sentiments que dans l'analyse des idées; il s'y est plus souvent essayé et
repris.

Il a procédé là le plus souvent par retranchements; il a sacrifié
résolument tout ce qui eût pu paraître digression ou longueur.

Ainsi, faisant cette remarque que l'éveil de la réflexion surprit
l'enfant au milieu de ses jeux, il avait d'abord décrit ces jeux; finalement il se contente d'une indication et barre le passage suivant :

« Tantôt quelque fourmi, cheminant sur le sable et que balayait
un brin d'herbe agité par les vents, suffisait pour plonger mon esprit
dans des réflexions sans nombre; tantôt, avec une gravité naïve,
je contemplais attentivement de petits mondes peuplés à mon gré et
protégés par mon caprice, que le cri de la cigale troublait et qu'eût
renversés l'aile d'une abeille. »

Outre que ce petit tableau eût fait diversion, il se fût mal accordé,
étant trop joli, trop coquet en ses détails, avec la gravité du sujet et
la suite du développement.

Léquyer a eu plus d'une fois à lutter contre le débordement de
ses souvenirs, à se défendre du plaisir de les évoquer. Voici encore
un morceau écrit, achevé, qu'il a fait disparaître :

« Combien de fois plus tard, errant, aux heures avancées de la
nuit, sur ces grèves qui n'étaient plus les grèves natales, tous ces
souvenirs sont revenus se presser en foule dans mon âme! Combien de fois, penché sur les abimes du passé, j'ai cru encore prêter
l'oreille au murmure du torrent, au chant mélancolique des pâtres,
au bruit du vent quand il siffle dans les bruyères ou dans les
branches noueuses des chênes! Que mes yeux vous eussent revus
        moussues
        mouvantes
alors avec délices, lieux où j'ai pris naissance, terre chérie, où fut
déposé, si beau, si riche en promesses, le germe de cette plante qui
n'a pas fleuri! »

Pour mesurer la grandeur des sacrifices consentis par Léquyer,
remarquons combien tout cela est brillant, d'une forme achevée et
pure. Il n'y a pas une épithète qui n'ait été cherchée, discutée,
pesée (témoin celle à donner aux branches des chênes); il n'y a pas
une de ces phrases que Léquyer ne se soit chantée à lui-même.
Quand un auteur a à ce point le souci du détail et de la perfection dans le détail, il est méritoire vraiment qu'il garde le
sentiment de l'ensemble et observe les lois sévères de la composition.

Nous n'avons parlé que des suppressions opérées par Léquyer.
Les changements qu'il introduit ne sont pas moins admirables. En

voici un exemple. Il s'agit d'associer la nature ou le sentiment de la
nature aux méditations de l'enfant. L'idée est poétique, mais sera-
t-elle à sa place dans ce morceau philosophique, n'y paraîtra-t-elle
pas surajoutée?

Elle se présente 1° sous cette forme :

« Je restai ainsi longtemps pensif et irrésolu. Il me semblait que
la nature elle-même, s'intéressant à mes peines, cherchait à m'avertir
de toutes parts et tressaillait par instants d'une sympathie maternelle. Ces grands arbres, couverts d'une mousse blanche comme la
barbe argentée des vieillards, je les regardais avec inquiétude et
avec une sorte de déférence, lorsque, touchés par la brise, ils s'inclinaient ou secouaient lentement leurs têtes chenues : « Quel est
« l'oiseau de proie, me disais-je, que j'appelle sur ma tête, ou bien
« quelle est cette félicité inconnue que je me prépare? » Enfin j'avançai
la main, je saisis la feuille fatale. Mais si ce choix libre d'une
volonté présente, qui devait tant influer sur l'avenir, n'était lui-
même à mon insu qu'une conséquence inévitable du passé? A cette
idée qui révolta tout mon être, je poussai un cri de douleur et
d'effroi; la feuille s'échappa de mes mains et, comme si j'eusse
touché l'arbre de la science, je baissai la tête en pleurant. »

2° Sous cette autre, plus imparfaite encore, où les phrases sont
inachevées, où les ratures abondent :

« Je restai ainsi longtemps pensif et irrésolu. J'interrogeais des
yeux les arbres, les buissons, les charmilles; tout était immobile,
mais tout me semblait dans l'attente, ces allées dont les moindres
accidents m'étaient si connus et si familiers... où je courais si
gaiement chaque jour, m'apparaissaient... Toute une nature vivante
au milieu du silence, une nature vivante et passionnée qui s'intéressait à mon tourment et qui commençait à m'avertir. J'écoutais avec
émotion.... Je n'écoutais pas sans émotion le bourdonnement d'une
mouche... »

Qui croirait que ces deux versions, l'une, trop poétique, l'autre,
bégayante, informe, dussent aboutir à ce texte définitif, pure
merveille, chef-d'œuvre de poésie et de pensée, où l'on ne sait ce
qu'il faut le plus admirer, de la splendeur des images, de la force du
raisonnement, de l'élévation de la pensée, du charme de l'émotion
ou de la beauté du rythme.

« O charme des souvenirs! La terre s'embrasait aux feux du printemps et la mouche vagabonde bourdonnait le long des allées.

Devant ces fleurs entr'ouvertes qui semblaient respirer, devant cette verdure naissante, ces gazons, ces mousses, remplis d'un nombre innombrable d'hôtes divers; à ces chants, à ces cris qui tranchaient par intervalles sur la sourde rumeur de la terre en travail, si continue, si intense et si douce qu'on eût cru entendre circuler la sève de rameau en rameau et bouillonner dans le lointain les sources de la vie, je ne sais pourquoi j'imaginai que depuis ma pensée jusqu'au frémissement le plus léger du plus chétif des êtres, tout allait retentir au sein de la nature, en un centre profond, cœur du monde, conscience des consciences, formant de l'assemblage des faibles et obscurs sentiments, isolés dans chacune d'elles, un puissant et lumineux faisceau. Et il me parut que cette nature, sensible à mon angoisse, cherchait en mille façons à m'avertir : tous les bruits étaient des paroles, tous les mouvements étaient des signes. Debout, au pied d'un vieil arbre, je le regardais avec inquiétude et avec une sorte de déférence, quand, la brise passant, il inclinait ou secouait lentement sa tête chenue.

« Quel est cet oiseau de proie dont j'affronte les serres? disais-je en moi-même. »

Ne faisant pas ici de critique littéraire, nous ne passerons pas en revue les divers remaniements que Léquyer fait subir à son texte. Ces remaniements portent sur l'ensemble et les détails, sur le fond et la forme; ils sont tantôt minutieux, accessoires, tantôt considérables et dignes d'attention. On assiste à l'élaboration de la pensée du philosophe, on en suit les progrès : d'abord informe, incohérente, énigmatique, obscure, par degrés elle s'éclaire, s'ordonne et se développe dans un mouvement de dialectique puissante, toute resplendissante de la beauté et de l'éclat des images. Le sentiment s'unit à l'idée, l'anime, la colore. Quand la lecture des manuscrits de Léquyer ne servirait qu'à nous faire connaitre le labeur de l'écrivain, la puissance de son effort, elle aurait déjà son intérêt : une belle œuvre a pour nous, en un sens, plus de prix, quand on voit de quel probe et consciencieux travail elle est l'aboutissement, tout ce qu'elle élimine d'essais manqués, tout ce qu'elle résume ou rassemble d'inspirations, de rencontres heureuses, longuement cherchées. Mais on aime aussi à s'initier à la genèse d'un chef-d'œuvre, à refaire pour son compte le travail de l'écrivain; on croit ainsi le mieux comprendre, entrer plus avant dans sa pensée.

Sans doute cela ne va pas sans quelque désillusion. Ainsi nous

avons découvert les supercheries et les ruses de Léquyer arrangeant
ses souvenirs; mais par là nous avons mieux reconnu quel était son
dessein; nous avons vu que ce n'était point une vérité historique,
mais philosophique, qu'il cherchait. De même nous allons voir que,
dans l'expression de ses sentiments d'enfant, il a pu, il a dû aussi
préciser, amplifier, recomposer ses souvenirs. Mais quoi! Y a-t-il
une mémoire affective? C'est une question qui a été récemment,
dans la *Revue philosophique*, l'objet d'un long et important débat.
Cette question, il semble bien que Léquyer se l'est posée. Il
remarque qu'au moment où l'on évoque une émotion passée, il est
sans doute impossible de ne pas l'éprouver à nouveau, et ainsi de
savoir si l'on n'a pas affaire alors à une sensation ; en tout cas, on ne
saurait exprimer un sentiment passé, sans y rien mêler de son état
présent, quand ce ne serait que l'attendrissement qu'il cause. Mais
faut-il douter pour cela de la mémoire du cœur? Pour n'être jamais
inaltérée ou pure de toute sensation, cette mémoire est-elle moins
fidèle? Parce que le passé se prolonge en nous et continue de nous
émouvoir, parce que l'émotion qu'il nous cause, notre cœur s'étant
mûri, est présentement plus forte et plus profonde que celle que
nous avions ressentie à l'origine, faut-il dire que nous ne nous
souvenions plus, au sens propre du terme? Non; nos souvenirs
d'enfant ont beau s'agrandir, s'enrichir de l'apport de notre mentalité d'homme, se transformer même et s'idéaliser, il suffit, pour
qu'ils soient fidèles, qu'ils se développent dans le sens et selon
l'esprit du passé ; un souvenir poétique est encore un souvenir, que
dis-je? c'est le plus vrai de tous, à le bien prendre. On dit communément « la poésie du souvenir » ; l'expression est juste ; la poésie
est la forme naturelle de la mémoire affective. C'est là, à ce qu'il
semble, ce que Léquyer a exprimé dans une formule heureuse,
longtemps cherchée, comme l'indiquent les variantes : « Une idée
ah! quelle idée, quelle vision! J'en suis ébloui. L'homme aujourd'hui,
en rassemblant les réminiscences de ce trouble extraordinaire
qu'éprouva l'enfant, *l'éprouve derechef; je ne peux plus distinguer
les angoisses de l'une des angoisses de l'autre;* la même idée terrible,
irrésistible, *inonde encore de sa clarté mon intelligence, occupant à la
fois toute la région et toutes les issues de la pensée.* Je ne sais
comment peindre le conflit de ces émotions. »

Nous disions plus haut que la *Feuille de charmille* a un caractère
philosophique, non historique: nous disons de même qu'elle a un

caractère poétique, mais n'en est que plus vraie. Elle a un accent de sincérité profonde, auquel on ne se trompe pas. « C'est le récit d'ailleurs véridique, *je n'en puis douter*, dit Renouvier, d'une vive impression d'enfance de l'auteur[1]. »

Nous pourrions voir encore comment la belle image finale : « La chimère de la nécessité s'était évanouie, pareille à ces fantômes... » a été loin de se présenter d'abord à Léquyer sous sa forme parfaite ; mais nous laissons au lecteur le soin de poursuivre ces rapprochements et d'en tirer les conclusions littéraires ou philosophiques qu'elles comportent. Disons seulement qu'il n'est pas une des indications des brouillons de Léquyer, si sommaire et défectueuse qu'elle soit dans la forme, qu'on ne découvre avoir été le point de départ d'une pensée qui devait aboutir et trouver son expression parfaite. On ne saurait trop admirer le travail consciencieux de ce maître écrivain, et si l'on songe que ce travail était poursuivi au milieu de besognes professionnelles assez lourdes, dans une vie tourmentée, on s'explique que Léquyer ait succombé à sa tâche, n'ait pu achever son œuvre et n'ait laissé que des fragments admirables, mais qui donnent la mesure de la profondeur de son génie et de la perfection de son art.

Et maintenant que le lecteur relise le texte de Léquyer dans sa forme dernière, en oubliant ses brouillons et notre commentaire, ou en ne s'en souvenant que pour apprécier, avec la gratitude qui convient, une perfection si consciencieusement poursuivie, si chèrement achetée, et si magnifiquement atteinte.

L. DUGAS.

---

1. Ce qui prouve à quel point la remarque de Renouvier est juste, naturelle et fondée, c'est que la même impression, en face du même problème, a été ressentie, dans les mêmes circonstances, par un autre enfant et rendue presque avec un égal bonheur. « Un jour, dans un jardin, écoutant le chant d'un oiseau, j'eus tout à coup la vision d'une nature réglée dans ses manifestations, d'une nature sans imprévu, sans joie, sans mystère, telle qu'une série de décors d'opéra qui se succéderaient selon les heures et les saisons, où défileraient, dans leurs costumes habituels et avec des poses convenues, un certain nombre de personnages immuables. L'affreux cauchemar! La liberté sortant du monde, et y laissant l'automate... Jamais le fatalisme ne m'était apparu si vivant, si terrible. » (*Alphonse Daudet* par Léon Daudet, p. 283.) Je ne poursuis pas ce curieux rapprochement. La diversité des esprits apparaîtrait dans la suite. C'est « le spectacle de l'histoire », interprété du point de vue du déterminisme, qui paraît à Daudet réaliser le maximum d'horreur, qui lui cause la répulsion la plus forte.

LES IDÉES DIRECTRICES

DE LA

LOGIQUE GÉNÉTIQUE DES MATHÉMATIQUES

Dans ses *Principles of Mathematics*, B. Russell[1] a défini les notions mathématiques exclusivement en fonction des idées d'implication, de variable, et des constantes logiques. Cette définition s'accorde tout à fait avec l'idée que Russell se fait de l'inférence, qu'il veut identifier à la déduction[2], alors qu'il regarde l'induction comme « une simple méthode en vue de faire des conjectures plausibles ». L'attitude philosophique qui se découvre à travers ces interprétations se rapproche à coup sûr de celle d'Aristote, qui est évidemment insuffisante au point de vue de la méthode génétique. Encore faudrait-il dire qu'Aristote reconnaît[3] — quoique imparfaitement — l'induction ou l'étude logique des méthodes d'investigation comme distincte de la déduction ou logique de la démonstration. De même, Russell se trouve en accord avec J. S. Mill[4] dont la logique est essentiellement une simple méthode d'analyse.

Une conception plus compréhensive des mathématiques apparaît dans la définition de C. S. Peirce[5]. Peirce définit les mathématiques comme « l'étude des constructions idéales (souvent applicables aux problèmes réels) et conséquemment comme la découverte des relations, encore inconnues, qui subsistent entre les éléments de ces constructions ». Ainsi, à la différence de Russell, il tient compte

1. *Loc. cit.*, p. 3.
2. *Loc. cit.*, p. 11. note; voir aussi § 420.
3. Cf. par exemple : A. Riehl. *Systematische Philosophie* (1907). Teil I, abt. VI. p. 84.
4. *A System of Logic*, London, 1851.
5. Cf. J. B. Shaw. *Bulletin of the American Mathematical Society*, vol. XVIII, 1912, p. 389.

à la fois de l'existence et de la genèse, des mathématiques comme
objet, et des mathématiques comme acte de l'esprit. Cette double
conception de la mathématique que nous prenons comme base de
notre discussion, nous la comprenons comme toute relative et nous
reconnaissons le conflit comme faisant partie même de la mathématique. En d'autres termes, nous nous reportons ici à l'aspect
imparfait de la science mathématique, à l'espèce d'évolution qui
apparaît en elle.

La définition de Peirce peut, aussi bien que celle de Russell, être
critiquée en ce qu'elle ne rend pas exactement compte du nombre
et de la quantité; mais il est difficile de prétendre que les mathématiques ne doivent s'occuper que de ces notions[1].

Le but du présent article est en somme méthodologique. Nous
essaierons de décrire généralement la position logique de la mathématique conçue comme une science de découverte, d'établir des
parallèles entre certains auteurs mathématiques et certains philosophes, et enfin d'examiner des exemples d' « activité » mathématique.

II

Une idée directrice « working hypothesis » peut être définie, ou
plutôt décrite, comme un instrument[2] employé dans la solution (ou
dans l'essai de solution) d'un problème[3] apparaissant au moyen de
termes, qui sont en désaccord[4]. Nous appellerons cette solution un
médiateur entre les termes en désaccord. On supposera que cette
solution n'introduit pas elle-même un désaccord ultérieur, de sorte
que le problème est posé en sa forme dernière. En outre, le problème
posé par le désaccord des termes en présence, est seulement un de
ceux qui peuvent se présenter entre ces termes. L'univocité du
problème est assurée par le but que se propose l'individu, et ceci
détermine probablement aussi l'usage à quoi la solution peut être

---

1. Cf. G. Boole, *Laws of Thought*, London (1854), p. 12 : Il n'est pas de l'essence
des mathématiques de s'occuper uniquement des idées de nombre et de quantité. — Cf. Grassmann, *Gesammelte Werke*, vol. I, part. I, p. 23.
2. Cf. Bacon, *Novum organum*, part. I, aphorism II.
3. Sur le désaccord des termes conçu comme problème, voir Schleiermacher,
Gesammelte Werke, III, vol. IX, p. 202, Wie ist der zwiespalt zu lösen, etc.
4. Aucune restriction sur le nombre des termes n'est ici faite; en particulier,
un problème peut naître du désaccord d'un terme avec sa répétition.

employée. Le problème, ainsi déterminé par rapport à un intérêt individuel, a seulement une solution; celle-ci peut être une variable et, par conséquent, avoir un domaine.

Pour un problème donné, c'est par intuition que se fait le cioix de l'idée directrice employée, et l'on conçoit qu'un certain nombre d'idées directrices puissent être recierciées avant qu'une solution soit obtenue. Par rapport au problème, une idée directrice peut être *efficace* ou *inefficace*[1]. Une idée directrice efficace est *adaptée* au problème de telle sorte que : 1° le problème donne lieu à un autre problème qui se rapproche de la solution; 2° le problème conduit à un autre problème qui est l'équivalent du premier ou contient dans sa solution la solution du premier. Une idée directrice inefficace est celle qui ne produit aucun ciangement dans le problème, même formellement, après adaptation; ainsi, elle n'est adaptable en aucun sens du mot. En particulier, une idée directrice n'est pas adaptable à un problème dans lequel les termes en désaccord sont tirés d'une application de l'idée directrice elle-même. Il ne faut pas oublier qu'une idée directrice, qui a été trouvée inefficace pour un certain problème, peut présenter quelque valeur pour d'autres problèmes. Toute idée directrice adaptable tombe, après adaptation, dans l'une des trois[2] catégories : 1° *vérité* absolue ou relative; 2° *fausseté*; 3° *inutilité*[3] (« irrelevancy »).

L'étude des idées directrices suggère maints problèmes difficiles. Toute idée directrice présente en général un double aspect : elles peuvent être considérées comme adaptées ou pas encore adaptées à un certain problème; mieux encore, elles ont des domaines d'adaptation, d'efficacité et d'inefficacité; leurs domaines d'adaptation, au point de vue du contenu, peuvent être analysés en parties constituantes. Un exemple remarquable d'idée directrice est la *fonction propositionnelle* de Russell[4] et le problème de la classification des domaines d'adaptation, au double point de vue de l'extension et de

---

1. Nous avons employé ces termes : in *Bulletin Amer. Math. Soc.*, vol. XIII (1906), p. 80, et in *Transactions Am. Math. Soc.*, vol. X (1909), p. 312.
2. Peirce, *Amer. Journal of Math.*, vol. VII, 1884-5, p. 187, distingue seulement deux catégories; il confond les catégories de vérité et d'inutilité.
3. Sur l'inutilité et la consistance, voir nos remarques, *Am. Journ. of Math.*, vol. XXIV, 1912, p. 174 : Yet the latter axiom is consistent, etc.
4. Cf. Russell, *Principles of Mathematics*, ch. vu, p. 13; p. 20, § 23; *Am. Jour. of Math.*, vol. XXX (1908), p. 228, 243 : « We assume, then, that every function is equivalent, for all its values, to some *predicative* function of the same argument. This assumption seems to be the essence of the usual assumption of classes. »

la compréhension[1] (« intension »), nous conduirait à sa « théorie des
types ». Notre domaine d'adaptation est, en réalité, corrélatif du
« domaine de signification » de Russell et du « domaine[2] de possibilité » de Peirce, qui peut-être a suggéré[3] la conception de Russell.

Les remarques précédentes appartiennent à la logique génétique
ou inductive, la logique de la découverte, plutôt qu'à la logique
déductive. En réalité, les universaux servent de médiateurs entre
des termes en désaccord, au moins au point de vue génétique.
Pourtant notre position philosophique, malgré son caractère dynamique, subjectif, est, dans son ensemble, très différente de l'attitude
empirique de J.-S. Mill; elle se rapproche plutôt de la position de
James et Dewey[4]. Dans un admirable essai sur la *Nature des jugements scientifiques*, Dewey[5] dit :

« De toutes les sciences, seule la mathématique s'occupe de
propositions absolument générales; de là, la nécessaire interprétation
des mathématiques comme un *instrument* à l'usage de la technique
et des autres sciences. »

On doit se garder de penser, dans cette citation, que la mathématique n'est qu'inductive dans la mesure où elle est une science
appliquée ou un simple instrument entre les mains des autres
sciences. Une telle conception des mathématiques serait trop étroite.
Dans une magistrale discussion[6] des méthodes scientifiques, l'interdépendance de la déduction et de l'induction dans la mathématique
pure est clairement exprimée par Hermann Grassmann :

« Die Ahnung scheint dem Gebiet der reinen Wissenschaft fremd
zu sein und allermeisten dem Matematischen. Allein ohne sie ist es
unmöglich irgend eine neue Wahrheit aufzufinden; durch blinde
Kombination der gewonnen Resultate gelangt man nicht dazu;

1. Pour ces termes, voir, par exemple : E. E. C. Jones, *Mind*, N.-S., vol. XIX
(1910), pp. 379-386; *A new law of thought*, etc., Camb. Univ. Press, 1911;
B. Russell, *Mind*, 1905, p. 479; *Am. J. of Math.*, vol. XXX (1908), p. 249. — Cf.
aussi notre mémoire in *Am. J. of Math.*, vol. XXXIV (1912), p. 175, note 2.
2. *Am. J. of Math.*, vol. VII (1884-5), p. 187. — Cf. Les remarques de Peirce,
même *Journal*, vol. III (1880), p. 21 : « The total of all that we consider possible is called the *universe of discourse.* »
3. Voir note précédente et les propres remarques de Russell, *Am. J. of Math.*,
vol. XXX (1908), p. 233 : « This seems to lead us to the traditional doctrine of
the universe of discourse. » — Cf. aussi Boole, *loc. cit.*, pp. 42-43.
4. Cf. G. H. Mead, *Philosophical Review*, vol. IX (1900); A. W. Moore, *Pragmatism and its Critics*, Chicago (1910).
5. *The Decennial Publications of the University of Chicago*, First series, vol. III,
p. 8 du mémoire.
6. *Gesammelte Werke*, vol. I, part. 1, Einleitung.

sondern was man zu kombinieren hat und auf welche Weise muss durch die leitende Idee bestimmt sein... Daher ist die wissenschaftliche Darstellung ihrem Wesen nach ein Ineinandergreifen zweier Entwickelungsreihen von denen die eine mit Konsequenz von einer Wahrheit[1] zur andern führt und den eigentlichen Inhalt bildet, die andere aber das Verfahren selbst beherrscht und die Form bestimmt. In der Mathematik treten diese beiden Entwickelungsreihen am schärfsten auseinander. »

La « leitende[2] Idee » que Grassmann a sans doute empruntée à Schleiermacher, c'est essentiellement notre idée directrice. Grassmann décrit l'idée directrice comme une espèce d'analogie supposée avec les domaines de science connexes et déjà connus[3], ou, dans le cas le plus favorable, comme une anticipation directe de la vérité cherchée.

Au début, suivant Grassmann, l'idée directrice est « dunkles Vorgefühl »; l'analyse critique ensuite les résultats de ce « Vorgefühl » et la découverte de la vérité s'ensuit si l'idée directrice est juste[4].

Assez semblables à la précédente citation de Grassmann sont les remarques de Klein[5].

La Mathématique, dit Klein, n'est en aucune façon épuisée par la déduction logique; l'intuition y conserve pleinement sa valeur

1. Grassmann, *loc. cit.*, p. 22 (Cf. p. 16, § 1-2), conçoit la vérité dans la science pure comme une harmonie de la pensée avec l'Être; mais ce dernier à son tour est posé par la pensée; c'est-à-dire que la vérité est une harmonie entre actes de pensée. Sur la vérité comme une harmonie, cf. Schiller, *III* internationaler Kongress für Philosophie, Heidelberg (1909), p. 712. Grassmann exprime une théorie de la pensée conçue comme « copie » des choses, tandis que Dewey regarde la pensée comme un instrument. D'après les *Logical Studies* de Dewey, pp. 140-142, il semble que la conception de la pensée-copie ne soit pas compatible avec celle de la pensée-instrument. Cf. les remarques de A. W. Moore sur Platon dans *Logical Studies*, p. 345; Cf. aussi James, *The Meaning of Truth*, pp. 78, 82, 84, 85, 97, 98, etc.
2. Cf. Peirce, *Am. J. of Math.*, vol. III (1880), p. 16-17 : « Leading principle »; James, *loc. cit.*, p. 140-1; Dewey, *Decennial Publication*, p. 23 : « Aim in view », « end involved in uppermost interest »; Boole, *loc. cit.*, p. 11 : « directive function of method »; p. 13 « end in view »; p. 10 : « principles which are to guide us ». — Cf. aussi Plato, *Meno, guiding principle*.
3. Par exemple : la théorie des fonctions d'une variable complexe a été inspirée, dans son développement, par l'analogie avec la théorie de la physique.
4. Cf. Schleiermacher, *Gesammelte Werke, Dialektik*, pp. 297-8; Stosch, *Vierteljahrschrift für Wissensch. Philos.*, vol. XXIX, conclusion. Le corrélatif herbartien de l'anticipation ou présage (Ahnung) est sans doute l'imagination (Einbildung).
5. Göttinger Nachrichten, *Geschäftliche Mitteilungen*, 1893.

spécifique; en fait, la vie de la mathématique dépend de l'interaction entre la *déduction logique* et *l'intuition*.

III

Un médiateur entre des termes en désaccord constitue une connaissance *fondamentale*. Pour les besoins de la discussion qui va suivre, nous trouvons bon de distinguer des médiateurs *typiques* et *non-typiques*. Choisir un certain médiateur comme typique dans une classe de médiateurs possibles semble devoir s'expliquer difficilement comme le choix d'une série de termes déterminés par une *relation* dans une classe d'associations. En fait, le dernier problème enveloppe le premier[1]. Car, si nous examinons des exemples explicites de médiateurs dans la littérature mathématique, nous trouvons que leur nouveauté réside dans l'accent que les savants ont apposé sur certaines relations spécifiques entre les termes en désaccord plutôt que dans les termes eux-mêmes. En règle générale, ces derniers sont parfaitement connus au moins comme contenu[2].

Une recherche sur la nature de la relation nous semble donc opportune. Commençons par examiner certaines descriptions, antérieurement données, de la relation. Sur les caractéristiques d'une relation, les auteurs qui ont écrit sur la logique, symbolique ou non, ont jeté peu de lumière. Ainsi Russell, dans *Principles of Mathematics*, p. 49, § 53, exprime simplement la difficulté de déterminer la nature de la relation. De même, il dit, p. 172, § 160 :

« Mere difference *per se* appears to be the bare minimum of a relation, being, in fact a precondition of almost all relations. »

Moins négatif que Russell, mais évidemment insuffisant est aussi l'effort de De Morgan pour définir la relation. Dans les *Cambridge Philosophical Transactions*, 1864, p. 208, il dit :

« When two objects, qualities. classes or attributes, viewed together by the mind, are seen under some connection, that connection is called a relation ».

Ici *relation* est simplement ramenée à *connection*. La définition de

1. Ailleurs, où, employant le principe de comparaison, nous essayons de donner une genèse d'un relatif binaire, en nous fondant sur la ressemblance entre une dyade ordonnée (*ab*) et sa répétition; Cf. *Am. Journ.*, vol. XXXI (1909). p. 375, où nous avons posé que *ab*R,*ab* et *a*R*b* sont équivalents.
2. Très souvent, il faut apporter certains changements formels aux termes en désaccord avant que le médiateur apparaisse comme possible.

De Morgan est aussi très intéressante parce qu'elle contient l'expression « viewing together by the mind » et le mot « some » qui implique une sélection réfléchie. De Morgan va jusqu'à dire (p. 209) que certaines relations appelées *onymatiques* l'emportent sur toutes les autres parce qu'elles sont présentées au moyen de la notion de « nommer ». Un exemple de relation onymatique est fourni par De Morgan dans le rapport du *tout* à la *partie*[1]. A propos de l'attitude d'Aristote sur la nature de la relation, De Morgan observe, p. 331 :

« Aristotle does not give this part [c'est-à-dire la théorie de la relation] of logic a very hopeful look when (Catégories, ch. v ou vii) he puts forward no better phrase than πρός τι to denote his abstract idea of relation. »

Comme dans la définition de la relation de De Morgan, le mot « some » entre dans la définition de J. S. Mill[2]. Dans son *System of Logic*, partie I, ch. III, § 10, Mill[3] dit :

« Whenever two things are said to be related there is some fact or series of facts into which they both enter; and... whenever any two things are involved in some one fact, or, series of facts, we may ascribe to those two things a mutual relation grounded on that fact. »

Mill remarque ensuite que les cas de relation les plus simples sont ceux qui sont exprimés par les mots « antécédent » et « conséquent » et par le mot « simultané »; de même « ressemblance » et « dissemblance », aussi bien que les relations précédentes, doivent être mises à part comme choses *sui generis*. Mill, par ce moyen, conçoit l'égalité[4] comme « un autre mot pour désigner l'exacte ressemblance, communément appelée identité, subsistant entre les choses au point de vue de la quantité ». Une autre définition de la relation est donnée par Mill dans une note sur l'*Analysis* de James Mill (vol. II, p. 10); elle est moins critique, plus arbitraire que la première, étant fondée essentiellement sur le mot « any » :

« Any objects, whether physical or mental, are related, or are in a relation to one another, in virtue of any complex state of conscious-

---

1. Cf. Russell, *loc. cit.*, ch. xvi. et Grassmann, *loc. cit.*, p. 108, § 4.
2. Contrairement à notre opinion, Mill fonderait probablement l'aspect « sélectif » de « Some » sur la *nécessité*.
3. *Loc. cit.*, part. I, ch. ii, § 7.
4. Cf. Russell, *loc. cit.*, ch. xx, §§ 159-160; ch. xix, pp. 161-2, p. 173. § 1; ch. iv, p. 51-2 (note); p. 171, note. Voir aussi Hobhouse « Theory of Knowledge », p. 171-181 (avec p. 173, comparer Russell, *loc. cit.*, p. 224, § 3).

ness into which they both enter; even if it be a no more complex state of consciousness than that of merely thinking them
together. »

Il est instructif de comparer la définition de Mill à certains passages de Grassmann[1] (*Ausdehnungslehre*, 1844), spécialement au
point de vue de « mere thinking together ». Grassmann dit (*loc. cit.*,
p. 24) que la forme discontinue, *devient* au moyen d'une double
action de *poser* (Setzen) et *associer* (Verknüpfen), et que la façon
dont cette forme vient du donné est « blosses Zusammendenken ».
P. 102 cf. p. 40, § 3), *loc. cit.*, Grassmann mentionne que « mere
thinking together », en tant qu'idée générale, caractérise l'addition
des formes abstraites, engendrées dans le même sens. De même le
« viewing together by the mind » de De Morgan a son corrélatif,
dans les œuvres de Boole et Grassmann. Parlant de certaines définitions de la mesure de la probabilité, Boole observe (in *Laws of
Thought*, p. 275 et 402) :

« To a scientific view of the theory of probabilities it is essential
that both principles should be viewed together in their mutual
bearing and independence. »

Grassmann, dans son *Ausdehnungslehre* de 1844, a maints
passages qui ont rapport au sujet que nous discutons. En particulier, nous appelons attention sur la description de l'idée directrice
(*loc. cit.*, p. 31), sur les remarques concernant une exposition
scientifique « von Anfang an » (p. 17, § 2), sur la représentation
concrète d'une somme formelle (p. 108, § 51), sur la représentation
concrète du produit extérieur d'un nombre arbitraire de grandeurs
élémentaires du premier degré (p. 177, 179, §§ 108, 109); sur la
détermination de la valeur d'un « eingwandtes Produkt », qui
n'est pas zéro (p. 212, 213, § 129; cf. § 133 et p. 295, § 2). Dans ces
passages, les termes de Grassmann corrélatifs de « viewing
together » sont « Zusammenschauen », et « Ueberschauen »,
Ineinanderschauen », etc.; incidemment la plupart et peut-être

1. F. Enriques, *Encycl. des sciences math.*, t. III, vol. I, p. 71, remarque que,
comme il est bien connu, la philosophie de Herbart a fortement influé sur le
développement des idées de Grassmann. Sans doute, Grassmann a-t-il aussi
emprunté au système de Schleiermacher. Notons la similitude entre les titres
de sections de l' « Einleitung » de l'*Éthique* » de Schleiermacher et ceux de
l'Einleitung de l'*Ausdehnungslehre* de Grassmann. Le dernier ouvrage semble
aussi avoir quelque relation avec les *ouvrages mathématiques*, influencés par la
philosophie hégélienne et traitant *de l'Être et du Devenir*. Cf. G. Bohlmann,
Jahresber. der Deut. Math. Ver., 1899, p. 107.

les plus essentiels des passages de l'*Ausdehnungslehre* sont fondés
sur « viewing together ».

Nous revenons à la conception fondamentale qui domine les
précédents passages, à savoir, la relation. Dans nos citations,
aucune mention n'a été faite explicitement du facteur *sélection*;
ce dernier nous semble être l'élément essentiel de la relation.
Schröder, in *Mathematische Annalen*, vol. XLVI, p. 144, donne une
genèse d'un « relatif binaire » fondé sur la sélection de « dyades
ordonnées » dans une classe de dyades ordonnées². Schröder
appelle une dyade ordonnée un « Elementepaar » ou un relatif
binaire individuel³. La nature d'un relatif binaire est éclaircie par
Schröder :

« Irgend zwei Elemente *i* und *j* lassen sich — etwa unter dem
Gesichtspunkt einer gewissen von *i* zu *j* bestehenden Beziehung —
in bestimmter Folge zu einem Elementepaar *i* : *j* zusammenstellen
und bildet die Gesammtheit aller erdenklichen Elementepaare :

$$1^2 = \Sigma_{ij} \, i : j.$$

einen zweiten aus dem ursprünglichen abgeleiteten Denkbereich
der aus den Variationen mit Wiederholungen zur zweiten Klasse
von des letztern Elementen besteht... Es wird unter einem binären
Relative... nichts andres zu verstehen sein, als ein Inbegriff...
von Elementenpaaren,.. irgendwie hervorgehoben aus genanntem
Bereiche. »

Le « irgendwie » de Schröder contient essentiellement le problème
de la relation. Nous soupçonnons qu'un examen de cet « irgendwie »
montrerait que l'intérêt et l'anticipation sont les guides de la
sélection⁴. Comme Schröder, J. Mill, dans le second volume de son
Analysis, tient compte de la sélection dans la genèse de la relation
qu'il regarde comme « une question de convenance résolue par
expérience ».

« What is the reason that some pairs do, while many more
do not, receive relative names? The cause is the same by which
we are guided in imposing other names. As the various combi-

---

1. Pour la définition : cf. Grassmann, *loc. cit.*, p. 111, note.
2. Cf. *Am. Jour.*, vol. XXXI (1909), p. 370.
3. Cf. Peirce, *Am. Jour.*, vol. III (1880), p. 44.
4. Intérêt désigne ici le but proposé. *Anticipation* nous reporte à *imagination*
et à la représentation sensible enveloppée dans celle-ci. Cf. aussi Platon,
Sophiste, 264; *République*, 529. Sur la sélection : cf. Boole, *loc. cit.*, p. 43, § 2.

nations of ideas are far too numerous for naming and we are obliged to make a selection, we name those which we find it of most importance to have named, omitting the rest. »

Les remarques de Mill sur la relation suggèrent une expression corrélative en accord avec notre position logique générale et, ainsi modifiées, elles semblent être le plus clair énoncé du problème que nous ayons pu trouver. Nous dirons dès lors qu'une pure association de termes, bien qu'étant la condition nécessaire d'une relation, n'est pas proprement une relation. Celle-ci résulte d'une classe d'associations, donnée par sélection en conformité à un but proposé.

Nous avions recherché la nature de la relation afin d'obtenir une explication de l'idée de médiateur typique, avec laquelle, disions-nous, l'idée de relation (en tant qu'association typique) est en étroite connexion. Le résultat de notre recherche semble être que les médiateurs typiques sont ceux qui ont été sélectionnés par le savant dans une classe de médiateurs possibles, sous la direction d'une idée [1], ou pour remplir un but dans un certain domaine logique visé. Pour nous, celui-ci est avant tout la Logique symbolique, y compris [2] la mathématique.

On peut donner d'un médiateur typique une expression explicite dans le langage technique des conceptions de la Logique symbolique; nous l'appelons *formel* et son opposé *non-formel*. Des exemples des deux catégories seront donnés dans une section suivante.

IV

Il existe une affinité entre un médiateur conçu comme typique et un médiateur conçu comme *valeur*. Mettant à part des faits tels que l'approbation personnelle, la satisfaction, l'affection, etc., qui n'appartiennent pas à notre sujet, nous appelons valeur d'un objet l'identification de cet objet (comme faisant partie de l'expérience [3]) avec une expérience choisie dans un ensemble de faits d'expériences. Si une telle identification est possible, l'objet est dit *avoir une valeur* par rapport à l'expérience choisie. La

---

1. Cf. Dewey, *Logical Studies*, p. 129 : Every idea is equally a function of reference and control, etc.
2. Cf. Grassmann, *loc. cit.*, p. 23, note.
3. Cf. James, *The Meaning of Truth*, pp. 110-114, 268-270, 100, etc.

valeur est donc un médiateur entre des termes en désaccord. Dans
quelle mesure une valeur est individuelle ou universelle, actuelle
ou potentielle? il est souvent difficile d'en décider avec quelque
certitude. James[1] semble reconnaître ce problème, quand il dit :

« In some men, theory is a passion just as music is in others. The
form of inner consistency is pursued far beyond the line at
which collateral profits stop. Such men systematize and classify
and schematize and make synoptical tables and invent ideal
objects for the pure love of unifying. Too often the results, glowing
with truth for the inventors, seem pathetically personal and arti-
ficial to bystanders. »

Un tel problème apparait, dans la mathématique pure, conçue
comme un tout, quand on la compare aux sciences appliquées; il
apparaît aussi dans les diverses branches de la mathématique pure,
quand on les compare les unes aux autres, et finalement dans les
résultats mathématiques, nouvellement trouvés et dont la relation
organique avec le système courant des mathématiques n'a pas encore
été reconnue[2]. On retrouve facilement dans le développement de la
mathématique des recherches qui semblèrent éminemment « personnelles » et « artificielles » aux contemporains quand elles appa-
rurent pour la première fois, mais qui, depuis, se sont profondément
enracinées dans la science. Un exemple célèbre[3] est naturellement
l'Ausdehnungslehre de Grassmann; Gauss n'a pas publié ses recherches
sur la géométrie non-euclidienne[4] parce qu'il craignait « les cris des
Béotiens »; la théorie des ensembles transfinis[5] de Cantor n'a pas
pleinement triomphé, même à présent, du scepticisme des mathématiciens.

Le terme « valeur » et le terme « importance », qui semble étroitement parent du premier, sont fréquemment employés par les
mathématiciens sans qu'ils aient essayé de décrire clairement leur
signification. Grassmann[6] suggère pourtant une interprétation :

« In der That ist es bei der Darstellung einer neuen Wissenschaft,
damit ihre Stellung und ihre Bedeutung recht erkannt werde,

---

1. Loc. cit., p. 99.
2. Cf. Grassmann, loc. cit., p. 15, § 1; p. 16, § 3.
3. Cf. Grassmann, Ges. Werke, vol. I, part. 2, p. 10; Engel, Jahresb. d. deut.
Math. Verein., 1909, pp. 333-4; 1910, pp. 10-12.
4. Cf. Stäckel u. Engel, Theorie der Parallellinien, p. 226.
5. Cf. Schoenflies, Jahresb. d. deut. Math. Ver., vol. VIII (1900), p. 2.
6. Ges. Werke, vol. I, part. 1, p. 15.

unumgänglich notwendig, sogleich ihre Anwendung und ihre
Beziehung zu verwandlen Gegensläden zu zeigen...

« Durch diese Anwendungen auf die Physik glaubte ich besonders
die Wichtigkeit ja die Unentbehrlichkeit der neuen Wissenschaft
und der in ihr Gebotenen Analyse dargethan zu haben. »

Quelques auteurs ont tendance à déprécier le développement
formel et la généralisation en mathématiques[1]. Ainsi E. Study[2]
parle de « banales généralisations ». En ce qui concerne la généralisation, nous tenons au contraire que celle-ci (intensive ou extensive)
constitue l'essence du développement mathématique et que toute
généralisation doit être admise volontiers au sein des mathématiques[3]. Discerner les généralisations grossières des non-grossières
est difficile, puisque cela dépend du point de vue de l'intérêt, etc.

Dans l'étude de l'idée directrice dans la logique des mathématiques, trois facteurs essentiels interviennent. Ce sont les termes en
désaccord ou données ; l'instrument de la médiation, ou idée directrice ; et, finalement, la médiation elle-même. Au point de vue de la
détermination, chacun de ces facteurs est susceptible de degrés ; les
données, par exemple, peuvent être ou ne pas être capables de
reconnaissance explicite ou d'expression explicite ; d'autre part, une
expression explicite peut être ou ne pas être formelle[4]. Il ne serait
pas difficile de donner un exemple de caractère mixte : une partie
des données admet une expression formelle, mais l'autre partie
n'admet pas de reconnaissance explicite, etc. En dehors de ces
précédentes distinctions, on pose que, pour qu'il y ait jugement,
un conflit de termes est nécessaire[5].

En règle générale les mathématiciens ont été peu disposés à

1. Cf. M. Bocher, *Bull. of the Am. Math. Soc.*, vol. XVII (1910-1911), p. 136;
vol. XVIII (1911-12), p. 17-18 : « On formal developments ». — Cf. W. F. Meyer,
Archiv. der Mathematik und Physik, series 3, vol. VIII (1904-5), p. 296, § 4.
2. *Geometrie der Dynamen*, p. 272.
3. Cf. Naville, *Logique de l'hypothèse*, p. 136; Russell, *Principles of Mathematics*, p. 7, § 8; Grassmann, *Ges. Werke*, vol. I, part. I, p. 30, § 13; H. Dufumier,
La généralisation mathématique, *Revue de métaphysique et de morale*, vol. XIX
(1911), p. 723-758.
4. Cf. la définition d'un médiateur formel donnée plus haut.
5. Cf. A.-W. Moore, *Pragmatism and its Critics*, p. 125.

admettre l'idée directrice dans la mathématique pure, à reconnaître explicitement que la mathématique pure est, sous un certain aspect, science d'observation. En réalité, les recherches mathématiques sont longtemps apparues comme purement déductives; les termes en désaccord, intervenant au cours de la recherche, n'étaient pas explicitement reconnus, et même peut-être pas reconnus du tout; l'instrument de médiation employé était dissimulé; l'effort heuristique était rarement mentionné; le médiateur final seul apparaît. Au milieu de cette uniformité, les expositions de Grassmann forment de remarquables exceptions. L'*Ausdehnungslehre* de 1844 est peut-être unique dans la littérature mathématique en ce sens qu'elle montre fréquemment et reconnaît explicitement l'acte génétique de la découverte. On demandera naturellement dans quelle mesure le procédé heuristique est discernable en mathématique en général? De cette question nous nous occupons dans la suite de notre discussion, prenant pour base la position logique générale impliquée dans les précédentes remarques. Certains principes mathématiques ont été soumis à la controverse, surtout parce que ces principes n'ont pas reçu d'expression formelle, à contenu proprement mathématique. Il faut espérer que de telles controverses peuvent être laissées de côté, en reconnaissant plus complètement l'interdépendance [1] du contenu des mathématiques et des instruments employés dans la détermination de ce contenu, c'est-à-dire, des idées directrices. Des exemples de ces derniers sont le *principe de comparaison*, le *principe de continuation*, le *principe d'économie de la pensée*, et enfin le *principe de spéciale situation* qui pourtant n'est réellement qu'une application de l'un des trois premiers. Ceux-ci, naturellement, ne sont pas mutuellement exclusifs.

1° Le principe de comparaison.

Le principe de comparaison est de beaucoup l'idée directrice la plus employée en mathématiques. Nous le définissons comme suit :

L'existence de ressemblances entre des termes donnés implique l'existence d'un terme général qui existe sous les termes particuliers et les unifie du point de vue de leurs ressemblances.

Cet énoncé est la généralisation d'un principe mathématique

---

1. Sur l'impossibilité d'affranchir le contenu formel des mathématiques de son aspect heuristique, cf. Grassmann, *Ges. Werke*, vol. I, part. I, p. 16, § 2.

exprimé par E. H. Moore[1] et d'un principe assez semblable, dû à
Meinong[2], qui pourtant avait en vue la logique plutôt que les mathématiques. Nous n'avons pu découvrir antérieurement d'énoncés
explicites bien qu'il ait été constamment fait usage du principe de
comparaison par les auteurs anciens et modernes. En particulier ce
principe est clairement en évidence dans les dialogues de Platon[3];
la procédure scientifique de Socrate est fondée sur lui; il joue aussi
dans la théorie des Idées de Platon un rôle fondamental[4]. Une
moderne application du même principe se trouve dans la *définition
par abstraction*. L'aspect pragmatique de ce genre de définition a
été noté par G. Vailati[5]. Peano[6] a donné nombre d'exemples de ce
procédé d'abstraction; ce dernier a été l'objet d'une discussion critique de la part de Burali-Forti[7], Russell[8], et autres. Comme
exemples d' « opérations » définissables par abstraction, Burali-
Forti mentionne[9] la *direction*, la *longueur*, l'*aire*, le *nombre* ordinal
et *cardinal*.

Si l'on cherche à appliquer le principe de comparaison, la considération des analogies mathématiques est évidemment une première
étape à marquer. De nombreux exemples de telles analogies sont
cités par Poincaré dans son article[10] « L'avenir des mathématiques », et par E. Study[11] dans sa « Geometrie der Dynamen ».

L'étude du principe de comparaison au sens large conduit aux
problèmes fondamentaux de la philosophie. Des théories spéciales
se rapportent, par exemple, à la signification ontologique du *terme*,
à la nature analytique ou synthétique des *ressemblances*, à la sélec-

1. *The New Haven Mathematical Colloquium*, p. 1 : « The existence of analogies
between central features of various theories implies the existence of a general
theory which underlies the particular theories and unifies them with respect
to those central features. »
2. Cf. *Zeitschrift für Psychologie und Physiologie der Sinnesorgane*, vol. XXIV
(1900), p. 78 : « Die Umfangscollective des Aehnlichen stellen Allgemeinheiten
dar, an denen die Abstraction wenigstens unmittelbar Keinen Antei lhat. » Voir
aussi Russell, *Pr. of Math.*, p. 162, 171.
3. Cf. *Phèdre*, 265-266; *Lois*, 12, 963; *Symposium*, 211; *Menon*, 72, 74; *Prota-
goras*, 331; *Phédon*, 74, 75, 101.
4. Cf. Les idées d'égalité et de dualité dans le *Phédon*, *loc. cit.*
5. Cf. Pragmatism and Mathematical Logic, *Monist*, vol. XVI (1906), p. 486-7.
6. *Formulaire mathématique*, 1903, p. 316.
7. *L'Enseignement mathématique*, vol. I (1899), p. 246; *Bibl. du Cong. Int. Phil.*,
vol. III (1901), p. 289.
8. Cf. *Pr. of Math.*, § 108, p. 112; p. 114-115; p. 166, § 157; p. 167, note; p. 285,
§ 270; p. 305; p. 219-220, § 209-210; p. 226, § 216.
9. Bibl. du Congrès, *loc. cit.*, p. 295.
10. *Bulletin des Sciences mathématiques*, série 2, vol. XXXII (1908), p. 184-186, etc.
11. *Loc. cit.*, p. 168. Cf. index « Analogien ».

tion de ces ressemblances, à la relation du *terme général* aux particuliers, à l'interprétation moniste ou pluraliste du terme général, etc.

2° *Le principe de continuation.*

Un autre principe, employé dans les recierches matiématiques,
est le principe de continuation :

« *L'existence d'une classe d'éléments particuliers (ou « operanda »),
soumis à des opérations particulières, implique l'existence d'une classe
d'éléments généraux soumis à des opérations générales.* »

Comme applications spéciales [1] de ce principe, nous renvoyons à
l'*invariance de la classe d'éléments dans la généralisation des opérations*, et d'autre part à la *persistance des propriétés des opérations dans
la généralisation des éléments des opérations.* Si nous prenons comme
classe d'éléments particuliers les entiers absolus intuitifs et comme
classe correspondante d'opérations particulières des lois formelles
de l'arithmétique de ces nombres entiers, le principe de continuation peut être employé dans la construction d'un système de fractions, de nombres rationnels dirigés, et des nombres complexes, etc.
A ce point de vue, le principe se confond essentiellement avec le
« principe de la permanence des lois formelles » (Hankel) ou « le
principe de la permanence des formes équivalentes » (Peacock). Ce
dernier principe est aussi employé dans la détermination des lois
qui interviennent dans la tiéorie des nombres transfinis. Un exemple
important de l'application de ce principe est la définition de la
classe générale des séries de puissances obtenues à partir d'une
série primaire et connues comme « fonction analytique » dans la
tiéorie des fonctions de Weierstrass [2]. Un autre exemple est fourni
par le principe de correspondance de E. Study [3] en vertu duquel,
par un cioix convenable de l'élément spatial, la géométrie elliptique
réelle devient identique à la géométrie euclidienne des couples de
points sur deux spières congruentes. En général « l'établissement
d'une correspondance entre deux ensembles et la recierche des pro-

---

1. Cf. l'interprétation de Kronecker de l'idée directrice en mathématiques;
F. Netto. Ueder Leopold Kronecker, *in* Math. Mémoire lu au *Congrès. intern. de
math..* New-York (1896), p. 245-6.
2. Cf. par exemple : Osgood. *Lehrbuch des Functionen theorie* (1907), p. 376, etc.
3. *Am. J. of Math..* vol. XXIX (1907), p. 117; cf. E. Salkowski, *Jahrbsb. der
deut. Math. Ver.,* vol. XXI, p. 27.

priétés qui sont mises en lumière par la correspondance » (ce qui, selon Clifford [1], est « l'idée centrale des mathématiques modernes et se retrouve à travers tout le développement de la science pure et appliquée ») est essentiellement une application du principe de continuation.

La preuve des méprises commises à propos de l'idée directrice en mathématiques se trouve dans la variété des opinions exprimées par les mathématiciens sur le « principe de permanence » précédemment mentionné. Aussi Russell [2] l'appelle « simplement une erreur »; Jourdain [3] le tient pour « inutile », tandis qu'il est défendu par Schoenflies [4] et d'autres.

3° Le principe de l'économie de la pensée.

Le principe de comparaison et le principe de continuation ont pu être discutés à la lumière du *principe d'économie de la pensée* [5].

Ce dernier, formulé par E. Mach [6], requiert que *toute fin scientifique soit atteinte avec la dépense minima de pensée*. Ce principe est donc franchement pragmatique ; il conduit aisément à la thèse de Dewey : la pensée est un instrument, penser c'est s'adapter à un but, et, pour atteindre ce but, il faut considérer l'économie et l'efficacité de l'effort [7].

Comme relevant de ce principe, nous citerons, dans la recherche mathématique, les idées directrices de *beauté* [8] *(élégance), simplicité, harmonie, naturel*. Les savants font parfois à tort appel à ces concepts, sans doute pour cacher une insuffisance théorique. Il semble, par exemple, qu'il y ait un usage illégitime de l'idée de « naturel » dans la « Projective Geometrie der Ebene » de H. E. Grassmann dans la dérivation du produit régressif [9]; de même, chez

1. *Lectures and Essays*, vol. I, p. 335; cf. la première thèse d'E. Müller dans sa dissertation, Königsberg, 1898; et E. Müller, *Jahresb. d. deut. Math. Ver.*, vol. XXII (1913), p. 44-59.

2. Cf. Pr. *of Math.*, p. 376-7, § 357.

3. *Mind*, N.-S., 1912, p 448; *Quarterly Journal of Pure and Applied Mathematics*, vol. XLI (1909-10), dernier §.

4. *Jahresb. der deut. Math. Ver.*, vol. VIII (1900), p. 3.

5. Cf. E. Mach, *Die Mechanik in ihrer Entwickelung*, 4ᵉ éd., Leipzig (1901), p. 515-6; *Pop. Wiss. Vorl.*, Leipzig (1903), p. 224-5.

6. *Die Mechanik*, etc., p. 519, § 6; *Erkenntniss und Irrtum*, Leipzig (1905), p. 174, § 11; p. 134, § 12.

7. Cf. Dewey, *Logical Studies*, p. 80.

8. Cf. H. Poincaré, *Science et Méthode*, Paris (1909), p. 58.

9. *Loc. cit.*, p. 28.

E. Lasker, *Proceedings of the London Mathematical Society*, vol. XXVIII, p. 225, dans la dérivation numérique d'un point arbitraire d'une ligne à partir des points donnés de la ligne.

L'idée de « simplicité » apparaît très fréquemment dans l'*Ausdehnungslehre* de Grassmann. La remarque suivante de Grassmann est spécialement intéressante. *Gesammelte Werke*, vol. I, part. I, p. 142 :

« Interessant ist es noch zu bemerken, wie bei der rein geometrischen Darstellung wie auch in der abstrakten Wissenschaft, die Betrachtung vom Raume aus zur Ebene, und dann erst von dieser zur geraden Linie führt, und dass somit die jenige Betrachtung, in welcher alles räumlich auseinander tritt, sich raümlich entfaltet, *auch als die der Raumlehre eigenthümliche und für sie als die einfachste erscheint* [1], wenn die Gebilde in einander liegen, dann auch alles noch verhüllt während, erscheint, wie der Keim in der Knospe, und erst seine raümliche Bedeutung gewinnt wenn man das Ineinanderliegende in Beziehung setzt zu dem raümlich Entfalteten. »

Natorp [2] comprend ce passage comme se rapportant à l'association de l'espace à *n* dimensions au nombre complexe à *n* unités. Une autre illustration de la remarque de Grassmann, imprévue [3] de l'auteur lui-même, c'est notre génération de l'espace à *n* dimensions [4]. L'affirmation de Grassmann [5] que la plus simple manière de satisfaire à l'équation fonctionnelle $f(p) = f(-p)$ est $f(p) = p^2$ sera facilement admise. Au contraire, on sera plus tenté de contredire à sa remarque [6] que certaines généralisations doivent être faites s'il faut conserver la simplicité du calcul.

Les idées directrices qui précèdent sont difficiles à décrire; en règle générale, leur emploi est assez vague et reste plus ou moins incertain. Grassmann, *l. c.*, p. 16, juxtapose « simplicité » et « vérité ». Dans la *Logique de l'hypothèse*, Naville pose, p. 145-6, que « le simple est le signe du vrai » et que la tâche de la science est de rechercher la simplicité et l'harmonie. C. S. Peirce [7] essaie de donner un criterium de la simplicité en logique, en se fondant sur l'impli-

---

1. Les *italiques* sont de nous.
2. Cf. ses *Die logischen Grundlagen der exacten Wissenschaften*, p. 262.
3. Grassmann, *loc. cit.*, p. 293, établit avec précision que la ligne droite est la base de ses définitions. Cf. aussi l'*Elementargrösse* de Grassmann.
4. Cf. *Amer. Jour. of Math.*, vol. XXXI (1909), p. 365-410.
5. *Loc. cit.*, p. 345.
6. *Loc. cit.*, p. 217, note.
7. *Am. Jour. of Math.*, vol. III (1880), p. 21, note.

cation : si une conception A implique une conception B, mais non inversement, alors B est « plus simple » que A. F. Bernstein [1] considère une démonstration mathématique comme « la plus simple » si elle requiert l'application du minimum de principes fondamentaux. Aucune de ces définitions n'est adéquate. La description de la « simplicité » est difficile en raison du caractère relatif de cette notion [2]. Peut-être conviendrait-il de dire que le signe de la simplicité d'un concept, comme de sa vérité, est dans son « pouvoir d'action » [3].

4° Principe de spéciale situation.

Ce principe, dont l'expression est essentiellement mathématique, a reçu un grand nombre d'énoncés ; quelques-uns de ceux-ci ont visé, sans succès [4], à une expression formelle. L'histoire du principe remonte à Poncelet et Cauchy. Poncelet l'a appelé le « principe de continuité ». Schubert le met en évidence dans son « Kalkul der Abzählenden Geometrie » (Leipzig, 1879) ; il a été largement employé par les mathématiciens. Schubert l'énonce [5] ainsi :

« Si une forme algébrique F est soumise à une condition Z, simple ou formée de c éléments, avec c constantes, il existe (en général) un nombre fini N d'éléments spatiaux qui satisfont à la fois à la définition de la forme Γ et à la c-tuple condition Z. Si maintenant Z est une condition spatiale, c'est-à-dire, si certaines autres formes spatiales Γ' sont données, alors le nombre N (s'il reste fini) est invariant dans les changements relatifs de position des formes Γ' et à travers les applications particulières des formes Γ' qui ne contredisent pas leur définition. »

Ce principe semble être une particularisation du principe de continuation. Schubert a remarqué qu'il était une interprétation de ce qu'on appelle le théorème fondamental de l'algèbre : toute équation du n° degré à coefficients réels ou complexes a n racines [6].

Le principe de spéciale situation a été le sujet d'une controverse,

1. Atti del IV. Cong. Int. dei Matematici, vol. III (1908), p. 392.
2. Cf. Grassmann. loc. cit., p. 332-3.
3. Cf. James. Pragmatism, p. 217.
4. Cf. D. Hilbert, Archiv. der Math. und Phys., sér. 3, vol. I (1901), p. 223; Zeuthen. Encyklopädie der Math. Wiss., Bd III₂, Heft 3, p. 237-312; notamment p. 275, § 1.
5. Loc. cit., § 4.
6. Cf. Zeuthen, loc. cit., p. 306-307, etc., et Study, Archiv. der Math. u. Phys., série 3, vol. VIII (1904-1905), p. 273. — Cf. aussi Zeuthen, C. R. Congr. Stockholm, p. 32-42.

à laquelle ont pris part G. Kohn [1], R. Sturm [2], E. Study [3] et A. von Brill [4]. Kohn et Study ont pris une attitude plutôt négative à l'égard de ce principe; la position de Sturm et de von Brill est plus favorable, et ce dernier fait apparaître l'élément intuitif dans son emploi. Enfin Zeuthen [5] insiste sur les connexions algébriques de ce principe, comme garantie de ses applications.

Un champ apparemment illimité de recherches mathématiques apparaît dans la détermination du domaine de vérité des précédents principes. Cette remarque nous amène à citer des exemples d'idées directrices qui ont été remplacées par des principes mathématiques formels.

Dans son *Mémoire sur les intégrales définies* Cauchy [6] donne cette citation de Laplace sur l'évaluation des intégrales définies :

« On peut donc considérer ces passages [du réel à l'imaginaire] comme des moyens de découvertes semblables à l'induction; mais ces moyens, quoique employés avec beaucoup de précaution et de réserve, laissent toujours désirer les démonstrations de leurs résultats. »

Cette transition de l'imaginaire au réel, Cauchy a essayé de lui donner un fondement rigoureux en analyse.

A propos du domaine de vérité du principe de spéciale situation, une contribution a été apportée par von Brill [7] qui a donné la preuve algébrique d'un principe de correspondance, employé inductivement par Cayley.

Dans les *Mathematische Annalen*, vol. LIX (1904), p. 161, D. Hilbert a montré que l'existence d'une fonction minima dans la solution des problèmes de valeur limite appartient au domaine de vérité du principe de Dirichlet [8]. Récemment R. Courant [9] a découvert un

1. *Archiv.*, etc., s. 3, vol. IV (1903), p. 312.
2. *Archiv.*, s. 3, vol. XII (1907), p. 113-146, § 2.
3. *Archiv.*, s. 3, vol. VIII (1904-5), p. 271.
4. *Verh. des Dritten Intern. Math. Kong.*, Heidelberg (1904), p. 282.
5. *Loc. cit.*, p. 271, § 9 et p. 306-7.
6. Cauchy, *Œuvres*, t. I (1882), p. 329-330.
7. Cf. *Math. Ann.*, vol. VI (1873), VII (1874). XXXI (1888), XXXVI (1890). — Cf. aussi : A. Hurwitz, *Leipziger Berichte*, vol. XXXVIII (1886), p. 10; H.-G. Zeuthen, *Math. Annalen*, vol. XL (1892), p. 99; *Atti del IV Congresso intern. dei mat.*, vol. II (1908), p. 227.
8. Cf. *Jahresbericht d. deut. Math. Ver.*, vol. VIII (1900), p. 184-8. Hilbert dit du principe de Dirichlet, *loc. cit.* : « Dieses Prinzip kann als Leitstern zur Auffindung von strengen und einfachen Existenz beweisen [in der Variationsrechnung] dienen. » Hilbert a reconnu aussi, l'importance des « désaccords » dans la recherche mathématique : *Foundations of Geometry*, p. 131, § 2.
9. *Math. Ann.*, vol. LXXII (1912), p. 517.

principe formel, supposé par le principe de Dirichlet et plus efficace que la méthode de Hilbert[1].

D'autres exemples auraient pu être fournis.

VI

Il reste à faire brièvement mention des médiateurs explicites dans les recherches mathématiques. Du point de vue technique, la forme spécifique d' « analyse générale » discutée par E. H. Moore[2] est intéressante. Moore fournit un médiateur entre quatre théories mathématiques[3] se rapportant respectivement à : 1° un simple élément; 2° un nombre fini d'éléments; 3° une infinité dénumérable d'éléments; 4° une infinité d'éléments ayant le nombre cardinal du continu. Le mémoire de Moore est peut-être le premier[4] à donner tout au long une explicite expression aux termes en conflit, à l'idée directrice et à la médiation. L'idée directrice dont se sert Moore est essentiellement le principe de comparaison. O. Bolza, fondant ses conceptions fondamentales sur l' « analyse générale » de Moore, a fourni un médiateur entre un théorème de géométrie analytique et un théorème du calcul des variations[5]. L'idée directrice de Bolza est, en fait, le principe de comparaison.

Historiquement, l'exemple le plus fameux de médiation est peut-être celui de Grassmann entre la géométrie et la mécanique par le moyen de l'*Ausdehnungslehre*. Les termes en désaccord sont imparfaitement donnés; il y a pourtant un effort pour les exprimer[6]. L'idée directrice est essentiellement l'analogie de l'*Ausdehnungslehre* avec la géométrie; c'est le principe de comparaison. A la suite de

1. Un exemple de problème de valeur limite est discuté par G. Kowalewski : « Die komplexen Veränderlichen », etc., Leipzig (1911), p. 224. Cf. Courant : *Loc. cit.*, p. 520; Fejer, *Math. Ann.*, vol. LVIII (1904), p. 51; Carathéodory, *Math. Ann.*, vol. LXXIII (1913), p. 305.

2. « A Form of General Analysis », The New Haven Math. Colloquium (1910), p. 1, etc. Cf. aussi « On the Fundamental Functional Operation of a General Theory of Linear Integral Equations », *Proc. Inter. Cong. of Math.*, Cambridge (1913) vol. I, p. 230.

3. *Loc. cit.*, p. 13. Cf. aussi : « On the Foundations of the Theory of Linear Integral Equations », *Bull. Am. Math. Soc.*, vol. XVIII (1911-2), p. 334-362.

4. Notre mémoire sur l'ordre projectif linéaire, *Am. Jour. of Math.*, vol. XXXIV (1912), p. 169, appartient aussi à la catégorie générale indiquée. Ce mémoire rend aussi compte d'une idée directrice perceptive.

5. Cf. *Bull. Ann. Math. Soc.*, vol. XVI (1909), p. 402.

6. Cf. *Ges. Werke*, vol. I, part. 1, p. 63, etc.; vol. II, part. 2, p. 3, etc.

l'*Ausdehnungslehre* de Grassmann apparaissent une multitude d'essais de médiation. Aussi Grasmann déclare que son système général fournit un médiateur entre l'*analyse* et la *synthèse*[1], qu'un certain théorème général[2] de sa théorie comprend un groupe de théorèmes dû à Poncelet, etc. Grassmann a reconnu clairement que les théories mathématiques n'étaient que des instruments[3]; en réalité, il alla même jusqu'à croire que son calcul était d'une absolue universalité[4] en mathématiques. Cette croyance était probablement erronée; Grassmann avait peut-être en vue la possibilité de loger la logique symbolique dans son système[5]. La remarque de Grassmann, que l' « inneres Produkt » de son calcul est prouvé, quand il a développé la « mécanique analytique » de Lagrange au moyen de certaines notions de son système[6], indique explicitement sa conception de la théorie comme instrument et constitue un but valable pour la recherche mathématique.

Les *Laws of Thought* de Boole expriment formellement un médiateur dont les principes fondamentaux ont été adaptés à l'algèbre de la logique, dans une certaine mesure, par des auteurs tels que Peirce et Schröder. Les termes en désaccord sont pour Boole le *calcul des probabilités* et la *logique*. La thèse générale de Boole est que le « sujet des probabilités fait également partie de la science du nombre et de la logique »; que « les lois dernières de la logique sont mathématiques dans leur forme »; qu'une certaine « doctrine générale et méthode de la logique forme aussi la base de la doctrine et de la méthode correspondante des probabilités[7] ». Les lois de Boole[8]

$$xy = z \ldots \quad (1).$$
$$xy = yx \ldots \quad (2).$$
$$xx = x \ldots \quad (3).$$

1. Cf. *Loc. cit.*, vol. I, part. 1, p. 300; p. 9, note. Un autre médiateur entre l'analyse et la synthèse est fourni par Cauchy, *OEuvres* (I), t. VII (1892), p. 382-423.
2. *Loc. cit.*, vol. I, part. 1, p. 279, § 170.
3. Cf. Cauchy, *Loc. cit.* (I), t. IX (1896), p. 240-241, etc.
4. Cf. *Loc. cit.*, vol. I, part. 2, p. 4 : « Die Ausdehnungslehre bildet gewissermassen den Schlustein des Gesammten Gebaüdes der Mathematik ». Cf. vol. I, part. I, p. 405, dernier §.
5. *Loc. cit.*, p. 23, note. Cf. R. Grassmann, *Die Ausdehnungslehre* (Stettin, 1891), p. 15, etc. — Cf. aussi L. Couturat, *La Logique de Leibniz*, Paris, 1901, ch. IV, VIII, IX.
6. *Loc. cit.*, vol. I, part. I, p. 12, § 1.
7. *Loc. cit.*, p. 13, § 2; p. 11, § 2; p. 12, § 2; p. 401. Boole donne un résumé de son développement.
8. Cf. Boole, *loc. cit.*, ch. II.

expriment respectivement, dans notre terminologie, (1) que z est un médiateur entre x et y, (2) que le médiateur entre x et y est indépendant de l'ordre des symboles, (3) que le médiateur entre x et sa répétition est x. L'idée directrice de Boole n'est pas explicitement énoncée; en fait, c'est le principe de comparaison.

Les précédents médiateurs sont tous formels : considérons maintenant quelques médiateurs qui ne soient pas formels. Dans les *Göttinger Nachrichten* (1895), Klein demande :

« Mathematische Entwickelungen welche der Anschauung entstammen dürfen nicht eher als fester Besitz der Wissenschaft gelten, als sie nicht in strenge logische Form gebracht sind. Umgekehrt, kann uns die abstrakte Darlegung logischer Beziehungen nicht genügen, so lange nicht deren Tragweite für jede Art der Anschauung lebendig ausgestaltet ist. »

Ainsi Klein établit une médiation entre la *déduction logique* et l'*intuition* en mathématiques, au moyen de la *finalité du développement mathématique*, pour ainsi parler.

Dans *Science et Méthode* Poincaré maintient que, même si les principes de la logique sont admis, il est impossible de démontrer toutes les vérités mathématiques sans faire un nouvel appel à l'intuition. Il fonde son opinion (p. 158-160) sur cette affirmation que le principe dit « d'induction complète[1] » est à la fois nécessaire à la mathématique et irréductible à la logique. Il appelle ce principe le raisonnement mathématique « par excellence ». Bien qu'il ne veuille pas dire que tout raisonnement mathématique peut être réduit à une application de ce principe, il place celui-ci dans la même catégorie générale que certains autres analogues, présentant les mêmes caractéristiques et dont il ne diffère que par sa certitude. Il est évident que dans ce cas Poincaré vise le concept général d'*induction* et qu'au moyen du principe en question, il fournit une médiation entre la *probabilité absolue* et la *probabilité relative*[2]. Il y a un paradoxe curieux dans cette attitude de Poincaré qui nous rappelle un peu la contradiction de Richard[3]. La construction d'une catégorie générale de (*tous*) les principes inductifs sur le fondement de la ressemblance dépend elle-même de l'application d'un principe

1. La discussion la plus récente de ce principe semble être celle de A. Padoa, *Bull. Ann. Math. Soc.*, 1913, vol. XIX, p. 185.
2. Par probabilité absolue, nous entendons la certitude.
3. Cf. *Revue générale des Sciences*, juin 1905, vol. XVI.

inductif qui ne semble pas présent dans la catégorie[1]. Les principes auxquels se réfère Poincaré peuvent en outre être considérés comme des exemples du principe de comparaison, c'est-à-dire, comme des termes particuliers qui ressemblent l'un à l'autre. Ainsi, il semble que toute classe générale de termes (qui résulte de ces termes particuliers) n'inclut pas dans son extension cette application du principe de comparaison, employé dans sa construction. D'un mot, « comparer des comparaisons » est contradictoire.

VII

Nous pouvons maintenant résumer les principales conclusions auxquelles tend notre étude.

(1) Les idées directrices conceptuelles des mathématiques sont les mêmes que celles des disciplines non-mathématiques; les idées directrices ont pourtant un caractère particulièrement mathématique, par suite des distinctions qui interviennent dans leur application. Ces distinctions sont inspirées par des idées directrices perceptives, c'est-à-dire, des reconstructions perceptives des conceptions mathématiques, des sentiments et des images[2] qui ont souvent un caractère naïf et primitif.

(2) Il n'y a essentiellement qu'une idée directrice conceptuelle en mathématiques, c'est le principe de comparaison[3].

A. R. Schweitzer.

---

1. Sur ce point, voir nos remarques, in sect. II de la présente discussion, sur l'adaptation de l'idée directrice.
2. Des preuves de l'existence de telles images dans les recherches mathématiques, spécialement en géométrie, peuvent probablement se trouver dans la terminologie; elles apparaissent aussi explicitement. Cf., par exemple, Koenigs, *Leçons de Cinématique*, p. 51, § 5.
3. Poincaré, *Bull. Sci. Math.* (2), 32 (1908), p. 174, définit les mathématiques comme l'art de donner le même nom à des choses différentes. Cf. Platon, *Lois*, 12, 965; Grassmann, *Werke*, vol. I, part. 1, p. 30, § 13.

LE SOCIALISME DE FICHTE

D'APRÈS L'ÉTAT COMMERCIAL FERMÉ

(Suite et fin [1].)

Tel que nous l'avons précédemment résumé dans ses lignes essentielles l'*État commercial fermé* présente un sens très clair : il est d'abord une protestation contre le mercantilisme. On se souvient de l'accent avec lequel, dans sa préface, le philosophe en a dénoncé l'immoralité et l'injustice.

Le ressort essentiel du mercantilisme, c'est, en somme, la balance du commerce, et la balance du commerce c'est l'amour de l'or pour l'or : mais l'amour de l'or pour l'or est corrupteur pour les États comme pour les individus ; Fichte y découvre l'origine de tous les vices que le mercantilisme entraîne avec lui : au dehors, la colonisation avec ses guerres de conquêtes, avec tous ses crimes, avec, par-dessus tous les autres, l'esclavage, ce défi aux droits de l'humanité ; au dedans, les compagnies à monopoles dont l'État tire le meilleur de ses revenus ; les compagnies à monopoles avec leurs privilèges abusifs, avec l'exploitation tyrannique de tout le pays, car leur fortune est faite de la ruine des particuliers. Souvenons-nous ici de ce passage du second livre de l'*État commercial fermé* où, avec une force singulière, Fichte a exposé les méfaits de la trop fameuse théorie de la balance du commerce, où il montre l'incohérence du système de fermeture partielle qu'elle exige, les risques de guerre étrangère et de guerre civile qu'elle entretient d'une façon permanente, la ruine finale à laquelle l'État ne peut échapper car elle est dans la logique des choses.

Quant au libéralisme économique Fichte, dans le même chapitre, a montré que la liberté anarchique doit forcément conduire à la

1. Voir le numéro de janvier 1911.

lutte et à la guerre aussi — non plus sans doute à la guerre civile et
à la guerre étrangère — mais à la guerre universelle, à la guerre de
tous contre tous : l'ère de la libre concurrence est aussi l'ère de
l'avilissement des cours et, par représailles, l'ère des accaparements
et des hausses artificielles, l'ère des fraudes et des falsifications.

Protection anarchique, liberté anarchique, péril équivalent pour
l'économique. Pourquoi? Sans doute parce que l'une et l'autre sont,
au fond, l'expression d'un même mal; le mal moral. Des deux parts
c'est le principe de l'égoïsme qui vicie le mercantilisme comme le
libre-échangisme : égoïsme de l'État dans un cas, égoïsme des
particuliers dans l'autre; dans un cas et dans l'autre absence de
cette discipline qu'est la Raison pratique, absence de cette subordination de la partie au Tout, de l'individu à la Société, de l'État à
l'Humanité par où la moralité s'exprime. Or c'est à réintégrer la
partie dans le Tout, à substituer au point de vue purement individualiste et égoïste le point de vue de la personnalité morale que vise
toute la doctrine de Fichte. Sa politique économique porte tout
justement la marque de cette préoccupation fondamentale. Elle a
pour objet d'imposer aux individus l'ordre où les libertés, au lieu
d'être anarchiques et perpétuellement en conflit, deviendront harmoniques et complémentaires; où l'action d'un individu, comme
membre d'un véritable organisme social, sera en perpétuelle réciprocité d'action avec tous les autres individus, l'activité commune
étant nécessaire à l'activité de chacun et, inversement, l'activité de
chacun nécessaire à l'activité de tous; où tous les individus, sans
exception, pourront vivre de leur travail, vivre une vie aisée et, par
surcroît, jouir d'un égal loisir, du loisir nécessaire à l'exercice de la
vie spirituelle. Fichte d'ailleurs a très bien compris que la constitution de cet ordre — en dehors de la Cité morale qui est une cité purement idéale — dans le monde réel, dans le monde où s'agitent les
individus que la nature a séparés et opposés les uns aux autres, ne
pouvait s'accomplir par la bonne volonté individuelle, qu'il y fallait
la contrainte des lois, de cette puissance supérieure aux individus
qu'est l'État : la justice qu'exige la moralité doit être imposée aux
individus par force, tel est le sens profond de l'*État commercial
fermé*. La liberté, l'égalité, ces grands principes qu'au nom de la
conscience la Révolution française avait inscrits dans sa procla-
mation des droits de l'homme ne sont que des mots tant qu'ils n'ont
pas une matière à laquelle ils se peuvent appliquer; il leur faut un

milieu où ils puissent vivre. L'ambition de Fichte fut de créer
ce milieu dans un état économique et social qui leur était jusqu'ici
totalement étranger; il comprit l'impuissance du libéralisme économique à réaliser de tels principes dans une société si éloignée de
la moralité, la nécessité, par suite, d'adapter les principes à la situation donnée c'est-à-dire la nécessité d'imposer la liberté et l'égalité
par la toute-puissance de l'État. Il a ainsi, par un trait de génie,
défini l'essence profonde du Socialisme.

Mais l'État n'est capable d'imposer la discipline de la justice que
s'il est le premier à s'y soumettre. La fermeture de l'État commercial n'est pas seulement pour l'État la condition de la justice à
l'égard des citoyens, elle est, de la part de l'État, la condition de
la justice à l'égard des autres États, la garantie de leurs droits,
l'affirmation du respect de leur nationalité et de leur indépendance.
C'est donc le caractère de la réglementation socialiste de n'être
plus, comme dans le mercantilisme, l'œuvre arbitraire d'un État
égoïste, cupide, capricieux, tyrannique, mais l'expression même des
exigences de la Raison : de la Raison installée par force dans un
monde et à une époque où elle ne peut encore être voulue librement par raison.

Visiblement le socialisme d'État apparaît ici à Fichte comme
l'exigence même de la moralité : il est le système qui, à ses yeux,
concilie l'existence de la Société avec le respect de la personne,
le communisme avec l'individualisme, il réalise dans la vie économique, juridique et politique, au milieu du conflit des intérêts et
des passions égoïstes, une image de la Cité morale, une discipline
de la Raison qui établit l'accord des activités et l'harmonie des
intérêts, qui donne à tous les individus de la communauté à la fois
la liberté et l'égalité.

A un ordre économique où le droit primitif de la personne
humaine n'est pas respecté, où la fortune des uns est faite de la
misère des autres, où c'est au prix de la peine et du travail incessants du grand nombre que s'achète le loisir de quelques privilégiés,
le socialisme substitue la constitution d'un ordre économique nouveau : la propriété n'est plus ici en conflit avec le droit de tous à
l'existence; elle est, au contraire, la sphère d'action du droit de
chacun, la condition du travail dont l'individu tire sa vie; la division
du travail est telle que l'ensemble de la production et de la fabrication suffise à la consommation de tous; l'intensité de cette produc-

tion et de cette fabrication est réglée de manière à ne jamais amener
de crises économiques, mais à assurer à l'ensemble des citoyens un
maximum de bien-être.

Pourtant ce bien-être — et ceci est encore un trait caractéristique
du socialisme de Fichte — n'est pas tout, ce n'est même pas l'essentiel. La vie ne vaut d'être vécue que pour la poursuite des fins
morales de l'humanité. Ces fins morales exigent l'affranchissement
spirituel, la liberté de l'esprit suppose la sécurité matérielle de
l'existence et le loisir de la réflexion. Assurer la vie de quiconque
porte figure humaine pour lui permettre de participer à la dignité
de l'esprit, d'exercer la fonction qui fait vraiment de lui un homme,
tel est, en dernière analyse, l'idéal du socialisme de Fichte, et ce
souci de maintenir, au sein de la communauté, à travers les exigences et les contraintes de tout ordre qu'elle implique, la dignité
de la personne, le respect de la valeur morale éclate presque
à chaque pays de l'*État commercial fermé*[1]. Suivant le mot de
G. Schmoller, « Fichte est le premier à avoir introduit, avec le socialisme qui l'impose du dehors comme une contrainte, la Morale économique et politique[2] ».

Pour avoir apporté, l'année même où s'ouvrait le XIXe siècle, cette
solution encore inédite du problème économique, Fichte a vraiment
été pour l'Allemagne un prophète et un précurseur.

Mais lui même ne croyait pas sans doute tant devancer l'heure et
il parait bien avoir jugé son système applicable : n'oublions pas,
en effet, que l'auteur de l'*État commercial fermé* est aussi l'auteur de
la *Revendication pour la liberté de penser*, l'auteur des *Contributions
destinées à rectifier les jugements du public sur la Révolution française*;
n'oublions pas que politiquement, socialement, Fichte vivait les

1. C'est ce que fait, à juste titre, ressortir Mme Marianne Weber dans l'opuscule déjà cité; elle montre comment le socialisme de Fichte repose sur
l'individualisme, entendu en un sens où l'implique la liberté morale, sur le
respect de la personne. La conception organiciste de l'État (p. 36), la substitution au droit de propriété sur les choses du droit au travail (39 et suiv.) et la
division du travail qui en résulte: la reconnaissance et le maintien des différences d'aptitudes individuelles et de manière de vivre, voire d'alimentation (41);
la théorie de la monnaie et du capital (56-58)., etc., en sont, à ses yeux, autant
de témoignages.
2. G. Schmoller, *Johann Gottlieb Fichte. Eine Studie aus dem Gebiete der Ethik
und der Nationalökonomie*, III, p. 42.

yeux tournés vers la France révolutionnaire, que sa pensée était
imbue de l'esprit démocratique, qu'en Prusse, à cette heure et dans
son siècle, il était déjà d'un autre temps, du temps nouveau qu'au-
nonçait la Révolution et qui commençait d'être le temps présent:
n'oublions pas enfin que le projet d'un État socialiste était alors en
France si peu une chimère que, pour en avoir proposé, le premier,
la réalisation, Gracchus Babeuf venait de monter sur l'échafaud
(5 Prairial an V, 24 mai 1797).

Or que Fichte, en écrivant son *État commercial fermé*, ait songé
aux événements de France, qu'il fût au courant des idées de
Babeuf, on a les plus sérieuses présomptions de le penser.

D'abord il est impossible de ne pas être frappé de certaines
analogies de doctrine.

.Babeuf, avant Fichte, proclame, que « chaque homme a un droit
égal à la jouissance de tous les biens[1] »; que « le but de la Société
est de défendre cette égalité... et d'augmenter par le concours de
tous, les jouissances communes »; que « dans une véritable société il
ne doit y avoir ni riches ni pauvres »[2]; qu' « il y a oppression quand
l'un s'épuise par le travail et manque de tout tandis que l'autre
nage dans l'abondance sans rien faire »[3]. Babeuf, avant Fichte,
proclame, à côté du droit à l'égalité, le droit de vivre de son travail
et l'obligation, pour tout homme faisant partie de la société, de
travailler pour vivre (« la nature a imposé à chacun l'obligation de
travailler; nul n'a pu sans crime se soustraire au travail[4] »); en
même temps il admet la division et la spécialisation des travaux[5];

1. Ph. Buonarotti, *Conspiration pour l'égalité dite de Babeuf*. Bruxelles à la
librairie romantique 1828. T. II. Pièces justificatives (8ᵉ pièce). Analyse de la
doctrine, p. 137, art. 1.
2. *Ibid.*, art. 7, p. 147. Voici la preuve que Babeuf en donne : 1. Le travail est
pour chacun un précepte de la nature ; 1° Parce que l'homme isolé dans les
déserts ne saurait, dans un travail quelconque, se procurer la subsistance;
2° Parce que l'activité que le travail modéré occasionne est, pour l'homme,
une source de santé et d'amusement. — II. Cette obligation n'a pu être
affaiblie par la Société, ni pour tous, ni pour chacun de ses membres :
1° Parce que sa conservation en dépend ; 2° Parce que la peine de chacun n'est
la moindre possible que lorsque tous y participent.
3. *Ibid.*, art. 5, p. 144.
4. *Ibid.*, id., art. 3, p. 142.
5. Cette division du travail est d'ailleurs voisine de celle que Fichte propose.
Babeuf distingue comme travaux utiles : *a*) ceux de l'agriculture, de la vie pas-
torale, de la pêche, de la navigation; *b*) ceux des arts mécaniques et
manuels; *c*) ceux de la vente en détail (c'est la division en agriculteurs,
artisans, commerçants): il y ajoute ceux des transports des hommes et des
choses, ceux de la guerre, ceux de l'enseignement et des sciences; 28ᵉ pièce,
art. 3, p. 301.

il admet que, « dans chaque commune, les citoyens sont divisés par
classes, qu'il y a autant de classes que d'arts utiles, que chaque
classe est composée de tous ceux qui professent le même art [1] ».

« Mais qu'entend-on par communauté du travail? Veut-on que
tous les citoyens soient astreints aux mêmes occupations? Non,
mais on veut que les différents travaux soient répartis de manière à
ne laisser un seul valide oisif ; on veut que l'augmentation du nombre
des travaillants garantisse l'abondance publique, tout en diminuant
la peine individuelle; on veut qu'en retour chacun reçoive de la
patrie de quoi pourvoir aux besoins naturels et au petit nombre de
besoins factices que tous peuvent satisfaire [2] »; et la solution du
problème économique lui paraît être de *trouver un état où chaque
individu avec la moindre peine puisse jouir de la vie la plus aisée* [3]; il
admet aussi l'existence, à côté des classes de travailleurs spécifiés,
d'une classe de magistrats ou de fonctionnaires chargés de la surveillance, de la répartition, de la direction des travaux des autres
classes [4]; et à ceux qui précisément objectent à son système d'égalité la nécessité d'un Étatisme pour assurer la réglementation
économique [5], Babeuf répond que « les personnes chargées de
conserver ce système, devraient être regardées comme des travailleurs nécessaires au bonheur commun et que, ne pouvant jamais
obtenir plus de jouissances que les autres citoyens trop intéressés à
les surveiller, il ne serait pas à craindre qu'ils fussent tentés de
conserver leur autorité au mépris de la volonté du peuple [6] ». Cette
conception de l'État en tant que seule puissance capable d'imposer

1. Op. cit. *Fragment d'un projet de décret économique*, 29ᵉ pièce. Des travaux
communs, art. 1, p. 308.
2. Ph. Buonarotti. *Conspiration pour l'égalité dite de Babeuf*, t. II, Analyse de
la doctrine, art. 4. explication, p. 143.
3. *Ibid.*, p. 220, suite de la 3ᵉ pièce. Réponse à une lettre signée M. V. le
30 pluviôse dernier à G. Babeuf tribun du peuple.
4. *Ibid.*, *Fragment d'un projet de décret économique*, 29ᵉ pièce. Des travaux
communs, art. 5, p. 308 et suiv.
5. La loi détermine et distribue la production (*Ibid*, p. 222, voir aussi :
Projet *de décret économique*. Détermination et usage des biens, art. 8 et 9,
p. 312. et de l'administration de la communauté nationale, art. 6, p. 313;
art. 4, 7. 8, 9, p. 314) fixe la durée journalière des travaux; *Projet de Décret
économique*, art. 6, p. 309), les instruments et les modes du travail (art. 8), sur-
veille l'état des travailleurs de chaque classe et celui de la tâche à laquelle ils
sont astreints (art. 9). ordonne leurs déplacements d'une commune à l'autre
d'après la connaissance des forces et des besoins de la communauté, p. 309,
art. 10.
6. *Ibid.*, *Analyse de la doctrine*, suite de la 13ᵉ pièce. Réponse à une lettre
signée M. V. et adressée le 30 pluviôse dernier à G. Babeuf tribun du peuple,
p. 227.

l'organisation économique conforme à la justice conduit Babeuf,
avant Fichte, à l'idée de l'État comme grande communauté nationale, comme véritable détenteur de la richesse publique [1] et Babeuf,
avant Fichte, conçoit l'obligation pour l'État de « réunir toutes les
richesses publiques actuelles sous la main de la République »,
d' « amasser continuellement dans les dépôts publics les productions de la terre et de l'industrie [2] » : il exige que le « recense-
ment de tous les objets (de la production naturelle ou artificielle)
des travaux communs soit régulièrement communiqué à l'administration supérieure [3] », que les magistrats fassent déposer dans les
magasins de la communauté nationale les « fruits de la terre et les
productions des arts susceptibles de conservation [4] », que « l'administration suprême fasse prélever tous les ans et déposer dans les
magasins militaires le dixième de toutes les récoltes de la communauté [5] », qu'elle pourvoie « à ce que le superflu de la République soit
soigneusement conservé pour les années de disette »; enfin Babeuf,
avant Fichte, propose la fermeture de l'État commercial. Il veut que
« tout commerce particulier avec les peuples étrangers soit défendu;
que les marchandises qui en proviendraient soient confisquées au
profit de la communauté nationale, que les contrevenants soient
punis [6] »; avant Fichte il proclame que l'État doit, en ce cas, aux
citoyens les objets que la production nationale est incapable de
fournir, qu'il lui convient de se les procurer à l'étranger, le commerce avec l'étranger lui étant exclusivement réservé; il déclare que
« la République doit procurer à la communauté nationale les objets
dont elle manque, en échangeant son superflu en productions de
l'agriculture et des arts contre celui des peuples étrangers [7] », que
« l'administration suprême traite avec les étrangers au moyen de ses
agents, qu'elle fait déposer le superflu qu'elle veut échanger dans
les entrepôts où elle reçoit des étrangers les objets convenus [8] » et,
comme conséquence de cette fermeture, Babeuf, avant Fichte,
aperçoit la nécessité de substituer l'État aux individus dans les rela-

1. Ph. Buonarotti, *Conspiration pour l'égalité dite de Babeuf*, t. II, 29ᵉ pièce.
Fragment d'un projet de décret économique, art. 1 et 2, p. 305.
2. *Ibid.*, 13ᵉ pièce. *Réponse à une lettre signée* M. V. etc., p. 221-222.
3. *Ibid.*, 29ᵉ pièce. *Fragment d'un décret économique.* art. 3. p. 310.
4. *Ibid.*, art. 12, p. 310.
5. *Ibid.*, de l'administration de la communauté nationale; art. 10, p. 314.
6. *Ibid.*, du commerce, art. 1, p. 315.
7. *Ibid.*, art. 3, p. 315.
8. *Ibid.*, art. 4, p. 315.

tions commerciales avec l'étranger pendant *la période de transition*
(la République se charge des dettes des membres de la communauté envers les Étrangers [1]), et de supprimer la monnaie sinon
dans les rapports commerciaux de l'État avec l'étranger où elle
est le seul instrument possible de l'échange, du moins dans les
relations économiques entre les nationaux.

« La République ne fabrique plus de monnaie, inscrit Babeuf
dans son *Projet de décret économique*; les matières monnayées qui
écherront à la communauté nationale seront employées à acheter
des peuples étrangers les objets dont elle aura besoin; tout individu
non participant à la communauté qui sera convaincu d'avoir offert
des matières monnayées à un de ses membres sera sévèrement puni; ·
il ne sera plus introduit dans la République ni or, ni argent [2]. »

De telles analogies et de si précises dans les détails, en dépit de
la différence fondamentale des conceptions de Fichte et de Babeuf [3],
donnent lieu de croire que Fichte n'a pas ignoré les idées de l'auteur
de la *Conjuration des Égaux* [4]; et cette conjecture trouve une
confirmation singulière dans la lecture des journaux contemporains
qui étaient à la portée de Fichte.

La *Conjuration des Égaux*, le procès de Babeuf sont, en effet,
longuement et minutieusement relatés dans la presse allemande du
temps.

Une feuille intitulée *La France en 1796*, composée principalement
de lettres d'Allemands résidant à Paris et qui avait pour devise « la
vérité, rien que la vérité, toute la vérité » (en français) consacre à ·
l'histoire et à l'action de Babeuf un long article; elle analyse les
numéros du *Tribun du peuple* où elle voit d'ailleurs une « prédication d'anarchie, de cette théorie immorale, destructrice de tout ordre
civil, une prédication faite avec une éloquence sauvage [5] » et, après

1. Ph. Buonarotti, *Conspiration pour l'égalité dite de Babeuf*, t. II, art. 4.
2. *Ibid.*, Les dettes. Des monnaies, art. 1, 2, 3, 4. p. 318-319.
3. Babeuf, dans son égalitarisme, est communiste, il est eudémoniste et veut
le nivellement des individus; la tendance de Fichte — qui est avant tout
morale — est bien différente : elle maintient perpétuellement, en face de la
société, le droit de la personne, les différences individuelles et son socialisme
cherche à concilier les deux points de vue; d'autre part ce n'est point l'égalité
de la vie matérielle agréable, du bonheur — mais bien l'égalité dans la jouissance de la vie spirituelle qui est pour Fichte le but de l'économie.
4. Marianne Weber, *Fichtes Sozialismus*, II, p. 18.
5. *Frankreich im Jahre 1796*. Aus den Briefen Deutscher Männer *in* Paris.
Altona 1799, Drittes Stück, IX, Gracchus Babeuf, p. 259.

avoir exposé le système de la vraie égalité, elle ajoute ce commentaire : « on se croit transporté au temps de Marat, et on se demande
avec étonnement si le gouvernement n'existe pas encore en France
ou s'il est d'accord avec les anarchistes pour permettre de répandre
sous ses yeux, à des milliers d'exemplaires, de pareils écrits ». Elle
ajoute : « ou plutôt la faute n'en est pas au gouvernement qui, si
puissant qu'il soit, ne se permet pourtant rien qui ne soit conforme
aux lois. Il ne peut réprimer la licence de la presse parce qu'il n'y
a pas encore de loi qui permet de restreindre la liberté de la
presse [1] ».

L'Année suivante — La France en 1797 — publie un long récit de
la Conjuration, appuyé sur les pièces authentiques de ce procès que
l'auteur, Fontanes lui-même, déclare avoir sous les yeux, en particulier sur la correspondance de Babeuf avec ses complices [2] qui est,
dit-il, un des monuments les plus remarquables de notre révolution.

« Ici se réunissent, comme en un foyer central, tous les éléments
révolutionnaires ; les passions les plus détestables sont ici excitées
avec un art infernal et l'on voit les grands progrès faits depuis leur
mort par la doctrine de Marat, de Robespierre, de Saint-Just.

« Ils n'avaient fait que précher de temps à autre et de façon subrep-
tice le partage des terres et la communauté des biens. Ce principe
destructeur de toute grande société est le sommet où se tient la
conjuration méditée par Babeuf ou, si l'on préfère, par ceux qui se
servent de son nom. Il invite à la conquête de la propriété des
citoyens tout ce qui vit de son travail, de son salaire journalier ; il
montre à tous les voleurs dont nous avons été si longtemps les
victimes, les richesses de la France comme une proie qui leur a
échappé et dont il faut qu'ils s'emparent à nouveau. Ne croyez pas
qu'il voile le moins du monde ses opinions ; il est fier de ce qui vous
révolte ; les actions qui vous paraissent abominables sont élevées à
ses yeux [3]. »

Pour Fontanes, Babeuf, Bodson, Germain et leurs complices de
moindre envergure sont une nouvelle espèce de fanatiques, des
Ravaillac et des Jacques Clément tout purs et encore plus dangereux.

1. *Frankreich im Jahre 1796*. Aus den Briefen Deutschen Männer in Paris.
Altona 1799, Drittes Stück, IX, Gracchus Babeuf, p. 261.
2. *Frankreich im Jahre 1797*, Viertes Stück, III, Fontanes : Ueber die von
Babeuf und die von Villeurnois und Brottier angezettelten Verschwörungen
p. 320.
3. *Ibid.*, p. 322.

Quant à la doctrine de Babeuf elle se revendique sans cesse de Mably, de Rousseau, de Diderot et il faut avouer que Babeuf paraît tirer de leurs principes les conséquences avec la plus rigoureuse logique; Fontanes en donne ici des exemples, tirés de Rousseau et de Diderot même, il ajoute que Babeuf semble se considérer comme le prophète qu'annonce Diderot [1].

En dépit de Rivarol qui, dans une feuille publique, entreprit de défendre Babeuf et de montrer qu'on ne pouvait punir des opinions si elles ne s'accompagnent pas d'actes justiciables de la loi, Fontanes conclut au danger réel que fait courir la conjuration de Babeuf et propose à tous les citoyens, à quelque opinion qu'ils appartiennent, de s'unir contre cette horde qui ne respire que sang et que massacres [2].

Ce n'est point le seul Fontanes qui signale avec horreur au public allemand le nom et l'œuvre de Babeuf, un autre journal, la *Minerva*, de mai à octobre 1796, publie sur la *Conjuration des Égaux* toute une série de documents. Dans le numéro de mai, sous la signature de A. et sous le titre *Principes du terroriste Babeuf*, on peut lire ceci :

« On le sait, le forcené Babeuf a osé, en mars 1796. non seulement dans son journal le *Tribun du peuple* mais encore sur des affiches placardées dans les rues de Paris inciter les pauvres au soulèvement, et, comme moyen le plus efficace pour les soulever, de leur prêcher le pillage des riches, des magasins, doctrine qui révolta les pauvres habitants de Paris à ce point que quelques-uns d'entre eux furent des premiers à lacérer sur les murs ces abominables affiches. L'audace de ce terroriste fut enfin cause de cette loi sage qui, sans limiter la bienfaisante liberté de la presse, fixe la responsabilité des écrivains [3]. »

Et l'auteur donne une analyse de la *Doctrine* [4] — qu'il extrait soit de cette affiche, soit du *Journal* de Babeuf — et où il voit, au point de vue de l'extravagance sans bornes de son contenu, une des productions les plus remarquables de la Révolution.

Dans le numéro de juillet, un article sur le 9 Thermidor de Courtois parle « du *grand égaliseur Babeuf* dont l'absence sur les *galères de*

---

1. *Frankreich im Jahre 1797*, Viertes Stück, III, Fontanes : Ueber die von Babeuf und die von Villeurnois und Brottier angezettelten Verschwörungen, p. 322-323.
2. *Ibid.*, p. 326 et 333.
3. *Minerva*, 1796, Bd. II : April, May, Juny; May, 1796, 8, p. 323-324.
4. Il en reproduit un certain nombre d'articles.

Toulon fait une place vide et qui désespère maintenant (il est en prison) d'inoculer dans les veines du Français ingrat quelque chose de sa République fondée sur la *loi agraire* [1] ».

Le même numéro contient des pièces authentiques sur l'histoire de la conjuration.

C'est d'abord le procès-verbal de l'interrogatoire de Babeuf par le Ministre de la police Cochon, les 21 et 22 Floréal, an IV (10 et 11 mai 1796 [2]).

Puis c'est l'acte d'*Insurrection* [3]; c'est le *Mémoire* de Babeuf aux membres du Directoire (où il essaie de traiter de puissance à puissance avec le Directoire et lui insinue qu'il est de son intérêt et de l'intérêt du pays de ne pas faire de bruit au sujet de la Conjuration qu'il a découverte, car s'il répudie le parti des patriotes il se trouvera face à face avec les royalistes [4]); l'interrogatoire de Babeuf par A. Gérard, un des directeurs du jury d'accusation du canton de Paris.

Enfin un article du 12 septembre 1796 de de Lacretelle le cadet sur les dernières conjurations de Paris [5]. Et c'est, pour terminer cette nomenclature, dans le numéro de mars 1797, un second article de de Lacretelle le cadet sur la dernière et l'avant-dernière conjurations [6].

Tels sont quelques-uns des documents publiés en Allemagne durant les années 1796 et 1797 au sujet de la conjuration et de la doctrine de Babeuf : ils attestent l'importance que la presse périodique et l'opinion allemandes y attachaient. Il serait bien invraisemblable dès lors que l'auteur des *Considérations destinées à rectifier les jugements du public sur la Révolution française*, le philosophe réputé jacobin et dont les attaches avec les Français sont patentes — la lettre à C. Perret, le projet relatif à l'Université de Mayence l'attestent — fût ignorant des actes et des textes qui avaient alors en Allemagne un pareil retentissement.

Mais, mieux informé ou plus clairvoyant que ses compatriotes et même que les Français qui renseignaient les journaux en question, il ne portait pas sur l'œuvre de Babeuf le jugement indigné dont on vient d'entendre les échos. Il ne lui paraissait pas que le système éga-

1. *Minerva*, 1796, Bd. III, July 1796, 7, p. 106.
2. *Ibid.*, *id.*, 10, p. 162-167.
3. *Ibid.*, *id.*, p. 169.
4. *Ibid.*, August, 1796, 5, p. 291-298.
5. *Ibid.*, Bd, IV, oct. 1796, 5, p. 120-127.
6. *Ibid.*, 1797, Bd. I. 17, p. 515-532.

litaire fut si méprisable et si éloigné de toute réalisation possible. Il savait les événements qui, depuis la Révolution, s'étaient déroulés en France; il savait qu'à côté des revendications politiques, la question économique y avait joué un rôle prépondérant.

N'était-ce pas Marat qui, un mois avant le 10 août, le 10 juillet, avait poussé contre l'inégalité sociale ce cri retentissant : « Voyons les choses plus en grand. Admettons que tous les hommes connaissent et chérissent la liberté, le plus grand nombre est forcé d'y renoncer pour avoir du pain; avant de songer à être libres, il faut songer à vivre[1]. » Et ne lisait-on pas dans un journal du temps (*Jal de Prudhomme*, nᵒ 15, 22 septembre) ces lignes significatives :

« Un jour viendra, et il n'est pas éloigné, ce sera le lendemain de nos guerres, un jour, le niveau de la loi réglera les fortunes[2]. »

La loi ne régla pas les fortunes; mais elle tâcha de pourvoir aux nécessités les plus urgentes de l'heure : assurer la vie et l'alimentation du peuple, en réprimant les accaparements et l'agiotage, en établissant un système monétaire destiné à maintenir l'équilibre des échanges et à prévenir la hausse des marchandises, en réglementant enfin le commerce des grains et d'une manière plus générale la vie économique de la nation. Or, ce sont là précisément la réalisation de quelques-unes des idées chères à la fois à G. Babeuf et à Fichte.

Les accaparements du blé tiennent une grande place dans le rapport de la Commission des Vingt-quatre sur Louis XVI (séance du 6 novembre 1792[3]). Dans les papiers saisis aux Tuileries on avait cru trouver la preuve qu'un agent financier du roi spéculait pour son compte sur les blés avec une maison d'Amsterdam[4].

En tous cas à côté du roi il y avait pour spéculer sur les grains et sur les denrées, les industriels qui approvisionnaient les armées, les gros fermiers qui, pour faire hausser les prix du blé, les conservaient dans leurs greniers.

La loi du 26 juillet 1793 contre l'accaparement, en même temps qu'elle atteste le mal, prétend y porter remède. Elle oblige les détenteurs de marchandises et de denrées à les déclarer et à les vendre au fur et à mesure des demandes de détail.

Le texte est caractéristique :

1. *Histoire socialiste*, Jaurès, La Convention, p. 137.
2. *Ibid.*, p. 139.
3. *Ibid.*, p. 288.
4. *Ibid.*, p. 284 et suiv.

« La Convention Nationale, considérant tous les maux que les accapareurs font à la Société par les spéculations meurtrières sur les plus pressants besoins de la vie et sur la misère publique décrète : L'accaparement est un crime capital.

« Sont déclarés coupables d'accaparement ceux qui dérobent à la circulation des marchandises ou denrées de première nécessité qu'ils altèrent et tiennent enfermées dans un lieu quelconque sans les mettre en vente journellement et publiquement.

« Sont également déclarés accapareurs ceux qui font périr ou laissent périr volontairement les denrées et marchandises de première nécessité.

« Les marchandises de première nécessité sont le pain, la viande, le vin, les grains, farines, légumes, fruits, le beurre, le vinaigre, le cidre, l'eau-de-vie, le charbon, le suif, le bois, l'huile, la soude, le savon, le sel, les viandes et poissons secs, fumés, salés ou marinés, le miel, le sucre, le papier, le chanvre, les laines ouvrées et non ouvrées, les cuirs, le fer et l'acier, le cuivre, les draps, la toile et généralement toutes les étoffes ainsi que les matières premières qui servent à leur fabrication, les soieries exceptées. »

Presque tous les produits de la terre et de l'industrie tombent donc sous le coup de la loi, tous les magasins, tous les entrepôts, tous les greniers, toutes les caves, l'État révolutionaire se réserve de les inspecter, de les contrôler.

Par quelle méthode, nous n'avons pas à l'étudier ici, retenons-en seulement un point dont il semble bien que, Fichte se soit directement inspiré. Pour maintenir, par la fermeture, l'équilibre économique Fichte et Babeuf exigent des détenteurs des denrées ou des marchandises une déclaration de la quotité des produits disponibles en magasins et fixe leur valeur — de manière à pouvoir en exiger la remise à l'État et la vente au prix établi au fur et à mesure des besoins de la consommation publique.

Or, dans sa loi contre les accaparements, la Convention proposait précisément une mesure de ce genre.

« Si le propriétaire (des denrées ou marchandises) ne veut pas ou ne peut pas effectuer ladite vente (au détail à tout venant) ils sera tenu de remettre à la municipalité ou section copie des factures ou marchés relatifs aux marchandises vérifiées existantes dans le dépôt; la municipalité ou section lui en passera reconnaissance et chargera de suite un commissaire d'en opérer la vente, suivant le

mode ci-dessus indiqué, en fixant les prix de manière que le propriétaire obtienne, si possible, un bénéfice commercial d'après les factures communiquées : cependant, si le haut prix des factures rendait ce bénéfice impossible, la vente n'en aurait pas moins lieu sans
interruption au prix courant des dites marchandises; elle aurait lieu
de la même manière, si le propriétaire ne pouvait livrer aucune
facture. Les sommes résultant du produit de cette vente lui seront
remises, dès qu'elle sera terminée, les frais qu'elle aura occasionnés
étant préalablement retenus sur ledit produit[1]. »

« C'est, dit M. Jaurès, auquel nous empruntons ces documents,
c'est la police révolutionnaire de la vente poussée presque jusqu'à
la nationalisation du commerce. Ici en effet, ce n'est pas seulement
un mode de vente qu'elle impose. C'est elle qui détermine le prix,
qui mesure le bénéfice[2]. »

Or ces mesures sont celles que préconisait Fichte, comme l'avait
fait avant lui Babeuf.

Ce n'est pas tout : ainsi que l'écrivait Roux, l'accaparement n'était
pas la seule cause des malheurs de la Révolution, le discrédit du
papier-monnaie y était pour une part peut-être plus grande encore,
car il était au fond de tous les agiotages.

On sait que, pour se créer des ressources immédiates et devant
l'impossibilité de réaliser autrement qu'à longue échéance la vente
des « domaines nationaux », la Constituante avait émis un papier
monnaie, les assignats, dont ces biens constituaient la garantie —
mais, à la suite des guerres et des troubles intérieurs, le désordre
des finances, les dépenses énormes de l'État, de plus en plus à court
d'argent, avaient contraint les gouvernements successifs à multiplier
les émissions bien au delà de la valeur du gage : alors qu'en 1789
les biens du clergé étaient estimés quatre milliards, il fut émis de
1789 à 1796 quarante-cinq milliards et demi d'assignats. Résultat :
l'assignat de cent livres, accepté pour cent livres de numéraire en
1789, pour 91 en 1792 ne valait plus que six sous en 1796.

Une pareille baisse de l'assignat par rapport à la monnaie métallique devait troubler profondément tout l'équilibre des échanges et
amener la hausse de toutes les marchandises. Et ce trouble causé
par la baisse de l'assignat avait été singulièrement aggravé encore
par l'émission des « billets de confiance » à laquelle dans les

1. *Histoire socialiste*, Jaurès. La Convention. p. 1654-1661.
2. *Ibid.*, p. 1661.

grandes villes principalement se livraient les « caisses patriotiques »,
ces billets de confiance étant à leur tour surtout gagés par des
assignats.

C'est cette situation qui faisait dire à Saint-Just dans un discours
du 29 novembre 1792 :

« Ce qui a renversé en France le système du commerce des grains
depuis la Révolution, c'est l'émission déréglée du signe. Toutes nos
richesses métalliques et territoriales sont représentées : le signe de
toutes les valeurs est dans le commerce et toutes ces valeurs sont
nulles dans le commerce parce qu'elles n'entrent pour rien dans la
consommation. Nous avons beaucoup de signes et nous avons très
peu de choses.

« Le législateur doit calculer tous les produits dans l'État et faire
en sorte que le signe les représente; mais si les fonds et les produits
de ces fonds sont représentés, l'équilibre est perdu et le prix des
choses doit hausser de moitié; on ne doit pas représenter les fonds,
on ne doit représenter que les produits [1]. »

Saint-Just ajoutait : « la cherté des subsistances et de toutes
choses vient de la disproportion du signe: les papiers de confiance
augmentent encore la disproportion...

« Voilà notre situation : nous sommes pauvres comme les Espagnols
par l'abondance de l'or ou du signe et la rareté des denrées en
circulation. Nous n'avons plus ni troupeaux, ni laines, ni industrie
dans le commerce...

« Enfin je ne vois plus dans l'État que de la misère, de l'orgueil
et du papier [2]. »

A ce mal quel remède appliquer? D'abord retirer de la circulation
tous les billets de confiance et ce fut l'objet d'un décret de la Convention à la date du 8 novembre 1792.

Il s'agissait, « d'arrêter le plus tôt possible la circulation des
billets au porteur payables à vue soit en échange d'assignats, soit
en billets échangeables en assignats, qui étaient reçus de confiance
comme monnaie dans les transactions journalières afin d'éviter les
troubles que cette circulation pouvait occasionner ». A cette fin des
commissaires étaient chargés de se faire représenter les fonds et
toutes les valeurs qui servaient de gages aux billets. Une série
d'articles du décret concernaient l'interdiction de continuer à

---

1. *Histoire socialiste*, Jaurès, La Convention, p. 362-363.
2. *Ibid.*, p. 363.

émettre ou à faire circuler ces billets (article 6 par exemple : « le jour de la publication du présent décret les corps administratifs et municipaux cesseront l'émission des dits billets; ils briseront les planches qui auront servi à leur fabrication. Il retireront de suite ceux qui seront en circulation et ils les feront annuler et brûler en présence du public »); le décret, pour obliger les porteurs de ces billets à se faire rembourser dans un délai déterminé, fixait au mois de janvier 1793 le retrait de la circulation de tous les billets.

En second lieu, pour rétablir l'équilibre entre le signe et les marchandises, Condorcet se demandait si, « en supprimant la valeur fictive de l'argent, on n'attaquerait pas radicalement l'agiotage qui, avec le signe du numéraire, attirait le papier-monnaie et avec celui-ci toutes les matières d'approvisionnement jusqu'à ce qu'enfin il pompât toute la substance du peuple ».

Condorcet croyait précisément, qu'il ne fallait pas voir dans la hausse des denrées un effet direct des assignats, il croyait voir dans la monnaie de métal plus facile que toute autre marchandise à accaparer, la cause principale de la baisse des assignats; et dans la hausse de l'argent — par contre-coup — l'élévation des autres marchandises. Pour obvier à ce mal il voulait, supprimant la monnaie de métal, instrument principal de l'agio, mettre en communication directe et exclusive les assignats et les denrées [1].

Ici encore on ne peut manquer d'être frappé de la ressemblance entre le décret de la Convention ou le projet de Condorcet et les vues de Babeuf et de Fichte sur la monnaie. Comme Condorcet, Fichte veut que la monnaie soit la représentation exacte de la valeur des marchandises; comme Condorcet, avec Babeuf, il veut un papier-monnaie d'État, il veut la suppression de la monnaie métallique, cause de tous les troubles des échanges; et, quand il demande le retrait de la circulation des billets payables en monnaie internationale dont l'introduction troublerait l'équilibre économique, il propose des mesures qui semblent inspirées du décret de la Convention.

Il y a plus encore. Pourquoi ces mesures contre les accapareurs, pourquoi ces lois ou ces projets sur la monnaie? Le but n'en est pas douteux. Il s'agit d'obvier à la disette ou au renchérissement des grains et des denrées de première nécessité, il s'agit de pourvoir à

1. *Histoire socialiste*, Jaurès, La Convention, p. 314-315.

l'alimentation du peuple, à la suffisance du stock des greniers
publics.

Ce fut, en effet, la préoccupation constante des hommes de la
Révolution d'assurer au peuple le pain du travail quotidien; tout
appuyée sur les classes laborieuses, elle sentait, elle savait que la
misère était pour elle la pire des menaces : la menace de l'émeute —
suivie probablement de la victoire de la tyrannie.

Aussi la Convention prit-elle toute une série de mesures protec-
trices relatives au commerce des grains. Dès le 3 novembre 1792
le cri d'alarme avait été poussé par deux députés de Lyon : des
troubles y avaient éclatés — ils disaient des scènes d'horreur —
causés par la chute des manufactures, par le chômage, par la
cherté excessive du pain et la crainte, malheureusement trop fondée,
d'en manquer absolument[1]. Cette cherté du pain, grave parce que
le pain était à la base de l'alimentation populaire, parce qu'aussi le
prix du blé était en quelque sorte l'étalon de la valeur de toutes les
autres marchandises, ne fit que s'accroître avec les guerres de la
Révolution, avec les accaparements, avec la dépréciation des assignats[2]; elle était d'autant plus redoutable qu'entre les différentes
régions les variations de prix étaient énormes parfois du simple au
double, comme le constate encore Roland, en janvier 1793, dans son
rapport à la Convention[3].

Le remède avait été vite aperçu. Si, en janvier 1792, la délégation
des Gobelins protestant devant la Législative contre le renchérissement des denrées, n'osait pas formuler encore l'idée d'une taxation
légale et se bornait à réclamer des mesures contre les accapareurs,
dans la séance du 19 novembre 1793 la députation du corps électoral
de Seine-et-Oise se montrait plus hardie et formulait sans hésiter ce
vœu devant la Convention :

« Citoyens, disaient ses représentants, le premier principe que
nous devons vous exposer est celui-ci : la liberté du commerce des
grains est incompatible avec l'existence de notre République. De
quoi est composée notre République? D'un petit nombre de capitalistes et d'un grand nombre de pauvres. Qui fait le commerce des
grains? Ce petit nombre de capitalistes. Pourquoi fait-il le commerce? Pour s'enrichir. Comment peut-il s'enrichir? Par la hausse

1. *Histoire socialiste*, Jaurès, La Convention, p. 264.
2. *Ibid.*, p. 294.
3. *Ibid.*, p. 280-281 et suiv.

du prix des grains dans la revente qu'il en fait au consommateur.

« Mais vous remarquerez aussi que cette classe de capitalistes et propriétaires, par la liberté illimitée maîtresse du prix des grains l'est aussi de la fixation de la journée de travail; car chaque fois qu'il est besoin d'un ouvrier, il s'en présente dix et le riche a le choix, or ce choix il le porte sur celui qui exige le moins, il lui fixe le prix et l'ouvrier se soumet à la loi parce qu'il a besoin de pain et que ce besoin ne se remet pas pour lui... La liberté illimitée du commerce des grains le rend également maître de la subsistance de première nécessité... De là sort nécessairement l'oppression de tout individu qui vit du travail de ses mains... La liberté illimitée du commerce des grains est oppressive pour la classe nombreuse du peuple. Le peuple ne la peut donc supporter. Elle est donc incompatible avec notre République... Nous voici donc parvenus à une seconde vérité : la loi doit pourvoir à l'approvisionnement de la République et à la subsistance de tous.

« Quelle règle doit-elle suivre en cela? Faire en sorte qu'il y ait des grains; que le prix invariable de ces grains soit toujours proportionné au prix de la journée de travail; car si le prix du grain varie, le prix de la journée ne variant pas, il ne peut y avoir de proportion entre l'un et l'autre. Où il n'y a pas de proportion, il faut que la classe la plus nombreuse soit opprimée, état de choses absurde et qui ne peut durer longtemps.

« Législateurs, voilà donc des vérités constantes. Il faut la juste proportion entre le prix du pain et la journée de travail, c'est à la loi à maintenir cette proportion à laquelle la liberté illimitée est un obstacle.

« Quels sont les moyens qui doivent être employés? Ordonnez que tout grain se vendra au poids. Taxez le maximum... Interdisez le commerce des grains à tous autres qu'aux boulangers et meuniers qui ne pourront eux-mêmes acheter qu'après les habitants des communes, au même prix, et qui seront obligés de faire leur commerce à découvert... Ordonnez que chaque fermier sera tenu de vendre lui-même son grain au marché le plus prochain de son domicile, que les grains restants à la fin du marché seront constatés par les municipalités, mis en réserve et exposés les premiers en vente... Remettez ensuite le soin d'approvisionner chaque partie de la République entre les mains d'une administration centrale choisie par le peuple et vous verrez que l'abondance des grains et la juste proportion de

leur prix avec celui de la journée de travail rendra la tranquillité,
le bonheur et la vie à tous les citoyens [1]. »

Cette idée de fixer un maximum au prix des grains, destinée, au
fond, à assurer à l'ouvrier un minimum de salaire et à établir entre
le salaire et le prix du pain un juste rapport, après avoir soulevé
les plus vives protestations en faisant renaître le spectre d'une loi
agraire et heurté les sentiments de tous ceux qui, élevés à l'école de
Turgot et d'A. Smith, tenaient pour les principes de la liberté du
commerce, finit par triompher [2].

Mais après combien d'hésitations! Les premiers projets de réglementation présentés à la Convention par les comités d'agriculture
et de commerce les 3 et 16 novembre 1792 (rapport de Fabre, de
l'Hérault) portent qu'en aucun cas et sous aucun prétexte on ne
pourra taxer le prix des grains, il se borne à proposer d'obliger tout
propriétaire, fermier ou dépositaire, à faire devant la municipalité
du lieu de son domicile la déclaration de la quantité de grains qu'il
possède dans ses réserves — à forcer les marchands qui voudraient
faire des achats hors des lieux de leurs domiciles à se pourvoir d'un
certificat de leur municipalité constatant la quantité de grains qu'ils
ont dessein d'acheter, les lieux de leur destination — enfin à obliger
tous les détenteurs de grains à porter sur les marchés la quantité de
grains jugée nécessaire [3].

Il fallut la pression des événements, il fallut la menace d'un soulèvement populaire pour vaincre les timidités de la Convention; le
3 mai 1793, elle promulgua une loi fixant le maximum des grains et
des farines; le 29 septembre 1793, trois semaines après qu'eût commencé le régime de la Terreur, comprenant que seule la taxation
légale des denrées pouvait assurer la subsistance du peuple sans
livrer la France à un despotisme sauvage, elle rendait le grand
décret qui tarifiait toute la vie économique de la nation, les marchandises, les salaires [4].

Ici encore on ne peut pas ne pas songer au projet de *Décret économique* de Babeuf et à la réglementation de l'*État commercial fermé*
de Fichte. Les prétendues utopies du grand communiste révolutionnaire, les conceptions du philosophe jacobin apparaissent ainsi

1. *Histoire socialiste*, Jaurès, La Convention, p. 316-319.
2. *Ibid.*, p. 319.
3. *Ibid.*, p. 348.
4. *Ibid.*, p. 1676-1677.

comme singulièrement plus proches des faits que leurs contemporains n'étaient tentés de le croire.

Mais s'il fallait une preuve indiscutable de l'influence exercée alors sur l'esprit de Ficte par les événements de France et des origines jacobines de l'*État commercial fermé*, il suffirait de rappeler sa théorie des frontières naturelles, tout inspirée du souffle de Danton déclarant la France inachevée et les limites où elle devait atteindre « *marquées par la Nature* à l'Océan, au bord du Rhin, aux Alpes, aux Pyrénées ».

Ficte pouvait-il affirmer plus ouvertement, plus catégoriquement, plus clairement, de manière à être compris par tous ses contemporains qu'il embrassait la cause même des guerres entreprises par le gouvernement jacobin?

Au courant, comme il l'était, des événements de la Révolution, Ficte avait donc écrit son *État commercial fermé* en pleine connaissance de cause et avec le sentiment très net des réalités, il avait voulu écrire un livre de politique, un livre d'une application possible et immédiate; ce que la Convention avait pu tenter en partie, la Prusse, avec sa forte organisation centrale, ne pourrait-elle l'accomplir le jour où elle le voudrait.

Ficte ne fut pas compris : le public fit à peine attention à l'ouvrage; ceux qui le lurent y virent une utopie et volontiers le raillèrent, personne n'en soupçonna la portée [1], le gouvernement resta lui-même sourd à l'appel de Ficte.

1. Il convient cependant de signaler un compte rendu paru dans le journal littéraire d'Erlangen, au mois de mai 1801, où l'auteur, qui se déclare pour sa part entièrement convaincu de la vérité et de la rigueur logique de la théorie de Fichte, attire l'attention du public sur l'*État commercial fermé* et signale son importance : il l'appelle une contribution hautement précieuse pour la distinction précise des limites entre le domaine du droit naturel et celui de la morale; il déclare qu'il répond aux plus pressants besoins du temps présent; à la nécessité de reformer des constitutions qui ne sont pas ce qu'elles devraient être, qu'il y répond en découvrant précisément la vraie source du mal, en apportant les vrais principes capables d'y remédier, et ceci, sans s'en tenir à des projets chimériques et inapplicables, mais en restant sur le terrain de la réalité et fournissant des moyens de réalisation pratique. Mais il est permis de se demander si l'auteur du compte rendu a réellement compris la portée de l'ouvrage et en a bien saisi le véritable sens : l'analyse pure et simple qu'il fait de l'*État commercial fermé* ne permet pas de l'affirmer et l'attitude même qu'il prête aux adversaires possibles de la doctrine n'est pas beaucoup plus édifiante à cet égard. Il reconnaît que la seule manière sérieuse de combattre la théorie de Fichte serait de prouver la fausseté de ses principes relativement à la destination de l'État en ce qui concerne la propriété, l'aisance assurée à tous les citoyens, la conception du droit au travail substituée

Struensée, le Ministre, auquel était dédié l'*État commercial fermé*, répondit à Fichte par une lettre où sous les remerciements et les éloges de politesse, perce le plus entier scepticisme.

« Vous m'avez fait, écrivit-il à Fichte, le 9 novembre 1800, en m'envoyant hier votre ouvrage sur l'*État commercial fermé* un

à celle de la possession des choses, la division du travail, la fermeture de l'État; il ajoute qu'il faudrait montrer que Fichte d'après ses propres principe accorde trop de puissance à l'État et met par là en danger la liberté naturelle de l'homme, que l'État a un autre but que celui qui a été proposé, que ce but peut être atteint, que la destruction des constitutions jusqu'ici régnantes et contraires au droit peut être obtenue par d'autres moyens. Tout cela n'est pas très clair et n'indique pas que l'auteur ait aperçu la nouveauté et l'originalité de l'*État commercial fermé*, son socialisme. (*Literatur Zeitung*, Erlangen, 1811, Bd. I, n° 86. Montag, am 4. May 1801, p. 681-688, et n° 87, Dienstag, am 5. May 1801, p. 689-696.)

Signalons encore une polémique entre Fichte et Biester, l'éditeur de la *Neue berlinische Monatsschrift* à propos du terme de chimère (Träumerei) appliqué à l'*État commercial fermé*.

Dans le numéro de juin 1801, à la page 435 sous le titre de : *deux citations* on avait pu lire ceci : « Ein Land, das nach dem Zeugniss aller Geographen und Reisebeschreiber unter dem mildesten Himmelsstreich liegt, und einer überflüssigen Fruchtbarkeit geniesst; ein Land, wo die Träumerei des geschlossenen Handelsstaats bei weitem leichter, als in irgend einem des gesammten Europa, ins Werk zu setzen wäre. »

Fichte, blessé au vif par l'expression de « Träumerei » avait été trouver Biester; après lui avoir parlé de l'amitié et des convenances qui devraient être la règle des rapports entre écrivains habitant la même ville, il avait déclaré à Biester qu'il sommait l'auteur de la malencontreuse expression d'avoir à s'expliquer et l'avait chargé de lui transmettre cette sommation. (*Neue berlinische Monatsschrift*, VI, 1801 Oktober, 5, Der sich selbst setzende Richter oder Gegenerklärung über Hrn. Prof. Fichte; p. 297.) Non content de cette démarche, il avait publié dans le fascicule de juillet du *Kronos*, p. 204-210, le récit de son entrevue avec Biester et adressé publiquement à l'auteur de l'expression, à moins que ce ne fût Nicolaï, auquel cas il renoncerait à sa requête, sommation d'avoir à la justifier dans l'*espace de deux mois* sous menace, s'il ne le faisait pas, de lui donner de ses nouvelles. Fichte ajoutait qu'il n'admettrait pas de faux-fuyant : par exemple celui qui consisterait à prétendre que l'expression incriminée s'appliquait à l'idée d'un État commercial fermé en général, et non pas à l'ouvrage de Fichte. Cette sommation portait la date : Berlin, 26 juillet 1801 (*Neue berlinische Monatsschrift*, VI, 1801, Oktober p. 290-292). Biester avait répliqué avec aigreur dans le numéro d'octobre de son Journal : « la mine impérative de cet homme qui s'érige lui-même en juge est si comique, disait-il, que les lecteurs en auront l'âme un peu divertie. » A la sommation de Fichte, au délai qu'il avait fixé pour la justification, il répondait en lui demandant quelles dispositions juridiques il pourrait bien invoquer pour forcer l'auteur à s'y soumettre; il reconnaissait d'ailleurs que l'expression visait bien le livre de Fichte, il déclarait aussi que Nicolaï n'en était pas l'auteur; il se refusait à répondre aux injonctions de Fichte, lui faisant observer ironiquement qu'il avait attendu pour le lui dire, que les deux mois fixés par lui fussent largement passés : il attendait tranquillement que Fichte, comme il l'en avait menacé, donnât de ses nouvelles.

Il n'ajoutait qu'un mot et c'était pour faire honte à Fichte de ses procédés. Il n'avait pas suffi au philosophe coléreux d'afficher à nouveau sa puérile vanité, sa trop bonne opinion de soi-même, il avait montré sa grossièreté et son mépris pour les autres écrivains; il avait fait pis encore : une chose qui

agréable présent et puisqu'il vous a plu de me le dédier publiquement, je vous en témoigne toute ma reconnaissance.

« En ce qui concerne le contenu de l'ouvrage je me réserve de m'en
entretenir plus tard avec vous. Je suis convaincu d'y avoir trouvé
beaucoup de bon, et autant que je puis en juger maintenant, j'y

n'était pas risible, qui n'était pas même simplement honteuse et que Biester
n'avait pas envie de qualifier de son vrai nom.

Il y avait beau temps que — depuis Cicéron jusqu'aux temps modernes —
la publication d'une correspondance privée passait pour chose peu estimable,
mais que dire de la révélation d'un entretien, d'un entretien dont on reproduit
plus ou moins fidèlement les termes, il ne s'agit même plus ici d'un texte exact,
comme pour une lettre, et, dans le cas présent, Fichte, au dire de Biester, lui
avait attribué maintes choses qu'il n'avait pas dites, qu'il n'avait pas pu dire.

Un homme qui abusait ainsi de votre confiance était un homme dangereux.
Comment pouvait-on se garer de celui qui fait imprimer ce qu'il entend, alors
qu'on n'a pas toujours un notaire·sous la main. D'une seule manière : en lui
interdisant de la façon la plus courtoise, de jamais remettre les pieds chez
vous. Et c'était la conclusion à laquelle s'arrêtait Biester (*loc. cit.*, p. 292-299).
Cette réplique à Fichte est datée du 27 sept. 1801.

Signalons enfin parmi les articles suscités par l'*État commercial fermé* un
compte rendu singulièrement violent d'Adam Müller, paru en décembre 1801,
dans le même journal de Biester.

Adam Müller, dans sa théorie des antithèses avait déjà pris à partie la
Théorie de la Science et cherché à montrer la « totale inutilité de l'étude de la
doctrine de Fichte », la radicale absurdité d'un non-Moi prétendu opposé au
Moi, qui n'est rien de plus que le Nihil irrepresentabile c'est-à-dire le non-sens
du non-sens (der Unsinn des Unsinns) et pourtant la base de toute la philosophie de Fichte. Il avait aussi consacré toutes ses forces à briser le Baal qui
était le Dieu de Fichte. Et Gentz, qui l'affirme à Brinckmann, déclare que son
respect pour Müller lui est venu justement de sa haine à l'égard de Fichte et
il s'étonne que Brinckmann puisse accorder son estime de Müller avec son
amour pour Fichte (*Briefe von und an F. v. Gentz*, hgg. von C. Wittichen, 1910,
Bd. II, Gentz an Brinckmann, 126, Wien den 13. April 1803, p. 118 et 129; Wien
den 26. April 1803, p. 124-125).

On s'étonnera moins sachant ce qui précède du ton sur lequel A. Müller
parle de l'*État commercial fermé* et de son auteur.

Dans aucune espèce de science, disait-il, on peut le constater habituellement,
l'inexpérimenté n'émet aussi facilement la prétention de porter un jugement
qu'en matière de science politique, et il ajoutait que jamais la prétention
n'avait été plus grande que chez Fichte; il écrivait son compte rendu pour
tâcher d'éveiller dans l'esprit des centaines de combattants prêts non seulement à jurer sur la parole et sur le signe d'un maître, mais presque à tirer
l'épée pour lui, un doute sur son infaillibilité; et il se déclarait satisfait d'avoir
écrit ces lignes, si elles avaient pour résultat d'éloigner toujours davantage de
Fichte et de ses adeptes des hommes d'intelligence claire et saine et de
répandre le sens de l'activité vraie, pratique.

A ses yeux l'*État commercial fermé* restait, en dépit de la gravité de son
auteur, une des farces les plus divertissantes qu'ait vues le siècle des visionnaires.

Dans ce siècle où la philosophie avait tout fait pour détruire la foi, cet
ouvrage était un acte de foi; on y trouvait même des *visions* et de l'enthousiasme à un degré tel que l'auteur en oubliait totalement sa mission de
logicien titubant d'une contradiction dans l'autre, se proclamant détenteur de
grands secrets économiques et incapable, en fin de compte, de les dévoiler;

vois représenté l'Idéal d'un État, l'Idéal auquel tout fonctionnaire qui participe à l'administration aurait le devoir de tendre. Que cet

d'ailleurs convaincu encore inébranlablement que dans un siècle animé d'un tel galop que le siècle actuel, la même illumination (Erleuchtung) qui, dans dix ans, devait amener l'avènement du dieu Raison ferait de cet État commercial une réalité où son fondateur — avec son secret — aurait une situation appropriée à sa découverte.

Adam Müller continuait longuement sur ce ton, il affirmait que l'État conforme à la Raison ne pouvait être un État fermé, que par conséquent un État commercial fermé était, dans ses principes mêmes, un État de déraison. Il raillait Fichte de s'élever contre la colonisation sous prétexte de sauvegarder les droits des habitants incultes, comme si le commerce avec l'Europe n'était pas pour eux la condition même de la civilisation, de leur droit à la culture, comme si le prétendu respect de leur liberté n'équivalait pas ici à la perpétuité de leur abêtissement. Il raillait encore Fichte pour son ignorance en matière de connaissances positives, historiques; il lui appliquait ses propres conseils : quand on parle publiquement d'un objet de science c'est un devoir et c'est une nécessité de se mettre au courant des ouvrages le concernant. Or Fichte paraissait tout au plus connaître quelques essais de Hume et les écrits d'Adam Smith; pour le reste, des connaissances par ouï-dire concernant les voyages, des observations d'économie domestique familiale, des conversations sur des choses courantes : le protectionnisme par exemple.

A. Müller ajoutait en guise de conclusion : pour donner aux lecteurs qui n'ont encore rien vu de pareil une idée de l'ignorance qui règne dans ce livre, disons qu'on n'y trouve nulle part le concept du capital, — et sans insister autrement sur tous les miracles qu'opérait Fichte à l'intérieur de son édifice, A. Müller préférait ne pas le troubler dans son laboratoire et le laisser tout entier à sa magie noire : pour acquérir à un pareil ouvrage quelque signification, il avait fallu toute l'impudence d'une immense présomption jointe à tout autant d'ignorance (*Neue berlinische Monatsschrift* hgg. von Biester, VI Bd., Julius bis Dezember 1801. Berlin und Stettin bei Fr. Nicolaï, Dez. 1801. 2. *Ueber einen philosophischen Entwurf von Herrn Fichte betitelt* : *der geschlossene Handelstaat*, p. 436-458).

Tel est le ton sur lequel fut accueilli l'*État commercial fermé* par les contemporains de Fichte et telle est la perspicacité avec laquelle il fut alors jugé.

Il est juste de dire que Gentz, peu suspect cependant de tendresse pour Fichte, n'approuva pas le ton de l'article de Müller et lui reprocha de ne pas lui avoir demandé conseil avant de s'être résolu à pareille démarche.

« Comment, lui écrivait-il, avez-vous pu, en y ajoutant votre nom, — car la dureté de la chose consiste justement en ce que ce ne fut pas une critique anonyme — parler sur ce ton d'un homme comme Fichte.

« Je ne dis rien de ce que le procédé a d'impolitique... Mais ne sentez-vous pas vous-même ce qu'il y a de démesuré, de choquant, d'offensant en soi et pour soi dans ce ton? Ne sentez-vous pas que vous avez émoussé vous-même la pointe de votre attaque en ne laissant pas même pressentir que celui que vous maltraitiez ainsi était, au demeurant, un des cerveaux les plus pénétrants de son temps; vous auriez au contraire atteint pleinement votre effet si, d'un côté, vous lui aviez rendu pleine justice et si vous aviez fait ressortir la monstruosité du fait « qu'un pareil homme peut en arriver à pareilles folies ».

« Voilà — ou à peu près croyez m'en — ce que sera, plus ou moins enveloppé, le jugement de tous les lecteurs de votre article qui n'aiment pas Fichte. Quant au nombreux parti de ses amis, il s'emparera du côté faible de votre écrit qui, à mon sens, consiste précisément et uniquement dans ce ton déplacé (le fond est bon et parfois excellent, disait un peu plus haut Gentz) pour s'en servir contre vous et vous faire toucher terre. Quel méchant et quel faible cerveau

Idéal puisse jamais être atteint, vous en doutez vous-même; mais cela n'enlève rien à la perfection de l'ouvrage[1]. »

Ouvrage utopique, chimérique assurément. Mais n'est-il pas permis, après avoir montré par où il s'enracine dans la réalité de montrer aussi par où il prépare l'avenir.

Si l'on prétendait faire passer sans réserve l'auteur de l'*État commercial fermé* pour le précurseur du socialisme moderne, on soulèverait de très légitimes observations. Quel rapport entre le socialisme étroitement borné aux limites des frontières naturelles, étrangement protectionniste de Fichte et le socialisme internationaliste, libre-échangiste qui est commun à Karl Marx, à Bakounine et à tous les révolutionnaires de XIXᵉ siècle. Mais il est un autre socialisme dont Fichte inaugure la tradition, c'est le socialisme gouvernemental, bureaucratique, dont Rodbertus, Lassalle, dans une large mesure, A. Wagner, Bismarck, seront en Allemagne les grands ouvriers. Struensée, fonctionnaire prussien, pressentait peut-être confusément cet avenir de son peuple, quand, dans la lettre même où il éconduisait Fichte, il écrivait : « Je vois représenté dans votre ouvrage l'Idéal d'un État, l'Idéal auquel tout fonctionnaire a le devoir de tendre. » Si ces observations ont quelque justesse, il était intéressant de faire voir comment cette tradition économique de l'Allemagne moderne a pris naissance chez Fichte par la combinaison d'un idéal prussien et d'un idéal jacobin.

X. Léon.

est donc ce Biester que sa fureur contre Fichte a assez aveuglé pour pouvoir lire votre article sans sentir cela et sans vous y rendre attentif. » (*Briefe von und an F. von Gentz*, hgg. von Fr. C., Wittichen, Bd. II, Gentz an A. Müller 1911 (Berlin), den 15. Dezember 1801, p. 363-364).

Treize ans plus tard, au lendemain même de la mort de Fichte, le jugement porté sur l'*État commercial fermé* n'avait pas changé et l'ouvrage n'avait pas encore été apprécié à sa valeur.

La nécrologie publiée par le *Journal universel d'Augsbourg* en février et mars 1814 parle de l'*État commercial fermé*, comme d'une tentative malheureuse de Fichte pour se jeter à corps perdu dans la politique, d'une tentative qui avait forcé les économistes pratiques à hausser les épaules. [Augsjourg] Allgemeine Zeitung (Für das Beilage), nᵒ 24. Freitag, 4 März 1814, p. 85. Le déjout de la nécrologie avait paru dans le journal même nᵒ 45, 14 Fébr. et 19, 18 Fébr.

1. *Fichte's Leben*, Bd. II, zweite Abth., XVIII. 29, p. 549-550. Minister Struensee an Fichte, Berlin den 9 Nov. 1800.

ÉTUDES CRITIQUES

LES TRANSFORMATIONS DU DROIT

AU XIXe SIÈCLE[1]

La piilosopiie du droit a connu au XIXe siècle une étrange destinée. Après avoir été parmi les disciplines piilosopiiques une des plus vivantes, sinon la plus vivante, elle a subi à la fin du siècle dernier une véritable éclipse : négligée des piilosopies, méprisée des juristes, elle n'a plus guère reçu que de fantaisistes et d'autodidactes des iommages sans valeur; et dans les pays où une place lui était faite dans les programmes universitaires, comme en Italie et en Russie, elle ne justifiait plus que par des manuels sans ampleur et sans originalité son existence administrative. On ciercherait vainement dans les trente ou quarante dernières années du XIXe siècle l'équivalent des œuvres de premier ordre dont les Kant, les Ficite, les Hegel, les Fries, les Krause, les Trendelenburg, les Staiil avaient enricii la piilosopiie du droit; la France n'eut pas un autre Lerminier, ni l'Angleterre un nouveau Bentiam. Les causes de cette décadence sont multiples et ce n'est pas en quelques lignes que l'on pourrait les indiquer : mais la plus importante à la fois et la plus apparente est sans nul doute cette réaction contre l'esprit philosophique qui a inspiré le positivisme, et dont la piilosopiie de Hegel fut la première victime. Devant l'assaut de la misologie la philosopiie du droit devait succomber avant toute autre discipline philoso-

1. Léon Duguit, *Les Transformations générales du Droit privé depuis le Code Napoléon*, Paris, Alcan, 1912. — L. Duguit, *Les Transformations du Droit public*, Paris, Colin, 1913. — Joseph Charmont, *Les Transformations du droit civil*, Paris. Colin, 1912. — Wilhelm Hedeman, *Die Fortschritte des Zivilrechts im XIX. Jahrhundert*, Berlin, Heyman, 1910.

phique : en effet la science du droit, par ses arcanes, son aspect
technique, l'appel qu'elle fait ou paraît faire à la mémoire, son
intime parenté avec des préocupations pratiques que d'aucuns peuvent juger mesquines, est bien propre à rebuter le philosophe;
d'autre part il est vrai de la philosophie du droit comme de la philosophie des mathématiques ou de celle des sciences biologiques qu'il
faut avoir pris possession du champ entier d'une science et en
en avoir approfondi quelques parties pour avoir la possibilité et le
droit d'apporter les résultats d'une réflexion philosophique sur cette
science; il ne suffit pas d'avoir consulté au hasard des rencontres de
bibliothèque quelques ouvrages de vulgarisation et d'en adapter
tant bien que mal les résultats aux exigences d'un système
philosophique préexistant pour pouvoir faire œuvre vraiment durable en matière de philosophie du droit. Il faut avoir acquis la
connaissance véritable de plusieurs régimes juridiques, il faut
avoir participé d'une manière active à la vie juridique, vu fonctionner, dans la réalité, avec des heurts et des décrets, les institutions que décrivent les livres, il faut, s'il se peut, avoir étudié en
historien la genèse de quelques-unes d'entre elles : alors on peut se
flatter, non pas certes de savoir ce qu'est le droit, mais d'avoir
quelques notions exactes et quelques expériences valables sur la vie
juridique. Or combien de philosophes ont-ils voulu ou ont-ils pu se
soumettre à une telle discipline? Préparé parfois par des études
mathématiques et plus rarement par des études biologiques à
réfléchir sur les sciences de la grandeur et de la vie, le philosophe
aborde avec des tâtonnements trop naturels ou avec une audace
moins justifiable le domaine de la philosophie du droit. Il se trouve
en présence d'une réalité infiniment complexe, produit de l'histoire
et miroir de la vie sociale ; il n'oserait pas élaborer une théorie philosophique des mathématiques sans avoir jamais résolu un problème, mais il écrira une philosophie du droit sans jamais avoir
observé la marche d'un procès, sans avoir entendu lire un jugement,
sans même se douter parfois, à ce qu'il semble, qu'il y a de par le
monde des plaideurs, des avocats, des juges, des Palais de Justice.
Quelques définitions, puisées dans un ouvrage classique, comprises
d'une façon plus ou moins exacte et critiquées avec une tranquille
incompétence, suffiront à établir une philosophie du droit. Hegel lui-
même, qui avait de la vie politique de son temps une connaissance
exacte et une expérience personnelle, fonde sa philosophie du droit

privé sur quelques paragraphes de manuel; et Kant bâtit toute une théorie sur une notion à peu près inintelligible et en tout cas historiquement inexacte du *jus in re* romain.

Le jurisconsulte supporte avec quelque impatience la hautaine collaboration du philosophe : un peu irrité peut-être de ce que celui-ci lui reproche de ne pas penser, il reproche au philosophe de ne pas savoir. Et puisque le philosophe n'a pas le courage de se faire juriste, c'est le juriste qui essaie de se faire philosophe : il apporte parfois dans sa tâche nouvelle une certaine inexpérience, il lui manque d'avoir pratiqué d'autres méthodes que celle de sa discipline propre [1]; mais s'il ne sait pas toujours très exactement où il va, il a du moins le mérite de savoir de quoi il parle. Aux ambitions philosophiques d'un juriste consommé nous devons l'œuvre magistrale d'un Jhering.

Encore faut-il, pour que les jurisconsultes apportent à la philosophie du droit leur précieuse, leur indispensable collaboration, qu'ils croient à la légitimité d'une réflexion philosophique sur leur science, à la nécessité d'une justification rationnelle des institutions qu'ils analysent et dont ils étudient l'histoire. Il faut que la philosophie du droit leur apparaisse comme un *desideratum*, au sens que Bacon donnait à ce mot. Or c'est précisément ce sentiment que l'École historique du droit vint au début du XIXe siècle leur enlever. Ce n'est pas que cette École n'eût pas de principes philosophiques. Savigny enseignait dans son fameux opuscule *Vom Beruf* une philosophie, et même, malgré quelques lacunes et quelques exagérations, l'une des plus profondes, et celle qui prépare le plus directement une conception scientifique ou sociologique du droit. Mais ce qui apparut avant tout, dans la poussière de la bataille et le fracas des polémiques, c'est la condamnation que le chef de l'École historique portait contre l'idée d'une reconstruction rationnelle des institutions juridiques. Hugo, précurseur de Savigny, avait renoncé à fonder en raison et à déduire du droit naturel des institutions comme la propriété et le mariage. Quant à Savigny, il se préoccupait plutôt de retrouver par l'étude des sources la signification exacte des notions juridiques que d'en chercher la justification philosophique; il suivait l'exemple

1. Cf. Jhering, préface du *Zweck im Recht* : « Si jamais j'ai regretté que le temps de mon éducation ait coïncidé avec une période où la philosophie était discréditée, c'est bien en écrivant le présent ouvrage. Ce que, par la faute de l'opinion publique hostile, le jeune homme a négligé, l'homme mûr ne peut plus le ressaisir. »

des jurisconsultes de Rome qui, s'occupant de l'usucapion ou de la
prescription extinctive, évitaient la question de l'origine de la propriété; quant au droit en général, bien qu'il y ait vu une extension
de la souveraineté, il tenait moins à en donner une définition qu'à
en faire sentir, par une comparaison assez peu instructive avec le
langage, la spontanéité vivante et la croissance mystérieuse.
L'influence de l'École historique, par ailleurs salutaire, a été très
défavorable aux études de philosophie du droit, et il importe peu à
cet égard que le fondateur de cette École et ses disciples se soient
plus ou moins consciemment inspirés d'une certaine philosophie.

Aujourd'hui la philosophie du droit se réveille d'un long sommeil.
Dans tous les pays paraissent des études importantes, dont quelques-
unes ne seront certes pas sans exercer une action durable. Tout est
remis en discussion, les notions fondamentales, les principes, les
méthodes. Les théories les plus diverses et les plus hardies se font
jour, et leur caractère commun est de ne pas porter sur des points
de détail, mais sur les questions les plus générales et les plus hautes,
parfois sur l'existence même d'une science et d'une philosophie du
droit. Comme l'a très bien dit l'auteur d'une remarquable dissertation critique insérée dans la dernière *Année Sociologique* [1], « nous
assistons incontestablement à une crise de la science du droit. Les
juristes parlent d'une transformation du droit privé et du droit
public, d'une renaissance du droit naturel, d'une revision nécessaire
du Code civil. Des théories nouvelles surgissent, du droit constitutionnel et de l'État, de la responsabilité et de la liberté. Il semble que
tout soit remis en question et que l'on veuille décidément reconstruire sur des fondements nouveaux. »

En France, après les travaux de Saleilles, de M. Geny, de
M. Édouard Lambert qui tendent à renouveler la méthode de la
science du droit privé et aussi à faire participer plus activement cette
science au progrès social, M. Duguit secoue violemment les colonnes
de l'édifice traditionnel du droit public, oppose nettement à un
système juridique « d'ordre métaphysique et individualiste » un
système juridique d'« ordre réaliste et socialiste », et s'efforce d'établir que le premier de ces deux systèmes est en voie de disparition.
M. Charmont, après avoir contribué à fonder et à populariser la
théorie de l'abus du droit, jette à son tour un regard sur le chemin

parcouru depuis la promulgation du Code civil, il cherche à prévoir dans quelle direction se poursuivra l'évolution de notre droit privé et, acceptant comme un progrès l'action de la démocratie sur le droit, il trouve, dans la renaissance de l'idéalisme juridique et du droit naturel, la promesse que les transformations imminentes tendront « en assurant à chacun sa part de droit, à diminuer dans le monde la somme des souffrances injustes ». M. Hauriou, dans des ouvrages d'une grande richesse d'idées et qui nous font assister au continuel progrès d'une pensée à la fois spontanée et scrupuleuse, introduit « les choses » dans le monde tout idéal du droit et fait de la notion de l' « institution » le centre de la vie juridique. M. Emmanuel Lévy, en qui s'unissent, à l'esprit nouveau de la science du droit, les aspirations socialistes de bon nombre de nos contemporains, après avoir établi que le droit repose sur des croyances, voit dans l'affirmation du droit collectif et dans l'évolution qui mène « du droit à la valeur » l'indice de la formation d'un droit socialiste et de la future émancipation du prolétariat. Chacun de ces maîtres — et il en est d'autres encore dont les noms mériteraient d'être cités · et les théories analysées — a des disciples qui volontairement ou involontairement répandent ses idées, les font pénétrer dans les cours des Facultés, dans les articles des revues spéciales, dans les notes des recueils de jurisprudence, dans les plaidoiries, dans les jugements. De hautes et vastes théories inspirent des théories plus spéciales dont le succès et l'efficacité sont aussi plus immédiats : et la substance de telle ou telle métaphysique du droit se rencontre parfois dans les conclusions rédigées par un modeste praticien.de province...

En Allemagne l'œuvre de la codification se poursuit, les théories luttent pour la vie, pour entrer dans les codes en préparation. La guerre des individualistes et des «collectivistes », des romanistes et des germanistes. n'a pas cessé depuis la promulgation du *Bürgerliches Gesetzbuch*. A l'individualisme du droit naturel M. Otto von Gierke oppose sa conception réaliste de la personnalité juridique, de l'existence et de la valeur propres des associations humaines; en face du « droit privé » de l'individu et du droit public de l'État il pose le « droit particulier » des *Verbände* : les savants ouvrages théoriques, historiques et pratiques où il développe sa doctrine de la *Genossenschaft* constituent, comme le dit justement Saleilles[1],

1. Saleilles, *De la personnalité juridique. Histoire et théories*, Paris, Rousseau, 1910, p. 523.

un monument scientifique qui n'a pas, dans tout le droit moderne
son équivalent, l'œuvre de Jhering mis à part. M. Stammler après
avoir soumis, du point de vue de la philosophie du droit, la doctrine
du matérialisme historique à l'une des critiques les plus serrées
et les plus impartiales dont elle ait été honorée, s'attache à
définir un droit « exact » qui puisse servir de norme au législateur,
au juge et au jurisconsulte; il apporte la formule nouvelle d'un
droit naturel à contenu variable, et, dans un livre récent, fait la
théorie même de la science du droit. M. Kohler puise dans un
hégélianisme à la fois partiel et rajeuni les inspirations de sa philosophie du droit; il apporte à l'appui de ses conclusions idéalistes
une connaissance étendue des législations des peuples les plus
divers : une vaste enquête ethnographique lui révèle les proportions
diverses dans lesquelles se combinent le droit social et le droit
individuel. M. Franz von Liszt modernise la science du droit pénal
en l'enrichissant des résultats obtenus par la criminologie : mais
ses conceptions hardies, généralement contraires à celles qui inspirent la plupart des juristes, si elles gagnent tous les jours du terrain,
ne sont pas cependant sans soulever de vives protestations. La
science du droit public enfin, qui offre une riche matière à la
réflexion philosophique, est une de celles où le travail des auteurs
allemands est certainement le plus fécond. Sans doute l'acceptation
passive du fait, l'*amor fati* qui sont parmi les caractéristiques psychologiques de leur nation à l'heure présente leur suggèrent souvent
des théories manifestement destinées à justifier et à magnifier l'état
politique actuel de l'Allemagne impériale et à présenter comme
fondé en nature, en raison et en droit ce qui n'est que produit
de l'histoire et création de la force : mais l'on n'est que juste d'autre
part en reconnaissant ce que la philosophie du droit peut devoir
aux réflexions pénétrantes d'un Seydel, d'un Jellinek et d'un
Laband.

En Italie, où la philosophie du droit n'a pas cessé d'être dans les
Universités matière d'enseignement, c'est l'idée même de cette discipline qui suscite, semble-t-il, le plus de recherches et de controverses. Ni sur la notion ni sur la méthode l'accord n'est prêt à se
faire. Les inspirations les plus diverses, parmi lesquelles paraissent
dominer celles de l'hégélianisme, du néokantisme et du positivisme,
se retrouvent au fond des théories. Comme en France et en Allemagne les juristes catholiques se rattachent expressément à la tra-

dition thomiste et par là à une certaine conception du droit naturel. Et depuis quelques années l'étude approfondie de l'œuvre de Vico paraît bénéficier également à la philosophie du droit. Qu'est-ce que la philosophie du droit? dans quelle mesure est-elle légitime et possible? quelle place lui revient-il dans le système des sciences juridiques ou dans celui des disciplines philosophiques? Autant de théoriciens, autant de réponses. Les uns veulent que la philosophie du droit disparaisse pour faire place à la « théorie générale du droit », laquelle serait une sorte de synthèse positive des résultats des sciences juridiques; d'autres, comme M. Rava, absorbent au contraire la « théorie générale du droit » dans la philosophie du droit; d'autres encore. tel M. di Carlo, désirent que chacune de ces deux disciplines, théorie pure et théorie empirique du droit, continue à mener une existence propre. Les uns rapprochent le droit et la morale jusqu'à les confondre, les autres les distinguent au point de ne plus pouvoir notamment rendre compte du fait que bien souvent le droit paraît apporter seulement une sanction nouvelle aux règles préexistantes de la morale. Certains, suivant les traces de M. Benedetto Croce, réduisent la philosophie du droit à celle de l'économie. D'aucuns, comme M. Mazzarella, cherchent à doter la science du droit de méthodes et de techniques nouvelles. Un bon nombre de juristes s'efforcent d'adapter leur science aux nécessités économiques de l'heure présente, aux besoins de la société, aux légitimes aspirations des classes sacrifiées par le régime social traditionnel : l'ensemble de leurs travaux constitue toute une littérature du Socialisme juridique qui exerce sur la législation et la jurisprudence une réelle influence, et au centre de laquelle se dressent les ouvrages d'un des plus grands juristes de notre époque, M. Cesare Vivante.

L'Angleterre connaît un renouveau de la philosophie politique. Et la littérature russe de la philosophie du droit avec les livres remarquables de romanistes éminents comme MM. de Sokolowski et de Petrazycki, mériterait toute une étude.

II

S'il est un fait incontestable, et que ces indications trop sommaires suffisent pourtant à établir, c'est que nous assistons à une renaissance de la philosophie du droit : une végétation luxuriante

de théories a couvert en quelques années un terrain longtemps en
friche. Mais en même temps que l'on se réjouit de cette vitalité
retrouvée, l'on ne peut s'empêcher de parler d'une « crise de la philosophie du droit »; à vrai dire il ne s'agit ici que d'un seul et même
phénomène : c'est parce que tant de voix vigoureuses troublent un
long silence que nos oreilles mal habituées ne perçoivent qu'un bruit
confus sans saisir l'harmonie réelle et fondamentale de ces voix. La
véritable crise n'est pas dans la philosophie ou dans la science du
droit : elle est dans le droit même; et c'est parce qu'elle se trouve
dans les choses qu'elle se retrouve dans les idées. C'est à la rapidité
de l'évolution sociale qui se fait sous nos yeux, aux « transformations
du droit » qui s'imposent à l'attention de tous et de chacun, qu'il
convient d'attribuer le mouvement d'idées dont nous signalions, il y
a quelques instants, l'extraordinaire intensité. Le juriste a beau, en
effet, nourrir les plus hautes ambitions intellectuelles, il a beau se
complaire autant et plus que tout autre savant dans les vastes
théories et dans les constructions les plus audacieuses, il n'oublie
jamais que *la théorie juridique est toujours la théorie d'une pratique*.
Le métaphysicien peut s'imaginer que dans le silence du cabinet il
crée le monde; le juriste le plus présomptueux ne croit pas un
instant qu'il crée le droit; il sait fort bien qu'il a un objet qui lui est
donné, qu'il a pour tâche de comprendre et non pas d'inventer, et
sa plus haute ambition est de saisir exactement et de fidèlement
reproduire une réalité préexistante à son activité [1]. D'autre part,
avocat, magistrat ou professeur, le théoricien du droit est moins
exposé que tout autre à perdre le contact avec les faits : magistrat
ou avocat, sa réflexion est alimentée par les expériences de la pratique quotidienne, il est à même de saisir les évolutions nouvelles
dès qu'elles se dessinent et avant même qu'elles s'accusent nettement, il est forcé d'en tenir compte et il constitue une sorte de
vivant appareil enregistreur d'une extrême délicatesse; professeur,
et quelles que soient ses préoccupations personnelles, il a à former
des praticiens pour les tribunaux, pour le barreau, pour les études,
pour les greffes, et c'est une image simplifiée sans doute, mais
pourtant fidèle, de la réalité juridique, que l'on va chercher aux
pieds de sa chaire. La renaissance de la philosophie du droit s'ex-

---

1. Voir à ce propos les justes observations de M. Rudolf Stammler, *Theorie
der Rechtswissenschaft*, Halle, Buchhandlung des Waisenhauses, 1911, pp. 340,
343, 432, 473-5, 649-52, 713, 817-20.

plique donc aisément comme la réaction par laquelle l'esprit des juristes répond au spectacle nouveau, intéressant et confus que présente aujourd'hui la vie du droit.

Il est bien caractéristique à cet égard que dans l'espace de quelques mois aient paru quatre excellents ouvrages, tous consacrés aux *transformations du droit* : cela indique que c'est surtout aujourd'hui par son évolution rapide que le droit frappe ceux qui s'attachent à son étude. Le droit que l'on voit surtout, c'est maintenant le droit qui change. Et les transformations sont à la fois si nombreuses et si importantes qu'elles attirent toute l'attention.

Il s'en faut bien qu'il en ait toujours été ainsi ; et il n'y a pas encore très longtemps que l'évolution du droit français apparaissait comme terminée, ses principes comme fixés, ses grandes théories comme établies *ne varietur*. Lorsqu'en 1887 parut le premier volume du Supplément au *Répertoire* de Dalloz, les auteurs de ce recueil s'attendaient, certes, à bien des changements « dans la forme, dans la rédaction des lois, dans leurs dispositions de détail » ; mais l'édifice du droit leur apparaissait comme entièrement achevé, et s'ils admettaient bien qu'il pût y avoir lieu dans l'avenir à de prudents aménagements intérieurs, ils ne pensaient pas que l'on pût songer soit à le reconstruire, soit à y ajouter des bâtiments nouveaux. Les expressions de satisfaction tranquille dont ils se servaient pour exprimer leur pensée font utilement ressortir l'inquiétude des jurisconsultes contemporains, la sensation d'instabilité, de mouvement rapide et incoordonné qu'ils éprouvent au spectacle des transformations contemporaines du droit et dont leurs livres apportent souvent l'expression. Expliquant pourquoi une refonte générale du *Répertoire* n'aurait été justifiée « ni par le mouvement de la jurisprudence ni par le progrès de la doctrine ni par les changements survenus dans la législation », les auteurs du *Supplément* écrivaient : « Les différents volumes du *Répertoire* ont été publiés de 1845 à 1869... Or, dès cette époque, la jurisprudence avait accompli la plus grande partie de son œuvre. Depuis soixante ans au moins elle appliquait et développait le droit nouveau issu de la Révolution de 1789. *Elle avait arrêté ses méthodes, résolu presque toutes les questions importantes*, et fixé le sens des principales dispositions de nos codes. *La doctrine elle-même présentait un complet développement*[1]. »

1. Dalloz, *Supplément du Répertoire*, 1887, t. I, Avertissement, p. VIII-IX.

Ils citaient à l'appui de cette affirmation quelques-uns de ceux
dont « les grandes œuvres étaient achevées et en général n'ont pu
qu'être retouchées ». Merlin, « qui resté le premier des jurisconsultes modernes », Touillier, Delvincourt, Duranton, Demolombe,
Duverger et Troplong pour le droit civil, Pardessus et Bravard pour
la procédure civile, Legraverend, Ortolan, Nouguier, Faustin Hélie
pour le droit pénal, Cormenin, de Gérando, Serrigny pour le droit
public, « qui n'avait plus d'ailleurs de grands progrès à accomplir
depuis que les bases en avaient été posées à la fois par nos publicistes
et par nos assemblées ». « Après un aussi complet développement
de la doctrine et de la jurisprudence, le droit moderne de la France
était suffisamment formé dans tous ses éléments... La législation
a-t-elle depuis cette époque subi de grands changements? Un
nouveau régime politique s'est établi, mais ce changement n'a pas
apporté de modifications importantes à l'ensemble de nos lois. *Le
Code Civil est resté à peu près intact...* La vérité est que le droit de
la France n'a pas encore changé, qu'il n'a même pas sensiblement
vieilli... *Il n'est pas à présumer qu'au fond notre droit actuel ait à
subir, dans un avenir rapproché, des transformations considérables.* »

Voilà ce que l'on écrivait, et ce que l'on avait le droit d'écrire en
1887. Les lignes que nous venons de citer paraissent bien caractéristiques, et nous nous étonnons même que cette page n'ait pas été
plus souvent rappelée pour faire sentir ce qu'il y a de vraiment nouveau dans le mouvement actuel du droit et de la science du droit.
Il y a une trentaine d'années le droit semblait fixé, aujourd'hui tout
le monde le voit en marche; on le croyait parvenu à l'état d'équilibre
stable, aujourd'hui son mouvement ou pour mieux dire sa course
attirent tous les yeux; on ne parle que de ses transformations. De
fait, et pour ne citer que quelques exemples, que pourraient nous
apprendre les classiques dont on a vu défiler les noms sur l'abus du
droit, l'enrichissement sans cause ou la responsabilité objective?

Ce n'est pas à dire d'ailleurs qu'il convienne de s'abandonner sans
réserve à une sorte d'enthousiasme cinématographique. Quelques-
uns de ceux qui ont écrit sur les transformations du droit, à force
de faire la mobilité et des modes nouvelles l'objet de leur étude, et
peut-être aussi pour avoir pour une part contribué à déterminer les
transformations mêmes qu'ils décrivent, semblent bien s'être exagéré sinon l'importance absolue, du moins l'importance relative
des changements qu'ils relatent. A prendre à la lettre certains pas-

sages de leurs livres, on pourrait croire que brusquement un droit nouveau est né, qui ne devrait rien à l'ancien, qui n'aurait avec lui aucun lien de parenté et aucune ressemblance. Il ne s'agirait plus de transformations du droit, mais d'une véritable révolution qui à un système juridique en aurait substitué un autre. Ce n'est plus une évolution lente et régulière qui s'opérerait sous nos yeux, mais une sorte de cataclysme qui mettrait au jour un régime absolument opposé à celui dont il est censé prendre la place. On perdrait entièrement de vue la continuité du développement juridique, on se ferait de l'histoire contemporaine de droit une idée dangereusement fausse si l'on acceptait comme réelle et comme radicale l'antithèse que M. Duguit présente, au début de son livre sur *Les transformations du droit public* [1], entre le droit subjectif, métaphysique et individualiste de la fin du xviiie siècle et le droit objectif, positif et socialiste de la fin du xixe. Le droit d'hier, le droit d'aujourd'hui et, selon toute vraisemblance, le droit de demain sont les moments successifs d'un même développement juridique. Il n'y a pas deux droits qui s'opposent, mais un droit qui évolue; il n'y a pas d'histoire où la permanence ne s'unisse au changement.

D'autre part l'évolution du droit n'est pas aussi simple qu'il pourrait paraître d'abord, et il n'est pas toujours aisé d'en déterminer la direction : toute réduction est ici périlleuse. On peut dire tout à la fois que la liberté individuelle s'étend et qu'elle se restreint de plus en plus. On peut dire tout à la fois, — et c'est un des mérites de l'ouvrage si pondéré de M. Charmont d'y avoir insisté — que la propriété se fait plus absolue et plus rigoureuse et qu'elle s'affaiblit et subit des restrictions de plus en plus nombreuses. Le temps n'est pas encore venu de donner la formule générale des transformations qui s'opèrent sous nos yeux : ce qui est possible et utile, c'est seulement de dessiner certaines courbes, d'indiquer certaines tendances; et certaines prévisions ne paraissent point trop hasardées.

Le danger des théories trop rigoureuses n'est pas seulement théorique, mais aussi et surtout pratique. A exagérer l'ampleur des transformations qui se sont effectuées, on risque tout simplement de faire croire à notre génération qu'elle a beaucoup et peut-être trop réformé ; à la mettre en présence d'une œuvre dont on signale avec ivresse les proportions grandioses et le caractère radical, on

1. Introduction, notamment, p. xi, xv, xvi, etc.

risque de la rendre à la fois timide par le remords d'avoir trop
innové et paresseuse par le sentiment d'avoir tant travaillé. Il est
certes mauvais de croire que le droit ne marche pas et n'a pas
besoin de marcher : et le mérite est grand des juristes, qui dans les
dernières années, ont montré que sa destinée est d'évoluer et qu'en
fait il subissait d'importants changements; mais le péril n'est pas
moindre de laisser penser aux hommes qu'ils sont très éloignés de
leur point de départ quand ils en sont réellement assez rapprochés.

Les transformations contemporaines du droit présentent pour la
plupart cet intérêt qu'elles ne sont pas, comme on l'a très justement
fait remarquer, « le résultat d'une déduction abstraite à partir d'un
contenu idéal, mais s'expliquent tout entières par les conditions
sociales que les notions juridiques doivent refléter sous peine de ne
pas être ou de se détruire elles-mêmes » [1]. Pourtant ici encore il
convient de ne pas exagérer, ou plutôt il y a lieu de distinguer. Les
changements dans les conceptions juridiques se sont produits pour
la plupart sous la pression des besoins et ont été imposés par la vie :
aussi bien ils sont entrés dans les mœurs parce que la nécessité en
était trop vivement ressentie pour que l'on s'arrêtât à des objections
de principe et à des discussions dialectiques. Mais on commence à
voir à l'œuvre dans un certain nombre de théories nouvelles la logique des concepts et non plus celle des besoins, la logique des idées
et non plus celle des faits : les conceptions suggérées par les exigences de la pratique sont abusivement généralisées ou poussées à
l'extrême par des théoriciens intempérants, par des fanatiques de
la construction juridique, pour parler comme Jhering [2] : le phénomène signalé par ce dernier dans son livre sur le *Rôle de la
Volonté dans la possession* se reproduit sous nos yeux : des idées
qui n'avaient surgi d'abord que sous une forme localisée, relativement à un rapport particulier, parce que leur nécessité s'y manifestait d'une manière éminente, finissent par recevoir une extension
artificielle : un travail d'abstraction les dégage de la forme limitée
de leur apparition originaire [3]. Par la force de la dialectique, par la
logique de la notion, par la contrainte de l'idée, « la doctrine aboutit
à des régions qui sont bien loin de la vie pratique, aux régions

---

1. G. Davy, *Année sociologique*, t. XII, p. 408.
2. *Du Rôle de la Volonté dans la Possession. Critique de la méthode juridique
régnante*, trad. de Meulenaere, Paris, Chevalier-Marescq, 1891, p. 230, 238.
3. *Ibid.*, p. 84-85.

purement logiques ou académiques » : ainsi Jhering montre que
« l'extension de la notion de détention des choses immobilières, pour
lesquelles elle avait une grande importance pratique, aux choses
mobilières ne fut point à Rome la suite d'un intérêt pratique, mais
fut exclusivement l'œuvre de la logique juridique, qui ne pouvait
refuser d'appliquer une notion une fois admise, même lorsqu'il lui
manquait tout intérêt pratique[1] ». De même aujourd'hui on tire de
la loi du 9 avril 1898, loi spéciale votée dans un but de paix sociale,
et pour dispenser les ouvriers de prouver la faute du patron, ce qui
était très souvent impossible en fait, on en tire, disons-nous, la formule générale d'une responsabilité sans faute, d'une responsabilité
objective, ou du fait des choses : on oublie que les raisons impérieuses qui ont rendu nécessaire, dans le cas des ouvriers victimes
d'accidents du travail, l'abandon du principe si juste et si raisonnable de l'article 1382 du Code civil, ne se retrouvent pas ou du
moins ne se retrouvent pas au même degré dans les autres cas où
l'on prétend faire jouer le principe de la théorie du risque. De
même encore, de la loi du 12 janvier 1895, qui prohibe la compensation entre le salaire dû à l'ouvrier et le prix des fournitures livrées
par le patron, et qui n'admet pour les avances en argent faites par
ce dernier, qu'une retenue d'un dixième, on déduit, de la manière
la plus abusive, qu'il ne peut être convenu entre un patron et un
ouvrier, lors du paiement du salaire, que le patron en déduira les
sommes que son ouvrier lui doit pour fournitures ou pour avances
d'argent : et l'on aboutit ainsi à cette conséquence que le salaire de
l'ouvrier est frappé entre ses mains d'une sorte d'indisponibilité et
que son crédit est anéanti[2]. Rien aussi n'est plus sophistique et
plus dangereux que d'élever à la dignité de principes généraux du
droit civil des dispositions spéciales insérées dans des lois spéciales
en raison de circonstances spéciales : il semble pourtant bien que cet
étrange procédé soit un de ceux qui contribuent aujourd'hui de la
manière la plus efficace à l'enrichissement de la théorie juridique!
Il y aurait donc lieu de distinguer avec soin, parmi les « transformations du droit », entre celles qui sont le produit immédiat de la vie,

---

1. *Du rôle de la Volonté dans la Possession. Critique de la méthode juridique
régnante,* trad. de Meulenaere, Paris, Chevalier-Marescq, 1891, p. 112-115.
2. Cf. Sirey, 1910, I, 113, note de M. Tissier; *Ibid.,* 1910, I, 417, note de
M. Lyon-Caen; Dalloz périod., 1910, I, 25; 1910, I, 297 et les notes, et l'article
de M. Amproise Colin, Compensation et saisissabilité des salaires ouvriers,
Revue trimestrielle de droit civil, 1909, p. 817 et suiv.

et à propos desquelles la critique est aussi vaine qu'injuste, et celles qui sont simplement le résultat d'un travail idéologique et de la réflexion individuelle élaborant les résultats de l'évolution objective : celles-ci ne sauraient légitimement participer au prestige de celles-là.

L'esprit nouveau de la science du droit a consisté pour une bonne part à demander contre les logiciens à outrance, contre les mathématiciens du droit, qu'il fût tenu compte, et grand compte, des exigences de la pratique, des besoins nouveaux de la société : les promoteurs de ce mouvement de rénovation eurent à lutter contre les théoriciens qui, par le moyen d'une dialectique aveugle, tiraient les dernières conséquences des principes individualistes de la doctrine du droit naturel, et se refusaient à regarder à côté d'eux les maux qu'engendrait l'esprit de système. Mais ce n'est pas seulement de vieux principes que l'on peut tirer des conséquences exagérées, ce n'est pas seulement la superstitieuse vénération de vieux principes qui peut ôter le sens de la réalité et des nécessités pratiques : l'esprit de système peut en s'appliquant à des idées nouvelles leur faire sortir d'aussi funestes effets. L'on s'enivre de vin nouveau comme de vin vieux.

III

Il importe d'autant plus de ne pas fonder, sur la constatation de certaines transformations incontestables, des théories trop ambitieuses, que les historiens mêmes de ces transformations sont loin d'être d'accord sur leur signification profonde. C'est ainsi que, pour M. Hedeman, l'histoire du droit au xixᵉ siècle est l'histoire du développement progressif de la personnalité et de la liberté individuelles : il montre, dans la première partie de son ouvrage, comment à la fin du xviiiᵉ siècle a été proclamée la liberté du commerce et de l'industrie; comment, en dépit d'une très ancienne et vénérable législation contre l'usure, a été supprimée la limitation du taux de l'intérêt; comment, entre autres entraves à la liberté individuelle, a été abandonnée l'antique théorie de la *lœsio enormis* : on pose, dans toute sa généralité et avec toutes ses conséquences, le grand principe de l'article 1134 de notre Code civil : « les conventions légalement formées tiennent lieu de loi à ceux qui les ont faites ». Et sans doute il est bien entendu qu'à la liberté des conventions un autre principe, celui de l'article 6 du même Code, vient apporter une très importante restriction : « on ne peut déroger par des conventions particulières, aux lois qui intéressent l'ordre public et les bonnes mœurs » : et il est certain que, manié avec indiscrétion et invoqué avec fanatisme, la portée de ce dernier principe peut devenir telle que de la liberté des conventions il ne reste plus rien. Mais justement c'était dans un esprit libéral que l'on interprétait les dispositions légales : on se montrait favorable, comme l'indique M. Hedeman, à la liberté des conventions matrimoniales avant et même pendant le mariage; quant au testament, dont l'existence même est, comme on le sait, une conquête de la liberté individuelle, on tendait à le rendre plus souple à la fois quant à la forme et quant au fond, à permettre à l'individu le choix entre un plus grand nombre de modes d'expression de sa volonté dernière, et à permettre aussi à cette volonté de s'exercer dans un plus grand nombre de cas et avec un minimum de restrictions.

Et certes la loi intervenait souvent d'autre part, et semblait venir faire échec à la liberté de l'individu; mais il est trop aisé de voir que la liberté n'était limitée que pour être mieux et plus complètement assurée. Ce que l'on supprimait, dans certains cas bien déterminés, c'était une liberté tout apparente et superficielle, la liberté d'être exploité, trompé ou violenté; ce que l'on sauvegardait, c'était la liberté profonde, la liberté vraie de l'individu, et notamment de l'individu faible. Il est à peine besoin d'insister sur cette idée que les discussions entre libéraux et socialistes ont rendue familière à tous : c'est la volonté intime et authentique de la personne que l'on prétend respecter lorsqu'on la protège contre elle-même, contre sa propre débilité, lorsque on déclare nulle comme contraire à l'ordre public la renonciation par un individu à sa liberté ou au bénéfice de certaines lois, lorsque l'on interdit les servitudes personnelles établies sur une propriété (Code civil, art. 686), les clauses qui dans un contrat de travail imposeraient un travail d'une durée prohibée par la loi, le louage des services fait à vie (Code civil, art. 1780), la renonciation anticipée à la prescription (Code civil, art. 2220), etc. Ainsi les limitations apportées par diverses lois à la liberté individuelle se justifient sans peine du point de vue même de cette liberté : elles en sont moins des restrictions que des garanties.

Ne voit-on pas d'autre part la personnalité de mieux en mieux protégée, par la reconnaissance des droits intellectuels, par la répa-

ration de plus en plus large accordée au préjudice moral, par le
libéralisme de plus en plus accusé avec lequel sont traités les
étrangers? Le contrat, expression éminente de la liberté personnelle,
gagne sans cesse du terrain : la liberté d'association se fait admettre
des législations les plus réfractaires; et, dans une théorie qui fait
tous les jours de nouveaux adeptes, il appartiendrait aux individus
de créer par de simples contrats, sans aucune intervention de la
loi ou de la puissance publique, des personnes morales normalement dotées d'une capacité égale à celle des personnes physiques[1].

Mais en sens inverse il semble bien que les limites de la personnalité deviennent plus étroites : pour prendre les exemples mêmes que
donne M. Hedeman, le droit allemand admet la mise en tutelle pour
ivrognerie, le droit autrichien la mise en tutelle pour intoxications,
le droit suisse la mise en tutelle pour mauvaise administration, et
la remise des salaires à la femme si le mari est débauché.

Comment convient-il d'interpréter cette limitation de la personnalité? Doit-on dire qu'elle est « essentiellement en fonction du
postulat d'un droit social »? Ne peut-on pas au contraire donner de
ces faits une explication qui trouve sa place toute naturelle dans un
système individualiste? Si l'on protège contre eux-mêmes l'ouvrier,
la femme, le mineur, et sans que pour autant la liberté personnelle
soit violée, tout au contraire, comment ne protégerait-on pas celui qui,
en raison de maladies physiques ou mentales, passagères ou chro-
niques, est aussi incapable de se diriger que l'est le mineur, et infiniment plus que ne le sont la femme et l'ouvrier? Nul n'est choqué
de ce que dans un code inspiré de la doctrine individualiste la plus
pure, comme notre Code civil, il soit prévu l'interdiction pour
celui qui, étant dans un état habituel d'imbécillité, de démence ou de
fureur, est incapable de se gouverner lui-même et d'administrer ses
biens; nul ne s'étonne qu'il soit par le Tribunal nommé un conseil
judiciaire au prodigue. On peut certes discuter sur l'opportunité
d'une assimilation de l'ivrognerie habituelle à l'imbécillité, de telle
ou telle incapacité nouvelle proposée dans tel ou tel cas; mais les
objections que l'on peut faire aux propositions de ce genre sont des
objections de fait bien plutôt que de principe : la liberté individuelle n'est pas engagée dans le débat.

1. Sur cette question voir le magistral ouvrage de Saleilles, *De la Personnalité juridique*; nous y reviendrons d'ailleurs en étudiant les théories de M. Otto
von Gierke.

N'est-on pas dès lors autorisé à penser que les transformations du droit se font bien, comme l'indiquait M. Hedeman, dans le sens de la liberté, de l'autonomie de la volonté, du plus grand développement de la personnalité? Ne peut-on pas affirmer que l'évolution étend sans cesse la sphère du libre contrat, qu'elle se fait, pour rappeler la fameuse formule de Sir Henry Maine, *from status to contract?*

Pourtant il s'en faut de beaucoup que cette conclusion s'impose avec nécessité et que le sens de l'évolution soit si facile à dégager. « La personnalité, dit M. Emmanuel Lévy[1], se développe, mais aussi elle se limite, les contrats sont plus libres, mais ils sont aussi plus réglementés. » Et, si l'on en croit M. Duguit, l'autonomie de la volonté est bien loin d'être la grande bénéficiaire du travail juridique qui s'est opéré au siècle dernier. La régression du droit subjectif, c'est-à-dire du pouvoir de vouloir, du « pouvoir qui appartient à une volonté de s'imposer comme telle à une ou plusieurs autres volontés, quand elle veut une chose qui n'est pas prohibée par la loi[2] », est tout au contraire pour M. Duguit l'un des résultats les plus avérés du développement du droit contemporain. Le système juridique individualiste est pour lui une chose du passé : or, quelles étaient les propositions fondamentales, essentielles de ce système? L'éminent publiciste les formule en ces termes : « L'homme est par nature libre, indépendant, isolé, titulaire de droits individuels, inaliénables et imprescriptibles, de droits dits naturels, indissolublement attachés à sa qualité d'homme. Les sociétés se sont formées par le rapprochement volontaire et conscient des individus, qui se sont réunis dans le but d'assurer la protection de leurs droits individuels naturels. » Le pivot du système, c'est la liberté individuelle, dont le principe est proclamé dans les articles 2 et 4 de la Déclaration des droits de 1789, et qui implique l'autonomie de la volonté consacrée par les articles 6 et 1134 du Code civil : l'autonomie de la volonté individuelle, c'est le droit de vouloir juridiquement, le droit de pouvoir, par un acte de volonté et sous certaines conditions, créer une situation juridique[3].

Mais ce système individualiste qui, pour M. Hedeman, était le résultat des progrès du droit contemporain, n'est tout au contraire,

---

1. Compte rendu du livre de Hedeman *Die Fortschritte des Zivilrechts im XIX Jahrhundert*, in *Année sociologique*, t. XII, p. 336.
2. Duguit, *Les Transformations générales du droit privé*, p. 12.
3. *Ibid*, p. 16, 30-31.

selon M. Duguit que le point de départ du droit moderne, et un
point de départ dont celui-ci s'éloigne sans cesse. Et j'entends bien
que M. Duguit n'est pas seulement ni même surtout un historien du
droit privé au XIX⁰ siècle; que le système individualiste n'est pas
seulement pour lui un système dépassé en fait, mais encore un
système néfaste et absurde, yne conception contradictoire en soi et
ruineuse. M. Duguit a en propre une certaine théorie générale du
droit, qui consiste d'ailleurs à dire qu'il n'y a pas de droit; il a une
certaine conception de la liberté, de la propriété, de la responsabilité : il croit cette conception vraie scientifiquement, et il ne serait
pas étonnant que, comme il arrive souvent, et aux plus grands, il
trouvât dans l'histoire précisément ce qu'il y cherchait. Mais enfin
sa théorie est fondée sur l'observation des faits; dans bien des
pages de ses livres, ce sont les faits qui parlent, et ceux-ci ne paraissent pas confirmer une interprétation individualiste de l'évolution
juridique. Le nombre des lois qui posent des limites ou imposent
des obligations nouvelles à la volonté de l'individu va sans cesse en
augmentant : l'instruction, la prévoyance deviennent obligatoires;
toute une vaste législation sociale s'édifie, et nulle disposition ne s'y
rencontre plus fréquemment que celle aux termes de laquelle la
volonté du législateur prévaudra « nonobstant toute stipulation
contraire à peine de nullité » : toute une série de lois et de décrets
réglementent le travail dans les établissements industriels et dans
les exploitations minières (lois des 8 juillet 1890, 12 juin 1893,
25 mars 1901, 9 mai 1905, 23 juillet 1907, 12 mars 1910), la durée
maxima du travail quotidien, imposent le repos hebdomadaire, etc.

Un des éléments de la liberté est l'autonomie de la volonté, le
pouvoir de l'homme de créer par un acte de volonté une situation de
droit, quand cet acte a un objet licite. Dans ce que M. Duguit
appelle le système civiliste, c'est-à-dire dans le système individualiste traditionnel, la théorie de l'autonomie de la volonté se résume
dans les quatre articles de foi suivants : tout sujet de droit doit être
un sujet de volonté; tout acte de volonté d'un sujet de droit est
socialement protégé comme tel; il est protégé à la condition toutefois d'avoir un objet licite; toute situation juridique est un rapport
entre deux sujets de droit dont l'un est le sujet actif et l'autre le
sujet passif[1].

---

1. Duguit, *Les Transformations générales du droit privé*, p. 57.

Mais tout ce système ingénieux s'écroule, selon M. Duguit, sous la pression des faits. Et d'abord la première proposition ne tient plus depuis que dans le monde moderne se multiplient les sociétés, les associations de toutes sortes. Au début du XIXᵉ siècle le législateur ignorait les collectivités, en partie parce que le meilleur moyen de les étrangler était de les ignorer : pendant assez longtemps on n'admit pas même que les sociétés commerciales eussent une personnalité distincte de celle de leurs membres; la résistance fut plus longue encore quand il s'agit de reconnaitre la personnalité aux sociétés civiles; ce n'est qu'en 1884 que fut votée la loi sur les syndicats professionnels, en 1898 la loi sur les sociétés de secours mutuels, et en 1901 seulement la loi qui institue la liberté d'association. Mais en dépit de toutes les lois restrictives le mouvement associationniste ne s'arrêtait pas; et les syndicats comme les associations avaient une existence de fait, et souvent une existence des plus actives, en attendant que le législateur leur reconnût une existence de droit.

Or l'association, la corporation parait à M. Duguit se prêter fort mal aux exigences de la théorie traditionnelle de l'autonomie de la volonté : dans cette théorie tout sujet de droit doit être un sujet de volonté; il n'y a de sujet de droit que là où il y a une volonté; un être quelconque n'est un être juridique, ne peut participer aux relations de droit que s'il est doué d'une volonté; il n'y a personnalité juridique que là où il y a volonté[1]. Mais, une collectivité n'ayant pas de volonté comme telle, et les volontés individuelles de ses membres ne pouvant servir de support à la personnalité juridique de la collectivité elle-même, on imagina la théorie de la fiction : pour qu'il y ait réellement une personne, il faut une volonté; les individus seuls sont des personnes réelles, puisque les collectivités n'ont pas une volonté distincte de celle de leurs membres; mais le législateur, usant de sa puissance souveraine, leur confère par une sorte de fiction la personnalité juridique. C'est cette théorie, qui a encore de nombreux adeptes, que le spectacle attentif de la vie contemporaine contraint M. Duguit à rejeter. En premier lieu l'existence et l'activité des associations sont généralement si salutaires, la société tire à ce point profit de la mise en œuvre spontanée de tant d'initiatives qui sans elles ne se manifesteraient jamais, qu'il parait

---

1. Duguit, *Les Transformations générales du droit privé*, p. 61 et suiv.

vraiment impossible de faire dépendre de l'arbitraire du gouvernement la protection juridique de l'activité collective. D'autre part
M. Duguit n'admet point la toute-puissance du législateur, croyance
mystique d'un autre âge, et dès lors la théorie de la fiction tombe
d'elle-même, « car ou bien les collectivités n'ont pas une volonté
distincte de celle de leurs membres, alors elles ne peuvent pas être
sujets de droit, et la loi, quelque puissante qu'elle soit, ne peut pas
faire qu'une chose qui n'est pas soit. Ou bien les collectivités ont en
effet une volonté distincte de celle de leurs membres; alors elles
sont par elles-mêmes des sujets de droit et l'intervention du législateur et du gouvernement est inutile; il n'y a point à leur donner
une chose qu'elles ont déjà[1]. » M. Duguit rejette également comme
inutiles ou malfaisantes les subtiles théories des juristes contemporains qui s'efforcent de démontrer qu'en dehors de toute intervention du législateur la collectivité constituée en vue d'un but licite
est un sujet de droit, possédant une personnalité juridique distincte
de celle de ses membres, la théorie de M. Gierke comme celle de
M. Bekker, celle de M. Zitelmann comme celle de M. Micioud.

Ainsi, selon M. Duguit, la seule existence des collectivités, associations, corporations et fondations constitue une brèche dans le
système de l'autonomie de la volonté. Et la brèche est ouverte toute
grande, car les associations croissent tous les jours en nombre et
en puissance : « tout le territoire français se couvre d'un vaste
réseau d'associations, associations ouvrières, associations professionnelles de tout ordre, voire même associations de fonctionnaires,
associations mutualistes, associations de bienfaisance, associations
littéraires, scientifiques, artistiques[2] ». L'idée de personnalité
collective, corollaire de celle de l'autonomie de la volonté, tend à
disparaître; cela n'empêche pas d'ailleurs le patrimoine et l'activité
des associations de se trouver protégés, dans le système de
M. Duguit, en considération du but qui est leur raison d'être : mais
ce n'est pas ici le lieu d'examiner la construction par laquelle
M. Duguit s'efforce de sauvegarder leur existence tout en leur ôtant
l'appui qu'elles trouvent dans les diverses théories de la personnalité morale. Nous voulons simplement signaler un des points sur
lesquels le recul de la théorie traditionnelle de la volonté juridique
se fait, d'après M. Duguit, le plus nettement sentir.

1. Duguit, *Les Transformations générales du droit privé*, p. 67.
2. *Ibid.*, p. 63.

Ce n'est d'ailleurs pas le seul. Les notions d'acte et de situation juridiques, autres émanations de celle de volonté autonome, seraient également en voie de transformation ou de disparition. On a vu que dans la conception civiliste tout acte de volonté d'un sujet de droit est protégé comme tel. Chaque individu a une certaine sphère juridique dont l'étendue est en quelque sorte mesurée par son pouvoir de vouloir; la volonté individuelle de chaque homme est créatrice de sa sphère juridique; en ce sens elle est toute-puissante, car elle n'a d'autres limites que celles que lui pose l'ordre public. L'acte juridique, c'est tout acte de volonté ayant pour objet de modifier la sphère juridique d'un individu, ou, suivant la définition bien connue de Windscheid, rappelée très opportunément par M. Duguit[1] « l'acte juridique est une déclaration de volonté privée dirigée vers la création d'un effet juridique ». C'est donc en principe la volonté en soi, la volonté interne du sujet qui produit par elle-même l'effet de droit. La conséquence qui résulte de cette conception de la volonté, c'est l'abandon du formalisme des législations primitives. Tant que règne le formalisme, la volonté ne suffit pas à créer une situation juridique; il faut encore qu'elle se manifeste sous certaines formes sacramentelles et prédéterminées; les parties qui font un acte sont obligées d'employer certaines cérémonies qui exprimeront d'une manière indéniable et matérielle l'adhésion qu'elles donnent à cet acte; la volonté ne produit pas par elle-même d'effet si elle n'est solennellement déclarée. C'est ainsi qu'en droit romain le transfert de la propriété ne s'opère pas par l'effet d'un simple accord de volontés entre l'aliénateur et l'acquéreur : une constitution du Bas-Empire le déclare de la façon la plus nette : *traditionibus... dominia rerum non nudis pactis transferuntur* (20, Cod., *De pact.*, II, 3); il faut, pour faire passer une chose d'un patrimoine dans un autre, tout un rituel, certains gestes et certains mots : qu'il s'agisse de la *mancipatio*, de *l'injure cessio*, de la *traditio*, le principe est le même : la volonté seule ne peut rien; la convention seule est sans efficacité, le pacte nu est dépourvu d'effet obligatoire. L'obligation ne prend pas naissance par cela seul que le créancier a consenti à tenir le débiteur pour son obligé et que le débiteur a consenti de son côté à être lié avec le créancier. Le simple échange des volontés est impuissant à donner au créancier le droit d'action

---

1. Duguit, *Les Transformations générales du droit privé*, p. 85.

contre le débiteur : *nuda pactio obligationem non parit* (7, § 4, Dig., *De pact.*, II, 14, Ulp.) ; *ex pacto actionem non oriri* (15, Dig., *De praescript. verb.*, XIX, 5, Ulp.). Le consentement mutuel doit se déclarer dans des paroles, *verbis*, par des écrits, *litteris*, par la remise de la chose, *re* : c'est seulement à partir de ce moment que la convention devient un acte qui compte aux yeux du droit, *negotium civile*, qu'elle cesse d'être un pacte pour devenir un contrat, qu'elle devient obligatoire pour le débiteur, qu'elle donne action au créancier. Bien que le droit romain ait, au cours de son évolution progressive, fait monter au rang de conventions obligatoires une foule de conventions dénuées de formes, il n'a jamais complètement répudié le principe même du formalisme.

Il en est autrement, on le sait, dans notre droit moderne. Le simple consentement dénué de formes suffit pour obliger; toute différence a disparu entre les contrats et les pactes; comme le dit énergiquement un vieil auteur : « on lie les bœufs par les cornes et les hommes par les paroles, et autant vaut une simple promesse ou convenance que les stipulations du droit romain [1] ». Le Code civil emploie indifféremment les expressions de convention et de contrat : le contrat est une convention par laquelle une ou plusieurs personnes s'obligent, envers une ou plusieurs autres, à donner, à faire ou à ne pas faire quelque chose (art. 1101); parmi les conditions que le Code déclare essentielles pour la validité d'une convention ne figure aucune formalité, mais seulement le consentement de la partie qui s'oblige, sa capacité de contracter, un objet certain formant la matière de l'engagement et une cause licite dans l'obligation (art. 1108); il proclame que les conventions légalement formées tiennent lieu de loi à ceux qui les ont faites (art. 1134). Pour interpréter une convention on doit rechercher quelle a été la commune intention des parties plutôt que de s'arrêter au sens littéral des termes (art. 1156). En ce qui concerne enfin la propriété, le principe qui excluait le transfert par l'effet du seul accord des parties se maintint jusque dans le dernier état de l'ancien du droit français; mais il a disparu à son tour avec le Code civil : l'obligation de livrer la chose est parfaite par le seul consentement des parties contractantes, elle rend le créancier propriétaire et met la chose à ses risques dès l'instant où elle a dû être livrée, encore que la tradition

---

1. Loysel, *Institutes coutumières*, liv. III, tit. I, règle 2.

n'en ait point été faite (art. 1138); la vente est parfaite entre les parties et la propriété est acquise de droit à l'égard du vendeur, dès qu'on est convenu de la ciose et du prix, quoique la ciose n'ait pas encore été livrée ni le prix payé (art. 1583). Il semble, en lisant ces articles, que l'on assiste au triompie définitif de l'autonomie de la volonté.

Mais, à en croire M. Duguit, « tout le droit moderne au contraire s'insurge contre le principe ainsi compris [1] ». Après avoir admis le transfert de la propriété par l'effet du simple consentement, le légis-lateur français a dû revenir sur son œuvre cinquante années plus tard en organisant, du moins en matière immobilière, un régime de publicité par la loi du 23 mars 1855. D'autre part « le droit moderne tend maintenant à admettre de plus en plus que, d'une manière générale, ce qui produit l'effet de droit, ce n'est pas... l'acte interne de volonté, la volition comme disent les psyciologues, mais bien la manifestation extérieure de la volonté, la déclaration de la volonté, la *Willenserklärung*, suivant l'expression allemande ». Dans cette conception nouvelle, ce que le droit protège, c'est la volonté qui s'est manifestée à l'extérieur, la volonté déclarée. Sans doute il faut encore — mais rien ne prouve qu'il faudra toujours — une volonté réelle derrière la déclaration. Mais si la volonté réelle ne coïncide pas avec la volonté déclarée, la partie ne peut plus, comme dans le système de l'article 1156 du Code civil, demander que l'effet de droit produit soit celui qu'elle a réellement voulu et non pas celui qu'elle a déclaré vouloir; et elle ne peut pas non plus obtenir la reconnaissance d'effets qu'elle n'a pas déclaré vouloir même si en réalité elle les a voulus. D'après certains de ses interprètes le Code civil allemand irait même jusqu'à décider que le déclarant n'est point admis à prouver qu'en réalité il n'a pas voulu certaines cioses comprises dans sa déclaration : en principe la déclaration tout entière produira ses effets [2]. De cette tiéorie juridique nouvelle les conséquences sont importantes et nombreuses : il n'entre pas dans notre dessein d'y insister maintenant; il suffit de signaler que nous nous trouvons en présence d'une tendance contemporaine que certains esprits éminents ont cru pouvoir considérer comme directe-ment opposée au principe de l'autonomie de la volonté.

Enfin nous avons vu plus iaut qu'il résulte de ce dernier principe

---

1. *Les Transformations générales du droit privé depuis le Code Napoléon*, p. 86.
2. *Ibid.*, p. 86-93.

que toute situation juridique se ramène à un rapport entre deux
personnes, entre deux sujets de droit, dont l'un est le sujet passif et
l'autre le sujet actif [1] : la situation de droit ne peut se concevoir que
comme un rapport entre deux sujets. M. Duguit ne méconnait point
que dans la majorité des cas il existe réellement une relation entre
deux personnes dont l'une doit une prestation négative ou positive
et dont l'autre est en droit de l'exiger; mais il n'y a rien là selon
lui qui soit nécessaire : il peut se produire des situations où il n'y
ait point de rapport entre deux sujets, mais seulement une obligation s'imposant à une volonté sans que l'on puisse découvrir aucun
droit correspondant : ces situations se multiplient, le droit ne saurait
se refuser à les protéger, et il les protège en effet, comme en témoignent la législation allemande et la jurisprudence française relatives
aux fondations privées faites à cause de mort. Si l'on admet comme
évident que toute situation juridique suppose l'existence de deux
sujets de droit, on devra considérer comme nulle la disposition
testamentaire faite au profit d'une personne qui n'existait pas au
moment du décès, par exemple un ιôpital ou une académie que le
testateur désire être fondés précisément avec les revenus de la
somme qu'il lègue; or, constate M. Duguit, la jurisprudence administrative et la jurisprudence civile reconnaissent la validité de pareils
testaments; c'est donc qu'elles renoncent à la conception tradion-
nelle de la situation juridique; et l'abandon de cette notion signifie
tout simplement « la dislocation du système juridique fondé sur
l'autonomie de la volonté [2] ».

Dire que toute situation juridique se ramène à un rapport entre
deux personnes, c'est dire qu'en principe une situation de droit ne
peut naitre que d'un contrat, à moins qu'il n'y ait une disposition
expresse de la loi. Le contrat tient dans la théorie civiliste une place
éminente et M. Duguit veut bien reconnaitre qu'il joue encore un
rôle considérable dans les relations des individus, des groupes et
des peuples. Mais il lui semble que le contrat n'échappe pas plus
que les autres éléments du système de l'autonomie de la volonté à
la loi de régression qui en diminue sans cesse l'importance et
parait bien selon lui les acheminer au néant. « La règle que le contrat seul peut en principe créer une situation de droit n'est plus

1. Les Transformations générales du droit privé depuis le Code Napoléon, p. 104
et suiv.
2. Ibid., p. 113.

exacte. A côté du contrat apparaissent des catégories nouvelles
d'actes juridiques que les civilistes veulent à tort faire rentrer de
gré ou de force dans le vieux cadre du contrat, mais qui sont en
réalité des actes tout à fait différents, qui sont peut-être des actes
unilatéraux[1]. »

Il est très naturel que dans la conception civiliste le contrat puisse
seul créer une situation de droit : nous avons vu en effet que toute
situation de droit est une relation existant entre deux individus
dont l'un est le sujet actif et l'autre le sujet passif : dès lors l'accord
de deux volontés est nécessaire pour modifier la sphère juridique
respective de ces individus. Puisque la situation juridique est un
lien entre deux personnes, elle correspond nécessairement à un
lien formé entre deux volontés. Et, approuvant M. Planiol, défenseur
convaincu de la doctrine individualiste, d'avoir réduit à deux seulement les cinq sources distinctes d'obligations que reconnaissent
l'opinion traditionnelle et le Code civil[2], M. Duguit estime qu'effectivement, dans la théorie traditionnelle « en dehors du contrat, c'est-
à-dire de l'accord de deux volontés modifiant leurs sphères juridiques respectives, il n'y a que la loi omnipotente qui puisse créer
une situation de droit nouvelle[3] ». Pour qu'il y ait contrat, continue
notre auteur, il faut deux volontés individuelles qui entrent en contact, dont l'une est disposée à promettre de faire quelque chose et
dont l'autre est disposée à devenir bénéficiaire de la prestation pro-
mise, et le contrat ne naît que lorsque ces deux volontés après négociation, après prise de contact, se sont mises d'accord sur l'objet de
l'acte[4]. Partout où ces diverses conditions suffisantes, mais nécessaires ne sont pas réunies, il n'est pas de contrat. Or il y a dans la
vie des sociétés modernes une foule de situations juridiques auxquelles ont donné naissance des actes qui ne sont point des contrats
au sens strict du mot. Les jurisconsultes, prisonniers de vieux préjugés, ont bien essayé de faire rentrer dans le cadre du contrat les
formes juridiques originales qu'avait fait naître la vie sociale, mais
ils ont selon M. Duguit dépensé en pure perte des trésors de subtilité; c'est en vain qu'ils ont abusivement créé les catégories nouvelles de contrats d'adhésion, contrats de collaboration, contrats

1. *Les Transformations générales du droit privé depuis le Code Napoléon*, p. 115.
2. Code civil art. 1370.
3. Duguit, *Les Transformations générales du droit privé*, p. 116-117.
4. *Ibid.*, p. 119.

collectifs, contrats de guichet, etc. : tous ces actes ne sont point des
contrats; et à la place de plus en plus grande qu'ils prennent dans la
vie juridique contemporaine il est possible de mesurer tout ce qu'a
perdu le contrat.

Ainsi se transforment, s'atrophient et se préparent à disparaître
les divers éléments du système de l'autonomie de la volonté, et avec
eux l'indépendance, la liberté de l'individu. Les conclusions auxquelles aboutit M. Duguit se trouvent être ainsi absolument opposées
à celles de M. Hedeman dont nous rappelions tout à l'heure les
idées sur l'évolution du droit contemporain. Mais si M. Hedeman
semblait avoir quelque peu exagéré le caractère libéral de cette
évolution, il paraît bien que M. Duguit ne s'est pas entièrement
défendu contre une exagération en sens contraire. Sans nullement
contester la réalité des faits très significatifs et admirablement
choisis dont il a étayé une thèse très impressionnante, il ne serait
peut-être pas impossible d'en discuter, soit la signification, soit la
portée.

En premier lieu il conviendrait probablement de ne pas faire état
jusqu'à nouvel ordre de faits dont l'interprétation est actuellement
l'objet de controverses très vives dont il n'est guère possible de prévoir encore l'issue. Par exemple, en ce qui concerne la déclaration
de volonté, il s'en faut de beaucoup que les jurisconsultes allemands
soient d'accord sur le sens véritable de quelques-unes des dispositions à la fois les plus intéressantes et les plus révolutionnaires du
Code civil allemand. D'autre part l'analyse juridique s'applique
depuis fort peu de temps à certaines des relations nouvelles qu'a
fait naître la vie sociale : il est fort possible que les contrats d'adhésion, de guichet, de collaboration, que les contrats collectifs ne
soient point des contrats, comme le veut M. Duguit; il est possible
que les tentatives faites jusqu'à présent pour rattacher ces situations
juridiques à la notion de contrat n'aient pas été heureuses : il faudrait pour l'affirmer se livrer à un examen critique approfondi tant
de toutes ces situations juridiques que de toutes les explications qui
en ont été proposées et de toutes les analyses qui en ont été
tentées : M. Duguit n'a pu dans son livre aborder cet examen et
encore bien moins pouvons-nous dans les limites de cet article
donner une idée de tout ce travail juridique. Mais enfin il est possible aussi que ce travail puisse, si l'on y persévère, donner des résultats satisfaisants. Et il paraît prématuré de conclure, d'une opinion,

même justifiée, sur l'insuccès de certaines constructions conceptuelles, à des transformations profondes ou même à un grave bouleversement dans notre système juridique.

En second lieu on peut se demander si certaines évolutions qui
se préparent et se dessinent sont destinées à jamais s'achever, si
certaines réformes que l'on réclame doivent jamais entrer dans
la réalité. Il serait à coup sûr très caractéristique d'un régime juridique nouveau que le droit intervînt pour imposer le travail aux
oisifs, pour déposséder le propriétaire qui ne cultive pas sa terre,
pour punir la tentative de suicide ou le duel, etc. Mais il s'agit là
de desiderata individuels qui n'inspirent pas encore, qui n'inspi-
reront peut-être jamais la législation et la jurisprudence. Peut-on
considérer comme le signe ou le gage des « transformations générales du droit privé au XIXe siècle » des projets, des revendications
qui peuvent être ou ne pas être légitimes en soi, mais qui n'ont pas
encore recueilli l'adhésion générale et mis leur marque sur le droit
positif? Il nous semble que M. Duguit n'a pas toujours fait très
exactement le départ entre ce qui est et ce qui « doit être » :
que l'on soit ou non d'accord avec lui pour critiquer le système
juridique traditionnel et souhaiter l'apparition d'un système juridique nouveau, il importe cependant de ne pas confondre les
transformations que l'on désire avec celles que l'on peut constater.

Enfin c'est sur la signification même de certaines lois ou de certaines tendances nouvelles que la discussion mériterait d'être soulevée. Ainsi M. Duguit estime que dans la conception « subjectiviste »,
le législateur peut bien faire des lois réglant l'exercice de la liberté
physique, de la liberté de pensée dans la mesure où cela est
nécessaire pour sauvegarder la liberté de tous ; mais qu'il ne peut
imposer aucune restriction à l'exercice de la liberté individuelle
dans un intérêt autre que l'intérêt collectif, par exemple dans
l'intérêt de l'individu même dont il restreint la liberté ; et qu'il ne
saurait imposer des obligations actives à l'individu, en dehors des
impôts qu'il établit pour les besoins collectifs, impôts en argent,
impôts en nature, impôt du sang. Ainsi toutes les lois modernes, si
nombreuses dans tous les pays civilisés, qui restreignent dans
l'intérêt même de l'individu son activité ou qui lui imposent l'obligation de l'enseignement, l'obligation de la prévoyance, etc., seraient
« en contradiction absolue avec la conception individualiste et sub-

jectiviste de la liberté[1] », elles résulteraient « de la conception
nouvelle de la liberté, laquelle n'est point un droit subjectif, mais
la conséquence de l'obligation qui s'impose à tout homme de développer le plus complètement possible son individualité, c'est-à-dire
son activité physique, intellectuelle et morale, afin de coopérer le
mieux possible à la solidarité sociale[2] ».

Nous n'avons pas à examiner ici en elles-mêmes les théories de
M. Duguit, à rechercher quel est le fondement de l'ordre juridique,
et à nous demander s'il est vraiment possible de construire une
théorie du droit d'où le droit subjectif de l'individu soit entièrement
banni : admettons-le pour un instant, puisque aussi bien la question
n'est pas là. Ce qu'il s'agit pour le moment de savoir, c'est si des
lois imposant l'obligation de l'enseignement, l'obligation de la
prévoyance, etc., sont incompatibles avec un système juridique
fondé sur le droit subjectif de l'individu. Il serait à coup sûr téméraire de l'affirmer : si la liberté est un droit subjectif de l'individu,
si celui-ci en est en quelque sorte créancier, le devoir du législateur
sera de l'assurer ; or il est permis de poser en principe que chaque
homme a le désir de « développer le plus complètement possible
son individualité, c'est-à-dire son activité physique, intellectuelle et
morale » ; et que l'on considère plutôt le droit de la personne à cet
épanouissement de ses facultés, comme le fait l'individualisme, ou
que l'on s'attache plutôt au devoir qui s'impose à la personne de
développer ses facultés dans l'intérêt général et afin de coopérer le
mieux possible à la solidarité sociale, le résultat sera pratiquement,
ou plutôt juridiquement le même : dans les deux cas le législateur
aura à cœur de protéger la même liberté. Suivant la vieille règle du
quod plerumque fit, qui est celle du bon sens, il ira au secours de
la volonté normale de l'individu menacée par les hommes ou les circonstances, il la fortifiera et la redressera. On ne saurait sérieusement
prétendre que l'on viole la liberté de l'individu quand on lui impose
les obligations dont parle M. Duguit, car la volonté vraie de l'être
normal est de développer son intelligence, de cultiver ses facultés
et d'assurer dans la mesure du possible son avenir ; s'il paraît dans
certains cas vouloir renoncer au bénéfice de certaines lois, c'est qu'il
y est forcé par des volontés plus fortes que la sienne ; ce n'est pas
lui qui parle, ce sont d'autres qui parlent par sa bouche : dès lors

1. Duguit, *Les Transformations générales du droit privé*, p. 36.
2. *Ibid.*, p. 37.

les lois qui dans la forme parlent le langage de la contrainte parlent au fond le langage de la liberté ; elles font taire les voix qui couvrent la voix véritable de l'individu faible, afin que cette dernière voix puisse se faire entendre enfin. En prohibant les abdications arrachées à l'individu par la force ou la ruse, c'est sa liberté même qu'elles dégagent.

Nous l'avons rappelé d'ailleurs au début de cette étude, les législations les plus incontestablement individualistes n'ont pas hésité, quoi qu'en dise M. Duguit, à imposer des restrictions à la liberté individuelle dans l'intérêt de cette liberté même. C'est ainsi qu'en droit romain la tutelle est une charge, *onus*, organisée dans l'intérêt du pupille, et comme le dit très nettement Servius Sulpicius, *ad tuendum eum qui propter ætatem suam sponte se defendere nequit* ; l'impubère est incapable à raison de son âge de gérer seul ses biens ; mais, ce qui est très significatif, dès qu'il est sorti de l'*infantia*, le pupille peut faire seul tous les actes qui font entrer une valeur dans son patrimoine, et il n'a besoin du concours du tuteur que pour les actes qui rendent sa condition pire ; quant au tuteur, il est tenu de gérer les biens du pupille en bon père de famille, au mieux des intérêts du pupille, comme celui-ci les gérerait lui-même s'il en était capable ; et le pupille peut agir contre le tuteur, une fois la tutelle finie, pour se faire indemniser de tout préjudice causé par une mauvaise administration. De même la curatelle du mineur de vingt-cinq ans, qui n'a pas encore la maturité nécessaire pour diriger ses affaires, a pour but et pour effet de restreindre la liberté de l'individu dans son propre intérêt : c'est encore une institution qui fait partie intégrante d'un système juridique individualiste, en dépit de M. Duguit. Trouvent de même une place toute naturelle dans le « système civiliste » les dispositions légales qui annulent les conventions où le consentement est vicié par le dol ou la violence : ici encore c'est la volonté vraie de l'individu que l'on fait prévaloir sur sa volonté apparente.

Et de même il nous est impossible d'admettre que le système de l'autonomie de la volonté soit entamé par les théories nouvelles sur la déclaration de volonté. Nous ne voyons qu'une analogie toute superficielle entre le régime juridique où le droit exige que la volonté ait été exprimée d'une façon quelconque et celui où la volonté est inefficace par elle-même sans le secours des formes extérieures. On dit parfois que le droit moderne revient au formalisme

du droit romain primitif [1] : M. Duguit refuse avec grande raison de
prendre à son compte cette affirmation quelque peu simpliste, mais
il considère pourtant les théories dont nous parlons comme d'une
extrême importance; il y voit impliqué un système tout nouveau
d'après lequel la volonté du sujet est inapte à produire l'effet de droit
qui naîtrait seulement de la manifestation extérieure de la volonté.
En réalité il s'agit bien moins ici de théorie que de pratique, et bien
moins du droit proprement dit que de la preuve du droit. Dans
l'intérêt de la sécurité des transactions qui est celui-là même de la
paix sociale, le droit se refuse à encourager les restrictions mentales; il estime que la volonté déclarée engage le déclarant, et il ne
l'admet point à prouver qu'il a voulu le contraire de ce qu'il a déclaré
vouloir. Le droit peut décider ainsi sans porter selon nous aucune
atteinte à l'autonomie de la volonté, car on est en droit de présumer
que la volonté qu'un homme déclare est la même que sa volonté
vraie, et il n'y a aucune raison de penser qu'il n'a pas voulu ce qu'il
a déclaré vouloir, si du moins sa déclaration est claire et certaine.
Comment au surplus l'individu prouverait-il la réalité de la volonté
qu'il prétendrait avoir tenue cachée? Ne serait-ce pas lui accorder
un pouvoir extraordinaire de revenir sur son propre consentement
et de déchirer les contrats conclus par lui? Toute une série d'impossibilités pratiques, de considérations d'utilité ou d'équité militent en
faveur de la reconnaissance de la volonté déclarée de préférence à
la volonté occulte. Mais ici encore la théorie de l'autonomie de la
volonté reste debout : car c'est la volonté véritable que dans l'immense majorité des cas on protège en protégeant la volonté déclarée.
Comme on l'a dit très exactement [2], « on ne tient compte de la
volonté qu'autant qu'elle s'est traduite au dehors sous l'apparence
d'une déclaration », mais c'est que « de cette déclaration il est
logique de conclure toujours à l'existence de la volonté et de lui
donner les mêmes effets ». Comment peut-on dire dès lors que la
théorie juridique de la déclaration de volonté est destructrice de la
conception classique de l'autonomie de la volonté?
  C'est de tout temps d'ailleurs que certains actes juridiques ont
été soumis à certaines formes à raison de leur importance, que

---

1. Voir par exemple Gide, *Principes d'Économie politique*, 11ᵉ éd., p. 284, note
1; G. May, *Éléments de droit romain*, 9ᵉ éd., p. 179, note 1.
2. Meynial, *Revue trimestrielle de droit civil*, 1902, p. 545 et suiv., cité par
Duguit, p. 90.

dans certains cas la volonté est astreinte, pour être efficace, à remplir certaines formalités déterminées : c'est ainsi que le mariage doit être célébré publiquement et que le consentement des époux au mariage s'exprime par la réponse donnée à des questions à peu près sacramentelles. C'est ainsi encore que les actes portant donation entre vifs doivent être passés devant notaires, dans la forme ordinaire des contrats, et qu'il en doit rester minute, à peine de nullité (Code civil, art. 931) : la simple volonté de donner ne produirait point d'effet. En résulte-t-il que dans le Code civil le système « civiliste » et la théorie de l'autonomie de la volonté soient abandonnés? Nullement, puisque c'est précisément dans ce Code que ce système et cette théorie ont trouvé leur expression à la fois la plus nette et la plus heureuse.

Peut-on enfin voir dans la multiplication des associations, et dans la liberté d'association d'une part, dans la reconnaissance de plus en plus large de la validité des fondations par testament d'autre part, autant de défaites du système de l'autonomie de la volonté? Il s'en faut de beaucoup, et c'est même, croyons-nous, le contraire qui est vrai. La volonté voit, par ces tendances nouvelles de la législation et de la jurisprudence, sa puissance accrue et sa phère augmentée. Admettra-t-on avec M. Zitelmann la réalité de la volonté collective? On dira que le droit reconnaît aujourd'hui et protège cette volonté qu'il méconnaissait autrefois; que la volonté collective a reçu, pour ainsi dire, ses lettres de naturalisation juridique. Dira-t-on avec M. Duguit qu'il n'y a pas de volonté collective, mais seulement des volontés individuelles qui, lorsqu'elles poursuivent un but collectif reconnu conforme à la solidarité sociale, doivent être et sont de plus en plus protégées par le droit? il faut constater alors que l'acte de volontés individuelles acquiert dans le droit contemporain une puissance et une efficacité toutes nouvelles, qu'il appartient désormais à des volontés individuelles de créer des réalités sociales d'un certain genre, des institutions que la loi seule était naguère compétente pour susciter. Ainsi, qu'il s'agisse de volontés collectives qui se font enfin reconnaître comme des réalités, ou de volontés individuelles dont la sphère d'action est désormais infiniment étendue, il reste que la volonté célèbre de par le mouvement associationniste actuel, et de par ses conséquences juridiques, un véritable triomphe.

Et ce qui est vrai en ce qui concerne la personnalité morale ne l'est pas moins pour ce qui regarde les fondations par testament et leur reconnaissance par la jurisprudence : la volonté est apte aujourd'hui à créer des réalités sociales, à enrichir la vie collective d'institutions nouvelles, et cela par delà la mort. Non seulement la volonté se fait respecter alors même que nulle voix vivante ne peut plus l'exprimer, mais elle est douée d'une puissance de création qu'on lui refusait naguère. Elle n'est plus seulement capable de doter des personnes physiques ou des personnes morales existantes, mais elle peut par sa libre initiative, en exerçant son autonomie, appeler à l'existence et doter en même temps des personnes morales qui sans elle ne seraient point. On peut dire que, depuis le jour où le testament a fait pour la première fois son entrée dans le droit, la volonté n'a pas remporté de plus grande victoire, de plus significative à la fois et de plus féconde.

EDMOND LASKINE.

(*A suivre.*)

VARIÉTÉS

L'ARC-EN-CIEL ET LES PEINTRES

Parlant de la mémoire professionnelle des peintres, M. Arréat dit n'avoir pas distingué expressément, dans les nombreux exemples cités par lui, les formes et les couleurs[1]; mais, en réalité, ces exemples concernent bien plus les formes que les couleurs. D'où l'on est peut-être fondé à conclure que la mémoire des couleurs est généralement beaucoup moins développée, ciez les peintres, que celle des formes.

Si nous avions fait cette remarque plus tôt, peut-être n'aurions-nous pas éprouvé un étonnement aussi profond quand nous avons constaté l'invraisemblable infidélité avec laquelle les peintres reproduisent souvent l'arc-en-ciel.

Notre attention fut d'abord attirée par le cas du double arc. On sait que, si l'ordre des couleurs est le même dans les deux arcs, en ce sens que l'on a toujours l'ordre du spectre solaire : *violet, indigo, bleu, vert, jaune, orangé, rouge,* le point de départ est renversé, si bien que le rouge est à l'extérieur du petit arc et à l'intérieur du grand : en d'autres termes, les rouges *se regardent.* Eh! bien, nous eûmes la surprise d'observer, à un salon où les arcs doubles pullulaient par ıasard, que seul M. Adrien Demont l'avait bien observé : les autres n'avaient vu, dans le second arc, qu'une reproduction agrandie et atténuée du premier. M. André Micıel, auquel nous en parlâmes, signala le fait dans son feuilleton du *Journal des Débats.*

---

1. *Psychologie du Peintre,* p. 72.

Depuis cette époque, nous avons fait une autre remarque : c'est que les peintres ne connaissent guère mieux le cas beaucoup plus fréquent de l'arc unique que celui de l'arc double : très souvent ils y placent le rouge à l'intérieur.

Tant que nous ne rencontrâmes ces marques d'absence de souvenir de la sensation colorée que chez des artistes secondaires, nous pûmes l'attribuer à un défaut d'aptitude spéciale; mais cette explication se trouva définitivement en défaut quand nous constatâmes que deux des maîtres de l'art contemporain, MM. Cottet et Beaudoin, ignorent eux aussi l'arc-en-ciel [1]. Pour le premier, nous n'avons à citer qu'un petit paysage, intitulé précisément l'*Arc-en-ciel*, qui figura dans une exposition d'un certain nombre de ses œuvres, à la galerie Georges Petit. Quant à M. Beaudoin, il a tenu à nous laisser constamment sous les yeux une preuve indélébile de sa singulière vision de l'arc-en-ciel : dans une de ses belles fresques du Petit-Palais, aux Champs-Élysées, un arc-en-ciel unique montre le rouge à l'intérieur [2].

Un problème se pose : d'où vient la propension de tant de peintres à renverser l'ordre naturel des couleurs? Une seule explication s'est présentée à notre esprit; mais elle nous paraissait si peu satisfaisante que nous l'avons écartée jusqu'au jour où nous avons remarqué qu'elle explique en même temps certains autres faits assez surprenants. La voici donc, quelle que soit sa valeur : chacun sait que l'extrémité rouge du spectre se termine assez brusquement, tandis que l'extrémité violette se prolonge en une lente décroissance de l'intensité lumineuse : d'où il suit que le rouge y est bien plus propre que le violet à figurer une matière solide, telle que celle d'une voûte; il est beaucoup plus satisfaisant pour l'œil de voir une voûte porter une matière plus ou moins fluente ou floconneuse que de voir celle-ci tapisser la face inférieure de la voûte, mal délimitée d'ailleurs, en s'y suspendant pour ainsi dire. On sait du reste que l'idée de faire de l'arc-en-ciel l'arche d'un pont est venue

---

1. Nous n'osons ajouter à leur nom celui de Millet, bien que nous ayons vu une reproduction au pastel de son *Printemps* de la salle des États, au Louvre, où le second arc-en-ciel avait le rouge en dehors, comme le premier. Mais l'original présente un second arc si peu coloré qu'on doit faire bénéficier Millet d'un doute possible.

2. Quand nous disons que nous avons constamment cette fresque sous les yeux, nous exagérons évidemment, puisque la Ville de Paris ne laisse pénétrer qu'en été dans le jardin du Petit-Palais et la galerie qui l'entoure.

à Wagner qui, dans l'*Or du Rhin*, montre les Dieux s'avançant sur l'arc1e lumineuse.

Cette idée d'un arc-en-ciel formant une arc1e résistante paraît d'abord invraisemblable, car il s'agit d'un météore qui n'a même pas l'objectivité d'une image vue dans un miroir, laquelle occupe, pour tous ceux qui la voient, un lieu déterminé, étant symétrique de l'objet dont elle est un double. Au contraire, l'arc-en-ciel dépend essentiellement de l'observateur, se trouvant toujours sur un cône qui a pour sommet l'œil de celui-ci, pour axe une parallèle aux rayons solaires et présente un angle au sommet moyen de 82° ou de 105°, suivant qu'il s'agit du premier ou du second. On voit à quel point il se comporte différemment d'un objet ordinaire, que l'on peut voir sous un angle quelconque, à condition de le placer à une distance correspondante de l'observateur. Il résulte d'ailleurs de ce que nous venons de dire de l'arc que, si l'on suppose connu le point de vue d'où un tableau doit être regardé, un arc-en-ciel doit, sur ce tableau, avoir un rayon rigoureusement déterminé.

On voit à quel point celui qui traite l'arc-en-ciel comme un objet, comme un accessoire qu'on place à son gré dans un paysage, est exposé à commettre des erreurs criantes. Or Wagner encourage les peintres à envisager ainsi l'arc-en-ciel, quand il en fait un praticable sur lequel s'avancent les Dieux : il nous les montre « marc1ant vers le pont de l'arc-en-ciel », puis, « au moment où tous les Dieux, sur l'arc1e lumineuse, s'avancent vers le burg, le rideau tombe[1] ».

L'Opéra a reculé devant cet étonnant praticable, et, dans sa remarquable illustration de la *Tétralogie*, Arthur Rackham ne s'est pas laissé suggérer de mettre le rouge à l'intérieur; mais, s'il a fait un arc si petit, n'est-ce pas parce qu'un pont a coutume de ne pas être vu sous un angle constant, indépendant de la position de l'observateur?

Un autre exemple, plus frappant, des conséquences de la conception de l'arc-en-ciel considéré comme un accessoire se trouvait au salon de la Société nationale de 1913 : un peintre de talent, M. Weidmann, dans une vue du château de Ribeauvilliers, affirmait d'abord son indépendance en plaçant le rouge à l'intérieur de l'arc,

1. Traduction Ernst.

puis il traitait celui-ci nettement en accessoire, en lui donnant un rayon démesuré.

Ce que n'a pu obtenir un critique, tel que M. André Michel, nous sommes bien assuré de ne pas l'obtenir, et les artistes continueront à ne pas regarder les arcs-en-ciel qui charment le commun des mortels; mais ils les conserveront dans leur magasin aux accessoires, et ils continueront à planter selon leur fantaisie des arcs bien appropriés à ce rôle imprévu.

G. Lechalas.

DISCUSSIONS

A PROPOS
DES PROPOSITIONS PARTICULIÈRES [1]

Dans la note de M. Couturat (Des propositions particulières, etc., *Revue* de mars 1913, p. 256, etc.), je voudrais relever deux points qui, me semble-t-il, sont loin d'être incontestables. M. Couturat considère la proposition unique *Pr* comme foncièrement double de sorte qu' « on ne peut évidemment pas prendre une telle proposition pour base d'un système syllogistique » (p. 258). Cette duplicité (que j'aurais même reconnue) apparaît nettement dans ce fait que la proposition *Pr* « contredit à la fois A et E. Si donc A et E sont considérées comme simples, elle ne l'est pas, et ne peut pas leur être opposée dans un système coiérent et complet » (258, note).

Or je ne crois nullement qu'une telle « duplicité » radicale de la proposition *Pr* ait été démontrée. Lorsque j'en ai reconnu le caractère complexe c'était seulement au point de vue du langage et de la logique classique, qui se servent de deux propositions pour exprimer la relation *Pr* du sujet et du prédicat; mais il ne s'ensuit aucunement que cette relation soit double telle quelle. Il suffit en effet de représenter les propositions par des symboles géométriques pour que la prétendue duplicité s'évanouisse :

1. Ce n'est que ces jours-ci que j'ai pu lire la *Revue* de mars 1913 et la note de M. Couturat relative au problème des propositions particulières et à mon article là-dessus (*Revue* de janvier 1913).

De même, si la proposition *Pr* contredit ou plutôt est contraire à A et à E à la fois, ce n'est pas parce qu'elle est *complexe*, mais parce qu'elle est *précise* et en conséquence exclut toute autre relation du même genre.

Considérons les quatre propositions suivantes : les personnes présentes à cette réunion sont A, au nombre de 6; B, au nombre de 8; C, au moins au nombre de 7; D, au plus au nombre de 7. Les propositions C et D sont contraires aux A et B respectivement et se trouvent compatibles avec B et A respectivement. Si maintenant je remplace C et D par la proposition E : les personnes présentes à cette réunion sont au nombre de 7, j'obtiens une proposition parfaitement simple quoique résultant d'une combinaison de *deux* propositions simples. De même, étant précise, E est contraire à la fois à A et à B sans devenir pour cela complexe.

On voit qu'une proposition peut résulter d'une combinaison de deux autres et être contraire à deux propositions à la fois sans perdre sa simplicité. Je ne vois par conséquent pas de raison pour que la proposition particulière unique *Pr* ne puisse former avec A et E un système cohérent. Au contraire tant qu'on maintient l'interprétation quantitative de « Tout » et « Quelque », il n'y a que trois propositions précises possibles : soit tout S est P, soit aucun S n'est P, soit, enfin, quelque S est P. Si, pour rendre cette dernière proposition précise, nous nous voyons en nécessité d'ajouter les mots « et quelques seulement », ce n'est pas pour y glisser, une *seconde* proposition, mais au contraire pour éliminer la proposition que l'habitude inhérente à notre langage y sous-entend : « et quelque *au moins* ».

Libre à la logistique de rejeter entièrement l'interprétation quantitative et d'échapper ainsi au problème de « quelque ». Mais lorsque M. Couturat, en imposant une règle nouvelle au syllogisme classique, insiste sur ce que cette réforme a lieu « sans aucune modification de ses principes (ceux du syllogisme) et en vertu de ces principes mêmes qui sont entièrement conservés » (p. 259), en opposant ici implicitement son procédé à celui de Hamilton et au mien, lesquels *dévieraient* du syllogisme classique, je ne vois pas très bien le fondement d'une telle distinction. La logique classique est essentiellement quantitative en ce qui concerne le sujet du jugement [1] (les termes mêmes de « universelle » et de « particulière » en

---

1. Ce que M. Couturat reconnaît d'ailleurs (cf. 25, ligne 9).

disent assez long). Dès lors éliminer toute considération quantitative de la distinction de « Tout » et de « Quelque » en la remplaçant
par une théorie existentielle-qualitative, c'est bien introduire une
modification du *principe*, et même une modification beaucoup plus
profonde que celle qui consiste à préciser le caractère quantitatif
des propositions particulières. De même l'annulation de la subal-
ternation de la conversion partielle et de quatre modes du syllogisme est une conséquence de cette modification du principe plutôt
que la découverte d'une application illégitime des anciens principes,
d'une « erreur » qui serait singulière sur un terrain aussi travaillé
depuis plus de vingt siècles. Bref la théorie qualitative-existentielle
des propositions n'est pas *la* logique classique mais *une* des nouvelles
interprétations possibles de celle-ci, et même une interprétation
qui est loin de dominer la science logique de nos jours. En attendant, puisque c'est l'interprétation quantitative qui est adoptée par
la plupart des logiciens[1], il faut essayer de la rendre aussi précise
que possible.

S. GINZBERG.

RÉPONSE. — J'avais négligé (pour abréger) de dire que la proposition
de M. Ginzberg rappelle le système de Gergonne (1816). C'est qu'en
effet, lorsqu'on prétend « préciser » les propositions classiques par
une intuition géométrique, on retombe fatalement dans le système
logique de cet illustre géomètre[2]. Ce système est parfaitement légitime et cohérent, mais il est tout autre que le système classique.
Par exemple, la proposition A correspond à la fois au cas de l'inclusion (C de Gergonne) et au cas de l'identité (I de Gergonne). — Il
en va de même lorsqu'on essaie de préciser *numériquement* les
particulières, à l'exemple de De Morgan : « Sur 100 boules, 60 sont
blanches, et 30 sont en bois, donc 10 boules au moins sont à la fois
blanches et en bois. » On peut ainsi tirer une conclusion de deux
particulières, contrairement à la règle classique. Mais c'est que les
particulières « numériquement quantifiées » de De Morgan n'ont

---

1. Les exemples que j'ai cités dans mon article montrent à quel point cette
interprétation semble naturelle à certains logiciens. Même Keynes, qui est pourtant partisan de la théorie existentielle des propositions particulières, reconnaît
son caractère vague (indefinite) [*Formal Logic*, 4ᵐᵉ édit., p. 101].
2. Cf. Brunschvicg, *Les Étapes de la philosophie mathématique*, p. 372. Dans ce
système, le nombre des relations possibles entre deux termes est 5, et non 3,
car il n'admet pas de figures ambiguës ni de lignes pointillées.

que le nom de commun avec les particulières classiques. Cela suffit à montrer que l'on sort du cadre de la logique classique dès qu'on cercıe à préciser « quantitativement » les énoncés. On peut certes élaborer bien d'autres systèmes légitimes et conséquents, mais on ne peut pas « perfectionner » le système classique en y introdui-sant des « précisions » qui sont étrangères à son esprit.

L. Couturat.

QUESTIONS PRATIQUES

POLITIQUE EXTÉRIEURE ET DÉMOCRATIE

Une des accusations les plus fréquentes, et les plus impressionnantes, que portent contre le régime démocratique les théoriciens conservateurs ou nationalistes « intégraux » est qu'une démocratie est radicalement incapable d'avoir une politique extérieure suivie et efficace. « Ne sois pas de mauvaise foi : tu sais bien que nous n'en avons pas, de politique extérieure, et que nous ne pouvons pas en avoir » : ainsi s'exprimait, en 1897, un préfet de la République, dans l'*Histoire contemporaine* d'Anatole France[1]; M. Charles Maurras n'a pas manqué d'inscrire cette précieuse citation en épigraphe de son volume *Kiel et Tanger*[2], où il se flatte de démontrer l'impuissance absolue de « la République française devant l'Europe ». Plus récemment un autre écrivain nationaliste, spécialiste des questions de politique étrangère, M. Jacques Bainville, a tenté d'en administrer la preuve. Dans son livre *Le Coup d'Agadir et la guerre d'Orient*[3] il s'efforce de montrer que la démocratie française, loin de défendre et d'étendre notre influence, a amené en Europe le « triomphe du germanisme ». Elle « aura valu cette défaite à notre pays, ce recul à la civilisation et à l'humanité[4] ».

A côté des antidémocrates attitrés certains républicains ne seraient pas loin d'avouer la même impuissance fondamentale de la République à se faire sa place dans le monde. Dans un livre incisif et spirituel[5], dont le trop d'esprit risque de faire méconnaître le sérieux,

1. Le *mannequin d'Osier*, p. 186.
2. Paris, 1909; 2ª édition, augmenté d'une préface, 1913.
3. Paris, 1913.
4. Ouvr. cité, p. viii.
5. *Faites un roi, sinon faites la paix*, Paris, 1913.

M. Marcel Sembat « supplie » les Français d'opter entre une politique belliqueuse, qui exigerait, selon lui, un roi, et la paix à tout
prix, seule politique possible pour une république et seule digne
d'elle. C'est une façon d'engager les Français à renoncer à toute
politique extérieure active, car toute action de ce genre entraîne
forcément des risques de guerre. Aussi comprend-on l'enthousiasme
avec lequel les adversaires de la démocratie ont accueilli le livre
de M. Sembat, qu'ils ont chanté en grec, *to biblion tou Sembatos!*
Si vous voulez agir, n'ont-ils pas manqué de dire, faites un roi,
c'est un démocrate qui l'affirme; si vous optez pour la démocratie
vous vous résignez à la disparition de la France en tant que grande
nation.

Il n'est pas besoin de faire remarquer l'extrême gravité de ces
accusations. Nul bon Français n'y peut demeurer insensible. Elles
nous obligent donc à une sérieuse méditation des principes démocratiques, afin de savoir si oui ou non, comme les en presse
M. Maurras, les républicains patriotes doivent choisir entre la république et la patrie. Cet examen est d'autant plus nécessaire que,
d'après les théoriciens antidémocrates, ce sont moins les hommes
qui sont coupables que les principes ou les institutions. L'auteur de
Kiel et Tanger se flatte même d'apporter, pour sa part, « une
démonstration précise de cette vérité que : sept ans de politique
d'extrême gauche... firent à la patrie française un tort beaucoup
moins décisif que... trois années de République conservatrice[1] ».
Voilà qui est net et qui met à l'aise : on ne sera pas tenté de se
réfugier derrière des *distinguo* subtils, d'incriminer la politique de
tel ou tel homme d'État, si les adversaires de la démocratie les
mettent d'abord tous dans le même sac.

Nous ne prétendons pas d'ailleurs que cette superbe indifférence
soit justifiée. Il est au contraire évident que les hommes qui dirigent
notre politique extérieure ont leur part de responsabilité, précise et
directe, dans les événements heureux ou malheureux qui constituent
la fortune changeante de la vie internationale. C'est l'affaire des
historiens d'établir cette responsabilité, et ils le font généralement en hommes de parti. Il n'en est pas moins vrai qu'au-dessus
des hommes il y a des principes qui commandent l'action des
hommes, et des institutions qui favorisent ou qui entravent cette

---

1. *Kiel et Tanger*, 2ᵉ édition, p. cxiii, cxiv.

action. Une démocratie ne repose pas sur les mêmes principes de gouvernement qu'une monarchie, et la contradiction des principes amène la contradiction des institutions. C'est précisément sur cette contradiction que s'appuient les adversaires de la démocratie, ils en tirent grand parti pour leur réquisitoire. Nous sommes donc autorisés, en laissant aux historiens les contingences de l'histoire, l'action propre des hommes et les luttes des collectivités, à chercher par delà ces contingences les conflits d'idées qui les expliquent.

Mais un scrupule pourrait nous arrêter. « La politique extérieure, dira-t-on, est une science très complexe et un art très délicat. Il faut, pour en parler congrument, être initié aux intrigues les plus secrètes de la diplomatie et aux mystères de la « carrière ». Il faut avoir blanchi sous le harnois, c'est-à-dire dans les cours et dans les chancelleries. La politique pure est déjà une science, mais nulle partie de la science politique ne demande plus de connaissances historiques et psychologiques, plus de compétence spéciale que la politique extérieure. C'est une étrange prétention, et bien démocratique, que de vouloir s'immiscer, sans compétence particulière, dans un domaine qui doit être jalousement réservé aux spécialistes. Présomption analogue à celle qui pousse les « politiciens », dépourvus de titres et de lumières suffisantes, à vouloir discuter et trancher de haut les choses intéressant la défense nationale. Partout la confusion et l'anarchie. Partout le culte de l'incompétence! »

Peut-être conviendrait-il de ne pas trop s'échauffer sur la compétence des diplomates, qui n'en impose pas à tout le monde[1]. En tout cas, quand ils sont très intelligents et très actifs — et personne ne nie qu'il y ait parmi eux des hommes de grande valeur — l'analyse des moyens qu'ils emploient, l'exposé des combinaisons possibles en politique extérieure ne sont pas d'une difficulté telle que des profanes n'en puissent rien pénétrer. Comprendre la politique d'un Richelieu ou d'un Talleyrand ne paraît pas au-dessus des forces humaines, et l'auteur de *Kiel et Tanger*, très « démocrate » en cela, n'a sans doute pas eu besoin de lumières spéciales pour critiquer la politique de M. Hanotaux ou celle de M. Delcassé. Mais cette com-

---

1. Voir ce qu'en dit M. Sembat (*Faites un roi*, p. 131). Les graves journaux modérés donnent parfois la même note. « En notre temps de scepticisme, où les diplomates ne sont plus guère pris au sérieux (si ce n'est par eux-mêmes) »... *Le Temps* (*Bulletin de l'étranger*, 11 septembre 1913). M. Jacques Bainville prend naturellement leur défense et montre qu'ils ne sont pas inutiles, malgré les transformations du monde moderne (*Le Coup d'Agadir*, p. 46, 162, 293).

pétence particulière fût-elle très difficile à acquérir, il ne faut pas
oublier qu'elle n'est qu'un moyen au service d'une fin qui ne dépend
pas d'elle. Dans toute question politique il importe de distinguer,
comme nous avons essayé de le montrer, la technique et la politique
proprement dite. Les diverses administrations, celle du Ministère
des Affaires étrangères comme celles des autres ministères, mettent
leur science et leurs capacités au service des fins voulues par les
autorités politiques qui ont l'honneur et la responsabilité de conduire la vie nationale : souverain héréditaire dans les monarchies,
parlement et peuple lui-même dans une démocratie. Ces fins, qui
sont des directions possibles d'activité, n'ont rien de scientifique.
Le reproche d'incompétence ne porte donc pas et ainsi se trouvent
justifiés le droit strict et le devoir moral qu'a tout citoyen, dans une
démocratie, de contrôler, au moins dans ses grandes lignes, la
politique intérieure ou extérieure au nom de laquelle on exige son
argent et parfois sa vie[1].

Pourquoi, suivant les écrivains antidémocrates, une démocratie
ne peut-elle pas avoir de politique extérieure? C'est, répond-on,
parce qu'une démocratie est essentiellement le règne de l'opinion,
donc le règne des partis, donc la faiblesse et la dispersion intérieure,
et par suite l'impuissance extérieure[2]. La politique étrangère d'un
grand pays suppose avant tout la continuité des vues, qui est incompatible avec les fluctuations de l'opinion, et la force matérielle,
indispensable à ce pays pour faire prévaloir ses avis dans le concert
des puissances. Ces avantages ne peuvent être obtenus que par la
monarchie, surtout par la monarchie absolue. Cette forme de
gouvernement assure d'abord à l'intérieur, grâce à la fermeté, à la
sagesse, à l'habileté d'un roi placé par l'hérédité au-dessus des partis
et désigné par sa naissance comme leur arbitre naturel, le maximum

---

1. M. Maurras lui-même ne nie pas absolument qu'il ne soit juste de consulter
ceux qui vont se battre avant de faire la guerre. « Cela serait *peut-être* juste,
mais cela ne serait point possible, a moins de tuer le pays », *Kiel et Tanger*,
p. 284. — Nous reviendrons plus loin sur cette question.
2. M. Maurras ne manque pas de citer, en disant qu'elle « serait à apprendre
par cœur », la page de l'*Orme du Mail* où l'abbé Lantaigne explique que la
République est mauvaise » parce qu'elle est la diversité ». — *Kiel et Tanger*,
p. 61, note.

de paix sociale. Unie et forte à l'intérieur, la nation ainsi gouvernée tendra toute son activité vers une action extérieure puissante. Par sa diplomatie savante et sans scrupule, elle manœuvrera constamment au sein des puissances étrangères pour y semer ou y entretenir à prix d'or la désunion, y provoquer au besoin la révolution, créant ainsi ou aggravant un état d'affaiblissement dont elle profite directement. S'il est nécessaire, elle n'hésitera pas à jeter sur l'un des plateaux du fameux équilibre européen le poids de son fer ou de sa mitraille, la vision d'une armée puissante ou d'une flotte redoutable, accompagnée d'un geste énergique ou d'un langage comminatoire. Ainsi ont su faire pour notre grandeur les grands politiques de notre histoire, les Richelieu ou les Louis XIV; ainsi ont su faire pour notre malheur le prince de Bismarck et l'actuel empereur d'Allemagne.

La monarchie parlementaire réalise déjà un type moins pur de forte politique étrangère, car obligée de rendre des comptes au Parlement elle peut être parfois gênée et même entravée dans ses manœuvres extérieures, qui doivent être rapides et secrètes. Et dans la mesure où elle y consent cette monarchie est affaiblie[1]. Heureusement qu'en fait l'initiative et l'autorité des monarques, favorisées par le sentiment monarchique des peuples, viennent réparer ces lacunes d'une constitution libérale. Dans toutes les monarchies la politique étrangère est la chose personnelle des souverains, qui, assurés contre les caprices du régime électif, peuvent en faire une étude particulière, y acquérir une grande compétence, et compléter leur expérience par des séjours dans les cours étrangères, que leur ouvrent naturellement leurs relations de familles. Un Édouard VII, tout en étant à l'intérieur un monarque strictement constitutionnel, a fort bien su faire dans le monde les affaires de l'Angleterre; on ajoute même qu'il a fait — moins bien — celles de la France. Un Léopold II, « roi de carton » à son avènement, s'est détourné des luttes intérieures, où il était impuissant, pour créer à lui tout seul, hors du contrôle des Chambres, l'État libre du Congo. Et si le parlementarisme se prend au sérieux, s'il a la prétention de conduire réellement la politique et s'il refuse les crédits demandés

1. Voilà pourquoi, suivant M. Bainville, la Triple-Entente est beaucoup plus faible que la Triple-Alliance, car en Allemagne, en Autriche, en Italie les souverains sont, constitutionnellement ou en fait, entièrement libres vis-à-vis de l'opinion. tandis que la France est républicaine, l'Angleterre aux mains de ses radicaux et la Russie en mal de Douma.

par le roi pour fortifier son armée, instrument nécessaire d'une
action extérieure efficace, l'exemple d'un Bismarck et d'un Guillaume Ier, de 1862 à 1866, montre comment un vrai souverain et un
ministre patriote savent se conduire dans ces circonstances.

Mais quand on arrive à la démocratie pure, ou même au régime
parlementaire pur, tel que l'organise par exemple notre constitution
de 1875, les inconvénients qui pouvaient déjà se faire sentir dans
une monarcie constitutionnelle apparaissent dans toute leur force.
D'une part le roi héréditaire n'est plus là pour assurer la continuité
de la politique extérieure; le président de la République, élu par les
partis, dépend des partis, et sa fortune est subordonnée à la leur.
Un souverain héréditaire ne le traitera pas d'égal à égal. D'autre
part ces partis rivaux, émanation du peuple souverain, luttent pour
la puissance et passent leur temps à s'entre-déchirer, et dans ces
discordes civiles sombrent la force et le prestige du pays. Ajoutez
que la diplomatie, qui exige le secret, l'intrigue, la dissimulation ou
la ruse, est en contradiction directe avec l'institution républicaine,
qui donne au Parlement et à l'opinion le droit de connaître à chaque
instant les fins poursuivies par le gouvernement et ses agents : d'où
de perpétuels conflits entre l'idéal et les faits. Enfin, non seulement
la diplomatie d'une démocratie, ne pouvant se reconnaître au milieu
d'instructions éphémères et parfois contradictoires, données par des
ministres généralement mal informés, est incapable d'agir à
l'étranger avec méthode et ténacité, mais encore le pays en proie à
la démocratie se trouve être devenu lui-même un excellent terrain
pour l'action de l'étranger, qui ne manque pas d'attiser nos haines
intérieures et même d'intervenir officieusement dans nos querelles.
Au lieu de manœuvrer ce pays est donc manœuvré, au lieu d'agir il
est agi[1]. Et ainsi, loin de pratiquer une politique d'expansion extérieure et d'impérialisme conquérant, l'État qui s'abandonne à la
démocratie se condamne lui-même à disparaître, à plus ou moins
longue échéance, de la liste des grandes nations. Ainsi le veut la
nature même du gouvernement démocratique...

---

[1]. Voici ce qu'écrivait à propos de l'affaire de Saverne, M. Jacques Bainville :
« S'il y avait un gouvernement sérieux en France, peut-être aurait-il intérêt à
souffler sur ce feu. Peut-être aurait-on trouvé sans difficulté les moyens
d'attiser cette flamme. Les journaux et les parlementaires de Berlin ne sont
pas moins accessibles que d'autres aux arguments sonnants et trébuchants...
Mais le gouvernement républicain peut-il le faire ? doit-il le faire ? » *Action française*, 4 décembre 1913.

Écartons tout d'abord de ce réquisitoire les parties accessoires, les arguments qui ne vont pas très à fond. Ce sont, quelque surprenant que cela paraisse, ceux qui touchent aux institutions. Il est incontestable qu'il faut à une grande nation la continuité — une continuité relative — dans sa politique extérieure plus encore que dans l'intérieure; cela est indispensable pour que cette nation vive et fasse figure dans le monde. Si les partis sont nombreux, la vie politique ardente, les crises ministérielles fréquentes, et si l'on applique à la lettre la solidarité ministérielle, la vie diplomatique pourra se ressentir de cette instabilité intérieure; il y faut donc un remède ou un frein.

Mais d'abord rien ne prouve que ce discontinu doive être de toute nécessité la règle du régime. Dans le législatif on peut y parer par telles réformes, comme le renouvellement partiel des Chambres ou le fonctionnement de grandes commissions, qu'a indiquées M. Sembat lui-même [1]. Et dans l'exécutif il n'est pas fatal que les crises ministérielles soient mensuelles ou trimestrielles; avec des partis fortement organisés — ce que nous n'avons pas encore — les luttes politiques acquerraient sans doute plus de stabilité et plus de dignité; on ne verrait plus de ces majorités composites, de ces coalitions étranges renversant des ministères au coin d'une interpellation où les principes n'ont rien à voir. Sans atteindre à la pérennité, ce qui serait un autre danger, les ministères dureraient plus longtemps qu'ils ne font, car les partis sauraient se discipliner et discipliner le suffrage universel : affaire de temps et d'éducation.

Puis, même avec la fréquence relative des crises ministérielles, qui certes n'est pas souhaitable, mais prouve tout au moins l'intensité de la vie politique dans une démocratie, même avec des changements assez fréquents d'orientation dans la politique intérieure, rien n'exige que la politique extérieure suive les fluctuations de la vie des partis. On a proposé à plusieurs reprises que les ministères dits techniques ou intéressant la défense nationale, les affaires étrangères, la guerre, la marine, et aussi l'agriculture, le commerce, le travail, etc, soient soustraits aux effets des crises périodiques, ce qui permettrait aux titulaires de ces portefeuilles de connaître vraiment et de diriger efficacement, sous leur pleine responsabilité, leur département. Ils ne se retireraient que lorsque leur responsabilité

---

1. Dans un article auquel nous faisons allusion, *infra*.

propre serait engagée[1]. C'est là une réforme qui ne serait pas incompatible avec les principes démocratiques, la solidarité ministérielle n'est pas un dogme intangible. D'ailleurs on peut constater que les partis politiques, s'ils sont en opposition sur les questions de politique intérieure, sont assez souvent d'accord sur la conduite de la politique étrangère, sur la manière de faire respecter la dignité nationale. L'exemple typique est celui de la politique anglaise, où libéraux et unionistes poursuivent sensiblement depuis des années la même politique étrangère. En France les différents partis, bien qu'ils soient séparés par des divergences graves, peuvent être d'accord sur des points importants. Il va sans dire d'ailleurs que cet accord ne s'étend pas aux questions fondamentales de politique extérieure ou coloniale qui motivent précisément la formation et l'opposition des partis; mais dans l'ordinaire de la politique les traditions diplomatiques se maintiennent avec assez de continuité pour qu'elles ne soient pas ébranlées par les répercussions de la politique intérieure.

Enfin, à côté ou au-dessus des partis, soustraits théoriquement à leur influence ou les dominant d'assez haut, deux organes assurent à la fois la continuité pratique indispensable au fonctionnement de toute bonne administration, et la continuité politique qui caractérise l'unité d'action d'un grand pays. C'est l'administration des affaires étrangères, le corps des fonctionnaires de la « carrière », et c'est le Président de la République.

La première forme, comme dans tous les ministères, la solide armature technique qui reste la même à travers tous les régimes, qui est conservée par tous les partis, et qui n'est pas sensiblement différente sous la troisième République de ce qu'elle était dans l'ancienne France. Elle ne doit certes pas imposer ses vues, car en elle ne réside pas la souveraineté; la fonction des fonctionnaires est de servir, c'est-à-dire de chercher, dans l'étude et le travail, les moyens techniques les plus propres à réaliser les fins voulues par le souverain. Mais elle peut employer sa compétence et son expérience à *conseiller* le pouvoir politique responsable, qui ne saurait négliger ses avis. Les hommes politiques s'en rendent si bien compte que, *sauf dans les cas où la question politique est nettement posée*, ce sont en fait

---

1. Ne pas confondre ces projets avec ceux auxquels fait allusion M. Maurras (*Kiel et Tanger*, p. 196), et qui consisteraient à rendre *inamovibles* les ministères intéressant la Défense nationale. Il ne saurait plus être alors question de démocratie.

les directeurs de ministères et les hauts fonctionnaires techniques
qui dirigent véritablement les affaires, bien plus que les ministres
qui passent et qui signent[1]. La question se pose alors de savoir s'il
ne conviendrait pas de régulariser le fait, c'est-à-dire de choisir
franchement les ministres parmi les techniciens compétents, qui
seraient directement responsables de leur gestion devant le Président du Conseil et le Parlement. Encore une fois l'actuelle organisation des ministères et des administrations n'est pas intangible[2].

Quant au Président de la République, partisans comme adversaires de la démocratie semblent d'accord pour reconnaître son
impuissance absolue, qui suivant les uns est constitutionnelle et

1. M. Jacques Bainville lui-même parle de ces « bons serviteurs », de ces
« grands commis d'autrefois », de ces « directeurs qui, au xix° siècle, travaillaient d'un zèle égal au ministère des Affaires étrangères, quels que fussent les
régimes qui se succédaient : ainsi La Besnardière qui, de 1796 à 1819, n'avait
pas quitté son poste, traversant la République, le Consulat, l'Empire, les deux
Restaurations ». *Le Coup d'Agadir*, p. 294. Voilà le vrai : la responsabilité
technique aux fonctionnaires, la responsabilité *politique* aux hommes politiques.
2. Dans un article de *La Renaissance* (15 novembre 1913), M. Marcel Sembat a
lui-même proposé une réforme de ce genre, en même temps que quelques
autres qui paraissent heureusement comprises : renouvellement partiel de la
Chambre, fonctionnement de grandes Commissions permanentes collaborant
activement avec le ministre du département auquel elles correspondent et ses
chefs de service, suppression de la solidarité ministérielle et même du Conseil
des ministres tel qu'il fonctionne actuellement. D'après M. Sembat trois ministères seuls peuvent être regardés comme politiques : l'Intérieur, les Affaires
Étrangères et les Finances; mais on peut penser que cette classification est
encore arbitraire : il reste dans ces trois ministères, comme le reconnaît
M. Sembat, une « énorme partie technique », et d'autre part, à bien aller au
fond des choses, « la politique générale marque son empreinte » même sur les
ministères techniques.
On connaît d'autre part les projets de réforme de M. Henri Chardon, qui
tendent à supprimer même le ministère de l'Intérieur et les préfets et ne
laissent qu'à un président du Conseil sans portefeuille, responsable devant le
Parlement, la fonction de diriger la politique générale et de coordonner les
services nationaux (sur les travaux de M. Henri Chardon, voir l'article de
M. L. Brunschvicg dans la *Revue de métaphysique* de mars 1913). Nous ne pouvons examiner tous ces projets dans le détail. Constatons seulement qu'ils
s'inspirent de préoccupations communes et qu'il ne serait pas impossible de les
accorder entre eux. On constate partout la tendance du technique ou de l'administratif à se séparer du politique, à vivre de sa vie propre, à réclamer ses
responsabilités propres, tout en servant le politique qui tend lui aussi à
acquérir les qualités de continuité et de cohérence indispensables à une politique de longue haleine.
Mais cela suppose évidemment que le technique *sert*, et ne régente pas le
politique. Pour M. de Presseusé le grand mal de l'instabilité ministérielle est
que les « ministres improvisés et éphémères » sont livrés à la haute puissance
de la bureaucratie. C'est alors « le triomphe de la routine, la fidélité aveugle
à des dogmes surannés, l'influence excessive de soi-disant gardiens de la tradition » (*Humanité*, 24 décembre 1913). Il faut, pour inspirer l'administration,
une direction politique énergique.

qui pour d'autres tient aux mœurs[1]. Mais il faut s'entendre sur ce qu'on attend de lui. S'il ne s'agit que de l'institution, on ne saurait contester que le président de la République, par la durée de son mandat, son irresponsabilité, les conditions dans lesquelles il est élu — ce qui n'implique nullement que l'actuelle Constitution soit intangible — représente, au-dessus des ministres éphémères, un organe très suffisant pour assurer la continuité de notre politique intérieure et extérieure, dans les limites où cette continuité est consentie par l'opinion. Il lui est aussi facile — ou plus exactement aussi difficile — qu'à un monarque héréditaire de s'élever « au-dessus des partis », et chacun sait qu'un Président peut avoir théoriquement plus de prérogatives qu'un souverain constitutionnel. Enfin, s'il n'a pas le prestige de la naissance, il peut avoir celui de la culture, et ce n'est pas un démocrate qui accordera que l'aristocratie de l'intelligence ne peut soutenir la comparaison avec l'aristocratie du sang ou de la fortune. Si donc il ne s'agit que de continuité, d'autorité morale, de conseil et d'action dans les limites de la Constitution, l'institution présidentielle peut très convenablement satisfaire à ces nécessités, à égale distance d'un écoulement éphémère de ministères et d'une perpétuité héréditaire qui supprimerait tout contrôle et toute sanction.

Ajoutons d'ailleurs, en ce qui concerne spécialement la politique extérieure, qu'on pourrait créer, à côté du Président de la République et du Ministre des affaires étrangères, un Conseil supérieur consultatif des Affaires étrangères, analogue aux Conseils supérieurs qui fonctionnement dans d'autres ministères. M. Marcel Sembat lui-même en avait eu l'idée. Il l'aurait composé, dit-il, de tous les anciens ministres des Affaires étrangères, des anciens présidents de la République et de quelques anciens diplomates. Il y voyait, avec raison, « un appui précieux » en cas de crise pour le ministre en fonctions, et comme « une ébauche de tradition[2] ». L'idée était excellente. Les institutions ne manquent donc pas, qui pourraient assurer la continuité.

Pourquoi ne fonctionnent-elles pas, ou pourquoi fonctionnent-elles quelquefois si mal? Il y a d'abord à ce fait des raisons qui

___

1. En ce sens M. Sembat (p. 54). Voir aussi l'opinion de M. Duguit (*Correspondance de l'Union pour la vérité*, 1er et 15 août 1912). En sens contraire, voir H. Leyret, *Le Président de la République*, Paris, 1913.
2. *Faites un roi*, p. 31-32.

tiennent à la nature humaine elle-même, aux défaillances des individus que connaissent tous les régimes, le régime démocratique autant et parfois un peu plus que les autres. M. Marcel Sembat nous explique que les institutions ne réussissent pas parce qu'il y a des présidents trop bavards, qui n'auraient rien de plus pressé que de révéler les secrets diplomatiques dans des *Mémoires d'un ancien Président* ou l'*Histoire d'un Septennat*; ou des anciens ministres uniquement préoccupés de « jouer des tours à leur successeur »; ou d'autres qui laissent ignorer à ce successeur « des propositions d'une importance suprême », parce qu'ils s'imaginent que par leur départ « la France est perdue », etc[1]. Évidemment, évidemment, et M. Marcel Sembat a bien de l'esprit! Il est trop certain que si chez des hommes politiques les rancunes individuelles, les jalousies mesquines, les naïves vanités l'emportent sur le sens de la fonction ou le simple patriotisme, aucune institution ne pourra fonctionner! Il resterait à savoir si ces défaillances sont particulières à la démocratie, et si les ministres d'une monarchie peuvent seuls s'accorder « le temps, les confidences, les longs entretiens, la confiance mutuelle » qui sont en effet indispensables, non seulement en matière de politique extérieure, mais dans tous les services. La preuve n'en est pas faite. M. Sembat croit lui-même — c'est toute sa foi politique — que le peuple sera capable « un jour, délivré des entraves économiques, de se former des opinions plus réfléchies, plus impartiales et mieux renseignés[2] ». S'il n'est pas utopique d'attendre cette immense transformation de tout un peuple, pourquoi le serait-il de l'espérer d'abord de ses représentants?

Non, ce n'est pas là, dans ces détails de technique constitutionnelle, qu'est le nœud de la question. Ils ont certes une grande importance, mais ils ne touchent pas au fond de la philosophie politique. Les institutions ne sont que des rouages, et ces rouages ne sont pas toujours actionnés par la même force. Ce qui importe dans la vie politique, comme en toute vie, c'est l'*action*; or l'action peut être commandée par des principes ou des idéaux différents. Le véritable conflit, aussi bien en matière de politique étrangère qu'au point de vue de la politique intérieure, est entre l'*esprit* d'une politique démocratique et l'*esprit* d'une politique monarchiste. Et cet esprit se trouve

1. *Faites un roi*, p. 31, 33, 53.
2. *Ibid.*, p. 274.

incarné, quelle que soit la forme gouvernementale, dans le peuple lui-même, dans sa volonté profonde et plus ou moins unanime. Quand on s'est rendu compte de ce fait les questions de mécanisme politique apparaissent non négligeables, mais secondaires. C'est ce qu'on verra sans doute par la suite.

II

Comment un peuple peut-il agir, quel idéal peut l'entraîner à l'action?

Il est pour lui un premier mobile d'activité, très simple, très fort et pour ainsi dire physiologique. C'est la volonté de puissance, l'instinct de croissance et de domination, aussi fort chez les peuples que chez les individus, plus fort encore parce qu'il est avoué et devient une vertu, tandis que l'égoïsme individuel reste exposé à la réprobation des moralistes. Cette volonté de puissance a toujours été constatée historiquement chez les peuples forts; elle est le plus ancien idéal collectif comme le plus vieux mobile des actions individuelles; elle marque, disent ses partisans, le degré de vitalité d'un peuple.

Un peuple animé d'une telle volonté concevra, naturellement, une politique extérieure active et triomphante. Mais que suppose cette politique? Elle suppose, d'abord, que le peuple qui veut la pratiquer est en pleine prospérité, qu'il déborde de vie, de richesse et de mouvement, et qu'il brûle du désir de déployer cette force et de la répandre hors de ses frontières, par simple besoin vital. Elle suppose ensuite que, pour réaliser cette expansion au dehors, toutes les querelles intérieures seront oubliées ou ajournées, et que le peuple se pressera, dans une complète unanimité de cœur et d'esprit, autour de ses dirigeants, qui prendront la tête du mouvement d'expansion. Elle suppose donc que seule existe, dans la nation, une volonté conquérante, un appétit de domination qui anime tous les citoyens, depuis le dernier des sujets jusqu'au chef de l'État, et qui fait rejeter bien loin toutes les autres questions, particulièrement les questions sociales [1]. Dans une pareille conception, les questions de droit ne se

---

1. Une des idées essentielles de Renan était qu'il y a antagonisme entre les réformes sociales et la volonté conquérante, entre ce qu'il appelait le patriotisme et le socialisme : Voir *La Réforme intellectuelle et morale*, p. 39.

posent pas, car elles ne pourraient être considérées que comme
égoïstes et diviseuses; ni droit des individus, ni droit des classes, ni
droit des peuples. L'économie est familiale comme la politique; les
ouvriers, dans l'usine, sont groupés autour du bon patron comme
dans la cité les sujets autour des autorités sociales. Il n'y a de réel
que l'esprit national, l'esprit de sacrifice et l'amour de la gloire qui
fait oublier toutes les inégalités; le dernier homme du peuple, qui
ne possède rien, est riche de tout le patrimoine national, de toute
la gloire de son aristocratie et de son souverain. Ce ne sont pas là
constructions imaginaires; cet état d'esprit a existé, existe encore.
Le Français du siècle de Louis XIV vivait de l'éclat du Roi-Soleil,
comme le grognard fanatique du premier Empire de la gloire du
Petit Caporal. Aujourd'hui encore il n'y a rien de supérieur pour
tout bon Allemand à l'universelle hégémonie de l'empire : *Deutschland über Alles*, et l'histoire récente vient de nous faire assister
dans les Balkans à une véritable explosion de nationalisme belliqueux. Telle est la première manifestation de la volonté d'un peuple ;
aspirant à la domination, elle postule la guerre comme moyen de
réalisation de cette domination; toute la politique est orientée en vue
de la guerre possible et désirable.

Mais il est pour un peuple un autre genre d'action, tournée, celle-ci,
moins vers le dehors que vers le dedans. Elle ne prend plus pour
objet la guerre et la conquête, mais la réalisation d'un idéal qui
tend à instituer des relations plus justes entre les membres
de la cité. C'est une action encore, et qui peut être très énergique,
très ardente; mais comme elle ne vise pas directement à étendre
le territoire national on sera tenté de la méconnaître; on l'appellera
stagnation et même recul. Cette nouvelle forme d'action est toute
pénétrée de l'idée du droit, qui discipline les élans les plus
fougueux et impose silence aux appétits. Encore qu'il ne faille pas
voir à la date fatidique de 1789 un commencement absolu, on
peut bien dire, en gros, que cette conception est la conception
révolutionnaire et démocratique. Avec la Révolution française
quelque chose de nouveau s'est imposé au monde, l'idée de droit,
l'idée du respect dû à la personne, individuelle ou collective ;
et toutes les relations, nationales ou internationales, s'en sont
trouvées transformées. Des rapports contractuels, librement
consentis, vont succéder aux rapports de force pure; l'autonomie
des citoyens, des associations, des peuples, autonomie qui a

pour contre-partie une collaboration volontaire, va former la base du droit public comme celle du droit privé. L'élan qui pousse les peuples à s'agrandir territorialement ne se trouve pas enrayé, si ces peuples sont actifs, vigoureux, riches de forces humaines et de forces industrielles; mais il a pour corollaire le devoir de respecter, dans cette expansion, les personnes morales pleinement formées, et d'amener à la conscience les individus ou les peuples qui se trouvent encore dans un état inférieur. Bref l'accroissement territorial n'est plus considéré comme une fin exclusive; il est subordonné à une fin plus haute de civilisation, qui pénétre la politique continentale comme la politique coloniale.

La conséquence de ce respect unanime du droit sera, aux yeux de ses partisans, une entente unanime entre les peuples. De là les rêves de fédération et de république universelle qui ont si profondément remué les républicains des époques héroïques : fédération des individus dans la région, des provinces et des corps de métier dans la patrie, des nations dans les États-Unis d'Europe; unification et décentralisation totales de la planète! Disparition des haines de peuples ou de races; lutte universelle des peuples contre tous les tyrans, établissement progressif de la liberté, de l'égalité, de la justice, de la fraternité dans le monde... Quel renversement d'idéal, et quelle dure discipline : la sévère contrainte du droit substituée à l'expansion naturelle des instincts et à la brutale volonté de puissance! On ne peut imaginer contraste plus complet.

Et l'on aperçoit les graves conséquences qui vont transformer intérieurement le pays qui prendra au sérieux cet idéal juridique. L'idée de droit va lentement disloquer ce bloc d'antiques vertus, de dévouements et de devoirs qui constituait l'ancienne idée du patriotisme. Le droit sans doute est exigible de tous, mais on l'attend d'abord de ses proches; et il n'est pas seulement politique, il est économique. Après les premières vagues d'un enthousiasme quasi religieux, on en poursuivra la réalisation prochaine, précise, dans le travail comme dans la vie politique, dans l'atelier comme dans la cité. Les questions sociales vont se poser en même temps que les questions nationales. et bientôt même prendre le pas sur elles. Sous l'influence de causes économiques et morales la solidarité quasi physiologique, qui groupait tous les sujets autour de leur roi, de leurs nobles et de leurs « autorités sociales », devient consciente et volontaire, mais elle devient aussi plus exigeante et pose des conditions. Comme conséquence logique du respect dû à la personne humaine le sujet veut devenir un citoyen, et le producteur un associé. Et comme ces résultats ne s'obtiennent pas bénévolement, voici les luttes politiques et les luttes de classes qui s'introduisent dans la cité, les partis qui se forment, les organismes politiques ou économiques qui se mettent en bataille. Voici, dans l'ardeur de cette lutte intérieure, le pays qui se divise, et comme toute division est un affaiblissement voici, au regard de l'étranger, un concurrent moins redoutable. Comme il est retenu par une logique immanente, qui l'empêche de faire à l'étranger ce qu'il ne voudrait pas que l'étranger fît chez lui, il ne peut exercer chez les nations rivales cette œuvre de division machiavélique qui est le fin du fin de la diplomatie, et il est lui-même exposé aux intrigues d'adversaires moins scrupuleux. Et si, en face de ce pays affaibli par les luttes intérieures, se dressent des nations restées unies, étrangères à ce sentiment du droit qui est l'âme d'une démocratie, fortement disciplinées sous l'autorité d'un monarque absolu et d'une aristocratie militaire, il est bien évident que ces nations de proie seront terriblement tentées de profiter et d'abuser de leur force...

Ces conséquences n'effrayaient pas, on le sait, les premiers républicains, pas plus qu'elles n'effrayent aujourd'hui encore les républicains qu'on peut appeler absolus. Les démocrates de 1848, les Quinet, les Michelet, les Mickiewicz, dans leur mysticisme révolutionnaire, envisageaient sans frémir la possibilité pour la France d'être le « Christ des nations », de s'immoler sur l'autel du droit pour montrer la route aux autres nations. Plus récemment M. Alfred Naquet, en préconisant le désarmement unilatéral, donnait à notre pays un conseil du même genre, et c'est bien aussi à ce renoncement total qu'aboutit M. Marcel Sembat lorsqu'il demande aux Français pénétrés du véritable esprit républicain de faire la paix à tout prix, et de revenir à leur idéal de justice sociale. Devant cette conséquence extrême les partisans du patriotisme absolu n'ont pas de peine à réveiller le vieil instinct de conservation collective, dût-il se développer en volonté de conquête. Mieux vaut, disent-ils, un égoisme national, qui conserve et agrandit la cité, qu'un idéalisme artisan de défaite.

On voit à quelle tragique option on est conduit. Ou un « réalisme » absolu qui ne fait consister la grandeur nationale que dans l'agrandissement territorial, et le poursuit par tous les moyens, sans

s'embarrasser de scrupules moraux ni juridiques, ou un « idéa-
lisme·» également absolu, qui donne pour but à l'effort humain la
réalisation du droit dans le monde, mais risque d'affaiblir la puissance de la nation. Tels sont les termes ultimes de cette alternative,
qu'il faut avoir le courage de regarder en face. Ils nous font toucher
du doigt le problème essentiel de la politique extérieure, la fin
suprême qu'elle poursuit.

Opter pour la politique de conquête est facile : toute notre nature
nous y entraine; pour nous y déterminer tout le poids du passé pèse
sur nous. Il n'y a qu'à fermer les yeux et à écouter les suggestions
de l'histoire, le bruit de galop et de mitraille qui nous emplit
aussitôt les oreilles et nous fait bondir le cœur. Plus profondément
nous n'avons qu'à écouter notre instinct. L'homme a un tel désir
de vaincre, de posséder toujours davantage, de faire plier l'étranger
sous le joug que même lorsqu'il commence par se défendre il finit
toujours, s'il résiste au premier choc, par une offensive furieuse.
Quel exemple plus frappant que celui des guerres de la Liberté,
entreprises d'abord uniquement pour préserver le sol français de
l'invasion étrangère, et qui, dans la griserie de la victoire, se
terminèrent par la ruée la plus extraordinaire, la plus splendide, la
plus contraire aussi aux principes révolutionnaires, des armées
républicaines à travers l'Europe! Et quand de nos jours la troisième
République, désireuse de conserver à la France son rang de
grande nation, se taille un large empire colonial, s'assure des zones
d'influence, conclut des alliances qui à un moment donné peuvent
être belliqueuses, elle suit la loi ordinaire des grandes nations qui
ne veulent pas déchoir, qui veulent garder dans le monde leur rôle
de premier plan. Elle reste dans la grande ligne de notre histoire.

Qu'il est difficile, au contraire, de s'identifier entièrement à l'idéal
républicain, et de se vouer sans réserve à sa réalisation! Il s'agit
d'un véritable renversement de valeurs, d'une lutte contre soi-
même pour dominer ses instincts égoïstes. Ah! que cela est dur
et qu'il est malaisé, quand on possède la force et qu'on pourrait
si facilement en user et en abuser, de brider ses appétits et de
renoncer à la politique traditionnelle de ruse et de conquête!
Pour résister à l'attrait de cette « grande politique », qui est de
toute éternité celle des États comme des individus forts et puissants,
comme il faut être pénétré par un profond sentiment du droit,
illuminé et réchauffé par un idéal sublime! Comme il faut être

persuadé que la grandeur de l'esprit ou de la clarité est infiniment plus élevée que la grandeur du corps! Instituer progressivement le régime du droit dans les relations internationales, comme on se propose de l'instituer dans les relations des hommes entre eux, cela est moins brillant, fouette moins le sang, excite moins l'imagination qu'un rêve indéfini d'accroissement et de puissance. Il faut, pour être touché par cet idéal, une sensibilité tout à la fois singulièrement ardente et disciplinée.

Tels sont les termes crus de cette option, qui se présentent abstraitement dans une antithèse parfaite. Jusque sous cette forme extrême ils trouvent des champions qui les soutiennent. Pour M. Maurras les idées révolutionnaires ne sont que des « nuées », un rêve anarchique, d'origine juive, suisse, germanique, maçonnique, mais non française : il ne faut considérer en politique que l'intérêt national, que les gouvernants doivent défendre « par tous les moyens ». En retour M. Marcel Sembat, au nom de l'idéal républicain, nie brutalement la beauté du plan de politique traditionnelle, du simple rêve de restauration du passé que propose M. Maurras[1] et déclare que si le peuple est radicalement incapable d'un effort d'éducation « les destins de l'humanité ne [l] 'intéressent plus ». Et il met très bien en lumière, dans la dernière page de son livre sur laquelle on s'est bien gardé d'insister, la haute valeur éducative de l'idée républicaine[2].

Bien entendu, les admirateurs antidémocrates du livre de M. Sembat, qui ont jeté des flots de lumière sur la partie critique de *Faites un roi*, ont trouvé très faibles les pages pénétrées de l'esprit républicain. Il faut d'ailleurs convenir qu'elles ne sont pas les plus nombreuses.

Mais on sent bien que cette option, encore qu'elle soit présentée

---

1. « La Maison de France, la Maison de Prusse, la Maison d'Autriche à perpétuité! Mais je m'en fiche, Maurras, je m'en fiche absolument! Qu'ils se gourment entre eux ou s'accordent, qu'importe? *Faites un roi*, p. 265.

2. Citons ici les dernières lignes du livre de M. Sembat. « Taine disait qu'il n'y a au monde qu'une œuvre digne d'un homme, l'avènement d'une grande vérité à laquelle il se donne. Les Républicains ont conçu l'avenir de l'humanité civilisée comme un progrès continu d'intelligence et de volonté collectives. Le grand homme, c'est très beau : nous en avons célébré beaucoup depuis les origines. Nous souhaitons maintenant voir de grands peuples. »

et soutenue en termes absolus, ne se pose pas ainsi dans la réalité.
Ni les « réalistes » ne peuvent complètement dédaigner les idées
morales, auxquelles ils rendent hommage tout en les exploitant, ni
les « idéalistes » ne peuvent oublier les devoirs précis qu'imposent
le souci même du droit et le simple instinct de conservation. Le
droit — c'est ce que n'a pas assez vu ou pas assez dit M. Sembat —
le droit n'est pas un renoncement mystique; il n'exige pas le
sacrifice de la personne. Il impose au contraire à cette personne le
devoir de se faire respecter et de faire respecter — sous la seule condition de la réciprocité — ses légitimes exigences, proportionnées
à son développement, à sa capacité, à sa puissance. Il ne demande
pas plus, à celui qui est justement fort par son travail et ses vertus,
de perdre le fruit de cet effort qu'il ne sauve d'une juste déchéance
le dégénéré qui renonce à vivre. Il exige donc, pour une nation, une
organisation militaire qui soit capable, le cas échéant, de faire respecter sa dignité [1].

D'autre part la vie impose aux plus nobles aspirations des règles
de prudence, d'accommodement aux circonstances, bref d' « opportunisme » qu'on peut bien dédaigner dans la conduite privée, si
l'on a l'héroïque folie du sacrifice, mais qu'on ne peut tenir pour négligeables dans la vie collective. Une nation n'est pas isolée dans le
monde, elle est liée dans une certaine mesure par la politique des
autres puissances, elle ne peut pas méconnaître les enseignements
de l'expérience. Or l'expérience a montré que l'application inconsidérée des principes peut conduire à des diminutions stériles de la
force nationale, qui ne sont même pas compensées par un profit
pour la civilisation [2]. L'histoire nous a appris qu'on peut faire les

---

1. C'est ce que reconnaît implicitement M. Sembat lui-même, puisqu'il ne
veut pas que son pays soit asservi. « Nous non plus n'acceptons pas de livrer
la France aux pangermanistes. » *Faites un roi*, p. 122. Ailleurs (p. 212) M. Sembat
déclare que pour l'entente franco-allemande qu'il préconise — et dont nous
n'avons pas ici à apprécier la valeur — il faut « être assez forts, au moment du
contrat, pour y imposer les clauses de sauvegarde ». Fort bien, mais cela
suppose qu'une république peut, sinon attaquer, du moins se défendre victo-
rieusement, et qu'il ne lui convient donc pas de faire la paix à tout prix.
2. Les historiens « réalistes » font, on le sait, grief à Napoléon III d'avoir, par
amour du principe des nationalités, provoqué la formation sur nos frontières
de deux grands États, bien plus redoutables pour notre pays que les « expressions géographiques » qu'étaient auparavant l'Italie et l'Allemagne. C'est une
question de savoir si l'empereur aurait pu empêcher cette unité (le Renan de
la *Réforme intellectuelle* ne le pensait pas, voir p. 143); mais c'est une question
aussi de savoir s'il devait la favoriser de nos armes. « La France, dit Renan,
n'était pas obligée d'y contribuer, mais elle était obligée de ne pas s'y opposer. »

applications les plus contraires à son esprit du principe révolutionnaire des nationalités, qui a fini par justifier toutes les violations du droit. Il ne nous est plus permis de confondre ce principe avec le principe d'intervention, qui ne faisait qu'un avec lui dans l'élan généreux des premiers révolutionnaires. Bref, au milieu de nations qui ne songent qu'à leur intérêt, une nation même démocratique ne saurait négliger le sien. Tout en admirant et en regrettant les beaux rêves de la période héroïque, il ne faut donc pas méconnaître les atténuations d'idéal qu'impose à tous les citoyens la persistance dans notre civilisation de ce que Renouvier appelait l' « état de guerre » entre les individus et les peuples. Aucun homme politique soucieux de ses responsabilités, aucun bon citoyen qui ne sera pas ivre de mysticisme n'acceptera d'immoler sa patrie sur l'autel de l'avenir[1].

Ces remarques sont particulièrement valables pour les nations qui, comme la France, sont de *grandes démocraties*. Quand il s'agit d'une petite république, le problème ne se pose pas. Un tel État ne peut songer à jouer un grand rôle au dehors; de plus il est protégé — sauf le cas d'invasion brutale d'un grand voisin — par le droit international; il peut donc apporter tous ses soins à sa politique intérieure et réaliser le maximum d'institutions démocratiques. On ne saurait trop répéter, avec Montesquieu et Rousseau, qu'une démocratie véritable n'est praticable qu'à l'intérieur de sociétés très petites, et c'est pourquoi, dans un grand pays, les démocrates tendent naturellement, par la décentralisation politique et la décentralisation économique, au maximum de fédéralisme compatible avec le maintien de l'unité nationale.

Mais quand il s'agit d'une grande démocratie, surtout d'une grande démocratie qui a été une grande monarchie et un grand empire, la situation devient singulièrement plus complexe. D'une part il n'est pas permis au gouvernement de ce pays de pratiquer en toute liberté cette simplicité vraiment patriarcale dont peuvent se

---

1. « Nous sommes des admirateurs de Michelet, mais des élèves de Fustel... Inoculer les principes de la Révolution aux fellahs d'Égypte, comme M. Clemenceau nous en faisait un devoir jadis, est une idée dont notre petite éducation historique nous préserve. Seulement, là où le droit démocratique existe, c'est-à-dire chez les hommes qui, vivant à notre plan d'humanité, l'ont une fois conçu, y ont façonné leur conscience, le sentent, le veulent, nous croyons obligatoire pour nous et très peu chimérique, en somme, de veiller à ce qu'on ne le dégrade point. » Paul Desjardins. *Politique étrangère et droit des peuples, Cahiers de la Ligue du Droit des peuples,* octobre 1913, p. 26.

faire une règle les gouvernements des petites républiques, pas plus
qu'une grande démocratie ne peut appliquer dans toute leur rigueur
les principes du gouvernement direct, qui sont les seuls strictement
conformes à l'idéal démocratique. Le volume et la densité des
sociétés imposent des modifications inéluctables dans leurs mœurs
comme dans leur structure politique. Une grande démocratie est
d'abord une grande nation ; comme telle elle est tenue de satisfaire
aux obligations diplomatiques, coloniales et militaires qui s'imposent
à toute grande nation.

D'autre part cette grande nation est une démocratie, et si elle ne
veut pas oublier ce qui doit faire son originalité et son orgueil elle
ne pourra pas modeler purement et simplement sa conduite sur
celle des grandes monarchies. Dès que le génie démocratique,
l'esprit républicain apparaissent dans le monde, ce sont des horizons
nouveaux qui s'ouvrent, des espoirs qui se fixent sur ce foyer.
Classes courbées sous un dur joug, nationalités opprimées, peuples
frémissant sous une domination étrangère, tous ces vouloir-vivre
meurtris se tournent avidement vers la nation qui dans le monde
représente le droit, et de qui ils attendent leur libération[1]. Sans
doute elle ne peut pas, elle ne peut plus intervenir ; mais quand elle
est consciemment infidèle à son idéal, quand elle pratique elle aussi
l'injustice et la violence, quand elle se conduit en un mot comme
une grande monarchie dénuée de scrupules, c'est, chez ceux qui
avaient foi en elle, un long cri d'étonnement et de douleur. Donc,
tout en se gardant d'un prosélytisme imprudent, et en respectant la
liberté des nations voisines, cette grande démocratie devra faire
respecter sa propre indépendance à la fois des adversaires qui
voudraient profiter de ses discordes civiles pour attenter à l'intégrité
de son territoire, et des amis ou alliés qui, comme rançon de l'appui
qu'ils lui donnent, essaieraient d'intervenir dans sa politique intérieure. De là une politique complexe, qui n'a pas assurément la belle
rectitude des vies unies et géométriques mais qui n'en a pas moins
sa beauté tourmentée et nuancée...

Mais, si dans la pratique l'option ne se présente pas crûment, si
elle est enveloppée de toutes les contingences de l'histoire, les

---

1. Voir l'admirable *Ode à la France*, écrite en décembre 1870 par George Me-
redith et reproduite dans le *Calendrier-Manuel de l'Union pour la vérité*, fascicule
de mai, p. 386.

deux termes ne s'en imposent pas moins idéalement à la pensée, comme des idées-forces qui éclairent de loin l'action. Et c'est bien, comme le dit M. Sembat, à un « conflit d'idéal [1] » que nous assistons. Suivant qu'on aura opté pour un idéal ou pour un autre, quelques atténuations qu'imposera la prudence, la conduite pratique sera différente. Mais qui optera? Ce ne peut être les diplomates, qui ne sont que les serviteurs de l'État. L'option n'est pas technique, mais politique; elle appartient donc aux autorités politiques. C'est alors que vont se faire sentir les facteurs d'ordre politique, les différences essentielles qui existent entre la politique extérieure d'une monarchie et celle d'une démocratie. Il nous reste à exposer et à apprécier ces différences.

III

Dans une monarchie, et plus particulièrement dans une monarchie absolue, l'option appartient au seul souverain; l'opinion ni les Chambres n'ont à se prononcer. La politique étrangère est alors schématiquement d'une simplicité extrême. Chaque souverain, suivant le mot de M. Jules Lemaitre, connaît l'Europe comme un bourgeois sa ville; il considère *son* royaume comme sa propriété, l'intérêt général du royaume se confond pour lui avec son intérêt particulier. Ce royaume, il essaiera de l'agrandir, par des mariages, des héritages, au besoin des guerres; toute la politique extérieure consistera donc en tractations ou en conflits de maisons royales, désireuses d'accroître leur patrimoine ou d'empêcher d'autres maisons de devenir trop puissantes. C'est par ces accords de familles que sera constitué l'équilibre européen. Les risques, les intérêts, les situations étant partout les mêmes, et le peuple ne comptant pas, les négociations seront faciles, et la diplomatie jouera sur le velours. Enfin le roi héréditaire n'étant pas responsable devant l'opinion, et n'ayant pas à subir le contrôle incessant du parlementarisme, les opérations diplomatiques pourront être menées avec le maximum de célérité, de secret et d'efficacité. Et s'il faut faire la guerre, elle sera préparée de longue date et déclarée avec cette rapidité foudroyante qui est un des premiers éléments du succès. D'ailleurs l'état d'esprit loyaliste du

1. *Faites un roi*, p. 259.

peuple approuvera toujours ce qu'aura fait, avec succès, le souverain
aidé de ses ministres.

S'agit-il d'une démocratie? Tout change. Le chef de l'État n'est plus
seul à vouloir, et même n'a plus à vouloir; l'option appartient aux
citoyens[1]. C'est à eux désormais de dire, directement ou par l'intermédiaire de leurs représentants, s'ils veulent que leur pays s'agran-
disse, et comment; s'ils veulent un empire colonial ou s'ils préfèrent
le statu quo territorial; s'ils veulent la guerre ou la paix. La volonté
d'un seul, rapide et secrète, se trouve remplacée par la volonté de
la majorité de la nation, dégagée après des débats publics qui parfois
trainent en longueur. Les ministres, le chef de l'État lui-même ne
peuvent qu'exécuter la volonté de cette majorité; ils doivent dans
cette tâche dépenser tout ce qu'ils ont d'intelligence, d'activité et
d'énergie, mais ils n'ont pas le droit de substituer leur volonté
propre à celle de la majorité des citoyens. Et l'on saisit ici la différence la plus grande qui sépare théoriquement un monarque absolu
d'un monarque constitutionnel ou d'un président. Les mouvements
d'opinion qui contrarient sa volonté, un monarque absolu peut les
négliger, et il ne s'en fait pas faute. Un monarque constitutionnel,
si l'état d'esprit du pays est royaliste, peut également n'y pas prêter
trop d'attention, sûr d'être absous après coup par le succès. Mais le
président d'une République, *et d'une république d'esprit républicain*,
ne le peut pas; son action serait un coup d'État, elle se briserait
contre la résistance populaire. Si donc, dans une monarchie, la
volonté du souverain peut être distincte — pour un temps — de
celle de l'opinion, on ne peut pas concevoir, dans une démocratie,
de « politique personnelle » du chef de l'État qui serait opposée à la
volonté de la majorité de la nation[2].

On comprend alors pourquoi, dans notre démocratie française,
s'est accréditée cette opinion que le président de la République ne
peut pas « agir ». L' « action » du chef de l'État s'étant jusqu'à
présent presque exclusivement exercée contre la Constitution ou
l'esprit démocratique, on en est venu à penser que toute action du

---

1. C'est précisément pour amener ses concitoyens à faire ce choix que
M. Marcel Sembat a écrit son livre. « Ce livre supplie tous les Français de
savoir ce qu'ils veulent d'abord et d'agir ensuite comme ils le veulent. » Telles
sont les premières lignes de *Faites un roi...*
2. C'est bien l'avis de M. Sembat. « Renforcer trop les pouvoirs du président
de la République, ce serait tout bonnement en faire une caricature de roi
constitutionnel... Édulcoré ou non, c'est un retour vers le type monarchique. »
La Renaissance, art. cité, les réformes à ne pas faire.

président est nécessairement un coup d'État, et les gardiens vigilants
du régime dressent à tout propos le spectre de la « politique personnelle ». Il est trop évident qu'en ce sens le président de la
République est en effet ligotté. Mais il ne faut pas confondre avec
une impossibilité logique un obstacle de fait — contre lequel d'ailleurs il est peut-être presque impossible de réagir. Les précédents
historiques, dans notre pays, empêchent de concevoir une activité
normale, un rôle de direction volontairement accepté, dans les
limites de la volonté nationale; mais une telle direction, à la fois
active et disciplinée, n'est pas impossible. Être « une personne »,
un « être humain », comme l'a dit M. Woodrow Wilson au congrès
de Washington, ne signifie pas fatalement dominer ses concitoyens:
cela peut vouloir dire aussi les servir[1]. Seulement, comme nous
allons y insister tout à l'heure, pour qu'une telle action soit possible,
il faut qu'il y ait une *volonté nationale*, imposante et claire, qu'un
bon serviteur se fera une joie de servir; sinon le chef de l'État se
trouvera, par l'impossibilité de prendre parti, condamné à l'inaction.
Ici encore ce n'est pas en haut qu'il faut regarder; c'est en bas.

En même temps que le rôle propre du chef de l'État le champ
d'action habituel de la diplomatie se trouve bouleversé. Plus de
conversation de famille à famille, de souverain à souverain; plus
d'intrigues de chancellerie, de traités secrets, de négociations
mystérieuses; plus de ces manœuvres machiavéliques où triomphent
les émules de Talleyrand ou de Metternich. Le gouvernement d'une
grande démocratie devra bien employer de pareils moyens, car
encore une fois il est lié par son passé, par les exigences de l'action,
par les mœurs des États autoritaires qui empêchent les États libres,
suivant le mot de Cambacérès, de « diplomatiser dans les places
publiques[2] ». Il y a des circonstances de fait auxquelles il faut
savoir se plier, si l'on ne veut pas vivre dans l'absolu. Mais un gouvernement républicain ne peut employer ces procédés avec la liberté
et le succès d'un gouvernement monarchique; il y est maladroit, il
ne s'y meut pas à l'aise, et plus un pays deviendra de mœurs et

1. M. Maurras a cité comme un symptôme ces paroles de M. Wilson, en y
ajoutant ce propos d'un prêtre catholique américain que l'Amérique arrivera à
la monarchie (*Kiel et Tanger*, p. cvi). Nous ne savons ce qu'il faut penser de
cette prophétie, mais on nous permettra bien de croire que toute action énergique n'est pas « monarchique » !
2. Cité par Emile Bourgeois, La démocratie française et les traités secrets,
Grande Revue, janvier, 1912, p. 299. Voir aussi, P. Desjardins, art. cité, p. 16.

d'esprit démocratiques plus son gouvernement devra renoncer à des
procédés qui ne se peuvent accommoder du contrôle incessant de
l'opinion [1], et qui d'ailleurs, de l'avis de spécialistes compétents, sont
peut-être moins nécessaires qu'on ne le prétend communément [2].
De plus en plus sa politique devra se faire au grand jour; elle devra
se réclamer nettement soit de la force pure, si la démocratie est
belliqueuse — car il y a des démocraties belliqueuses et des monarchies pacifiques [3], soit de son désir de paix et de justice, si elle est
pénétrée par un idéal juridique. Dans ce dernier cas, tout en entrete-
nant avec soin des forces militaires proportionnées à son volume et
à son rang dans le monde, elle devra évidemment renoncer à toute
politique impérialiste, et apporter tout son effort à transformer, sur
un plan conforme à son idéal, sa politique coloniale et sa politique
intérieure.

1. C'est ce que montre bien M. Sembat. « Pour connaitre le fond caché des
sentiments, préparer secrètement de brusques revirements, des ruptures
d'alliances, de soudaines attaques combinées, des exploits capables de ruiner
l'édifice bâti par Bismarck, allez! il faut d'autres gens que des ministres et des
présidents! il faut la confiance entre gens pour qui le risque est le même et
l'intérêt pareil ». *Faites un roi*, p. 57-58.
2. Que le secret diplomatique ne réponde pas aux exigences d'une politique
démocratique c'est ce dont conviennent deux journaux aussi opposés que *L'Humanité* et *Le Temps*. « Sous le règne de la soi-disant démocratie représentative, dit
M. de Pressensé, les grands problèmes de la politique internationale échappent
de plus en plus à la connaissance de la nation et au contrôle de ses représentants. Car je ne suppose pas que l'on prétende que les exposés dérisoires que
l'on offre, à de rares intervalles, soit aux Chambres, soit à leurs commissions,
fassent la lumière. Ces résumés officiels, secs, décharnés, systématiquement
vagues, manquent de précision, de clarté et d'intérêt... Ils taisent soigneusement
tout ce qui pourrait informer l'opinion de ce qu'est, au vrai, la politique de la
France. » (*L'Humanité*, 27 décembre 1913.) *Le Temps* se plaint de même qu' « en
matière extérieure notre Parlement est un organe d'entérinement, et rien de
plus ». Il voudrait que le ministre, au lieu de répondre seulement aux interpella-
tions, prît quelquefois position de demandeur et qu'en vertu d'une initiative
propre il exposât à la Chambre les lignes directrices de notre action. » (*Bulletin
de l'Étranger*, 21 décembre 1913.) Et si l'on objecte que le secret est obligatoire
en ces matières *Le Temps* répond que ce secret « *n'existe pas* ». « La discrétion
exige par l'intérêt du succès des négociations, l'impossibilité de parler des négociations en cours, ce sont des clichés et rien que des clichés. On a vu le secret,
autant que l'indiscrétion, aboutir à des échecs diplomatiques. Et si les négociations en cours sont mal engagées, on peut trouver dans un livre exposé un
excellent moyen de les redresser. L'emploi de ce moyen est d'autant plus légitime que tout le monde sait d'ordinaire ce que les ministres prétendent cacher.
Il en résulte que la seule chose qui reste secrète, c'est la volonté des dits
ministres, et ce mystère leur permet trop souvent de n'avoir pas de volonté
du tout. » (*Ibid.*, 16 décembre 1913.)
3. M. Jacques Bainville insiste à plusieurs reprises dans son livre sur l'idée
que les peuples sont souvent plus belliqueux que les rois, et que les souverains
ou les diplomates jouent parfois le rôle de freins. L'histoire récente des peuples
balkaniques confirme cette vue très juste.

On voit donc les risques inhérents à l'état de démocratie. Ces risques apparaissent en pleine lumière si l'on se place au point de vue de l'action. Conçoit-on la politique comme une action rapide et sûre? la monarchie absolue est sans contredit le gouvernement idéal, car la volonté du souverain n'y est contrecarrée par aucune autre. Dans une démocratie, une pareille action est parfois possible, mais il faut qu'il y ait dans la nation unanimité ou quasi-unanimité sur la direction à donner à la politique. Cela arrive dans les périodes de crise ou de grand enthousiasme; les chefs d'État, quels qu'ils soient, agissent alors en fait comme de vrais dictateurs. Le mécanisme représentatif, au fonctionnement lent et nécessairement artificiel, est submergé par les manifestations spontanées et véhémentes du sentiment populaire. Ainsi sont faites les guerres et les révolutions, et parfois les plébiscites. La démocratie — nous l'avons montré — n'est pas un régime adapté aux époques de crise[1].

Mais ces périodes d'exaltation absolue sont rares, la vie ne peut toujours se maintenir à une si haute tension. C'est dans la vie ordinaire, normale, que la démocratie va produire ses effets. Si le peuple se désintéresse de la politique, c'est-à-dire si l'état d'esprit public est monarchique, le gouvernement aura ses coudées franches, les choses se passeront comme si la république était une monarchie, et de fait elle en sera une. Mais si un pays est vraiment pénétré par l'esprit démocratique, si la vie politique y est générale, les opinions diverses, les luttes des partis intenses, et si les efforts se balancent, voilà l'action rapide paralysée par le mécanisme même de la démocratie. Les uns veulent une politique continentale guerrière, d'autres préfèrent une politique d'expansion coloniale, d'autres encore ne veulent ni l'une ni l'autre, mais exigent une politique de justice sociale. Si les trois partis sont de force sensiblement égale leurs actions se neutralisent mutuellement, la démocratie est condamnée au piétinement. Ni à l'intérieur le parti au pouvoir ne pourra réaliser de grandes réformes sociales, ni à l'extérieur le gouvernement, pas plus le chef de l'État que les ministres, ne pourra exercer une action décisive dans le concert des puissances. On comprend

---

1. Voir notre chapitre : « La démocratie et la vie », dans le *Procès de la Démocratie*. — M. Maurras triomphe parce qu'en cas de guerre une démocratie ne peut agir qu'en violant la constitution (*Kiel et Tanger*, p. 284, 286, 293). Ce qui est vrai c'est que le contrôle doit momentanément s'incliner devant l'action rapide. Fera-t-on grief à un fiévreux de ne pas se plier aux habitudes de ses jours de santé?

donc que les partisans d'une action rapide et absolue, les tenants
d'une croyance intransigeante et exclusive, exècrent la démocratie :
elle les empêce d'aller droit leur cıemin, de poursuivre à l'intérieur une politique étroitement autoritaire, à l'extérieur une politique franciement guerrière ou franciement pacifique[1]. Mais quoi!
comment écıapper à cette conséquence! Tous les citoyens contri-
ıuant également, dans une démocratie, à former la volonté générale, nul gouvernement n'a *le droit* de négliger la manifestation de
volonté d'une notable partie de l'opinion. Ainsi le veut la sévère
discipline du droit. Et si l'on estime que le spectacle de cette vie
politique intense, où toutes les opinions s'affrontent en se respectant
et parfois s'immobilisent les unes les autres, est un spectacle sans
beauté, c'est l'idée de droit, âme de la démocratie, qu'il faut incriminer.

La situation est-elle donc sans remède, le piétinement est-il fatal
dans une démocratie? Nullement, mais le remède n'est pas d'ordre
institutionnel; il doit être cıercıé dans le peuple lui-même, non
dans un mécanisme qui ne rendra jamais que ce que les ıommes
lui feront rendre. Ce qui empêce l'action dans un sens déterminé,
c'est la proportion à peu prés égale des forces qui s'opposent à cette
action. Il faut donc, par une propagande incessante, arriver à
cıanger le rapport des forces en présence, de sorte que, sur une
question déterminée, il se produise une forte majorité. Le respect
des diversités est l'âme d'une démocratie, mais si, sur des questions
précises, ces diversités d'elles-mêmes se fondent en une imposante
unité, le gouvernement, serviteur de la volonté générale, ne man-
quera pas d'obéir à cette indication. Et cela quelle que soit sa
forme. Tout un peuple veut-il la guerre? Le gouvernement,
monarque ou président, fera la guerre à bref délai, ou sera
submergé par une révolution. Tout un peuple veut-il la paix, la
veut-il fortement, vraiment? Aucun gouvernement, monarque ou
président, n'osera mettre en mouvement une force dont il ne sera
pas sûr, un instrument qui pourrait se briser dans ses mains;
c'est encore une révolution qui serait au bout de cette résistance.

---

1. C'est pourquoi un certain nomıre de répuılicains sont hostiles à la représentation proportionnelle. qui empêcherait, disent-ils, de gouverner. En parlant
ainsi ils prennent une attitude anti-démocratique, car ils ne tiennent pas
compte du droit de leurs adversaires politiques. Les anti-démocrates avoués
sont plus logiques, qui répudient à la fois toute représentation politique et tout
parlementarisme.

S'il y a flottement, hésitation, proportions à peu près égales des volontés contraires, le pouvoir personnel du gouvernement devient beaucoup plus grand; il lui est plus facile de faire à sa guise et de manœuvrer l'opinion. Mais ici encore ce gouvernement hésitera; il ne peut *agir* vraiment que s'il se sent en accord avec la très grande majorité de la nation. Quel que soit le chef de l'État, monarque ou président, il finit toujours, de plus ou moins bonne grâce et à plus ou moins longue échéance, par s'incliner devant le vœu profond du pays.

Il faut donc ramener à sa juste valeur cette critique des institutions politiques qui est spécieuse, mais qui — on vient de le voir — ne va pas au fond des choses. Sous les institutions il y a l'âme, sous le mécanisme les volontés des citoyens. On objecte que l'opinion est une masse inerte et amorphe, incapable d'avoir une volonté ferme, soumise à l'action de toutes les bouches qui lui soufflent le froid ou le chaud. Et l'on ajoute que la fonction d'un souverain intelligent et consciencieux est précisément d'informer cette matière, de canaliser et de discipliner cette sève tumultueuse, de lui donner une direction où elle s'écoulera en un flot puissant. Le souverain, dit-on, grâce aux moyens dont il dispose, peut véritablement créer la volonté de puissance de son peuple, et la lancer tout entière contre l'étranger préalablement divisé par ses manœuvres. — Il n'est pas question de nier cette action des souverains, ni celle des dirigeants politiques d'un pays, quels qu'ils soient, ni celle en général de tous les *meneurs*. Nous savons bien que les masses ne sont mises en mouvement que par des individualités vigoureuses, comme nous savons que les chefs-d'œuvre ne se font pas tout seuls. Nous ne nions donc pas le rôle d'impulsion, d'agitation, de direction des chefs, mais il faut qu'en définitive ils se trouvent d'accord avec la masse, ou ils sont annihilés.

En ce qui concerne la politique contemporaine, l'action des dirigeants n'est plus seule à s'exercer sur l'opinion, d'autres forces agissent dans le même sens ou en antagonisme avec elle. Il y a d'abord, dans nos sociétés si fortement industrialisées, la puissance de la finance, qui impose ses volontés jusqu'aux chefs d'État, même s'ils portent des couronnes [1]; il y a la puissance de la presse,

1. Ce n'est pas l'avis des nationalistes intégraux qui prétendent que « le sang » triomphera de l' « or »; mais le spectacle des monarchies européennes, où l'on voit partout l'étroite alliance de l'or et du sang, n'est pas fait pour inspirer

autre véhicule de la puissance de l'or; il y a enfin la puissance
de l'opinion libre, désintéressée, idéaliste, qui par des associations, des ligues, des publications indépendantes s'efforce de
faire contrepoids aux campagnes intéressées et de peser sur les
gouvernants dans un sens conforme à la tradition spirituelle du
pays[1]. Ce conflit de forces constitue toute la vie politique des
grandes nations modernes, et il y est d'autant plus libre que ces
sociétés sont plus démocratisées. La seule différence réelle, à ce
point de vue, entre une démocratie véritable et une monarchie
absolue est que dans la première les forces antagonistes de l'action
gouvernementale joueront librement, tandis que dans un pays de
mœurs monarchiques le gouvernement imposera silence, autant
qu'il sera en son pouvoir, à tout ce qui contrariera ses directions.
C'est pourquoi les antidémocrates disent volontiers que la démocratie c'est l'anarchie. Mais ce mot d'anarchie n'est qu'une manière
de flétrir la liberté politique. Toute la question est de savoir si dans
la nation une seule volonté politique doit compter, celle du roi, ou
si tous les citoyens ont le droit de dire leur mot sur les destinées de
leur pays. Que chacun modèle sa réponse sur sa conception de
l'ordre et du droit.

En définitive, sans nier l'action propre des institutions politiques,
on voit que ces institutions ne sont pas tout, qu'elles ne font que
traduire, par des mécanismes appropriés, les sentiments existant
dans la masse profonde de la nation. Ce n'est donc pas « en haut »
qu'il faut craindre les « trous », ils ne s'y produiront pas s'ils ne se
trouvent pas en bas. Les institutions actuelles, convenablement
améliorées, peuvent suffire, mais il faut que la nation leur donne
une âme. C'est à la « volonté générale », à ses organes directeurs,
à ses « pouvoirs spirituels » à s'imposer un plan, une continuité qui
se traduiront nécessairement dans l'institution gouvernementale[2].
Il y a, dans ce parti pris de ne concentrer l'autorité et la responsabi-

---

grande confiance dans cette limitation du capitalisme par le pouvoir politique.
C'est d'en bas, par l'action des producteurs associés et fédérés, que se produira
vraisemblablement cette limitation.

1. Voir sur ce rôle des citoyens indépendants dans une démocratie : Paul Desjardins, art. cité, p. 14. « La politique des citoyens indépendants n'est pas là
seulement pour demander des comptes, quand la partie est jouée, et pour le
frein; elle donna encore et d'abord l'inspiration, l'impulsion. »

2. M. Sembat, dans son article de la *Renaissance*, reconnaît que l'esprit qui
assure l'unité de la politique générale « réside avant tout dans le Parlement »;
mais il ne sera dans le Parlement que s'il est d'abord dans le pays.

lité *politiques* que sur un seul « cerveau », un reste d'« organicisme » que les antidémocrates peuvent bien conserver[1], mais qu'un démocrate doit se refuser à admettre. Tous les individus, après tout, sont ou doivent être des « cerveaux » et des volontés! C'est donc sur les citoyens eux-mêmes qu'il faut agir, c'est l'opinion qu'il faut éduquer, pour que se forme un sentiment national puissant, aboutissant à une volonté unanime. Et c'est également à l'éducation qu'il faut demander de créer dans le peuple le sentiment de la continuité, l'amour des desseins réfléchis, fermes. de longue haleine, que l'on ne réserve au souverain que dans la croyance où l'on est que le peuple n'y peut parvenir.

Dira-t-on qu'un tel espoir est une chimère; que le peuple ne sera jamais capable de s'élever au-dessus de ses affaires particulières pour s'intéresser, avec méthode et ténacité, à la vie de la nation; que les sujets en un mot, ne seront jamais citoyens? Dira-t-on que l'opinion restera perpétuellement inconsistante et amorphe? Il se peut, mais dans ce cas on peut estimer, avec M. Sembat, que la vie de l'humanité perd toute couleur et toute noblesse, — et au fond le pessimisme absolu n'est pas plus justifié que l'optimisme puéril. Ce qu'on ne peut nier, en tout cas, c'est l'effort d'éducation incessante, d'éducation *héroïque*, que le régime démocratique, s'il veut être une réalité, exige de ses adeptes. M. Marcel Sembat l'a bien marqué, en quelques paroles qui terminent son livre et qui font équilibre à tout le reste. « La valeur de la République, c'est qu'elle oblige un peuple à cet effort. Elle met tout le monde en demeure de réfléchir et de se décider. Faute de quoi c'est l'incohérence et l'aboulie actuelles : la République ne nous laisse qu'une issue : savoir et vouloir. Rude épreuve? mais rude école[2]! »

On comprend maintenant, avec exactitude, ce que veulent dire les adversaires de la démocratie, quand ils affirment qu'une démocratie est radicalement impuissante en matière de politique extérieure. Ne concevant pas d'autre fin possible à la politique étrangère que l'agrandissement territorial d'un pays, obtenu par tous les

---

1. Voir ce que dit M. Maurras de l'organicisme, qu'il conserve dans une certaine mesure tout en le rejetant, *Kiel et Tanger*, p. xxix et suiv., p. cvi, etc.
2. *Faites un roi*, p, 275.

moyens, ils sont naturellement conduits à trouver le meilleur le
gouvernement monarchique, qui groupe tous les sujets autour du
roi et confie à ce roi, propriétaire du royaume, la mission exclusive
d'agrandir son domaine. Rencontrant la forme démocratique, où
les sujets se haussent à la dignité de citoyens et ont le droit d'exiger,
s'ils sont assez nombreux, que la politique extérieure s'inspire,
comme l'intérieure, de l'idéal républicain, les antidémocrates crient
à la trahison et jettent l'anathème à la démocratie. Toute la question
cependant est de savoir, politiquement, si l'idéal démocratique n'a
pas droit de cité dans une démocratie; moralement et philosophiquement si cet idéal ne peut soutenir la comparaison avec l'idéal de
grandeur monarchiste. A chaque Français de répondre, et comme
le dit M. Marcel Sembat, d'opter.

Et l'on comprend aussi, dans le cas où un grand pays a opté pour
la démocratie, combien sera délicate la fonction de ses représentants
devant l'Europe monarchiste.

D'une part, en tant qu'ils représentent un grand pays, qui a un
passé glorieux, et qui joue un rôle dans ce qu'on appelle le concert
des puissances, ces diplomates sont tenus de défendre étroitement
les intérêts de leur pays et de veiller à ce que ce pays, suivant une
parole fameuse, ne soit pas « absent » des débats où se remanie la
carte de l'Europe. Cela demande de la science, de l'habileté, de la
ténacité, et aussi une culture raffinée, un savoir-faire mondain, bref
toutes ces qualités d' « ancien régime » qu'on exige avec raison des
diplomates et qu'on cultive dans la « carrière ». Cela suppose aussi
que ce pays lui-même exige qu'on ne le tienne pas pour négligeable.

Mais d'autre part ces représentants ne doivent pas oublier qu'ils
représentent une démocratie, c'est-à-dire un régime politique dont
le principe est diamétralement opposé à celui des monarchies qui
l'entourent, même les plus constitutionnelles. Ils sont, vis-à-vis des
tenants de la souveraineté de droit divin ou de droit héréditaire, les
représentants de la souveraineté populaire. Ils incarnent, dans des
pays où les institutions perpétuent l'esprit de l'ancien régime, un
droit révolutionnaire, qui ne s'estime pas moins légitime et ne se tient
pas pour moins respectable que le droit traditionnel. Ce droit nouveau entraîne, non seulement une nouvelle organisation politique,
mais aussi de nouvelles mœurs, de nouvelles conceptions morales,
qui conviennent à un peuple libre et fier. Au prestige du sang
s'oppose le prestige de l'intelligence et de la culture; au sentiment

de l'honneur exclusivement militaire et féodal s'oppose une conception de la dignité humaine plus philosophique et plus large; à l'ancienne idée de la grandeur nationale exclusivement fondée sur la conquête se substitue celle de la grandeur faite du respect du droit et de la liberté. Voilà tout ce qu'incarne le mot démocratie, voilà les principes directeurs que ceux qui ont la charge et l'honneur de représenter une grande démocratie à l'étranger, sans perdre le souci de ses intérêts vitaux, devraient avoir continuellement à l'esprit.

On voit assez ce qu'une pareille fonction offre de difficultés, combien elle exige de qualités diverses et jusqu'à un certain point contradictoires. Respecter strictement l'esprit des institutions du pays où l'on est accrédité, s'abstenir soigneusement de toute intervention dans sa politique intérieure, mais exiger le même respect, la même abstention pour le pays qu'on représente; s'assimiler subtilement une culture raffinée, ce qu'il y a de plus fin et de plus exquis dans les mœurs que les vieilles aristocraties se transmettent par l'éducation plus encore que par le sang, mais ne pas perdre de vue que toute cette science et toute cette culture doivent se mettre au service d'une politique démocratique, qu'un serviteur de cette démocratie doit exiger qu'on prenne au sérieux; s'adapter en un mot aux conditions que l'état actuel du monde impose à tous ceux qui veulent exercer quelque action, et qui le doivent de par leur situation, mais ne pas oublier qu'adaptation ne signifie pas abdication, et que s'insérer dans les conditions de vie qu'impose un milieu n'est qu'une nécessité pour le mieux dominer et le plier dans la mesure du possible à un idéal réfléchi : tel est le double devoir qui s'impose aux représentants d'une grande démocratie devant les grandes puissances monarchiques.

La réalité correspond-elle à ces conditions? Ce double devoir, les diplomates l'accomplissent-ils? Savent-ils faire respecter, chez les nations voisines, cet idéal démocratique qu'il est élégant, dans les milieux aristocratiques, de ridiculiser et de bafouer[1]? Aux historiens

1. Cf. M. F. de Pressensé. « La diplomatie de la République française, non contente de répudier tout sot esprit de zèle missionnaire, croit devoir prendre une attitude trop souvent humiliée et humiliante. Elle demande pardon pour la République de la liberté grande d'exister. Il est de bon ton et de bon goût d'afficher le mépris, non seulement du régime, mais de toute cette partie roturière de notre histoire qui s'est permis de se faire *sans* ou *contre* la Maison de France. Singulière façon de respecter l'histoire que de ne pas en reconnaître le courant continu et que la vieille France a enfanté la Révolution tout comme la Révolution enfanta la France nouvelle! » *Humanité*, 9 octobre 1913.

de répondre à ces questions peut-être indiscrètes. Nous n'avons cٴerché, pour notre part, qu'à esquisser les grandes lignes d'une politique extérieure à la fois nationale et démocratique. Il ne nous reste qu'à nous excuser encore d'avoir parlé en profane de ce qui ne doit être, paraît-il, que transmission mystérieuse et secret professionnel.

GEORGES GUY-GRAND.

L'éditeur-gérant : MAX LECLERC.

Coulommiers. — Imp. PAUL BRODARD.

SUPPLÉMENT

Ce supplément ne doit pas être détaché pour la reliure.

(N° DE MARS 1914)

CINQUIÈME CONGRÈS INTERNATIONAL DE PHILOSOPHIE

Londres, 1915.

Sous le patronage de S. M. le Roi d'Angleterre.

Président honoraire : le très honorable vicomte HALDANE, Lord Chancelier, Fellow de la Société Royale.

Président : BERNARD BOSANQUET, D. C. L., LL. D., Fellow de l'Académie Britannique.

Secrétaire honoraire : H. WILDON CARR, D. Litt., secrétaire honoraire de la Société Aristotélicienne.

Trésorier honoraire : F. C. S. SCHILLER, D. S.

Commission exécutive : Prof. S. ALEXANDER, Prof. B. BOSANQUET, Rev. Prof. ALFRED CALDECOTT, D' H. WILDON CARR, Right Rev. C. F. D'ARCY, évêque de Down, Miss BEATRICE EDGELL, Prof. G. DAWES HICKS, Prof. L. T. HOBHOUSE, Miss E. E. C. JONES, Prof. Sir HENRY JONES, Prof. J. S. MACKENZIE, Prof. J. M. MURHEAD, D' C. S. MYERS, Prof. T. PERCY NUNN, Miss H. D. OAKELEY, Rev. Canon HASTINGS RASHDALL, Hon. BERTRAND RUSSELL, Mrs. SIDGWICK, Prof. W. R. SORLEY, D' A. WOLF.

Le Congrès s'ouvrira mardi soir, 31 août 1915, à l'Université de Londres, à 8 heures, par l'adresse du Président, qui sera suivie d'une réception.

Les travaux commenceront le matin suivant, et se poursuivront tous les jours jusqu'au mardi 7 septembre, jour de clôture. Les réunions auront lieu à University College, les séances générales dans la matinée, de 10 heures à 1 heure, et les réunions de sections, dans l'après-midi de 2 h. 30 à 5 heures.

Il n'y aura pas de réunions le samedi après-midi ou le dimanche; mais des excursions seront arrangées, en particulier une visite à Oxford et à Cambridge.

Lunch et thé, pendant le Congrès, au réfectoire du Collège. Tout le Congrès aura lieu dans les bâtiments d'University College : ainsi seront évités les inconvénients de la dispersion des sections. Il sera possible, si on le désire, d'organiser, pendant le cours du Congrès, des réunions autres que celles qui font partie du programme régulier.

Un diner, ouvert à tous les membres du Congrès et à un nombre limité d'invités, aura lieu le lundi soir.

Une liste d'hôtels et de boarding houses, situés dans le voisinage de University College, sera envoyée à tous ceux qui auront fait connaître leur intention d'assister au Congrès; on essaiera d'obtenir des réductions sur les billets de chemins de fer.

Les séances générales seront consacrées aux sujets suivants :

1° La Nature de la Vérité Mathématique.

2° Vie et Matière.

3° Le Réalisme.

4° La Philosophie de l'Inconscient.

5° Le Pragmatisme.

Chaque sujet fera d'abord l'objet de quatre ou cinq courtes communications, représentant des points de vue différents. Ces communications seront imprimées et mises entre les mains des membres avant les réunions. Les auteurs des communications se borneront à ouvrir la discussion par de brefs discours où ils les analyseront, définiront brièvement leur point de vue, ou critiqueront les autres communications.

Chaque section sera organisée par une

commission spéciale. Les communications ne devront pas dépasser un maximum de 2 500 mots, vingt minutes étant accordées à chaque lecteur. Un résumé de la communication, 250 mots au maximum, sera imprimé et distribué. La commission sera libre de décider s'il convient d'insérer ensuite la communication dans les comptes rendus du Congrès. Les communications seront groupées et classées pour faciliter la discussion. Des réunions mixtes de sections seront arrangées là où ce sera possible.

Les sections proposées sont :

1" Philosophie générale et Métaphysique.

2" Logique et Théorie de la Connaissance.

3" Histoire de la Philosophie.

4° Psychologie.

5° Esthétique.

6" Philosophie Morale.

7' Philosophie Politique et Philosophie du Droit.

8° Philosophie de la Religion.

Les propositions de collaborer au Congrès devront être faites avant le mois d'avril 1915; mais, pour éviter toute déception, il sera bon de donner avis le plus tôt possible, étant donné qu'on acceptera seulement un nombre limité de communications.

Tout membre du Congrès doit verser une somme d'une livre sterling (vingt-cinq francs).

Les dames sont admises. Si elles accompagnent des membres du Congrès, elles peuvent devenir Membres Associés sur paiement d'une demi-cotisation. Les Membres Associés seront autorisés à assister aux réunions générales et aux réunions de section, mais ne pourront ui lire des communications ni recevoir d'exemplaires des comptes rendus.

Prière d'adresser toutes les communications au secrétaire honoraire du Congrès : H. Wildon Carr, Esq., D. Litt., More's Garden, Chelsea, London, S. W.; les chèques et mandats à M. le Dr F. C. S. Schiller, Corpus Christi College, Oxford.

LIVRES NOUVEAUX

Les Idées Modernes sur la Constitution de la Matière. Conférences faites en 1912 à la Société française de physique : I. Jean Perrin, Les preuves de la réalité moléculaire; II. Paul Langevin, Les grains d'électricité et la dynamique électromagnétique; III. Edmond Bauer, Les quan-

tités élémentaires d'énergie et d'action; IV. Eugène Bloch, La théorie électronique des métaux; V. A. Blanc, L'ionisation par chocs et l'étincelle électrique; VI. L. Dunoyer, Les gaz ultra-raréfiés; VII, Mme P. Curie, Les rayonnements des corps radioactifs; VIII. A. Debierne, Les transformations radio-actives; IX. Pierre Weiss, Les moments magnétiques des atomes et le magnéton; X. Henri Poincaré, Les rapports de la matière et de l'éther. 1 vol. in-8° de 371 p., Paris, Gauthier-Villars, 1913. — Beaucoup de faits nouveaux et déconcertants; beaucoup d'idées nouvelles et hardies; par-dessus tout un enchevêtrement de faits et d'idées, tels qu'on ne peut plus séparer de l'expérience les théories qui permettent de la soumettre au calcul, voilà sous quel aspect nous apparaît l'état actuel de la science; et à cet égard l'excellente initiative de la Société française de physique nous apporte une série de témoignages de premier ordre. Chaque conférence est elle-même un résumé qui ne se prête pas à l'analyse. Nous n'avons pas besoin d'ailleurs d'attirer l'attention de nos lecteurs sur la conclusion si curieuse de M. Debierne, qui suppose à l'intérieur de l'atome un « élément de désordre », une sorte de puissance explosive distincte de l'agitation thermique : — sur la conception du magnéton « sous-multiple commun de moments atomiques ». qui résiderait dans un substratum matériel et serait un élément constituant commun à un grand nombre d'atomes magnétiques et sans doute à tous; — sur les réflexions critiques de Henri Poincaré, particulièrement sur celles qui mettraient en garde les philosophes à tendances aprioristes contre la tentation de voir dans l'atomisme des physiciens contemporains une confirmation de la métaphysique démocritienne. Nous voudrions seulement emprunter quelques traits à une page magistrale où, rappelant les conférences successives de M. Perrin, de M. Langevin et de M. Bauer, M. Bloch a montré les trois théories atomiques de la matière. de l'électricité, de l'énergie s'échafaudant successivement, sans qu'on puisse dire qu'elles se présentent aujourd'hui avec le même degré de certitude, sans qu'on puisse dire surtout qu'elles se prêtent sur tous les points un appui mutuel. La théorie corpusculaire de l'électricité, non seulement n'a pas réussi à englober les phénomènes de la gravitation, mais elle est sapée par la base à la suite des recherches faites sur le rayonnement du corps noir ou la variation des chaleurs spécifiques avec la température. La théorie des *quanta*, qui réussit là où l'idée de l'électron échoue, s'est encore attaquée à trop peu de phénomènes pour qu'on se rende un compte exact de son avenir, surtout si l'on remarque qu'elle est en contradiction complète avec la théorie des électrons, et même avec certains détails de la plus vieille et de la plus solide théorie atomique, celle de la matière. Ces difficultés fondamentales définissent, aux yeux de M. Bloch, le tournant actuel de l'histoire des théories physiques. « Les théories anciennes, disait Henri Poincaré en terminant sa conférence, reposent sur un grand nombre de coïncidences numériques qui ne peuvent être attribuées au hasard : nous ne pouvons donc disjoindre ce qu'elles ont réuni ; nous ne pouvons plus briser les cadres, nous devons chercher à les plier ; et ils ne s'y prêtent pas toujours. »

L'Évangile de la Raison : le problème biologique, par EUGÈNE LÉVY. 1 vol. in-16 de 297 p., Paris, Perrin, 1913, — *L'Évangile de la Raison* « tente de réaliser une conception organique de l'homme, une pénétration de la nature humaine tout entière, basée exclusivement sur l'observation et sur l'expérience raisonnées ». Il comportera trois volumes intitulés : *le Problème biologique, la Psychologie animale, la Psychologie humaine.* Dans *le Problème biologique*, l'auteur entreprend de restaurer le vitalisme sur de nouvelles bases scientifiques. Un déterminisme exclusivement physicochimique lui semble incompatible avec l'existence d'une impulsion centrale unique dont les propriétés vitales ne sont que des aspects phénoménaux. La discussion impartiale des faits biologiques conduit, d'après lui, à admettre nécessairement « la réalité et la présence constante, dans l'organisme, d'une impulsion, provisoirement inconnue, suscitant les phénomènes organiques ». Quant à l'origine véritable de cette impulsion, nous l'ignorons, de même que nous ignorons celle de l'énergie chimique, ou mécanique, ou électrique, ou magnétique. « Il serait peut-être imprudent de la nommer énergie vitale » : l'auteur propose le nom d'*énergie dynamique* pour cet élément impulsif qui détermine les réactions chimiques dont tout organisme est le théâtre. L'énergie dynamique s'oppose ainsi aux énergies inertes du monde inorganique. Quoique sa nature nous échappe, on peut cependant en tracer une silhouette. Elle n'est pas perceptible par les sens ; elle est une énergie immatérielle, le mot matière étant employé dans son sens courant. L'éther physique « également immatériel »

permet de la concevoir ; elle accomplit des analyses et des synthèses chimiques ; elle coordonne la vie cellulaire élémentaire ; elle organise la croissance, dès la première différenciation du germe ; elle décline ensuite, et c'est sa disparition qui met un terme à la vie de l'organisme. « L'énergie dynamique est un prodige d'impeccable intelligence comme elle est un prodige d'initiative perpétuelle » (p. 253).

A l'appui de cette assertion, qu'il sait destinée à être mal accueillie, M. Lévy cite principalement tous les faits de régulation automatique, qui sont si nombreux en biologie animale comme en biologie végétale, et que les partisans les plus résolus des explications physico-mécaniques ne peuvent s'empêcher de décrire et d'expliquer en termes finalistes, alors même qu'ils se défendent de toute explication téléologique.

Il y a là, en effet, selon nous, un point qui demande à être examiné de très près. La finalité biologique s'impose comme mode de description des phénomènes, et, comme l'a bien vu l'auteur, c'est à propos des mécanismes automatiques qu'elle est, à la fois, la plus apparente et cependant la plus éloignée de la finalité des providentialistes.

Mais est-ce résoudre le problème et supprimer les difficultés que de mettre ces phénomènes au compte d'une énergie centrale *intelligente* ? Sans doute, on nous avertit ici qu'il faut se garder de confondre intelligence et conscience. L'énergie dynamique est inconsciente. Encore faudrait-il que la notion qu'on nous propose fût de nature à simplifier et à coordonner systématiquement les questions. Pour notre part, nous estimons que la première tâche, et la plus urgente, pour philosopher valablement sur la biologie, consisterait justement à faire au préalable une critique approfondie de la finalité dont le concept protéiforme joue un si grand rôle dans la science. Ce n'est qu'après ce travail d'analyse et de discussion qu'on pourra juger si le vitalisme est une hypothèse économique ou n'est point seulement une conception tissée de paralogismes.

La Philosophie Bergsonienne. *Etudes critiques*, par J. MARITAIN. 1 vol. in-8 de 477 p., Paris, Rivière, 1914. — La philosophie véritable est pour M. Maritain la philosophie de l'être et de l'intelligence telle que l'ont formulée Aristote et saint Thomas : l'idée de l'être est la lumière objective de toute notre connaissance et l'intelligence est la recherche de l'être. Or le bergsonisme est la philosophie du mouvement et de l'intuition. Sans doute. M. Bergson veut échapper au mécanisme et au relativisme: il croit à la connaissance et il croit à l'esprit; mais il accorde aux mécanistes que l'intelligence est mécaniste, que l'être fictif des théories mécanistes est l'Etre; et il accorde aux matérialistes que l'intelligence ne peut saisir l'esprit. A la place de l'intelligence qui nous fait saisir dans l'idée d'être les principes de la raison, il met une intuition qui nie chacun des principes de la raison. Une chose nue n'a plus besoin de moteur; il y a du mouvement et il n'y a pas de mobile: et à la place de l'être, M. Bergson met le changement. Loin d'être l'adversaire de la philosophie moderne, M. Bergson est le plus moderne des philosophes et le plus destructeur. Le remède qu'il nous offre est pire que le mal; « mais il reste vrai que la philosophie moderne est incapable de répondre au bergsonisme, et que la philosophie scolastique seule a de quoi le réfuter. »

M. Maritain considère d'abord la doctrine bergsonienne de l'intelligence : il montre que la raison des philosophes a fort bien pu, avant M. Bergson, établir que le mouvement est indivisé et absolu, que nous sommes libres, que nous sommes autre chose qu'une simple suite de phénomènes. M. Bergson a confondu un mauvais usage de l'analyse, ou même un certain état d'esprit avec l'exercice naturel de la raison. D'autre part, l'intuition n'a pas gardé toujours M. Bergson de l'erreur; le mouvement est indivisé et non indivisible comme il le dit; et elle l'empêche même d'atteindre la vérité, car seule l'intelligence peut nous faire saisir dans l'âme une substance. Ainsi, il y a une intelligence qui n'est pas mécaniste; et le changement, la vie, l'appréhension intellectuelle du mouvement, ne jouent-ils pas un trop grand rôle dans la philosophie des Aristote et des Saint Thomas pour qu'on puisse voir dans le mécanisme la métaphysique naturelle de notre intelligence?

La théorie bergsonienne du concept repose sur cette idée fausse que le semblable seul connaît le semblable, et que l'idée du changement doit être changement. Pour les scolastiques au contraire l'âme devient ce qu'elle connaît mais en gardant sa nature; et c'est l'immatérialité même de l'âme qui lui permet de recevoir en elle les formes des autres choses. L'intellect agent extrait des images illuminées par lui la similitude intelligible qu'elles contenaient en puissance. En fait, la pensée que M. Bergson critique est une pensée tout imaginative; toutes les notions intellectuelles deviennent pour lui une imagerie rudimentaire; l'idée de mouvement ne serait qu'une succession de repos, il n'essaie de dépasser cette œuvre de l'imagination que par l'imagination. C'est que la critique de M. Bergson est une analyse illégitime; il a séparé artificiellement l'intuition du discours, ôtant à la première son caractère intellectuel et au second sa lumière; il a déchiré l'unité vivante de l'intelligence. « Après avoir ainsi traité l'intelligence comme les Ménades ont traité Orphée, on a beau jeu pour la mépriser et la tourner en dérision. »

Même quand il s'agit de la connaissance dite immédiate, il y a entre l'objet et le sujet un intermédiaire, un intermédiaire subjectif, qui est la ressemblance, le reflet vivant de l'objet, — reflet que nous ne voyons pas, mais par lequel nous voyons l'objet : l'idée est ce par quoi l'intelligence saisit la réalité immédiatement; c'est seulement ainsi que l'intuition est connaissance. — De plus il ne doit pas y avoir d'opposition entre le discours et l'intuition; car le raisonnement n'est qu'un transport de la lumière intuitive par laquelle nous saisissons dans l'idée d'être les premiers principes. — Enfin, il n'y a pas d'opposition entre l'intuition et l'abstraction : car c'est au sommet de l'abstraction, dans l'idée d'être, que nous rencontrons notre primordiale intuition intellectuelle. — Or l'intuition bergsonienne, niant l'existence de l'intermédiaire subjectif, est une identification de l'objet et du sujet selon le mode d'être du sujet; elle est une tentative pour absorber l'esprit dans la matérialité des choses. Et elle ne peut recevoir communication de l'évidence; le secours de la raison lui est refusé, puisque l'intuition nie les principes mêmes de la raison, et puisque des concepts n'exprimeront jamais une intuition. Parlera-t-on de concepts fluides? Mais quand je dis : l'homme est libre, ou bien le jugement traduit fidèlement mon intuition, et la théorie bergsonienne du concept sera détruite: ou il ne le traduit pas fidèlement; le jugement : l'homme n'est pas libre, ne l'exprimerait d'ailleurs pas mieux; et alors il n'y a plus de vérité. Même conclusion d'ailleurs si l'on se reporte à l'évolutionisme bergsonien, la vérité devenant erreur par l'action même du temps. Le bergsonisme veut atteindre l'absolu et il se fonde sur des principes qui nous interdisent l'absolu. Ajoutons d'ailleurs que dans la sensation qui forme le fond de l'intuition bergsonienne, on

réintroduit quelques opérations intellectuelles aussi anémiées, aussi atténuées
que possible; et de tout cela on veut
faire une opération simple.

Ainsi M. Bergson arrive à sa théorie de
la durée qui fait de la plus accidentelle
des réalités, le Temps, l'étoffe même des
choses, qui est l'affirmation du non-être,
la négation de l'être et des principes
d'identité, de substance, de causalité, de
raison suffisante, la philosophie du rien
qui change, du temps sans succession et
du passé présent.

Il n'y a pas de cause à l'être des
choses, il n'y a pas besoin de cause à
l'ordre des choses: tel est, dit M. Maritain,
le double principe de l'évolutionisme
intégral. Confondant l'être par soi et
l'être contingent, l'être le plus riche et
l'être le plus pauvre, M. Bergson se pose
le problème de savoir si le néant est
antérieur à l'être. Or on peut affirmer
comme lui que l'être est antérieur au
néant, et pourtant que certains êtres sont
précédés logiquement et chronologiquement par le néant; si Dieu existe, le
néant de l'Univers est pensable. L'analyse psychologique n'est d'ailleurs pas à
sa place dans l'idée de néant; car ce qu'il
y a de réel dans le néant, c'est simplement le signe logique de la négation. Et
l'analyse entreprise par M. Bergson n'est
pas exacte; car dans l'idée du néant d'un
être il y a bien l'idée du néant de cet
être, mais il n'y a pas celle d'un autre
être qui lui serait substitué. Quoi qu'il en
soit, il n'y a plus dans cet évolutionisme
d'être nécessaire; le contingent est cause
de soi; le panthéisme bergsonien absorbe
l'être par essence dans l'être participé.
M. Bergson nie de même qu'il faille chercher la cause de l'ordre des choses en
dehors des choses; parce qu'il y a deux
ordres dont l'un est la négation de l'autre,
il nie le problème de l'ordre, comme s'il
ne se posait pas pour chacun de ces
deux ordres; car sans intelligence il ne
peut y avoir que désordre. Pour M. Maritain les idées de non-être et de désordre
sont de vraies idées et qui nous forcent
à remonter jusqu'à Dieu. On ne peut pas
plus dans le bergsonisme partir du devenir
que du désordre ou du néant; car il y a
plus dans le mouvement que dans l'immobile; le mouvement n'a pas besoin de
cause, ni le mobile de moteur; et même,
ces distinctions de mouvement et de cause,
de mobile et de moteur, ne sont que
le résultat du morcelage intellectuel.
M. Bergson supprime des choses ce par
quoi elles ressemblent à Dieu: l'être, et il
supprime en nous notre unique moyen de
connaître Dieu: l'intelligence.

Il croit pouvoir par l'intuition entrer
en contact avec l'unité divine, comme s'il
n'y avait pas une distance infinie entre
Dieu et nous. Et si l'intuition ne marque
qu'une direction, quel moyen aurons-
nous, la raison une fois proscrite, pour
aller du fini à l'infini?

L'intuition en tout cas ne pourrait nous
donner qu'un Dieu immanent. Si Dieu est
la concrétion de toute durée, si la matière
est regardée d'une manière toute mani-
chéenne comme l'opposé de Dieu, c'est
que Dieu et la matière font partie d'un
même genre, c'est que la durée est la
dispersion de Dieu. Les choses reçoivent
des attributs divins : aséité, simplicité,
puisque les choses sont leur action et
leur durée même, ineffabilité, pouvoir
créateur; d'un autre côté, Dieu devient
contingent, indigent, changeant comme
les choses; bien plus, il a besoin d'elles,
puisqu'il se fait en créant. Et quand il
les crée, il les crée sans plan défini, sans
intelligence, au fond sans volonté. Le
monde devient donc une émanation de
Dieu; car M. Bergson, repoussant les principes de l'intelligence, s'interdit d'admettre des distinctions substantielles. Et
son émanation est en même temps un
manichéisme.

Nous passerons plus rapidement sur les
problèmes de l'homme et de la liberté.
M. Maritain critique la méthode de la
psychologie bergsonienne, qui, étudiant
les phénomènes sans s'interroger sur leur
nature, est amenée à l'idée d'une action
sans être. Il examine la théorie de l'âme
et du corps, suivant laquelle il n'y a entre
eux qu'une différence de degrés dans la
durée; même, au lieu de voir dans l'âme
l'acte du corps vivant, la doctrine bergsonienne voit dans le corps l'actualisation
de l'âme; et, en même temps, c'est dans
le rêve qu'elle veut saisir l'esprit en son
état le plus pur. Le moi est confondu
avec la mémoire, doctrine superficielle,
car il y a en nous plus de définitif que
de passager; il y a en nous des certitudes
et des choix qui ne changent pas; doctrine absurde métaphysiquement, car elle
confond nos opérations avec notre substance. Il est vrai que M. Bergson essaie
de remplacer la permanence de la substance par la permanence du changement
indivisible, par la conservation du passé;
mais il confond ainsi en un seul concept
le présent senti et la succession du
temps intellectuel, il fait du temps une
succession simultanée. La théorie des
images se rattache à la fausse définition
de l'immédiat; elle ne nous fait pas comprendre l'actualisation des images vir-
tuelles et elle fait à la fois des corps et

de nos sensations des images évanouissantes. La théorie des idées générales réduit l'universel à une habitude motrice, et nous montre ce qu'est l'empirisme et le nominalisme bergsonien. La spiritualité de l'âme est détruite, puisque d'une part l'intelligence est ce qu'il y a de plus matériel en nous, et que d'autre part l'intuition est résorption de l'intelligence dans l'instinct. La liberté est définie comme pure contingence indéfinissable et donnée en partage à tous les vivants. Ainsi « le philosophe diluant les idées contradictoires jusqu'à leur donner l'apparence de la continuité, puis unissant entre elles les idées atténuées qu'il voile sous des images insaisissables, pense transcender l'intelligence ». Il cherche « à garder le oui et le non, un oui apparent avec un non réel. C'est ainsi qu'il y a au sein des thèses bergsoniennes les plus affirmatives une certaine négation cachée qui les détruit subtilement de l'intérieur. »

Ainsi, malgré la pénétration, la profondeur, la fine précision de certaines de ses analyses et de certaines de ses idées, malgré le pressentiment qu'il eut de grandes vérités, et malgré l'effort philosophique extraordinaire et la longue patience dont ses œuvres font preuve, M. Bergson n'a jamais pu atteindre qu'une certaine ombre fuyante de la vérité, qu'un mirage trompeur, et encore faudrait-il transformer profondément les thèses bergsoniennes pour faire apparaître dans leurs erreurs cette ombre qui fuit. Sans doute, le bergsonisme, éveillant une certaine imagination philosophique, peut éveiller parfois l'intelligence, si proche de l'imagination. Mais si on est satisfait de ce demi-éveil et de cet impressionnisme, on est mort à la vraie vie philosophique.

Nous ne voulons pas ici nous demander ce que le bergsonisme peut répondre au thomisme ; disons pourtant qu'il semble y avoir une certaine confusion, dans les thèses de M. Maritain, entre l'idée d'essence et l'idée d'existence réunies sous l'idée d'être. Quand il dit : « tout ce qui commence d'être » dans l'énoncé du principe de causalité, il ne s'agit pas sans doute du même être que dans la phrase : « l'être propre ou l'essence de ce que l'âme veut connaître » : et si cette distinction est faite, beaucoup de problèmes qui ne sont pas posés par M. Maritain se poseraient peut-être à nouveau. — M. Maritain nous dit que le mouvement, passage d'un être en autre être, est une réalité absolue pour la scolastique comme pour le bergso-

nisme ; mais ce n'est pas une raison, si les termes sont absolus, pour que leur relation soit absolue ; au contraire. Ou bien alors le mouvement est un être ; mais que devient la théorie scolastique suivant laquelle il n'est que tendance vers la réalité ? — M. Maritain critique la théorie du concept fluide et veut enfermer le bergsonisme dans un dilemme. On peut lui répondre que la phrase : « l'homme est libre », sans exprimer l'intuition au sens fort, la traduit tout au moins fidèlement, si le mot : liberté, ne signifie pas une propriété immuable, mais une qualité susceptible de changement.

Même quand il parle d'intuition, les thèses de M. Maritain s'opposent nécessairement aux thèses bergsoniennes. Son intuition intellectuelle est avant tout statique. Vision de ce qui est, divination de ce qui est, elle est au début et à la fin du discours ; elle est point de départ et point d'arrivée ; et le discours n'est que le transport et la distribution de cette lumière. Les choses sont d'ailleurs faites pour être illuminées par les concepts actifs, c'est-à-dire en dernière analyse par l'intuition ; car elles contiennent en puissance leurs formes intellectuelles. L'intuition est statique et les choses sont au fond données. Le livre de M. Maritain est la protestation des idées d'être, de donné, d'objectif, contre l'intuition bergsonienne. Voilà ce qui en fait l'intérêt et l'on peut dire même l'importance. Ajoutons que son exposé pénétrant de la philosophie bergsonienne nous fait sentir l'élément de risque ou d'aventure qu'il y a en elle, qu'on prenne ces mots, soit dans le sens où un thomiste les prendrait, soit dans le sens où, par exemple, James eût voulu les prendre — et enfin que l'exposé précis et souvent éloquent des principales thèses scolastiques, sur lequel nous avons moins insisté, peut avoir de l'utilité.

Une Révolution dans la Philosophie. La doctrine de M. Henri Bergson, par Henri GRANDJEAN, Privat-Docent à l'Université de Genève. 1 vol. in-12, de 169 p., Paris, Alcan, 1913. — M. Grandjean insiste d'abord sur l'importance du bergsonisme ; pour lui il est « une révolution de la pensée, une des plus grandes aventures de l'intelligence humaine, un bouleversement de toute la philosophie ». Pour expliquer cette révolution M. Grandjean décrit d'abord les caractères principaux de l'intellectualisme, « âme de la philosophie traditionnelle », selon lequel tout peut être compris par la raison, c'est-à-dire au fond, dit M. Grandjean, par l'abstraction. Il dit comment l'ère grecque, le moyen âge et l'ère moderne se terminent tous trois par la faillite de l'intellectualisme. Il étudie rapidement quelques-uns des précurseurs de l'anti-intellectualisme contemporain, Pascal, Maine de Biran, Schopenhauer. Il expose les thèses soutenues dans les principaux ouvrages de M. Bergson, en montrant d'une façon parfois assez ingénieuse le lien qui les unit. L'essence du bergsonisme consiste, dit-il, dans la croyance que l'intelligence n'est pas tout l'esprit, qu'à côté de l'intelligence, il y a dans l'esprit l'instinct, et qu'en deuxième lieu l'intelligence, étant inapte à comprendre la vie, « est impuissante à la recherche principale de la métaphysique ». Il caractérise la philosophie de M. Bergson : philosophie de l'expérience totale et pure. Elle prend son point de départ dans l'expérience psychique ; elle devient dans son développement un réalisme, puis un spiritualisme. Mais son caractère essentiel reste la méfiance à l'égard de l'intelligence. M. Grandjean distingue le bergsonisme du pragmatisme, qui est pour lui seulement la théorie selon laquelle l'utilité pratique est le critérium des idées. Le livre finit par quelques réserves sur le bergsonisme : il n'y a pas que du changement dans l'univers ou dans le moi ; il y a des éléments permanents ; et en deuxième lieu M. Bergson n'aurait pas assez vu l'élément actif qui est au fond de la vie psychique.

Les Problèmes de la Sexualité, par MAURICE CAULLERY, professeur à la Sorbonne. 1 vol. in-12 de 332 p., Paris, Flammarion (s. d.). — Ce livre est tiré du cours professé, par M. Caullery, dans la chaire d'*Évolution des êtres organisés* où il a succédé à Giard. Il ne s'agissait donc pas pour lui de vulgariser en les isolant de leur atmosphère scientifique deux ou trois idées générales. M. Caullery fait, au contraire, œuvre de philosophie en réunissant le plus de données significatives, concernant des ordres divers de faits, afin de montrer l'ampleur et la complexité des questions, l'ambiguïté des directions où s'engagent aujourd'hui les biologistes des différentes écoles. C'est dans cet esprit que M. Caullery, après avoir dans une introduction étudié la genèse et la maturation des cellules sexuelles, expose tour à tour les formes de l'hermaphrodisme, les caractères sexuels chez les animaux gonochoriques et les recherches si complexes relatives au déterminisme du sexe, les spéculations et les expériences issues des travaux de Mendel, puis les problèmes de la parthénogénèse

naturelle ou expérimentale ; il complète enfin l'ouvrage par un examen rapide de questions, comme la multiplication asexuée, la sexualité chez les protozoaires et chez les végétaux thallophytes. L'énumération des chapitres suffit pour indiquer l'intérêt de son ouvrage dont la densité ne diminue en rien la clarté : la mise au point est parfaite. En conclusion, M. Caullery montre que l'interprétation des problèmes de la sexualité est dominée par l'opposition des points de vue sur l'hérédité. « L'un, qui n'accorde de réalité véritable qu'à l'organisme total et un ; l'autre, qui subdivise cet organisme en une mosaïque infinie de propriétés distinctes et indépendantes, de parties autonomes, et qui cherche, d'une façon plus ou moins simpliste et consciente, la représentation anticipée des unes et des autres, dans des particules matérielles du germe. La sexualité est, dans la première conception, un aspect spécial de l'organisme entier ; dans la seconde, elle est l'une de ces innombrables propriétés partielles, qui s'assemblent en un édifice et qui ont leur représentation dans tel ou tel chromosome ou fraction de chromosome. » M. Caullery ajoute qu'il se rallie nettement à la première de ces conceptions, sans dissimuler d'ailleurs que, par un effet de « la fortune regrettable des théories de A. Weissmann sur l'hérédité », les partisans de cette première conception sont en minorité parmi les biologistes de la génération actuelle. Il nous semble qu'il y a un grand intérêt à signaler ce parallélisme frappant, ou plus exactement cette liaison remarquable, entre l'état de la pensée biologique et la situation de la réflexion philosophique ; d'autant que nous serions comme M. Caullery disposés à croire que si les solutions inspirées par les tendances symboliques et au fond matérialistes de l'imagination ont rencontré un succès immédiat et apparent, la solidité et la fécondité appartiennent aux recherches qui tendent vers l'intelligence intégrale de l'être vivant et changeant.

De l'Animal à l'Enfant, par P. HACHET-SOUPLET, directeur de l'Institut de Psychologie zoologique. 1 vol. in-16, de 176 p., Paris, Alcan, 1913. — L'ouvrage est composé de deux parties. Dans la première, qui est de beaucoup la plus intéressante et la mieux documentée, l'auteur expose une série de recherches expérimentales sur la psychologie des animaux. Dans le monde, il tente de tirer de ces études zoologiques des conclusions pratiques pour l'éducation de l'enfant.

L'*Institut de Psychologie zoologique* a été fou lé en 1901, pour l'étude expérimentale de la psychologie des animaux supérieurs: on s'y est attaché surtout aux questions suivantes : les tropismes et la sensibilité différentielle, les sens chez les animaux, les lois de l'association des sensations, l'instinct du retour chez le pigeon voyageur, la domestication nouvelle, et la comparaison des facultés supérieures des mammifères et des oiseaux avec le psychisme du jeune enfant. C'est à ce dernier problème qu'est consacré ce volume. L'auteur y étudie principalement la manière dont se forment chez l'animal qu'on dresse les instincts dérivés, et à quelles lois obéit l'association des idées; nous trouvons également dans ce volume des considérations sur la notion de cause, le sentiment de la personnalité, l'abstraction, les goûts esthétiques chez les animaux. Particulièrement importante à signaler est la *loi de récurrence associative* : « C'est une erreur, dit l'auteur, de supposer que les moments ou les sensations s'associent par contiguïté, se suivent toujours les uns les autres dans l'ordre même de succession où les excitations se produisent dans le temps. Les complexes ne se forment pas ainsi dans le dressage ; les associations qu'on y provoque sont *récurrentes*. C'est-à-dire que la chaine est successivement rattachée de plus en plus haut, à des antécédents de plus en plus anciens, sans que l'ordre de succession des sensations qui aboutissent à l'acte soit changé, quand la chaine est reproduite dans le champ de la mémoire. » En d'autres termes, l'animal lie au souvenir d'un sentiment violent (plaisir ou déplaisir) les sensations qu'il a éprouvées avant et non celles qu'il a éprouvées après. C'est la une constatation extrèmement intéressante et qui, comme l'indique l'auteur, semble valoir même pour la psychologie humaine.

Pour ce qui est de l'intelligence de l'animal, M. Hachet-Souplet se tient à égale distance des exagérations de ceux qui veulent en faire un prodige plus capable de raisonnement et de discernement que l'homme même et de ceux qui lui refusent tout pouvoir de s'élever au-dessus de la sensation. L'acte d'intelligence, qu'il définit justement celui où les matériaux psychiques sont employés d'une façon nouvelle, existe manifestement chez beaucoup de mammifères supérieurs : l'auteur nous montre l'exemple des singes fabricants d'outils, navigateurs, producteurs du feu, et il analyse chacun de ces cas particuliers

dont l'interprétation, il faut le dire, est souvent délicate.

La mentalité de l'enfant se rapproche, d'après l'auteur, de celle de l'animal; par suite, ce sont les mêmes procédés qu'on doit lui appliquer; l'éducation doit être, dans le jeune âge, un véritable dressage. Bien que cette dernière partie soit moins riche en observations que la première, elle renferme plus d'un conseil dont l'éducateur pourra faire son profit.

Science et Technique en Droit Privé Positif, par FRANÇOIS GÉNY. 1 vol. in-8 de 212 p., Paris, Sirey, 1914. — M. Gény, qui a publié en 1899 une très importante étude sur la méthode d'interprétation et les sources en droit privé positif, poursuit ses travaux dans la même direction ; soucieux de dépasser le but qu'il avait primitivement visé, il cherche à découvrir la source des principes qui alimentent et soutiennent la vie juridique. Sous ce titre *Science et Technique*, il envisage distinctement l'élaboration scientifique et l'élaboration technique du droit privé. La première partie seule a paru : elle constitue une large introduction destinée à préciser la position actuelle du problème du droit positif, à discerner et caractériser les éléments de sa solution.

Le droit positif que l'auteur prend pour objet d'étude est celui qui apparait, à l'époque actuelle, constitué dans et par l'État. Ce n'est pas qu'il ne puisse exister en dehors de l'État des collectivités assez solidement organisées pour former un milieu spécifique de droit positif. Une société religieuse comme l'Église catholique romaine peut être considérée en un certain sens comme autonome : on peut voir en elle un milieu de formation et les organes de constitution d'un véritable droit positif. De même on a pu prétendre qu'il se formait en dehors du droit positif commun un « droit ouvrier », échappant à l'action de la loi, se développant sans elle, parfois contre elle. Il n'en est pas moins vrai que l'État moderne est éminemment qualifié pour définir et imposer le droit dans un pays et à un moment déterminés.

Mais comment s'élabore ce droit? Comment pouvons-nous le connaitre et le faire pénétrer dans la vie sociale? M. Gény fait observer que l'activité des hommes de droit oscille entre deux pôles distincts, qu'il appelle le *Donné* et le *Construit*. Le donné, c'est la règle de droit telle qu'elle résulte de la nature des choses et autant que possible à l'état brut : le construit, c'est le résultat de l'effort des hommes qui veulent ériger la règle brute en précepte, l'assouplir, la mettre en œuvre,

.'adapter aux)esoins de la vie. En réalité. le donné et le construit ne restent pas entièrement séparés; ils s'entre-croisent, se pénètrent, agissent mutuellement l'un sur l'autre.

A cette distinction correspond celle de la Science et de la Technique : ces deux expressions opposées l'une à l'autre font ressortir le dou)le aspect de l'éla)oration juridique, à la fois scientifique et technique. La science est la connaissance du donné; la technique, l'étude du construit.

De toutes façons, le jurisconsulte, soit qu'il constate le donné de la vie sociale, soit qu'il s'applique à construire des systèmes, met en œuvre ses facultés intellectuelles. Comment et par quels procédés se poursuit cette recherche? Répondre à cette question, c'est édifier une sorte de théorie de la connaissance adaptée aux choses du droit.

Après avoir consacré à cet essai d'épistémologie juridique un chapitre très pénétrant, l'auteur s'attache à déterminer la méthodologie générale du droit positif. Il envisage d'a)ord ce problème de la méthode générale du droit, suivant le point de vue d'une logique exclusivement intellectualiste. Il se demande ensuite quel secours peut lui prêter « la philosophie nouvelle » et fait à l'intuition sa part. Pour justifier son exposé théorique, il choisit. à titre d'exemples. deux applications de ses idées méthodologiques. L'une de ces applications concerne un pro)lème général de réglementation juridique, celle des rapports pécuniaires entre époux : l'autre vise un point particulier d'interprétation, dont l'appréciation appartient non pas au législateur ou théoricien général du droit. mais plutôt au juge, au praticien ou au juriste consultant.

L'examen concret des voies suivies par le jurisconsulte rend plus nette la perception de cette méthode « extrêmement complexe et nuancée. toute pénétrée de casuistique et de dialectique. mélange constant d'analyse et de synthèse, où les procédés *a posteriori* qui fournissent les solutions adéquates supposent des directions *a priori*, proposées par la raison et la volonté » (p. 221).

Telle est. très imparfaitement résumée, la première partie de ce travail qu'il faut souhaiter de voir mener rapidement à)onne fin. Le droit jusqu'à présent n'était presque pas représenté dans la critique des sciences; il le sera désormais par un ouvrage de premier ordre, digne de la mémoire de Saleilles à laquelle il est dédié.

Essai sur la Métaphysique d'Aristote, par Félix Ravaisson. T. I, 1837, réimprimé, 399 p. in-8°, et t. II, 1846, 385 p. in-8°, Li)rairie philosophique J. Vrin. — C'est une)onne fortune pour les philosophes que de pouvoir enfin placer dans leur)i)liothèque l'ouvrage célèbre d'où date en Europe la renaissance des études aristotéliciennes. Que l'interprétation de Ravaisson ne soit pas définitive, peut-être parce qu'elle a visé à dire du premier coup le dernier mot sur Aristote et sur l'antiquité grecque, on l'a suffisamment répété depuis trente ans; mais on risque ainsi de ne pas rendre justice à ce qu'il y avait d'érudition solide et neuve dans les études qui préparent et justifient l'effort original de Ravaisson, de méconnaitre le profit que l'on en retire, aujourd'hui surtout que nous sommes mis en garde contre une trop vive sollicitation des textes. de ces vues organiques et synthétiques qui prolongent la perspective historique d'un système philosophique. D'autre part, pour qui veut comprendre le développement de la pensée contemporaine, l'*Essai* de Ravaisson constitue le plus important des témoins : en épousant les préjugés d'Aristote contre la dialectique platonicienne, en fécondant la notion de puissance sous la dou)le suggestion de l'*effort* de Maine de Biran et de l'*intuition* de Schelling, Ravaisson a creusé un fossé entre l'idéalisme rationnel et le dynamisme psychologique; il a ainsi donné naissance au postulat fondamental dont se sont. plus ou moins consciemment, inspirées les doctrines anti-intellectualistes du temps présent.

Commentaire français littéral de la Somme théologique de saint Thomas d'Aquin, par le R. P. Pègues, O. P., t. VIII, *Les vertus et les vices*. 1 vol. gr. in-8°, de viii-851 p., Toulouse, Privat. et Paris, Téqui, 1913. — Le huitième volume du commentaire que poursuit le R. P. Pègues em)rasse les questions 55-89 de la *Prima-secundæ*, c'est-à-dire toutes celles qui traitent des vertus et des vices considérés dans leur généralité. Un grand nom)re de ces questions. et notamment celles qui traitent des dons de l'Esprit Saint, du péché originel et des péchés en général relèvent directement de la spéculation théologique. L'historien de la philosophie aura néanmoins plaisir à voir jouer jusque dans ces pro)lèmes, que posent les données fondamentales de la révélation, les principes rationnels qui sont à la)ase du système thomiste tout entier. La question LXXXI, dont les cinq articles discutent le mode de traduction du péché originel. retiendra non seulement l'historien de la philosophie, en raison des attaches qui relient ce pro-

)lème à celui de l'origine de l'âme, mais encore l'historien des idées religieuses, et aussi les controversistes qui discutent volontiers ce point crucial de la doctrine catholique. On doit reconnaître que, même après avoir lu de multiples commentaires théologiques sur cette question, la simple lecture du texte de la Somme théologique que le P. Pègues commente lumineusement par le *De malo* (quest. V., art. 4), constitue une véritable révélation. En expliquant la transmission de ce péché par un lien d'ordre physique et qui tient à la communication, par voie d'origine, d'une nature humaine contaminée, Thomas d'Aquin propose une hypothèse métaphysique assurément discutable, mais exempte des naïvetés que l'on rencontre trop souvent dans la bouche des sermonnaires ou sous la plume des théologiens, et non moins souvent chez leurs adversaires. Il faut seulement regretter que le Commentateur, qui s'exprime généralement en philosophe averti, ait précisément introduit dans le texte de son auteur une de ces naïvetés qui ne s'y trouvent pas. Le P. Pègues voit dans les paroles adressées à Bernadette par la Vierge Marie : *Je suis l'Immaculée Conception*, une magnifique confirmation de la doctrine catholique d'une déchéance originelle de la nature humaine, car « il suit de là, manifestement, qu'il est d'autres conceptions qui ne sont pas immaculées, mais, au contraire, souillées par un péché d'origine » (p. 655). En bonne doctrine thomiste on ne pourrait faire de cet argument qu'un *Sed contra*. Et il est d'ailleurs singulier de voir argumenter au nom de l'Immaculée Conception de la Vierge dans un commentaire de saint Thomas qui, comme chacun sait, l'a formellement niée. Toutes les réserves apportées au cours de l'article 3, question LXXXI, dans lequel Thomas d'Aquin déclare que « selon la foi catholique on doit fermement tenir que tous les hommes, à l'exception du Christ seul, qui viennent d'Adam, contractent de lui le péché originel », constituent des additions pures et simples du commentateur. Sans doute le P. Pègues se réserve de justifier plus tard ses assertions, et ce sera sans doute en commentant les articles 1 et 2, question XXVII de la III⁰ partie. Mais nous n'y verrons point alors que le péché d'Adam, dont on reconnaît que la Vierge aurait dû le contracter comme nous tous, en raison de son origine, « n'est point de fait parvenu jusqu'à Elle » (p. 662) : nous y verrons au contraire que, si le péché originel n'est point parvenu jusqu'à la naissance de la Vierge, il l'a atteinte au moment de sa

conception : « ante infusionem animæ rationalis Beata Virgo sanctificata non fuit » (*Sum. theol.*, I, 27, 2 ad Resp.) et, ajoute saint Thomas, le fait que l'Église Romaine tolère la célébration, dans d'autres Églises, d'une fête de la Conception de la Vierge, ne prouve rien. « Nec tamen per hoc quod festum Conceptionis celebratur, datur intelligi quod in sua conceptione fuerit Sancta; quia quo tempore sanctificata fuerit, ignoratur, celebratur festum Sanctificationis ejus potius quam Conceptionis in die conceptionis ipsius » (*Ibid.*, ad 2ᵐ). Pourquoi ne pas laisser intégralement cette doctrine à saint Thomas ? Il la partage avec saint Bonaventure, saint Bernard et saint Augustin ; c'est une excellente compagnie.

On ne craindra pas, du moins, de trouver au commentaire du P. Pègues ce caractère quelque peu tendancieux lorsqu'il s'agit de questions purement philosophiques. Tel est le cas des questions LV-LXI, spécialement consacrées à la doctrine des Vertus. Outre que ces questions présentent une admirable ordonnance et manifestent au plus haut degré cette beauté lucide qui caractérise la pensée de Thomas d'Aquin, le moraliste y recueillera des réflexions pénétrantes, dont plusieurs, notamment en ce qui concerne la distinction des vertus morales et des vertus intellectuelles, interviendraient utilement dans les controverses morales du temps présent.

Montesquieu, par J. DEDIEU. 1 vol. in-8, de VIII-358 p., Paris, Alcan, 1913. — L'ouvrage de M. Dedieu constitue une étude d'ensemble où les différents aspects de la pensée si riche de Montesquieu sont successivement envisagés. Le premier chapitre est consacré à la formation intellectuelle du Président. L'auteur nous le montre subissant l'influence d'un milieu de juristes, encore sensibles aux traditions féodales, se livrant ensuite aux études littéraires, puis scientifiques, qui inspirèrent ses premiers travaux. D'excellentes pages notamment contiennent une forte et ingénieuse analyse des théories politiques et religieuses déjà renfermées dans les *Lettres Persanes*. Puis nous suivons Montesquieu à travers ses voyages, où nous le voyons recueillir ample moisson d'informations et d'enseignements pris sur le vif, et enfin, si l'on peut dire, dans sa bibliothèque, où nous notons les nouveaux progrès qu'effectue son esprit sous l'influence tant des anciens, Aristote ou Platon, que des modernes, Gravina, Doria, Locke, Bodin, Fénelon, l'abbé de Saint-Pierre, Bayle, Melon. On peut regretter sur ce point que M. Dedieu se borne à signaler les théoriciens du droit naturel, dont il reconnait à maintes reprises que leur lecture fit sur l'auteur de l'*Esprit des Lois* une impression profonde.

Le second chapitre traite des Origines de la Méthode Sociologique. C'est sous l'influence de ses études scientifiques que Montesquieu conçut l'idée d'un déterminisme universel, applicable tant aux faits sociaux qu'aux phénomènes de la nature physique. Mais il parait avoir hésité longuement avant d'accorder aux causes morales la place prépondérante que l'*Esprit des Lois* leur reconnait. La dernière partie de ce chapitre est consacrée à l'analyse du plan général de cet ouvrage et à la critique de la thèse de M. Lanson, d'après laquelle l'*Esprit des Lois* serait une application aux phénomènes sociaux de la méthode cartésienne. On peut remarquer d'ailleurs que M. Dedieu se borne à dégager la suite des idées directrices, sans vouloir vraiment découvrir un principe d'unité dans la composition du livre. Il semble même embarrassé par la dernière partie de l'ouvrage (liv. *XX* et suiv.), qui parait témoigner d'une sorte de découragement de la part de Montesquieu.

Ces deux chapitres constituent certainement l'élément le plus substantiel et le plus documenté de cette étude. Dans les chapitres suivants, l'auteur traite successivement des idées politiques, des idées sociales, des idées économiques et des idées religieuses du Président. Notons une bonne analyse historique des origines du libéralisme au xviii° siècle. Mais l'examen de la théorie de la liberté politique elle-même, chez Montesquieu, ne nous parait pas éclairer sa pensée d'un jour bien nouveau. Signalons également les précieuses indications que contient le dernier chapitre sur les · controverses que souleva, dès le début du xviii° siècle, la question des rapports de l'Eglise et de l'Etat.

Dans la conclusion l'auteur s'efforce de dégager l'attitude générale de Montesquieu en face du problème sociologique. Cette attitude, on peut la qualifier, somme toute, de positive. Montesquieu, fidèle au principe déterministe, affirme l'existence des lois générales, que Voltaire méconnait, refuse de poser les questions d'origine absolue, mais en même temps rejette non seulement toute idée de progrès, mais même d'évolution. En matière religieuse, — et sur ce point encore il s'oppose à Voltaire, comme plus tard à Condorcet, — il représente la critique bienveillante. C'est donc bien à juste titre

qu'on peut le considérer comme un des fondateurs, ou, mieux, des précurseurs, de la Sociologie objective.

J.-J. Rousseau. *Textes choisis et commentés*, par ALBERT BAZAILLAS. 2 vol. in-12, de 333-343 p., Paris, Plon, 1913. — M. Bazaillas a adopté, pour relier ces textes choisis de Rousseau, une méthode ingénieuse et claire : les disposant par ordre chronologique, il les accompagne d'un perpétuel commentaire biographique et idéographique. On suit ainsi aisément le développement de la pensée de Rousseau, tel du moins que M. Bazaillas le conçoit. A vrai dire il n'apporte, en ce qui concerne soit la vie, soit la doctrine de son auteur, aucun éclaircissement nouveau. La sympathie qu'il éprouve pour le philosophe de Genève lui inspire peut-être même une confiance exagérée dans ses affirmations, et il n'est pas loin de croire au grand complot Grimm et à la malveillance de Hume. D'autre part, il affirme l'existence, dans l'œuvre de Rousseau, d'une unité et d'une continuité sans doute excessives. On sait les multiples problèmes que son interprétation a soulevés à ce point de vue : M. Bazaillas ne les indique même pas le plus souvent. Il n'est pas jusqu'aux questions de date — notamment en ce qui concerne les Institutions politiques et l'article Economie, — sur lesquelles il eût convenu, en l'absence d'une critique approfondie, de se montrer circonspect. Il est vrai que M. Bazaillas parait moins avoir recherché dans Rousseau le doctrinaire que l'homme de sentiment, l'apôtre du démocratisme rationnel que l'ancêtre du romantisme. La place et l'importance accordées à la *Nouvelle Héloïse* le prouvent. Et ce faisant, il ne s'est peut-être pas trompé sur la véritable personnalité de Rousseau.

Royer-Collard. *Les Fragments philosophiques*, avec une Introduction sur *la Philosophie écossaise et spiritualiste au XIX° siècle*, par ANDRÉ SCHIMBERG. 1 vol. in-8, de cxlviii-325 p., Paris, Alcan, 1913. — M. André Schimberg mérite la reconnaissance des historiens de la philosophie moderne en rééditant ces Fragments philosophiques de Royer Collard, et en contribuant ainsi, pour sa part, à tirer du discrédit où elle est si longtemps demeurée la pensée philosophique française du début du xix° siècle. Les Fragments n'avaient été publiés jusqu'alors que sous forme d'appendice aux œuvres de Thomas Reid. Malheureusement M. Schimberg n'a pu retrouver les notes sur lesquelles Jouffroy avait travaillé, et il y a lieu de craindre leur disparition définitive. Mais, d'autre part, M. Schimberg a eu l'heureuse idée de réunir aux Fragments le Discours Inaugural de 1811, qui eut un retentissement si considérable, et les articles philosophiques donnés par Royer-Collard au *Journal des Débats* dans le cours de l'année 1806. Nous assistons ainsi, comme le dit fort bien l'éditeur, à la genèse de la pensée du philosophe.

Enfin M. Schimberg a fait précéder son édition d'une longue Introduction où il traite successivement de la philosophie de Thomas Reid et de Royer-Collard, de la vie et de l'œuvre personnelle de ce dernier, des lacunes et des erreurs de la philosophie écossaise, puis s'efforce, après avoir montré les graves conséquences qui ont résulté, selon lui, de la rupture de Descartes avec la grande tradition aristotélicienne et scolastique, de dégager « la part de vérité vivante et utilisable » que contient la philosophie écossaise. — entendez par là la mesure de sa conformité avec la métaphysique spiritualiste.

Elemente der Transzendentalen Logik, par le Dr ERNST BARTHEL. 1 broch. in-8, de 99 p., Strasbourg, Dumont Schauberg, 1913. — M. Ernst Barthel a de grandes ambitions : il veut constituer une logique transcendantale, comprenant une théorie de la connaissance, une étude des catégories de la pensée, une étude des catégories de la nature et une *Methodenlehre*. De ce vaste édifice il n'a encore construit que le vestibule et la théorie de la connaissance : et ce seul des deux premières parties de son ouvrage complet qu'il offre encore aujourd'hui au public. Dans l'Introduction l'auteur examine, de son point de vue, les doctrines de Kant, de Fichte, de Schelling, de Herbart et de Schopenhauer, et cela dans le but avoué de faire apparaître son propre ouvrage comme un *desideratum* au sens baconien du mot. Kant veut montrer l'impossibilité de toute métaphysique rationnelle : il s'appuie sur le principe que des jugements sont vrais dans la mesure où ils s'accordent avec leur objet, ou encore qu'il n'y a de jugements scientifiques que ceux qui s'appliquent à des objets d'expérience possible; les jugements *a priori* se rapportant à des objets d'expérience *doivent* se rapporter à l'expérience parce que le monde n'est que l'ensemble de ces jugements possibles et la pensée l'ensemble des actes synthétiques qui ne peuvent se poser comme réalisés que par des expériences objectives. M. Barthel n'admet ni le principe ni la conséquence : il reproche

à Kant d'avoir insuffisamment analysé les notions d'*exact* et de *vrai* et d'avoir admis comme évident que les jugements de faits sont le prototype de toute vérité. « Le vaste domaine des qualités de la nature, pense M. Barthel, ne permet pas de prendre pour base d'une science compréhensive l'analyse unilatérale de la notion d'objet. La philosophie de l'objet doit aboutir à une philosophie de l'univers. Or la nature se compose de *totalités* (ex. : un astre); d'*états* (ex. : sensation, sentiment); de *qualités* (ex. : le liquide, le jeu) et d'*objets* (telle sphère, tel organisme) » (p. 3-4). La philosophie universelle requiert donc pour fondement une logique *métaphysique*. La vérité n'est point une norme, mais l'ensemble de l'être en soi des choses mêmes » (*Der Inbegriff des Ansichseins der Dinge selbst*), et par choses il ne faut point entendre des « objets en soi », mais les « principes de lois métaphysiquement harmoniques ». Le monde objectif n'est pas simplement nature ou sensibilité; comme nos jugements mêmes, il appartient, dans ses notions formelles fondamentales, à notre pensée : aussi M. Barthel tentera-t-il de déterminer déductivement l'essence métaphysique de l'espace et du temps et de déduire les dimensions. D'autre part il considère les catégories objectives de la pensée comme un groupe plus simplement intelligible des catégories de la pensée que ne sont les jugements, et il déduit selon une règle métaphysique ceux-ci de celles-là; or les catégories de la pensée sont elles-mêmes obtenues à l'aide de l'espace et du temps. Ainsi, pense M. Barthel, on évite une grave défaut du Kantisme, à savoir le manque de rapport des « formes de l'intuition » avec les catégories de pensée du monde objectif (p. 7) : Kant les juxtapose parce qu'il les a trouvées devant lui, mais sans déduire ni le temps, ni l'espace, ni les catégories d'un principe supérieur, ni les uns des autres, ce qui est proprement antiphilosophique. car l'objet de la philosophie est de découvrir les rapports internes des concepts et de les reconnaître comme nécessaires chacun à sa place. Kant prend les principes comme donnés en fait pour s'en servir, aussitôt, comme d'armes contre la métaphysique. L'auteur de ce petit livre fait encore à Kant d'autres griefs. La notion kantienne de science est tirée de la simple technique des sciences de la nature : M. Barthel se demande si cette science exacte est bien la science de la pensée ou si elle ne serait pas plutôt la science d'une certaine pratique et, en ce qui concerne la pensée,

)ien plutôt une ignorance. Un des o)jets de la logique de M. Barthel serait de fonder un rationalisme auquel la raison pratique même ne pourrait s'attaquer parce qu'elle s'y trouverait a)sor)ée. Cette logique éta)lira : 1° que la méthode causale et la méthode téléologique ne sont pas les seules possi)les, mais peuvent être remplacées par une méthode métaphysique; 2° que la méthode causale et la méthode téléologique sont essentiellement pratiques et ne sont, par conséquent, d'aucun usage pour la science pure. — Enfin Kant a eu, selon M. Barthel, le tort d'affirmer, dans sa réfutation de l'argument ontologique, qu'il n'y a point de concept d'où l'on puisse analytiquement tirer l'existence ou l'être : M. Barthel essaiera d'éta)lir que les concepts de « monde » et de « valeur » sont tels que l'être peut en être analytiquement déduit.

Il ne faudrait pas croire d'ailleurs que M. Barthel rejette purement et simplement le Kantisme : Kant ne peut plus, pense-t il, nous indiquer *ce que* nous devons penser; mais nous pouvons et nous devons apprendre de lui *comment* il faut penser. Et le Kantisme est le meilleur antidote contre la dialectique hégélienne qui fait de la vérité un processus d'erreur et n'admet point d'absolu, et d'autre part contre le psychologisme.

A Fichte l'auteur reproche de n'avoir pas admis le primat de la raison théorique, d'avoir affirmé sans fondement que le moi est effort infini et que cet effort a sa fin en lui-même. Hegel est « un ennemi déclaré de la vérité rationnelle, car toute affirmation d'idées éternelles et intemporelles au sens de Platon et de l'idéalisme allemand est folie à ses yeux » (p. 17). Chez Jean-Jacques Wagner, au contraire, M. Barthel trouve des suggestions importantes : Wagner a « reconnu l'importance du nom)re 4 »,)ien qu'il ait parfois appliqué la létrade avec quelque ar)itraire; et ce n'est pas là, aux yeux de notre philosophe, un mince mérite, puisque dans la logique transcendantale la tétrade, en tant que « tétranomie des valeurs », n'est non moins que le fondement de la pensée et de la nature. A Her)art l'auteur est surtout reconnaissant d'avoir défendu le primat de la raison théorique et construit une philosophie de l'être. Enfin il a)eaucoup appris de Schopenhauer : et s'il reproche à ce dernier un certain nom)re de graves erreurs (comme le su)jectivisme dans la théorie de la connaissance) dues à l'influence kantienne, il ne le considère pas moins comme le plus original

des penseurs modernes, et s'inspire parfois de son voluntarisme.

Il n'était pas sans intérêt de connaître les sympathies et les antipathies historiques de l'auteur, et il est remarqua)le que sa pensée, qui parait s'être nourrie principalement de l'idéalisme du dé)ut du XIX° siècle, est apparentée, sinon par le fond des doctrines, du moins par les am)itions qui l'animent et les méthodes qui l'inspirent, avec les grandes philosophies de cette époque.

Il y a pour M. Barthel quatre espèces de conscience : conscience pratique, conscience scientifique, conscience naïve et conscience dialectique. La conscience pratique est celle des hommes qui n'examinent point leurs principes innés et admettent comme vrais les points de vue et les résultats essentiels de la science contemporaine, laquelle est fondée sur des postulats pratiques. La conscience dialectique (ex. : Hegel) n'est que la conscience pratique raffinée. La conscience naïve, point de départ de la philosophie, est la conscience naturelle et non pervertie : systématisée, mise en possession de ses propres principes, elle devient la conscience scientifique, fin de l'effort philosophique.

Le monde o)jectif, poursuit M. Barthel, comprend des o)jets conscients et des o)jets inconscients. L'o)jet conscient est un moi. Le monde est fonction d'un moi, d'une conscience finie (car l'o)jet conscient n'est pas une conscience a)solue). Le moi est un individu organique conscient sans détermination de quantité (*Dasein*) : cette définition permet d'échapper aux erreurs de l'idéalisme physiologique et du solipsisme. La caractéristique la plus profon)le du moi est d'être fini et organique (p. 34-35). La conscience finie est capa)le de s'opposer à un monde d'o)jets. L'o)jet de la philosophie est de montrer qu'une conscience finie, conscience d'elle-même, aurait créé le monde tel qu'il est; elle serait création du monde si le monde n'existait déjà dans cette création. Dans le *Selbstbewusstsein* le monde est fonction de la conscience finie et se reconnaît comme tel. Mais, comme non seulement le conscient, mais l'inconscient est fonction de la conscience finie, cette dernière est un principe « polaire » : elle pose les pôles qu'elle renferme en elle-même en dehors d'elle, elle les pose comme monde, il y a en elle une dualité; le principe de polarité, qui est celui de la conscience, domine le monde. La conscience n'est pas la condition du monde ou de la polarité, ni la polarité l'*a priori* de la conscience, mais la conscience et la polarité se confondent: le moi et le monde ne dépendent pas temporellement ou génétiquement l'un de l'autre, ils sont transcendantalement identiques. L'identité transcendantale de deux pôles est leur substance, leur *être véritable*; les pôles eux-mêmes sont les fonctions de cette substance. La pensée pure ne connaissant point d'autre dilemme que celui de la valeur, la question de l'être véritable est identique avec la question transcendantale de la valeur. Cela seul *est* pour la pensée absolue qui a une valeur absolue : or aucune autre essence que le principe même de la valeur ne peut prétendre posséder une valeur inconditionnée: ce qui *est* vraiment, ce n'est pas le concept, mais la substance ou l'idéal du concept. Un concept qui porte encore la contradiction et qui a son idéal dans son contraire n'*est* pas par rapport à sa substance : ainsi le repos *est* vraiment, mais le mouvement n'*est* pas vraiment, il ne possède pas l'être véritable (mais il possède la réalité parce qu'il est le principe de la réalité) : le repos ne renferme pas de contradiction en soi, il est l'idéal de soi-même et du mouvement. Or toute réalité est essentiellement changement. mouvement. contradiction : la réalité n'est donc pas autrement définissable que par sa contradiction polaire « avec l'être véritable ou l'idéal de la réalité ». « Le pôle positif *est* tout, aussi bien lui-même que l' idéal de son contraire, mais il n'*a* rien parce que tout avoir suppose une dualité. Le pôle négatif a tout, aussi bien lui-même que le concept de son contraire, mais il n'est rien. Si l'on appelle Dieu l'au-delà du monde, l'idéal absolu, l'être sans changement, il est évident que Dieu ne peut être pensé que sous la notion de passivité absolue. Il n'est point le créateur du monde, mais l'idéal du monde » (p. 49 .

La conscience transcendantale est saisie par la pensée comme dualité polaire: la substance d'un principe peut être son contraire et le tout « polaire » doit être identique à l'une de ses parties. La conscience de soi reconnait le monde comme son identité. mais sans oublier qu'elle n'est elle-même que le concept négatif de sa valeur et en même temps une partie de cette négation. La pensée pose le monde comme fonction transcendantale, a la fois parce que cette dernière n'a point de substance. et malgré cela, à la fois parce qu'elle a pour détermination essentielle d'appartenir à l'espace et au temps. de faire partie du monde, et malgré cela.

Le fondement du monde est dualité, et l'unité ne peut être trouvée en lui; au principe du monde appartient essentiellement cette détermination qu'il doit être pensé par une conscience de soi; mais cette pensée serait unité et non dualité : il en résulte que l'on ne peut s'arrêter là et qu'il ne suffit pas de poser une dualité, mais qu'il faut dédoubler la position de la dualité. La *Vierheit* ainsi obtenue appartient au fondement du monde en tant que celui-ci a cette qualité, d'être en même temps le monde même : on peut donc dire que l'idéal ou la substance du monde est l'unité absolue, que le fondement du monde est la dualité primitive, et que la loi fondamentale du monde est la *Vierheit*. Le deux. comme nombre donné, n'est pas encore tout à fait lui-même; seul le double deux manifeste la plénitude de sa nature. De ces considérations résulte la *tétranomie* primitive : *idéal* (++ : la substance ou être de la tétranomie en soi, l'être étant), *apparence* (+ — : la négation avec l'illusion de l'être vrai; le non-être étant). *phénomène* (— +; la substance avec la détermination accessoire de la négation; l'être non étant); *concept négatif* (— — ; le contraire de l'idéal; le non-être non étant). La tétranomie est la première nécessité de la connaissance; elle est en même temps la loi du monde, celui-ci étant l'identité du moi transcendantal, la loi de la formation des concepts, et la base des groupes de catégories dont le nombre est de 12 (4 × 3).

La pensée pure est une *évaluation* transcendantale : elle évalue, nombre, ordonne et sait; le monde, dans la mesure où il n'est pas la pensée pure, fonction du moi transcendantal, ni évalué, ni nombré, ni ordonné. mais su, est suffisamment caractérisé par les principes suivants : 1° valeur absolue, transcendance, être absolu du monde: 2° détermination temporelle, illusion du monde; 3° détermination spatiale, phénomène du monde; 4° relation au moi comme concept négatif ou ensemble du monde entier dont l'espace et le temps ne constituent que les côtés séparés. « La conscience finie se connait elle-même sous les fonctions de l'espace et du temps; ni le moi n'est pensable sans le temps et l'espace, ni le temps et l'espace sans le moi, ni le temps sans l'espace qui est sa « position », ni l'espace sans le temps qui est sa négation. Le moi transcendantal, ensemble du moi, de l'espace et du temps, est l'essence immanente à toute conscience, humaine ou animale. L'essence de l'espace est la polarité ou symétrie de la droite et de la gauche, le temps doit au contraire être pensé comme point a)solu : il est à la fois commencement et fin, mais essentiellement présence. L'individu remplit le temps comme la matière remplit l'espace : c'est la sensation individuelle qui confère au temps un contenu. La qualité est à la valeur a)solue et au temps ce que la quantité est à la relation a)solue et à l'espace.

On a vu que l'être et la réalité s'opposent comme des principes « polaires »; la réalité a)solue *n'est* pas; l'être a)solu est a)solument irréel. La qualité *est* essentiellement, mais n'est point réelle. La quantité est essentiellement réelle, mais elle n'est pas (p. 70). Le monde n'est pas vue, audition, odorat, mais relation; les sensations n'appartiennent pas au monde, mais elles *sont*. Le grand mérite des Eléates est d'avoir pour la première fois distingué l'être et la réalité. Aussi était-ce une entreprise désespérée de vouloir prouver l'*existence* de l'être a)solu : l'être absolu, Dieu, pure conscience, valeur transcendantale, *n'existe* certes pas. Le manque d'existence n'est pas un défaut, mais le mérite sans lequel la divinité ne serait rien : Dieu *est*, le monde *existe*, Dieu n'est point une personne (car il serait alors limité par l'inconscient comme une conscience finie), il n'a point de corps, il n'est pas tout-puissant (car alors il serait puissant sur ce qui n'est pas lui et serait donc un concept négatif); il *est* comme intuition pure, incorporelle, intemporelle, sans action, sans pensée, sans conscience de soi, il est...

Il nous est impossi)le de suivre l'auteur dans le détail de ses déductions et de ses délimitations de concepts. Nous pensons que l'on aura reconnu, à travers les lignes de ce compte rendu, l'originalité et l'ardeur métaphysique qui sont les qualités incontesta)les du livre de M. Barthel. Il sera plus facile d'apercevoir, quand son ouvrage sera complet, quelle est la fécondité de ses aperçus et s'ils constituent un apport dura)le à l'avoir de la philosophie générale : l'auteur servira)ien sa propre cause en développant plus a)ondamment les doctrines nouvelles qu'il propose, en les fondant plus longuement et plus rigoureusement, et en ménageant plus ha)ilement les transitions d'un ordre d'idées à l'autre. Son œuvre est pleine d'invitations intéressantes et de promesses : à lui d'en faciliter l'abord.

Was ist Individualismus? *Eine philosophische Sichtung*, par Georg. E. Burckhardt. Broch. in-8, de 89 p., Leipzig, Félix Meiner, 1913. — M. Burckhardt, s'attaquant après)eaucoup d'autres à la définition de l'obscure notion d'individualisme, a néanmoins réussi à faire œuvre intéressante et utile. Il passe en revue les manifestations de l'individualisme dans la vie et les divers domaines de la science. En politique l'individu est fin pour l'individualisme, la famille et l'Etat n'étant pour lui que des moyens; dans la science du droit l'individualisme juridique ne trouve que dans l'individu la personne réelle, toutes les autres personnes étant de pures fictions. En morale l'individualisme tend à affranchir de toutes les entraves non plus tant l'individu proprement dit que la personne avec ses traits caractéristiques. En pédagogie il s'agira de cultiver et de raffiner dans l'enfant « ses différences », au lieu d'essayer de ramener tous les enfants à l'unité d'un type considéré comme idéal et comme norme. En religion l'individualisme consiste à considérer la foi, non pas comme un devoir d'obéissance envers les prescriptions d'une Église, mais comme la conviction religieuse personnelle de l'âme individuelle. En art il s'élève contre toute conception d'un idéal artistique impersonnel : par là l'impressionnisme en a été l'une des manifestations les plus caractéristiques. En philosophie l'individualisme se manifeste par l'opposition contre la scolastique, contre une dialectique froide et impersonnelle : au fond chaque grande philosophie est l'expression d'une individualité philosophique. En métaphysique il inspire toutes les doctrines monadologiques, non seulement celles de Lei)niz et de Renouvier, mais aujourd'hui celles de Reinke, de Driesch, de William Ster et de Bergson. « La philosophie de l'organique, dit expressément Driesch, est celle de l'individu » : toute une)iologie et toute une métaphysique s'efforcent de sauvegarder l'originalité de l'existence individuelle menacée par le mécanisme. En histoire l'individualisme retrouve à l'origine de tous les grands mouvements des masses, de toutes les grandes révolutions techniques, politiques, religieuses, la personnalité puissante des héros, le mystère de l'individualité.

L'indivualisme se définit par l'individu. Qu'est-ce que l'individu ? C'est avant tout ce qui est indivisi)le : mais ce qui fonde l'individualité, c'est le rapport organique des parties entre elles, l'organisation et une finalité consciente (p. 79). L'individu est une unité ordonnée, un tout et non point un agrégat. Une sorte de progression continue mène de l'être en général au héros en passant par la « chose en général », l' « individu en général », l'organisme vivant, la personne, et la personnalité originale. L'individualisme est le système qui fait de l'individu l'unité dans l'édifice de la réalité d'une part et d'autre part la fin de tout effort conscient (p. 86).

Un des réels mérites de ce petit ouvrage est sans doute d'avoir vu et bien mis en lumière le rapport souvent inaperçu qui existe entre l'individualisme métaphysique et l'individualisme social.

Das Unendliche und die Zahl, von Hugo Bergmann. 1 vol. in-12, de 88 p., Halle. Max Niemeyer, 1913 — Cet opuscule est une contribution très intéressante à l'étude de l'infini mathématique. Son information philosophique et scientifique est très complète, la question est traitée de façon très approfondie. L'auteur est parvenu à résumer la littérature, pourtant très riche, de la question et prend dans ce problème une position originale. Sa critique tend, en effet, à mettre en question l'existence des nombres transfinis de Cantor; nous nous bornerons à mettre les lecteurs de la *Revue* au courant des principaux points de l'argumentation.

L'auteur se garde d'abord de traiter le problème métaphysique de l'infini. L'infini, est-il réel? Cela est l'affaire des sciences empiriques. La question logique et mathématique est la seule qui le préoccupe. L'infini est-il pensable? et sous quelle forme?

La solution de ce problème doit être cherchée dans une réflexion sur les concepts fondamentaux de l'arithmétique pure. A ce point de vue, on a relevé depuis Galilée jusqu'à Renouvier des contradictions dans l'idée d'infini : dans l'infini, le tout est égal à la partie. Mais ces arguments n'atteignent pas l'infini par lui-même, ils atteignent seulement le caractère numérique qu'on prétend lui imposer. En soi-même, l'infini n'est pas quantitatif; il n'est susceptible ni de plus ni de moins et s'il y avait des nombres infinis, on ne pourrait compter par leur moyen.

La théorie des ensembles a transformé le concept de nombre, pour tenter de présenter l'infini comme un nombre. Elle a fait dépendre, comme on sait, le nombre de la puissance et a essayé de montrer qu'il y avait des puissances infinies différentes, l'infinité dénombrable et le continu (G. Cantor).

Mais cette tentative, au point de vue méthodique, se heurte à cette objection qu'elle abandonne le point de vue de l'arithmétique pure pour considérer des ensembles empiriques. D'ailleurs ses résultats ne sont pas convaincants. Puissance et nombre sont en effet différents.

Si ces deux termes étaient identiques, des ensembles différents de puissance égale ne sauraient être admis en arithmétique pure; ils n'y auraient en effet pas de sens! On ne saurait davantage confondre l'égalité des nombres avec l'égalité des « types d'ordre » : car poser un nombre implique référence à une origine précise, et le type d'ordre ne fait point apparaître ce caractère essentiel.

En réalité, les problèmes qui se posent à propos des ensembles infinis ne sont pas quantitatifs; il s'agit seulement de « passage à la limite ». Une confirmation de cette distinction se trouve dans l'étude des rapports du nombre et de la grandeur. Le nombre ne se conçoit que par rapport à *l'unité*, la grandeur au contraire par rapport à une unité qualitative définie.

L'axiome d'Archimède (si A est plus grand que B, on peut trouver un multiple de B qui soit plus grand que A) vaut pour les nombres, mais non pour toutes espèces de grandeurs. On conçoit désormais que si une grandeur est infinie par rapport à une unité, cela signifie simplement qu'elle ne peut être exprimée quantitativement par cette unité.

L'auteur reprend encore le paradoxe de Burali-Forti, qui provient de l'idée inexacte que le plus grand nombre ordinal ou cardinal existe.

Ainsi, si les résultats de Cantor ne sont pas infirmés en eux-mêmes, du moins leur portée doit être singulièrement limitée. Le vrai sens de l'infini c'est le passage à la limite; et l'acception numérique de l'infini conduit à des difficultés sans issue.

Die logischen Grundlagen der Wahrscheinlichkeitsrechnung, von Jan Lukasiewicz. 1 vol. in-12 de 75 p., Cracovie, Akademie der Wissenschaften in Kommission in der Buchhandlung « Spolka Wydawnicza Polska », 1913. Cracovie, 1913. — L'auteur s'est proposé d'éclairer le calcul des probabilités par l'Algèbre de la Logique; son idée directrice consiste à identifier la probabilité avec la valeur de vérité d'une proposition indéterminée. Voici d'ailleurs le résumé de son exposition.

On appelle proposition indéterminée toute proposition qui contient une variable. Les propositions de ce genre ne sont ni vraies ni fausses, elles sont probables. Une théorie purement objective de la probabilité est impossible, car il n'y a pas de possibilité objective; une théorie subjective est aussi impossible, car le calcul des probabilités n'a rien à voir avec les circonstances subjectives de l'affirmation. Il reste que la seule théorie possible de la probabilité est celle qui regarde celle-ci comme une propriété logique, donc objective, d'une proposition, l'aspect par lequel elle est rapportée, mais de façon indéterminée, à un monde objectif. Il n'en est pas moins vrai que la probabilité est par là même un concept formé par l'esprit humain pour soumettre à un traitement scientifique les choses qui ne peuvent être exprimées en jugements généraux.

Ainsi conçu, le calcul des probabilités s'identifie, dans sa structure formelle, au calcul des « valeurs de vérité » qui, depuis Frege et B. Russell, est le type consacré de l'Algèbre de la Logique.

Nous croyons que dans cette réduction de la probabilité à une propriété *logique*, *formelle*, de toute proposition qui n'est ni vraie ni fausse, il y a une idée ingénieuse et profonde, capable d'apporter quelques clartés dans les difficultés théoriques que, depuis Laplace, soulève le calcul des Probabilités. Il nous sera seulement permis de rectifier le jugement que l'auteur porte sur la conception de B. Russell par rapport à laquelle il définit la sienne. Il ne prétend voir entre la proposition fonctionnelle et la proposition à variable apparente qu'une différence quantitative (tout à quelque) et il prend avantage de ce fait pour recommander la notion de proposition indéterminée comme point de départ. Il y a là, nous semble-t-il, méconnaissance de la distinction réelle de Russell et Peano; entre les deux genres de proposition, il n'y a pas seulement différence quantitative, mais différence dans la *portée de l'affirmation*, dans le *type* logique de la proposition.

Mais cette réserve sur un point d'histoire n'est pas faite pour enlever à l'intérêt de l'idée directrice de ce petit essai.

Ueber mathematiches Denken und den Begriff der aktuellen Form, par D' LEONID GABRILOVITCH, Privat-Dozent an der Universität St. Petersburg. Beilage zü Heft 4 des Archivs für systematische Philosophie, Band XXVI, 1 vol. in-12 de 92 p. Berlin, Leonhard Simion, 1914. — L'auteur s'appuie sur le développement formel des Mathématiques, qui, de nos jours, a abouti à la constitution de la Logistique. Quelle doit être la portée philosophique de cette transformation? Dira-t-on avec l'École de Marbourg que les relations existent dans la pensée pure? Mais les relations s'appliquant au donné, comment donc les en extraire pour en faire les concepts dont traite la mathématique? Il convient de remarquer que le donné n'est pas exempt de toute forme; toute expérience se présente

comme prise sur un tout qui l'enveloppe; ce caractère de l'expérience immédiate méconnu par le solipsisme, c'est précisément la *Forme Actuelle*, qui nous mène directement à la Logique, en ce qu'elle suppose « Identité » et « Différence ».

Mais ces éléments suffisent-ils à fonder l'Arithmétique et la Mathématique? L'auteur rouvre ainsi le débat entre Poincaré et B. Russell, et conclut que l'Arithmétique ne tire pas tout son contenu axiomatique de la Logique. C'est encore la Forme actuelle qui donne naissance aux concepts fondamentaux de l'arithmétique. L'application de la Forme à elle-même est l'origine de la mathématique, et c'est en particulier ce procédé qui caractérise le raisonnement par récurrence.

Cette reconstruction néo-kantienne de la connaissance scientifique, qui profite des développements récents de la Mathématique pure, doit être reprise par l'auteur dans un travail ultérieur. Il semble difficile, en raison même des graves problèmes philosophiques qu'elle soulève, d'en définir brièvement la portée; il ne paraît pas toutefois que la solution présentée éclaire d'emblée toutes les questions obscures et épineuses qu'elle remue.

Andreas Fricius Modrevius. *Ein Beitrag zur Geschichte der Staats-und Völkerrechtstheorien*, par WLADISLAUS MALINIAK. 1 vol. in-8°, de 200 p. (Sitzungs-berichte d. Kais. Akad. d. Wiss. in Wien. Philos.-histor. Klasse, Bd. CLXX, 10 Abh.), Vienne, A. Hölder, 1913. — La littérature politique des écrivains polonais du XVe et surtout du XVIe siècle a été, jusqu'à présent, injustement délaissée. Le fait est d'autant plus surprenant que leurs écrits sont, presque sans aucune exception, rédigés en latin. Le travail qui se trouve consacré à A. Fricius Modrevius comble une partie de cette lacune et contribuera sans doute à attirer l'attention des historiens du droit politique et du droit des gens sur les théoriciens de cette époque et de ce pays. Après une importante introduction historique, l'auteur aborde la Bio-bibliographie de Modrevius en insistant spécialement sur la publication et les traductions de son ouvrage capital : *Commentariorum de Republica emendanda libri quinque*. Passant ensuite à l'examen du système lui-même, il le trouve dominé par deux idées directrices : une conception atomistico-rationaliste de la société, et la foi en la toute-puissance du législateur. Modrevius estime en effet que le sort de la société est déterminé par une force interne qui n'est que la somme des activités individuelles de chacun de ses memores. et il admet en outre, littéralement d'accord sur ce point avec les réformateurs français de 1791, que l'ignorance, l'oubli ou le mépris des droits de l'homme sont les seules causes des calamités publiques. La position adoptée par Modrevius sur la question de l'esclavage est particulièrement intéressante : alors qu'en général ses prédécesseurs définissaient l'esclavage comme une institution contre nature, puisqu'elle viole l'égalité des êtres humains, mais admettaient sa légitimité dans la pratique et en raison de multiples circonstances, Modrevius n'admet aucune justification de l'esclavage : il identifie au contraire l'exploitation des paysans à l'esclavage, afin de condamner l'une et l'autre institution. Par contre, l'égalité politique réclamée par Modrevius n'a rien de l'égalité telle qu'on l'entend dans les sociétés modernes, et elle respecte la distinction hiérarchique des classes sociales. Sur la question de la nature et des fins de l'État, les conceptions de Modrevius sont étroitement dépendantes des systèmes élaborés par les anciens; les influences d'Aristote et de Cicéron sont prépondérantes dans sa pensée lorsqu'il traite les problèmes qui s'y rattachent. Sa conception de l'*appetitus societatis*, notamment, semble plus étroitement apparentée à celle d'Aristote qu'à celle de Thomas d'Aquin. Sa définition de l'État est textuellement empruntée à Cicéron, et c'est encore de Cicéron, comme aussi d'Aristote, qu'il s'inspire en tout ce qui touche au droit politique. L'auteur examine enfin ce que Modrevius pense de la guerre : il compare sa doctrine sur les causes légitimes de guerre à celles de ses prédécesseurs et de ses contemporains et précise les règles juridiques selon lesquelles Modrevius veut que la guerre soit conduite. Tous ces points essentiels et une foule d'autres questions de détail sont traités par l'auteur avec une précision et une richesse d'information qui rendront son travail utile, non seulement aux historiens du droit et des doctrines politiques, mais encore aux historiens de la philosophie; il facilitera sur certains points la connaissance du fonds proprement juridique sur lequel s'est exercée la réflexion des réformateurs utopistes que le xvi° siècle finissant et le début du xvii° siècle ont vus fleurir.

Encyclopædia of the Philosophical Sciences. vol. I. *Logic*, by ARNOLD RUGE, W. WINDELBAND, J. ROYCE, L. COUTURAT, B. CROCE, F. ENRIQUES, N. LOSSKIJ. Translated by B. ETHEL MEYER, 1 vol. in-8 de 270 p., Londres, Macmillan, 1913. — L'En-cyclopédie des Sciences Philosophiques a été entreprise par le Prof. Arnold Ruge d'Heidelberg. Elle groupe, sur chacune des parties de la Philosophie, un certain nombre d'articles, écrits par les principaux représentants de cette spécialité dans le monde philosophique. Le premier volume, consacré à la logique, a déjà paru; c'est la traduction anglaise qui nous a été soumise et nous devons dire tout de suite qu'elle nous a paru faite avec beaucoup d'exactitude et d'aisance. Tous les articles ont été traduits sur le texte primitif; ceux de MM. Croce et Enriques seuls ont été traduits sur le texte allemand.

W. WINDELBAND : *The Principles of Logic*. — Parler des principes de la logique était facile il y a un siècle et demi; ce n'est plus aisé depuis Kant, car les problèmes et les méthodes ont été renouvelés et compliqués. Pourtant, il semble qu'il est possible de faire sa part à chacune des conceptions actuellement en lutte. Il suffit de lui marquer sa place dans l'ensemble des études logiques qui tendent toutes, par des voies différentes, à la détermination de la Raison théorique, considérée abstraitement. C'est à quoi vise l'essai du Prof. Windelband.

La Logique suppose d'abord une phénoménologie de la connaissance. Elle emprunte à la psychologie une définition exacte des termes : idées, jugements, dont elle se sert. Elle a intérêt à connaître les résultats généraux de la psychologie génétique sur l'origine du sentiment de vérité et ses degrés, à scruter les rapports entre la pensée et son expression verbale, à étudier les différentes méthodes scientifiques particulières. Mais aucune de ces tâches n'épuise la tâche générale de la Logique; il y a des lois logiques de la psychologie, de la grammaire; il n'y a pas de lois psychologiques ou grammaticales de la Logique.

La tâche propre de la Logique commence au moment où l'on se propose d'étudier pour elle-même l'activité synthétique, au sens kantien, de la conscience théorique.

Il convient d'abord d'étudier, indépendamment de tout contenu particulier, mais non pas de tout contenu, les formes de cette synthèse. Ceci revient à la Logique formelle, science des formes de la pensée vraie. Par une analyse des conditions de la pensée, l'auteur établit que la Logique formelle est une doctrine du jugement, et plus spécialement de la qualité et de la relation des jugements. Au premier point de vue, les lois qui règlent l'exercice de la pensée sont les lois de non-contradiction et du milieu exclu. Le second point

de vue est celui de la doctrine des caté-
guries. Celles ci se partagent en deux
groupes : les catégories réflexives, qui
portent sur la relation de la conscience
au contenu de la connaissance : identité,
nombre, subsomption, syllogistique; les
catégories constitutives qui organisent le
contenu de la connaissance : temps,
espace, substance, causalité.

La méthodologie forme la seconde partie
de la Logique. Elle étudie l'application
des formes de la pure logique aux sciences
spéciales, sans toutefois avoir la prétention de leur imposer une méthode. Son
but est essentiellement « critique »; elle
consiste dans l'analyse des méthodes de
preuves, qui sont la déductive et l'inductive.

La théorie de la connaissance couronne
les recherches logiques; elle se demande
comment la connaissance reconnue comme
valide se rapporte à la réalité à laquelle
elle se réfère. Elle se pose le problème
du rapport entre la conscience et l'existence. Notons d'abord que ce rapport du
vrai à l'être n'est pas le même pour tout
ordre de sciences; la vérité mathématique
n'est pas de même ordre que la vérité
physique, ne se réfère pas à la même
existence; la désignation de « validité »
lui convient plutôt, entendant par là la
forme et l'ordre en quoi se détermine ce
qui existe.

Quelle sera la catégorie qui exprimera
le rapport de la pensée à l'être? Le Réalisme naïf répond : L'égalité. Mais il est
difficile de se tenir à cette réponse simpliste. L'Idéalisme répond : La causalité;
les données sensibles sont non les choses,
mais les idées des choses. Mais quel est
le rapport des idées aux choses? Le Réalisme sensualiste et le nominalisme s'accordent à regarder comme réelles les
seules données sensibles et à regarder les
concepts comme subjectifs; le Réalisme
mathématique et l'Ontologie regardent au
contraire les concepts comme la seule
réalité. Enfin le Phénoménisme et l'Agnosticisme se représentent le rapport de la
pensée aux choses comme l'opposition de
l'apparence à la réalité. Entre ces alter-
natives, l'auteur se prononce en faveur
d'une solution intermédiaire : le rapport
de la connaissance à l'existence est plutôt
un rapport de partie à tout. La réalité
absolue n'est pas qualitativement autre
que celle que nous connaissons, mais
nous ne la connaissons pas intégralement.

J. ROYCE : *The Principles of Logic.* —
L'objet du mémoire du Prof. Royce est
d'établir que la Logique n'est pas une
science normative, mais que la Logique
usuelle n'est en réalité qu'une partie spéciale d'une théorie générale qu'il appelle
« science de l'ordre ». La Logique, dans
sa fonction essentielle, est méthodologique, c'est-à-dire se donne pour tâche de
dégager les lois pures du processus intellectuel dont naît la science. Or ce problème conduit, en fait, à des recherches
assez différentes de ce qu'on entend ordinairement par méthodologie : la détermination des *Formes*, des *Catégories*, des
Types d'Ordre, qui caractérisent tout
domaine d'objets de science. Ceci apparaît vite dès les premières réflexions sur
l'objet de chaque science. La Logique,
qui, depuis Platon, étudie les rapports
entre les Universaux, repose sur cette
affirmation implicite que ces Universaux
forment un système ordonné, dont il
s'agit d'exprimer les lois objectives. Que
si nous portons notre attention sur des
méthodes plus modernes, le même résultat
s'impose à nous. Dans les sciences de la
nature, la méthode comparative et la
théorie de la classification mettent en évidence des rapports communs aux espèces
étudiées et, par là révèlent un certain
type d'ordre auquel ils ressortissent.
Même en physique, la méthode expérimentale, où la théorie se marie à l'expérieuce, suppose, à l'origine de ses inductions, l'existence d'un univers ordonné,
dont nous essayons, au moyen de cas
particuliers, de saisir la structure, pour
en confronter le développement déductif
avec les faits.

Toute science tend donc vers un type
d'ordre déterminé, comme vers un idéal.
Mais ce type d'ordre n'est pas, pour autant,
une pure création de l'esprit; les formes
de l'activité rationnelle, étudiées à part
du monde physique, font partie d'un
monde qui s'impose au logicien, qu'il
découvre et n'invente pas. Ce monde
abstrait, c'est le domaine de la Logique.
A quels résultats empiriques est-on déjà
parvenu sur ce point? L'école de Peano
et de Russell a commencé à étudier, pour
eux-mêmes, les types d'ordre; elle a notamment élucidé le concept de *Relation* et ses
propriétés formelles. Mais le concept de
relation suppose la notion de *classe* d'éléments et la science de l'ordre doit donc
comprendre le calcul des classes. Les
notions combinées de classes et de relations donnent lieu à l'idée de *série*, par le
moyen de laquelle nous pouvons obtenir
les idées directrices de l'arithmétique, de
la géométrie et de la physique mathématique.

Reste maintenant à résoudre le problème philosophique que soulève la conception même de la Science de l'Ordre.
D'après le pragmatisme, les idées direc-

trices de la science ne valent que par leur
efficacité au regard de l'expérience. Les
notions de relations, classes, etc., devront-
elles être considérées en même façon?
Evidemment non, car elles reposent sur
l'activité rationnelle de l'esprit, qui a une
valeur absolue. La conception de telle ou
telle classe, de telle ou telle relation, est
d'origine pragmatique, mais la science
générale des classes et des relations a
une valeur théorique absolue. Qui nie
l'existence des classes classe encore, qui
nie l'existence des relations établit encore
une certaine relation.

La science de l'ordre est donc appelée à
prendre la place de l'ancienne « Déduction
des catégories ». L'auteur conclut en rappelant comment, après Kempe, il a lui-
même défini la nature et les limites de
cette science fondamentale : construire
l'univers théorique des « modes d'action »,
ordonné suivant les lois fondamentales de
la logique et que viendront spécifier les
sciences particulières, suivant les besoins
de la pratique.

Louis Couturat : *The principles of Logic.*
— Le troisième article est dû à M. Couturat, qui y résume les théories exposées
par lui dans un cours au Collège de
France. Nous en avons déjà rendu compte.

Benedetto Croce : *The task of Logic.*
— L'auteur rejette d'abord, comme
inintéressante, la conception des logis-
ticiens, qui réduisent la logique à un
recueil assez inutile de formules, et la
conception purement descriptive de l'ancienne logique verbale. A ses yeux, la
vraie logique est la théorie de la pensée
étudiée dans ses œuvres, une science
philosophique.

Mais la philosophie forme un tout ina-
nalysable : elle n'est pas faite de sciences
philosophiques; la spécialisation est
l'erreur de notre époque. Dire que la
logique est une science philosophique,
c'est simplement dire que nous étudions
la philosophie dans son ensemble sous
l'aspect logique.

Il existe quatre formes de connaissance : la poésie ou connaissance perceptive, la philosophie ou connaissance
par concept ou idée, la science naturelle
ou connaissance par classification, la
mathématique ou connaissance par abstraction. Toutes désignent la même chose
à des points de vue différents. Aucune
de ces formes n'est la logique, qui représente l'effort pour atteindre le réel concret sous l'abstrait; elle est la science de
la science vraie, la philosophie de la
philosophie. Mathématiques et philosophie classent les livres de la bibliothèque;
elles ne les écrivent ni les lisent. Quant

à la religion et à l'histoire, elles se ramènent à la philosophie.

En résumé, cette théorie gnoséologique
doit désormais prendre la place des discussions verbales et controverses qui
encombrent les manuels de logique; la
vraie tâche de la logique, qui se confond
alors avec la philosophie, c'est la doctrine
des catégories.

Federigo Enriques : *The problems of
Logic.* — L'ancienne logique comprenait,
à la fois une métaphysique, qui énonçait
les relations fondamentales de la science,
une théorie des concepts, exposant les
lois de la pensée, et une analyse des
formes verbales dans lesquelles s'exprime
la pensée. Elle aboutissait à un schématisme sec et verbal. Par réaction contre
cette conception métaphysique, le positivisme moderne a été jusqu'à dénier toute
valeur à la logique déductive d'Aristote,
et a prétendu lui substituer une logique
inductive.

Entre ces deux extrêmes, l'auteur
définit la position de la logistique. Elle
analyse les différents modes d'expression
de la pensée pour les fixer en un symbolisme précis; mais elle va plus loin. Elle
entreprend la théorie des processus mentaux rationnels, et s'efforce de les déterminer en dehors de toute considération
d'expression symbolique. La matière de
son investigation est ici la science abstraite; son attitude peut être dénommée :
positivisme critique ou rationalisme scientifique.

Dans une première partie, l'auteur
décrit les éléments constitutifs de la
logique, considérée comme science de la
pensée exacte. L'objet de la logique est
tout *invariant de la pensée*, ainsi que
l'expriment les conditions énoncées par
les trois principes logiques usuels. L'auteur définit ensuite les opérations logiques :
combinaison, fonction, disjonction, in-
version; les concepts, les définitions, les
idées logiques fondamentales, et donne
un exposé de la déduction et des théories
déductives.

Dans la seconde partie, il étudie le rapport de la logique au réel. Ce problème
a reçu deux solutions inverses. L'éléa-
tisme pose l'immutabilité des choses, au
nom de la logique; Héraclite affirme au
contraire que la réalité est un flux sensible et que rien n'est rationnel (il semble
que sur ce point l'auteur se soit impru-
demment tenu à la conception vulgaire
mais très erronée de l'héraclitéisme).
Hegel a essayé de résoudre le conflit en
supposant une logique supérieure qui
concilie les contraires, l'entendement et
la réalité empirique. Mais c'est là une

solution arbitraire et dangereuse pour la raison. Le positivisme critique admet que les objets de la pensée logique sont immuables, que la réalité est changeante, mais que certaines relations y apparaissent stables, dont s'emparent la science et la logique. La réalité est déjà rationnelle, la science s'efforce de la rendre telle. Cette attitude permet également de concilier le réalisme et le nominalisme.

Nicolas Losskij : *The transformation of the concept of consciousness in modern epistemology and its bearing on Logic*. — L'auteur montre que la source des principales difficultés rencontrées en logique est une conception erronée de la conscience considérée comme la donnée immédiate dont toute philosophie doit partir. Cela conduit au solipsisme. Le vrai point de départ, ce ne sont pas les données immédiates de la conscience, c'est la relation de ces états donnés à un moi, c'est le « avoir conscience ». Tel est le « caractère fonctionnel » de la conscience, déjà pressenti par Avenarius, Windelband, Natorp.

Appliquée à la logique, cette conception nouvelle nous amène à réformer les vues usuelles sur l'analyse et la synthèse. La première est subjective, mais la seconde est objective, et le tort de la logique a été de s'en tenir uniquement à l'étude des procédés analytiques et de négliger le côté objectif de la connaissance, la synthèse, exprimée par le principe de raison suffisante. Pour la même raison, la théorie du jugement et du syllogisme doit être renouvelée. La nécessité. dans le jugement, n'est pas purement analytique ou, plutôt, la nécessité analytique apparente repose sur une nécessité synthétique préalablement posée. SP est P n'est nécessaire analytiquement que si SP est nécessaire synthétiquement. La même observation vaut pour le fondement des règles syllogistiques.

The Crowning Phase of the Critical Philosophy, *a study in Kant's Critique of Judgment*, par R.-A.-C. Macmillan. 1 vol. in-8°, de 347 p., Londres, Macmillan, 1912. — Cette étude de la philosophie critique et du « couronnement » que Kant lui a donnée en écrivant la « Critique de la Faculté de juger » est malheureusement dominée par des préoccupations de psychologie et d'actualité, qui réforment, plutôt qu'elles ne la renouvellent, l'interprétation du kantisme. Croit-on, par exemple, avoir élucidé la solution spécifiquement critique du problème de la valeur de la connaissance intellectuelle quand on l'a transposée en termes bergsoniens? Voici le passage auquel nous faisons allusion : « Comme l'abeille qui va de fleur en fleur, nous recueillons notre savoir discursivement et n'épuisons jamais une seule « présentation ». Au lieu d'approfondir ce qui est en acte jusqu'à ce qu'il nous ait dit son histoire, nous dissipons la perception en rapports extérieurs. Pour percevoir l'intériorité des choses (to be inherently perceptive), il faudrait que l'entendement fût instinctif, mais qu'il le fût de telle manière qu'il se perdît dans la « présentation » sans perdre, en même temps, conscience de lui-même. Il se rapprocherait alors de cet entendement idéal qui peut reconnaître la sensation comme son œuvre propre, au lieu de la concevoir comme venant d'une source étrangère. L'instinct est armé comme il faut (has all the necessary equipment) pour l'intuition intensive, parce qu'il n'a pas conscience de lui-même, mais c'est justement pour cette raison qu'il n'en découvrira jamais les secrets... » (p. 22-23). La page aboutit à une citation de M. Bergson sur la valeur de connaissance que l'instinct possède en droit, mais quel est le lecteur de Kant qui y reconnaîtrait l'accent de la « Critique de la Raison Pure »? — L'examen de la « Critique du Jugement » présente deux difficultés essentielles : quelle est la relation de la troisième « Critique » aux deux autres? qu'est-ce, au fond, que le Jugement? Nous allons voir que la psychologie a égaré M. Macmillan. Le chapitre i (Recherche d'un principe nouveau) contient une interprétation flottante de la Critique de la Raison Pure : la Raison étant posée d'emblée comme morale (p. 7), il se trouve que la « Raison théorétique » constitue un « troisième mode d'appréhension », les deux autres étant l'Entendement et la Raison: l'effort vers l'Inconditionné devient une induction aristotélicienne; « l'Entendement est la connaissance de perceptions reliées que circonscrit une certaine unité de forme appelée objet; les limites en sont pourtant tout à fait arbitraires et sujettes à un changement incessant, comme il arrive au morceau de cire qui perd sa rigidité et devient, en présence de la chaleur, une masse fluide... Ce qui est en acte pour la Raison est l'unité, non la diversité : celle-ci n'est qu'idéale... »; l'idéalité transcendantale de l'Espace est rapidement réfutée; la comparaison de la « Critique » au « Philèbe » méconnaît l'essentiel du kantisme (réalité des choses; distinction logique de l'intuition, du concept, de l'idée); rien ne marque mieux cet affaiblissement du point de vue kantien que la déclaration suivante : « La raison qui fait insister Kant, dans l'Esthétique, sur l'espace comme objet de perception, c'est son souci de définir comme facultés distinctes les sens et la pensée. Mais dans l'analytique ce motif, emprunté à la dissertation de 1770, s'évanouit naturellement et recule à l'arrière-plan. » Il en résulte que Kant n'a fait que renverser les termes du problème posé par Berkeley (si les qualités secondaires sont mentales, prouver que les premières le sont aussi), formule paradoxale et injustifiée, s'il est vrai que Kant, comme Descartes, comme le sens commun croit aux choses, formule commode pourtant si elle permet de rapprocher de la pensée la chose en soi, d'en faire seulement le fonds du « Gemüt » et de suggérer que la « Critique du Jugement » a pour but de découvrir une faculté nouvelle qui nous rapproche de la chose en soi. » Voici le résultat de la Critique de la Raison Pure. La nature est adaptée à notre intelligence de manière à ce que notre intelligence se retrouve en elle comme dans un système logique. Sans cette hypothèse, il n'y aurait ni nature ni conscience cohérente de nous-mêmes. La question posée par la Critique du Jugement, c'est de savoir si le suprasensible a pour nous quelque faveur, et, s'il en a, de déterminer quelle est la forme d'appréhension supérieure à l'Entendement hypothétique et capable de nous rapprocher du suprasensible... » Cette forme, c'est la Réflexion, analogue à la Technique. — Le reste du livre est un résumé assez exact de l'œuvre de Kant, où des rapprochements ingénieux et de jolis développements nous prouvent que l'auteur aime ce qu'il appelle lui-même « le charme opalin de ce vide infini » qu'offre la pensée kantienne. Mais le sens général du livre méconnaît l'unité des trois Critiques, la subordination du Jugement à la Raison (cf. p. 27 : « le Jugement de la Réflexion est une forme d'appréhension destinée à se superposer à la fois à la Pratique et à la Théorie », le souci caractéristique de la pensée kantienne de maintenir à la fois ce que nous appelons l'agnosticisme et, malgré le primat de la Raison pratique, la supériorité de la connaissance claire sur les divagations et les errements des diverses intuitions. Kant eût-il toléré qu'on comparât sa religion au mysticisme de Blake ou, encore, à cet amour que les fauves, dans le « Miracle de Purun Baghat » de Kipling, ont pour l'ermite de l'Himalaya : « nous l'aimions de l'amour qui sait, mais qui ne peut comprendre » ?

Les réserves que nous avons faites n'atteignent pas d'ailleurs la valeur proprement philosophique de l'ouvrage, mais il semble probable que les qualités de M. Macmillan l'orienteront plutôt vers une œuvre personnelle que vers des travaux d'histoire.

L'Idée de Vérité, par WILLIAM JAMES. Traduit de l'anglais par Mme L. VEIL et MAXIME DAVID. 1 vol. in-8 de 258 p., Paris, Alcan, 1913. — On peut distinguer deux parties dans *The Meaning of Truth*. La première est une réunion d'articles, dont le plus ancien date de 1884, et le dernier de 1907. James y esquisse, y développe peu à peu sa théorie de la vérité. Dans la seconde partie, composée des articles écrits après l'apparition de *Pragmatism* en 1907, il défend les principales thèses de son livre, essaie de dissiper certains malentendus, et de donner une forme plus précise à quelques-unes de ses idées.

La traduction qui nous est offerte est dans l'ensemble très exacte; si elle ne rend pas tous les raccourcis d'expression, si elle ne fait pas sentir toujours le caractère chaotique du monde de James, souvent du moins ses auteurs ont trouvé pour les principaux concepts de l'empirisme radical des équivalents précieux. Nous suggérerons cependant quelques corrections.

En disant : « a conceptual feeling or thought », il semble bien que James ait voulu donner une définition de la pensée elle-même, et non pas dire : les sentiments conceptuels ou les pensées (p. 32 du texte, p. 27 de la traduction). Le mot « workability » est passé (p. 42-34) : il s'agit non pas de définir le sentiment ou l'idée, mais les possibilités d'action qu'ils possèdent. P. 56, 49. James reproche aux systèmes rationalistes non pas leur rigueur et leur finalité, mais leur caractère rigoureux et prétendu définitif. « Wilderness », p. 77-66, veut dire plutôt la confusion du monde pragmatiste, son caractère broussailleux que son caractère désertique. L'expérience consiste (P. 111-96) dans un processus perpétuel de remplacement, et non pas d'annulation (« to supersede »). P. 117-101, les rationalistes n'accusent pas la référence objective d'impliquer un abîme et un saut périlleux, comme le dit la traduction; ils le constatent, ou croient le constater, et ils accusent les pragmatistes de ne pas tenir compte de ce saut. Ce que le pluralisme exige, du moins d'après la page 229 (p. 199 de la traduction), c'est une certaine endurance, une certaine résistance, plutôt que de l'intrépidité (« hardihood »).

Mentionnons encore des termes importants du vocabulaire de James dont la traduction semble discutable. « To mean » est rendu tour à tour par viser, signifier, désigner : il aurait mieux valu choisir un équivalent unique. Les « workings » d'une idée, ce ne sont pas tout à fait « les effets produits par l'idée », mais les effets qui se produisent, la façon dont elle change l'expérience, dont elle opère ; c'est quelque chose de présent ou même de futur, non pas de passé (par exemple pages 218 et 220 du texte, 190 et 192 de la traduction). Traduire par « ne considérer que les apparences » l'expression « to value things at their face-value », c'est faire croire que cette apparence est pour James quelque chose de superficiel ; or il trouve d'ordinaire dans la valeur marchande des choses, dans la façon dont elles apparaissent, leur réalité profonde (p. 251-249). P. 216-187, une idée est « relevant » par rapport à une situation, quand elle est conçue « à propos » (c'est une traduction du mot : « relevance » que Schiller a proposée), et non pas quand elle est applicable à la situation, ce qui est ambigu. Enfin James veut que nous recherchions avant tout la façon dont les choses se présentent dans notre connaissance (« are known as ») plutôt que : ce qu'elles sont en tant que connues, comme le disent les traducteurs (p. 43-37 par exemple).

Quoi qu'il en soit de ces réserves, la traduction de Mme Veil et Maxime David atteste une pénétrante intelligence du texte, et seules les limites du compte rendu ne nous permettent pas d'insister comme il le conviendrait sur ses mérites.

Pragmatism and Idealism, par William Caldwell. 1 vol. in-8, de 268 p., Londres, Adam and Charles Black, 1913. — Le livre de M. Caldwell est d'un intérêt inégal. Les premiers chapitres sont sans doute les moins bons de l'ouvrage ; les indications sur le mouvement pragmatiste en Europe manquent de précision et souvent d'exactitude (chap. II) ; dans l'exposé des idées pragmatistes (chap. III) on n'aperçoit pas le lien, l'unité des différentes thèses mentionnées. Dans le chapitre v, M. Caldwell montre que le pragmatisme n'est pas chose nouvelle : on en trouverait les éléments, dit-il, chez « les stoïciens, les épicuriens, Locke, Butler, Pascal, Cicéron, Schopenhauer, Kant, Tertullien et Duns Scot » (p. 119) et aussi chez « Walter Pater, Newman, Karl Pearson, Carlyle » (p. 123). Des critiques qu'il adresse au pragmatisme la plupart sont peu convaincantes ; retenons les plus valables. Dieu seul pourrait voir toutes les conséquences d'une idée ; d'ailleurs c'est un fait que ce critérium de l'utilité n'est jamais appliqué ni aux vérités d'observation, ni aux vérités de déduction.

Le chapitre VI : « Pragmatism as Humanism » est supérieur aux autres. Le pragmatisme n'est pas un agnosticisme, nous dit d'abord M. Caldwell ; pour lui la réalité n'est pas inconnaissable, et il n'est pas vrai de dire qu'elle soit sans relation avec la connaissance ou avec les efforts de l'homme (p. 142). Mais le pragmatisme ne peut arriver à la connaissance de cette vérité qu'il cherche, et cela pour deux raisons : parce qu'il n'est pas un idéalisme métaphysique et parce qu'il n'est pas un idéalisme moral. Pourtant, il contient en lui des germes d'idéalisme métaphysique : si pour lui, par exemple, la réalité étudiée par le physicien n'est pas la même que la réalité du logicien, c'est qu'il pense plus ou moins clairement que tout sujet demande un objet, que toutes les choses ou existences sont pensées comme éléments d'une sphère de réalité contemplée par un être (p. 143). Et il devrait aussi être amené par sa théorie de l'action à un idéalisme moral, la vérité étant pour lui, non pas une donnée, mais une construction, une découverte que nous faisons au cours de notre recherche de l'idéal (p. 154). N'est-ce pas dans la vie morale que la vérité des choses devient la base d'un idéal de perfection personnelle ? (p. 145). L'homme alors superpose à la nature un royaume de la valeur. Ces deux idéalismes, moral et métaphysique, se rejoignent : car la pensée n'est vivante que si elle développe les implications du désir, et la pensée la plus complète est au fond le développement du plus profond désir. Selon une formule aristotélicienne, les objets premiers du désir et de la pensée sont identiques ; le désirable et l'intelligible sont un (p. 155 et note). En même temps qu'elle établira cette unité, la philosophie constructive indiquera la place de la croyance dans notre âme, montrera la rationalité profonde de la croyance qu'accompagne toute connaissance (p. 159) ; car la croyance, union de la volonté, du sentiment et de l'action, est, comme le dira plus loin M. Caldwell, le sens vivant que l'homme a de la réalité ; en effet la réalité est telle qu'elle apparaît dans la transformation journalière de notre expérience ; notre connaissance est seulement une partie de nos croyances. En même temps que le rôle de la croyance, le pragmatisme nous rend sensible la réalité spirituelle et qui nous entoure et nous élève ; et la philosophie constructrice pourra seule achever ici encore l'œuvre du pragmatisme. Cette réalité est spirituelle et Sociale : un moi implique toujours un autre moi; c'est la communication de l'âme avec l'âme qui est notre plus profonde expérience et notre plus profond désir (p. 161). Cette philosophie constructrice reste avec le pragmatisme dans le domaine de l'immédiat, et ne pénètre pas dans celui de la médiation (p. 165). Telles sont donc les conséquences réelles du pragmatisme, et de sa théorie de l'action — révélation où s'unissent le désir et la pensée.

Le chapitre suivant : « Pragmatism as Americanism », contient des indications curieuses. M. Caldwell justifie son titre en disant : La raison universelle n'est jamais séparée, dans l'histoire de la philosophie, de sa manifestation dans les pensées ou les activités des peuples qui ont imprimé ou qui impriment leur marque sur l'histoire humaine; il n'y a rien d'inconcevable à ce que la raison commune de l'humanité ait autant à apprendre de l'américanisme dans ce domaine de la théorie que dans le domaine de la pratique; et d'ailleurs le but du pragmatisme n'est-il pas de montrer le lien entre la théorie et la pratique? Enfin ce qui caractérise l'américanisme, c'est moins son caractère pratique en lui-même qu'un certain idéalisme pratique, et la foi en des possibilités infinies. M. Caldwell nous renseigne sur la situation de la philosophie dans les universités américaines: le professeur de philosophie doit avant tout rendre son cours intéressant, y attirer les étudiants, qui vont plus naturellement soit à l'économie politique, soit à l'histoire naturelle. D'un côté il emprunte à ces sciences plusieurs de leurs conceptions; de l'autre, il se borne le plus souvent à traiter des questions de méthode, à montrer comment on doit envisager telle question, poser tel problème. M. Caldwell note ensuite certains caractères « américains » du pragmatisme: son goût du concret, son syncrétisme, la place faite à l'effort créateur des individus, son démocratisme, l'idée que les vérités même les plus élevées sont créées de toutes pièces par nous, l'idée de croyance, l'esprit d'aventure qui fait que l'Américain veut refaire et interpréter les expériences, l'instinct de revendication, de rénovation. M. Caldwell note ce qu'il y a de précieux dans ces tendances : l'idée, par exemple, qu'une théorie vaut ce qu'on peut en faire; mais il voit aussi des dangers dans les conceptions de cet utilitarisme démocratique, dans cette avidité de croyance, dans cette importance donnée aux droits et aux intérêts, plutôt qu'aux devoirs, aux privilèges, aux besoins réels et aux instincts fondamentaux; car c'est seulement l'intelligence des instincts et des devoirs profonds qui peut donner la vraie satisfaction; le pragmatisme s'unit trop facilement aux réclamations de notre époque qui veut des moyens et des instruments, plutôt que des fins et des desseins, — des valeurs, des plaisirs plutôt qu'un vrai bonheur (p. 192-194).

Après un chapitre superficiel et injuste sur les « Gifford Lectures » de M. Bosanquet, et un exposé sympathique, mais sommaire, de la philosophie bergsonienne, M. Caldwell conclut en louant le pragmatisme d'être une doctrine de l'homme, de l'expérience immédiate, et de la souveraineté de l'esprit.

Romanticism and Rationalism, reprinted from the philosophical Review, par Franck Thilly. 1 broch. de 132 p. Ginn and Cᵒ, New York, 1913. — Empirisme, rationalisme, ce sont pour M. Thilly les deux tendances opposées dont la lutte est l'histoire même de la philosophie moderne : d'un côté se trouvent les empiristes et les intellectualistes, de l'autre les philosophes du sentiment et de la volonté. Dans un des passages les plus intéressants de son article, M. Thilly compare le pragmatisme et le bergsonisme avec les philosophies de Fichte et de Schelling. Des deux côtés même protestation contre la pensée conceptuelle; même théorie de la valeur instrumentale de l'intelligence; même opposition de la vie mouvante à l'intelligence figée; même volontarisme; même idée que la liberté ne peut être comprise que par la liberté; même importance accordée à la volonté de croire; même recours à l'intuition intellectuelle; même humanisme. Ce qui caractérise la philosophie actuelle, c'est d'abord son humanisme, sa volonté de ne pas réduire l'homme à un épiphénomène, et de ne pas faire des valeurs humaines des illusions; ensuite son vitalisme métaphysique. Les philosophies nouvelles ont rajeuni les anciens problèmes; mais il faut bien voir que ce qu'il y a derrière leurs affirmations, c'est une métaphysique préconçue au nom de laquelle ils condamnent toutes les autres métaphysiques, la crainte que les valeurs morales et religieuses ne soient dépréciées, enfin une conception trop étroite de l'intelligence. L'intelligence est une activité vivante; elle est compréhension du réel, conquête du réel. Il est vrai qu'elle ne peut opérer que si le monde est raisonnable, s'il n'y a pas seulement des différences, de la pluralité et du changement, mais aussi des ressemblances, de l'utilité et de la stabilité. Mais, dans le monde même de la philosophie bergsonienne, ces éléments de nationalité ne sont-ils pas présents? L'élan vital est gros du passé en même temps que de l'avenir; son caprice est limité par la matière, ses changements ne sont pas irrationnels; il y a une sorte de progrès dans son mouvement. Et dans les méthodes mêmes des philosophies nouvelles nous découvrons la présence de l'intelligence. L'expérience pure est obtenue par des opérations réfléchies; l'intuition est au fond imprégnée d'intelligence; et la description de l'intuition exige un effort intellectuel. Ainsi se dégage la double idée de M. Thilly. D'une part, ce n'est pas dans le romantisme, mais dans un rationalisme large et profond que nous devons chercher le fondement de notre liberté; d'autre part, les philosophies nouvelles et peut-être le romantisme lui-même peuvent être interprétés, doivent être interprétés en termes de raison; la raison est plus vaste que l'intuition et l'expérience pure, et les crée.

History of Psychology. *A Sketch and an Interpretation*, par James Mark Baldwin. 2 vol. in-12, de xv-136 p. et vii-168 p., Londres, Watts and Co, 1913. — M. Baldwin tente de retracer l'histoire de la psychologie définie comme la réflexion de l'esprit sur lui-même. Il veut montrer que la réflexion de la race, représentée selon lui par la suite des grands penseurs, et la pensée de l'individu se développent d'une façon semblable. En effet, le progrès de la race, dit-il, n'est-il pas dû à la réflexion des individus et les résultats de la pensée individuelle ne sont-ils pas les interprétations et les réinterprétations du « matériel social courant » ? Il distinguera dans cette histoire le stade de l'interprétation préhistorique, ou psychosophique, qui correspond à la période a-dualistique et pratique de la pensée enfantine; la période non-scientifique ou grecque marquée par la naissance du dualisme (elle se divise elle-même en trois périodes : projective ou présocratique, subjective ou socratique, objective ou aristotélicienne): enfin la période moderne où la pensée, acceptant le dualisme comme un point de départ, se pose la question de savoir quels sont les rapports entre l'esprit et la matière; mais à partir de ce moment la réflexion libérée prend les formes les plus diverses, et les classifications deviennent presque impossibles.

C'est donc une histoire des théories philosophiques de l'âme qu'a voulu nous donner M. Baldwin; en fait, des théories purement psychologiques et des théories métaphysiques générales se mêlent trop souvent dans son livre à l'étude de ce problème fondamental. — Si l'on examine les idées sur lesquelles repose l'ouvrage de M. Baldwin, elles semblent assez discutables : pourquoi croire que la suite des grands penseurs représente la réflexion de la race? S'il est vrai, comme le dit M. Baldwin, que les philosophes prennent pour point de départ la pensée de leur époque, chacun d'eux peut par là même arriver à des conclusions qui diffèrent profondément de cette pensée du temps. Peut-être les points de départ de ces différents systèmes de l'âme forment-ils une ligne continue, et qui est parallèle à la ligne par laquelle la pensée de la race est représentée; mais il n'y a pas de raison, semble-t-il, pour que les points d'arrivée forment une telle ligne, ni pour que cette ligne, si elle existait, soit parallèle à celle qui suit la pensée humaine générale. Il semble d'ailleurs que les faits se refusent à se laisser ainsi classer : peut-on dire que le problème de l'union de l'esprit et de la matière soit moins important pour un Aristote que pour un Hegel? Platon, Aristote, sont-ils réellement les représentants de la pensée spontanée et non-critique? Les systèmes post-aristotéliciens se laissent-ils plus aisément classer que les systèmes philosophiques modernes?

Le deuxième volume du livre, où les théories spéciales de la psychologie moderne sont étudiées indépendamment de toute classification (pp. 73-133), contient des renseignements très utiles, et l'on trouve particulièrement sur l'œuvre et la terminologie de M. Baldwin des indications précieuses (pp. 91-103, 108-111, 126-128, 196-150).

Abu'l Ala, *the Syrian*, par Henry Baerlein. 1 vol. in-16 de 99 p. Londres, John Murray, 1914. — L'excellente bibliothèque « Wisdom of the East » publie sous ce titre, sur le grand poète et philosophe syrien de la première moitié du xi° siècle, une étude qui est tout le contraire d'une œuvre banale. Tel ou tel connaisseur de la pensée musulmane eût pu donner un examen analytique plus complet, ou plus systématique, apparemment plus clair, des idées d'Abu'l Ala; mais les dons d'essayiste, la connaissance de nombreuses littératures, la vérité du styliste, s'ajoutant chez M. H. Baerlein à sa maîtrise technique d'arabisant, lui ont permis d'écrire des pages vivantes, pittoresques, colorées, qui mettent en un singulier relief, sinon la Doctrine du penseur, du moins sa vie parmi ses contemporains et sa personnalité. Le même auteur avait déjà donné, dans cette série, un *Diwan of Abu'l Ala*; ici, une quarantaine de petits poèmes très courts nous rappellent à quel point le traducteur est expert à manier le vers anglais pour lui faire exprimer quelque chose de la prodigieuse virtuosité rythmique du poète syrien. La lecture de cet exposé, où la connaissance positive n'exclut jamais la fantaisie et l'humour, ne révélera guère à l'historien de la philosophie le contenu du grand ouvrage dont le titre pourrait se traduire : *La nécessité de ce qui n'est pas nécessaire*, ni non plus à l'historien tout court combien les lettres d'Abu'l Ala sont une mine abondante de documentation; mais elle attirera et retiendra la curiosité sur une figure de premier plan, dont quelque chose de plus que le nom mérite d'être connu du public cultivé, qui alors ne refusera pas un hommage au poète aveugle et au métaphysicien désenchanté.

La Mettrie. Man a Machine, avec des notes philosophiques et historiques, par GERTRUDE CARMAN BUSSEY. 1 vol. in-8°, de 215 p., Chicago, the Open court publishing Co, 1912. — Cette réédition américaine de l'œuvre célèbre de La Mettrie, faite d'après l'édition de Leyde de 1748, renferme, outre cet ouvrage et sa traduction anglaise, l'éloge de La Mettrie par Frédéric II, des extraits de l'*Histoire Naturelle de l'âme*, des notes historiques et critiques rejetées à la fin du livre, et un index. Les notes sont divisées en deux parties : dans la première l'éditeur étudie sommairement les rapports de La Mettrie avec Descartes, Hobbes, Toland, Locke, Condillac, Helvétius et d'Holbach; la seconde constitue simplement un commentaire, plus historique que philosophique, et en général fort superficiel, de la première. Somme toute, cette réédition vaut plus par l'élégance de la forme que par la profondeur critique.

REVUES ET PÉRIODIQUES

L'Année Psychologique, fondée par ALFRED BINET, publiée par HENRI PIÉRON, agrégé de Philosophie, docteur ès sciences, lauréat de l'Institut, directeur du Laboratoire de Psychologie physiologique de la Sorbonne. XIX° année, 1 vol. in-8 de XII-515 p. Paris, Masson et C°, 1913. — M. Piéron a pris sur lui la tâche considérable de continuer la publication de l'*Année Psychologique* et il y a fourni lui-même, par ses mémoires et par ses comptes rendus, une contribution très importante; c'est un service de premier ordre qu'il rend aux savants et aux philosophes qui ont un égal intérêt à être tenus au courant des études si diverses, si instructives, tantôt par la découverte et tantôt par l'incertitude, qui instituent le domaine de la psychologie. M. Henri Piéron a estimé à juste titre qu'il n'était pas inutile de parcourir à nouveau ce domaine et d'en décrire les confins (p. 1-26); il en profite pour dissiper quelques équivoques de terminologie qui obscurcissent le seuil de l'intelligence psychologique. On s'étonne seulement qu'il croie risquer quelque « paradoxe » en soutenant qu'il n'y a nulle opposition entre l'introspection et la psychologie objective, procédés effectivement connexes et inséparables depuis qu'un être quelconque est parvenu à communiquer avec un de ses semblables. On s'étonne aussi que M. Piéron croie devoir rappeler, « aux philosophes qui sont habitués aux vieilles divisions classiques opposant le domaine de la nature et le domaine de l'esprit », ce principe « paradoxal » que la psychologie doit être objective pour avoir une valeur scientifique : « le subjectif est le particulier et l'individuel, et il n'est de science que du général. » — Depuis Descartes les sciences de la nature ont relégué ces formules dans les magasins des accessoires démodés : le général est le produit d'abstractions toutes subjectives, toute réalité nécessairement est particulière et concrète. Peut-être M. Piéron, en se référant malencontreusement à l'opposition scolastique du général et du particulier, a-t-il voulu simplement distinguer l'individuel qui est généralement observable, comme une éclipse, et l'individuel qui ne serait donné qu'à l'individu et qui demeurerait ineffable, comme une rêverie silencieuse et immobile dans la nuit. La psychologie scientifique *objective* aurait donc pour but de provoquer les témoignages externes de l'état interne, et de soumettre ceux-ci à tous les procédés d'investigations dont disposent les sciences de la nature : il n'y a pas lieu de craindre que dans un pareil effort cette psychologie rencontre jamais l'opposition ou seulement la prévention d'aucun philosophe.

Nous signalerons, sans nous y arrêter, des pages extrêmement curieuses, intéressant la logique des sciences autant que la psycho-physiologie, où M. BOQUET, docteur ès sciences mathématiques, astronome à l'Observatoire de Paris, expose, dans leur état actuel (où l'on n'atteint pas encore une explication incontestable d'une erreur bien prouvée), *les recherches des astronomes sur l'Equation décimale* : l'erreur consiste ici en ce que l'on rencontre dans les séries d'observations une fréquente répétition de certains dixièmes et l'absence de certains autres.

M. G. HEYMANS, le psychologue bien connu, professeur à l'Université de Groningue, critique *les deux mémoires de M. Bergson*, en montrant que les résultats de l'expérience ne fournissent aucune raison de supposer que les phénomènes de la leçon apprise obéissent à d'autres lois que celles des lectures particulières.

M. FOUCAULT, professeur à l'Université de Montpellier, déduit d'une expérimentation poursuivie suivant une méthode à la fois très simple et très sûre, *les lois les plus générales de l'activité mentale.* 1° Quand un travail se répète dans des conditions non pas identiques, mais semblables, il demande un temps qui est presque constant. 2° Les écarts moyens des temps nécessaires pour accomplir un travail augmentent à mesure que le travail devient moins automatique et plus intellectuel. 3° L'écart moyen grandit à mesure que grandit le temps du travail. A propos de la seconde loi, relative à ce qu'il appelle la qualité de l'activité mentale, M. Foucault fait une remarque qui nous paraît avoir une grande portée philosophique et qu'à ce titre nous recommandons à la méditation des psychologues : « Je ne crois pas qu'il soit utile de faire intervenir ici la notion d'attention, moins encore celle d'une prétendue estimation quantitative de l'attention. La notion d'attention est d'origine substantialiste, c'est un reste de la psychologie des facultés. Quant à la mesure de l'attention, c'est une chimère, et ce qu'on appelle du nom d'attention varie qualitativement d'une espèce de travail à l'autre. Si l'on envisage l'attention comme une sorte de force simple et irréductible, ainsi qu'on le fait presque toujours, il en résulte une véritable paralysie pour l'esprit du chercheur, qui perd de vue les faits et la nécessité de les analyser. »

Dans ses *Recherches expérimentales sur les phénomènes de mémoire*, M. PIÉRON développe, à l'aide de données récentes, les indications très remarquables de son ouvrage sur l'*Évolution de la mémoire*, en faisant converger des expériences relatives à la mémoire verbale de l'homme, mémoire des chiffres ou des syllabes, et des études sur des invertébrés aquatiques soumis à une observation passagère.

Dans les deux cas, par exemple, il y a un intervalle *optimum* entre les excitations provoquant une fixation mnémonique ; ou bien encore il paraît y avoir un rapport entre la rapidité de la fixation et la rapidité de l'évanouissement : plus est lente la fixation, plus est lent également l'oubli.

« Il est moins facile de chercher à comprendre les phénomènes, de tenter leur analyse, que de les dissimuler sous une vaine étiquette », écrit M. Étienne RABAUD à la fin d'un mémoire où il élimine, à titre de phénomène simple et irréductible , *l'instinct de l'isolement chez les insectes*, pour se demander de quelles circonstances il peut résulter qu'en général on ne trouve qu'une seule larve d'insecte dans le gland ou dans une noisette, ou autre partie circonscrite d'une même plante, où cette larve doit vivre et trouver sa nourriture.

M. FOUCAULT reprenant, pour en préciser la méthode, les expériences d'Ebbinghaus, étudie *la relation de la fixation et de l'oubli avec la longueur des séries à apprendre*; il montre, en particulier, que l'on peut considérer comme une hypothèse très vraisemblable que la valeur d'oubli est inversement proportionnelle à la longueur des séries.

Suivent des comptes rendus très clairs et très précis du I*e Congrès de psychologie expérimentale* (Berlin, 16-19 avril 1912), par Paul MENGERATH, — un examen de *questions nouvelles d'optique psycho-physiologique* par M. DUFOUR, professeur agrégé à la Faculté de Médecine de Nancy, — un intéressant article de H. WALLON sur *quelques problèmes de psychiatrie (à propos d'un livre récent : Éléments de sémiologie et de clinique mentales par le Dr Ph. Chaslin*); enfin, méthodiquement présentées, une série dense d'*Analyses bibliographiques.*

Mind, octobre 1912-juillet 1913 (nos 84-87).

M. MACKENZIE esquisse (n° 86, p. 190) ce qu'il appelle la philosophie de l'ordre. Il y a selon lui certains ordres fondamentaux qui sont impliqués dans tous les contenus de l'expérience. Cette affirmation lui permet de rejeter à la fois l'associationisme de Hume et le criticisme kantien ; car les modes d'unité, les ordres, ne sont pas extérieurs aux matériaux qu'ils unissent. Notre appréhension la plus simple est implicitement l'appréhension d'un ordre. Une couleur qui est devant mes yeux a une place dans l'ordre du temps, dans l'ordre des couleurs, dans celui des intensités, dans celui des nombres, dans l'espace ; quand tous ces ordres auxquels elle appartient ont été mentionnés et épuisés, il n'y a plus rien à dire de la couleur. Quant aux relations, elles ne font qu'exprimer la position des objets particuliers dans leurs ordres; elles doivent être définies après l'idée d'ordre. Suivant cette théorie, il n'y a plus, dit M. Mackenzie, de distinction essentielle entre les percepts et les concepts.

M. Howard V. Knox (n° 86, p. 231) montre dans les *Principles of Psychology* de James, tous les éléments de sa philosophie future Sa philosophie n'est-elle pas avant tout une psychologie, une théorie de l'âme humaine? On voit déjà dans la première œuvre de James, apparaître un nouveau principe logique, celui de l'intention (purpose), de la sélection, de l'à-propos (relevance), s'opposer à l'ancien principe de la totalité. Grâce à ce nouveau principe, James est amené à affirmer la réalité de l'homme et la réalité de la réalité. La vie consciente ne peut plus être expliquée dorénavant par des mécanismes et des catégories. La question que James s'est posée est celle-ci : Qu'est-ce qui fait la crédibilité de la connaissance, et la possibilité de la conduite? Et comment la connaissance et la conduite sont-elles au fond une seule et même chose?

M. Schiller (n° 84, p. 532) insiste sur ce fait que le pragmatisme ne dit pas : Tout ce qui agit est vrai; mais : Toutes les idées agissent. Il montre (n° 86, p. 280), à propos du livre de M. Perry sur les tendances philosophiques contemporaines, ce qu'est essentiellement pour lui le pragmatisme. D'une part, il est le corollaire philosophique du darwinisme; d'autre part, il est la conséquence de la psychologie de James. Il n'est pas juste d'accuser le pragmatisme, de nier la valeur théorique de l'idée; au contraire, il est une théorie de l'intérêt théorique, qu'il rapproche des autres valeurs humaines: tout jugement est pour lui le survivant d'une lutte pour l'existence entre les jugements. Ainsi le point de vue biologique et l'« intérêt psychologique » du pragmatisme s'identifient. — M. Schiller maintient ensuite, contre M. Perry, l'identité de ses théories et de celles de James. Le réalisme de James est une théorie pragmatiste et non pas métaphysique; il n'est pas légitime de faire, comme M. Perry, du réalisme épistémologique et immanent de James un réalisme métaphysique et transcendant comme celui des néo-réalistes. M. Perry est amené ainsi à attribuer à James l'idée d'un complexe sensible, semblable à celui que conçoit Russell; idée exactement contraire à celle

du flux de l'expérience de James. M. Schiller examine en dernier lieu la critique de l'idéalisme, et la démonstration du réalisme, dans l'œuvre de M. Perry. Il soutient qu'une troisième doctrine est possible qui rejetterait à la fois réalisme et idéalisme. Du fait que toute réalité connue par nous implique l'existence de notre conscience, M. Perry soutient qu'on ne peut conclure l'idéalisme; mais on ne peut évidemment pas non plus conclure de ce fait le réalisme. Peut-être pourrait-on en inférer plus légitimement cette troisième doctrine selon laquelle la corrélation des objets et de l'esprit est un fait ultime. La discussion entre le réalisme et l'idéalisme apparaît comme une des controverses philosophiques qui sont les plus dépourvues de signification; et la question de savoir laquelle de ces deux théories est la plus inadéquate, semble une question d'école.

M. B. Russell (n° 84, p. 571) étudie les *Essays in Radical Empiricism* de James. Il croit comme James que les relations entre les choses sont des objets d'expérience aussi bien que les objets eux-mêmes, et qu'elles font partie de l'expérience. Mais il n'admet pas l'idée de James que seules les choses définissables en termes tirés de l'expérience sont des objets légitimes de discussion entre les philosophes. Il reconnaît que la théorie de James sur l'identité de la représentation et de l'objet représenté est profondément originale et profondément intéressante. Mais, sans se prononcer d'une manière absolue sur une idée si nouvelle, et qui sans doute sera remaniée et transformée, il déclare qu'elle ne lui semble pas satisfaisante. Des trois éléments qu'on peut distinguer dans une perception, l'acte, le contenu et l'objet, la théorie de Meinong les retient tous les trois; celle de Russell retient l'acte et l'objet; celle de James seulement l'objet. Mais il semble, dit M. Russell, que James ait plutôt prouvé l'absence du contenu que l'absence de l'acte; un objet est connu d'après lui sans intermédiaire mental; mais cela ne veut pas dire que : « être objet d'expérience » et « être » soient une seule et même chose; il faut du point de vue de l'empirisme le plus pur, pour qu'il y ait objet d'expérience, qu'il y ait une relation à un acte de connaissance. — M. Russell (n° 85, p. 76) précise quelques-unes de ses théories réalistes. Il montre quelle différence existe pour lui entre la présentation et le jugement : la présentation (acquaintance) est une relation à deux termes, une relation entre un acte et un objet unique, tandis que le jugement est une relation multiple, la relation d'un acte à plusieurs objets. Par le fait que la présentation est une relation à deux termes, la question de la vérité et de l'erreur ne peut se poser en ce qui la concerne : elle se pose seulement par rapport au jugement. — Parmi ces jugements, et c'est la seconde thèse fondamentale du réalisme de M. Russell, il en est qui sont de la forme : l'entité qui a la propriété X a la propriété Y, et de pareils jugements peuvent être portés même quand nous n'avons pas de présentation dont l'objet soit l'entité R qui a la propriété X : c'est ce que M. Russell appelle : connaissance par description. La connaissance par description consiste en jugements, et en jugements dont la chose connue par description n'est pas un constituant. La connaissance directe, la présentation, ne consiste pas en jugements. — Parmi les objets dont nous avons une connaissance directe, nous pouvons distinguer les objets sensibles, c'est-à-dire les objets présentés qui sont simultanés par rapport à l'acte de présentation. Cette définition exclut les universaux qui ne sont pas dans le temps, et les objets dont nous nous souvenons.

Journal of Philosophy. Psychology and Scientific Methods, vol. IX, n° 21 ; vol. X, n° 26.

M. Pratt (IX, 573) critique les théories réalistes de M. Perry. Selon M. Perry, tout système réaliste doit reposer sur cette idée qu'un objet peut être à la fois dans la série de nos états psychiques et dans la série des faits physiques, et qu'il peut fort bien se trouver dans cette dernière série sans se trouver dans la première ; M. Pratt répond que rien ne permet de prouver cette affirmation, et qu'au fond elle ne peut être réellement pensée. Elle suppose d'adieurs qu'on a accepté d'avance l'existence de cette série des faits physiques indépendants des états psychiques. M. Lewis (X, 43) résume le débat en disant que le réalisme a prouvé une seule chose : l'impossibilité de prouver l'idéalisme. Mais il se peut fort bien que l'idéalisme soit le vrai, et qu'il ne soit pas susceptible de preuve. M. Husik (X, 347) fait voir que, dans la liste qu'ils dressent des relations, quand ils veulent étudier leurs caractères, les réalistes ne mettent pas la relation de la conscience et de l'objet connu ; et ils ont raison puisque tout le problème est de connaître les caractères de cette dernière relation ; mais ils n'ont pas le droit de conclure ensuite des caractères des autres relations que toutes les relations sans exception lient des termes extérieurs les uns aux autres.

Miss Costello (X, 494) examine l'article que M. Spaulding a écrit sur l'analyse et le bergsonisme dans le volume intitulé *New Realism*. M. Spaulding ne voit pas que M. Bergson n'est ni l'ennemi de l'analyse ni l'ennemi des concepts : il est l'ennemi de l'analyse par concepts : quand il dit que le changement est plus simple que la permanence, et c'est là peut-être la proposition fondamentale dans sa philosophie, il ne nie pas l'analyse : il affirme une nouvelle sorte d'analyse : toutes les choses permanentes sont dues à des combinaisons de changements : par exemple les pas que l'on découpe dans un mouvement de marche sont les produits de deux mouvements, le mouvement continu de la personne, et notre mouvement de sectionnement. M. Lovejoy (X, 561) insiste sur ce fait que le néo-réalisme contient deux doctrines, d'une part le réalisme proprement dit et la théorie de l'indépendance de l'objet de la connaissance, et d'autre part le monisme épistémologique ou théorie de l'immanence de l'objet, de son identité avec la conscience. Les deux doctrines sont au fond le corollaire d'une doctrine fondamentale, la théorie « relationnelle » de la conscience. Or tandis que, pour M. Perry, c'est la théorie de l'indépendance qui semble être la plus importante, pour M. Lovejoy au contraire le réel intérêt du réalisme est dans sa théorie que la conscience est une « relation purement extérieure » et dans son monisme épistémologique. Théorie difficile à soutenir d'ailleurs : car comment expliquer alors les erreurs ? Théorie que les néo-réalistes ne soutiennent pas tous avec une égale audace. M. Perry admet que dans certains cas les objets ont une certaine dépendance par rapport à la conscience. Mais s'il y en a qui dépendent de la conscience, comment les distinguer des autres ? Signalons encore les articles contre le réalisme de : M. Lovejoy (IX, 627, 673 ; X. 29, 214), Mrs Calkins (IX, 603), A. W. Moore (X, 542), W. Flle (X, 546), Sheldon (X, 572).

M. Perry (X, 454) répond aux critiques de M. Pratt. « Pour savoir si le fait d'être objet d'expérience est essentiel aux objets, j'ai dit que nous devons examiner le caractère spécifique du phénomène : « être objet d'expérience » ; nous devons prendre ce fait lui-même comme objet d'expérience. Il s'agit de savoir si les choses ne peuvent pas entrer dans la connaissance sans abandonner leur indépendance ; il faut voir si je change la masse du soleil en la « formulant », et si la connaissance d'une chose est la condition de cette chose ». Les résultats de l'examen semblent être, suivant M. Perry, que quand une-entité devient objet de conscience, elle entre dans une nouvelle relation, dont certaines de ses anciennes relations, suffisantes pour la déterminer, sont indépendantes. On me reproche, continue M. Perry, de ne pas avoir prouvé le réalisme; mais si l'idéalisme est faux, le réalisme est vrai: et s'il n'y a pas de preuve de l'idéalisme, il y a présomption que le réalisme soit vrai, puisque le sens commun est réaliste. M. PITKIN (X, 309) défend le réalisme contre ceux qui insistent sur ce fait que la perception n'est pas perception du présent, qu'il entre en elle une grande part du passé par le souvenir, d'avenir par l'effort et l'intention. En disant cela, ils refusent l'existence à toutes les entités qui n'ont pas cette situation unique qu'on appelle le présent et aux relations entre ces entités. Bien plus, le temps, étant un continu, n'a pas de position à l'intérieur de lui-même: il n'est pas présent: donc, suivant ces contradicteurs, il ne peut être réel: leur théorie se réfute elle-même. Ils s'interdisent en outre de définir la réalité par l'efficacité. Enfin ils affirment que ce sont les organismes les plus simples qui sont les plus proches de la réalité, parce qu'ils ont une perception moins mêlée de souvenirs et d'efforts. Nous sommes donc forcés d'admettre, autour des choses qui existent, les choses qui sont réelles comme les idées du passé et de l'avenir; car les existences sont des espèces dans le genre qui est réalité. Donc, puisque l'immédiat pur n'est qu'une espèce du réel, nous atteignons, dans la perception où entrent le souvenir et l'effort, non pas moins mais plus de réalité. Dans un autre article (X, 393), M. PITKIN étudie d'un point de vue analogue la distinction entre les percepts et les concepts. On dit souvent que dans la réalité rien ne répond aux concepts : il n'y a pas de ligne droite dans la nature, mais il n'y aurait pas plus de bleu, de bleu réel, parmi les couleurs existantes. Nous sommes amenés par là a voir qu'aucune généralisation au sujet d'une donnée quelconque n'est valable quand elle amène à nier le caractère immédiat de cette donnée; sinon, il faudrait affirmer que rien de ce que nous voyons ou entendons ou goûtons ne peut être défini : au moment où nous définirions ce caractère, ce caractère deviendrait une création de notre esprit. Dira-t-on que c'est là soutenir que la géométrie extrait ses données de l'expérience? Mais il en est bien ainsi, dit M. Pitkin. Dira-t-on que nous ne saisissons pas dans l'expérience les axiomes et les postulats qui sont nécessaires à la définition de la droite? Mais nous ne saisissons pas non plus l'éther nécessaire à la définition du rouge. L'objection implique donc la théorie discutée par les réalistes de l'immanence des relations. M. Pitkin conclut que nous percevons directement un certain nombre d'entités géométriques. Parmi les autres articles des réalistes, citons ceux de STRONG (IX, 561, 589; X, 5), de FULLERTON (X, 57, 149) et de WOODBRIDGE (X, 3, 599).

M. DEWEY écrit (IX, 645) un long article sur la théorie bergsonienne de la perception. Pour lui, M. Bergson a, d'une façon générale, le tort de croire que la considération de l'action, utile dans la perception et dans les sciences, ne doit pas avoir de place dans la philosophie. M. Bergson est ainsi forcé d'établir un dualisme entre la perception et la science d'un côté et la philosophie de l'autre, d'abandonner toute vraie certitude dans le domaine de la science et de la perception. Et ce dualisme lui-même est-il concevable? Comment rendre compte de l'action? Est-elle une fiction? Les concepts sont fabriqués dans l'intérêt de nos besoins. Nos besoins sont-ils fabriqués? Pourquoi voir dans le pragmatisme une théorie de la limitation de la pensée et non une théorie de la nature de la pensée? La connaissance théorique réelle pénètre la réalité plus profondément non parce qu'elle s'oppose à la pratique, mais parce qu'elle est une pratique large, sociale, intelligente. M. Dewey attaque ensuite d'une façon précise la théorie de la perception de M. Bergson. Il y voit une oscillation constante entre l'idée que la perception est simple choix, et l'idée qu'elle indique les effets de nos actions possibles sur les choses; tantôt elle découpe dans ces choses un champ instantané, et tantôt elle désigne les effets de nos actions possibles. L'idée de perception comme champ instantané n'est d'ailleurs conçue que parce qu'on tente d'unir les deux idées d'action réelle et d'action possible; idées qu'on n'arrive -pas à unir réellement; ou bien les corps vivants sont simplement présents, et alors ils ne peuvent même pas découper un champ d'action, ou bien ils agissent, et alors ils font plus que le découper. Mais peu à peu, dans la doctrine bergsonienne, notre action possible sur les choses devient l'action possible des choses sur nous; la potentialité qui au début était uniquement en nous est transférée maintenant aux choses. M. Dewey esquisse une théorie de la perception qui reprend les éléments de la théorie bergsonienne, en les changeant de place, en unissant plus profondément ces différentes idées entre lesquelles la théorie bergsonienne oscille : la perception n'est plus un stimulus tout fait, mais l'opération de constituer un stimulus ; l'objet perçu est une partie du processus par lequel la réaction est déterminée ; la perception devient réellement un processus temporel.

THÈSES DE DOCTORAT

Thèses de M. *Ed. Guyot*.

I. — Intellectualisme et Pragmatisme dans Clough.

M. *Guyot* expose ce qu'il a voulu faire dans sa thèse. La figure de Clough, un peu flottante à vrai dire, lui paraît attachante et subtile. Son cas est intéressant à plusieurs points de vue. L'étudier, c'est d'abord apporter une contribution à l'étude du mouvement d'Oxford ; c'est ensuite examiner comment, dans une conscience infiniment délicate, s'opposent puis parviennent à s'équilibrer l'intellectualisme et le pragmatisme, deux grandes directions de la pensée contemporaine. Comment ces deux courants se concilient dans la vie d'un homme épris à la fois de vérité et d'action, tel est le problème auquel veut répondre le livre de M. Guyot. La conscience de Clough exige de la clarté, ne se satisfait que par une analyse toujours plus complète ; mais il faut agir, et l'action exige un choix immédiat. Lui faudra-t-il sacrifier une de ces deux tendances également impérieuses ? Ou bien parviendra-t-il à les accorder et par quel moyen ?

Notons que l'intellectualisme de Clough diffère largement du rationalisme du xviiie siècle. La connaissance, pour lui, enveloppe des facultés imaginatives et émotionnelles. La vérité est, pour lui, autant imaginée et sentie que perçue.

A son arrivée à Oxford, il se rebelle contre le dogmatisme de Newman. Il a la sensation très nette d'une opposition entre les exigences de la conscience et les expériences de la réalité. Comment sortir de cette opposition ? Il use de deux remèdes. Il se rejettera aux vérités partielles de l'expérience, mais en même temps au milieu de l'expérience actuelle il réservera sa personnalité ; il gardera un moi parfaitement sensible, il ne se fermera pas le chemin de la vérité. Il conçoit la vérité comme quelque chose d'essentiellement ouvert, et admet une intuition du divin si intime qu'elle se fasse dans les régions profondes du moi, au-dessous du concept. Il ne veut pas être lié par hier, l'action d'aujourd'hui ne lui apparaît pas comme essentiellement meilleure, il s'y soumet mais non pas pour toujours.

Cette lutte entre la « conscience tendre » qui ne se contente pas de l'action présente, qui est agitée d'un perpétuel scrupule, et de l'esprit pratique qui pousse à l'action immédiate et qui ne voit pas plus loin que l'action, est symbolisée dans le poème de Dipsychus. A Dipsychus qui représente la « conscience tendre » et qui cherche un refuge dans l'absolu, l'Esprit montre qu'une telle attitude est impossible. Après avoir cédé, du moins en apparence, sur tous les points, Dipsychus adopte enfin l'action dans toute sa nudité, mais il trouve à la fois dans sa force intérieure un soutien et un guide.

Dipsychus a-t-il gagné ou perdu en prenant cette nouvelle attitude ? C'est ce qu'il est impossible de dire. Toujours tourmenté de scrupules, il nous laisse en doute sur ce point.

M. *Lévy Bruhl* félicite vivement M. Guyot, le remercie de lui avoir révélé Clough et de l'avoir fait avec un pareil talent.

M. *Koszul* se défend de vouloir toucher le fond du sujet. Après avoir loué chez M. Guyot la largeur de coup d'œil, la fermeté et la précision de la pensée, la rare qualité de l'expression et du style, il exprime sa crainte que la rapidité de pensée de M. Guyot ne lui fasse parfois dépasser le texte et qu'il n'en vienne à substituer sa pensée à celle de Clough. La thèse d'ailleurs n'en est que plus attrayante ; M. Koszul indique quelques points de détail où il n'est pas d'accord avec M. Guyot, par exemple à propos du mysticisme de Clough, du ritualisme de Neuman. De plus, M. Koszul voit en Clough un intellectualiste plus qu'un pragmatiste.

M. *Guyot* reconnaît que Clough est pragmatiste à son corps défendant.

M. *Lévy Bruhl* fait à nouveau l'éloge de la thèse. Il lui paraît seulement que la thèse est composée de deux parties : une étude sur Clough extrêmement fine, vivante et profonde, et une cuirasse philosophique nullement nécessaire au sujet qui est surajoutée et qui nuit plutôt qu'elle ne sert. Car si l'on entend pragmatisme et intellectualisme en un sens extrêmement vague, il est bien vrai dès lors qu'on peut retrouver l'un et l'autre chez Clough ; mais quelle précision apporte l'usage de ces termes ?

Si au contraire on prête aux mots un sens précis, Clough, venu cinquante ans avant les pragmatistes, n'est pas pragmatiste plus qu'il n'est, au sens rigoureux du mot, intellectualiste. Il serait plutôt éclectique. M. Lévy-Bruhl, pour finir, critique l'usage que fait M. Guyot des termes « intuition » et « transcendantal ».

M. *Lalande* estime que Clough n'est nullement préoccupé d'intellectualisme ni de pragmatisme. Le pragmatisme est un moyen de définir la vérité, l'intellectualisme en est un autre. Clough ne se préoccupe pas de cette question théorique. Il s'intéresse à une question plus pratique. A quoi bon mon action? Suis-je justifié? Le combat qui se livre dans l'âme de Clough ne serait pas une lutte entre l'intellectualisme et le pragmatisme, mais entre les tendances spontanées avec tout ce qu'elles doivent à la tradition et la réflexion critique.

M. *Guyot* pense que le conflit entre l'intellectualisme et le pragmatisme peut se poser dans la pratique : ce serait le cas pour Clough. De plus la formule : à quoi bon? ne lui semble pas convenir à Clough. Clough a confiance dans un pouvoir qui le soutient au cours de l'action et il est satisfait concrètement.

M. *Lalande* se refuse à établir dans la pensée de Clough une unité qu'il croit factice. Clough est partagé entre l'action et la réflexion. La dualité chez lui est essentielle. A la fin, loin d'être vaincu, il est victorieux : car, plongé dans l'action, au milieu même de l'action, il garde quelque chose de réservé.

M. *Guyot* trouve qu'il cède les dix dixièmes : il ne se réserve qu'à un point de vue purement spirituel.

Oui, reprend M. *Lalande*, mais il sauve ainsi tout ce qu'il importe de sauver. « Quel démon naïf tu fais! » s'écrie Dipsychus (p. 163). Tu n'achètes que l'action actuelle. » Car Dipsychus garde d'un côté son intention intacte, de l'autre réserve la possibilité de l'avenir. M. Lalande cite quelques textes à l'appui de son dire, il conclut avec M. Guyot que Clough a eu la maladie du scrupule. C'est une des raisons qui font de lui une figure attachante.

II. — Le socialisme et l'évolution de l'Angleterre contemporaine.

M. *Guyot*. — Je crois que l'intérêt de mon sujet augmente si l'on s'attache au fond même de la question. J'ai cherché à donner du socialisme en Angleterre dans ces trente dernières années, un aperçu synthétique, plutôt qu'une description impressionniste. Le point de vue analytique était impraticable; je n'aurais pu ramener mon sujet à une analyse du libéralisme, car il n'y avait aucun point commun; ni à une analyse du point de vue démocratique; en effet le nouveau mécanisme constitutionnel anglais est peut-être moins démocratique que l'ancien, il consolide les pouvoirs d'un gouvernement de cabinet. Le principe qui le caractérise pourrait s'appeler « l'interventionnisme »; c'est en ce sens que la deuxième période du règne de Victoria a été démocratique.

L'apparition du socialisme montre au contraire quelque chose de nouveau. On agissait toujours, mais en vue d'un principe d'unité, et ce principe présidait à un nouveau mode de répartition des richesses.

a) Je définis le mouvement socialiste comme la réaction sur les événements de groupes plus ou moins étendus, pouvant arriver à englober la nation tout entière; il arrive ainsi à comprendre la nation par suite du pur mécanisme des faits, et à éveiller sa conscience sociale économique, qui suit son éveil dans l'ordre politique. Le socialisme est un « anti-laissez faire » économique, tel qu'il se définit tout d'abord par une réaction contre le système en vigueur; de même le socialisme de Fourier marquait une réaction des instincts contre la contrainte; de même le Socialisme de Marx une réaction des faits contre eux-mêmes. C'est une *volonté* de réaction. Elle peut être générale dans un pays, sans être toutefois totale. Mais ici il faut s'entendre. Il ne s'agit pas d'une opposition de classe contre classe. C'est quelque chose de plus complexe : conflit des producteurs capitalistes avec les producteurs salariés, des producteurs capitalistes avec les consommateurs, des producteurs salariés à leur tour avec les consommateurs. Ainsi se produit une rupture d'équilibre social. Si l'on considère séparément l'action du producteur, l'action du consommateur, on voit que ces divers groupements arrivent à s'opposer ou au contraire à s'équilibrer. Il se substitue souvent une nouvelle harmonie de groupes à la vieille harmonie, atomique parce qu'elle considérait seulement les individus.

b) Le Socialisme anglais se caractérise aussi comme une doctrine d' « efficacité » économique. L'efficacité, c'est l'accroissement des richesses, le perfectionnement des agents et des moyens de production, qui augmente le dividende national. Et l'efficacité se conçoit lorsqu'en étudiant l'action des producteurs, on remarque l'importance qui est encore immense du salaire vital, et la nécessité qui s'impose d'un reclassement des entreprises; les industries les plus efficaces étant celles qui trouvent le mieux leur emploi, qui causent un accroissement dans la capacité productrice des salariés. Il importe de remédier à un état de déséquilibre relatif inhérent à l'actuelle organisation; et c'est le champ ouvert à l'action coopérative, qui substituera, à la responsabilité individuelle du patron, la véritable responsabilité sociale et collective.

c) Par là le Socialisme atteint son troisième caractère essentiel, qui est de réaliser avant tout la justice sociale. Il faut désormais que chacun soit rétribué proportionnellement à son action dans la production. On ne se base plus sur la valeur commerciale du produit fabriqué : là n'est plus le fait, mais bien dans la rente, pour savoir comment elle sera répartie et distribuée. Il est nécessaire de réaliser une répartition meilleure des deux sortes de rente, dont la première est la rente industrielle proprement dite, analogue à la rente foncière, fait social absolu, et dont la seconde est ce qu'on peut appeler la rente différentielle; elle consiste dans l'accroissement possible de la valeur d'une marchandise, entre le moment où elle est produite et le moment où elle se trouvera consommée. On ne peut empêcher complètement le phénomène de la rente; pas plus qu'une législation ne pourrait empêcher un terrain d'augmenter de valeur, par la présence d'une nouvelle voie de communication; dès lors, il s'impose de distribuer équitablement la rente et la quasi-rente, quand il est permis de faire un bénéfice donné, dans un moment donné, avec un produit donné. Cette rente, qui se cristallise, qui s'immobilise ainsi pour un temps, à qui définitivement ira-t-elle? Il s'agit d'en faire profiter le plus grand nombre possible d'hommes. Le système des trade-unions dans lesquelles les salariés décident qu'ils ne traiteront pas avec le patron d'une industrie déterminée au-dessous d'un prix déterminé, leur permet déjà d'assurer une partie de la quasi-rente.

Mais la rente absolue peut être elle-même assimilée par le corps social. C'est l'État qui concède à la collectivité une pluralité de rentes; il conserve un droit de contrôle et peut ne pas laisser au groupe particulier une pleine initiative et une entière liberté. Si l'État traçait le cadre général, nous aurions peut-être ainsi un nouveau progrès de l'économie; l'efficacité serait accrue, plus juste, plus grande, grâce à cette intervention de l'État, à ce statut économique. Je ne veux pas parler des institutions ouvrières telles que les assurances contre la vieillesse et les accidents, j'ai appelé cette dernière intervention, à propos du décret Millerand de 1899, un « concessionnisme », sinon un socialisme. Ce décret impose aux entrepreneurs, dans le cahier des charges, des conditions relatives aux salaires. Mais l'État délègue aux initiatives le droit de produire à condition que les individus respectent son droit de contrôle. C'est sur cette dernière idée que repose le système de Lloyd George; dans tous les contrats, c'est l'État qui sera chargé d'en reviser les conditions et de régler les différends. L'État est là pour assurer à la collectivité le bénéfice de cette rente différentielle, sans que cela porte tort aux individus, car si la société ne devait pas profiter des capacités individuelles, « on aurait intérêt à les empoisonner, d'autant plus qu'ainsi on ne tomberait pas dans le péché d'envie ». En faisant dans ces paroles de M. Lloyd George la part du puritanisme et celle de l'humour, il faut reconnaitre son réel dessein d'assurer à la collectivité plus de bénéfice. L'État peut-il exploiter directement les entreprises? L'étatisme n'est guère possible en Angleterre, même dans les entreprises purement administratives : le rachat d'aucune entreprise est impossible. Mais il intervient dans l'action des consommateurs eux-mêmes, par les coopératives de consommation.

Telle est la leçon qui se dégage des faits. Le mouvement des idées ne peut pas être discerné avec la même précision, à cause de l'insuffisant recul des manifestations de la pensée contemporaine. Mais on peut y distinguer trois courants : la tendance idéaliste, aussi ancienne que l'Angleterre; la tendance critique, qui la porte à douter de cela même, et la tendance pratique et utilitaire. Les trois écrivains auxquels je me suis borné pour le mouvement des idées sont Morris, Shaw et Wells.

M. *Cazamian*. — J'aurai à vous adresser beaucoup de compliments et quelques réserves, encore pénétrées d'une profonde estime pour vous. Je commencerai, si vous le voulez, par ces réserves. D'abord, votre exposé a accentué le caractère mixte de votre recherche. Est-ce en historien que vous avez étudié cette partie de la réalité contemporaine? Est-ce en économiste normatif que vous avez voulu justifier une théorie personnelle du socialisme? Dans tous les cas, vous me paraissez vous être placé, plutôt qu'au strict point de vue des faits, au point de vue d'ailleurs légitime d'un intérêt supérieur, de beaucoup plus ambitieux.

M. *Guyot*. — Les faits présentent un entre-croisement et une complexité telle qu'il fallait prendre des fils conducteurs.

M. *Cazamian*. — Alors, votre théorie est-elle sortie d'une étude et d'une réflexion sur les faits, ou s'est-elle imposée à eux après coup?

M. *Guyot*. — Elle est sortie de la considération même des faits, mais des faits anglais, tels qu'ils se passent en Angleterre. Le public n'a pas été dupe; il a crié au socialisme: il fallait bien qu'il y eût quelque chose tout de même; mais il est vrai que j'ai été obligé d'assouplir la réalité, et cette adaptation des idées socialistes valait bien qu'on en fit l'expérience. Je me suis ainsi rapproché des théories socialistes dogmatiques.

M. *Cazamian*. — Peut-être est-ce vous-même qui vous êtes adapté à l'Angleterre. Votre conception se rapproche des idées de Wells: c'est à la fois l'image du socialisme anglais et la formule du socialisme intégral. Je me demandais si vous étiez bien dans l'état de recevoir des impressions de ce genre: or vous y êtes bien parvenu. Vous avez considéré le socialisme d'une manière vivante. Votre formule est celle d'une culture, d'une économie politique nouvelle: vous y faites rentrer des éléments d'une politique sociale et sentimentale.

M. *Guyot*. — Cette synthèse spirituelle s'accomplit à l'insu des écrivains eux-mêmes.

M. *Cazamian*. — C'est alors que la tâche de l'historien devient singulière. Je me demande si vous n'en avez pas diminué la complexité.

M. *Guyot*. — Je ne crois pas qu'elle puisse être revendiquée, lorsqu'il s'agit d'un groupe d'individus pensants.

M. *Cazamian*. — Vous adoptez en effet un socialisme chrétien sentimental. Tel est le sentiment collectif. Votre livre se défend par la masse, la vigueur, la richesse plus que par la méthode: c'est l'image incomplètement dégagée d'une nation contemporaine dans toute sa vie intellectuelle, sociale et politique. C'est la même image qui se dégage de la lecture des livres de Wells. Ainsi, vous avez fait un résumé très clair d'ouvrages que vous avez bien contrôlés, au sujet de la concentration industrielle, mais on ne voit pas les lignes générales bien dégagées: la direction dogmatique de votre livre va à l'encontre, vous négligez certains caractères spirituels et moraux.

Vous parlez (p. 89) des contingents nouveaux qui viennent au socialisme. On aurait attendu ici une étude de psychologie sociale. Vous le faites par Wells bien

plus que par vous-même et, en un sens, votre livre est un livre constructif bien plutôt qu'un livre construit. Avez-vous examiné si l'efficacité pratique sera toujours conforme à la justice? s'il y a une harmonie préétablie?

M. *Guyot*. — L'élimination de la rente aboutit à produire l'efficacité. Je la prends dans une acception très large comme un accroissement psychologique et moral.

M. *Cazamian*. — Ne peut-il pas alors y avoir conflit? Les notions ne sont pas superposables. Votre livre a gagné beaucoup au point de vue de la forme; vous y avez fait passer le souffle puissant de Wells. Vous pensez par images, et je reconnais tout le mérite et toute la sincérité que vous avez. N'attachez pourtant pas tant d'importance à une interview de M. Lloyd George. Elle n'augmente pas la valeur de votre livre.

M. *Guyot*. — Elle précise l'aide interventionniste de l'État, bien différente de la théorie de Bernstein.

M. *Cazamian*. — Puisque vous prenez ce qui est dans les faits, pourquoi ne pas faire place au groupe, à l'influence de Sidney Webb, à la diffusion des idées fabiennes, au facteur fabien dans l'esprit des dirigeants?

M. *Guyot*. — Mais les fabiens ne sont tels qu'après avoir compris l'idée socialiste. Ils ne sont pas un groupe à définir séparément, M. Lloyd George m'a dit: Ils se bornent à faire des confidences.

M. *Cazamian*. — Et le socialisme tory est-il vraiment mort dans les régions agricoles?

M. *Guyot*. — Le landlordisme a évolué. Le parti conservateur tend à préconiser les idées libérales, sous l'influence des doctrines représentatives.

M. *Cazamian*. — Vous avez fait deux conclusions: celle des faits, celle des idées. Votre dernière conclusion est trop éloignée de la première, vous avez un peu fait dévier l'ossature de votre ouvrage, vous avez moins précisément dégagé la leçon des faits que celle des idées. Mais j'ai eu le plus grand plaisir, vous le voyez, à vous lire. Il y a bien quelques lacunes, à mon avis: la question des rapports de l'impérialisme et du socialisme; celle des sexes; mais je ne voudrais pas trop insister à ce sujet.

M. *Andler* adressera à M. Guyot les mêmes éloges que M. Cazamian. Ses critiques, en revanche, seront d'ordre différent: pourquoi n'avez-vous pas mis en lumière la portée sociologique du trade-unionisme, qui est comme une réalisation, au milieu du capitalisme, de la République sociale?

M. *Guyot* juge difficile de regarder le trade-unionisme comme une République en soi et par soi.

M. *Andler* le concède. Mais il eût été intéressant d'étudier la façon dont le trade-unionisme a organisé sa structure intérieure. Un problème du même genre se posait pour le coopératisme. Ces questions de structure sociologique mériteraient d'être étudiées.

M. Andler félicite M. Guyot de la place qu'il a faite aux intellectuels du socialisme. Car le Socialisme représente des valeurs nouvelles; et c'est le rôle des poètes de dégager les valeurs sur lesquelles nous aimerions à vivre. Mais alors, pourquoi ne pas avoir parlé d'Oscar Wilde?

M. *Guyot*. — J'ai parlé de Morris, de Shaw et de Wells, parce que ce sont des types représentatifs.

M. *Andler* conclut en félicitant M. Guyot de son ouvrage, suggestif et instructif.

M. *Bouglé* loue l'audace de la synthèse entreprise par M. Guyot. Il remarque que la discussion même a mis en lumière certains défauts du livre : son caractère apriorique (la définition que l'auteur donne du socialisme est arbitrairement posée, non induite), son caractère discontinu (une analyse d'idées y est juxtaposée à une analyse de faits), son caractère hybride (des théories d'économiste s'y mêlent à des descriptions d'historien).

Après s'être plaint de certains anglicismes, M. Bouglé signale quelques erreurs. Comment peut-il être question, par exemple, d'une théorie reprise après 1823 par Ricardo, puisque Ricardo est mort à cette date?

Il existe enfin des lacunes : les Fabiens, — le municipalisme, — le syndicalisme révolutionnaire.

Quant au point central du débat, votre définition du socialisme, dit M. Bouglé, paraît arbitrairement élargie. Sur le continent, sous l'influence du syndicalisme, le socialisme se fait ouvrier : si vraiment il n'en est pas de même en Angleterre, il fallait au moins expliquer cette particularité paradoxale.

M. *Ed. Guyot* est déclaré digne du grade de docteur avec mention très honorable.

Thèses de M. *Fauconnet* :

L'esthétique de Schopenhauer.

M. *Fauconnet* n'a pas voulu résumer les points principaux de l'esthétique de Schopenhauer, ni donner, après Kuno Fischer, une explication historique de la pensée de Schopenhauer. Il a estimé que sa tâche commençait là où l'interprétation de la doctrine devient difficile. Schopenhauer a dit lui-même que sa doctrine n'était pas explicitée; cette remarque est vraie surtout de l'esthétique, dont la théorie est éparse; entre ces membres épars, il y a pourtant une liaison organique. J'ai tenté de montrer cette liaison, de faire une reconstruction historique. Cela étant, j'ai rapproché les textes épars, en en donnant un commentaire approfondi; et je n'ai pas fait de critique ni de recherche des sources. Cette méthode peut sembler subjectiviste : mais c'est bien aussi une manifestation de l'esprit historique que d'essayer de comprendre une pensée. Au reste, Schopenhauer a cru à l'unité de son esthétique; c'est un fait; j'ai voulu en rendre compte.

M. *Fauconnet* cite ensuite différents types de difficultés qu'il a rencontrés. 1° Il a eu parfois à rapprocher des textes que Schopenhauer n'avait pas réunis; c'est ainsi que dans le troisième livre du *Monde comme volonté et comme représentation*, il faut un intermédiaire entre la métaphysique du beau et la théorie abstraite; cet intermédiaire est la théorie des sens, exposée ailleurs. 2° D'autres fois, il a fallu mettre en forme un raisonnement qui disparaissait dans l'abondance luxuriante des détails. 3° Parfois enfin, il a fallu rapprocher des textes d'apparence abstraite de textes d'ordre sentimental et lyrique; ainsi, par exemple, pour la théorie de la pitié.

M. *Séailles*. — Vous avez fait un livre utile, et qui est écrit avec précision, netteté, et même une certaine élégance. Mais, sur la méthode, j'aurai une grave réserve à faire. Vous n'avez pas montré les principes mêmes du système, si bien que vos remarques se détachent les unes des autres : voulant donner une impression de cohérence, vous donnez une impression de décousu. Vous avez négligé les problèmes essentiels; ce que vous appelez en terminant vue synthétique n'est que la reprise de deux têtes de chapitre; vous n'avez jamais dominé le système.

M. *Fauconnet*. — Il est vrai que j'ai supposé connu le système de Schopenhauer; je n'ai pas fait un livre de vulgarisation: je me suis attaché à un problème technique. J'ai donné d'ailleurs un plan général de l'esthétique de Schopenhauer.

M. *Séailles*. — On ne se débarrasse pas de la construction d'un livre en en donnant une projection. Et voici en quel sens votre méthode vous conduit à négliger les problèmes essentiels. Je vois quant à moi une difficulté de premier ordre à ce que la volonté, irrationnelle, absurde, puisse se manifester par le monde le plus intelligible qui soit, le monde des idées platoniciennes : vous avez substitué, vous, l'examen de problèmes de détail à l'étude de problèmes de cet ordre.

M. *Fauconnet*. — Je n'avais pas, au point de vue que j'avais choisi, à étudier ces problèmes. J'ai, du reste, une opinion sur la difficulté que vous montrez. Si Schopenhauer n'a pas été frappé de cet antagonisme entre un moteur aveugle et un monde intelligible, c'est qu'il estimait que la volonté crée son contraire: c'est la définition même du vouloir chez Schopenhauer.

M. *Séailles*. — Votre réponse n'est pas intelligible, mais elle est ingénieuse. — Voici d'autre part une nouvelle remarque, qui tient à la même objection de méthode. Vous louez Schopenhauer de son dédain pour la technique; mais vous ne marquez pas la raison pour laquelle il dédaigne cette technique. C'est qu'il estimait que le beau existe avant que l'artiste le crée: ce qui fait le génie, c'est la faculté d'atteindre ce beau; la technique n'importe pas. Comment d'ailleurs avez-vous pu louer Schopenhauer de cette idée monstrueuse, qui méconnait tout ce qu'il y a dans le génie de faculté créatrice?

M. *Fauconnet*. — Schopenhauer distingue deux moments dans la création artistique : la conception et la réalisation. C'est la conception qui lui semble être le moment spécifique.

M. *Séailles*. — Quoi qu'il en soit, votre effort pour établir la cohérence n'est pas réussi.

M. *Fauconnet*. — Quand je dis liaison organique, avec Schopenhauer, je ne veux pas dire cohérence.

M. *Séailles*. — Vous avez bien répondu a toutes mes remarques. Mais pourquoi tout cela n'est-il pas dans votre livre?

M. *Lévy-Bruhl* loue M. Fauconnet de sa science approfondie de l'allemand. Il constate d'autre part que s'il a exclu certaines façons de faire un livre, c'est en pleine connaissance de cause. Et si sa méthode a, parfois, l'inconvénient de ne pas rattacher la pensée de Schopenhauer aux éléments contemporains, elle a d'abord l'avantage d'avoir permis de réaliser un livre qui a la qualité précieuse d'être vivant. Les réserves de M. Lévy-Bruhl ne porteront que sur des points de détail. Vous plaidez trop, dit-il,

la cohérence logique. Vous avez eu tort aussi de vouloir à tout prix concilier l'opinion de Wagner sur la théorie de Schopenhauer et la sympathie de Schopenhauer pour la musique de Rossini. Enfin vous avez écrit sur le séjour de Schopenhauer au Havre, sur le contraste qu'il y observa entre la mer et la ville, sur les teintes qu'il put admirer au soleil couchant, des lignes qui montrent que vous avez sollicité le texte sur lequel vous vous appuyez.

M. *Basch* a lu avec curiosité le livre de M. Fauconnet : il concernait l'esthétique, et l'esthétique allemande; son auteur, de plus, était connu pour un esprit curieux. Mais l'attente n'a pas été remplie : le livre est intelligent, et témoigne d'une connaissance réelle de Schopenhauer; mais sur la méthode, sur les résultats, nous sommes en désaccord complet. J'ai trois objections à vous faire.

Première objection : Le titre de votre livre est fallacieux. Toute esthétique se compose : 1° d'une psychologie de l'acte esthétique; 2° d'une métaphysique du beau; 3° d'une théorie du génie; 4° d'une théorie des arts. Vous avez consacré, vous, tout votre effort à la théorie des arts. Alors dites : théorie des arts d'après Schopenhauer; mais l'esthétique de Schopenhauer ne se trouve pas dans votre livre: changez le titre.

M. *Fauconnet*. — J'ai pris le mot esthétique au sens qu'il a, non pas en français, mais en allemand.

M. *Basch*. — Pas du tout. — *Deuxième objection* : Vous aimez, dites-vous, l'esthétique de Schopenhauer. Comment concevoir alors que vous avez pu y choisir ce qu'il y a de moins intéressant? Pourquoi avez-vous dédaigné d'étudier les rapports de la métaphysique du beau et du pessimisme? C'eût été plus intéressant que de mettre des textes bout à bout.

M. *Fauconnet*. — J'ai étudié ces rapports ailleurs.

M. *Basch*. — *Troisième objection* : Vous dites que vous ne faites pas d'histoire, et vous vous enfermez en Schopenhauer. Le malheur est que Schopenhauer a été le plagiaire le plus extraordinaire qui soit. Il a plagié Fichte; il a plagié Schelling; il a plagié Bruno. Kuno Fischer a caractérisé le système de Schopenhauer en l'appelant mosaïque; ce fut un être de génie, mais dans le détail. Vous, de votre côté, vous n'avez fait de bonnes choses que dans le détail. Et croyez-vous, de bonne foi, qu'il était possible de comprendre Schopenhauer sans Schelling?

M. *Fauconnet*. — Je ne pouvais pas en

même temps faire œuvre de sympathie pour Schopenhauer et prononcer un réquisitoire.

M. *Basch*. — C'est cette attitude que je ne comprends pas.

M. *Fauconnet* est déclaré digne du grade de docteur avec mention très honorable.

Thèses de M. *G. Huan*.

Le dualisme de Spir.

M. *Huan*. — La nature de la pensée et des choses présente un dualisme radical : en premier lieu l'absolu, la norme fondamentale; d'autre part, le devenir. C'est le principe d'identité qui nous apparait comme la norme suprême de la pensée, la loi primordiale et constitutive de l'esprit en dehors de laquelle il n'y a qu'illusion et mensonge. De plus l'absolu, considéré dans les choses et non plus dans l'esprit, mérite qu'on lui accorde, avec l'invariabilité et la simplicité, le prédicat de la perfection. Or, cette perfection n'est pas autre chose que Dieu même, en tant qu'il constitue la nature normale des choses. Le monde de l'expérience, au contraire, est loin d'être conforme aux exigences de la loi suprême de la pensée et de posséder un être propre et absolu. Le réel de l'expérience revêt une nature phénoménale, il doit être conçu dans un perpétuel devenir. Rien n'est stable dans les corps. Le dualisme est donc radical, mais voici la question qui se pose : avons-nous le droit de conclure qu'il existe en dehors de la pensée une réalité qui est conforme à l'absolu, à l'identité fondamentale, à la nature normale? La loi de la pensée, en présence du phénomène, donne lieu à une antinomie proprement dite, le dualisme est l'aboutissant logique, la conclusion nécessaire de toute la philosophie de Spir.

Pour que le devenir puisse donner l'illusion du vrai, il faut qu'il imite sa stabilité, au moyen d'un retour constant et éternel de phénomènes quasi identiques. L'hypothèse de Spir est voisine de celle de Nietzsche qui conçoit l'éternel retour des mêmes phénomènes comme le principe fondamental de toute la réalité. Il y a une communauté d'illusion qui s'établit entre l'expérience intérieure et l'expérience extérieure. Un nouveau principe de liaison en sort; ce principe, c'est le changement qui relie continuellement une partie et un état de l'univers à toutes les autres parties et à tous les autres états de l'univers. C'est l'œuvre de cette *mère nature* dont la fécondité produit la multitude des changements qui composent le devenir. Mais ce principe doit aussi rendre compte de l'ordre invariable et harmonique qui se manifeste dans le monde: il atteint sa plus haute expression dans la loi de finalité, loi immanente à la nature. On voit combien ce principe tend vers l'absolu, tend à le supplanter parmi les phénomènes. Mais conçoit-on qu'un monde fondé sur l'illusion puisse être l'objet d'une volonté créatrice? « Ce n'est pas pour servir à un but quelconque que la Nature est constituée telle que nous la voyons; mais c'est au contraire parce qu'elle est, ainsi constituée qu'elle fait effort nécessairement vers un but qui lui est extérieur » (Spir). D'où vient maintenant cette distance entre l'absolu et la réalité qui tente vainement de l'imiter? Il faut bien qu'il y ait dans le monde quelque chose de l'absolu, qui lui soit apparenté par quelque côté, « précisément parce qu'il en est le phénomène ». Cette distance s'explique par une déchéance de la norme vers l'anormal, de la perfection vers l'imperfection. L'anormal est une forme du réel où se manifeste sans doute quelque chose de cet absolu, mais d'une manière qui le défigure et qui le rend méconnaissable, de sorte qu'on ne retrouve l'absolu qu'en niant cette forme mensongère et décevante. Il faut chercher les causes de cette déchéance et les situer dans l'absolu. Ces causes sont dans la double nature de l'homme et dans l'hypothèse de la chute. Si notre être propre et normal, notre vrai moi, réside dans l'absolu, en dehors du phénomène et du devenir, comme les formes supérieures de la pensée en témoignent, ne devons-nous pas considérer notre état présent comme une anomalie et une déchéance? Il ne semble pas qu'il y ait d'autre solution à ce problème que l'hypothèse d'une chute, et la perversion de la pensée pure. Telle est la servitude humaine.

Mais un pareil monde, fondé sur une déception, fait de contradictions et de mensonges, ne saurait subsister. Par un désir secret, l'être déchu aspire à retrouver le paradis perdu. Il y parvient grâce à la loi de finalité interne de la nature, qui affranchit graduellement le sujet des liens physiques de sa servitude. C'est cette loi qui guide l'évolution. La nature en ignore le sens et le terme jusqu'au moment où elle crée l'homme, en qui jaillira la lumière de la vérité. L'élan vital, c'est l'attraction de l'Absolu. A cet affranchissement de la vie succède l'affranchissement de la pensée, et l'homme marche ensuite à la conquête de la liberté, dont le principe est finalement l'identité du sujet avec lui même, par opposition à la réalité sensible, dont elle rompt la contradiction. Et cette victoire de la liberté fait espérer une régénération future de l'humanité tout entière. Il y a une partie de nous qui subsistera dans l'éternité, ce n'est pas le fantôme sensible que nous sommes. Ce qui est immortel, c'est notre moi supérieur, dépouillé de toute individualité. Si nous ne pouvons nous faire une idée de cette existence supra-consciente, il ne faut pas la mettre en doute. La fin du devenir, c'est la déphénoménisation.

M. *Lalande* objecte qu'il y a toujours une parenté secrète de l'absolu avec le monde, une parenté morale, en vertu de laquelle la métaphysique ne doit pas expliquer ce que la morale réprouve. L'anormal suppose la norme, mais ce postulat est une pétition de principe. Tout ne peut s'expliquer.

M. *Huan* répond qu'il faut supposer l'existence d'une perversion quelque part, qui a dérangé l'équilibre premier.

M. *Lalande* fait une autre objection : le rapport entre l'absolu et l'anormal existe-t-il historiquement, chronologiquement, ou en dehors du temps? M. Huan emploie des expressions temporelles qui peuvent laisser croire à de tels rapports entre l'absolu et la perversion.

M. *Huan* convient que, s'il y a un rapport entre la durée et l'absolu, ce rapport lui paraît inexplicable.

M. *Lalande* remarque que M. Huan n'explique pas l'anormal donné, sous prétexte qu'il n'est pas la réalité; il s'invite à se placer au point de vue qui considère au contraire ce qui n'est pas satisfaisant pour l'esprit comme une réalité. Le temps, l'individu ne sont rien, l'homme n'est qu'un fantôme; plus tard même, M. Huan dira que du monde sortira une réalité, sous l'influence de la finalité interne; pourquoi cette réalité n'est-elle plus alors considérée comme une illusion, et se place-t-elle en regard de la première réalité, la réalité absolue? Pourquoi la moralité est-elle ensuite nécessaire, si le monde est déjà une manière d'être de la substance absolue?

M. *Huan* fait observer qu'il n'y a pas de différence entre une chute et une déchéance, et que la réalité du monde a dégénéré vraisemblablement de l'absolu.

M. *Lalande* demande comment le principe d'identité peut être le principal moyen pour la nature de se régénérer; mais si elle ne fait alors qu'affirmer son identité avec elle-même, en quoi le but vers lequel nous marchons est-il différent du néant? Nous ne pouvons, dit-il, qualifier toute morale possible comme étant une marche au néant.

De plus, si les âmes persistent en Dieu en dépouillant leur forme individuelle, que restera-t-il pour déterminer ces âmes? Ce que M. Huan ajoute à cette négation est un pur acte de foi; s'il en est ainsi, cela dépasse de beaucoup le champ de la philosophie. M. Huan termine en faisant la part de l'inexplicable, et déclare que c'est là une belle et noble croyance.

M. *Delacroix* reproche à M. Huan d'avoir privé son travail de la lumière historique, et de montrer un Spir détaché de son temps et des influences externes; il croit que, sans modifier le plan, M. Huan aurait pu situer, dater l'œuvre de Spir, l'exposer comme un moment aussi bien que comme un monument de la pensée humaine. Il félicite l'auteur d'avoir comparé Spir à Lotze, à Herbart, à Bradey; d'autres comparaisons étaient possibles; c'est ainsi, par un travail d'ascétisme intellectuel, qu'on parvient à se donner la vision totale et mystique.

Sur un point particulier, le rapport de la norme et de l'anormal, M. *Delacroix* reproche à M. Huan d'avoir supposé réelle l'influence de Nietzsche sur Spir, à propos de la théorie du retour éternel dans le devenir. Or, lorsque Nietzsche a connu Spir, il n'était pas persuadé de la doctrine ainsi désignée, qu'il attribuait aux Pythagoriciens (Urtragödie, 1871). C'est en 1881, sous l'influence de Mayer, qu'il l'a adoptée par une sorte d'illuminisme; Spir n'est intervenu à aucun moment.

Sur la perversion de l'absolu, que M. Huan attribue à la pluralité des sujets connaissants, M. Delacroix demande pourquoi elle est donnée, malgré le principe qu'il ne faut pas multiplier les êtres. Il termine en distinguant le dualisme de Spir, fondé sur le principe d'identité, et le criticisme de Kant, qui se pose nettement a priori, ce que Spir n'a pas établi pour fonder son principe absolu.

M. *Huan* est déclaré digne du grade de docteur avec mention très honorable.

Thèses de M. *Blondel*.

II. — La psycho-physiologie de Gall.

M. *Blondel* expose qu'il n'a pas voulu faire une simple monographie, qui eût été forcément insuffisante, mais qu'il s'est placé au point de vue psychophysiologique pour étudier l'œuvre du Dr Gall. Il s'est demandé si c'est légitimement que la psychophysiologie a été distinguée par lui dans cet ensemble ; et il confirme : 1° que cette distinction a été reconnue historiquement ; 2° qu'elle est réelle en fait. En effet Gall fait reposer son hypothèse sur la pluralité des organes cérébraux. Puis il l'appuie sur deux postulats complémentaires : 1° que le volume de l'organe correspond à son activité fonctionnelle ; 2° que le crâne moule exactement le cerveau. Si ces deux postulats étaient faux, il faudrait une autre méthode ; mais cette seconde méthode ne différerait de la première que par son processus, sa direction psychophysiologique resterait la même. Gall est donc avant tout un anatomiste guidé par sa physiologie cérébrale. Il la pose toujours comme étant indispensable. Est-ce une erreur? Garnier voulut autrefois l'établir. Mais dans la pensée de Gall, qui nous intéresse ici, le phénomène psychologique n'est pas concevable dans un ensemble matériel. La psychologie n'est que l'ensemble des fonctions cérébrales supérieures.

Les lois régissant cet ensemble sont elles-mêmes fondées sur deux principes : celui qu'on pourrait appeler principe de la continuité et celui de la spécificité des organes. Ces lois sont en tout cas uniformes, sinon susceptibles de rester toujours immuables, et cela grâce à ces principes. Donc l'explication des fonctions différentes devra se faire d'une manière analogue à celle des fonctions communes : en outre à tout mécanisme nouveau doit correspondre une fonction nouvelle ; c'est une continuité d'addition. Ainsi, les organes des sens ne nous introduisent pas plus loin que la pure sensibilité ; et à l'unité des facultés correspond nécessairement un organisme ad hoc. Il y a deux expressions, l'une psychologique, l'autre physiologique, d'un même fait : la spécificité des organes correspond à la diversité des fonctions, à l'unité de la masse nerveuse l'ensemble des facultés. Gall donne de cela une série de douze preuves, que l'on ne peut rappeler ici. Il montre qu'il est impossible de s'en tenir à la masse seulement du cerveau, qu'il faut des organes différenciés et que, sans cerveau, il n'y a pas de vie psychique. A. Comte a vu dans cette argumentation une des premières manifestations de l'esprit positif, l'idée de relations constantes entre purs et simples phénomènes.

Les organes les plus importants, dit Gall, sont les organes médians ; les facultés animales sont localisées à la partie postérieure du cerveau ; les facultés humaines supérieures dans la partie frontale. Ici germe l'idée d'une carte du cerveau indépendante de toute recherche anatomique. l'anatomie ne jouant ici qu'un rôle de vérification. Gall n'entend par faculté que les attributs communs à un même fait réel. Ainsi la mémoire a de nombreuses formes différentes ; ce n'est pas une faculté simple, au sens étroit du mot : il y a des mémoires inégales pour différentes choses. Sans organes internes, la perception du monde extérieur ne s'accomplirait pas ; il y a des organes multiples et différenciés dans le cerveau, à l'unisson du monde extérieur. Cette psychophysiologie a donc quelque chose de très microscopique, comme on dirait aujourd'hui. Chaque organe est conçu comme formé de cellules, de fibres. On peut concevoir de loin ce que sera la théorie des neurones. De plus, l'orientation générale de cette psychophysiologie demeura un fait acquis : Comte proclamera l'idée que la physiologie régit tout le monde psychologique.

M. *Lévy Bruhl* remercie M. Blondel de son exposé, qu'il trouve clair et précis ; il le complimente sur le choix du sujet, dont l'intérêt historique considérable n'est pas périmé aujourd'hui. Il a en même temps un intérêt philosophique : Comte a considéré Gall comme son maître pour la théorie des fonctions supérieures de l'esprit. M. Blondel lui paraît très qualifié pour le traiter, se trouvant à la fois agrégé de philosophie et docteur en médecine. Il remarque dans la thèse un équilibre délicat et harmonieux de l'esprit philosophique et de l'esprit scientifique. Le sujet est donc bien délimité. M. Blondel en a fort justement laissé tomber la partie caduque. M. Lévy Bruhl ne veut que demander des explications complémentaires sur certains points.

Les deux grands principes, de continuité et de spécificité des organes, ne s'opposeraient-ils pas, ou du moins n'interféreraient-ils pas? Chaque organe est spécifié dans son contenu ; cela suppose une fixité qui l'on perdre quelque chose au principe de continuité. Ce principe, au xviii° siècle, recevait une interprétation évolutioniste ; passage insensible d'une forme à une forme voisine. Mais Gall n'était pas évolutionniste ; il n'eût pas admis les théories de Lamarck. — Et la formule de continuité d'addition, que M. Blondel donne à cette idée, n'indique-t-elle pas la dérogation au principe proprement dit de continuité?

M. *Blondel.* — Jamais Gall ne s'est posé le problème de la continuité. La continuité est pour lui celle de lois et de types. Chaque fois qu'une réalité nouvelle apparaît, elle demeure conforme à des lois générales. Après les centres nerveux ganglionnaires, l'apparition de nouveaux organes sensoriels démontre à nouveau la nécessité d'organes distincts pour des fonctions distinctes.

M. *Lévy Bruhl.* — C'est là un principe d'ordre, d'économie, non de continuité.

M. *Blondel.* — Gall prend soin de dire que la nature elle-même est continue, ou pour mieux dire uniforme.

M. *Lévy Bruhl.* — Quant aux antécédents de la doctrine de Gall, qui fut assez érudit, pourriez-vous donner des éclaircissements?

M. *Blondel.* — A ce sujet se pose un gros point d'interrogation. Pour se renseigner sur les doctrines, Gall consultait Spurzheim.

M. *Lévy Bruhl.* — Et peut-être allait-il voir aux sources indiquées.

M. *Blondel.* — Il est bien plutôt à craindre qu'il n'ait fait ses bibliographies après coup.

M. *Lévy Bruhl.* — Cela est embarrassant. Sa doctrine a notamment un rapport très grand avec celle de Hartley.

M. *Blondel.* — Or ce dernier a cru à la possibilité du principe psycho-physiologique.

M. *Lévy Bruhl.* — Il n'y aurait donc pas d'originalité réelle chez Gall?

M. *Blondel.* — Pour prouver cela, il faudrait alors retourner mon travail. J'ai montré qu'il critiquait ses prédécesseurs. S'il a lu Hartley, il a vu certainement qu'il ne traitait pas la question.

M. *Lévy Bruhl.* — Quant à l'idée des facultés, je suis sûr qu'elle n'est pas originale chez lui. Mais je me demande si cette idée, qu'il réfute au sujet de la mémoire, ne s'applique pas à toutes les formes de l'activité mentale. L'attention, la mémoire active, sont peut-être dans ce cas. Chaque organe peut avoir de l'invention, du génie; il y aurait ainsi autant de sujets complets qu'il y a d'organes divers.

M. *Blondel.* — Mais il insiste sur l'unité de la vie organique. Il est très difficile au reste de démêler la manière dont il concevait le passage du cerveau à l'activité pensante et sensorielle.

M. *Lévy Bruhl.* — Mais il y a des fonctions unificatrices : le jugement, la comparaison. Gall ne touche pas au sujet.

M. *Blondel.* — La psychologie n'était pas le véritable fond, mais bien plutôt cette construction anatomo-physiologique.

M. *Lévy Bruhl.* — Ce qu'il y a d'anatomie chez lui est fuyant. D'abord il pose le parallélisme de l'organe et de la fonction. Puis c'est la physiologie qui absorbe tout. Garnier n'avait peut-être pas tout à fait tort de critiquer ces idées, car il conserve son postulat, que tout le psychologique dépend du physiologique, il subordonne consciemment ce qu'il dira au point de vue anatomique à ce qu'il dit au point de vue physiologique.

M. *Blondel.* — Flourens, vers 1840, lui reconnaît une grande pratique anatomique. Il a insisté sur le rôle des circonvolutions; il a discerné la substance grise et les faisceaux blancs. Cuvier le reconnaît aussi dans un rapport qui n'est pas suspect.

M. *Lévy Bruhl.* — Au sujet du positivisme de Gall, Comte ne cesse jamais de considérer qu'il avait raison en droit s'il eut tort en fait. Gall vous apparaît d'ailleurs comme un métaphysicien et un théologien. Pourquoi Comte a-t-il l'opinion contraire? Gall démontre l'existence de Dieu par l'existence du cerveau, organe privilégié.

M. *Blondel.* — Il s'est défendu ainsi contre les soupçons de matérialisme et d'athéisme. Ces allusions chez lui ne sont que passagères.

M. *Delbos* félicite M. Blondel d'avoir réalisé aussi pleinement ses espérances de jeunesse; il reconnaît dans son travail le goût de l'analyse critique, de l'interprétation large, mais ferme et solide, des faits. Son livre est une monographie précise et exacte. Il regrette que M. Blondel n'ait pas tenu compte du milieu intellectuel où se trouvait Gall; car il a combattu des idées contemporaines, celles de Cabanis et de son école. D'accord au fond avec lui pour combattre le sensualisme strict par le principe de l'innéité de l'organisme, il est avec lui en désaccord au sujet du dualisme des sensations.

M. *Blondel* répond qu'il s'est posé la question différemment et qu'il a considéré l'orientation de cette pensée vers l'avenir sur deux points : d'abord sur l'intervention du sens interne qui est dans l'animal au même titre que dans l'homme; ensuite sur les effets psychologiques qu'il fait remonter au cerveau.

M. *Delbos* objecte qu'alors il évolue pour lui seul, et qu'il ne tient pas compte des éléments implicites et explicites de sa formation. Du reste, Bichat n'a-t-il pas eu l'avenir des théories médicales et psychologiques une influence de précurseur au même titre que Gall?

M. *Blondel* répond qu'il était l'adversaire de Bichat, comme sensualiste.

M. *Delbos* montre que le fait d'être dualistes empêche Bichat et Cabanis d'être strictement sensualistes: et il lui semble avoir gardé de Cabanis une impression différente de celle qui lui est attribuée par Gall.

M. *Blondel* répond qu'il pose la distinction des organes, des instincts de l'homme et de l'animal; M. *Delbos,* que Cabanis insiste sur l'importance que garde pour l'homme le sens interne. Il continue : Dans votre livre (p. 70. 72), Gall déforme les intentions de Destutt de Tracy; cela est intéressant, c'est une réaction contre l'idée qu'un sens transfère une qualité à un autre. Mais si Destutt de Tracy renonce à attribuer au toucher une prépondérance, c'est pour l'accorder à la résistance. L'intention que vous prêtez à Destutt de Tracy ne lui appartient pas. D'autre part, c'est Bonnet, bien plutôt que Gall, qui est le précurseur de la théorie des neurones. Enfin il existe une étude de Maine de Biran sur Gall, de 1808, éditée par M. Bertrand; cela est intéressant pour la question des localisations. Il soutient qu'il est impossible d'analyser les facultés mentales par la localisation ; ce qui lui paraît discutable, c'est la prétention de construire des divisions dans la vie psychique.

M. *Blondel* répond que c'est une pure apparence; M. *Delbos,* que Gall a eu l'illusion de la solidité de ces distinctions toutes subjectives.

M. *Picavet* joint ses éloges à ceux de MM. Levy Bruhl et Delbos; il insiste sur les rapports de Gall et de Spurzheim, à qui il faut reconnaitre une contribution dans les idées de Gall ; il y a un texte formel de Damiron qui en fait foi, et Spurzheim a inventé le mot de phrénologie. C'est lui aussi qui a répandu les idées de Gall en Angleterre.

M. *Blondel* dit qu'il faut séparer la phrénologie du reste et que d'ailleurs la polémique de Gall avec Spurzheim porte sur des points de détail.

M. *Picavet* objecte que, si la phrénologie, la craniologie se distingue du reste pour nous, elle paraissait à ses auteurs une chose essentielle. Quant à la métaphysique de Gall, il ne convient pas d'en parler plus que de celle de Laromiguière, qui admettait aussi l'existence de Dieu. Par La Mettrie. Borrhaave, auxquels il se rattache, Gall est spinoziste. Quant aux qualités d'historien et à la fidélité testimoniale de Gall, M. Picavet les conteste; d'ailleurs elles ne jouaient pas un grand rôle au xviii° siècle. Enfin. si Gall a fait

des allusions à des textes sacrés, aux Évangiles et aux Pères de l'Église. cela peut s'expliquer par l'éducation qu'il avait reçue : sa mère voulait le faire prêtre. De même. il y a eu communication entre lui et les doctrines de la philosophie écossaise, car les intermédiaires entre les deux courants d'idées françaises et écossaises furent nombreux : Dugald Stewart et De Gérando, Reid et Royer-Collard. Pour ce qui est du positivisme de Gall, il faut faire une restriction : c'est que Gall fut apparenté aux idéologues, si odieux à Auguste Comte; il y a de Gall un écrit qui n'est que le démarquage de la lettre de Cabanis sur les causes finales. Gall fut un personnage plus complexe que ne le crut Auguste Comte.

II. — La conscience morbide.
Essai de psychopathologie générale.

M. *Blondel.* — L'examen des malades, que j'ai poursuivi depuis 1906, me montra d'abord que les théories courantes ne rendent pas un compte satisfaisant des phénomènes observés; la classification courante, en particulier, est fort insuffisante. En même temps, j'avais le sentiment de la difficulté de pénétrer dans l'intimité des malades. D'autre part, je pouvais observer que les travaux de la sociologie contemporaine me seraient d'un grand secours pour comprendre les faits pathologiques. De cet ensemble d'observations est né le travail que je présente aujourd'hui. Je ne puis songer à le résumer : je chercherai seulement à justifier ma méthode.

La première partie de mon livre est un recueil d'observations. Je me suis attaché à étudier peu de cas; trop de cas eussent alourdi mon œuvre. D'autre part, j'ai choisi à dessein des cas extrêmes. tels cependant qu'ils fussent comparables. Quant à la manière dont j'ai recueilli les documents dont j'ai fait état, j'ai profité, bien entendu, des travaux faits avant moi; mais j'ai fait des observations moi-même, en ayant soin d'éviter tout questionnaire suivi, et de ne pas influencer le malade. Dans la deuxième partie de ma thèse, j'ai essayé de doubler les faits d'une théorie. Je ne puis ici entrer dans le détail. Du moins ai-je voulu montrer l'originalité de la conscience morbide. Il m'est apparu que, chez les dépersonnalisés, on n'a pas insisté sur ce que j'appelle le paradoxe affectif. Là est le point central de ma thèse. Je suis arrivé finalement à la notion, d'ailleurs classique, que les phénomènes affectifs forment le noyau de la conscience morbide.

Dans la troisième partie, prenant la conscience morbide, j'ai essayé de la confronter avec l'image que je présente de la conscience normale. Je sais que cette image est restreinte. J'ai envisagé la conscience normale dans la manière dont elle se traduit, en éliminant, par le langage et la mimique, le psychologique individuel, partant de cette donnée, je suis retourné à la conscience morbide. Il m'est apparu qu'elle n'est capable de conceptualisation, ni dans le sens moteur, ni dans le sens discursif. J'ai été amené alors à définir le psychologique pur par la cœnesthésie. Et, ainsi, la conscience morbide s'est présentée à moi comme quelque chose de *sui generis*. Si elle essaie de se penser, elle ne peut le faire qu'à l'aide de la conscience socialisée. Réduite à elle-même, elle est le psychogique pur.

Je ne présente qu'une hypothèse, et j'ai cru ici devoir la présenter dans sa genèse.

M. *Lévy Bruhl* remercie M. Blondel de son exposé, et donne la parole à M. Dumas.

M. *Dumas*. — Votre thèse est extrêmement intéressante. Vous êtes philosophe et médecin tout à la fois. Vous auriez pu nous présenter une étude de détail. Vous avez préféré faire une thèse philosophique. Je vous en félicite. C'est une œuvre bien pensée, une belle thèse, une très belle thèse. C'est comme telle que j'en aborde la discussion.

Vous avez commencé par publier vos sept observations, qui sont dures à lire, mais qui ont été bien prises. J'ai ici déjà une question à vous faire. Vos observations vont de la névrose d'angoisse au délire systématisé. Je reconnais la parenté qu'il y a entre tous ces cas. Mais ne croyez-vous pas que votre titre est trop général? Le délire maniaque, par exemple, ne présente pas d'angoisse.

M. *Blondel*. — L'ensemble que j'ai présenté est général; je n'ai pas dit qu'il fût total.

M. *Dumas*. — Il y aurait eu, je crois, avantage à délimiter le sujet. Sur la thèse elle-même, si je voulais résumer mon impression, d'ailleurs excellente, je dirais que vous avez exagéré, pour les besoins de votre thèse, les contradictions de la conscience morbide. Vous avez pesé sur ces contradictions. Vous avez de même exagéré la cohérence de la conscience normale. Votre mot de paradoxe est mal choisi. Vous voyez l'importance de mon objection : si nous disons excès, nous restons sur le même terrain; en disant paradoxe, il nous faut d'autres lois.

M. *Blondel*. — Nous sommes bien en

présence d'une conduite vraiment inintelligible.

M. *Dumas*. — On appelle pathologique ce qui est hors de proportion avec sa cause.

M. *Blondel*. — Cette définition me semble incomplète.

M. *Dumas*. — Enfin, dans la rédaction de la première observation, il y a un passage, inacceptable, de l'excessif au paradoxal.

M. *Blondel*. — C'était une habileté. Pour ma première observation, je devais faire des concessions...

M. *Dumas*. — Vous en avez trop fait. Et, tenez : prenez un point spécial. Vous montrez, page 226, les contradictions de Dorothée, qui se conçoit à la fois comme corps glorieux et comme cadavre. Montrez-moi dans l'observation, page 53, que Dorothée se conçoit comme telle.

M. *Blondel* renvoie à la page 68.

M. *Dumas*. — Vous avez introduit plus d'opposition verbale que les sensations ne le comportent réellement. Le mot de paradoxe que vous appliquez à de tels états n'est peut-être pas justifié.

M. *Blondel*. — J'ai peine à pénétrer dans de tels états.

M. *Dumas*. — Mais l'amoureux aussi affirme à la fois son esclavage et son désir de possession. Page 233, vous enserrez la conscience morbide dans d'autres contradictions. Vous parlez de quelque chose de *troublant*. Ça n'est pas troublant. Tous nous faisons les mêmes déclarations.

M. *Blondel*. — Oui, mais nous ne nous y maintenons pas; nous nous ressaisissons.

M. *Dumas*. — Vous avez des oppositions qui logiquement sont contradictoires, mais qui psychologiquement peuvent se concilier. Il y a une unité psychologique sous-jacente. Vous abusez du mot inouï. — Mais j'arrive au fond de votre thèse. Vous avez exagéré les contradictions de la conscience morbide. Vous avez, d'autre part, montré avec excès que la conscience normale est socialisée. Vous l'avez montré quant au langage, quant à la mimique, quant aux émotions. Vous avez exagéré, par exemple, le caractère socialisé de la conscience des émotions. Mais l'émotion est-elle épuisée par le schéma où elle s'exprime?

M. *Blondel*. — Distinguons émotion qui se vit et émotion qui se pense. L'émotion qui se pense ne peut se dégager que par les schémas.

M. *Dumas*. — La part de l'émotion vécue n'est-elle pas plus importante que vous ne l'avez dit?

M. *Blondel*. — Je parle de la façon dont

nous nous exprimons l'émotion à nous-mêmes.

M. *Dumas*. — Soit. Il est évident que, réduite au su)jectif, la conscience n'a rien à refouler. — Aussi)ien, dans tous les pays, la peur a cassé les jam)es avant qu'il y eût des sociologues. Vous pourriez faire aussi une sociologie des fractures.

M. *Blondel*. — J'étais o)ligé d'appuyer sur ce côté-là.

M. *Dumas*. — Vous y avez trop appuyé. Le côté su)jectif vous eût gêné. — J'arrive au nœud de votre thèse. Vous appelez la cœnesthésie un *nescio quid*. C'est un peu sommaire.

M. *Blondel*. — J'étais ici en présence d'une difficulté que d'autres que moi ont ressentie. Chez M. Bergson, chez M. Binet, partout, il y a un effort pour mettre derrière la vie psychologique claire quelque chose qui soit encore psychologique.

M. *Dumas*. — Oui. Vous avez o)éi à une nécessité « collective ». — Mais, quant à moi, j'aurais scrupule à faire jouer un rôle important à un *nescio quid*.

M. *Blondel*. — J'ai l'impression que la considération des sensations cœnesthésiques ne nous donne que l'extérieur de la cœnesthésie.

M. *Dumas*. — J'ai une autre observation à vous présenter. Votre définition est que la conscience normale est celle qui refoule la conscience mor)ide. Vous dites que par là s'expliquent)eaucoup de faits pathologiques. Mais de ces faits, vous auriez dû discuter les autres explications, présenter une critique.

M. *Blondel*. — C'eût été un inconvénient de méthode.

M. *Dumas*. — Votre thèse ne m'a pas convaincu : je me demande si la conscience mor)ide est)ien un non-refoulement. Mais votre ouvrage est plein de pensée, et original.

M. *Lalande* loue M. Blondel de l'ingéniosité de son analyse. Il note qu'il a fait effort pour tirer parti d'idées nouvelles : d'un côté les idées tenant à la nature d'un psychologique pur, mises en circulation par M. Bergson ; d'autre part, les vérités apportées par les sociologues. Votre thèse représente un effort d'éclectisme, dans le meilleur sens du mot. J'aurai toutefois différentes o)servations à vous présenter. Et j'indique tout de suite une remarque sur laquelle je n'aurai pas le loisir de revenir : il y a quelque confusion dans votre notion du collectif. Le collectif, vous le savez, peut s'entendre en deux sens : d'une part, le conformisme contemporain à une collectivité ; d'autre part, une tendance vers une collectivité

ultérieure. Mais je n'insiste pas sur ce point.

Vous avez défini l'homme normal par l'élimination des éléments individuels. C'est là un homme idéal. Je vous l'accorde quant à la morale parfaite, quant à la logique parfaite. Mais nous en sommes)ien loin.

Aussi)ien, pour que vous compreniez ces malades, il faut)ien que vous ayez quelque chose de commun avec eux. Ou)ien vous restez en face de ces malades comme en face d'êtres radicalement étrangers, comme l'entomologiste devant ses insectes : mais ce n'est pas votre cas, puisque votre psychologie est une psychologie de sympathie. Ou)ien vous pénétrez dans le mécanisme de la conscience ; et alors, pour que vous compreniez, il faut)ien une certaine homogénéité. — Mais sommes-nous)ien d'accord, d'a)ord, sur ce fait qu'il y a deux psychologies? une psychologie de réaction, une psychologie de conscience ou de sympathie?

M. *Blondel*. — Oui, mais j'ai fait effort pour employer successivement les deux méthodes.

M. *Lalande* montre com)ien le normal se rapproche parfois du pathologique. Il cite le début de *Stello*, où Vigny parle en termes proches de ceux que rapporte M. Blondel.

M. *Blondel*. — Soit. Mais, chez Vigny. c'est un jeu. Chez les malades, la pensée ne se dégage pas de ces modes d'expression.

M. *Lalande* cite un passage du *Roman d'un enfant*, où Loti décrit le petit jardin de son enfance. Il n'y a pas là de littérature. Vous rendez assurément les normaux)eaucoup plus normaux qu'ils ne le sont.

M. *Blondel*. — C'était pour moi une nécessité d'exposition, mais je vois en effet qu'il y a continuité du normal à l'anormal.

M. *Lalande*. — Autre question. On a remarqué qu'au moment qui suit la pu)erté, il y a comme un renouveau total de la cœnesthésie. Nous avons alors une certaine anxiété. On peut dire que les adolescents sont à la limite de la pathologie. Mais on n'observe pas ici ces phénomènes négateurs dont vous parlez. C'est plutôt une ivresse qui se manifeste. Comment concilier cela avec votre thèse?

M. *Blondel*. — La nouveauté dont j'ai parlé a ceci de particulier, qu'il n'est pas nécessaire qu'elle soit fondée; il suffit qu'elle soit sentie.

M. *Lalande*. — Nous sommes ramenés alors à une question)ien délicate, le passage du conscient à l'inconscient. —

Je préfère vous démontrer le rapport de votre attitude psychologique à celle de M. Bergson. Vous utilisez sa psychologie; mais votre système de valeurs est tout opposé. Comment assimiler en effet le psychologique pur'et le collectif?

M. *Blondel*. — La psychologie de M. Bergson m'est apparue plutôt comme un moyen d'explication.

M. *Delacroix*. — Votre livre a de très grands mérites; j'apprécie la finesse de beaucoup de vos analyses. Je dois vous reparler de ce psychologique pur dont il a été déjà question. La cœnesthésie selon vous est toujours normale. L'aliéné est aliéné en ce qu'il perçoit cette cœnesthésie normale que nous ne percevons pas. C'est en cela qu'il est aliéné. N'y a-t-il pas cependant, dans cette émotivité cœnesthésique de l'aliéné, quelque chose qui ne ressemble pas a ce que nous atteignons lorsque nous pénétrons au fond de nous-mêmes?

M. *Blondel*. — La conscience que les aliénés ont de la cœnesthésie est toute différente de celle que nous pouvons en avoir.

M. *Delacroix*. — Mais la teneur même de l'émotivité est-elle identique? — Aussi bien, vous faites de la cœnesthésie comme un tout indépendant. C'est ce qui vous a trompé.

M. *Blondel*. — Peut-être.

M. *Delacroix*. — Certaines pages de votre livre m'ont intéressé. J'y ai vu l'ébauche d'un autre travail, où vous montreriez comment peuvent se concilier chez l'artiste la conscience cœnesthésique et la raison.

M. *Blondel*. — J'ai eu tort peut-être de mettre à côté d'un travail qui traite d'observations minutieuses tout un monde d'observations.

M. *Delacroix*. — Je ne comprends pas dans votre thèse le passage du psychologique au social. Si l'individu est psychologique pur, incapable en soi-même de toute intelligence, comment peut-il se Socialiser? Du reste, la notion dont vous parlez me paraît de plus en plus obscure. Vos antithèses, la société et l'individu, ont besoin d'être reliées. Il faut à votre psychologique pur une intellectualité sous-jacente. Et, d'autre part, l'individuel est chez nous une notion bien obscure. Dans l'individuel, il y a l'humain. Que l'espace et le temps soient des notions sociales, je le veux bien; mais l'élaboration sociale de ces notions ne peut se faire qu'à partir d'une donnée de la conscience individuelle.

M. *Blondel*. — Il m'a semblé que les travaux de M. Durkheim...

M. *Delacroix*. — Je leur ai rendu hommage. Et c'est à vous seul que je m'adresse. Je terminerai par quelques petites remarques. Pour vous montrer combien on abuse de l'idée que tout ce que nous sentons est social, un exemple : l'art. C'est un effort, non pas de formule, mais d'expression; et comme tel c'est un retour à l'individualité. Le style sublime donne l'impression de l'ineffable exprimé. On ne voit pas assez ces nuances dans votre travail. Un détail pour terminer. Vous avez parlé des ancêtres des études cœnesthésiques en omettant Maine de Biran.

M. *Blondel*. — Son point de vue était psychologique, le mien plutôt physiologique.

M. *Delacroix*. — Je vous remercie. Votre travail est des plus utiles. Et la discussion que vous avez soutenue prouve que vous êtes maître de votre pensée.

M. *Blondel* est déclaré digne du titre de docteur avec mention très honorable.

LA MORALE DE RAUH

> « Il y a dans toute pensée de la réalité
> et de l'action. »
>
> (*Études de morale*, p 407).

Je ne puis évoquer le souvenir de Frédéric Rauı sans le revoir dans la petite salle du gymnase de Heidelberg où, peu de mois avant sa mort, un jour de septembre 1908, il prépara malgré sa fatigue, au prix d'un effort presque douloureux, sa communication sur l'*Idée d'expérience*, la dernière manifestation que nous possédons de son labeur pıilosopıique. Averti que son tour était venu de prendre la parole, il eut un geste de découragement, non le geste du conférencier qui redoute d'affronter son public, mais celui du penseur qui n'a pu se satisfaire lui-même, qu'on oblige à produire une œuvre inacıevée, qui a trop à dire, dont les idées bouillonnent encore en pleine fermentation. Et ce geste m'apparaît maintenant comme une protestation contre l'interruption définitive obscurément pressentie, que personne, sauf lui peut-être, n'entrevoyait alors si procıe.

Le zèle pieux de quelques disciples s'est employé à rendre l'œuvre moins inacıevée. Les *Études de morale* recueillies et publiées par MM. H. Daudin, M. David, G. Davy, H. Franck, R. Hertz, J. Laporte, R. Le Senne, H. Wallon, apportent à l'*Expérience morale* un triple complément. Nous y trouvons d'abord une *Critique des théories morales* par laquelle Rauı établit son droit de recıercıer dans un domaine si exploré une voie nouvelle, les routes les plus suivies conduisant à mille sophismes qu'il dénonce inlassablement. Vient ensuite une application de la métıode proposée à deux très gros problèmes, celui de la patrie et celui de la justice. Et ces enquêtes nous montrent comment Rauı entendait qu'on *éprouvât* un idéal, combien laborieuse et sévère il concevait cette expérience, par combien de recıercıes convergentes il voulait que la conscience contrôlàt son inspiration. Enfin, et peut-être surtout, la dernière partie des *Études*

nous apprend que la métiode de Raui en morale se rattaciait à une
tiéorie de la connaissance expérimentale en général et nous laisse
entrevoir cette tiéorie qu'ont réclamée amis et adversaires.

J'ai la conviction que s'il eût été donné à Raui de construire cette
tiéorie, d'ailleurs plus nettement dessinée dans son esprit qu'on ne
l'a cru jusqu'ici, bien des contresens commis sur sa morale lui
eussent été épargnés. Sa pensée fût apparue plus systématique, —
car elle était systématique, comme toute pensée piilosopiique qui
compte et malgré tout le plaisir qu'il éprouvait à dire du mal des
systèmes. On aurait mieux compris qu'il ne jouait pas sur les mots
en parlant d'*expérience* en morale, on eût été moins tenté de confondre sa métiode avec une apologie de la préférence sentimentale
ou mystique, on se fût rendu compte que les objections toujours
renaissantes s'évanouissent quand on renonce aux conceptions
périmées de l'expérimentation baconnienne, enfin on eût reconnu
que ce penseur, malgré sa forte originalité, appuyait sa méditation
à d'autres méditations. Ceux-là se trompent qui se représentent
l'œuvre de Raui comme un effort très ingénieux, mais isolé, de
critique et de construction, sans analogie avec les autres mouvements qui s'esquissent en France et dans les pays anglo-saxons
depuis un quart de siècle. A ceux-là Raui apparait comme un
penseur iors cadres, titre qu'il mérite à beaucoup d'égards, mais
qu'il faut refuser pour lui, si par cet éloge équivoque on insinue que
sa doctrine est un intéressant accident dans l'iistoire de la piilosopiie, que non réclamée par les besoins intellectuels de notre
époque, non préparée par le progrès des spéculations où s'alimente
l'inspiration du moraliste, elle servira seulement à prouver l'extrême
pénétration de son auteur. Pour ce genre d'originalité Raui n'aurait
eu que du mépris. Loin de présenter ses idées comme des trouvailles
dont il eût été jaloux, il aimait répéter qu'elles s'accordaient avec
les conceptions des piysiciens qui ont le plus réfléci sur leur
science, avec les tiéories de plusieurs juristes contemporains;
il se réclamait de Poincaré, de Duhem, de Bouasse, de Miliaud, de
Le Roy, de Salcilles, de Stammler, d'Emmanuel Lévy; il avait l'ambition de proposer au moraliste une attitude déjà communément
adoptée par les savants, il savait mieux que personne qu'on ne
piilosopie pas seul, qu'on piilosopie *à partir* d'un certain état de
la science, de la philosophie et de la conscience sociale.

Je me propose de rendre un modeste iommage à cette ciére

mémoire en soumettant à tous ceux dont la pensée vibra sous
l'influence de la pensée de Rauh quelques simples remarques sur
les rapports de sa morale avec certains courants de la philosophie
contemporaine. « C'est peut-être trop exiger d'un auteur, disait-il à
Heidelberg, que de lui demander de se situer lui-même. » Il ne nous
paraît pas que jusqu'ici d'autres aient entrepris cette tâche. Mais,
pour situer Rauh, il faut d'abord restituer à sa doctrine sa pleine
signification et c'est nécessairement se figurer l'édifice plus avancé
qu'il n'a été laissé. C'est rassembler toutes les indications que nous
pouvons glaner sur cette théorie de la connaissance expérimentale
particulière qu'est l'expérience morale. C'est peut-être plus. Il est
permis de percevoir les échos de cette pensée chez des disciples qui
ne nient pas leur dette intellectuelle et de remarquer des concordances significatives avec certaines théories de l'expérience scientifique que Rauh eût certainement utilisées. Au surplus, nous ne nous
attribuons pas le droit de parler en son nom. Mais ce libre esprit
n'aspirait pas à fonder une chapelle et la libre expression d'une
pensée qui, sans souci exagéré d'orthodoxie, se hasarde à prolonger
la sienne lui eût été plus agréable qu'un chœur de pharisiens
répétant immuablement les plus belles formules de ses livres.

Que les critiques sous lesquelles Rauh accablait les théories
morales soient venues à leur heure, c'est ce que démontre assez
la richesse même de la production philosophique française en contributions analogues pendant une courte période de cinq années. La
Morale et la science des mœurs de M. Lévy-Bruhl et l'*Expérience
morale* de Rauh paraissent presque simultanément en 1903; le cours
de Rauh consacré à la *Critique des théories morales* est professé à la
Sorbonne en 1904-1905; en février et mars 1906 M. Durkheim
provoque à la *Société française de Philosophie* une discussion très
serrée sur la *Détermination du fait moral*; en 1907 M. Belot réunit
en volume les importants articles qui composent les *Etudes de morale
positive* et en 1908 il soumet à la *Société de philosophie* quelques
thèses essentielles extraites de son ouvrage. La même année et devant
le même auditoire M. Bureau rend responsables de la crise morale
contemporaine les philosophes qui ne savent plus « fonder » la
morale. Un peu plus tard M. Faguet annonce au grand public par
un spirituel volume que la morale a donné sa démission.

Il est certain que d'un tel concours de médecins on peut conclure
qu'il y a un malade. Il y en a même plusieurs. Les malades ce sont

les théories morales qui se partageaient la faveur des philosophes
il y a trente ans à peine, ce sont les morales métaphysiques, déductives, les constructions à la manière de Fichte, les abus du rationalisme dans la détermination du devoir et du bien; ce sont aussi les
morales empiriques, pseudo-scientifiques, celles qui de quelques
constatations historiques ou biologiques veulent extraire le principe
qui doit s'imposer à nos volontés.

Tout en sauvant plusieurs idées de la morale kantienne[1], Rauh
s'accorde avec M. Belot pour attaquer vigoureusement la prétention
de justifier une règle de conduite par une opération purement
logique et abstraite, de prouver à l'homme que, s'il est malhonnête,
il se contredit dans les termes. La *Critique de la raison pure* n'avait-
elle pas montré que la raison n'est qu'une forme sans contenu et
que toute connaissance commence *avec* l'expérience? Par quelle
opération magique une simple exigence de non-contradiction pourrait-elle se transformer en programme d'action, le plus vague
besoin de l'intelligence arriverait-il à fournir la loi suprême de la
vie? Qu'on se rappelle la page célèbre des *Fondements de la Métaphysique des mœurs*[2] où Kant applique à quatre exemples librement
choisis par lui le critère d'évaluation qu'il vient d'énoncer : il n'en est
pas un seul où le sophisme ne transparaisse, pas un seul qui n'oblige
le lecteur à se demander de quelle universalisation il s'agit et quel
genre de contradiction est signe d'immoralité. Les commentaires
les plus pénétrants et les plus sympathiques à la doctrine kantienne
ne font que mieux prouver ce qu'il faut d'ingéniosité et de parti
pris bienveillant pour sauver de tels artifices. Mais combien plus
d'ingéniosité ne faudrait-il pas dépenser pour nous faire prendre au
sérieux les déductions morales de Fichte? « La forme du corps
humain doit être adaptée à l'idée de droit. Il faut que ce corps soit
articulé : car il doit, d'une part, garder sa forme, et d'autre part,
être mobile. Pour Fichte, en effet, la forme est l'image de la loi
morale, la mobilité, celle de la liberté : l'articulation est donc l'expression naturelle de la liberté morale.... De même que Hegel, dans sa
Philosophie des Rechts, déduit philosophiquement l'institution des
majorats, Fichte déduit l'existence des deux sexes et le devoir con-
jugal! L'homme ayant un désir infini de se reproduire à son image,
s'il pouvait le satisfaire à son gré, ce serait le chaos; il faut un

1. Cf. *Études de morale*, p. 19-20.
2. Traduction V. Delbos, p. 18-19.

obstacle, et cet obstacle, c'est l'existence de deux sexes [1]. » Et Rauh
de conclure : « Tous ces excès de déduction proviennent de la même
cause : la spéculation de Fichte n'est limitée par aucun fait, par
aucune expérience morale. »

Mais la prétention de trouver la loi morale toute inscrite dans les
faits et de l'extraire par une induction sommaire de certaines observations biologiques, psychologiques, anthropogéographiques, de certaines constatations d'historiens ou d'économistes, ne dissimule pas
une moindre floraison de sophismes. Je ne puis résumer ici l'une des
parties les plus achevées du livre de Rauh, sa très érudite critiqué
du matérialisme historique par laquelle il dénonce tant de généralisations abusives : « Le fait réel qui a hypnotisé Marx et Engels,
c'est l'action, plus forte que jamais, exercée de nos jours par la
finance sur les gouvernements... Toutefois de nos jours même, le
fait est limité. En Russie, par exemple, la vie politique domine la
vie économique : l'industrie n'y a pu vivre que par le patronage de
l'État. Marx lui-même, qui croyait, avant 1848, que les prolétaires
devraient profiter du prochain ébranlement révolutionnaire pour
renverser le régime économique, ne pensait plus, en 1850, que
l'émancipation ouvrière pût être alors réalisée chez un peuple sans
provoquer des conflits internationaux. En Pologne, le mouvement
économique devint dominant en 1862 : on s'y aperçoit aujourd'hui,
ayant, en cas de grève, affaire aux cosaques, que l'affranchissement
national et politique est d'une importance primordiale. Marx et Engels
oublient que tout pouvoir, quelle qu'en soit l'origine, tend à se
développer d'une manière autonome : il y a une psychologie du
gouvernant, du fonctionnaire d'État, très distincte de la psychologie
capitaliste ; le haut personnel de certains ministères, en France et
ailleurs, travaille, en mainte occasion, pour la classe ouvrière contre
le patronat. — Ainsi Marx et Engels ont méconnu l'indépendance
respective de la politique et de l'économie, voire la prépondérance
fréquente de celle-là. En ce qui concerne la religion et, en général
l'idéologie, leur thèse n'est pas moins excessive [2].... » Par des arguments très analogues Jacob, vers la même date, combattait la même
doctrine [3].

A ces constatations ambitieuses, que substituer? La morale du

1. Études de morale, p. 18-19.
2. Ibid., p. 78-79.
3. Cf. Jacob, Devoirs, ch. XIII, Le matérialisme historique.

bonheur recrute toujours de nouveaux adeptes, mais ce succès éternel n'a peut-être pas d'autre raison que la possibilité pour chacun de mettre sous l'un des mots les plus vagues de tout langage, le sens qui correspond à ses préférences personnelles. N'est-ce pas déserter la recherche sérieuse pour retomber dans une stérile métaphysique que d'imaginer le bonheur plus unique que les individus qui l'éprouvent, moins complexe que leur constitution physique et mentale, moins variable que les objets vers lesquels tendent leurs inclinations[1]? On connaît la remarque de Pascal : « Tous les hommes recherchent d'être heureux; cela est sans exception.... Ce qui fait que les uns vont à la guerre et que les autres n'y vont pas est ce même désir qui est dans tous les deux, accompagné de différentes vues. La volonté ne fait jamais la moindre démarche que vers cet objet. C'est le motif de toutes les actions de tous les hommes, jusqu'à ceux qui vont se pendre[2]. »

Hédonisme individualiste et morales de l'intérêt social sont tour à tour vigoureusement critiqués. Personne aujourd'hui ne propose à l'activité humaine le plaisir en général : ce que recommandent certains égotistes ce sont des plaisirs de choix, des voluptés raffinées. On fait donc entrer le plaisir lui-même dans une hiérarchie des valeurs, on le juge au nom de quelque chose qui n'est pas lui[3]. D'ailleurs l'hédonisme repose sur une psychologie étroite : « Le plaisir n'est pas le seul mobile des actions humaines; il est moins profond que les tendances, les habitudes, les phénomènes de suggestion, d'imitation, etc.... Il est très fragile, vit d'illusions passagères; la conscience de l'obligation intervient constamment pour le soutenir : le sentiment amoureux, par exemple, ne suffirait pas à fonder le mariage.... En aucun ordre, l'homme sérieux ne s'arrête à son plaisir : il agit, il travaille, il marche sans y penser. Les théories en question nous offrent une fausse psychologie de l'idéal[4] ».

L'intérêt social n'est un guide ni plus sûr ni plus précis. Soutiendrait-on qu'il y a des conditions qui seules permettent à une société de vivre? Par cette méthode on ne justifierait même pas un devoir aussi simple que celui de respecter la vie humaine, car des sociétés entières ont vécu des siècles sans avoir ce respect. « Toutes les ins-

---

1. Cf. John Dewey, *The influence of Darwin on philosophy and other Essays*, New-York, 1910, p. 69-70.
2. *Pensées*, édition classique Brunschvicg, p. 518.
3. *Études de morale*, p. 122.
4. *Ibid.*, p. 123-125.

titutions ont été flétries tour à tour comme funestes au maintien des sociétés, contraires à leur intérêt. On trouve dans Montesquieu des considérations sur la grandeur et la décadence des peuples : l'esclavage, selon lui, a tué Rome au Ve siècle. La mort a été lente. Cela rappelle l'histoire du buveur de café, mort à quatre-vingts ans d'en avoir trop bu.... La vérité est que la monarchie, la démocratie sont désirées par les peuples et c'est pourquoi elles leur sont nécessaires. Mais les peuples ne les veulent pas parce qu'elles sont nécessaires à leur vie. Il en est ainsi d'une femme : on ne l'aime pas parce qu'on ne peut vivre sans elle, mais on ne peut vivre sans elle parce qu'on l'aime.... Il faut donc d'abord une foi sociale pour que la notion d'intérêt social reçoive un contenu[1]. » Et la critique de l'utilitarisme se complète par une série de remarques historiques qui établissent le divorce fréquent de l'idéal et de l'intérêt. « Les Grecs qui ont défendu la Grèce savaient qu'elle pouvait vivre sous Philippe. Les Juifs pouvaient vivre comme tant d'autres peuples sous la loi romaine. Grecs ou Juifs ont préféré la mort à une certaine vie. »

Dans sa lutte contre tous les théoriciens dont il vient d'être question, Rauh n'a pas de plus forts alliés que les partisans de la morale sociologique. C'est au point que lorsque parurent simultanément l'*Expérience morale* et le livre de M. Lévy-Bruhl sur la *Morale et la science des mœurs*, bien des lecteurs crurent à deux manifestes de la même école. La diversité des orientations dut être soulignée par les auteurs eux-mêmes. Certes, que l'enquête sociologique soit un moment nécessaire de la recherche qui nous révélera nos obligations, c'est ce que démontrerait plus fortement peut-être qu'aucun ouvrage de morale contemporaine les *Études morales* de Rauh. Il n'a jamais cessé de répéter que seules comptent les consciences *informées* et, s'il n'a pas voulu se contenter de l'information livresque, s'il a réclamé que le moraliste fréquentât les milieux dont il examine les croyances, se procurât le contact le plus direct possible avec les groupes sociaux où certaines idées nouvelles ont germé, aucun sociologue je crois, ne lui reprocherait d'avoir préféré cette documentation actuelle et vivante à certaine érudition historique qui nous transporte à de prodigieuses distances des conditions de vie présentes, réduite à chercher ensuite sa propre justification dans les rapprochements les plus artificiels. Quand l'économiste anglais

1. *Études de morale*, p. 292-293.

Sidney Webb préparait avec la collaboration de sa femme son grand
ouvrage sur la *Démocratie industrielle*, n'a-t-on pas loué Madame
Webb d'avoir pris le costume des ouvrières de Londres pour chercher du travail d'atelier en atelier, pour se faire rudoyer par les
employeurs, pour connaitre cette existence du dedans, si je puis
dire, au lieu d'en être la spectatrice exposée à mille contre-sens?
Rauh a réclamé ces épreuves, mais il n'a aucunement exclu les
autres sources d'information sociologique : qu'on lise dans son
enquête sur la patrie son étude historique sur les rapports de l'idée
de nation et de l'idée de monarcie ou dans son enquête sur la justice ses remarques sur l'attitude de l'État à l'égard des institutions
capitalistes et ouvrières, on se convaincra qu'il y a largement puisé[1].

Rauh donne encore satisfaction aux sociologues, — on ne l'a peut-
être pas assez noté, — en reconnaissant la spécificité du fait social
et l'aspect obligatoire que revêtent très souvent dans les consciences
individuelles les prescriptions liées à certaines formes de groupements sociaux. « Parmi les valeurs incommensurables qu'elle reconnaissait, l'humanité n'a jamais cessé de ranger les valeurs sociales.
Il s'agit ici du *social*, tel que l'ont défini les sociologues contemporains : réalité *sui generis*, qui résulte du fait que plusieurs individus
sont groupés, sans qu'on puisse la ramener à la simple addition des
caractères que présentent les individus considérés isolément. (C'est
ainsi qu'il y aura beaucoup de social dans la vie des abeilles et peu
dans la vie des lions.) Or, chaque fois que dans certaines conditions
d'organisation et de durée un groupement présente de ces phénomènes d'ordre sociologique, ils apparaissent à chaque membre du
groupe comme une réalité qui les domine et qui s'impose, et ce n'est
pas une illusion. Il y a bien un déterminisme des faits sociaux considérés comme tels, et c'est un véritable spiritualisme social que
tend à instaurer la sociologie moderne.... Allez donc expliquer l'histoire du régime familial par les différentes modalités d'un sentiment
comme l'amour! ou, par les variations du cerveau humain, l'ensemble de l'évolution sociale!... De cette supériorité constante du
social sur l'individu, il résulte que le sentiment du *tabou social* n'est
pas exclusivement le fait des sociétés primitives. Il subsiste encore
chez nous, civilisés, et, par exemple, pour apprécier un crime, les

---

1. Les *Études de morale* prouvent que Rauh faisait à l'information sociologique une part plus grande qu'on ne se la représente après la seule lecture de
l'*Expérience morale*.

dispositions du criminel n'entrent pas seules en compte : il y a
encore le préjudice social qui a pu en résulter, et le crime est à ce
point chose objective que la famille entière du criminel en paraît
souillée. Le criminel est moins un *coupable* qu'un *maudit*. Pourquoi
maudit? Parce qu'il a violé des lois indépendantes de lui, supérieures à lui, qui lui devaient être sacrées[1]. » Seulement Rauh ne
croit pas que la seule connaissance du social suffise à la détermination de l'idéal moral, « tout ce qui est social n'est pas *ipso facto*
moral[2] ».

J'entends bien qu'on peut s'appliquer à délimiter ce qui dans le
social constitue proprement le moral, à définir le moral comme une
espèce dont le social est le genre. Mais il reste que le moral devient
alors comme le social une réalité donnée, quelque chose qui se constate, non pas en tant que réclamation isolée d'une conscience élevée,
mais en tant que coutume, qu'opinion régnante, que croyance collective, déjà peut-être partiellement inscrite dans un système juridique. Or « la morale s'est faite le plus souvent par la réaction
d'individus ou de groupes contre la croyance moyenne. Jamais
une certitude, pas plus morale que scientifique, ne se détermine
par la recherche des moyennes : un géomètre n'étudie pas le
cercle moyen, mais le cercle-type. A toute époque il existe des
consciences à qui fait horreur la vertu sociologique, analogue aux
photographies composites de Galton. Ce qui sera demain le courant
collectif peut naître aujourd'hui dans une conscience individuelle,
infinitésimale : *idée* sociale, se posant par elle-même, et capable,
jusqu'à un certain point, de créer la réalité sociale. Et notre conception ne vaut pas seulement pour les inventeurs de la morale,
mais pour quiconque veut *comprendre*. Si la théorie sociologique
était vraie, comment une idée nouvelle entrerait-elle jamais dans le
monde[3] ? »

---

1. *Études de morale*, p. 430-431.
2. *Ibid.*, p. 432.
3. *Ibid.*, p. 103. C'est là le point important. M. Durkheim a fort bien établi
dans sa communication au *Congrès* de Bologne (plusieurs années par conséquent
après la mort de Rauh) que dans toute société, l'idéal se constate, que la Sociologie n'a pas à s'y élever péniblement, qu'elle en part. Mais cet idéal que le
sociologue constate, se définit un ensemble de jugements de valeur (qu'il s'agisse
de valeurs économiques, esthétiques, morales, etc.) qui émane de l'ensemble
d'une société dans certains moments d'effervescence. Il reste à se demander si
à ces jugements de valeur collectifs, une conscience individuelle doit nécessairement souscrire, si l'honnête homme doit simplement, comme le sociologue,
les constater ou s'il peut leur opposer sa conviction éprouvée. M. Durkheim au

Personne n'a plus fortement signalé que M. Belot l'inévitable contradiction que recouvre l'apologie du conformisme à laquelle aboutit malgré ses efforts la morale sociologique. On invite nos volontés à s'incliner devant une prétendue réalité sociale, alors que nos volontés mêmes font partie de cette réalité, la modifie en se modifiant, et que, dans la mesure où elle est stable, cette réalité résulte seulement de la stratification même de nos désirs, de nos essais et de nos réussites. « Les moralistes d'aujourd'hui sont étranges, remarque M. Romain Rolland dans *Jean-Christophe* [1]. Tout leur être s'est atrophié au profit des facultés d'observation. Ils ne cerchent plus qu'à voir la vie, à peine à la comprendre, jamais à la vouloir. Quand ils ont reconnu dans la nature humaine et noté ce qui est, leur tâche leur paraît accomplie, ils disent : Cela est. » Quelle utopie n'y a-t-il pas à croire qu'on nous donne des raisons d'agir et d'oser, d'être audacieux, inventifs, héroïques, en demandant avant tout à notre conscience d'être un miroir, d'être grégaire, d'achever les courbes déjà tracées au lieu d'en dessiner de nouvelles.

Sur un exemple précis Rauh avait tenu à marquer le moment où se pose le problème de l'idéal par opposition au problème sociologique. A propos d'une brochure d'un juriste, M. Emmanuel Lévy, sur l'*Affirmation du droit collectif*, il écrivait dans la *Revue de métaphysique* de janvier 1904 un article sur le *Devenir et l'idéal social*, article auquel il se référait quatre ans plus tard dans sa discussion avec M. Belot. M. E. Lévy avait essayé d'établir que la propriété

débul de sa communication, distingue très justement plusieurs espèces de jugements de valeur, ceux qui expriment une préférence purement individuelle (j'aime la chasse, je préfère la bière au vin) et ceux qui attribuent aux êtres ou aux choses un caractère objectif indépendant de la manière dont je le sens (ce tableau *a* une grande valeur artistique, ce bijou *vaut* tant). Il essaie de prouver que les seconds sont d'origine collective. Quant aux premiers ils ne comptent pas pour le moraliste. La question est de savoir s'il n'y a pas une classe de jugements de valeur intermédiaire entre les deux précédentes. L'honnête homme qui après le plus grand effort possible de réflexion impartiale et d'information, conclut qu'il doit résister à la croyance collective, qu'il doit par exemple travailler en faveur de la paix quand le vent souffle à la guerre, ou bien au maintien des classes sociales quand progressent les idées égalitaires, etc., cet honnête homme, disons-nous, porte des jugements qui ne rentrent dans aucune des catégories distinguées. Car d'une part il a conscience d'exprimer plus qu'une préférence personnelle, en ce sens que la même décision s'imposerait, pense-t-il, à toute volonté droite aussi bien éclairée que la sienne, et d'autre part il ne se contente pas de l'idéal collectif. Tout le problème revient à celui de savoir si la morale est, parfois au moins, inventée par l'individu. Nous le pensons avec Rauh.

1. Passage cité par Bovet dans son article sur la Signification et la valeur du pragmatisme, dans la *Revue philosophique* de février 1913.

capitaliste, par le progrès des sociétés anonymes d'actionnaires, se résout de plus en plus en *une créance collective du capital* et qu'en opposition se contitue par les nouvelles dispositions juridiques sur les accidents de travail, sur le renvoi sans motif légitime, sur les retraites ouvrières, etc., *une créance collective du travail.* D'où il concluait qu'il avait logiquement justifié le socialisme. A quoi Rau1 répond, malgré ses sympathies pour un certain socialisme, qu'il n'y a aucune nécessité logique ou morale à continuer l'évolution commencée, que je puis me décider contre le succès, résister à la coutume. « Ceux qui acièvent le mouvement dans le sens socialiste le font par un besoin de leur *conscience.* » Ici se pose donc un problème spécial, qui requiert une méthode spéciale, et cette métiode, d'après Raub, peut être dite *expérimentale.* Elle implique sans doute des constatations, toutes celles d'abord que nous apporte M. E. Lévy et beaucoup d'autres encore relatives à des questions connexes. On n'acceptera pas l'idéal socialiste après avoir simplement constaté que deux ou trois mesures législatives en favorisent l'avènement. L'enquête doit avoir une bien autre ampleur : parallèlement à cette socialisation naissante du capital, voyons-nous se dessiner une socialisation du pouvoir, une socialisation du savoir? Ces tendances ne sont-elles pas en conflit avec d'autres directions sociales, individualistes ou nationalistes? Quelle est celle de ces tendances qui semble prédominer? Quelles seraient les conséquences des croyances adoptées au point de vue de la civilisation, de la science, de l'art, etc.? Que valent les consciences qui acceptent ces croyances? Sont-elles désintéressées, éclairées, dépendantes d'une tradition ou d'un préjugé de caste? Et de plus, *constater n'est pas consentir.* Il se peut qu'en moi germe une idée qu'aucune enquête ne me révèle dans les consciences de mes associés. C'est très exceptionnel, ce n'est pas impossible. Il s'agit de savoir si, loyalement confrontée avec les résultats de mon enquête, cette idée s'impose irrésistiblement ou succombe. Ma seule garantie de la valeur de l'iypotièse pratique que j'ai conçue *c'est la valeur même de la technique que j'ai employée pour l'éprouver.* Mais dans les sciences ai-je un autre critère de la valeur de mes expériences?

Nous sommes ici au centre même de la doctrine morale de Raub et pour lui restituer toute sa signification nous devons insister sur cette analogie entre la tecinique de la morale et la tecinique des sciences expérimentales. Bien des lecteurs de Rauh ont été troublés

par l'équivoque qu'entretient l'expression : *expérience* morale. S'agit-
il de cette expérience qu'acquiert l'homme de bien après avoir
beaucoup vécu, ou d'expérimentation scientifique, de l'expérience de
Mentor, ou de celle de Claude Bernard [1]? N'en doutons pas, c'est très
précisément de celle de Claude Bernard et la tentative de Rauh pour
substituer en morale une méthode expérimentale à une méthode
empirique est à bien des égards comparable à l'effort de Claude
Bernard pour opérer dans les sciences médicales une révolution
analogue. Parmi tous les maîtres de la science expérimentale Claude
Bernard est même celui auquel nous devons penser particulièrement si nous désirons entrevoir un rapprochement possible entre les
méthodes qui font progresser le savoir et celles qui aident à diriger
l'action parce qu'il a formulé avec une netteté supérieure la relation
essentielle des sciences à l'action [2]. Rauh, parti de l'autre rive, croit
pouvoir tendre la main au savant. « Le savant et l'honnête homme
aboutissent également à une *expérience*. Ils prennent sans doute
pour point de départ une certaine réalité, l'un la nature physique,
l'autre la perception morale commune. Mais pas plus l'un que
l'autre, ils ne se bornent à observer la nature telle qu'elle est
donnée. Ils cherchent dans la nature les combinaisons qui se prêtent
à leurs idées. Ils vérifient leurs systèmes par des *expériences*. La
science n'est pas empirique. Elle n'est pas, comme le pensait
Auguste Comte, une suite régulière, unilinéaire d'hypothèses vérifiées, de sorte que la nature tout entière, sensible et intelligible, se
déroulerait comme un spectacle uniforme. Mais il la faut concevoir
comme une suite de tentatives qui successivement réussissent et
échouent, comme une vie qui évolue, avec tous les tours, les retours
et les détours de la vie. Je renvoie sur ce point aux travaux de tous
les savants qui ont vraiment réfléchi sur la science, aux travaux de
MM. Poincaré, Bouasse, Duhem, Milhaud, Le Roy, Perrin, etc. Si
l'on entend ainsi la Science, le rapprochement de l'activité scientifique et de l'activité morale paraîtra moins singulier [3]. »

Mais enfin quelle est cette expérience et peut-on sans un abus
choquant de langage, nous conseiller d'*expérimenter un idéal?* Le
savant qui expérimente confronte son hypothèse avec des faits. Mais

---

1. Cf. *Bulletin de la Société franç. de Philosophie*, janvier 1904, p. 5.
2. Cf. *Introduction à l'étude de la médecine expérimentale*, p. 135-142. Robet,
dans l'article cité plus haut, a tiré un excellent parti de ce texte pour critiquer
les abus d'un certain intellectualisme.
3. *Bull. Soc. fr. de Philos.*, janv. 1904, p. 11.

un idéal peut-il être confronté avec un donné puisque cet idéal a pour rôle propre de réclamer ce qui n'est pas encore? De là l'effarement de bien des lecteurs et même de notables philosophes quand Rauh proposait son audacieuse formule.

Je serais tenté de répondre tout de suite, sans aucun désir de paradoxe, qu'*on n'expérimente jamais autre chose qu'un idéal*, que l'expression dont on se fait une arme contre Rauh est rigoureusement équivalente à l'expression banale « contrôler une hypothèse », pourvu toutefois qu'on s'applique à comprendre les mots « contrôle » et « hypothèse », qu'*on renonce à la conception d'une hypothèse qui ne préparerait aucune action et d'un contrôle qui consisterait tout simplement à placer l'idée en regard d'une chose en soi miraculeusement dépouillée de ses voiles*. Mais peut-être convient-il de prendre plus de précautions pour faire entendre ces vérités qui heurtent des habitudes de penser, nombreuses et très anciennes.

Essayons donc, en restant aussi fidèles que possible à la pensée de Rauh, de préciser, au point de vue spécial de la connaissance expérimentale, la signification de quelques mots tels que : idée, réalité, certitude.

Une idée n'est pas une copie, un second exemplaire à côté du premier, une peinture inerte exécutée par un bon ou par un mauvais artiste, qu'on apprécie d'après sa ressemblance avec l'original. Dans le plus profond peut-être de ses ouvrages, Spinoza montre que la vérité d'une idée ne saurait être établie par une confrontation de l'idée avec le réel, que nous ne pouvons sortir de nous-même et de nos idées pour constater la conformité de l'idée avec son modèle. Mais ce n'est pas assez dire. Ce qu'il faut critiquer c'est la supposition même qu'une idée aurait pour fonction de reproduire un modèle et, métaphore pour métaphore, nous préférons infiniment cette autre manière de parler des idées qui est celle de Spinoza presque dans le même passage : « Les hommes ont pu, avec les instruments que fournissait la nature, venir à bout, bien qu'avec peine et imparfaitement, de certaines besognes très faciles. Les ayant achevées, ils en ont exécuté de plus difficiles avec une peine moindre et plus parfaitement.... De même l'entendement, avec sa puissance native, se façonne *des instruments intellectuels* par lesquels il accroît ses forces pour accomplir d'autres *œuvres* intellectuelles; de ces dernières il tire d'autres *instruments*, c'est-à-dire le pouvoir de pousser plus loin sa recherche, et il continue

ainsi à progresser jusqu'à ce qu'il soit parvenu au faîte de la
sagesse [1]. »

S'il est un genre d'idées qu'il soit légitime de comparer à des
instruments[2], ne sont-ce pas justement les idées qui inspirent une
expérience scientifique? Ne sont-elles pas nées, comme diraient
Dewey et Moore, dans une situation de carrefour[3], dans un état de
doute et d'inquiétude, ne doivent-elles pas servir à assurer notre
action, à préparer de nouveaux contacts avec la nature, à réorga-
niser quelque chose dans le monde? L'idée expérimentale est toujours un plan de campagne, un projet, un idéal, c'est-à-dire tout
simplement l'idée de *quelque chose à faire*. Elle n'a pas de raison
d'être si vous la réduisez à redoubler, purement et simplement,
l'existence, au lieu d'y voir l'effort d'une activité intelligente pour
modifier le réel, pour atteindre des résultats.

Mais, aux yeux de l'expérimentateur, qu'est-ce que le réel? La
réponse ne doit être empruntée à aucun système métaphysique. Le
réel n'est ici qu'un *obstacle*, une *résistance* à notre faculté d'invention. Rauh a très bien dit : « Il y a science toutes les fois qu'une
certaine perception immédiate commune (ou susceptible de devenir
commune) sert de *limite* à la spéculation[4] ». Et ailleurs : « L'étude
des *limites* de l'imagination morale c'est-à-dire de l'imagination
intellectuelle pratique constitue la partie positive de la philosophie
morale[5]. » Pour employer le langage courant, disons que toute
expérimentation suppose des faits, un donné, *quelque chose qui
arrête et contraint. Mais une erreur très commune*, que Rauh a com-

---

1. *De intellectus emendatione*, édit. Van Vloten et Land, I, p. 11; trad. Appuhn,
p. 236-237.
2. Nous nous rendons bien compte que nous donnons ici à ce mot un sens un
peu différent de celui qu'il a dans le texte cité de Spinoza. Nous ne prétendons
pas faire de Spinoza le prédécesseur de Dewey et de son école. Cependant
Spinoza a fort bien montré qu'il n'y a pas d'idées inertes, que toute idée est
une volition (cf. *Ethique*, liv, II, prop. 49) et par conséquent sa comparaison de
l'idée avec un outil est peut-être un peu plus qu'une métaphore banale. Il
l'appelle, il est vrai, un instrument *intellectuel*, mais aux yeux mêmes d'un
Dewey ou d'un Moore, toutes les idées ne produisent pas immédiatement une
réorganisation de l'univers matériel, bien des idées ont pour fonction de préparer l'avènement d'autres idées, et n'influent sur notre manière de nous comporter, que par une voie très indirecte. D'autre part que les spéculations les
plus hautes puissent concourir à des fins pratiques, c'est ce dont Spinoza était
plus convaincu que personne, ce dont témoigne en particulier le célèbre début
du *De intellectus emendatione*.
3. Dewey, *How we think*, p. 11.
4. *Études de morale*, p. 5-6.
5. *Bull. Soc. fr. de Philos.*, janvier 1904.

battue, *consiste à admettre sans discussion que ce donné est toujours de même nature.* Et c'est pourquoi on demande bien à tort au moraliste de rencontrer au cours de sa recherche un réel de même espèce que celui par lequel s'éprouvera l'hypothèse astronomique ou physique. « Toutes les fois que nous pouvons poser une idée comme indépendante de nous, — qu'elle soit ou non, dominatrice par rapport à un ordre plus ou moins vaste de faits, — cette idée a quelque chose, selon nous, d'objectif, de *réel.* Entre le pur relativisme de l'action et le réalisme absolu, nous sommes donc conduits à prendre une position intermédiaire. Il y a bien du réel dans les choses; mais *il y en a trop.* Car ce réel varie avec le point de vue auquel nous nous plaçons. Notion qui n'entraîne, à notre sens, aucune conclusion subjectiviste. Chacun de ces réels différents ne cesse pas d'être réel : seulement, nous en trouvons plusieurs, qui ne semblent pas se réduire les uns aux autres. *Il y a* la réalité sensible brute, celle du monde sensible, indépendant du moi : chaos où nous ne sommes pas sûrs que l'ordre puisse être introduit. *Il y a* la réalité sensible ordonnée. ensemble d'images dépendantes que l'homme pose hors de lui et comme valable pour tous les êtres. *Il y a* la réalité scientifique, univers de relations tel que la science le construit. *Il y a* la réalité sociale, — peut-être encore d'autres réalités, psychologiques ou spirituelles, faites d'idées (artistiques, philosophiques, etc.), qui auraient une histoire indépendamment des consciences qui les pensent.... Aucun réel ne s'impose, en raison de son objectivité même, comme devant être le principe ou la raison d'être de tous les autres. Ils sont tous, au même titre, des réels[1]. »

Ces idées sont reprises par Rauh dans sa note au *Congrès* de Heidelberg sur l'*Idée d'expérience.* Il propose deux thèses : 1° Toute connaissance est expérimentale ; 2° Il n'y a pas d'expérience absolue, c'est-à-dire de fait en fonction duquel tous les autres varient. Une hypothèse, démentie quand je choisis tel fait comme dominateur, ne l'est pas si je choisis un autre plan d'expérience.

Pour entendre la première thèse, rappelons-nous qu'il y a pour Rauh une objectivité mathématique. Le monde idéal du mathématicien est l'objet d'une expérience, laquelle ne diffère des autres que par son absolue impersonnalité. Plusieurs grands mathématiciens ont eu le sentiment très vif d'un *réel* auquel leur effort se heurtait

---

1. *Études de morale*, p. 398-399.

sans cesse. Jules Tannery cite quelque part cette phrase d'Hermite :
« Je crois que les nombres et les fonctions de l'analyse ne sont pas
le produit arbitraire de notre esprit; je pense qu'ils existent en dehors
de nous avec le même caractère de nécessité que les choses de la
réalité objective, et que nous les rencontrons ou les découvrons,
ou les étudions comme les physiciens, les chimistes et les zoolo-
gistes[1]. » Dans une conférence récente à l'*École des hautes études
sociales* sur les Mathématiques et l'expérience, M. Brunschvicg
parlait en termes assez analogues d'une objectivité mathématique.
En un sens, disait-il, le mathématicien peut se vanter d'avoir
donné l'être aux notions mêmes qu'il étudie et de connaître parfaitement leur contenu. Et pourtant l'esprit du plus grand mathématicien ne saurait prévoir tout ce qui va résulter des définitions
choisies. A cet égard la théorie des nombres est fort instructive :
quoi de plus simple que de convenir qu'on ajoutera indéfiniment
l'unité à elle-même, qu'on formera par ce procédé une série de
termes parfaitement ordonnés? Or voici que cette série constituée
par notre propre raison est pour nous pleine de mystère. Le mathématicien la considère avec l'étonnement d'un père que son enfant
déconcerte : il lui a donné la vie et il a cependant en face de lui un
caractère qui chaque jour se révèle par des réactions inattendues.
Pourquoi par exemple tout nombre pair est-il la somme de deux
nombres premiers? Nous pouvons si peu prévoir ce *fait* que,
remarqué par Euler il y a plus de cent cinquante ans, il n'a pas
encore été démontré. Ce n'est encore qu'une constatation susceptible d'être un jour démentie et cette proposition est connue sous le
nom de théorème *empirique* de Goldbach. Kant n'était donc pas si
mal fondé à parler d'une expérience mathématique, c'est-à-dire d'un
jeu d'images qui à sa manière nous résiste, nous oblige à l'observer
pour le comprendre et limite en même temps qu'il les stimule nos
facultés d'invention[2].

1. *Correspondance* d'Hermite et de Stieltjes. II, p. 398.
2. *Études de morale*, p. 483 et communication au Congrès de Heidelberg sur
l'*Idée d'expérience*. Cf. en particulier ce passage : « Le monde idéal se compose
de sentiments et d'images internes. Ces images internes lorsqu'elles sont distinctes, constituent par rapport aux premiers un monde tout à fait comparable
au monde extérieur. Par exemple le monde des mathématiques pures est fait
d'images internes spatiales distinctes.... Une définition n'est conventionnelle
que par rapport à celle-là.... En elle-même une définition est une expérience
de l'imagination, féconde ou stérile, comme toute expérience. Le monde d'images
mathématiques s'impose au pressentiment, à la tendance du savant vers les
représentations distinctes comme le monde externe : il est *objectif* comme

Or cette thèse est essentielle à sa théorie, car elle prouve sur un exemple pris dans la science même que toute réalité ne tombe pas sous l'intuition. Les critiques de Rauh invoquent l'impossibilité de confronter l'hypothèse pratique avec des faits, pour lui contester le droit de parler d'expérience en morale. Mais Rauh leur répond qu'on parle de réel et d'objectivité dans des domaines où la vérification par des faits d'ordre sensible est encore bien plus interdite qu'en morale. Et si nous abandonnons ce domaine où les idées peuvent vivre et se développer sans aucun point d'appui dans la nature matérielle, ne croyons pas que nous serons en présence d'un seul genre d'hypothèses, de celui qui réclame la vérification par la perception commune. Cet empirisme est périmé. Les hypothèses du physicien sont au moins de trois sortes : « Il en est qui peuvent être vérifiées, jusqu'à coïncider avec la réalité sensible, par l'intuition d'un objet; par exemple, l'hypothèse de Le Verrier sur l'existence de Neptune. Il en est d'autres, — qu'on peut appeler les hypothèses « heuristiques », — qui ne sont justifiées que par leurs conséquences : ainsi la théorie des mouvements vibratoires en optique Il en est, enfin, d'une troisième espèce, qui ne servent même pas à découvrir des faits, mais seulement à les classer, à coordonner ou à simplifier les faits, les lois ou les hypothèses antérieurement établies : tel est le cas, en général, des « théories mathématiques », et aussi de certaines hypothèses, — heuristiques à d'autres points de vue —, lorsqu'on les prend dans leur sens le plus étendu : par exemple, de l'hypothèse atomistique envisagée comme théorie du discontinu. C'est donc à tort qu'on imagine qu'il n'existe, dans la science, que des hypothèses vérifiées intuitivement. D'une façon générale, et surtout quand il s'agit des hypothèses du dernier genre, le contrôle dont il peut être question est quelque chose de tout à fait analogue à *l'épreuve* dont nous avons parlé en morale[1]. »

Qu'est-ce donc que cette *épreuve* qui prépare et légitime la certitude? Elle n'est pas, nous l'avons dit, une confrontation avec une donnée sensible : même dans la science positive l'épreuve de l'hypothèse est rarement cela. Elle est une épreuve *d'ordre psychologique*, une tentative pour accumuler toutes les causes qui pourraient faire

celui-ci. Il est impersonnel, *déshumanisé* comme lui. Seulement il est moins riche, de sorte que les éléments distincts en sont plus aisés à saisir. On en a plus vite fait le tour. C'est ce que l'on entend quand on dit qu'il est *nécessaire* (P. 840).

1. *Études de morale*, p. 482.

chanceler la croyance et pour recueillir ce qui *résistera* quand je me serai placé dans les conditions les plus favorables pour voir juste. Si je ne me trompe, cela n'est pas sans analogie avec l'effort d'un Descartes multipliant les raisons de douter, acceptant jusqu'aux plus invraisemblables arguments sceptiques, pour constater qu'une certaine intuition résiste et pouvoir dire : « Je pense, donc je suis. » Rauh parle quelque part de la notion d' « objectivité interne »[1], ailleurs de « l'évidence qui jaillit de la chose même, *praesens evidentia* »[2]. Seulement la différence avec Descartes est celle-ci : il ne s'agit pas de soumettre la croyance à une enquête purement logique et dialectique, mais plutôt à une épreuve « trialectique », dirait Schiller par allusion à la méthode, chère aux darwiniens, des essais et des erreurs (*trial* and error method). Il s'agit de s'éclairer, il s'agit aussi de vivre, et c'est peut-être une même chose. En tout cas, *le fait qui vérifie la croyance morale c'est ce résidu qui subsiste dans une conscience et dont elle ne peut s'affranchir, quand elle a traité cette croyance suivant une certaine technique*[3]. De cette technique Rauh nous a fourni deux applications typiques à propos de la justice et de la patrie.

Cette irrésistibilité, a-t-on dit, ne saurait être un critérium : elle accompagne la passion, l'obsession et l'idée fixe plus encore que la croyance. On pourrait aussi bien dire : le témoignage de la perception n'est aucunement digne de la confiance du physicien parce que l'hallucination s'impose avec la même force. A qui persuadera-t-on que de telles confusions puissent vraiment porter préjudice au développement d'une science? Rauh n'a pas parlé d'une irrésistibilité *quelconque*. Il a très précisément indiqué qu'il s'agit de l'irrésis-

---

1. *Études de morale*, p. 123.
2. *L'expérience morale*, p. 63.
3. L'un des passages où la pensée de Rauh nous parait s'exprimer le plus nettement est le suivant que nous extrayons d'un article, publié dans la *Revue de Métaphysique et de Morale* de 1904, sur la Position du problème du libre arbitre : « Qu'est-ce que je ressens une fois mon enquête faite? Voilà la question définitive. La conscience éprouvée est le fait expérimental qui vérifie ou infirme toute hypothèse sur cette conscience. Le sentiment de ma liberté n'est pas nécessairement proportionnel au succès de mes tentatives, ni à l'intensité de la foi que j'ai en un idéal qui me dépasse. Il ne dépend pas davantage exclusivement de l'opinion des hommes. S'il en était ainsi, le problème de la liberté ne se poserait pas. Mais il y a des cas où ma foi en moi-même dépasse ce que les faits objectifs m'autoriseraient à attendre de moi. J'ose alors. Cette audace n'est pas objectivement justifiée puisqu'elle est audace. Mais elle peut être cependant *sentie* raisonnable, quand elle a été méthodiquement éprouvée. A la suite de cette épreuve il reste en moi un résidu de foi qui est le sentiment de ma volonté après l'épreuve, de ma volonté raisonnable. » P. 983-984.

tibilité d'une croyance *traitée suivant une certaine méthode*, laquelle ne ressortit pas à la psyciologie patiologique, mais suppose une attitude désintéressée de la part du ciercieur, une curiosité active, une culture étendue, le goût de l'action, etc. Comment pourrait-on séparer un mot du riche commentaire que fournissent l'*Expérience -morale* et . les *Études de morale* sans se condamner à ne pas comprendre?

Mais voici l'objection la plus souvent formulée : la doctrine de Rauî serait antiscientifique et même socialement dangereuse parce qu'elle aboutit au subjectivisme en morale. De là à soutenir que ciacun constituera sa morale à sa guise, que la société sera privée de l'iomogénéité morale qui lui est indispensable, que les égoïsmes ou bien de vagues préférences sentimentales dicteront les croyances, il n'y a qu'un pas. Reconnaissons d'ailleurs que ce pas, les critiques les plus pénétrants de la doctrine de Rauî ne l'ont pas francii. M. Belot a même très bien souligné la différence qui sépare cette doctrine de la vieille morale du sentiment : « L'ancien intuitionnisme croyait que le sens moral s'observait en quelque sorte comme une ciose toute faite. Il correspondait dans le domaine de la conscience à ce qu'était dans le domaine de la science objective l'ancien empirisme, qui semblait croire que l'observation brute était ce qui nous rapprociait le plus de la vérité. Au contraire toute la doctrine que nous venons de rappeler en quelques mots n'a de raison d'être que parce que l'on abandonne cette position, parce qu'on sait, par l'exemple du travail scientifique, combien la vérité la plus positive est complexe et éloignée des apparences immédiates. Elle sait qu'il ne suffit pas de voir, et qu'il faut savoir regarder ; à vrai dire même, sous le nom d'expérience morale, c'est moins d'une observation que d'une sorte d'expérimentation qu'il s'agirait ici [1]. »

Cependant l'accusation de subjectivisme a été reprise par le même auteur et plusieurs critiques l'ont formulée avec moins de nuances.

« Je prétends, a dit Rauî, que si nous appliquions en toute modestie et sincérité la métiode expérimentale dont j'ai voulu donner l'idée et qu'en fait nous appliquons tous (mais il est si difficile de prendre conscience de ce qu'on fait et de ce qu'on est), nous arrive-rions plus souvent qu'on ne pense à un accord positif et réel [2]. »

1. *Études de morale positive*, p. 161-162.
2. *Ibid.*, janv. 1904, p. 9.

C'est exprimer une espérance, ce n'est pas répondre à l'objection. Il me semble qu'il eût pu dire à peu près ceci :

Je n'ai pas voulu seulement cataloguer des croyances existantes dans tel ou tel milieu social, j'ai voulu étudier la croyance qui se fait, esquisser la psychologie de l'invention en morale. Or, dans tous les domaines, la croyance qui se cherche apparaît comme plus subjective que la croyance anciennement assise, elle encourt le reproche d'être une opinion purement personnelle, en rivalité avec d'autres opinions individuelles, jusqu'au jour où elle tombe au rang des vérités banales pour lesquelles il est un peu ridicule de combattre. Toute vérité entre dans le monde par cette voie. De ce que l'épreuve de la croyance se fait selon moi dans la conscience, on conclut que chacun pourra tricher et se donner quand bon lui semblera une impression d'irrésistibilité, qu'il suffira d'arrêter son attention sur les arguments favorables à la croyance préférée, de se détourner des autres. Mais quelle méthode de recherche est à l'abri d'un tel risque? Si la sincérité fait défaut, l'induction sociologique ne sera pas un procédé plus sûr, la statistique prouvera ce qu'on voudra lui faire prouver. Supposons même la sincérité indiscutable : un trop ardent désir qu'une thèse se vérifie sera toujours une cause d'illusion, pas seulement quand il s'agit d'une épreuve interne comme celle que nous avons définie, mais même lorsque la vérification est attendue des faits visibles. Quand les Jansénistes ont eu besoin de miracles pour faire condamner par le ciel la bulle Unigenitus ils en ont obtenu d'éclatants, en grand nombre, attestés par les meilleurs chirurgiens du temps, et dont un magistrat intègre s'est fait au mépris des persécutions l'historien scrupuleux et infatigable [1]. Le scepticisme de Hume se plaisait à remarquer dans l'*Essai sur le miracle* [2] que jamais événements n'ont été mieux constatés, en dépit d'adversaires puissants et subtils qui ne cessèrent d'en dénoncer l'invraisemblance, qui firent désigner le célèbre De Sylva pour examiner les malades guéris, qui essayèrent vainement par tous les moyens d'établir la fausseté des témoignages. Qu'est-ce à dire sinon que la valeur d'une épreuve ne dépend pas uniquement de l'appui qu'une idée trouve dans certains faits extérieurs, mais encore de toute la technique

1. Carré de Montgeron, *La Vérité des Miracles opérés par l'intercession de M. de Paris et autres Appellans, avec des observations sur le phénomène des Convulsions.* 3 vol. in-4, 1737, 1741, 1747.

2. *Hume's Philosophical works,* edited by T. H. Green and T. H. Grose, vol. IV, p. 101-103, cf. surtout la note.

observée au cours de l'expérience, que les causes d'erreur qui inspirent une légitime défiance quand il s'agit d'expérimenter sur une conscience interviennent aussi quand on recierce un contrôle tangible ?

On ne conteste guère aujourd'iui la possibilité de l'expérimentation en psyciologie. Or, où réside la garantie du psyciologue qui expérimente ? Nous croyons qu'il est dans une situation fort analogue à celle du moraliste qui éprouve iypotièse pratique suivant la métiode de Raui. Voici par exemple un psyciologue qui étudie ce qui revient aux calculs subconscients, à l'accommodation, à la vision binoculaire, etc., dans l'appréciation de la distance des objets. Il imagine un dispositif qui élimine les divers facteurs supposés moins un et il constate de son mieux *ce qui reste* dans la conscience de son sujet. *Ici encore, le fait qui sert de contrôle à l'hypothèse est un résidu conscientiel.* La différence entre l'expérimentation du psyciologue et celle du moraliste, c'est la plus grande facilité pour le psyciologue d'écarter ce qui pourrait altérer ce résidu.

Tout iomme qui sur une question nouvelle travaille à se faire son opinion propre s'expose à l'accusation de subjectivisme. Pense-t-on qu'on y éciappera parce qu'au lieu d'éprouver sa croyance suivant la métiode de Rauh on invoquera l'évidence des principes d'où l'on est parti et la rigueur de la déduction qu'on suspend à ces principes ? Mais Descartes lui-même est taxé de subjectivisme par certains manuels pour sa maxime : « N'admettre aucune chose pour vraie que je ne la connusse évidemment être telle. » C'est la règle de l'*évidence subjective* disent plusieurs tiéologiens. Et ils sont fondés à tenir ce langage parce qu'ils croient la vérité déjà découverte et non à découvrir, parce que d'après eux cette vérité est en dépôt quelque part, dans un livre, dans les décisions d'une Église ou d'un cief d'Église surnaturellement inspiré. Quiconque entend autrement la recierce de la vérité, qu'il se fie à ses déductions, à ses enquêtes ou à ses expériences, ne sera jamais complètement à l'abri du reproie de subjectivisme : c'est une raison pour avancer avec prudence, non pour abandonner la recierce. — Mais il y a des fausses évidences, lui crient ses adversaires. — C'est vrai. Et puis ? L'essentiel est précisément de prendre toutes précautions pour distinguer la fausse évidence de la vraie, de multiplier les épreuves, de prolonger le travail, de voir où conduit ciaque iypotièse, de peser les probabilités quand on n'atteint pas la certitude.

Reste à déterminer quelle épreuve est la plus sévère. Suivant Rau1
il y a une singulière illusion à s'imaginer qu'il est plus malaisé à
l'hypothèse pratique de répondre aux exigences de la logique
abstraite que de résister aux laborieuses expériences qu'il conseil-
lait à l'honnête homme pour prendre conscience de son vouloir
fondamental.

Les juristes connaissent un problème fort analogue. Il apparaît
aujourd'hui que le code le plus parfait ne saurait prévoir tous les
cas particuliers et qu'il faut laisser au juge une assez large indépendance dans l'interprétation de la loi. On ne lui demande pas d'être
une machine qui applique aveuglément tel article à tel accusé, on
veut qu'il « individualise » la peine et, d'une manière plus générale,.
tout le droit écrit. On veut en un mot qu'il s'inspire parfois du droit
naturel, ce qui signifie, à proprement parler, de sa raison. Il
semblait que l'éclatant triomphe de l'école historique de Savigny et
de Puchta, eût à jamais relégué parmi les chimères la vieille conception du droit naturel et pourtant la vieille conception prend sa
revanche[1]. Mais comment éviter ici le subjectivisme? Le juge qui ne
se borne pas à appliquer passivement la loi ne tombe-t-il pas dans
l'arbitraire, ne va-t-il pas dépendre de ses sympathies et de ses
haines, de ses émotions, de ses préférences politiques et religieuses?
Danger redoutable.

Pourtant les juristes les plus soucieux d'écarter ce danger accordent qu'il est impossible au juge de s'interdire tout recours au
« sentiment de la justice ». Il juge d'abord avec le code, mais aussi
avec sa conscience morale. C'est-à-dire que parfois le juge prolonge
l'œuvre du législateur, étend une loi existante à des cas que le
législateur n'avait pas visés, trouve un artifice pour éviter d'appliquer une loi trop sévère, joue avec les notions de responsabilité et
d'irresponsabilité, de dommage causé, de quasi-contrat, etc. Les
théoriciens du droit se rendent bien compte qu'un certain subjectivisme est ici inévitable : dans l'impossibilité de le supprimer ils
essaient seulement de le réduire au minimum. Ainsi Saleilles
demande que le juge fasse usage de conceptions qui ont déjà trouvé
une objectivité extérieure à lui, du droit naturel en train de se
réaliser. Les signes de cette réalisation se remarquent, dit-il, quand

---

1. Cf. Saleilles, École historique et droit naturel, *Revue trimestrielle de droit
civil*, 1902, n° 1. Rauh connaissait cet article et le cite dans l'*Expérience morale*, p. 242.

on étudie « l'analogie législative, la conscience juridique collective
et surtout le droit comparé ». Il y a des tendances qui sont en train
de s'inscrire dans la législation de tous les peuples civilisés, il se
forme un « droit commun de l'humanité civilisée ». Le juge peut
donc prévoir quelle sera la loi de demain et s'en inspirer exceptionnellement.

Notons d'ailleurs que le juge doit se préoccuper plus qu'un autre
de la courbe suivie par la conscience collective. Il ne juge pas en
son nom personnel, il représente la société, il s'interrogera donc
d'abord sur les tendances de cette société. Mais l'agent moral se
sentira plus indépendant à l'égard de ces tendances collectives en
train de s'inscrire dans la législation ; il est comparable au législateur plus qu'au juge, au législateur qui malgré l'exemple d'un autre
parlement et malgré l'opinion publique se demande s'il faut résister
à un courant ou se laisser entraîner par lui[1]. Ce que Rauh a bien
vu et ce qu'il garde de Kant, c'est que l'honnête homme ne trouve
sa loi que dans sa conscience, mais encore faut-il que cette conscience se soit éclairée, qu'elle ait traité l'hypothèse pratique comme
Descartes traite ses intuitions et ses connaissances pour voir s'il en
est une qui résiste à toutes les raisons de douter.

A cette condition nous serons justifiés par la confiance même que
nous aurons dans ces principes d'action éprouvés de notre mieux.
Si quelques chances d'erreur subsistent, ces chances ont été réduites
autant que faire se pouvait et nous ne sommes plus responsables.
La loi même admet ce point de vue. Ainsi celui qui a acquis *a non
domino* n'est pas responsable s'il est possesseur de bonne foi. Il ne
doit pas la restitution des fruits récoltés. S'il a construit ou semé,

---

1. Rauh a dit à ce propos : « Il y a lieu d'insister à notre avis sur cette stérilité relative de la prévision sociologique ou historisque en morale, parce que
l'illusion contraire n'est pas sans offrir quelques dangers pratiques. Vouloir, à
tout prix, tirer de la considération des directions de l'histoire la solution des
problèmes moraux, c'est risquer d'aboutir, si l'on se borne à prendre, en quelque
sorte, la moyenne de toutes les possibilités de l'avenir, à une morale neutre,
inefficace et incertaine, ou s'exposer à la tentation d'attribuer à l'évolution
elle-même, pour justifier une doctrine déterminée, une signification plus précise que celle qu'elle a réellement. Non qu'on ne puisse obtenir, dans cette voie,
des résultats susceptibles d'un usage pédagogique légitime. Un enseignement
qui s'adresse à de très jeunes gens doit, sans doute, se préoccuper avant tout de
faire prendre aux nouveaux venus la file de l'histoire, de les associer à ce que
nous pouvons saisir, avec quelque netteté, du mouvement général de l'humanité. Mais il ne faudrait pas que cet enseignement en arrive, en s'incorporant
des interprétations administratives, à rendre suspecte toute initiative morale,
et à paralyser les aspirations de la conscience. » *Études*, p. 469, note.

il a droit à une indemnité de la part du propriétaire qui revendique.
Et même la revendication échoue s'il a acquis d'un *héritier apparent*.
Pourquoi le législateur montre-t-il tant d'indulgence pour de telles
erreurs? Parce que, répond M. Emmanuel Lévy, les solutions contraires rendraient incertaines toutes les transactions. Ici intervient
la notion de *légitime confiance*. « Il faut quand nous agissons que
nous sachions à quoi nous en tenir, il faut que nous sachions si nous
agissons bien ou mal, qu'il soit question de faits ou de droits, et que
la loi ne nous fournit pas d'autre guide, nous n'avons pour cela de
garantie que dans le sentiment même que nous avons de bien agir,
d'agir conformément au droit et dans le sentiment que nous avons
que nos semblables agissent bien, qu'ils agissent conformément au
droit.... J'ai agi en vertu d'une *croyance légitime* : je ne dois pas être
responsable (377-378).... Cette doctrine est vraie parce qu'elle est
nécessaire; c'est ainsi que le droit corrige, *utilitatis causa*, ses
propres lacunes : *notre croyance en la loi est notre véritable loi*[1]. »

Ce texte dont nous pourrions rapprocher divers passages
empruntés aux écrits d'autres juristes contemporains tels que
MM. Stammler, Esmein, Saleilles, Gény et Duguit, prouve que des
penseurs très soucieux cependant d'éviter l'arbitraire, mais plus
directement en contact que la plupart des théoriciens de la morale
avec les difficultés réelles que le magistrat doit résoudre chaque
jour, s'alarment moins du minimum de subjectivisme qui risque de
subsister dans la décision d'une conscience impartiale et avertie.
Les juristes se sentent obligés de reconnaître la valeur de la
croyance à laquelle s'attache une telle conscience et d'en faire
la loi[2].

Resterait à nous demander si ce minimum de subjectivisme est
vraiment exclu des expériences scientifiques les plus rigoureuses.
On ne veut voir dans l'expérience que le fait qui la termine, auquel
on vient se buter, on ne voit pas le mouvement de la pensée qui a
conduit à poser la question sous une certaine forme et qui donne à
l'expérience sa vraie signification. Claude Bernard a paru faire une
découverte méthodologique quand il a rappelé que pour expérimenter il ne suffit pas d'employer microscopes et microtomes, qu'il

---

1. Emmanuel Lévy : Responsabilité et Contrat, *Revue critique de législation et
de jurisprudence*, 1899. Rauh fait allusion à cet article dans l'*Expérience morale*,
p. 243.
2. Bien d'autres exemples sont cités dans l'article dont nous reproduisons un
passage.

faut une idée à contrôler. Or que répond l'expérience à notre question? Elle répond : non, ou elle peut encore répondre : c'est possible. *Jamais elle ne répond : votre hypothèse est la seule vraie.* C'est cette banalité qu'exprime la formule courante : « Tout se passe comme si.... » Par conséquent, lorsque nous disons que les faits ont répondu, le sens de la réponse dépend moins des faits eux-mêmes que de la manière de poser la question, de l'état d'esprit qui a dirigé la recierce, du besoin qui réclamait une satisfaction. Nous nous demandons si les vibrations lumineuses sont longitudinales ou transversales et nous disons que les piénomènes de polarisation prouvent qu'elles sont transversales. Mais ils ne prouvent cela que si d'abord nous avons admis la tiéorie ondulatoire de la lumière et si cette hypothèse admise nous a dicté notre question. Car, si la lumière ne s'explique point par des vibrations, les piénomènes de polarisation resteront sans doute ce qu'ils sont et ils ne prouveront aucunement ce qu'on leur demandait tout à l'ieure d'établir. A parler rigoureusement les variations de l'angle de polarisation montrent seulement que, si la lumière est un mouvement vibratoire, il est impossible de concevoir ces vibrations longitudinales : réponse purement négative. Mais cette impossibilité n'entraine pas que la lumière soit faite de vibrations transversales. Nous ne sommes pas en présence de deux contradictoires telles que si l'une est fausse l'autre est vraie. Les deux propositions peuvent être fausses toutes deux. Voici donc où se glisse le minimum de subjectivisme qui subsiste dans l'expérience scientifique : le savant n'obtient de la nature que des réponses négatives; les faits répondent qu'on ne peut conserver l'iypotièse essayée ou qu'elle ne pourrait être sauvée qu'au prix de complications invraisemblables. Mais le savant a donné à sa question la forme d'un dilemme pour s'autoriser à conclure de cette négation à la vérité d'une autre iypotièse : ou les vibrations sont longitudinales ou elles sont transversales. Il est clair qu'on éciappe au dilemme en ajoutant : ou bien il n'y a pas du tout de vibrations. Les faits ne répondent que si d'avance on s'interdit cette éciappatoire. Et il est clair que l'appréciation des raisons qui nous l'interdisent exige une délibération délicate et complexe. Ainsi *l'expérience scientifique suppose qu'on s'est cru le droit de transformer en dilemme des propositions qui très certainement n'en constituent pas un.*

Par conséquent, ni la science n'est absolument exempte de sub-

jectivisme, ni la morale n'est condamnée à se passer de toute objectivité, car le résidu que laisse subsister l'épreuve dans la conscience
est un fait à sa manière. Si bien que l'œuvre de Rauh nous apparait
surtout comme une tentative pour unir plus étroitement la pensée
et l'action, la science et la morale, pour mettre fin à ce divorce de
l'esprit et du cœur que déplorait Aug. Comte et qui caractérisait à
ses yeux la situation des sociétés modernes. Cette analogie entre la
doctrine de Comte et la sienne propre, Rauh l'a très nettement
aperçue. Non seulement le positivisme s'est efforcé de rattacher la
morale à la science sociale constituée pour la première fois suivant
une méthode rigoureuse, mais il a préparé par une autre voie
encore le rapprochement de la morale et de la science en insistant
sur le caractère anthropologique de toutes nos sciences[1]. Elles
forment une hiérarchie où chaque science préliminaire doit être
cultivée dans la mesure nécessaire pour que la suivante puisse, à
son tour, prendre la forme positive. Seule la sociologie n'est préparatoire à aucune autre science. Ainsi tout l'édifice des sciences est
élevé pour soutenir celle qui établit les principes de la morale et de
la politique[2]. Rauh se croit parfois si près d'Aug. Comte qu'il lui
arrive d'exposer cette philosophie dans les termes mêmes que nous
emploierions pour la sienne : « La science n'est pas seulement
l'ensemble de nos informations sur la nature, mais de nos idées sur
elle. L'histoire de nos progrès dans la connaissance des choses,
mais celle des conceptions humaines. C'est pour cette raison que la
sociologie achève la science, d'après Auguste Comte; que la
recherche suprême est celle non des choses entre elles, mais de la
relation des différentes idées humaines, que la synthèse de l'univers
est nécessairement humaine et sociologique. Traduction historique
de l'idée métaphysique de Kant que le monde n'est intelligible qu'à
la condition de faire tourner les choses autour de l'homme. Seulement, pour Comte, à la différence de Kant, — et telle est bien en
effet l'idée expérimentale moderne, — l'idée n'est ni absolument
autonome, ni absolument dépendante. Elle exprime les *préférences*
intellectuelles et morales de l'homme, une fois *éprouvées*[3]. »

Il serait trop aisé de montrer les divergences. Il est douteux que

---

1. Lévy-Bruhl, *Philosophie d'Aug. Comte*, p. 286.
2. *Ibid.*, p. 266.
3. Rauh, Sur la position du problème du libre arbitre, in *Revue de Métaphysique et de Morale*, 1904, p. 996.

nous puissions extraire du *Cours de philosophie positive* une théorie
de l'expérimentation scientifique que Rauh eût acceptée et il est
très sûr que l'autorité conférée par Rauh à la conscience individuelle n'eût pas été admise par Aug. Comte. Ils ne sont rapprochés
que par un commun souci de faire œuvre scientifique dans un
domaine que, dès l'époque de Comte et plus encore après lui, le
savant refuse d'explorer. Mais les méthodes diffèrent profondément.

Pour rendre pleine justice à celle de Rauh, il faut se garder
d'oublier que s'il s'est efforcé de son mieux à incliner la morale vers
la science ou plus exactement à définir une expérimentation qui
exige de l'honnête homme une « attitude scientifique », le temps
lui a manqué pour l'œuvre symétrique, je veux dire pour mettre en
lumière l'étroite relation de la connaissance avec l'action. Il nous
devait une épistémologie éloignée à la fois de l'empirisme et du
rationalisme, de Locke et de Kant, qui eût déterminé le véritable
rôle du fait dans le progrès scientifique, montré la nécessité du
risque dans l'interprétation de l'expérience, la parenté d'une hypothèse et d'un idéal, de la vérification et de l'invention.

Or cette épistémologie, nous semble-t-il, se constituait, au
moment même où Rauh approfondissait sa conception de la morale,
par les efforts de philosophes qu'il a cités et quelques autres qu'il
ne parait pas avoir directement connus [1]. Nous ne prétendons pas
qu'il suffit de juxtaposer à la morale de Rauh la théorie de la connaissance de Baldwin, ou celle de Dewey et de Moore, pour obtenir
un système cohérent : bien au contraire nous croyons que Rauh ne
se fût pas accommodé d'une doctrine trop utilitaire de la science,
qu'il eût admis plus de formes d'activité que n'en reconnaît l'instrumentalisme, qu'il eût fait moins facilement bon marché des « résistances » que notre imagination intellectuelle rencontre soit dans
notre propre nature, soit dans les diverses espèces de réalités indépendantes de l'esprit. Mais deux choses nous paraissent indéniables :
d'une part les conclusions que laissent entrevoir les esquisses de
Rauh s'accordent sur beaucoup de points avec la théorie de la con-

---

1. Rauh cite souvent Baldwin, surtout le *Développement mental chez l'enfant
et dans la race* et l'*Interprétation morale et sociale des principes du développement mental*. Il semble être moins familier avec les théories de l'école de Chicago. Quand il fait allusion au mouvement pragmatiste (*Études*, p. 396), il pense
tantôt aux exagérations des Italiens, tantôt à certaines idées de MM. Bergson
et Le Roy.

naissance expérimentale développée par Dewey, si bien que Rau1
n'aurait pas eu à emprunter ces idées, qu'il y eût été naturellement
conduit par le progrès de sa réflexion; d'autre part la théorie de
l'expérience de Rau1 eût apporté à l'instrumentalisme et au pragmatisme en général le plus précieux des compléments, s'il est vrai,
comme un très pénétrant critique du pragmatisme l'a récemment
montré [1], que la meilleure partie de la doctrine soit la description
des processus expérimentaux, la critique de l'épiphénoménisme, et
qu'ensuite le pragmatisme perde le bénéfice de sa peine quand il
arrive à l'éthique, puisqu'il s'incline ici devant le fait, voit la justification de l'idée dans le succès, rend inutile en somme l'activité
morale à laquelle il avait préparé le champ libre.

Nous savons combien il importe à l'intelligibilité de la doctrine de
Rau1 qu'on renonce à la conception empiriste de l'expérimentation.
Pour ruiner l'idée d'une confrontation incessante et indispensable
avec une réalité donnée de tout temps et inaltérée par notre effort,
quel secours n'eût-il pas tiré des analyses de l'école de Chicago?
Certes Rau1 n'eût pas voulu s'appuyer sur un pragmatisme qui
s'arroge le droit de tenir pour vraie toute croyance dont il retire de
la force. des espérances ou des consolations [2]. Encore moins eût-il
admis cette singulière thèse qu'une idée devient vraie dès que je la
souhaite telle. Mais de telles exagérations ne se trouvent ni chez
Dewey, ni chez Moore, ni chez Tuft, ni chez Angell, et l'on peut
même se demander si elles se rencontrent ailleurs que dans les cari-
catures du pragmatisme imaginées par ses adversaires. Aucun pragmatiste sérieux n'a même dit qu'une idée est vraie « quand elle
agit » sans ajouter : « dans le sens du résultat qu'elle nous a incité à
poursuivre [3] ». Le succès qui vérifie une idée n'est pas la conquête

1. Cf. les articles de Robet dans la *Revue philosophique* de 1913.
2. « La conscience humaine, sincèrement consultée, dit aujourd'hui qu'il faut
regarder toute vérité en face. C'est à tort que certaines consciences pseudo-
religieuses se croient le droit de voir la réalité comme elles veulent, au gré de
besoins sentimentaux. Ces croyants se cachent à eux-mêmes la vérité scientifique : c'est lâcheté. Il n'y a qu'un cas où il soit permis de « prendre les choses
du bon côté » : c'est lorsqu'elles en ont deux, c'est-à-dire là où il n'y a pas
certitude, vérité fixe. Ainsi, pour Kant ou pour W. James, l'existence de Dieu,
l'immortalité de l'âme sont, du point de vue théorique, des vérités possibles ou
probables : on a le choix d'y croire ou non. Mais ce que la conscience n'admet
pas, c'est qu'aux exigences de l'équilibre moral on sacrifie la vérité. » (*Études
de morale*, p. 87.)
3. Cf. sur ce point le cinquième chapitre de l'ouvrage de Moore, *Pragmatism
and its critics*, intitulé : « Comment les idées agissent. » Les erreurs, remarque-
t-il, agissent autant et parfois plus que les vérités, mais pas dans le même

d'un avantage quelconque tel que la plus grossière erreur en obtient par hasard, mais très précisément le résultat que prophétisait cette idée, le service qu'elle avait promis. Ces contresens écartés, le pragmatisme d'un Dewey peut fournir à la doctrine de Rauh un commentaire assez éclairant.

Et d'abord la préoccupation initiale des deux penseurs est au fond la même. Rauh n'a pas emprunté sa conception de l'expérience morale à des études générales de méthodologie scientifique : d'après son propre témoignage [1], ses vues sur la morale ont été inspirées par des travaux sur des problèmes moraux spéciaux. Conduit par cette voie à sa méthodologie morale, il s'est ensuite demandé s'il avait le droit d'employer au sens que nous connaissons le mot « expérience », si les opinions des savants contemporains sur l'expérimentation se rapprochaient de la sienne, et il a cru découvrir de nombreuses concordances. Or c'est bien aussi pour faire une place à la morale à côté de la science que les pragmatistes ont demandé à la science ses titres et entrepris un minutieux examen des processus expérimentaux. La conception la plus courante de la science a pour corollaire obligé l'épiphénoménisme, c'est-à-dire une doctrine qui ne nous laisse plus rien à faire dans le monde, qui enlève tout sens aux jugements de valeur, toute efficacité à nos préférences, qui assimile la volonté à un sous-produit (by-product). « L'une des tâches essentielles de la pensée moderne, dit Dewey [2], est de concilier notre conception scientifique de l'univers et les exigences de notre vie morale. N'y a-t-il de jugements valables que ceux qui expriment des arrangements nouveaux de matière en mouvement? Ne faut-il pas compter aussi comme valables nos affirmations sur l'univers où interviennent les notions de possibilité, de désirabilité, d'initiative, de responsabilité?... Construire une théorie de la connaissance qui oblige à nier la valeur des idées morales ou à les rapporter à un monde qu'ignorent le sens commun et la science, c'est

---

sens. « L'idée d'un mal, ou plutôt l'idée que ce mal doit être rapporté à une certaine dent, est une idée vraie, si une opération à la dent modifie le mal. Si « arracher » la dent n'arrête pas le mal, l'idée n'est pas vraie, même si l'opération apporte un autre, peut-être même un plus grand bénéfice, par exemple le rétablissement de la vue. Si Saül s'en va à la recherche des ânesses et qu'il trouve un royaume, quoique le royaume soit une compensation fort satisfaisante, cela ne fait pas que son idée soit juste en ce qui concerne les périgrinations des ânesses. »

1. Bull. de la Soc. fr. de Philos., janv. 1904, p. 12.
2. Reality as practical, dans le Festschrift de W. James, p. 63-64.

une tentative arbitraire et digne d'un esprit étroit. Le pragmatisme
doit regarder en face et non escamoter la question de savoir comment la « connaissance » morale et la connaissance scientifique
peuvent se maintenir toutes deux à propos d'un seul et même univers. Quelles que soient les difficultés de la solution proposée, la
tèse d'après laquelle les jugements scientifiques sont à rapprocier
des jugements moraux, est plus voisine du sens commun que la
tiéorie suivant laquelle la validité des jugement moraux doit être
niée parce qu'ils ne cadrent pas avec certaine idée préconçue sur
la nature de l'univers auquel les jugements scientifiques doivent
pouvoir s'appliquer. Tous les jugements moraux se rapportent à des
ciangements à accomplir. »

La doctrine de Rau1 réclame également une conception du monde
qui n'interdise pas à la croyance morale d'insérer ses effets dans le
cours des événements. Comme Dewey il se redresse devant les prétentions de la science déterministe. « Je ne suis pas troublé, par
cette pensée que je fais partie de l'univers et, qu'à ce titre, je suis
sans doute lié par le déterminisme des cioses. La vie sur le globe
dépend du soleil. Je ne ciercie pas quelle est son influence sur
ciacun de mes actes, et il n'est pas sûr qu'elle s'y retrouve[1]. » Et
quelques lignes plus loin il dénonce l'étroitesse du point de vue
épiphénoméniste en ajoutant une déclaration dont Dewey n'aurait
pas à retrancier un seul mot. « On suppose faussement que je dois
toujours considérer l'univers et moi-même comme un spectacle.
C'est nier le point de vue de l'action. A ce point de vue la connaissance est au service de mes besoins. Considérée comme
point d'application de ma volonté, la nature loin de m'apparaître comme déterminée absolument, n'est pour moi qu'un
ensemble de possibilités, de tendances, que seule ma volonté actua-
lise. »

La possibilité d'insérer quoi que ce soit dans le monde par notre
effort ne se conçoit pas si nous sommes en présence d'un univers
acievé, complet avant notre intervention pour le connaitre et que
la pensée se proposerait seulement de refléter comme un miroir
fidèle. A quoi bon cette pensée qui reflète? A quoi bon la copie
quand l'original est à notre portée? Pourquoi ne pas se laisser vivre
sans s'imposer la peine de comprendre, de conjecturer, d'essayer

1. *Sur la position du problème du libre arbitre*, p. 982.

des hypothèses, si la réalité est toute donnée avant notre labeur, si elle est par elle-même habitable et hygiénique? Mais le fait même que l'homme s'obstine à penser prouve bien qu'il attend de son effort inlassable quelque modification du milieu à propos duquel cette pensée fonctionne. Cette simple remarque nous amène à soupçonner que la pensée scientifique autant que la pensée morale pourrait bien n'être que l'une des méthodes dont dispose la fonction générale de *productivité*. Qui a dit cela? Ne sommes-nous pas en train d'exposer l'idée maitresse de l'école de Chicago? Pourtant cette formule est de Rauh : « Il y a une méthode générale pour la solution des problèmes de connaissance pratique et d'invention idéologique. Si ces méthodes sont identiques, c'est que l'*invention*, le désir, la volition, sont des espèces de la fonction générale de *productivité*[1]. »

Ainsi point n'est besoin de forcer les textes pour découvrir chez Rauh une adhésion anticipée à certaines thèses essentielles de l'instrumentalisme. Si l'invention des idées est un moyen de modifier le monde, l'idée n'est plus le simple reflet du passé, elle prépare l'avenir. Connaitre c'est à la fois constater et dépasser la constatation, rendre possible ce qui n'existait pas et ce que nos besoins intellectuels ou pratiques réclament. Telle est, s'il faut en croire Moore, la conclusion à laquelle aboutissent les modernes logiciens sous l'influence de Darwin. Quand une idée jaillit dans le monde, elle constitue l'une de ces *variations* qui sont les véritables facteurs de la sélection naturelle. Une idée nouvelle n'est pas moins importante pour le cours futur de l'évolution que l'apparition d'un caractère somatique. Elle a même une force de diffusion que la variation d'un organisme n'a pas. L'hypothèse de travail (working hypothesis) a son rôle dans les manipulations de l'expérience, elle permet des tentatives précises pour adapter cette expérience à nos besoins, à nos tendances intellectuelles, affectives, morales, religieuses, etc.[2]. Au contraire l'erreur commune aux empiristes et aux intellectualistes est de croire que le fait de penser une chose n'ajoute rien d'important à cette chose, que toutes les relations existent avant que

---

1. *Sur la position du problème du libre arbitre*, p. 993. Notons que Rauh écrivait cela en 1904, à une époque où le nom de Dewey était fort peu connu en France. Les *Studies in logical theory* venaient de paraitre et nous ne pensons pas que Rauh les ait jamais lues.
2. Cf. Moore, Pragmatism and its critics, chap. IV, *The rise of pragmatism*, p. 78-79.

la pensée les ait établies, que penser est simplement soulever un voile[1]. Voici l'idée singulièrement rapprochée du fait. La pensée est une partie du processus par lequel l'expérience se complète, l'évolution se poursuit. Elle n'est pas pure contemplation d'événements qui se dérouleraient identiquement si elle disparaissait, elle est un anneau indispensable dans la chaine de ces événements, elle est l'un de ces événements. N'est-ce pas ainsi qu'il faut entendre cette assertion de Rauh : « L'obstacle principal à une théorie générale de l'expérience a été la conception sous le nom de pensée, raison, intuition, d'un élément de la conscience absolument différent des faits du monde réel. Or la pensée, comme phénomène spécial, n'existe pas[2]. » Ce passage équivaut exactement, selon nous, à cette formule de Dewey : « The rational function seems to be intercalated in a scieme of pratical readjustments[3], » et à cette remarque nette encore : « Ni le vulgaire ni le savant, engagés dans une recierce qui fait travailler leur esprit, n'ont conscience de passer d'une spière de l'existence dans une autre. Ils ne connaissent pas deux mondes, d'un côté la réalité, de l'autre des idées purement subjectives; ils n'aperçoivent aucun abime à franchir. Ils admettent un passage ininterrompu, libre, insensible, de l'expérience ordinaire à l'idée abstraite, de la pensée au fait, des choses aux théories, et le passage inverse. L'observation se poursuit dans l'hypotièse qui la développe, la déduction se poursuit dans la description des faits particuliers, le raisonnement se poursuit dans l'action sans que nous sentions d'autres difficultés que celles iniérentes à la tâche même qu'on accomplit. L'assomption fondamentale est *continuité* dans l'expérience et de l'expérience[4]. »

---

1. Moore, *Ibid.*, chap. v (How ideas work), pour faire comprendre sa thèse, se sert d'un exemple familier fourni par ses adversaires. On lui demande : Est-ce parce qu'une idée agit qu'elle est vraie, n'est-ce pas plutôt parce qu'elle est vraie qu'elle agit ? Ne faut-il pas que la relation existe entre le mal et la dent, *avant* que cette relation soit pensée, pour que l'idée de cette relation soit vraie? Moore ne conteste pas qu'indépendamment de toute pensée une certaine relation existe entre la douleur et la dent, mais il insiste sur la différence que la pensée apporte dans la situation. *Avant*, la dent était la cause du mal, *après que* le mal est rapporté à telle dent, cette dent commence à devenir la cause *de la cessation* du mal, à devenir, par l'intermédiaire de l'idéation, une cause de soulagement, puisque j'entrevois ce que j'ai à faire pour triompher de cette douleur. Après que la relation est pensée le mal n'est plus seulement en rapport avec la dent, mais encore avec certaines démarches, avec un dentiste, des remèdes, etc.
2. *L'idée d'expérience*, Congrès de Heidelberg, p. 838.
3. *Reality as practical*, p. 64.
4. Dewey, *Studies in logical theory*, p. 10.

Mais si l'objet de toute expérience est d'introduire une altération dans l'univers et si la pensée n'est que l'un des facteurs de cette altération, nous devons concevoir tout autrement que les empiristes le rapport de la pensée avec le fait. Certes le fait joue son rôle dans l'expérience. Il joue même deux rôles. D'abord il crée ce trouble et cette inquiétude qui incitent l'homme à penser, puis il résiste plus ou moins à notre effort pour nous tirer d'affaire. On ne peut donc étudier soit les faits avec lesquels commence l'expérience soit les faits auxquels elle aboutit : la pensée comble l'intervalle, elle est elle-même un fait qui s'ajoute aux premiers pour obtenir les seconds. « On distingue faussement, dit Rauh, la théorie de la pratique [1]. »

Mais enfin le fait n'est-il pas d'une autre étoffe que la pensée ? Rauh, comme Dewey, a toujours refusé de transformer le problème épistémologique en problème métaphysique. Il ne s'agit pas de rechercher ce qu'est la réalité en soi, il s'agit seulement de savoir ce que nous entendons par ces mots « faits », « réalités », quand nous décrivons le processus expérimental. Rauh s'est borné à dire sur cette question que le fait est une limite, ou encore un système d'images sur lesquelles parfois je ne puis rien, qui dépassent les forces de mon action et de ma vision consciente [2]. Il ne développe pas, mais il est très net sur ce point : il admet une résistance sans laquelle la notion même d'une épreuve de l'idée perd tout sens. A la même question les pragmatistes ont apporté des réponses en apparence aussi catégoriques, mais en réalité si fuyantes que Baldwin leur refuse le droit de maintenir un coefficient sérieux d'extériorité. Si nous définissons le fait un système d'images, Schiller nous explique que ces images ne copient aucune réalité et ne sont que des « réactions » à certains stimuli émanés on ne sait d'où. Le « monde extérieur » n'est que le système que nous construisons pour rendre compte de ces stimuli auxquels nous répondons. Notre réceptivité sensorielle doit être conçue comme la jouissance sans effort de ce qui a été conquis par un effort vaillant. Au surplus ce n'est pas là le type de toute expérience. C'est une expérience où l'initiative, le risque n'ont plus de place *maintenant*. Cela s'appelle vivre sur le capital, récolter le fruit de son travail ou du travail des autres : c'est agréable, ce n'est pas intéressant. Ce qui est intéressant c'est le déploiement de cette activité qui expérimente dangereusement dans

1. *Sur la position du problème du libre arbitre*, p. 997.
2. *L'idée d'expérience*, p. 830.

les sciences, les arts, la morale, la politique[1]. Or sans doute elle expérimente sur quelque close, il y a toujours une résistance à laquelle notre intelligence cercie à s'adapter. Mais personne ne peut affirmer que ce monde résistera demain comme il résiste aujourd'iui, si bien que le réel ne peut jamais être défini. C'est l'ὕλη δεκτική τοῦ εἴδους, une potentialité indéterminée, Dewey ne semble pas avoir réussi à donner plus de consistance à ce facteur de soumission[2].

Raui sur ce point, je crois, se fût séparé des pragmatistes, il eût accordé qu'on ne peut définir le réel en général. Mais tout son effort tendait à définir ce qui est réel *pour chaque science*, toute sa probité intellectuelle le poussait à explorer soigneusement ce « donné » au lieu de jongler avec lui. Nous pourrions citer vingt passages des *Études de morale* où Raui proclame la nécessité de s'incliner devant certaines constatations sociologiques et psyciologiques en se gardant de leur substituer nos propres idées[3]. « Dès qu'on essaie de penser on affirme qu'il y a des faits et, outre ces faits, des relations objectives qu'on appelle des lois[4]. » La pensée morale, affirme-t-il, a un objet comme la connaissance tiéorique, elle porte sur un donné. S'il n'admet pas que ce donné soit tout entier de nature sociale, il n'en reste pas moins qu'il exerce sur la conscience individuelle une contrainte, un arrêt. A cause même de ce que ce donné a de mystérieux pour l'individu, Raui l'appelle un *inconscient*[5]. « Si large que nous supposions l'empire de la conscience, il se détacie, pour ainsi dire, sur le fond de l'inconscient, comme un ciamp lumineux au sommet d'un cône d'ombre. » Pourtant ce mot commode ne lui servira pas de prétexte pour se dérober à la diffi-

---

1. Nous résumons ici une page de Schiller tirée de son article « Axioms as Postulates » (p. 55) dans le volume intitulé *Personal Idealism*, philosophical Essays edited iy Henry Sturt.
2. Cf. sur ce point faiile du pragmatisme les articles cités de Robet dans la *Revue philosophique* de 1913.
3. Cf. en particulier p. 297 : « Il y a sous la conscience sociale une réalité sociale, un inconscient social. Et c'est cette réalité entrevue par Marx qui est ici l'essentiel. Dès lors, c'est elle qu'il nous faut d'aiord chercher à connaitre dans notre étude de la justice. Nous devons procéder comme celui qui veut expliquer un mythe et qui va chercher sous les imaginations et les interprétations les plus diverses le fond de réalité effective qui s'y cache. Nous devons nous incliner devant cette réalité sociale et l'observer comme une chose sans jamais lui substituer nos propres idées ; nous la considérons comme donnée par la perception morale commune, de même que le fait physique nous est donné par la sensation. »
4. *Ibid.*, p. 385.
5. Cf. surtout p. 387.

culté d'en dire davantage. Je trouve au moins deux passages où
Rauh, malgré son aversion pour tout ce qui est immuable, admet
l'existence d'une « nature humaine » constituant une partie de la
réalité morale (l'autre partie étant faite des croyances nées de la
vie sociale) et manifestant des besoins permanents. « Sociales *ou*
humaines, ces croyances se présentent à la conscience de l'agent
moral comme des choses.... Nous sentons la réalité qui nous presse
supérieure à notre individu.... La conscience morale nous apparaît
bien, en résumé, comme entourée d'une masse énorme de réel qui
la déborde, à la fois, et la presse de tous côtés[1]. » Il y a donc dans
ce réel *une certaine constitution psychologique de l'homme* que
pourront de mieux en mieux révéler des études positives. « L'homme
peut prévoir que certaines vérités futures, ou qui tendent à
s'affirmer, répondront plus pleinement à certains besoins permanents de sa nature. Or tel nous paraît être le cas. Même les sociétés
qu'on estimait les plus réfractaires à notre civilisation regardent
comme un progrès le triomphe de l'homme, la conquête que la
science lui permet de faire de la nature. Les peuplades les plus
primitives essayent, quand elles le peuvent, de s'approprier nos
découvertes. Jusque dans un passé très reculé, on peut voir dans la
magie, par exemple, une expression de ce désir de dominer la
ntaure, que satisfait la science[2]. »

Il faut bien entendre d'ailleurs que Rauh n'a que faire de prouver
l'absolue immutabilité de la nature humaine. Il lui suffit de pouvoir
affirmer une relative permanence, car toujours il pose les problèmes
moraux en fonction du présent et ne ressent qu'une médiocre
curiosité pour la paléontologie morale. Il n'éprouve aucun besoin
d'établir que l'homme des cavernes obéissait à tel mobile. Quelles
que soient les raisons qui, au début des civilisations, ont poussé
l'homme aux premières recherches scientifiques ou l'ont amené à se
poser les premiers problèmes moraux, la science d'aujourd'hui et la
croyance morale ont leur vie propre, elles ont le droit de se développer sans rester fidèles à leurs origines. Il est puéril de s'efforcer
à prouver qu'actuellement chaque geste du savant, chaque hypothèse qu'il imagine sont dictés par intérêt pratique immédiat.
Affirmer cette évolution, relativement autonome aujourd'hui, de la
science, ce n'est d'ailleurs pas méconnaître les rapports de la con-

1. Cf. surtout p. 419-421.
2. *Ibid.*, p. 473.

naissance avec la vie. Un philosophe contemporain, dont l'ouvrage
est dédié à la mémoire de Rau1, distingue finement plusieurs
formes d'activité, une activité de prévoyance et de prudence, qui
s'exerce incessamment, et une activité d'utilisation, nécessairement
intermittente [1]. Connaitre est évidemment agir par prévoyance, ce
qui est bien encore agir par besoin. Mais « la fin de l'action de
connaitre n'est que dans la satisfaction du besoin général que l'être
vivant a de connaitre, pour être à même de satisfaire le plus possible à tous les besoins particuliers.... L'instrument ne sert pas
toujours à sa fin propre, qui est l'utilisation des choses ou la préser-
vation de l'être vivant : c'est qu'il faut que son activité s'étende
beaucoup au delà de la satisfaction de sa fin propre pour qu'il
puisse même y suffire. » Cette remarque, que Rau1, croyons-nous,
eût pleinement acceptée, nous parait une très heureuse correction
à l'instrumentalisme. Elle élargit la doctrine, elle dispense le philosophe et l'historien des sciences de rechercher à propos de chaque
essai particulier du savant la valeur pratique de sa tentative. Plus
généralement, l'homme n'a plus à se demander quel intérêt il a à
être raisonnable. Il nait aujourd'hui avec des tendances intellectuelles définies, qui ne sont peut être que des postulats, comme dit
Schiller, mais des postulats qui ont fait leurs preuves pendant des
siècles; il nait avec une constitution mentale comme avec un corps
charpenté de telle manière et ce sont bien là des données pour le
moraliste comme pour le biologiste ou le médecin.

Bien qu'il ne s'agisse que de permanence très relative, la reconnaissance d'une nature humaine qui est un donné, à tout le moins
au moment où nous entreprenons la recherche, nous parait d'une
importance capitale dans la morale de Rau1 et dans toute doctrine
morale. On affirme par là qu'il existe tout un ensemble de conditions psychologiques qui limitent l'imagination morale, conditions
qui s'ajoutent aux conditions sociologiques que personne ne saurait
méconnaitre. Il se peut que nous ne sachions pas énoncer ces conditions, mais elles sont là, et peut-être toute la méthodologie
morale de Rauh n'a-t-elle pas d'autre objet que de nous amener à
prendre conscience de ces résistances à propos de chaque cas particulier. Or claires ou obscures ces conditions représentent des aspirations ou des répugnances profondément situées, et par consé-

1. Maurice Pradines, *Principes de toute philosophie de l'action*, p. 116-117.

quent il y a des *fins* inscrites dans notre nature intellectuelle et
sentimentale, comme il y a des besoins fondamentaux de notre
organisme corporel. Le problème est de découvrir une technique
qui permettra à ces fins de se révéler au contact des événements et
des situations. Non que ces fins soient fixées de tout temps et qu'il
suffise d'écarter un rideau pour lire des formules définitives. La
formule est à trouver chaque fois, mais elle se détermine en fonction
des résistances qu'elle rencontre et dans notre nature individuelle et
dans le milieu social.

Or voici ce que gagne Rauh à reconnaitre loyalement ces exigences de notre nature actuelle. Il a le droit de parler d'idéal et de
ne pas juger l'idéal d'après le succès. Ou, ce qui revient au même,
il peut définir avec précision le genre de succès qui sert d'épreuve
à la croyance morale. Quand les pragmatistes nous expliquent
qu'une idée doit être tenue pour vraie lorsqu'elle assure les avantages qu'elle promettait, cette conception se défend fort bien s'il
s'agit d'une hypothèse physique par exemple : j'ai une idée vraie
sur l'acide sulfurique si mon idée me permet d'en réussir la synthèse. Mais quelle réussite me prouvera que je dois combattre la
misère, repousser un marché déshonorant, préférer une sincérité
dont je suis victime à l'hypocrisie qui m'assurerait la faveur des
puissants? L'idée même de succès devient ici fort obscure. On
parlera d'énergie accrue, de plus grande vitalité, d'optimisme salutaire entretenu par certaines croyances : autant de formules vagues
qui peuvent justifier toutes les solutions. Admettons que nous
découvrions une de ces formules qui nous satisfasse; la valeur de
mon idéal se mesurera donc au degré de réalisation qu'il comporte?
Tout échec prouve-t-il que j'ai tort? Le droit n'a-t-il pas le droit
d'être opprimé? L'idéal est-il sommé de s'insérer tout de suite ou
prochainement dans les faits? Valait-il la peine de réclamer pour
notre volonté le pouvoir de faire triompher ses préférences si la
valeur se confond avec l'existence même?

Il n'est qu'une manière acceptable de définir ce succès critère de
la valeur des idées morales : avec Rauh nous parlerons du succès
d'une croyance morale, quand cette croyance aura supporté les
épreuves variées auxquelles nous la soumettrons, quand elle sortira
grandie de ces épreuves qui en auront brisé d'autres. Le succès
d'une croyance, c'est de devenir, dans une conscience éclairée et
impartiale, une *foi*.

« Si je n'avais d'autre raison de croire en moi que le succès (au
sens courant du mot), je douterais de moi le plus souvent, tant la
vie est complexe et le hasard grand. Mais il est une force intérieure
qui s'oppose à l'expérience. C'est la foi en un idéal durable, présent
à tous mes actes, réalisée par chacun d'eux. Cette foi donne des
forces. Dans les cas où l'expérience est décourageante, mais où
l'idéal est puissant en nous, on peut représenter la conscience du
libre arbitre comme le résidu de foi en nous-mêmes qui résulte de
la lutte entre les souvenirs décourageants de l'expérience et l'idéal
qui les efface[1]. »

Voilà l'idéal distingué du fait, voilà cette foi de l'honnête homme
investie par les épreuves mêmes dont elle est sortie triomphante de
l'autorité nécessaire pour organiser l'expérience au delà de sa
réalisation actuelle. Voilà comblée l'importante lacune de tous les
pragmatismes. Ils ont tous cherché dans un succès ou un insuccès
extérieurs le moyen de valider ou d'invalider les croyances morales.
Pareille méthode ne peut se défendre : ce n'est pas ce genre de
succès qui juge notre idéal, c'est au contraire notre idéal qui mesure
ce succès. Mais rappelons-nous qu'il existe aujourd'hui une « nature
humaine », — sans nous croire d'ailleurs obligés de démontrer
qu'elle a existé identique à toute époque, — concevons cette nature
comme une somme d'exigences ignorées peut-être de nous-mêmes,
mais qui se révèlent à l'user, amenons notre croyance au contact de
ces exigences pour savoir si elle en supporte le choc, et nous
rendrons ainsi à la morale l'équivalent positif de cette raison dont
on a tant abusé, puisque nous aurons conquis le droit de ne pas
nous incliner devant les faits, puisque nous posséderons une série
de certitudes particulières qui nous permettront de choisir entre les
formes d'existence et les types de conduite. Nous disposerons d'une
collection de normes au lieu d'un critère unique, — et là sans
doute est la différence capitale entre les morales classiques et la
doctrine de Rauh, — mais pourquoi s'alarmer de ce changement
plus que les mathématiciens par exemple ne s'effraient d'une révolution à bien des égards analogue? « De Descartes à Aug. Comte,
dit M. Brunschvicg, le philosophe pouvait faire fond sur la *mathématique*.... Aujourd'hui au contraire il semble qu'il y ait d'abord *les
mathématiques*, c'est-à-dire une série de disciplines fondées sur des

1. *Sur la position du libre arbitre*, p. 982-983.

notions particulières, délimitées avec précision, enchaînées avec
rigueur. Puis, entre ces domaines bien déterminés, mille chemins
de communication et de ramification viendront montrer la coordination des méthodes, étendre l'horizon de leur application, susciter de
nouvelles solutions ou de nouveaux problèmes [1]. » Rauh ne parlait
pas autrement de la morale.

Les anciennes métaphysiques ont depuis Platon promis à l'humanité de lui révéler *le* souverain bien, *le* fondement de la morale et
l'humanité leur fait crédit depuis vingt-cinq siècles. Dewey nous
explique que la morale philosophique est née en Grèce le jour où la
multiplicité des relations avec des peuples étrangers et des luttes
intestines a fait décliner l'autorité de la coutume [2]. La raison devait
remplacer la tradition. Mais on lui demandait de fournir des règles
aussi fixes, aussi peu discutées que les ordres de la tradition. Aussi
de longtemps ne sera-t-il pas question de chercher la direction de
la conduite dans les inspirations hésitantes de la conscience individuelle. Aristote identifie la pensée la plus haute avec celle d'un dieu
qui se pense lui-même, isolé par conséquent de la nature et de toute
société : n'est-ce pas séparer la connaissance la plus vraie de toute
expérience sociale et décharger la conscience humaine de toute
responsabilité dans la discrimination des valeurs éthiques? Le point
d'appui qu'on refuse de chercher dans la conscience, d'autres espé-
reront le trouver dans la nature elle-même. Mais quelle nature?
Celle que définissent mythes et traditions religieuses, nature du
sauvage animiste, ordonnée seulement avec un goût esthétique plus
sûr. Les mythes racontaient les amours et les haines des dieux,
leurs caprices et leurs défaillances, et montraient planant au-dessus
de cette misère divine l'inexorable Destin. La philosophie interpréta
ces légendes comme le symbole des luttes entre nos appétits
brutaux et violents, contenus par l'attrait du bien final et suprême,
du souverain bien. Ainsi l'animisme populaire sembla mourir quand
il renaissait dans une cosmologie très vivace.

Il a fallu le progrès des arts mécaniques dans les temps modernes

1. Brunschvicg, *Les Étapes de la pensée mathématique*, p. 447. Il renvoie à
Cournot, *De l'origine et des limites de la Correspondance entre l'Algèbre et la
Géométrie*, 1847, p. 371. Cournot montre qu'il est presque impossible de trouver
une définition générale des mathématiques, à moins peut-être de s'élever à l'idée
très vague d'*ordre* et à l'idée de *grandeur*, lesquelles laissent encore subsister
un certain dualisme.
2. Dewey, Influence of Darvin, 3ᵉ essai : *Intelligence and Morals*, p. 48 et suiv.
Nous empruntons dans ce qui suit plusieurs formules à cet article.

et le triomphe de la science expérimentale pour rendre à l'homme confiance en lui-même et l'habituer à chercher dans sa propre nature la direction de son activité. Sous l'influence de Newton, Hume proclame que la morale va devenir science expérimentale. Vers la même époque Adam Smith ose prendre pour signe de la moralité l'immédiate sympathie que provoque en nous le spectacle de certains actes, et Rousseau proclame que la conscience ne trompe jamais. C'est l'apparition de l'esprit démocratique en morale, car l'esprit démocratique est-il autre chose que la foi de l'individu en lui-même, l'audace de chercher en soi et non dans les décrets d'un dieu ou dans un ordre cosmique impersonnel les mobiles de son action, la revendication des responsabilités qui s'accroissent inévitablement avec l'indépendance? La doctrine du droit naturel esquissée au XVII° siècle par Grotius, popularisée au XVIII° par les plus universellement connus des penseurs français s'efforce sans beaucoup de méthode à donner un contenu à cette raison qui doit régler la conduite des individus et des peuples. Kant alarmé de ces précisions imprudentes travaille à distinguer cette raison de l'ordre de la nature et des suggestions de notre sensibilité. Il l'isole du monde et presque de nous-mêmes, si bien qu'il ne lui laisse pas grand'chose à faire, sinon à prononcer le mot « devoir », le roi de Prusse restant chargé d'organiser les choses dans le détail. A cette raison vide Hegel voulut donner le contenu de l'histoire. « Sa voix, dit Dewey qui jamais n'a nié sa dette à l'égard de son premier inspirateur, sonnait comme celle d'un Aristote, d'un Saint-Thomas d'Aquin ou d'un Spinoza qui eussent parlé le dialecte de Souabe. Pourtant il tendait la main à Montesquieu, à Herder, à Condorcet, aux représentants de l'école historique naissante. Il affirmait que l'histoire est raison, et la raison histoire : tout ce qui est réel est rationnel, tout ce qui est rationnel est réel[1]. » Son système parut une assez plaisante justification de l'état prussien, et, par surcroît, de l'univers en général, mais en fait Hegel accoutuma l'esprit moderne à se représenter l'ordre moral et social comme un devenir et à faire à la raison sa place à l'intérieur même des luttes de cette vie.

L'époque qui suit Hegel a vu se multiplier encore les spéculations sur *le* Bien, sur *le* motif moral, *la* fin suprême. Cette excessive

1. Dewey, Influence of Darvin, 3° essai : *Intelligence and Morals*, p. 66.

floraison ne pouvait engendrer que le scepticisme en matière de morale théorique. Changeons d'attitude à l'égard de ces problèmes, conseillent les pragmatistes. Reconnaissons que l'intelligence a pour rôle de distinguer des biens multiples et des moyens variés de les réaliser, laissons chacun chercher sa voie, surmonter les obstacles, améliorer sa condition particulière et le lot commun, ne réclamons pas une loi tombée du ciel, une fin déterminée de toute éternité, fixons nous-mêmes les fins que nous devons poursuivre et, si l'on veut, laissons au poète le soin de trouver des images pour symboliser l'unité fort problématique de ces biens variés.... C'est se débarrasser très commodément des plus lourdes difficultés. Peut-être quelques lecteurs superficiels de Rauh croiront-ils reconnaître dans ces formules dédaigneuses de la tradition et des systèmes sa jeune audace et son zèle révolutionnaire. Mais n'oublions pas qu'à la différence des pragmatistes, Rauh n'a jamais conseillé cet élan sans s'inquiéter de la méthode pour le diriger. Il lui est arrivé souvent, et plusieurs fois sans doute à son insu, de parler le langage des pragmatistes. Tout ce qu'ils ont dit de la nécessité des études particulières en morale et de la stérilité des discussions générales, il l'a dit dans les mêmes termes. L'historien de la philosophie contemporaine s'amuserait à souligner de curieuses coïncidences de pensée et d'expression. Mais ces rapprochements ne doivent pas diminuer à nos yeux l'importance de l'œuvre propre de Rauh. Le pragmatiste nous invite à nous embarquer à nos risques et périls, mais ne nous donne aucune carte. Il proteste contre les anciennes métaphysiques ou les récentes morales évolutionnistes qui, dit Moore, nous laissent hisser les voiles et laver le pont, mais nous refusent le droit de fixer la direction du navire. Seulement on cherche vainement dans la littérature pragmatiste l'indication d'un moyen pour diriger le navire. A celui qui ne veut ni le laisser flotter au gré des vagues extérieures, ni le conduire d'après son pur caprice, Rauh propose une méthode qui sans doute exige un effort d'enquête toujours renouvelé. Mais le prix de cet effort c'est la hardiesse permise pour tenter des routes inexplorées et c'est la foi éprouvée qui soutiendra les courages.

D. ROUSTAN.

LA NATURE DES LOIS BIOLOGIQUES [1]

> Si les phénomènes les plus généraux
> du monde inorganique sont éminemment
> calcula)les, tandis que les phénomènes
> physiologiques ne peuvent l'être nulle-
> ment, cela ne tient évidemment à aucune
> distinction fondamentale entre leurs
> natures respectives : cette différence
> provient uniquement de l'extrême sim-
> plicité des uns, opposée à la profonde
> complication des autres.
>
> AUG. COMTE.

> Es konnte sich, unter den gege)enen
> Verhältnissen, für uns, nur darum
> handeln, zu zeigen, dass die, von vita-
> listischer Seite, gegen den Mechanis-
> mus und seine Befähigung das Le)en
> ausreichend zu)egreifen, erho)enen
> Einwände, eine solche Unmöglichkeit
> nicht erweisen.
>
> O. BÜTSCHLI.

Mesdames, Messieurs,

Le sujet que j'ai été prié de traiter devant vous, *La nature des
lois biologiques*, est une de ces grandes questions, dont la place
est aussi bien à la base qu'au sommet des sciences et de la philosophie : c'est en effet une donnée préliminaire que de mesurer la
valeur des généralisations dans un domaine de la connaissance et,
d'autre part, pour apprécier cette valeur, il faut envisager et connaitre déjà l'ensemble de ce domaine et des sciences voisines,
c'est-à-dire faire une large synthèse. Aussi ce sujet a-t-il préoccupé
la plupart des grands biologistes. Claude Bernard, entre autres,
l'a traité, d'une façon magistrale, dans ses *Leçons sur les phénomènes de la vie communs aux animaux et aux végétaux*. Vous me

---

1. Conférence faite à l'École des Hautes-Études Sociales, le 6 janvier 1914
(série : *La valeur de la Science*).

permettrez de vous confier que je n'aurais pas sollicité de le traiter après lui, et, qu'en ayant été prié, je ne suis pas sans crainte de m'y essayer à mon tour.

Une suite d'exposés, tels qu'en a organisés l'*École des Hautes-Études sociales*, sur la *Valeur de la science*, amène presque nécessairement les auditeurs à enregistrer des opinions très diverses et même discordantes, circonstance peut-être troublante pour eux, mais 1eureuse, au fond, parce qu'elle écarte le danger le plus grand en ces matières, je veux dire le dogmatisme. Il est donc probable que j'émettrai devant vous des affirmations plus ou moins différentes, peut-être même contradictoires, de certaines de celles que vous avez déjà entendues ou entendrez ici; vous les rapproc1erez et les pèserez.

En ce qui me concerne, je me placerai sur le terrain de la science positive et voici, au surplus, deux textes, que j'ai pris pour épigrap1es et qui vous indiqueront nettement où je tends.

L'un est d'Aug. Comte. Il est tiré de la 40e leçon du *Cours de Philosophie positive*. Cette leçon, sur la *Biologie*, contient déjà — soit dit en passant, — nettement exprimés, quelques-unes des idées maîtresses de l'*Introduction à la médecine expérimentale* et même quelques considérations qui méritent, aujourd'1ui encore, la plus grande attention, pour l'étude expérimentale des problèmes généraux actuels de la Biologie. J'en extrais la p1rase suivante[1] :

« *Si les phénomènes les plus généraux du monde inorganique sont éminemment calculables, tandis que les phénomènes physiologiques ne peuvent l'être nullement, cela ne tient évidemment à aucune distinction fondamentale entre leurs natures respectives; cette différence provient uniquement de l'extrême simplicité des uns, opposée à la profonde complication des autres.* »

J'emprunte l'autre texte à une conférence faite au Congrès international de Zoologie, à Berlin, en 1901, par O. Bütschli sur *le Mécanisme et le Vitalisme* :

« La possibilité de comprendre les p1énomènes vitaux par des mécanismes p1ysico-c1imiques sera contestée, tant que l'on n'aura pas trouvé de solutions mécaniques pour tous leurs détails. Même la réalisation d'un organisme vivant, dans des conditions p1ysico-c1imiques déterminées, ne serait pas, pour beaucoup de vitalistes,

---

1. *Loc. cit.*, t. III, p. 414 [Édit. orig. (Bachelier), 1838].

une preuve suffisante du mécanisme. *Aussi ne peut-il s'agir actuellement pour nous, que de montrer, que les objections vitalistes, contre l'efficacité du mécanisme pour permettre une compréhension suffisante de la vie, n'apportent pas la preuve d'une pareille impossibilité* [1]. »

C'est bien ainsi, en effet, à mon sens, que le problème se pose, du point de vue de la science positive : celle-ci n'a pas la prétention d'avoir actuellement résolu toutes les énigmes; mais elle réclame des justifications précises de l'affirmation que certains phénomènes échapperaient aux conditions et au déterminisme qu'elle a reconnus dans l'ensemble de la Nature.

Une loi est un rapport constant entre des phénomènes. D'un ensemble de conditions ou phénomènes donnés, doit résulter nécessairement une conséquence déterminée. Il en découle pratiquement une possibilité de prévision rationnelle. Si on connaît les antécédents on peut prévoir les conséquences. Si tous les antécédents sont connus, la prévision est certaine; s'ils ne le sont qu'en partie, elle comporte un degré d'incertitude plus ou moins considérable. Il ne s'agit pas de connaître la nature des choses, mais leurs rapports.

Or, dans tout le domaine du monde inorganique, dans la mécanique, dans la physique, la chimie, la notion de loi que je viens de rappeler est actuellement une donnée universelle et incontestée.

S'il en était de même pour la Biologie, ma tâche serait terminée; l'affirmation qui précède ne se suffirait pas à elle-même, mais je n'aurais qu'à vous renvoyer aux conférences qui ont été faites sur la physique et les autres sciences, pour lesquelles on vous a analysé la valeur de la notion de loi.

La question est donc la suivante :

Les phénomènes biologiques relèvent-ils comme ceux du monde inorganique d'une déterminisme absolu?

Ce déterminisme est-il réductible à celui des phénomènes de la matière inorganique?

Le mécanisme répond oui, le vitalisme non. Et vous savez que le vitalisme a retrouvé actuellement, sinon une nouvelle force, du

---

1. Verhdl. Vᵐ Int. Zoolog. Congresses, p. 234.

moins une nouvelle vogue, sous des formes apparentes ou dissimulées.

On se rendra compte nettement, il me semble, de l'état de la controverse en distinguant, d'une façon arbitraire sans doute mais commode, les phénomènes biologiques d'abord isolément, puis dans leur succession et leur enchaînement.

Le premier point de vue, l'étude des phénomènes isolés, ou plutôt isolément conçus et arbitrairement individualisés, est celui de la physiologie expérimentale actuellement classique, de celle que personnifie le nom de Cl. Bernard. Sur ce terrain, la réponse n'est pas douteuse. Tous les phénomènes de la vie obéissent au déterminisme le plus absolu et ce déterminisme se ramène à celui des phénomènes physico-chimiques.

Je n'entreprendrai pas une justification détaillée de cette affirmation. Elle est fournie, en effet, par la physiologie moderne tout entière. C'est Cl. Bernard qui a édifié cette doctrine de façon définitive et, comme le rappelait, ces jours derniers, M. Dastre, « il a accompli ainsi une révolution dont les générations nouvelles ne se doutent pas, parce que les résultats en sont si bien acquis qu'ils l'ont, en quelque sorte, partie intégrante de leur mentalité et que, selon le mot de Montaigne, *l'habitude en ôte l'étrangeté* ». Jusqu'à Cl. Bernard en effet, et surtout dans les milieux médicaux, on professait encore l'opinion que les phénomènes biologiques échappaient à des lois précises, qu'ils étaient capricieux. Dans des sociétés savantes même, telles que la *Société philomathique*, Cl. Bernard a dû combattre l'affirmation que seulement dans les corps bruts, et non dans les êtres vivants, des conditions identiques entraînent des phénomènes identiques.

Il n'existe aujourd'hui aucune expérience à l'appui d'une conception de cette nature et toutes les fois qu'il a paru en exister une, invariablement il s'agissait d'une expérience mal conçue, ou dont les conditions n'étaient pas suffisamment précisées.

Si ces erreurs d'expérimentation se sont souvent produites et se produisent encore, c'est que la conduite de l'expérimentation en biologie est particulièrement délicate.

Il est impossible de connaître toutes les conditions que comporte

un phénomène biologique et le principe fondamental de la méthode
expérimentale, en Biologie, — principe qu'Aug. Comte[1] avait déjà
aperçu et que Cl. Bernard a consacré — est d'*isoler une des conditions, en laissant constantes toutes les autres,* inconnues d'ailleurs. Cela
revient à faire, en même temps que toute expérience proprement
dite, une *expérience témoin*; de l'une à l'autre, la seule condition
différente doit être celle qu'on veut étudier. Ainsi est éliminée toute
l'infinie complexité des phénomènes de la vie, et c'est cette méthode
que Cl. Bernard a appelée le *déterminisme expérimental*. Il en a
donné des exemples types dans l'*Introduction à la médecine expérimentale*; je pense inutile de les rappeler ici. Je me contenterai
d'évoquer certaines discussions récentes qui font bien sentir la délicatesse de la méthode et qui me serviront à plusieurs égards.

Un des plus éminents parmi les physiologistes contemporains, et
qui a inauguré une ère nouvelle dans l'étude des phénomènes de la
digestion, Pavloff, a constaté ce fait capital que l'action du suc pancréatique sur les substances albuminoïdes n'est pas une action
autonome. Le suc pancréatique ne se suffit pas à lui-même; il doit
être *activé* par le suc intestinal. Or l'action renforçante de ce
dernier suc apparaissait tantôt plus grande, tantôt plus faible; cela
n'impliquait pas d'ailleurs, pour Pavloff, un signe d'indétermination, mais devait être en rapport avec certaines conditions de la
production du suc pancréatique. Le suc intestinal semblait activer
surtout le suc pancréatique d'animaux nourris au pain ou au lait,
et être au contraire inefficace sur celui des animaux nourris à la
viande. L'action renforçante du suc intestinal apparaissait ainsi
comme coordonnée au régime alimentaire; il semblait qu'elle
existât là où le ferment avait besoin d'être renforcé pour agir sur
l'aliment, en vertu d'une utilité, ou mieux d'une finalité que Pavloff
apercevait d'ailleurs aussi dans l'allure d'autres ferments. Nous
reviendrons ultérieurement sur cette question de finalité.

Pour le moment je constate seulement que des expériences plus
précises ont montré que l'action du suc intestinal n'est nullement
variable, que le suc pancréatique pur et normal est toujours *rigoureusement inactif*, et que toujours il est activé par le suc intes-

---

1. « L'entière rationalité de l'expérimentation repose évidemment sur ces
deux suppositions fondamentales : 1° que le changement introduit soit pleinement compatible avec l'existence du phénomène étudié, sans quoi la réponse
sera purement négative; 2° *que les deux cas comparés ne diffèrent exactement
que sous un seul point de vue.* » (Aug. Comte, *loc. cit.*, t. III, p. 322).

tinal [1]. Les variations observées par Pavloff n'avaient nul rapport avec le régime de l'animal: elles tenaient aux conditions où l'expérimentateur recueillait le suc pancréatique. Il pratiquait une fistule permanente du pancréas, c'est-à-dire qu'il abouchait le canal pancréatique à la peau, en soudant à celle-ci une rondelle de la muqueuse intestinale, découpée autour de l'orifice du canal dans le tube digestif. Dans ces conditions, le suc que l'on recueillait, — par simple écoulement par la fistule, — était additionné d'une quantité *variable* de sécrétion intestinale, provenant de la rondelle de muqueuse fixée à la peau; d'où la constatation d'une activation plus ou moins grande. En recueillant au contraire, par cathétérisme, avec une sonde, le suc pancréatique, *dans le canal lui-même* et évitant ainsi toute contamination par le suc intestinal, il a été constaté qu'invariablement le suc pancréatique pur et normal est rigoureusement inactif.

Si le résultat expérimental obtenu par Pavloff, était variable, c'était donc à une imperfection, à une insuffisance dans la précision de l'expérience. que la variation était due. *D'une expérience à l'autre, les conditions n'étaient pas identiques.*

Je donne ce seul exemple, pour faire bien sentir que toutes les fois où le déterminisme des phénomènes physiologiques a paru incertain, c'est qu'en réalité le déterminisme expérimental était insuffisant et, sans plus insister, je considère comme complètement et inébranlablement établie et comme universellement valable, la doctrine de Cl. Bernard, celle du déterminisme absolu des phénomènes physiologiques.

J'en arrive alors à la seconde partie de la question : *le déterminisme des phénomènes biologiques est-il ou non d'une nature différente de celui du monde inorganique?*

Rien ne serait suggestif à cet égard comme un coup d'œil historique. On verrait graduellement rentrer dans les cadres de la nature non vivante, toute une série de faits et de processus qui apparaissaient à nos pères comme appartenant en propre à la vie. Je me contenterai d'esquisser cet examen rétrospectif.

1. Celui-ci agit par un ferment spécial complémentaire, auquel on a donné le nom d'*entérokinase*.

Il y a un siècle, les principes immédiats que l'on trouve dans les tissus des animaux ou des plantes étaient regardés comme ne pouvant être produits que par la vie : d'où le nom de *chimie organique,* donné à la partie de la chimie qui les étudiait. Depuis Wöhler jusqu'à Berthelot et à la chimie contemporaine, la synthèse expérimentale a progressivement réalisé, hors de la vie, tous les composés qu'on trouve élaborés dans les êtres vivants. Elle s'attaque aujourd'hui aux matières albuminoïdes, dont la complexité moléculaire est énorme et qui sont les constituants mêmes de la matière vivante ou protoplasme. Si nous sommes relativement peu avancés encore dans cette dernière étape, nous pouvons avoir confiance dans le succès futur. En tout cas, d'ores et déjà, il n'y a pas deux chimies, celle de la matière brute et celle de la matière vivante, mais bien une seule chimie générale.

Cependant, si la synthèse a permis d'obtenir, dans les laboratoires, les corps qu'élaborent les organismes, c'est par des moyens tout autres que chez ceux-ci. Là où il faut au chimiste des réactifs violents, de hautes températures, des acides ou alcalis plus ou moins concentrés, la nature vivante s'en passe. L'organisme n'a-t-il pas des moyens spéciaux qui lui seraient propres et qui seraient une caractéristique de la Vie elle-même, de façon qu'il y aurait ainsi une chimie vitale spécifiquement distincte?

Or il n'en est rien : d'une façon générale, les transformations chimiques dans les organismes, s'accomplissent par des ferments solubles ou diastases. Mais ce n'est pas là un mode d'action spécial à la Vie. Ce n'est qu'un cas particulier des phénomènes de catalyse et nous savons aujourd'hui produire, avec des substances minérales, des catalyseurs ayant des propriétés tout à fait parallèles aux diastases. Ces catalyseurs inorganiques, comme le platine colloïdal et bien d'autres, sont même entravés ou détruits par les anesthésiques ou des toxiques, tels que l'acide cyanhydrique, d'une façon tout analogue aux diastases. Ce qui reste propre à l'organisme, c'est de produire les diastases spécifiques des substances qui doivent être transformées et cela éveille dans notre esprit l'idée d'une finalité que nous discuterons tout à l'heure. Mais l'action diastasique, en elle-même, n'est nullement un mécanisme appartenant exclusivement à la Vie.

Et, de plus en plus, toutes les transformations chimiques réalisées par la matière vivante sont ramenées à des actions diastasiques.

Naguère encore, la fermentation de la levure de bière semblait faire exception. Pasteur et Claude Bernard, sans remonter plus haut, avaient à cet égard des vues différentes; le premier y voyait un acte vital proprement dit, tandis que le second y soupçonnait une action diastasique, dissociable du phénomène vital et qu'il essayait de mettre en évidence, au moment de sa mort. Or les vues de Cl. Bernard ont été confirmées, il y a une quinzaine d'années, par Buchner, qui, en écrasant les cellules de levure, a pu effectivement mettre la diastase en évidence et montrer que la fermentation se produit encore après la destruction de la cellule, en dehors de la Vie. Mais la diastase est étroitement incorporée au protoplasme; elle reste intra-cellulaire et c'est pourquoi Pasteur et Claude Bernard n'avaient pu l'isoler. Aujourd'hui d'ailleurs, ce n'est plus là un cas isolé. On a de multiples raisons de penser que les transformations chimiques, d'ordre synthétique, qui s'accomplissent dans les cellules des tissus et reconstituent les édifices moléculaires complexes, détruits par la digestion intestinale, sont l'œuvre de diastases intra-cellulaires, comme la zymase de Buchner.

La chimie de la Vie, avec ses composés instables, ses équilibres, ses réactions réversibles, s'éclaire peu à peu; en particulier l'étude des substances colloïdes y a apporté, ces dernières années, des lumières considérables, parce que les albuminoïdes du protoplasme, substratum des phénomènes vitaux, sont des substances colloïdales.

Toute l'activité métabolique de l'organisme, tous ses échanges avec le milieu, toutes ses manifestations dynamiques, ressortissent complètement et absolument à l'énergétique de la Nature inanimée. Les transformations de l'énergie, dans l'organisme, sont identiques, qualitativement et quantitativement, à ce qu'elles sont dans n'importe quelle machine.

Et si quelque différence apparaît encore, entre la physique ou la chimie des organismes et celle de la matière inorganique, nous pouvons dire qu'elle n'est qu'une apparence due à notre ignorance actuelle. Quand, par exemple, la cellule glandulaire extrait certaines substances du sang, avec une apparence de choix spontané, il semble bien que cela pourra s'expliquer, par de simples considérations physico-chimiques, le jour où on connaîtra suffisamment la structure de ces cellules et les conditions physiques de la diffusion qui en découlent.

Les phénomènes pathologiques, enfin, sont venus, à leur tour, rentrer dans le cadre physico-chimique, comme l'avait, du reste, déjà entrevu Auguste Comte. Les entités morbides ont disparu une à une, et toute la pathologie a été ramenée, soit à des troubles fonctionnels dont on s'explique le mécanisme, soit à des phénomènes physico-chimiques anormaux, produits par l'introduction de parasites dans le milieu intérieur et par leurs actions métaboliques dans ce milieu. Sans doute les réactions de l'organisme en ces circonstances sont spécifiques et comme dirigées par une finalité. Mais la spécificité des antitoxines par exemple, si elle n'est pas entièrement expliquée aujourd'hui, ne semble pas devoir relever d'autres causes que de la complexité et de la spécificité physico-chimiques des substances entrant en conflit, celles de l'organisme et celles des agents extérieurs perturbateurs, microbes, toxines, etc.... C'est dans cette voie, tout au moins, qu'on est autorisé à chercher une explication véritable des faits, non dans l'affirmation d'un principe vital tel que l'antixénisme, qui n'est qu'une constatation de ces faits.

Jetant donc un coup d'œil d'ensemble sur toutes les considérations précédentes, nous pouvons les résumer en disant que le domaine du vital, opposé au non-vital, a reculé graduellement depuis un siècle et qu'aujourd'hui nous expliquons, en totalité, par les lois physico-chimiques, un grand nombre de phénomènes, qui, pour nos pères, étaient entièrement mystérieux et semblaient, d'une façon incontestable, appartenir en propre à la Vie.

Mais considérons maintenant ces phénomènes, *dans leur enchaînement*. Nous les voyons se succéder avec un caractère d'harmonie qui ne peut manquer d'impressionner fortement l'esprit. Grâce à cette harmonie, l'organisme subsiste. Il y a là une coordination merveilleuse, qui semble fixée d'avance. Chaque phénomène semble combiné spécialement et réglé pour assurer les suivants. Ils se compensent exactement. Tout paraît subordonné à une fin : la réalisation et la persistance de l'organisme. L'idée de finalité se présente à nous avec force. Je cite Claude Bernard :

« Les phénomènes vitaux ont bien leurs conditions physico-chimiques rigoureusement déterminées; mais, en même temps, ils se subordonnent et se succèdent, dans un enchaînement et suivant une loi fixés d'avance; ils se répètent éternellement, avec ordre, régularité, constance et s'harmonisent en vue d'un résultat, qui est l'organisation et l'accroissement de l'individu, animal ou végétal.

« Il y a comme un dessin préétabli de chaque être et de chaque organe, en sorte que si, considéré isolément, chaque phénomène est tributaire des forces générales de la nature, pris dans ses rapports avec les autres, il révèle un lien spécial, il semble dirigé par quelque guide invisible, dans la route qu'il suit et amené dans la place qu'il occupe[1]. »

Et cette impression est encore bien plus forte, si, à cette considération, nous en joignons une autre que j'ai négligée jusqu'ici, celle de la structure et de la forme.

La substance vivante est faite de matières albuminoïdes, mais ce n'est ni une simple substance albuminoïde, ni un mélange pur et simple de divers albuminoïdes. Partout et toujours, la substance vivante, examinée au microscope, montre une structure, une organisation propre.

Cette organisation est très complexe : son élément est la *cellule* et la cellule est, à elle seule, un organisme très précis et très compliqué. La Vie ne se présente à nous que sous la forme de cellules[2] : cellules isolées, ou cellules associées par myriades et différenciées.

Tout organisme part de l'état unicellulaire qui est celui d'œuf ; une longue série de divisions cellulaires successives multiplie des cellules et, par leur différenciation, réalise peu à peu les organes et la constitution définitive.

Ainsi, d'une part, la structure cellulaire de la substance vivante est une donnée de fait et, d'autre part, le développement de l'adulte, aux dépens de l'œuf, l'ontogenèse, consiste en une série de transformations, admirablement coordonnées, et harmoniques pour arriver à un terme déterminé, l'organisme adulte. L'œuf de lapin devient ainsi un lapin et pas autre chose ; celui de l'oursin devient fatalement un oursin, etc. Même à une observation attentive, la succession des transformations qui constituent l'ontogenèse semble être le déroulement d'une série de stades fixés d'avance, dans l'œuf lui-même, une *auto-différenciation*, suivant l'expression de Wilhelm

1. Cf. Bernard, *Leçons sur les phénomènes de la vie*, etc., t. I. p. 50.
2. Je fais abstraction ici des Bactéries, où la structure cellulaire proprement dite est incomplètement réalisée, le noyau n'étant pas distinct. Mais elles ont, comme les cellules typiques, une structure précise et aussi complexe, à laquelle s'applique le raisonnement.

Roux. Plus encore que l'enchaînement des phénomènes physiologiques, l'enchaînement des formes suggère l'idée de finalité.

La finalité ne serait-elle pas la véritable caractéristique des
manifestations vitales, opposée à celles de la nature brute, la loi
biologique fondamentale? Et, en effet, le finalisme est la forme
moderne du vitalisme.

Cl. Bernard lui-même, tout en jugeant d'une façon saine et pénétrante la Finalité en général et tout en se défendant contre le vitalisme, n'a pas échappé entièrement à celui-ci. « La finalité n'est point
une loi [1] de la nature, dit-il justement, mais une loi de l'esprit. Le
physiologiste doit se garder de confondre le but avec la cause; le
but, conçu dans l'intelligence, avec la *cause efficiente*, qui est dans
l'objet. Les causes finales, suivant le mot de Spinoza, ne marquent
point la nature des choses, mais la constitution de la faculté d'imaginer. » Nous voyons les phénomènes se succéder et aboutir à un
résultat. Nous imaginons subjectivement que les premiers étaient
faits en vue du dernier. Du résultat *a posteriori*, nous faisons un
but *a priori* « toujours présent, sous forme d'anticipation idéale,
dans la série des phénomènes qui le précèdent et le réalisent ».
La finalité est ainsi un concept métaphysique, non une donnée
positive.

Mais si, en définitive, Cl. Bernard rejette, comme inexistante objec-
vement, toute finalité, *en dehors de l'organisme*, dans les rapports
de cet organisme avec le monde extérieur à lui, il en admet une à
l'intérieur de chaque organisme, une *téléologie intraorganique*.
« L'organisme est un microcosme, un petit monde où les choses
sont faites les unes pour les autres.... Cette finalité particulière est
seule absolue. Dans l'enceinte de l'individu vivant seulement, il y a
des lois absolues, prédéterminées. Là seulement on peut voir une
intention qui s'exécute. Par exemple, le tube digestif de l'herbivore
est fait pour digérer des principes alimentaires qui se rencontrent
dans les plantes. Mais les plantes ne sont pas faites pour lui. Il n'y
a qu'une nécessité pour sa vie, nécessité qui sera obéie, c'est qu'il se
nourrisse; le reste est contingent. Les rapports de l'animal et de la
plante sont purement contingents et non plus nécessaires. Les lois
de la finalité particulière sont rigoureuses, les lois de la finalité
générale sont contingentes [2]. »

1. *Loc. cit.*, p. 338 et suiv.
2. *Loc. cit.*, p. 340-341.

Et je cite encore cet autre passage, qui fait toucher le lien entre le finalisme et le vitalisme contemporain :

« La plus simple méditation nous fait apercevoir un caractère de premier ordre, un *quid proprium* de l'être vivant, dans cette ordonnance vitale préétablie.

« Toutefois l'observation ne nous apprend que cela; elle nous montre un *plan organique,* mais non une *intervention* active d'un principe vital. La seule *force vitale* que nous pourrions admettre ne serait qu'une sorte de force législative, mais nullement exécutive.

« Pour résumer notre pensée, nous pourrions dire métaphoriquement : *la force vitale dirige des phénomènes qu'elle ne produit pas; les agents physiques produisent des phénomènes qu'ils ne dirigent pas.*

« La force vitale n'étant pas une force active, exécutive, ne faisant rien par elle-même, alors que tout se manifeste dans la vie par l'intervention des conditions physiques et chimiques, la considération de cette entité ne doit pas intervenir en physiologie générale [1] ».

Il ne me parait nullement douteux qu'il y a là, dans la pensée de Cl. Bernard, une hésitation. Il n'a pu se soustraire à l'idée de finalité, tout en la considérant comme d'ordre purement intellectuel et métaphysique, et il a été ramené, par elle, vers un vitalisme que toute sa pratique d'expérimentateur condamnait. Il a tenté, entre ces deux contraires, une conciliation qui n'est que dans les mots et qui reste obscure.

En refusant à cette *idée de direction* toute vertu efficiente, en ne la faisant pas sortir « du domaine intellectuel où elle est née », ni « réagir sur les phénomènes qui ont donné l'occasion à l'esprit de la connaître », Cl. Bernard, dit M. Dastre [2], « s'est placé en dehors et au delà du vitalisme le plus atténué ». Je ne souscris pas entièrement, pour ma part, à ce jugement. Cl. Bernard n'a pas pu se résoudre à repousser complètement le vitalisme, mais il s'est refusé, en même temps, à le laisser empiéter le moins du monde sur le domaine du déterminisme expérimental. Toutefois, il n'a pas résolu la contradiction.

Or, d'autres esprits sont venus après lui, qui ont rencontré le même problème, mais qui n'étaient pas, comme Cl. Bernard, atten-

1. *Loc. cit.,* p. 51.
2. *La Vie et la Mort,* p. 15.

tifs à séparer les domaines de la métaphysique et de la science positive et qui n'avaient pas su s'élever véritablement à la pratique d'un déterminisme expérimental rigoureux, c'est-à-dire à faire des expériences ayant un sens précis, par l'isolement d'une condition déterminée. Ils ont restauré, sur la base de la finalité, un vitalisme outrancier. Contre ce vitalisme, qui rencontre aujourd'hui une certaine vogue, à la faveur d'autres courants d'opinion similaires, Cl. Bernard aurait été le premier à protester, parce que cette doctrine ruinerait, si elle était admissible, tout déterminisme dans le domaine de la biologie positive. Je veux parler du vitalisme de Hans Driesch, qui est la plus caractéristique et la plus systématique entre les diverses formes contemporaines des théories vitalistes [1].

Il procède uniquement de cette finalité interne, que Cl. Bernard ne s'est pas décidé à écarter. L'organisme évolue, grâce à l'accomplissement de phénomènes physico-chimiques, mais ceux-ci sont *réglés* de façon que soit atteint le but fixé d'avance : l'organisme définitif. Cette direction est, pour Driesch, le fait d'un facteur spécial, immatériel et de nature non énergétique, insaisissable par suite expérimentalement. Pour ce facteur, Driesch ressuscite le terme *entéléchie* [2] d'Aristote. Les organismes, dit-il, manifestent des phénomènes d'ordre physico-chimique, mais qui sont gouvernés par l'entéléchie. Et voici les conséquences.

« L'entéléchie est capable de *suspendre*, pour des périodes quelconques, toutes les réactions qui sont *possibles* entre corps chimiques mis en présence et qui se produiraient, hors l'entéléchie. Elle peut régler cette suspension des réactions, tantôt dans un sens, tantôt dans un autre, suspendant ou permettant les événements possibles, partout où cela est nécessaire à sa fin. Cette suspension des affinités, pour ainsi dire, doit être considérée comme une compensation temporaire des coefficients d'*intensité*, qui autrement ne seraient pas compensés et conduiraient à des effets immédiats. Cette faculté de suspendre temporairement le devenir inorganique

---

1. Driesch y est arrivé progressivement dans une série d'ouvrages. On en trouvera l'expression complète dans *The Science and Philosophy of the organisms* (Gifford Lectures delivered before the University of Aberdeen), Londres, 2 vol., 1909. Il en a été fait une édition allemande et une traduction française est annoncée.

2. ἐντελέχεια (ὁ ἔχει ἐν ἑαυτῷ τὸ τέλος, qui a sa fin en soi-même); *loc. cit.*, t. I, p. 144 (éd. anglaise).

doit être considéré comme le caractère ontologique le plus essentiel de l'entéléchie [1].

C'est un facteur non énergétique, dit-il encore. « Nous admettons seulement que l'entéléchie peut libérer en énergie actuelle, ce qu'elle a elle-même suspendu et maintenu à l'état potentiel. »

En d'autres termes, « deux systèmes absolument identiques, à tous points de vue physico-chimiques, peuvent se comporter différemment, dans des conditions absolument identiques, si ce sont des systèmes vivants. Cela, parce qu'une certaine spécificité de l'entéléchie entre en ligne de compte dans la caractéristique complète d'un organisme vivant et qu'en dehors de cette entéléchie, la connaissance des forces physico-chimiques et de leurs rapports n'a aucune valeur [2].

Ce système est *l'indéterminisme*, comme le remarque Jennings, à quoi Driesch rectifie : « Je repousse indéterminisme absolu, mais *j'accepte indéterminisme expérimental* [3]. »

J'avoue que, si l'on accepte véritablement la finalité, même réduite à une finalité interne, comme un des éléments essentiels des organismes, la logique conduit où a été amené Driesch. Si, en effet, l'évolution de l'organisme marche vers un but indépendant des contingences, il me paraît impossible d'échapper à la notion que les phénomènes physico-chimiques sont réglés et dirigés en vue de ce but. Claude Bernard s'est refusé à cette conséquence qui ruine le déterminisme, mais elle serait inévitable si le point de départ était juste et ce serait la ruine totale de toute véritable science biologique.

Est-il donc nécessaire d'admettre cette finalité interne [4], *tout au moins, d'y voir autre chose qu'un concept purement métaphysique et partant inexistant au point de vue dynamique*, ou plutôt, pour nous

---

1. *Loc. cit.*, t. II, p. 180.
2. Driesch, Lettre à Jennings, *Science*, 4 oct. 1912 (New ser., t. XXXVI, p. 435).
3. *Science, loc. cit.*, p. 435.
4. Cl. Bernard a nettement montré la vanité de toute finalité extraorganique. Mais on pourrait se demander tout d'abord, s'il est possible de concevoir réellement une finalité *interne* ; car délimiter l'organisme par rapport au milieu est beaucoup plus arbitraire qu'on ne le suppose et, dans la réalité, organisme et milieu formant un complexe difficile à dissocier. Mais je laisse ce point de vue, pour lequel je renvoie au livre d'Et. Rabaud, *Le transformisme et l'expérience* (Nouvelle collection scientifique, Alcan, édit.).

tenir sur le terrain indiqué par Bütschli et que je rappelais au début
de cette conférence, les Vitalistes nous montrent-ils réellement
l'impossibilité de ne pas l'admettre?

Avant d'entrer dans la discussion des faits particuliers, examinons si, logiquement, il y a une conciliation possible entre la finalité, si réduite soit-elle, et le déterminisme, si réduit soit-il, lui
aussi chez les organismes. Malgré l'affirmation de Driesch, il n'est
pas besoin de dire que nous considérons comme inattaquable le
déterminisme expérimental de Cl. Bernard, portant, non pas encore
sur l'enchaînement des phénomènes, mais sur la considération d'un
phénomène isolé.

Seulement est-il logique, *est-il même possible, d'isoler un phénomène?* En faisant une de ces constatations, nous considérons, non
pas un phénomène isolé, mais les antécédents et la conséquence.
C'est déjà un enchaînement de phénomènes.

Si le déterminisme expérimental a un sens, c'est que la conséquence est pleinement déterminée par les antécédents : mais alors,
nécessairement, il doit en être de même de proche en proche, comme
dans une formule de récurrence algébrique. Établir d'une façon rigoureuse le déterminisme pour une circonstance, c'est l'établir logiquement pour la suivante, et ainsi de suite. S'il y a vraiment déterminisme, à un instant de la vie d'un organisme, ce déterminisme
s'étend nécessairement à toute son évolution. On ne fait pas la part
de l'arbitraire. C'est tout ou rien.

Examinons maintenant des faits. Je reprends d'abord celui que j'ai
indiqué dans la première partie de cette conférence, relativement
au suc pancréatique; il me semble très suggestif, pour montrer comment s'implante en nous l'illusion de la finalité. Pavloff est un expérimentateur éminent, mais qui ne s'est pas affranchi de ce fantôme.
Il constate des variations de l'activité du suc pancréatique. Il se
trouve qu'elles coïncident assez exactement avec les variations de
régime de l'animal en expérience. Voir un lien entre ces deux
données satisfait l'esprit, justifie les variations observées. Les circonstances où elles ont été constatées réalisent un progrès expérimental considérable (la fistule pancréatique permanente). Ainsi
s'insinue, au moins provisoirement, chez le physiologiste expérimentateur, c'est-à-dire dans l'esprit le plus prévenu contre l'explication finaliste, l'idée que la quantité de la sécrétion est réglée,
dans l'organisme, par la nature de l'aliment sur lequel elle va agir.

Voilà bien un de ces exemples de finalité interne! Mais non; nous avons vu qu'il n'y avait là qu'une erreur de méthode expérimentale, bien pardonnable d'ailleurs.

Eh bien, je dis qu'une bonne part des faits qu'on invoque en faveur de la finalité ne sont pas plus solides. Seulement il est difficile d'en démontrer la vanité. Dans l'exemple précédent, il s'agissait d'une erreur d'interprétation; mais envisageons maintenant des faits indiscutables. Ce qui suggère l'idée de finalité intraorganique, c'est la corrélation harmonique des parties et des fonctions. C'est elle qui impose à notre esprit les fantômes métaphysiques, tels que l'entéléchie ou toutes conceptions voisines, conscientes ou non. Notre terrain, à nous, est de montrer, par quelques exemples, que cette harmonie est le simple effet du jeu des facteurs physico-chimiques, et que, par suite, il n'est pas besoin d'aller chercher autre chose. Par suite, nous serions solides sur le terrain choisi par Bütschli; le Vitalisme ne nous aurait pas fait la preuve de l'impossibilité d'expliquer les corrélations, sans le secours d'une entéléchie ou d'un de ses succédanés.

Or, nous commençons, à l'heure actuelle, à comprendre le mécanisme physico-chimique de certaines de ces corrélations intraorganiques; nous entrevoyons la possibilité de les concevoir toutes, par des mécanismes purement physico-chimiques. Nous connaissons depuis longtemps les corrélations nerveuses. Le système nerveux — et je laisse de côté la vie consciente — équilibre automatiquement, par voie réflexe, le fonctionnement des organes les plus importants, sans qu'il y ait à faire intervenir en cela, aucune entéléchie. Mais, à côté des corrélations nerveuses, ou, se combinant avec elles et expliquant l'entrée en action de l'appareil nerveux, la physiologie moderne nous montre maintenant les corrélations humorales ou corrélations chimiques. De cela, l'histoire du suc pancréatique nous montre encore un exemple frappant. Au moment où le chyme, sur lequel le suc gastrique a épuisé son effet, franchit le pylore pour passer dans l'intestin grêle, un jet de suc pancréatique vient, à point, faire agir la trypsine sur les albuminoïdes, déjà entamés par la pepsine. Admirable finalité! C'est juste au moment où l'organisme a besoin de son suc pancréatique que le pancréas sécrète. Or, on sait aujourd'hui comment se réalise cette coordination; elle n'a rien de mystérieux ni de prédestiné. Le chyme sortant de l'estomac est acide. Sous l'influence de cette réaction acide, la

muqueuse intestinale produit, ou mieux, libère une substance,
que Bayliss et Starling ont appelée *sécrétine* [1] et qui se trouve lancée
dans la circulation sanguine. La cellule pancréatique, au contact
de cette substance, sécrète abondamment. Injectons dans les veines
d'un chien porteur d'une fistule pancréatique permanente, en
dehors de toute digestion, une solution renfermant de la sécrétine,
le pancréas se mettra à fonctionner. Il n'y a là qu'un mécanisme
physico-chimique, rien de plus. Il fonctionne automatiquement,
*sans que l'utilité de la sécrétion produite règle en rien sa quantité ni
l'intensité de ses propriétés.*

Quelle merveilleuse finalité ne paraît pas ressortir de la suite
des circonstances qui permettent le développement de l'embryon
dans l'utérus de la femelle, chez les Mammifères! L'œuf se détache
de l'ovaire et, par la trompe, chemine, tout en se segmentant, vers
l'utérus. Quand il arrive dans celui-ci, la muqueuse vient de se
modifier, par rapport à sa structure normale; elle est précisément à
l'état qui permet à l'embryon de se greffer sur elle. Pendant qu'il se
développe dans l'utérus, en un point éloigné, les glandes mammaires
subiront toute une série de transformations, grâce auxquelles la
sécrétion lactée sera prête à fonctionner immédiatement après la
parturition, assurant ainsi la nutrition si délicate du nouveau-né.
Et c'est au moment précis où celui-ci en a besoin, que la lactation
commence; c'est la délivrance de la mère qui déclanche l'état fonctionnel de la glande mammaire. Mais aujourd'hui l'expérimentation réalise peu à peu toutes ces transformations successives, en
dehors de l'embryon, en dehors du but. Bouin et Ancel, entre
autres, ont montré que la modification de la muqueuse utérine,
grâce à laquelle l'embryon se greffe, est l'effet d'une sécrétion
interne, d'une hormone, produite par le corps jaune [2] dans l'ovaire.
Les transformations de la glande mammaire, aux diverses phases
de la grossesse, relèvent de mécanismes analogues, dont chacun
est réalisable en dehors de l'embryon. Et toute cette merveilleuse
série de phénomènes s'analyse de la façon suivante. Chaque étape

1. Plus exactement, la muqueuse intestinale produit, en tout temps, de la
sécrétine, qui se trouve détruite, au fur et à mesure, par un autre ferment
(probablement l'*érepsine*). Mais ce dernier est paralysé, puis détruit, par les
acides. Le passage du chyme acide dans l'intestin supprime donc l'action de
l'érepsine, antagoniste de la sécrétine et libère celle-ci, qui agit alors sur le
pancréas.
2. Celui-ci est constitué par le tissu cicatriciel laissé par l'ovule après sa
chute.

comporte des phénomènes physico-chimiques précis, déterminés, réalisables en dehors de la grossesse; mais chacun a pour conséquence de déterminer à son tour d'autres phénomènes, qui, pris isolément, sont aussi réalisables indépendamment de cette grossesse. Il n'y a donc là qu'une chaine, entièrement et totalement d'ordre physico-chimique, où, nulle part, n'intervient une action compensatrice ou suspensive de la transformation d'une énergie potentielle ou énergie actuelle, comme l'imagine Driesch. Nulle part il n'est nécessaire de faire intervenir le fantôme vitaliste. Il y a une série de faits qui se déroulent fatalement, chacun étant intégralement la conséquence nécessaire du précédent, et, comme le dit Claude Bernard, c'est uniquement dans notre intelligence que s'y superpose l'idée de finalité.

Mais, à un instant donné, quel enchevêtrement de mécanismes analogues dans un organisme! Chaque cellule, par son fonctionnement même, déverse dans le milieu intérieur, des substances qui réagissent ailleurs. Il y a là une infinie complexité, devant laquelle notre analyse est presque impuissante. Et cependant, peu à peu, nous déchiffrons le rébus. Nous savons, par exemple, aujourd'hui que les capsules surrénales élaborent et déversent dans le sang une substance déterminée, l'*adrénaline*, qui a une action des plus énergiques sur les vaisseaux et sur la pression artérielle. Il y a, à chaque instant, une infinité de facteurs de cet ordre dans le fonctionnement de l'organisme et c'est de leur superposition que découle l'harmonie qui nous étonne. En réalité, les effets compensateurs résultent naturellement de leurs actions réciproques; l'excès de l'un détermine automatiquement, par des mécanismes purement physico-chimiques, un fonctionnement excessif des antagonistes, ce qui ramène l'équilibre. La sécrétion, pour reprendre un exemple cité plus haut, n'est pas produite au moment où doit sécréter le pancréas; elle est libérée par la suppression de l'agent antagoniste. Le jeu réciproque des parties dans l'organisme est comme le volant d'une machine qui, à chaque instant, compense les acoups du moteur et uniformise le mouvement. L'équilibre est le résultat de l'interaction des phénomènes mêmes et non pas de l'intervention d'une puissance extérieure à ceux-ci; *du moins*, et cela nous suffit, *rien aujourd'hui ne nous autorise à conclure qu'il est impossible qu'il en soit ainsi.*

Ces considérations s'appliquent à tout l'ensemble du développement et aux formes comme aux fonctions. L'ontogénèse, de l'œuf à l'adulte, n'est qu'une succession, en nombre infini, d'équilibres, tels que ceux que nous venons d'indiquer, entre les diverses parties de l'œuf d'abord, puis entre les diverses cellules de l'embryon, pendant la segmentation, aux stades de blastula, gastrula etc..., plus tard entre les ébauches des organes et enfin entre les organes eux-mêmes. Il est commode peut-être, mais artificiel, d'opposer formellement, comme l'a fait W. Roux, l'embryon à l'adulte, de distinguer, dans le développement de l'individu une phase embryonnaire et une phase fonctionnelle. Avant que les organes définitifs ne soient fonctionnels, leurs ébauches, même les plus précoces, le sont au même titre. L'œuf est aussi fonctionnel que l'adulte; sa fonction est de se diviser et de commencer l'assimilation des réserves qu'il contient. Il en est de même pour les cellules d'un quelconque des stades qui suivent. Le développement n'est donc pas, à mon sens, une auto-différenciation au sens où l'entend W. Roux. C'est le conflit de l'œuf ou de l'ébauche embryonnaire avec le milieu, c'est-à-dire un état fonctionnel. A chaque instant, l'œuf ou l'embryon réagit, comme l'adulte, aux facteurs physico-chimiques agissant, soit dans son intérieur, soit extérieurement à lui. La transformation qu'il subit, en passant d'un stade au suivant, n'est pas l'exécution d'un plan prédéterminé, d'une finalité, mais le résultat nécessaire et fatal de la configuration des facteurs physico-chimiques externes ou internes qui était réalisée l'instant précédent.

Il n'y a pas là qu'une simple affirmation. Toute la tératogénèse en est la justification. Les monstruosités ne sont que l'aboutissement de développements qui, à partir d'un certain stade, pour une cause plus ou moins facile à saisir dans le détail, ont dévié de la normale. A partir de cette déviation, les phénomènes physico-chimiques se sont enchaînés fatalement, mais en dehors de ce que nous considérons habituellement comme le plan prévu. L'embryogénie expérimentale a reproduit avec succès les processus que l'observation simple nous révélait dans la tératologie. Depuis trente ans, l'expérimentation s'est attaquée à l'œuf et à l'embryon.

Claude Bernard n'a pas connu cette phase nouvelle de la Biologie, et d'ailleurs, de son temps, l'embryologie normale elle-même était loin d'offrir au biologiste une base de faits comme celle dont nous disposons aujourd'hui. Or, si l'on altère les conditions du développement, pour l'œuf, ou l'embryon, ou pour des parties de cet embryon, il se développe autrement que sous l'influence des conditions habituelles. La difficulté de cette expérimentation est que beaucoup des interventions pratiquées sont plus ou moins incompatibles avec la vie de l'embryon, soit immédiatement, soit à brève échéance. Mais les faits suffisent à notre raisonnement.

Je ne puis ici entrer dans leur examen détaillé. Je dois me borner à des allusions. Je choisirai les expériences de parthénogenèse expérimentale. On a réussi, sur nombre d'animaux, à provoquer, par la seule action d'agents physico-chimiques ou mécaniques, le développement de l'œuf, qui, normalement, exige la fécondation par un spermatozoïde. Ce fait seul plaide contre toute valeur dynamique nécessaire de la finalité. Mais le développement obtenu n'est pas identique au développement normal. On a dit souvent que l'œuf vierge était comme un mécanisme remonté, prêt à se mettre en mouvement et qui accomplissait son développement si on réussissait à le déclancher. L'agent de parthénogénèse produirait ce déclanchement et suppléerait ainsi au spermatozoïde. Cette conception n'est pas tout à fait exacte, ou plutôt ne représente pas tout le phénomène. Oui, on déclanche de premières transformations de l'œuf, qui ensuite résultent les unes des autres. Mais ces transformations ne sont pas identiques à celles que l'œuf aurait parcourues s'il avait été fécondé. Le développement parthénogénétique expérimental est plus ou moins différent du développement normal. Les facteurs dynamiques de ce développement fonctionnent aveuglément et sans mécanismes compensateurs. Il en résulte généralement une catastrophe plus ou moins précoce pour l'embryon; il en est de lui comme d'un train qui, lancé au début sur un faux aiguillage, rencontrerait fatalement ensuite, dans sa course, des aiguillages non prévus et les franchirait successivement jusqu'à la catastrophe. Toutefois, dans un certain nombre de cas, qui se présentent comme des expériences réussies, l'altération initiale des phénomènes, en changeant les premières réactions, peut en provoquer qui se compensent suffisamment et rétablissent une série d'équilibres peu différents des équilibres normaux. Le mécanisme si complexe qu'est l'œuf, considéré dans son ensemble, peut être envisagé comme possédant une certaine inertie, en vertu de laquelle, même après avoir subi un ébranlement anormal, il revient à des états coïncidant sensiblement avec la normale, si cet ébranlement n'a pas dépassé une certaine intensité.

L'une des expériences de parthénogenèse expérimentale les plus élégantes est celle de M. Bataillon sur les Amphibiens. Il réussit à provoquer le développement parthénogénétique de l'œuf vierge de Grenouille, en le piquant avec une très fine aiguille de verre. S'il y a simplement piqûre, le développement s'arrête bientôt, parce que la segmentation se fait mal et avorte. Si, au contraire, la piqûre introduit, dans l'œuf, du sang ou de la lymphe, il n'en va plus de même. Le développement est beaucoup plus régulier, quoique différent encore, à certains égards, de la normale et aboutit au têtard et même à la métamorphose. Mais ce ne sont, ni dans l'un, ni dans l'autre cas, le développement normal.

Une analyse extrêmement minutieuse des phases initiales de ces développements, au point de vue cytologique et dynamique, vient d'être faite par M. Herlant[1]. Elle illustre merveilleusement ce que je viens de dire, quoique l'auteur, qui est manifestement sous l'influence des idées de W. Roux, aujourd'hui très en faveur, n'en tirerait peut-être pas les mêmes déductions. Elle montre, en effet, de la façon la plus nette (je ne puis ici entrer dans le détail), que certaines des premières réactions de l'œuf — particulièrement de son noyau — dépendent uniquement des conditions mécaniques, que la piqûre et l'introduction du sang ont réalisées, et des conséquences immédiates qu'elles entraînent et qui se succèdent nécessairement. On voit nettement, comment l'œuf réussit à se segmenter dans un cas et non dans l'autre. On ne lui a nullement fourni le moyen de se diviser de la façon canonique fixée dans un plan prédestiné de l'ontogénie de la Grenouille. On lui a fourni la possibilité d'évoluer, mais dans des conditions plus ou moins différentes des conditions normales et il évolue différemment, au moins au début. Seulement — et ici intervient ce que j'appelais plus haut, d'une façon assez métaphorique, l'inertie de l'œuf, — la structure de cet œuf, la répartition des substances qui le composent, les réactions qui s'y

---

1. Maurice Herlant, Étude sur les bases cytologiques du mécanisme de la parthénogenèse expérimentale chez les Amphibiens. *Archives de Biologie*, t. XXXVII, 1913, p. 505-608, pl. 21-23.

passent et qui sont la conséquence de cette structure et de cette
répartition, ne sont que légèrement faussées. En vertu de ces réactions, les équilibres normaux tendent à se reproduire. Les choses
ainsi se régularisent peu à peu; alors l'évolution se poursuit vers
un têtard qui ne semble pas différer du têtard normal, mais qui,
même quand nous ne réussissons pas à l'en distinguer, ne lui est
cependant pas identique. Une preuve grossière en est d'ailleurs qu'il
est beaucoup plus fragile et très difficile à élever. Si cet équilibre
ne tend pas à se rétablir, si la déviation a été trop forte, le développement devient de plus en plus anormal et l'embryon meurt.

De toute façon, nous croyons — et c'est tout ce que je veux
retenir — que le développement n'est pas une succession canonique
de stades invariablement fixés et aboutissant à un terme fatal.
C'est une succession d'états physico-chimiques dont l'un engendre
l'autre en vertu du déterminisme et en dehors de toute intervention
active d'une finalité. Seulement, *dans les conditions normales*, cette
succession est naturellement constante; seulement aussi, il n'y a
guère qu'une succession particulière de stades, une voie étroite en
quelque sorte, qui reste compatible avec la vie et dans laquelle le
jeu automatique des parties du tout aboutit à des équilibres harmonieux. Si l'embryon s'en écarte à un moment d'une façon trop forte,
la stabilité de la construction est en quelque sorte rompue et il s'en
écarte de plus en plus; il meurt. Le développement est comme un
chemin étroit sur une crête bordée de précipices. Dès que l'œuf s'en
écarte notablement, il roule dans les bas fonds. Ainsi que l'a exprimé
très justement M. Delage[1], « à l'être inorganique s'offrent, à chaque
instant, mille voies divergentes, qui toutes le conduisent à un but
normal pour lui : aussi son évolution n'a-t-elle rien de précis.
Devant l'être organisé s'offrent aussi, à chaque instant, diverses
voies, mais toutes le conduisent à une destruction certaine, sauf
une, celle qui le mène au but qu'ont atteint ses parents ».

L'illusion finaliste tient, en grande partie, à ce que l'observation
plus ou moins superficielle nous montre les seuls germes qui ont
réussi. Nous nous laissons suggestionner que tous réussissent. Or,
en fait, à chaque instant, dans la nature, une infinité périssent,
précisément parce qu'ils ont été écartés, par les conjonctions accidentelles de facteurs externes, de la voie qui est celle du salut.

---

1. Delage, *La structure du protoplasme, l'hérédité*, etc., p. 777.

Les phénomènes de régénération, de *régulation*, soit à l'état
embryonnaire, soit ultérieurement (comme chez les Hydraires, en
particulier chez les Tubulaires), sur lesquels Driesch a fondé surtout
sa conception de l'entéléchie, sont simplement l'expression de mécanismes du même ordre, dans les conditions étiologiques où la régénération est facile. Elles n'impliquent nullement un indéterminisme
expérimental, sous l'influence active d'une entéléchie.

Une catégorie de faits dont l'étude est récente semble devoir
apporter encore, à l'appui de la thèse que je soutiens, des arguments très sérieux. Je veux parler de la culture des tissus. A la
suite des publications de Carrel, divers chercheurs ont réussi à faire
vivre plus ou moins longtemps, dans des milieux convenables, des
tissus isolés et à obtenir, dans ces conditions, pendant des temps
parfois très longs, la prolifération des éléments cellulaires qui les
composent. M. Champy en particulier [1] a *cultivé* ainsi des tissus très
variés de Mammifères, reins, glande thyroïde, muscle, etc.... Or,
dans ces conditions, les éléments différenciés de ces organes (cellules rénales, fibres musculaires, etc.) se multiplient, mais en per-
dant préalablement les caractères au moins apparents de leur différenciation. Il semblent qu'ils reviennent d'abord à l'état de cellules
indifférenciées; puis ils prolifèrent par caryocinèse, ce qu'ils
n'auraient pas fait dans les conditions et sous leur forme normales;
ils forment un voile à la surface du liquide de culture, avec toutes
les apparences des cellules conjonctives ordinaires.

Si ces faits sont bien établis, si ce sont bien effectivement des éléments différenciés, nobles en quelque sorte, qui ont fait retour à
l'état indifférencié [2], n'y a-t-il pas là une preuve particulièrement
frappante que l'évolution des éléments de l'organisme n'est nullement déterminée, qu'elle n'est pas une auto-différenciation par principe? Si on réussit vraiment, comme ce serait le cas de la culture des
tissus, à changer efficacement les conditions de milieu où évoluent
les éléments, leur destinée change aussi d'une façon totale [3].

---

1. Chr. Champy. Le sort des tissus cultivés en dehors de l'organisme, *Revue
générale des Sciences pures et appliquées*, t. XXIV, 15 nov. 1913, p. 790 et suiv.
   2. Ces faits seraient très suggestifs pour le mécanisme de la formation des
tumeurs, une des énigmes les plus troublantes de la Biologie actuelle, en même
temps qu'une des questions pratiques les plus importantes, puisque c'est tout
le problème du cancer.
   3. Toute une série de faits d'embryologie expérimentale sont, au fond, du même
ordre que ceux que je viens d'analyser (expérience d'isolement de blasto-
mères, etc.. Je ne puis y insister.

De tout cela nous concluons que le développement ontogénique n'est nullement le déroulement d'une série de stades nécessaires, où les phénomènes physico-chimiques subiraient, comme le veut Driesch, la contrainte d'un facteur étranger, entéléchie ou autre. Sans doute, dans les conditions normales, ces stades s'acheminent par une série constante, vers un terme prévu, l'adulte; nous pouvons y concevoir subjectivement une finalité; mais dans la réalité la fin n'est jamais intervenue préventivement, d'une façon dynamique, pour régler les phénomènes. Ceux-ci résultent totalement d'actions physico-chimiques.

Rien n'impose donc la supposition que, dans les phénomènes biologiques, intervienne, d'une façon dynamique, un principe extérieur aux forces qui régissent le monde inorganique, tel que le serait la finalité, dans les conceptions néovitalistes contemporaines. La succession des phénomènes, de l'œuf à l'adulte, peut être conçue comme découlant purement et simplement, par voie d'actions physico-chimiques, de la constitution de cet œuf et des conditions extérieures à lui, dans lesquelles il évolue.

La répétition de ces phénomènes, à chaque génération, l'hérédité, la propriété la plus fondamentale des organismes, n'est que la traduction de la constance relative de ces deux facteurs : œuf et milieu.

Le point mystérieux est la réalisation de la constitution du germe lui-même. Alors que tous les phénomènes qu'il présente sont des éléments du présent, par suite accessibles à l'expérimentation, la constitution de la matière vivante qui forme le germe et dont tout son développement découle, implique tout le passé. La succession harmonieuse des phases qui constituent l'ontogénie et leur aboutissement à des formes adultes définies peuvent être conçues comme le résultat du jeu des forces physico-chimiques sur la matière vivante depuis son origine. Toutes les manifestations de cette harmonie, de l'adaptation des parties à l'ensemble de l'organisme et de celui-ci au milieu extérieur — qui se traduisent dans notre esprit par l'idée de finalité, légitime si on la réduit à un concept purement métaphysique et tout à fait subjectif, — peuvent être interprétées comme un résultat *a posteriori*. Les organismes existants sont ceux pour lesquels le conflit des facteurs extérieurs et de la matière vivante a abouti à un résultat viable et ce résultat suppose et résume tout le passé. Rien au moins ne démontre l'impossibilité qu'il en soit ainsi. La diversité des êtres vivants nous est expliquée d'une façon rationnelle par l'Évolution; l'ensemble des données actuelles et paléontologiques ne laisse même pas de place pour une autre hypothèse satisfaisante. Et comme l'Évolution doit se continuer actuellement, nous pouvons chercher à la saisir dans ses manifestations présentes, par suite à la vérifier expérimentalement. Ainsi les problèmes de la forme ne sont pas aussi totalement exclus de la science strictement positive que le proclamait Cl. Bernard. D'ailleurs forme et fonction sont inséparables et ne sont que des distinctions de notre esprit.

Mais le substratum même des phénomènes, la matière vivante, échappe encore complètement à nos explications, dans sa constitution et dans son origine. Nous n'en voyons pas naitre. Elle se continue depuis des périodes auxquelles la Paléontologie elle-même ne peut et ne pourra vraisemblablement jamais accéder et que le progrès de nos connaissances cosmiques de divers ordres nous révèle comme de plus en plus immenses.

Nous ne sommes cependant qu'au début de nos découvertes sur la nature et la constitution de cette matière. Nous devons concevoir que ses propriétés essentielles découlent de sa structure et que, quand nous connaitrons mieux celle-ci, quand peut-être nous serons arrivés à réaliser des substances qui s'en approchent à certains égards, tout ou partie de ces propriétés seront beaucoup moins spécifiques, qu'elles ne le semblent aujourd'hui.

Nous ne sommes pas encore au stade où beaucoup de problèmes, en particulier ceux où est en jeu la spontanéité apparente des organismes, peuvent être abordés avec précision. Mais, s'il faut reconnaitre notre ignorance actuelle et faire la part du mystère présent, rien ne nous oblige à considérer les frontières actuelles de notre connaissance comme définitives. Elles reculeront certainement dans l'avenir.

Quelle idée devons-nous donc nous faire, en ce moment, d'après les considérations précédentes, sur la nature des lois biologiques?

La Vie nous apparait comme une succession de phénomènes, dont chacun est réductible au déterminisme physico-chimique, dont l'enchainement n'exige l'intervention d'aucun élément étranger à ce déterminisme, dont le substratum reste pour le moment spécifique dans son organisation et mystérieux dans sa persistance et dans son origine.

Mais si on fait abstraction de la substance vivante elle-même, il n'y a pas lieu d'imaginer, pour toute la phénoménologie vitale, dans son sens le plus large et en y comprenant même la morphologie, une distinction de nature avec les phénomènes de la matière inanimée. Nous pouvons conserver la conception d'Aug. Comte que je rappelais au début de cette conférence et ne voir. entre les lois biologiques et celles du monde inorganique que les différences de complexité résultant de la différence de complexité des objets eux-mêmes. Les lois biologiques ne sont donc pas d'une nature spéciale, mais des cas particuliers des lois naturelles générales.

A cet égard, malgré les immenses progrès réalisés depuis quatre-vingts ans, — on pourrait dire à cause de ces progrès mêmes, — les phénomènes vitaux nous apparaissent encore plus complexes que Comte ne pouvait l'imaginer. Et rien ne peut faire plus de tort à la conception qui veut les ramener aux autres phénomènes naturels, que la hâte d'en fournir des explications trop simples.

Remarquons que tous les progrès réalisés dans la connaissance des phénomènes biologiques et de leurs lois l'ont été, quand on s'est placé résolument et entièrement sur le terrain de la science positive et du mécanisme, terrain où nous nous sommes mis. L'examen du passé nous montre invariablement le Vitalisme, dans les diverses formes, comme un facteur de stérilité. C'est, comme on l'a dit, une erreur paresseuse, qui détourne l'esprit d'investigation de l'examen des conditions des phénomènes et les lui masque par des fantômes d'explications, qui veulent être totales et ne sont qu'illusoires et verbales.

Finalisme et Vitalisme subsistent, parce qu'ils répondent aux besoins métaphysiques de notre esprit, qui cherche une représentation intégrale des choses et ne peut cependant en saisir du dehors que des aspects partiels.

Ils sont une protestation contre les limites momentanées de la méthode analytique. C'est ce que constatait récemment, en terminant une conférence analogue à celle-ci, un biologiste anglais [1]; il

---

1. D'Arcy W. Thompson, Magnalia naturæ (*Rep. brit. assoc. for adv. of science*

voyait là « l'intervention de l'intuition, qui, dit-il, est si proche de la foi. »

C'est, par là même, non seulement une mentalité distincte de l'esprit scientifique, mais opposée à lui. « La science la plus honnête, a écrit Le Dantec, est celle qui se borne à raconter les faits dont l'homme peut se servir, sans en donner aucune explication; la science est purement descriptive [1]. »

C'est en tous cas par cet aspect bien entendu qu'elle est féconde et qu'elle nous conduit à un progrès réel dans la connaissance du monde extérieur, inanimé ou vivant. Ma conclusion sera celle de Bütschli, dans la conférence que j'ai citée : « Nous ne pouvons saisir des phénomènes vitaux que ce qui se laisse expliquer physico-chimiquement et, en fin de compte, on peut aussi dire du vitalisme et du mécanisme : « Vous les reconnaîtrez à leurs fruits. »

MAURICE CAULLERY,
Professeur à la Sorbonne.

Postsmouth, 1911); trad. dans la *Revue scientifique* (Les grands problèmes de la nature, 29 mars 1913).
1. Le Dantec, *Les lois naturelles*, introd., p. VI.

PHILOSOPHIE ET MYTHE

L'invention de ces espèces de constantes logiques que l'on appelle Idée, substance, matière, loi, est l'aboutissement de la tendance purement spéculative de l'esprit.

Mais que l'homme essaye de se représenter sa propre action dans un monde fait de ces constantes, cela lui est impossible parce que toute action implique une évolution, une histoire, un changement, un développement.

Vainement cherchera-t-on à diminuer, à effacer le caractère original, unique de l'action humaine : on tentera, au point de vue psychologique, de la ramener à un ensemble de tendances, c'est-à-dire de facteurs fixes, complètement identiques à eux-mêmes; la prétendue nouveauté de l'action ne serait due qu'à l'addition ou à la soustraction, ou à la combinaison de ces facteurs; elle serait dans la résultante, non dans ce qu'il y a de substantiel et d'essentiel dans l'action.

Au point de vue moral, on insistera sur le caractère transitoire de l'activité humaine prise dans son ensemble, sur le peu d'importance de l'action humaine dans l'ensemble de l'univers, sur l'éternité des lois.

La vérité psychologique est bien plutôt que la fixité de ces tendances un obstacle à l'action et non pas un élément de l'action : la vérité morale, c'est que l'action implique la foi dans sa propre fécondité.

Cependant le spéculatif reste dans la logique de son attitude, lorsqu'il cherche à éliminer l'action : l'attitude spéculative aboutit logiquement à la vie contemplative; la contemplation platonicienne à la mystique néoplatonicienne.

Mais la pensée spéculative n'est pas tellement pure qu'elle occupe entièrement la place, et que l'homme puisse oublier qu'il est aussi un être actif. Il n'est presque aucun philosophe qui n'ait voulu conserver un sens, un but, une réalité solide à l'activité humaine. D'autre part on ne voit pas comment l'homme peut insérer son action dans un monde de constantes logiques qui, par nature, est éternellement fixe et immuable.

Lorsque l'on ne peut pas lier ensemble deux affirmations parce qu'elles sont contradictoires, on tente de les juxtaposer. En fait, il semble bien que ce soit à cette solution que se soit arrêté l'esprit humain. A l'univers pour la pensée il a juxtaposé un univers pour l'action; à l'univers qui se résout en éléments stables et éternels, il a juxtaposé un univers où la destinée humaine puisse se dérouler, qui ait véritablement une histoire; cet univers, c'est le monde du mythe.

Au premier abord l'époque du mythe paraît bien et définitivement passée; le mythe n'est-il pas l'expression d'une pensée encore enfantine qui n'a pas encore su s'élever de l'image au concept, qui sait déjà raconter et qui ne sait pas encore expliquer?

Le retrouve-t-on autrement qu'à l'état de survivance dans les contes populaires qu'étudie le folklore, ou parfois à l'état d'ébauche, dans l'imagination des tout jeunes enfants, qui dans leurs jeux animent les choses et construisent à leur sujet une histoire plus ou moins compliquée?

Ce que Steinthal a appelé la pensée mythique [1] est sans doute la pensée primitive de l'humanité; c'est ce que montrera une brève analyse de cette pensée; quelle que soit son origine, en effet, elle repose sur une interprétation animiste des événements de la nature ou de la société. Elle est une sorte d'application naïve de l'adage que les mêmes effets sont produits par les mêmes causes. Pour l'homme les événements de la nature se distinguent pratiquement en deux classes : ceux qui sont indifférents, soit parce qu'ils n'ont pas d'influence sur la conduite, soit parce que, à cause de leur régularité et de leur retour périodique, ils n'attirent pas l'attention, et ceux dont il est obligé de tenir compte dans ses décisions et ses actions. Dans cette dernière catégorie entrent en particulier les mouvements des autres hommes parmi lesquels il vit, mais aussi bien les atta-

1. Cf. Meyer, *Histoire de l'Antiquité*, trad. fr., t. I, p. 98, Paris, 1912.

ques des bêtes féroces qu'il doit combattre, les orages ou les inon-
dations qui dévastent ses champs. C'est toute cette catégorie de
mouvements très distincts des autres, que le primitif attribue uni-
formément, qu'il s'agisse de la nature humaine, vivante ou inanimée,
à des volontés, des esprits analogues au sien; et c'est l'histoire de
ces esprits, leur naissance et leur mort qui constituent le mythe.

Or n'est-ce pas précisément en niant radicalement cette universelle animation des êtres, qui introduit dans tous les événements de
la nature, l'arbitraire d'une volonté instable, que la science de la
nature, la science des lois a été rendue possible? Sans doute, cependant, ne faut-il pas exagérer l'arbitraire que les représentations
mythiques introduisent dans l'idée de la nature; il y a des mythes
qui ont déjà, pourrait-on dire, un caractère scientifique, dans la
mesure où la vie de l'être qu'elle raconte est soumise à une sorte de
loi; par exemple il y a beaucoup de mythes qui racontent le retour
périodique de la mort et de la renaissance d'un Dieu à des périodes
absolument déterminées; des mythes de ce genre introduisent une
certaine nécessité sinon dans le récit lui-même, du moins dans le
rythme du récit. Il n'en reste pas moins une opposition radicale
entre les éléments constants et impersonnels vers lesquels tend la
science, et les êtres actifs et personnels dont le mythe nous raconte
la vie et la mort.

C'est d'ailleurs ce que semble confirmer l'étude de l'origine de la
première philosophie rationaliste et scientifique qu'ait connue l'humanité, de la philosophie grecque. Cette philosophie, en effet, s'est
constituée en pleine conscience et réflexion, à l'époque des premiers physiciens ioniens, en opposition avec le mythe. La division
tranchée est la suivante : elle ne veut pas, comme la théogonie
d'Hésiode ou les théologiens orphiques, raconter l'histoire des
choses, leur naissance et leur mort, mais elles cherchent de quoi
se composent les choses, quel est l'élément stable qui persiste au
milieu du devenir.

Sans doute on a soutenu récemment[1] qu'il y avait une étroite
dépendance entre ces débuts de la philosophie grecque et la
mythologie, particulièrement la mythologie des orphiques; mais
cette dépendance semble porter surtout sur les *images* dont les premiers philosophes se servaient pour exprimer leur pensée. Il reste

1. Cf. en particulier Cornford, *From Religion to Philosophy*, London, 1912.

certain que la direction de leur pensée est opposée à celle du
mythe.

Cette indépendance de la pensée par rapport à la mythologie
semble d'ailleurs avoir gagné, dans notre civilisation occidentale,
jusqu'à la conscience populaire, grâce surtout à la diffusion de l'idée
chrétienne monothéiste. Ce que cette idée a d'essentiellement
antimythologique, c'est en effet qu'elle remplace les volontés
arbitraires et changeantes des divinités par un Dieu éternel et
immuable.

Aussi toutes ces considérations nous obligeraient, semble-t-il, à
rejeter la pensée mythique dans un passé lointain et mort définitivement.

Or, contre l'apparence, la pensée mythique, dans ce qu'elle a
d'essentiel, reste tout à fait florissante. Je ne fais pas allusion simplement à la permanence évidente du besoin mythique qui se
satisfait copieusement par les contes et les romans ; ce sont bien là
aussi des mythes ; sans doute il y a déjà là de quoi nous éclairer
sur la prétendue disparition de la pensée mythologique dans
l'humanité. Mais le mythe proprement dit, c'est là ce qui le distingue du simple conte, est un élément de la représentation que
l'homme se fait de l'univers, et c'est en ce sens qu'une représentation mythique de l'univers se juxtapose à la représentation spéculative.

Mais il y a deux raisons qui empêchent de le voir : la première
est une hypothèse, héritée du positivisme et qui paraît si naturelle
qu'on l'applique presque spontanément. Cette hypothèse, exactement inverse de celle de la philosophie antérieure, c'est que l'intelligence humaine n'est pas un tout, une unité développant à la fois,
bien qu'à des degrés divers, toutes les puissances qu'elle contient ;
mais que, au contraire, elle se manifeste successivement sous des
formes tout à fait distinctes et opposées l'une à l'autre. C'est ainsi
que la manifestation de l'intelligence à notre époque est la science
positive qui est tout à fait exclusive de ses manifestations précédentes, mythologie et métaphysique. Mais comme cependant on est
bien obligé d'admettre qu'il existe des religions et des métaphysiques, on est conduit, pour en expliquer la présence, à les considérer
comme des survivances d'un passé aboli. Cela est bien vite dit ; la
notion de survivance est une notion empruntée à la biologie, et qui
peut avoir, dans cette science, un sens précis ; mais, à moins

d'abuser de la comparaison entre la société et l'organisme, on ne
trouvera rien de pareil dans l'histoire de la pensée. C'est au contraire un fait banal et bien connu que tout progrès se présente,
dans l'histoire, comme un retour au passé et une renaissance. De
plus, c'est, à la considérer en elle-même, une hypothèse étrange que
celle qui sépare l'intelligence en moments exclusifs l'un de l'autre,
et qui ne veut retrouver l'unité de l'esprit humain que dans son
développement historique total : n'est-ce pas avec son intelligence
tout entière que l'homme va à la conquête de la connaissance ?
N'est-ce pas pour avoir considéré l'attitude spéculative isolément
qu'elle a dû rejeter dans le passé le mythe et la métaphysique ?

Ce préjugé écarté, reste une seconde raison qui empêche de voir
le rôle encore actuel de la pensée mythique. Par mythologie on
entend habituellement d'une façon exclusive la forme qu'a prise la
pensée mythique chez ces merveilleux conteurs, à la riche imagination, qu'étaient les Grecs ; nous sommes mal habitués à détacher la
mythologie de l'Olympe. Il est clair que, sous cette forme, la mythologie est morte. Elle l'était déjà à la fin de l'antiquité alors qu'elle
était devenue simple thème à développement littéraire, et le culte
que lui a voué la Renaissance, et que lui rendent encore certains
poètes contemporains, est un paganisme tout littéraire. Mais ce
n'est là qu'une forme de la pensée mythique et il faut étendre singulièrement plus loin le sens du mot, si nous voulons saisir ce
qu'elle a d'essentiel.

Ce qu'il y a d'essentiel dans le mythe, c'est qu'il est l'histoire de
la destinée, qu'il raconte une succession d'événements. Une conception animiste de l'univers n'est pas nécessairement mythique ; elle
ne l'est pas si l'on se contente d'attribuer à chaque esprit une
fonction déterminée et toujours la même ; elle ne le devient que si
chacun de ces esprits a une histoire. Le mythe a donc un rapport
essentiel au temps ; il est une conception historique des choses, je
veux dire une conception qui considère le moment présent dans sa
liaison avec une série d'événements passés qu'il imagine : le mythe
crée par imagination, la courbe dont le moment présent est un point.
Tels sont la théogonie d'Hésiode et le mythe des âges successifs
de l'humanité. Mais, comme l'esprit peut remonter dans le passé à

partir du moment présent, il peut aussi chercher à construire la
courbe dans l'avenir, et à imaginer l'avenir comme il a fait le passé.

Cette définition du mythe peut n'être pas complète; ce qui est sûr,
c'est qu'elle désigne la forme du mythe qui s'est toujours et partout
imposée à la philosophie spéculative, lorsqu'elle n'a pas voulu
glisser sur la pente dangereuse de la vie contemplative.

C'est la pensée mythique ainsi définie qui, je vais essayer de le
démontrer, est continuellement juxtaposée à la pensée spéculative.

Il faut, pour cela, revenir sur les prétendues preuves que l'on a
données de la disparition de la pensée mythique.

Il est faux, d'abord, que la première philosophie spéculative, la
philosophie grecque se soit constituée en opposition avec le mythe.
Les choses sont singulièrement plus compliquées. Mais, pour laisser
de côté les détails, on peut dire que le mythe a continué d'exister,
en s'ajoutant purement et simplement aux théories philosophiques
sur l'univers sans paraître, dans leur ensemble, ni les modifier, ni
être modifié par elles. Les exemples qui illustrent le mieux cette
thèse sont ceux d'Empédocle et de Platon. Chez Empédocle, nous
trouvons d'une part une explication scientifique du monde par les
quatre éléments et les lois de leur combinaison et de leur dissolution, appelées métaphoriquement Νεῖκος et φιλία. Et nous trouvons,
d'autre part, dérivée de la mythologie des Orphiques, une histoire
mythique de la Psyché et de ses tribulations, de ses renaissances
successives, des peines qu'elle doit subir, et des récompenses qui
lui sont réservées.

Chez Platon, il y a une philosophie spéculative où les Idées sont
considérées comme le terme de l'explication des choses, les modèles
dont les autres choses sont des imitations. Mais il y a, d'autre part,
des dialogues consacrés en totalité ou en partie à raconter des
légendes concernant l'histoire de l'Humanité, et des mythes qui se
rapportent à l'histoire de l'âme. Or, d'une façon trop évidente, nul
lien de dépendance logique ne rattache ces légendes à cette théorie.
Il y a un contraste presque brutal entre les procédés d'analyse
régressive et de synthèse progressive qui constituent la vie et le
mouvement du monde idéal, et la série historique des événements,
des catastrophes et des réussites que l'humanité comme la Psyché

de l'individu doivent traverser. L'on ne peut même pas dire (ce qui serait un lien extérieur, mais un lien cependant) que la contemplation des Idées soit comme la fin de cette destinée; j'irai plus loin : il semble que le mythe n'ait été créé que pour empêcher cette conséquence qui absorberait en quelque sorte l'âme dans la contemplation des Idées; car, ce qui caractérise le mythe platonicien, c'est qu'il est cyclique, c'est-à-dire que, au bout d'une période déterminée, l'humanité ou l'âme sont ramenées à leur point de départ, et le cercle de leur histoire recommence éternellement.

Après Platon, le rôle des mythes s'efface dans la philosophie grecque; il s'efface d'abord devant les préoccupations plus scientifiques que philosophiques des Péripatéticiens; dans la philosophie stoïcienne, on s'intéresse peu, d'abord, aux tribulations de la Psyché, et, parallèlement, la philosophie spéculative se combine d'une façon plus intime avec la philosophie pratique.

Au contraire, dans toute la période de la fin du monde antique, dès que le platonisme reprend la maîtrise qu'il avait perdue, les représentations mythiques occupent de nouveau l'imagination des penseurs. On peut dire, en effet, que ce qu'il y a d'essentiel chez les néoplatoniciens, y compris Posidonius, le premier stoïcien qui fit revivre le platonisme, c'est l'histoire de l'âme humaine, de sa chute et de son relèvement; l'univers entier n'est fait que pour servir de théâtre, ou d'occasion à ce drame, toujours le même, que décrivent tous les penseurs du Ier au IVe siècle ap. J.-C. L'ouvrage le plus important de Philon d'Alexandrie est un vaste commentaire de la Genèse, dans lequel il prend les divers personnages et le récit des événements qui leur arrivent comme des symboles des états de l'âme, qui tantôt se rapproche de Dieu et tantôt s'en éloigne. Avec un goût et un talent fort différents, tantôt avec un sentiment très délicat de l'expérience intérieure, tantôt avec des images pittoresques et éclatantes, le même récit des chutes et des relèvements se poursuit dans les siècles suivants. Tout dans la notion de l'univers est subordonné à ce mythe.

Seulement le mythe a ici une orientation tout autre que chez Platon. Chez Platon, la circonférence qui représente la vie de l'âme est parfois tangente au monde des Idées; mais c'est pour s'en écarter bientôt, et ainsi éternellement. Chez les néoplatoniciens, la ligne droite ascendante que parcourt l'âme qui cherche son salut aboutit à un monde supérieur, et, si elle peut y entrer, elle cesse

d'être elle-même, d'être proprement une âme pour devenir un être
supérieur à l'âme.

C'est dire que les néoplatoniciens ne se sont pas gardés, n'ont pas
voulu se garder comme Platon de l'écueil qui guette la philosophie
spéculative, à savoir la vie contemplative. Le mythe n'a chez eux
qu'une valeur, en quelque sorte provisoire; c'est dans la mesure où
l'âme s'écarte de la vie contemplative qu'il y a pour elle une vie
humaine, une action. Le mythe de l'âme est bien encore juxtaposé
à l'explication dialectique du réel, mais d'une autre façon et en un
autre sens; il ne tient qu'à l'âme de faire cesser cette vie qui ne
prend un sens que par sa faute, et alors commence la vie éternelle
où toute réalité est sans différence aucune, et sans histoire.

Dans la philosophie moderne, cette forme de pensée, que nous
avons appelée mythique, se présente sous des formes plus difficiles
à découvrir.

Pour l'y voir il est d'abord une erreur dont il faut se garder : c'est
que le monothéisme chrétien implique l'abolition de la pensée
mythique. C'est une grosse erreur; et elle est manifeste, si nous
nous tenons formellement à la façon dont nous avons défini cette
pensée. On reconnaîtra bien en effet que la doctrine essentielle du
Christianisme est non pas une explication des choses, mais une
histoire de la rédemption des âmes par un médiateur entre Dieu et
les hommes; l'histoire entière de l'univers, aussi bien au point de
vue matériel qu'au point de vue moral, est suspendue au drame de
la rédemption; l'occasion de la rédemption, c'est la chute morale
de l'homme, chute qui a été la cause du changement des conditions
matérielles dans lesquelles il vivait. Aussi la doctrine centrale du
christianisme est bien un récit de la destinée de l'âme, un mythe,
au sens que nous avons donné à ce terme, une vue historique de
l'univers.

Ce point reconnu, nous pourrons rendre plus facilement compte
d'un fait qui pourrait être, contre notre thèse, une objection considérable; c'est l'absence totale d'éléments mythiques dans l'idéalisme
de Descartes.

C'est, en effet, un des traits les plus importants du système de
n'admettre, ni dans la pensée ni dans les choses, aucun élément de
nature proprement historique. Le seul ordre qu'il admette, c'est un
ordre de notions analogue à l'ordre géométrique, non pas l'ordre
chronologique d'un véritable devenir. Comment se fait-il que, seul

parmi les grands spéculatifs que nous avons rencontrés jusqu'ici, il n'ait pas éprouvé le besoin d'ajouter au monde intelligible pour la raison, mais indifférent à la destinée humaine, un monde du devenir, de la destinée?

D'abord, peut-on dire, il n'est pas absolument exact qu'il n'y ait aucun élément mythique, à rigoureusement parler, dans le système de Descartes. L'ordre géométrique n'est pas, métaphysiquement parlant, d'une nécessité absolue. Il dépend en effet de la volonté de Dieu qui a créé non seulement les choses, mais aussi la nécessité logique elle-même; cette nécessité nous apparaît donc comme un fait et, bien qu'elle s'impose à nous, elle a, dans l'absolu, quelque chose de contingent.

De plus, si Descartes ne s'est nullement préoccupé du monde de la destinée humaine, c'est parce que, comme tous les philosophes proprement scolastiques, auxquels il se rattache sur ce point, il considère que ce problème est résolu par la religion chrétienne, et qu'il n'est pas du ressort de la philosophie. La philosophie n'est pas plus chez Descartes que chez les scolastiques une théorie générale de l'homme, mais uniquement une théorie de ce que l'homme peut savoir par sa raison. Il faut seulement — et l'on sait que, sur ce point, Descartes a les plus grands scrupules — qu'il n'y ait pas contradiction entre le monde découvert par la raison et le monde mythique dans lequel vit le croyant.

Si donc le mythe religieux n'est pas dans la philosophie de Descartes, il est dans sa pensée. C'est une des erreurs historiques les plus graves que l'on puisse commettre de considérer le système de Descartes comme une théorie complète du monde et de l'homme.

C'est ce que l'on voit parfaitement, lorsque l'idéalisme cartésien se réfracte à travers l'esprit d'un penseur comme Malebranche, pénétré d'augustinisme, ou comme Spinosa, inspiré également par des traditions religieuses. Nous trouvons, chez eux, au centre de leur système, une théorie de l'homme qui s'inspire évidemment du mythe religieux. Leurs systèmes annoncent et préparent les grands systèmes idéalistes du XIXᵉ siècle qui vont s'essayer à résoudre, indépendamment de la religion positive, le problème de l'homme.

C'est un vaste champ d'études, encore bien mal exploré, que le rôle de la pensée mythique dans la philosophie du XIXᵉ siècle. Nous nous bornons à quelques indications essentielles qui suffiront à prouver ce que nous avançons, à savoir la constante juxtaposition de l'attitude spéculative et du mythe, chez les penseurs spéculatifs qui ne veulent pas voir leur système sombrer dans la contemplation mystique.

Il est surtout un aspect de la philosophie où le rôle du mythe se montre en toute évidence, c'est la philosophie sociale. Jamais peut-être l'on n'a imaginé de mythes aussi nombreux ni aussi variés sur la destinée de l'homme. Deux caractères frappent de suite dans ces mythes : c'est d'abord qu'ils ont rapport non pas à la destinée individuelle de l'homme, mais à la destinée de l'humanité, prise comme ensemble; c'est ensuite qu'ils portent rarement sur les origines, mais bien plutôt sur l'avenir de l'homme.

Le plus connu de tous ces mythes, celui qui est plus ou moins inclus en tous, c'est le mythe du progrès, le dessin imaginaire de la courbe sans cesse ascendante de l'histoire de l'humanité. Quelle est donc la raison de cette efflorescence imprévue de mythes, ceux de Saint-Simon, de Fourier, de Comte, de Cabet, et de tant d'autres dont les noms sont presque oubliés aujourd'hui?

La science sociale, créée au XVIIIᵉ siècle, l'économie politique avait montré l'existence des lois inflexibles régissant la répartition des richesses et par suite des fonctions sociales; un nombre immense de faits se déduisaient avec sûreté de quelques éléments très simples, tels que la loi de l'offre et de la demande. Dans cette situation, il n'y avait d'autre parti à prendre que l'étude patiente des faits et la résignation passive aux conditions qui s'imposaient; la destinée de l'homme finissait à ce monde, — à moins de lui juxtaposer un autre monde imaginaire où cette destinée pût se continuer et se poursuivre indéfiniment; le mythe, l'utopie représentant ici le monde où l'action sociale est possible et doit porter ses fruits. Mais le plus important, et ce qui caractérise le mythe social du XIXᵉ siècle par opposition à tous les autres, c'est qu'il est, en même temps qu'une représentation anticipée de l'avenir de l'humanité, un ressort d'action pour réaliser cet avenir; car ce monde de l'avenir, ce monde de l'*Harmonie* de Fourier, cette *Icarie* de Cabet ne sont pas comme des milieux qui existent indépendamment du fait de l'homme, des Paradis où l'homme n'a qu'à pénétrer, ce doivent être des résultats, des créations de l'action collective des hommes, orientée dans le sens voulu. La véritable raison de toute cette imagination exubérante qui rappelle presque, en plein XIXᵉ siècle, certaines époques de mouvement religieux intense à la fin du paganisme, est donc ici :

l'humanité doit se faire une destinée et ne peut se la faire dans le monde tel qu'il est actuellement.

Une des ramifications dernières de ces mythes, c'est le mythe de la destinée humaine, que Renouvier a construit dans son livre du *Personnalisme*, bien que Renouvier ait subi également et directement l'influence chrétienne.

Il est particulièrement instructif de voir comment Renouvier, parce qu'il prétend donner une philosophie complète de l'homme, a été amené, peu à peu, et comme malgré lui, à faire une place de plus en plus grande au mythe, au récit imaginé de la destinée humaine.

Le premier essai, sur la logique générale, est destiné à montrer comment tous les phénomènes de l'univers se classent en catégories fixes et immuables qui les déterminent rigoureusement et sans lesquels ils ne seraient ni existants ni connus, puisque les lois de l'existence ne sont pas différentes des lois de la connaissance. D'autre part, l'action humaine pour être efficace et pour être morale implique la liberté. Mais Renouvier a très bien saisi que cette liberté n'aurait aucun sens, si elle ne se déroulait en une série d'actions, en une destinée. Si la liberté, en effet, ne se traduit que par des actes isolés, elle sera seulement une puissance d'indétermination qui, sur certains points et à certains moments, fera échec au déterminisme; les actes libres seront comme une série d'éclats brusques qui apparaissent pour disparaître aussitôt.

Or, dans notre expérience actuelle, c'est précisément de cette façon qu'apparaît l'être humain avec sa liberté, comme un éclat vacillant entre deux nuits. Il faut donc que l'univers tel qu'il est donné par notre expérience actuelle, ne soit qu'un fragment de l'univers total tel qu'il se déroule dans le temps, et il faut le compléter par le mythe pour que notre action ait un sens, qui rende la vie morale possible. L'univers du mythe s'ajoute donc encore ici, comme de l'extérieur, à l'univers de la connaissance.

De ce qui précède, il ressort que nous pouvons distinguer, dans la philosophie occidentale, trois formes, trois aspects de la pensée mythique : 1° le mythe de la Psyché chez Empédocle et Platon; ce mythe révèle une sorte de loi interne qui fixe la succession des morts et des renaissances; la destinée est considérée comme une loi supérieure à l'âme et que l'âme subit; 2° le mythe du salut et de la rédemption, qui fait dépendre la destinée humaine d'une grâce

divine; 3° le mythe social et humanitaire de nos jours qui estime
que la destinée humaine se réalise dans et par la liberté de l'homme.

Ces représentations mythiques de l'univers sont d'aspect fort
différent; elles révèlent des manières tout opposées de concevoir la
valeur de l'action; tantôt elles considèrent l'action comme subordonnée à des lois indépendantes d'elle; tantôt elles la considèrent
comme étant elle-même créatrice d'un monde nouveau. — Mais,
malgré ces divergences, elles ont toutes un caractère commun; elles
se représentent le monde d'une façon telle que l'action humaine
puisse être quelque chose, puisse y avoir un sens.

Le mythe est une certaine théorie au sujet de l'action, une certaine façon de se représenter l'activité humaine et le milieu dans
lequel elle se développe.

Dans le mythe, comme dans la spéculation philosophique à
laquelle il se surajoute, l'homme garde l'attitude purement spéculative et contemplative.

Mais la contemplation est en discordance avec elle-même, puisque
le monde de la destinée a des caractères opposés au monde de la
connaissance : et ainsi le mythe manifeste un échec de la spéculation.

Mais si nous considérons à son tour, en elle-même et isolément,
cette théorie de rêve et de mirage qui est constituée par les mythes,
nous verrons que, là encore, la pensée spéculative n'arrive pas à se
mettre d'accord avec elle-même et qu'elle engendre, dans l'idée
qu'elle se fait de la destinée humaine, des contradictions nouvelles.

Pour traiter ce problème il faut chercher quelles sont les raisons
qui amènent chez l'homme la croyance au mythe de la destinée,
quelle est la nature, quels sont les degrés de cette croyance. Pour
autant qu'on veuille admettre la définition de la religion donnée par
Tolstoï : « La religion, c'est une conception générale du sens de la
vie », cette question coïncide avec celle de la nature et des raisons
de la croyance à une valeur religieuse du monde.

Quelle est, en effet, la croyance fondamentale impliquée en tout

mythe de la destinée? C'est la foi en une sorte d'harmonie entre
l'action humaine et la réalité; tantôt, pense-t-on, la réalité est naturellement préparée pour servir de cadre à l'action humaine, tantôt
l'action humaine passe pour engendrer en quelque manière la réalité
où elle se poursuivra. Dans les deux cas la réalité est telle que
l'action humaine prend une signification pour l'intelligence qui la
considère. C'est là le fond résistant du mythe, la croyance que les
actions humaines ont une signification dans l'univers, qu'elles ont
un passé et un avenir, qu'elles ne sont pas, ainsi que la matière,
comme un présent éternel.

Or c'est là ce que j'appelle la conception religieuse des choses. Dès
que la pensée, s'évadant de la pure et indifférente connaissance,
cherche à concevoir la signification de l'univers dans son rapport
intime avec la vie humaine, elle conçoit le monde sous un aspect
religieux.

Quels sont donc au juste le degré et la nature de la croyance que
le philosophe a dans le mythe qu'il raconte? Question difficile et
délicate. Le lecteur qui, après les longues, bavardes et arides discussions des dialogues de Platon, rencontre les mythes sur la destinée
de l'âme ou de l'humanité ne demande tout d'abord qu'à en jouir
sans arrière-pensée comme d'un beau conte où vient se détendre
l'esprit, fatigué de dialectique. Platon y montre, sans contrainte, cet
art que les Grecs ont tant aimé depuis Homère; dans des cadres
sans doute traditionnels, puisque la plupart des légendes qu'il
raconte dérivent de l'orphisme, il déploie une merveilleuse richesse
d'invention; ce sont des jeux.

Seulement, comme on l'a fait remarquer avec justesse, si l'on veut
considérer les mythes de Platon comme de simples jeux d'imagination, on conteste par là même la valeur philosophique d'une
immense partie de son œuvre [1]. De plus ces mythes, dans leurs données primitives tout au moins, sont rattachés à des croyances
morales profondes, au sérieux desquelles il n'y a pas de raison de
douter. Enfin nous avons une déclaration de Platon lui-même, dans
le *Gorgias*, d'après laquelle le récit de la destinée de l'âme n'est pas
à proprement parler un récit mythique, μῦθος, mais un discours raisonné, λόγος.

Nous éprouvons donc, devant ces récits, deux impressions con-

1. Brochard, *Etudes de philosophie ancienne et de philosophie moderne*, Paris,
Alcan, 1912.

traires, et dont, pourtant, l'une n'arrive pas à supplanter l'autre ; au
moment où nous allons les prendre tout à fait au sérieux, un trait
humoristique, ou une description trop précise de ce monde qui
échappe à l'expérience, nous avertissent que nous sommes dans le
domaine de la fantaisie. Mais, n'y voyons-nous qu'un récit d'imagination? Quelque remarque morale nous montre le sérieux avec
lequel l'auteur les envisage.

Cette impression décevante que cause le mythe peut être expliquée de la façon suivante :

D'une part le mythe est inventé, imaginé pour donner une signification à l'activité humaine, pour l'empêcher de se résoudre dans
l'immobilité des formes.

D'autre part, le mythe présente des caractères précisément opposés
à ceux de l'action, et les qualités d'imagination que l'action exige
paraissent le contraire des qualités d'imagination déployées par les
inventeurs de mythes. Car d'abord le mythe est un rêve, un prolongement de l'expérience dans le passé et dans l'avenir, qui n'existe
que dans l'imagination. L'action, au contraire, est une réalité, la réalité immédiatement sentie et appréhendée par l'homme qui agit ;
loin de s'épandre dans le passé et l'avenir, elle se concentre en
quelque façon dans le présent ; elle se ramasse dans le moment actuel
et s'adapte à la situation donnée.

L'inventeur du mythe est un rêveur qui laisse courir librement
son imagination ; la peinture qu'il fait de la destinée humaine
n'exige ni la vérité ni l'exactitude ; ses images s'imposent non par
leur vérité, mais par leur fraîcheur et leur force. Au reste c'est le
sens général du mythe, son rythme qui contient de la vérité ; ce ne
sont pas les détails. Au contraire, s'il est une qualité qui soit nécessaire à l'homme d'action, c'est le sentiment continuel et toujours
présent de la réalité : c'est-à-dire non pas, tant s'en faut, l'absence
d'imagination, mais l'imagination schématique qui sait choisir dans
la réalité ce qui a pour lui un intérêt actuel, qui sait éclairer d'une
vive lueur tout ce qui peut lui servir de point d'appui, de moyen
d'action. Enfin dernière opposition : il y a contradiction absolue
entre le sérieux de la vie active, les obligations précises, rigoureuses qui sont imposées à chacun ou bien que l'homme se crée et

la fantaisie d'un rythme lent et paresseux, le jeu de l'imagination
où se complaît le mythe.

En résumé le mythe est fantaisie, goût des larges perspectives de
présent et d'avenir, rêve libre et sans limite : l'action est bornée au
présent et à la réalité.

Dès lors, qu'est-ce que l'homme d'action peut bien avoir à faire
de ces belles imaginations qui ajoutent au monde donné, au monde
de l'expérience, un autre monde fantômatique dont il n'a vraiment
que faire, puisqu'il n'y agit pas? Quelle aide peut-il recevoir de
toutes ces créations fantaisistes? La vie active refoulera le mythe,
l'imagination de la destinée comme un rêve poétique.

Et pourtant, entre ces deux choses dissemblables, le rêve de la
destinée et la vie active, il y a une parenté extrêmement intime,
puisque, nous l'avons vu, le mythe ne s'introduit dans la pensée
que pour nous permettre de concevoir un univers où l'action
humaine ait une réalité et une signification.

C'est que, et c'est le deuxième point de vue, par une sorte de jeu
de bascule, l'opposition peut se présenter d'une façon exactement
inverse, en changeant, pour ainsi dire, de signe les deux termes
opposés. En effet nous avons considéré l'action comme une réalité
pleine, pour ainsi dire, et se suffisant à elle-même. Mais, à un autre
point de vue, l'action humaine et même l'ensemble des actions dont
se compose notre vie apparaissent comme une réalité incomplète,
déficiente, comme une sorte de vaine agitation qui n'a en elle-même
ni ses principes, ni ses conséquences. Il n'est pas d'homme qui n'ait
parfois éprouvé ce sentiment pénible que son action ne répond
pas pleinement à ce qu'il voulait, et qui n'ait fait l'expérience que
l'action, une fois exécutée, produit des conséquences différentes de
celles qu'il prévoyait. Il semble que l'action n'exprime la volonté
que d'une façon symbolique, mais sans la traduire complétement,
que la suite de nos actions soit comme la monnaie d'une pièce,
qui ne sera jamais complètement remboursée. C'est ce sentiment
qui, renforcé et poussé jusqu'au bout, produit le pessimisme, le sentiment amer de l'inutilité de l'action : c'est lui qui aussi, par une
sorte de réaction, produit ce que l'on appelle vulgairement le stoïcisme, c'est-à-dire cette croyance qu'il y a une obligation d'agir,
qui a un caractère absolu, et est indépendante de la considération
des conséquences, sorte de calmant de l'esprit. Mais, surtout, c'est
ce qui donne au mythe de la destinée humaine une valeur tout autre

que celle qu'il paraissait avoir. Voici comment : le sentiment que
je viens de décrire aboutit à l'impression qu'il y a entre l'action
humaine et le monde dans lequel elle s'accomplit, une sorte de disproportion ; si nous la considérons d'abord comme un effet de la
volonté, elle est, en quelque façon, inférieure à sa cause, puisqu'elle
ne l'exprime pas tout entière et, si nous la considérons comme une
cause, nous voyons ses effets se dissiper dans le vide, et s'atténuer
peu à peu jusqu'au néant final. Tout se passe donc comme si les
actions apparaissaient dans un monde qui leur était étranger, où
elles ne manifestent que partiellement leur principe et ne produisent
pas tous leurs effets, comme si les actions que nous accomplissons
dans le monde de l'expérience n'étaient qu'un moment d'une destinée qui a commencé et doit se poursuivre dans un monde différent.
C'est alors que le mythe de la destinée est pris tout à fait au sérieux :
car le monde qu'imagine le mythe est une solution du problème
pratique qui nous est posé.

En effet le rôle du mythe philosophique est toujours d'imaginer
un monde tel que *le résultat de nos actions s'y conserve d'une façon
permanente*, donc de donner à nos actions une valeur absolue.

On rencontre cette idée sous les formes les plus variées, et il sera
bon, pour la bien fixer, d'en considérer divers aspects. D'abord les
formes les plus anciennes et les plus vulgaires : par exemple le mythe
de la métempsycose ou celui de l'immortalité personnelle, ont pris
chez tous les philosophes qui l'enseignent un caractère moral; la vie
actuelle n'est que le fragment d'une destinée totale, et de cette destinée découlent ou bien par une sorte de loi naturelle, ou bien grâce
à une providence divine immuable comme la loi, les conséquences
des actions qui ont été accomplies. Ce qui cache souvent la persistance de cette idée dans la pensée moderne, c'est la forme nouvelle
et mieux adaptée à nos habitudes mentales sous laquelle elle se présente. Sous sa forme traditionnelle en effet, le mythe de la destinée
oppose au monde actuel, qui est le théâtre momentané de la destinée, un monde différent où elle se continue, et l'action humaine
apparaît en quelque sorte au point d'intersection de ces deux
mondes. La tournure de la pensée mythique chez les modernes est
assez différente : en réalité, pense-t-on, c'est dans le monde actuel
que l'action humaine déroule toutes ses conséquences. c'est en lui
qu'elle introduit un résultat permanent et qui doit éternellement subsister : pour s'en apercevoir directement, l'on n'a qu'une expérience

trop fragmentaire et trop restreinte ; mais si, au lieu de s'en tenir
à cette expérience fragmentaire, l'on s'efforce de se représenter le
monde dans son ensemble, tout au moins dans la loi qui le gouverne, il faudra admettre que chaque action porte en elle son fruit
et son résultat qui subsiste éternellement : on fait appel par conséquent de l'expérience actuelle à une expérience totale (qui, naturellement, est tout aussi mythique et imaginaire que l'image de
l'autre monde). En voici quelques exemples fort différents et même
tout à fait opposés : le fond du mythe du Progrès, c'est de ne concevoir aucune action humaine comme indifférente, mais chaque
action comme une sorte de quantité, positive ou négative, qui
s'ajoute aux autres actions ; et l'expérience totale montrera que la
somme en est une quantité positive qui va s'accroissant toujours ;
chacune de nos vies, chacun de nos actes se conservent éternellement dans cette somme. Une croyance de même fond, quoique toute
différente, est celle d'Emerson, le stoïcien américain du xixᵉ siècle,
d'après qui chacune de nos actions est comme une force indéfectible
qui, tôt ou tard, à un moment qui nous est souvent caché, produira
toutes les conséquences dont elle est susceptible. Enfin un mythe qui
n'a d'autre but que de s'opposer à celui du Progrès, bien qu'il utilise
exactement la même méthode, est le mythe du retour éternel de
F. Nietzsche ; on sait que, reprenant le vieux mythe d'Héraclite,
Nietzsche pense que la roue du devenir ramènera exactement les
mêmes phénomènes dans le même ordre, jusqu'au moindre détail ;
or ce n'est pas autre chose que de croire à la permanence de chacun
de nos actes ; le changement ne doit pas être interprété comme la
perte et la dissipation de notre activité dans le néant, puisque ce
changement amène à nouveau et éternellement l'affirmation du
même acte. Enfin je citerai, comme dernier exemple, le mythe de
l'évolution d'H. Spencer[1], qui, nous allons le voir, revient toujours
à faire appel de l'expérience fragmentaire à l'expérience totale :
d'après lui, en effet, cette espèce de disproportion, d'absence

1. Je n'ai aucun scrupule à appeler mythes les croyances dont je viens de
parler, quelque intime que soit leur contact avec les sciences positives. D'abord,
en effet, entre les éléments auxquels les mythes empruntent leur représentation
de l'univers, il n'en est aucun, en aucun temps, en particulier les mythes
platoniciens, qui n'ait emprunté, et beaucoup, à la science de leur temps. De plus
aucune de ces croyances n'est ce que l'on peut appeler une vérité scientifique ;
l'essentiel de leur point de vue, qui est une synthèse totale de l'expérience,
est même tout ce qu'il y a de plus opposé au procédé scientifique, qui est
analytique.

d'adaptation entre nos actes et le milieu, qui, selon nous, a donné
naissance au besoin des mythes, est toute provisoire et momentanée ; la loi nécessaire et fatale qui gouverne l'Univers tout entier,
les nébuleuses comme la vie sociale, la loi d'Évolution doit arriver
finalement à produire entre nos actes et le milieu une adaptation si
parfaite que ce sentiment d'inquiétude, cette tentation de croire que
nous ne sommes pas faits pour le monde de notre expérience, disparaîtra entièrement.

Les réflexions précédentes nous découvrent en même temps la
raison de la grande diversité d'opinions qui partagent les hommes
au sujet de ces mythes. Elles vont de la foi la plus profonde jusqu'au
scepticisme le plus complet. Mais l'attitude la plus commune, et, en
même temps, la plus difficile à saisir, est une sorte de scepticisme,
traversé d'éclairs de croyance, un mélange de croyance et de scepticisme, quelque chose comme l'adhésion sans force que le rêveur
donne aux images de son rêve, adhésion oscillante sans cesse prête
à s'affirmer davantage ou au contraire à diminuer.

Il a paru qu'une vie toute concentrée et comme ramassée dans
l'action écartait en quelque sorte l'imagination du problème de la
destinée ; que, au contraire, c'était l'expérience douloureuse de la
déficience de l'action, le sentiment tragique que notre action se
perd dans le néant, qui ont engendré et développé la pensée de la
destinée. C'est donc moins l'action elle-même que la réflexion sur
l'action qui donne naissance au mythe de la destinée : le mythe n'est
pas de l'action, mais une certaine théorie, une certaine spéculation
sur l'action.

Seulement ces résultats demandent à être complétés et, en une
certaine mesure, corrigés par une remarque importante :

Pour introduire cette remarque, nous devons entrer dans quelques
détails sur la psychologie de l'action. La psychologie pathologique
a remarqué que, chez les sujets prédisposés, l'image de la perception
d'un mouvement extérieur entraînait l'exécution de ce mouvement
lui-même. Les expériences faites à ce sujet sur les actes les plus
simples et les plus élémentaires montrent qu'il existe un rapport
intime entre l'image d'une action et cette action elle-même. Elles
nous montrent que la condition essentielle d'une action, c'est la
représentation préliminaire que nous en avons. Donc l'homme qui
agit imagine, il imagine son action. D'autre part, l'expérience nous
montre que l'aspect, et comme le ton de la conscience, est entière-

ment différent chez l'homme qui agit et chez l'homme qui imagine :
l'action, dans les situations les plus importantes, par exemple
dans le péril, est toute tension, concentration de toutes nos forces,
dépense sans compter qui se traduira, dans la détente, par un
sentiment de fatigue. Au contraire, la conscience de l'homme qui
imagine, dans les cas extrêmes comme celui du rêve et de la
rêverie, se relâche et s'éparpille en une foule d'états distincts, en
un tableau fait d'images juxtaposées dont l'unité et la continuité
sont de plus en plus fuyantes, et, à la limite, échappent complètement à la conscience. C'est le rêve opposé à l'action. Donc l'homme
qui imagine n'agit pas.

Il s'ensuivrait que l'action impose à la conscience deux exigences
contradictoires l'une de l'autre : d'une part il faut que la personne
se donne tout entière à l'action qui se fait; d'autre part il est nécessaire qu'elle imagine, et en quelque façon rêve l'action, au moment
même où elle l'exécute. Une certaine image d'un plan qui se déroule,
une certaine représentation de la réalité où l'action s'exécute, une
certaine anticipation imaginaire des actes qui vont être accomplis,
doivent persister chez l'homme qui agit. D'autre part les images qui
tendent à envahir l'esprit, le rêve qui tend à prendre la place de l'action
sont sans cesse refoulés. Tous nous connaissons par expérience, à
certains moments de lassitude, ce mouvement d'irruption des images,
au moment où, fatigués d'agir, nous nous laissons aller au rêve.

Donc les images mentales sont à la fois les auxiliaires et les ennemies de l'action. Supposez une représentation imaginative concrète et
complète de la réalité au milieu de laquelle nous agissons : supposez
que l'homme qui agit ait à se représenter, de façon intégrale, toutes
les conséquences à son action : l'action par là même deviendra
impossible et cédera la place au rêve. Il s'ensuit que les images mentales ne peuvent s'incorporer à l'action que si elles sont extrêmement
réduites et simplifiées, comme schématisées. M. Ribot a montré avec
beaucoup de bonheur que l'homme d'action imagine d'une façon
schématique; c'est-à-dire que ce qu'il imagine de la réalité, ce sont
seulement les éléments qui, au moment où il agit, peuvent lui être
utiles; le financier qui spécule ne se représente pas la masse énorme
d'actes et d'événements qui correspondent à la baisse ou à la hausse
d'une valeur; mais quelques statistiques sont pour lui comme
l'image symbolique ou schématique de cet événement complexe.

Cette simplification de l'image, ce schématisme, ce symbolisme sont comme un compromis entre les deux tendances que nous venons de signaler.

L'image de la réalité est nécessaire, indispensable, mais elle doit être réduite à son minimum.

La schématisation des images est, en un mot, un procédé de simplification qui met l'imagination au service de l'action.

Eh bien! il n'est pas tout à fait exact de dire que, chez l'homme qui agit, l'image mythique, l'image de la destinée s'efface complètement pour laisser la place entière à l'action; en réalité, elle se schématise.

On s'est souvent demandé, et c'est une question bien délicate à résoudre, quelle était la valeur de la croyance au mythe de la destinée, la valeur d'une conception religieuse de l'humanité pour la vie morale de l'homme. Pour le moment nous n'avons ni à poser, ni encore moins à résoudre cette question qui passionne les esprits. Je voulais seulement remarquer que, parmi les arguments opposés le plus fréquemment à la notion d'une destinée extra-terrestre, est celui-ci que la pensée de cette destinée opprime l'action sous le rêve, que l'homme, dans l'imagination et l'attente de cet idéal, perd le sens et le goût des réalités.

C'est pourtant un fait constant et indéniable que ces mythes, sous quelque forme qu'ils se présentent, mythe de l'immortalité personnelle, mythe du Progrès, mythe d'un état social futur, sont aussi générateurs de belles actions. On dit que la lecture du *Phédon*, dans l'antiquité, conduisit quelques personnes au suicide; mais il n'est pas moins certain qu'un grand mouvement social ou moral ne s'est jamais accompli sans une croyance à un millénaire, sans une représentation d'un monde futur.

Comment une même croyance peut-elle produire des résultats aussi opposés? Dans le premier cas, elle apparaît comme un pur rêve, détaché de l'action; c'est comme la croyance en un monde déjà tout fait, tout préparé, que nous pouvons contempler, dont nous pouvons jouir, mais qui n'est pas notre œuvre. Dans le second cas, au contraire, le monde de la destinée nous apparaît comme un résultat de notre activité, comme un produit de notre vouloir. Et l'image du mythe prend elle-même une valeur et un sens tout différents; celui qui rêve le mythe ressent comme une jouissance anticipée de l'état futur; mais l'homme d'action ne voit dans le mythe de la destinée que des directrices pour sa conduite. Ce qui est remarquable chez l'homme d'action, c'est le caractère abstrait, schématique, sec que garde pour lui la représentation de la destinée ; il en retire une directrice pour son action, et il considère tout le reste, tout le détail concret du mythe comme une espèce d'allégorie [1].

Mais cette remarque nous conduit à voir une nouvelle contradiction dans l'image que l'homme se fait de sa destinée. Tantôt, en effet, il l'étend dans un au-delà qui se déroule devant l'imagination ; tantôt il la concentre et la sent se réaliser tout entière en puissance dans l'action même qu'il accomplit.

Ainsi la pensée philosophique, en tant qu'elle veut être pure spéculation, pure connaissance de la réalité, nous mène de contradiction en contradiction : au monde de la connaissance, elle nous a forcé à juxtaposer un monde de la destinée. Mais dans la spéculation sur la destinée, gît à nouveau une contradiction ; le mythe qui nous représente à nous-même notre propre destinée paraît tout d'abord correspondre au but pour lequel il a été fait. En fait il n'en est rien ; cette image de notre destinée, étalée dans le temps et dans l'espace, se dissipe comme un rêve devant la réalité de l'action. L'action, passionnée et sérieuse, exige en effet que nous nous imaginions notre destinée tout autrement que par un mythe, elle exige que cette destinée soit en quelque sorte toute ramassée dans l'action du moment, que l'action trouve en elle-même sa signification et sa justification, qu'elle ne soit pas dérangée et comme faussée par un rêve qui la prolonge. La croyance au progrès est en un certain sens une calomnie de nous-même, un aveu d'imperfection qui s'accommode mal avec la foi en nous qu'exige l'action.

Ainsi, sous le regard de la spéculation, tout se dédouble et se contredit ; le monde se dédouble en monde de la connaissance et monde de la destinée ; l'image de la destinée, à son tour, tantôt s'épanouit en mythe, tantôt se concentre en action.

Tel est l'embarras dans lequel se trouve mise la spéculation qui prétend n'être que spéculation [2].

EMILE BRÉHIER.

1. C'est ce qui explique l'attitude des stoïciens à l'égard des mythes, et en particulier des mythes de la destinée ; l'interprétation allégorique a en effet pour rôle de transformer l'image mythique en schème ou symbole.
2. En tout cet article, j'ai pris le mythe en l'état où il se présente à la pensée réfléchie et individuelle du philosophe ; le philosophe utilise les mythes, plutôt qu'il ne les crée ; mon étude ne touche donc en aucune façon à l'origine des mythes, mais à la valeur qu'ils prennent dans la pensée philosophique.

ÉTUDES CRITIQUES

LES TRANSFORMATIONS DU DROIT
AU XIXᵉ SIÈCLE

(Suite et fin [1].)

IV

On a vu que, selon certains jurisconsultes, le domaine du contrat allait sans cesse en diminuant : une transformation connexe paraît s'accomplir également en matière de responsabilité ; nous pourrons la signaler sans nous y arrêter longtemps, car l'on n'a pas oublié les remarquables articles, parus ici même, où M. Aillet analysait les théories nouvelles de la responsabilité objective et en dégageait les conséquences.

Un des traits caractéristiques du développement actuel du droit est l'extension de la responsabilité [2]. Un grand nombre d'actes dommageables dont le droit se désintéressait autrefois donnent aujourd'hui lieu à une réparation. Le principe civiliste de la responsabilité est formulé de la façon la plus nette dans l'article 1382 du Code civil : « Tout fait quelconque de l'homme qui cause à autrui un dommage oblige celui par la faute duquel il est arrivé à le réparer ». Ainsi pour qu'il y ait lieu à des dommages-intérêts, il est nécessaire qu'il y ait un rapport de cause à effet entre la personne responsable et le fait d'où résulte un dommage ; et il faut encore

---

1. Voir le numéro de mars 1914.
2. Charmont. *Les transformations du droit civil*, ch. xv-xvii ; Duguit, *Les transformations générales du droit privé*, p. 137-146.

une faute de la personne, c'est-à-dire un acte de volonté intelligente, un acte illicite, contraire au droit. C'est l'imputabilité d'une faute à un individu qui fait naître à la charge de cet individu l'obligation de réparer le préjudice qu'il a occasionné à un sujet de droit. Dans ce système, comme le dit très bien M. Duguit, « c'est le principe de l'imputabilité morale qui est le fondement unique de la responsabilité civile comme de la responsabité pénale du sujet de droit [1] ». Il n'y a rien là d'ailleurs qui doive surprendre, s'il est vrai que, dans le très ancien droit romain, les deux notions de contrat et de délit aient été beaucoup plus voisines l'une de l'autre qu'elles ne le furent dans la suite, la violation d'un contrat étant alors considérée comme une source de délit. Quoi qu'il en soit, ce système mérite bien le nom de système de la responsabilité subjective.

Quelles en sont les principales et les plus immédiates conséquences ? En premier lieu c'est à la victime que va incomber l'obligation de fournir la preuve de l'existence du dommage et du rapport de cause à effet entre celui-ci et un acte illicite : ceci en vertu du principe d'après lequel *actori incumbit probatio.* En second lieu il faudra établir qu'il y a eu un acte illicite, contraire au droit; si un individu ne fait qu'user de son droit dans les limites de ce droit, peu importe que l'exercice en ait été dommageable à autrui : il n'y aura point lieu à réparation parce que *neminem lædit qui suo jure utitur.* En troisième lieu il sera nécessaire en principe de montrer que l'auteur de l'acte préjudiciable et illicite a eu conscience de cet acte : car il n'y a responsabilité délictuelle que s'il y a délit et il n'y a délit que s'il y a intention ou du moins conscience; si l'auteur de l'acte est un aliéné ou un inconscient, sa responsabilité n'est point engagée et il ne doit aucune réparation.

Tel est le système de la responsabilité subjective : or il n'est pas douteux que sous la pression des faits cette conception traditionnelle ne se modifie et que des idées nouvelles sur la responsabilité ne gagnent du terrain. La théorie du risque vient compléter, suppléer ou remplacer celle de la faute; on admet la responsabilité du fait des choses; on accorde des réparations à raison du préjudice causé par des personnes irresponsables; on reconnait qu'il peut y avoir abus du droit, c'est-à-dire que la responsabilité de l'auteur de faits dommagables peut être retenue alors même que ces faits ne

---

1. Duguit, *Les transformations générales du droit privé,* p. 133.

sauraient être considérés comme illicites. Dans tous ces cas la seule existence du dommage donnera lieu à une réparation, sans qu'il y ait lieu de rechercher si une faute a été ou non commise.

Le passage de la théorie de la faute à celle du risque s'est opéré d'abord dans le domaine des accidents du travail, sous la pression de besoins et de forces dont l'importance n'a pas besoin même d'être indiquée. En principe, dans la doctrine de la responsabilité subjective, la victime d'un accident occasionné par cas fortuit en subit seule les conséquences, puisqu'elle ne saurait demander à aucune personne responsable réparation du dommage qu'elle subit. Or il résulte des statistiques que la moitié environ des accidents du travail ne sont imputables ni à la faute du patron ni à celle de l'ouvrier, mais aux dangers inhérents à l'industrie, « au hasard et causes inconnues »; il en résulte encore que l'on peut prédire à l'avance combien chaque genre d'industries doit faire de victimes en un temps déterminé. On voit dès lors à quelles conséquences inadmissibles on arrivait par la stricte application du principe de la responsabilité délictuelle : désarmé lorsque l'accident arrivait par sa faute, désarmé encore lorsqu'il arrivait par cas fortuit, l'ouvrier n'avait d'action contre le patron que s'il parvenait à prouver que l'accident était arrivé par la faute du patron ; mais l'application des règles ordinaires de la preuve constituait en fait pour l'ouvrier une charge extrêmement lourde; s'il s'était produit une explosion, un incendie, un éboulement, la preuve était impossible; il fallait recourir dans les autres cas au témoignage de contremaîtres hostiles ou d'ouvriers terrorisés; les trois quarts du temps l'ouvrier succombait dans sa demande. Pour remédier à cette situation, des propositions de loi furent déposées établissant une présomption de faute contre le patron et par conséquent le renversement de la preuve : c'eût été désormais au patron à prouver qu'il était exempt de faute et il aurait pratiquement supporté la charge de tous les accidents dont la cause restait inconnue et qui laissaient le salarié sans recours. Certains jurisconsultes aboutissaient au même résultat en construisant la théorie de la responsabilité contractuelle du patron : la responsabilité de ce dernier ne dériverait point de l'article 1382 du Code civil, mais du contrat de louage d'ouvrage, créant à sa charge une obligation d'assurer la sécurité de l'ouvrier, de lui livrer un matériel en bon état et de prendre toutes les précautions possibles pour éviter les accidents : c'était dès lors au patron à établir l'absence

de faute et l'on pouvait, en considérant comme une faute tout fait
irrégulier relevé à l'encontre du patron, arriver à la réparation
d'une forte proportion d'accidents du travail. Pour diverses raisons
sur lesquelles il ne nous est pas possible d'insister, la théorie de
la responsabilité contractuelle n'était pas solide juridiquement;
elle ne conduisait nullement d'ailleurs à trancher la question du
fardeau de la preuve; elle laissait incertains l'objet et l'étendue de
l'obligation de garantie; elle permettait enfin au patron de supprimer par une clause d'exonération sa responsabilité contractuelle.
Cette théorie resta d'ailleurs de pure doctrine, la jurisprudence
ayant refusé, de la façon la plus nette, de s'y associer [1].

Mais elle parut, par un arrêt de la Cour de Cassation du
16 juin 1896, accepter l'idée de la responsabilité du fait des choses
que certains jurisconsultes avaient précédemment développée : la
Cour fondait la responsabilité d'un propriétaire de bateau à vapeur,
à raison d'une vice de construction qu'il ne connaissait pas et ne
pouvait connaître, sur l'article 1385 du Code civil, qui déclare le
propriétaire responsable de la ruine d'un bâtiment, et sur l'article
1384 d'après lequel on est responsable, non seulement du dommage
que l'on cause par son propre fait, mais encore de celui qui est
causé par le fait des choses que l'on a sous sa garde. Cette jurisprudence donnait une extension toujours plus large à la notion de
faute : l'emploi même des machines et des outils finissant par être
considéré comme une faute, on arrivait en somme à substituer à
l'idée de faute celle de risque. Mais cette jurisprudence, qui d'ailleurs
n'était pas constante, ne mettait pas tous les risques industriels à
la charge du patron : celui-ci s'exonérait évidemment en prouvant
que l'accident provenait d'un cas fortuit, de force majeure ou d'une
cause inconnue. La responsabilité patronale était accrue; mais,
comme la responsabilité du fait des choses ne s'appliquait qu'aux
accidents provenant du seul fonctionnement de l'outillage, non à
ceux où la victime avait participé à l'accident, le risque professionnel n'avait guère une étendue très considérable.

La jurisprudence et la doctrine n'ayant pu accomplir une réforme
incontestablement salutaire, on recourut à l'intervention du législa-

---

1. Sur tous ces points, voir Charmont, *Les transformations du droit civil*,
p. 240 et suiv.; Saleilles, *Les accidents du travail et la responsabilité civile*,
Paris, 1897; Planiol, *Traité élémentaire du droit civil*, t. II, n°° 1852 et suiv., et
les traités de législation industrielle de MM. Pic, Bry, Capitant.

teur; la loi du 9 avril 1898 a adopté le principe du risque professionnel : l'accident du travail est considéré comme un cas fortuit,
comme un risque inhérent à l'industrie et qui doit être supporté
par celui qui l'a créé; peu importe que l'accident ait pour cause
un cas fortuit ou une faute du travailleur; à moins qu'il ne s'agisse
de faute inexcusable soit du patron, soit de l'ouvrier, celui-ci n'a
qu'à établir la matérialité d'un accident survenu par le fait du travail ou à l'occasion du travail pour avoir droit à l'indemnité forfai-
taire fixée par la loi sur la base du salaire moyen. La responsabilité
objective s'est substituée à la responsabilité subjective.

Dans d'autres cas, l'interprétation des tendances nouvelles de la
législation et de la jurisprudence est infiniment plus difficile et l'on
peut hésiter parfois sur la question de savoir à quel principe il convient de rattacher les responsabilités qu'elles admettent ou qu'elles
instituent; nous ne pouvons ici que signaler les analyses très fines
et minutieuses de M. Charmont[1]. Aux termes de l'article 1384 du
Code civil, le père et la mère sont responsables du dommage causé
par leurs enfants mineurs habitant avec eux; les maîtres et les commettants, du dommage causé par leurs domestiques et préposés
dans les fonctions auxquelles ils les ont employés; les instituteurs
et les artisans, du dommage causé par leurs élèves et apprentis pendant le temps qu'ils sont sous leur surveillance; cette responsabilité a lieu à moins que les père et mère, instituteurs et artisans
ne prouvent qu'ils n'ont pu empêcher le fait qui donne lieu à cette
responsabilité. Est-ce l'idée de faute ou celle de risque d'où découle
cette dernière? Dans le cas des parents nul doute : « La loi déclare les
parents responsables parce qu'elle présume que le dommage causé
par leur enfant tient à un manque de surveillance; l'article 1384
s'explique par une présomption de faute »[2] : la responsabilité civile
est une sanction du devoir de surveillance, et les parents s'exonè-
rent en prouvant qu'ils n'ont à se reprocher aucune négligence. En
ce qui concerne les artisans qui ont accepté des enfants en apprentissage, et les instituteurs, même principe et mêmes conséquences.
Mais il est déjà permis d'hésiter lorsqu'il s'agit de maîtres salariés
responsables du dommage causé par leurs domestiques : leur obligation serait-elle une conséquence de l'idée de faute, la faute
consistant à avoir fait un mauvais choix, à avoir pris à leur service

1. Charmont, *Les transformations du droit civil*, p. 285-288.
2. Charmont, *Ibid.*, p. 257.

des personnes incapables ou malhonnêtes? On l'admet communément et c'est l'explication que donnait Pothier de cette responsabilité : mais M. Charmont remarque avec raison que si cette explication était bonne, la faute supposant la violation d'un devoir, les maîtres et commettants devraient pouvoir faire la preuve qu'ils ont fait tout ce qu'ils ont pu et n'ont rien à se reprocher : or la présomption de l'article 1384 est irréfragable; c'est donc que la responsabilité ne se rattache pas dans ce cas à l'idée de faute, mais à celle de risque. Selon la forte expression de Saleilles heureusement rappelée par M. Charmont, « le travail doit supporter les risques du travail ». On admet que le patron, recueillant le profit du labeur de son employé, doit aussi en supporter les risques.

De la responsabilité des commettants on peut rapprocher, *mutatis mutandis*, celle des administrations publiques pour le dommage causé par leurs employés. On peut ici encore se demander si l'obligation de réparer le préjudice causé par le mauvais fonctionnement d'un service public se rattache à la théorie de la faute ou à celle du risque : c'est là une très grosse question de droit administratif, une question qui a suscité les discussions les plus ardentes et qui est encore ouverte. Un important parti dans la doctrine voit dans la responsabilité des administrations publiques une application du principe du risque professionnel. Le fonctionnement de la grande machine de l'État se fait au profit de tous; comme le dit M. Hauriou, si l'Administration cause des préjudices à quelques-uns, c'est pour l'exécution des services publics, c'est-à-dire pour le bien de tous, et il serait souverainement injuste que les uns pâtissent pour les autres[1]. On peut encore dire, avec MM. Larnaude[2] et Charmont[3], que le dommage causé par un service public est, comme un accident industriel, la conséquence forcée d'une organisation déterminée. De cette conception il résulterait comme conséquences que les réparations seraient dues sans qu'il fût besoin d'imputer à l'État aucune faute et sans que l'État pût de son côté s'exonérer en invoquant pour excuse le cas fortuit ou la force majeure.

Mais en fait cette théorie ne paraît pas être celle de la jurisprudence, c'est-à-dire en l'espèce du Conseil d'État : celui-ci paraît bien penser qu'une faute de service est nécessaire pour engager la res-

---

1. Hauriou. *Précis de droit administratif et de droit public.* 6e éd., p. 183.
2. *Revue pénitentiaire*, 1896, p. 9.
3. *Les transformations du droit civil*, p. 275.

ponsabilité de l'administration. Ce n'est pas le fait de service qui
oblige l'État, c'est la faute de service; le demandeur est tenu de
prouver cette faute; la responsabilité de l'administration ne se présume pas; l'administration n'est pas, au moins en principe, responsable des cas fortuits; elle ne l'est pas non plus des faits personnels
de ses agents, c'est-à-dire des fautes plus graves que la faute de
service. Après s'être montré partisan résolu de la théorie du risque,
M. Hauriou a constaté qu'en fait la théorie de la faute est maintenue
par la jurisprudence du Conseil d'État, et a reconnu qu'il n'y a d'ailleurs pas lieu de le regretter; après avoir établi un rapprochement
très intéressant entre la responsabilité objective de l'Administration
pour faute de service ou de l'entreprise, et celle qui est mise à la
charge des patrons par la loi du 9 avril 1898 dans la matière des
accidents du travail, après avoir remarqué que dans l'un et l'autre cas l'élément subjectif de faute du préposé se trouve éliminé,
M. Hauriou remarque avec finesse que la théorie de la responsabilité de l'administration ne se confond pas avec la théorie pure et
simple du risque de l'entreprise, qu'elle conserve au contraire un
emploi très intéressant à l'idée de faute; que l'élément de la faute
du préposé y est remplacé par celui de la faute du service; et
qu'elle est en somme une combinaison *sui generis*, et très heureuse,
du risque et de la faute [1]. M. Charmont semble de son côté se rallier à ces conclusions de M. Hauriou.

En revanche le civiliste et le publiciste ne sont point d'accord en
ce qui concerne la réparation du dommage causé par l'exécution
d'un travail public; M. Hauriou la rattache à la théorie de l'enrichissement sans cause : il estime que les administrés dont les propriétés
subissent des dépréciations ou des servitudes d'utilité publique spéciales par suite d'opérations accomplies par l'administration, doivent
être considérés comme ayant versé dans le patrimoine commun
une valeur qui est hors de proportion avec leur part contributive et
que, comme il n'y aurait aucune juste cause à ce que cette valeur
restât définitivement acquise au patrimoine administratif, ils ont
mérité par là des droits à l'indemnité [2]. M. Charmont, au contraire,
voit dans cette responsabilité de l'État une application de la théorie
de la faute, l'exercice abusif ou anormal d'un droit étant considéré
comme une faute : l'administration qui, par l'exécution de travaux

1. Hauriou. *Précis de droit administratif et de droit public*, p. 485.
2. *Ibid.*, p. 484.

publics, cause des dommages aux propriétés privées excède la mesure légitime et habituelle du droit de propriété, et se trouve dès lors en faute.

L'on voit que, dans tous ces cas de responsabilité de l'État, il est malaisé de faire le départ entre la responsabilité objective et la responsabilité subjective, et qu'il serait en tout cas prématuré de conclure à la victoire définitive de l'une ou de l'autre.

Il en est de même en ce qui concerne la responsabilité du fait des animaux et du fait des choses inanimées. Aux termes de l'article 1385 du Code civil, le propriétaire d'un animal, ou celui qui s'en sert, pendant qu'il est à son usage, est responsable du dommage que l'animal a causé, soit que l'animal fût sous sa garde, soit qu'il fût égaré ou échappé : la doctrine considère ordinairement la responsabilité édictée par cet article comme découlant de l'idée de faute, de défaut de surveillance; la personne qui veut utiliser un animal doit prendre toutes les précautions possibles pour protéger les tiers; les animaux domestiques sont des choses dont une personne a la garde, et c'est en qualité de gardienne que cette personne est responsable du dommage; la faute du détenteur de l'animal est présumée par la loi, qui le déclare responsable de plein droit; mais cette présomption de faute admet la preuve contraire, et il est de jurisprudence que la personne responsable échapperait à toute condamnation, si elle parvenait à établir que l'accident a eu pour cause, soit une faute de la victime, soit un cas fortuit ou de force majeure. Ce qui prouve bien que la responsabilité dont nous parlons se rattache à la théorie de la faute et non à celle du risque, c'est, d'une part, qu'elle disparaît dans le cas où l'absence de faute est certaine, et, d'autre part, qu'elle ne pèse pas nécessairement sur le propriétaire de l'animal, mais aussi bien, selon les cas, sur le locataire, l'emprunteur de l'animal, l'usufruitier, le fermier; le propriétaire est responsable quand il est gardien, il ne l'est pas en sa qualité de propriétaire[1].

Il semble bien au contraire que, dans le cas de l'article 1386, le propriétaire d'un bâtiment, responsable du dommage causé par sa ruine, lorsqu'elle est arrivée par suite du défaut d'entretien ou par le vice de sa construction, soit tenu en l'absence de toute faute. Le risque pesant sur lui est comparé à bon droit par M. Charmont

---

1. Charmont, *Les transformations du droit civil*, p. 281-2; Cf. Planiol, *Traité élémentaire de droit civil*, 4e éd., t. II, n°s 917-923.

avec celui que la loi de 1898 met à la charge de l'entrepreneur en
cas d'accident du travail. En effet, l'article 1 386 n'établit aucune présomption de faute, il suffira à la victime de l'accident, demanderesse
en indemnité, de prouver qu'il y a eu, soit défaut d'entretien, soit
vice de construction : et le propriétaire du bâtiment sera infaillible-
ment condamné, sans pouvoir se disculper en alléguant qu'il ignorait
le mauvais état de sa chose et qu'il n'a pas été en son pouvoir d'en
empêcher la ruine. Peut-être pourrait-on essayer de montrer que,
dans le cas de défaut d'entretien, on est fondé à relever à l'encontre
du propriétaire une négligence qui le met en faute; mais, dans le
cas de vice de construction, la faute est imputable à l'architecte ou
peut l'être à un précédent propriétaire, et cependant le propriétaire
actuel n'aura aucun moyen de dégager sa responsabilité : il est donc
bien certain que cette responsabilité est fondée sur sa seule qualité
de propriétaire et est étrangère à toute idée de faute [1].

Mais ce cas reste isolé dans l'ensemble du droit civil. Il reste vrai
en principe qu'il n'y a point de responsabilité purement réelle sans
une faute prouvée ou présumée. La jurisprudence tend sans doute
à généraliser la présomption de faute et, par voie de conséquence,
à étendre la responsabilité du propriétaire : mais ce n'est pas à dire
pour cela qu'elle se rallie le moins du monde aux hardies opinions
doctrinales d'après lesquelles le propriétaire serait responsable en
cette seule qualité du dommage causé par sa chose [2]. Tant qu'on
laisse au propriétaire le droit de prouver qu'il n'a point commis de
faute, et de s'exonérer en ce faisant, on reste malgré tout sur le
terrain de la théorie de la faute; tant que l'on maintient qu'un
accident fortuit, dû à des causes que l'on ne pouvait ni éviter ni
prévoir, n'engage en principe aucune responsabilité, on n'apporte
en réalité aucune adhésion à la théorie du risque.

Nous pensons que l'exposé trop rapide que nous venons de faire
de cette question de la responsabilité civile donne une impression
de confusion, et nous nous en félicitons, car la confusion est aussi
bien dans les faits. Deux théories, ou plutôt deux tendances sont en
lutte : elles se disputent le champ de bataille pied à pied, gagnant
sur un point, cédant sur l'autre. Nul ne peut prévoir de quel côté

1. Charmont. *Les transformations du droit civil*, p. 282-3; Planiol, *Traité élémentaire de droit civil*, t. II, nos 924-926.
2. Opinion soutenue, entre autres, par Saleilles, par M. Josserand et par
M. Duguit.

sera la victoire, ni même s'il y aura une victoire. Il est fort possible que la théorie du risque soit, sous l'empire des besoins de la pratique, sous l'influence de considérations sociales ou politiques, étendue à certains cas nouveaux. Mais rien ne permet d'affirmer que la logique à outrance des partisans exclusifs de cette théorie doive jamais réussir à prévaloir entièrement : il semble que déjà une réaction se dessine contre leurs généralisations trop ambitieuses. Quoi qu'il en soit, ceux-là même qui d'ordinaire se montrent enclins à exagérer bien plutôt qu'à diminuer l'importance des récentes transformations du droit, se montrent à bon droit particulièrement prudents lorsqu'il s'agit du problème de la responsabilité : c'est ainsi que M. Duguit, tout en affirmant que le domaine de la responsabilité subjective se rétrécit de plus en plus, écrit très nettement : « Je n'entends point prétendre que la responsabilité subjective ait disparu ou doive disparaître complètement. Dans les rapports des individus elle subsiste et subsistera probablement longtemps encore[1]. » Et ceux-là même d'autre part qui acceptent comme un progrès et considèrent comme bienfaisante dans son ensemble l'œuvre accomplie pendant les dernières années dans le domaine du droit — M. Charmont est de ce nombre[2] — se montrent inquiets de certaines conséquences et hostiles à certaines extensions de la théorie du risque. L'éminent civiliste dont nous venons de citer le nom pense que cette théorie, admissible à certaines conditions, a été exagérée et ne saurait devenir prédominante sans danger; il pense qu'il est juste de prendre en considération la faute, ne fût-ce que pour mesurer l'étendue de la réparation; et il lui paraît désirable que l'idée de faute reste l'idée principale, la source la plus importante de l'obligation de réparer le préjudice causé[3]. En effet, comme l'a fait remarquer à plusieurs reprises[4] M. Hauriou, « la théorie du risque a un côté immoral en ce qu'elle présente les accidents comme étant les conséquences inévitables de l'entreprise; à ce point de vue elle est très inférieure à celle de la faute, qui les présente au contraire comme étant des conséquences évitables et qui stimule la diligence des agents à les éviter ». Ainsi cette théorie qui base le droit à la réparation sur une préoccupation exclusive

---

1. Duguit, *Les transformations générales du droit privé*, p. 138.
2. Charmont, *Les transformations du droit civil*, p. xv.
3. *Ibid.*, p. 278-279, 288.
4. *Précis de droit administratif*, p. 486; note sous *Sirey*, 1905, 3, 114.

d'utilité sociale, finit par compromettre la sécurité même de ceux
dont elle prétend sauvegarder les intérêts : « La théorie du risque
exagère le fatalisme de l'accident, la tendance à prendre trop facilement son parti, à considérer qu'il n'y a plus qu'à payer l'indemnité ou la prime d'assurance, et cependant l'expérience prouve que
la prévoyance, la volonté, la direction peuvent réduire le nombre et
la gravité des accidents ». Ajouterons-nous une considération qui
nous paraît avoir son importance? La théorie de la responsabilité
objective, dans sa brutalité et son simplisme, celle qui a dominé les
législations primitives : et, comme l'a bien montré Jhering dans son
opuscule sur *la Faute en droit privé*, toute l'histoire de la responsabilité civile, tout le progrès du droit a consisté à s'en éloigner. Si,
dans certains cas bien déterminés, des nécessités pratiques obligent
à y revenir, son triomphe, d'ailleurs improbable, ne signifierait rien
moins qu'une défaite de la civilisation.

V

De même que la notion de responsabilité, celle de propriété s'est
transformée depuis un siècle : le fait n'est ni contestable ni contesté; mais ici encore on est loin d'être d'accord sur la signification,
l'ampleur et la portée des transformations observées.

Le *dominium* du droit romain, la propriété du Code civil, se définit,
comme on sait, par son caractère absolu. « La propriété est un droit
inviolable et sacré », dit la *Déclaration des droits de l'homme*
de 1789. « La propriété est le droit de jouir et de disposer des
choses de la manière la plus absolue », proclament les articles 544
et 545 du Code civil : « La propriété est conçue comme le complément et la condition de la liberté individuelle; elle est « un droit
subjectif absolu dans sa durée, absolu dans ses effets, un droit qui
aurait pour objet la chose appropriée et pour sujet, passif, tous les
individus autres que l'affectataire lui-même » [1]. Ce droit est constitué par la réunion de trois droits distincts : le *jus utendi*, c'est-à-
dire le droit de se servir de la chose de quelque façon que ce soit,
le *jus fruendi*, c'est-à-dire le droit de percevoir et de garder les
fruits ou produits de la chose, enfin le plus caractéristique ou même
le seul caractéristique des trois, le *jus abutendi*, le droit de disposer

---

1. Duguit, *Les transformations générales du droit privé*, p. 152.

de la chose de la façon la plus absolue, en la transformant, en la dégradant, en la détruisant, en l'aliénant.

Le droit de propriété est privatif : le propriétaire peut seul, à l'exclusion de tous autres, profiter des avantages que lui confère son droit; « la chose objet du droit appartient aussi pleinement qu'il est possible à un seul individu, et pour bien marquer ce caractère, on dit que la propriété est individuelle[1] ». Le propriétaire, ayant le droit d'user, de jouir et de disposer de la chose a par là même le droit de n'en pas user, de n'en pas jouir, de n'en pas disposer, et par conséquent de laisser ses terres sans culture, ses emplacements urbains sans construction, ses maisons sans location et sans entretien, ses capitaux mobiliers improductifs[2]. Le droit de propriété est absolu : le propriétaire ayant seul des droits sur la chose, personne en principe ne peut apporter de restrictions au libre exercice qu'il en veut faire; il peut sans doute arriver que les avantages que confère le droit de propriété soient partagés entre le propriétaire et le titulaire d'une servitude, ou que plusieurs personnes se trouvent par suite d'indivision avoir simultanément la propriété de la même chose : mais les jurisconsultes sont d'accord pour dire que ces restrictions au droit de propriété n'en font pas disparaître le caractère absolu, car elles sont dues, soit comme l'indivision, à des circonstances accidentelles, soit, comme les servitudes, à un acte de volonté du propriétaire lui-même; elles sont d'ailleurs anormales et temporaires; la loi favorise l'extinction des servitudes, et elle permet à chacun des copropriétaires de contraindre les autres à sortir de l'indivision : le droit romain lui donnait, soit l'*actio familiæ herciscundæ* lorsque l'indivision provenait d'une hérédité à laquelle les copropriétaires avaient été appelés en commun, soit l'*actio communi dividundo*, dans tous les autres cas; et le Code civil dispose (art. 815) : « Nul ne peut être contraint à demeurer dans l'indivision; et le partage peut être toujours provoqué, nonobstant prohibitions et conventions contraires ». Une autre conséquence logique du caractère absolu du droit de propriété est que « le propriétaire peut légitimement faire sur sa chose des actes même quand il n'a aucun intérêt avouable à les faire » et que si, en le faisant, il cause un dommage à autrui, « il n'est point responsable, parce qu'il ne fait qu'user de son droit », et *neminem lædit qui suo jure*

---

1. May, *Éléments de droit romain*, p. 165.
2. Duguit, *op. cit.*, p. 153.

utitur[1]. Enfin le droit de propriété est absolu dans sa durée, irrévocable et perpétuel, il doit en principe durer autant que la chose même : il ne peut être enlevé à son titulaire que par un acte de sa volonté ou par un accident qui détruit la chose.

Telle est la structure juridique du *dominium* romain, qui a passé sans modification essentielle dans notre droit civil. Qu'en reste-t-il aujourd'hui, et qu'en restera-t-il demain? Sur cette question les opinions les plus opposées ont été émises.

Un certain nombre d'auteurs, parmi lesquels les socialistes se trouvent naturellement, soutiennent que d'une part la propriété individuelle est soumise à un nombre croissant de restrictions qui la rendent de moins en moins solide et de plus en plus précaire, et que d'autre part la propriété collective tend à s'étendre de plus en plus aux dépens de la propriété individuelle : le droit de propriété n'est pas quelque chose d'absolu, qui existe en soi et qui se présente partout et toujours sous les mêmes aspects; la ligne de démarcation est parfois difficile à tracer et les transitions insensibles entre la propriété individuelle et la propriété sociale[2]. Déjà les Saint-Simoniens déclaraient que le droit de propriété est un fait social variable, ou plutôt progressif comme tous les autres faits sociaux : « Vainement, disait Bazard, on prétendrait fixer le droit de propriété au nom du droit divin ou du droit naturel; car le droit divin et le droit naturel sont progressifs eux-mêmes[3] ». Lassalle soutient, dans une note célèbre du *System der erworbenen Rechte*[4], que l'évolution du droit à travers l'histoire représente une limitation de plus en plus grande de la propriété privée. M. Jaurès montrait de même, dans ses *Études socialistes*, que la propriété individuelle, bien loin d'être un bloc indécomposable, une quantité simple, est un tout extrêmement complexe formé de droits très divers, tantôt réunis dans la main d'un seul individu, tantôt dispersés dans les mains de plusieurs; qu'elle est susceptible d'une foule d'atténuations, de combinaisons, de modalités; qu'elle se prête à toutes sortes de démembrements, qu'elle a des facultés presque illimitées de décomposi-

---

1. Baudry-Lacantinerie, *Droit civil*, I, 10ᵉ éd., 1908, nᵒ 1 296, p. 726, cité par Duguit, *Les transformations générales du droit privé*, p. 154, n. 1.
2. Sur cet ensemble de théories, cf. E. Laskine, *L'évolution du socialisme juridique*, in *Archiv für die Geschichte des Sozialismus und der Arbeiterbewegung*, vol. III, p. 17-70.
3. *Doctrine de Saint-Simon*, 2ᵉ année.
4. T. I, p. 217 et suiv.

tion; et il essayait d'établir que dans la société individualiste même elle subit un refoulement incessant et une incessante dénaturation[1]. Que de fois n'a-t-on pas décrit la désagrégation des codes « bourgeois » sous la pression des besoins nouveaux et des forces nouvelles, la propriété gênée et limitée par le droit successoral, par le droit administratif, par les règlements de police, menacée dans son existence même par l'expropriation pour cause d'utilité publique? Que de fois n'a-t-on pas chanté les progrès de la propriété collective par l'extension des entreprises et des monopoles d'État, et des sociétés de commerce dont l'interposition rompt le lien direct entre l'individu propriétaire et le bien possédé, dont l'organisation bureaucratique sous la direction de mandataires salariés ressemble si fort à celle des services publics, et où la distribution des dividendes, résultant du succès plus ou moins grand d'une gestion à laquelle l'actionnaire ne prend aucune part, ressemble tant à la répartition générale des revenus sociaux telle qu'elle s'opérerait dans une société collectiviste entre tous les citoyens[2]. La propriété collective, dit-on, est partout : propriété de famille (maisons ouvrières), propriété conjugale (communauté légale), propriété corporative des associations, des syndicats, des compagnies coloniales, des congrégations religieuses, propriétés communales, départementales et nationales, propriété ecclésiastique, fondations, propriété prolétarienne (biens des établissements d'assistance); et l'on conclut que « de plus en plus toute propriété prend la forme collective »[3].

M. Duguit admet bien avec les socialistes et les économistes de l'école historique que la propriété n'est point quelque chose d'absolu, que ses formes sont variables, que, comme toutes les institutions juridiques d'ailleurs, elle s'est formée pour répondre à des besoins économiques et évolue avec les besoins économiques eux-mêmes. Il va même jusqu'à dire que l'évolution de la propriété « se fait dans le sens socialiste » ou que « la propriété se socialise »; mais, même en laissant absolument de côté la propriété des objets de consommation, dont il ne serait point exact, selon M. Duguit lui-même, de dire qu'elle évolue dans le sens socialiste, il n'entend nullement que la propriété devienne collective « au sens des doctrines collecti-

---

1. *Études socialistes,* p. LXXXVI-VII, II, 89, 152 et suiv.
2. Cf. C. Colson, *Cours d'Économie politique,* t. II, p. 89.
3. A. Mater, *Sources et origines juridiques du Socialisme,* in *Revue socialiste,* sept. 1903, p. 342.

vistes », ou que la « situation économique qu'est la propriété individuelle disparaisse ou doive disparaitre ». Sa thèse est simplement
que la notion juridique sur laquelle repose la protection sociale de
la propriété privée se transforme : la propriété individuelle cesse
d'être un droit de l'individu pour devenir une fonction sociale [1]; et
les cas d'affectation de richesse à des collectivités deviennent de
plus en plus nombreux; l'évolution de la propriété l'éloigne progressivement du *dominium* romain dont nous avons rappelé plus
haut les traits caractéristiques; « le système civiliste de la propriété
disparait parce qu'il n'avait été établi que pour protéger l'affectation
d'une chose à un intérêt individuel et qu'il ne peut servir à protéger
l'affectation d'une chose à un but collectif[2] ». Selon M. Duguit, la
propriété est avant tout pour le détenteur d'une richesse le devoir,
l'obligation d'employer la richesse qu'il détient « à maintenir et à
accroître l'interdépendance sociale » : il y a là une idée chère à
M. Duguit et qui se rattache étroitement à sa conception du droit
objectif et de la règle de droit; mais il lui semble aussi qu'*en fait* la
propriété tend à ne plus être le droit subjectif du propriétaire, mais
la fonction sociale du détenteur de la richesse. Le droit positif ne
protège plus le prétendu droit subjectif du propriétaire, mais il
garantit la liberté du détenteur d'une richesse de remplir la fonction
sociale qui lui incombe par le fait même de cette détention[3]; c'est à
cette notion de la propriété-fonction que M. Duguit rattache cet
ensemble de décisions légales et jurisprudentielles que l'on fait
d'ordinaire découler de la notion de l'abus du droit, de la limitation
du droit de propriété.

Le droit romain admettait que la propriété est un droit absolu : en
conséquence celui qui bouche les fenêtres de son voisin en construisant sur son propre terrain ne s'expose en principe à aucune responsabilité; de même le propriétaire qui coupe une source par des
travaux qu'il fait faire dans son propre terrain : ces dispositions
spéciales découlent très logiquement du principe *nullus videtur dolo
facere qui suo jure utitur*. On tend aujourd'hui à admettre au
contraire que tout droit exercé sans intérêt réel, sans motif légitime,
notamment dans l'intention de nuire à autrui, engage la responsabilité de son auteur. Des restrictions importantes sont apportées par

1. Duguit, *Les transformations générales du droit privé*, p. 146, 160.
2. *Ibid.*, p. 157.
3. *Ibid.*, p. 160.

la jurisprudence au droit de propriété[1] : la Cour de Cassation décidait déjà en 1876 qu'un recours, de la compétence des tribunaux ordinaires, est ouvert aux voisins contre un établissement dangereux, insalubre ou incommode, même si celui-ci a été ouvert avec l'autorisation administrative. Elle a décidé en 1902 qu'un propriétaire ne peut faire de fouilles dans son terrain lorsqu'elles sont sans objet et ont pour résultat de causer un dommage à la propriété du voisin. Certains tribunaux et certaines cours ont motivé les condamnations prononcées en se référant plus ou moins explicitement à une théorie de l'abus des droits[2]. « S'il est de principe, disait le 2 mai 1855 la Cour de Colmar, que le droit de propriété est un droit en quelque sorte absolu, autorisant le propriétaire à user et à abuser de la chose, cependant l'exercice de ce droit, comme celui de tout autre, doit avoir pour limite la satisfaction d'un intérêt sérieux et légitime. » « Attendu, disait le Tribunal de Gex le 27 juillet 1900, que X... ne peut sans abus maintenir un écran qui ne présente aucune utilité pour lui et ne saurait servir qu'à causer préjudice à ses voisins » : et il condamnait le propriétaire à enlever l'écran posé sur son propre terrain. Et la Cour de Cassation posait en principe que « si l'article 544 donne à chacun le droit de jouir et de disposer de sa chose de la manière la plus absolue, ce droit est tempéré par l'obligation naturelle et légale de ne causer à la propriété d'autrui aucun dommage. »

Cette jurisprudence a naturellement soulevé les protestations énergiques de ceux des juristes qui maintiennent la notion de la propriété conçue comme droit absolu : protestations assez vaines, car cette jurisprudence, qui a déjà pour elle de remonter à une date assez reculée, constitue un fait social devant lequel il n'y a qu'à s'incliner; la discussion peut au contraire porter utilement sur la signification qu'il convient de lui donner. M. Charmont continue à y voir une application de la théorie de l'usage abusif des droits : celui qui abuse de son droit engage sa responsabilité, et c'est abuser de son droit que d'agir dans l'intention de nuire, ou de ne pas user de sa propriété dans des conditions normales[3]. M. Planiol considère

---

1. Cf. Gautier, *Des restrictions apportées par voie d'interprétation judiciaire au droit de propriété*, Paris, 1902.
2. Voir les décisions et arrêts cités dans l'appendice IV de Duguit, *Les transformations générales du droit privé*, p. 196-202.
3. J. Charmont, L'abus du droit, *Revue trimestrielle*, 1902, p. 113 et suiv.; *Id.*, *Les transformations du droit civil.* p. 208.

cette théorie comme reposant tout entière sur un langage insuffisamment étudié et la formule « usage abusif des droits » comme une
véritable logomachie : si j'use de mon droit, observe l'éminent
civiliste, mon acte est licite, et quand il est illicite, c'est que je
dépasse mon droit et que j'agis sans droit; le droit cesse où l'abus
commence, et il ne peut y avoir usage abusif d'un droit quelconque,
par la raison qu'un seul et même acte ne peut être tout à la fois
conforme au droit et contraire au droit[1]. M. Duguit estime également que la théorie de l'abus des droits est contradictoire en soi[2].
Quelle signification doit-on dans ces conditions accorder à la jurisprudence dont nous avons rappelé quelques exemples typiques? Il
faudrait seulement en conclure, d'une part que les droits ne sont
presque jamais absolus, mais limités dans leur étendue et conditionnés dans leur exercice; et d'autre part que la vie du droit est
une vie intense, et que, selon l'heureuse formule de M. Planiol, il se
produit des variations considérables et continuelles dans l'idée que
les hommes se font de l'étendue de leurs droits[3]. La notion de la
propriété est certainement une de celles qui ont subi au cours de
l'histoire les transformations les plus notables et le siècle dernier
a été particulièrement plein à cet égard.

M. Charmont décrit avec détail les restrictions qui résultent pour
la propriété privée des obligations de voisinage, c'est-à-dire en
somme de la multiplicité des propriétés individuelles et de leur existence. Et l'on pourrait rappeler en l'occurrence cette jurisprudence
qui, en dépit de ce que la propriété du sol emporte la propriété du
dessus et du dessous (Code civil, art. 552), décide que l'on peut,
même dans un intérêt privé, sans que cela constitue nullement
une expropriation, et par conséquent sans que nulle indemnité soit
due, établir des fils télégraphiques et téléphoniques et des conducteurs d'énergie électrique sur des propriétés privées. M. Charmont énumère ensuite les limitations apportées à la propriété
privée dans l'intérêt de la salubrité et de la sécurité publiques, ou
dans un intérêt de conservation et de développement de la richesse
nationale : mines, minières, régime forestier, conservation des
monuments historiques, besoins de la défense, intérêt fiscal, monopoles fiscaux. De ces restrictions il ne nous est ici possible de citer

1. Planiol, Traité élémentaire de droit civil, t. II, nᵒˢ 871, 872 et 872 bis.
2. Les transformations générales du droit privé, p. 199.
3. Planiol, loc. cit., nᵒ 871.

que quelques-unes, parmi les plus significatives : le propriétaire n'a
pas dans tous les cas la liberté de construire à sa guise; il doit se
conformer au plan d'alignement. Dans les agglomérations de plus de
20 000 habitants le plan des constructions nouvelles doit être préalablement approuvé. L'ouverture des établissements dangereux,
incommodes ou insalubres implique des autorisations particulières.
Le propriétaire ne peut d'autre part cultiver sans contrôle : l'État
peut s'opposer au défrichement des bois situés sur le sommet ou la
pente des montagnes; il peut entreprendre, malgré la volonté du
propriétaire, le reboisement des dunes mobiles. Dans un autre ordre
d'idées le propriétaire qui laisse des ascendants ou des descendants
ne peut disposer de la totalité de ses biens; et l'existence des droits
de succession toujours croissants représente au profit de l'État un
véritable droit de prélèvement : M. Jaurès a bien marqué dans ses
Études socialistes les entraves au droit du propriétaire établies
par le droit successoral de la Révolution elle-même. Enfin de
toutes les atteintes à la propriété la plus grave est la possibilité de
l'expropriation : M. Clarmont s'attache à démontrer que les garanties
mêmes prises contre l'abus de l'expropriation ont une valeur plutôt
apparente que réelle : en principe, et d'après la *Déclaration des droits
de l'homme*, nul ne peut être privé de sa propriété si ce n'est lorsque
la *nécessité* publique l'exige évidemment, et sous la condition d'une
juste et préalable indemnité; mais l'article 545 du Code civil substitue
déjà l'utilité à la nécessité : en fait l'autorité compétente est souveraine appréciatrice de l'utilité et use fréquemment de l'expropriation
dans un simple but de meilleur aménagement ou d'embellissement;
en fait encore la faculté d'expropriation, qui n'appartient en principe
qu'à l'État, aux départements et aux communes, peut être exercée
par des Compagnies ou des individus chargés de l'exécution d'un
travail public : associations syndicales autorisées, concessionnaires
de mines ou de chemins de fer. Ainsi il ne dépend pas du propriétaire
d'éviter l'éviction; M. Clarmont essaye encore d'établir que le
propriétaire n'est nullement assuré d'être indemnisé d'une façon
suffisante ni de toucher l'indemnité d'expropriation avant d'être
dépossédé : le jury qui fixe l'indemnité à défaut de règlement amiable
est composé de membres désignés par le Conseil général, de sorte
qu'il suffirait de choisir ces membres dans le prolétariat pour enlever
à la propriété la garantie qui au premier abord paraît la plus certaine.
D'autre part l'administration, ayant la faculté d'occuper temporai-

rement des propriétés privées et d'en extraire des matériaux pour l'exécution des travaux publics, peut ainsi tourner en fait le principe d'après lequel l'indemnité doit être préalable, c'est-à-dire acquittée avant la prise de possession. L'expropriation apparaît ainsi comme menaçante pour la propriété privée : elle l'est d'autant plus que la notion d'utilité publique va en s'élargissant sans cesse ; « après avoir utilisé l'expropriation pour effectuer de grands travaux publics, on l'emploiera à constituer des monopoles fiscaux (raffineries, pétroles, assurances), à faciliter des constructions d'habitations salubres à bon marché, à faire opérer par les communes des achats de terrains de banlieue pour empêcher des actes de spéculation », etc. [1].

On a vu d'autre part que d'après le Code civil la propriété comprend le droit de retirer du sol, de l'atmosphère et du sous-sol tous les avantages qu'ils peuvent donner; la propriété du sol emporte celle du dessus et du dessous ; en principe le propriétaire du sol devrait donc avoir le droit d'exploiter lui-même le sous-sol, de céder son droit ou de s'abstenir. Mais lorsqu'il s'agit de mines une exception très grave est apportée au principe : l'État concède à qui bon lui semble ; par l'acte de concession il exproprie le propriétaire du sol en fixant au profit de ce dernier une redevance qui est le plus souvent insignifiante et qui descend fréquemment jusqu'à dix centimes par hectare. Quant au droit du concessionnaire, lequel n'a pour origine qu'une faveur de l'État, il est entouré de nombreuses restrictions, suspendu à l'éventualité d'une déchéance ou d'un retrait de la concession; l'administration peut sans cesse intervenir dans l'exploitation soit pour assurer la solidité du sol et protéger la santé publique, soit pour ordonner les mesures propres à protéger les ouvriers mineurs. Bref, comme dit très bien M. Charmont, « la législation des mines a porté un double coup à la propriété privée en réalisant une expropriation à peu près sans indemnité, et en créant un droit nouveau qui paraîtra moins respectable et sera par suite moins respecté » [2].

La propriété du propriétaire de source a subi également à la fin du XIXe siècle de graves restrictions. En principe, la propriété du sol emportant celle du dessus et du dessous; celui qui a une source dans son fonds peut en user à sa volonté et en disposer d'une manière

---

1. Sur tous ces points, voir Charmont, *Les transformations du droit civil*, p. 200-216.
2. Charmont, *ibid.*, p. 219.

absolue : c'est par respect pour l'article 552 du Code civil que l'on a en effet longtemps refusé toute protection au propriétaire des fonds inférieurs et d'autre part laissé les voisins altérer ou souiller par des fouilles les eaux de source. Mais, depuis la loi du 14 juillet 1856, les sources d'eaux minérales doivent donner lieu à une déclaration d'utilité publique et à la fixation d'un périmètre de protection dans lequel aucun sondage, aucun travail souterrain ne peut être effectué sans autorisation préalable. Et la loi du 8 avril 1898 est venue transformer la propriété des sources en un simple droit d'usage exclusif du droit de disposer, en un simple droit de jouissance de l'eau dans l'intérêt du fonds, « dans les limites et pour les besoins de l'héritage », selon les termes du nouvel article 642 du Code civil. Si, dès la sortie du fonds où elles surgissent, les eaux de source forment un cours d'eau offrant le caractère d'eaux publiques et courantes, le propriétaire ne peut les détourner de leur cours naturel au préjudice des usagers inférieurs (Code civil, art. 643). Enfin le propriétaire d'une source ne peut en user de manière à enlever aux habitants d'une commune, village ou hameau, l'eau qui leur est nécessaire (Code civil, art. 642). On a pu dire de la loi de 1898 qu'elle avait opéré une véritable expropriation sans indemnité.

La conclusion de M. Charmont est que la valeur et l'étendue du droit de propriété sont essentiellement variables, que ses limitations et ses restrictions se multiplient [1].

Mais le même auteur signale, dans un des chapitres les plus intéressants de son livre, qu'une évolution de la propriété en sens inverse s'est accomplie au cours du XIXe siècle en France, que la propriété s'est à certains égards faite plus absolue, plus rigoureuse, que la disparition des derniers débris du communisme agraire l'a rendue plus individuelle, plus exclusive [2]. La propriété sous l'ancien régime était incomplète, tempérée par le souvenir du communisme primitif; suivant la forte expression de M. Viollet [3], les droits de la communauté continuaient à projeter leur ombre sur les terres appropriées. Les retraits, le glanage, le grappillage, le parcours et la vaine pâture limitaient strictement l'exercice du droit de propriété. Le propriétaire n'avait un droit exclusif sur sa terre que jusqu'au

---

1. Charmont, *Les transformations du droit civil*, p. 232.
2. *Ibid.*, chap. XIII, p. 186-200.
3. Paul Viollet, *Histoire du droit français. Droit privé*, p. 474, cité par Charmont, *op. cit.*, p. 187.

moment où la récolte était enlevée; une fois les fruits enlevés, dit un vieil auteur, « la terre, par une espèce de droit des gens, devient commune à tous les hommes, riches ou pauvres également, et ce droit, qu'on nomme de vaine pâture, est incessible, inaliénable et imprescriptible comme celui de glaner, de grapter, de puiser de l'eau aux rivières publiques, lequel ne consiste qu'en une faculté ou liberté naturelle qui ne se perd pas par le non-usage ». On sait quel fut l'esprit de la législation révolutionnaire : on voulut réaliser la liberté et l'égalité des terres en même temps que la liberté et l'égalité des personnes; on voulut affranchir le sol en même temps que l'on affranchissait l'individu; on fit table rase de tous les droits enchevêtrés qu'avait légués l'époque féodale, des facultés de retrait qui entravaient la circulation des biens, de tous les droits inaliénables et irrachetables; on s'attacha à constituer ou à reconstituer le droit de propriété simple et unique, plein et libre, le *dominium* romain, à rendre le propriétaire maître absolu chez lui. On ne le fit pas sans soulever, de la part des pauvres et des communautés paysannes, des protestations souvent assez vives : on n'osa pas aller jusqu'à supprimer le parcours et la vaine pâture, mais on s'attacha à les restreindre le plus possible. Aux termes du décret des 28 septembre-6 octobre 1791 le territoire de la France, dans toute son étendue, est libre comme les personnes qui l'habitent; le droit de vaine pâture, accompagné ou non de la servitude du parcours, ne peut exister que dans les lieux où il est fondé sur un titre particulier, ou autorisé par la loi ou par un usage local immémorial. L'Assemblée nationale, considérant que le droit de clore ses héritages résulte essentiellement du droit de propriété et ne peut être contesté à aucun propriétaire, abrogeait toutes lois ou coutumes contraires à ce droit; décidait que le droit de parcours et le droit de vaine pâture ne pourraient en aucun cas empêcher les propriétaires de clore leurs héritages, et que, tout le temps qu'un héritage serait clos, il ne pourrait être assujetti ni à l'un ni à l'autre de ces droits. Tout droit de vaine pâture fondé sur un titre devenait rachetable à dire d'experts; le droit de parcours et celui de vaine pâture ne pouvaient s'exercer ni sur les prairies artificielles, ni sur les terres ensemencées avant la récolte. Le législateur est allé plus loin encore dans la même voie : le droit de parcours est purement et simplement aboli par la loi du 9 juillet 1889; la suppression n'en donne lieu à indemnité que s'il a été acquis à titre onéreux; le droit de vaine pâture ne fait jamais obstacle à la faculté que conserve tout propriétaire de se clore, et tout terrain clos est affranchi de la vaine pâture. Enfin la loi du 22 juin 1890 fait disparaître en principe le droit de vaine pâture : pourtant l'article 2 permet aux ayants droit ou au conseil municipal de la commune de réclamer le maintien du droit de vaine pâture, fondé sur une ancienne loi ou coutume, sur un usage immémorial ou sur un titre; et aux termes de l'article 12 la vaine pâture fondée sur un titre et établie sur un héritage déterminé, soit au profit d'un ou plusieurs particuliers, soit au profit de la généralité des habitants d'une commune, est maintenue et continue de s'exercer conformément aux droits acquis, mais le propriétaire de l'héritage grevé garde toujours la faculté de s'en affranchir, soit moyennant une indemnité fixée à dire d'experts, soit par voie de cantonnement. Ce n'est pas ici le lieu d'examiner les difficultés qui se sont posées devant les tribunaux pour l'interprétation de ces dispositions législatives, quand il s'est agi de savoir si, dans un cas déterminé, telle vaine pâture devait être considérée comme une vaine pâture coutumière, abolie par les lois du 9 juillet 1889 et du 22 juin 1890, ou comme une vaine pâture servitude maintenue de plein droit, et seulement rachetable aux termes de l'article 12 de la seconde de ces lois[1]. Ce qu'il importe seulement de savoir c'est qu'en fait les communes ont vainement revendiqué les droits de pâture fondés sur des actes très anciens en soutenant que ces actes étaient des titres constitutifs de vaine pâture servitude : tous les titres invoqués ont été considérés par les tribunaux comme réglementant une vaine pâture coutumière. On peut donc s'associer aux conclusions que M. Charmont apporte à cette partie de son étude[2] : « l'exception apportée aux principes de l'abolition des droits de vaine pâture peut être tenue pour illusoire. Sans le vouloir, peut-être sans s'en douter, le législateur a fait prévaloir la plus rigoureuse conception de la propriété foncière. Ainsi la propriété privée devient plus exclusive, plus rigoureuse, plus unitaire. »

De ces faits aussi on aurait tort de tirer une conclusion trop générale et trop absolue : si caractéristiques qu'ils soient en un sens, il serait dangereux d'en vouloir forcer la signification; si nous y avons insisté longuement, ce n'est certes pas que nous en méconnaissions la portée limitée, mais c'est qu'il était utile peut-être d'insister sur

1. Cf. Charmont, *op. cit.*, p. 195-198.
2. *Ibid.*, p. 198.

ce fait que l'évolution du droit de propriété ne se fait pas avec la simplicité radicale imaginée par ceux qui y lisent la disparition à brève échéance de la propriété privée : il y a à ce sujet des illusions très répandues qu'il ne serait pas superflu de dissiper; si l'on en avait le loisir on pourrait faire observer d'abord que quelques-unes des « transformations » qui seraient les plus significatives si elles étaient réelles ne sont jusqu'à nouvel ordre que des desiderata idéologiques ignorés par la loi positive : M. Duguit n'a peut-être pas attaché assez d'importance à la judicieuse objection que lui avait faite en ces termes M. Jèze : « Nous admettons que nous marchons vers un système de droit où la propriété aura pour fondement l'obligation du propriétaire de remplir une certaine fonction; mais nous n'y sommes point encore parvenus; et la preuve en est que pas une législation n'impose encore au propriétaire l'obligation de cultiver son champ, d'entretenir sa maison, de faire valoir ses capitaux; et cependant ce serait la conséquence logiquement nécessaire de la notion de propriété-fonction [1] ».

On devrait ensuite examiner avec critique les transformations du droit de propriété au siècle dernier et l'on s'apercevrait que, parmi les institutions et les tendances d'où l'on prétend dégager ces transformations, les unes ne sont point si nouvelles et les autres ne sont point si révolutionnaires qu'on le dit. En ce qui concerne la théorie de l'abus du droit, M. Charmont en a retrouvé les germes, et plus que les germes, dans le droit romain; il a également signalé dans le droit romain même très ancien nombre d'exemples de restrictions apportées au droit du propriétaire dans l'intérêt des voisins : « le *spatium legitimum*, l'*ambitus*, l'obligation pour celui qui laboure ou qui construit de réserver un certain espace à la limite de son terrain, l'obligation de recevoir les eaux qui s'écoulent naturellement d'un fonds supérieur, la *stipulatio damni infecti* [2] ». Mais si le droit romain était un droit individualiste, et si ces dispositions faisaient partie intégrante du droit romain et s'incorporaient à son ensemble sans en troubler le moins du monde l'économie ni en altérer l'esprit, comment peut-on dire que la jurisprudence de l'abus du droit ou les restrictions apportées au droit de propriété sonnent le glas de l'individualisme juridique?

1. G. Jèze, in *Revue du droit public*, 1909, p. 193, cité par Duguit, *Les transformations générales du droit privé*, p. 162.
2. Charmont, *Les transformations du droit civil*, p. 203.

Et de même quel abus ne fait-on pas de la notion de l'expropria
tion pour cause d'utilité publique pour représenter le système juridique régnant comme un droit autoritaire et déjà socialiste? Le citoyen
ne peut en principe être exproprié de son bien que pour des objets
importants au salut général : forts, casernes, hôpitaux, voies de communication; il ne suffirait pas que la collectivité pût tirer d'une
expropriation un avantage quelconque, si minime ou si frivole qu'il
dût être, pour avoir la faculté d'user de ce droit. Au reste s'il est
vrai, comme on le dit souvent, que dans l'expropriation le droit individuel se courbe devant le droit social, il n'est pas moins exact de
prétendre que le droit social se courbe devant le droit individuel :
l'expropriation pour cause d'utilité publique, soumise à la condition d'une juste et préalable indemnité, n'est point la négation de la
propriété, elle en est au contraire la plus énergique affirmation [1];
elle n'est point, en effet, décrétée arbitrairement par la collectivité,
mais précédée d'une longue série d'enquêtes et de démarches; le
besoin impérieux ressenti par la société est porté à la connaissance
de l'individu propriétaire et membre de la société, soumis, avant
toute action coercitive, à sa propre appréciation; on lui demande
de céder son bien en nature, mais pour en recevoir au moins l'exacte
valeur et pouvoir acquérir en conséquence un bien équivalent; et si
un accord ne s'établit pas, le différend est soumis à un jury composé,
non d'organes du gouvernement, mais de citoyens libres dont le
recrutement est une assez sûre garantie que l'expropriation n'équi-
vaudra point à une spoliation. Et là pratique confirme ici encore ce
qu'enseigne la théorie; ce n'est pas assez d'avoir lu les articles des
Codes, des lois et réglements relatifs à l'expropriation, il faut encore
avoir participé au travail qui se fait devant les jurys d'expropriation
pour comprendre combien le principe de l'expropriation est peu
menaçant pour la propriété : très généralement les jurys accordent
plus du double de la somme offerte par l'Administration; il est assez

1. Nous écartons ici la question de l'expropriation avec ou sans indemnité,
quæstio vexata parmi les socialistes et qui n'a d'ailleurs pas, du point de vue
socialiste même, l'intérêt que l'on croit. Condamnée comme une spoliation par
la conscience juridique moderne. l'expropriation sans indemnité n'est ni de
droit bourgeois, ni de droit socialiste : elle est purement antijuridique. On est
heureux de trouver tout récemment sous la plume d'un des plus profonds et
des plus originaux penseurs socialistes contemporains, M. Otto Effertz, la condamnation de l'idée d'expropriation sans indemnité (*L'étatisme des entreprises
et des propriétés*, in *Revue socialiste*, 15 oct. 1913, p. 311 et suiv.); on peut seulement regretter que cette condamnation ne soit motivée dans l'article de
M. Effertz que par des considérations de tactique et d'opportunité.

connu que l'expropriation d'un fonds de terre ou d'un bâtiment
constitue pour le propriétaire exproprié une bonne et parfois une
magnifique affaire, une occasion providentielle escomptée longtemps à l'avance, et l'on sait à quelle spéculation à la hausse sont
soumises les parcelles que l'on croit devoir être comprises dans un
plan d'expropriation.

Une critique rigoureuse ne laisserait pas non plus subsister
grand'chose des rêveries mystiques sur la transsubstantiation de la
propriété privée en propriété collective sous les espèces de la société
anonyme : c'est là, comme l'a montré excellemment M. Colson, une
vue séduisante en apparence, mais purement superficielle et illusoire : ceux qui la partagent « se trompent en fait, car si grand que
soit le développement pris par cette catégorie de biens, elle ne
représente encore que la moindre part des richesses accumulées par
l'humanité, et rien ne permet de supposer qu'elle puisse un jour les
englober intégralement; ils se trompent surtout au point de vue
économique, car le fait que la personnalité de la société anonyme
s'interpose entre les biens possédés et les actionnaires, qui en sont
au fond les vrais propriétaires, n'empêche pas les droits de chacun
de ceux-ci d'avoir un caractère essentiellement individuel[1] ».

Enfin il ne faut pas oublier que si le droit moderne restreint la
sphère des choses qui peuvent être appropriées et les droits du propriétaire, il a d'autre part, en protégeant les droits d'auteur et les
brevets d'invention, créé la propriété littéraire, industrielle et
artistique, c'est-à-dire engendré des valeurs, des richesses, des
biens destinés à la propriété individuelle, susceptibles d'appropriation privée, et diminué d'autant la sphère des choses qui,
pour employer les termes de l'article 714 du Code civil, n'appartiennent
à personne et dont l'usage est commun à tous. Sans doute le monopole temporaire que la loi reconnaît aux auteurs et aux inventeurs
n'est pas un droit de propriété *stricto sensu*, mais il en est une sorte
d'équivalent précaire : ce qu'il fallait signaler, c'était seulement la
création par le droit contemporain de droits individuels nouveaux
qui portent en eux quelque chose du droit de propriété; c'est l'extension à des droits incorporels de dispositions juridiques qui autrefois
ne s'appliquaient qu'aux objets matériels.

En voyant disparaître les dernières traces des anciennes commu-

1. Colson, *Cours d'Économie politique*, t. II, p. 91-92.

nautés, en voyant naître des droits nouveaux comme ceux dont nous
venons de parler et dont la liste est sans doute destinée à s'allonger
— la propriété littéraire et industrielle est d'hier, la propriété commerciale est de demain — n'a-t-on pas le droit de parler, avec certains
économistes et juristes libéraux, d'un développement continu de la
propriété, mesurant le progrès de la civilisation, d'une individualisation générale de la propriété dans les temps modernes[1]?

Cette conclusion, elle non plus, ne serait point justifiée si l'on voulait
en faire la formule générale de l'évolution moderne du droit : contre
elle s'insurgent tous les faits dont nous n'avons pu signaler qu'un
petit nombre au passage. Et de même les faits que nous venons de
rappeler empêchent de se rallier sans réserve à la formule inverse.
De l'étude qui précède il n'est qu'une conclusion que l'on puisse
tirer à bon droit, et cette conclusion est négative : trop de tendances
diverses travaillent le monde contemporain, trop d'éléments irréductibles ou hostiles se trouvent en présence pour qu'il soit aujour-
d'hui possible de dégager le sens de l'évolution du droit. A défaut
d'une vérité générale qui échappe, nous devons nous contenter de
vérités partielles que l'avenir conciliera peut-être. Il est vrai que sur
certains points le droit social empiète sur le droit individuel, et il
est non moins vrai que sur d'autres points le droit individuel gagne
sur le droit social; ni l'un ni l'autre n'a disparu; l'ordre juridique
est aujourd'hui comme toujours un compromis entre l'un et l'autre,
entre les droits impartis à la collectivité et ceux dont l'individu est
titulaire; dans notre système juridique comme dans tout système
juridique on les retrouve combinés en une certaine proportion et
selon une certaine formule caractéristique. La liberté individuelle se
restreint, mais en même temps elle s'étend : des lois faites au profit
des ouvriers, des femmes les protègent en en faisant partiellement
des incapables, en leur interdisant certaines conventions, certaines
activités; demain l'instauration du minimum légal de salaire pour
les ouvrières travaillant à domicile viendra restreindre la liberté
de contracter pour toute une population ouvrière et féminine; mais
en un autre sens la femme est moins protégée : marchande publique
elle peut, sans l'autorisation de son mari, s'obliger pour ce qui concerne son négoce et reprend donc partiellement sa capacité civile;
séparée de corps, elle la reprend totalement; maîtresse de ses éco-

1. Colson, *Cours d'Économie politique*. t. II, p. 21, 39, 45, 51, 92.

nomies et de son salaire, il n'est pas impossible qu'on lui reconnaisse
bientôt le droit d'engager ses services librement en dépit de l'autorité maritale. Les formalités concernant le consentement des parents
au mariage sont simplifiées et abrégées, la résistance des parents
brisée, et par conséquent le mineur moins protégé contre les conséquences d'un entrainement passager, de l'inexpérience ou de la
passion. La volonté subit des entraves nouvelles, mais elle connait
aussi des libertés inconnues. Le contrat recule devant le statut;
mais il fait des conquêtes inattendues, et le mariage lui-même n'est
plus qu'un contrat, et peut-être hélas! de tous les contrats celui que
l'on déclare avec le moins de risques et de frais et de scrupules. La
responsabilité objective gagne du terrain; mais dans la pratique,
sinon dans les théories des logiciens à outrance, rien ne permet
d'affirmer que la responsabilité subjective soit vouée au néant. La
propriété collective s'étend, mais la propriété individuelle reçoit des
applications nouvelles : on n'a pas le droit de dire que la propriété
individuelle devient collective ou que la propriété collective devient
individuelle, mais on sera sûr de ne se point tromper en disant qu'il
y a des propriétés individuelles qui deviennent collectives et inversement des propriétés collectives qui deviennent individuelles. Et
s'il est vrai que le droit public se transforme comme le droit privé,
que la notion de service public y prend tous les jours plus de place
et en devient la notion fondamentale, comme le montre très bien
M. Duguit dans son livre sur *Les transformations du droit public*, si
même l'on peut admettre que le domaine de la souveraineté de
l'État se restreint de plus en plus, que la loi dans des cas de plus en
plus nombreux perd son caractère impératif pour se rapprocher du
contrat; que les actes administratifs sont progressivement soumis
au contrôle juridictionnel, et que la responsabilité de l'État et des
fonctionnaires tend à se développer, il ne suit pas de là que l'on soit
fondé à considérer la notion de service public comme ayant « remplacé » celle de souveraineté, et l'État comme ayant cessé d'être une
puissance commandante : les lois sur l'instruction publique, sur
l'hygiène, sur la condition des travailleurs révèlent un immense
développement du pouvoir contraignant de l'État et il y a de bonnes
raisons de penser, malgré tout, que l'*imperium* et la *majestas* ne sont
pas des choses du passé, mais les éléments essentiels et caractéristiques de tout ordre juridique.

　Quoi qu'il en soit, les difficultés mêmes que soulève l'interprétation des transformations récentes ne peuvent être que fécondes pour la science du droit. La confusion que présente le spectacle du droit contemporain à une époque critique de son développement ne peut que stimuler la recherche et la réflexion; les exagérations même qu'il n'aura peut-être pas été inutile de signaler sont à cet égard très significatives. La richesse de la réalité explique aussi la multiplicité des théories qui s'efforcent en vain de la saisir tout entière et qui ne parviennent qu'à en exprimer des aspects partiels : du rapprochement, de la confrontation et de la critique des théories unilatérales on peut espérer que sortira une vue plus large à la fois et plus exacte du vaste monde juridique. Si l'on a pu faire sentir au cours de cette étude ce qu'il y a de confus, de chaotique et d'indécis dans la réalité présente, combien elle porte en elle de possibilités et de promesses dont quelques-unes seulement se réaliseront pleinement, on aura presque rendu compte par là même de l'état actuel de la philosophie du droit. Car ce sont les faits qui posent à l'esprit les questions et qui lui suggèrent les réponses.

EDMOND LASKINE.

QUESTIONS PRATIQUES

LE DROIT DE L'ÉLECTEUR

La législation électorale est une question de politique utilitaire, assurément, mais c'est aussi, et surtout, une question morale.

On bataille au Parlement pour des intérêts de tous genres. Mais des intérêts, lors même qu'ils ne sont pas des intérêts personnels, sont toujours des contingences. Or, lors même qu'il vise des contingences, l'homme ne peut échapper à la loi de sa nature qui l'oblige à rattacher autant qu'il peut le relatif à l'absolu, c'est-à-dire à fonder sur des principes ses vœux et jusqu'à ses caprices mêmes. On pose donc des principes : chaque parti se réclame d'une doctrine qu'il tient pour l'expression de la raison et de la vérité. La doctrine sur laquelle a reposé jusqu'à présent notre législation électorale a été la doctrine majoritaire ou la loi du nombre. Cette doctrine ne paraît pas bonne, et pour beaucoup d'excellents esprits le moment est venu de lui en substituer une autre.

On sait en quoi elle consiste. Elle a été formulée avec une précision élégante dans l'amendement fameux dont le vote par le Sénat arrêta pour un temps la réforme électorale votée par la Chambre des Députés : « Nul ne peut être élu s'il a moins de voix que ses concurrents. » Ainsi c'est le nombre des voix obtenues, *et rien autre chose*, qui décide en France les élections politiques. Voilà contre quoi il y a lieu, selon nous et selon bien d'autres, de protester.

La loi du nombre est une loi abstraite et brutale, comme tout ce qui est mathématique, une loi purement formelle qu'aucun esprit n'anime, et qui, par conséquent, ne peut intervenir où il s'agit du droit, nous voulons dire du droit considéré dans sa vérité idéale.

Nul ne songe à prétendre que d'une proposition géométrique il soit possible de tirer une vérité morale. Pourquoi donc veut-on que le nombre, en tant que nombre et par lui-même, puisse fonder un droit? Voilà bien pourtant ce que signifie la thèse majoritaire. Parce que nous sommes dix mille quand vous êtes neuf mille neuf cent quatre-vingt-dix, nous avons le droit que vous n'avez pas de nommer un député. Quelques voix, une seule même, en plus ou en moins, créent un droit ou l'annihilent! Ainsi le droit électoral ne tient pas à la qualité de citoyen, il tient au nombre que les citoyens forment. Est-il rien de plus absurde? Pour qui connait le droit, le droit ne vient pas du dehors, il vient du dedans. Il a son fondement dans la nature humaine, non dans le hasard des circonstances ni dans les arbitraires volontés des hommes. Il est en soi, en ce sens qu'on peut le méconnaître, le nier, non l'empêcher d'être. Par conséquent, le nombre ne le crée ni ne l'accroît; et des droits ne grossissent pas en se répétant, comme grossit le poids d'un sac de blé par l'accumulation des grains de blé qu'on y verse.

Que le droit de l'électeur étant bien établi comme naturel et primordial, on compte le nombre des voix pour proclamer élu celui qui a obtenu la majorité, rien de mieux; mais ce n'est pas cela que veut la doctrine majoritaire, ou du moins ce n'est pas cela seulement. Elle veut encore que la capacité d'élire appartienne aux électeurs exclusivement en vertu du nombre qu'ils forment; de sorte que le droit d'élection appartient, non à chacun d'eux, mais à leur groupe, et que le droit du groupe même tient uniquement à ce qu'il est plus grand qu'aucun des groupes adverses. Il est facile de s'en rendre compte.

D'abord il est évident que dans le système majoritaire le citoyen qui n'est pas de la majorité n'élit personne et n'élit pas. Peut-on dire de celui qui n'élit pas qu'il est électeur? C'est absurde assurément. Donc il s'en faut que tous les citoyens français soient électeurs. Ils sont tous votants; mais dans le système majoritaire voter et élire ne sont pas la même chose, ce sont au contraire deux choses bien différentes. Le système donc affirme implicitement que tous les Français ont le droit de vote, mais que le droit d'élection appartient exclusivement à ceux d'entre eux qui ont le bonheur de trouver pour s'ajouter au leur les votes de la majorité de leurs concitoyens. Voilà donc ce qu'est devenu le suffrage universel : droit de voter pour tous, droit d'élire pour quelques-uns.

Mais qu'est-ce que le droit de voter pour qui n'élit pas? Rien de plus que le plaisir ou l'honneur de mettre dans une urne un morceau de papier blanc, c'est-à-dire une dérision. Comment même peut-on prononcer le mot de vote pour désigner une opération semblable? Voter c'est exercer la fonction électorale, et exercer la fonction électorale c'est élire; de même qu'exercer la fonction digestive c'est digérer, parce qu'il n'y a pas de fonction digestive où il n'y a pas de digestion. Celui donc qui n'élit pas ne vote qu'en apparence. Il exécute le geste du votant, et c'est tout. Il y a dans le vote, outre le geste qui est une fonction physique, l'exercice d'une fonction morale et politique sans lequel il n'est rien. Le système majoritaire supprime cette fonction et la reporte de l'individu au groupe, à la condition encore qu'il ait sur les groupes similaires l'avantage du nombre. Ainsi ce n'est pas au citoyen qu'appartient par droit de naissance et de nationalité le pouvoir d'élire en matière politique, c'est à une collectivité qui n'est qu'une juxtaposition momentanée de volontés semblables, comme un tas de sable est une collection de grains de sable rapprochés les uns des autres. Peut-on même dans de telles conditions parler du citoyen? Un homme qui ne possède aucun droit politique naturel, — ni aucun autre droit, car tous les autres droits s'en vont avec celui-là, — n'est plus un citoyen, mais un individu quelconque, une unité abstraite, l'un des grains de sable du tas. Belle conception en vérité de la nature de l'homme comme personne morale et comme être social!

Que le nombre des voix obtenues intervienne nécessairement pour rendre une élection possible, on ne le conteste pas. Il est trop clair que chaque électeur ne peut pas prétendre élire à lui seul un député. Mais il n'est pas moins certain que le droit électoral appartient au même titre et au même degré à tous les citoyens en tant qu'ils sont citoyens. Et, s'il est commun à tous, il doit être également respecté en tous. Les majoritaires soutiendront-ils que dans leur système cette condition est remplie? Elle ne l'est pas au moins pour les électeurs d'une minorité; elle ne l'est pas même, au fond, pour ceux de la majorité, puisque ce qui élit ce ne sont pas ceux qui ont donné leurs voix, mais le groupe qu'ils forment.

À en juger d'après les raisons par lesquelles on prétend la justifier la thèse majoritaire repose sur une confusion d'idées vraiment étrange. Si dans les élections politiques le vote du citoyen signifiait une prétention d'imposer sa volonté à tous ses concitoyens, on serait fondé à dire que cette prétention est injuste et absurde, et que la volonté générale doit l'emporter sur les volontés particulières. Mais ce n'est pas d'imposer une volonté qu'il s'agit, c'est seulement de

l'exprimer. Vous ne ferez pas ce que nous voulons si vous êtes plus
nombreux que nous, c'est entendu; mais le droit de décider comme
il vous plait n'emporte pas pour vous celui d'étouffer nos voix. Or
l'effet direct du système majoritaire c'est justement de fermer la
bouche à tout ce qui n'est pas de la majorité. Dans les petites cités
antiques les citoyens réunis sur la place publique pour délibérer sur
les affaires de l'État pouvaient en toute liberté formuler leur avis, et
essayer de le faire admettre par la majorité de l'assemblée. Une telle
manière de procéder est impossible dans nos grands États modernes.
Tous ne peuvent pas parler, tous ne peuvent pas surtout émettre un
vote direct, au sujet des résolutions à prendre. Mais cette circonstance ne supprime pas le droit du citoyen à parler et à voter : autrement que reste-t-il du régime démocratique? De là l'institution d'une
représentation nationale. Quelques-uns, spécialement choisis par
leurs concitoyens pour cette fonction, parleront et voteront pour
tous. Que vient faire ici le système majoritaire, et que dit-il, sinon
qu'il y aura dans chaque circonscription électorale un nombre plus
ou moins grand de citoyens qui n'auront pas de représentants au lieu
où l'on délibère et où l'on décide, de sorte que tout se fera en dehors
d'eux, délibération et décision. Est-ce juste? Est-ce démocratique?
Est-ce le suffrage universel?

Il faut donc que le régime électoral soit établi dans des conditions
telles que tout groupe suffisamment important d'électeurs puisse
envoyer au Parlement un nombre de mandataires correspondant à
son importance; nous disons d'électeurs d'une circonscription déterminée, et non pas de tous les électeurs professant une même opinion
qui sont répandus sur la surface du pays. Il y a là un point essentiel que du reste nous retrouverons plus loin. Voyons comment ces
conditions pourront être remplies.

Si nous sommes dans le pays dix millions de citoyens ayant droit
au vote politique, chacun de nous est un dix-millionième de la souveraineté nationale. Non pas que la souveraineté nationale puisse se
scinder : elle est une en soi; mais la nation aussi est une, et cela ne
l'empêche pas de se composer d'individus. Si la nation est dans les
individus, la souveraineté de la nation ne peut manquer d'y être
également. D'ailleurs, si elle ne s'exerçait pas par les individus, où
en serait l'organe? Chaque individu donc y participe, comme citoyen,
pour un dix-millionième. Jamais, que nous sachions, cette doctrine
n'a été contestée, et l'on ne voit pas comment elle pourrait l'être.

Admettons-la. Il en résulte avec évidence que, si nous sommes dans ma circonscription cent mille électeurs, et qu'il y ait dix députés à élire, j'ai droit pour ma part à un dix-millième de député. Mon candidat a donc, de par mon vote, un dix-millième de droit à un siège. C'est trop peu pour que le siège doive lui être attribué ; mais si neuf mille neuf cent quatre-vingt dix-neuf autres citoyens ont voté comme moi, ces dix mille dix-millièmes réunis constituent à ce candidat le droit complet au siège ; et, s'il ne l'obtient pas, nous sommes fondés, nous qui lui avons donné nos suffrages, à taxer d'injustice envers lui et envers nous la législation qui le lui refuse. Ainsi le seul système qui soit respectueux de la justice et qui maintienne l'égalité entre les citoyens c'est celui du *quotient électoral.*

A cela qu'objecte-t-on? Qu'il est inadmissible qu'un candidat qui a obtenu dix mille voix soit proclamé élu alors qu'un autre qui en a obtenu cinquante mille ne l'est pas. Mais il y a là un trompe-l'œil : aucun candidat, dans notre circonscription, n'a pu obtenir plus de dix mille voix. Voici pourquoi.

Supposons l'élection faite d'après le système majoritaire. Deux listes, A et B, étaient en présence. La liste A a obtenu soixante mille voix, la liste B quarante mille. Les dix députés élus appartiennent donc à la liste A. Dire que ces dix députés ont obtenu chacun soixante mille voix c'est dire, sous une autre forme, que chacun des électeurs qui ont voté pour la liste A a élu dix députés. D'où leur vient ce pouvoir d'élire chacun dix députés alors que les partisans de la liste adverse n'ont pu en élire un seul? Uniquement de cette circonstance accidentelle, et tout à fait étrangère aux droits du citoyen, que chacun de ces privilégiés a trouvé soixante mille autres électeurs pour voter comme lui, tandis que chacun des autres n'en a trouvé que quarante mille. Et voilà la raison pour laquelle le système majoritaire fait des quarante mille partisans de la liste battue des citoyens *diminués*, des *outlaws* dans la République!

Remarquons encore ceci. Il y a un système de vote plural qui consiste à donner à un même électeur plusieurs suffrages. Croit-on que l'attribution à un même électeur du droit d'élire plusieurs députés ne rentre pas dans ce système, et ne crée pas pareillement des privilèges? Voter plusieurs fois alors que d'autres ne votent qu'une fois, et faire plusieurs élus alors que d'autres n'en font qu'un, ou n'en font aucun, sont-ce deux choses différentes pour le fond? Ainsi c'est, sous une autre forme, mais très réellement, le vote plural qu'institue le principe majoritaire. Si c'est là ce que veulent les partisans de ce principe, qu'ils le disent!

La vérité est qu'un électeur ne peut élire qu'un député; encore ne l'élit-il que pour le quantième qu'il représente dans le quotient électoral. Sans doute, avec le scrutin de liste, chaque électeur vote pour plusieurs candidats à la fois, mais il n'en élit qu'un seul; ou, si l'on veut qu'il en élise plusieurs, ce sera avec une capacité électorale qui, se divisant entre plusieurs candidats, sera moindre à l'égard de chaque député élu par lui que celle d'un autre électeur qui n'élit qu'un seul député. Cent mille électeurs et dix députés à élire, cela porte la capacité électorale de chaque électeur à un dix-millième de député. Dix mille électeurs élisent ensemble un député, chacun avec leur capacité électorale entière. Si l'on veut que soixante mille électeurs élisent ensemble six députés, cela peut s'accorder, mais c'est avec une capacité électorale qui n'est pour chaque élu que d'un soixante millième de député; de sorte que chacun des six députés est bien élu par soixante mille électeurs, mais ce sont des électeurs dont la capacité électorale est réduite au sixième. Du reste, avec cette interprétation du scrutin, les électeurs des six députés retrouvent leur capacité électorale entière, et la même que celle des électeurs du député unique, puisque, si elle se partage entre six candidats, les six candidats étant élus, elle n'a subi aucune perte. L'égalité alors règne entre les citoyens quant à la capacité électorale.

La capacité électorale est un point que les théoriciens du droit ont pour la plupart laissé dans l'ombre; c'est pourtant le point essentiel à considérer. L'égalité des droits, personne ne la nie; mais sur quoi porte-t-elle et comment l'assurer? S'imaginer qu'il suffit pour résoudre ce problème de donner à tous les citoyens le même bulletin de vote est une grande illusion. La question n'est pas si simple, et elle exige une solution moins sommaire. L'égalité n'est qu'apparente si tous ayant le même bulletin, ce bulletin n'a pas dans les mains de tous la même valeur; si par exemple, en raison de circonstances tout extérieures et étrangères au droit électoral, tel bulletin vaut pour l'élection de plusieurs députés, alors que tel autre est sans efficacité pour l'élection d'un seul, et par conséquent est sans valeur aucune. Un électeur ne peut nommer qu'un député, et tout électeur doit en nommer un: voilà le principe. Hors de là toutes les combinaisons imaginables ne peuvent aboutir qu'à créer des privilèges.

Quant aux moyens pratiques de réaliser l'égalité dans la capacité électorale de tous les citoyens, il y en a un, la représentation
proportionnelle avec le quotient électoral; mais c'est en vain qu'on
en chercherait un autre. L'égalité du droit électoral et la R. P. sont
deux choses indissolublement unies et qui se donnent réciproquement.

II

Si les considérations que nous venons de présenter sont justes,
le grand argument des partisans du système majoritaire, à savoir
qu'il est absurde qu'un candidat soit élu contre un concurrent qui a
obtenu plus de voix que lui, tombe. Mais on en présente un autre,
tout à fait étrange, et qui ne repose que sur une confusion d'idées
incompréhensible chez des hommes qui doivent être habitués à
réfléchir. On pose en principe que, lorsque des individus assemblés
ont à délibérer sur des questions intéressant la collectivité qu'ils
forment, c'est la majorité qui décide : et cela est évidemment juste.
Mais on prétend faire l'application de ce principe aux élections
législatives, comme si une décision à prendre et des mandataires à
choisir, chargés de prendre cette décision, étaient la même opération,
et comme si le droit qu'a la majorité de s'imposer dans le premier
cas impliquait dans le second un droit semblable! Sans doute
l'application du principe est inévitable s'il n'y a qu'un mandataire à
élire, comme il arrive avec le scrutin d'arrondissement; mais quelle
nécessité y a-t-il que les collèges électoraux n'élisent chacun qu'un
seul député? Si l'on veut donner une représentation aux minorités,
le scrutin de liste s'impose. Dans chaque circonscription la majorité
aura naturellement le plus grand nombre de députés; la minorité
aura les siens, mais en moindre nombre. Au Parlement les opinions
les plus en faveur dans le pays l'emporteront dans les débats législatifs. Tout sera dans l'ordre. Les majorités seront maîtresses de la
direction des affaires publiques, et les minorités n'auront pas à se
plaindre, parce qu'il est juste et nécessaire qu'elles acceptent la loi
du nombre. Mais veut-on la représentation des minorités?

On dit la vouloir. M. Clémenceau, dans son discours du 18 mars 1913,
déclare que, « si l'on trouve un système de représentation des
minorités qui soit compatible avec le régime majoritaire », il
l'accepte. Voilà un *si* qui ne laisse pas d'être inquiétant; car la

représentation des minorités dans le régime majoritaire c'est, ni plus ni moins. la quadrature du cercle[1]. Un peu plus loin M. Clémenceau « estime que le moyen de se procurer la représentation des minorités est beaucoup moins nécessaire que la présence des minorités elles-mêmes ». Ceci manque de clarté, car on se demande comment des minorités peuvent être présentes sans être représentées, ou représentées sans être présentes. Quoi qu'il en soit, il paraît certain qu'à part quelques individualités, les partisans du système majoritaire ne tiendraient pas à voir les minorités disparaître tout à fait. On leur laissera une petite place parce qu'elles sont utiles. Une opposition a du bon : qui n'entend qu'une cloche n'entend qu'un son, et il peut venir d'ailleurs que de chez nous des réflexions sensées. Les minorités subsisteront donc, parce qu'il y aurait plus d'inconvénients que d'avantages à les proscrire : raisonnement vraiment déconcertant chez des hommes qui font profession d'aimer par-dessus tout la justice et le droit. En vertu de la loi majoritaire les minorités n'ont pas de droits, du moins de droits électoraux. Un citoyen qui ne pense pas comme la majorité de ses concitoyens peut tout dire, tout écrire, presque tout faire; mais la loi de son pays le met dans l'impuissance d'exprimer ses opinions par un vote. Sa liberté, absolue de tous les autres côtés, est nulle de celui-là, puisque son impuissance à la réaliser est totale. Si cependant on lui permet de faire entendre sa voix par mandataire dans les conseils de la nation, c'est pure tolérance, et seulement parce qu'il se pourrait d'aventure qu'il y eût utilité à ce que sa voix fût entendue. Tout cela est bien étrange et bien illogique; mais passons. Supprimer les minorités, on ne le peut. On ne le veut pas non plus, et même on veut qu'elles soient représentées. Comment cette bonne volonté du législateur à leur égard aura-t-elle son effet?

D'une manière très simple, au sens de certains majoritaires. Par le seul fait que des majorités diverses existent sur divers points du

---

1. On a parlé récemment d'un « vote double ». Dans une circonscription appelée à élire par exemple cinq députés, chaque électeur pourrait donner six suffrages, et attribuer deux de ces suffrages à un même candidat. Il pourrait y avoir là une légère atténuation aux injustices criantes du régime majoritaire pur. Mais quoi de plus arbitraire que cette combinaison, et comment y voir autre chose qu'un caprice du législateur? C'est un os à ronger qu'on jette dédaigneusement aux minorités, rien de plus. Si le système majoritaire est conforme à la raison et à la justice, cette concession est inutile et inopportune; s'il a tort, elle est insuffisante, dérisoire, et ne rime à rien. Au reste la commission du Sénat s'est empressée de l'écarter.

pays, les opinions qui n'obtiennent pas de représentants dans telle circonscription en obtiennent dans telle autre; d'où il résulte que toutes
les opinions qui comptent un peu se trouvent représentées au Parlement. Voilà bien, ce semble, une solution du problème de la représentation des minorités dans le système majoritaire; mais que vaut-
elle?

Les minorités sont représentées, nous dit-on. Elles ne le sont pas.
Ce qui est représenté, ou ce qui paraît l'être, — car il n'y a là qu'une
apparence, — ce sont les opinions des minorités; et ce n'est pas du
tout la même chose. A l'entendre comme l'entendent les majoritaires,
une minorité, mettons, si l'on veut, la minorité bonapartiste, composée de tous les bonapartistes qui existent dans le pays, est représentée par tous les députés bonapartistes qui ont pu entrer à la Chambre. Mais c'est là une conception qui ne se tient pas. Peut-on en effet
grouper tous les partisans d'une certaine opinion répartis sur le sol
français pour leur donner comme représentants un groupe de
quelques députés élus sporadiquement au nord et au sud? Le mot
représenter perd à cela son sens naturel, et peut-être tout sens; car
ce qui est représenté alors c'est le parti bonapartiste, non les bonapartistes eux-mêmes; et ce qui représente c'est le groupe des députés
bonapartistes, non ces députés eux-mêmes. Ce qui est vrai pour une
minorité l'est évidemment pour une autre, et pour la majorité même,
attendu qu'il est impossible d'admettre deux concepts de la représentation politique. Ainsi l'électeur, d'une manière générale, est
représenté globalement par tous les députés de son parti, et non pas
par ceux auxquels il a donné sa voix. Il a les mêmes représentants
que tous les autres électeurs de son opinion répartis sur le sol français. Comment concilier cela avec le fait incontestablement nécessaire de la division du pays en circonscriptions électorales? Et
comment ne pas voir qu'à prendre ainsi les choses ce sont les opinions seules, ou les partis, qui sont représentés au Parlement, non
les citoyens? C'est pour des opinions que l'on vote. Or des opinions
sont des abstractions du moment où on les détache des personnes
qui les professent. Et comment les en détacher quand ces opinions
sont inévitablement des sentiments et des intérêts en même temps
que des idées?

Représentation des opinions est un mot vide de sens. Des opinions
peuvent être exposées, débattues, défendues, mais non pas représentées. Représentation des minorités est un autre mot non moins

creux. Un groupe d'hommes est encore une abstraction : il n'y a que les individus qui comptent. Si, dans une circonscription autre que la mienne, les partisans de l'opinion dont je suis ont triomphé alors que dans la mienne ils ont été battus, je ne puis pas me considérer comme représenté par les députés qu'ils ont élus. On n'est pas représenté par le représentant du voisin, même si ce voisin pense comme vous, mais seulement par le sien. Donc dans le système majoritaire, si l'on n'est pas de la majorité, on n'est pas représenté du tout. Or ce cas est celui d'une multitude d'électeurs appartenant à tous les partis, car tous les partis sont en minorité quelque part. Que devient alors l'idée de représentation, l'idée de mandat législatif? Que devient le principe du suffrage universel? Dans certaines circonscriptions l'on pourra, en d'autres on ne pourra pas manifester par représentant telle opinion. Quelle singulière conception des « Droits de l'homme et du citoyen » et de l'égalité des citoyens entre eux!

Nous ajouterons : Quelle étrange idée de la souveraineté nationale et de la nature de la représentation politique! Il n'est cependant pas malaisé de se faire sur ce double sujet des notions claires et justes.

Les citoyens d'Athènes, réunis sur l'Agora, discutaient en commun, et tous avec le même droit, sur ce qu'il y avait à faire en telle circonstance pour le bien de la République. Le parti adopté était, naturellement, celui qui avait obtenu l'assentiment du plus grand nombre. Il est évident que, sinon en fait, du moins comme principe, un pareil régime réalise l'idéal du gouvernement démocratique. Il est non moins évident que, là où cet idéal n'est pas atteint, on ne peut avoir du gouvernement démocratique, et par conséquent de la souveraineté nationale, que l'apparence. Les Athéniens ont pu l'atteindre; mais ils étaient dix mille. Comment faire pour l'atteindre aussi, nous, Français, qui sommes dix millions? Faudra-t-il que nous renoncions, à cause du nombre que nous faisons, au droit que nous a donné la nature, et que nous reconnaît la raison, de nous gouverner nous-mêmes? Pouvons-nous accepter de mettre la nation en tutelle, ou plutôt de l'asservir, soit à un groupe d'individus, soit à un individu unique? C'est impossible. Il faut donc, de toute nécessité, que dans les grands États modernes, comme dans les petites cités antiques, tout citoyen ait le droit reconnu et le moyen pratique de faire entendre sa voix, et de donner son vote aux conseils de la nation. Directement, cela ne se peut, mais, indirectement, la chose est facile. Il suffit que des citoyens ayant même pensée et même

volonté quant aux directions générales à imprimer à la politique
nationale, se groupent, et chargent l'un d'entre eux de parler et
d'agir au nom de tous. A ce procédé de gouvernement par délégation
la liberté n'a rien à perdre, du moins si les choses se passent correctement, et l'État a beaucoup à gagner pour des raisons de bon
ordre et de compétence qui sautent aux yeux. Mais, on le voit, ce
que représente le député ce ne sont pas, comme on le dit, les
opinions de ses électeurs, ce sont ses électeurs eux-mêmes dans
leurs personnes dont il est l'organe, organe d'ailleurs libre lui-
même, parce qu'il ne peut être question de mandat impératif.

Comme citoyen je veux être représenté au Parlement de mon
pays, représenté *personnellement*, parce que, si je ne le suis pas, je
ne participe pas à la souveraineté nationale : je suis sujet, et qui
est sujet est tout près d'être esclave. C'est pourquoi je veux avoir
immédiatement *mon* député, et médiatement *mon* sénateur. Non
pas que je tienne à les « avoir sous la main », comme dit M. Clémenceau, pour qu'ils servent mes passions ou mes intérêts, mais
parce que je ne me sens homme libre et citoyen qu'à cette condition.
Je veux avoir ma part dans la gestion des affaires de l'Etat, quitte
à accepter les décisions de la majorité si elle pense autrement que
moi; et je n'ai cette part qu'à la condition d'avoir au Parlement un
représentant qui agisse en mon nom.

Il est manifeste que cette exigence légitime, à laquelle je ne
pourrais renoncer sans abdiquer ma qualité d'homme, sans forfaire
à tous mes devoirs de citoyen, c'est la Représentation Proportionnelle par le quotient électoral qui seule peut y satisfaire.

La Représentation Proportionelle est donc le seul système qui
soit juste, et qui respecte dans son esprit le suffrage universel. La
raison la réclame dans des conditions telles que disparaisse tout à fait le
scandale actuel de circonscriptions dont les unes comptent 5 000 électeurs et les autres 30 000 : la capacité électorale doit être autant que
possible la même pour tous les Français. Elle la réclame avec des
« régions » étendues, afin que les partis, même peu nombreux, puissent
encore avoir quelques représentants à la Chambre. On objecte que,
s'il y a trop de députés à élire, l'électeur ne sait plus pour qui il
vote. Sans doute il y a une mesure à garder; mais que l'électeur ne
connaisse pas personnellement le candidat auquel il donne sa voix,
cela n'a pas de grands inconvénients, parce que ce candidat a une
notoriété, et que l'opinion publique est en somme bon juge de

la valeur des hommes. En revanche les avantages sont considérables et faciles à apercevoir. Il n'y a que les aigrefins à qui il soit
nécessaire de connaitre intimement leur député.

Une question qui a son importance c'est celle des « restes ». La
loi votée par la Chambre et proposée jadis au Sénat attribuait les
restes à la majorité. Pourquoi? Cette disposition rend la loi incohérente. Le quotient électoral signifie : Les citoyens ont des droits
égaux quel que soit le nombre des groupements qu'ils forment.
L'attribution des restes à la majorité signifie : Les citoyens qui forment
le groupement le plus nombreux ont des droits spéciaux et une capacité électorale augmentée. De quel côté est la vérité? Ce qui est sûr
au moins c'est qu'elle ne peut être des deux côtés à la fois. Donc il
faut choisir. Les transactions, les concessions ici ne sont pas
permises. On peut céder sur des modalités, non sur des principes
absolus, et c'est d'un principe absolu qu'il s'agit dans la circonstance. L'attribution des restes ne peut se faire que d'une façon qui
respecte l'égalité dans la capacité électorale de tous les citoyens. Dès
lors une seule solution est juste et logique : donner à chaque liste
autant de députés qu'elle a obtenu de fois le quotient électoral; et,
s'il y a des restes, les attribuer aux listes qui, défalcation faite du
nombre d'électeurs qui a donné les premiers députés élus suivant la
loi du quotient, présentent le chiffre de voix obtenues qui s'approche
le plus de ce quotient. Ainsi supposons que dans la circonscription
que nous avons prise comme exemple la liste A ait obtenu 57 000 voix,
la liste B, 35 000, et la liste C, 8 000. A et B obtiennent ensemble huit
députés; deux sièges restent : C prend le premier, A le second, B
n'a rien.

Voilà la seule combinaison où puissent s'accorder le principe du
droit des majorités et celui de l'égalité des citoyens quant à la
capacité électorale.

III

Le vrai problème que posent la raison, le respect de la justice, et
le besoin partout senti de corriger les vices de la législation électorale
actuelle n'est pas, on le voit, celui d'une représentation des minorités, encore moins celui d'une représentation des opinions des
minorités, mais celui d'une représentation des citoyens eux-mêmes,
individuellement, abstraction faite de l'importance du groupe, majo-

rité ou minorité, dans lequel leur vote les range. Il a donc pour
objet une application rigoureuse autant que possible du principe sur
lequel est établi tout notre édifice politique, *le suffrage universel égal
pour tous*. Il est dans la constitution d'une loi électorale sous laquelle
tout citoyen ayant droit de voter puisse voter effectivement, et
par suite efficacement, tandis qu'aujourd'hui tant d'électeurs votent
à blanc. Et qu'on ne vienne pas dire que des considérations de ce
genre n'ont qu'un intérêt spéculatif, et ne sauraient prévaloir contre
des raisons d'utilité positive. Il est incontestable que ceux qui ont
réclamé, et en définitive obtenu le suffrage universel, étaient des idéalistes; et que ce qui attache à ce suffrage la grande majorité des
Français ce sont des idées, non des intérêts. La pensée de laquelle
il est né, et qui le maintient, est une pensée à la fois morale et métaphysique. Ce n'est donc pas sortir du sujet, ni en abandonner le côté
pratique, que de voir dans la législation électorale, si intimement
connexe au principe du suffrage universel, une question morale
avant tout. Il serait par trop ridicule de poser le problème de la
souveraineté nationale en idéalistes, et de le résoudre en empiristes
et en utilitaires. Du reste le point de vue moral et celui de l'utilité
vraie sont ici, comme partout, parfaitement d'accord.

Les hommes de 48 avaient bien compris que dans la République
l'individu n'est vraiment citoyen qu'à la condition de posséder le
droit de suffrage. Ils voulurent donc que tout Français majeur fût
électeur par droit de naissance, et pour cela ils lui mirent en main
un bulletin de vote. C'était bien ; mais il n'y avait là que le commencement d'une œuvre considérable qu'il importe d'achever, la constitution du régime électoral qui doit à la fois réaliser pleinement le
principe de l'égalité des citoyens entre eux, et faire rendre aux
institutions parlementaires leur maximum d'effet utile. Faute d'une
expérience que le temps seul eût pu leur donner, Ledru Rollin et ses
amis de l'Assemblée Nationale s'en tinrent à cette première assise,
et crurent en la posant avoir élevé tout l'édifice. La suite montra
à quel point ils s'étaient trompés. La simple attribution du bulletin
de vote à tous les Français ne pouvait réaliser, ni l'égalité politique
entre les citoyens, ni le fonctionnement sage et régulier du régime
parlementaire. Les abus de toute sorte sont au contraire devenus tels
au Parlement et dans le pays, qu'une multitude de gens animés du
plus vif amour du bien public en sont arrivés à considérer le
suffrage universel comme une plaie que la France porte en ses flancs,

dont elle ne peut guérir, et qui la tuera ; tandis que d'autres estiment que rien de bon n'est possible avec le régime parlementaire, quelque forme qu'il prenne, et souhaitent sa mort, sans pouvoir dire d'ailleurs par quoi il conviendrait de le remplacer. Cette double opinion est une double erreur, à notre avis. Le suffrage universel est bon en soi, et le régime parlementaire est nécessaire aux peuples qui veulent vivre libres. Mais il y a plusieurs manières d'user de l'un et de l'autre, et les faits démontrent assez que celle qui a été adoptée jusqu'ici est défectueuse. Il faut donc en changer, tout le monde le sent; et l'agitation à laquelle donnent lieu dans le pays les projets de réforme électorale est une manifestation éclatante de l'universalité de ce sentiment. Du reste les deux questions sont liées, et il est à croire que, si l'on arrivait à résoudre heureusement la première, la seconde se résoudrait d'elle-même.

Les causes des déceptions qu'a produites le suffrage universel sont nombreuses assurément; mais parmi ces causes il en est une tout à fait prédominante, et qu'il importe surtout, par conséquent, de faire disparaitre; c'est l'application constante qui a été faite en France du système majoritaire depuis près de soixante-dix ans, application qui a eu pour effet de faire perdre au vote politique tout caractère moral. La loi du nombre a démoralisé électeurs et élus. C'était inévitable.

Si dans le citoyen les auteurs de la législation électorale avaient reconnu véritablement l'expression de la souveraineté nationale, s'ils avaient vu en lui avec clarté la nation même en l'un de ses membres, comme un œil assez pénétrant pourrait voir en chacun des organes de nos corps le corps entier et le vivant dans son unité, ils auraient compris l'impossibilité morale de subordonner à des circonstances extérieures et accidentelles l'exercice effectif et efficace du droit qu'a le citoyen de manifester, directement ou par mandataire, sa volonté politique. Car la souveraineté nationale est un principe absolu, intangible et sacré, du moment où il s'est dégagé aux yeux de la conscience humaine : et ce par quoi elle s'exerce, c'est-à-dire le citoyen, participe en cette qualité à l'inviolabilité qui lui appartient. Le premier devoir de toute législation politique est donc de respecter dans le citoyen la personnalité civique, et de ne jamais entraver en lui l'exercice d'une fonction qui est à la fois son droit et son devoir. Au lieu de cela, qu'avons nous vu? Le régime majoritaire traitant le citoyen français non plus comme une personne

à la fois morale et civique, mais comme une simple abstraction,
comme une unité votante. Et ces unités, on s'est contenté de
les compter, parce qu'on n'apercevait en chacune d'elles que l'aptitude à former un nombre, alors qu'au contraire elles étaient si
pleines de réalité substantielle. Le résultat fut ce qu'il ne pouvait
manquer d'être. Soumis à un pareil régime, l'électeur en prit l'esprit.
Beaucoup s'abstinrent d'aller porter dans l'urne un bulletin qu'ils
savaient devoir être inefficace, et par là perdirent peu à peu la
notion du devoir civique avec le respect d'eux-mêmes en tant que
citoyens. Ceux qui votèrent n'échappèrent pas pour la plupart à la
même décréance, surtout s'ils votaient avec la majorité. Car l'électeur qui vote, tout en sachant qu'il sera battu, obéit généralement à
un devoir de conscience. Mais celui dont les opinions ont de grandes
chances de triompher n'a pas besoin pour aller voter de ce stimulant
de sa conscience civique, qui par là dépérit comme celle du non-
votant; de sorte que bientôt il ne vote plus que pour des intérêts
personnels ou pour des passions, sans souci du bien public. Quant à
l'élu, il n'a pas lieu d'attribuer aux votes de ses électeurs une valeur
supérieure à celle qu'ils leur attribuent eux-mêmes. Représentant
des passions et des intérêts, c'est pour des passions et des intérêts
qu'il travaille.

Supposez maintenant que la loi, se moralisant dans son esprit et
dans ses prescriptions, reconnaisse, au lieu de le contredire comme
elle fait maintenant, le principe de la capacité électorale égale
pour tous, parce que la capacité électorale tient à la qualité de
citoyen, et que cette qualité n'admet pas de degrés : quel ne sera
pas l'effet moral d'un pareil changement! Le nom de citoyen n'a été
jusqu'à présent pour la plupart de ceux qui le portent qu'une
étiquette servant à désigner l'homme qui a droit au bulletin de vote,
sans rien de plus. Désormais ce mot va prendre un sens propre et
recevoir un contenu positif. On ne sera plus citoyen parce qu'on vote,
on votera parce qu'on est citoyen. Il faudra donc définir le citoyen
par lui-même et dans son essence. Et qu'en pourra-t-on dire, sinon
qu'il est un homme, c'est-à-dire une personne morale, à qui sa
raison donne des droits et impose des devoirs, mais un homme vivant
la vie sociale en même temps que la vie individuelle; de sorte que ses
droits et ses devoirs sont de deux sortes, et, d'un côté comme de l'autre,
absolument imprescriptibles. Donc il y a une moralité civique
comme il y a une moralité personnelle ; c'est-à-dire que, si l'homme

doit se vouloir comme homme, — et c'est là la vraie conception du droit, — le citoyen, pour être digne de son titre, doit se vouloir comme citoyen; et par conséquent, d'une part, ne rien souffrir qui porte atteinte à la dignité éminente dont il est revêtu en cette qualité, d'autre part ne rien faire au profit de son intérêt personnel qui puisse porter préjudice aux intérêts de la cité dont il est membre.

Pour qui méconnaît ces vérités essentielles le devoir n'est rien qu'une oppression de la conscience humaine exercée par les plus forts sur les plus faibles, alors qu'en réalité c'est dans la conscience humaine elle-même qu'il a sa racine. Quant au droit, il est une revendication de l'appétit, qui ne connaît d'autre loi que la force, et à qui toutes les violences sont permises, parce qu'étant lui-même une force brute, il ne peut s'exercer que brutalement. Une pareille conception du droit n'est pas faite pour mettre le sentiment de la justice dans les âmes ni la paix dans la cité; et c'est parce qu'elle tend à se développer de plus en plus dans les masses que notre état social actuel est si troublé, si inquiétant même à bien des égards, sans que le progrès de l'idée démocratique en soit accéléré, bien au contraire. Il est grand temps pour nous de revenir à des mœurs politiques meilleures en restaurant l'idée de la responsabilité morale du citoyen, idée que nie implicitement et que détruit effectivement le régime majoritaire auquel la Nation est à présent soumise.

Pure métaphysique que tout cela, théories d'école que ne comprendront jamais les masses! diront quelques-uns. Ceux qui ont coutume de parler ainsi font preuve, il faut l'avouer, d'un grand mépris pour la nature humaine. Sans doute les affaires politiques, comme bien d'autres affaires, se traitent souvent d'une manière fort immorale. Mais il importe de considérer que presque toujours les hommes valent mieux que leurs actions. Ils sont ignorants et faibles, et se laissent aller au mal plus qu'ils ne l'aiment et qu'ils ne le veulent. Que de fois on les sauverait en les éclairant seulement un peu et en leur montrant la voie du bien! Ce qui est sûr, ce que l'expérience atteste clairement aux vrais éducateurs, c'est qu'il est facile de se faire écouter d'eux quand on leur parle de justice et de moralité, facile de se faire comprendre quand on éveille en eux le sentiment de la dignité de la nature humaine. La métaphysique des idées morales n'est une inconnue pour personne. C'est une métaphysique que tout homme porte en lui-même dans sa raison et dans sa conscience à

28

l'état latent, qu'on peut révéler à chacun à la condition de le bien prendre, et que chacun serait ravi qu'on lui révélât, comme peut l'être le possesseur d'un trésor inconnu à qui l'on vient montrer sa richesse. C'est une métaphysique, dans tous les cas, qui serait très certainement mieux comprise et plus goûtée que les opinions de ces politiciens qui, traitant de la réforme électorale, c'est-à-dire du devoir du citoyen, estiment que c'est « une matière qui relève exclusivement de considérations absolument distinctes de la moralité, soit publique, soit privée » [1], et pour qui la solution du problème doit être cherchée exclusivement dans les combinaisons qui peuvent le mieux assurer la formation d'une majorité animée de l'esprit qui est le leur, mais qui n'est pas l'esprit de justice.

Il faut donc faire confiance au suffrage universel en dépit de ses écarts et de ses erreurs; mais aussi il faut l'éduquer. L'éduquer c'est lui apprendre un peu la politique, afin qu'il ne se trompe pas trop dans le choix qu'il fait de ses mandataires. C'est surtout développer chez les Français la moralité civique, c'est-à-dire le sentiment vif d'un droit de voter efficacement que tout citoyen doit défendre envers et contre tous, la conscience d'un devoir d'user de ce droit uniquement en vue des intérêts du pays, la notion enfin d'une responsabilité morale du citoyen en tant que tel, qui n'est pas moins sérieuse que sa responsabilité en tant qu'individu. La Représentation proportionnelle, devenue une institution légale, peut aider puissamment, si l'esprit et la raison d'être en sont bien compris, à l'obtention de ce résultat. Car il est bien plus facile d'interpréter ce qu'on a sous les yeux, et d'en tirer d'utiles leçons, que de construire des théories trop exposées à recevoir de graves démentis de l'expérience. La meilleure manière d'apprendre ses droits et ses devoirs c'est de les pratiquer. La législation électorale que réclament les partisans de la R. P., et que certainement ils obtiendront un jour, car, en France surtout, la raison finit toujours par avoir raison, contribuera beaucoup à améliorer dans son fonctionnement et dans ses résultats le suffrage universel.

Le suffrage universel, dans sa phase actuelle, la première, a une valeur beaucoup plus négative que positive. Il signifie que les Français ne sont pas disposés à abandonner à quelques-uns d'entre eux,

---

1. Voir *Le Temps* du 19 nov. 1913, p. 1.

fût-ce à une « élite », la direction des affaires publiques, et qu'à leurs yeux le « pays légal » ne peut être que le pays tout entier. Voilà qui est bien, mais insuffisant, attendu qu'on ne vit pas sur une négation. Décréter le suffrage universel sans l'organiser c'est ne rien faire, parce que ce qui est inorganique n'est rien et ne peut rien. En fait, qu'y a-t-il d'organisé chez nous au point de vue politique? Uniquement les partis; encore le sont-ils très faiblement, sauf un seul. La Nation, dans son ensemble, est à l'état chaotique. Pourquoi? Parce qu'un régime organisateur suppose le concours de tous les éléments qui forment l'ensemble, — sans exclusion, bien entendu, d'une certaine prédominance des plus forts ou des plus élevés, — et que le système majoritaire, au lieu de faire une place réelle, bien que subordonnée, aux minorités dans l'édifice politique, les en a exclues purement et simplement, faisant par là du parti qui avait la majorité le tout du corps politique vivant, et laissant le reste à l'état de parties mortes. La majorité a passé de gauche à droite et de droite à gauche : ç'a toujours été la même chose. Jamais la Nation n'a été vraiment une, parce que jamais elle n'a traité tous ses citoyens comme de vrais citoyens, que toujours une partie de la Nation a traité l'autre comme les Lacédémoniens traitaient leurs Ilotes. L'ancien régime, bien que plus hiérarchisé, ou plutôt peut-être grâce à sa hiérarchie, faisait la France plus une et plus vraiment organique. Deux idées inséparables, la Patrie et le Roi, symbole vivant, incarnation de la Patrie, étaient le ciment de l'unité nationale. Le symbole nous ne l'avons plus, mais la Patrie nous l'avons toujours; nous l'aimons tous à l'exception de quelques insensés que leurs passions égarent. L'unité nationale donc est toujours possible. Nous sommes unanimes sur le principe essentiel : La France grande et libre. Si nous différons, c'est seulement sur les modalités de l'action à exercer pour réaliser cet idéal. Mais là-dessus on peut s'entendre; et, si l'on ne s'entend pas, le dernier mot restera naturellement à ceux dont l'opinion compte le plus grand nombre de partisans dans le pays, sans qu'il y ait pour cela oppression des minorités; car les minorités en se soumettant ne font qu'obéir à un devoir, et le devoir n'est jamais oppresseur. La seule chose qui soit intolérable pour elles, c'est de se voir retrancher du corps politique par une législation électorale qui ne leur laisse du droit de vote que le fantôme, et par là supprime en leurs membres la qualité de citoyen.

Le suffrage universel sous le régime majoritaire est une pure illusion. Heureusement cette illusion commence à se dissiper. Depuis son origine, ce régime subsistant, nos institutions n'ont progressé en rien.

Mais, si les institutions sont demeurées stationnaires, les idées ont marché. Les malaises de la situation, les périls qu'elle crée, ont été sentis avec une vivacité croissante. De tous côtés on s'est interrogé sur les causes du mal, et on les a vues sans erreur possible dans le scrutin d'arrondissement. On a songé alors au scrutin de liste. Mais il est apparu clairement que le scrutin de liste ne vaut pas mieux que l'autre s'il reste majoritaire. En même temps l'injustice flagrante de l'application du principe majoritaire a éclaté à tous les yeux, ce qui a conduit à reconnaître la nécessité du quotient électoral. A présent c'est fini, l'opinion du pays est faite, et sa volonté est irrévocable. Il faudra bien que cette volonté s'accomplisse. Le jour où le régime censitaire fit place au suffrage universel une première étape fut franchie sur la voie qui conduit à la constitution définitive de l'état démocratique moderne. Mais ce progrès, très précieux à certains égards parce qu'il amorçait une réforme nécessaire, était au fond plus apparent que réel, parce que le système majoritaire dont il s'accompagnait ne laissait à un grand nombre, au plus grand nombre même des Français, qu'un illusoire droit de vote, et par là rétablissait au profit, non plus d'une classe de citoyens mais d'un parti politique, le « pays légal » du régime censitaire avec son exclusivisme. La Représentation Proportionnelle fera au contraire du suffrage universel une vérité, parce que tous les citoyens voteront effectivement en vertu d'un même droit égal pour tous. Et ce sera une seconde étape franchie, plus importante encore que la première.

Il en reste une troisième à franchir, à laquelle on ne pense guère encore, mais dont il faudra pourtant un jour se préoccuper.

La Représentation Proportionnelle fait tous les citoyens rigoureusement égaux quant aux droits politiques, et c'est une vérité assurément; mais est-ce bien toute la vérité, la vérité définitive? Ce le serait si la législation électorale n'avait à tenir compte que du droit des citoyens. Mais les citoyens ne sont pas seuls à posséder des droits; il y a aussi l'État, ou la Nation comme personne morale, qui a les siens, et qui se doit à lui-même de les faire respecter. Ces droits, quant à la question électorale, peuvent se résumer en quelques mots : Que la Représentation Nationale soit aussi éclairée, aussi probe, aussi dévouée au bien public que possible. Le régime qu'il s'agit de substituer au régime majoritaire pourvoit-il suffisamment à cette exigence? Il ne le paraît pas. L'égalité qu'il établit est en effet une égalité niveleuse, qui n'est pas bonne, et qui n'est même pas l'égalité du tout. Si le bulletin de vote était mis aux mains des électeurs pour qu'ils en usent à leur profit personnel, il est certain que leurs suffrages devraient avoir tous même valeur, parce que dans l'ordre des intérêts individuels il n'y a aucune raison de préférer un citoyen à un autre. Mais, dans une élection politique, ce n'est pas des intérêts individuels qu'il s'agit, du moins si tout se passe correctement, c'est de l'intérêt de l'État. L'État a donc son intérêt à défendre, et c'est justement sur cette nécessité que repose son droit. De la part de l'État la prétention de supprimer les droits des individus au nom de son droit propre serait intolérable. Il faut que les droits de tous les individus sans exception soient respectés. Ceci maintient le principe du suffrage universel. Mais il faut aussi que ceux de l'État le soient, et pour cela il est nécessaire qu'il y ait une graduation dans la valeur des suffrages. Le droit au vote est pour tous les citoyens un droit naturel et imprescriptible tant qu'une condamnation légale ne le leur a pas fait perdre; mais peut-on dire que le suffrage d'un individu parfaitement ignorant, qui couche sous les ponts, et qui d'ailleurs est prêt à vendre ce suffrage pour un verre d'absinthe, a autant de chances d'être utile à l'État que celui d'un homme qui a de l'instruction, une situation, une famille, et qui est attaché aux intérêts généraux auxquels sont liés ses intérêts propres? Et l'égalité de poids que prennent les deux suffrages dans la balance électorale n'est-elle pas une criante inégalité? Si donc on tient à ne pas faire litière des droits et des intérêts de l'État, on est conduit nécessairement à différencier les votes selon la valeur politique et sociale des citoyens qui les ont émis. On comptera sans doute, mais en même temps il faudra peser.

Le problème que pose ainsi le besoin d'une législation électorale vraiment complète et satisfaisante est d'une solution difficile. Le système du suffrage à deux degrés ne donnerait rien. Celui du vote plural adopté par les Anglais a été abandonné par eux. Les Belges qui l'ont adopté également le gardent encore; mais il semble que chez eux il profite à une catégorie restreinte de citoyens beaucoup plus qu'à la Nation. Il faudrait donc chercher autre chose, et jusqu'à présent on n'entrevoit rien qui puisse convenir. C'est peut-être parce que la nécessité, bien réelle cependant, d'un correctif à l'excès d'individualisme que contient, et que contiendra encore notre législation électorale après introduction de la Représentation Proportionnelle, n'est pas à l'heure présente assez généralement sentie. Mais le travail d'incubation des idées, condition de toute réforme sérieuse et durable, se produira, la chose n'est pas douteuse, et finira par nous donner, avec le désir de résoudre le problème, la vraie solution qu'il comporte. Il faut laisser le temps faire son œuvre : *à chaque jour suffit sa peine.*

CHARLES DUNAN.

L'éditeur-gérant : MAX LECLERC.

Coulommiers. — Imp. PAUL BRODARD.

LIVRES NOUVEAUX

La Vie Inconsciente et les Mouvements, par Th. Ribot. 1 vol. in-16, de 172 p., Paris, Alcan, 1914. — Cette étude a pour objet les rapports de l'activité inconsciente avec les mouvements. L'activité motrice pénètre et enveloppe notre vie psychique, elle en est la portion solide. Physiologiquement, elle dépend du système nerveux périphérique ou central, agissant par impulsions spontanées ou volontaires, et, de plus, du système nerveux sensitif qui transmet à la couche corticale du cerveau les impressions kinesthésiques. Psychologiquement, sous la forme de présentations ou de représentations, elle contribue à la formation de chaque état de conscience, à leurs associations, enfin elle constitue ces dispositions générales et momentanées qu'on nomme des attitudes. Les mouvements ont un rôle aussi bien dans la formation des états affectifs que dans les états intellectuels, dans l'invention en particulier. La théorie générale que soutient M. Ribot, c'est que le fond, la nature intime de l'inconscient ne doivent pas être déduits de la conscience. mais qu'ils doivent être cherchés dans l'activité motrice, actuelle ou conservée à l'état latent.

L'auteur est conduit à examiner incidemment des problèmes très importants de psychologie : le problème de la *pensée sans images et sans mots*. Pour M. Ribot, cet état n'est en réalité qu'une limite idéale qui s'évanouit au moment où elle est atteinte. Ce n'est pas une véritable réalité psychologique. Une autre question se rattachant au même ordre d'idées est celle de la *psychologie du repos* que l'auteur étudie dans le dernier chapitre de son volume. Faut-il croire que la loi de moindre effort domine l'ac-

tivité humaine? M. Ribot pense avec Spencer que « l'amour du travail, étant une des formations les plus récentes de l'évolution psychique, est aussi une des premières à disparaître ». Dans la psychologie humaine, selon l'auteur, la tendance au moindre effort est la règle. En un sens, on peut dire que cette tendance est une loi. Les *actifs* supérieurs sont en réalité des surhommes, des génies d'une nature spéciale. L'amour du travail est une tendance acquise et, comme telle, instable et précaire en comparaison des tendances naturelles. La répugnance à l'effort est primitive, instinctive, spontanée. Mais, par le fait de l'expérience, elle devient réfléchie : l'effort est évité parce qu'il est pénible ou douloureux. Certains penseurs ont même construit une *philosophie du repos*, la religion du *nirvâna*. Pourtant du point de vue objectif, qui est celui du biologiste, l'idéal est un équilibre parfait entre les recettes et les dépenses, l'activité et le repos. Si, au lieu de n'être qu'un moment et un moyen, le repos devient un envahissement, il est le signe d'une régression.

Les Origines de la Connaissance, par R. Turró. 1 vol. in-8° de 274 p., Paris, Alcan, 1914. — L'auteur est un physiologiste qui. étudiant l'origine et la nature de la sensation de la faim, a cru y trouver le principe essentiel de toute connaissance. Il y a donc en son livre deux éléments à distinguer : une étude psycho-physiologique de la faim, une théorie de l'origine de la connaissance humaine. C'est ce dernier point seul qui peut ici nous intéresser. — L'originalité de la thèse consiste à affirmer que la connaissance des choses ne commence pas, comme il pourrait le sembler, avec les données des sens externes, mais avec le premier exercice de la fonction de nutrition. On a tort de croire que *le sujet qui mange* n'a rien de commun avec *le sujet qui pense*, alors que, en réalité, on pense d'abord parce que l'on mange ou parce que l'on a besoin de manger. Voilà ce que M. Turro se propose d'expliquer, mais il le fait avec tant de diffusion, tant de répétitions et d'impropriétés de langage que l'on n'est jamais sûr de l'avoir bien entendu. Voici ce que nous avons cru comprendre. 1° Il y a une sensibilité trophique qui est *antérieure* à la sensibilité externe. La faim est une sensation extrêmement riche en nuances, car on a faim de toutes sortes d'aliments. Sans doute on ne saura les reconnaître qu'à l'aide des sens externes, mais si les diverses faims, la faim de sel, par exemple, ou de sucre, ou de nourriture azotée, ne différaient pas les unes des autres, on ne saurait jamais, à goûter un aliment, si c'est de celui-là qu'on a besoin présentement. De la même façon, la faim cesse quand on a absorbé l'aliment, mais comme ce n'est pas le simple encombrement de l'estomac par une substance inerte qui peut calmer la faim, mais la seule présence de substances ayant une valeur alimentaire, il faut donc que les impressions reçues par l'estomac soient différentes pour l'aliment et ce qui n'en est pas un, ou même pour les diverses sortes d'aliments. Ce sont ces sensations internes qui aident les sensations externes à se différencier. L'attention nécessaire pour distinguer les couleurs, saveurs, odeurs, ne se produirait pas, si l'association de ces sensations avec la satisfaction de la faim ne nous en rendait le discernement particulièrement intéressant. 2° Cette connaissance, qu'on pourrait appeler trophique, est *autre* que la connaissance par les sens externes. Celle-ci consiste à former la représentation des choses par l'assemblage des diverses sensations que l'expérience a liées. Mais c'est là une construction secondaire. Pour le sujet qui mange, une sensation de couleur ou d'odeur n'annonce pas une sensation de toucher ou de saveur, mais la possibilité d'une satisfaction interne. Les sensations externes ont d'abord une signification alimentaire ; et, si comprendre, c'est donner une signification à ce que l'on sent, la connaissance de l'aliment est la première intellection, qui s'oriente donc vers le dedans plus que vers le dehors. 3° Enfin la connaissance trophique est plus *profonde*. C'est elle seule qui nous fait sortir de nous. L'évocation des sensations externes les unes par les autres ne nous fait pas sortir du domaine de la représentation. L'idée de réalité s'affirme d'abord dans la nutrition. La faim est un sentiment d'absence ; la cessation de la faim implique un sentiment de présence ; dès lors les sensations externes, en tant qu'elles annoncent, après expérience, la cessation de la faim, annoncent la présence ou l'approche d'une réalité. C'est de même dans la quête de la nourriture qu'apparaît la notion d'intériorité. Du moment qu'il faut chercher, tâtonner, se déplacer pour obtenir les sensations qui annoncent la présence de la nourriture, c'est donc que ces impressions ne viennent pas de nous, mais de quelque chose d'autre, distinct et de plus ou moins distant. Ce qui dans la cessation de la faim était posé comme réel, au sens de présent, de positif (par opposition à la simple apparence), est posé maintenant comme différent de notre organisme et, plus généralement, de notre personne.

Si telle est vraiment la pensée de l'auteur, elle ne nous paraît ni bien neuve en ce qu'elle a de vrai, ni bien défendable en ce qu'elle a de neuf. On accordera volontiers que ce sont nos besoins qui, dirigeant notre attention et nos mouvements, nous amènent à distinguer et à situer les choses. Mais est-ce bien une remarque neuve ? Il serait plus neuf que la faim fût l'origine de l'idée de réalité ; mais cet équivalent objectif du *Cogito* : cela se mange, donc cela est, ne nous paraît pas bien sérieux. En quoi ce qui apaise la faim serait-il plus réel que ce qui brûle la main ou éblouit les yeux ? Si le réel, c'est ce qui peut être objet d'expérience, l'expérience sensorielle est aussi révélatrice du réel que l'expérience trophique. Si le réel est la cause transcendante de toute sensation, l'expérience trophique ne peut pas plus nous instruire d'un au-delà de la sensation de faim ou de cessation de faim que ne peut le faire la vue ou le toucher.

Pessimisme et Individualisme, par G. Palante. 1 vol. in-12, de VI-166 p., Paris, Alcan, 1914. — On a de la peine à comprendre quel intérêt M. Palante peut prendre à cette question des rapports de l'individualisme et du pessimisme ; à moins qu'il y ait vu une occasion d'utiliser les souvenirs de ses lectures ou de placer d'intéressantes citations. Quoi qu'il en soit, M. Palante se demande si le pessimisme conduit à l'individualisme. Il répond oui, s'il s'agit du pessimisme de sentiment dont il nous décrit trois ou quatre variétés : le pessimisme romantique qui juge et condamne le monde au nom d'un idéal individuel ; le pessimisme historique qui condamne la société et l'humanité présentes au nom d'un idéal réalisé dans le passé : le pessimisme misanthropique qui se révolte au spectacle de la sottise et de la méchanceté humaines, etc. Il répond non, s'il s'agit d'un pessimisme d'origine intellectuelle, tel que le pessimisme irrationaliste, désespérant de comprendre le monde, ou le pessimisme scientifique, s'affligeant des conditions de la vie, etc. Après quoi, M. Palante reprend en sens inverse ce petit jeu des confrontations et se demande quel individualisme (à savoir quel sentiment de l'originalité inexprimable de notre personne) engendre à son tour le pessimisme. Mais, s'apercevant qu'il ne pourrait que se répéter, l'auteur tourne court et s'interroge sur les causes qui engendrent ainsi simultanément l'individualisme et le pessimisme, sans paraître voir que, s'ils naissent l'un de l'autre, comme il s'est efforcé de le montrer, il n'y a plus besoin de rechercher par l'effet de quelles circonstances ils se produisent en même temps. Il en prouve l'origine commune dans l'exagération de l'intégration sociale qui, en opprimant l'individu, l'amène à la fois à prendre conscience de sa personnalité et à se révolter contre ce qui le blesse. Après quoi, M. Palante, s'interrogeant sur l'avenir de ces dispositions, prévoit que la même intégration sociale qui a produit les supprimera : l'individu qui, froissé, se révolte, écrasé ne souffre plus parce qu'il n'existe plus. Le conformisme et l'optimisme social s'établiront un jour définitivement. Allons, tant mieux !

Les Maladies Sociales, par Paul Gaultier. 1 vol. in-12, de vi-270 p., Paris, Hachette, 1913. — Ces cinq études sur la criminalité adolescente, l'alcoolisme, la dépopulation, la pornographie, l'homicide n'exposent pas, comme on peut bien s'y attendre, les résultats de recherches originales. Ce sont des travaux de vulgarisation, où l'auteur résume et simplifie à l'usage du grand public un certain nombre d'enquêtes plus ou moins originales elles-mêmes ou approfondies. Encore arrive-t-il qu'en cet exposé où l'auteur examine tour à tour, selon une méthode uniforme, le mal, ses causes, ses remèdes, les documents et les travaux utilisés soient à ce point simplifiés, clarifiés et allégés qu'ils perdent beaucoup de leur saveur et de leur intérêt. Si, par les faits qu'il signale, cet ouvrage est un livre attristant et qui donne à penser, ce n'est pourtant pas un livre qui fasse penser et qui oriente impérieusement la réflexion en des voies définies et fécondes. Trop de généralités vagues.

En ce qui concerne les remèdes, par exemple, qui sont d'ailleurs à peu près les mêmes pour tous les cas, nul doute que ceux que M. Gaultier nous indique ne soient excellents : il faut restaurer d'autorité familiale ; mettre plus de soin à inculquer aux enfants des sentiments moraux plus énergiques; éviter de porter atteinte aux croyances religieuses, même il serait souhaitable de les encourager, etc. — Mais ce sont les moyens pratiques de toutes ces belles réformes, et aussi la façon de les accommoder à notre état intellectuel et social, qu'il serait intéressant de connaître et dont on ne nous dit rien. C'est là-dessus, sur la restauration de la famille ou sur les conditions de la formation morale de la jeunesse par la famille ou par l'État, qu'il nous faudrait des études approfondies, plus utiles que les lamentations les plus judicieuses sur des misères morales et sociales que nous connaissons trop et dont nous n'avons plus à être prévenus. — Mais peut-être en cela jugeons-nous mal; peut-être un certain public, celui auquel l'auteur s'adresse, a-t-il besoin d'être averti et ne peut-il l'être que de cette façon qui paraît à ceux qui sont plus au courant des choses un peu trop superficielle.

La Question Sociale et le Mouvement Philosophique au XIXe siècle, par Gaston Richard, professeur de science sociale à la Faculté des Lettres de l'Université de Bordeaux. 1 vol. in-18, de xii-363 p., Paris, Armand Colin, 1914. — L'ouvrage fait partie de la « Bibliothèque du Mouvement Social contemporain », et, à ne le considérer que comme un recueil d'histoire des doctrines, il est riche et instructif. Faut-il regretter, parfois, un peu de flou dans l'exposition? Faut-il signaler un certain nombre d'erreurs? Owen n'est pas l'inventeur de cette idée que le caractère de l'homme est le produit du milieu (p. 107); comme Bentham, comme Godwin, il l'a empruntée à Helvetius. On ne saurait dire que le Socialisme révolutionnaire doive à Aug. Comte « ses doctrines les plus caractéristiques, la tendance à déprécier l'épargne populaire et la petite propriété, l'internationalisme et l'antimilitarisme, la décomposition politique de la France, l'idée d'une dictature temporaire du prolétariat parisien, la grève générale » (p. 145). Toutes idées courantes, sous le règne de Louis-Philippe, chez les socialistes parisiens : Aug. Comte les a puisées chez eux. On ne saurait dire, sans anachronisme, qu'en 1822, dans son *Catéchisme des Industriels*, Saint-Simon ait invité Charles X à un coup d'État contre la

Charte (p. 162). La première partie du *Capital* a paru dix-neuf et non pas vingt-quatre ans après le *Manifeste du Parti Communiste* (p. 199). Le socialiste Ed. Bernstein est-il vraiment l'inventeur de la formule du « Retour à Kant » (p. 311)? Peut-être rencontre-t-on, dans le livre de M. G. Richard, un trop grand nombre de ces petites inexactitudes. Mais ce sont des détails, et il faut résumer le plan d'ensemble d'un livre qui vise à être toute autre chose qu'un manuel historique.

On pourrait dire, sans s'astreindre à une analyse littérale du livre, que, suivant M. Gaston Richard, la révolution de la technique industrielle a trouvé son expression dans les doctrines, matérialistes et immoralistes, de l'économie politique. La réaction contre ces doctrines aurait pu se faire, dès le début du siècle, au nom des principes de la philosophie de Kant et de Fichte, philosophie dont l'apparition constitue « une réforme égale en importance à celle de Socrate, supérieure à celle de Descartes » (p. 2), philosophie de l'autonomie et du droit. En fait, elle a pris, avec Hegel, avec les traditionalistes et les positivistes français, une direction tout autre, fataliste, théocratique, sociocratique, que M. Gaston Richard déteste. Seul, parmi les épigones du positivisme anglais, St. Mill, indécis et flottant encore, mais jaloux défenseur de l'individualisme moral, trouve grâce à ses yeux. — Après la révolution de 1848, le socialisme prend chez Karl Marx une forme qui synthétise, selon M. Gaston Richard, toutes les erreurs du monde moderne : le matérialisme et le fatalisme. Mais déjà la réaction se dessine avec Proudhon, « plus réellement original et puissant » que Marx et Engels (p. 199), avec les deux hommes que M. Gaston Richard appelle « les disciples indépendants de Schelling », Herbert Spencer et Charles Secrétan, avec Charles Renouvier, avec les néokantiens allemands : Lange, Cohen, Stammler, Ed. Bernstein. « Si la démocratie sociale de l'Allemagne revenait délibérément aux idées de Kant et de Fichte, si elle travaillait à écarter l'impérialisme et à subordonner la politique à la morale, elle aurait un grand rôle à jouer dans l'histoire du monde » (p. 311).

Entendons bien M. Gaston Richard : il ne dit pas que, depuis 1818, le monde aille dans le sens où un Renouvier, un Hermann Cohen voudraient le voir se diriger. Tous les penseurs dont il analyse les doctrines pour la période postérieure à 1818 ne sont pas les « hommes représentatifs » de la période, ce sont des protestataires, des mécontents, des pessimistes : M. Gaston Richard le sait, mais ce n'est pas en historien, c'est en philosophe, en moraliste, qu'il prétend raconter la civilisation contemporaine. « Assistons-nous, demande-t-il, au progrès de l'ordre juridique et à sa pénétration dans un domaine réservé jusque-là non à la vraie liberté, mais à la lutte ou à l'arbitraire? Ne sommes-nous pas plutôt les témoins de l'avènement d'un *césarisme économique*, incompatible avec toute autonomie politique ou morale, avec tout *selfgovernment*, avec toute véritable démocratie? La destinée de nos fils ne sera-t-elle pas d'assister au conflit de la démocratie libérale et d'une démocratie sociale dédaigneuse de tout droit personnel et qui, après avoir dompté les dernières convulsions d'un anarchisme aussi incohérent que barbare, enfantera pour des siècles un nouveau césarisme plus étouffant que ne fut pas le Bas-Empire romain? » (p. 346). Ces idées avaient cours en France il y a un demi-siècle. Depuis cinquante ans elles ont peut-être perdu de leur crédit. M. Gaston Richard ne veut pas qu'elles tombent sous le coup d'une sorte de prescription.

La Psychologie des Phénomènes Religieux, par JAMES H. LEUBA. 1 vol. in-8, de IV-441 p., Paris, Alcan, 1914. — Le livre de M. Leuba est connue la combinaison de deux courants, dont l'un est fourni par la psychologie religieuse de l'école dite américaine (Starbuck, Coe, Leuba, James) et l'autre par la psychologie de l'école anthropologique anglaise (Tylor, Frazer, etc.). C'est ce caractère synthétique qui lui donne son ampleur et lui permet d'aborder un certain nombre de problèmes généraux relatifs à la religion.

Sans nous astreindre à suivre l'ordre du livre (La nature de la Religion. Origine de la magie et de la Religion. La Religion dans ses rapports avec la moralité, la mythologie, la métaphysique et la psychologie. Les Formes les plus récentes et l'Avenir de la religion), nous dégagerons d'abord les principales thèses relatives à la religion :

1° La religion est action et vie. Elle établit des relations dynamiques entre l'homme et des pouvoirs spirituels supérieurs. La conscience religieuse cherche l'être : « In religion, God is felt and used. »

2° La religion a une valeur biologique. Elle est efficace. Mais son efficacité est toute subjective. La religion procure d'abord des avantages qui sont attendus de ses fidèles : beaucoup de rites, par coïncidence, semblent produire leur effet; les idées religieuses agissent par suggestion sur le corps et l'esprit des fidèles. Elle leur procure aussi des avantages inattendus : les idées d'esprits et de dieux ont une valeur dynamique : les dieux incorporent les idéaux de la communauté.

3° La Spécificité de la religion ne vient pas de ce qu'elle répond à des besoins spéciaux de l'âme humaine; mais de ce qu'elle répond par des moyens spéciaux à des besoins que la science par exemple et la magie s'appliquent également à satisfaire. Il y a en définitive trois types de conduite : le type mécanique ou scientifique; le type coercitif ou magique; le type anthropopathique ou religieux. A la différence de la Science et de la magie, la religion établit des relations spirituelles entre l'homme et la nature.

4° L'idée d'êtres personnels invisibles a des origines multiples. Le tort de tous ceux qui en ont traité est d'avoir voulu l'expliquer par une seule origine (ainsi Tylor, Spencer, Max Müller, etc.). Ces origines peuvent se grouper sous deux grandes classes : le besoin de rendre compte de phénomènes observés (apparitions, mort apparente, divination, prémonition, phénomènes moteurs et sensoriels de l'hystérie, personnification de phénomènes naturels, problème de la création); les besoins du cœur et de la conscience morale. Ces moyens peuvent avoir opéré simultanément ou successivement; on ne saurait définir l'ordre de leur apparition; du reste il a dû y avoir interaction entre les dieux de différente origine; et c'est seulement lorsque les êtres invisibles sont devenus des facteurs importants dans la lutte pour la vie qu'ils ont acquis la sympathie de dieux réels; un dieu est un être spirituel, c'est-à-dire accessible à des influences psychiques, personnel, de pouvoir surhumain, c'est-à-dire qui peut procurer à ses fidèles les choses qu'il leur est difficile de se procurer eux-mêmes.

5° Si la foi religieuse repose en grande partie sur l'expérience intérieure, cette expérience elle-même relève de la psychologie. Les théologiens qui prétendent échapper à la critique scientifique ou métaphysique par ce subterfuge de l'expérience intérieure tombent sous les coups de la critique psychologique. Le seul Dieu qui échappe à la psychologie est le Dieu cosmologique, qui relève du reste de la critique philosophique. Ainsi de toute manière la religion n'échappe pas au contrôle de la raison.

Ce livre renferme encore beaucoup d'autres doctrines intéressantes, relatives par exemple à l'avenir de la religion ou bien à la relation de la magie et de la religion ou bien à l'origine de la magie. Citons, pour terminer, un effort très pénétrant pour expliquer psychologiquement la magie. Sans rejeter les principes dégagés par Frazer, l'auteur fait une part considérable au mécanisme même du désir. Dans les états d'excitation, l'énergie se dépense spontanément. S'il y a coïncidence entre cette action toute spontanée et un résultat heureux, l'individu accomplit intentionnellement l'action d'abord fortuite; par exemple les femmes de certaines peuplades sauvages dansent pendant que leurs maris sont à la guerre. La danse est d'abord l'expression spontanée de l'excitation. Il s'établit après coup une connexion entre la danse et le succès à la guerre; la danse devient une pratique magique.

Le Langage Graphique de l'Enfant, par GEORGES ROUMA, 2ᵉ éd. 1 vol., gr. in-8, de 279 p., Paris, Alcan, 1913. — Important ouvrage, basé sur de nombreuses observations personnelles et sur toute la littérature antérieure. Les problèmes relatifs au dessin chez les enfants sont traités dans leur ensemble et l'auteur expose un grand nombre de vues ingénieuses et exactes. Une importante bibliographie ajoute à l'utilité de l'ouvrage.

L'auteur étudie d'abord les méthodes d'étude du dessin libre des enfants (méthode de collectionnement; méthode des enquêtes; méthode biographique; méthode d'observation directe); puis les stades d'évolution du dessin. Après la période de gribouillage, où l'enfant trace des traits incohérents, sans intention précise et seulement pour imiter celui qui dessine, il parvient à représenter d'une façon plus ou moins complète des objets définis. Quatre tendances principales se font jour au cours de cette évolution : 1° la tendance indicative : les traits ont une valeur indicative; l'enfant ne cherche qu'à désigner, qu'à spécifier un objet; son croquis a les caractères d'une définition; 2° la tendance descriptive : l'enfant cherche à exprimer la complexité visuelle de l'objet; 3° la tendance narrative : le dessin est complété par un récit; il n'est qu'un moment d'un ensemble psychologique plus vaste, quelque chose comme un épisode illustré ; l'importance de l'épisode, l'illustration de l'histoire varient du reste suivant l'âge de l'enfant; 4° la tendance au conventionnalisme : les types adoptés se fixent, s'abrègent; le dessin retourne au langage d'où il est sorti.

De même, d'excellentes analyses nous font assister au développement mental qui se fait jour dans l'expression des proportions, depuis le moment par exemple où l'enfant se donne tout au détail et est incapable de le situer dans un ensemble, jusqu'à celui où il domine un ensemble dont il est capable de subordonner et de hiérarchiser les parties: dans la représentation de la perspective, dans la conquête progressive de l'espace à trois dimensions. Le rapport du dessin et des autres aptitudes mentales; le rôle du dessin dans la vie de l'enfant; la pathologie du dessin sont soigneusement étudiés.

Transformisme et Créationisme. *Contribution à l'histoire du transformisme depuis l'antiquité jusqu'à nos jours*, par J.-L. DE LANESSAN. 1 vol., in-8, de 349 p., Paris, Alcan, 1914. — S'il est vrai que le transformisme ne s'est constitué à la fois comme doctrine complexe et comme hypothèse féconde qu'après la publication de l' « Origine des Espèces », le livre de M. de Lanessan n'est plus que la trop longue préface de l'étude, que nous annonce d'ailleurs l'auteur, sur le transformisme depuis Darwin : préface bien décevante et dont la composition même étonne le lecteur. L'œuvre de Lamarck n'est abordée qu'à la page 250. Moins de quarante pages sont consacrées à celle de Darwin, tandis que le tiers du livre est réservé à Buffon : il suffit que Buffon, de qui M. de Lanessan édita les œuvres complètes, fasse une rapide allusion à l'influence du climat, de la nourriture, du milieu, ou qu'il se taise à propos de Dieu et de la Bible, pour que M. de Lanessan, ennemi des prêtres et des spiritualistes, lui décerne l'épithète de « transformiste ». Darwin, au contraire, tout aussi bien que Lamarck, ménage Dieu : tous deux reculent devant le matérialisme purement et strictement mécaniste que M. de Lanessan admire dans toute sa splendeur chez le seul Diderot; ils expient ce compromis avec le « créationisme » en se voyant retirer, au profit de Buffon, l'originalité et la profondeur de leurs théories. Tous les auteurs, depuis le clergé chaldéen jusqu'à Darwin, sont ainsi soumis à l'impitoyable critique de M. de Lanessan; ont-ils dit quelque part que tout se transforme, que tout est matériel, que l'âme n'existe pas, que les animaux sont des machines, qu'il faut faire des dissections, que les fossiles ne datent pas du Déluge, que le récit de la Genèse n'est pas vrai, que les émotions se lient à la vie organique, que l'homme est un animal? une seule de ces déclarations en fait des transformistes — et ainsi Epicure, Aristote, les Chaldéens, Démocrite, Descartes, Servet, Galilée, Képler, Platon, sont transformistes; ils ne le sont pas toujours complètement, puisqu'on cesse d'être transformiste, d'après l'étrange conception de M. de Lanessan, dès qu'on ne croit pas la matière éternelle, dès qu'on doute que la vie soit un mouvement, dès qu'on réserve les questions d'origine, dès qu'on croit à une psychologie indépendante ou à une morale autre que la « morale naturelle » du même auteur. Nous en avons assez dit pour montrer que ce livre repose sur la confusion du réalisme matérialiste (tel qu'il nous semblait que personne n'osait plus le soutenir, et qui nous paraît plus vieux et plus vain que ces « métaphysiques » que M. de Lanessan repousse) avec la théorie transformiste authentique, qui est la position méthodique d'une continuité entre les anciennes « espèces » de Linné et de Cuvier, et qui n'implique même pas l'affirmation de l'unité de la matière et de la vie. On ne se comprend pas soi-même quand on baptise du nom de transformisme la théorie cartésienne des passions, ou les analogies, les « corrélations de formes » aperçues par Aristote et tant de fois signalées par des « créationistes ». Reconnaissons d'ailleurs que ce livre vaut par les citations célèbres qui y sont accumulées, et qui nous rappellent qu'Aristote, Empédocle, Buffon, Maupertuis ont fait des remarques géniales sur le monde de la vie, que Descartes fut un admirable psychologue et Lamarck un grand moraliste; mais tout cela n'a rien ou presque rien de commun avec le transformisme. Quand enfin il en est directement question, le matérialisme et, disons le mot, l'anticléricalisme de l'auteur lui font oublier les vrais problèmes. Il ne s'aperçoit même pas des difficultés considérables que soulève la biologie psychologique de Lamarck (qu'est-ce que le besoin? l'habitude? l'adaptation?). Il oublie, dans sa revue des systèmes, à la fois de grandes philosophies (Malebranche, qui fournissait une forte interprétation de l'emboîtement des germes; Spinoza; Leibniz dont le monadisme contient pourtant l'image éternelle d'une certaine biologie; Kant et tous les Naturphilosophen) et de grandes écoles scientifiques comme l'école vitaliste de Montpellier et, à l'exception de Cabanis, les savants français du début du XIXe siècle.

Le Système du Monde des Chaldéens à Newton, par JULES SAGERET. 1 vol. in-16, de 280 p., 1913, Paris. Alcan.

— L'histoire de l'astronomie pourrait se ramener à l'histoire d'une seule et essentielle question : Pourquoi et comment en est-on venu à dire que la terre tournait sur elle-même et autour du soleil? Autrement dit, cette histoire pourrait être intitulée : Genèse du système héliocentrique.

C'est cette genèse que M. Sageret expose dans un livre attrayant, clairement et sobrement écrit. Il en fait excellemment ressortir l'importance unique : « Le système héliocentrique est à la science ce que la clef de voûte est à un pont d'une seule arche. Il a fallu, avant de le sceller à sa place éminente, édifier la géométrie, la dynamique, l'astronomie : et lui, à son tour, forme le lien, le centre de stabilité, non seulement de toute la maçonnerie qu'il surmonte, mais de toutes les pierres qu'on a posées après lui » (p. 274). Il s'attache à montrer les raisons profondes des conditions dans lesquelles ce système s'est formé, conditions nécessaires d'une évolution à long terme qui ne pouvait guère être accélérée sans que l'ensemble des connaissances exactes eût également changé d'allure dans sa progression générale. Malgré les apparences contraires, certaines erreurs ont été plus fécondes que certaines vérités prématurées, à peine entrevues dans une intuition fugitive, et qui avaient besoin de mûrir pour pouvoir être utilisées. C'est ainsi qu'on regrette peut-être à tort que l'école générale d'Aristarque de Samos (III° siècle) n'ait pas triomphé d'emblée, et fait régner dès lors l'opinion que la terre tourne autour du soleil. Mais, à cette époque, ce ne pouvait être qu'une « opinion » hardie. Le désaccord entre l'astronomie, d'une part, la physique et la dynamique de l'autre, aurait pesé sur les esprits, et l'on aurait peut-être pris l'habitude de le considérer comme définitif, et d'admettre une séparation de principe entre ces sciences, comme correspondant à des *ordres* différents de réalités, tels que les théologiens les envisagent afin de séparer corrélativement des *ordres* différents de connaissances. De là un arrêt du progrès. N'était-il pas préférable au demeurant que le système du monde des anciens fût à l'étiage de leur mécanique rudimentaire? Enfin, comme le remarque M. Sageret, il est facile d'imaginer un système géocentrique avec terre immobile, ayant, au point de vue strictement astronomique, la même valeur que notre système héliocentrique. Par conséquent la commodité et la clarté mathématiques, auxquelles les Grecs tenaient tout particulièrement, ne leur imposaient pas exclusivement le système héliocentrique. A ce sujet, il faut en finir avec une légende tenace. Les anciens n'ont eu aucune conception vague de ce système. Nombre d'auteurs ont cru voir dans les idées de Philolaos le Pythagoricien l'expression même de l'héliocentrisme. C'est une erreur. Dans le système de Philolaos, le « feu central » ne saurait être confondu avec le soleil, car ce dernier tourne autour de lui comme les autres astres. Depuis Kepler, l'erreur s'est perpétuée et les Pythagoriciens ont été regardés à tort comme ayant devancé Copernic. Par contre, on ne cite que rarement Aristarque de Samos, alors qu'il est le seul astronome de l'antiquité qui ait formulé l'hypothèse exacte, en passant d'ailleurs à peu près inaperçu.

Quant à Aristote, M. Sageret le défend avec raison de l'accusation portée contre lui d'avoir enrayé les progrès de la science, d'être une personnification de l'obscurantisme. Il représente au contraire « une étape de concentration, de coordination, qu'une saine évolution imposait à la pensée humaine de fournir ».

En résumé, excellent recueil de haute vulgarisation. Qu'il nous soit permis toutefois d'indiquer à propos de cet ouvrage ce qui nous semble manquer jusqu'à présent à l'histoire des idées astronomiques pour être vraiment philosophique.

Dans cette histoire, plus que partout ailleurs, on découvre, pour peu qu'on analyse, un enchevêtrement de trouvailles mécaniques et d'idées mystiques, on assiste à une véritable collaboration de deux tendances bien différentes quant à l'orientation. L'humanité a déployé des efforts prodigieux d'ingéniosité pour trouver, les ténèbres, « une porte qui s'ouvrit sur l'univers », selon l'expression même de M. Sageret, et ses efforts ont été tantôt entravés, tantôt inversement facilités par des préoccupations mystiques ou superstitieuses, qui, en principe, ne pouvaient servir à rien, ne pouvaient mener à rien. C'est ainsi qu'on voit l'hypothèse de l'*antichthone* inspirée aux Pythagoriciens par leur croyance à la perfection du nombre dix; qu'on s'explique le singulier attachement des anciens au mouvement circulaire, le seul qui puisse être éternel, disait Aristote, le seul par conséquent qui convienne aux corps célestes, etc. A chaque pas, pour ainsi dire, l'intelligence humaine, guidée par une compréhension des choses instinctivement géométrique, trébuche pourtant et s'arrête, parce que, s'interposant entre cette vision technique et les choses, des notions d'origine religieuse lui présentent des mirages trompeurs. Et, chose curieuse, ces images fallacieuses n'ont pas été toutes inutiles, tant s'en faut ; elles ont servi l'esprit humain de différentes manières, mais toujours en surajoutant à l'intuition purement mécanique des considérations qui ont empêché et empêcheront toujours les savants d'être exclusivement des « physiciens ». L'histoire des idées cosmologiques, à ce point de vue, serait particulièrement instructive. On sent bien que l'évolution des connaissances astronomiques, loin d'être livrée au hasard, a été dominée par des lois constitutives de l'intelligence. Ce ne serait donc pas un travail vain que d'essayer de retrouver dans les idées cosmologiques la trace de deux facteurs intellectuels aussi distincts que l'intelligence mécanique et l'intelligence guidée par des raisons de symétrie, d'éternité, de perfection, de hiérarchie entre les phénomènes, etc., et de chercher à discerner leurs influences respectives. Or il ne nous paraît pas, qu'à part quelques remarques incidentes, les historiens des sciences aient jusqu'à présent porté leur attention de ce côté.

La Méthode de l'Économie Politique d'après John Stuart Mill, par Jean Ray. 1 vol. in-8°, de i-158 p. Paris, Sirey, 1914. — Philosophe, sociologue et juriste, M. Ray était bien préparé à une telle étude, il a expliqué les vues de Mill sur l'économie politique, en montrant à la fois comment elles découlent de sa formation intellectuelle (psychologie anglaise et économie classique avec son père et ses amis, d'autre part conceptions historiques et sociologiques des saint-simoniens et de Comte), et comment elles dépendent de sa philosophie, de ses conceptions logiques et psychologiques, de ses vues sur la Science Sociale.

Science mentale et non physique, en tant qu'elle recherche les lois morales et psychologiques de la production et de la distribution des richesses, Science sociale en tant qu'elle suppose l'homme « faisant partie d'un corps ou agrégat d'êtres humains », l'économie politique est l'étude « des phénomènes de la vie sociale qui résultent de la poursuite de la richesse ». Les faits économiques, comme les autres faits sociaux, sont de nature psychologique. Il en résulte pour Mill « l'impossibilité d'appliquer des nombres précis à des faits de cette nature », les spéculations économiques devant rester qualitatives, et il s'en suit aussi que, s'il y a bien des lois sociales, néanmoins les raisons dernières explicatives doivent être cherchées dans les lois de la nature humaine, la science sociale n'étant qu'un prolongement de la psychologie.

Telle est l'idée (un peu trop systématisée) de la science : quelle en sera la méthode ? Ce ne sera ni la méthode expérimentale ni la méthode abstraite. La diversité des causes possibles pour un même effet, la composition des causes et l'enchevêtrement infini des effets rendent inapplicables les règles fameuses de la première, et l'exemple analysé par Mill (influence du protectionnisme sur la richesse nationale) semble lui donner raison. Mais peut-être, objecte M. Ray, aurait-il triomphé moins facilement en choisissant des questions plus modestes, plus précises et mieux définies. La méthode géométrique est à rejeter, parce qu'elle suppose chaque fait social résultant d'une force unique, d'une seule propriété de la nature humaine, alors qu'il n'est pas de phénomène social qui ne subisse l'influence de forces innombrables, qui ne dépende de la conjoncture d'un très grand nombre de causes. Reste la méthode déductive concrète, telle que l'emploient les sciences physiques, qui unit l'a priori et l'a posteriori. De ses deux espèces (directe ou indirecte), Mill assigne à l'économie politique la méthode directe, qui vérifie par l'observation les conclusions déduites par le raisonnement. Le premier moment de la méthode est la détermination des points de départ de la déduction : ce seront des données psychologiques et éthologiques. Au titre psychologique, montre Ray, Mill use de choses très différentes : rarement des propositions précises d'une science psychologique (loi d'association par exemple), le plus souvent de la conception classique de l'homo œconomicus ou d'observations de sens commun qui n'ont rien de scientifique. L'éthologie qui détermine « le genre de caractère produit conformément aux lois générales de l'esprit par un ensemble quelconque de circonstances physiques ou morales » qui fournirait les principes intermédiaires entre les lois psychologiques générales et les réalités immédiatement données, n'existant pas encore comme science, Mill en est réduit à s'appuyer sur des observations ayant l'aspect de lois empiriques (caractère du Français, de l'Anglais, etc.). Sans insister sur la déduction par laquelle on passe des prémisses psychologiques aux principes économiques et de ceux-ci à leurs conséquences, arrivons au troisième moment, à la vérification. Ici la pensée de Mill est d'une confusion extraordinaire, et M. Ray a eu un réel mérite, ayant montré les difficultés, d'essayer de les résoudre : la vérification ne consistera pas dans une confrontation des résultats de la théorie avec des lois empiriques ; mais, négative et toujours incomplète, elle établira seulement que nos théories ne se montrent pas trop impuissantes à rendre compte des faits, qu'il n'y a pas de discordance choquante entre elles et les faits. Vérifier nos théories économiques, ce serait montrer qu'avec elles nous pouvons expliquer la situation d'ensemble du commerce et de l'industrie dans notre pays, à notre époque. Mill, dans ses *Principes*, s'est abstenu de telles vérifications.

Voilà donc la science et la méthode dans leurs imperfections : quelle peut être la valeur des résultats? Mill a très vivement le sentiment qu'ils sont hypothétiques. En effet, dans l'établissement des lois économiques, les auteurs négligent systématiquement : 1° certains éléments psychologiques très réels, pour s'en tenir au schéma trop pauvre de l'homo œconomicus; 2° l'état social, donnée historique, dont la vie économique est solidaire. Pour savoir quelles lois de la nature humaine s'appliquent à un pays, à un moment donné, et sous quel mode elles se manifestent, il faut tenir compte des circonstances historiques qui caractérisent ce cas. D'où le sentiment que l'étude de la réalité historique doit collaborer avec l'économie abstraite, sentiment complexe et confus, puisque aussi bien Mill est convaincu que le fond de la nature humaine reste identique et que cependant les institutions humaines sont malléables et réformables, la transformation sociale possible et que l'humanité évolue dans le sens du progrès moral. Tout cela montre à la fois la largeur d'esprit et la prudence de Mill; mais ce n'est sans doute pas assez pour que la méthode qu'il a proposée aux économistes soit suffisamment pratique, précise et féconde.

Une analyse objective aussi sommaire laisse tomber presque toutes les réflexions de l'auteur. Relevons cette idée, indiquée à plusieurs reprises par M. Ray, que Mill, dans sa conception de la science sociale, a été guidé surtout par ses études et ses réflexions sur la science économique : ainsi les idées de Mill sur l'économie politique seraient pour une bonne part explicatives de ses idées sociologiques qui seraient en partie des généralisations des précédentes. On voit par ce résumé l'intérêt philosophique de l'étude de M. Ray : elle ne saurait laisser indifférents ceux qui s'occupent de Stuart Mill.

L'Interprétation de la Doctrine de Kant par l'École de Marburg (*Essai sur l'Idéalisme critique*), par ALICE STERIAD. 1 vol. in-8, de 234 p., Paris, Giard et Brière, 1913. — Ce très remarquable travail, qui a été composé pour le doctorat d'université, plaît surtout par la conviction ardente qui l'anime et qui, malgré d'inévitables imperfections de forme, retient constamment l'attention. Il ne faut pas se défier de cette foi de néophyte; ne convenait-il pas que la première étude d'ensemble publiée en français sur l'École de Marburg fût, sans la moindre restriction, un hymne consacré à la gloire de M. Cohen? Nous n'ajoutons pas : et de MM. Natorp et Cassirer; car le nom de M. Cassirer est tout au plus mentionné dans le livre de mademoiselle Steriad; quant à M. Natorp, l'auteur lui donne tort pour peu qu'il ose, sur certains points, s'éloigner du maître. M. Cohen ne peut pas ne pas avoir raison : avant lui, on n'avait pas compris la pensée kantienne, Kant lui-même s'était mépris sur ses idées, et ce n'est pas une des moindres inquiétudes du lecteur que de voir avec quelle facilité les interprètes de Marburg passent de l'interprétation véritable des textes kantiens à des sollicitations de termes, à des élargissements de sens qu'ils continuent d'ailleurs à présenter comme d'exactes traductions. Il faut que Kant ne soit pas empiriste, que l'Esthétique transcendantale soit subordonnée à la Logique, qu'il n'y ait pas d'objets, que l'espace ne soit pas « donné » dans la sensibilité, mais que seule la liaison du divers (spatial ou sensible, peu importe) par l'entendement révèle le fond de la pensée kantienne; il y a certes un grand intérêt philosophique à exposer un parfait formalisme, à épurer le point de vue transcendantal; mais on voudrait que l'école de Marburg reconnût que Kant fut plus réaliste, plus concret, plus « sens commun » que ne le sont MM. Cohen et Natorp, et que le principal intérêt de sa philosophie, c'est peut-être justement cet effort pour maintenir l'intuition, le « donné » au début de la métaphysique, et aussi la religion populaire, c'est-à-dire la foi, et, il faut bien l'avouer, une foi objective, au terme de la morale. Hamelin n'a pas présenté sa dialectique du fini comme une exposition du néocriticisme de Renouvier. — Sur l'interprétation du platonisme par l'école de Marburg, des réserves analogues s'imposent : ces « hypothèses » qui sont « toutes susceptibles d'erreur », mais qui se relient par des « rapports vrais », « ce progrès infini de la connaissance hypothétique, c'est-à-dire de la science » et tout ce qui en dérive sur l'Idée comprise comme moyen logique (p. 26-27), on y devine bien la recherche scientifique sans terme dont Lessing, Kant. H. Cohen ont perfectionné la théorie, mais on n'y trouve pas le souci platonicien de justifier l'Idée première, celle du Bien, et de faire descendre dans les hypothèses provisoires, qui perdraient ainsi leur caractère hypothétique, la vérité que conférerait à l'Idée suprême une mathématique (ou une logique) supérieure : Platon a, tout de même, de la vérité une conception stable, ferme, objective, et c'est précisément cette « susceptibilité d'erreur des hypothèses » intermédiaires qui le trouble et qu'il voudrait pouvoir dissiper; il ne croit pas à la science des rapports, mais à celle de l'Etre; il semble, en vérité, qu'il ne l'ait pas constituée et qu'il n'ait trouvé ni la définition ni le nombre de l'Idée du Bien; mais en admettant même qu'il ait abandonné la dialectique du vrai pour la science du probable (cf. les *Lois*), on ne le rapproche pas tant de Kant ni surtout d'H. Cohen, philosophe de la certitude, que de Cournot et des savants qui ont conscience de travailler dans le vraisemblable. — L'œuvre positive de Cohen conserve d'ailleurs son prix, même si on ne la rattache ni à Platon ni à Kant (ne se rapproche-t-elle pas davantage de celles de Leibnitz et de Fichte?), et mademoiselle Stériad en a donné un exposé vivant et consciencieux. Elle a surtout insisté sur trois ou quatre idées essentielles : point de vue transcendantal, réduction du « donné » aux sciences positives, au droit et aux chefs-d'œuvre de l'art, rejet de la psychologie au terme de la philosophie, où elle sera (car, sur ce point, la pensée de Cohen ne peut qu'être inférée) une synthèse personnelle de toute la culture, suppression de toute chose hors de nous comme en nous, la morale et la religion étant des « tâches » et les vertus mêmes se soumettant à une « humanité » dont rien de fixe, rien de légal ne peut donner la formule. Peut-être voudrait-on sur l'interprétation du nombre au moyen du calcul infinitésimal et, plus généralement, sur la théorie de ce calcul lui-même des détails plus nombreux. Le livre n'en atteint pas moins son but réel, puisqu'il nous confirme dans l'opinion ou l'interprétation de Kant par Cohen nous inclinait déjà : l'École de Marbourg réussit plutôt en philosophie — c'est-à-dire en analyses esthétiques aussi bien qu'en interprétations philosophiques du renouvellement de la science — qu'en histoire de la philosophie, même kantienne.

Grundlinien einer neuen Lebensanschauung, par RUDOLF EUCKEN. 2e édition entièrement remaniée. 1 vol. in-8°, de 244 p., Leipzig, Veit, 1913. — Ce livre est la seconde édition de l'ouvrage célèbre d'Eucken, *Principes d'une nouvelle conception de la vie*. Profondément modifiée dans la forme, dans les proportions de ses diverses parties, dans le style aussi, l'œuvre est néanmoins restée ce qu'elle était au fond, et les lecteurs y retrouveront sans peine tous les mérites qui les avaient séduits il y a sept ans. Ce livre est d'ailleurs l'une des œuvres où l'on saisit le mieux toute l'originalité de la pensée d'Eucken, plus tournée vers l'action qu'orientée vers la spéculation pure, et plus soucieuse d'unifier, de concilier et surtout d'élever et de tonifier les âmes que d'établir péniblement des principes capables de résister à l'épreuve d'une dialectique serrée et d'une critique rigoureuse.

Gemeinschaft und Gesellschaft. *Grundbegriffe einer reinen Soziologie*, par FERDINAND TÖNNIES, 2e éd. revue et augmentée. 1 vol. in-8°, de xvi-312 p., Berlin, Curtius, 1912. — Cet ouvrage, paru pour la première fois il y a vingt-sept ans, est resté le *standard work* de la sociologie allemande. Bien que, par suite d'un préjugé universitaire tout à fait regrettable, la sociologie n'ait pas conquis en Allemagne la place qui lui revient et qui lui est faite en France, en Angleterre et aux États-Unis, le seul livre, dont l'influence a d'ailleurs été considérable, ne permet pas de dire qu'il n'existe pas de Sociologie en Allemagne. On trouve dans ce livre l'union la plus rare de l'esprit philosophique, une érudition considérable, animée, coordonnée et disciplinée par des idées : le livre III notamment, consacré aux fondements sociologiques du droit naturel, est vraiment magistral. Tout l'ouvrage est, on le sait, dominé par l'opposition, annoncée dans le titre même, entre la *communauté* et la *société*. L'édition de 1912 est, à bien des égards, enrichie, et les passages nouveaux, distingués par des notes du texte ancien, permettent de suivre le progrès de la pensée de l'auteur. La préface nouvelle est aussi des plus intéressantes et constitue une page remarquable d'histoire de la philosophie et des sciences sociales. M. Tönnies montre comment la conception mécaniste de la nature avait engendré une philosophie qui comprenait une théorie du droit et de la société conçue comme la partie essentielle de l'éthique. Cette philosophie pratique était antithéologique, antiféodale, antimédiévale, individualiste : elle s'exprime d'une part dans le droit naturel, d'autre part dans la physiocratie et l'école classique anglaise en économie politique. Puis une réaction inévitable s'est déchaînée, et la Restauration a suscité toute une philosophie de la Restauration : l'École historique du droit, dont les promoteurs furent Hugo et Savigny (dont M. Tönnies a tort d'ailleurs de faire, p. vu, un catholique : Frédéric-Charles de Savigny, le jurisconsulte, était un protestant, marié à une catholique, et qui laissa élever dans la religion catholique son fils Charles-Frédéric, le diplomate); la philosophie du droit de Stahl, dont l'effort est de combattre le contractualisme de Rousseau et l'individualisme révolutionnaire : la philosophie du droit de Hegel qui renferme une ambiguïté fondamentale que l'histoire de l'école hégélienne manifesta de manière éclatante, Hegel se rapprochant des théoriciens romantiques par sa glorification de l'État prussien de la Restauration et s'en éloignant gravement sur beaucoup de points essentiels.

Après une période de décadence philosophique, les progrès de l'industrie, l'influence française et anglaise ont fait renaître en Allemagne la théorie économique en même temps que naissait la pensée socialiste germanique. La science économique, avec Schmoller, Wagner, Brentano, Schäffle, s'est prononcée contre le matérialisme et l'individualisme manchestérien; elle est dominée par une conception historiste et évolutioniste de la vie des sociétés. C'est elle qui, en même temps que les recherches ethnologiques des Bachofen et des Morgan, et les ouvrages de Sir Henry Maine et de Gierke sur l'histoire du droit, a exercé sur la pensée sociologique de Tönnies la plus décisive influence. Depuis, Tönnies a tiré le plus grand profit des études d'ethnographie ou d'histoire des institutions de Hearn, de Lyall, de Post, de Maurer, de Harthausen; parmi les livres auxquels il doit le plus, il n'hésite pas à citer la *Cité antique* de Fustel de Coulanges, pour lequel l'Allemagne savante s'est montrée à la fois si injuste et si ingrate, et le *Zweck im Recht* d'Ihering où il voit une renaissance du droit naturel. L'idée même de son livre s'est précisée à lui en lisant l'*Ancient Law* de Sir Henry Maine où l'évolution des types périodiques du régime du statut à celui du contrat est si nettement formulée. On voit par cette préface quelles multiples influences se sont exercées sur M. Tönnies, et l'on voit aussi qu'il n'a rien fait pour les dissimuler, bien au contraire. On n'en doit que plus

admirer l'originalité puissante avec laquelle il a systématisé tant d'éléments et de matériaux d'origines diverses pour composer une œuvre de haut mérite qui est et qui restera sans doute à bon droit classique.

Philosophische Rechtslehre und Kritik aller positiven Gezetzgebung, par JACOB FRIEDRICH FRIES (*Hauptwerke der Philosophie in originalgetreuen Neudrucken*, vol. II). 1 vol. de 179 p., Leipzig, Félix Meiner, 1914. — Ce petit livre fait partie d'une collection de réimpressions des chefs-d'œuvre de la philosophie qui reproduisent fidèlement l'aspect extérieur, le format, le papier, les caractères des éditions princeps. La « Théorie Philosophique du Droit » de Fries est certainement l'une des œuvres principales de ce grand penseur et en général de la philosophie postkantienne: elle est aussi l'une de celles où se marque le plus heureusement l'union d'une rare aptitude spéculative avec des connaissances précises et sur certains points même profondes. L'ambition de Fries parait bien avoir été de faire en philosophe ce que nombre de juristes avaient fait avant lui et devaient faire après lui, une *juristische Enzyklopädie*. C'est ce que le plan de son livre fait nettement apparaître : après une introduction métaphysique sur la volonté, la liberté, le devoir, la valeur de responsabilité et le droit, on y trouve passées en revue les diverses parties du droit public et privé; mais la disposition de ces parties et un grand nombre de théories de détail sont absolument originales. Ce livre s'étant que la réimpression d'un ouvrage qui date de plus d'un siècle (1803), nous ne pouvons songer à en donner ici un résumé même très bref; mais il convient de dire que la philosophie du droit de Fries est fort importante et mériterait toute une étude.

Beitrag sur Klärung des Begriffs der inneren Erfahrung, par ADOLF PHALÉN, docent à l'Université d'Upsala (*Upsala Universitets Årsskrift 1913, Filosofi Sprkåvetenskap och Historiska Vetenskaper*, 3). 1 vol. in-8° de IV-307 p., Upsala, Akademiska Bokhandeln, 1913. — La notion d'expérience intérieure est certainement l'une des plus obscures que présente la psychologie, et il faut louer M. Phalén d'avoir entrepris de répandre quelque lumière sur cet obscur sujet. Il faut aussi, croyons-nous, le féliciter d'avoir aperçu que cette question présentait un intérêt véritable, principalement au point de vue de la théorie de la connaissance, et de s'être demandé surtout si l'expérience intérieure comme telle, et notamment en tant qu'on l'oppose à l'expérience extérieure, possède un caractère gnoséologique propre, une valeur propre. Par une méthode assez originale, critiquable peut-être en soi, mais maniée par l'auteur avec beaucoup d'habileté et d'élégance, on s'achemine vers la théorie de l'auteur à travers la critique des autres théories proposées. Et par là l'ouvrage, en dehors de ses conclusions fort intéressantes, se recommande encore comme une bonne étude d'histoire de la psychologie moderne. Dans un premier chapitre M. Phalén étudie l'expérience intérieure par opposition à la connaissance spéculative de l'âme, et il montre d'une part que l'expérience, alors qu'on l'oppose à la spéculation, est elle-même connaissance spéculative, d'autre part, au moyen de l'analyse des théories de Mill et de Meinong sur la connaissance expérimentale immédiate, de Sigwart sur l'induction, et de Wundt, que les notions de connaissance et d'expérience renferment dans ces théories des éléments spéculatifs. Dans un second chapitre il étudie l'expérience intérieure par opposition et par rapport à l'expérience extérieure : il rencontre alors deux groupes de théories : dans les théories du premier groupe on affirme qu'il existe une différence gnoséologique entre l'expérience interne et l'expérience externe : dans les théories du second groupe, dans celles par exemple de Wundt, de Natorp, de Münsterberg et de Rickert, de Husserl et de Dürr, on nie qu'il y ait entre les deux expériences une telle différence au point de vue de la théorie de la connaissance. Dans un troisième chapitre, enfin, l'expérience intérieure, comme observation de soi-même, est opposée à l'observation des autres.

On pourrait résumer ainsi qu'il suit les principales propositions du livre de M. Phalén : si l'on admet une connaissance a posteriori, une connaissance dans laquelle l'objet est actif et le sujet passif, on admet par là même une connaissance a priori considérée à la fois comme différente de la connaissance a posteriori et identique avec elle. La connaissance empirique, la connaissance où le sujet reçoit passivement l'objet, est donc elle-même une connaissance spéculative, une construction de la pensée (p. 10). La psychologie empirique, en tant que connaissance du phénomène subjectif par opposition à la théorie métaphysique de l'essence de l'âme, est en ce sens a pos-

teriori : mais par là même elle est également déterminée comme constructive et spéculative (p. 20). La connaissance du phénomène est a posteriori et par là même est spéculative : si l'on admet une différence entre essence et phénomène, une connaissance du phénomène qui ne consisterait pas à dériver le phénomène de l'essence est une pure impossibilité. Que la connaissance soit conçue comme subjective ou objective, elle doit être conçue comme ayant son fondement dans l'essence. La connaissance du phénomène est toujours une connaisance de l'essence et la psychologie empirique ne peut être séparée de la psychologie métaphysique (p. 24).

Même les théories empiristes comme celles de Mill et de Meinong font toujours entrer dans la notion d'expérience un élément spéculatif, que la perception, la connaissance expérimentale immédiate est à la fois subjective et objective, est une connaissance spéculative a priori, produite par le sujet lui-même (p. 43), et cela est d'autant plus évident qu'on la considère comme une connaisssance évidente possédant sa vérité en elle-même (p. 52). M. Phalén montre par la critique de la théorie de Mill que la connaissance empirique est en somme, chez Mill lui-même, une construction a priori (p. 55); il montre ensuite, par l'examen des théories de Sigwart, que c'est par son caractère empirique même que la connaissance devient spéculative (p. 61); et, d'autre part, que l'induction est une construction (p. 69, 78). En particulier la psychologie se résout nécessairement en une théorie métaphysique et spéculative de l'âme; la psychologie devient nécessairement une déduction a priori de tout le psychique à partir de la notion d'âme (p. 90).

Jamais la conception d'un objet déterminé ne peut comme telle posséder une plus haute valeur de connaissance que la conception d'autres objets comme tels (p. 271). Il est en conséquence impossible d'attribuer à l'expérience interne une plus haute valeur de connaissance qu'à l'expérience externe, car l'expérience intérieure, par opposition à l'expérience extérieure, ne peut être que l'expérience du psychique par opposition à l'expérience du physique, en admettant que l'on puisse vraiment opposer le physique au psychique (p. 273).

Mais l'expérience interne n'est pas seulement conçue comme une aperception du psychique par opposition à l'expérience extérieure conçue comme une appréhension du physique; elle est également conçue comme une aperception de la vie intérieure propre du sujet par opposition à l'observation des autres (p. 275). Dans la théorie vulgaire, le psychique n'est donné qu'à l'auto-observation; le psychique chez les autres ne m'est pas donné dans sa réalité; le réel qui est saisi dans ce cas n'est que mon propre moi : dans la mesure par conséquent où est saisie la vie psychique des autres, il faut de toute nécessité qu'il intervienne une « médiation gnoséologique ». Selon l'auteur au contraire, c'est que l'expérience intérieure ne possède point, en tant qu'observation de soi-même, un caractère propre au point de vue de la théorie de la connaissance. Tout en accordant qu'il peut y avoir et qu'il y a des différences caractéristiques entre l'aperception de notre « psychique propre » et celle « du psychique d'autrui », l'auteur maintient — et c'est là sa conclusion essentielle — que ces différences ne sont point de telle nature qu'elles expliquent la nécessité de fonder l'existence de la nature psychologique des autres sur l'existence de notre « psychique propre ».

Einführung in die Ethik, par le D' G. HEYMANS. 1 vol. in-8, de 320 p., Leipzig, J. A. Barth, 1914. — Ce livre est le troisième d'une série d'ouvrages où le D' Heymans passe en revue toutes les parties de la philosophie, ou plutôt applique à toutes les sciences philosophiques les règles de la critique empirique. Dans son ouvrage : « Les lois et les éléments de la pensée scientifique », ainsi que dans son « Introduction à la métaphysique », il a soumis la métaphysique à l'épreuve de cette méthode empirique. L' « Introduction à l'Éthique » passe la morale au crible de cette critique.

Après avoir précisé la tâche que doit se proposer la morale, après avoir montré qu'elle est « non du ressort de l'intelligence », mais de celui de la volonté, il en arrive à cette définition de la morale : une morale est une méthode qui nous permet de trouver certains critères d'après lesquels nous pouvons juger si un acte est bon ou s'il est mauvais. Mais la question se pose précisément de savoir quelle méthode nous devons employer pour arriver à découvrir ces critères. M. Heymans passe en revue les différents systèmes de morale : la morale qu'il appelle « empirico-analytique », la morale qui emploie une méthode à la fois philosophique et tirée des sciences naturelles, la morale théologique, enfin la morale criticiste. Au contraire de ce que l'on pourrait croire, la méthode « empirico-analytique » ne trouve pas

grâce à ses yeux et il la rejette résolument.

Une étude du jugement moral en général lui semble nécessaire avant de rechercher d'après quels critères l'être moral porte ce jugement. Il étudie le contenu et l'objet du jugement moral, ce qui le conduit à faire une psychologie assez sommaire de la volonté et à établir une distinction entre les penchants (Neigungen) et les motifs (Motive). Il en arrive ensuite à la grosse question du déterminisme et de l'indéterminisme qu'il étudie, d'abord au point de vue psychologique, puis au point de vue moral. L'étude psychologique du déterminisme a démontré son existence dans le domaine spirituel; n'y a-t-il pas là un danger pour la liberté morale? Et, d'autre part, le sens commun est d'accord sur ce point avec la psychologie et la science. Comment résoudre des antinomies comme celles qui opposent deux à deux les notions psychologiques d'une part, les notions éthiques de l'autre? par exemple, « la conscience immédiate de la liberté de choisir et la prévision certaine des actions humaines, la certitude du principe de causalité et la certitude non moins inébranlable d'être responsable de ses actes »? Ces antinomies, dit M. Heymans, peuvent être résolues métaphysiquement; mais comme, d'autre part, il condamne sans appel le relativisme criticiste, on se demande ce qu'il entend par cette métaphysique « où notre esprit ne peut guère s'élever au-dessus de vraisemblances ».

Au-dessus de critères moraux pour ainsi dire pratiques, chaque morale, qu'elle soit religieuse, métaphysique ou scientifique, place un critère supérieur, sorte de pierre de touche suprême, qui détermine sans appel la valeur morale d'une action ou d'un concept. Ces critères sont innombrables, et aussi variés que les systèmes de morale; ils peuvent être téléologiques, individualistes, utilitaristes, intuitifs, esthétiques, etc. Par la critique et l'analyse de ces différentes normes, la logique serrée et la fine psychologie de M. Heymans lui font découvrir à leur base un concept commun : le principe d'objectivité, critérium suprême de l'action morale; l'individualiste comme l'esthète jugent de la valeur morale d'une action en se posant à son sujet, en fin de compte, cette question : L'agent s'est-il placé, au moment de l'action, ou plutôt de la délibération, à un point de vue « personnel ou neutre, étroit ou étendu »? Le principe d'objectivité est, en dernière analyse, la base

•••

fondamentale du jugement moral, et même du jugement moral de l'individualiste ou de l'hédoniste ; et l'impératif catégorique devrait être : « Veuille objectivement », ou : « Considère toujours les choses du point de vue qui est pour toi le plus lointain ».

Une dernière partie étudie l'application de cette norme à la pratique, à la vie morale, et termine ce livre qui, à part quelque lenteur dans l'exposé et la critique des systèmes de morale, est solidement composé et témoigne d'une étude psychologique très approfondie et très neuve des processus psychologiques du jugement moral.

Wort und Seele. *Eine Untersuchung über die Gesetze in der Dichtung,* par Hellmuth Falkenfeld, Leipzig. Meiner, 1914. — Cette étude, dans l'esprit de son auteur, doit être accessible à tous, non aux seuls esthéticiens. C'est une déclaration de guerre à « l'anarchie qui règne aujourd'hui en art et spécialement en poésie ». Le livre ne se propose pas de poser des lois absolues, d'étudier le concept du beau ou de l'art ; il ne se pose pas la question : qu'est-ce que la poésie ? mais : comment la poésie est-elle possible, si elle se compose de ces deux facteurs : le mot et l'âme ? En résolvant ce problème, l'auteur espère élever une « barrière à l'invasion grandissante du libertinisme artistique ».

Il importe tout d'abord de situer nettement la poésie au milieu des arts limitrophes. L'âme exerce son activité dans le temps et dans l'espace ; d'une activité de jeu déployée dans l'espace naissent les arts plastiques ; l'âme qui « pénètre le temps » engendre la musique. Cette distinction est capitale ; car le mot, instrument de la poésie, est à la fois spatial et temporel ; la poésie est donc un art à la fois spécial et largement compréhensif.

Au début, le mot et l'âme sont « deux adversaires » irréconciliables. Ils n'ont rien de commun ; l'âme évite le mot quand elle veut se traduire dans sa véritable essence (les grandes joies et les grandes douleurs sont muettes) ; et le mot, lui, a une âme, une âme spéciale : il enferme, sous un extérieur correct et figé, une expérience, ou le souvenir de quelque chose de vécu. C'est la conciliation des deux termes de cette antinomie qui est le but de l'art, et non la réalisation d'un idéal musical (temporel) ou plastique (spatial). L'harmonie pure est, en réalité nue, un naturalisme inconscient ; les poètes qui recherchent exclusivement la musique du vers ne « saisissent que

l'animalité du mot ». Car les mots sont chargés de pensée, de sentiment, de souvenirs ; et si les mots « beauté » et « amour » sonnent à notre oreille comme des notes musicales, c'est moins pour des raisons acoustiques que pour les souvenirs concrets qu'ils évoquent et font vibrer synchroniquement en nous.

Si le poète doit se garder de n'être qu'un musicien, il lui faut encore plus soigneusement éviter d'empiéter sur le domaine des arts plastiques. Car le mot est impuissant à traduire l'espace.

Puis vient un long chapitre consacré à l'étude de ce que M. Falkenfeld appelle : « la tragédie du dilettantisme », où il montre comment le dilettante, qui s'isole aristocratiquement au milieu du labeur social qu'est la poésie, est au fond un impuissant qui veut se donner des allures de destructeur, un impuissant à rendre son âme dans le mot. Ce dualisme, cette antinomie du mot et de l'âme se retrouvent dans la poésie épique, dramatique, lyrique, dans l'humour et dans le grotesque (sa forme supérieure), et le vrai poète est celui qui la résout.

A côté de quelques redites qui semblent empruntées au Laokoon de Lessing, ce livre renferme des choses nouvelles imprégnées d'une philosophie toute moderne ; l'étude que fait, à un point de vue tout spécial, M. Falkenfeld sur Hebbel et Ibsen, est à la fois paradoxale et curieuse.

Die Philosophie der Gegenwart. *Eine internationale bibliographische Jahresübersicht über alle auf dem Gebiete der Philosophie erschienenen Zeitschriften, Bücher, Aufsätze, Dissertationen usw., in sachlicher und alphabetisches Anordnung,* herausg, von Dr Arnold Ruge, Privatdozent an der Universität Heidelberg. The Philosophy of the Present Time... La Philosophie Contemporaine... La Filosofia Contemporanea..., III. Literatur 1911. 1 vol. in-8, de xii-314 p., Heidelberg, Weiss, 1913. — Troisième volume de cette excellente et déjà classique bibliographie annuelle. Même plan que l'année précédente. Le nombre des numéros passe de 3030 à 3328. Signalons des vétilles. Brunschvicg (et non Brunschwieg), nos 44, 1551, n'a rien à voir avec Brunswig (n° 104). N° 2479, pour G. Lebon, lire G. Le Bon ; et, dans la table, distinguer entre E. Lebon (n° 320) et G. Le Bon, qui n'ont rien à voir l'un avec l'autre. N° 87, pour Ouvtelet, lire Quetelet (ouvrage de Lottin) ; et, dans la table, pour Lottini, lire Lottin. Pourquoi l'ouvrage de Vaschide, le « Sommeil et les Rêves », cité sous la rubrique « Bibliothèque de Philosophie scientifique », n'est-il pas cité encore à sa place logique, sous la rubrique « Psychologie » ? N° 402 : pour Jean Tauuer, lire « Jean Tauler ». Pourquoi avoir omis le « mythe vertuïste » de Vilfredo Pareto? et le « Commentaire français littéral de la Somme Théologique de saint Thomas », plus important que l'article du même auteur, cité au n° 2903?

Die Kritische Ethik bei Kant, Schiller und Fries. *Eine Revision ihrer Ormzipien*, par Leonard Nelson. 1 vol. in-8° de 201 p., Göttingen, Vandenhoek et Ruprecht, 1914. — Il ne faudrait pas chercher dans cet ouvrage une étude purement historique et parfaitement objective de la morale de Kant, de Schiller et de Fries; on sait quelle est la méthode adoptée par M. Nelson : les études historiques ne sont pour lui que l'instrument, l'occasion ou le prétexte d'exposer sa propre pensée; la fin en est toujours essentiellement systématique. Ici le point de départ de l'auteur est la conviction qu'il y a une vérité éthique inébranlable, à laquelle il s'agit de donner la forme scientifique; et il ne suit la voie suivant laquelle on a travaillé jusqu'à lui à découvrir cette vérité que pour déterminer l'endroit jusqu'auquel on sait approcher du but qu'il s'agit d'atteindre. Toutefois la critique de l'auteur, dans cet ouvrage comme dans son livre *über das sogenannte Erkenntnissproblem*, ne consiste pas à opposer aux vues des auteurs qu'il étudie ses opinions propres : c'est au contraire, et il faut s'en féliciter, une critique immanente, dont le principe est celui-là même qui a été introduit par l'auteur critiqué et qui est à la base de sa pensée.

La première partie de l'ouvrage est consacrée à Kant. M. Nelson indique d'abord quels progrès la morale a réalisés chez Kant : Kant a découvert le problème de la métaphysique des mœurs et celui de la critique de la raison pratique, la distinction de l'impératif catégorique et de l'impératif hypothétique, de la philosophie théorique et de la philosophie pratique; il a débarrassé la morale de tout utilitarisme, de toute hétéronomie, montré l'impossibilité de toute *Güterethik* (morale fondée sur l'idée d'un souverain bien), établi que c'est dans la volonté que réside le critérium de la valeur morale d'une action (*Gesinnungsethik*) et fondé d'une manière inattaquable le rigorisme moral. Telles sont les découvertes durables dues à Kant et qu'il convient d'inscrire à l'actif de la philosophie morale.

Mais il ne faut point oublier pourtant les insuffisances et les erreurs du kantisme et leurs graves conséquences. Le principe de la recherche de Kant est, au lieu de partir comme ses prédécesseurs d'un principe dogmatiquement posé, de partir au contraire du fait de nos jugements éthiques et d'en analyser les conditions logiques; mais l'erreur s'est glissée au moment précis où Kant, abandonnant cette marche régressive, devient infidèle à sa propre méthode : ce moment est celui du passage de la *notion* du devoir à la *loi* du devoir : Kant a cru pouvoir déduire cette loi de la simple notion du devoir au lieu de la découvrir en poursuivant l'analyse de nos jugements éthiques (p. 9). De là toute une série d'erreurs : confusion du *Criterium* du devoir avec le *mobile* de l'action morale; confusion constante de la proposition analytique d'après laquelle la maxime d'une action morale doit avoir la forme d'une loi pratique avec la proposition synthétique d'après laquelle on doit *vouloir* qu'elle vaille comme *loi de la nature*; incertitude dans la signification de l'autonomie de l'être raisonnable comme sujet de devoirs avec son autonomie comme objet de devoirs, rechute dans la *Güterethik*, en ce que Kant essaie d'établir la valeur absolue de la personne en elle-même et pour elle-même et de fonder la loi sur cette valeur; insuffisances dans l'élaboration psychologique de la théorie de la raison pratique (p. 36), etc., etc.

Ces erreurs ou ces lacunes ont entraîné des conséquences graves : restriction de l'éthique à une simple philosophie morale; négligence des intérêts esthétiques; dans la théorie de la vertu prétendue impossibilité d'un devoir de travailler à la perfection d'autrui; méconnaissance des devoirs envers les animaux, etc.; dans la théorie du droit, qui est au fond absolument incompatible avec le logicisme de la morale kantienne, et à laquelle Kant n'aboutit que par une série d'inconséquences, confusion de l'idéal *politique* de l'état de droit avec l'idéal *pédagogique* du perfectionnement des hommes, et confusion cette *idéal* avec un *devoir*, impossibilité de déduire aucun droit de la notion purement négative d'autonomie, de sorte que le passage du principe vide aux règles du droit déterminées ne s'accomplit qu'à la suite d'une *quaternio terminorum* qui est le vice fondamental de la théorie kantienne de la volonté pure; confusion de la volonté législatrice universelle au sens de raison pure pratique avec la volonté législatrice universelle au sens de décision unanime de tous les individus composant le peuple (p. 67); réduction de toute législation à la garantie d'un certain nombre de droits inaliénables et déterminés quant à leur contenu (p. 70), etc.

Le mérite de Schiller a été de libérer le rigorisme moral de toute confusion avec le moralisme; par là il a donné au rigorisme moral une pureté et une rigueur auxquelles il n'avait pas atteint même chez Kant, et il lui a ôté en même temps toute dureté et toute unilatéralité. A côté des exigences morales du devoir, il pose l'idéal de l'humanité comme principe d'évaluation positive des actions : entre l'instinct sensuel et l'instinct moral il introduit l'instinct esthétique orienté vers la beauté de l'âme. Seulement Schiller n'a pas assez nettement distingué entre l'obéissance au devoir moral et l'idéal de beauté de l'âme; d'autre part il n'a pas assez nettement distingué cet idéal de l'idéal de l'humanité. Enfin Schiller a eu le tort d'adopter et même d'exagérer encore la théorie kantienne du désintéressement de l'appréciation esthétique qui serait ainsi indifférente à l'existence de son objet.

Fries a, dans son livre *Wissen, Glaube und Ahndung*, fait faire à l'éthique critique un progrès essentiel. Kant avait découvert le problème de l'éthique comme science, mais sans construire cette science. C'est au contraire ce qu'a fait Fries. Ce qui a permis à Fries cette réforme de l'éthique, c'est le perfectionnement qu'il avait apporté à la méthode critique en en éliminant tous les vestiges de scolastique qui subsistaient encore chez Kant, et en introduisant la déduction psychologique dans la critique de la raison; par là seulement la critique de la raison pratique était mise dans son rapport véritable avec le système de l'éthique. Au premier plan des découvertes de Fries il faut mettre sa théorie du sentiment (*Gefühl*) et sa découverte d'une tendance morale pure : dès lors il lui était possible de donner à la morale un contenu déterminé au lieu de chercher, comme l'avait tenté Kant, à obtenir un critérium du devoir par la seule réflexion et des moyens purement logiques. Le contenu de la loi morale est donné pour Fries par la *règle de droit* (*Rechtsgesetz*), c'est-à-dire par la règle de l'égalité de toutes les personnes en dignité. De là découle une distinction nette entre la moralité, consistant dans la soumission de la volonté à sa propre conviction du devoir, et les « devoirs de vertu », tels qu'ils se laissent déduire du contenu de la loi morale. De la deux parties essentielles dans la doctrine de la vertu :

l'ascétique et la didactique. Une autre découverte capitale de Fries est l'élimination en éthique, de la théorie du souverain bien : le souverain bien est l'objet de la religion et non de l'éthique; la Providence n'a pas besoin, pour réaliser le souverain bien dans l'univers, du secours des hommes; la fin de Dieu n'est pas la fin des hommes. La plupart des erreurs qui se sont glissées dans la pensée morale de Fries proviennent du kantisme : il n'a pas notamment aperçu plus que Kant le caractère purement négatif de l'évaluation morale; il a eu le tort de déterminer le contenu de la loi morale par la valeur absolue de la personne; il a négligé de rechercher la signification du critère de la valeur de l'action contenue dans le principe de la dignité personnelle, et en conséquence il manque chez lui toute transition logique de ce principe au système de l'éthique; il a déduit d'une façon tout à fait insuffisante la loi morale.

L'étude de M. Nelson, vigoureuse et claire en même temps que pénétrante et subtile, constitue une contribution fort intéressante à l'étude et à la critique de la morale kantienne et post-kantienne; elle fait attendre avec curiosité et sympathie l'œuvre systématique où, en utilisant toutes les suggestions utiles contenues dans les œuvres de Kant, de Schiller et de Fries, en évitant les erreurs et en comblant les lacunes qu'il a lui-même découvertes et signalées, M. Nelson construira sur des fondements nouveaux l'édifice de la science morale.

Der Wert des Staates und die Bedeutung des Einzelnen, par le Dr CARL SCHMITT. 1 vol. in-8°, de 110 p. Tübingen, Mohr, 1914. — Ce petit livre est divisé en trois chapitres, consacrés, l'un au *droit*, l'autre à l'*État*, le dernier à l'*individu*. Pour M. Schmitt, l'État est au centre de la série droit, État, individu : l'État ne se définit en effet selon lui que par le devoir qui lui incombe de réaliser le droit dans le monde : par là l'État est reconnu dans sa rationalité, dans sa valeur (p. 38). Le droit ne peut être défini par l'État, mais au contraire l'État par le droit; l'État n'est pas le créateur du droit mais le droit le créateur de l'État; le droit précède l'État (p. 46). Les éléments constitutifs de la notion de l'État ne peuvent être empruntés qu'au droit. Le *Rechtsstaat* est un état qui veut être tout entier fonction du droit (p. 50). L'État doit être déduit du droit, et ce qu'il y a d'essentiel en lui, c'est une certaine position par rapport au droit. La norme juridique s'oppose au monde empirique et réel : l'État est le point où s'opère le passage d'un monde à l'autre ; c'est en lui et par lui que le droit comme pensée pure devient le droit comme phénomène terrestre. L'État est la forme juridique dont la signification consiste uniquement dans son devoir de réaliser le droit, l'État est l'instrument de l'influence du droit sur la réalité (P. 53). Et c'est pour cette raison que l'État introduit l'impératif dans le droit, la contrainte ou applicabilité n'intéressant nullement la norme dans son essence (théorie absolument opposée à celle que Kant enseigne dans les *Métaphysische Anfangsgründe*). L'État est le serviteur du droit, il n'est pas celui de l'individu ; de même que le droit est avant l'État, l'État est avant l'individu, et de même que la continuité de l'État découle de celle du droit, celle de l'individu découle de celle de l'État, l'État est le seul sujet du droit, le seul qui ait le devoir de réaliser le droit ; l'individu concret est contraint par l'État : son droit, comme son devoir, n'est que le réflexe de la contrainte (p. 85). L'État est donc bien autre chose que le *negotiorum gestor* des individus. « L'individu empirique concret est indifférent dans l'État (p. 89) ». L'individu disparaît dans l'État (p. 96).

Arrachées ainsi du contexte, ces propositions peuvent paraître gratuites et inutilement brutales ; il faut lire l'ouvrage de M. Schmitt pour voir comment et en quel sens elles sont fondées ou tout au moins extrêmement plausibles. Le livre de M. Schmitt se distingue de beaucoup d'autres, et surtout de beaucoup d'autres livres de langue allemande, en ce qu'il exprime en peu de mots, dans une langue ferme et nerveuse, beaucoup d'idées ; il repose aussi visiblement sur une forte culture juridique que l'auteur a dissimulée avec coquetterie plutôt qu'étalée avec complaisance. C'est le livre d'un juriste accompli et d'un penseur de haute valeur.

Forberg und Kant. Studien zur Geschichte des Philosophie des Als Ob und im Hinblick auf sine Philosophie der Tat, par Anton Werschsky. 1 vol. in-8°, de 80 p., Leipzig und Wien, 1913. — La controverse à laquelle donna lieu l'accusation d'athéisme portée contre Fichte en 1798, à la suite d'un article du *Journal philosophique*, est célèbre et le détail en est connu aujourd'hui. Mais on est moins informé de la personnalité et des idées de Forberg qui fut compris dans l'accusation pour un article paru dans le même numéro du journal. M. Werschsky, déjà connu par sa *Philosophie de l'action*, se propose d'attirer sur Forberg l'attention des philosophes et de montrer l'intérêt de ses idées déjà signalé dans la *Philosophie des Als Ob* de Vaihinger (Berlin, 1911). Forberg les exprime surtout dans des brochures et des articles parus depuis 1795 dans le journal de Fichte et Niethammer. Les plus importants furent d'abord les *Lettres sur la philosophie moderne* et l'*Essai d'une déduction des catégories* où il critiquait avec vivacité la doctrine de Fichte. Dans l'*Évolution de la notion de religion* il montrait, contrairement à Fichte, que l'idée d'un « gouvernement moral » du monde par Dieu n'est pas essentielle à la morale. Dénoncé pour cet écrit et interdit au même titre que Fichte, il accueillit la condamnation avec une ironie dont ses articles offrent d'autres exemples. En 1799, dans une *Apologie de son prétendu athéisme*, il accentuait le caractère pratique de la croyance qui ne saurait s'ériger en thèse spéculative. — Pour M. Werschsky, le grand mérite de Forberg aurait été d'interpréter le Kantisme, conformément à sa propre doctrine, comme une philosophie de l'action. Les idées rationnelles de Dieu et de l'âme, simples « fictions heuristiques » dans la *Raison pure*, ne peuvent devenir l'objet d'une affirmation spéculative quelconque ayant une portée métaphysique. « Ce n'est pas un devoir, dit-il, par exemple, de croire qu'il existe un Dieu comme gouverneur moral du monde, Mais c'est seulement un devoir d'agir comme si on le croyait ». Dans d'autres écrits publiés en particulier par le *Psychologischer Magazin*, Forberg étend à d'autres questions cette forme de solution négative. Il examine le matérialisme et le spiritualisme où il découvre d'égales contradictions : aussi ne peut-on espérer connaître la nature substantielle de l'âme, on doit seulement procéder dans cette recherche « comme s'il y avait pour cette notion une substance à trouver, mais que nous ne pourrions trouver » (p. 47). Ainsi la philosophie n'a pas à fournir des solutions aux problèmes qu'elle traite : elle indique seulement des attitudes, elle apporte des notions dont la seule utilité est de diriger l'action.

L'immortalité, par exemple, n'a qu'une signification acceptable : l'homme a l'obligation de se considérer comme un être destiné à agir « comme s'il ne devait jamais cesser d'agir, donc supposer sa propre éternité à chaque action. » Il résulte de là que le rôle des idées est purement régulateur et leur fin unique d'orienter l'activité pratique de l'homme : rester sur le plan humain aussi bien dans le domaine de la pensée que dans celui de l'action, le but de la pensée n'étant que de préparer l'action, tel est le sens de la philosophie de Forberg, conforme aux idées de M. Werschsky et interprétant exactement la philosophie de Kant. — Pour M. Werschky, en effet, Kant, après avoir abandonné cette attitude dans la doctrine des postulats, y serait revenu dans les derniers écrits, en particulier dans la *Tugendlehre* et les œuvres posthumes publiées par Reicke. Le désaveu qu'il faisait en 1797 de la *Wissenschaftslehre* en serait une autre preuve : car Fichte, posant le sujet absolu à l'origine du système du savoir, reviendrait à la métaphysique du transcendant. Après Schulze, qui signale dans son *Enésidème* l'opposition entre les conclusions des deux critiques, Forberg au contraire reprend l'attitude de la dialectique transcendantale et restreinte à une simple idée — au sens de celle-ci — la personnalité intelligible : le sujet doit agir comme s'il était une personne intelligible, mais ne peut s'affirmer comme tel au point de vue théorique. La croyance ne conduit nullement à une conclusion théorique mais à une attitude pratique, à une résolution (p. 57). Le criticisme aboutit à un volontarisme qui exclut tout élément de transcendance. — L'interprétation de M. Werschky appelle des restrictions. Son but semble avoir été de trouver, dans le Kantisme interprété à l'aide de Forberg, des antécédents à sa propre philosophie de l'action : or la légitimité de celle-ci n'est pas en doute, mais son rapport avec la pensée véritable de Kant l'est davantage. A-t-on résumé exactement et complètement celle-ci en disant (p. 60) que « l'homme, non plus métaphysiquement mais pratiquement autonome, doit de lui-même, en conformité avec sa propre nature, produire la réponse aux grandes questions personnelles qui se posent à lui » ? L'idée du sujet autonome est évidemment fondamentale dans le Kantisme, mais il reste à l'interpréter. Or peut-on avec quelque fidélité historique comprendre le Kantisme en un sens aussi strictement humain, et en somme pragmatiste ? Si on le fait, il faut écarter systématiquement les *Postulats* de la doctrine, leur refuser même une signification.

Aussi M. Werschsky est-il forcé d'admettre avec Reinhold que Kant, après une première esquisse de la *Philosophie des Als Ob* dans la *Raison pure* où les idées sont considérées comme des « fictions heuristiques », l'abandonne en 1788 pour la reprendre et la préciser dans la *Tugendlehre* en 1797. Or, dans le passage cité, la religion apparaît, il est vrai, comme l'ensemble des devoirs considérés comme des commandements de Dieu sans que l'existence réelle de celui-ci soit posée par là : mais l'affirmation de Dieu à titre de postulat subsiste sans qu'on en puisse faire abstraction, car elle se justifie par le rapport nécessaire de la moralité et du bonheur : affirmation d'ailleurs qui n'est pas le résultat d'une connaissance mais d'une croyance indispensable à la raison pratique. — De plus le pragmatisme de M. Werschsky ne comporte pas l'opposition métaphysique du sujet et de la chose en soi : ce n'est pas qu'il accepte la solution idéaliste de l'école de Marbourg qui ramène l'intuition à un mode de la pensée, les jugements synthétiques *a priori* à des jugements analytiques ; mais pour lui les hypothèses sur les rapports du sujet et de l'objet n'ont qu'une valeur symbolique, exprimée par la formule rectificative : comme si. Il n'y a donc pas à découvrir une solution de ce problème : la vie la donne et assure par elle-même l'union de l'en soi au phénomène (p. 79).

Une telle philosophie de l'action est assez éloignée du primat de la raison pratique et ne garde de la pensée kantienne qu'une formule incomplète. Elle écarte aussi bien rapidement l'interprétation de Fichte pour qui la raison était la fonction qui pose les *Aufgaben* et, sans les résoudre jamais définitivement, trouve dans l'activité pratique des solutions de plus en plus approchées. Il ne suffit pas de dire que le moi pur est une notion métaphysique pour s'en débarrasser. En réalité l'effort moral par lequel le sujet, d'après Fichte, cherche à dominer un non moi dont l'existence consiste tout entière en cette opposition au moi, répond sans doute mieux à l'esprit du moralisme kantien qu'une philosophie de la vie où l'importance de l'action est plus nette que le sens qu'il faut lui donner.

The Philosophy of Bergson, by the lion. BERTRAND RUSSELL. With a reply by Mr. H. WILDON CARR. And a rejoinder by Mr. RUSSELL. 1 broch. in-8 de 36 p., London, Macmillan, 1914. — **An answer to Mr. Bertrand Russell's Article on the Philosophy of Bergson**, by KARIN COSTELLOE. *The Monist*. Numéro de janvier 1914. — Nous avons rendu compte dans un supplément de la *Revue* (sept. 1913, p. 32, compte-rendu du *Monist*) des critiques adressées par M. Russell à M. Bergson. L'article du *Monist* était une reproduction d'une conférence faite devant le cercle des Heretics. Dans la même séance de ce cercle, M. Wildon Carr tenta de répondre aux critiques de M. Russell, et

M. Russell répondit à son tour à M. Carr.
M. Russell avait dit que, dans sa théorie
de l'espace, M. Bergson généralise à tort
son expérience personnelle qui est celle
d'un visuel. — M. Carr objecte que les
psychologues classent les individus suivant les caractères de leur « imagerie »
mentale, visuelle, auditrice, motrice, —
mais qu'il y a toujours en somme des
images, et qu'aucune classe d'images n'est
supérieure à une autre du point de vue
intellectuel. De plus nous pouvons, d'après
plusieurs passages des *Données immédiates*, penser les nombres en tant que
mots sans avoir recours à l'espace; c'est
seulement pour avoir une idée claire du
nombre que l'espace est nécessaire.
D'ailleurs l'image peut être auditive, motrice ou visuelle; ces trois classes sont
l'une aussi bien que l'autre spatiales
suivant M. Bergson. — M. Russell maintient
que la spéculation de M. Bergson est
dominée par le caractère visuel de sa
pensée, et que de là vient l'importance
accordée par lui à l'espace, et la *façon*
dont il range les sons, les coups d'une
horloge par exemple, dans une sorte
d'espace sonore. M. Russell maintient
aussi que, même quand nous avons à faire
à des nombres concrets, comme celui de
ces coups, nous n'avons nul besoin de
l'espace; à plus forte raison quand nous
concevons un nombre abstrait.

. M. Russell avait dit : « Un cinémato-
graphe, dans lequel il y a un nombre
infini de films, et dans lequel il n'y a
jamais un film suivant parce qu'il y en a
une infinité entre deux pris au hasard,
représentera fort bien pour les mathéma-
iciens un mouvement continu; et l'argument de Zénon perd donc toute sa
force ». — M. Carr admet que cette définition de la continuité enlève à l'argument de Zénon sa raison d'être; mais
elle ne supprime nullement le paradoxe
de l'idée de mouvement. — M. Russell
réplique que cette apparence paradoxale
vient d'inductions inconscientes qui ne
sont pas justifiées.

M. Carr montre que dans l'intuition il
n'y a pas confusion du sujet et de l'objet,
que l'intuition est par définition union
du sujet et de l'objet. — M. Russell répond :
de ce que cette union soit essentielle à la
doctrine on ne peut conclure qu'elle ne
soit pas une confusion; pour accepter la
doctrine bergsonienne, il faut n'avoir pas
vu clairement la distinction entre l'objet
et le sujet. Et il maintient une objection
à laquelle M. Carr n'a pas répondu : dans
sa théorie de la mémoire, M. Bergson
identifie sans démonstration l'acte de
souvenirs, et le contenu des souvenirs.

M. Russell avait commencé sa réponse
en disant : Je n'ai pas essayé de prouver
que la philosophie de Bergson n'est pas
vraie, mais qu'il n'y a pas de raison pour
la croire vraie. « Je crois que sur l'univers dans sa totalité, on ne peut pas
savoir, à beaucoup près, autant de choses
que les philosophes sont inclinés à le
supposer. » Il conclut en reconnaissant
qu'il y a toujours une pétition de principe dans les réfutations des idées bergsoniennes; elles supposent que l'intelligence ne nous trompe pas. Mais jusqu'au
jour où M. Bergson, laissant de côté les
arguments intellectuels, qui sont pour
lui des concessions à la façon ordinaire
de philosopher, fera appel à la seule
intuition, jusqu'au jour où la philosophie
bergsonienne aura triomphé, « l'intelligence maintiendra ses protestations ».

On voit que M. Russell n'a pas tenu
compte de l'effort fait par M. Bergson
pour se servir à la fois de certaines
intuitions et de certaines données intellectuelles; les arguments intellectuels
ne sont pas pour lui des concessions.
Mais il faut accorder que M. Carr n'a pas
très bien vu toujours en quoi consistaient
les critiques de M. Russell. Les réponses
que Miss Costelloe fait aux critiques de
M. Russell sont beaucoup plus précises et
très pénétrantes. Elle s'occupe d'abord
des critiques qui concernent la théorie
de l'espace : le terme « spatial » désigne,
dit-elle, dans le langage de M. Bergson,
toute série d'unités distinctes en relations les unes avec les autres. Il suit de
là : 1° que les idées de plus grand et de
moindre impliquent l'espace; 2° que toute
pluralité d'unités séparées implique l'espace; 3° que toutes les idées abstraites
et toute la logique sont spatiales. Ceci
porte aussi contre la remarque de M. Russell que M. Bergson a généralisé une
expérience toute personnelle.

Puis elle examine la théorie du changement. Le reproche fondamental que
M. Bergson adresse à la conception
mathématique du changement, ce n'est
pas qu'elle manque de cohérence (quand
il lui fait en passant ce reproche, M. Russell a raison d'ailleurs contre lui), c'est
qu'elle laisse de côté la chose essentielle,
le processus du changement. Le fait est
que M. Bergson part de l'intuition d'un
changement dont l'essence est la continuité indivisible, — un « continu » fait
d'unités distinctes étant pour lui du
discontinu. Tant que M. Russell prendra
pour accordé qu'une série de points est
tout ce que nous entendons par le mot :
changement, il y aura de sa part pétition
de principe et ignoratio elenchi. — On ne

peut pas à vrai dire, afin de prouver cette insuffisance, définir au préalable le changement; nous ne pourrons jamais définir que le changement accompli, le changement qui ne change plus. La pensée ne peut pas servir à décrire le changement, mais seulement à diriger notre attention vers certaines expériences, vers une connaissance plus directe que la perception même; car, dans la perception, les sensations et l'attention divisent le changement, et rendent ainsi nécessaire et possible la construction mathématique. Miss Costelloe passe ensuite à la théorie de la durée. Le changement n'est pas seulement un processus; il est une création: nous avons une expérience immédiate de ce caractère de création, comme du caractère de « processus »; et comme le précédent, ce caractère est indéfinissable; nous ne pouvons décrire que du créé.

Dans la mémoire, nous sentons à la fois ces deux caractères. Il n'y a aucune confusion, dans la théorie bergsonienne de la mémoire, entre le souvenir en tant qu'objet, et l'acte du souvenir; car il n'est pas ici question d'idées conscientes; et il ne peut donc être question d'une confusion entre le passé comme objet et notre idée présente du passé; ni l'un ni l'autre n'existent ici. — Miss Costelloe accorde seulement que la définition bergsonienne du passé comme étant ce qui n'agit plus, est insuffisante.

La dernière partie de la réponse de Miss Costelloe ne paraît pas aussi forte. Elle confond, semble-t-il, deux sens du mot : image; quand M. Bergson parle d'« une certaine image intermédiaire entre la simplicité de l'intuition concrète et la complexité des intuitions qui la traduisent », il ne s'agit nullement de l'image dont il est question dans Matière et Mémoire; dans l'image de Matière et Mémoire, il y a réellement, semble-t-il, identification du sujet et de l'objet (identification voulue, sans doute et non pas inconsciente, comme semble le penser M. Russell).

Miss Costelloe insiste avec raison dans sa conclusion sur ce point qu'on ne peut pas légitimement accuser M. Bergson de mépriser la contemplation et la spéculation; s'il nous demande de faire l'effort que réclame l'intuition, ce n'est pas parce qu'il méprise la spéculation pure, mais au contraire parce qu'il la met à si haut prix.

Bergson and Romantic Evolutionism, by LOVEJOY. *Two lectures delivered before the Philosophical Union, of the University of California.* Broch. de 61 p., University of California Press, Berkeley, 1914. — M. Lovejoy remarque au début de ses conférences que les *Données Immédiates* parurent l'année où se fonda, sous l'impulsion de Howison son maître, la Philosophical Union devant laquelle il parle. Howison essayait de créer une théorie de la durée réelle des choses et de la personnalité libre. « Le petit livre français, d'autre part, contenait la doctrine qui devait retenir l'attention de l'humanité d'une façon plus générale que n'importe quel autre enseignement philosophique », depuis peut-être un demi-siècle. « Il est certain, dit-il, que beaucoup d'esprits sont en train de trouver une inspiration religieuse et un afflux nouveau d'énergie morale, grâce à l'évolutionisme radical de Bergson, que l'Evolution Créatrice produit une disposition sérieuse, ardente, et pleine d'une haute espérance.

Retenons de sa première conférence cette idée : de l'évolutionisme déterministe est née en Angleterre une certaine mélancolie pessimiste que l'on trouve chez Tennyson comme chez James Thomson. Mais il existe, dit M. Lovejoy, un évolutionisme plus ancien qui est anti-mécanistique. C'est celui des *Naturphilosophen*, de Schelling, de Schopenhauer. Dans la deuxième conférence, M. Lovejoy étudie les théories de Ravaisson. Il note que chez Bergson l'évolutionisme radical se trouve à un état beaucoup plus pur que chez aucun de ses prédécesseurs. A cette conception s'étaient en effet mêlées auparavant les idées platoniciennes, le noumène kantien, ou un volontarisme pessimiste. Le succès du darwinisme, l'habitude de penser en termes d'évolution a rendu possible un évolutionisme nouveau.

M. Lovejoy veut donc attirer l'attention de ses auditeurs sur l'évolutionisme radical ou le temporalisme de M. Bergson. « C'est cette conception qui a séduit la plupart des lecteurs de Bergson qui sont venus à lui en partant des sciences; elle constitue sa signification réelle aux yeux de beaucoup qui sympathisent peu avec son anti-intellectualisme romantique. Elle touche d'une part à la science et d'autre part à la philosophie de la religion. La partie la plus nouvelle et la plus importante, au point de vue de l'influence des ouvrages de M. Bergson, se trouve certainement dans la conception de l'évolution créatrice. » On peut se demander, malgré M. Lovejoy, si la conception de la durée est plus romantique que la conception de la vie, si les *Données Immédiates* ne pénètrent pas, en des points d'insertion très précis, d'une part dans la philosophie de la science, de l'autre dans la philosophie de la religion, si M. Lovejoy ne se contredit pas en affirmant tantôt la présence de l'idée de l'évolution créatrice chez les romantiques, tantôt l'originalité profonde de cette idée chez M. Bergson. Il semble qu'il ait eu tort de voir dans l'évolution créatrice le centre de la pensée bergsonienne. M. Bergson avait pourtant attiré son attention, dans une lettre datée de 1911, que M. Lovejoy cite, sur le point essentiel selon lui, qui serait l'idée de durée : « I daily discover how difficult it is to bring people's minds to the perception of real duration and to make them see it as it is, that is to say, as indivisible though moving, or rather indivisible because moving. »

M. Lovejoy n'a pas accompli toujours cet effort que M. Bergson demande pour qu'on aperçoive l'unité précise de sa doctrine. « La thèse de l'indivisibilité de la durée, dit M. Lovejoy, loin de mener à la doctrine du caractère créateur du processus évolutioniste, contredit cette doctrine. La seule sorte de temps dans laquelle une évolution réelle pourrait avoir lieu, doit manifestement être telle que les moments postérieurs soient extérieurs, dans leur existence, à ceux qui viennent avant.... La vérité est que, bien que M. Bergson se serve constamment des substantifs : temps et durée, les attributs qu'il leur donne sont ceux au moyen desquels les métaphysiciens d'habitude, définissent l'éternité. » Sans doute, cette dernière idée, à savoir que la durée bergsonienne est, de plusieurs points de vue, très proche de l'éternité, enferme peut-être une grande part de vérité. Mais l'effort qu'il faut faire consisterait peut-être à voir comment elle est durée et éternité, comment elle est indivisibilité et création. Il s'agissait de savoir de quel point de vue ces « choses étranges », comme dit M. Lovejoy, cessent d'être étranges, et non pas d'affirmer qu'elles sont des conceptions erronées de ce qui est impliqué dans l'intuition de la durée, ou des tentatives pour échapper à certaines difficultés logiques. M. Lovejoy aurait pu voir par exemple que, du point de vue de M. Bergson, on ne peut dire, comme il le fait, qu'à partir de la nouveauté d'un moment en tant qu'existence, on ne peut conclure à la nouveauté de son contenu concret. Car il n'y a pas, dans la durée, de moment en tant qu'existence; et s'il y en avait, il n'y aurait pas de nouveauté. M. Lovejoy se rend compte (p. 19) que, si le passé

survit, la nouveauté d'un moment peut être traitée comme équivalente à la nouveauté du contenu. Mais il croit que c'est là une prémisse indispensable; c'est bien plutôt la théorie même : l'indestructibilité du passé est l'indivisibilité du mouvement; il y a création parce qu'il y a évolution.

De même il note des contradictions entre l'idée de la matière, instrument de la conscience, et l'idée de la matière, obstacle à la conscience, entre l'idée qu'il n'y a que du mouvement et l'idée qu'il y a des arrêts, l'idée d'un Dieu force vitale et celle d'un Dieu supratemporel.

M. Lovejoy nous dit : « Il faut, pour trouver sa voie à travers la philosophie de M. Bergson, séparer soigneusement l'un de l'autre les deux aspects contradictoires de sa doctrine; on oublie l'un quand on pense à l'autre. » C'est le contraire qu'il faut faire, il faut voir comment dans l'idée de durée pure peuvent s'unir, d'une façon à la fois naturelle et difficile à apercevoir, les idées de développement et d'indivisibilité. C'est ainsi seulement que l'on peut comprendre l'évolution créatrice, et voir en quoi consiste l'originalité de la conception bergsonienne.

Property, its Duties and Rights, *historically, philosophically and religioly regarded,* essays by various writers, with an introduction by the Bishop of Oxford. 1 vol. in-8, de xx-198 p., London, Macmillan, 1913. — Avec le progrès des idées socialistes, nous sommes de plus en plus portés à considérer le droit de propriété non comme un droit absolu « d'user et d'abuser », mais comme une simple délégation sociale, *a trust,* suivant l'expression anglaise. Les Eglises chrétiennes ne seront-elles pas dès lors tentées d' « utiliser », comme disait Brunetière, cette notion nouvelle en faveur de la tradition biblique, évangélique, ecclésiastique, suivant laquelle « le Créateur est le seul propriétaire absolu de toutes choses et de toutes personnes », suivant laquelle « toutes choses viennent de lui », sont « siennes » et suivant laquelle « nous ne détenons tous que les biens que nous détenons qu'à titre d'agents, en vue du Royaume de Dieu » (p. 6)? Tel est le dessein qui inspira le Dr. Gore, évêque d'Oxford, lorsqu'il décida divers professeurs anglais à composer, en collaboration, le présent volume d'essais.

M. L. T. Hobhouse, dans celui de tous ces essais qui est le moins spécifiquement chrétien, définit, en sociologue philosophe, l'*Évolution historique de la propriété en fait et en idée*, distingue la propriété considérée comme une source d'utilités pour le propriétaire d'avec celle qui est, pour lui, une source de pouvoir sur autrui : il considère que le développement du second type de propriété est un mal inhérent à la civilisation elle-même ; et que le problème du socialisme, en tant qu'il s'oppose, d'une part au communisme pur, d'autre part à l'individualisme pur, est de limiter la propriété « pouvoir » par l'extension du domaine de l'Etat. — Le Rév. HASTINGS RASHDALL expose, historiquement, la *Théorie philosophique de la propriété*, depuis Platon et Aristote, les stoïciens et les premiers chrétiens, jusqu'à Locke, Hume, Bentham, Kant, Hegel et les néo-kantiens anglais. L'exposé, qui s'inspire de ce même néo-kantisme, est lucide. Mais pourquoi définir Karl Marx comme « un socialiste *a priori*, qui, parti du principe que le travailleur a droit au produit intégral de son travail, et constatant l'incompatibilité de ce principe avec l'appropriation individuelle du sol et du capital, conclut à l'appropriation collective des instruments de production » ? Cela est monstrueux : Karl Marx s'est précisément proposé de dépasser ce socialisme apriorique et juridique. Et pourquoi dire, avec toutes les plaisanteries d'usage, que Hegel, dans sa Philosophie du Droit, veut défendre à tout prix « l'ordre social existant et les particularités les plus contingentes de la constitution prussienne de son temps » ? Hegel est un conservateur, sans doute, mais un conservateur à l'anglaise, dont l'idéal est un constitutionnalisme tory. — Groupons ensemble les trois études du Rév. VERNON BARTLETT, sur *L'idée biblique et l'idée chrétienne primitive de la propriété* ; du Rév. A. J. CARLYLE, sur *La théorie de la propriété dans la théologie médiévale* ; de M. H. G. WOOD, qui traite de *l'Influence de la Réforme sur les idées relatives à la richesse et à la propriété*. Trois études bien documentées, et qui sont au courant des derniers travaux en ces matières. Mais l'étude de M. Carlyle n'est pas sans compromettre gravement le dessein que se proposait l'évêque d'Oxford en préparant l'édition de ce volume. Car il ressort de cette étude que le docteur scolastique par excellence, saint Thomas, en réaction contre les traditions communistes du platonisme, du stoïcisme, et de l'évangélisme primitif, tient, avec Aristote, la propriété individuelle pour un fait naturel, l'aumône comme relevant de la charité, non de la justice. Ainsi la tradition philosophique par excellence de l'Église chrétienne nous éloignerait, loin de

nous rapprocher, du socialisme. — Aussi bien l'essai de Mr. A. D. LINDSAY, sur *Le principe de propriété privée*, est, en matière économique, singulièrement conservateur, singulièrement respectueux de l'individualisme traditionnel. L'essai du Rév. HENRY SCOTT HOLLAND, sur *La propriété et la personnalité*, établit que la notion de personnalité et la notion de société sont complémentaires, inséparables l'une de l'autre, que l'individu est condamné à dépérir sous un régime d'individualisme. Mais il ne fonde sa démonstration ni sur des textes de l'Evangile ni sur la doctrine de l'Eglise ; il invoque la théorie de Rousseau sur la Volonté générale et la Philosophie du Droit de Hegel.

Cultura e Vita Morale, par BENEDETTO CROCE. 1 vol. in-8, de 224 p., Bari, Laterza, 1914. — Sous ce titre, M. Croce a groupé les nombreux articles d'« actualité » que depuis 1906 il publia soit dans la « Critica », soit en d'autres périodiques. Un tel recueil où les discussions prennent naturellement un tour bref et passionné ne saurait manquer d'intérêt. De ces polémiques les unes ont pour objet des questions de méthodologie générale ; les autres nous renseignent sur l'état mental et particulièrement sur l'état philosophique de l'Italie contemporaine.

Les premières avec une claire sobriété nous remettent en mémoire les idées de l'auteur touchant la nature de la philosophie et la méthode philosophique. Contrairement au préjugé positiviste, la philosophie n'a rien de commun avec cette organisation *pratique* des faits particuliers que nous nommons la Science ; elle a au contraire le même objet et le même but que la religion : elle aspire à une interprétation intégrale du réel ; elle est la religion parfaite. Mais le réel c'est l'Esprit, le développement de l'Esprit ; aussi n'a-t-elle pas besoin de chercher son objet hors d'elle-même ; l'histoire de la philosophie est la matière même de la philosophie. D'ailleurs l'histoire des notions universelles se double, à chaque moment de l'histoire des faits, des événements singuliers ; car l'esprit est union indissoluble du concret et de l'abstrait ; l'histoire est la moitié concrète de la philosophie (Le réveil philosophique et la culture italienne. La renaissance de l'idéalisme. A propos du positivisme italien). Celle-ci, cessant enfin d'être l'humble servante « occupée à nettoyer les instruments des physiciens et des physiologistes », conquiert, en assurant par l'immanence de l'esprit l'objectivité absolue de la vraie connaissance, une complète autonomie. En ce sens Hegel est le vrai libérateur de la philosophie et l'on peut dire que tout philosophe est hégélien (Sommes-nous hégéliens?). Dès lors apparaît l'ambiguïté inhérente à toutes les philosophies empiristes : nous voulons des *faits*, disent-elles ; mais le fait véritable est-il l'élément singulier rencontré par hasard dans le temps et dans l'espace ou le fait concret, plein, qui enveloppe l'infini, le concept? (Le Sophisme de la philosophie empirique.) La même confusion conduit souvent la philosophie empirique à faire simultanément usage de la méthode psychologique qui est expérience pure et simple et de la méthode philosophique qui est spéculation, comme si la première, exclusivement dominée par des préoccupations classificatrices et pratiques, pouvait prêter ou demander assistance au développement théorique des concepts (La méthode philosophico-empirique). Aussi qu'arrive-t-il? Mis en présence du spectacle de la vie, de l'histoire, les systèmes ainsi édifiés, qu'ils appartiennent à la psychologie, à l'esthétique ou à la morale, s'anéantissent aussitôt (La pierre de touche de la philosophie).

Les secondes de ces polémiques nous montrent avec éclat combien l'ignorance philosophique et la persistance des confusions qui viennent d'être signalées provoquent à l'heure actuelle parmi les intellectuels italiens de malentendus et de malaises. Elles ont d'abord séparé la science de l'Université : la manie de la pseudo-science, l'usage constant des concepts flous ont amené les universitaires à se plier aux exigences de la mode et même à ne pas reculer devant la réclame (Science et Université). Elles ont ensuite radicalement fait disparaître de tous les livres italiens de philosophie le sens scientifique, lequel consiste essentiellement ici à situer son œuvre dans l'histoire, à déterminer le rôle que l'on joue soi-même dans le développement d'ensemble de l'humanité (Le manque de sens scientifique et les ouvrages italiens de philosophie). Autre conséquence grave : en séparant la philosophie de l'histoire on s'expose tout d'abord à vouloir juger l'histoire, c'est-à-dire l'esprit même : on blâmera par exemple certaines époques d'avoir pratiqué l'intolérance, on les accusera d'avoir attenté à la vie de la science, etc., comme si tous les moments du développement de l'humanité n'étaient pas solidaires et solidairement nécessaires (La liberté de conscience et de science). On s'expose ensuite, dès que l'on aborde le domaine pratique et surtout le domaine politique, à se laisser attirer soit dans le camp des « abstractistes », de ceux qui n'agissent que mus par des absolus : Justice, Vérité, Égalité, soit dans le camp des « matérialistes », de ceux qui, répudiant toute préoccupation théorique, ne veulent connaître que de petits faits, de menus intérêts. Mais les concepts concrets soudent l'un à l'autre ces deux domaines qui d'ailleurs en fait ne parviennent pas à rester distincts : la vraie justice n'est pas « la Justice », isolée et immuable, mais celle, plus souple, qui imbibe la vie quotidienne (Abstractisme et matérialisme en politique). Toutes ces erreurs disparaîtront quand disparaîtront la suffisance, la vanité, la légèreté qui sont leur source; car toute erreur est une faute, une immixtion de l'activité pratique dans le domaine théorique; toute erreur a un motif pratique. Quand la recherche de la vérité cessera d'être un métier pour devenir la raison d'être de la vie, alors nous pourrons parler d'un réveil philosophique (La nature immorale de l'erreur et la critique scientifique et littéraire).

A chaque page, on le voit, s'affirment, avec précision et fougue, cette revendication de l'autonomie philosophique et cette exaltation de l'histoire qui sont les traits les plus apparents du néo-hégélianisme de Croce.

Sul Pragmatismo, par G. PAPINI. 1 vol. in-8, de 163 p., Milan, Libreria editrice milanese, 1913. — Le nom seul de l'auteur, qui joua un si grand rôle dans le mouvement pragmatiste italien, suffirait à attirer l'attention sur cet ouvrage. Dans ce recueil d'essais dont les premiers datent de 1903 et les derniers de 1911, M. Papini ne nous donne pas un exposé systématique de la doctrine, de sa genèse ou de sa fortune; il applique sa réflexion à des problèmes particuliers, nous permettant ainsi de juger, de son propre point de vue, la valeur de sa méthode. Ne cherchons donc pas dans l'ouvrage un ordre logique, mais une unité d'esprit. Cette unité se manifeste par le mépris des questions purement verbales, une vive protestation contre le monisme, un profond désir d'augmenter la puissance spirituelle de l'homme sur les choses.

La philosophie est morte; le pragmatisme est le messie; de son souffle puissant il peut seul régénérer le monde. Voyons le sauveur à l'œuvre. Malgré ses apparences rationnelles toute philosophie repose sur le sentiment : « Il y a dans toute philosophie une préphilosophie faite d'éléments empruntés à la vie »; la paresse par exemple engendre le monisme.

Dans les doctrines intellectualistes, ce sont toujours les mêmes thèmes qui reparaissent; mais, même si cela était vrai, ne faudrait-il pas reconnaître que les motifs pragmatistes n'ont guère plus de variété? M. Papini se fait une conception par trop simpliste des différentes métaphysiques; toutes sont dualistes, même le monisme spinoziste, puisqu'il admet deux attributs; bien plus, toutes sont « dualistes » et ne traduisent sous des formules diverses qu'une seule et même idée : l'opposition « du principe classique et du principe romantique », de l'un et du divers.

L'unité conduit à l'immobilité, à la cristallisation et à la mort; la diversité a pour conséquence l'enrichissement du monde. Tant qu'on se place au point de vue théorique, l'opposition subsiste entre l'un et le divers: au point de vue de l'action, elle est parfaitement réductible. L'un n'existe pas dans la réalité : agissons, augmentons notre puissance, par l'action l'homme devient dieu. Mais cette action que l'auteur divinise, hypostasie, que peut-elle être, sinon incohérence et désordre, puisque toute logique est en désaccord radical avec le réel ?

Cette agitation, cette hantise de l'activité qui persécute le pragmatisme, que nous procure-t-elle? La paix, le repos, la satisfaction de tous les désirs en sont les fruits; le monde sera le vrai nirvana auquel nous aspirons. Mais alors, à quoi bon s'indigner contre la paresse moniste et clamer son souci constant des valeurs vitales?

Pour arriver à l'omnipotence, l'homme devra recourir à un « art du miracle », c'est-à-dire utiliser de plus en plus les puissances spirituelles. Cet art existe en fait, il suffit de songer aux prophètes, aux fakirs. L'homme créera des religions, des métaphysiques, des sciences de phénomènes possibles, et M. Papini nous donne une débauche de paradoxes et d'imagination.

Nous pouvons maintenant être introduits dans le sanctuaire pragmatiste. On ne s'y occupera pas de vérité universelle et immuable; on se dirigera vers la pratique et vers la vie. Seront pragmatistes tous ceux qui ont l'amour du concret, d'une vie plus large et plus riche, le dédain des formules et des vérités immobiles. L'unité d'esprit pragmatiste, c'est la conception de la valeur instrumentale des théories et des croyances : l'idée vraie est celle qui répond à nos besoins. Mais alors de quel droit répudier le monisme comme faux, puisqu'il est une hypothèse commode, puisqu'il y a en nous un instinct moniste? D'autre part accueillir toutes les vérités pour posséder plus de vérité, n'est-ce pas avoir l'obsession de la vérité?

On souhaiterait dans cette exaltation mystique de l'action, faite avec verve et pittoresque, une discussion approfondie des solutions proposées par les autres écoles, moins d'humeur batailleuse, plus d'attitude persuasive. Le pragmatisme, selon M. Papini, « n'est pas une philosophie », et c'est bien là, croyons-nous, l'opinion de tout philosophe.

L'Origine subsconsciente dei fatti mistici, par A. GEMELLI. 1 vol. in-12, de 121 p., Firenze (Piccola biblioteca scientifica della Revista di Filosofia neo-scolastica), 1913. — Travail consciencieux et très bien informé sur l'emploi de la subconscience pour l'explication des faits religieux. L'auteur est tout à fait au courant des travaux parus en Amérique et en France; il s'attache surtout aux ouvrages de M. Delacroix. Ses analyses sont exactes, sa critique est intelligente. De pareils exposés, de caractère objectif et courtois, font grand honneur à la collection — de caractère confessionnel — dont ce petit travail fait partie.

REVUES ET PÉRIODIQUES

Les Revues Catholiques de 1913. — I. Nous avons le regret, en commençant cette recension annuelle, d'avoir à signaler la disparition des *Annales de Philosophie chrétienne*. On sait avec quelle assiduité Rome, ou plus exactement le parti qui prévaut actuellement à Rome, poursuit toutes les manifestations de la pensée catholique qui lui paraissent entachées à quelque degré de « modernisme ». La volonté manifeste d'orthodoxie des *Annales* ne pouvait arrêter ceux qui ne cherchent point à comprendre, mais seulement à condamner. Le 5 mai 1913, un décret mettait à l'Index toute la collection des *Annales* à partir de l'année 1905 (date à laquelle M. l'abbé Laberthonnière en avait pris la direction). Le comité de rédaction des *Annales*, en annonçant cette nouvelle, invitait les lecteurs à entrer « dans les sentiments de soumission et de docilité active qui conviennent aux enfants de l'Église. Catholiques sans réserves, philosophes persuadés du caractère toujours imparfait de nos pensées et de l'insuffisance d'un effort apologétique toujours réformable, nous avons témoigné à l'autorité que nous nous inclinions respectueusement » (n° de mai-juin 1913, p. 1). Cette attitude si soumise et si digne à la fois ne devait qu'irriter les agresseurs. Par une mesure exceptionnelle, et qui n'a, croyons-nous, guère de précédents, M. l'abbé Laberthonnière s'est vu mis en demeure de renoncer définitivement à écrire. La revue dont il était l'âme disparaissait par là même.

Les *Annales de Philosophie chrétienne* allaient atteindre bientôt un siècle d'existence. Sous la direction de M. l'abbé Laberthonnière, elles s'étaient placées au premier rang non seulement des revues catholiques, mais encore des publications philosophiques en général. La *Revue de Métaphysique et de Morale* ne saurait les voir disparaitre sans leur apporter l'hommage de sa sympathie et de ses regrets.

II. — La *Revue de Philosophie* a publié un numéro exceptionnel sur l' « Expérieuce religieuse » dans le catholicisme. Il convient d'y relever une très copieuse et très intéressante étude de Dom Festugière sur la liturgie catholique (I, 692-885). Il est curieux de noter que ce travail a été attaqué par les PP. Jésuites (*Études*, fascicule du 20 novembre 1913), qui ont voulu y voir un « manifeste », le manifeste de l'école « néo-liturge ». Faute de « modernistes ». on s'attaque à qui l'on peut... Citons encore, parmi les articles publiés au cours de l'année 1913 par la *Revue de Philosophie*, *Le temps et le mouvement selon les scolastiques*, par M. Duuem (II, 453-478) et une bonne *Revue critique d'histoire de la philosophie antique*. par M. A. Diès (I, 389-426).

III. — De la *Revue pratique d'Apologétique*, nous retiendrons : E. Mangenot, *Saint Paul et les mystères païens* (II, 176-196, 241-257 et 339-355); — J. Touzard, *Les lois sociales et religieuses du Deutéronome* (II, 721-749). — Il s'en faut, malheureusement, que la tenue générale de la *Revue pratique d'Apologétique* se maintienne à la hauteur de ces travaux solides et consciencieux. Nous croyons instructif de montrer par un exemple précis à quelles petitesses leur désir de soumission aveugle aux maîtres de l'heure du Vatican conduit certains apologistes naïfs. Dans une lettre qui a fait quelque bruit, le cardinal Merry del Val, s'écartant délibérément de l'enseignement des Pères de l'Église, faisait de la propriété un *droit* tempéré uniquement par la *charité*, indépendamment de toute considération de *justice*. La *Revue pratique d'Apologétique* crut devoir aussitôt souscrire à cette doctrine, et dans son numéro du 15 février 1913 paraissait un article de M. J. Verdier : *La propriété est-elle un droit individuel ou une fonction sociale?* (p. 737-748). L'embarras de l'auteur ne devait pas être petit, tous les Pères, saint Basile, saint Ambroise, saint Jérôme, saint Augustin,

saint Jean Chrysostome, saint Grégoire le Grand, ayant soutenu la thèse opposée à celle de Mgr Merry del Val. M. Verdier a donc cru devoir plaider pour eux les circonstances atténuantes, et il explique gravement (p. 743) que leurs attaques contre la propriété se « justifient » par ce fait que *de leur temps* il y avait de mauvais riches et des gens qui mouraient de faim. Bienheureux sommes-nous de vivre en un temps où ces inégalités ne sont plus qu'un lointain souvenir!

IV. — Dans la *Revue des Sciences philosophiques et théologiques*, plusieurs bons articles historiques : P. Mandonnet, *Premiers travaux de polémique thomiste* (pp. 46-70 et 242-262); — A. Diès, *le Socrate de Platon* (pp. 412-431); — A. Lemonnyer, *le Culte des dieux étrangers en Israël* (pp. 432-466).

V. — De même, dans la *Revue Néo-Scolastique* : P. Mandonnet, *Roger Bacon et la composition des trois Opus* (pp. 53-68 et 164-180): — J. de Ghellinck, *Un catalogue des œuvres de Hugues de Saint-Victor* (pp. 226-232); — J. Cochez, *l'Esthétique de Plotin* (pp. 294-338 et 431-434).

VI. — Relevons dans la *Revue Thomiste* : R. P. Mélizan, *la Crise du Transformisme* pp. 64-71, 189-202 et 641-655); — R. P. Robert, *Hiérarchie nécessaire des fonctions économiques d'après saint Thomas d'Aquin* (pp. 419-431). On peut regretter que la *Revue Thomiste* ne sache pas toujours conserver, dans la discussion des doctrines contemporaines, le calme dont elle fait preuve dans l'étude des auteurs anciens. Par exemple la chronique du R. P. Garrigou-Lagrange, *Autour du Blondelisme et du Bergsonisme* (pp. 350-377) n'est pas une discussion philosophique, mais un réquisitoire où l'auteur énumère des propositions condamnables.

Archiv für systematische Philosophi. Année 1913.

Arthur Trebitsch (Vienne) : *Die Sinne und das Denken*. — De nos jours encore la logique d'un concept est, philosophiquement, le critérium de la vérité ; et l'on peut même affirmer que le principe d'autorité possède une puissance de suggestion plus forte qu'au moyen âge.

C'est par la distinction élémentaire que font tous les manuels de philosophie entre l'attention concentrée et l'attention dispersée que M. Trebitsch veut renouveler la méthode philosophique. Le savant qui concentre son attention sur un objet déterminé et reste indifférent aux impressions extérieures, n'est pas distrait ; il est attentif, au sens fort du mot. Est distrait celui-là seul qui disperse sa « force de fixation » (Fixations-

kraft) à la fois sur les données sensorielles et sur les concepts purement
intellectuels.

Car (Kant l'a montré le premier) le
contenu de la pensée nous est donné par
les sens. Ces données des sens sont donc
dignes de retenir l'attention du savant
et du philosophe; mais l'un et l'autre ne
doivent pas les contempler dans leur état
« intra-céréoral », état où il les trouve
figés et morts, mais dans leur vie, dans
leur évolution, dans leur développement.

Telle est donc la conclusion logique
du kantisme : telle est aussi la situation
du positivisme: celui-ci est l'aboutissant
logique de celui-là, si étrange que cela
puisse paraître. Mais, par suite d'une
exagération de la dialectique kantienne,
le positivisme en est arrivé à une systématisation purement mathématique et
formelle de la réalité.

Entre ces deux formes de la pensée philosophique, entre la conception aprioriste,
idéaliste du réel, et la perception, intuitive ou immédiate du réel dans son évolution nuancée, seule forme de la seule
philosophie digne de ce nom, se creuse
le fossé qui séparait déjà Gœthe et
Schiller, l'artiste objectif qui puisait son
inspiration dans le réel et l'artiste kantien qui appliquait à la nature et à la vie
les cadres préformés de son idéalisme.

Karl Fahmion : *Der Begriff der Wahrheit*. — L'auteur veut montrer les erreurs
que renferment les différents concepts
de la vérité, et notamment pourquoi ces
différentes conceptions n'atteignent pas,
dans la philosophie moderne, le but
qu'elles s'étaient proposé.

Aux trois périodes de la philosophie
correspondent trois définitions de la
vérité :

Pour la philosophie grecque, vérité et
réalité ne sont qu'un: la vérité est la
nature, le réel saisi et dissocié par l'intelligence.

Le moyen âge s'éloigne peu de cette
conception ; toute sa philosophie est
dominée par l'idée d'un dualisme,
d'un conflit, entre Dieu et le monde,
entre le monde objectif et la conscience,
entre les sens et l'intelligence. La vérité
consiste donc, pour la logique scolastique, en un accord entre la pensée et
l'être.

La philosophie moderne crée une autre
conception de la vérité : Descartes la
voit dans la clarté et l'intelligibilité des
idées. Locke la trouve dans l'accord des
représentations entre elles et Kant dans
l'accord des pensées avec les lois de
l'intelligence.

Ainsi donc, la vérité, qui pour la philosophie ancienne avait un fondement
objectif, extérieur à la conscience,
devient, dans la période moderne, purement subjective. La première se trompait, car il n'existe aucune réalité purement objective, à laquelle ne se mêle
aucun élément de l'être pensant, que la
conscience ne déforme pas en la saisissant; l'erreur moderne consiste en ce que
le philosophe ne reconnaît pas à cette
réalité intuitivement sentie une existence
objective. C'est peut-être là que git la
cause profonde du conflit entre le pragmatisme et l'intellectualisme et une définition de la vérité, qui ferait une part
égale à ces deux éléments, serait peut-
être de nature à résoudre cette antinomie.

Olivier von Hazay (Budapest) : *Sur la
conception primitive du temps*. — L'intelligence de l'homme ordinaire saisit le
temps comme une réalité homogène et
ininterrompue. C'est pour lui une nécessité de pensée. Il l'envisage sous les
trois aspects de futur, de passé et de
présent, ce dernier ayant pour lui,
malgré la logique, une étendue : mais
cette continuité homogène, qui nous
semble inhérente à l'idée de temps, est
au contraire extérieure à elle. La sensation, la vie, ne nous donne qu'un temps
fragmentaire et discontinu; et c'est par
une correction que notre moi fait de ces
données discontinues et fragmentaires la
durée homogène et continue.

Hugo Marcus : *Les rapports réciproques
de l'esthétique et de l'éthique*. — Le beau
et le bien étaient autrefois confondus
dans une même notion. On tend aujour-
d'hui à les séparer. Malgré les différences
profondes qui séparent ces deux concepts : différence dans la conception des
objets, différence des critères d'appréciation, différence des expériences, elles
peuvent se réunir dans la poursuite d'un
but commun. Cette union est, au reste,
déjà partiellement réalisée dans la religion, où le beau et le bon se confondent
intimement, et dans l'amour.

Otto Kröger. *L'essence des objets à la
lumière du pur idéalisme*. — Après avoir
posé les principes du pur idéalisme,
savoir : toute existence est un aspect du
moi, n'est rien en dehors du moi; le
monde extérieur n'est qu'un phénomène
à l'intérieur du moi; il n'existe aucun
« être » (Sein) en dehors de mon moi,
O. Kröger en tire des définitions éthiques
et métaphysiques, et des solutions aux
différents problèmes. Il définit ainsi la
liberté : l'accord à l'intérieur de la multiplicité de l'être. Le plaisir est pour lui

« le mouvement ascendant de la valeur sentimentale, la douleur en est le mouvement descendant » ; la connaissance n'est pas un phénomène étranger aux objets, mais une activité parmi les objets. En un mot : tous les objets sont des formes, des états, des modes de la substance essentielle du sujet.

Otto Kröger : *La religion à la lumière du pur idéalisme* (2ᵉ article). — Comme suite à l'étude précédente, O. Kröger examine la religion au point de vue idéaliste. Religion et conception du monde (*Weltanschauung*) ne sont pas aussi différentes qu'elles le paraissent : la religion est une compréhension sentimentale, la *Weltanschauung* une compréhension logique de l'essence des objets. La religion pose comme essence dernière des choses Dieu ; et si elle n'apporte à l'appui de cette affirmation aucune preuve définitive, l'athéisme empirique, de son côté, n'est capable de donner que des preuves négatives; au reste, l'athéisme scientiste se basant inconsciemment, pour affirmer la limitation et la logique de l'Univers, sur l'existence du vide, est en contradiction avec lui-même et avec ses principes. Après avoir étudié la différence qui existe entre connaître et croire (*Wissen und Glauben*), différence qu'il croit voir dans l'opposition entre le caractère subjectif de la croyance et le caractère objectif du savoir, O. Kröger expose les trois conceptions théologiques et philosophiques de Dieu : empirique, théiste et idéaliste. C'est la conception empirique de Dieu qu'a détruite le matérialisme moderne ; le Dieu du théiste et celui de l'idéaliste sont au fond identiques et ne donnent pas prise aux attaques du rationalisme scientiste et athée.

Prof. Karl Snopek (Vienne) : *La création d'une conception idéale du monde : Étude de philosophie historique*. — Étude à larges touches, nécessairement superficielle, mais intéressante, solide et originale, de l'historique du panthéisme, du matérialisme, du dynamisme. Cet article donne une vue d'ensemble logique sur l'évolution des conceptions métaphysiques de la matière et de la force.

Fritz Munch (Iéna) : *L'avenir de la Philosophie et de la Psychologie*. — Lamprecht prétendait (*Zukunft*, nᵒˢ 27, 33, 39, 1913) que la psychologie et la philosophie étaient appelées à converger et à se confondre. Simmel, au contraire, soutenait qu'elles divergeraient et deviendraient de plus en plus étrangères l'une à l'autre. F. Münch prétend résoudre le débat et clore la question en distinguant une psychologie proprement scientifique et une psychologie philosophique.

Friedrich Strecker : *Les deux activités fondamentales de la pensée*. — Pour Strecker, ces deux activités fondamentales sont : le processus abstractif, qui opère sur les impressions reçues du monde extérieur, et le processus concrétisant et fixatif, dont le principal effet est de reproduire la représentation.

Cœnobium (1912-1913). — Par ses vastes enquêtes sur les problèmes les plus troublants de la pensée contemporaine, « Cœnobium » a pris un intérêt tout particulier. Libre discussion pour arriver à une libre entente et par suite à une plus grande harmonie spirituelle, telle est la tâche délicate que mène à bien cette revue. Sur le problème religieux, ses rapports avec la science et la morale, on trouvera des documents considérables, d'inégale, de très inégale valeur, mais tous empreints de courtoisie et de sincérité.

Fasc. I et II. — *Harnack et Loisy*, par C. Piepebring. — Harnack a eu tort de laisser de côté les doctrines eschatologiques de Jésus ; mais qu'il s'agisse d'expliquer l'évangile ou la théologie paulinienne, Loisy a trop négligé la personnalité de Jésus ou celle de Paul pour ne recourir qu'à des influences extérieures.

Fasc. IV. — *Le théisme*, par H. Camerlynck. — Vigoureuse défense de la religion naturelle.

Fasc. VI. — *Il nostro ideale di coltura*, par G. Tauro. — La culture ne consiste pas à satisfaire le besoin de connaître, mais à développer la puissance spirituelle et la fraternité.

Fasc. VII. — *La reconnaissance mystique du divin*, par P. Couissin. — Si les états mystiques sont purement subjectifs, ils n'ont aucun rapport avec le divin ; s'ils sont dus au merveilleux démoniaque, ils font naître l'ambition et la tristesse ; s'ils sont dus au merveilleux divin, l'âme se sent plus courageuse et plus puissante. Les mystiques distinguent eux-mêmes le vrai du faux; la véritable expérience religieuse a des effets utiles.

Fasc. VIII. — *Petitesse, instabilité, néant de l'homme dans la philosophie de Montaigne*, par M. Dell' Isola. — Les chapitres des « Essais » où se révèle l'influence de Sénèque ne traduisent pas la pensée de Montaigne, mais simplement son « enthousiasme littéraire ». Méprisant l'orgueil métaphysique, l'auteur des « Essais » se borne à nous donner des conseils de vie pratique. L'homme est assez sot pour ne pas se connaitre, comment pourrait-il ordonner l'univers ?

Fasc. X. — *Une religion universelle est-elle possible? est-elle désirable?* par GOBLET D'ALVIELLA. — L'accord pratique des religions est beaucoup plus réalisable que l'harmonie théorique : il suffit pour cela de reconnaître qu'il existe des devoirs religieux, et l'accomplissement sincère de ces devoirs mène au salut. L'unité religieuse se produit sur le terrain de l'amélioration morale.

Fasc. XI. — *Le problème religieux dans la pensée contemporaine*, par D. PARODI. — L'esprit positiviste est allé lui-même au devant de l'esprit religieux. Au point de vue psychologique, la pathologie n'a pas dit le dernier mot dans l'étude des phénomènes religieux. Au point de vue psychologique social, la religion est un principe de cohésion ; au point de vue philosophique, le mécanisme a reculé comme explication totale des choses. Une philosophie, même « athée », serait religieuse, à la condition « qu'elle pût s'identifier par l'esprit et le cœur à l'universelle nécessité ».

Fasc. XII. — *Antagonisme du sentiment religieux et de la morale*, par JULES DE GAULTIER. — Le point de vue religieux justifiant l'œuvre divine est exclusif du point de vue moral, lequel suppose l'existence du mal. Il est impossible de fonder une morale sur une religion : la religion fournit l'être et non le devoir être; elle est une justification de l'existence dans sa perfection immédiate.

INFORMATIONS

La librairie QUELLE et MEYER de Leipzig entreprend la publication d'un périodique hebdomadaire qui, sous le titre *Die Geisteswissenschaften*, embrassera la philosophie, la psychologie, les mathématiques, la science des religions, la science historique, la linguistique, l'histoire de l'art, la science du droit et les sciences politiques, les sciences économiques et sociales, la science militaire, la pédagogie. MM. OTTO BUEK et PAUL HERRE, qui ont assumé la direction de ce périodique nouveau, se sont proposé de remédier à la dispersion et à l'isolement des diverses disciplines scientifiques en créant en quelque sorte un laboratoire de synthèse, un terrain commun où les savants peuvent se rencontrer, sortir de l'étroitesse de leur spécialité et entrer en contact fructueux les uns avec les autres. Ils se sont proposé en même temps de donner par des revues périodiques, paraissant à des dates assez rapprochées, une idée exacte de l'état actuel de chaque discipline scientifique, des problèmes qui viennent de se poser avec une intensité particulière ou des solutions qui viennent d'y être apportées. Chaque numéro doit donc en principe contenir des dissertations doctrinales (dans le n° 1 on trouvera des études de MM. HERMANN COHEN sur les *Geisteswissenschaften et la philosophie*, RUDOLF EUCKEN sur *l'unification des Geisteswissenschaften*, ROBERT VON PÖHLMANN sur *l'Hellénisme et la liberté de penser*); des communications relatives à des questions d'organisation scientifique et de méthode, d'enseignement (ainsi dans le n° d'octobre 1913 celles d'EDOUARD SPRANGER *sur la vocation de notre temps pour la fondation des Universités*, de M. STRZYGOWSKI sur *l'Institut d'histoire de l'art à l'Université de Vienne*); des rapports sur l'état actuel des recherches dans telle ou telle science (par ex. dans ce même numéro ceux de MM. LEO JORDAN sur *l'Histoire de l'ancienne littérature française*, ERNST RABEL sur *la Science du droit romain*, et PAUL MOMBERT sur *l'Évolution nouvelle de la théorie de la population en Allemagne*); des comptes rendus développés d'œuvres marquantes ; des nouvelles et communications (congrès, académies, sociétés savantes, archives, bibliothèques, musées, *personalia*, etc.); des discussions et des opérations auxquelles les lecteurs sont invités à répondre ou à participer (ex : à quelle date apparaît la notion de *Geisteswissenschaften*? Qu'est devenue la bibliothèque de F. Schlegel?); enfin des indications bibliographiques provenant du dépouillement d'un certain nombre de revues.

L'entreprise de MM. Buek et Herre répond certainement à un besoin vivement ressenti par les contemporains; elle peut utilement réagir contre les excès de la spécialisation scientifique, et il nous semble qu'à cet égard l'Allemagne, plus encore que tout autre pays, a besoin que l'unité de la science et celle de l'esprit humain soient constamment rappelées aux savants.

LA VALEUR MORALE DE LA SCIENCE[1]

Poser la question de la valeur morale de la science, c'est confronter, nous ne savons pas encore si c'est pour les coordonner ou les subordonner l'une à l'autre, pour les confondre ou les opposer, les deux valeurs les plus hautes qu'il nous soit donné de connaître.

D'une part il suffit, sans insister, de rappeler que notre temps est celui du triomphe de la science positive, dont l'autorité, longtemps discutée et limitée d'une manière si jalouse, n'est plus guère contestée en principe aujourd'hui dans les domaines qui relèvent de ses méthodes. Le prestige acquis par la science, grâce aux éclatants succès théoriques et pratiques qu'elle a obtenus, est précisément attesté d'une façon toute particulière par l'effort qui s'est développé au cours du dernier siècle pour constituer une science de l'humanité elle-même, une sociologie, et, jusqu'à une morale scientifiques.

Mais d'autre part, dans le domaine des valeurs pratiques, nous ne connaissons rien de plus haut que la société humaine et l'ordre moral qui s'y rapporte. Sans doute la science atteint des réalités extérieures, des grandeurs cosmiques auprès desquelles, comme l'a montré Pascal, l'être humain et toute l'humanité même semblent s'effondrer dans le néant. Mais dans cette immensité de l'univers matériel, nous ne trouvons pas cette finalité, ce caractère sensible et intelligent, qui nous permettraient d'en recevoir une loi morale, d'y trouver le principe et encore moins d'y lire le texte d'une règle de vie, ni l'indication d'une fin à laquelle nous puissions travailler efficacement. La Société ou, si l'on veut, l'Humanité est au contraire la plus haute existence à laquelle nous puissions nous incorporer véritablement, qui puisse être pour nous une fin ultime, avec laquelle nous puissions sympathiser, dont nous puissions en

1. Conférence faite le 17 mars 1914 à l'École des Hautes Études Sociales.

même temps sentir l'autorité et désirer le perfectionnement. Elle
nous est donnée à la fois comme une réalité positive et comme une
idéalité, comme une existence spirituelle qui tend sans cesse à une
plus complète réalisation; cette réalité nous sert de point d'appui,
en même temps que nous nous faisons les instruments de cette réalisation. La société est pour nous, ainsi que je l'ai indiqué ailleurs,
la fin ultime parce qu'elle est le moyen fondamental et commun de
toutes nos fins générales, celui sans lequel les autres moyens ou
n'atteindraient pas toute leur puissance, ou seraient tout à fait
inefficaces, ou même ne prendraient pas du tout naissance. Elle est
surtout le moyen essentiel du développement des facultés humaines
elles-mêmes, sans lesquelles il n'y aurait pas de fins du tout.

Ainsi la science et la morale, considérées chacune à part et à son
point de vue propre, semblent toutes deux être des valeurs suprêmes;
des termes limites, et, au sens humain du mot, comme des absolus.

Mais s'il en est ainsi, il semblerait qu'entre ces deux valeurs il ne
puisse y avoir de commune mesure. Tandis que le moraliste prétendrait juger la science au point de vue de sa valeur morale, le pur
savant, s'il existait, prétendrait subordonner l'acceptation de la
morale à sa justification scientifique, et le débat sera sans issue. Or
poser la question de la valeur morale de la science, c'est précisément supposer implicitement que ces deux valeurs sont homogènes
ou que de quelque façon l'une puisse se ramener à l'autre. Si au
contraire, comme je le pense pour ma part avec H. Poincaré, la
science et la morale sont d'essences différentes, si, plus précisément,
la science est par ses fondements indépendante de toute fin et de
toute autorité sociales, la question de la valeur morale de la science
ne pourra plus se poser ni se résoudre d'une manière générale. Il
pourra bien se faire que, *par accident* et accessoirement, la science
soit utile ou nuisible à la morale, comme n'importe quelle fonction
de l'être humain. Mais on ne pourrait plus parler d'une valeur
morale inhérente et *essentielle* à la science. On comprendra pourtant
que nous tenions à poser la question sous cette dernière forme, et
non sous l'autre : une analyse et une énumération de ce que la
science, soit dans ses résultats, soit dans ses principes, pourrait
avoir tantôt de conforme, tantôt de contraire à la morale ne saurait
satisfaire l'esprit ni présenter d'intérêt philosophique. Tout au plus
le politique y trouverait-il son compte, et encore bien imparfaitement: car il serait bien embarrassé, en présence de ce tout solide

et consistant que forme la pensée scientifique, pour conserver le bon en éliminant le mauvais.

Demandons nous donc quel est le rapport général et essentiel de ces deux valeurs primordiales qui sont la science et la morale.

I. — Il nous paraît tout d'abord nécessaire d'examiner et d'écarter une solution simpliste qu'on serait peut-être tenté, par un préjugé assez naturel, de proposer ou de sous-entendre d'emblée. C'est celle que j'appellerais volontiers le *Concordisme*. On sait qu'on appelle ainsi, en théologie, la théorie selon laquelle la foi et la science, étant toutes deux divines à leur manière, ne sauraient être en désaccord; on affirme ainsi *a priori* la nécessité et la réalité d'une telle concordance avant de l'avoir établie par l'examen réel des deux systèmes d'affirmations. On pourrait de même ici préjuger avant tout examen, que l'accord ne peut manquer de se produire et d'exister virtuellement entre la Morale et la Science : on professerait ainsi une sorte de concordisme moral où la morale se substituerait à la religion.

J'estime pour ma part qu'il n'y aurait là qu'un pur préjugé et que le Concordisme, qui est entièrement discrédité sur le terrain de la théologie ne serait pas ici mieux justifié au point de vue de la méthode ni plus heureux au point de vue des résultats. Pourtant il vaut la peine d'examiner les raisons qui pourraient nous suggérer un tel préjugé; nous serons alors en état de mieux comprendre pourquoi cet accord de la science et de la morale ne s'impose pas *a priori*, et peut-être ne se vérifie pas en fait.

Nous sommes portés à préjuger cet accord tout d'abord par une raison toute pragmatique, c'est que nous le souhaitons. Un certain optimisme nous rend déplaisante l'idée d'une discordance qui nous obligerait au sacrifice, au moins partiel, d'une des deux fonctions auxquelles nous tenons à peu près également, quoique pour des raisons différentes. C'est aussi le motif fondamental du concordisme religieux, comme peut-être, dans une certaine mesure, de l'attitude de Kant dans le conflit qu'il croit observer entre la raison théorique et la raison pratique : *a priori*, il postule que, malgré cette apparence, elles sont au fond conciliables. On se rassure ainsi, on veut éviter un trouble douloureux de la conscience, en se persuadant que le conflit est tout apparent. On sauve l'unité de la vie psychologique en décrétant un accord qu'on ne perçoit pas. C'est une résolution commode, mais dont sans doute ne peuvent être bien satisfaits ni l'esprit scientifique puisque la preuve manque, ni la morale même, puisque la loyauté de l'opération est bien suspecte.

Toutefois, à ce motif pratique et sentimental du concordisme pourrait aussi se joindre et collaborer un motif spéculatif de quelque force : c'est que nous croyons à l'unité de la Nature comme nous voulons l'unité du moi. Un certain monisme plus ou moins instinctif nous porte à présupposer que la nature ne peut se trouver en conflit avec elle-même ni engendrer dans son sein unique des réalités hostiles. Soit que métaphysiquement nous répugnions à admettre de tels conflits dans l'Univers et à plus forte raison à l'intérieur même de la seule nature humaine, soit que, plus scientifiquement, nous nous plaisions à tirer argument de l'évolution qui tend à éliminer les incompatibles par la lutte, ou à faire disparaître les incompatibilités par l'adaptation, nous aimons, aujourd'hui du moins, à penser que le monde ne comporte pas de contradictions fondamentales.

Mais toutes ces présomptions sont mal fondées et ne résistent pas à l'examen. Ne considérons parmi elles que celles qui sont le moins naïvement sentimentales et se colorent d'une apparence de positivité. Si le monisme exprime un aspect de la nature, le pluralisme en exprime un autre aussi réel. S'il y a des processus d'élimination et d'adaptation, il y a aussi des processus de spécification et de séparation qui jouent un rôle au moins aussi considérable. Partout où se produit une différenciation de fonctions, sans doute une certaine forme de solidarité apparaît; pourtant une certaine autonomie, une certaine indépendance doit aussi se manifester, car chaque fonction ayant acquis ses organes spéciaux et par conséquent sa réalité distincte, suivra dans une certaine mesure ses voies propres et comme tout être animé défendra sa vie particulière. L'optimiste de Bastiat au sujet des « Harmonies économiques » n'est guère plus défendable aujourd'hui que celui de B. de Saint-Pierre. De même et à plus forte raison, au fur et à mesure que nous voyons se différencier des fonctions autrefois indistinctes, religion, art, morale, droit, science, chacune d'elles ayant ses fins propres, répondant à des besoins désormais conscients de leur objet spécial, nous voyons les divergences et les conflits apparaître et s'accentuer. C'est ainsi que l'on a pu récemment soutenir sans trop de paradoxe, la thèse d'une immoralité non pas accidentelle mais essentielle de l'art, et que nous sommes dès longtemps habitués à entendre, malgré tous les efforts d'un concordisme qui se renouvelle suivant les exigences de chaque âge et de chaque milieu, la thèse de l'opposition entre la religion et la science. Ne pouvons-nous présumer qu'on soutiendrait aussi bien la thèse de l'immoralité de la science, et d'ailleurs cette thèse serait-elle si différente de la précédente? Que dis-je, présumer? Mais on ferait un livre, et qui serait gros, sur les attaques dont la pensée scientifique, sous ses divers aspects, a été l'objet au nom des intérêts bien ou mal compris de la morale et de la société. Le vautour divin n'a jamais cessé de ronger le foie immortel de Prométhée.

Il n'est pas temps d'examiner ce que valent ces attaques contre la science et les cris triomphants de ceux qui en proclament la faillite. Nous n'avons pour le moment qu'à indiquer les raisons qui rendent un tel conflit possible et même naturel, et nous défendent de nous arrêter un instant à l'idée d'un accord immédiat et nécessaire.

Quelque origine que l'on assigne à la science et plus générale-ment à la fonction intellectuelle, il est un fait difficile à contester : c'est qu'au cours de l'évolution humaine, comme toute autre fonc-tion, elle a progressivement conquis son indépendance et qu'aujourd'hui, du moins chez les peuples et chez les esprits les plus développés, on peut affirmer sa complète autonomie. Ce n'est pas là un simple préjugé intellectualiste ; c'est un fait d'observation qu'il faut reconnaître indépendamment de toute théorie.

Que l'on admette avec M. Bergson que le cerveau n'est pas primi-tivement un organe de représentation, mais un organe d'action, que sa fonction est tout d'abord pratique et n'est pas de nous fournir une sorte de doublure subjective de l'univers, mais de nous per-mettre de nous y « insérer », peu importe. Il est probable, en effet, que la connaissance ne peut commencer autrement que sous la forme d'une réaction élémentaire, en connexion étroite avec nos besoins, et que, du monde qui nous entoure, nous ne savons guère tout d'abord que la façon dont il faut nous comporter pour y durer ; et c'est là nous connaître nous-mêmes autant, ou plutôt aussi peu, que connaître les choses. Mais il n'est pas moins vrai que le développe-ment de cette connaissance ne se produit pas autrement que dans le sens d'un désintéressement de plus en plus marqué, jusqu'au moment où il lui semble qu'elle n'a plus pour objet qu'une vérité indépendante de tout usage. Le philosophe que j'ai nommé ne montre-t-il pas lui-même que le progrès de la simple sensation con-siste surtout dans une aptitude à saisir une sphère de plus en plus

étendue de la réalité, de façon à nous permettre de nous adapter à
des réalités de plus en plus éloignées dans le temps et dans l'espace,
dont, par suite, l'action directe sur nous est de plus en plus contingente et se réduit à une simple possibilité? Finalement la connaissance n'atteint sa plus grande utilité que si elle peut être prête à
tout usage, sans dépendre par conséquent de la poursuite d'une
utilité déterminée et limitée. Cela revient à dire que la seule connaissance parfaitement utile est celle qu'on appelle la connaissance
vraie, sans plus. Tout se passe donc comme si la phase pratique de
l'évolution de la pensée était purement transitoire et le point de vue
pragmatique, s'il peut nous éclairer sur l'histoire de ce développement, ne nous conduit cependant pas à nous faire du terme final
une idée sensiblement différente. Un intellectualiste radical pourrait soutenir que tout se passe comme si la possession de la vérité
pure était le but dont l'action ne serait que le moyen.

Si maintenant nous considérons de même le rôle qu'une certaine
sociologie attribue aujourd'hui à la société dans la formation de
la raison humaine, nous arriverons à des conclusions analogues.
Admettons un instant que la raison commence par n'être qu'un tissu
de préjugés sociaux et de façons de penser imposées par les habitudes collectives. En quoi cela nous éclaire-t-il sur la véritable
nature de la raison? Il est fort possible que l'homme n'ait pu
trouver que dans certaines formes de pensée collective une première
satisfaction à son besoin de vérité impersonnelle, et que la société
ait aidé ainsi la raison à se découvrir elle-même, encore que l'on
aperçoive tout aussi clairement les obstacles qu'elle y a apportés;
car si la vie collective a produit dans l'humanité quelque raison, elle
y a déterminé aussi bien de la déraison, et des préjugés d'autant plus
tenaces et dangereux qu'ils prenaient précisément l'aspect et le
vêtement d'une pensée impersonnelle et commune. Mais en pareille
matière, comme dans bien d'autres questions, il s'agit beaucoup moins
d'expliquer les origines de la fonction, ce qui revient simplement à
en décrire des formes rudimentaires, que d'expliquer *tout le mouve-*
ment qui aboutit à ses formes supérieures. Or l'évolution qui mène
l'homme à prendre possession de ces formes de rationalité dont les
sciences positives sont la mise en œuvre, se produit toujours dans
le sens d'une élimination de plus en plus complète de ces préjugés
collectifs sous l'action d'une réflexion individuelle de plus en plus
forte et de plus en plus indépendante. Et il ne serait pas étonnant

ni contradictoire que dans ce processus d'affranchissement la société
même eût fourni des armes contre sa propre autorité. Ne voyons-nous
pas, par exemple, dans le domaine moral, que la collectivité, pour
qui une obéissance volontaire est plus avantageuse, plus sûre, plus
économique, que l'usage d'une perpétuelle contrainte, est constamment amenée à encourager une autonomie qui pourra se retourner
contre elle? Ce ne serait pas la seule application de la loi hégélienne
ou marxiste suivant laquelle tout système social tend à développer
les forces qui le renverseront.

Ainsi soit que nous examinions la genèse de la connaissance au
point de vue biologique, soit que nous l'examinions au point de vue
social, et que nous y considérions le développement de l'expérience
ou celui de la raison, nous arrivons à des conclusions analogues :
c'est que la recherche de la vérité et par conséquent la science tend
à devenir une fonction distincte et autonome, ayant ses fins et ses
lois propres. Contre une telle conclusion, qui n'implique nullement
d'ailleurs que la science ait un caractère absolu ni qu'elle puisse
être adéquate à la réalité, aucun pragmatisme ne peut rien; on
peut même ajouter, au point de vue pragmatique, que du moment
qu'une telle idée s'est formée, elle tendra à se réaliser de plus
en plus complètement. Et l'Humanisme, qui n'est qu'un relativisme vaguement rajeuni, aussi tranchant dans ses formules que
n'importe quel des dogmatismes qu'il combat, et aussi confus qu'il
est tranchant, ne peut rien non plus contre un tel fait : car la question n'est pas de savoir si notre connaissance est indépendante de
notre nature pensante, ce qui ne signifierait rien, mais de savoir si
notre nature pensante n'est pas de plus en plus indépendante de
toute autre fonction, comme nous l'indiquons et comme nous essaierons de l'expliquer, et en particulier de notre nature affective et de
notre vie sociale.

Or si nous admettons qu'il en est ainsi, nous nous trouverons bien
en présence de la situation que nous définissions au début : la
science et la société seront pour l'homme deux termes limites et
pratiquement deux absolus irréductibles; l'Impératif moral, tel
qu'il résulte des exigences de la vie sociale, et l'Impératif intellectuel, qui nous présente la vérité comme ayant elle aussi une valeur
incommensurable avec toute autre, se trouveront en présence l'un
de l'autre. Tous deux, chacun à son point de vue, auront un caractère également catégorique. Car toute fonction distincte a son

impératif propre qui a pour objet la réalisation de sa fin spécifique,
et si ces fins sont irréductibles l'une à l'autre, des cas de conscience
naîtront, dont la solution ne sera possible que dans la mesure où
ces fins auront été mises en harmonie. Comme des cas de conscience apparaissent entre les divers impératifs sociaux dans la mesure
même où l'harmonie sociale reste imparfaite, entre l'impératif social
et l'impératif du savoir un conflit d'ordre supérieur pourra se produire. Le savant ou le philosophe, comme tel, ne se croira pas libre
de subordonner les droits de sa pensée, ou plutôt ses devoirs, à
telle ou telle convenance sociale : comme Socrate ou Galilée et bien
d'autres, il opposera à l'ordre qu'il reçoit de la société le *non possumus* qui s'impose à sa raison. Jamais et de moins en moins, il
n'admettra que la Société impose, comme le voulait Comte, des
limites à sa recherche, et encore moins qu'elle impose le silence à
sa découverte. Je n'examine pas en ce moment s'il a en cela tort ou
raison : je dis seulement qu'une sorte d'impératif catégorique intellectuel lui rend impossible toute autre attitude. Il ne saurait réaliser
en lui la disposition que Loyola exigeait de son disciple, d'être prêt,
sur l'ordre d'un supérieur, à déclarer blanc ce qui lui apparaît noir.
Mais inversement l'homme social ne saurait décider d'avance que la
vérité aura des droits illimités sur la vie des sociétés, ni, *a fortiori*,
que la sincérité intellectuelle (car c'est en définitive la seule chose
immédiatement saisissable dans la conscience du savant) soit en
droit de mettre en péril n'importe quel intérêt social directement
donné.

Ainsi à la « volonté de société » qui est le principe de toute obligation morale proprement dite se juxtapose un impératif d'une tout
autre sorte, qui dès lors pourra s'opposer au premier, et qui est la
« volonté de vérité ».

II. — Mais il nous faut maintenant mettre en meilleure évidence
la réalité et la nature d'un semblable impératif en en sondant les
origines; car jusqu'ici nous nous sommes contentés, pour écarter le
préjugé de l'accord naturel et nécessaire de la science et de la
morale. de constater en fait l'indépendance acquise par la fonction
de connaissance, et de faire état des droits qui, en dépit de théories
contraires. semblent acquis à la pensée scientifique dans la conscience moderne. Il nous faut montrer que, si récente que soit en effet
la conquête de ces droits, elle était pourtant dans la nature des choses,
et qu'enfin les racines de cette volonté de vérité sont bien, comme

nous l'avons fait entrevoir, distinctes de celles des impératifs sociaux.

On voit aujourd'hui surtout et on se plaît à nous montrer l'homme plongé dans le milieu social, auquel il devrait pour ainsi dire tout ce qu'il y a d'humain dans son être. Mais on oublie trop, au profit du milieu social, que l'homme fait aussi partie et d'une manière directe, du milieu cosmique, de la nature. Pour participer à ce milieu, la société lui sert sans doute, sur bien des points, d'intermédiaire et de truchement, mais non pas cependant toujours ni à tous égards. Sans doute les leçons de la société condensent, complètent, fécondent, les leçons données par les choses, mais aussi souvent elles les dénaturent et les adultèrent, et surtout elles ne les suppriment jamais.

L'être humain participe directement à l'univers de deux façons, du dehors par l'expérience, et du dedans par la raison.

D'un côté l'expérience proprement dite n'est pas sociale, mais individuelle. Quand l'enfant ouvre les yeux, ce n'est pas par la vertu de son milieu social qu'il perçoit et distingue le rouge et le vert. La société peut avoir une emprise encore énorme sur l'interprétation et l'expression de nos perceptions, mais non pas sur nos perceptions mêmes. Une convention sociale a pu imposer aux Chinois une perspective singulière, où les objets les plus éloignés sont représentés plus gros que les objets proches, mais il est physiquement nécessaire que comme nous ils les perçoivent plus petits. L'enfant peut avoir beaucoup à faire pour épurer sa perception de toutes sortes de conventions et de concepts d'origine en partie sociale, pour apprendre à voir et à observer; mais cela même est considéré comme un progrès, et il consiste à savoir se mettre naïvement en contact avec les objets. A. Comte, bien qu'il soit l'initiateur de la doctrine qui explique tout l'homme par la société, et fait de la science un simple produit social, avait pourtant reconnu dès l'abord que l'état positif devait en un sens être tout à fait primitif. Qu'est-donc cette positivité initiale reconnue par lui, sinon celle de la connaissance objective élémentaire, très différente de la positivité sociale, régie par le « cœur », qu'il proclamait finalement? La pensée scientifique, qu'une certaine sociologie représente comme issue de la religion ou de la magie, nous croyons, comme nous l'avons écrit récemment[1], comme M. L. Weber le professe aussi

1. *Revue Philosophique*, avril 1913, p. 376.

dans son dernier ouvrage, qu'elle est née à l'atelier, à la cuisine, à
la classe, dans l'élevage ou l'agriculture, dans toutes les techniques
enfin qui mettaient les hommes en contact direct avec les choses et
ne pouvaient se passer d'un minimum d'observations exactes.
L'action religieuse ou, comme l'appelle M. Leuba, « anthropopathique », ne pouvait dans ces domaines se substituer entièrement,
sous peine d'échec lamentable, à l'action « mécanique », directe, qui
constituait comme une rudimentaire expérimentation.

Mais ce n'est pas seulement du dehors que l'homme individuel
participe à l'univers. Il y participe aussi du dedans. Car enfin, il
en fait partie, il est imprégné de ses lois que nécessairement il doit
arriver à refléter, et dans l'expression desquelles il retrouvera sa
propre nature. Historiquement l'esprit est dans le monde, il en est
le produit, et c'est ce qui permet au métaphysicien d'affirmer que
l'univers n'est pas étranger à la nature de l'esprit. « La réalité en
tant que connue, écrit le Prof. Woodbridge, n'est qu'un moment de
la réalité elle-même. Ce n'est pas un esprit externe qui connaît la
réalité au moyen de ses idées propres, c'est la réalité elle-même qui
par ses propres processus d'expansion et de réadaptation arrive à
l'état de chose connue[1]. » Le monde, c'est peut-être l'esprit travaillant à se réaliser. Tant qu'on a séparé l'esprit des choses et l'homme
du reste de la nature, il a été impossible de comprendre et la valeur
de la raison, et sa jonction avec l'expérience : or leur union indissoluble et leur continuelle collaboration est la caractéristique de toute
la science moderne. La raison est innée, mais non pas à l'esprit
seulement; elle est innée à l'univers; non pas peut-être comme une
chose toute faite, mais comme un ordre qui se cherche suivant des
lois.

Mais dès lors, dans notre esprit aussi la raison ne s'apparaît pas
d'emblée à elle-même, justement parce qu'elle est le plus intime, le
plus primitif, le plus profond de notre nature en communion avec
la Nature. Notre esprit a besoin de se dépouiller d'une foule de
superfétations, et en particulier de superfétations d'origine sociale
pour se reconnaître. La raison est un palimpseste; il faut en
retrouver les caractères primitifs sous les hiéroglyphes obscurs ou
absurdes dont des sociétés incultes et irréfléchies les ont recouverts.
C'est pourquoi nous la déchiffrons péniblement, quoiqu'elle soit

1. In *Philosophical Review*, 1908, II, p. 513.

première, et c'est l'expérience directe qui seule nous permet ce
déchiffrement, parce qu'au fond elle n'est pas d'une essence différente, et que nous y retrouvons par le dehors ce que notre raison
reconnaîtra conforme à ses propres lois.

Cette insuffisante esquisse d'une théorie de l'expérience et de la
raison, dans leurs rapports d'homogénéité essentielle, était nécessaire pour faire comprendre qu'en effet l'impératif de la pensée
vraie repose comme nous l'avons dit, sur de tout autres bases que
l'impératif social, et pourquoi c'est en s'affranchissant au contraire
de toutes les superstructures de la convention et de la tradition, de
toutes les scolastiques y compris cette immense et inconsciente
scolastique des catégories de la « conscience collective », que se
produit, comme nous l'avons montré, tout le progrès de la pensée
rationnelle et de la science. On voit maintenant qu'il y a là une force,
une autorité supérieure à laquelle se buterait inutilement toute
l'autorité sociale, malgré sa puissance et son prestige. Galilée prononçant, — s'il l'a prononcé, peu importe, — son : « E pur si muove »,
est le symbole de cette autonomie irrésistible de la pensée qui
cherche le vrai. Certes ces courageuses révoltes sont rares, parce
qu'elles supposent un singulier développement de la conscience
rationnelle aux prises avec la conscience sociale et avec l'intérêt
personnel. Les Socrate et les Galilée seront toujours l'exception, et
une infime exception dans l'humanité. Et pourtant ce sont eux qui
finissent toujours par triompher parce qu'ils plaident une cause qui
est gagnée d'avance dans la réalité, et que, même malgré elle,
l'humanité se reconnaît en eux et les suit. C'est pourquoi malgré
la profondeur de la lâcheté commune, malgré l'insondable bêtise des
masses, malgré la passivité et l'intolérance des foules, tyranniques
dans la mesure même où elles sont asservies, malgré la prodigieuse
puissance des intérêts, des traditions, des préjugés collectifs, et
même, ce qui est plus grave encore, de scrupules loyaux et respectables, ligués contre l'avènement de la vérité ou contre la liberté de
sa recherche, c'est toujours finalement de ce côté qu'est la victoire,
parce que seule la vérité peut dire « Ego sum qui sum », ou « patiens
quia aeterna » et que c'est là une force contre laquelle rien ne
saurait prévaloir. Le fondement du savoir est absolument transcendant à la société.

Certes pour l'homme il y a un effort à faire vers la vérité : elle ne
lui est pas donnée toute faite, et dans cet effort, la société qui lui

oppose souvent de si graves obstacles, lui apporte aussi, sans toujours le vouloir ni le savoir, de puissants secours. Mais là encore, ce qu'elle fournit, ce sont seulement des moyens, mais jamais des résultats ni surtout une régle. Si la fonction de pensée, au point de vue de l'homme vivant, est une partie de son être, qui est lui-même une partie de la société, d'autre part, au point de vue objectif qui est celui où se place la pensée, c'est l'homme vivant et la société qui sont une partie de l'Univers, et par conséquent, dans la mesure même où la pensée prétend le représenter, même d'une manière bien inadéquate, elle les subordonne à ce tout qu'elle embrasse virtuellement. Ce que nous sommes comme citoyens d'un groupe humain particulier ne saurait prévaloir sur ce que nous sommes comme citoyens de l'univers, pour parler le langage des stoïciens. Or, il y a peut-être un point et un seul (car c'est une idée bien téméraire et dont on a singulièrement abusé), où nous nous sentions citoyens de l'univers et sujets à une loi supra-humaine, et c'est précisément dans notre faculté de penser les choses objectivement. Cette fonction, quelle qu'en puisse être l'imperfection en un moment donné, chez un homme donné, est donc intangible en droit et même, comme je viens de le montrer, intangible en fait à la limite, puisque tout effort pour l'altérer est condamné d'avance à l'impuissance. Si, fait comme il est, l'esprit sincère voit les choses comme il les voit, on ne pourrait l'empêcher de les voir ainsi qu'en changeant les choses ou en changeant l'esprit lui-même. Mais ce qu'est l'esprit, nous l'avons vu, il ne l'est qu'en fonction de l'Univers dont il est une partie intégrante. C'est pourquoi les sociétés ont eu beau travailler à changer l'esprit, elles y ont fatalement échoué, parce qu'il leur aurait fallu pour cela changer l'Univers, et que, malgré la puissance que leur attribue la sociologie, leur pouvoir ne va tout de même pas jusque-là.

Ainsi nous espérons avoir établi l'indépendance, en raison de ses fondements, du devoir qui a pour objet la recherche du vrai, à l'égard du devoir social, et montré qu'il y a là une fonction qui, par sa nature même, échappe à l'autorité de la société.

II. — Que dès lors un conflit soit possible entre la science et la morale, et non pas entre tel ou tel résultat de la science et telle ou telle exigence particulière de la morale, mais entre l'esprit et le principe de l'une et l'esprit ou le principe de l'autre, c'est ce que nous comprenons maintenant. Qu'un tel conflit soit réel et sur quels points essentiels il se manifeste, c'est ce qui nous reste à faire voir avant de parler de la solution.

Je laisserai de côté certaines difficultés qui sont très connues justement peut-être parce que, bien que très réelles, elles sont à la surface. Par exemple on opposera aux exigences de la morale l'esprit d'indifférence pratique inhérent à la pensée scientifique, qui prend tout ce qui est comme un fait naturel, nécessaire, rationnel même, dont il faut s'accommoder et qu'on devrait même accepter avec résignation. Plus précisément le déterminisme moderne qui a remplacé à cet égard le fatalisme antique, tendrait à paralyser l'action. Tant que la science n'a pas dépassé l'étude du monde physique, laissant de côté l'homme, psychologique ou social, la difficulté n'apparaissait pas. Mais avec la biologie, la psychologie et surtout la sociologie, elle prend un caractère aigu, et c'est une singulière illusion que se faisait Aug. Comte en pensant que la création d'une physique sociale allait enfin fonder la morale [1]; car la question se posera de savoir comment l'homme pourra se traiter à la fois comme une machine et comme un ingénieur qui l'emploie, et comment il pourra se proposer des fins si la marche de son développement est déterminée d'avance. C'est faire preuve de peu de clairvoyance et de peu d'esprit critique que de penser, parce que la science des choses extérieures avec son déterminisme, a été la condition des progrès récents de toutes nos techniques, que la science de l'homme, supposée faite dans les mêmes conditions et sous les mêmes formes, rendrait d'emblée les mêmes services à la morale et à la politique. On oublierait cette différence énorme, qu'ici la connaissance obtenue modifie son objet même, c'est-à-dire l'homme individuel ou social dont cette connaissance est une partie [2]. Mais je ne veux pas revenir sur ces difficultés rebattues, et qui me paraissent avoir leur solution dans la relativité du déterminisme même; dès que la conscience intervient il n'a plus rien de la rigidité mécanique. Il reste seulement que c'est la possibilité même d'une science sociologique rigoureuse qui doit être limitée, et que ses découvertes à l'égard du passé lointain de l'humanité ne sauraient par elles-mêmes prescrire des fins ni dicter des règles. Il ne faut pas confondre, en ce sens, une morale sociale avec une morale sociologique.

Mais une difficulté qui subsiste et qui résulte directement de la

---

1. Cf. *Catéchisme Positiviste*, p. 18.
2. Cf. nos *Études de Morale positive*, p. 118.

situation que nous avons décrite, c'est que, par nature, l'esprit scientifique est anarchique et individualiste.

Il est anarchique, puisque comme nous l'avons montré, il est inéluctablement réfractaire à toute contrainte. Aucune autorité extérieure ne saurait lui être supportable ni s'excercer efficacement sur lui. Pour y résister, il prend son point d'appui sur l'Univers même et son droit lui semble sur ce point adéquat au droit que le monde a d'exister. Qu'il puisse se faire illusion dans l'usage qu'il fait d'un tel droit, c'est possible, mais il n'importe, la tendance n'en est pas moins réelle, inévitable, puissante, parce qu'elle se sent fondée sur la nature même des choses. L'autorité sociale est virtuellement bornée là comme par un mur infranchissable. La tradition, comme telle, ne compte plus. Si A. Comte avait été animé d'un véritable esprit scientifique, il n'aurait jamais écrit que les vivants sont toujours et de plus en plus gouvernés par les morts. Car cela n'est pas vrai dans le domaine de la science sur laquelle il prétendait se fonder, et ne pourrait précisément se vérifier que dans une société où il n'y aurait aucune science, mais un simple empirisme traditionnel ou même un dogme social sans fondement. Sans doute les savants sont souvent très conservateurs, mais c'est précisément parce qu'ils limitent eux-mêmes l'usage de leur liberté critique : trop occupés de science pure, ou même d'une seule science, ils abandonnent le reste et en particulier le domaine de l'action à l'autorité extérieure. Mais il est douteux que cette division de la conscience, pour légitime qu'elle soit, réussisse toujours à se maintenir. Elle le peut d'autant moins que de leur côté les sociétés ne pratiquent pas cette même séparation ; car par une erreur initiale, qui s'est prolongée jusqu'à nous, mais qui est comme un hommage involontaire à la valeur absolue de la vérité, elles ont toujours fondé leur organisation pratique sur une *croyance*, sur une orthodoxie, présentée comme l'expression de réalités essen-tielles, à la fois certaines et cachées. Les sociétés ont presque toujours commis l'imprudence, peut-être inévitable, de solidariser l'intérêt de l'ordre social avec certaines représentations de l'univers, de la nature et de l'origine de l'homme, des sociétés et de leurs lois. Que ces représentations se trouvent ébranlées par quelque nouvelle conception scientifique ou par quelque découverte historique, comme elles l'ont été, par exemple, par le système copernicien, par l'hypothèse évolutionniste ou par la géologie et la préhistoire, et l'ordre moral subira du même coup une crise plus ou moins profonde.

Ainsi ni la conscience individuelle ni la conscience collective ne réalise naturellement une séparation parfaite de l'action et de la spéculation, des règles purement pratiques et des conceptions intellectuelles. Le devoir rationnel qui résulte de notre faculté critique de penser interférera donc inévitablement avec le devoir social. D'une part il crée dans l'individu des habitudes de résistance et même de rébellion, dont s'inspire l'Ariane de Maeterlinck lorsqu'elle proclame ce principe qui est en effet celui du risque expérimental : « Il faut d'abord désobéir ». D'autre part les sociétés, se mêlant de ce qui ne les regarde pas, et de ce qu'elles sont impuissantes à atteindre, ont la prétention de superposer ou même de substituer à la vérité qui peut s'obtenir par les seules méthodes de l'expérience rationnelle, c'est-à-dire par un rapport direct de l'esprit et des choses, d'autres « vérités », fabriquées selon les besoins de la conscience collective et selon les lois de l'imagination spontanée. Ceux que notre jargon politique contemporain appelle les intellectuels ce ne sont certainement pas les seuls intellectuels ni surtout les seuls intelligents : ils n'ont pas cette prétention et on ne leur fait pas un tel honneur ; mais ce sont ceux qui, moins prudents que Descartes, se font un devoir de transporter dans le domaine de la vie politique et sociale les règles de critique, les habitudes d'esprit indépendantes qui sont celles de l'esprit scientifique. De telles dispositions sont assurément révolutionnaires, et c'est là, pour le conservatisme et le traditionalisme des sociétés, le crime par excellence.

Un autre aspect de ce même conflit résulte du caractère à la fois individualiste et universaliste de l'esprit proprement social.

D'un côté, l'expérience, avons-nous vu, est essentiellement individuelle, parce que ce qui en fait la valeur, la solidité, le caractère impérieux et certain, c'est qu'elle exprime le rapport direct des choses avec moi ; elle en est l'expression nécessaire en moi. A cela aucun ouï-dire, aucune affirmation venue du dehors ne peut prétendre se substituer ni équivaloir. L'esprit expérimental posera donc l'individualité comme une sorte d'absolu ; et en effet elle l'est objectivement. Car mon individualité est déterminée par le point unique que j'occupe dans le temps et dans l'espace, par le système unique de rapports que je soutiens avec l'ensemble des choses. Or la société tient avant tout à l'assimilation. L'esprit grégaire est sa condition première et, du moins à l'origine, elle tend à comprimer et à effacer toutes les diversités. Elle ne peut jamais y réussir entière-

ment puisque la différence individuelle est par nature irréductible,
et qu'elle constitue un ferment indestructible de différenciation.
Plus elle devient consciente, et l'esprit scientifique y contribue
puissamment, plus cette différence se posera comme un droit primordial et inhérent à l'existence même.

Mais d'autre part la pensée expérimentale, précisément parce
qu'elle reflète les choses sans l'intermédiaire des catégories sociales,
est essentiellement universelle dans son contenu, et c'est par là
qu'elle satisfait et rejoint la raison. L'esprit scientifique est donc
essentiellement universaliste en même temps qu'individualiste, et
en vertu des mêmes causes : ces deux caractères nominalement
antithétiques sont absolument solidaires, comme l'histoire des
idées politiques modernes le montre si clairement. Loin que la
société soit seule créatrice de la science, c'est au fond parce que
l'expérience, individuelle dans ses manifestations, est commune
et harmonique, que la communication entre les hommes, que le
langage et que la société sont possibles. Mais il y a une grande
différence et même une réelle opposition entre cette universalité de la pensée réfléchie et le caractère collectif des opinions
sociales. C'est une évidente erreur que l'on commet avec une
incroyable insistance que de les ramener l'une à l'autre et de les confondre. Je reconnais une pensée collective à ce fait que précisément
celui qui l'adopte ne pense pas en réalité : il a reçu une parole et il
la répète. Si je vois dans une mosquée tout un peuple faire les
mêmes gestes au même instant ou prononcer des paroles identiques,
c'est pour moi un signe irrécusable que dans cette foule personne
peut-être n'a rien pensé. Ces paroles identiques ne sont qu'un acte
commun. Cette apparente unanimité est peut-être celle des volontés
ou des sentiments, mais non celle des intelligences. Tout autre est
l'unanimité de la pensée scientifique. Je la reconnais précisément à
ce que, sans communication extérieure et surtout sans contrainte
ni suggestion, deux hommes travaillant séparément, individuellement, ont, dans des conditions semblables, constaté le même fait,
trouvé la même démonstration. Je dis alors qu'il y a chance pour
qu'ils soient dans le vrai, tandis que l'unanimité sociale sous l'autre
forme est à ce point de vue sans aucune valeur. Des foules immenses,
pendant de longs siècles, ont pu accepter, proclamer ardemment
les affirmations les plus fausses ou les plus dénuées de sens; leur
unanimité est inopérante devant l'esprit critique. Deux savants se

rencontrent dans une recherche proprement scientifique, et l'homme
le plus ignorant est porté à s'incliner; mais on ne lui demande pas
de s'incliner, on l'invite seulement à regarder à son tour. L'unanimité qui s'établit sous ce régime n'est-elle pas quelque chose de
bien différent d'un consensus social?

Il y a plus. Cette unanimité même, dans les cas privilégiés, apparait comme un fait accessoire et dérivé. Il fut une heure où, seul
dans son milieu social, Pythagore possédait le théorème qui porte
son nom. La certitude précédait ici l'assentiment d'autrui, qui ne
pouvait rien y ajouter. Une croyance irrationnelle commune ne fait
figure de vérité, que parce que nous sentons que la vérité rationnelle est, par excellence, le principe d'une croyance commune.

Au reste la vie même nous montre assez combien l'esprit universaliste diffère de l'assentiment social. Celui-ci ne rapproche les
membres d'une même société qu'en divisant les sociétés entre elles.
Une cohésion sociale fondée sur une tradition nationale doit sa
principale force à son étroitesse même : elle implique une limitation
étroite des sympathies et même une certaine incompréhension
mutuelle des collectivités, comme il arrive pour les églises qui
n'unissent fortement leurs fidèles qu'à condition de les isoler du
reste de la société. Et que reproche-t-on d'ordinaire, non sans raison
d'ailleurs, dans les écoles traditionnalistes, aux « intellectuels », à
tous ceux qui prétendent appliquer à la vie sociale les formes de la
rationalité scientifique, sinon de passer trop facilement par-dessus
les frontières, d'en méconnaître la réalité et la nécessité, d'oublier
les contingences historiques qui ont fait des patries, pour se hausser
d'une manière prématurée et téméraire à l'idée de l'Humanité? Cela
suffirait, en dehors de toute analyse, à nous montrer quel écart,
quelle opposition même il y a entre le point de vue social et le point
de vue rationnel, entre une pensée simplement collective et une
pensée universelle. Il est fort possible historiquement que l'humanité
sociale ait aidé l'homme individuel à sortir de lui-même et à concevoir l'idée d'une vérité impersonnelle. La conscience collective a
pu servir de *schème* à la pensée rationnelle, mais elle n'en reste pas
moins profondément différente dans sa nature, et leur évolution
comme l'analyse de leurs fondements révèle leur irréductible hétérogénéité. Ainsi le conflit que nous avons entrevu dès le début est
bien réel, au moins sur quelques points essentiels, et il suffit d'ailleurs de considérer certains des remèdes proposés pour reconnaître

que le danger n'est pas chimérique. C'est maintenant en effet à la
solution de la difficulté que nous devons passer.

III. — Certaines de ces solutions ont le caractère de véritables
coups d'état philosophiques, à l'aide desquels on prétend supprimer le
problème beaucoup plus tôt qu'on ne le résout. J'en distinguerai de
deux sortes principales : les uns, dans la voie ouverte par A. Comte,
et écartant les prémisses d'où je suis parti moi-même, absorbent
résolument la science dans la société; d'autres, acceptant ces prémisses et reconnaissant les caractères propres et les fondements
indépendants de la science, n'hésitent pas à nous en proposer le
sacrifice.

A. Comte, après avoir intégré la sociologie à la science, prétend
intégrer toute science à la sociologie. Plus explicites encore et plus
précis, ses récents héritiers veulent nous prouver que la pensée
scientifique et rationnelle ne serait qu'un produit de la vie collective. Mais alors la science n'est plus que le plus récent et le plus à
la mode des préjugés issus d'une tradition, et de la plus courte des
traditions. Si la science est sociale en ce sens, je ne comprends plus
comment la sociologie peut être scientifique. Car la science, au lieu
de se fonder sur la critique, n'aurait plus alors d'autre base que
l'autorité sociale. Ce ne serait plus qu'une vaste scolastique où le
Maître serait remplacé par la collectivité, une théologie d'un nouveau genre. Rien, nous l'avons vu, n'est plus contraire à la nature
des choses, aux faits observés, et, puisqu'un argument sociologique
est ici plus topique, à l'état présent des consciences. N'y a-t-il pas
d'ailleurs une étrange contradiction interne en une doctrine qui
dans ses conclusions nous présente l'autorité sociale comme sacrée
et quasi divine, après avoir usé à son égard, de par sa méthode,
d'une liberté critique qui est la première et la plus caractérisée des
profanations? Si la science émanait de la société et relevait de son
autorité, il est probable, que la société commencerait par proscrire
toute libre sociologie.

D'autres, après avoir reconnu, et même considérablement exagéré, l'opposition entre l'esprit social et l'esprit scientifique, ne
se contentent pas, comme Brunetière, de proclamer la faillite de
la science et de fonder sur cette faillite la restauration de
l'ordre social. Plus hardi et plus paradoxal l'auteur de l' « Antiprag-
matisme » pense que le pragmatisme psychologique ou social ne
saurait fonder une science ni une philosophie, et que celles-ci ont,

comme nous l'avons soutenu, une base et une méthode indépendantes. Mais comme cette indépendance même constituerait un
danger social redoutable, il faudrait résolument sacrifier la science
et l'esprit scientifique : primum vivere, itaque non philosophari.

Il ne vaut vraiment pas la peine d'examiner si un pareil sacrifice
est possible, non seulement en droit, mais même en fait. Cet anti-
pragmatisme, qui me fait l'effet d'être en réalité le plus radical et
le plus audacieux des pragmatismes, se heurterait, nous l'avons fait
sentir, à la plus insurmontable résistance. Mais il nous donne
l'occasion de montrer que, à supposer ce sacrifice réalisable, la
société y perdrait encore plus qu'elle n'y gagnerait. Car enfin le conflit dont nous avons montré la réalité sur certains points, n'exclut
pas sur d'autres un accord profond aussi entre la science et la vie
sociale. Si la science doit beaucoup à la société, la société doit
aussi beaucoup à la science. Et je ne veux pas seulement parler
des résultats merveilleux de la recherche scientifique, qui ont transformé la vie des sociétés modernes; cela est une banalité que pourtant son incalculable portée oblige à répéter. Je veux dire que
l'esprit scientifique présente avec la conscience morale des affinités
profondes que toutes les morales rationalistes ont aperçues.

La pensée scientifique, par le caractère essentiellement impersonnel de son objet, est une puissante école de désintéressement.
L'objectivisme qui lui est essentiel et dont la pratique de la recherche scientifique imprègne toute la conscience du savant, le détourne
des dispositions égocentriques. Savoir se placer à un point de vue
objectif, n'est-ce pas une des conditions de la probité et surtout
comme le montraient déjà Littré et Spencer, de la justice? Ce n'est
pas fortuitement que se sont trouvées spontanément associées, au
cours d'une crise récente, les idées de Justice et de Vérité.

Quelle vertu encore est plus nécessaire à la vie en société que la
sincérité. et où se forme-t-elle plus sûrement que dans la recherche
et dans l'affirmation de la vérité? « Si la sincérité, écrivais-je récemment, déborde la vie intellectuelle, il n'en est pas moins vrai que,
des trois formes que nous en avons distinguées (dans la pensée,
dans le sentiment, dans l'action), la sincérité intellectuelle est de
beaucoup celle qui suscite le moins de difficultés, qui est le moins
sujette à équivoque, la moins exposée à succomber aux sophismes
de la passion et de l'intérêt, ou aux pressions venues du dehors. Il y
a dans la vérité quelque chose de solide et de réfractaire aux com-

promis, comme une résistance extérieure qui s'oppose à toutes nos
tentatives pour l'altérer. Mais il y a aussi en elle quelque chose d'intérieur et d'immédiat qui reste inaccessible aux sollicitations et aux
menaces sociales, un foyer de vie spirituelle incorruptible. Ainsi la
sincérité intellectuelle n'est pas la seule dont nous devions avoir
souci, et ce n'est surtout pas celle par laquelle l'homme débute;
mais une fois qu'on y est parvenu, elle doit devenir le type sur lequel
toutes les autres doivent se modeler, parce que c'est la plus pure et
la plus forte, celle qui s'approche même le plus du caractère absolu
auquel tout devoir doit tendre[1]. »

On reproche encore souvent à la science, dans les écoles qui s'inspirent du traditionalisme religieux ou même positiviste, de manifester et de développer l'orgueil, d'enfler et de dessécher, comme
dit Comte[2]. Mais c'est là suivant nous une bien singulière méprise.
On confond avec l'orgueil l'esprit d'autonomie qu'en effet la pensée
scientifique exige et développe au plus haut point. Mais c'est là aussi
une des caractéristiques de la conscience morale la plus haute, qui
reçoit ainsi de la pratique de la science une des plus fortes leçons
dont elle ait besoin. Et cette autonomie n'est pas orgueil, parce que,
dans l'œuvre scientifique plus encore que dans aucune œuvre
sociale, le savant se sent l'ouvrier d'une tâche immense qui le
dépasse infiniment et à laquelle il se dévoue, sachant combien il s'en
faut que l'intérêt ou même la gloire y trouvent le plus souvent leur
compte. Le vrai savant est modeste, au contraire non seulement
parce qu'il sait mieux que personne quelle est son ignorance, mais
aussi parce qu'il se met docilement et humblement à l'école de
l'expérience. Mais cette humilité ne risque pas d'être servilité; ce
n'est pas devant une autorité qu'elle s'incline, c'est devant l'ordre
de l'univers, que le savant cherche à pénétrer sans prétendre le corrompre, sans pouvoir le flatter, et cette humilité là vaut bien celle
du croyant devant son Dieu.

Nous voyons donc que toute doctrine qui prétendrait sacrifier la
pensée scientifique à la vie sociale ou simplement l'y absorber, à
supposer qu'elle soit pratiquement applicable, serait, même moralement et socialement, désastreuse. N'y aurait-il pas d'ailleurs, au
point de vue même des sociologues, une sorte d'immoralité première

1. *L'Union Morale* organe de la Ligue française d'éducation morale, janvier
1914. p. 353.
2. *Catéchisme Positiviste*, p. 18.

dans la prétention, fût-elle impuissante, à détruire ou à adultérer une fonction que l'évolution des sociétés a mise au premier plan, qu'elle a progressivement différenciée et constituée dans l'état d'autonomie où nous la voyons aujourd'hui? La vraie moralité, pour la science comme pour toute autre fonction, consiste à remplir consciencieusement et loyalement sa tâche propre.

IV. — Comment se résoudront cependant les conflits dont nous avons constaté la réalité?

Puisque nous avons écarté les solutions de coup d'état, il ne nous reste plus que des solutions par voie d'approximation. Prenons pour accordé que la fonction scientifique est bien en effet irréductible à un principe purement social. Il n'y aura pas d'autre ressource, si elle entre en opposition avec l'ordre social, que de bien distinguer les deux fonctions, ou de transformer la plus plastique des deux. Et en effet ces deux solutions paraissent s'esquisser dans l'évolution contemporaine. Indiquons les brièvement.

La première consistera à séparer autant que faire se pourra le domaine de la pensée pure de celui de l'action et en particulier de l'action sociale, partout du moins où celle-ci ne peut en effet acquérir le caractère d'une technique scientifique. Cette séparation peut avoir lieu dans le domaine de la conscience individuelle ou dans celui de l'organisation collective.

D'un côté, l'individu qui prétend à bon droit réserver la parfaite liberté de sa pensée, et la soustraire à tout empiétement de l'autorité sociale extérieure, doit soigneusement séparer le domaine de l'affirmation de celui de l'action. La liberté de penser doit être entière, la liberté de faire ne saurait l'être sans absurdité. Ce qui rend la première intangible, nous l'avons vu, c'est qu'au fond elle est d'ordre suprasocial et que, rigoureusement, elle échappe même aux prises tout extérieures de la société. Mais la discipline de la vie pratique relève au contraire de l'autorité du groupe social, et elle est nécessaire à son existence. D'ailleurs c'est en se montrant respectueux de cette discipline, qui n'entame pas son for intérieur, que le penseur méritera le mieux et obtiendra le plus facilement la parfaite liberté d'esprit qu'il revendique.

Mais les sociétés, de leur côté, doivent tendre à une séparation analogue, dont la séparation de l'Église et de l'État n'est qu'un cas particulièrement frappant. Que la cohésion des sociétés ait eu pour organe principal, à un certain stade de leur existence, des croyances

et des affirmations communes, c'était peut-être, nous l'avons dit, un
fait inévitable. Cette solidarité formelle et idéale devait précéder
la constitution de liens sociaux réels, qui ne pouvaient résulter
que de la vie sociale elle-même. Mais au fur et à mesure que
ces liens réels devenaient plus complexes et plus solides, alors
qu'au contraire, pour des raisons indépendantes, l'homogénéité des
croyances tendait de plus en plus à s'effacer, l'importance sociale
qu'on attachait à celle-ci perd son fondement. Les sociétés primitives qui sentaient leur existence précaire ne pouvaient pas aisément tolérer des dissidences, même dans l'ordre des croyances.
D'ailleurs le faible développement de l'intellectualité permettait-il
précisément alors de bien distinguer des dissidences spéculatives de
dissidences pratiques? Mais les sociétés modernes ne sont plus dans
les mêmes conditions. Leur vie, leur durée, leur unité sont assurées,
dans la mesure où elles le sont, par un système énorme d'intérêts
organisés, par une longue vie historique commune, et par bien
d'autres liens réels, mais non plus par l'identité des croyances.
Celle-ci a donc perdu infiniment de sa vertu et de son importance
sociales; et aujourd'hui, les croyances religieuses divisent plus
qu'elles n'unissent; la plus élémentaire prudence conseillerait,
même aux moins avancés des peuples européens, de ne plus
engager l'intérêt de leur existence, la cause de leur unité, dans
une chimérique aspiration à une foi spéculative commune. La
seule foi aujourd'hui vraiment commune, malgré la dissidence sans
portée de quelques dilettantes pragmatistes, c'est précisément la
foi à la valeur de la science; non pas d'un système scientifique
quelconque, mais de l'esprit et de la méthode scientifiques.

Voilà sans doute la solution de premier plan, celle qui se présente
comme immédiatement applicable à la morale ou à la politique.
Toute doctrine qui tend à confondre la pensée et l'action, la faculté
d'affirmer et la régle de la conduite, compromet à la fois la valeur
de la science et la solidité de l'ordre social.

Mais il est une autre solution, de longue haleine, qui se dessine
dans la politique des peuples les plus civilisés, et plus spécialement
dans celle de la France depuis un siècle, celle de la Révolution
française. Elle me paraît en effet pouvoir se définir par l'effort
pour substituer, dans l'organisation sociale, un principe rationnel,
expérimental et critique au principe traditionnel, empirique et
autoritaire. Une pareille tentative ne prétendrait certes pas, comme

celle de Comte à fonder une politique « scientifique »; Comte, en y
visant, n'a guère réussi, nous l'avons vu, qu'à subordonner la
science à la politique. Mais elle tendrait à rendre, dans la conscience
des individus comme dans celle des peuples, les principes de la
morale et de lá politique homogènes à ceux de la pensée scientifique.
C'était bien là aussi le point de départ et la visée initiale de Comte;
mais c'est dans une direction absolument opposée à la sienne que
nous tentons d'obtenir cette homogénéité. Car au lieu de faire la
société régulatrice de la science et de la raison, nous voudrions que
la raison, l'esprit de la science devinssent régulateurs de la société.
C'est en réalité l'esprit cartésien, celui du Discours de la Méthode
qui nous inspire : Descartes, s'il n'a pas consenti à être le père
légitime de la Révolution française, en est cependant le père
naturel; car il est bien pour nous le père de cette « plus grande
révolution » qui se poursuit dans tous les domaines de la vie contemporaine, et dont la Révolution de 1789 ne marque que la crise
initiale et un épisode incomplet.

Le temps me manquerait aujourd'hui pour développer un aussi
vaste sujet, que je souhaiterais d'avoir l'occasion d'exposer ici une
autre fois. Qu'il me suffise d'en indiquer seulement quelques traits.

Si d'abord à l'ancienne conception d'une révélation privilégiée,
se substitue l'idée d'un savoir expérimental qui par nature appartient à tous et requiert un continuel contrôle mutuel, nous passons,
dans l'ordre politique, de l'état d'assujettissement et du régime
d'autorité, à l'idée démocratique et au principe du gouvernement
consenti. En proclamant que « le bon sens est la chose du monde la
mieux partagée » et que « la raison est tout entière en un chacun »,
Descartes préparait les voies au Contrat Social. La liberté critique
de la raison trouve ainsi sa traduction dans le domaine politique.

En même temps, à une organisation traditionnelle qui assigne
d'avance à chacun sa place, et qui n'est qu'un simple produit empirique de causes plus ou moins effacées, au régime des classes
fermées, se substitue un ordre qu'on pourrait appeler expérimental :
car qu'est-ce que l'égalité civile et juridique si ce n'est un ordre
de choses qui appelle chacun à faire ses preuves, et où l'on attend
de voir les hommes à l'œuvre au lieu de les traiter suivant des
règles extrinsèques et sans aucun rapport avec la valeur sociale
de chacun? Sans doute l'égalité des hommes n'est pas un fait expérimental, on nous le répète assez; mais leur inégalité suivant un

système préétabli de castes fermées, l'est encore moins; et l'objection tomberait à faux, car l'égalité telle qu'a voulu l'instituer la
Révolution, ce n'est pas un fait, c'est une expérience que l'on fait,
et selon les résultats de laquelle devra se déterminer, presque
automatiquement, la place faite à chacun.

Enfin, comme, dans la collaboration scientifique, nous ne pouvons
entrer utilement en rapport qu'avec des esprits également libres et
même également cultivés, dont l'assentiment et le contrôle n'ont de
valeur qu'à cette condition, de même dans la vie sociale d'une
démocratie chacun doit souhaiter la liberté et le développement
moral de tous et y travailler. Dans les régimes d'autorité et de
tradition au contraire, il est nécessaire que les uns restent dans
l'état d'infériorité qui assure la suprématie des autres. Le contractualisme, si caractéristique des sociétés contemporaines, exige
ainsi que nous nous voulions tous réciproquement; et ce contractualisme est bien la synthèse pratique de la rationalité et de la
socialité, de l'individualisme et de l'autonomie critique avec la
communion sociale résultant de l'universalité de la raison et de
l'expérience. La raison, qu'on accuse d'être orgueilleuse et égoïste
est donc bien au contraire, si l'on compare le régime social qu'elle
inspire à celui de la tradition, le seul principe d'une véritable fraternité.

Ainsi le régime démocratique ne peut certes pas prétendre être
une vérité scientifique, ni demander sa justification à des découvertes
scientifiques; ceux qui, comme Brunetière et tant d'autres philosophes d'occasion, ont cru le condamner en l'interprétant ainsi et
en lui attribuant cette prétention, se sont lourdement mépris et
leur réfutation ne porte pas. Le régime démocratique, c'est en
réalité une tentative, une *expérience*, encore incertaine, et en travail,
pour mettre l'organisation sociale en harmonie avec les formes de la
pensée rationnelle, pour traduire dans la vie des collectivités l'autonomie et l'expérimentalisme de la science positive. La conversion
politique qui ne se dessine nettement que depuis un peu plus d'un
siècle, ne serait que la prolongation et l'irradiation de l'immense et
profonde conversion intellectuelle qui a remplacé, d'une manière
qu'on peut estimer définitive, les révélations, les empirismes et les
scolastiques primitives par la méthode expérimentale et critique.

L'affirmation de la valeur morale de la science trouverait alors sa
plus haute confirmation.

Mais, comme on le voit, cette valeur ainsi envisagée est moins un fait à constater qu'elle n'est un idéal à réaliser. La science même, à la différence de ces anciennes formes de pensée qu'elle remplace, n'est pas une chose toute faite, une chose donnée; elle est une recherche, elle est une œuvre. A plus forte raison, l'accord entre l'esprit qui l'anime et l'ordre des sociétés humaines, ne peut être que le produit de l'effort moral lui-même; car c'est aussi la caractéristique de la politique nouvelle, que les peuples assument consciemment, à leurs risques et périls, le soin de leur destinée et la tâche de leur propre gouvernement. Ainsi un tel accord est une fin, et non un état; et par là il est plutôt lui-même un objet de foi qu'un objet de science. Nous avons essayé pourtant de montrer sur quoi une telle foi reposait à nos yeux, et quelles raisons le présent nous offrait d'espérer. L'avenir seul peut la démentir ou en apporter la justification.

GUSTAVE BELOT.

L'INNÉISME CARTÉSIEN ET LA THÉOLOGIE

Les recherches récentes poursuivies autour de Descartes ne permettent guère de mettre en doute l'influence que certains mouvements théologiques ont exercée sur sa pensée. La conception cartésienne de la liberté divine, la doctrine du mal, de l'erreur et du jugement; la conception de la liberté humaine enfin, ne s'expliquent pas complètement si l'on néglige la considération de ce que l'enseignement de la Flèche, la lecture de saint Thomas et la fréquentation des néo-platoniciens de l'Oratoire peuvent y avoir introduit. Nous voudrions montrer que le cas n'est pas spécial à la doctrine cartésienne de la liberté et que la doctrine des idées innées n'est pas non plus sans origines théologiques. Il ne s'agit donc point ici d'exposer pour lui-même l'innéisme cartésien; encore moins avons-nous la prétention d'en apporter une explication intégrale. Nous estimerions avoir atteint notre but si nous pouvions dissiper les étonnements qu'il a parfois suscités et en préciser quelque peu la véritable signification.

L'ADVERSAIRE DE DESCARTES.

Si l'on se réfère à la doctrine authentique de saint Thomas, l'homme est constitué par le composé humain, c'est-à-dire par l'union de l'âme et du corps. Cette union n'est pas une union accidentelle, résultant de la juxtaposition ou du contact de deux essences dont la nature ne requiert pas qu'elles soient unies, mais une union substantielle qui de deux êtres, incomplets lorsqu'on les considère séparément, fait surgir, en les unissant, un être complet. La matière et la forme, réalités incomplètes, deviennent une seule substance complète au moment où la forme s'insinue dans la matière qui, de son côté, la reçoit; le nœud qui les retient est l'union substantielle même. Tel est le genre d'union qui constitue le composé humain.

C'est dire que l'homme enferme en soi deux êtres incomplets : une matière qui est le corps, une forme qui est l'âme. Le corps en effet n'est pas un être complet. Soit qu'on désigne par le mot « corps » la matière première qui est puissance pure, soit qu'on veuille signifier le corps organisé, c'est-à-dire cette même matière munie des organes nécessaires à la vie, elle requiert pour être corps, et non simplement matière, l'acte que lui apportera son union avec la forme. L'âme n'est pas davantage un être complet, et il faut le dire non seulement de l'âme végétative ou de l'âme sensitive, mais de l'âme raisonnable elle-même. Il existe en elle une inclination vers le corps, à tel point que l'âme séparée du corps, comme elle l'est entre la mort de l'homme et sa résurrection, se trouve dans un état qui, pour n'être pas violent, n'est cependant pas naturel. Unie au corps ou séparée du corps, l'âme, parce que destinée à constituer le complétement d'une autre essence, demeure toujours une substance incomplète[1].

Par contre, il apparaît que de ces deux substances incomplètes doit surgir un être complet. Il y a entre l'âme et le corps un rapport naturel et comme une proportion qui les destine à constituer une unité substantielle. Leur rapport n'est pas analogue à celui de deux gouttes d'eau, c'est-à-dire qu'il n'est pas une absence, toute négative, de répugnance à être unis; c'est une inclination naturelle et mutuelle dont l'objet est la constitution de cet *unum per se* qu'on appelle l'homme. De là résulte une conséquence capitale en ce qui concerne la nature de notre connaissance; c'est que, lorsqu'on parle de l'homme ou des opérations de l'homme, ce ne sont pas les seules opérations de l'âme que ces termes désignent, mais les opérations du composé humain, c'est-à-dire de l'un par soi que constituent l'âme et le corps[2].

---

1. « Corpus non est de essentia animæ, sed anima ex natura suæ essentiæ habet, quod sit corpori unibilis; unde nec proprie anima est in Specie, sed compositum. » Saint Thomas, *S. Th.*, I, 75, 7 *ad* 3ᵐ. « Anima autem, cum sit pars humanæ naturæ, non habet naturalem perfectionem, nisi secundum quod est corpori unita. » *Ibid.*, I, 90, 4 *ad Resp.* « Animæ humanæ remanet esse compositi post corporis destructionem. » *Ibid.*, Iª 2ᵃᵉ, 4, 5 *ad* 2ᵐ. « Anima humana manet in suo esse cum fuerit a corpore separata, habens aptitudinem et inclinationem naturalem ad corporis unionem. » *Ibid.*, I, 76, 1 *ad* 6.

2. « Dicendum quod *hoc aliquid* potest accipi dupliciter. Uno modo pro quocumque subsistente, alio modo pro subsistente completo in natura alicujus speciei. Primo modo excludit inhærentiam accidentis et formæ materialis. Secundo modo excludit etiam imperfectionem partis; unde manus posset dici

Sans doute c'est l'âme et non le corps qui est le principe de toutes les opérations de la vie. L'âme est ce par quoi nous nous mouvons et nourrissons, ce par quoi aussi nous sentons et connaissons. Mais si le principe premier par lequel nous connaissons est l'âme, il n'en est pas moins vrai que l'âme est la forme du corps, qu'elle n'est proprement âme que dans la mesure où elle constitue avec le corps une unité substantielle; d'où il suit que l'acte de connaître n'appartient pas à l'âme, mais à l'homme. Au demeurant, chacun peut éprouver que c'est bien soi-même, non pas simplement quelque partie de soi-même, qui connaît. Une action peut être attribuée à un sujet de trois manières. On dit d'une chose qu'elle agit et meut, ou bien selon son être total, comme agit un médecin qui guérit; ou bien selon quelque partie de soi-même, comme l'homme voit par son œil; ou bien par accident, comme le blanc construit si le constructeur est blanc. Or il est évident que l'acte de connaître n'appartient pas à Socrate ou à Platon par accident; on le leur attribue en tant qu'ils sont hommes et à titre de prédicat essentiel. Il est non moins certain que Socrate connaît selon son être total et non selon quelque partie de soi-même; en d'autres termes, il est certain que l'homme n'est pas son âme raisonnable, mais que cette âme n'est qu'une partie de l'homme. En effet c'est le même homme qui se saisit comme percevant par les sens et connaissant par l'intellect. Or l'exercice des sens ne se conçoit pas sans le corps; le corps, lui aussi, fait donc partie intégrante de l'homme [1].

Reste la dernière hypothèse selon laquelle l'intellect de Socrate serait une partie de Socrate, le mode d'union entre l'âme et le corps de Socrate, étant tel que ce soit bien Socrate et non pas seulement son intellect, qui connaisse. Pour que cette condition soit remplie, il faut que l'âme ne soit pas unie au corps comme le moteur à la chose mue ou le pilote à son navire. Lorsqu'on admet cette position platonicienne on ne peut pas dire de Socrate qu'il connaît. L'action du moteur en effet n'est jamais attribuée à la chose mue qu'à titre accidentel, comme on attribue à la scie l'action du charpentier. A ce compte l'acte de connaître ne serait attribuable à Socrate qu'à titre d'instrument dont userait son âme; instrument corporel d'ailleurs,

---

hoc *aliquid* primo modo, sed non secundo modo. Sic igitur, cum anima humana sit pars speciei humanæ potest dici hoc *aliquid* primo modo, quasi subsistens, sed non secundo modo; sic enim compositum ex anima et corpore dicitur *hoc aliquid*. » Saint Thomas, *S. Th.*, I, 75, 2 *ad* 1ᵐ.

1. Saint Thomas, *S. Th.*, I, 75, 4.

puisque, l'âme étant le moteur, il faudrait de nécessité que le mobile fût le corps. Mais on sait que l'intellection ne peut s'effectuer par un instrument corporel; l'âme n'est donc pas unie au corps comme le moteur à la chose mue[1].

De même, bien que l'action de la partie soit attribuable au tout, comme voir est attribuable à l'homme, cependant cette action n'est jamais attribuable à une autre partie que par accident. On ne dit pas que la main voit parce que l'œil voit. Si donc Socrate et son intellect sont les deux parties d'un même tout, il s'ensuit que l'action de son intellect n'est pas, à proprement parler, attribuable à Socrate. Si d'autre part Socrate est un tout composé de l'union de son intellect avec le reste de ce qui constitue Socrate, sans que cet intellect soit uni au reste autrement que comme moteur, il s'ensuit que Socrate n'est pas *un*, et que par conséquent il n'est pas même un *être*, puisque toute chose ne possède l'être que dans la mesure où elle possède l'unité[2]. Et cette conséquence n'est pas moins absurde que la précédente.

Une conclusion s'impose donc. L'âme est la forme du corps, et, parce qu'elle est la forme du corps, toute opération intellectuelle qui est vraiment une opération de l'homme suppose l'intervention du corps. Cela ne signifie pas que l'acte de connaître soit un acte corporel; la faculté cognitive n'est pas l'acte d'un organe corporel comme la vue est l'acte de l'œil, et c'est pourquoi d'ailleurs elle peut atteindre l'immatériel et l'universel. L'âme est, à la fois, séparée et dans la matière; séparée, en tant que l'acte de l'intellect s'exerce sans organe corporel; dans la matière, en tant que l'âme douée d'intellect est la forme du corps[3]. Mais il ne faut jamais perdre de vue l'un ou l'autre terme de ce rapport; et telle est précisément la faute commise par Platon lorsqu'il prétend découvrir dans l'âme humaine des connaissances innées. Ses raisonnements supposent

---

1. « Actio motoris nunquam attribuitur moto nisi sicut instrumento, sicut actio carpentarii serrae. Si igitur intelligere attribuitur Socrati, quia est actio motoris ejus, sequitur quod attribuatur ei sicut instrumento, quod est contra Philos. (1. *de Anima*, tex. 12) qui vult quod intelligere non sit per instrumentum corporeum. » Saint Thomas, *Sum. Th.*, I, *ad Resp.*

2. *Ibid.*, I, 76, 1 *ad Resp.*

3. « Anima humana est quidem separata, sed tamen in materia..... Separata quidem est secundum virtutem intellectivam, quia virtus intellectiva non est virtus alicujus organi corporalis, sicut virtus visiva est actus oculi. Intelligere enim est actus, qui non potest exerceri per organum corporale, sicut exercetur visio; sed in materia est, inquantum ipsa anima, cujus est haec virtus, est corporis forma et terminus generationis humanae. » *Ibid.*, I, 76, 1 *ad* 1ᵐ.

toujours que l'homme est une intelligence pure comme l'ange, ou
qu'il jouit dès cette vie de la vision béatifique que Dieu réserve à
ses élus.

La puissance cognitive, en effet, est proportionnée au connaissable.
L'intellect angélique, totalement séparé du corps, a pour objet
propre la substance intelligible séparée du corps; et c'est par un
intelligible pur qu'il connaît le matériel. L'intellect humain au
contraire, qui est naturellement uni au corps, a pour objet propre
la quiddité, c'est-à-dire la nature existant dans une matière corporelle, et c'est seulement par de telles natures des choses visibles
qu'il peut s'élever jusqu'à une certaine connaissance des invisibles.
Or il appartient à ces sortes de natures d'exister dans un individu,
ce qui ne va pas sans quelque matière corporelle; ainsi la nature
de la pierre ou du cheval ne peut s'offrir à nous que dans telle
pierre ou tel cheval déterminés. Il s'ensuit que la nature de la
pierre ou de tout autre objet corporel ne peut être vraiment et
complétement connue qu'à titre de nature existant dans un être particulier. Or nous appréhendons le particulier par le sens et l'imagination; l'intellect ne peut donc appréhender en acte son objet propre
sans se tourner vers les espèces corporelles; par ce moyen seulement il pourra contempler les natures universelles existant dans les
objets particuliers. Lorsqu'on admet au contraire avec Platon que
les formes des choses sensibles subsistent en soi, hors des objets particuliers, il est clair que l'intellect n'a plus besoin des espèces corporelles pour atteindre son objet. L'âme, bien que totalement séparée
de la matière peut alors appréhender seule un objet totalement immatériel; le rapport de la faculté à l'objet se trouve ici sauvegardé[1].
Mais c'est prendre pour l'état de la vie présente ce qui sera l'état

---

1. « Potentia cognoscitiva proportionatur cognoscibili. Unde intellectus Angeli,
qui est totaliter a corpore separatus, objectum proprium est substantia intelligibilis a corpore separata, et per hujusmodi intelligibile materialia cognoscit.
Intellectus autem humani, qui est conjunctus corpori, proprium objectum est
quidditas sive natura in materia corporali existens, et per hujusmodi naturas
visibilium rerum, etiam in invisibilium rerum aliqualem cognitionem ascendit.
De ratione autem hujus naturæ est quod in aliquo individuo existat, quod
non est absque materia corporali... Particulare autem apprehendimus per sensum
et imaginationem, et ideo necesse est, ad hoc quod intellectus actu intelligat
suum objectum proprium, quod convertat se ad phantasmata ut speculetur
naturam universalem in particulari existentem. Si autem proprium objectum
intellectus nostri esset forma separata, vel si formæ rerum sensibilium subsis-
terent non in particularibus, secundum Platonicos, non oporteret quod intellectus noster semper intelligendo converteret se ad phantasmata. » *Ibid.*, *S. Th.*,
I. 84, 7.

de la vie future; il n'est pas de vérité intelligible ici-bas sans une
conversion de l'âme vers les *phantasmata*, c'est-à-dire, sans une
participation du corps à l'acquisition de la connaissance[1].

Avec cette constatation on atteint d'ailleurs le point de discernement des deux doctrines. Les platoniciens admettant que l'intellect
humain est naturellement plein de toutes les espèces intelligibles
doivent expliquer comment il se peut faire que cet intellect ne les
considère pas toujours immédiatement d'une connaissance claire.
C'est à l'explication de ce fait que tend leur doctrine de la réminiscence. En s'unissant au corps l'âme boit un breuvage d'oubli qui lui
fait perdre toutes ses connaissances innées, et ses efforts n'auront
ensuite d'autre but que de recouvrer les connaissances qu'elle a
perdues. Dans une pareille doctrine le corps joue donc le rôle d'un
voile interposé entre notre faculté de connaître et l'objet de notre
connaissance. Mais si l'essence même de l'âme enveloppe une propension à s'unir au corps, ainsi que nous l'avons posé, on admettra
difficilement que l'opération naturelle de l'âme, qui est de connaître, soit totalement empêcîée par quelque chose de conforme à
sa nature, à savoir son union avec le corps[2]. C'est dire que dans
l'être par soi que constitue le composé humain aucune place ne
saurait être réservée aux connaissances innées, l'âme y acquiert
la connaissance avec le concours du corps, non malgré le corps, et
c'est bien alors l'homme, non pas l'âme seule, qui connaît.

Devons-nous affirmer cependant qu'il n'y ait absolument rien
d'inné dans notre faculté de connaître? Il serait inexact de le prétendre. Si notre intellect ne contient naturellement aucune connaissance actuelle, il contient du moins des semences de connaissances[3]
qui sont les principes premiers par lesquels nous jugeons de toutes
choses[4]. Ces principes premiers, connus par soi, que nous décou-

1. « Homini secundum statum præsentis vitæ est connaturalis modus cognos-
cendi veritatem intelligibilem per phantasmata, sed post hujus vitæ statum,
habet alium modum connaturalem. » *Ibid.*, 1ª 2ᵃᵉ, 6, 1, *ad* 2ᵐ. Cf., 1, 84, 7 et 89, 1.
2. « Præcipue autem hoc videtur inconveniens si ponatur esse animæ naturale corpori uniri, ut supra habitum est, qu. 76, art. 1. Inconveniens enim est
quod naturalis operatio alicujus rei totaliter impediatur per id quod est sibi
secundum naturam. » *Ibid.*, 1, 84, 3.
3. « Præexistunt in nobis quædam scientiarum semina. » *De Veritate.* qu. XI,
art. 1 *ad Resp.*
4. « Veritas secundum quam anima de omnibus judicat est veritas prima. Sicut
enim a veritate intellectus divini effluunt in intellectum angelicum species rerum
innatæ secundum quas omnia cognoscit, ita a veritate intellectus divini exem-
plariter procedit in intellectum nostrum veritas primorum principiorum
secundum quam de omnibus judicamus. Et quia per eam judicare non possumus

vrons dans la lumière naturelle dont Dieu nous a doués sont, pour
notre intellect actif, ce que les instruments sont pour l'ouvrier[1].
Mais on ne doit pas en conclure que nous puissions, à l'aide de ces
seuls principes, nous élever à la contemplation des réalités éternelles et invisibles. Primitivement, l'âme raisonnable ne connaît
qu'en puissance; semblable à une table rase sur laquelle rien n'est
écrit, elle n'offre à l'intellect aucune matière où les principes premiers puissent s'appliquer. Il faut qu'elle soit ramenée de la puissance à l'acte par les espèces intelligibles comme l'âme sensitive est
ramenée de la puissance à l'acte par l'action des sensibles sur le
sens. Ceci revient à dire que l'intellect ne contient pas en soi
d'espèces innées, mais qu'il est, par nature, en puissance à l'égard
de toutes les espèces de ce genre[2]. Et quant aux premières conceptions de l'esprit elles-mêmes, qui sont les principes, elles ne nous
sont connues que dans la lumière de l'intellect agent, c'est-à-dire, en
définitive, par la collaboration qui s'établit entre notre lumière naturelle innée et les formes que notre intellect abstrait de la matière
sensible[3]. Même lorsqu'elle prétend s'élever à la connaissance de ce
qu'elle contient d'inné, l'âme laissée à elle seule ne peut rien.

Appliquons cette doctrine au problème de la connaissance de
Dieu. Doit-on dire que l'homme en possède naturellement une connaissance innée? Si nous entendons par là une connaissance
actuelle que l'homme découvrirait toute formée dans son intellect,
il faut avouer que l'homme n'en possède pas de semblable. Mais on
pourra dire, si l'on veut, que l'homme connaît Dieu naturellement
comme il le désire naturellement. Or l'homme le désire naturellement en tant qu'il désire naturellement la béatitude, qui est comme
une similitude de la divine bonté. Ce n'est donc pas Dieu lui-même,
considéré en soi, qui se trouve naturellement connu de l'homme,
mais seulement sa similitude. C'est donc aussi à l'aide des ressemblances de Dieu qu'il découvre dans ses effets que l'homme pourra
s'élever, par le raisonnement, jusqu'à la connaissance de son créa-

---

nisi secundum quod est similitudo primæ veritatis, ideo secundum primam
veritatem de omnibus dicimur judicare. » *De Veritate*, qu. I, art. 4, *ad* 5ᵐ.

1. *De Veritate*, XI, 3 *ad Resp.*

2. « Et propter hoc Aristoteles posuit quod intellectus quo anima intelligit,
non habet aliquas species naturaliter inditas, sed est in principio in potentia
ad hujusmodi species omnes. » Saint Thomas, *Sum. theol.*, I, 84, 3.

3. « Primæ conceptiones intellectus, quæ statim lumine intellectus agentis
cognoscuntur per species a sensibilibus abstractas. » *De Veritate*, qu. XI, art. 1
ad Resp.

teur [1]. En d'autres termes encore, et pour appliquer à cette difficulté la solution que nous apportions au problème de la connaissance des principes, nous dirons que ce qui est inné chez l'homme ce n'est pas la connaissance de l'existence de Dieu, mais seulement le moyen de l'acquérir [2].

En même temps que, par là, s'impose à notre esprit la nécessité des démonstrations de l'existence de Dieu *a posteriori* et par ses effets nous découvrons la racine de l'erreur commise par saint Anselme. Sans doute il ne suffit point de poser une connaissance innée de Dieu pour que l'affirmation *a priori* de son existence devienne légitime. Même si quelque idée de l'être parfait nous était naturellement accordée, il resterait encore à démontrer que ce parfait, auquel nous reconnaissons l'existence nécessaire *in intellectu*, possède cette existence *in re* [3]. Mais si nous n'avons point du tout cette idée de l'être parfait il est très évident que la preuve manque par la base. Or nous possédons de Dieu quelque connaissance naturelle, en ce sens que Dieu constitue, sans que nous le sachions, le terme de nos désirs. L'homme aspire à la béatitude, et, puisque la béatitude de l'homme n'est autre que Dieu, il se trouve que l'homme désire Dieu. Si nous appliquons ici l'adage *nil volitum quin cognitum* nous admettrons que la volonté et l'intellect de l'homme se dirigent confusément vers Dieu. Mais cela nous laisse bien loin d'une connaissance proprement dite, telle que nous en posséderions une si nous trouvions naturellement en nous l'idée d'un être parfait, c'est-à-dire d'un être *quo majus cogitari non potest*. Or de même que certains hommes croient que la béatitude réside dans les richesses, et d'autres dans les plaisirs [4], il s'en est rencontré qui ont cru que

1. « Sic enim homo naturaliter Deum cognoscit, sicut naturaliter ipsum desiderat. Desiderat autem ipsum homo naturaliter, in quantum desiderat naturaliter beatitudinem, quæ est quædam similitudo divinæ bonitatis. Sic igitur non oportet, quod Deus ipse, in se consideratus, sit naturaliter notus homini, sed similitudo ipsius. Unde oportet quod, per ejus similitudines in effectibus repertas, in cognitionem ipsius homo ratiocinando perveniat. » Saint Thomas, *Cont. Gent.*, I, 11 *ad* 1^m.

2. « Cognitio existendi Deum dicitur omnibus naturaliter inserta, quia omnibus naturaliter insertum est aliquid unde potest pervenire ad cognoscendum Deum esse. » *De Veritate*, X, qu. 12 *ad* 1^m.

3. « Dato etiam quod quilibet intelligat hoc nomine, Deus, significari hoc quod dicitur, scil. illud quo majus cogitari non potest, non tamen propter hoc sequitur quod intelligat, id quod significatur per nomen, esse in rerum natura, sed in apprehensione intellectus tantum. » Saint Thomas, *Sum. theol.*, I, 2, 1 *ad* 2^m.

4· *Sum. theol.*, I, 2, 1 *ad* 1^m.

Dieu se confond avec l'univers, et que d'ailleurs il est de nature corporelle[1]. L'insensé n'est-il pas allé jusqu'à dire en son cœur : « Il
n'y a pas de Dieu[2]. » Comment, dès lors, prétendrions-nous que
l'existence de l'être parfait est une vérité connue par soi, et qui se
passe de démonstration, puisque la notion de Dieu sur laquelle
cette assertion se fonde n'a pas le caractère universel et nécessaire des principes premiers? Si profondément que nous descendions dans nos âmes nous n'y rencontrerons jamais ces deux connaissances innées: Dieu est l'être souverainement parfait, et : Dieu
existe. Mais nous y rencontrerons la lumière naturelle vide d'espèces intelligibles — par quoi elle se distingue de la connaissance
angélique — et capable de les toutes recevoir[3]: impuissante à saisir
ici-bas l'essence divine d'une prise directe, et capable de s'élever à
la connaissance de Dieu par la considération de ses effets. Ces trois
thèses s'impliquent donc réciproquement : toute connaissance de
Dieu *a priori* nous est refusée; toute connaissance de cet ordre
nous est refusée parce que nous ne possédons aucune connaissance
innée; nous ne possédons aucune connaissance innée parce qu'un
tel mode de connaître répugne à l'union substantielle de l'âme et du
corps, à l'unité par soi du composé humain.

Lorsque Descartes entreprit la reconstruction de la métaphysique
sur des bases nouvelles, bien des difficultés durent le détourner de
suivre sur ce point la doctrine de saint Thomas. En 1629, date qui
marque l'élaboration de sa métaphysique[4], il n'avait peut-être encore
aucune doctrine définitivement arrêtée, mais il apportait des partis
pris négatifs que rien ne pourrait ébranler. Dès les années 1619-1620
la physique cartésienne se trouvait constituée dans sa méthode et
dans son esprit[5]. Sans doute Descartes n'introduira pas telles quelles
dans sa physique définitive les explications qu'il propose à son ami
Beeckmann ou qu'il consigne dans les *Cogitationes privatæ*, mais
l'esprit en est bien le même que celui qui animera le *Monde* ou les
Principes. Il sait déjà traiter les problèmes de la physique par la

---

1. *Sum. theol.*, I, 2 *ad* 2^m.
2. *Psalm.* 52.
3. « Intellectus angeli est perfectus per species intelligibiles secundum suam
naturam : intellectus autem humanus est in potentia ad hujusmodi species. »
Sum. theol., I, 85, 3 *ad* 1^m.
4. A Mersenne, 15 avril 1630, I, 144.
5. C'est de quoi nous semble témoigner le *Journal* d'Isaac Beeckmann. Cf.
Descartes, Œuvres complètes (Ed. Adam-Tannery), X, 68, 226, 242-243.

méthode des mathématiques[1] et, bien qu'il ne semble pas encore
avoir pris conscience des conséquences métaphysiques que l'application d'une telle méthode aux problèmes de la physique pourrait
entraîner, il résout déjà toutes les difficultés qu'on lui propose sans
faire intervenir aucune qualité occulte ou forme substantielle au
sein de la matière. Les textes de cette époque les plus significatifs à
ce point de vue sont peut-être les deux notes, rédigées par le philosophe : *Lapis in vacuo versus terræ centrum cadens quantum singulis
momentis motu crescat*, et surtout *Aquæ comprimentis in vase ratio
reddita*. Au début de cette dernière note le jeune physicien (Descartes
est alors âgé de vingt-deux ans) s'excuse de ne pouvoir traiter à
fond les questions qu'on lui propose parce qu'il lui faudrait d'abord
s'expliquer longuement sur les fondements de sa mécanique[2].

Dès l'abord, nous voici transportés bien loin des formes substantielles ou des accidents réels de l'École : et, dans la suite, malgré la
forme syllogistique que Descartes conserve encore volontiers à son
argumentation, il est aisé de voir que la physique est déjà fondée,
dans sa pensée, sur une méthode qui la détache radicalement de
la métaphysique scolastique. Considérons, par exemple, les définitions qu'il pose au début de sa démonstration, notamment la définition de ce qu'on appelle le poids d'un corps ; on remarquera sans
doute le souci qui s'y manifeste de ne faire appel à aucune idée qui
ne soit claire et distincte. Pour entendre ce que signifie le mot
« peser », il faut imaginer que le corps pesant se déplace vers le
bas, et le considérer au premier instant de son mouvement. La force
d'impulsion que ce mouvement reçoit au premier instant constitue
le poids ; et il importe de ne pas le confondre avec la force qui
pendant le mouvement tout entier, entraîne le corps vers le bas,
car cette seconde force peut être entièrement distincte de la première. Nous définissons donc le poids d'un corps : la force supportée
par la surface immédiatement sous-jacente au corps pesant[3].

---

1. « Hic Picto cum multis Jesuitis aliisque studiosis virisque doctis versatus
est. Dicit tamen se nunquam hominem reperisse, præter me, qui hoc modo,
quo ego gaudeo, studendi utar, accurateque præmittenda ut Mathematica Physicam jungat.
Neque etiam ego, præter illum, nemini locutus sum hujusmodi studii. » *Loc. cit.*,
X, 52.

2. « Ut plane de propositis quæstionibus meam mentem exponerem, multa
ex meis Mechanicæ fundamentis essent præmittenda : quod, quia tempus non
sinit, breviter, ut jam licet, conabor explicare. » X, 67-68.

3. « Dicemus igitur gravitationem esse vim qua proxima superficies corpori
gravi subjecta ab eodem premitur. » *Loc. cit.*, X, 68.

Et la sûreté de méthode qui se révèle dans cette définition ne se manifeste pas moins dans les démonstrations. Descartes a le sentiment d'apporter en ces matières quelque chose de neuf et d'original[1]; il ne se satisfait plus des explications verbales apportées par la physique de l'École, ni des êtres semi-matériels et semi-spirituels qu'elle faisait constamment intervenir : *gravia et levia ab insita gravitate et levitate moventur*. D'un mot, tout se passe dès ce moment comme si Descartes savait déjà que la matière se définit par la seule étendue. En 1629, il n'aura plus à découvrir cette thèse mais simplement à prendre clairement conscience d'un principe qu'il avait depuis longtemps appliqué.

La démonstration métaphysique de ce principe constitue d'ailleurs la raison d'être, en même temps que l'objet essentiel des *Méditations*. Si l'on s'en rapporte aux déclarations confidentielles de Descartes à Mersenne, son traité devait avoir pour effet de préparer les esprits à recevoir favorablement sa physique et de lui « fonder le gué[2] ». C'est pourquoi les *Méditations* sont orientées tout entières vers cette double conclusion : l'âme n'est que pensée : le corps n'est qu'étendue. Par delà le *Cogito*, l'existence de Dieu et la doctrine des idées claires et distinctes, Descartes s'achemine vers cette thèse fondamentale que résume le titre de la *Meditatio sexta* : la distinction réelle entre l'âme et le corps de l'homme. Tel est en effet le fondement métaphysique par excellence de cette vraie science que Descartes veut faire accepter. Une fois admis que le corps n'est qu'étendue, tous les phénomènes de la physique deviennent explicables par l'étendue et le mouvement; les formes substantielles, qualités réelles, forces occultes et autres êtres de raison se trouvent supprimés. Sans doute Descartes ne dirige pas contre eux une critique ouverte et violente, mais il fait mieux, il les remplace. Toutes ces entités trouvent, selon lui, leur origine dans la confusion généralement répandue entre ce qui appartient à la nature de l'âme et ce qui appartient à la nature du corps; c'est ainsi que nous nous représentons la pesanteur comme la tendance d'on ne sait quelle âme qui se trouverait logée dans les corps pesants[3]. Et toutes disparaissent d'elles-mêmes au contraire, lorsqu'on

1. Le principe des idées claires et distinctes se trouve dès ce moment affirmé. X. 70.
2. A Mersenne, 28 janvier 1641, III, 297-298.
3. Cf. Gilson, *Index scolastico-cartésien*, art. Pesanteur.

admet, au sens cartésien, la distinction réelle de l'âme et du corps.

Cette distinction radicale rend d'ailleurs possible non seulement une connaissance exacte des phénomènes physiques, mais encore l'explication claire et distincte de tout ce qui se produit dans les corps vivants tels que le corps de l'homme. Pour en rendre compte on considérera dans l'animal le corps seul à l'exclusion de l'âme ; et, par conséquent, l'âme végétative, l'âme locomotrice, les facultés organiques, quelles qu'elles soient, se trouveront supprimées. Ainsi ce qui sortira des *Méditations métaphysiques* par voie de conséquence directe ce sont les *Principes de philosophie* et le *Traité de l'homme.* C'est ce que les disciples immédiats de Descartes avaient clairement aperçu. Armés de la distinction réelle du corps et de l'âme, ils affirmaient l'inutilité et l'obscurité des principes dont use l'École pour expliquer la nature : « l'inutilité, en ce qu'il est impossible de résoudre par leur moyen la moindre difficulté de physique ; et l'obscurité, puisque sans doute des termes doivent passer pour obscurs lorsque aucune idée ne répond dans l'esprit à la signification qu'on leur donne. Or nous n'avons l'idée que de deux sortes d'êtres, parlant en général, savoir de celui qui est étendu, qu'on appelle Corps, et de celui qui pense, qu'on appelle Esprit. Ainsi, quand on parle de quelques autres êtres qui ne se peuvent rapporter ni à l'un ni à l'autre, ni à quelqu'une des propriétés ou accidents qui enferment dans leur concept l'idée de l'un ou de l'autre, tels que sont ces êtres qu'on appelle formes substantielles des corps, qualités réelles, impresses, intentionnelles, occultes, sympathiques, spécifiques, faculté concoctrice, rétentrice, expultrice, etc., il est impossible qu'aucune idée puisse répondre à ces termes dans l'esprit ni que ce qu'on dit alors ait aucun sens qui se puisse concevoir [1]. » Les êtres de raison que l'on prétendait ainsi supprimer allaient, par leur départ, alléger la physique d'un poids encombrant. Mais ils allaient aussi laisser un vide dans la doctrine thomiste de la connaissance humaine ; et c'est ce que Descartes avait très clairement aperçu.

Puisque, selon saint Thomas, toute connaissance requiert l'intervention du corps afin d'être attribuable, non à l'âme seule, mais à

---

1. Louis de la Forge, *Traité de l'esprit de l'homme* (Édit. de Genève, 1725), p. 9 et 10. Cf. des affirmations tout à fait semblables dans *L'Homme de René Descartes* (Paris, 1664), préface de Clerselier ; cf. également Cordemoy, *Le Discernement du corps et de l'âme* (Paris, 1673), p. 60-61.

l'homme, il devient difficile d'expliquer l'acte de connaître sans faire appel à quelqu'une de ces entités, à la fois matérielles et spirituelles, que la philosophie cartésienne prétend condamner. C'est pourquoi la conception des *phantasmata* occupe une situation centrale dans une telle doctrine. Sans doute ils ne suffisent pas à expliquer l'acte de la connaissance, ou du moins ils n'en fournissent pas l'explication totale. La vraie cause de l'opération intellectuelle se trouve dans l'intellect actif qui, en rendant les *phantasmata* intelligibles en acte, leur confère le pouvoir de modifier l'intellect passif. Ils ne sont donc pas la cause proprement dite de la connaissance, mais plutôt la matière sur laquelle s'exerce cette cause[1]. En d'autres termes encore, ils jouent dans l'acte de la connaissance actuelle le rôle d'*agentia instrumentalia*[2], mais, à ce titre ils sont absolument indispensables pour que l'intelligible qu'enferme le réel soit appréhendé comme tel par un entendement humain.

A la vérité, saint Thomas paraît avoir défini avec plus de précision le rôle qu'il convient d'assigner aux *phantasmata* que leur nature même[3]. Ce que nous savons c'est que l'acte de connaître ne s'effectue pas au moyen d'une réception des choses elles-mêmes dans l'intellect ou dans le sens. Il ne se peut pas qu'une identité réelle s'établisse entre le sujet connaissant et l'objet connu. C'est ce que saint Thomas veut exprimer lorsqu'il affirme que l'objet ne vient pas à nous selon son être réel (*esse reale*), mais seulement selon son être intentionel (*esse intentionale*)[4]. Par là se trouve exclue l'erreur des anciens dont parle Aristote : τὴν ψυχὴν τὰ πράγματα τιθέντες[5]. Mais jusqu'ici ce concept de l'intention demeure purement négatif.

Saint Thomas nous dit encore que la *species* de l'objet ne doit pas être entendue comme Démocrite entendait les εἴδωλα. C'est-à-dire que l'acte de connaître ne se réduit pas au simple influx de quelques atomes dans l'intellect patient, car il est trop évident que des images matérielles ne peuvent pas pénétrer dans un intellect spirituel. Mais

---

1. « Phantasmata non sufficiunt immutare intellectum possibilem, sed oportet quod fiant intelligibilia actu per intellectum agentem; non potest dici quod sensibilis cognitio sit totalis et perfecta causa intellectualis cognitionis, sed magis quodammodo est materia causæ. » *Sum. theol.*, I, 84, 6 *ad Resp*.

2. Saint Thomas, *De l'erit.*, qu. 10, art. 6, *ad* 7.

3. A consulter sur cette question : Baron, die Bedeutung der Phantasmen für Die Entstehung der Begriffe bei Thomas von Aquin (Münster, 1902), p. 5-13; Sertillanges, Saint-Thomas d'Aquin (Alcan, Paris, 1910), II, p. 113 et sq.

4. Cf. Cl. Baeumker, *Witelo*, p. 170, et 178, note 1.

5. De an., 1, 5, 409,). 27.

il y a plus : l'action du sensible lui-même sur le sens ne consiste pas
à projeter sur le sujet une petite réduction de soi-même. Ni pour le
sens, ni pour l'intellect on ne saurait invoquer les *idola* et *defluxiones*.
Il est donc tout à fait exact d'affirmer que, dans le système thomiste,
l'espèce ne doit pas être considérée comme un double matériel de
l'objet. L'espèce de l'agent n'est reçue dans le patient que selon son
être spirituel[1] et c'est selon le même mode d'être incorporel que les
sensibles se trouvent dans le sens ou dans le milieu qui les en
sépare. On ne comprendrait pas que les espèces des contraires
puissent être reçues dans la même partie du milieu, et cela simultanément, comme elles le sont, si elles s'y rencontraient selon leur être
matériel[2].

Pouvons-nous préciser davantage le mécanisme des opérations de
l'âme sensitive? Dans la Somme théologique, saint Thomas écrit que
l'impression du sensible sur le sens ne se fait pas *per modum*
defluxionis, ut Democritus posuit, sed per quamdam operationem[3].
Quant à la nature de cette opération elle-même, il semble que l'on
doive distinguer selon les cas[4]. Le son, par exemple, détermine
une translation selon le lieu, puisqu'il résulte d'un choc et d'une
commotion de l'air; c'est donc bien ici une sorte de *defluxio* qui se
produirait entre l'objet et le sens. Par contre la vue suppose une
modification purement spirituelle; la forme de la couleur est reçue
dans la pupille sans la colorer et sans déterminer aucune altération
dans le milieu. Ainsi, l'impression des objets sur les sens varie
selon leur nature différente selon qu'il s'agit de la lumière, du son,
de l'odeur et des saveurs; on ne saurait assigner une explication
générale de ce fait. Mais quelle que soit la diversité des rapports qui
peuvent s'établir entre l'organe sensoriel et les sensibles, il reste
qu'au terme de cette opération l'intermédiaire entre l'être matériel

---

1. « Species agentis recipitur in patiente secundum esse spirituale ut intentio
quædam, secundum quem modum res habet esse in anima sicut species lapidis
recipitur in pupilla ». Saint Thomas, *Sent.*, IV, 19, 1, 3 *ad* 1ᵐ.
2. « Sed sensibilia ad hoc quod moveant sensum, non indigent aliquo agente,
licet secundum esse spirituale sint in sensu, qui est susceptivus rerum sensibilium sine materia, ut dicitur in III, *De anima* (com. 38); et in medio quod recipit
spiritualiter species sensibilium; quod patet ex hoc quod in eadem parte medii
recipitur species contrariorum, ut albi et nigri. » *De anima qu. disp.* IV, 5. Ce
texte, quoique emprunté à une objection, exprime bien la pensée du philosophe;
c'est sur l'assimilation de l'espèce intelligible à l'espèce sensible que la réponse
portera.
3. *Sum. theol.*, I, 84, 6 *ad Resp.*
4. Cf. *Sum. theol.*, I, 78, 3 *ad Resp.*; et Sertillanges, *op. cit.*, II, p. 119-121.

et la connaissance intellectuelle se trouve constitué; cet intermédiaire est le *phantasma*.

Les *phantasmata* ne sont ni matériels ni intelligibles. S'ils étaient matériels, une identité absolue s'établirait entre le sens et les objets; l'œil deviendrait couleur. Mais s'ils étaient intelligibles, une disproportion s'établirait entre le sens et ses objets. Les couleurs ont le même mode d'existence dans la puissance visuelle, c'est-à-dire dans un organe corporel, que dans la matière individuelle des objets dont nous sommes affectés [1]. L'objet propre du sens, c'est le particulier, c'est-à-dire la forme existant dans une matière corporelle individuelle : ici, la puissance et l'objet sont proportionnés puisque le sens lui-même, au contraire de l'intellect, est l'acte d'un organe corporel [2]. Il faut donc nécessairement que l'on puisse retrouver dans le *phantasma* la marque du particulier qu'il représente : c'est-à-dire les conditions matérielles individuantes dont l'intellect agent doit abstraire l'espèce intelligible et l'universel [3].

Ainsi, c'est à la lettre et dans son sens plein qu'on doit entendre la formule de saint Tiomas : *phantasmata sunt similitudines individuorum* [4]. Entre le sensible et l'intelligible la matière introduit une différence de genre (*sunt alterius generis*) [5], et cette différence est suffisante pour que le sensible comme tel demeure impuissant à s'élever jusqu'à l'ordre intelligible; il y faut encore l'illumination du sensible par une lumière qui tombe de plus 1aut, celle de l'intellect agent. Être spirituel, mais représentatif des conditions matérielles individuantes de l'objet, gros de la *species intelligibilis* qu'il contient en puissance et que seul l'intellect agent rendra intelligible en acte,

[1]. Ad tertium dicendum, quod colores habent eumdem modum existendi prout sunt in materia corporali individuali, sicut in potentia visiva, et ideo possunt imprimere suam similitudinem in visum; sed phantasmata, cum sint similitudines individuorum, et existant in organis corporeis, non habent eumdem modum existendi quem habet intellectus. • *Sum. theol.*, I, 85, 1 *ad* 3ᵐ.

2. • Quædam enim cognoscitiva virtus est actus organi corporalis, scilicet sensus; et ideo objectum cujuslibet sensitivæ potentiæ est forma, prout in materia corporali existit. • *Sum. theol.*, I, 85, 1 *ad* Resp.

3. • Et hoc est abstrahere universale a particulari, vel speciem intelligibilem a phantasmatibus, considerare scilicet naturam speciei absque consideratione individualium principiorum quæ per phantasmata repræsentantur. • *Sum. theol.*, I, 85, 1 *ad* Resp. C'est d'ailleurs pourquoi l'intellect humain n'appréhende directement que l'universel : • quia cognitio fit per similitudinem cogniti in cognoscente, et hæc est in intellectu nostro per abstractionem a conditionibus individuantibus et a materia, et ideo, cum recta cognitio per speciem fit, non cognoscit directe nisi universale. • *Quodlib.*, XII, 9-8, art. 11.

4. *Sum. theol.*, I, 85, 1 *ad* 3ᵐ.

5. *De anima*, IV, *ad* 5ᵐ.

le *phantasma* se trouve ainsi placé entre la matière et l'esprit, à
cette limite mystérieuse où l'âme entre en contact avec les choses
sans cesser d'être elle-même. Immergée dans la matière, puisqu'elle
est forme du corps; émergeant de la matière puisque l'âme raisonnable exerce des opérations où ne communie pas le corps (*non
totaliter immersa*), l'âme se trouve constituer, par ses puissances
organiques, végétatives et sensitives, comme une frontière où le
spirituel et le matériel se rencontrent : « anima humana abundat
diversitate potentiarum, videlicet quia est in confinio spiritualium et
corporalium creaturarum. Et ideo concurrunt in ipsa virtutes utra-
rumque creaturarum [1]. »

La nature mixte du *phantasma* exprime donc avant tout la condition nécessairement requise pour qu'un point de jonction entre ces
réalités hétérogènes soit possible.

Cohérente avec elle-même au point de vue des principes métaphysiques sur lesquels elle se fondait, la doctrine de saint Thomas n'en
présentait pas moins de multiples difficultés. Plus exactement, elle
manquait d'une substructure physique et physiologique assez solide
pour maintenir intactes les thèses métaphysiques qu'elles devaient
supporter. Après avoir justifié la possibilité intrinsèque de la connaissance sensible, il restait à expliquer le mécanisme même de la
réception du sensible dans le sens. Est-ce vraiment résoudre le
problème que d'invoquer ce singulier *medium quo*, dont on ne nous
dit pas comment il peut représenter un objet matériel bien qu'il ne
soit aucunement perceptible en lui-même, ni comment il se forme
dans le milieu, ni comment il le traverse pour passer de l'objet à
l'organe, ni comment il y pénètre? Saint Thomas n'a laissé que des
réponses fragmentaires et éparses à toutes ces questions. Telles
quelles, et si insuffisantes qu'elles puissent être, elles montrent que
le philosophe avait senti la complexité du problème puisqu'il admettait, ainsi que nous l'avons indiqué, la possibilité d'explications
diverses selon les différents sensibles et les différents sens. Les
images visuelles, entre autres, s'accordaient d'autant plus aisément
avec son point de vue métaphysique qu'il ne voyait dans l'action de
la lumière qu'une modification purement qualitative et spirituelle
de l'organe et du milieu [2]. Mais il eût fallu démontrer cette thèse

---

1. *Sum theol.*, I, 77, 2, *ad Resp.* Cf. « Esse animæ est quodammodo corporis »,
De anima, I, *ad* 18°.
2. Sur la métaphysique de la lumière au moyen âge. Cf. Baeumker, *Witelo*,
p. 357-433.

pour elle-même, étendre la recherche aux autres sens; il eût fallu
surtout que d'autres philosophes vinssent reprendre le problème au
point où saint Thomas l'avait laissé. Il ne devait pas en être ainsi,
et la seule évolution que l'on puisse constater sur ce point dans la
scolastique est une évolution régressive. Chez les contemporains de
saint Thomas, comme chez lui-même, on ne rencontre guère sur ce
point que des affirmations sans preuves [1]. Saint Bonaventure
enseigne que les espèces se forment dans le milieu, passent dans
l'organe du sens extérieur, puis dans le sens commun et de là dans
la puissance appréhensive, mais ne nous indique nullement comment se produit un tel phénomène. Duns Scot, qui reprendra la
question après ces deux maitres, semblera croire qu'en affirmant
simplement une dématérialisation progressive de l'espèce sensible
entre l'objet et le sens, on rend suffisamment raison du pouvoir
mystérieux qu'ont les corps matériels d'agir spirituellement sur les
organes [2]. Ainsi, faute d'une doctrine précise sur ce point, les esprits
inclinent peu à peu vers une solution simpliste et grossière du problème. Au lieu de pousser la recherche dans les directions qui leur
avaient été indiquées, ils retombent, sans en avoir clairement conscience, dans les εἴδωλα de Démocrite que saint Thomas avait expressément rejetées. Lorsqu'on ne nie pas purement et simplement la
species intentionalis comme le fait G. d'Occam, on la transforme en
une entité singulière que ses adversaires, et aussi ses partisans,
s'obstinent de plus en plus à considérer comme un sujet matériel
véhiculant une qualité spirituelle.

En 1609, époque où il étudie en philosophie au collège de la
Flèche, Descartes peut lire dans le manuel d'E. de Saint-Paul cette
définition de l'espèce intentionnelle : « Speciem intentionalem hic
appellari signum aliquod formale rei sensibus objectæ, sive quali-
tatem quamdam quæ ab objecto immissa et in sensu recepta vim
habeat ipsum objectum repræsentandi, licet ipsa sensu minime

---

1. Cf. saint Bonaventure : « (Sensibilia) intrant, inquam, non per substantias,
sed per similitudines suas, primo generatas in medio et de medio in organo et
de organo exteriori in interiori et de hoc in potentiam apprehesivam; et sic gene-
ratio speciei in medio et de medio in organo, et conversio potentiæ apprehen-
sivæ super illam facit apprehensionem omnium eorum quæ exterius anima
apprehendit. » *Itinerarium*, c. 2, n. 4.

2. « Habet species sensibilis esse tripliciter, scilicet : in objecto extra, quod
est esse materiale; in medio, et hoc esse est quodammodo spirituale et imma-
teriale; habet esse in organo, et hoc adhuc magis spiritualiter et immaterialiter
quam in medio. » *De rer. princ.*, qu. XIV (Wadding., t. III, p. 124).

sit perceptibilis[1]. » La contradiction s'installe donc désormais
ouvertement au cœur même de la définition. Que d'ailleurs des
simulacres corporels présentent ce caractère singulier d'être à la
fois matériels et représentatifs, c'est ce que l'on comprenait difficilement. Tant d'arguments semblaient par ailleurs militer en faveur
de cette doctrine qu'on préférait la conserver, fût-ce même au prix
d'une contradiction. C'était stupéfiant, mais c'était ainsi : « Tertia
(difficultas est) quomodo species illæ repræsentant objecta?
Respondetur eam esse, et quidem stupendam penitus, illarum
specierum conditionem, quod cum sint materiales, utpote in subjecto corporeo inhærentes, modum tamen spiritualem in repræ-
sentando servent[2]. » Il faut quelquefois admettre ce que l'on ne
saurait expliquer.

Toute différente devait être l'attitude de Descartes en présence
du même problème. Bien loin de considérer de tels êtres comme
constituant les intermédiaires nécessaires entre l'intellect et les
choses, il se trouvait engagé, par les principes fondamentaux
de sa physique, à nier toutes les entités de ce genre. Nulle raison
ne subsistait, à ses yeux, de maintenir ces espèces intentionnelles,
étonnantes pour ceux-là mêmes qui les soutenaient. C'est pourquoi
nous le voyons s'efforcer, poliment, « afin de s'éloigner le moins
possible des opinions déjà reçues[3] », mais fermement, de les
éliminer chaque fois qu'il les rencontre[4]. La Dioptrique, entre
autres, lui en offrait une excellente occasion. « Il faut, déclare-t-il,
prendre garde à ne pas supposer que pour sentir, l'âme ait besoin
de contempler quelques images qui soient envoyées par les objets
jusques au cerveau, ainsi que font communément nos philosophes;
ou, du moins, il faut concevoir la nature de ces images tout autrement qu'ils ne font. Car, d'autant qu'ils ne considèrent en elles
autre chose, sinon qu'elles doivent avoir de la ressemblance avec
les objets qu'elles représentent, il leur est impossible de nous
montrer comment elles peuvent êtres formées par ces objets, et
reçues par les organes des sens extérieurs, et transmises par les

---

1. E. a Ste Paulo, *Sum. phil.*, t. II, pars III[a], p. 330.
2. *Ibid.*, III, t. II, p. 332.
3. VI, 112, 28-29. Ceci est d'un bon élève des Jésuites. On leur recommandait :
« enixe quoque studeant communiores magisque nunc approbatas philosophorum sententias tueri ». (*Ratio studiorum* de 1586.)
4. Voir sur ce point les références à tous les textes de cet ordre dans : *Index
scolastico-cartésien*, art. *Espèce*.

nerfs jusqu'au cerveau[1]. » Et, plus expressément encore, Descartes écrit : « En suite de quoi vous aurez occasion de juger qu'il n'est pas besoin de supposer qu'il passe quelque chose de matériel depuis les objets jusques à nos yeux pour nous faire voir les couleurs et la lumière, ni même qu'il y ait rien en ces objets qui soit semblable aux idées ou aux sentiments que nous en avons ; tout de même qu'il ne sort rien des corps que sent un aveugle, qui doive passer le long de son bâton jusques à sa main, et que la résistance ou le mouvement de ces corps, qui est la seule cause des sentiments qu'il en a, n'est rien de semblable aux idées qu'il en conçoit. Et, par ce moyen, votre esprit sera délivré de toutes ces petites images voltigeantes par l'air, nommées des *espèces intentionnelles*, qui travaillaient tant l'imagination des Philosophes[2]. »

Mais les conséquences de cette attitude dépassaient de beaucoup le cadre des problèmes étudiés dans la Dioptrique. Si les espèces intentionnelles sont éliminées de nos sensations, elles ne peuvent, en conséquence, jouer aucun rôle dans l'élaboration de nos idées. Puisqu'on peut dire à la lettre : « puram intellectionem rei corpore fieri absque ulla specie corporea[3] », cela ne peut manquer d'être encore plus vrai pour ce qui concerne la connaissance des substances immatérielles, telles que notre âme, et surtout en ce qui concerne la connaissance de Dieu. Notre âme nous est plus connue que notre propre corps, c'est-à-dire, contradictoirement à la doctrine de saint Thomas, que nous n'avons pas besoin, pour nous élever à la connaissance de notre âme, de rien appréhender qui participe à la nature du corps[4]. Notre connaissance de l'âme, libérée de la servitude des espèces corporelles, sera désormais *directa*, non plus nécessairement *reflexa*. De même en ce qui concerne la connaissance de Dieu. On ne sera plus contraint d'affirmer qu'elle requiert nécessairement une *conversio ad phantasmata*[5] ; nous ne considérerons pas comme assuré que notre connaissance naturelle, parce

1. VI, 112, 5-17.
2. VI, 85, 13-27.
3. VIII, 2ᵃ, 363, 20-364, 3.
4. « Est autem alius intellectus, scilicet humanus, qui nec est suum intelligere, nec sui intelligere est objectum primum ipsa ejus essentia, sed aliquid extrinsecum, scilicet natura materialis rei. Et ideo id quod primo cognoscitur ab intellectu humano, est hujusmodi objectum ; et secundario cognoscitur ipse actus quo cognoscitur objectum ; et per actum cognoscitur ipse intellectus cujus est perfectio ipsum intelligere. » *Sum. theol.*, I, 87, 3 ad Itesp.
5. « Dicendum quod Deus naturali cognitione, cognoscitur per phantasmata effectus sui. » *Sum. theol.*, I, 12 ad 2ᵐ.

qu'elle tire son origine des sens, ne puisse s'étendre au delà de ce que nous permettent de concevoir, par comparaison, les sensibles[1]. Tout au contraire, de telles affirmations se proposeront à nous comme difficilement conciliables avec ce que nous savons être les conditions nécessaires de notre connaissance. Lorsqu'on pose d'abord, comme le requiert la Physique, la distinction absolue de l'âme et du corps, de la pensée et de l'étendue, il faut, ou bien reconnaître à la pensée un contenu propre et valable en dehors de tout élément sensible et matériel, ou bien condamner cette pensée à demeurer définitivement vide. Il faut que l'âme puisse être introduite à la connaissance de Dieu sans sortir d'elle-même, ou payer toute dérogation à ce principe d'une infraction à la distinction radicale de l'âme et du corps. Ainsi, pour établir que la physique nouvelle n'était pas incompatible avec les vérités fondamentales de la religion, Descartes devait établir que, sans faire intervenir le corps, sans sortir de l'âme seule, une apologétique catholique était possible. La démonstration de cette thèse ne pouvait s'accomplir qu'à la condition d'abandonner le point de vue de saint Thomas sur l'origine de nos connaissances, et de le remplacer par un autre qui ne rendît pas impossible toute démonstration *a priori* de l'existence de Dieu. C'est ce point de vue que la doctrine des idées innées allait lui offrir.

II

LES ORIGINES THÉOLOGIQUES DE L'INNÉISME CARTÉSIEN.

Nous savons déjà que l'innéisme n'a pu constituer pour Descartes une découverte ou une révélation accidentelle. Aucun des étudiants en philosophie n'ignorait cette doctrine célèbre que saint Thomas avait résumée, puis combattue, que tous les professeurs de collège résumaient et réfutaient à peu près comme lui[2]. A la rigueur, on

---

1. « Dicendum quod naturalis nostra cognitio a sensu principium sumit. Unde tantum se nostra naturalis cognitio extendere potest, inquantum manuduci potest per sensibilia. Ex sensibilibus autem non potest usque ad hoc intellectus noster pertingere, quod divinam essentiam videat. » *Loc. cit.*

2. Plus tard, lorsque la philosophie de Descartes sera prise à son tour en considération par l'enseignement des collèges, c'est encore la réfutation pure et simple de saint Thomas qu'on opposera à l'innéisme cartésien et aux preuves *a priori* de l'existence de Dieu. Il était réfuté d'avance. Cf. par exemple : « Objicies secundo : cognoscimus naturaliter Deum esse, ergo haec propositio : Deus

pourrait admettre que Descartes ait recueilli dans l'enseignement même de saint Thomas une doctrine critiquée, abandonnée, mais dont il avait besoin et qui lui convenait. Cette hypothèse s'accorderait mal cependant avec ce que nous savons du caractère de Descartes et du dessein qu'il se proposait de réaliser. Il écrivait les *Méditations métaphysiques* pour fonder en raison et couvrir en fait sa physique; n'eût-ce pas été un mauvais calcul que de l'appuyer sur des conceptions unanimement rejetées? Il ne pouvait abandonner la philosophie de saint Thomas et conserver l'espoir de se faire entendre, qu'à la condition de se munir d'autorités qui fussent, sinon supérieures ni même égales, du moins suffisantes pour que son orthodoxie demeurât à l'abri des soupçons. Si Descartes s'est risqué à soutenir la doctrine des idées innées, nous pouvons en induire avec quelque vraisemblance que d'autres philosophes et théologiens de son temps l'avaient soutenue ou la soutenaient.

Pendant tout le cours du moyen âge l'autorité du pseudo-Denys et celle de saint Augustin avaient fait accepter par plus d'un théologien des conceptions qui s'accordaient mal avec la philosophie d'Aristote. Chez un docteur comme Jean de la Rochelle, par exemple, on découvrirait aisément une théorie de notre connaissance de Dieu beaucoup plus proche de celle de Descartes que de celle de saint Thomas[1]; et ce n'est pas ici d'un accident historique qu'il s'agit.

---

est, nobis est in ipso lumine naturali nota. Dico : an cognoscimus confuse et cum discursu, concedo. Distincte et per se, nego. Quanquam enim Deus sit ens essentialiter existens, non tamen sine examinis circuitu id novimus : quod et si supponamus, videndum praeterea supererit, deturne ens essentialiter existens. Quodquidem resolvere licet Cartesio sit levis opere, non tamen aliis adeo est facile, sed difficillimum. Quod sufficit ut propositio haec : *Deus est* seu *ens essentialiter existens existit*, non sit nota per se quoad nos ». *Cours manuscrit* de Jean Courtillier (professé en 1679 et 1680 à Paris au collège de Montaigu). *Bib. municip. de Tours*. Ms. 1717, fol. 213.

Cf. également : « Multae cognitiones videntur datae a natura innatae. Sic : *ego sum; ego cogito; quia cogito sum*. Non videntur habere originem sensibilem; quid enim talem causare receptum sensibile potuisset? — At dicimus tales innatas ideas... semper pendere a sensibus... quatenus ut agnoscantur esse tales et esse in nobis, egemus excitatione et sensatione sensuum. » *Cours manuscrit*. anonyme. *Bib. munic. de Tours*. Ms. 718, fol. 13 (note marginale).

1. « Forma vero qua cognoscitur Deus, est similitudo vel imago primae veritatis impressae animae a creatione. Propter quod dicit Damascenus : omnibus cognitio existendi Deum ab initio naturaliter insita est. Imago autem impressa primae veritatis ducit in cognitionem ipsius cujus est imago ». Johannes de Rupella, *Summa de Anima*. pars II, 35 (éd. de Domenichelli, Prato, 1882). Cf. l'intéressant article de C. M. Manser (O. P.). Johann von Rupella. Ein Beitrag zu seiner Charakteristik mit besonderer Berücksichtigung seiner Erkenntnislehre. *Jahrb. f. Phil. u. spek. Theol.* 21 Bd., p. 290-324.

Avant et après saint Thomas, il s'est trouvé toute une école de théologiens pour enseigner expressément la doctrine des idées innées et en étendre l'application au problème capital des preuves de l'existence de Dieu [1]. Ce courant d'origine platonicienne se manifeste tantôt par un appel direct à l'innéisme, soit étendu au système entier de nos connaissances, soit restreint à certaines d'entre elles; tantôt, et c'est le cas le plus fréquent, par des dérogations plus ou moins graves à la doctrine d'Aristote et de saint Thomas. Entre la thèse aristotélicienne d'une receptivité de l'intellect par rapport aux formes intelligibles et la thèse platonicienne d'une spontanéité de l'intellect [2] peuvent s'établir, et s'établissent en fait, une infinité d'accommodements.

L'une des plus intéressantes parmi ces conciliations, parce que la fortune semble en avoir été considérable, est celle qui se trouva suggérée aux théologiens par certains textes de saint Augustin et de l'écrit pseudo-augustinien *De spiritu et anima*. Au lieu de considérer l'image-objet comme introduite dans le sens par l'objet matériel lui-même, on admettrait, selon cette autre thèse, que l'âme forme instantanément en soi l'image de cet objet; le sens ne jouant plus ici que le rôle d'un excitant, d'un messager qui annoncerait l'objet et inviterait l'âme à se le représenter [3]. En réalité, c'était là plus qu'une concession faite au platonisme, et saint Thomas n'y voyait rien de moins que la pure doctrine de Platon lui-même [4]. Toujours est-il que nous retrouvons cette thèse déformée, atténuée et adaptée, jusqu'en des milieux profondément imprégnés de l'esprit thomiste et aristotélicien [5]. A plus forte raison doit-on s'attendre à

---

1. Consulter sur ce point G. Grunwald, Geschichte der Gottesbeweise im Mittelalter bis zum Ausgang der Hochscholastik. Nach den Quellen dargestellt. (*Beitr. z. Gesch. d. Phil. d. Mitt.*, VI. 3. Münster, 1907). Cf. Baeumker, Witelo, ein Philosoph und Naturforscher der XIII Jahrhunderts (*Ibid.*, III, 2, Münster, 1908), p. 286-316 et 467-503. M. Baumgartner, Die Erkenntnislehre des Wilhelm von Auvergne (*Ibid.*, II, 1). G. Palhories, *Saint Bonaventure* (Paris, Bloud, 1913), p. 81-84.

2. Cf. Cl. Baeumker, *Witelo*, p. 471-472.

3. Saint Augustin. *De gen. ad litt.*, XII, 16, 35. *De spiritu et anima* (Migne, P. L., vol. 40, p. 798).

4. « Et quia incorporeum non potest immutari a corporeo... sensum etiam posuit (Plato) virtutem quamdam per se operantem, ... nec ipse sensus, cum sit quaedam vis spiritualis, immutatur a sensibilibus; sed organa sensuum a sensibilibus immutantur. Ex qua immutatione anima quodammodo excitatur, ut in se species sensibilium formet. Et hanc opinionem tangere videtur Augustinus XII *super Gen. ad lit.* (cap. 24) ubi dicit quod corpus non sentit, sed anima per corpus, quo velut nuntio utitur ad formandum in seipsa quod extrinsecus nuntiatur ». *Sum. theol.*, I, 84, 6 ad Resp.

5. Consulter sur ce point, et pour ce qui suit inclusivement jusqu'à la doc-

en retrouver des traces chez les théologiens soumis à l'influence augustinienne; Duns Scot, notamment, semblerait en avoir conservé quelque chose[1]; et peut-être son influence explique-t-elle, pour une part, que nous la retrouvions au xvi° siècle dans les *Commentarii collegii Conimbricensis*[2] et jusque dans les *Metaphysicæ disputationes* de Suarez, c'est-à-dire dans les œuvres représentatives par excellence de l'esprit philosophique dont les professeurs du jeune Descartes se trouvaient pénétrés.

Selon Suarez comme selon saint Thomas, il est très vrai de dire que l'intellect ne forme jamais aucune espèce intelligible, sans y être déterminé par l'espèce sensible[3], mais le *phantasma*, en raison de sa nature matérielle, et puisqu'il subsiste dans une puissance inférieure, ne saurait concourir à l'opération spirituelle d'une puissance supérieure telle que l'intellect : *phantasma... cum sit materiale, non potest cooperari ad actum spiritualem*[4]. Il faut donc supposer, non pas que l'intellect agent illumine l'espèce sensible pour l'élever à l'ordre intelligible, mais qu'il y a dans l'âme raisonnable une puissance spirituelle capable de former dans l'intellect patient les espèces des choses qu'elle connaît par le sens, la connaissance sensible elle-même ne concourant aucunement comme cause efficiente à cette action. En d'autres termes encore, le *phantasma* ne détermine pas l'intellect par une sorte d'impression ou d'influx quelconque, mais *materiam et quasi exemplar intellectui agenti præbendo*[5].

Ce que l'on ne semble pas avoir remarqué, c'est le changement d'attitude à l'égard du problème de l'existence de Dieu que cette dérogation aux principes fondamentaux du thomisme allait entraîner. Si l'espèce intelligible n'est plus le résultat d'une transmutation de l'espèce sensible apportée dans l'âme par le sens, mais l'œuvre même de l'intellect agent; si ce dernier, au lieu d'illuminer et de transmuer un donné extérieur, crée et tire de soi l'espèce intelligible qu'il forme à la ressemblance du *phantasma*, ne s'ensuit-il pas, qu'au moins dans de certaines limites, l'innéisme redevient

trine de Suarez, l'intéressant article de M. Lechner, *Die Erkenntnislehre des Suarez* (*Phil. Jahrb.*, 25 Bd, p. 125-150).
1. Cf. Lechner, *op. cit.*, p. 132.
2. *De anima*, III, c. 5, q. 6, a. 2.
3. Suarez, *Met. disp.*, IV, 2, 1, cité par *Lechner*, p. 128, note 6.
4. *Ibid.*, III, 1, 9, Lechner, p. 129, note 3.
5. *Ibid.*, IV, 2, 12. Lechner, p. 129, note 5.

la vérité? L'intellect agent retrouve en effet sinon un contenu de connaissances actuelles, du moins une faculté naturelle de les construire en soi-même lorsque certaines conditions extérieures sont remplies. Et là se trouve peut-être la raison pour laquelle Suarez, bien qu'il n'admette pas que l'existence de Dieu nous soit connue avec une évidence immédiate, reconnaît cependant qu'une telle vérité est dans un étroit rapport de convenance avec la lumière naturelle et le consentement de tous les hommes; à tel point qu'on peut difficilement concevoir qu'elle soit ignorée de quelqu'un [1]. Or, cette connaissance ne provient évidemment pas chez tous les hommes d'une démonstration logique, puisque tous n'en sont pas capables. Mais elle ne provient pas davantage de la seule évidence des termes en présence. Supposé en effet que *Dieu* signifie, comme le veut saint Anselme, l'être nécessaire par soi et tel qu'on n'en puisse concevoir de plus grand, il n'est pas immédiatement évident si le contenu de ces termes est quelque chose de simplement conçu par l'entendement, ou quelque être véritable actuellement existant.

On ne peut donc assigner à cette connaissance qu'une double origine. D'abord la tradition que les anciens nous ont transmise, et que nous recevons de nos parents, comme d'ailleurs les ignorants, en général, la reçoivent des plus doctes; et c'est l'origine la plus vraisemblable de cette croyance auprès du vulgaire. Mais, de plus, la connaissance de Dieu s'offre à nous comme parfaitement proportionnée et accordée à notre nature. Cette proposition : *Dieu est*, une fois donnée, et les termes qui la constituent une fois expliqués, bien qu'elle n'apparaisse pas aussitôt comme absolument évidente, elle apparaît cependant aussitôt comme satisfaisante pour la raison, et tout homme qui n'est pas entièrement corrompu lui donne volontiers son consentement. Il n'y a rien en effet dans cette vérité qui soit impossible ou qui la rende difficile à croire, et elle nous offre au contraire bien des motifs de lui accorder notre assentiment. Bien des motifs, disons-nous, non seulement métaphysiques ou physiques, mais encore moraux; non seulement extérieurs, mais intérieurs. En effet, si l'homme réfléchit sur soi-même, il ne peut pas ne pas reconnaître qu'il ne tient pas son existence de soi et qu'il ne suffit pas à

1. « Addiderim tamen, quamvis non sit notum nobis, Deum esse tanquam omnino evidens, esse tamen veritatem hanc adeo consentaneam naturali lumini et omnium hominum consensioni, ut vix possit ab aliquo ignorari. » Suarez, *Metaphysicarum disputationum*, 29, 3. 34.

sa propre perfection, et qu'aucune créature d'ailleurs ne se suffit à
soi-même. Tant s'en faut qu'elles se suffisent, puisque l'homme qui
leur est supérieur se trouve cependant imparfait en son degré, se
reconnaissant infirme et débile dans la connaissance du vrai comme
dans l'amour du bien. D'où l'homme se persuade aisément qu'il a
besoin de quelque nature supérieure dont il tire son origine, et par
laquelle il soit régi et gouverné. Considérée sous cet aspect, la connaissance de Dieu se présente au vulgaire lui-même avec une certaine évidence pratique et morale, suffisante pour lui faire une
obligation, non seulement de donner son assentiment à cette vérité :
que Dieu est, mais encore à lui rendre un culte. Et cela nous permet
en même temps de comprendre ce que nous lisons chez les docteurs
d'une connaissance innée que nous aurions de l'existence de Dieu [1].

Sans doute on contesterait avec raison que nous soyons ici en
présence d'un innéisme déclaré; nous n'en avons pas moins dans la
doctrine de Suarez une conception des sources de notre croyance en
Dieu plus souple et plus conciliante que celle de saint Thomas.
La voie y est ouverte aux accommodements, et la brèche se trouve
faite; l'innéisme tout entier y passera.

A la vérité, des causes multiples semblent avoir concouru à déterminer dans les premières années du xviie siècle un renouveau de
l'innéisme platonicien. Il est très vrai qu'au sein même de la scolastique aristotélicienne et, comme nous venons de le voir, dans la
philosophie et la théologie des jésuites en particulier, un mouvement s'était dessiné depuis longtemps en ce sens. Ce serait en exagérer l'importance que d'y chercher avec certains historiens [2] l'origine immédiate du platonisme et de l'augustinisme qui recevront
après 1650 leur entier développement; mais on a fait justement
remarquer qu'il en est un des signes avant-coureurs. Par là s'an-

---

1. « Multa sunt quæ statim inclinant ad assentiendum illi veritati; multa,
inquam, non solum metaphysica vel physica, sed etiam moralia; nec solum
externa, sed etiam interna. Nam si homo in seipsum reflectatur, cognoscit se
non esse a se, neque sibi sufficere ad suam perfectionem... Unde facillimo
negotio homo sibi persuadet indigere se superiori natura a qua ducat originem
et a qua regatur et gubernetur... Unde hæc notitia majori ex parte videtur
fuisse per humanam fidem præsertim apud vulgus, potiusquam per evidentiam
rei; videtur tamen fuisse cum quadam evidentia practica et morali, quæ sufficere poterat ad obligandum tum ad assentiendum huic veritati, quod Deus sit,
tum etiam ad colendum ipsum. Et juxta hæc facile intelliguntur omnia quæ
de cognitione Dei naturaliter insita a Doctoribus dicuntur. » Suarez, *Metaphysicarum disputationum*, 29, 3, 36.

2. Lechner, *op. cit.*, p. 133.

nonce l'augustinisme de l'Oratoire tel qu'il se manifestera chez
Thomassin, du Hamel, et Malebranche; mais avant d'en arriver à ce
point le platonisme et les idées innées auront traversé les *Méditations*.

Ainsi, Descartes peut avoir été touché, dès son séjour à la Flèche,
par un courant d'idées favorable à l'innéisme. Mais il est difficile de
penser que le philosophe n'ait pas rencontré cette doctrine quelques
années plus tard, et peut-être même dès sa sortie du collège, sous
une forme explicite, consciente d'elle-même, et prétendant, soit
compléter la doctrine thomiste de la connaissance, soit même la
remplacer. Cette seconde attitude paraît bien avoir été celle des
moralistes qui travaillaient, depuis le début du XVIe siècle, à revivi-
fier le stoïcisme en le christianisant. On sait que Descartes a connu
leur doctrine et qu'il en a fortement subi l'influence; c'est de quoi
la correspondance avec la princesse Élisabeth témoigne d'une façon
décisive [1]. Mais comment ne pas croire qu'il rencontra chez un Juste-
Lipse, par exemple, la doctrine des idées innées que le stoïcisme
apportait avec soi? Cette morale ne peut-elle avoir contribué à introduire dans l'esprit de Descartes une doctrine qui se présentait comme
étant avec elle dans une étroite connexion [2]? Certains détails de
terminologie inviteraient à le penser [3]; mais il n'avait nul besoin
d'emprunter l'innéisme à des stoïciens, même christianisés. Il pouvait le rencontrer dans le catholicisme, chez des théologiens ortho-
doxes et qui n'étaient pas sans autorité. Allons plus loin : Descartes
ne pouvait pas ne pas rencontrer à chaque instant la doctrine des
idées innées, tant elle germait en abondance autour de lui, dans le

---

1. Cf. F. Strowski, *Pascal et son temps*, I, p. 113-120 (3 éd. 1909).
2. « Igniculi isti non aliud quam inclinationes, judicia, et ex iis notiones
sunt, a recta in nobis Ratione. Scito enim Stoïcis placere partem in nobis
divini Spiritus esse mersam, id est illam ipsam Rationem, quæ si in suo loco
et luce luceat, tota pura, sincera, recta, divina sit; nunc corpore velut carcere
clausa, coercetur et opinionibus agitatur aut abducitur, et tamen retinet originis
suæ flammulas et Verum Honestumque per se et sua indole videt. Istæ flam-
mulæ, sive igniculos mavis dicere, Græci σπινθῆρας, ζώπυρα, ἐναυσματα appel-
lant, exserunt se et ostendunt in sensibus, aut judiciis, quæ omni hominum
generi fere, et optimæ cuique naturæ eximie sunt insista aut innata. Id Græci
Ἔννοιας, sive *Notiones* vocant; item προλήψεις, *Anticipationes*, et quia passive
atque insitæ κοινὰ καὶ ἐμφύτας, communes et ingeneratas agnominarunt. »
Justus-Lipsus, *Manuductio ad philos. stoic.*, I part., lib. II. dis. 11 (P. 72, 1e éd.).
3. Signalons notamment l'expression de *Bona mens*; Descartes a écrit un *De
Bona mente*. Cette expression que nous n'avons pas rencontrée ailleurs se
trouve dans Juste-Lipse : « Ecce Natura semina Bonæ mentis nobis ingenuit,
fomites et scintillas, quæ in aliis magis minusque elucent... » *Ibid.*, 1 p., 2 lib.,
dis. 10 (p. 70-71).

milieu philosophique et théologique où nous le rencontrons aux
environs de l'année 1628.

Au nombre des premiers théologiens gagnés à cette doctrine que
Descartes ait fréquentés, nous devons compter le cardinal de Bérulle,
fondateur de l'Oratoire, et son disciple le P. Gibieuf. On sait quelles
relations étroites Descartes entretint avec eux pendant quelque
temps[1]; il est malaisé de croire que le directeur de conscience du
jeune philosophe n'ait pas fait quelques efforts pour incliner la
pensée de son pénitent vers une doctrine qui lui tenait à cœur.
De Bérulle était platonicien[2]; non pas simplement d'une manière
indirecte et par quelques reflets accidentels, mais d'autant plus
résolument, peut-être, qu'il l'était spontanément et comme d'instinct. Or on ne pouvait être platonicien sans tenir pour vraie la
doctrine des idées innées. Descartes s'est peut-être entendu rappeler par son directeur spirituel que la grâce de Dieu nous a voulus
plus heureux que Platon et ses disciples puisque nous sommes
« élevés en une meilleure école, instruits d'une plus haute philosophie, éclairés d'un Soleil bien plus lumineux et doués par lui-même
d'une lumière infuse qui est surnaturelle et divine[3] ». La profession
du christianisme telle que de Bérulle la concevait « est un art de
peinture, qui nous apprend à peindre, mais en nous-mêmes et non
en un fonds étranger; et à y peindre un unique objet ». Cet objet
n'est autre que le soleil du monde intelligible, Jésus-Christ, et nous
n'avons nul besoin de sortir de nous-mêmes pour en former l'image :
« nous avons à passer notre vie en ce bel et noble exercice, auquel
nous sommes exprimant et formant en nous mêmes celui que le Père
éternel a exprimé en soi et qu'il a exprimé au monde et au sein de
la Vierge par le nouveau mystère de l'Incarnation. Et en ce noble et
divin exercice, notre âme est l'ouvrière, notre cœur est la planche,
notre esprit est le pinceau, et nos affections sont les couleurs qui
doivent être employées en cet art divin, et en cette peinture excellente[4]. » Mieux encore, c'est Jésus lui-même qui viendra se peindre
en nous; qui, descendu en nous, va s'élever dans notre âme jusqu'à
la réminiscence de lui-même : « car entrant au monde pour sauver
le monde et mourir pour nos offenses, il a voulu s'unir à la nature

---

1. Nous nous permettons de renvoyer sur ce point à notre travail : *La Liberté
chez Descartes et la Théologie*, I part., C. IV.
2. *Ibid.*
3. De Bérulle, *Œuvres complètes* (Migne. Paris, 1856), col. 284·
4. *Ibid.*, col. 287.

humaine... Et il s'élève et s'adresse maintenant à Dieu son père, en
cette mémorable prière, lui demandant d'être établi, en l'usage, en
l'exercice et en la possession de la splendeur et clarté qui lui est due,
et dont il a le principe en soi-même, divinement et personnellement
uni à son humanité. Ne plus ne moins que l'âme raisonnable, si elle
était existante avant le corps, selon l'opinion des platoniciens, étant
infuse au corps du petit enfant qui a la vie de l'âme, et non pas la
lumière de l'âme ; et étant obscurcie en sa lumière intellectuelle, et
comme ensevelie dedans l'enfance, et dépouillée pour un temps de
cette lumière et connaissance de son état, elle s'élèverait sans doute
à son auteur qui l'aurait infuse dedans ce corps, et lui demanderait
d'être pleinement établie en l'usage, en l'exercice et en l'actualité de
sa connaissance et de sa propre lumière due à son essence [1]. » Ainsi,
Dieu se manifeste en nous parce qu'il est empreint au plus profond
de notre âme : « si cet être excellent et adorable n'est pas sensible
en sa nature il est sensible en ses effets, et c'est avoir faute de sens
de ne le pas connaître tant il s'est peint vivement en toutes choses
et gravé bien avant dans nos cœurs. Par principes nés en nous
mêmes, nous reconnaîtrions ce principe des principes si nous n'étions
toujours hors de nous-mêmes [2]. » Il nous suffira d'effacer de notre
âme le monde pour y voir apparaître Dieu.

Chez le P. Gibieuf, plus philosophe que son supérieur, la doctrine
des idées innées s'affirme nettement, dépouillée de l'allégorie mystique et de la transposition théologique sous laquelle nous venons
de la rencontrer. Gibieuf ne demande, pour établir l'existence de
la liberté dont il se propose d'expliquer la nature, que le témoignage
intérieur de sa conscience ; l'attestation de notre liberté s'y trouve
entre un grand nombre d'autres connaissances que notre réflexion
peut y découvrir. Ce qui est vrai de la liberté, en effet, l'est également de toutes les premières et plus universelles notions des qualités et des choses. Elles ne sont ni feintes par l'artifice et l'industrie
des hommes, ni construites au gré des philosophes ; nous les trouvons inscrites par la nature au fond de nos âmes. Celui qui fait le
calme en soi-même, ou, pour mieux dire, celui qui consulte la vérité
présente en soi et répondant à ceux qui l'interrogent, découvre ces
notions premières enfouies en son âme comme en un puits profond [3].

1. De Bérulle, *Œuvres complètes* (Migne, Paris, 1856), col. 303.
2. *Ibid.*, col. 417.
3. « Primæ et universalissimæ rerum qualitatumque notiones non concin-

Un tel langage nous conduit bien loin de saint Thomas, et cependant il n'avait rien que d'orthodoxe. La tradition sur laquelle il se fondait était universellement respectée dans l'Église, et c'est à quoi Descartes ne pouvait manquer d'être sensible. En suivant la doctrine des idées innées, il ne s'écartait nullement du *probabile et tutum in fide*; à saint Thomas il substituait saint Augustin[1].

Mais ici nous restons bien en deçà de la vérité. Il ne suffit pas de dire que l'innéisme ne soulevait aucun soupçon; l'état des esprits était tel, au moment où Descartes allait élaborer les *Méditations*, que plus d'un philosophe ou théologien voyait dans cette doctrine une pièce nécessaire de l'apologétique catholique. Nous avons vu quelle position saint Thomas adopte en face du problème de l'existence de Dieu. Les deux seules voies par où la connaissance de Dieu puisse nous parvenir sont la révélation surnaturelle que nous transmet l'Église et les démonstrations *a posteriori* que nous construisons à partir de ses effets. D'où il résulte, qu'en prenant les choses à la rigueur, l'âme humaine ne contient, à titre de contenu actuel, aucune connaissance naturelle de Dieu. Or, il y a peut-être quelque imprudence à répéter que l'âme humaine, qui est le véritable souffle de Dieu, le reflet qu'a laissé sur nous la lumière de la face divine : (*signatum est super nos lumen vultus tui, Domine*) ne contient pas en soi seule de quoi s'élever à la connaissance de son Créateur. L'imprudence est d'autant plus grave qu'au début du XVIIᵉ siècle l'Insensé du psaume paraît s'être singulièrement multiplié. Il abuse du droit, ou plutôt de la possibilité qu'on lui concède, de dire en son cœur : Il n'y a pas de Dieu. Et c'est pourquoi un métaphysicien tel que Suarez se montre préoccupé de justifier la nécessité contraignante de cette vérité : que Dieu est; de lui conférer une évidence pratique et morale suffisante pour obliger tout homme à l'accepter et à rendre au Créateur le culte qui lui est dû. Si, de saint Thomas à Descartes, l'innéisme a fait de réels progrès, c'est peut-être parce que l'athéisme en a fait

nantur hominum arte et industria, nec ad arbitrium etiam philosophorum effinguntur, sed in mentibus nostris reperiuntur a natura consignatæ. Qui autem animo ad tranquillitatem composito naturam audiunt, vel si paulo dignius loqui mavis, qui veritatem intus presidentem et responsa dantem consiliunt, illas tanquam in alto puteo ibi delitescentes percipiunt. » Gibieuf, *De libertate Dei et creaturæ* (Paris, 1630), I, 1.

1. Nous raisonnons ici selon la perspective historique du XVIIᵉ siècle, qui interpréta volontiers dans le sens de l'innéisme la doctrine augustinienne de l'illumination. Nous ne prenons pas, pour autant, cette interprétation à notre compte.

aussi. De moins en moins on se résigne à entreprendre la lutte contre les athées avec une apologétique diminuée. Il faut une réponse topique à l'argument des incrédules qui se prétendent naturellement dépourvus de toute idée de Dieu. Il faut leur fermer cette issue, pour que la rude parole de l'Apôtre soit justifiée, *ut sint inexcusabiles*[1]. Cette parole n'est plus une simple menace; elle devient un programme. Nous la retrouvons sous la plume de deux amis de Descartes, Silhon et Mersenne; nous la retrouverons sous la plume de Descartes lui-même, dans l'Épître dédicatoire des *Méditations*.

Silhon[2] est un philosophe dont les préoccupations pratiques sont nettement accusées. Il veut défaire un ennemi redoutable, l'athée, qui se confond en fait avec le libertin. Tous les moyens dialectiques lui seront bons pour obtenir ce résultat, et il accepterait volontiers qu'on eût recours à des moyens d'un autre ordre. Aussi ne se fait-il aucun scrupule de condamner successivement Platon et Aristote, quitte à accueillir, en fin de compte, les deux à la fois[3]. La philosophie comme telle ne l'intéresse en effet que secondairement; auprès de vérités telles que l'existence de Dieu et l'immortalité de l'âme, tout ce que nous pourrons apprendre sur la nature de l'univers sérait de peu de poids[4]. Or ces vérités capitales sont combattues de toutes parts, et si âprement qu'elles semblent menacer ruine : « Jamais la foi n'a eu plus de besoin d'être vivifiée. Jamais on n'a péché plus dangereusement contre la Religion. Ce n'est plus le toit ni les défenses qu'on bat; on attaque le pied de la muraille, on mine les fondements, on veut faire sauter tout l'édifice[5]. » Pour venir en aide à la Religion menacée, Silhon rassemble toutes les preuves de l'existence de Dieu; il en forme un faisceau compact où trouvent place non seulement « les preuves péremptoires et concluantes avec évidence », mais encore « les conjectures et probabilités plus que

1. *Rom.*, I, 20.
2. Sur les rapports de Silhon et de Descartes, et. en général, pour tout ce qui concerne l'influence du mouvement néo-platonicien sur Descartes, cf. le très suggestif article d'Espinas, Pour l'histoire du cartésianisme, *Rev. de Mét. et de Mor.*
3. Il accueille même Descartes avant que le *Discours de la méthode* n'ait paru. Silhon propose le *Cogito* comme base de la philosophie et montre qu'on peut s'élever de là à la connaissance de Dieu. Espinas a signalé ce très curieux développement qui constitue sans doute un emprunt anticipé et semble bien indiquer que Descartes et Silhon avaient noué des relations d'ordre philosophique.
4. Silhon, *De l'Immortalité de l'âme* (Paris, Billaine, 1634. 4°, 1056 p.), p. 3.
5. *Ibid.*, liv. I, p. 66.

raisonnables1 ». Au nombre de ces dernières nous rencontrons la
connaissance innée que les hommes ont de Dieu.

Contre les sceptiques en général, et contre les athées en particulier,
Silhon allègue « que le consentement de tous les âges et de toutes
les nations, conclut que cette créance en général, c'est-à-dire,
qu'il y a une divinité, est comme née avec la lumière de la nature,
et par conséquent véritable2 ». L'universalité de cette connaissance
trouve d'ailleurs son fondement dans l'évidence immédiate d'une
telle proposition et l'impossibilité où nous sommes de penser le
contraire : « L'idolatrie a été un déluge qui en moins de rien a presque
inondé toute la terre, mais depuis que Jésus-Christ par son arrivée
en a tari les eaux, le diable a changé de batterie, et au lieu d'une
infinité de dieux qu'il avait introduite au monde en peu de temps,
il n'a pu en seize cents ans rendre, non pas la moitié du monde,
non pas un royaume, non pas une ville, non pas une famille entière
susceptible de l'autre extrémité *qu'il n'y a point de Dieu*, et cela
procède de la contradiction et répugnance à cette créance, que
nous avons naturellement empreinte, qui est une marque indubi-
table qu'elle est fausse3. » Tout nous invite donc à donner notre
assentiment à cette connaissance : *qu'il y a Dieu*. Elle « vient aux
philosophes par la lumière de la raison et la force du discours, et
au vulgaire par la tradition de ses Pères, par l'exemple de ses
semblables, par l'autorité de ses supérieurs et des sages, et par les
impressions infuses par la nature et entretenues par les choses du
dehors, et les traces des mains de Dieu qui sont semées dans le
monde4 ».

On ne saurait d'ailleurs se défendre de quelque étonnement
lorsque après avoir relevé les assertions qui précèdent on rencontre
sous la plume de Silhon une critique radicale des idées innées5;
mais cette surprise n'est rien auprès de celle qu'on éprouve,
lorsque après avoir pris acte de cette critique, on voit Silhon
combattre énergiquement les espèces intentionnelles et proposer
qu'on leur substitue, dans nombre de cas, l'innéisme platonicien :
« À savoir maintenant si ce sont les Espèces qui, sortant des objets

1. *Les Deux Vérités de Silhon, l'une de Dieu et de sa providence, l'autre de l'immortalité de l'âme* (Paris, Sonnius, 1626, in-16, 596 p.), p. 27-28.
2. *Les Deux Vérités*, p. 21.
3. *Les Deux Vérités*, p. 23.
4. *De l'Immortalité*, p. 106.
5. *Les Deux Vérités*, p. 393.

sensibles, abordent premièrement dans les sens externes, et ayant reçu là un examen et une épreuve, et commencé à s'y dégrossir, et pour le dire ainsi à s'y décorporer, pénètrent dans les organes intérieurs où elles subissent d'autres examens et d'autres épreuves, et s'y rendent plus subtiles et plus déliées, jusqu'à ce qu'elles arrivent à l'organe de l'imagination, où elles se raffinent encore, et, acquièrent le dernier degré de subtilité où elles puissent monter sans changer d'ordre, et demeurant dans le rang de choses matérielles. Que l'entendement qu'on appelle *agent* intervienne après cela, qui se saisisse de ces espèces, qui les élabore et travaille davantage, qui leur donne un autre genre de finesse, qui les dépouille de leur condition sensible, bref qui achève de les purger de tout ce qu'elles ont de corporel et d'élémentaire, et en fasse des formes spirituelles, et des objets propres à terminer l'opération de l'entendement qu'on appelle *patient*, qui ne peut rien connaître de matériel et qui ne soit de son ordre. Si ce n'est pas cela, c'est pour le moins le jargon ordinaire de l'École, et le sentiment le plus commun des interprètes d'Aristote. Pour en dire ce qu'il m'en semble, cette opinion a des termes fort éclatants et de fort belles paroles, mais je n'y vois rien de solide, ni rien qui soit nécessaire[1]. » Nous ne suivrons pas Silhon dans la critique très vive qu'il dirige contre le détail de la doctrine scolastique dont il a fait constamment usage, et qu'il détruit maintenant avec âpreté[2]. Il l'enferme dans les dilemmes, et parfois dans les quadrilemmes les plus pesants : « Ou ce qui se passe dans l'âme de la part de l'organe... est quelque chose de spirituel ou quelque chose de matériel?... Si c'est quelque chose de matériel... comment peut-il s'appliquer à un être spirituel et à une nature indivisible comme est l'âme[3]. » Et si c'est l'âme qui imprime ces images dans le sens interne, les deux mêmes questions se posent à nouveau. La discussion est vive, serrée, d'un ton cavalier qui forme un singulier contraste avec l'ironie discrète dont usera Descartes sur les mêmes questions. Comment Silhon peut-il concilier cette attitude avec sa condamnation radicale des idées innées? Il nous l'apprend lui-même en toute simplicité : ce qu'il a écrit de l'innéisme n'est que manière de s'exprimer et ne préjuge aucunement de la question.

1. *De l'Immortalité*, p. 996-997.
2. *Ibid.*, p. 996-1056.
3. *Ibid.*, p. 1002.

« A savoir maintenant si l'âme a naturellement, et porte avec
elle, venant au monde, infuses les espèces de certaines connaissances,
et si... notre âme, quand elle a l'intelligence dénouée et la raison
épanouie, est inclinée par quelques espèces générales à agir, et
à éclore certaines connaissances à la rencontre des objets qui
s'offrent et viennent à elles par le moyen des sens externes; il se
peut faire que oui, quoique ce ne soit pas le sentiment d'Aristote,
quoique l'École n'en soit pas communément d'accord, et bien que
j'en aie autrement parlé en quelques endroits de cette œuvre pour
suivre le fil du torrent et parler selon l'usage. Il se peut faire que le
péché d'Adam n'a pas fait un si général ravage dans l'âme de ses
descendants, et ne l'a pas si fort mise à nu de tous les dons de la
nature qu'il ne lui en soit demeuré de bons restes... Et partant il se
peut faire que l'opinion d'Aristote qui veut qu'il n'y ait rien dans
l'entendement qui n'y soit entré par les sens, n'est pas, absolument
et généralement parlant, véritable [1]. » Tel était l'état d'esprit de cet
ami de Descartes. Parti d'une condamnation formelle du *christianisme platonisé* [2], Silhon se voyait conduit à introduire le platonisme
dans son propre système. Les idées innées étaient devenues l'un
des fondements nécessaires de ces deux vérités : *l'une de Dieu,
l'autre de l'immortalité de l'âme*. Les deux thèses [3] et le fondement
sur lequel elles s'appuient se retrouveront dans les *Méditations*.

En adoptant une telle attitude, Silhon lui-même ne se trouvait
d'ailleurs pas sans devancier. Le mouvement augustinien était à ce
moment trop généralisé, et les exigences de l'heure étaient trop
pressantes, pour que des apologistes catholiques, vivant dans le
même milieu, et s'adressant aux mêmes adversaires, pussent
adopter des points de vue radicalement différents sur les mêmes
questions. Dès l'année 1623, le plus intime ami de Descartes et celui
qui devait rester son plus fidèle correspondant, donnait ouvertement
droit de cité, dans les *Quæstiones in Genesim* [4], à la doctrine des idées
innées. C'est un droit que les doctrines obtenaient facilement de son
bienveillant éclectisme. Il faut convenir cependant que Mersenne
accorde à l'innéisme une large place, et qu'en faisant de cette thèse
l'une des preuves les plus sûres de l'existence de Dieu, il lui

1. *De l'Immortalité*, p. 959-960.
2. Cf. *La Liberté chez Descartes*, *loc. cit.*
3. *Méditations*. *Épitre dédicatoire*, IX, 5.
4. Mersenne, *Quæstiones celeberrimæ in Genesim*, Paris, Cramoisy, 1623, folio.

réserve un rôle de tout premier plan. Aussi bien, Mersenne comme
Silhon, s'y trouvait invité par les circonstances.

On sait à quels adversaires le P. Mersenne s'opposait : les déistes,
les libertins et les athées. Ces trois sortes d'impies se confondaient
d'ailleurs en une seule pour les yeux perspicaces du théologien. Les
déistes étaient dangereux parce qu'ils conduisaient insensiblement
à l'athéisme; un excellent confrère du Minime le louait chaleureusement d'avoir détourné les âmes fidèles de ce péril [1]. Quant aux
libertins et athées qui confondaient dans un même mépris la
science et la religion, il fallait les enfermer dans un cercle d'arguments si serrés qu'aucune issue ne leur demeurât ouverte. Le
problème n'était pas de leur opposer un système d'apologétique
rigoureusement cohérent dont ils se seraient dégagés sans peine en
niant simplement l'un quelconque de ses principes, mais d'aborder
successivement chacune de leurs objections en lui opposant une
réfutation appropriée. Telle semble du moins avoir été la tactique
adoptée par Mersenne, et qui s'accordait d'ailleurs sans difficultés
avec cette tournure d'esprit encyclopédique qu'il tenait peut-être
des philosophes de la Renaissance [2]. Or, parmi les arguments que
son adversaire dirige contre l'existence de Dieu, il ne s'en trouve
pas moins de seize fondés sur cette affirmation que notre intellect

> La jeune plante de ciguë
> Qui croit auprès de la laitue
> Peut facilement tromper l'œil
> De celui qui dans la salade
> La mange comme du cerfeuil,
> Ce qui le fait tomber malade
> Ou le couche dans le cercueil [1].

[1.] *In* Mersenne, *L'Impiété des déistes, athées et libertins de ce temps combattue et
renversée de point en point par raisons tirées de la philosophie et de la théologie*
(Paris, 2 vol. in-8°, 1624). Ode du P. Nicolas Girault, Minime, *sur le louable dessein qu'a eu le vénérable Père Mersenne d'écrire contre l'impiété des déistes.*

2. Mersenne, qui provoque un tel étonnement lorsqu'on vient à lui par Descartes, semble beaucoup plus normal lorsqu'on vient à lui par Telesio et Campanella. Il est d'ailleurs bien loin d'éprouver à leur égard le mépris que Descartes leur témoignera. Ce sont eux et les autres philosophes de la renaissance
qui représentent à ses yeux la science. Il se pique de leur montrer qu'un théologien catholique peut en savoir autant qu'eux : « plurimas vero quæstiones quæ
alioquin curiosæ videri possint etiam agitasse, ut ostenderem Campanellæ,
Bruni, Telesii, Kepleri, Galilæi, Gilberti et aliorum recentiorum discipulis,
falsum esse quod aiunt, Doctores videlicet catholicos et theologos solum Aristo-
telem sequi et in ejus verba jurare, licet experientiæ atque phænomena con-
trarium evincant. » *Quæstiones, Præf. ad lect.* Il va même jusqu'à leur témoigner une sympathie déclarée et estime qu'on les a condamnés trop vite : la doctrine de l'âme du monde et du sens des choses lui paraît, entre autres, très
vraisemblable. *Ibid.*, p. 938, 939 et 947.

ne contient aucune notion actuelle de la divinité. Même si l'on ne concluait pas de cette affirmation impie la non-existence de Dieu, elle n'en demeurerait pas moins un fondement tout prêt pour l'athée qui voudrait l'en déduire. Ce ne serait pas la première fois que l'hérésie conduirait à l'athéisme[1]. En présence de cette thèse *quod nullas de Deo notitias habeamus*, Mersenne s'efforcera donc immédiatement de démontrer l'antithèse. C'est ainsi que plus de quarante colonnes des *Quæstiones in Genesim* se trouveront consacrées à soutenir la doctrine, condamnée par saint Thomas, de la présence en nous d'idées innées, et spécialement de l'idée de Dieu.

Une première preuve que l'idée de Dieu est naturellement innée se rencontre dans le consentement universel. Tous les peuples se sont fait une représentation plus ou moins confuse de l'existence d'un être parfait dont les hommes seraient dépendants aussi bien dans leur être que dans leurs opérations. C'est une connaissance naturelle à l'entendement humain : « illud intellectui naturale videtur, quod minime situm est in videri et non videri, sed conceditur apud omnes, quale est jus naturale; at manifestum est omnes Deum aliquem sibi constituisse, aut saltem concepisse; omnis enim congregatio Deum aliquem semper coluit ». Cette connaissance naturelle n'est d'ailleurs pas inexplicable ni d'origine mystérieuse; elle trouve son fondement dans l'idée même de Dieu. Si nous en analysons le contenu nous verrons qu'il se réduit à la notion d'un être absolument parfait. Or saint Anselme a clairement démontré que la notion d'être parfait enveloppe nécessairement la notion d'être actuellement existant; sur ce point il suffit de reproduire textuellement son argumentation[2]. Sans doute, on peut se

1. *Quæstiones*, p. 233.

2. Hauréau (*Histoire littéraire du Maine*, nouvelle édition, Paris, Dumoulin, 1876) voit dans le texte de saint Anselme reproduit par Mersenne la source de l'argument cartésien qui prouve l'existence de Dieu par l'idée de l'Être parfait. Contrairement à Tennemann et Cousin qui ne considèrent cette similitude que comme une coïncidence accidentelle, Hauréau y voit un emprunt fait au *Proslogium* par l'intermédiaire du livre de Mersenne (Hauréau, *op. cit.*, t. VIII, p. 130-131). Qu'il y ait filiation et non coïncidence accidentelle, la question n'est pas douteuse. Mais il est inutile d'invoquer les *Quæstiones in Genesim* pour expliquer que Descartes ait connu l'argument de saint Anselme : tous les étudiants en philosophie et théologie le connaissaient par l'exposé et la réfutation classiques de saint Thomas. (*Sum. theol.*, I, 2, 1 et 2. *Cont. Gent.*, I, cap. 10 et 11. *De Veritate*, qu. 10, art. 12.) Ce n'est pas à dire cependant que Mersenne n'ait joué aucun rôle dans cette filiation doctrinale. S'il n'a pas enseigné à Descartes l'argument de saint Anselme, il a contribué sans doute à le lui faire recevoir. En le défendant ouvertement, Mersenne devenait pour Descartes une autorité théologique sur ce point; c'est ce que nous nous efforçons ici d'établir.

demander si la conscience commune est capable de développer spontanément une telle preuve? Comment le vulgaire concevrait-il que, par le terme Dieu, nous désignons un être tel qu'on ne peut en concevoir de plus grand [1], et que, cette définition étant posée, il en résulte que Dieu existe réellement, parce que ce qui existe réellement est plus grand que ce qui est simplement conçu? C'est qu'aussi bien il est inutile de développer l'argument tout entier pour en percevoir la force concluante; il apparaît immédiatement que Dieu est connu par soi, en ce sens qu'on ne peut pas penser le contraire. Le nerf de la preuve, lorsqu'on la réduit à ce qu'elle contient d'essentiel, réside en ce qu'elle fait apparaître que le prédicat *existence* est nécessairement inclus dans le sujet *Dieu*. Or Dieu, à titre d'être parfait, enferme l'être dans son essence; plus exactement, son essence est son être. Saint Thomas a donc raison de conclure que pour celui qui se place à ce point de vue la question *quid est* se confond avec la question *an est*. L'affirmation de l'existence de Dieu devient une proposition *notissima per se*, parce qu'en disant : Dieu est, l'entendement ne fait qu'appréhender l'identité d'un prédicat avec l'essence de son sujet [2]. Et même en admettant que tous les hommes ne soient pas capables d'appréhender immédiatement l'existence de Dieu dans une intuition simple et d'une seule vue, il faut admettre que du moins tous peuvent la concevoir par un syllogisme imperceptible. Chacun de nous, apercevant qu'il existe des créatures plus nobles les unes que les autres, vient arrêter sa pensée à cet être suprême qu'on appelle Dieu; d'où naît cette notion commune dans l'âme humaine qu'il y a quelque chose [3] que nous devons adorer. Le consentement universel trouve ainsi son fondement dans l'idée même de Dieu.

Pour acquérir une portée aussi générale l'argument de saint

1. Mersenne répond ici à la distinction de saint Thomas entre les choses qui sont *per se notæ omnibus*, et celles qui sont *per se notæ sapientibus tantum, qui rationes terminorum cognoscunt, vulgo eas ignorante. Index scol.-cart.*, text. 126.

2. « Nec certe mirum est si per se notum sit Deum esse, cum prædicatum in subjecto includatur et cum eo penitus sit idem. Adde quod illud intellectui naturale videtur, quod minime situm est in videri et non videri, sed conceditur apud omnes, quale est jus naturale : at manifestum est omnes Deum aliquem sibi constituisse, aut saltem concepisse; omnis enim congregatio Deum aliquem semper coluit. » *Quæstiones*, cap. 1, vers. 1, rat. 8, col. 41.

3. « Et quamvis non statim quilibet simplici intuitu Deum esse apprehendat, illud saltem imperceptibili syllogismo concipit, ut Aureolus *d. 2. primi*, advertit, quum enim inter creaturas aliis alias nobiliores esse deprehendit, in quodam summo mens figitur, quod Deum appellat, unde nascitur illa notio communis, aliquid adorandum esse. » *Ibid.*, c. 41-42.

Anselme requiert cependant une condition, c'est que l'idée de Dieu
soit naturellement présente dans la pensée de chacun; c'est que
l'idee de Dieu soit innée. S'il en est autrement la négation d'Illyricus
reprend sa valeur. L'existence de Dieu pourra s'offrir à la pensée
comme la conséquence de longues et subtiles démonstrations, comme
le contenu vraisemblable d'une tradition, comme une croyance qui
nous est imposée par une autorité extérieure; il restera vrai de dire
que nous n'avons aucune connaissance naturelle de Dieu. Afin
d'éviter cette conséquence nous devons donc supposer que l'idée de
Dieu est imprimée dans l'âme de tous les hommes ou que du moins
l'âme de chaque homme trouve en soi de quoi la former. Mersenne
ne cherche nullement à éluder cette conséquence : il la développe
au contraire et s'efforce de la confirmer.

A la vérité, la démonstration d'une pareille thèse peut donner au
premier abord l'impression d'une gageure. Il s'agit de démontrer
que tous les hommes ont naturellement l'idée de Dieu à ceux d'entre
eux qui prétendent n'en avoir aucune. Le fait qu'un seul homme
affirme ne découvrir en soi-même aucune connaissance d'un être parfait ne suffit-il pas à trancher la question? La conclusion serait rigoureuse si nous ne tenions compte de l'aveuglement à l'égard des
choses spirituelles et divines où peuvent tomber des hommes qui, à
l'instar des bêtes, ne croient plus qu'au témoignage de leurs sens[1].
Estimant chimériques toutes les questions relatives à la philosophie et à la théologie, ils refusent d'y prêter attention. Comment
donc verraient-ils ce vers quoi ils ne veulent même pas tourner
leurs regards? D'autre part, cette connaissance de Dieu naturellement présente en nos âmes se trouve oblitérée par le péché originel.
Tous nos péchés, tous les mouvements pervers de notre volonté, qui
sont autant de rébellions contre la loi divine, contribuent à effacer une
idée que Celui d'où vient toute connaissance avait primitivement
déposée en nous. Comment s'étonner que plusieurs, en consultant
sincèrement leur conscience, n'y découvrent plus la moindre trace de
cette image qui devait resplendir en eux de toute sa pureté? A celui
qui nous affirme qu'aucune idée de Dieu ne demeure en lui, nous
devons donc répondre : « S'il te reste encore quelque chose
d'humain, écoute-moi, et fais reparaître au fond de ton âme ces
connaissances innées que le crime de notre révolte originelle a

---

1. *Quæstiones*, cap. I, vers. I, art. 3, c. 231.

effacées. Bien loin de t'étonner que l'idée de Dieu ait disparu de ton
âme, étonne-toi plutôt de l'indulgence dont fait preuve la bonté
divine qui aurait pu, en toute justice, non seulement te refuser la
grâce, mais encore toute lumière naturelle, et détruire enfin jusqu'à
cette nature elle-même [1].

Cependant, le Créateur, dans son infinie miséricorde, en a décidé
autrement. Il faudrait que son image fût bien obscurcie dans notre
âme pour que nous ne puissions plus l'y restituer par un effort de
réflexion. Nous pouvons en prendre à témoin ce missionnaire qui,
pour confondre les plus savants parmi les prêtres d'une peuplade
sauvage, interrogea simplement en leur présence un vieux paysan
qu'ils reconnaissaient ignorant de tout. Par ses questions habilement
conduites il l'amena à confesser la nécessité d'un créateur du monde,
puisqu'il est nécessaire que le moindre objet ait un auteur; et il
n'eut pas de peine à lui faire comprendre que le vrai Dieu n'est
autre que le créateur de cette immense et magnifique voûte des cieux
qui nous domine. Ce point trouvé, établi et concédé de tous, le
missionnaire démontra successivement les préceptes du décalogue,
préceptes gravés dans les cœurs de tous les hommes; et il exposa
ces vérités en un discours si clair que le vieillard reconnut avoir su
déjà toutes ces choses, mais n'y avoir jamais songé [2]. Ainsi le fait
qu'une connaissance n'est pas actuellement présente à la pensée
d'un homme ne l'autorise pas à conclure qu'effectivement il ne la
possède pas. Nous pouvons avoir en nous des idées innées que nous
ne savons pas ou ne voulons pas développer.

Il ne faut pas considérer en effet les idées innées comme des
connaissances actuelles que nous posséderions déjà dans le sein de
notre mère ou qui seraient imprimées en nous dès l'instant de notre
naissance [3]. Nos connaissances innées, que nous désignions sous ce
nom les principes spéculatifs ou les principes pratiques imprimés en
nous par Dieu, ne se distinguent pas réellement de notre faculté de
vouloir ou de notre faculté de connaître; elles ne constituent pas des

1. *Quæstiones*, cap. 1, vers. 1, art. 1, obj. 1, *ad* 10ᵐ, c. 258.
2. « At solo rustico te revincere velim, qui satis apud Indos nuper ostendit,
quantum divinæ cognitionis valeret innata notitia... » *Quæstiones*, cap. 1, vers. 1,
art. 4, obj. 1, c. 261-262.
3. « Verumtamen, non inde sequitur nos nihil de Deo cognoscere posse, sive,
quod nunc idem est, ullas de Deo notitias nobis impressas non esse: nec enim
hic de aliquo habitu loquor, qui nobis in utero matris, vel statim atque in lucem
prodimus, imprimatur. » *Quæstiones, loc. cit., ad* 15, Illyr. arg., c. 272.

entités spéciales que Dieu doive après coup leur surajouter. Pour qui
considère bien les choses, les connaissances innées, la faculté cognitive et la lumière naturelle ne font qu'un. Lorsque Dieu crée l'âme
humaine, il la fait semblable à lui, et cette ressemblance même
constitue la lumière naturelle, ou, plus exactement, c'est de cette
ressemblance que la lumière naturelle découle. Lorsqu'en effet
l'entendement appréhende les termes de quelque vérité et la comprend sans le moindre effort et sans aucun raisonnement, la faculté
qu'il a de comprendre cette vérité, comme, par exemple, que le tout
est plus grand que la partie, que la même chose ne peut pas, à la
fois, être et ne pas être, constitue la lumière naturelle elle-même. De
même en ce qui concerne la volonté. Il y a en elle comme un certain
poids qui la porte au bien et la détourne du mal, lequel poids n'est
pas autre chose que ces semences de vertu qui sont innées en chacun
de nous[1]. Par là nous voyons en quel sens il convient d'entendre ces
paroles : tout homme a, dans son âme, la connaissance innée de
Dieu. Et si l'on vient nous objecter que cette doctrine est platonicienne ou qu'elle est en désaccord avec celle d'Aristote, nous répon-
drons que la question n'est pas de savoir ce qu'en pensent Aristote et
Platon, mais ce qu'il en est dans la réalité. Au demeurant, les affirmations qui précèdent, si nous les maintenons dans les limites
mêmes où nous les avons proposées, peuvent s'accorder avec les
doctrines de l'un et l'autre philosophe. Soit, en effet, qu'apprendre
consiste seulement à se souvenir, soit que notre âme ressemble à une
table rase, il n'en demeure pas moins vrai que des connaissances
innées ont été déposées en nous par Dieu. On n'affirme rien d'autre
ici que ce qu'affirment le Psaume et l'Apôtre en disant : *signatum est
super nos lumen vultus Dei* ; c'est-à-dire : Dieu, en nous créant, a
imprimé dans notre âme le pouvoir et la faculté de s'élever à la

---

1. « Cum autem de notionibus cognitionis divinæ nobis innatis et impressis
hactenus tam multa disserimus, paucis accipe quid de illis sentiendum exis-
timem, et quid sit lumen illud naturale, quo prima quædam principia tam
practica quam speculativa scire dicimus. illas ergo notiones, naturæque lumen
nihil aliud esse arbitror præter ipsam vim intellectivæ et appetitivæ facultatis.
Enimvero, cum Deus creat animam, eam sibi similem efficit; in qua similitu-
dine lumen naturæ situm est, vel ex ea resultat. Cum igitur intellectus alicujus
veritatis terminos apprehendit et hanc sine ullo labore aut ratiocinatione com-
prehendit. vis illa qua veritatem, verbi gratia, totum sua parte majus esse,
idem non posse simul esse et non esse. et similia cognoscit, est ipsum lumen
naturale; præterea habet in voluntate pondus aliquod quo fertur in bonum
vel a malo deflectit, quod pondus idem esse puto ac semina veritatis unicuique
indita. » *Quæstiones*, cap. 1, vers. 1, art. 4, obj. 1, ad 16ᵐ, c. 278.

connaissance de l'être divin chaque fois qu'elle le voudrait[1]. C'en est assez pour que l'athée soit inexcusable.

Telle est la doctrine qu'enseignait en 1623 un théologien catholique dont les vastes connaissances s'alliaient à une orthodoxie que l'on ne devait jamais suspecter. Nous savons d'autre part qu'il n'était pas le seul à la soutenir. Silhon, cet autre ami de Descartes : Gibieuf et Bérulle, dont l'un s'entretenait volontiers avec lui sur les matières de philosophie et dont l'autre était son directeur de conscience; Suarez, ce métaphysicien dont la pensée pouvait avoir atteint le jeune Descartes par ses maîtres de la Flèche; tous en venaient, au même moment, à réintroduire dans l'apologétique catholique quelque chose de l'innéisme platonicien. Non pas certes que la réminiscence y reçût droit de cité avec toutes les conséquences qu'elle comportait dans la pensée de Platon lui-même. Mais il devenait alors manifeste que la doctrine de la table rase, prise à la rigueur, présentait de graves inconvénients. En adoptant la doctrine des idées innées, Descartes ne prenait pas une initiative personnelle, il prenait place dans un parti qui comptait déjà de nombreux adhérents.

CONCLUSION

Il n'est donc pas impossible de déterminer les antécédents historiques qui ont préparé l'avènement de l'innéisme cartésien; on peut en discerner de philosophiques et de plus proprement théologiques. Au point de vue strictement philosophique la doctrine thomiste de la connaissance était devenue inacceptable pour la plupart des esprits. Sans doute elle ne comportait pas nécessairement, dans la pensée de son auteur, cette conception bâtarde des espèces intentionnelles, à la fois corporelles et spirituelles, dont ses commentateurs allaient la charger. En fait, c'est bien à cette conséquence contradictoire que le thomisme a abouti. Or, à l'époque de Descartes, la critique des

---

1. « Non quærimus quid Plato vel Aristoteles senserint, sed quid rei veritas doceat, tametsi ex ambobus istis philosophis eas notitias comprobare possim; enimvero, sive discere nostrum sit reminisci, sive anima sit instar tabulæ rasæ, nasce Dei notitias in homine ponendas esse dicimus. Quid enim aliud nos docere putas, ubi affirmamus cum Psalte et Apostolo : signatum est super nos lumen vultus Dei, nisi quod hanc Deus mentis nostræ vim et energiam indidit, ut, quoties vellet, ad divini numinis cognitionem exsurgere posset, adeo ut nullus possit esse locus excusationi. » *Loc. cit.*, ad 13ᵐ, c. 263.

espèces intentionnelles n'est plus à faire; elle est faite. Nous avons
vu avec quelle timidité ses partisans eux-mêmes la présentaient;
nous l'avons vue reniée par Silhon dans l'ouvrage même où d'abord
il la soutenait. Quant à ses adversaires, ils en ont surabondamment
démontré la vanité et le ridicule; venant après un Campanella, par
exemple, Descartes peut justement présenter ses critiques comme
extrêmement courtoises et modérées. Dans la pensée de Descartes,
comme dans celle de tous les philosophes qui abandonnent alors la
scolastique, l'innéisme bénéficie des critiques sous lesquelles succombe la thèse contraire. Il trouve naturellement place dans le vide
que le départ des espèces intentionnelles vient de déterminer. Que
de plus il y ait, du point de vue de la physique cartésienne, des
difficultés particulières à conserver la doctrine scolastique de la
connaissance humaine, c'est ce que nous avons essayé de montrer.
Descartes trouvait donc. dans son propre système, des raisons
intrinsèques de préférer à une conception, déjà ruineuse en elle-
même, l'innéisme platonicien.

Mais, de plus, un mouvement religieux, très puissant à ce moment,
l'y portait. Favorisées par la spéculation philosophique, les idées
innées rentraient encore en faveur auprès de plusieurs théologiens.
Contre les libertins qui niaient la nécessité des principes de la religion et de la morale, on était heureux de pouvoir invoquer le témoignage irrécusable d'une conscience qui portait ces principes gravés
profondément en elle. Favorable au mysticisme d'un Bérulle qui
s'ouvrait par lui un itinéraire intérieur de l'âme vers Dieu, l'innéisme
fournissait donc également à l'apologiste une arme contre les
incrédules, dont bien peu de théologiens consentaient alors à se
priver. Dans la mesure où les *Méditations* pouvaient être considérées
comme une défense nouvelle des vérités religieuses les plus essentielles, il devait sembler naturel que leur auteur adoptât cette doctrine des idées innées que les apologistes les plus célèbres de son
temps adoptaient.

Pour qui se proposerait d'apporter une étude complète de
l'innéisme cartésien, il resterait à déterminer ce que le philosophe
sut ajouter aux éléments multiples que son milieu lui fournissait,
quelle orientation nouvelle il sut imprimer à un mouvement qui, dans
une certaine mesure, le dirigeait lui-même et le portait. Ce n'est
pas une telle recherche que nous nous proposions, et, à vrai dire,
nous estimons que tout effort dirigé dans ce sens ramènerait aux

conclusions, aussi fortement exprimées que motivées, de M. Hamelin :
« L'innéité, c'est l'indépendance, l'aséité, la suffisance de la
pensée[1]. » Ajoutons simplement que c'est aussi, et peut-être
d'abord, l'indépendance, l'aséité, la suffisance de l'étendue. Cette
addition pourrait éliminer quelques critiques inutiles et dispenser
l'historien de certains étonnements. F. Bouillier estime que la
théorie des idées innées est « incomplète et vague[2] »; d'autres
y voient un des points les plus faibles du système cartésien[3].
Et il n'est certes pas sans intérêt de le constater; mais il est plus
intéressant peut-être de savoir pourquoi Descartes s'en est contenté.
C'est que telle quelle, vague en effet et incomplète comme elle était,
elle suffisait néanmoins à ce que le philosophe voulait en faire. En
affirmant l'aséité de la pensée, son intention n'était sans doute pas
de fonder l'idéalisme, et c'est pourquoi l'on ne doit pas s'étonner
du mécanisme réaliste qui se trouve encore dans sa pensée[4]. Pas
davantage il n'a cherché à élaborer sa doctrine dans le sens du
perceptionnisme ni même de l'occasionalisme. D'un point de vue
strictement historique, c'est avant, non après l'innéisme cartésien,
qu'il faut regarder pour le comprendre. En tenant compte de
l'exemplarisme augustinien dont tant d'esprits, même dans l'entourage immédiat de Descartes, étaient profondément pénétrés, on
comprendrait plus aisément pourquoi le réalisme, l'idéalisme et
même quelque chose de l'occasionalisme se rencontrent dans sa
pensée. Ils ne s'y rencontrent pas à l'état d'incoordination, sinon
pour nous qui la considérons à travers deux siècles de philosophie;
ils y sont plutôt à l'état d'indifférenciation primitive, et c'est pourquoi les difficultés ne peuvent manquer de surgir en foule dès qu'on
veut tirer l'innéisme cartésien dans le sens d'une métaphysique plus
élaborée que ne fut celle de son auteur. Mais si l'on veut bien
prendre cette doctrine pour ce qu'elle était dans la pensée de
Descartes lui-même, c'est-à-dire, essentiellement, pour l'interdiction
signifiée à la pensée de pénétrer dans le domaine de l'étendue, et
pour l'interdiction corrélative signifiée à l'étendue de pénétrer dans
le domaine de la pensée, alors peut-être comprendra-t-on pourquoi
l'innéisme cartésien ne s'est pas développé d'un seul jet, comme

1. Hamelin. Le Système de Descartes. p. 176.
2. F. Bouillier, Histoire de la philosophie cartésienne. II, c. 2.
3. Zimmermann. Arnaulds Kritik der Ideenlehre Malebranche (Phil. Jahrb.,
t. 24, p. 3.)
4. Hamelin, op. cit., p. 178.

une conception métaphysique évoluant sous la poussée d'un principe
interne, mais fragmentairement et par additions successives, Descartes complétant ses affirmations précédentes selon les difficultés
qu'on lui proposait et les objections qu'elle soulevait.

Si, d'autre part, nous joignons à la considération qui précède celle
des sources dont la pensée cartésienne dérive, nous ne nous éton-
nerons pas davantage de ce que l'innéisme cartésien peut offrir de
sommaire sur tel ou tel point particulier. Descartes, écrit M. Hamelin, « a ramené la notion de l'innéité à celle de la faculté de produire
les idées. Mais cette idée de faculté est assez obscure [1]. » N'est-ce pas
simplement que Descartes, étant donné le but qu'il poursuivait,
pouvait sans inconvénients laisser ce problème au point où il l'avait
trouvé? Que l'on rapproche des assertions de Mersenne la solution
que Descartes nous propose, on ne pourra que constater à quel
point sont semblables les positions adoptées par le théologien et le
philosophe. Lorsque Descartes enseigne que l'idée innée de Dieu, aussi
bien que la lumière naturelle qui l'appréhende, ne sont que la marque
de l'ouvrier empreinte sur son ouvrage, la ressemblance laissée en
nous par notre créateur [2], il reprend, presque dans les mêmes
termes, les assertions que nous avons rencontrées sous la plume de
Mersenne [3]. Plus précisément encore, dire que les connaissances
innées ne sont pas des connaissances actuelles qui seraient imprimées en nous dès le sein de notre mère, c'est répéter ce qu'affirmaient très expressément les *Quæstiones in Genesim* [4]. Enfin lorsque
Descartes refuse à l'âme des idées innées distinctes de la faculté de
penser [5], lorsque, pour réfuter une objection que Hobbes emprunte
à saint Thomas [6], Descartes affirme que, si ces idées innées ne sont
pas perpétuellement sous le regard de notre lumière naturelle, c'est
parce que leur innéité se réduit au pouvoir que nous avons de les
produire [7], c'est encore la position pure et simple de Mersenne qu'il
reprend [8]. Et le contenu positif d'une telle affirmation semble bien

1. *Op. cit.*, p. 178.
2. 3ᵉ *Méd.*, IX, 41.
3. Cf. p. 494, note 1.
4. Cf. Descartes, VIII, 358, 6-11. Mersenne, p. 493, note 3. Notons d'ailleurs
que si Descartes parle ici comme Mersenne, il ne lui emprunte pas l'expression.
C'est Regius qui la lui fournit dans son objection.
5. « Non enim unquam scripsi vel judicavi, mentem indigere ideis innatis,
quæ sint aliquid diversum ab ejus facultate cogitandi. » VIII, 357, 26-28.
6. Cf. plus haut, p. 461, note 2.
7. *Troisièmes obj.*, IX, 147.
8. Cf. plus haut, p. 495, note 4.

se réduire à l'élimination d'une objection traditionnelle. Ce pouvoir
de produire les idées n'exprime rien de plus que le refus d'admettre
des idées innées qui seraient, dans l'âme, toujours présentes et
actuellement réalisées. D'un mot, philosophe et théologien veulent
s'assurer le bénéfice de l'innéisme sans en supporter les inconvé-
nieuts.

L'historien, cependant, ne sortirait-il pas de son rôle en reprochant à Mersenne d'avoir proposé cette solution un peu simpliste,
et, à Descartes, de s'en être contenté? Telle quelle, elle suffisait à
remplir leur dessein. Par elle, Mersenne ruinait l'athéisme dont il
sapait le fondement, cependant que, grâce à elle, Descartes pouvait
fonder les preuves de l'existence de Dieu sur le seul contenu d'une
pensée radicalement distincte de l'étendue. Envisagé de ce point de
vue, l'innéisme cartésien ne nous apparaîtrait peut-être plus comme
un rudiment informe, ni comme un ensemble d'indications à approfondir et à coordonner; il serait exactement ce que son auteur avait
voulu qu'il fût : l'adaptation d'une doctrine platonicienne remise
en honneur par certains théologiens, à la physique mécaniste de
l'étendue et du mouvement.

ET. GILSON.

DU SENTIMENT RELIGIEUX

DANS SES RAPPORTS AVEC L'ART

Le problème des rapports de l'art au sentiment religieux relève de la psychologie. L'étudier de l'extérieur, le ramener à des faits sociologiques, le réduire à des monographies ou l'aborder par la statistique équivaudrait à en laisser échapper l'essentiel. On s'illusionnerait d'autre part en espérant expliquer l'évolution et la vie des sociétés complexes au moyen de quelques lois simplistes applicables à ce que nous croyons deviner chez les primitifs, quelle que soit l'utilité de cette méthode, là où les données psychologiques manquent. Ce qui est élémentaire ne permet que bien rarement de comprendre ce qui est complexe et l'on s'est toujours trompé en s'imaginant pouvoir recomposer un tout au moyen de ses prétendus éléments.

Nous devons donc prendre les faits tels qu'ils se présentent à notre observation directe, les accepter avec leurs aspects multiples, leurs interactions enchevêtrées et essayer de comprendre le réel en lui laissant son coloris psychologique, je veux dire sa valeur propre, son originalité. Quand il s'agit de croyances, ce qui importe d'abord, c'est la transformation intérieure qu'elles produisent chez l'individu, leur influence sur les sentiments, les idées et les actes, ou encore, c'est le processus mental qui leur a donné naissance. Et si l'on parle de l'art, comment l'isolerait-on du plaisir esthétique, c'est-à-dire d'un ensemble de sentiments et d'un système d'idées né de ceux-ci? Nous sommes donc en plein droit d'affirmer que la seule méthode à employer dans cette matière est la méthode d'analyse du psychologue, l'observation de ce que nous constatons en nous-mêmes et le témoignage de ceux qui ont, plus intensément que d'autres, éprouvé les états affectifs que nous désirons étudier, sans négliger toutefois les conséquences à tirer de la psychologie collective.

Aucune méthode dite sociologique ne remplacerait ces méthodes précises, visant les faits directement, la sociologie n'étant trop souvent qu'un terme général, un nom collectif désignant certains aspects des sciences de l'esprit, droit, morale, politique dans leurs rapports avec l'état économique. Mais il ne faut pas oublier que, s'il s'agit de faits auxquels la conscience participe et dans lesquels elle a son rôle à jouer, l'essentiel, c'est la vie psychologique individuelle.

Nous avons à étudier deux groupes de sentiments, le sentiment religieux et le sentiment artistique, et à déterminer leurs rapports dans la conscience. Nous tâcherons de nous rendre compte d'abord du sentiment religieux. Si l'on se bornait à la statistique du nombre des églises, des sectes, des fidèles, à la description des rites et cérémonies, aux rapprochements possibles entre certains rites et d'autres, on aurait sans doute fait œuvre utile, mais on aurait pris exclusivement des vues extérieures du fait religieux, qui est avant tout un fait psychologique, un fait qui relève de la conscience. Le sentiment religieux ne se définit pas nécessairement en fonction du dogme et du culte; chez un individu qui observe les rites avec la plus grande exactitude, il arrive que ce sentiment soit moins fort que chez un croyant de cœur et d'esprit, pour lequel les signes extérieurs et le cérémonial du culte ne peuvent remplacer la méditation silencieuse. Combien de gens qui se disent croyants vont à l'église pour des motifs qui n'ont rien de commun avec une véritable croyance : certains, par tradition, d'autres par convenance; ceux-ci par crainte, dans le cas où vraiment un dieu jaloux les châtierait après la mort; ceux-là parce que les nécessités sociales les y obligent.

En se contentant donc d'enregistrer l'un parmi l'autre ceux qui suivent un culte, la statistique n'apprend rien sur le véritable sentiment religieux. Il y a plus de ressemblance à ce sujet entre de sincères croyants qui appartiennent à des religions différentes qu'entre un véritable croyant et un hypocrite qui feint de pratiquer la même religion que lui. Ce qui importe donc, ce n'est par le *fait social apparent*, mais le *fait conscient intérieur*, psychologique. Nous constatons même, dans l'Europe contemporaine, une opposi-

tion assez vive du sentiment religieux envers la pratique purement
extérieure du culte : tel est en Allemagne le sens d'un livre récent
de Eucken; en Russie, les écrits de Tolstoï mettent en lumière
l'antithèse qui sépare le « Sermon sur la montagne » du « Symbole
de Nicée »: chez Ruskin, chez Wagner, on trouve des thèses analogues. On les rencontre dans certaines sectes importantes du protestantisme. La conviction commune à ces hommes est qu'il faut
empêcher le sentiment religieux de s'immobiliser en rites et de se
dessécher; ils veulent rendre de l'intérêt aux questions religieuses
en les renouvelant.

Ce qui nourrit l'élan du sentiment religieux, ce n'est pas uniquemé-
ment, il faut bien l'avouer, le culte ; s'il assure la continuité de la
tradition, il ne crée souvent aussi qu'un automatisme religieux ;
sans doute à force de répéter des formules et d'assister à des cérémonies rituelles, on subit une influence profonde; mais si la conscience ne donne pas, le formalisme finit par imprimer aux esprits
des habitudes mécanisées et à les réduire à la répétition de gestes
et de paroles sans âme. Or, le sentiment religieux ne s'acquiert pas
ainsi; il doit venir de l'intérieur. Il ne consiste pas en cet automatisme que nous venons de signaler, mais en une élévation vers ce
qui est esprit. Nous saisissons l'essence même du sentiment religieux en ceci, qu'il traduit l'expression d'une sympathie émue entre
ce qui est de nature spirituelle en nous et ce qui l'est dans l'univers
pris comme totalité. Il importe peu d'abord que l'on définisse le
spirituel comme un Dieu personnel ou non, comme un seul être ou
comme une pluralité, comme un ordre rationnel ou comme un
jaillissement vivant; la critique et l'élucidation des idées précisera
ultérieurement quelle est la théorie la plus satisfaisante à tous les
points de vue. L'important est d'abord la communion de cœur et
de pensée avec ce qui anime toutes choses et la conviction que mes
actions et mes sentiments participent à ce principe de vie et de
mouvement auquel nous rattachions tout ce qui prétend à l'existence.

La religion, comme fait psychologique, consiste en un *sentiment*
très particulier unissant l'individu à un tout que la conscience envisage comme étant de même nature qu'elle-même, mais avec ses qualités grandies infiniment; ce tout est, de plus, durable; il a une stabilité inconnue à l'individu humain. La religion se synthétise ensuite
dans l'*idée* d'une vie spirituelle semblable à la pensée que nous fait

connaître notre réflexion s'exerçant sur nous-mêmes, mais développée en tous sens et pénétrant l'univers; enfin elle détermine une manière d'*agir* qui s'inspire des lois spirituelles et établit une échelle de valeurs entre nos actions. Dans les formes supérieures de la vie religieuse, aucun de ces aspects ne fait défaut et la réflexion les aperçoit nettement tous. Pourtant, en essayant de transformer en idées ces états d'âme qui constituent la vie religieuse, nous leur faisons perdre beaucoup de leur coloris, si nous gagnons en précision, et l'on peut affirmer qu'au fond de théories théologiques ou métaphysiques très divergentes, on trouverait des formes d'inspiration religieuse plus voisines que les systèmes qui les expriment.

C'est la hauteur des sentiments et des pensées qui indique le niveau de la vie religieuse. L'essentiel est le sentiment spécifique de la vie religieuse et la direction qu'il imprime au pouvoir et au courant de la pensée. Si les sentiments s'attachent exclusivement à des objets individuels et que les actions obéissent à des motifs particuliers, il sera bien difficile de parler de vie religieuse, au sens psychologique, le seul qui donne un contenu réel à cette notion. Il est nécessaire, pour qu'il y ait vie religieuse, que pensées et actes reçoivent l'impulsion de l'intérieur ou, si l'on veut, de l'âme, de l'essence spirituelle de notre être conscient et non de la sensation, de l'accident passager et transitoire. La sensation donne le déclic à des mouvements auxquels les éléments matériels de notre existence impriment la direction; la vie religieuse provient de notre nature spirituelle. Or, ce qui est matériel est toujours fragmentaire; les actions matérielles forment des séries isolables de la personnalité; sensations et désirs sont éveillés par des impressions qui ne font souvent qu'altérer l'âme sans l'intéresser véritablement; ces impulsions, en s'éteignant, laissent à celle-ci plus de liberté. Mais le spirituel ne se divise pas; en livrant à des lecteurs où à des auditeurs une pensée, cette pensée est donnée tout entière à chacun d'eux, et ils seraient demain légion qu'elle ne se scinderait jamais; par contre, un pain que je partage se divise en morceaux, chacun n'obtient qu'un fragment et le partage fait disparaître le pain. Telle est la différence entre ce qui est matériel et ce qui est spirituel. Le spirituel est indivisible, parce que rien en lui n'est semblable à un corps, mais plus il se donne aux âmes, plus il acquiert en vie et en puissance.

Ma pensée ne s'explique donc pas au moyen d'impulsions matérielles; ces dernières ne peuvent se rapporter qu'aux aspects exté-

rieurs, momentanés et organiques de mon être ; elle appartient à un
genre d'existence tout autre que la réalité sensible ; elle prend son
inspiration d'un monde idéal, éternel, pour lequel rien n'est ni divisé
ni partiel, mais où tout est produit par l'indissoluble et infiniment
riche interpénétration des actes, c'est-à-dire par une unité suprême
et inépuisable. La vie religieuse est l'affirmation de cette unité dans
la conscience et dans l'action. Il ne m'appartient pas ici de rechercher quelle philosophie la définit de la manière la plus logique ; je
me contente de retenir le caractère que me livre l'analyse psychologique. Dès que le sentiment de ce genre de réalité anime une vie, il
lui confère une beauté et une grandeur devant lesquelles nous nous
inclinons avec respect, et nous souhaitons qu'un nombre toujours
croissant d'individus s'élève graduellement à ce niveau ; l'homme
nous apparaît ici comme d'essence religieuse, il appartient à l'esprit.
Par la vie religieuse, la conscience humaine s'inspire de l'unité supérieure des choses, de l'action créatrice et organisatrice du monde,
c'est-à-dire de Dieu. Elle acquiert une singulière puissance et touche
directement le cœur des hommes.

   « L'idéal d'unité spirituelle, écrit Léon Brunschvicg, est donc toujours présent en l'homme ; c'est lui qui préside à chacune de ses
actions, qui inspire chacune de ses pensées, qui explique chacun de
ses progrès. L'homme n'a pas besoin d'en avoir conscience pour lui
obéir ; et pourtant il n'est pas indifférent qu'il ait conscience de la
loi qui l'anime, que la notion de son idéal interne se soit dégagée
pour lui en pleine lumière. Car cela même définit l'être qui pense,
que sa nature et sa destinée se transforment par l'idée qu'il se fait
de sa nature et de sa destinée. . . . .
. . . . Aussi, lorsque nous avons pris conscience de cette unité profonde qui fait qu'à chaque moment de notre
vie spirituelle nous décidons de notre destinée, nous comprenons
combien à chaque moment importe l'orientation de notre intelligence
et de notre volonté. L'unité totale, qui résume notre décision actuelle
et qui définit notre personnalité, peut n'être que la fusion des mille
influences incohérentes qui, dès notre naissance, par l'hérédité, par
l'éducation, s'exercent sur nous, — et elle peut être aussi l'unité
intelligible qui enveloppe tous nos actes dans l'harmonie d'un
système rationnel et les justifie à partir d'une loi créée par notre
volonté, comme le géomètre justifie les propositions de sa science à
partir de ses axiomes et de ses définitions. L'alternative se pose donc

devant nous perpétuellement, comme la condition de toute activité
humaine : serons-nous une chose ou deviendrons-nous l'esprit?

« La conscience de cette alternative marque d'un caractère religieux toutes les démarches de notre vie. A chaque heure nous
sommes appelés à prononcer sur nous-mêmes, à accomplir l'acte le
plus haut de la vie humaine, l'acceptation volontaire de l'idéal
spirituel. A chaque heure nous nous confrontons avec notre idéal,
nous collaborons avec lui, ou plus exactement nous le laissons travailler en nous pour nous faire ce que nous devons être. Alors la
religion est dans notre vie; car il n'est pas vrai que l'idée religieuse
doive nous arracher à notre existence de tous les jours; elle ne nous
sépare pas de l'humanité; mais elle pénètre au plus profond de nous,
pour nous faire dépasser toutes les influences du dehors, toutes les
impulsions secondaires; elle nous fait comprendre que, possédant la
raison, principe de l'activité intellectuelle et source de la liberté
morale, nous sommes les maîtres de notre destinée, qu'à chaque
instant, par l'orientation que nous donnons à notre pensée et à notre
conduite, nous faisons cette destinée, qu'il dépend de nous, par conséquent, de réaliser dans notre vie l'idéal d'unité qui nous apparait
comme le type de la perfection spirituelle. » (*Introduction à la vie
de l'esprit*, p. 160 et 161-162, Paris, F. Alcan.)

II

Entre la vie religieuse telle que nous l'avons définie et l'art, les
rapports n'apparaissent pas immédiatement. Ne serait-il pas bon,
avant de rechercher ces rapports, de nous demander s'il est possible
de définir l'art comme nous avons défini la vie religieuse? Un rapport
ne peut exister qu'entre des termes conçus avec netteté; en soi, le
rapport n'existe pas; seuls les termes, c'est-à-dire les réalités individuelles existent; les rapports que trouve entre ces termes notre
raison sont l'expression, en notions intelligibles, de certaines actions
qu'exercent les uns sur les autres les êtres réels. Le terme de religion traduit une réalité psychologique. Que signifie maintenant le
terme d'art?

Les définitions qu'en ont données les esthéticiens partent de
points très distants; comme l'art présente les manifestations les plus
variées et les aspects les plus complexes, ses définitions ne sont

jamais exhaustives; la part de subjectivité qu'elles contiennent est
trop grande. Notre effort doit tendre en cette matière à trouver une
définition exempte d'esprit de système et convenant, d'une manière
concrète, à n'importe quelle expression artistique. Il s'agit d'écarter
tout élément hétérogène à l'art lui-même. Il faut ensuite définir l'art
en fonction de la conscience, afin de pouvoir le mettre en rapport
avec la vie religieuse, que nous avons définie également à ce point
de vue. Il importe de le faire en dehors de tout commentaire et de
manière à retenir ce qui est commun à toute pensée, abstraction
faite des variations émotives des consciences individuelles. Qu'est-ce
qui constitue, pour tous les individus qui pensent, cette attitude de
l'esprit que l'on nomme sentiment artistique?

Il me semble que ce sentiment est éveillé par une disposition telle
dans la structure des matériaux présentés aux sens et à l'esprit,
qu'elle provoque dans la perception consciente une impression
d'harmonie et un sentiment de satisfaction qui ne cherchent à utiliser d'aucune manière l'objet contemplé, mais trouvent leur contentement en eux-mêmes. Cet effet singulier n'est pas provoqué par
des considérations sur l'utilité de l'objet ni par une réflexion de
nature scientifique sur la disposition des matériaux qui le composent.
Il est en quelque sorte spontané; mais il se fonde sur un ordre
déterminable des éléments de perception. On sait que Leibniz avait
défini la musique : l'exercice inconscient d'un esprit qui fait des
mathématiques sans le savoir. J'appliquerais volontiers cette définition à tout art et l'interpréterais en disant : les mathématiques, c'est
l'ordre, l'harmonie, l'heureuse disposition des matériaux; l'exercice
inconscient représente ce qu'il y a de primesautier dans l'émotion
artistique.

Les caractères essentiels que nous venons de dégager doivent
s'appliquer aussi bien à l'art du mobilier, par exemple, qu'à la poésie
la plus idéaliste, à l'architecture et à la sculpture autant qu'à la
danse ou à la musique. Il faut, bien entendu, dans les arts qui présentent une utilité matérielle, comme le mobilier, la toilette ou la
construction d'édifices, oublier leur application à la vie pratique pour
ne conserver que l'impression particulière qu'ils procurent, impression qui se distingue nettement de toute autre. Il est nécessaire aussi
de ne pas chercher à s'expliquer leur effet par des associations complexes d'idées. Tenons-nous en à l'émotion immédiate.

Dans une telle définition du sentiment d'art, dira-t-on sans doute,

rien ne permet de passer au sentiment religieux. Or, ne cherchons-
nous pas le rapport entre sentiment artistique et sentiment religieux ?
Jusqu'à présent, nous n'en découvrons franchement aucun. Répondrons-nous qu'en effet il n'y en a pas et conclurons-nous par la
négative ? Avouons le, il y a bien des œuvres qui méritent en tous
points le titre d'artistiques et qui ne présentent rien de religieux.
Entre une belle tapisserie, un beau bijou, un beau meuble et le sentiment religieux, il n'y a aucun rapport possible. Il serait tout aussi
difficile d'en établir entre ce sentiment et l'architecture civile, la
peinture de genre, l'opéra-comique : pourtant exclurons-nous de
l'art ces diverses classes d'œuvres ? Nullement. Il y a de l'art en
chacune d'elles. Elles procurent un sentiment particulier, répondant
au type que nous avons défini tantôt. Il en sera de même des portraits, de bien des œuvres décoratives, de nombreuses statues. Voilà
donc une catégorie considérable d'œuvres auxquelles il serait bien
sévère de refuser le caractère d'art, et dont n'émane aucun sentiment
religieux.

Une deuxième classe d'œuvres artistiques dans lesquelles on chercherait en vain le sens religieux comprend les œuvres qui nous
frappent avant tout par l'habileté technique. A chaque époque, les
artistes se sont plu à résoudre des difficultés inhérentes au métier,
tout en se proposant de réaliser une œuvre marquée des caractères
admis par notre définition. Aujourd'hui l'art de l'ingénieur permet
de comprendre ce que nous voulons dire ici, car il laisse transpa-
raître l'effort technique mieux peut-être que n'importe quel autre.
Un pont, une gare de chemin de fer, un grand viaduc peuvent donner
incontestablement une impression artistique, et leur constructeur,
pour viser l'utilité, n'en a pas moins eu en vue l'effet combiné d'harmonie et de plaisir qui caractérise l'œuvre d'art. Un problème de
mécanique n'exclut pas l'élégance de la démonstration. Parfois
même c'est l'audace du plan et la réussite de l'effort qui produisent
l'impression d'art. Il en est même ainsi pour des constructions dont
la vue inspire plus directement et plus purement un sentiment artistique : l'effet grandiose des cathédrales ogivales n'est dû qu'indirectement à l'élévation de l'âme vers Dieu, car cette élévation étant
exclusivement intérieure ne pouvait se traduire d'une manière
immédiate en des formes matérielles ; quand les architectes de l'Ile-
de-France ont voulu agrandir l'église et élever la nef, un problème
technique a surgi devant leur esprit : par quels moyens mécaniques

étayer un édifice plus naut et plus lourd? Il ne suffit plus de le faire
reposer sur des piliers. On eut recours au calcul mathématique et
l'on détermina d'une part un point dans l'espace, celui de la croisée
d'ogives, qui contribuerait à l'équilibre et allégerait la pression
exercée sur les piliers, et d'autre part on s'aida extérieurement des
arcs-boutants. Sans doute on n'oublia pas l'effet de beauté qui devait
se dégager du monument. Pourtant, la technique ne se confond-elle
pas avec l'art dans cette conception comme dans celle de nos ingénieurs?

On a parlé du sentiment religieux qui avait inspiré les grands
constructeurs d'églises. Personne ne doute de ce sentiment, mais il
est permis de croire qu'il n'influença leur art que très indirectement.
Et si, par après coup, on fait jaillir l'élan des nefs ogivales de
l'inspiration religieuse, on s'expose à tomber dans le commentaire.
Entre ce genre d'art où la technique domine et le sentiment religieux, il n'y a pas nécessairement de rapports. Et s'il y en a, c'est
par d'autres intermédiaires que nous aurons à déterminer dans la
suite.

Que l'effort technique puisse produire un sentiment d'art, c'est ce
qui me semble indiqué non seulement par les exemples qui précèdent, mais par l'étude de certaines formes de poésie et de
musique. Dans le procédé qu'on est convenu d'appeler parnassien,
la recherche de rimes rares et riches, de sonorités pleines, d'images
décoratives produit sans conteste une impression de contentement
et un sentiment d'harmonie, sans que ces effets aient rien de religieux. Ils relèvent exclusivement de l'impression artistique proprement dite et peuvent être comparés au plaisir que procure la vue
d'une châsse sur laquelle les pierreries ont été disposées avec un
souci parfait des nuances et des contrastes. Et ne dirons-nous pas la
même chose des timbres orchestraux choisis par un habile sympho-
niste, sans qu'il soit permis d'établir un rapprochement entre le sentiment artistique qu'ils éveillent et n'importe quelle pensée religieuse? Voilà donc de nouveau un grand nombre d'œuvres au sujet
desquelles notre question des rapports entre sentiment d'art et sentiment religieux doit être résolue par la négative.

Il semble à présent qu'en dehors des catégories qui précèdent, il
soit difficile de ne pas rencontrer de sujets proprement religieux ;
et de fait, ces sujets ne sont-ils pas très nombreux dans les différents arts? En musique, oratorios, messes, cantiques prennent une

place considérable; en peinture et en sculpture, que d'œuvres qui se
rapportent soit directement au culte, soit à la tradition religieuse
dans tous les temps, chez les Égyptiens, les Grecs et les Romains
aussi bien qu'à l'époque chrétienne! La littérature enfin ne nous
offre-t-elle pas à tout âge des poèmes exprimant des idées religieuses? Eh bien! nous croyons qu'un sujet religieux ne suffit pas
pour donner une œuvre d'art éveillant un sentiment religieux. Autre
chose est l'art hiératique, forcé de rendre des scènes de la tradition
religieuse, autre chose un art véritablement religieux. Des tableaux
qui représentent la Vierge, le Christ ou de saints personnages
n'inspirent pas nécessairement un sentiment religieux. Ils peuvent
être surtout « de la belle peinture ». N'est-ce pas le caractère de
l'art italien du XVᵉ siècle presque tout entier et plus encore celui
des peintres classiques, aussi bien à Venise et à Rome que dans
les Flandres? On aurait tort de chercher dans les tableaux de
Ghirlandajo, de Masaccio, de Botticelli, un sentiment religieux. Le
sujet et la disposition des personnages étaient imposés par la tradition de l'école; l'artiste acceptait la légende et son originalité
consistait à bien peindre. Il serait erroné d'attribuer à la pensée religieuse du peintre ce qui lui était pour ainsi dire imposé. Sa part, à
lui, c'est la réalisation, dessin, couleur, expression, ornements. Où
trouver là un art religieux au sens exact du mot? La démonstration
serait plus aisée encore en prenant l'admirable débauche de couleurs
et le débordement de richesse et de vie des toiles de Rubens. Si, chez
le maître anversois, on cherche l'émotion religieuse, ce n'est pas
dans les sujets traditionnels qu'on la trouvera, mais dans la chaleur
même de l'inspiration. Et en musique, appellera-t-on religieuse une
œuvre, par la raison qu'elle porte ce titre conventionnel? Les développements écrits avec une parfaite habileté technique dans le
Messie de Haendel ou dans la *Missa solemnis* de Beethoven ne me
paraissent aucunement donner une impression religieuse, mais une
impression d'art provenant de la manière dont ils sont écrits. Il est
donc juste d'exclure de l'art véritablement religieux un très grand
nombre d'œuvres qui traitent de sujets religieux, quelque paradoxale que paraisse d'abord cette proposition.

Ce n'est donc pas un *genre* que l'art religieux et rien dans les
caractères extérieurs d'une œuvre ne permet de la ranger sous ce
titre. Ce sera donc l'émotion spécifique produite par certaines
œuvres qui nous permettra d'appeler celles-ci religieuses. Et que

doit être cette émotion? Reportons-nous à ce que nous avons dit de
la vie religieuse : elle est le développement d'un sentiment qui nous
unit à ce qui est esprit, au sens intérieur, multiple et pourtant un,
qui confère aux choses leur valeur. Dès qu'une œuvre d'art éveille
en nous ce genre d'intuition, elle est religieuse. De telles œuvres
existent : il est impossible, par exemple, à un homme cultivé et de
bonne foi, de contempler les fresques de Michel-Ange à la Chapelle
Sixtine, d'entendre la *Neuvième Symphonie*, de lire le *Prométhée*
d'Eschyle, d'admirer la *Victoire de Samothrace*, de réfléchir à un
mythe platonicien, de suivre l'épopée humaine à travers la *Légende
des Siècles* de Hugo, sans qu'il se sente traversé du frisson religieux,
arraché à tout ce qui est mesquin et limité en lui et abîmé dans la
vision de la vie infinie et de la puissance du principe immortel de
toutes choses.

Comment reconnaître les œuvres qui provoquent un tel élan
intérieur? Certes, ces œuvres-là sont les seules dont les hommes
ne se lassent jamais, les seules auxquelles on puisse retourner toujours sans jamais épuiser tout ce qu'elles contiennent. Elles ont agi
sur des milliers d'hommes et les ont rendus et plus grands et meilleurs. Elles agiront demain sur les générations qui naîtront. Chacun
trouvera en elles un écho à ses espoirs et à ses peines, une réponse
à ses inquiètes interrogations. Elles sont comme la parole de Dieu,
comme sa présence au milieu de nous; leurs créateurs sont ses
grands inspirés et ses prophètes. Elles traduisent la pensée éternelle et la rendent accessible aux hommes. Aussi ces œuvres là
deviennent-elles classiques dans le sens le plus élevé du mot et elles
sont plus solides que l'airain.

III

« Soutenir et élever la vie, tel a été depuis toujours le but de
tous les grands arts », disait Ruskin dans ses *Leçons sur l'Art*, et il
appelait beau ce qui exigeait l'application des facultés du cœur et
de l'intelligence. Le grand art, selon lui, renforce le sentiment religieux, améliore l'état moral et même produit le bien-être matériel.
Il est indissolublement uni à la destinée des peuples. L'art grec,
avec Pindare, était « l'annonce de ce qui ne pouvait être autrement ».

Ce qui confère à l'art son existence, suivant le même auteur, c'est la vie spirituelle à laquelle tous les êtres ont part selon leur organisation. Il faut que par un long travail de développement, le sentiment de la vie spirituelle se soit formé en nous; et ce sentiment donne naissance à l'invention, au don d'intuition et de rêve et à la découverte des formes de la beauté. Ici nous touchons la synthèse de la vie religieuse et de la vie artistique. Mais elle ne peut avoir lieu que si l'art revêt le caractère spécial que nous découvrons dans certaines œuvres et qui relève non du genre de l'œuvre, mais avant tout de l'esprit de l'auteur.

C'est surtout chez les théoriciens de la pensée romantique que nous rencontrons la conscience particulièrement aiguë des rapports entre l'art et l'esprit religieux. Et cela provient précisément de l'importance que la pensée romantique attache à la personnalité, à l'artiste lui-même. Elle place la création individuelle au-dessus des règles du genre, elle réclame pour le génie une entière liberté et considère qu'à l'exclusion de la majorité des hommes, condamnée aux longs détours du raisonnement commun, le génie a un don unique de vision ou d'intuition.

Personne plus que Schopenhauer n'a marqué avec force l'opposition entre la pensée conceptuelle et la pensée intuitive. Le génie avec son don d'intuition, saisit dans les choses ce qui constitue leur vie intérieure, leur essence même; il perçoit en quelque sorte une image spirituelle par une pénétration qui se passe de termes abstraits et d'analyses patientes. Cette image spirituelle dans laquelle se reflète ce qu'il y a d'éternel, Schopenhauer l'appelle Idée, reprenant pour ce terme un des sens que lui donnait Platon, et l'opposant aux notions abstraites. Le mot Idée, en cette acception, s'éloigne donc de la signification qu'il a dans le langage courant. L'artiste et le penseur s'élèvent tous deux à la contemplation du monde et procèdent, selon Schopenhauer, d'un même mouvement de l'esprit; l'art, comme le mysticisme du métaphysicien, est dirigé vers les Idées.

Il y a, en dépit de l'athéisme professé par Schopenhauer vis-à-vis des croyances positives, une attitude religieuse dans sa doctrine; nous y retrouvons un rapport nettement défini entre art et religion; le rôle de l'art y est déterminé en fonction de la contemplation des Idées, comme l'est celui de la philosophie. L'artiste comprend et traduit le sens des choses; il ne s'en tient pas aux aspects

superficiels; il ne vise pas non plus à exprimer des généralités et
des théories; son œuvre doit être vivante, nous toucher directement
non par l'intermédiaire du raisonnement, mais en nous éveillant
à l'intelligence directe et au sentiment de ce qui est éternel. C'est
donc bien dans le travail même de l'esprit et non dans l'un ou
l'autre caractère extérieur que réside la portée de la vie artistique
aussi bien que de la vie religieuse, ainsi que la possibilité qu'il
s'établisse des rapports entre elles.

On a fait remarquer qu'en dépit des attaques dirigées par Schopenhauer contre Fichte, Schelling et Hegel, il était moins éloigné
d'eux qu'il ne voulait le paraître. Cette thèse me semble assez
proche de la vérité en ce qui concerne la comparaison que l'on
pourrait faire entre les idées de Schelling sur l'art et celles de
Schopenhauer. Schelling faisait remarquer avec beaucoup de
raison et de solidité qu'il était faux de dire que l'art imite la nature.
Ce qui est commun à l'art et à la nature réside en ceci : la même
puissance créatrice qui anime inconsciemment la nature s'épanouit
dans l'œuvre d'art supérieure et dans la production du génie. L'art
doit donc deviner la nature, traduire ce qui fait la vie essentielle de
chaque chose, c'est-à-dire son Idée.

Richard Wagner, dans le livre intitulé *Religion et Art*, va jusqu'à
prétendre même que l'art, mieux que les cultes, conserve le sens
réel de l'esprit religieux; les cultes multiplient les symboles et
deviennent artificiels, mécanisés; l'art, par ses grandes images,
suggère la vérité et le sentiment religieux. Toute vraie religion
reconnaît la vanité du monde et est pénétrée de l'idée de la
rédemption. C'est là une idée accessible à tous, d'effet direct et se
passant d'interprétation symbolique. Le changement de direction
que prend la volonté, tel qu'il résulte de cette idée, est le plus
grand des miracles; par la conviction de la vanité du monde et de
la nécessité de la rédemption, la volonté se détourne des désirs
sensibles qui la dominaient et se dirige vers l'idée. Or c'est l'art,
dès qu'il se pénètre du sens religieux, qui est le plus capable de
mener la volonté à cette vie idéale. Car, passant outre aux concepts
dont se contente le raisonnement quotidien, il saisit l'image de la
vie et conduit ainsi la pensée à se surmonter et à s'élever à la révélation : la statuaire grecque révèle à la nature ce que celle-ci a
voulu, mais n'a pas su réaliser entièrement; le sentiment chrétien
invente l'image que les Grecs, dans leurs spéculations abstraites sur

la divinité, n'avaient pu découvrir et il nous montre Jésus souffrant pour les hommes; cette image nous inspire la pitié pour tous.

Le renversement de l'ordre naturel, le miracle de la volonté niant ses anciennes lois et se dirigeant vers la rédemption, l'art l'a révélé et consacré dans la Madone Sixtine de Raphaël : ici l'idée de l'Immaculée Conception est rendue visible à l'esprit; c'est la négation même de ce qui appartient aux désirs sensibles; il serait impossible de soupçonner, en contemplant ce chef-d'œuvre, que l'impureté existe. Du regard pénétrant jeté par Jésus enfant sur le monde se développe l'idée du jugement dernier, qui est exprimée et fixée par l'art d'un Michel-Ange et malheureusement déformée par les inventions de l'Église sur l'enfer.

C'est toutefois la musique qui peut mieux encore que les arts plastiques, suggérer et faire comprendre l'essence du sentiment religieux. Chantée même sur des textes dont le concept détermine le sens et qui par conséquent sont plus abstraits qu'intuitifs, elle va au delà d'eux et traduit leur pur contenu de sentiment, tandis que même un poète pénétré du sens chrétien, comme le Dante, est, à cause de l'instrument même du langage, trop étroitement tenu en lisière par la parole abstraite, par le concept.

Il ne serait pas juste d'objecter que ces réflexions de Wagner ne sont que des vues théoriques : une théorie vise toujours à expliquer plus ou moins bien certains groupes de faits. Tolstoï, que l'on sait hostile aux théories esthétiques, après avoir fait une revue critique d'un grand nombre de définitions de l'art, insiste sur l'importance de l'art comme « moyen de communion entre les hommes s'unissant par les mêmes sentiments ». Il y voit le moyen de « transmettre ce sentiment » à tous les temps et à tous les hommes; il se refuse à prohiber certaines formes d'art et à restreindre le domaine de celui-ci, mais il juge que le sentiment artistique tend à se rapprocher du sentiment religieux. Il estime même que le but d'un art qui se respecte est l'entente entre les hommes : il doit faire régner à la place de la violence, l'union, l'amour, le royaume de Dieu.

Prises comme confessions et comme documents psychologiques, ces théories intéressent particulièrement notre problème; dès que l'artiste se rend compte du pouvoir de son intuition créatrice et qu'échappant aux traditions il essaie de réfléchir sur les faits de sa conscience, sur la réalité spirituelle dont il éprouve la vie en lui, la question de l'œuvre d'art le conduit aisément à celle du génie et

de l'expression d'art dans sa plus haute puissance. Dès lors il prend
le terme d'art au sens particulier que nous lui reconnaissions en
dernier lieu et avec lequel nous terminions notre précédent para-
graphe. Une fois arrivée là, la donnée psychologique qui correspond
à la création du génie artistique présente incontestablement des
rapports avec la donnée psychologique qui s'appelle sentiment religieux. Il nous reste à définir le courant mental qui produit l'une et
l'autre.

IV

La question qui se pose en conclusion des pages précédentes est
de nature psychologique : nous nous demanderons comment expliquer le caractère d'émotion communicative et de sympathie qui se
dégage de certaines œuvres. D'où provient cette force secrète qui
provoque l'enthousiasme? Ce n'est pas le seul contenu des idées
qui nous explique dans une œuvre la puissance de suggestion,
puisque celle-ci s'exerce sur des collectivités composées d'individus
dont le degré d'intellectualité varie d'homme à homme. Ce n'est pas
non plus le sujet, car le même sujet, traité par deux artistes différents, donnera ici une œuvre vivante et là un produit artificiel et
froid. Les commentaires dont le public entoure une œuvre ne
paraissent pas suffisants non plus à lui accorder cette puissance,
car les circonstances passagères dont ces commentaires sont
l'expression créent un succès de mode, mais elles ne pourront
empêcher que l'œuvre qui ne mérite pas d'estime supérieure à celle-
là, ne soit oubliée bientôt à tout jamais.

Or les œuvres capables d'émouvoir la personnalité intégrale de
l'homme sont immortelles; elles sont écrites non pour le public
restreint d'une époque et d'un pays, mais seront entendues des générations qui se succèdent, et loin de perdre en force, elles gagneront
en chaleur communicative; même si le sujet proprement dit est
emprunté à des faits passés, sans grande importance aux yeux de la
postérité, les sentiments et les idées qui dépassent de toutes parts
le cadre de ces faits garderont leur élan. C'est quelque chose d'indéfinissable qui se transmet ainsi de l'œuvre à ceux qui la voient,
l'écoutent ou la lisent, comme si l'esprit qui la crée faisait entendre
à travers les images et les rythmes, la voix même de la joie et de la
douleur humaines et comme si le trait caractéristique d'un grand

artiste le déterminait à prendre sur lui le poids de cette douleur et
de cette joie. Qui ne devine, dans une symphonie de Beethoven, le
mouvement infini de la passion, chez Haydn l'entrain de la cadence
dominant toutes les préoccupations matérielles, chez Mozart la tendresse et la simplicité claire du cœur transparaissant à travers
la tristesse et répandant ses rayons sur la vie? Où trouver une
affirmation plus éclatante de la joie des couleurs et des formes, du
débordement insouciant et généreux de la riche matérialité du
monde que chez Rubens? La puissance tranquille de l'ordre précis
qui n'exclut ni le charme ni la grâce, qui nous l'inspire plus nettement que Raphaël? L'art dramatique si complet des anciens tra-
giques grecs ne nous fait-il pas éprouver, malgré que les sujets et
les personnages soient loin de nous, l'émotion de la lutte du héros
avec la destinée?

A quoi bon multiplier ces exemples? Ne nous induisent-ils pas à
reconnaître que certaines œuvres ne périssent pas et sont douées
presque d'une puissance inépuisable et éternelle? C'est leur rythme
intérieur, leur vie infinie qu'aucune définition ne peut égaler, qui
leur assure la pérennité. Une semblable vitalité ne peut en effet
s'enfermer, d'une manière adéquate à elle-même, en une définition.
Elle contient une impulsion, une source d'enthousiasme qu'aucune
définition n'exprimera. L'auteur a dû communier directement avec
les êtres, entendre résonner en lui toutes les voix de la nature et du
cœur; il a su les écouter et leur emprunter leur déconcertante
magie. Il a eu foi en elles, il a saisi sur le vif leur véritable sens et
n'a manqué ni de la patience ni du savoir nécessaires pour les fixer
en une œuvre aux contours définis, tableau ou statue, poème ou
symphonie.

Ce qui rend une œuvre éternelle, c'est donc le souffle dont l'anima
son créateur; ce souffle, il l'a pris à l'âme même et au rythme intérieur des choses, parce qu'il sut voir et entendre et qu'il eut cette
vision par le dedans, qui met en communication avec l'essence
spirituelle et la vie profonde de tout ce qui est. Il sut se placer au
cœur même de cette vie et ne se contenta pas du jeu des apparences.

L'homme de génie est un élu, il a la foi; il croit fermement que
tout ce qui est vit véritablement, qu'il y a une pensée dans les choses,
aussi modestes soient-elles, et que le sens spécial de l'artiste, c'est
l'intuition de cette pensée. Il croit fermement que cette intuition lui
permet de traduire cette pensée en signes, formes, rythmes intelli-

gibles pour les hommes, et de leur en suggérer ainsi le sentiment,
de les éveiller à la compréhension du monde. Il est convaincu que
l'œuvre d'art révèle la signification des choses avec plus d'intensité
que ne le pourraient les sens extérieurs, aidés du raisonnement
abstrait. De ce don de vision et de cette foi jaillit la force de persuasion que conservent à travers les siècles les œuvres d'art
géniales. Et tandis que les notions scientifiques et les idées
philosophiques se transforment sous l'application de la critique, la
création de l'artiste nous parle toujours la langue de l'enthousiasme et paraît conserver une intarissable jeunesse. C'est que
l'artiste de génie communie directement avec l'âme des choses,
avec le spirituel : ici, le rapport apparaît dans toute sa clarté
entre le sens artistique et le sens religieux, et nous devons
conclure qu'au moins pour la classe des œuvres que nous avons
retenues en dernier lieu et que nous appellerions œuvres éternelles,
si cette expression banale pouvait reprendre quelque accent, le sentiment d'art et le sentiment religieux procèdent d'un même mouvement de l'esprit.

GEORGES DWELSHAUVERS

ÉTUDES CRITIQUES

LA COUTUME OUVRIÈRE[1]

« Un nouveau pouvoir, écrivait naguère M. Maxime Leroy[2] est né dans la cité en face de l'Exécutif, du Législatif et du Judiciaire ; le *Professionnel*. » C'est de ce nouveau pouvoir, organisé dans les syndicats confédérés, qu'après dix ans d'études il vient nous exposer les règles et les principes constitutifs. Sur l'organisation ouvrière nul ouvrage n'avait encore fourni un travail d'ensemble aussi objectif et aussi complet. Il y a là, puisé aux sources directes, un précieux réservoir de faits et d'idées, désormais indispensable pour alimenter toute étude ultérieure. L'immensité et la sûreté de la documentation, la richesse du détail et la vie de l'œuvre, l'effort constant pour dégager l'esprit des institutions feront sans doute songer aux études des Webb sur la Démocratie industrielle. Pourtant, à d'autres égards, la différence est considérable. N'envisageons que deux points.

D'abord l'étude économique, ici, est entièrement bannie. C'est œuvre de juriste et d'historien. Et l'historien n'intervient que pour prêter la main au juriste, qui impose ses cadres à la description du mécanisme institutionnel. Il n'y a pas là une histoire du syndicalisme : M. M. Leroy l'a jugée écrite, et plusieurs fois : lui-même en avait donné un bref raccourci dans un ouvrage antérieur. Il ne cherche cette fois qu'à nous faire saisir la genèse des doctrines fondamentales du syndicalisme et à nous décrire les différents rouages des institutions qu'il a créées. Ainsi l'histoire n'apparaît que par tronçons,

1. *La Coutume ouvrière*, par Maxime Leroy, 2 vol. in-8° formant ensemble 934 p., Giard et Brière, 1913.
2. *Syndicats et services publics*, Colin, 1909, p. xi.

en quelque sorte, lorsqu'il s'agit de rechercher l'origine et la formation de chacune des institutions, croyances, pratiques ou obligations
syndicales[1]. Et le livre est composé comme un ouvrage de droit, de
droit administratif ou constitutionnel.

Puis il n'a rien et ne veut rien avoir de doctrinal. C'est par où il se
distingue d'un livre de droit et redevient un livre d'histoire. C'est
par où nettement notre auteur s'oppose aux Webb. Les questions
posées restent bien parentes. Comment (se demandent les historiens anglais du trade-unionisme) la démocratie industrielle résout-
elle ce problème difficile de « combiner une administration efficace
avec le contrôle populaire »? Et notre auteur : que devient l'autorité dans une société d'égaux? et comment sans hiérarchie une
organisation véritable du travail social est-elle possible? Mais la
réponse est toute différente, et plus encore la façon de la chercher.
D'abord les Webb apportent *leur* réponse, *leur* conclusion. Ils l'in-
duisent sans doute de l'histoire; mais pour être éprouvée elle ne
perd pas son caractère de thèse personnelle. Ils ont fait leur attitude de la grande majorité des Trade-Unions anglaises. Ce qu'ils
louent dans le mouvement trade-unioniste de 1889 à 1897, c'est que
ses efforts ont été dirigés « non dans le sens de la révolution, mais
de manière à imprégner toutes les puissances sociales présentes de
l'idéal et des principes collectivistes ». C'est le contre-pied du mouvement français, entièrement révolutionnaire, comme le démontre
M. M. Leroy même chez les « réformistes » (pp. 52-55), et qui loin
de songer à pénétrer les puissances sociales présentes, vise à les
détruire et à s'y substituer. Une « administration syndicale efficace », c'est pour les Webb, la négociation collective débattant pied
à pied avec le patron et les clauses du contrat de travail et le taux
des salaires, en s'appuyant sur une connaissance exacte du marché
et des possibilités industrielles, c'est l'action légale et le dosage des
forces qui déterminent l'intervention parlementaire. C'est le parlementarisme ouvrier organisant le monde industriel et pénétrant les
conseils de la nation. Comment une telle science politique n'entraî-

1. Pour la pleine clarté, on se prend parfois à regretter ce morcellement.
L'auteur n'aurait-il pu, par pitié pour notre ignorance, coordonner quelque part,
en une esquisse lumineuse, les grandes lignes de ce mouvement, où se raccor-
deraient ensuite plus nettement les détails? Peut-être a-t-il redouté à l'excès les
synthèses subjectives et cédé un peu trop au désir de nous livrer le document
nu. Sans doute a-t-il craint aussi de troubler l'ordonnance de l'ensemble, où
l'histoire devait toujours être subordonnée à l'analyse juridique.

nerait-elle pas l'abandon de ce rêve de « démocratie primitive » que faisaient les anciens groupes ouvriers anglais, si voisins, nous diton, des citoyens suisses d'Uri ou d'Appenzell? Avec un tel but, comment ne pas « expérimenter » que les procédés démocratiques du roulement des fonctionnaires, des meetings de masses, du referendum et de l'initiative populaire, des délégués et du mandat impératif, n'aboutissent qu'à la stérilité et à la désorganisation, ou, lorsque des individualités fortes trouvent moyen de réagir, à la dictature personnelle et à la tyrannie des bureaux? Comment ne pas croire historiquement démontrée la nécessité du système représentatif?

L'originalité du mouvement syndicaliste français est précisément à la fois de condamner certains de ces procédés démocratiques, inorganiques et rudimentaires, et de s'inscrire en faux, au nom de l'expérience, contre les conclusions, favorables au parlementarisme, des auteurs anglais. En lui renaît, sous l'impulsion de l'anarchisme, le vieux rêve d'une société vraiment égalitaire et vraiment autonome, fort dédaigneux de la démocratie bourgeoise et de la politique parlementaire, fondée sur l'inégalité. Mais c'est un anarchisme qui renonce à l'individualisme de jadis pour se discipliner, s'organiser, reconnaître que l'autonomie même a ses limites [1], un anarchisme qui veut créer de l'ordre. Et c'est un égalitarisme nouveau, en ce qu'il prétend non seulement s'appuyer à une réalité économique véritable, non à une idéologie; mais encore se réaliser en substituant au pouvoir politique des partis et de l'État l'organisation des compétences techniques. Enfin, et ceci serait plus grave, sur ces bases toute une société nouvelle s'affirme déjà, au sein de notre vieux monde, et nous montre vivantes des institutions considérables.

L'originalité de M. M. Leroy est d'avoir compris qu'avant de discuter cette expérience, il convient d'abord de la prendre au sérieux, parce que si vraiment elle était à cette heure en voie de réalisation, elle serait infiniment plus profonde, plus novatrice que l'expérience des syndicats anglais, racontée par les Webb. Au lieu de répéter et de confirmer l'expérience bourgeoise, au moment même .où la bourgeoisie commence à douter de sa validité, elle la contredirait radicalement. La plus élémentaire des méthodes exige

---

1. Cf. Les intéressantes déclarations de Cornelissen, enregistrées par M. Leroy, p. 143, et l'évolution de Pelloutier. de Mouatte (art. de Monatte, dans la *Vie ouvrière* d'août 1913).

donc d'abord qu'on la suive de très près, et en toute loyauté. C'est exclusivement à quoi prétend notre auteur. L'expérience réussira-t-elle? Pourra-t-elle se généraliser et s'étendre? Tous ces problèmes angoissants, on peut dire que dans son livre, M. M. Leroy s'interdit de les poser. On le lui a déjà reproché[1]. Mais ce serait à ses yeux risquer de fausser l'observation par des préoccupations étrangères. Tout son effort, héroïquement modeste, consiste à s'effacer devant l'objet de son enquête, à laisser parler les textes, les actes, les acteurs, à ne coordonner les faits que d'après les idées directrices du système vivant qui là se réalise. S'il juge (peut-on faire taire entièrement sa faculté de juger) c'est en se plaçant sur le même plan que les personnages de ce drame historique, en ne signalant d'autres déviations et d'autres faiblesses, que celles-là mêmes que plus conscients, ils devraient avouer.

« La riche littérature sur les syndicats, écrivait-il en 1909, est presque vaine, parce qu'elle ne nous informe guère que des plans, des projets et des regrets des théoriciens, presque jamais de la constitution spécifique des syndicats et de sa nécessité économique. » (*Syndicats et services publics*, p. 180.)

Comprendre, en se plaçant sur le terrain de l'histoire, faire ressortir la nécessité sociale (plus encore que strictement économique) des institutions qui s'élaborent, en montrer les tenants et les aboutissants, s'efforcer, sans tentative de prédiction vaine, de lire dans le présent les linéaments de l'avenir qui se dessine, couper court à cet effort même, lorsqu'il paraît prématuré, tel est son objet, et telle sa méthode.

I. *L'esprit de l'œuvre.* — Cette méthode, c'est d'abord tout un esprit. Et on l'a condamné. M. d'Eichthal[2] blâme vivement chez M. M. Leroy cette « tendance manifeste, sinon toujours à approuver, du moins à excuser, à expliquer, à atténuer » la tyrannie syndicaliste, sous prétexte que la solidarité ouvrière couvre tout. « Où n'irait-on pas, s'écrie-t-il, avec des raisonnements de ce genre? » Et s'il loue la complète documentation de l'auteur, il regrette qu'elle

_____

1. M. E. d'Eichthal, dans l'article qu'il a consacré à la Coutume ouvrière, *Revue polit. et parlement.*, novembre 1913.
2. Cf. art. cité, p. 284.

ne s'occupe pas « plus de faits réels » et ne soit pas « plus impartiale dans son inspiration ».

L'impartialité! Nous ne tirerons pas un argument facile de la
manière dont l'entend M. d'Eichthal. Tenir compte des faits, pour
lui, c'est protester contre la lutte des classes, contre l'oppression
attribuée aux entrepreneurs, contre les vertus miraculeuses des
syndicats, etc., en un mot c'est opposer une théorie à une autre. Et
je l'entends bien, ce ne sont pas là, pense-t-il, des idées préconçues,
mais les conclusions fatales où conduit l'étude des faits. Elle conduirait ailleurs un syndicaliste. Voilà pourquoi M. M. Leroy prétend
qu'il n'y a d'étude véritablement objective de la réalité, que si l'on
refrène d'abord sa passion de juger. Mais c'est un effort difficile
dont peu de gens reconnaissent la nécessité. « Devant toute nouveauté sociale, écrit-il, les publicistes commencent par prendre une
attitude de combat : ils n'ont pas fini d'observer que déjà ils criti-
quent » (p. 3). Le groupe syndicaliste, celui qui, avec le groupe religieux, accuse le plus vivement et le plus nettement son originalité
est aussi « le plus violemment critiqué, partant le moins étudié ».
Voyez M. d'Eichthal : pour lui, les « faits réels », c'est surtout ce qui,
au sein ou au dehors du mouvement syndicaliste est, pour ce mouvement, une barrière ou une menace. Force lui est bien, dira-t-on, de
rappeler ce que M. M. Leroy oublie : comment juger le syndicalisme
sans en sortir, regarder autour, le replacer dans le milieu ambiant?
M. M. Leroy, pensons-nous, n'en disconviendrait point. C'est la
matière d'un autre travail, qu'il n'a point voulu faire, d'un travail
ultérieur. Sachons pour l'instant en faire abstraction; réprimons
notre impatience critique : elle nous éloignerait de ce que d'abord
nous devons pénétrer, elle interposerait entre le réel et nous les
catégories habituelles à l'aide desquelles nous jugeons. « Il nous est
facile de critiquer : il n'y a qu'à écouter la voix des principes qui
nous sont familiers. » Rendons-nous plutôt familier ce qui nous
heurte, observons *en lui-même* l'objet de notre étude, dans ses forces
vives, dans ses réalisations, non dans ce qui le ruine ou le limite :
efforçons-nous loyalement à la sympathie.

Ses sympathies (sympathies conquises, et non premières [1]), l'au-

1. « En commençant mon étude, il y a une dizaine d'années, écrit M. M. Leroy,
j'avais sur le développement du socialisme et du syndicalisme des idées fort
opposées à celles que j'ai actuellement : je veux croire que ce sont les faits qui
m'ont imposé de nouvelles conclusions. » (Correspondance de l'*Union pour la
Vérité*, 15 décembre 1913, p. 117.)

teur n'en fait pas mystère. Il tient à nous avertir franchement qu'elles vont à ce « régime d'égalité et de liberté, basé sur le travail, que les syndicats préparent patiemment depuis la scission qui s'est produite entre producteurs et bénéficiaires de la production » (p. 7). Et cet avis n'est pas à ses yeux l'aveu d'une faiblesse. « Un historien, un sociologue ne peuvent à vrai dire échapper à leurs préférences de philosophe ou de citoyen. On ne doit exiger d'eux, à ce point de vue, que d'avoir voulu être sincères, documentés avec probité. » — « Gœthe disait : je puis me promettre d'être sincère, mais non d'être impartial. » — Soit, dira-t-on, mais la sincérité, ici, ne suffit pas. Il y faut en outre la liberté d'esprit, qu'enchaînent nos sentiments.

· M. Leroy pense avec raison que la véritable liberté d'esprit s'accommode beaucoup mieux d'une sympathie consciente d'elle-même et de ses raisons, susceptible par suite, le cas échéant, de se refroidir, — que d'une prétendue impartialité qui se détache de l'objet de son étude et se tient à distance. Pour connaître, une sympathie difficile, une sympathie conquise est nécessaire. Elle manifeste et permet tout à la fois la pénétration. Ces nouveautés sociales qui résultent de l'activité révolutionnaire d'une classe jeune la requièrent surtout. « Nous sommes de vieux hommes et nous aimons les vieilles traditions, parce que nous les comprenons sans effort. » Ainsi les classes s'ignorent et se méconnaissent parce qu'elles se pensent ou s'abordent avec leurs instincts anciens, leurs catégories traditionnelles. Il faut lire ces pages, belles et fortes comme du Proudhon, où M. Leroy nous montre comme la sensibilité bourgeoise — source profonde de nos jugements prétendus impartiaux — est fermée à la sensibilité ouvrière. « Les œuvres ouvrières, livres, journaux ou associations, paraissent dénuées de cet ordre que nous cherchons, que nous aimons; elles manquent de cette régularité dont nous avons fait la beauté classique, de cette logique abstraite qui nous semble se confondre avec la civilisation même. Les journaux ouvriers sont quelquefois pleins de grossièreté; ils n'ont ni nuance, ni finesse, pas plus de grâce que de vertèbres; tout y semble désordre. » C'est que « l'ordre et la régularité ne sont jamais que le fruit d'une longue tradition et ils n'apparaissent guère qu'à la veille du moment où la force créatrice des artistes ou des penseurs tend déjà à diminuer ». Songeons aux mœurs grossières et violentes de ces rudes communiers d'où sont sortis notre droit et notre civilisation modernes. « Étaient-

ils moins brutaux que nos « chasseurs de renards », ces bourgeois
de Laon dont la foi n'arrêtait pas les bras homicides levés sur la
tête de leur évêque ». Il faut « oublier nos habitudes de lettrés et
d'hommes trop policés, si nous voulons comprendre la beauté et la
moralité sauvages et brutales, neuves, des efforts syndicalistes ». Il
ne faut pas ménager notre sympathie à tous ces dévouements obscurs,
à tous ces efforts pour mieux travailler et pour mieux vivre, à toutes
ces aspirations vers une organisation plus libre et plus solidaire
tout à la fois, à tous ces hommes qui luttent pour leur liberté et
leur dignité au prix des plus durs sacrifices. Suivons-les, aimons-les
d'abord. Non sans doute en timorés ou en aveugles. Quand des
valeurs humaines incontestables sont en jeu, il faut savoir être dur
pour ceux que l'on aime. Et M. Leroy est dur, sans réticences, pour
tout ce qui est passions démagogiques, excitations et violences de
dénonciateurs aigris, sabotage criminel, sabotage sournois qui cultive la paresse et ruine la dignité du travailleur, clabauderies hai-
neuses qui refusent à tout bourgeois, sans exception, la sympathie
ou l'admiration qu'on réclame pour l'ouvrier et que Marx ne ména-
geait pas aux pionniers du capitalisme. Mais trop souvent nous
prenons nos catégories bourgeoises pour des valeurs éternelles. Si
même c'est avec raison, comment pouvons-nous le savoir, tant que
par un sincère effort pour nous en défaire — ne fût-ce que le temps
d'une étude approfondie — nous ne les avons pas éprouvées avec
une intelligence accueillante *des seules catégories qui s'y opposent?*
Nous aimons trop penser sans heurt. C'est se refuser à apprendre
et à comprendre. Par ces hommes grossiers qui nous blessent, « le
monde se renouvelle, nous ignorons dans quelle mesure, selon les
procédés simples et rudes, que l'on retrouve à l'origine de tous les
mouvements politiques, esthétiques ou doctrinaux ; et ce n'est qu'avec
le temps que nous verrons se former des traditions nécessaires à
l'établissement d'un équilibre, sans doute instable, mais harmonieux
dans ses grandes lignes et spontanément visible pour tous les
yeux ».

Il faut penser d'abord avec votre adversaire si vous voulez le
dépasser ; autrement vous risquez simplement de passer à côté de
lui, vous croyant victorieux parce que vous n'avez pas rencontré
d'obstacle. Il est bon qu'en notre époque avide de croire et d'agir,
un observateur sincère nous rappelle ces règles élémentaires et
pourtant démodées de la critique. Une accueillante sympathie qui

sait qu'elle se donne et pourquoi est plus favorable à la véritable
liberté d'esprit qu'une prétendue impartialité, toujours illusoire
et distante. Voilà, sous l'air d'un paradoxe, la forte vérité que nous
apporte ce livre. Qui se croit impartial réserve et met 1ors du débat
une partie de lui-même. Plus que tout autre, il prétend au droit de
juger. Avec sa raison, qu'il croit sans parti, arbitre souverain, puisqu'elle est la Raison. C'est donc qu'il ne voit point de quoi elle est
faite. J'ai plus de confiance en qui me dit ses sentiments et sa
croyance. Il sait où il penche, et que ce n'est que penchant. Non
qu'il manque d'énergie à croire, car il sait ce qu'il aime et ce qu'il
veut. Mais il s'ouvre à l'expérience, sans prétendre posséder l'absolu
qui la juge. Il est fort quoiqu'il doute, et parce qu'il doute, ne s'attachant qu'à bon escient. Si l'objet de sa sympathie ou de sa croyance
lui fait un jour défaut, il lui reste une ardeur, un mouvement et de
l'acquis : tel le savant qui reconnaît son erreur ne doute ni de la
science ni de la vérité. Et au fait, nous y sommes, à voir comme on
confond aujourd'hui sympathie et partialité, impartialité et dogmatisme, est-ce donc qu'on a besoin qu'on nous fasse reconnaître,
comme eût dit F. Rau1, l' « idée expérimentale »?

II. *La méthode.* — « Trouver la nécessité des choses, écrit M. M. Leroy, p. 12, voilà le but de tout historien : ce n'est pas l'antipathie
pour le syndicalisme qui fera trouver cette nécessité dans une
matière aussi neuve. » N'allons-nous pas ainsi, pour éviter un excès,
retomber dans un autre? Si tout est nécessaire, nous n'avons plus
qu'à applaudir, ou si nous ne pouvons, à nous résigner.

On connaît sur ce point les idées de M. Leroy. Depuis ses premiers
ouvrages il est resté fidèle à sa méthode [1]. Les déviations, les violations même du droit, lorsqu'elles prennent une direction régulière ne sont pas à condamner de prime abord comme des fautes
évitables. Elles posent un problème à l'observateur, comme au physicien les écarts systématiques qu'il constate entre les faits et la formule d'abord induite. Elles sont l'indice d'une nécessité jusque-là

---

1. *Les Transformations de la puissance publique*, Giard et Brière, 1907; *La Loi,*
Id., 1908. Nous en indiquions déjà l'essentiel dans un numéro de cette *Revue,*
(juill. 1909. p. 582, 583), à propos de ce dernier ouvrage. Cf., encore, *Syndicats*
et Services publics, Colin. 1909.

inaperçue, qu'il faut comprendre, si l'on veut pénétrer le mécanisme réel des institutions au lieu de prétendre les plier à une législation qui ne leur convient pas.

Objectera-t-on que la tâche du juriste n'est pas celle du physicien ; que l'une est de mettre en lumière des nécessités naturelles, l'autre de soumettre les actions humaines à des règles impératives? Il est aisé de répondre que les normes juridiques elles-mêmes ne peuvent réglementer les besoins sociaux qu'à condition de leur donner une satisfaction légitime. Le droit privé, le droit pénal, le droit constitutionnel ouvrent un cours réglé à l'activité du citoyen, au ressentiment public, à la vie de famille, aux intérêts de l'échangiste et du propriétaire. Ils doivent d'abord en reconnaître les exigences impérieuses variables avec les temps. Une législation doctrinaire, qui prétend régenter la vie sociale et l'ignorer, tombe en désuétude ou multiplie les violations du droit : elle n'aboutit qu'à troubler ou à ruiner la conscience juridique. Le rôle de l'arbitraire et de l'illégalité, disait Jean Cruet [1], est de nous révéler ce désaccord de la loi et de la vie : comment nous instruiraient-ils si nous ne songions qu'à les condamner. Le meilleur moyen d'y parer ne sera-t-il pas d'inventer des règles nouvelles, adaptées cette fois, et que par suite on ne violera plus? C'est ainsi qu'au lieu de s'entêter dans sa condamnation première de l'assurance sur la vie et de la rejeter dans le domaine des spéculations illicites, la jurisprudence a su progressivement lui tracer une route royale, réglementée, mais large, où elle peut évoluer librement. Mais c'est toute l'histoire du droit qu'il faudrait écrire pour illustrer cette méthode, à laquelle les théories évolutives des jurisconsultes modernes nous ont, semble-t-il, habitués.

L'originalité de M. M. Leroy est d'en tenter l'application aux confins mêmes du domaine juridique, aux institutions les plus neuves, les plus en marge de la loi, les plus révolutionnaires. D'où les résistances qu'il rencontre : vérité — déjà péniblement admise — en deçà des bornes du domaine juridique reconnu, paraît erreur au delà. Voilà pourquoi d'aucuns se refusent à reconnaître ici la méthode que peut-être ils admettent là-bas.

Jamais cependant elle ne saurait être plus indispensable, car jamais nous ne risquerons davantage de nous laisser porter par nos

---

1. *La Vie du droit et l'impuissance des lois*, conclusion.

préjugés et nos sentiments habituels à méconnaître les nécessités.
Relisons sur ce point la page que M. Leroy écrivait dans son livre
sur les syndicats (pp. 179-180) : elle éclaire admirablement sa tentative d'aujourd'hui. « Les syndicats n'ont jamais été étudiés et considérés que dans leurs rapports avec la loi, leur statut de 1884, avec
les principes économiques classiques, plus ou moins modifiés sous
l'influence du socialisme, enfin avec la réglementation individualiste
du code civil. On n'a jamais oublié que de les rattacher à la tradition ouvrière : seule cette tradition peut révéler la nature particulière de ces sociétés... L'oubli de leur histoire est la cause d'une
infinité d'erreurs... Les événements de la vie syndicale, au lieu d'être
retenus à titre d'indications pour pénétrer dans le fonctionnement
de l'activité professionnelle autonome et saisir les effets de la spontanéité ouvrière, ont reçu des qualifications qui leur ont enlevé tout
caractère juridique; ils ont été rejetés comme des déviations et des
illégalités, des manquements aux principes. » « Aussi convient-il de
renverser la méthode, d'aborder une étude vraiment objective, pour
éviter ces condamnations superficielles qui résultent de ce qu'un
développement régulier, faute d'être compris, apparaît comme une
anomalie monstrueuse. De cette constitution des syndicats, organismes et forces autonomes, presque tout reste à étudier au delà de
la loi écrite. Après les avoir rattachés aux besoins de la solidarité
professionnelle, aux conditions et au développement historiques, on
pourra utilement rechercher pourquoi ils agissent de telle façon,
pourquoi ils admettent telle règle, pourquoi ils s'assignent tel but,
pourquoi ils votent telle résolution dans leurs congrès. »
Tel est bien le triple effort que l'ouvrage actuel réalise. Premièrement, étudier les syndicats, leurs institutions et leurs doctrines en
eux-mêmes, dans ce qu'ils sont, dans ce qu'ils veulent être, définir
les obligations qui les constituent, même si la loi les ignore ou les
condamne, les étudier en un mot tels que les ouvriers les ont faits
et non tels que la loi les désire ou se les représente, c'est là (nous
reviendrons sur ce point) une analyse juridique véritable, et nécessaire, puisqu'elle consiste à décomposer le mécanisme et le fonctionnement réels d'une institution, au lieu de considérer le système fictif où le législateur prétend l'enclore. Mais cette analyse
appelle une synthèse. On ne comprendra chacune des manifestations
de la vie syndicale que si on la replace dans l'ensemble naturel
auquel elle appartient. Et cet ensemble est double : c'est d'abord la

classe ouvrière organisée professionnellement, solidairement, pour
la défense de ses intérêts corporatifs et en vue de son émancipation
définitive; c'est ensuite l'histoire, c'est-à-dire l'histoire du monde
ouvrier, de la vie et de la lutte ouvrières, mais aussi l'histoire du
milieu ambiant, capitaliste et bourgeois, dont le prolétariat ne se
détache et auquel il ne s'oppose que progressivement. Ainsi l'intelligence des institutions et des doctrines syndicales ne sera complète,
ne sera réelle, que si on les éclaire à la lumière de deux principes :
le principe de la *solidarité professionnelle* et celui de la *continuité
historique*. C'est en eux, c'est dans les liens qu'ils nous révèlent que
réside cette « nécessité des choses » que l'historien du syndicalisme
doit avant tout découvrir. Voyons cette méthode à l'œuvre avant de
prétendre la juger.

III. *Continuité historique et nécessités de structure.* — De cette
nécessité, comme en physique, la constance ou la régularité est
d'abord le signe. Quand de prétendues « déviations » ou « confusions » s'accusent avec insistance, c'est qu'elles n'ont rien de factice :
« elles *sont* et cela doit suffire pour nous obliger à en tenir compte »
(pp. 873-874). Ainsi « l'indifférence politique a été érigée par la pratique syndicale en une obligation statutaire, dont la lente formation, pendant près d'un demi-siècle, semble attester l'impersonnelle
nécessité » (p. 320). Bien loin, en effet, d'être une doctrine subjective, cette tendance continue est liée à la constitution corporative
des syndicats. — La généralisation rapide et aisée d'une mesure
peut de même nous assurer qu'elle n'a rien d'arbitraire : Par
exemple, « la formation régulière de cinquante Unions départementales » moins d'un an après la décision du Congrès du Havre (1912)
qui les imposa, « semble attester que la réforme était bien conforme
à la nature des choses ».

Si maintenant nous pénétrons plus à fond, nous verrons apparaître en effet, une nécessité historique, quelque chose de permanent et d'inéluctable, là où nous avions cru trouver de l'arbitraire.
Le mouvement syndicaliste n'est pas né de la fantaisie d'une secte :
il résulte de tendances ouvrières anciennes, dont toutes les fractions socialistes, avec plus ou moins de bonne grâce, ont dû tenir
compte. Des traditions corporatives, des survivances révolutionnaires ou blanquistes s'y manifestent encore, à travers les institu-

tions ou les pratiques les plus récentes « conformément aux lois de
la continuité historique » (p. 506). Le syndicalisme, qui lutte si
vivement aujourd'hui contre le socialisme politique, en reste longtemps pénétré; « en 1894, les guesdistes et les anti-guesdistes étaient
encore plus rapprochés les uns des autres qu'ils ne le pensaient »
(p. 524). C'est le rôle de l'historien de « marquer les points de
contact entre les tendances et les tactiques », qui seuls expliquent
ce que, dans le feu de la polémique, on traite de faiblesses ou de
trahisons. Sous la *révolution* il doit faire apparaître la *tradition*.
Ainsi bien des préjugés disparaissent. — Dans le boni d'une coopérative l'analyse discernera « non seulement une épargne civile, mais
encore le bénéfice du commerçant qui a acheté en gros à de bonnes
conditions », donc une « spéculation heureuse », un « bénéfice
d'actionnaire », un « dividende capitaliste » (p. 718); cette part
fatale de la tradition ne masque nullement la « grande originalité
révolutionnaire » : l'égalité des actionnaires devant le partage du
profit qui se fait au prorata non de l'apport en capital, mais de la
consommation; par cette réalisation de l'égalité chère au prolétariat,
« le coopératisme rejoint le syndicalisme ». — Il y aurait trahison à
confondre l'internationalisme bourgeois, simple programme de
politique étrangère, et l'antimilitarisme ouvrier, qui s'attaque à la
force étatique elle-même, et par delà l'État au régime capitaliste de
la production. Il y a utilité pourtant à comprendre la parenté qui les
unit, à connaître les liens qui rattachent l'Internationale des travailleurs à l'ancienne Ligue de la Paix de 1867 et jusqu'à la philosophie
du xviiie siècle et de la Révolution. C'est, à travers les luttes des
peuples, la tendance à la centralisation qui se manifeste, comme
jadis entre nos provinces. « Économie d'efforts et d'argent, simplification des services, facilité de déplacements, protection sociale,
partant plus grande civilisation, voilà donc ce que l'on trouve à la
base de toute centralisation; et ainsi peu à peu les hommes reconnaissent l'identité de leurs intérêts et oublient leurs différences historiques. L'internationalisme moderne, qu'il soit rude ou insinuant,
qu'il soit défendu par le citoyen Yvetot ou par M. d'Estournelles de
Constant, ne pose donc, ne résout en fait qu'un problème administratif : il n'est que la voix nouvelle des besoins accrus de centralisation qui ont anciennement rendu nécessaire· l'idée de patrie »
(p. 823).
De même que la continuité historique, la structure de l'organisa-

tion ouvrière considérée dans son ensemble doit nous rendre intelligibles les nécessités qui nous scandalisent. Que des brutalités inutiles ou même des violences sanglantes souillent parfois les luttes ouvrières, il n'y a ni à le dissimuler, ni à l'excuser. Mais si l'on prétend étendre le blâme à tous les faits de pression, de contrainte, on montre simplement que l'on ne comprend plus. Constatons d'abord la constance du phénomène. M. M. Leroy rappelle la contrainte rigoureuse, la discipline stricte par lesquelles les bourgeois ont créé les communes. Ce fait, « on le retrouve dans tous les pays, particulièrement en Angleterre, dans notre ancienne histoire corporative, dans les compagnonnages barbares et fabuleux et, au début du XIX° siècle, dans les mutualités belliqueuses qui pendant si longtemps firent fonction de sociétés de défense professionnelle. Il a résisté aux lois qui ont essayé de le faire dévier et aux tribunaux qui frappent durement les délits ouvriers; il s'affirme de plus en plus » (p. 201). Le crime, dira-t-on, résiste à la répression pénale et parfois s'accroît. Voyons donc s'il y a crime. Mais pour cela ne rapportons le fait ni à nos sentiments ni à la loi de 1884, empreinte de ce libéralisme individualiste pour qui de longtemps l'affaire est entendue, rapportons-le à la société où il se manifeste. Il deviendra clair alors que là où le libéralisme voit un rapport d'individu à individu, dominé uniquement par la loi de la concurrence, l'organisation ouvrière voit un rapport de droit public. Comme pour nous l'État, le Syndicat représente pour elle la puissance publique. « Il est collecteur d'impôts, législateur, juge et administrateur autonomes. Gérant de l'intérêt collectif ouvrier, tuteur de la corporation, le Syndicat a la conscience d'être investi d'une véritable souveraineté sur toutes les choses relevant de la profession [1]. Par lui s'exerce donc le pouvoir de contrainte qu'au nom des exigences de la solidarité réclame toute société qui s'organise. L'ouvrier qui s'isole et refuse les avantages syndicaux, pourtant en profite. Essayez un peu, disait Ben Tillet, de répondre au collecteur de taxes municipales que vous ne sortez pas le soir et que vous vous souciez fort peu que les rues soient éclairées,... que vous n'usez ni des bains publics gratuits, ni de la bibliothèque de la ville, ni de ses écoles, et qu'en conséquence vous vous refusez à payer les sommes afférentes à ces divers services, vous verrez comment vous serez reçus. » Ainsi, conclut

---

1. M. M. Leroy cite à ce propos Paul Boucour, *Le Fédéralisme économique.*

M. M. Leroy, « le droit à l'indifférence syndicale, Ben Tillet le niait
aux ouvriers avec des arguments tirés de l'idée de souveraineté
syndicale, véritable puissance publique : le Syndicat a un droit sur
l'ouvrier, à la manière d'une ville ou d'un État s'imposant impérati-
vement aux citoyens qu'il sert et protège » (p. 202). Cette idée ne
saurait « couvrir tout », comme le lui reproche M. d'Eichthal, pas
plus qu'elle ne justifie toutes les prétentions de la commune ou de
l'État : les limites, c'est aux membres solidaires de les poser. Mais
cette idée, c'est l'idée juridique par excellence, c'est le fondement
de notre droit public. Vous pouvez nier les prétentions du Syndicat
à se substituer, sur ce point ou sur un autre, à l'État, vous ne
ferez que prendre parti dans la lutte qui s'engage, opposer une affirmation à une autre : vous n'êtes plus autorisé à traiter la « tyrannie
syndicale » de simple barbarie.

On voit ce que l'on gagne a replacer les faits dans leur ensemble
organique. C'est la même méthode que M. M. Leroy applique à l'idée
de grève et à l'idée de grève générale. « En temps de grève, il y a
lutte sociale, il n'y a pas dispute civile » (p. 668). C'est un droit qui
s'oppose à un autre. D'où le rejet, par les ouvriers, de toute responsabilité civile. Quant à la grève générale, si on la dépouille des traditions blanquistes qui s'y mêlent, et qu'on la rattache au milieu où
elle est née, où elle s'est affirmée d'une façon constante et progressive, elle apparait, non comme un « mythe », mais comme l'extension naturelle de la pratique quotidienne. Par la grève, les ouvriers
refusent de travailler à n'importe quelles conditions et marquent
leur volonté d'organiser leur propre travail. Par la grève générale,
l'ensemble de la classe ouvrière, organisée dans les syndicats confédérés, refuse de travailler pour la classe non productrice et se rend
maitresse de la production. C'est, dit Griffuelhes, « la multiplication
des luttes soutenues contre le patronat ». Nulle idée n'est moins
mythique ou moins mystique [1], elle s'identifie avec l'idée du triomphe
même du syndicalisme. Quoi d'étonnant alors si, en dépit des critiques des doctrinaires, la classe ouvrière y demeure si fortement
attachée? En nous permettant de le comprendre, M. M. Leroy n'entend
nullement convertir ses lecteurs au syndicalisme : mais il a fait son
œuvre d'historien, il nous a montré un lien nécessaire, où nous

---

1. Au sens du moins où l'entend M. G. Sorel. Qu'il y faille au contraire toute
cette *mystique* dont nous parle Ch. Péguy, en l'opposant aux pratiques politiciennes, ce serait l'idéal du syndicalisme de l'affirmer.

avions cru à des intempérances de meneurs; nous resterons chacun dans notre camp; mais, il aura éclairci et par suite, dans la mesure du possible, « dépassionné » le débat.

Plus aptes à comprendre, cette intelligence des nécessités nous rendra encore plus capables de juger. Car les nécessités se heurtent et entrent en conflit. C'est donc à l'homme de faire son choix. Elles n'ont nullement la rigidité des nécessités mécaniques. Et celles-ci à leur tour ne sont pas égales devant l'action. Les reconnaître n'empêche nullement de les évaluer ; bien au contraire, si l'on voit mieux leur point d'attache. L'industriel sacrifiera aux nécessités primordiales, dérivant des conditions essentielles de l'entreprise ou de la nature des matériaux, toutes les autres, qu'une modification de l'outillage ou de la manutention peut tourner. Si en un sens les violences et les colères, les surenchères et les haines démagogiques sont fatales, à ce stade où nous sommes de l'évolution ouvrière, utiles peut-être parfois pour entraîner à la lutte des masses habituées à ne travailler que sous la férule (p. 19), n'oublions pas ce qu'elles ont de dangereux, *au point de vue syndicaliste même.* « Toute bassesse a tendance à se retourner contre son auteur, quelles que soient les excuses fournies par les circonstances et les préjugés. » (p. 20). Il en est de certaines violences ouvrières comme des brutalités coloniales : elles font régresser les puissances civilisatrices. Il y a donc des nécessités supérieures qui commandent l'effort pour se détacher des autres, négatrices du but poursuivi. Ainsi l'intelligence des conditions mêmes de la lutte et du succès justifie plus sûrement qu'une instinctive répulsion morale, certains mépris et certaines obligations.

Enfin, dans une mesure encore très faible. l'intelligence des nécessités de structure et des nécessités historiques nous permet de prévoir. Les premières nous montrent l'unité et la force du système nouveau ; les deuxièmes, ce qui le relie au passé et au milieu que ce système condamne. « Toutes les règles qu'institue l'action syndicale sont concordantes : preuve de l'unité du syndicalisme. Toutes, organiques ou combatives, elles tendent à égaliser les individus, les salaires et les fonctions. » Par le syndicat, par la coopérative, *elles les égalisent déjà.* Ainsi « contre la bourgeoisie, en elle, naît une civilisation dont nous ne pouvons certes prévoir les aboutissements mais dont nous voyons déjà l'action, l'agitation et les œuvres » (p. 881). — Mais cette civilisation, en vertu de la continuité historique, est pénétrée par le milieu même qu'elle renouvelle. Sans nier la valeur de réalité de certaines doctrines (lutte des classes, anti-parlementarisme) le sens de l'histoire nous oblige d'en rejeter certaines affirmations trop absolues. La pression extérieure exercée sur le Parlement n'est pas une forme d'action aussi pure que l'ont cru certains militants : elle n'est spécifiquement ouvrière que par son origine, mais elle retient quelque chose de la foi en un pouvoir réel du législateur. Ainsi, même par la lutte, les classes hostiles collaborent (p. 874). De même, par l'inertie des masses et la nécessité des « minorités audacieuses », le syndicalisme retrouve en son propre sein une inégalité relative. Dans les fortes pages de sa conclusion, M. M. Leroy nous montre combien, sans rien méconnaître des renouvellements profonds apportés à notre société par l'institution syndicale, il est impossible à l'historien de se faire de son avenir une vue aussi simpliste que celle qu'en donnent parfois des prophéties saisissantes.

Sans doute — et l'auteur en a parfaitement conscience — une telle méthode, par sa difficulté même, comporte une part fatale d'arbitraire ou d'incertitude. On pourra s'étonner, par exemple, que l'étude de la journée de huit heures aboutisse à une critique si ferme de certains préjugés, bourgeois ou syndicalistes (p. 279-291), tandis que les graves objections faites au néomalthusianisme, sur le terrain même de la lutte ouvrière, n'aboutissent qu'à un espoir vague de voir « la vie accommoder ces obligations à ses besoins » (p. 269) et à un refus net de juger, en se retranchant derrière les principes qui commandent de constater simplement. On pourra se demander pourquoi le principe de la solidarité avec le milieu ambiant et l'idée de continuité historique, qui permettent à l'auteur de limiter la portée de certaines formules trop absolues ou trop rigides de l'action directe, ne lui permettent pas aussi bien, par la mise en lumière des solidarités nationales inévitables, de tenter une critique de l'antipatriotisme.

Au lieu de nous arrêter à ce reste fatal d'arbitraire subjectif, nous croyons qu'il convient plutôt de louer l'effort incessant vers l'objectivité que manifeste une telle œuvre. Comprendre d'abord, ne juger que plus tard, si l'on peut, voilà la maxime de cet historien : et pour comprendre, découvrir les nécessités internes de la pensée et de la vie ouvrières. Ces nécessités, le peuple lui-même peut ne pas les saisir, « c'est surtout pour lui-même que le peuple est un mys-

tère », redit après Corbon M. M. Leroy; mais on ne l'aidera à se
définir qu'en se plaçant d'abord à son propre point de vue. Ainsi au
moins ne courra-t-on pas le risque d'étouffer sous des préjugés
anciens des forces civilisatrices vraiment neuves.

Quant à la nature des nécessités à mettre en lumière, il faut sans
doute en penser ce que M. M. Leroy pense de l'impartialité de
l'historien : elles doivent être entendues « cum grano salis ». Il
n'y a nulle trace ici d'un matérialisme historique intransigeant. Qui
lit M. Leroy s'aperçoit bien vite que c'est dans l'ordre complexe
des besoins, des sentiments et des croyances que les nécessités dont
il parle ont poussé leurs racines. Elles sont faites de nos forces et de
nos faiblesses, parfois même de nos ignorances. Comment sur elles
nos sentiments et nos croyances seraient-ils sans prise, puisqu'elles-mêmes en sont issues?

IV. *Le droit prolétarien.* — Nous n'avons guère parlé que de
méthode. C'est que la méthode est bien ce qui, parmi l'abondante
littérature consacrée aux syndicats, marque l'œuvre de M. M. Leroy
d'une empreinte vraiment originale et philosophique. C'est elle
aussi, bien que l'auteur s'en étonne, qui sera sans doute le plus
vivement attaquée : l'article de M. d'Eichthal nous paraît symptoma-
tique à cet égard.

Mais déjà l'application de la méthode nous a donné l'occasion de
faire une assez ample connaissance avec le contenu même du livre
et de voir comment y est abordée l'étude des doctrines syndicalistes.
Il nous resterait à dire un mot de l'étude des institutions. Et comme
un livre de faits et de documents ne se laisse pas résumer, nous ne
pouvons qu'essayer de voir avec l'auteur si de l'ensemble de ces
règles et de ces pratiques un droit véritable se dégage.

Le droit prolétarien, que l'auteur nous décrit, est l'ensemble des
obligations douées de sanctions qui peu à peu se sont établies au sein
du monde ouvrier, en marge de la loi, et qui font de ce monde une
société particulière, régie par des règles autonomes. M. M. Leroy part
du groupe originaire, du groupe le plus restreint, le syndicat, et il
suit l'extension de la solidarité ouvrière, à travers les fédérations professionnelles et les unions de syndicats (Bourses du Travail), jusqu'à
la C. G. T., jusqu'à l'Internationale ouvrière, dont le principe au moins

et les obligations constitutives sont indiqués vers la fin de l'ouvrage.
Conformément à la méthode choisie, un même plan s'impose toujours
pour l'étude de chaque institution : formation historique de l'institution considérée, composition de l'organisme ainsi formé, organisation intérieure, obligations imposées aux membres du groupe ou au
groupe lui-même. Les doctrines ne sont jamais étudiées dogmatiquement, à part des institutions, obligations ou pratiques concrètes par
lesquelles elles se réalisent. On voit ainsi leur objet propre, et la
mesure dans laquelle elles ont pénétré la vie réelle ou même en sont
issues. Les règles, de leur côté, sont ainsi rattachées à leurs principes. La table des matières annonce modestement l'étude des conditions d'âge, de sexe, de profession nécessaires pour être admis
au syndicat. Mais par là c'est les questions complexes de l'éducation ouvrière. de l'apprentissage professionnel, du féminisme, du
syndicalisme administratif ou agricole qui se trouvent soulevées.
L'organisation même des congrès fédéraux suscite le problème du
mandat impératif ou de la R. P. [1]. Ainsi apparaît clairement, par la
disposition même de l'œuvre, que les règles ont une signification juridique, qu'elles expriment une certaine conception de l'ordre social.

Cela suffit-il pour parler ici de droit? Évitons d'abord un malentendu. L'erreur de M. d'Eichthal, reprochant à M. M. Leroy de
faire du droit prolétarien un droit *légal* a de quoi étonner. « Tous les
juristes, répond avec raison notre auteur [2], rejettent aujourd'hui la
vieille conception légale du droit. — La loi n'est pas tout le droit.
Elle n'est qu'une des nombreuses sources du droit. » Déjà, dans
l'introduction de son livre, M. M. Leroy avait pris soin de distinguer
nettement le droit ouvrier non seulement du droit légal, mais encore
du droit étatique au sens large. « Les juristes ne voudront pas reconnaître le caractère juridique de ces règles, disait-il, parce qu'elles ne

---

1. Cette disposition, nécessaire à certains égards, ne va pas sans inconvénients
— matériels d'abord : on a de la peine à retrouver, à la simple inspection de
la table des matières, telle discussion doctrinale importante : un index eût été
utile : — inconvénients de composition et de clarté aussi : on regrette (regrets
de philosophe?) que, comme nous le disions plus haut de l'histoire, la doctrine
syndicaliste ne se trouve nulle part assez complètement ramassée. L'auteur a
craint ici pour l'aspect évolutif, expérimental du syndicalisme et pour la valeur
documentaire de son ouvrage. Une conciliation, pensons-nous. était possible. Il
n'est pas jusqu'à telle discussion de doctrine ou de tactique, qui scrupuleuse-
ment morcelée par l'auteur suivant les nécessités de l'ordre chronologique des
Congrès, n'eût gagné à être éclaircie et allégée par une exposition qui pouvait
se faire plus systématique, sans cesser d'être historique, toutes les références
voulues satisfaisant en note aux exigences de la documentation.
2. Correspondance de l'*Union pour la vérité, Loc. cit.*

dépendent pas, même indirectement, de l'autorité publique. » Déjà
aussi il rapprochait la *coutume ouvrière* des usages du commerce et
des banques, des usages industriels « signe d'un ordre de règles
indépendant beaucoup plus complexe que les textes législatifs », et
« dont le caractère obligatoire vient, non pas de l'autorité publique,
mais de la nécessité où se trouvent les hommes de vivre en commun ». La loi même, remarquait-il, ne prend de vie réelle qu'à
condition de se fondre dans la coutume. Ainsi donc « on ne voit
pas le droit, ensemble de coutumes, se superposer à la société, à
l'organisation de la société : il est la société elle-même... Pas de
droit sans société, pas de société, même anarchique, sans droit. »
C'est là une idée très répandue aujourd'hui. Stammler la formule
d'une façon assez voisine : les règles juridiques, dit-il, ne se caractérisent nullement par leur caractère étatique. Ce sont des règles
de contrainte, obligatoires au moins en prétention, et qui se fondent
sur ce qu'elles sont une condition nécessaire pour soumettre à des
normes la vie sociale. (*Wirtschaft und Recht*, n°s 23, 96.) Toute
société organisée, comportant par son existence même des règles
munies de sanctions autres que les sanctions diffuses de la morale,
comporte ainsi un droit.

C'est du moins le point de vue du sociologue. Mais pour le
juriste, il semble bien que la question se complique. N'est-ce pas
son rôle de définir le droit applicable devant les tribunaux, ce que
nous appellerons, faute d'une meilleure expression, le *droit positif
judiciaire?* Alors le mot droit prend nécessairement pour lui un sens
plus restreint : c'est le droit établi, actuellement reconnu par le
pouvoir officiellement chargé de dire le droit dans une société
donnée [1]. Ce droit positif comprend assurément, outre la loi, la coutume, la jurisprudence : il y a sur ce point aujourd'hui un accord à
peu près unanime. Mais presque unanimement aussi les juristes
reconnaissent le fait de la prépondérance actuelle de l'État, du droit
étatique, sinon légal : c'est-à-dire qu'ils n'admettront guère la coutume, ou la jurisprudence, ou la « libre recherche scientifique »,
qu'à titre complémentaire, dans le silence de la loi, pour en
combler les lacunes [2]. Sans doute ce rôle, subordonné en théorie,

---

1. Nous nous demandons si après tout, en parlant à tort de droit légal, ce
n'est pas là tout ce que M. d'Eichthal a voulu dire.
2. Si notre droit administratif reconnaît un certain pouvoir réglementaire à
l'administration communale, c'est toujours sous la tutelle du pouvoir central,
et à condition que les principes généraux du droit ne soient pas violés. Mais la

devient dans la pratique un facteur évolutif, révolutionnaire même, comme il arrive lorsqu'un décret de l'exécutif ou un arrêt de jurisprudence, dans l'impossibilité d'appliquer un texte inopportun, le viole sous prétexte de l'interpréter, on l'écarte pour s'inspirer

France est un pays très anciennement unifié et centralisé. Dans d'autres milieux juridiques, comme en Allemagne, l'idée d'un droit vraiment autonome, indépendant de l'État, étonnerait moins. Les *Pandectes* de Regelsberger n'ont jamais passé pour un ouvrage révolutionnaire. Pourtant il définit l'*autonomie*, le droit pour certaines corporations d'établir leur droit intérieur. Dans leurs statuts, il voit une véritable source de droit. Ce sont bien, dit-il, des *normes objectives, nullement contractuelles*, puisqu'il n'y a d'autre issue pour y échapper que de sortir du groupe. Comme exemple, il ne cite guère, il est vrai, que le droit de famille de la haute noblesse allemande, et les règles qu'on y suit relativement aux biens de famille, au mariage, à la tutelle, à l'héritage. Gierke (*Genossenschafstheorie*, p. 152, n° 1), soutient avec bien d'autres auteurs une thèse analogue, et rejette l'opinion de Stobbe selon laquelle une règle juridique ne pourrait être qu'un principe universellement et absolument valable comme une loi d'État. Il cite comme exemple la contrainte statutaire dans une société par actions et la soumission des membres d'une corporation à un tribunal statutaire. Brunner (dans le *Rechts lexikon* d'Holtzendorff) au mot « autonomie » soutient la même thèse et oppose lui aussi ce droit de certaines corporations d'établir des règles obligatoires intérieures à la liberté contractuelle pure et simple. Il n'y a plus là application de droit, dit-il, mais création de droit, reconnaissable à ce que des tiers qui n'ont nullement participé au prétendu contrat, se trouvent liés par ces normes obligatoires. Comme exemples, il cite le droit coutumier du moyen âge, l'autonomie communale, l'autonomie de la haute noblesse. Il ajoute, il est vrai : 1° que cette source de droit est combattue de nos jours par suite du développement de l'omnipotence de l'État; 2° que les groupes qui se forment par la libre adhésion de leurs membres reposent non sur le principe de l'autonomie, mais sur celui de la liberté contractuelle. Mais il répond lui-même à la première objection que la prétention de l'État moderne est abusive, de même que le droit coutumier ne naît pas seulement dans l'État, mais à l'intérieur des organismes qui le composent, de même on peut concevoir, à côté de la législation de l'État, un pouvoir d'établir des règles (Selbstsatzung) appartenant à des groupes plus restreints. Quant à la deuxième objection, il s'agirait de voir ce que vaut, appliqué aux syndicats, le critérium de Brunner. A mesure que le syndicat s'étend à toute la corporation et que se réalise l'unité syndicale (un seul syndicat pour une profession), la liberté de sortir du syndicat devient de plus en plus fictive, d'autant que même alors on n'échappe plus aux règles (contrats collectifs), qu'il a établies pour toute la profession. A la limite de cette évolution, on ne sort ni plus ni moins du syndicat que de la commune ou de l'État. D'ailleurs Regelsberger ne notait-il pas déjà qu'une norme n'est plus vraiment contractuelle lorsqu'on n'a plus d'autre issue pour y échapper que de sortir du groupe? Que dire lorsque le groupe s'impose nécessairement? Le droit syndical sera d'autant plus un droit autonome que se réaliseront plus complètement les prétentions à la puissance publique des syndicats. Alors se vérifiera de plus en plus clairement que notre époque, sur ce point comme sur beaucoup d'autres, manifeste à certains égards une évolution inverse de celle signalée par Sumner Maine, qu'elle va du *contrat au statut*. — Sur l'autonomie législative en France, Cf. Gény, *Méthode d'interprétation et sources*, p. 212-214, et son récent ouvrage : *Science et Technique en droit privé positif* (Giard et Brière, 1914), I, p. 58-59. Cf. aussi dans le *Mouvement socialiste*, XXXII, n° 243 (juill.-août 1912) un article de Sergio Panunzio, qui, pour soutenir le « droit autonome des êtres collectifs », s'appuie, en les dépassant, sur les thèses d'Icilio Vanni (Filosofia del diritto, Bologne, 1906).

d'une situation neuve, d'une conscience juridique renouvelée. Mais
si loin qu'on aille en ce sens, il y a toujours une limite. Le juriste,
par profession, est tenu de rester en contact, sinon comme l'exigeait même la méthode évolutive enseignée par M. Saleilles, avec
l'ensemble du système légal, du moins avec ce qui peut être considéré comme la conscience juridique unanime, ou dominante, ou la
plus éclairée. Pure fiction, sans doute que cette conscience une,
mais fiction qui pose énergiquement une limite à l'extension possible du droit positif judiciaire. Or certainement, dans la pensée de
M. Leroy, le droit prolétarien, dans ce qu'il a de plus révolutionnaire, ne saurait actuellement être consacré même par la jurisprudence la plus prétorienne. D'ailleurs : on nous le répète avec
insistance (pp. 58, 398, 433, 596, 603) les ouvriers souvent ne
s'en soucient guère : le droit syndical ignore la loi bourgeoise et
développe, en quelque sorte, ses propres principes chez lui. Même
ce qui pourrait, du droit syndical, pénétrer sans secousse révolutionnaire, dans notre droit d'État (par exemple une certaine autonomie administrative à reconnaître aux syndicats comme aux communes), ne le pourrait guère sans modification de la loi. Aussi nous
semble-t-il que M. Leroy se laisse entraîner au-delà de sa propre
pensée, lorsqu'il maintient que « la coutume ouvrière est du droit
(du droit sans épithète) *au même titre* [1] que les usages des banques
et des officines de procédure, que les arrêts et jugements des tribunaux, si souvent, eux aussi, en conflit avec les textes législatifs ». Ce droit coutumier que les décisions jurisprudentielles
insèrent parfois dans notre droit positif au mépris de la loi écrite ne
bouleverse pas radicalement les principes de notre droit civil même :
par lui s'accomplit une évolution, de la responsabilité, de la propriété même, incontestable, mais lente, insensible, si bien que les
tribunaux en y cédant peuvent se sentir toujours en accord avec
la conscience juridique des classes dirigeantes. Si la *coutume*
ouvrière est un droit coutumier, elle n'est donc pas coutume, source
de droit positif, au même sens que la coutume judiciaire, ni au
même titre [2].

Il est vrai qu'à accentuer aussi radicalement l'opposition entre le

1. C'est nous qui soulignons.
2. M. M. Leroy le reconnaît lui-même; c'est, nous dit-il (p. 25), une « coutume
libre, sans caractère judiciaire ». Aussi aurions-nous préféré, pour éviter l'équivoque, l'expression de Droit ouvrier, ou de Droit prolétarien, dont l'auteur se
sert d'ailleurs en tête de son chapitre Ier.

droit prolétarien et le droit bourgeois, nous trahirions à notre tour
la pensée de notre auteur. Il est bien trop pénétré du sens de la
continuité historique pour ne pas voir que, de l'un à l'autre, une
transition est possible et déjà même s'est opérée. S'il est absurde
de demander à un juriste bourgeois de réaliser, au prétoire, la
Révolution sociale, il est naturel de demander au droit démocratique de ne pas renier ses propres principes, dès que le droit prolétarien entre en contact avec lui. Or notre droit civil, qui reconnaît
ses limites à l'égard du droit administratif ou du droit commercial,
prétend ici non seulement régner sur son domaine propre, mais
s'étendre, s'imposer à un monde qui le rejette et auquel il ne veut
reconnaître le caractère juridique que s'il se laisse enclore dans les
catégories individualistes traditionnelles. Alors qu'au nom de la
liberté des contrats, il reconnaît le droit statutaire des associations,
on le voit sans cesse surveiller et restreindre celui des syndicats au
nom de l'ordre public, de façon à y étouffer les idées juridiques
nouvelles, qu'il juge ruineuses pour la civilisation, au lieu d'essayer
de les comprendre et de préparer les voies à l'évolution nécessaire.
Notre État démocratique parle en Roi qui concède des privilèges ou
octroie des chartes, et dans le temps même qu'il déclare faire
« confiance ou crédit à la démocratie ouvrière », il marque bien par
là son intention de la tenir en tutelle [1]. Il parle de décentralisation,
d'autonomie communale ou départementale, mais redoute l'autonomie syndicale. Il s'incline parfois (art. 4 de la la loi de séparation)
devant les hiérarchies étrangères et laisse à l'Église catholique elle-
même le soin de définir à quelles conditions on peut se réclamer
d'elle : est-il prêt au même titre à reconnaître les règles spontanées
de l'organisation syndicale interne? Nombreux ainsi sont les points,
où, sans rien renier de ses principes, par une meilleure intelligence
du droit ouvrier et des nécessités de l'organisation syndicale, le
droit actuel pourrait préparer une émancipation légitime. Sans qu'il
formule nulle part ces conclusions, qui dépasseraient l'objet et le
but de son livre, c'est bien là, semble-t-il, le sens où, par toute son
œuvre, M. Leroy nous incline.

Mais ce qui ressort sans conteste de la *coutume ouvrière*, ce sont
les points où, sous forme de collaboration pacifique ou combative,
selon les cas, la transition entre les deux droits s'est déjà réalisée.

1. Cf. *Syndicats et services publics*, p. 181, les citations tirées du rapport Bar-
thou, et le commentaire de M. M. Leroy.

ce sont d'abord tous les « blancs » de la loi de 1884 que les syndicats ont remplis : ils ont réglementé les formalités et les conditions d'adhésion que la loi ne fixait pas (p. 58); ils ont donné à l'institution syndicale réelle une structure propre, que la loi ne prévoyait pas : tantôt par l'exclusion des patrons, des contremaîtres, des tâcherons, lui édifiant une structure spécifiquement ouvrière, qui s'oppose à la conception purement professionnelle ou corporative qu'en avait le législateur (p. 92, 120); tantôt au contraire, par l'admission des ouvriers petits propriétaires agricoles, de certains fonctionnaires, s'agrégeant plus ou moins les classes moyennes (pp. 100-112); tantôt enfin (p. 308), par la réalisation de l'union syndicale et fédérative, animant l'organisme légal d'un souffle révolutionnaire. D'autre part leur action croissante a déterminé une transformation de la jurisprudence civile et administrative : les tribunaux reconnaissent les radiations prononcées par le syndicat conformément aux statuts; de plus en plus, ils ont admis le droit du syndicat à surveiller l'exécution du contrat collectif, en provoquant au besoin le renvoi d'ouvriers, de contremaîtres (p. 229)[1].

Ainsi la coutume ouvrière est bien du droit. Si elle n'est ni du droit légal, ni du droit judiciaire, elle est, tantôt contre la loi, tantôt par son assentiment tacite ou avec la collaboration progressive de la jurisprudence, un « droit en voie de formation », un « droit déjà partiellement formé et appliqué » (p. 25) dont on ne peut dire dans quelle mesure il sera le droit légal de demain.

Mais surtout, ce dont il importe de bien se pénétrer, c'est que, même illégale, même révolutionnaire, nous devons « considérer comme un phénomène juridique la coutume ouvrière, qui, ancienne et coordonnée, se développe progressivement en s'enrichissant constamment de règles nouvelles appuyées sur un sentiment juridique évident. » (Correspondance de *l'Union pour la vérité, loc. cit.*, p. 120.) Pour nous préparer à cela, il convient sans doute d'écarter plus d'un préjugé, de faire un effort difficile, un effort analogue à ceux que durent faire les hommes des cités antiques

---

1. Sur cette tendance, encore hésitante et atténuée de distinctions, de la part de la jurisprudence, à abandonner son attitude strictement individualiste de jadis, cf. les *Tables décennales du Sirey*; et particulièrement : Jean Escarra, *Recevabilité des recours juridictionnels exercés par les Syndicats*, thèse de Paris, 1907; René Demogue, *Les Notions fondamentales du droit privé*, Paris, 1911, p. 509 et suiv. De plus en plus en somme, les syndicats sont admis à représenter en justice les intérêts collectifs de la profession, même s'ils sont de nature purement morale.

pour reconnaître qu'un droit étranger, un droit hostile même peut être et demeure un droit. Effort indispensable. Dans la lutte des classes, qu'il ne dépend de personne de supprimer, comme dans la lutte entre les nations, il importe que les combattants sentent en face d'eux, non une force brutale ou des appétits déchaînés, mais un droit véritable. Ce qui suscite les plus sanglantes violences, a remarqué G. Sorel, c'est le mépris où les idéalistes qui s'identifient avec le Droit et la Raison tiennent leurs adversaires, en leur refusant toute moralité et toute conscience juridique. Une guerre atroce, une guerre d'extermination, c'est où en viennent ceux qui s'estiment les seuls champions de la civilisation contre l'anarchie barbare. Or la juridicité des institutions ouvrières n'apparaîtra qu'à l'observateur soucieux de ne pas les faire rentrer, pour les juger, dans les cadres du droit traditionnel, mais de dégager par delà les incertitudes ou les violences de langage, l'harmonie nécessaire et cohérente du système qu'elles dessinent. Ainsi droit et nécessité, droit et tradition sont liés. On ne comprendra la juridicité des règles prolétariennes qu'en en saisissant la nécessité, en les rattachant à l'ensemble de la pensée et de la tradition ouvrières. Et de son côté, cette nécessité n'apparaîtra clairement que si l'on ne détache pas ces règles, pour les condamner à l'aide de catégories étrangères, de la conscience juridique globale qu'elles manifestent.

Si nous voulions maintenant, pour conclure, dégager de ces règles l'esprit essentiel, voici (les grandes lignes du syndicalisme étant supposées présentes à l'esprit de tous), les traits dominants sur lesquels M. M. Leroy revient avec insistance.

D'abord le droit syndical est un droit empirique, beaucoup plus qu'un système doctrinal. Assurément il est dirigé par un idéal : l'égalité, l'abolition du salariat. Mais les moyens de réalisation résultent moins d'une théorie systématique que d'une doctrine d'action, ouverte aux enseignements de l'expérience. C'est empiriquement que les syndicats ont élaboré une définition de l'ouvrier, du patron, que la loi ne donnait pas (pp. 94, 122-128). Le *referendum* et les congrès fédéraux, qui ne sont, en somme, qu'une variété de referendum, assurent l'adaptation de la loi commune aux besoins, à l'état des esprits, à la région. Ainsi la loi ouvrière, conformément

à une évolution que, dans un ouvrage antérieur [1] l'on nous avait
tracée de la loi bourgeoise même. « se multipliera en règles provisoires, à l'image de la vie mobile, en accord avec l'instabilité
de l'évolution industrielle » (p. 316). Parfois les congrès, pour
« détendre la règle écrite » trop rigide, autorisent des exceptions,
laissées à l'appréciation de groupes plus restreints (p. 405-406). A
des problèmes aussi vivement débattus que celui du rôle respectif
de la consommation et de la production dans l'organisation et la
direction du travail social (p. 750), ou celui des services de mutua-
lité à constituer syndicalement (p. 768), la vie même des institutions
et les nécessités de la lutte font surgir des réponses inattendues.
Mais il ne faudrait pas en conclure que M. M. Leroy sacrifie à son
tour à ce culte de la vie créatrice que des syndicalistes bergsoniens
ont parfois établi sur les bases d'un intuitionisme bien déconcertant.
Il se moque plutôt assez agréablement de cette sorte de « prédesti-
nation sociologique » ou de « grâce psychologique » (p. 833) qu'on
nous présente sous le nom d' « intuition ouvrière », et dont la vertu
fait, à en croire M. Lagardelle, que « le plus simple ouvrier engagé
dans le combat en sait davantage que les plus abscons doctrinaires
de toutes les écoles ». Ouvert à l'expérience, instruit par l'action, le
peuple ne se passe assurément ni d'utopie, ni même de dogmes.
« Par quel miracle la philosophie ouvrière échapperait-elle à l'ordinaire dogmatisme, c'est-à-dire à la paresse de la pensée et à l'égoïsme
des sentiments? » (p. 841). Surtout, le syndicalisme a son idéal, qu'il
cherche à imposer aux faits. Le prolétariat rêve « le travail libre
dans une société égalitaire ». Il suffit que ce rêve, il ne puisse le
faire, que parce que déjà partiellement il le vit et le réalise.

Autonomie et *égalité*, tels sont en effet les deux grands ressorts de
tout ce mécanisme juridique. Un syndicat est un groupement d'individus égaux, autonomes, où l'on s'efforce de supprimer toute distinction de gouvernants et de gouvernés (p. 139 et suiv.) La tendance est de donner tous pouvoirs à l'assemblée générale. Mais les
syndiqués ne sont pour cela nullement dessaisis du « droit et du
devoir de contrôler l'administration dans tous ses actes ». Afin qu'ils
puissent exercer ce pouvoir de contrôle, les réunions du Comité leur
sont ouvertes. Tous devant venir à l'assemblée, il n'y a pas de
quorum nécessaire à la validité des délibérations. En cas de décla-

1. *La Loi* Giard et Brière, 1908.

ration de grève, les voix des abstentionnistes sont comptées au
bénéfice de la majorité. Ainsi l'autonomie, qui est un droit, ne le
demeure qu'autant que nul ne néglige l'obligation corrélative de
participer aux décisions communes. « Si le syndicat connait la
division des tâches, il veut ignorer la séparation des pouvoirs », qui
n'a d'utilité que pour concilier et fondre — ou plutôt contre-balancer
— des intérêts inégaux et des forces contraires. Les fonctionnaires
syndicaux, étroitement subordonnés à la collectivité, révocables *ad*
nutum, renfermés dans la spécialité statutaire de leur fonction, n'ont
nullement un caractère de ciefs ou de gouvernants (p. 160-163). La
crainte du pouvoir paralyserait même totalement les efforts, si les
syndicats n'avaient eu jusqu'ici la sagesse d'assurer, par la rééligi-
bilité de ces fonctionnaires, la stabilité et la continuité nécessaires à
l'action. Pas de président, un simple secrétaire. L'administration
doit rester publique, anonyme et collective. « En entrant dans un
syndicat, écrit Pouget[1], le travailleur se borne à passer un contrat,
toujours révocable, avec des camarades qui sont ses égaux en Vouloir et en Pouvoir, et, à aucun moment, les avis qu'il pourra être
amené à émettre, les actes auxquels il lui adviendra de participer,
n'auront les caractères suspensifs ou abdicatifs de la personnalité
qui distinguent et qualifient les votes politiques. »

Les statuts et décisions des congrès sont considérés, en théorie
du moins, comme n'ayant qu'un « caractère indicatif ». La même
autonomie est revendiquée par le Syndicat à l'intérieur de la Fédération, par les Bourses ou les Fédérations à l'intérieur de la C. G. T.
Les Syndicats prétendent ne pas déléguer leurs prérogatives au
comité fédéral ou aux congrès. Les principes exigeraient là encore
la souveraineté d'une assemblée fédérale : le referendum, les congrès, dont les décisions sont souvent susceptibles de revision par
les groupes, en tiennent lieu dans la mesure du possible et conservent à la solidarité fédérale le « caractère commutatif de l'administration syndicale ». (p. 313). Pas plus que la Fédération, l'Union des
Syndicats ne dirige les Syndicats affiliés : elle reçoit d'eux l'impulsion, n'étant elle-même qu'un organe de coordination. (p. 396). La
solidarité, jusqu'au sommet de l'échelle apparente, se borne à
« croître sans engendrer, sur une hiérarcie d'autorités subalternes,
un gouvernement suprême ». (p. 315)[2].

---

1. E. Pouget, *Le Syndicat*, p. 11, cité p. 167.
2. C'est à ce souci profond d'autonomie et d'égalité que se rattachent deux

C'est là, plus que dans une habileté opportuniste et dans la crainte
des divisions, qu'il faut chercher la raison profonde de la neutralité
ou de l'indifférence politique des syndicats. Pour eux « la politique
est l'art de contraindre les gouvernés à l'obéissance à l'égard des
gouvernants; elle est l'art de régner » (p. 354). Elle maintient
l'État et les inégalités de classes, elle est cela même qu'il s'agit de
ruiner.

Toute inégalité disparaît-elle vraiment de ce droit public nouveau? Et tout gouvernement? La réalité répond-elle à ce contractualisme absolu que nous entendions formuler par Pouget? En un sens
on en peut douter. Par toutes ces assemblées, par tous ces congrès
d'abord, des décisions sont prises, auxquelles il convient que la
minorité se soumette. Une discipline s'impose. A l'intérieur de
chaque syndicat, un conseil de surveillance est préposé au maintien
et à l'application des statuts. La première obligation des syndiqués
est l'obéissance aux statuts syndicaux. La sanction de cette obligation est le retrait de l'aide ouvrière, du droit de participer aux
avantages assurés par le syndicat à tous ses membres, l'exclusion ou
la radiation. Les défectionnaires sont considérés comme des délin-
quants; s'ils reviennent, ils devront leurs cotisations arriérées.
Même aux non-syndiqués il est défendu, sous peine de représailles,
de rien faire de contraire aux intérêts collectifs. L'autonomie syndicale est aussi relative que l'autonomie individuelle. « La C. G. T.
(art. 3 des statuts de la confédération) basée sur le principe du fédéralisme et de la liberté, assure et respecte la complète autonomie des
organisations *qui se seront conformées aux présents statuts.* » « Pour
éviter les graves inconvénients que pourrait faire naître le respect
trop absolu ou exagéré de l'autonomie », décide en 1908 le congrès
confédéral de Marseille, le comité confédéral, sollicité, pourra être

conceptions syndicalistes en général incomprises des démocrates : le *rejet de la
R. P.* pour constituer le comité confédéral ou pour déterminer le calcul des
voix dans les congrès; le *rejet du mandat impératif.* La C. G. T., ou les congrès
ne groupent pas des individus, mais des syndicats, des métiers égaux, quel que
soit le nombre de leurs membres : le prolétariat n'admet pas plus de différences
entre les professions autonomes, au point de vue du nombre, que notre droit
international n'en admet entre les États souverains, qui soient tirées de leur
étendue territoriale ou du nombre de leurs habitants (p. 489). Quant au mandat
impératif, il rend inutile toute discussion, au sein d'une assemblée, et par suite,
s'il peut être utile au Parlement, en présence de représentants des autres
classes, là où « la classe ouvrière signifie sa volonté en se refusant à discuter »
(p. 600), il n'a plus de sens entre égaux : comme la R. P., le mandat impératif
suppose un milieu où règne l'inégalité. On voit l'originalité et la fécondité, au
point de vue juridique, des règles dégagées par la pratique ouvrière.

pris comme arbitre pour trancier un conflit entre Syndicat et Fédération, Syndicat et Bourse, « dans l'intérêt supérieur de la classe
ouvrière ». « Il est bien entendu, ajoute-t-il, que le congrès est
souverain. » En fait les congrès n'ont pas toujours respecté l'auto-
no mie syndicale (p. 567-569). Certaines de leurs décisions eussent
pu amener des scissions si la volonté de l'unité n'avait été la plus
forte. En second lieu l'action des minorités conscientes, l'absence
d'un quorum dans les assemblées, voulue pour que les timorés et les
faibles n'arrêtent pas les énergiques, le rejet de la R. P. et du mandat
impératif, qui laisse une certaine initiative aux délégués, dans les
comités confédéraux et les congrès, l'autorité personnelle de certains
militants, l'existence d'une classe de fonctionnaires syndicaux rééli-
gibles, tout cela n'est-il pas l'indice d'une reconstitution fatale d'un
système représentatif, d'un gouvernement, d'une aristocratie? Ainsi
autonomie et égalité ne seraient plus qu'un rêve tiéorique : des
nécessités de la discipline surgirait la loi, comme des nécessités
de l'action l'autorité?

  « Est-ce là une contradiction? se demande M. M. Leroy (p. 168).
Ennemis des lois, les syndicalistes ne proscrivent ni l'ordre, ni la
discipline, mais seulement un certain type de loi : la loi qui, votée
par des délégués irrévocables, réglemente l'inégalité économique.
Au regard des lois qu'ils se donnent, ils font figure de contractants :
ils se refusent à en être les « sujets ». Si l'on pousse plus loin
l'objection, si l'on reconnaît, comme semble bien l'avouer M. M. Leroy
(p. 230, 231) que cette loi munie de contrainte, qui se réalise par
exemple dans les tarifs syndicaux, n'a plus guère que fictivement
le caractère contractuel, puisqu'elle s'impose non seulement à la
minorité, mais aux rebelles, aux non-syndiqués eux-mêmes, il faudra
bien conclure que l'autonomie ouvrière n'a rien de l'individualisme
anarcıique. Au parlementarisme individualiste succède le régime
collectif. « L'électeur qui opine seul est remplacé par le groupe qui
opine en commun » (p. 163). La restriction de la liberté individuelle, la contrainte disciplinaire, dans le syndicat, comme dans
notre droit, comme à l'origine des communes, est au plus grand
profit de l'autonomie réelle de l'individu, dans le groupe et par le
groupe. « Le syndicat ne prétend pas absorber l'individu; mais tout
au contraire l'exalter » (p. 198). Il fait appel à tous; il entend
rappeler ciacun au respect actif de sa compétence tecınique et de
sa dignité de travailleur : « travail en commun, *liberté en commun*,

responsabilité en commun », voilà ce qu'il essaie d'instituer. S'il revient à la loi, c'est après suppression des gouvernants : la loi est l'œuvre de tous, non de représentants entre les mains de qui l'on abdique. Voilà par où le contrat reparaît, non individuel, mais collectif ; non unitaire, centralisateur, comme au sein d'une République une et indivisible, mais fédéraliste, résultant, à tous les degrés, du libre concours et de la libre organisation. Le régime syndicaliste, c'est l'effort le plus sincère pour substituer à une volonté générale majoritaire l'élaboration progressive d'une volonté commune.

L'élimination de l'autorité gouvernante n'est pas non plus purement théorique : La formule des « minorités conscientes » n'affirme pas simplement « le droit de quelques-uns à conduire le plus grand nombre ». Elle contient quelque chose de cette signification, et c'est là la part de tradition à laquelle la Révolution n'échappe pas. Mais sincèrement et réellement aussi elle contient autre chose : « Bien loin qu'il soit question de constituer des privilèges en faveur de ces « conscients », les plus forts n'usent de leur supériorité que pour égaliser les peines et les profits ; du moins est-ce leur ambition publiquement avouée » (p. 869). Et il est certain que s'il y a des faiblesses et des fautes personnelles fatales, toute l'institution est organisée pour éviter de créer du « pouvoir », pour que tous les efforts profitant à la lutte, aboutissent à un relèvement du niveau de vie de l'ensemble.

Nous touchons ici à la raison profonde pour laquelle cet égalitarisme politique n'est pas théorie pure : c'est qu'il s'appuie à une égalité économique réelle. L'inégalité économique est le plus sur étai de la puissance des gouvernants. Et là où elle apparaît, au sein du monde ouvrier, la solidarité tend à se rompre. D'où les efforts incessants des ouvriers organisés pour maintenir, par l'égalité du travail et des salaires, par l'uniformisation des conditions d'avancement, l'égalité réelle des situations. Mais ces efforts seraient vains, si les forces égalisatrices n'étaient par elles-mêmes très puissantes. Or elles le sont vraiment. Le mouvement industriel, les progrès du machinisme ont nivelé le travail, effacé dans une large mesure les différences de capacité individuelle. Là même où elles subsistent, elles se laissent classer aisément en catégories, issues d'une division du travail uniforme, et à l'intérieur desquelles l'égalité se retrouve. « Si, dans ce cadre de l'atelier, une inégalité persiste ou se reforme, *elle n'est pas fondamentale, extérieure à la personne de ses bénéficiaires, immortelle à la façon de nos capi-taux transmissibles* : personnelle et périssable, elle n'a, semble-t-il, que la valeur d'une sorte d'usufruit viager » (p. 166). A l'atelier, la commandite égalitaire (cf. liv. VI, c1. v) réalise, sans hiérarchie, sans chefs, cette organisation autonome du travail par les tra-vailleurs eux-mêmes, ne réglementant que ce qu'ils connaissent, la matière de leur compétence technique[1], unifiant les travaux et les salaires, et réprimant sévèrement le parasitisme et la fraude. Au syndicat, les règlements statutaires s'inspirent des mêmes prin-cipes. A la limite, le syndicalisme ne serait que la commandite géné-ralisée. L'autorité, lorsqu'elle apparaît, apparaît ainsi sous forme individuelle et viagère, limitée, contrôlée, résorbée dans l'égalité. Bien loin de transporter à l'atelier et dans la vie économique des règles empruntées au parlementarisme politique, le syndicalisme est un effort pour renouveler les principes du droit public, en s'inspirant de la pratique ouvrière. Là où des inégalités techniques considérables apparaissent encore (cf. p. 183), l'égalité de situations, d'intérêts, de classe agit et efface les divisions corporatives étroites. Dans la lutte commune contre l'exploitation patronale, les intérêts particuliers momentanément lésés ou les minorités vaincues ne se sentent pas violentés ou opprimés. L'inégalité économique foncière, le maintien des faibles dans une situation inférieure par les riches et les puissants, voilà ce qui constitue une oppression véritable. Dans le monde syndical, les divergences de tactique et d'intérêts momentanées arrivent rarement à voiler l'identité de la situation et du but final : l'émancipation de l'ouvrier par la suppression du salariat.

Ainsi le rêve syndicaliste d'autonomie et d'égalité ne saurait être tout à fait vain. L'on peut craindre pour lui. Les ambitions, les passions des uns tendront sans cesse à y faire renaître l'inégalité, les mœurs politiciennes, l'instinct du pouvoir, les dissensions stéri-lisantes. La jalousie, la défiance des autres lutteront contre les forces

---

[1]. Ce principe est l'inverse de celui où les Webb (*Industrial Democracy*, p. 844), voient l'essence et la justification de la Démocratie, ainsi que la garantie de la liberté : *la séparation du pouvoir et de la compétence*. Ici la liberté résulterait de la limitation des compétences les unes par les autres, chacune étant autonome dans son domaine propre. La loi résulterait d'une collaboration de divers grou-pements élaborant le règlement des intérêts communs. Le syndicalisme cherche volontairement à réaliser ce type même de liberté que les Webb déclarent con-damné par tout le mouvement de la civilisation moderne : la réglementation autonome par chaque groupe des affaires qui l'intéressent.

élémentaires d'organisation et de discipline. Le cas Merrheim, en
dépit de l'énergique réaction qui s'est manifestée, est de ceux qui
font réfléchir. On sait les attaques incessantes dirigées contre les
fonctionnaires syndicaux. Ces graves problèmes sortent du cadre
de cet ouvrage. L'auteur a cru utile de montrer, laissant de côté les
incertitudes et les défaillances, « les renouvellements profonds
apportés, dès maintenant, par le syndicalisme dans nos manières
anciennes de penser, de gouverner, de vivre » (p. 881). Il a voulu
nous faire voir qu'il y a là, dès maintenant, tout un droit positif,
appuyé à une tradition, à des réalités, à des besoins, partiellement
traduits en institutions vivantes. Si ce droit reprend, à certains
égards, le vieux rêve démocratique, c'est sur de nouvelles bases,
en éprouvant sa vitalité à l'expérience d'un monde nouveau, dont
la structure égalitaire semble appeler par elle-même la forme dont
on voudrait la revêtir. Les esprits « modérés » n'y verront toujours
qu'un rêve, non conforme à la réalité humaine, et continueront
d'être séduits davantage par le corporatisme et l'Etatisme fabiens,
plus pénétrés de tradition, et à leurs yeux plus pratiques. Mais
peut-être à cette heure le pragmatisme utilitaire des ouvriers
anglais, ébranlé par de violentes secousses, cherche-t-il à s'accommoder d'autres théories. N'oublions pas que des deux héros du trade-
unionisme selon les Webb, Tom Mann et John Burns [1], si l'un a vu
s'élever jusqu'au banc des ministres ses destinées parlementaires,
l'autre venait naguère en France enrichir son expérience syndicaliste par l'étude de la C. G. T.

G. AILLET.

1. Cf. *Histoire du Trade-Unionisme*, ch. VII, p. 418 et suiv.

QUESTIONS PRATIQUES

LE SENTIMENT PATRIOTIQUE

Que l'ensemble complexe d'éléments intellectuels et d'états affectifs désigné par le mot de sentiment patriotique ait une réelle et vivante existence, l'opinion commune paraît bien l'affirmer. Elle semble même admettre que, de tous les sentiments, il est l'un des plus vivaces : non seulement il s'extériorise en des gestes historiques, mais encore il se soumet des tendances et entrave des passions ; des divergences que l'on eût pu croire irréductibles, des haines qui passaient pour fondamentales ne vont-elles point, aux heures de crise nationale, s'effacer et se fondre dans l'amour commun de la patrie ? Il y a plus : en de pareils instants, l'instinct de la conservation individuelle n'est-il pas lui-même dompté ? Le sacrifice n'est-il pas la manifestation extrême mais normale du sentiment patriotique ? C'est que — pense confusément le sens commun — les peuples comme les individus, plus que les individus, veulent être et persévérer dans leur être. C'est en ce vouloir-vivre nécessaire et collectif que le sens de la patrie plonge ses racines profondes ; aussi peut-on le tenir pour un véritable instinct. Quant à ceux qui déclareraient ne point retrouver en eux cette tendance élémentaire, il faut admettre ou qu'ils s'analysent incomplètement ou qu'il se mentent à eux-mêmes ou qu'ils sont hors de la commune nature.

Qu'il y ait un intérêt capital à soumettre ici les données du sens commun à l'analyse philosophique, nul ne peut songer à le nier : Que veux-je dire au juste quand je me proclame patriote ? En découvrant sous les voiles qui l'estompent et le déforment le contour exact du sentiment patriotique la réflexion du philosophe nous rendra à nous-même, nous permettra d'orienter plus sûrement des actes jusque-là confus.

Nous voudrions montrer tout d'abord combien tous les contenus communément attribués au sentiment de la patrie lui sont en fait inadéquats, combien ils le travestissent et, pour ainsi dire, le truquent. Nous voudrions ensuite mettre à nu son contenu véritable et comme son âme, qui est toujours, croyons-nous, un souci moral bien déterminé, la croyance de chacun en certains idéaux politiques, sociaux, religieux, réalisés dans un État donné ou réalisables dans un État possible. Nous voudrions enfin, déroulant les conséquences de cette affirmation, montrer comment à sa clarté bien des associations de concepts et de mots se désagrègent, comment au contraire des oppositions qui paraissaient foncières se résolvent en similitudes profondes. Nous comptons d'ailleurs au cours de cette analyse sur l'appui constant du sens commun.

Il paraît admis par les journalistes, par les littérateurs, par l'immense majorité de tous ceux chez qui la réflexion n'est qu'élémentaire que le sentiment patriotique a pour contenu principal et même exclusif l'amour du « pays » c'est-à-dire « du sol natal », une inclination sentimentale envers « la terre qui nous a donné le jour ». La plus claire manifestation du patriotisme n'est-elle pas, dit-on, l'interdiction formelle que tout peuple fait à ses voisins de « venir s'installer sur son territoire », de lui prendre son sol? En disant que je suis lié à la terre qui m'a vu naître par la plus solide des affections, j'exprime donc un fait peu facile peut-être à expliquer mais incontestable, vécu. Mon patriotisme ne saurait s'exprimer en une formule plus adéquate.

Toutefois si, me défiant des affirmations hâtives, je cherche à voir clair en moi-même, je m'aperçois vite que si vraiment il existe entre la « terre » et moi-même un lien sentimental, la source de cet amour ne doit point, en tous cas, être cherchée dans l'existence des caractères qui définissent ce pays comme pays, ce sol comme sol. Je suis assez clairvoyant pour reconnaître que mon « pays » n'est ni le plus fertile, ni le plus heureusement situé, ni même le plus pittoresque du monde. Il n'est pas non plus « celui où l'on vit le mieux »; et si j'avais à dresser au double point de vue des avantages matériels et des satisfactions esthétiques un tableau hiérarchique des différents « sols », il pourrait arriver que ma « terre »

n'en occupât point les degrés supérieurs. S'il m'arrive de dire
parfois que mon pays est le plus beau du monde, il s'agit moins là,
je le sais, d'une constatation que d'un vœu; et ce vœu lui-même est
comme l'accomplissement d'un devoir. Je le formule parce que par
ailleurs et pour de tout autres raisons je suis patriote. — Je n'ai
donc tout bien pesé qu'une seule raison d'aimer mon sol, en dépit
de son infériorité réelle ou possible, actuelle ou future, c'est qu'il
est mien, que j'y suis né. Mais est-ce vraiment le fait brut de la
naissance qui est ici en question? Non; le terme de naissance doit
être entendu dans son sens le plus large et, pour ainsi dire, le plus
spirituel. Il désigne l'initiation à la vie, l'éveil des premières tendances, l'éclosion des premières joies. Je puis être né à Madrid ou à
Berlin et n'en pas moins considérer la France comme ma terre
natale, ma patrie. J'aime mon pays voudrait donc dire : Je tiens à
mes impressions premières, à mes souvenirs d'enfance. Mais en
quoi cette constatation de psychologie esthétique pourrait-elle être
appelée patriotique? Non; je sais très bien qu'il entre dans le sentiment patriotique un élément d'action, « la volonté de quelque
chose », dont ma formule ne fait pas mention. Voici, semble-t-il, une
traduction bien plus exacte : Je ne veux pas que le pays dont l'image
et le souvenir se trouvent liés pour moi à l'éveil de la vie affective
passe aux mains d'un peuple étranger. Mais alors je m'aperçois sans
peine qu'entre cette volonté précise et le soi-disant mobile qui prétend en être le soutien il n'existe aucun rapport sérieux. Sans doute
je puis me dire que l'occupation étrangère me privera à tout jamais
de la vue des paysages aimés; mais, outre que cela n'est point
certain, je me refuse à croire qu'un si mince regret esthétique puisse
être vraiment tout le contenu de mon patriotisme. Non; je sais très
bien que l'amour de la terre natale s'étend aussi aux régions où je
ne suis pas né, où je n'ai jamais vécu et ne vivrai jamais; il s'étend
très exactement à tout le territoire dont la géographie me dit qu'il
est celui de la nation; partout il le recouvre et nulle part il ne le
déborde: c'est un amour délimité par la carte. Peu de parties du
territoire ressemblent à l'étroite portion que je nomme natale; et
cependant, en tant qu'il mérite la qualification de patriotique, mon
amour ne distingue pas. Je soupçonne alors que cet attachement à
des portions de sol dont j'ignore entièrement la physionomie et
même la place exacte, cette inclination qui remplit jusqu'en leur
moindre saillie des contours qui n'ont pour moi qu'une existence

géograpiique, est quelque ciose qui doit différer profondément des
frêles émotions littéraires de tout à l'ieure.

Entre cet amour intellectuel et volontaire pour un être abstrait, le
territoire, et les jouissances émotives suscitées par quelques images
anciennes il n'y a pas de passage et celui-là ne peut pas être l'expansion de celles-ci. Contrairement à une opinion facile, l'attaciement au
territoire ou mieux la volonté du territoire n'est pas la simple et
automatique dilatation de l' « amour du clocier »; celui-ci est une
émotion estiétique, séparée de l'action; celui-là est une croyance
morale. Ils ne sont pas sur le même plan, n'appartiennent pas à la
même forme d'activité spirituelle. Si d'ailleurs les émotions pro-
voquées par l'image de la « petite patrie » étaient vraiment le soutien de l'édifice patriotique, bien des faits demeureraient obscurs :
Comment expliquer ciez tous ceux — et ils sont nombreux — qui
ont conservé des lieux qui les ont vu naître et grandir des souvenirs
iaineux ou simplement médiocres l'existence d'un patriotisme qui,
pour ne rien emprunter à la littérature, n'en est pas moins profond?
Comment expliquer aussi que des iommes transportés dès leur naissance en pays étranger et ne possédant de leur adolescence que des
souvenirs exotiques, éprouvent cependant avec plénitude le sentiment patriotique? Il y a plus : des étrangers naturalisés peuvent
devenir et deviennent des patriotes convaincus. L'amour du « coin
de terre natal » n'est donc aucunement le germe de l' « attaciement
au territoire » et la petite patrie n'est point le vestibule de la grande.
La volonté du territoire n'est pas divisible; d'emblée elle est la
volonté de tout le territoire et de lui seul; on n'a pas à la préparer
et les voies de l'estiétique ne conduisent point à elle; du premier
coup, elle s'installe dans la vie étiique. Mais tout cela ne nous
renseigne guère : « attaciement », « volonté » sont des termes flous;
territoire est un mot ambigu; enfin, la raison d'être de leur union
reste mystérieuse.

Le sens commun s'efforce cependant d'éclairer cette obscurité. Il
se rappelle que « patrie » signifie « terre des pères » et dès lors
l'attaciement au territoire lui apparaît comme le nécessaire résultat
de la solidarité vécue qui nous lie au passé iumain. L'amour des
pères fonde et justifie l' « amour du pays ». Je suis patriote parce
que je suis le prolongement d'efforts antérieurs, que je ne me suis
pas fait moi-même, qu'il y a du passé derrière moi. Regardons cela
de près : le mot père a ici, de toute évidence, un sens très vague; il

ne désigne pas exclusivement mes ascendants mais un énorme faisceau d' «aïeux», de prédécesseurs. C'est à ce faisceau tout entier que je me sens lié ou mieux c'est par lui tout entier que je me sens poussé. Mais ce faisceau lui-même, comment en arrêter les contours, en fixer le diamètre? Quels sont au juste ceux dont je puis dire qu'ils *m'*ont précédé, qu'ils « m'ont fait » et « me font encore »? Tous les prédécesseurs ne sont pas des pères; comment, à quel signe vais-je reconnaître ceux-ci parmi la masse? Avec une entière bonne foi, je découperai la foule amorphe des prédécesseurs à l'image des territoires tels ou à peu près tels qu'ils sont géographiquement répartis. J'obtiendrai ainsi des groupes bien distincts auxquels je donnerai des noms : les Français, les Allemands, les Espagnols. Je n'aurai ensuite aucune peine à reconnaître en ses contours exacts le groupe de pré-décesseurs, maintenant de pères, auquel je suis lié. Mon « amour des pères » s'étendra rigoureusement à tout ce groupe et ne le débordera pas; il sera fixé, stable. Mais qu'ai-je fait? J'avais cru trouver dans une sympathie profonde avec les ancêtres, les pères, la raison de mon attachement au territoire et voici que j'ai dû recourir non seulement à l'existence mais encore à la configuration de ce dernier pour isoler parmi le chaos du passé le groupe de ceux auxquels je puis maintenant et sans arrière-pensée accorder mon amour. Je me retrouve toujours en présence de l'inexpliqué : attachement au territoire, volonté du territoire.

Je pourrai bien cessant de demeurer tourné vers le passé et de marcher en quelque sorte à reculons, fixer mes regards sur les êtres futurs et substituer à la terre des pères la « terre des enfants ». Notre terre est moins à nous qu'à nos fils; c'est pour eux que nous voulons la garder; l'amour de ceux qui viendront après nous est le seul contenu véritable de notre attachement au territoire. Il est à craindre toutefois que les termes de fils et d' « enfant » ne soient pris ici en un sens aussi large que pouvait l'être tout à l'heure le mot père. Parmi nos successeurs il en est qui seront nos fils, nos enfants; d'autres seront simplement « ceux qui seront nés plus tard ». Nous avons un moyen simple de les discerner; les premiers « continueront notre œuvre » ce qui veut dire resteront groupés et travailleront sur le territoire que nous leur auront légué; les autres, indifférents au territoire, se sépareront du faisceau, « iront ailleurs »; ceux-ci ne seront pas nos enfants. Ici encore c'est l'actuelle existence du territoire, c'est la volonté que j'ai de son

maintien qui projetant parmi l'indécision du futur ses clartés vives
y découpe le groupe auquel, sans dévier, va mon affection. Loin
d'être expliquée c'est la volonté du territoire qui explique. Ainsi
ceux qui ont vécu comme ceux qui vivront nous rejettent vers nous-
mêmes qui vivons; ne cherchons pas lors de nos volontés présentes
des explications factices : ce que le passé a voulu est aboli ou
devenu nôtre et ce que l'avenir voudra doit d'abord nous traverser.
La question se pose donc à nouveau : quel contenu donner à ces termes dont j'éprouve pourtant la plénitude : attachement au territoire?

Voici qu'une porte de sortie se présente. J'ai cru tout à l'heure
que seule l'actualité morcelée des territoires permettait de découper
le passé; c'est que j'avais omis le facteur ethnologique; il y a des
races et le faisceau qui me pousse est celui de ma race; des caractères tranchés l'opposent avec netteté aux faisceaux voisins. Je
tiens à mon territoire parce que tout d'abord je chéris ma race et
que l'intégrité du sol m'apparaît comme la condition même de la
vie ethnique. Mais je me demande bien vite ce que j'entends au
juste par ce mot de race. Veux-je parler des particularités anthropologiques? Non; il est d'abord vraisemblable qu'elles sont à
l'heure actuelle fort atténuées; puis, à supposer même qu'elles
fussent réelles, il resterait à prouver qu'à chaque nation, à chaque
ensemble d'individus se proclamant de la même patrie, correspond
une race distincte; et si pareille coïncidence se produisait, je pourrais sans doute ici encore accuser la diversité des territoires d'avoir
très fortement influé sur la détermination des races. Enfin, en
défendant ma race ce n'est pas son indice crânien ni la structure de
son squelette que j'entends préserver; cela m'est bien indifférent.
J'entends tout simplement par race l'ensemble des qualités psychologiques communes à un groupe. « Nous sommes de la même race »
signifie : nous éprouvons à peu près devant les mêmes spectacles
les mêmes émotions, nous avons aussi les mêmes qualités et les
mêmes travers logiques, les mêmes « façons de penser »; nous
avons enfin des façons semblables de vouloir : toutes les solutions
pratiques proposées par les membres du groupe sont revêtues de
teintes analogues, « ont un air de famille ». Cet ensemble d'analogies constitue le caractère, le type national. Ce thème a été trop
largement exploité par la littérature pour qu'il soit nécessaire
d'insister. Nul n'ignore qu'à l'esprit français s'oppose l'esprit allemand; si nous énumérons dans une colonne les adjectifs adéquats

au premier nous n'avons qu'à inscrire en regard les qualificatifs
inverses pour obtenir du second un portrait exact; quelques-uns
vont jusqu'à leur accorder quelques traits communs; certains — les
audacieux — les jugent complémentaires. Nous savons tous que
l'Anglais est positif et pratique, alors que le Français toujours
généreux est parfois imprudent. Bref chaque peuple traine après
lui son bagage d'épithètes, qui ne varie guère. Ces qualités nationales, on se fait un jeu de les retrouver aisément chez tel ou tel
individu; cela est d'autant plus facile que la victime choisie appartient généralement au groupe des privilégiés, qui se sont déjà prêtés
docilement à l'extraction des qualités collectives. On admire alors
naïvement la merveilleuse adaptation du vêtement collectif aux
épaules individuelles; cela fortifie la croyance en la race, en un type
fixe et réel. Que si l'individu choisi refuse trop catégoriquement
d'endosser ces vêtements tout faits, il est facile de dire que partout
il y a des exceptions lesquelles au reste, comme chacun sait, confirment la règle et de découvrir dans la garde-robe d'une race
voisine de quoi le vêtir convenablement. Mais si, passant de ces
fictions littéraires à la réalité psychologique, je bannis résolument
tous les souvenirs de théâtre que je puis posséder, si sous l'uniformité très réelle de certains gestes, des modes, des costumes, de la
langue, j'essaie de retrouver cette communauté de « caractère » qui
s'étendant à tous les individus enclos en un même territoire et à
eux seuls, donnerait à l'étendue et à la forme de la nation un fondement psychologique et motiverait la volonté que j'ai de son maintien, je me trouve en présence du vide. Toute convention littéraire,
théâtrale, mise à part, je n'ai jamais devant moi que des individus,
des êtres singuliers qui échappent aux cadres de toutes les formules,
τὸ τοδέ τι. A supposer d'ailleurs que des similitudes profondes
existent, les groupements qu'elles peuvent déterminer ne coïncident
guère avec les divisions des nations, des patries. Par les mœurs et
même par le « caractère » un habitant de Marseille est plus près
d'un Génois que d'un habitant des Flandres françaises. Un paysan
breton est-il plus différent d'un cultivateur anglais que d'un fermier
provençal? En un mot la carte des affinités psychiques ne coïncide
aucunement avec la carte des nations; il est donc difficile de voir
en celle-ci la projection géographique de celle-là. Il faut se résigner
à reconnaître à l'intérieur d'un même territoire l'absolue diversité
des individus et des groupes. Si donc tous ceux-ci ont cependant la

même patrie, défendent l'intégrité du même territoire, ce n'est point une communauté psychologique, ce n'est point la participation à un fantôme littéraire qui fait leur union ; il faut qu'une communauté d'une autre sorte les lie à leurs frontières et les réunisse en un tout. D'ailleurs en admettant l'existence des prétendus types nationaux, en admettant même que la carte ethnique coïncide dans son ensemble avec la carte géographique, ce qui importe à un patriote, ce qui lui permet de reconnaître chez son voisin la présence du sentiment patriotique qui l'anime lui-même, de le déclarer son compatriote, ce n'est point la présence des qualités nationales mais bien leur utilisation, leur application à la question du territoire. Celui qui, déployant des qualités incontestablement empruntées au type allemand, proclamera la nécessité de la nation française et sa volonté de défendre le territoire, sera dit un bon, un excellent Français ; inversement celui qui, mettant en œuvre toutes les qualités de la race française, déclarera se désintéresser de la défense du sol, sera considéré comme un faux français, comme un homme qui déjà a une autre patrie. Ce n'est donc point dans les qualités nationales, cadres indifférents, qu'il faut chercher la source de la communauté patriotique mais dans leur contenu et même, plus précisément, dans cette partie de leur contenu qui se rapporte à la défense de la nation. Pour que tu sois de la même patrie que moi, il faut et il suffit quelles que soient nos ressemblances ou nos diversités psychiques, que nous voulions tous deux défendre le même territoire. Mais pourquoi le voudrions-nous ? La question reparaît, invariable.

Tentons une nouvelle voie. Admettons l'absolue diversité des individus et des groupes. Il n'en existe pas moins au-dessus de ces êtres divers des croyances collectives vivantes et dont l'origine n'est pas assignable dans le temps ; il existe des ensembles étendus de réflexions et de sentiments qui persistent à travers la durée, auxquels tout un groupe participe et qui même, le définissant comme groupe, donnent à la volonté de défendre le territoire un contenu positif. Il n'y a ni races, ni types ; mais il existe des traditions nationales. Ici encore ne suis-je pas dupe des mots ? J'aime mes traditions nationales ; j'y tiens. Pourquoi ? Parce qu'elles sont des traditions ? Non ; le seul fait d'avoir des origines lointaines ne leur confère aucun droit à mon attachement. Seul importe ici le fait qu'elles sont nationales. Que veut donc dire ce terme ? Il peut signifier tout d'abord : « qui se sont produites à l'intérieur de la nation ».

En ce cas, voici intervenir encore les limites géographiques; c'est la
carte qui va nous permettre de découper avec exactitude le faisceau
des traditions nationales, de nous constituer un passé de croyances.
Puis il faut bien avouer que je rencontre « à l'intérieur de ma nation »,
les traditions les plus diverses : chaque groupe politique, chaque
secte religieuse, chaque clan littéraire a ses « traditions » qu'il qualifie de « nationales » et qu'il oppose fièrement à celles des groupes,
sectes, partis et clans voisins. *La* tradition nationale, l'ensemble
fixe de croyances profondes dont on m'avait parlé, c'est en vain que
je le cherche. Ceux-ci prétendent que la vraie tradition nationale, la
seule, est faite de croyances monarchistes et catholiques; toute
autre tradition est, pour eux, antifrançaise; ceux-là soutiennent que
la confiance en la raison et les croyances républicaines qui, pour
eux, en sont le résultat constituent la seule tradition authentique-
ment française. Chacun a ses traditions; l'antipatriote lui-même a les
siennes et peut-être les proclame-t-il nationales. Comment choisir?
Où trouver un critérium? Beaucoup vont s'étonner de mon embarras
et me tendre charitablement la main : « Parmi toutes les traditions qui
vivent au sein d'une nation sont seules nationales celles qui manifestent, expriment le caractère national. » Nous voici donc ramenés
vers le fantôme dont nous venons il n'y a qu'un instant d'éprouver
l'inconsistance. D'ailleurs, une seule chose intéresse le patriote, et
ce n'est point l'allure, la forme des traditions; c'est leur contenu,
la part qu'elles font à la défense du territoire. Une seule tradition
est nationale : la volonté de défendre la nation. L'analyse ferait-elle
un gain quelconque en remplaçant l' « amour des traditions » par
l'attachement aux mœurs, aux habitudes nationales?... Nous ne le
croyons pas. La diversité du présent est incontestable et la recherche
d'une uniformité réelle, profonde, nationale est une entreprise illusoire. Si nous nous risquons à dire que sont seules nationales les
mœurs et les habitudes conformes au caractère national, nous retom-
bons dans le vide et usons de l'arbitraire. Le problème reste intact.

Ainsi ni la sympathie pour le sol natal, ni l'amour pieux de la
terre des ancêtres, ni l'amour plus actif de la terre des enfants, ni
le sentiment de la race, ni l'absorption de l'individu par les traditions ou les mœurs nationales ne suffisent à remplir notre patriotisme. Ils ne nous expliquent pas pourquoi nous voulons que la nation
persiste, que le territoire demeure intact, pourquoi nous avons à
nous défendre. Bien loin de fournir à cette volonté un contenu réel et

ferme, ils la recouvrent de tendances vagues, superficielles. et lui
imposent le masque de fictions littéraires. C'est donc sans plus nous
soucier des métaphores, cette volonté elle-même. cette croyance
franche qu'il nous faut directement aborder. « Je veux défendre le
territoire actuel de ma nation. » Pourquoi le veux-je? Que défends-je
donc en le défendant? Quel est le contenu du mot « nation »? Là est
la clef de l'énigme.

II

Cette énigme est loin d'être insoluble. En m'interdisant de remplir désormais les mots de territoire et de nation avec des images
littéraires, je ne me suis pas condamné à l'impuissance. Au contraire,
toutes les voies sans issue me sont maintenant épargnées et je n'ai
qu'à marcher droit devant moi. Quand un ensemble d'hommes forme-t-il une nation, défend-il un territoire? Quand, au contraire, se
contente-t-il de demeurer une simple collection, moins encore, une
pluralité? Toute fiction étant écartée, les réponses se ramèneraient
toutes à celle-ci : pour qu'une pluralité d'individus constitue une
nation et veuille par suite défendre un territoire, il faut et il suffit
qu'elle soit régie par un seul et même mécanisme d'État. C'est l'État
qui fonde et qui définit la nation ; il est la forme dont elle est le contenu, et ce n'est pas sans raison que le langage traite les deux
termes comme des synonymes. C'est l'État, le système des lois, qui
« remplit » le territoire et donne la vie à cet être géographique et
abstrait ; les frontières de l'un sont aussi celles de l'autre et nul n'est
choqué quand on parle des limites de l'État. Que l'unicité du mécanisme d'État assure celle de la nation et qu'inversement une pluralité de mécanismes corresponde à une multiplicité de nations, de
territoires défendus, de patries, il n'est pas difficile de s'en convaincre. Voici des individus physiquement façonnés par le même
climat, habitués à exécuter les mêmes gestes, à parler la même
langue, nourris des mêmes croyances religieuses et des mêmes produits littéraires ; supposons-les soumis à deux mécanismes d'État
distincts, à deux systèmes de lois ; malgré la fréquence et l'étendue
de leurs similitudes ils formeront deux nations. Que l'une d'elles
veuille entamer l'autre, ces nations deviennent des patries, les frontières sont défendues par la force armée. La principauté de Monaco,
simple portion d'un département français, n'est-elle pas une nation,
ne deviendrait-elle pas une patrie? Inversement, accentuons les

diversités de langue, de mœurs, de foi religieuse, de traditions littéraires, créons des groupes hostiles; s'ils sont tous englobés dans
un même mécanisme d'État, si tous ils respectent ou seulement
subissent les mêmes lois, la nation est fondée, le territoire sera
défendu : il existe une patrie. Le conflit des langues, des mœurs et
des religions en Belgique n'entrave pas l'existence de la nation ni du
patriotisme belges. Sans doute, de la vie en commun sous un même
régime d'État, de la subordination aux mêmes lois garantissant les
mêmes institutions résulte à la longue une communauté très réelle
de croyances et d'habitudes et cette communauté elle aussi est
constitutive de la nation; mais elle n'est qu'une conséquence, un
produit, peut-être un luxe, et ce n'est pas elle qui définit la nation
comme telle. L'existence même d'une telle communauté reste d'ailleurs parfaitement contestable; il n'est pas sûr que l'on trouve à
l'intérieur des groupes dits nationaux une homogénéité supérieure
à celle que l'on rencontrerait si l'on découpait arbitrairement des
ensembles humains sur la surface du globe.

Si donc l'on ne se paie pas de mots, l'attachement au territoire
n'est que la volonté de le défendre; mais le territoire, c'est la nation
et la nation c'est l'État, le système des lois. Le contenu du sentiment
patriotique c'est donc la volonté d'un État, d'un système de lois, —
et pas autre chose. Si cela surprend au premier abord c'est que l'on
sépare l'État et les lois de leur support vivant; c'est que l'on oublie
qu'ils sont l'expression, provisoirement figée, de croyances vivantes,
agissantes. L'État est toujours un certain État et les lois sont
certaines lois; elles garantissent un régime politique, social et religieux bien déterminé : l'État peut-être monarchique, républicain,
autocratique...; les lois peuvent aussi favoriser ou entraver l'expansion des croyances religieuses; elles peuvent encore réprimer les
unes au profit des autres : l'État peut être laïque, catholique, protestant...; les lois expriment enfin et garantissent les rapports des
classes sociales, le régime de la propriété et celui de la possession :
elles sont ou ne sont pas démocratiques, individualistes, socialistes... Vouloir un territoire, une nation, un État, être patriote,
c'est toujours se déclarer le partisan d'un régime politique, social,
religieux; et défendre la patrie, c'est refuser de laisser substituer au
mécanisme d'État dans lequel on est englobé des mécanismes différents. Car les lois remplissent très exactement le contour des frontières et toute modification territoriale met en péril la forme même

de l'État, le régime, un régime. Mais cela ne va-t-il pas contre l'évidence des faits? Il est manifeste que tous ceux qui se déclarent prêts à défendre le territoire ne sont point les partisans de l'État dont ils font partie: si quelques-uns le respectent, d'autres le subissent avec impatience et certains même le haïssent qui n'en sont pas moins patriotes. Ceci est incontestable et nous oblige à préciser le sens de nos affirmations. Les régimes ne sont pas immuables, les systèmes de lois sont en un lent mais perpétuel mouvement; à l'intérieur des mêmes frontières un système nouveau peut toujours aspirer, aspire toujours à se substituer au système ancien : à prendre les choses à la rigueur, personne ne veut purement et simplement le régime établi, personne n'est conservateur; il faudrait pour cela avoir renoncé à vivre. Mais les transformations en lesquelles chacun a foi sont inégalement profondes; il en est qui se veulent totales, d'autres s'avouent partielles, d'autres ne prétendent être que des modifications. Quel que soit l'exact contenu de leurs croyances, tous ceux qui ont foi en des transformations possibles et qui les veulent ont ceci de commun que, tous. ils considèrent l'intégrité des frontières remplies par le régime actuel comme la condition première de toute possibilté d'évolution ou de révolution. Qu'il s'agisse d'un remaniement profond ou d'améliorations légères, l'actuel mécanisme d'État et le territoire qui le supporte n'en sont pas moins pour tous le point de départ, la matière à travailler, la pâte qu'il faudra pétrir, le local à aménager ; pour cela, il importe d'abord de ne se le point laisser prendre. Voici donc à quelle conclusion l'analyse nous conduit : le sentiment patriotique n'est pour chacun que sa ferme volonté de défendre l'existence, rarement actuelle, souvent prochaine, toujours possible, du régime politique,.social et religieux en lequel il croit, régime dont l'actualité n'est actuelle et dont la possibilité ne demeure possible que si persiste en son intégrité le domaine sur lequel il est édifié ou sur lequel il s'édifiera, le territoire. Celui qui veut modifier à l'intérieur d'un vase la composition d'un liquide protège d'abord le récipient.

Que nous ne soyons point ici en présence d'un résultat abstrait et factice, que dans la réalité quotidiennement vécue il en soit véritablement ainsi, que chacun lorsqu'il dit défendre sa patrie fasse bon marché de sa race, de ses ancêtres, de ses traditions et de ses descendants pour fixer ses regards sur le régime en lequel il a foi, sur la réalisation achevée, commencée ou éventuelle de ses

croyances politiques, sociales, religieuses, les faits l'attestent avec
éclat et l'analyse de n'importe quel « mouvement patriotique »
éclairerait ici les regards les moins clairvoyants.

Prenons l'exemple de l'élan patriotique qui, voici deux ans,
« souleva le pays » et aboutit à la célèbre souscription nationale
pour l'aviation militaire. On entendit alors proclamer chaque jour
qu'au-dessus de toutes les croyances politiques, sociales, religieuses
qui divisent les citoyens en groupes hostiles venait de s'élever une
force d'union toute-puissante (— amour du sol? de la race? des
traditions? on ne sait —) que l'on appelait assez vaguement l'âme
de la France. Il n'existait plus de républicains, de monarchistes, de
socialistes, etc.; il ne restait que des Français, tous possédés du
même amour. Mais qu'aimaient-ils au juste? Personne ne le disait.
Pour le savoir il n'y avait cependant qu'à consulter avec des yeux
impartiaux la souscription elle-même; car beaucoup de souscripteurs y dévoilaient ingénument leur état d'âme et les autres le
laissaient aisément deviner. Rares étaient ceux qui vouaient leur
obole à la défense de « la France » tout court; innombrables au
contraire ceux qui, par les titres qui accompagnaient leur nom,
entendaient indiquer qu'ils défendaient *une* France bien déterminée,
un régime, des lois actuelles ou possibles. On y rencontrait des
dons d'associations catholiques qui, adressés à « la France, fille
aînée de l'Église », voulaient indiquer à tous combien au contraire
la « fille de la Révolution » méritait peu par elle-même d'être
défendue. D'autres, en grand nombre, « ne séparaient pas la France
de la République » et identifiant les deux termes faisaient en quelque sorte toucher du doigt la vérité que nous nous efforçons d'établir. Certains entendaient défendre la France de Jeanne d'Arc,
d'autres, la France de Robespierre et de Danton, d'autres enfin, la
France nouvelle « tous les jours plus riche de justice sociale ».
Ainsi sous l'apparente uniformité de l'élan national, terme vide, se
faisait jour la diversité profonde et bien réelle des croyances; ce
n'est point en les oubliant, mais en les vivant au contraire avec une
ardeur nouvelle que chacun revenait d'instinct à la source de son
patriotisme. Tous donnaient; mais chacun donnait contre quelqu'un; chaque obole, affirmation d'un idéal déterminé, était et
voulait être en même temps un témoignage d'hostilité. Parce que,
tous, ils étaient patriotes et que précisément leur patriotisme
n'était pas vide, les souscripteurs étaient des frères ennemis. Ceci

n'est guère contestable : vous n'aurez aucune peine à obtenir d'un
membre de l'« Action Française » cette déclaration qu'être Français
c'est être catholique et monarchiste et que, par voie de conséquence,
France et république sont des termes contradictoires; il vous
avouera même sans doute aucune que l'Espagne monarchiste et
catholique a toutes ses sympathies alors que la France républicaine
et laïque ne lui inspire que le dégoût. Tous ceux qui sont animés de
croyances vivantes vous feront des réponses analogues; il serait
vain de multiplier les exemples. Pourtant tous sont également
patriotes; en cas de guerre tous, la main dans la main, défendent le
territoire, le même territoire. Quelle force les unit donc? Celle dont
nous parlions tout à l'heure : le fait que la réalisation actuelle ou
possible de leurs fois différentes se trouve liée, pour tous, au
maintien du « champ » dans lequel elle s'opère ou peut s'opérer.
On déclare la guerre à la France actuelle qui est républicaine et
laïque. Que se passe-t-il dans la conscience d'un Français approba-
teur du régime, des lois existantes? A la pensée que, par suite d'un
écrasement, un régime impérialiste, monarchiste, ou faussement
républicain pourrait être substitué au régime actuel, il se révoltera;
convaincu d'autre part très légitimement qu'une telle substitution
a d'autant plus de chances de se produire que le territoire, matière
de la loi, de l'État, sera plus fortement entamé, il marchera vers la
frontière sans hésitation. Plus sa foi politique sera vive, plus son
patriotisme sera violent et efficace. C'est toujours à l'heure des
grands bouleversements politiques, sociaux, religieux, à l'heure où
une foi nouvelle est assez forte pour transformer un régime que les
élans patriotiques apparaissent dans toute leur vigueur. Il est banal
mais non point inutile de rappeler ici les campagnes de la première
République. Dans la conscience d'un monarchiste (je choisis à
dessein des exemples nets, des oppositions franches) que se pas-
sera-t-il? Ce n'est certes point la France républicaine qu'il va
défendre, la France « des Combes et des Clemenceau ». Mais il ne
voudra pas laisser entamer un territoire qui, puisqu'il fut pendant
des siècles régi par la forme monarchique, peut encore, pense-t-il,
l'être dans l'avenir, qui se prépare en quelque sorte à l'être ou
mieux qu'il prépare à l'être par sa propagande quotidienne. Ce
qu'il défend, c'est l'espoir d'une restauration monarchique. Que
cette espérance vienne à lui faire défaut, il n'aura plus de patrie; il
lui arrivera même de porter allégrement les armes contre cette

France républicaine qui n'est pas, n'a jamais été sa patrie, en laquelle il n'a jamais cru : il y eut des émigrés. A son tour un socialiste pourra se dire : le régime social que garantit l'actuel mécanisme d'État, si criblé d'injustices qu'il puisse être, est en progrès sur les régimes antérieurs; ce progrès, chaque jour, je contribue moi-même et veux contribuer à l'accentuer; je ne laisserai pas annihiler par un écrasement brutal la somme des efforts dépensés et des espoirs permis. Ainsi, aux heures de crise nationale, tous sans doute marchent à l'ennemi mais chacun sait bien qu'à ses côtés, parmi ses frères d'armes, il y a des ennemis aussi, des ennemis irréductibles; en se battant près d'eux, avec eux, c'est aussi contre eux qu'il se bat. Ce ne doit point être là pour nous un sujet d'étonnement et moins encore de scandale. Au lieu de vagues tendances sentimentales nous rencontrons des croyances précises, vivantes, des volontés qui s'éprouvent en se heurtant. Au surplus si nous citions des noms propres, la chose nous apparaîtrait évidente : M. Léon Daudet, par exemple ne défend pas, ne peut pas défendre la même France que M. Jaurès. Il serait vraiment naïf de croire que, brusquement, ils vont se débarrasser l'un et l'autre par patriotisme des croyances qui sont leur vie pour emplir leurs consciences ainsi nettoyées de vagues imaginations et de nos moins vagues élans. Non; ils savent bien, chacun sait bien que leurs croyances, leur foi politique et sociale leur seront alors plus nécessaires qu'elles ne l'ont jamais été, qu'en elles et en elles seules ils puiseront la force d'aller jusqu'au bout de leurs patriotismes différents. Et bien loin que le passé puisse éclipser ici le présent et assurer la totale et chimérique fusion que celui-ci nous refuse, il ne vit lui-même que grâce aux dissensions que nous avons su y transporter. Chacun de nous à mesure qu'il s'enfonçait dans ses croyances et dans l'action s'est fabriqué une race, s'est choisi des traditions, s'est cherché des ancêtres. Prolongement d'un présent où règne la lutte, le passé ne sera pas le royaume de l'union.

Toutefois une objection se présente, qu'on ne peut éluder : l'histoire atteste l'existence de conflits fréquents entre nations dotées du même régime politique, du même régime social, pourvues de la même foi religieuse; — et ce ne sont point ceux qui paraissent avoir suscité les mouvements patriotiques les moins violents. Où le patriotisme puisait-il alors son aliment? Pourquoi se défendait-on?

Tout d'abord, puisqu'il est fait ici appel à l'histoire, peut-on vraiment parler historiquement d'une similitude absolue, d'une coïncidence exacte entre deux régimes politiques, entre deux séries de rapports sociaux? Peut-on citer un seul écrasement qui ait laissé intacte la situation politique, sociale et religieuse des vaincus? La réponse est trop claire. Admettons toutefois que, bien souvent, il n'existe pas pour les nationaux de péril proprement politique ou social et que leur patriotisme réclame parfois un aliment plus substantiel; ce sont alors les croyances religieuses qui le lui fourniront. C'est ainsi que beaucoup opposent encore la France catholique à l'Allemagne protestante et verraient volontiers dans un conflit franco-allemand une lutte religieuse, une guerre sainte. « Leur patrie, c'est leur foi » et ceux qui parmi leurs concitoyens professent des fois différentes ou n'en professent aucune leur apparaissent tout naturellement comme des ennemis déclarés, comme les alliés de l'étranger. C'est toujours en une conviction précise, vécue contre les convictions adverses, que le patriotisme prend ici naissance. Faisons la supposition inverse : imaginons que deux nations en conflit possèdent la même foi religieuse et que l'issue de la lutte ne doive influer que faiblement sur le régime des religions; ce sont alors les croyances politiques qui passeront au premier plan : l'Angleterre protestante mais libérale sera opposée à l'Allemagne protestante aussi mais impérialiste; et tous ceux qui, protestants Allemands, avoueront des croyances constitutionnalistes comme aussi d'autre part tous ceux qui, protestants anglais, révéleront des tendances impérialistes, seront considérés de part et d'autre comme des ennemis de la patrie, des traîtres. Les exemples abondent dans l'histoire. Il convient d'ajouter d'ailleurs que les croyances politico-sociales sont la plupart du temps si étroitement soudées à la foi religieuse qu'il est impossible de disjoindre ce bloc. Beaucoup, en défendant tel régime, croient défendre, défendent en même temps leur foi. Qui de nous n'a entendu dire que le libéralisme anglais s'apparentait au principe protestant du libre examen? Et ce lien, si factice que logiquement et historiquement il puisse nous paraître n'en existe pas moins sans doute à l'état de croyance vivante chez maint patriote anglais. N'entendons-nous point proclamer en France que seul le régime monarchique, régime de subordination stricte, de hiérarchie rigoureuse est acceptable pour une conscience catholique alors que les principes républicains sont au contraire d'inspiration protestante? Je me bornerai à rappeler ici l'hostilité si vive rencontrée parmi tant de milieux catholiques par le mouvement du Sillon. Ainsi ce n'est point en un fragment mais en la totalité de nos croyances politico-socio-religieuses que notre volonté patriotique découvre ses raisons d'être. Cependant on insiste : n'est-il donc point possible que deux nations réalisant une triple similitude politique, sociale, religieuse, aussi complète qu'il se peut, entrent en lutte et qu'il existe dès lors des patriotismes authentiques? Où donc ceux-ci ont-ils leur source? C'est, répondrons-nous, qu'une telle similitude n'est aucunement vécue, éprouvée comme telle par les nationaux. Si chaque individu persiste dans sa volonté de protéger, en maintenant l'intégrité du territoire, les régimes auxquels le lient ses croyances, c'est qu'il a l'intime conviction que ceux-ci tels qu'ils sont réalisés ou pourront l'être à l'intérieur de sa nation, s'approchent des idéaux depuis longtemps aimés beaucoup plus que ne le pourraient faire les régimes prétendus « semblables » qui fleurissent sur les territoires voisins. Il défend le vrai régime politique contre ses contrefaçons, la vraie religion contre ses formes illusoires, la vraie société contre toutes ses parodies. Que deux états républicains en viennent aux mains, chacun d'eux, désireux d'étayer son patriotisme, se croit et se dit le défenseur du principe contre ses falsificateurs. Les petites républiques sud-américaines nous en ont souvent donné l'exemple et n'importe quelle république le donnerait à l'occasion. Si maintenant ce sont deux groupes animés d'une même foi religieuse qui en viennent aux mains, chacun va tout naturellement se considérer comme le gardien nécessaire de croyances que l'adversaire a corrompues, souillées, et que d'ailleurs il ne professe que verbalement. Chacun ajoutera que Dieu lui-même a pris parti, qu'il a discerné le vrai de l'illusoire. « Dieu combat avec nous. » Il est donc naturel que des *Te Deum* suivent la victoire. En déclarant que la France est la fille aînée de l'Église on entend déclarer aussi qu'au cas d'un conflit intercatholique Dieu saurait tout de suite quel est celui de ses enfants auquel il doit prêter son aide toute-puissante. Et c'est là pour un certain nombre de Français un très ferme soutien de leur volonté patriotique.

Il faut donc nous résigner à voir les choses comme elles sont. Vouloir la patrie c'est toujours vouloir que nos croyances politiques, sociales, religieuses demeurent réalisées ou puissent arriver à l'être en un régime adéquat; défendre la patrie c'est protéger, par le maintien du territoire, ces réalisations actuelles ou possibles. Et

sans doute puisque les croyances sont diverses, hostiles, tous ceux
qui défendent le même sol ne veulent pas la même patrie, n'ont pas
la même patrie; c'est par le dehors, par accident pourrait-on dire,
qu'ils sont compatriotes et l'identité de leurs gestes guerriers ne
doit pas nous abuser sur la divergence de leurs intentions. Mais
qu'importe? Chacun défend sa patrie, ses croyances vivantes; toute
sa vie morale se trouve engagée dans cet effort; on ne voit pas ce
que le patriotisme pourrait perdre à prendre ainsi conscience de ses
origines véritables, à se vider de littérature pour s'emplir de réalité
morale.

III

Nous voudrions maintenant indiquer très rapidement quelques-
unes des conséquences de cette analyse. Bien des équivoques se
se trouvent dissipées; bien des oppositions et bien des liaisons
doivent s'avouer factices.

Tout d'abord l'opposition courante du patriotisme et de l'antipatriotisme ne peut subsister qu'en prenant un sens tout nouveau et
assez imprévu. Qu'est-ce, en effet, dans sa réalité concrète, qu'un
antipatriote? Est-ce, comme on le dit souvent, « un homme qui ne
veut pas de patries », qui se refuse à admettre que l'on puisse jamais
avoir quelque chose à défendre? N'est-ce pas bien plutôt l'homme
qui déclare n'avoir pas actuellement de patrie? Il veut dire par là
qu'à l'intérieur de la nation au sein de laquelle il vit il n'y a maintenant pour lui rien à défendre. Le régime politique et social auquel
il croit est, selon lui, si faiblement réalisé par l'État dont il fait
partie qu'il estime parfaitement inutile, pour protéger cette inexis-
tence, d'assurer par le sacrifice des vies humaines l'intégrité du
territoire. Mais que des indices viennent à surgir qui lui permettront d'entrevoir la réalisation possible de ses croyances, la défense
du sol lui apparaît alors comme nécessaire et l'antipatriote devient
un patriote. Supposons que la France soit devenue, partiellement
mais réellement, une république « sociale »; tous les antipatriotes
d'hier seront des patriotes farouches; ils seront même les seuls
vrais patriotes; inversement les patriotes de la veille s'ils ont vraiment perdu tout espoir d'un retour possible vers des régimes
disparus ou d'un acheminement vers un régime souhaité, sont
devenus par là même des gens qui n'ont plus de patrie, qui se
désintéressent du territoire, des antipatriotes. Sans aller jusqu'à

cette hypothèse extrême, supposons seulement que les doctrines
dites « antipatriotiques » réussissent à faire en France de nombreux
adeptes et que les nations voisines au contraire y demeurent
décidément réfractaires, cette vie et cette extension des croyances
vont devenir la source d'un patriotisme nouveau; tous les antipatriotes se grouperont pour défendre « la terre de l'antipatriotisme ».
M. Hervé le disait un jour aux socialistes allemands : « Il n'y a que
nous, Français, qui sachions être antipatriotes. » En somme, ce
dernier terme ne devrait jamais être employé en un sens absolu
mais toujours au contraire en un sens relatif; on est toujours
« l'antipatriote de quelqu'un ». En d'autres termes, parmi les
individus qui composent une nation certains ont la chance de voir
la réalisation présente ou future de leurs croyances liée à la défense
du sol, d'autres ne l'ont pas. L'antipatriote n'est qu'un patriote
malchanceux, que sa malchance exaspère. Au fond tout le monde
est patriote. Pourtant non; il existe un antipatriotisme véritable;
mais que l'on ne soupçonne guère, c'est l'indifférence, le scepticisme moral, le « je m'en fichisme ». Celui-là seul qui, dépourvu
de vie morale, vide de convictions politiques, sociales, de foi religieuse, n'a véritablement et par sa faute rien à défendre, celui-là
est un antipatriote authentique, absolu. Cela veut dire qu'il n'est
digne de faire partie d'aucune nation. Le scepticisme est toujours
un amoindrissement, une mort partielle.

Si l'opposition courante du patriotisme et de l'antipatriotisme est
factice, en revanche et pour les mêmes raisons, la liaison courante
elle aussi de l'antipatriotisme avec l'antimilitarisme ne l'est pas
moins. Il peut sembler au premier abord — et, de fait, tel est
l'avis de la majorité — que n'ayant rien d'actuel à défendre, l'antipatriote a tout intérêt à se défaire d'une armée qui, puisqu'elle est
« présente » ne saurait protéger que des régimes existants ou tout
au moins possibles. C'est là une apparence bien superficielle et les
antipatriotes eux-mêmes s'en sont promptement rendu compte. Si,
en effet, au lieu de se retirer dans l'indifférence et le dégoût, ils
déclarent au contraire avec une véhémence qui est déjà un regret
qu'il n'y a vraiment rien à défendre, c'est qu'au fond ils estiment
nécessaire et possible d'instaurer un régime nouveau, c'est qu'ils y
pensent et qu'ils y travaillent. Or l'armée actuelle est de plus en
plus une force anonyme, brutale, que doit seule intéresser la lutte
comme telle et qui demeure si profondément indifférente à la nature

des régimes défendus que l'on ne reconnaît pas à ceux qui en font
partie et en tant qu'ils sont militaires le droit de participer aux
croyances politiques, sociales, religieuses, de la nation : le soldat
ne vote pas. Cette armée. instrument tout-puissant que les régimes
qui s'en vont transmettent à leurs successeurs. il serait puéril et fou
de la détruire; ce serait consentir d'emblée à l'abolition de tous les
espoirs, avouer que politiquement, socialement, religieusement nous
sommes vides de toute croyance, incapables de toute action. Les
révolutionnaires de 92 furent bien 1eureux de trouver tout constitués
les cadres militaires de l'ancien régime. L'antipatriote, si étrange
que cela puisse paraître, voudra donc une armée forte; il sera un
bon soldat. Que ceci ne soit point un simple paradoxe mais la description d'un processus vécu. c'est ce que manifeste, par exemple,
avec éclat l'évolution, parfaitement logique, des idées de M. Hervé.
— Est-ce à dire que le terme d' « antimilitarisme » soit entièrement
dépourvu de sens? Non; mais il ne s'applique pas à ceux qui d'ordinaire sont désignés par ce terme. Celui qui, considérant faussement
l'armée qui n'est qu'un moyen comme une fin portant en elle sa
raison d'être, la déclare mauvaise en son principe, celui qui, vidant
l'existence de la force armée de toute signification morale ne songe
point aux régimes défendus, aux croyances protégées, et qui ne
voyant de la guerre que l'extérieur, les gestes, proclame la guerre à
la guerre, à toutes les guerres, celui-là est véritablement antimilitariste. En somme l'antimilitariste véritable, qu'il le veuille ou non,
c'est le pacifiste, j'entends le pacifiste absolu, celui qui coûte que
coûte veut la paix pour la paix. Il n'existe peut-être pas; ceux que
l'on appelle communément des pacifistes savent reconnaître l'inévitable diversité des croyances, l'inévitable soudure des croyances et
du territoire, de l'État, les inévitables 1eurts. Ils sou1aitent seulement que ces c1ocs qui coûtent bien des vies 1umaines et qui, s'ils
sont le résultat de la vie des croyances n'en sont point la nécessaire
condition, soient aussi peu fréquents que possible. En ce sens il est
peu de gens qui ne soient pacifistes.

Antipatriotisme n'étant aucunement lié à antimilitarisme, de
même et inversement patriotisme et militarisme ne sont point solidaires. Le militarisme est l'inverse du pacifisme absolu et repose sur
la même illusion. Faisant de la force armée un organe qui porte en
lui-même son principe et sa fin, il la déclare bonne par elle-même;
il exalte la lutte comme telle, la guerre pour la guerre; il proclame

la guerre à la paix. Comme le pur pacifiste le militariste absolu se
place ainsi d'emblée hors de tout patriotisme; mais tandis que le
premier est simplement vide de croyances agissantes, de convictions morales, le second fait appel pour combler cette lacune à la
simple brutalité. Par là, il est inférieur au premier. Contre la mise
en œuvre de cette brutalité toute nue le patriote véritable proteste;
il veut que des croyances profondes et éprouvées demeurent le
contenu de sa volonté patriotique qui, sans cela, va se muer en un
simple désir de bataille, de coups donnés et reçus. C'est pour cela
qu'il lui advient de résister à certains enthousiasmes brutaux, d'être
traité d'antimilitariste. Il serait beaucoup plus juste de qualifier le
militariste d'antipatriote.

Nous voici loin de ce sentiment uniforme, supra-individuel, de
cette fusion mystique que nous offrait au début la conscience commune. Nous sommes en présence d'individus, de groupes qui
partagent des croyances politiques, sociales, des fois religieuses
opposées. Il se trouve que pour chacun la réalisation de ses espoirs,
la persistance de sa foi ont pour condition, négative sans doute
mais primordiale, la permanence du « champ » où ces réalisations
s'effectueront; or ce « champ », appelé territoire est actuellement
occupé par un système de lois, un État. Tous ils défendront donc le
même territoire, le même État, la même nation. Sans avoir la
volonté de la même patrie ils auront tous la même volonté patriotique; ils seront des compatriotes, c'est-à-dire qu'ils seront tous
patriotes en même temps. Il ne faudrait pas croire qu'à se dépouiller
ainsi de ses vêtements littéraires, à se vider de ses contenus illusoires, le sentiment patriotique perde sa réalité et sa force; bien au
contraire il se fait plus proche de nous, il se gonfle de croyances
vives, s'intègre à notre vie morale; en devenant réel, il devient fort.
Pourquoi s'obstiner à exiger ici de la part des consciences individuelles une sorte d'abdication alors que toutes n'ayant point vécu
la même vie, n'ayant pas fourni les mêmes efforts, ne peuvent pas
partager les mêmes croyances? En disant que le patriotisme est en
fin de compte pour chacun de nous une forme de sa volonté de
justice nous ne croyons pas l'amoindrir.

G. SIMÉON.

Le gérant : MAX LECLERC.

Coulommiers. — Imp. PAUL BRODARD.

LIVRES NOUVEAUX

Henri Poincaré. L'œuvre scientifique, l'œuvre philosophique, par VITO VOLTERRA, professeur à l'Université de Rome, correspondant de l'Institut, JACQUES HADAMARD, membre de l'Institut, professeur au Collège de France et à l'École Polytechnique, PAUL LANGEVIN, professeur au Collège de France, PIERRE BOUTROUX, professeur à l'Université de Poitiers. 1 vol. in-16 de 265 p., Paris, Alcan, 1914. — Dans son numéro spécial de septembre 1913, la Revue de Métaphysique et de Morale a publié les belles études de M. Langevin et de M. Hadamard (la forme de celle-ci a reçu quelques modifications dans la publication du volume). — Nous signalerons seulement dans l'article de M. Volterra, en dehors des vues magistrales sur quelques-unes des plus importants parmi les travaux mathématiques de Poincaré, des réflexions fort intéressantes sur la physionomie et le mode de travail du savant moderne en général, et sur les deux espèces de physique mathématiques : l'une, purement théorique, qui se préoccupe d'établir les conditions analytiques permettant la solution exacte des problèmes que le physicien a déjà résolus de son point de vue, l'autre, au contraire, instrument aux mains du physicien lui-même pour la découverte de relations nouvelles entre les phénomènes. — M. Pierre Boutroux, à l'aide de formules très nettes et très fines, caractérise les principes philosophiques que Poincaré avait appliqués successivement, dans la période 1885-1895, à la géométrie, à la physique, à l'analyse; il suit l'évolution de la pensée de Poincaré vers une conception plus riche et plus complexe de l'intuition où la puissance inventive de l'esprit se tient en contact étroit avec les faits. » Henri Poincaré... a toujours, écrit-il, présent à l'esprit le schéma de la connaissance exacte avec lequel sa pensée s'est pour ainsi dire identifiée. Une matière qui n'offre aucune espèce de prise au raisonnement du type mathématique ne peut pas être, selon lui, objet de savoir. » Mais cette matière, il s'agit pour lui de ne rien retrancher ni de son étendue ni de sa plasticité; au lieu de la mutiler pour la faire rentrer dans des cadres a priori fussent-ils ceux de l'empirisme, il faut, en quelque sorte, en considérer tous les tenants et tous les aboutissants, du côté de la psychologie comme du côté de l'observation extérieure, programme immense, tâche indéfinie, dont seul un Poincaré pouvait s'acquitter.

La Conscience Morbide. Essai de Psycho-pathologie générale, par le Dr CHARLES BLONDEL, 1 vol. in-8 de 335 p., Paris, Alcan, 1914. — Nous sommes dès l'abord mis en présence des faits. Voici que défilent devant nous Adrienne, Berthe, Charles, Emma, Fernande, qui viennent nous conter leurs misères. Ces malades, que l'auteur présente simplement comme des exemples choisis pour illustrer sa théorie (basée sur un nombre d'observations bien plus considérable), n'appartiennent pas à tous les types morbides : il relèvent tous de la mélancolie anxieuse, de la psychose d'angoisse, des délires systématisés.

Nous nous apercevons bien que nous avons quelque difficulté à les comprendre; mais l'auteur, dans un long, ingénieux et parfois subtil commentaire, va chercher à nous convaincre que nous les comprenons encore bien moins que nous ne nous l'imaginions. Toute la seconde partie du volume est destinée à démontrer l'inintelligibilité absolue, pour notre esprit d'homme normal, des pensées, des sentiments et des réactions de nos malades.

Voici le *paradoxe moteur* : discordance entre le délire et les réactions qui s'ensuivent : le *paradoxe affectif* : coexistence de phénomènes douloureux intenses et d'une insensibilité complète. Pour les réactions intellectuelles, leur étude montre que « le dynamisme psychique dont elle procède est intact et les troubles morbides tiennent non pas à la dégradation de l'énergie mentale, mais seulement à la manière dont elle est mise en œuvre. Les systématisations délirantes des malades échappent à notre logique. » Même si nous faisons appel à notre expérience affective pour expliquer le délire, nous rencontrons « la même difficulté à y trouver complètement satisfaction ». La conscience morbide vit dans une sorte de scandale logique, que suffit souvent à dissimuler le revêtement verbal qu'elle emprunte.

Ainsi « la conscience morbide présente des caractères *sui generis*; elle est une réalité psychologique originale, irréductible à celle dont nous avons l'expérience, et nous ne pouvons par conséquent songer à la reconstituer en partant de la conscience normale, de ses états et de ses démarches ». Le problème, comme le fait remarquer M. Blondel, est très semblable à celui qui s'est posé pour l'interprétation de la mentalité des sociétés primitives. C'est de la solution apportée par M. Lévy-Brühl à cette dernière question que s'inspirera l'auteur pour expliquer l'énigme de la conscience morbide. La conscience du normal est en effet loin d'être une donnée primitive, elle est toute pénétrée de social, elle est collective avant d'être individuelle. « Le système verbal dans lequel nous sommes habitués à nous parler notre pensée et que nous inclinons à lui identifier, ne reproduit pas, en réalité, l'ordre et la composition de la pensée pure dont il n'est pas l'unique mode d'expression, et tout système verbal, en s'appliquant à un état de conscience individuel, du fait qu'il est destiné à le rendre communicable, en élimine l'indéterminable part qui en constitue précisément l'individualité. » De même, la mimique, et l'émotion elle-même, le sentiment, sont beaucoup moins individuels qu'il ne pourrait le sembler de prime abord. De là ce paradoxe : « Notre vie consciente se passe à méconnaître la véritable nature de notre psychisme individuel et à nous chercher où nous ne sommes pas. »

Or, pour M. Blondel, le caractère objectif de la conscience morbide est précisément de ne pouvoir se plier à cette discipline collective. Il faut la considérer comme « une conscience individuelle se conservant toujours tout entière, dans tous ses détails. présente à elle-même et incapable, par conséquent, de se réduire à la forme socialisée ». C'est chez le malade qu'il faudra donc chercher le *psychologique pur*. Ce psychologique pur, c'est pour l'auteur, la cénesthésie, inconsciente chez le normal, ou tout au moins refoulée à l'arrière-plan et en partie conceptualisée : « une conscience est morbide dans la mesure où, la décantation cénesthésique ayant cessé de s'y produire, il adhère aux formations de la conscience claire des composantes inaccoutumées, anormalement irréductibles ».

Reprenant de ce point de vue nouveau les problèmes posés, M. Blondel tente de montrer comment les paradoxes et les contradictions qu'il avait soulignés dans la première partie de son exposé s'évanouissent, et il esquisse, à partir de cette théorie, une explication sommaire des principaux phénomènes pathologiques étudiés : le sentiment de mystère, les idées d'éternité et de négation, les pseudo-hallucinations.

Ce résumé, malgré sa sécheresse obligée, peut indiquer au lecteur la richesse et la profondeur de cette analyse absolument nouvelle de la conscience pathologique. La place nous manque pour aborder ici la critique d'une œuvre aussi considérable. Disons seulement que des deux parties de l'ouvrage c'est la première, celle qui, aux yeux de l'auteur, sert seulement d'introduction, qui nous paraît de beaucoup la plus solide et la plus importante, malgré son caractère négatif. Il était extrêmement utile de montrer la difficulté, l'impossibilité presque, d'appliquer aux phénomènes pathologiques nos concepts logiques. La théorie du psychologique pur, et surtout le rôle qu'on fait jouer ici à la cénesthésie, appelleraient plus de réserves. D'autre part, les types étudiés par l'auteur ne constituent qu'un petit groupe parmi les malades mentaux : il ne s'agit donc pas ici de la conscience morbide en général, mais de certaines formes de cette conscience.

Sur Quelques Guérisons de Lourdes (*Des Pseudo-tuberculoses hystériques*), par le Dr JEANNE BON. Préface du Dr HENRI BON. 1 vol. in-8°, de 146 p., Paris, librairie des Saints-Pères, s. d. — Parmi les cas de guérisons enregistrées à Lourdes depuis l'origine du pèlerinage, et qui étaient en 1908 au nombre de 3 803, on relève 977 tuberculoses dont 329 phtisies. C'est à l'étude de ces derniers cas que s'attache l'auteur. Pour elle, l'explication qu'on donnait autrefois de ces guérisons, alléguant qu'il s'agissait là non de maladies organiques, mais de névroses, de pseudotuberculoses hystériques, ne saurait plus être invoquée. D'après les conceptions modernes de l'hystérie, on n'admet plus en effet que cette maladie puisse se manifester par des symptômes analogues à ceux qu'on observe dans les formes pulmonaires ou viscérales de la tuberculose. D'autre part les guérisons observées se produisent « dans des conditions de rapidité qui les différencient nettement de celles qui sont d'observation courante ». Par suite, il faut conclure que « de nouvelles recherches sont nécessaires sur ce point et qu'il est à souhaiter qu'on y apporte une étude plus attentive ».

Quand on examine de près le travail de Mlle Bon, on constate que toutes les observations sur lesquelles elle s'appuie sont de seconde main : aucune n'est personnelle, et c'est évidemment pour un travail qui se prétend expérimental une base peu solide. Il ne semble pas que l'auteur ait même jamais été à Lourdes. C'est donc plutôt un travail historique qu'une étude médicale proprement dite, mais l'on aurait souhaité alors que l'auteur y appliquât plus souvent la science de la critique des témoignages. L'idée centrale de la thèse, qui n'est jamais exprimée explicitement, c'est que les miracles de Lourdes sont réels; mais il est naturel qu'on soit beaucoup plus exigeant, lorsqu'il s'agit de faire la preuve d'un miracle, que lorsqu'il s'agit de démontrer tel ou tel point secondaire de pathologie ou de thérapeutique. Et l'on s'étonne qu'on ne cherche pas à nous apporter des preuves plus convaincantes. Par exemple, un médecin affirme qu'il « a constaté la formation, entre un espace de quarante-huit heures, de la soudure de deux fragments d'os, qui jusque-là, n'étaient réunis par rien ». Pourquoi dans ce cas ne pas apporter le document qui fermerait la bouche à tous les sceptiques, deux radiographies dont la date serait certifiée? D'autre part, s'il y a des guérisons surprenantes à Lourdes, il y en a aussi en dehors de Lourdes : il aurait fallu démontrer qu'il y a à Lourdes une proportion beaucoup plus considérable qu'ailleurs de faits inexplicables dans l'état actuel de la science. C'est ce que n'a pas fait Mlle Bon.

Les Inconnus de la Biologie Déterministe, par A. de GRAMONT-LESPARRE. 1 vol. in-8. de 293 p., Paris, Alcan, 1914. — Le titre de ce livre est assez malheureusement choisi; le lecteur prévoit des réflexions sur la biologie et sur les limites que cette science impose peut-être au déterminisme. En réalité, il n'y est question du déterminisme que par surcroît, et la biologie elle-même n'y est étudiée que sous les vêtements quelque peu vieillis qui la travestissaient, à la fin du siècle dernier, en psychophysiologie d'abord, puis, sans transition, en cosmologie et en explication totale de l'univers. Cette limitation du sujet reste d'ailleurs apparente, car l'auteur ne se borne jamais à réfuter Spencer, Hæckel, Belcherew ou Le Dantec: il dit aussi son mot sur la valeur propre des théories biologiques introduites par ces auteurs dans leur psychologie; il remue ainsi beaucoup de problèmes, les uns surannés (formes primitives de l'épiphénoménisme, de la théorie des localisations; « monisme » de Hæckel, etc.), les autres vivants (tropismes: remaniements récents des idées de Darwin, etc.), mais qu'il traite avec la même brièveté que les conceptions aujourd'hui dépassées. Le charme du livre vient d'ailleurs de cette vivacité combative, de ce souci de ne rien négliger, de dire leur fait à tous les dogmatiques de l' « évolution », et aussi du plaisir qu'on éprouve soi-même à repenser ou croire repenser promptement tant de discussions et de systèmes; mais la pensée de l'auteur se dérobe sous tant de critiques et ne se révèle, parfois, que pour manquer de précision. Il est bon de nous rappeler que nous ne sommes guère mieux informés de la physiologie nerveuse et cérébrale que ne l'étaient Claude Bernard et Spencer, et que les thèses de l'évolutionnisme ne sont plus pour nous que des postulats. Il reste pourtant, de la période héroïque de l'évolutionnisme, un certain nombre de faits et une certaine idée du devenir qui semble féconde; l'auteur lui-même croit à ce qu'il appelle la « biologie-science », qu'il entend libérer de la « biologie déterministe » : langage qui prêterait à l'équivoque si nous ne savions que « déterministe » signifie assez bizarrement « épiphénoméniste ». Enfin nous ne voyons pas qu'une méthode nouvelle s'oppose à celle de la biologie darwinienne; ou bien M. de Gramont-Lesparre attend-il de la philosophie de Sir O. Lodge et de vues confuses sur « l'unité de l'énergie » (cf. en particulier p. 177 et Conclusion), qui nous rappellent plus qu'à lui le « monisme » de Hæckel, un instrument nouveau de pénétration dans l'étude des rapports de l'esprit et de la vie?

Essai sur l'Individualisme, par PAUL ARCHAMBAULT. 1 vol. in-16 de 216 p., Paris, Bloud, 1913. — On trouve ici réunies trois études d'importance très inégale sur la morale de Renouvier, la conception juridique de M. Duguit et le livre du P. Laberthonnière. « Positivisme et catholicisme ». A l'individualisme étriqué du néo-criticisme et au solidarisme naturaliste, l'auteur oppose avec enthousiasme le spiritualisme généreux des catholiques démocrates. Le danger actuel le plus pressant est le manque d'idéalisme. Sans chercher si l'on y pare suffisamment par un retour, si enflammé soit-il, aux vieilles idéologies, que nos habitudes positives aimeraient à voir doublées d'un programme concret, louons sans réserves M. P. Archambault d'avoir avec une grande netteté et une grande force dégagé et maintenu, en face d'une mode hostile, les raisons d'être permanentes de l'individualisme véritable, de celui qui, en désaccord peut-être avec le mot dont on veut le stigmatiser, mais en parfaite conformité avec la meilleure tradition philosophique, ne place si haut la personne humaine que parce qu'il voit en elle, l'âme, la raison, la puissance infinie de progrès et de renouvellement. Un tel individualisme n'est pas embarrassé pour soutenir les fonctions de « culture » de l'État. Bien au contraire, tout en saluant l'avenir qu'apporte le syndicalisme, ce que M. P. Archambault loue en M. Duguit, c'est d'avoir compris que les fonctions de l'État ne sauraient jamais être entièrement absorbées par lui. Ce qu'il reproche, en revanche, à ce juriste, c'est, dans sa critique si forte et si décisive de la souveraineté, d'avoir dépassé la mesure, de n'avoir pas vu que, par elle précisément, et par le pis aller du droit des majorités, l'État reste, « contre les excès possibles des tyrannies particulières », le défenseur des droits individuels en même temps que des grands intérêts collectifs. La solidarité, au contraire, outre qu'elle est un pur fait, à développer dans le sens le meilleur, ce qui suppose l'apport d'un idéal, d'une fin morale, est, suivant qu'on s'attache de préférence à la solidarité par similitude ou à la solidarité par division du travail, « une arme à deux tranchants qui risque d'être employée, tantôt au nom de la liberté, contre toute tentative collective pour égaliser les chances de développement des vies humaines, tantôt au nom de l'égalité, contre tout effort individuel pour poursuivre ce développement suivant une loi autonome ou une formule inédite ». Et ainsi l'idole de la société, « pour s'appeler la solidarité au lieu de s'appeler la souveraine ou l'État, n'en serait ni plus aimable ni moins malfaisante ». L'option nécessaire reste toujours : « se servir des âmes ou les servir », et les affirmations qui manquent à la syn-

thèse de M. Duguit sont précisément celles que notre vieille philosophie française du droit avait su mettre en valeur : celle d'un idéal supérieur aux faits et capable d'y orienter notre liberté; celle d'une œuvre de justice imposée avant toute autre à l'État, véritable « association pour la justice » (mais nous verrons tout à l'heure quel sens M. P. Archambault donne à ce mot); celle d'un souverain respect dû à la personne humaine et, par elle et pour elle, à tout ce qui est instrument de son ascension. Signalons enfin, aux pp. 164 à 166, d'abord une intéressante distinction, relative à la théorie positiviste de la propriété-fonction (« en tant qu'elle s'applique, non plus aux « instruments de production », mais aux « objets de consommation », la propriété est un droit avant d'être une fonction »); ensuite l'indication plus générale que l'étude de la législation et de la jurisprudence la plus récente ne nous montre, dans l'effort pour sauvegarder les droits subjectifs de l'individu, nullement une fiction idéologique, mais bien un effort réel et efficace, une préoccupation constante du droit vivant. Pourtant l'étude la plus complète et la plus pénétrante nous semble celle qui est consacrée à Renouvier. Elle tient d'ailleurs plus de la moitié de l'ouvrage, et ne se laisse pas si brièvement résumer.

Après avoir très justement défendu Renouvier contre les critiques de Fouillée qui ne voyait dans la partie théorique de la Science de la Morale qu'un assemblage hétérogène de principes juxtaposés, et montré que même l'opposition, parait demeurer, du devoir et du bonheur, se résoud au fond, comme chez Kant, par un primat incontestable de la raison, M. P. Archambault part de cette vue que la morale néo-criticiste, plus encore que la morale kantienne, est essentiellement la morale de la personne humaine. Tandis que chez Kant on n'arrive à la personne que par l'universalité de la loi, chez Renouvier au contraire, « la généralisation de l'obligation n'est qu'un corollaire du principe pratique suprême de l'humanité fin en soi ». Le « primat de la personne humaine », voilà bien selon M. P. Archambault, le postulat fondamental de toute morale spiritualiste et la tendance la plus profonde et la plus constante de la civilisation moderne. Ainsi ce catholique rejette « ce lieu commun de philosophie réactionnaire » selon lequel la morale de l'autonomie fausserait toute vie morale en sacrifiant le devoir aux droits : c'est trop évidemment oublier que la morale de l'autonomie est avant tout la morale de l'obligation. Mais ce qu'il faut se demander, selon lui, c'est si la conception de la personne que nous apporte Renouvier est suffisante. Or pour Renouvier la personne se définit par deux caractères essentiels : raison et liberté. Mais la raison, puissance d'organisation, de comparaison, et non de qualification, suppose autre chose qu'elle-même : un élan, une option première qu'elle peut bien contrôler, mais qu'elle ne suffit pas à fonder; et si Renouvier ne s'en est pas tenu à la simple faculté logique conçue par Kant, s'il revient en ce sens à Aristote et à Leibniz, sa conception reste intellectualiste, c'est-à-dire aristocratique et statique, et n'exprime pas la vie morale tout entière, qui suppose une volonté d'expansion indéfinie et la « folie » de la Croix. Quant à sa conception de la liberté, elle reste *anomiste*, impatiente (inconsciemment peut-être) de la règle, qui pourtant parfois libère, quand c'est la liberté qui tyrannise; et l'auteur en trouve des preuves multiples : dans la haine sectaire de Renouvier à l'égard du catholicisme, dans ses hésitations marquées à l'égard du socialisme et de l'interventionnisme où il tendait pourtant, enfin dans sa pensée solitaire, dans sa méconnaissance des forces de la tradition. Le groupe, chez lui, « qu'il s'appelle profession, famille ou patrie », n'a « qu'une réalité inconsistante et maigre ». « Tous les droits, dit Renouvier, sont au fond des libertés ». Là est l'erreur. L'homme a droit « à l'épanouissement total de son être »; et ceci doit être obtenu, le cas échéant, par le sacrifice de la liberté individuelle. Renouvier reste un libéral pour qui le social n'est pas une valeur plus élevée, une réalité nouvelle qui, par une série d'organisations collectives et des forces instinctives, inconscientes, appelle les personnes humaines à une vie plus haute. La société est pour lui « une collection d'agents raisonnables, et sa loi est la loi de chacun ». De cette double insuffisance inhérente à sa conception de la raison et de la liberté, résulte enfin une conception trop étroite de la justice. Notre dû ne se mesure pas par le contrat; ce que l'homme doit à l'homme, c'est tout ce qu'exige la réalisation de sa destinée d'homme; et ainsi la justice n'est pas d'autre nature que la charité : si sa sphère est plus étroite, c'est simplement qu'elle exige « l'accord de toutes les consciences qui comptent ». Reste enfin la théorie de l'état de guerre, et le programme de réformes politiques et sociales de Renouvier, dont l'auteur fait voir l'intérêt, tout en y apportant les mêmes critiques. Insuffisance de l'esprit d'amour et de sacrifice. Jacobinisme dont les excès sont universellement condamnés (mais qui avait au moins le mérite, utile à opposer aujourd'hui au syndicalisme intégral, de garder le sens de l'État et de l'unité nécessaire). Socialisme, timide pourtant, précisément parce qu'il oppose sans cesse l'individu à l'État et n'a pas su prévoir le syndicalisme, le développement des groupes intermédiaires. L' « humanité fin en soi », le point de départ était bon; mais il eût fallu une âme religieuse et chrétienne, selon M. P. Archambault, pour en saisir toute la fécondité.

Le Progrès. 1 vol. in-8, de 527 p., des *Annales de l'Institut international de Sociologie*, publiées sous la direction de René Worms, et contenant les travaux du 8ᵉ Congrès, tenu à Rouen en octobre 1912, Paris, Giard et Brière, 1913. — Plus d'impressions et de systèmes dans ces communications disparates que de méthodes de recherches; on ne constate guère non plus d'unité de tendances. — Le *progrès anthropologique* de l'intelligence est lié pour M. Manouvrier au perfectionnement du cerveau dont il cherche à la ville et à la campagne les conditions les plus favorables; il attache une importance considérable aux dimensions trop faibles du bassin et du détroit inférieur des femmes, limite fatale à l'accroissement du volume cérébral; M. Papillault déclare que l'expérience statistique seule pourra décider dans quelle mesure les conditions biologiques du progrès social sont déterminées, conformément à l'hygiène lamarckienne, mécaniste et cartésienne, par le milieu social, ou, conformément à l'eugénique darwinienne, anglaise et antiégalitaire, par la sélection des individus; M. Duprat étudie les rapports du progrès et de la sélection sociale. — Le *Progrès économique* est étudié, au point de vue de la production, par MM. René Maunier et Yves Guyot. Le premier passe en revue les diverses théories relatives à l'évolution de la *production*, considérée quantitativement et qualitativement; et des notes bibliographiques signalent utilement la littérature essentielle sur ce point; M. Yves Guyot résume les conclusions de son livre sur la « Science économique ». M. Eugène Fournière cherche, entre le pessimisme socialiste et l'optimisme économiste, à définir le progrès comme consistant dans la tendance à diminuer les inégalités de la répartition par une action parallèle puis combinée de l'État, de la Commune et de l'Association, tendance qui aboutit enfin à mesurer la rémunération au service réellement rendu. M. Charles Gide voit le critérium du progrès de la *consommation* dans la moindre consommation possible de richesses pour une satisfaction désirée, dans l'art d'utiliser ce qui semblait inutile, enfin dans l'art de reconnaître ce qui répond le mieux à nos besoins. — Le *progrès politique* est étudié dans son rapport avec l'évolution économique par M. MAXIME KOVALEWSKY, et défini comme un progrès de la solidarité humaine, démocratique et internationale. M. FERDINAND BUISSON le définit à son tour sous forme de principes dont il faudrait rechercher selon lui si l'expérience les a confirmés. Ces principes affirment : comme conditions du progrès politique relatives à l'individu, la souveraineté nationale, le suffrage universel, l'instruction intégrale : — relatives à la collectivité : la république démocratique, la séparation des pouvoirs, la séparation des pouvoirs, la séparation de l'Eglise et de l'Etat, les perfectionnements du régime représentatif et des institutions parlementaires; — relatives à l'harmonie de l'individu et de la collectivité : l'institution d'une Cour souveraine de Justice, du referendum, d'assemblées corporatives, la réorganisation des partis, l'arbitrage international. M. ALBERT GOBAT introduit une note concernant l'établissement d'un Parlement international à pouvoirs limités. — Enfin sur le *progrès intellectuel, moral et esthétique*, signalons des réflexions de M. GRIMANELLI tendant à développer la loi des trois états et à affirmer le progrès esthétique. M. MACKENZIE détermine l'éducation morale nécessaire en vue du progrès social en cherchant ce qu'on peut retenir de la conception platonicienne de l'éducation. M. LÉON PHILIPPE démontre le progrès musical au double point de vue du progrès harmonique de la composition et du progrès de la réceptivité du public. — Des études sur la *Théorie générale du progrès* servent de conclusion. M. RENÉ WORMS examine les définitions qui ont été données du progrès et les répartit en deux groupes: les définitions morphologiques (l'ordre de Comte, la courbe de Quetelet, l'évolution spencérienne, le développement de la société et la réduction de la communauté de Tœnnies); les définitions qui réduisent le progrès général à un progrès spécial (la loi des trois états, les définitions économiques de Herbert Spencer et de Y. Guyot, la loi de S. Maine): il conclut, dans l'impossibilité d'une théorie définitive, en posant des problèmes à distinguer : le but de l'évolution (adaptation); le chemin (hélicoïdal) qui y conduit, l'ordre de marche des divers groupes sociaux (divergence, parallélisme ou convergence imitative), le mécanisme du progrès. M. KOCHANOWSKI explique en termes assez obscurs le progrès par la lutte; M. WILHELM OSTWALD y applique la loi de transformation de l'énergie; M. LESTER WARD la définit par une augmentation de la somme du bonheur et une diminution de la somme des souffrances: puis il distingue le progrès spontané, structural et moral, et le progrès volontaire. M. DE ROBERTY cherche la source du progrès dans le développement et la diffusion du savoir (physicochimique, biologique et social); M. NOVICOW dans l'adaptation et l'équilibre; M. A. CHIAPPELLI dans la substitution des valeurs. Presque seul, M. ROBERT MICHELS apporte une note sceptique en montrant le caractère partiel et contradictoire du progrès, un progrès dans une voie étant presque toujours accompagné d'effets nuisibles dans une autre voie, le progrès pouvant aussi naître d'un mal ou d'un regrès, qu'il s'agisse du domaine physique, politique, économique ou social. Mais pour M. DE LA GRASSERIE toutes ces objections disparaissent si l'horizon s'étend, et, pour M. LUDWIG STEIN, le progrès est indéniable si on le limite au monde des fins et des valeurs qui est l'objet propre de la sociologie.

La Morale Psycho-sociologique, par G.-L. DUPRAT. 1 vol. in-18 jésus, de 402 p., de l'Encyclopédie scientifique dirigée par le Dr Toulouse, Paris, O. Doin, 1912. — Le titre de cet ouvrage est tout un programme et annonce une méthode. Fidèle à l'esprit positif, désireux de la plus grande objectivité possible, se défiant du dogmatisme métaphysique comme du rationalisme kantien, non satisfait par le calcul utilitaire, l'auteur cherche à définir la méthode de la morale en complétant les tendances de l'école sociologique de M. Durkheim par l'étude des conditions psychologiques et psychopathologiques de la vie morale individuelle. Pour lui la sociologie est inséparable de la psychologie; la réalité sociale n'est pas une chose indépendante des individus qui la constituent. Sa méthode comprend donc, nous dit-il, les moments suivants : 1° Etude sociologique des mœurs; 2° Conception rationnelle des obligations morales et sociales; 3° Conception de l'Idéal moral et social; 4° Etude des conditions psychologiques et sociologiques de la réalisation de l'Idéal moral. Conformément à ce programme, indiqué dans la première partie de son ouvrage, il est intéressant de voir l'auteur, après une deuxième partie consacrée à l'étude des « Mœurs, Obligations et Idéal Social », s'efforcer, dans une troisième partie, d'étudier les « conditions psychologiques de la moralité ». Il y manifeste des tendances très synthétiques relativement aux mobiles de l'action morale. S'efforçant de montrer comment les divers systèmes de morale ont mutilé la nature humaine, et comment les divers mobiles qu'ils ont préconisés (tendances naturelles, calcul utilitaire, développement de la raison, lutte contre les passions, altruisme et générosité) ont besoin d'être harmonieusement réunis en faisceaux de façon à fortifier la joie morale véritable, distincte à la fois, par sa capacité de progrès indéfini et par son caractère de santé morale, du plaisir utilitaire et de l'ascétisme mystique, deux « conceptions pathologiques de la nature humaine » (P. 247) Selon M. Duprat. S'appuyant enfin sur une conception franchement déterministe du crime et de la faute, l'auteur voit dans la peine, non une sanction de l'intention mauvaise, du démérite personnel, mais une nécessité de la lutte sociale contre le crime justifiée uniquement par son efficacité pratique et subordonnée à la nécessité supérieure de l'éducation, dont la « suggestion morale » est l'instrument essentiel. Toute cette troisième partie, en dépit de la multiplicité des questions soulevées et de la rapidité fatale des solutions, forme un ensemble qui nous paraît, par son unité et sa netteté, le meilleur du livre. Nous ne pouvons en dire autant de la deuxième partie, pourtant capitale, étant donné le but de l'ouvrage. Une morale psycho-sociologique ne peut se contenter de *juxtaposer* à une étude sociologique des mœurs celle des conditions psychologiques de la moralité individuelle. On attend d'elle une détermination psycho-sociologique de l'idéal moral. Or il nous semble que sur ce point l'ouvrage de M. Duprat manque tout à fait de netteté. Nous ne voyons nulle part une méthode psychologique venant compléter, éclairer ou contrôler la recherche sociologique, comme on la trouve, par exemple, très différente d'ailleurs, chez un Wilbois ou chez un Rauh. — Sur chaque question (mœurs et religion, obligations familiales, économie sociale et rôle de l'État, etc.), nous voyons l'auteur décrire une évolution, rappeler les faits, montrer ce qui s'établit, indiquer ses préférences. La conclusion suppose un jugement éclairé par les faits, mais nous n'arrivons pas à voir se dégager véritablement une méthode, ni à comprendre en quoi la psychologie peut guider la conscience dans son choix.

La Population et les Mœurs, par HENRI-F. SECRÉTAN. 1 vol. in-12, de 438 p., Paris, Payot, 1913. — Dans cet ouvrage l'auteur cherche à montrer les transformations des conditions de la vie et des mœurs qu'entraîne la raréfaction de la population. Il s'appuie essentiellement sur la décadence de l'Empire romain d'Occident et sur le moyen âge. Dans les deux premiers chapitres, il s'attache à réfuter la thèse de Fustel de Coulanges selon laquelle la dépopulation de l'Empire d'Occident serait une conjecture improbable. Il se réfère principalement à l'étude des textes (Végèce, Florus, Strabon, Ammien Marcellin, Salvien) qui établissent la dépopulation de l'empire, la décadence de la vie urbaine et peu à peu la misère universelle, les tentatives incessantes de la législation depuis Auguste pour réagir contre cette dépopulation. Une note de M. Camille Jullian, reproduite à la fin du premier chapitre, tire de l'archéologie et particulièrement du périmètre des villes reconstruites vers l'an 300 une preuve saisissante à l'appui de la thèse de l'auteur. Le troisième chapitre étudie l'action de la dépopulation, de l'isolement, de la misère et du banditisme qui en résultent, sur la formation de la société féodale pendant le haut moyen âge, et l'établissement de ce que les Allemands appellent le Faustrecht. La conclusion naturelle, où l'auteur aboutit, (après un chapitre où est étudié, principalement au point de vue de la Suisse, le mouvement actuel de dépopulation issu de la civilisation même) est la nécessité de la force collective, du nombre pour constituer le droit et le rendre effectif. Ce dernier chapitre contient des vues intéressantes sur le rôle de la Suisse et des états neutres, considérés comme centres de formation de l'esprit européen. L'ouvrage, en dépit de trop nombreuses répétitions et de sa composition quelque peu fragmentaire, est écrit souvent dans un style ferme et fort qui, joint à la multitude des faits empruntés à l'antiquité et au moyen âge et des textes cités, en fait, en même temps qu'un recueil utile de documents, un livre de lecture agréable.

Pédagogie Sociologique. *Les influences des milieux en éducation*, par GEORGES ROUMA, 1 vol. in-8, de 290 p., Neuchatel, Delachaux et Niestlé, et Paris, Fischbacher, 1914. — Qu'il y ait un rapport de haute importance entre la pédagogie et l'étude des phénomènes relatifs à la vie sociale, c'est ce dont témoignent nombre de travaux contemporains de pédagogie. C'est là aussi ce que M. Rouma paraît vouloir indiquer dans le titre de son livre,

Pédagogie sociologique, titre dont la signification précise serait peut-être malaisée à déterminer.

En réalité l'ouvrage est une compilation : il est constitué par l'analyse rapide ou la présentation des résultats d'une foule de travaux contemporains d'observation ou d'expérimentation psychologique, ayant en commun ce double caractère de porter sur des écoliers et de tendre à mettre en évidence des modalités psychiques liées à des conditions de vie sociale.

Ces comptes rendus d'études sont groupés sous les titres suivants : influences du milieu physique, affinité sociale, affinité au groupement, affinité sympathique, amour de l'approbation, altruisme, acquisitions dues au milieu social, formation d'anormaux et de subnormaux par influences sociales, éléments psychologiques favorisant le développement de l'affinité sociale, éléments psychologiques entravant l'adaptation sociale. — Enfin sous le titre d'*applications*, l'auteur rapporte quelques expériences de self-government scolaire, de coéducation, et décrit l'École sociale de Dewey.

Les études mentionnées, dont la plupart utilisent la méthode d'enquête, sont des études d'observation analytique, c'est-à-dire qu'elles isolent un phénomène ou un groupe de phénomènes (affinité au groupement, amour de l'approbation, etc...) et cherchent par des moyens appropriés à en acquérir une connaissance expérimentale. C'est là le type le plus commun de la recherche scientifique, et il n'est nullement question de le mettre en suspicion. Mais quand il s'agit d'appliquer ce mode de recherche aux aspects les plus complexes de la vie psychique, et surtout quand il s'agit d'en rapporter les résultats dans la pratique de l'éducation, il convient d'être circonspect et de ne point se laisser duper par des apparences de rigueur scientifique. Il serait bon, quand on parle, sinon de pédagogie sociologique, du moins d'applications d'études psycho-sociales à l'éducation, de mettre en évidence la valeur première d'une observation synthétique, monographique, qui sans doute ne peut pas revendiquer la précision de l'analyse scientifique, mais qui a le grand avantage de ne pas exposer à l'illusion scientifique et de se tenir tout près de l'expérience essentielle fournie par la pratique normale de l'éducation. Il appartient à cette observation synthétique de déterminer les points susceptibles d'analyse méthodique et de coordonner les résultats d'analyse. Cette fonction de choix et de coordination n'apparaît guère dans l'ouvrage de M. Rouma.

Nul doute qu'une partie des travaux qu'il rapporte n'aient en eux-mêmes un réel intérêt. Et il est agréable de rencontrer réunies des indications qu'il faudrait chercher à travers une foule de publications dispersées. Mais la compilation dans des cadres arbitraires de résultats d'analyses diverses ne saurait révéler une « pédagogie », ni même offrir dans son ensemble un véritable intérêt pédagogique. Il ne s'en dégage aucun résultat appréciable soit méthodologique, soit théorique, soit pratique. Les conclusions pratiques semées dans l'ouvrage constituent parfois, isolément considérées, des préceptes judicieux, mais au total n'offrent qu'un assez mince intérêt, parce qu'elles ne se tiennent pas entre elles et qu'elles n'ont souvent qu'un lien apparent avec l'appareil scientifique déployé.

L'auteur termine en réclamant l'organisation d'un *Institut de Sociologie appliquée à l'éducation de l'enfant*. Soit. Mais n'oublions pas que l'essentiel est de faire de bons travaux dans le laboratoire de sociologie scolaire qui dès aujourd'hui nous est ouvert : c'est l'École. J'entends l'école où l'on fait à la fois de vraie éducation et de sérieuses et directes observations en tout respect de l'esprit de la science.

Histoire de l'Instruction et de l'Éducation, par François Guex. Deuxième édition, revue et corrigée, 1 vol. in-8, de 724 p., Lausanne, Payot et Cie, et Paris, Alcan, 1913. — Le succès dont témoigne la réédition de ce livre prouve qu'il répond à un intérêt considérable du moment, à une poussée d'intérêt pédagogique au moins égale à celle qui marqua le début du siècle dernier.

La matière embrassée est immense. Le sujet par sa nature même est singulièrement complexe. Histoire des institutions d'enseignement et d'éducation, des éducateurs, des écrivains ayant spécialement traité de pédagogie, de ceux dont les œuvres philosophiques ou religieuses ont influé fortement sur le mouvement pédagogique : sujet aux frontières indéfiniment extensibles. Et ce sujet est envisagé, en principe au moins, dans toute l'étendue du temps et de l'espace. Ceci demande, il est vrai, une immédiate restriction. Des deux parties de l'ouvrage la première, traitant de la pédagogie avant Jésus-Christ, n'est qu'une manière de court prologue; la seconde partie est divisée elle-même en deux périodes dont l'une, s'étendant jusqu'à la Réformation, ne comporte qu'une relation de quelques pages, tandis qu'à l'autre, de la Réformation jusqu'à nos jours, est consacrée la presque totalité du livre.

L'immensité de l'objet détermine la façon dont il est traité. Nous sommes en face d'un manuel de vulgarisation destiné aux candidats à l'enseignement, contenant des renseignements touffus, mais toujours de caractère encyclopédique et élémentaire. Et il faut être reconnaissant à l'auteur de la masse énorme d'indications rassemblées, qui permettent d'acquérir quelque première information sur n'importe quelle époque de la pédagogie, sur n'importe quel écrivain pédagogue de n'importe quel pays. Cette grande commodité dispose à donner moins d'attention aux défauts très visibles de l'ouvrage. Nous en signalerons quelques-uns seulement, qu'on a le droit de lui reprocher sans cesser de tenir compte de son caractère de manuel scolaire.

Poussé à un certain degré d'abréviation, un exposé historique n'est plus seulement inutile, mais nuisible. C'est le cas pour la synopsie de l'éducation sur la planète des origines au xvie siècle. Il y a là juste de quoi donner aux esprits peu avertis la fâcheuse illusion de ne pas ignorer tout de certaines choses. Dans la période moderne, la seule dont il soit réellement traité, les sujets ne sont pas toujours présentés avec la proportion que réclame leur importance : c'est ainsi que la part faite à Rabelais et à Montaigne paraît bien restreinte en face de celle qu'on accorde à Coménius. Notons encore que cette encyclopédie historique ne se borne pas à un exposé objectif de faits et de doctrines, mais en cherche constamment l'utilisation pédagogique actuelle et constamment distribue à leur occasion l'éloge et le blâme. Il s'ensuit que le mode de présentation de la matière historique est relatif aux appréciations et aux conceptions propres de l'auteur. De là le désordre qui règne dans l'exposé de la période qui s'étend de la fin du xviiie siècle jusqu'à nous. L'auteur a tenu à mettre avant tout en lumière une grande lignée de pédagogues, allant de Rousseau à Herbart, dont l'école représente pour lui le sel de la pédagogie à l'heure présente. Puis il faut revenir en arrière pour passer en revue des théologiens, des poètes, Frœbel, la pédagogie des anormaux ; puis encore une fois pour suivre à vol d'oiseau l'histoire de la pédagogie en France, et encore en Angleterre et en Amérique.

Dirons-nous pour justifier ces libertés de méthode, ce mélange d'histoire en abrégé et de doctrine, qu'il s'agit d'un ouvrage de vulgarisation, destiné principalement à fournir à de futurs institu-teurs, dont le temps est court, un grand nombre d'informations élémentaires et quelques vues pratiques de pédagogie ? — De tels ouvrages, il faut en convenir, sont demandés, sont trouvés utiles. Mais est-il bon qu'ils le soient ? Ne répondent-ils pas avec trop de complaisance à la préoccupation de renseignements rapides et superficiels, qui est le mal profond de l'enseignement à notre époque, et surtout de cet enseignement primaire, dont le développement ne se sépare pas de celui de la démocratie ? Est-ce l'état des démocraties d'aujourd'hui qui doit régler l'enseignement populaire à sa mesure ? Est-ce un enseignement populaire profondément respectueux des vraies méthodes de l'esprit qui doit préparer la démocratie de demain ?

Théorie des Nombres, par E. CAHEN, chargé de cours à la faculté des Sciences de Paris. Tome premier. *Le premier degré*, 1 vol. de xviii-408 p., chez A. Hermann et fils, Paris, 1914. — M. E. Cahen, dont les importants travaux relatifs à l'arithmétique supérieure sont bien connus, est venu combler une lacune qui existait dans la littérature mathématique française. En effet nous ne possédions pas en France de traité moderne exposant d'une manière approfondie la théorie des nombres. Le travail de M. Cahen s'adresse aux mathématiciens ; mais l'auteur n'a pas craint de remonter aux premières notions qui constituent la base de la science : le nombre entier, l'infini. Par là cet ouvrage peut intéresser également les philosophes-mathématiciens. En ce qui concerne le nombre entier l'auteur s'est placé au point de vue ordinal de Helmholtz-Kronecker ; il définit les entiers de la manière suivante : « Considérons la suite des signes :

(1)   1, 2, 3, 4, 5.

Le premier s'appelle *un*, le suivant s'appelle *deux*, le suivant s'appelle *trois*, le suivant s'appelle *quatre*, le suivant s'appelle *cinq*. Chacun des éléments de cette suite est dit un nombre entier. Un entier est dit *plus grand* qu'un autre lorsqu'il est après lui dans la suite... » Relativement à l'infini l'auteur a adopté une attitude strictement négative. Étant donnée une suite telle que (1), formée de cinq éléments, on peut en concevoir une formée d'un plus grand nombre d'éléments, de dix, de vingt éléments, ce nombre d'éléments étant toujours fini. « D'une façon générale, dans tout ce qui va suivre, l'objection consistant en ce que la suite des nombres ne va pas assez loin se lèvera de la même façon : en prolongeant cette suite. » L'intention de l'auteur n'ayant certainement pas été de soulever des discussions relatives à l'infini mathématique, mais plutôt de les écarter, nous n'ouvrirons pas non plus le débat en nous demandant si son attitude radicalement négative guérit ou envenime la plaie (la controverse sur l'infini). — Nous nous en voudrions de ne pas indiquer en terminant quelques-unes des théories mathématiques exposées dans ce savant ouvrage : Équations diophantiennes du premier degré : systèmes de telles équations; théorie des substitutions linéaires homogènes : théorie arithmétique des formes linéaires à coefficients entiers; théorie des formes bilinéaires; éléments de la théorie des congruences; calcul des tableaux : tableaux entiers, etc.

Histoire de la Science Politique dans ses Rapports avec la Morale, par Paul Janet, 4ᵉ édition. 2 vol. in-8 de ci-608 et 779 p., Paris, Alcan, 1913. — Nous ne faisons que signaler cette réédition qui s'imposait d'un ouvrage classique. La présente édition, revue d'après les notes laissées par l'auteur, est précédée d'une notice sur la vie et les travaux de Paul Janet, par G. Picot. Elle ne présente, d'ailleurs, par rapport à la troisième, aucune modification appréciable.

Les Pères du Système Taoïste : *Lao-tse, Le-tse, Tchoang-tse* (*Le Taoïsme*, t. III, par le Dr Léon Wieger. 1 vol. gr. in-8 de 511 p., Hokien-fou : Paris, Guilmoto, 1913. — Nous nous sommes plu à accueillir dans cette bibliographie, depuis un an, plusieurs traductions anglaises ou allemandes d'ouvrages taoïstes. Nous nous félicitons bien davantage encore de signaler aujourd'hui aux historiens de la philosophie le présent ouvrage, non seulement parce qu'il est français, mais parce qu'il est excellent, parce qu'il donne les œuvres dans leur intégrité, en texte et en traduction, enfin parce qu'il présente en un seul volume et à un prix relativement très bas des livres qui avaient toujours fait l'objet de publications distinctes et chères. Composé en Chine par un sinologue d'une prodigieuse activité, qui a fait plus que personne pour faciliter l'étude littérale et la compréhension intellectuelle de la littérature chinoise, cet ouvrage sera une révélation pour les philosophes et un instrument de travail précieux pour les orientalistes eux-mêmes.

Selon la division consacrée, le Taoïsme représente l'une des trois grandes religions chinoises. Mais elles ne doivent pas être simplement coordonnées. Le Boud-

dhisme est d'importation étrangère; le Confucéisme offre surtout une morale et une politique; la métaphysique proprement chinoise, les doctrines chinoises proprement métaphysiques, c'est principalement dans le Taoïsme qu'il faut les chercher, surtout si la période qu'on étudie est celle qui précéda notre ère. Les œuvres que voici sont intermédiaires entre le vIᵉ et le IIIᵉ siècles avant J.-C. Si la personnalité historique de leurs auteurs nous échappe presque complètement, du moins leurs ouvrages sont là. Leur explication est ardue; mais le P. Wieger, dans le tome I de cette série, dont nous espérons pouvoir rendre compte prochainement, a eu le grand mérite d'entreprendre un bilan du canon taoïste : tentative unique dans la critique européenne et condition première de toute étude objective d'un mouvement de pensée considérable.

Les productions attribuées à Lao, à Lie, à Tchoang, dont nous avons sommairement indiqué l'intérêt spéculatif à propos des traductions naguère mentionnées, forment une filiation très nette et un corps de doctrine cohérent, quoique les fictions poétiques de Tchoang présentent un style tout autre que les aphorismes concis de Lao. L'aspect ontologique du système est toujours l'affirmation d'un principe ineffable, le « tao », dont le « teh » est le mode d'action; car, comme le dit justement le traducteur, rendre ces mots par « voie » et « vertu », c'est donner leur sens dérivé, non leur acception primitive et métaphysique. L'aspect moral est un quiétisme qui exalte la perfection de ce qui s'opère spontanément par delà les distinctions arbitraires du bien et du mal, du vrai et du faux.

Voilà donc une œuvre extrêmement méritoire et utile. On pourrait souhaiter un esprit plus historique : on regrette, par exemple, que dans les « résumés des commentaires », pas un mot n'indique la nature, l'époque, le nom des gloses utilisées. Mais la critique philologique de ces textes n'a jamais été commencée selon les méthodes européennes; on aurait mauvaise grâce à reprocher à ce travail son insuffisance à cet égard. Le style pourrait être moins familier, plus littéraire, sans que l'exactitude fût compromise. Tel qu'il est, ce livre est l'un des plus indispensables à une bibliothèque de philosophie comparée.

Jacopone de Todi, par J. Pacheu. 1 vol. in-12, de II-398 p., Paris, A. Tralin, 1914. — Le P. J. Pacheu, dont on connaît les nombreuses études consacrées à la mystique ancienne et contemporaine, nous apporte aujourd'hui une étude critique sur Jacopone de Todi, frère mineur de saint François, auteur présumé du *Stabat mater* (1228-1306), suivie d'un choix abondant et d'une traduction de ses principaux poèmes. L'auteur s'est défendu d'avoir voulu faire une édition savante ainsi que d'avoir voulu apporter des renseignements nouveaux sur la vie du frère mineur; il se contente de mettre à notre disposition les plus caractéristiques d'entre ses œuvres et de préciser les renseignements que nous possédons actuellement sur lui. Un bref récit de sa jeunesse et de sa conversion nous introduit à l'étude du prédicateur populaire et de la langue dont il s'est servi. L'événement capital qui marque la vie de Jacopone est l'opposition très vive à laquelle il se livra, avec les Joachimites et les religieux de stricte observance. contre le pape Boniface VII. Cette opposition le conduisit en prison d'où il ne sortit que cinq ans après, à la mort de Boniface. Nous devons à cette opposition un certain nombre de poèmes satiriques fort intéressants; mais les plus caractéristiques de la mentalité de Jacopone sont les poèmes mystiques qu'il nous a laissés et qui font de lui un véritable jongleur, un trouvère de Dieu : *il giullare di Dio*. La question de savoir s'il est l'auteur véritable du *Stabat mater* est très controversée; l'époque, le caractère de Jacopone et de son œuvre, rendent l'hypothèse très plausible, d'autant plus que des documents anciens le lui attribuent. C'est donc là, sinon une certitude absolue, du moins une haute probabilité. Toute cette étude est conduite par l'historien avec beaucoup d'aisance, de vivacité et de précision. Nous ne dirons pas qu'elle est conduite avec une parfaite objectivité: l'opposition de Jacopone à Boniface VII n'est évidemment pas très sympathique à celui qui nous la rapporte; et le souci de nous présenter un mystique parfaitement orthodoxe induit le P. Pacheu à des gloses théologiques au moins inutiles. C'est ainsi que, Jacopone ayant déclaré que dans le recueillement mystique l'intelligence, voyant à découvert l'immensité de Dieu, fait coucher dehors la foi et l'espérance : *la fede e la speranza fa albergar di fuori*, l'historien commente ainsi son texte : « On voit ce qu'entend la Jacopone, on voit, on possède, on n'a *pour ainsi dire* plus besoin de recourir à la foi et à l'espérance. Plus exactement on pourrait dire : la foi et l'espérance sont tellement vives, tellement illuminées par les dons de l'Esprit Saint, l'intelligence et la sapience, qu'on n'en sent plus l'effort, et qu'elles

semblent en possession de leur objet ». Voilà donc l'espérance et la foi sauvées, et Jacopone avec elles. Mais le texte est bien malade, car il ne souffle mot de tout cela. Jacopone, en bon et simple mystique, dit qu'il y a des cas où l'âme fidèle possède si bien son objet qu'elle n'a plus besoin de la foi ni de l'espérance. Et tout le reste est théologie. Les poèmes publiés et traduits sont bien choisis et donnent un texte qui semble, dans l'état actuel des choses, aussi satisfaisant que possible. La traduction est généralement exacte, mais elle affaiblit extrêmement le texte en l'édulcorant et en prenant des précautions dont le rude prédicateur populaire ne s'embarrassait pas. D'une façon générale il semble qu'on n'aurait pu que gagner à suivre avec scrupule les tournures de phrase et le mouvement du texte italien.

Le Pessimisme de La Rochefoucauld, par R. GRANDSAIGNES D'HAUTERIVE. 1 vol. in-12, de 222 p., Paris, A. Colin, 1914. — Excellent petit livre. M. Grandsaigne d'Hauterive, après avoir brièvement défini le pessimisme de La Rochefoucauld, en cherche les origines, analyse le caractère de l'auteur, raconte l'histoire de ses déconvenues avant et pendant la Fronde. Il est, au moment où commence le gouvernement personnel de Louis XIV, un grand seigneur désabusé. Il vit dans une société de gens pareillement désabusés, las de la liberté, du désordre, de l'intrigue. Le Jansénisme fait des prosélytes, et a pour un de ses centres mondains ce salon de Mme de Sablé, où La Rochefoucauld fréquente et intime et où la rédaction de « Maximes » est le grand plaisir ordinaire. Or le Jansénisme est un pessimisme théologique: et Jansénius, Pascal s'exprimaient souvent presque dans les mêmes termes que La Rochefoucauld, lorsqu'ils décrivaient la nature corrompue, et purement humaine, de l'homme. Les « esprits forts » sont de même à la mode : et on serait disposé, après avoir lu M. d'Hauterive, à considérer que La Rochefoucauld a été le grand homme de ce groupe obscur, le continuateur de Miton et de Méré. Enfin les cartésiens expliquent les passions de l'âme en physiologistes : et La Rochefoucauld parle souvent leur langage. Que, d'ailleurs, après la première édition des *Maximes*, La Rochefoucauld en ait atténué le pessimisme primitif sous l'influence de Mme de la Fayette, M. d'Hauterive se refuse à l'admettre. Des documents précis nous prouvent que l'influence de Mme de la Fayette ne s'est pas exercée en ce sens; et les corrections de La Rochefou-

cault sont dues à un scrupule de précision plutôt qu'à un désir d'atténuer.
Des études pareilles à celles de M. d'Hauterive aident à mieux sentir quelle fut
la variété et la diversité des courants de
pensée, au cours de ce grand siècle dont,
trop longtemps, nous nous sommes
bornés à admirer, littérairement, l'orgueilleuse façade.

**Fénelon. La Confrérie Secrète du
Pur Amour,** par LUDOVIC NAVATEL. 1 vol.
in-18, de XVII-335 p., Paris, Émile-Paul,
1914. — Nous avions déjà au moins deux
Fénelon. L'un qui vient de Saint-Sulpice :
c'est le Fénelon révéré du clergé français.
L'autre, qui vient des philosophes du
XVIII° siècle : c'est le Fénelon familier aux
gens du monde. Le premier est un archevêque dévot, souriant, aimable, un saint
François de Sales, persécuté par des
prélats jansénistes et qui, condamné à
regret par un pape qui l'aime, s'est
soumis avec l'humilité d'un enfant. Le
second est un philosophe humanitaire,
victime du despotisme pour avoir aimé
le peuple, détesté les abus, et prêché de
bonne heure la tolérance. L'auteur nous
en propose un troisième qui serait le
plus vrai si nous voulons bien nous fier
uniquement aux écrits et à la correspondance de l'archevêque de Cambrai : c'est
un Fénelon intérieur et occulte, c'est le
chef d'une petite confrérie mystique qui
cultive avec ferveur dans ses disciples
chéris l'oraison de quiétude et de l'amour
pur. L'étude de son système de direction
est particulièrement instructive en ce
qui concerne le duc de Chevreuse, le
marquis de Seignelay, la duchesse de
Mortemart, Mᵐᵉ de Montberon, et surtout
peut-être le duc de Bourgogne. Tous ces
personnages constituent en fait, sinon en
droit, une confrérie secrète dont Fénelon
est le directeur et Mᵐᵉ Guyon la prophétesse. Comme Fénelon avait l'incroyable
faiblesse de croire à la mission divine de
cette femme, nous voyons tous ses dirigés
s'incliner devant elle. Lui-même est travaillé par l'ambition de réformer et
d'innover; il imagine donc qu'avec l'aide
de sa prophétesse il va faire fleurir une
ère de renaissance religieuse dont il sera
le messie. C'est pour la préparer que
Fénelon se livre à un ardent prosélytisme
en faveur du quiétisme et du parfait
amour. A partir de ce moment il essaye
de tout renouveler : il fourre partout son
système, dans ses livres, dans ses ser-
mons, dans ses opuscules. L'oraison de
quiétude devient le pivot de sa direction spirituelle.
Elle sert de méthode et d'idéal pour
toutes les situations sociales : prince,

homme politique, homme de guerre,
femme du monde. Elle donne la solution
de tous les problèmes et les remèdes à
tous les défauts; elle sert d'inspiration
universelle à la religion, à la guerre, à la
politique, à la vie de salon, aux affaires
domestiques et aux sentiments de
l'amitié. Cette propagande en faveur
d'une telle panacée se fait secrètement
mais avec un dur prosélytisme et une
obstination aveugle; et les âmes qui
suivirent son austère direction se consu-
mèrent en efforts dont on doit bien
avouer qu'ils furent à peu près stériles.

Tel est le portrait qui nous est tracé de
ce nouveau Fénelon. On voit immédiatement qu'au plaidoyer *Pro Fenelone* qui
fut récemment composé ce petit livre
oppose un réquisitoire contre Fénelon.
Nous aurions préféré un livre sur Fénelon.
On regrettera d'autant plus de ne pas le
trouver ici que l'auteur était capable de
nous le donner. Il a fort bien aperçu
certains aspects caractéristiques de la
direction fénelonienne. C'est un fait que
la grâce semble, dans la pensée de Fénelon, directement communicable d'un
sujet à un autre, et que la monition fraternelle acquiert ainsi dans le quiétisme
la valeur d'une communication sacra-
mentelle (p. 100). Il semble également
exact que Fénelon ait cru que l'on peut
se donner l'oraison de recueillement au
moyen d'une méthode technique (p. 107).
Mais ces observations justes sont noyées
dans un flot de petites chicanes, de récri-
minations sans fondement et inlassablement ressassées. Nous retrouvons ici toute
la terminologie familière aux théologiens
pour invectiver les mauvaises doctrines,
depuis l'*esprit d'innovation* jusqu'aux
conceptions *qui portent au front la flétrissure de l'erreur*. Le style volontiers familier de M. Ludovic Navatel poursuit
de son ironie ce Fénelon sectaire et
étroit qu'il couvre abondamment de ses
brocards. D'ailleurs toutes les fois que
les dirigés de Fénelon sont en progrès
nous apprenons que Fénelon n'y est pas
pour grand'chose; et lorsqu'ils piétinent
sur place ou reculent, la faute en est
généralement à leur confesseur. En réalité
M. Navatel a été imprudent en parlant
de questions qu'il ne comprend peut-être
pas très bien. Les théologiens avertissent
volontiers qu'il est dangereux de parler
de théologie sans initiation suffisante ni
grâces d'état; il en est de même en ce
qui concerne la mystique. Si l'auteur
avait abordé son sujet avec la sympathie
et le sérieux qu'il lui devait, peut-être
aurait-il vu disparaître cette antinomie
apparente qui le chagrine tant, entre

l'amour pur que prèche Fénelon d'une part, et le sens pratique si méticuleux dont il fait preuve d'autre part dans la conduite de la vie. Et peut-être aurait-il enfin compris cette méthode de direction dont il a tant parlé. L'abandou à l'amour pur par l'oraison de quiétude doit être, dans la pensée de Fénelon, générateur d'action; toute sa mystique, comme toutes les grandes mystiques d'ailleurs, n'est qu'une propédeutique à l'action sociale. Lorsque la discipline mystique travaille sur des terrains ingrats, elle ne donne que peu de fruits; lorsqu'elle travaille sur l'âme d'un saint Bernard, elle produit au contraire cette espèce d'hommes prodigieux qui ne se retranchent dans la contemplation que pour se jeter plus furieusement dans l'action et qui, selon les propres expressions de Fénelon, sont « de plus en plus petits sous la main de Dieu, mais grands aux yeux des hommes ». Nous craignons que le désir de critiquer n'ait conduit l'historien de Fénelon à méconnaître l'homme dont il parlait. Quelques compliments adressés en passant ne contre-balancent pas un livre hostile et injuste; mais nous ne disons pas un livre inutile, puisqu'il peut préparer le terrain pour une étude objective de ce personnage si complexe, dont il est à souhaiter que l'on parle enfin sans admiration béate comme sans parti pris de dénigrement.

Kant et Aristote. Deuxième édition française de l'*Objet de la Métaphysique selon Kant et selon Aristote*, par CHARLES SENTROUL. 1 vol. gr. in-8 de VIII-343 p., Louvain, Institut supérieur de Philosophie et Paris, Alcan, 1913. — Deuxième édition française du mémoire couronné au concours de la *Kantgesellschaft* en 1906 sous le titre : *Kants Begriff der Erkenntnis verglichen mit dem des Aristoteles.* Malgré les changements de titre successifs que l'ouvrage a subis et les modifications apportées par l'auteur à son contenu, c'est le titre de la dissertation allemande qui résume encore le plus exactement ce que le lecteur y trouvera. Dans l'intention de l'auteur cette étude comparative sur Kant et Aristote ne constitue nullement une réfutation expresse et formelle du système kantien. Il s'agit d'un exposé, non d'une plaidoirie. Mais, et nous laissons à M. Charles Sentroul le soin d'accorder ces mots entre eux, et il s'agit en même temps d'un « exposé tendancieux » qui doit faire éclater en fin de compte la supériorité d'Aristote sur Kant. Les conclusions dernières vers lesquelles il tend sont que le système épistémologique de Kant se dissipe et tombe en ruines par le dualisme qui oppose, pour les heurter, respectivement le phénomène et le noumène, les mondes sensible et intelligible, les connaissances spéculatives et les assertions d'ordre pratique, — bref, la science et la métaphysique. Enlevant à la pénétration de la science pour ajouter à la certitude de la métaphysique, Kant a ruiné l'une et désaxé l'autre et enfin les a fait choir ensemble par l'effet d'une commune inconsistance. On peut soupçonner que seuls des *exposés* d'un genre un peu spécial peuvent conduire à de telles conclusions. L'auteur les a disposés de telle sorte que tous les postulats kantiens qu'il estime injustifiés, toutes les lacunes ou inconséquences qu'il découvre dans le système du philosophe apparaissent de la façon la plus nette. Cette méthode n'est pas sans inconvénients parce qu'elle se désintéresse trop évidemment des conciliations qui seraient parfois possibles; et l'historien avait ici beau jeu puisqu'il pouvait s'appuyer sur les recherches de Vaihinger dont on connaît l'ardeur à découvrir dans le texte de Kant des difficultés qui ne s'y trouvent pas. Mais il faut ajouter que les exposés tendancieux de M. Charles Sentroul supposent une connaissance approfondie du kantisme, qu'ils n'en trahissent d'ailleurs pas l'esprit et qu'ils réussissent souvent à mettre en un relief vigoureux certains de ses caractères les plus authentiques. En face de la critique kantienne l'auteur dresse le réalisme dogmatiste d'Aristote; ce nom désigne d'ailleurs en réalité la théorie de la connaissance que l'on peut actuellement extraire des œuvres d'Aristote interprétées par saint Thomas d'Aquin, et même par un Thomas d'Aquin qu'aurait revu le cardinal Mercier. C'est dire que nous sommes aux antipodes de l'histoire proprement dite : la comparaison entre Aristote et Kant devient une opposition entre le kantisme et le néothomisme le plus libre. L'auteur s'attache à faire saillir les difficultés que soulève l'*adaequatio rei et intellectus*, définition de la vérité qui ne se rencontre ni chez Aristote ni chez Saint Thomas, et substitue à cette formule la définition suivante : la vérité logique est la conformité du jugement avec la vérité ontologique. Il nous affirme d'ailleurs que c'est bien à la suite d'Aristote que la vérité doit être entendue ainsi. Cela est fort possible, mais tellement invérifiable que de telles discussions ne présentent aucun intérêt *historique*. Elles intéressent par contre le lecteur qui voudra se familiariser avec la critériologie néo-thomiste contemporaine sous sa forme la plus vigoureuse et la plus élaborée. Pour le cardinal Mercier et M. Sentroul le problème de la certitude n'est pas celui d'un pont qui relierait le connu et le réel. Dire que ce pont est nécessaire, c'est dire qu'il est inutile. Dire qu'il en faut un, c'est dire qu'il y a un abîme : c'est *ipso facto* creuser irrémédiablement cet abîme en le réaffirmant. On ne saurait donc réunir les deux berges de la connaissance par communication mais par contact ou par compénétration. A savoir : par la compénétration du sujet avec du réel et du prédicat avec le sujet. Le problème critériologique « du pont » ne peut être résolu que par suppression. Il s'agit donc de trouver comme sujet une donnée qui soit indivisiblement du réel et de la connaissance, et un prédicat qui soit le sujet par identité. Or il n'y a qu'une seule donnée qui soit indivisiblement et par compénétration du réel actuel et de la connaissance : c'est la réalité de ma connaissance et, du même coup, du moi. Le moi, voilà la base ferme de tous les jugements d'ordre existentiel. En analysant la sensation, en l'interprétant par le principe de causalité, on arrive à établir la réalité de l'objet des sensations. On aperçoit, dans ses lignes générales, la position de la question. Si nous abandonnons l'attitude de l'historien pour adopter celle du philosophe, nous aurions peut-être à faire observer que ce néo-thomisme est simplement un cartésianisme inconséquent. La discussion d'un tel problème excéderait les limites que nous devons nous imposer; mais nous en avons assez dit peut-être pour faire apparaître l'intérêt que présente ce livre vigoureux et, malgré l'aridité inévitable de la forme sous laquelle il se présente, très vivant.

E. Kant. Trois Opuscules Scientifiques : I. *Cosmogonie*, 1763; II. *A propos des volcans lunaires*, 1785; III. *Post-Scriptum*, 1791; traduits pour la première fois en français et annotés par FÉLIX BERTRAND, professeur de philosophie au collège de Menton, et ÉTIENNE LACLAVÈRE, professeur d'allemand au collège de Cannes, vol. in-16 de 83 p., Cavaillon, Bouches-du-Rhône, Mistral, 1913. — **Kant Ausgewählte kleine Schriften**, éditées par le Dr H. Ir-GENWALD, 1 vol. in-12 de 125 p., Leipzig, Meiner, 1914. — Les deux publications que nous signalons ici peuvent rendre de réels services à l'étude de Kant. Elles se présentent d'ailleurs de la façon la plus simple comme œuvres de vulgarisation. Le texte traduit sous le titre de *Cosmogonie* est tiré de la seconde partie de l'opuscule de 1763 : *l'unique fonde-*

ment possible d'une démonstration de l'existence de Dieu. Dans le commentaire qui est très clair, à noter, p. 80, une note inédite de M. Puiseux, astronome à l'Observatoire de Paris. La publication allemande est précédée d'une introduction destinée à donner une première idée de la philosophie de Kant : elle comprend les opuscules sur la philosophie de l'histoire, et les articles intitulés : qu'est-ce que l'*Aufklärung*? Qu'est-ce que s'orienter dans la pensée? Sur la fin du monde. Sur le problème de la paix perpétuelle en philosophie.

La Psycho-Physiologie de Gall, Ses idées directrices, par le Dr CHARLES BLONDEL. 1 vol. in-16, de 165 p., Paris, Alcan, 1913. — « La Sincérité, la foi scientifiques de Gall étaient complètes. Il fut victime d'une idée juste et d'un louable scrupule. » Parti de la crâniologie et de l'organologie, il leur associe étroitement la physiologie du cerveau : c'est pour lui l'étude de la vie psychique envisagée, systématiquement, sous le point de vue de ses conditions organiques, réelles ou hypothétiques. A cette conception il a été amené par ses idées générales sur la continuité de la nature et la spécificité des organes. « L'échelle graduelle des êtres sensibles » s'explique par des « productions cérébrales superposées », elle tient à des additions successives de nouveaux organes. Il s'ensuit que « l'esprit ou l'âme a besoin d'instruments matériels, et que ceux-ci sont multipliés et diversifiés, suivant que les facultés de l'âme sont plus variées et plus nombreuses... Les propriétés marchent donc toujours d'un pas égal avec les appareils matériels. » Les penchants et les facultés sont issues et dépendent de l'organisation. De quelle partie de l'organisme? Du cerveau seul, et Gall en donne des raisons très nombreuses. Le cerveau lui-même n'est pas un organe, mais une somme d'organes. Il n'y a pas dans le cerveau de centre commun, de point de concentration de toutes les fibres nerveuses. D'ailleurs, « la pluralité des organes qui sont nécessaires pour un but commun n'exclut pas l'unité de leur action. Ainsi une vie a lieu avec plusieurs organes, et une seule volonté, avec plusieurs instruments du mouvement volontaire. » Donc « les différentes parties cérébrales ont des fonctions différentes à remplir; la totalité du cerveau n'est pas un organe unique, chacune de ses parties intégrantes est un organe particulier, et il existe autant d'organes particuliers qu'il y a de fonctions de l'âme essentiellement distinctes. » On est ainsi amené à une représentation anatomo-physiologique des phénomènes psychiques. Ainsi la connexité des fonctions correspond à des connexités anatomiques. La supériorité de l'homme sur l'animal s'explique par le développement qu'acquiert chez lui le lobe frontal. Il suit de cette conception qu'on n'est pas autorisé à grouper les phénomènes psychiques en facultés : la mémoire, l'attention, le jugement sont des attributs communs aux facultés fondamentales et ne peuvent avoir leur organe propre. Il faut distinguer par exemple, plusieurs mémoires. Peut-être même pourrait-on être amené à considérer chaque « fibrille nerveuse, soit dans les nerfs, soit dans le cerveau, comme un petit organe particulier ».

La doctrine de Gall, qui a eu, comme le montre M. Blondel, une influence considérable sur le développement de la physiologie et même de la psychologie au XIXᵉ siècle, méritait d'être étudiée avec soin, et il faut savoir gré à l'auteur d'avoir extrait de cette œuvre volumineuse un exposé clair, précis et substantiel.

Logik der reinen Erkenntnis, par HERMANN COHEN (*System der Philosophie*, I. Teil), 2ᵉ éd. revue, corrigée et augmentée. 1 vol. gr. in-8, de xxv-512 p., Berlin, Bruno Cassirer, 1912. — Cette deuxième édition de la magistrale *Logique de la Connaissance pure* de M. Hermann Cohen est ornée d'un beau portrait de l'éminent penseur de Marbourg. En cette Logique qui est, à notre sens, l'œuvre capitale de M. Cohen et l'une des cinq ou six manifestations éminentes du génie philosophique allemand, s'unissent au bel élan de l'idéalisme post-kantien une rigueur méthodique et une passion de l'exactitude dans les notions dont l'esprit allemand semblait avoir depuis Kant quelque peu oublié la nécessité. Nous ne saurions songer à résumer ici ce beau livre qui ne révèle sa richesse qu'à une étude consciencieuse et attentive: il a d'ailleurs été l'objet, dans la *Revue de Métaphysique et de Morale* (septembre, 1910; vol. XVIII, pp. 671-679), d'un article de M. Kinkel. Disons seulement que cette seconde édition est tout autre chose qu'une simple réimpression. Elle a été l'objet d'une revision attentive, et elle est considérablement augmentée (de près de 100 pages; la pagination ancienne est conservée en marge, de manière à rendre utilisable le précieux index qu'a établi, pour l'ensemble du *System der Philosophie*, M. Albert Görland). M. Cohen n'a pas manqué de tirer profit de certaines idées toutes récentes émises en mathématiques et en physique générale, ou de

discuter certaines théories nouvelles : c'est ainsi que l'on trouvera des développements intéressants sur le problème de l'irréversibilité (p. 293), sur les idées de Hertz, de Boltzmann et d'Einstein (p. 295 et suiv.), sur le néovitalisme (p. 345), etc.

Wissenschaftslehre, par BERNARD BOLZANO, nouvelle édition par ALOIS HÖFLER, vol. I. 1 vol. in-16, de 571 p., Leipzig, Félix Meiner, 1914. — Cette très utile réédition des œuvres de Bolzano reproduit, comme les autres volumes de la même collection (*Hauptwerke der Philosophie in originalgetreuen Neudrucken*) l'aspect extérieur, le format, le papier et les caractères de l'édition princeps. En dehors de cet intérêt en quelque sorte archéologique, cette réimpression en présente un autre, plus considérable, un intérêt philosophique : les ouvrages de Bolzano étaient devenus à peu près introuvables, et il faut être reconnaissant à la *Kant Gesellschaft*, à la Société pour l'encouragement de la Science, de l'art et de la littérature germaniques en Bohème, et à la Société de philosophie de Vienne d'avoir entrepris cette édition nouvelle dont la direction est confiée à M. Alois Höfler. On est surpris en étudiant les œuvres de Bolzano, œuvres philosophiques ou œuvres mathématiques, et tout particulièrement cette logique, publiée en 1837, de trouver en Bolzano un contemporain, tout proche de nous, et tellement en avance sur la science et la philosophie de son temps qu'il semble qu'il ait anticipé quelques-unes des directions les plus récentes qu'ont prise dans ces dernières années les sciences exactes et l'épistémologie. C'est sans doute ce qui explique que, méconnu de son vivant, il ait été pour ainsi dire découvert par les mathématiciens et les philosophes contemporains qui lui ont consacré de nombreuses et importantes études, par Höfler, Twardowski, Husserl, Meinong. Kreibig, Marty, Bergmann, Stumpf et bien d'autres. L'époque où le psychologisme a régné en maître dans la logique et la théorie de la connaissance ne pouvait être favorable à un philosophe qui reprenait et développait la doctrine leibnizienne des vérités en soi: mais aujourd'hui où le règne du psychologisme semble bien terminé, où l'on s'attache de tous côtés à découvrir les éléments *a priori* de la connaissance et de nos jugements de valeur, la signification extra-psychologique ou supra-psychologique des objets de la pensée et des vérités, il n'est pas étonnant que l'on revienne au Leibniz autrichien et que la curiosité s'attache à ses doctrines logiques et, par voie de conséquence, à ses théories psychologiques, éthiques et esthétiques. C'est avec le plus grand profit qu'on étudiera aujourd'hui même cette *Wissenschaftslehre* (notamment l'introduction, les §§ 19 à 33 sur l'existence des vérités en soi, les §§ 34 à 45 sur la connaissance de la vérité, les §§ 48 à 90 sur les « représentations en soi »): la lecture en pourra suggérer aussi bien des études intéressantes sur des points spéciaux d'histoire de la logique. On attendra donc avec beaucoup de sympathie la publication, annoncée comme prochaine, des autres volumes de la *Wissenschaftslehre* et des *Paradoxes de l'Infini* de Bernard Bolzano.

Die realistische Weltansicht und die Lehre vom Raume, par E. STUDY. 1 vol. in-8, de 148 p., Braunschweig, Vieweg, 1914. — Ce livre est consacré à la défense de la conception « réaliste » de l'espace. L'auteur estime que la question de la nature de l'espace est *ein naturwissenschaftliches Problem*, qu'elle ne saurait donc être résolue comme le voulait Kant, par la raison pure. L'auteur considérant en même temps le problème de l'espace comme une question de théorie de la connaissance, il résulte évidemment de la juxtaposition de ces deux thèses que les problèmes de théorie de la connaissance sont également pour lui des questions de « sciences naturelles ». Le réalisme a été, pense M. Study, la conception implicite ou explicite de tous les grands savants, et il s'agit donc de le défendre contre les attaques des idéalistes, des positivistes et des pragmatistes, non sans critiquer en elles-mêmes et avec la vivacité qui convient les folles conceptions des adversaires du réalisme. Cette partie « anticritique » est suivie d'une théorie positive de l'espace pour laquelle les seuls instruments de recherche, comme dans la science de la nature en général, sont l'expérience et les hypothèses. De toutes les hypothèses, seule la plus ancienne, celle d'Euclide, a une importance pratique: mais l'auteur estime néanmoins que l'on doit accorder la même valeur de connaissance à certaines des hypothèses plus récentes, à celles de la géométrie non-euclidienne.

Ce livre, écrit par un mathématicien, parfois avec une certaine inexpérience philosophique, n'en est que plus intéressant: car il nous permet de juger de la manière dont sont comprises ou non comprises les grandes théories philosophiques par ceux qui ont consacré leur temps à d'autres disciplines. On y trouvera aussi des remarques ou des suggestions notables sur la valeur pratique du réalisme (P. 17 et suiv.), sur le pragmatisme (p. 43 et suiv.), sur la géométrie naturelle (ch. III), l'analyse (P. 91), la formation progressive des hypothèses en géométrie (p. 93 et suiv.), les axiomes géométriques (ch. x). Mais on regrettera d'y rencontrer des jugements d'une sévérité ou d'une ironie assez déplaisantes sur des philosophes comme Natorp (P. 16), Hermann Cohen (p. 29 et suiv.), Kant et les Kantiens (p. 31, 34), etc. Non pas que ces critiques acerbes et souvent injustes nous offusquent comme des 'crimes de lèse-majesté philosophique: mais il faut pourtant que les savants comprennent, lorsqu'ils abordent les problèmes de la philosophie, qu'ils se trouvent en présence d'un vocabulaire, de méthodes et en un mot d'une tradition qu'il leur faut accepter sous peine de n'être ni intelligents ni intelligibles: vocabulaire, méthodes et tradition propres à la philosophie, mais exactement comparables à ce qui constitue n'importe quelle discipline scientifique comme telle, et dont il n'est pas plus possible de s'affranchir ou légitime de se moquer que du vocabulaire, des méthodes et de la tradition de la science mathématique, ou botanique, ou paléontologique.

Die Stellung des Alfred von Sareshel (Alfredus Anglicus) und seiner Schrift « De motu cordis » in der Wissenschaft des beginnenden XIII. Jahrhunderts, par CLEMENS BAEUMKER. 1 vol. in-8, de 64 p. (Sitzungsb. d. Königl. Bayerischen Akad. d. Wiss. Philos. philol. u. Inst. Klasse. Jahrg. 1913, 9. Abth.), München, 1913. — Alfred de Sareshel était déjà connu par la publication partielle que C.-S. Barach avait donnée de son *De motu cordis* et par l'étude historique dont il avait accompagné cette publication. Malheureusement, le texte tronqué de Barach est en outre rempli d'incertitudes, et les réflexions que ce mauvais texte lui a suggérées n'en sont naturellement pas mieux remplies. Avec une inlassable patience Cl. Baeumker corrige les plus graves de ces erreurs et, grâce à une habile utilisation des résultats les plus récents acquis par l'histoire des philosophies médiévales, il restitue au traité de Sareshel sa place exacte et sa véritable signification. Une argumentation historique, que l'on peut considérer sans exagération comme un modèle du genre, établit qu'Alfred de Sareshel prend place parmi les philosophes du moyen âge dont la pensée n'a pas eu une orientation spécifiquement théologique; sous l'influence de la science gréco-arabe et de la médecine il poursuit un but purement philosophique. Plus précisément encore, Sareshel s'insère dans le mouvement nouveau qui prépare la haute Scolastique en associant les principes directeurs de la métaphysique néoplatonicienne, aux théories scientifiques d'Aristote. Il appartient à la première période de ce nouveau mouvement, c'est-à-dire à celle où dominent l'influence du *Liber de causis* et des œuvres d'Avicenne, mais nullement à la deuxième période que domine l'influence d'Averroès. Pour cette raison, que confirme d'ailleurs l'examen détaillé des citations aristotéliciennes que le *De motu cordis* renferme, on doit en placer la composition vers l'année 1215. La doctrine exposée par ce traité n'a donc rien de commun avec le panthéisme spinoziste, ni avec le matérialisme, comme l'avait imaginé Barach. Une fois de plus nous voyons que les philosophes du moyen âge ne se sont pas contentés de se répéter servilement les uns les autres, mais que d'autre part ils rentrent toujours dans des courants de pensée généraux que l'historien peut et doit déterminer. Cette dissertation où l'érudition la plus précise s'allie sans efforts aux généralisations méthodologiques les plus instructives est une manière de petit chef-d'œuvre. Les pages où l'auteur établit que l'histoire des philosophies médiévales progresse actuellement en situant les penseurs qu'elle étudie dans leur position originale, c'est-à-dire sur des plans différents, mais sans aller jusqu'à en faire des Kant ou des Spinoza, sont particulièrement instructives. Cl. Baeumker, avec une bonhomie charmante, prend en exemple les démêlés qui l'opposèrent à Mandonnet sur la question de Siger de Brabant; et nous constatons avec plaisir que cette querelle se termine dans le calme; mais en en tirant, comme il le fait ici, une conclusion objective et une leçon historique, Cl. Baeumker a su lui donner la seule conclusion qui fût digne d'un esprit aussi probe que le sien et d'un savant tel que lui.

Die Kritische Rechtsphilosophie bei Fries und bei Stammler, par GEORG FRAENKEL, 1 broch. in-8, de 92 p., Göttingen, Vandenhœck et Ruprecht, 1912. — Ce travail fait partie de la collection des études publiées *ad majorem Friesii gloriam* sous la direction de M. Léonard Nelson. La philosophie criticiste du droit de Rudolf Stammler y est confrontée, selon la méthode ordinaire des ouvrages de cette collection, avec la philosophie du droit de Fries. Après avoir signalé la renaissance actuelle de la philosophie du droit, l'auteur oppose la philosophie critique à la fois à la doctrine du droit naturel qui cherche à édifier un code idéal de normes juridiques éternellement valables, et à l'école historique du droit qui se refuse énergiquement à chercher au delà du droit en vigueur; la philosophie criticiste du droit, fondée par Kant, est à la recherche d'une idée supérieure régulatrice du droit. Stammler se rattache à Kant, mais avant Stammler Fries a cherché dans la même voie, et bien plus heureusement selon M. Fraenkel, de sorte qu'il faut se garder de mettre au compte de la philosophie criticiste du droit en général les fautes de Stammler, puisque Fries y a échappé.

Stammler veut constituer une *theoretische Rechtslehre* qui mesurera la valeur du droit positif. Le critérium est pour lui l'idée fondamentale de la communauté juridique entre les hommes. Et Stammler appelle *richtiges Recht* celui qui dans un cas particulier concorde avec l'idée du droit en général. Tout droit « exact » est un droit positif, mais tout droit positif n'est pas nécessairement un droit « exact »: n'est droit exact que celui qui est en accord avec l' « idéal social » de la communauté des hommes au libre vouloir.

Un bref exposé des théories de Stammler (p. 9, 26) est suivi d'une critique de ces théories. Stammler voulait découvrir la loi fondamentale de la vie sociale; il voulait trouver une méthode permettant de qualifier une règle de droit d'exacte, de juste. Il n'y réussit point, car il n'aboutit selon M. Fraenkel qu'à une formule tautologique, où l'exactitude d'une règle de droit se trouve définie par cette exactitude même (p. 29). L' « idéal social » de Stammler n'est qu'un concept vide d'où l'on ne peut rien faire sortir, sinon d'une manière purement arbitraire (P. 35). Si Stammler est ainsi arrivé à un principe vide et stérile, c'est, pense l'auteur, à cause de sa mauvaise méthode : Stammler cherche le critérium de l' « exactitude » d'une norme juridique dans l'absence de contradiction, dans la coïncidence avec l'idéal social; il croit par l'analyse du concept de droit en dégager les éléments universellement valables : mais l'analyse d'un concept ne peut me donner autre chose et plus que ce que j'ai d'abord mis dans ce concept : cette analyse ne peut me donner que des jugements analytiques qui n'étendent pas mes connaissances. D'autre part, en prenant pour critérium de vérité l'absence de contradiction logique, Stammler devait fatalement aboutir au logicisme et au dogmatisme

(p. 39) : l'absence de contradiction interne est un critérium nécessaire, mais non pas suffisant, de vérité. L'origine du logicisme est d'ailleurs une conception erronée de l'impératif catégorique. L'erreur de Stammler, et la plus grave de toutes, es encore, d'après M. Frænkel, d'avoir exagéré la valeur de la communauté (p. 42) et de n'avoir point vu que l'idée de communauté demande à être remplie avec d'autres valeurs qui seules permettent une comparaison des fins (p. 43). Enfin Stammler méconnaît absolument les valeurs esthétiques et sensibles (p. 44).

Est-ce à dire, continue notre auteur, que la théorie de Stammler soit absolument sans valeur? Nullement. Il en faut retenir l'idée fondamentale d'une méthode qui, dégagée de tout empirisme, doit nous permettre d'apprécier la valeur des normes juridiques; il en faut retenir la méthode consistant à découvrir l'idéal social par l'analyse de nos jugements sur l'exactitude d'une règle de droit, ce qui est l'idée même de l'abstraction de Fries.

L'objet d'une philosophie criticiste du droit doit être, au moyen de l'abstraction des jugements sur l'exactitude d'une règle de droit, de découvrir le jugement fondamental qui est à la base de tous les autres: ce jugement fondamental doit alors être fondé au moyen de la déduction, c'est-à-dire ramené à la connaissance immédiate; enfin il s'agit, en partant de ce jugement démontré valable, de construire le système de la philosophie du droit (p. 48).

C'est le but qu'il y a cent ans J.-F. Fries s'était proposé: la dernière partie du travail de M. Frænkel (p. 50, 92) est consacrée à l'exposé de la philosophie du droit de Fries. La conclusion de l'auteur est un cri de guerre contre « une philosophie du droit néohégélienne confuse » et « la philosophie esthétisante » du « relativisme sceptique qui renonce à une philosophie scientifique du droit pour recourir au fait du sentiment juridique »: la philosophie du droit fera bien de revenir à Fries, dont la méthode est fondamentale pour tout travail ultérieur... La conclusion était prévue; mais les remarques qui la préparent n'en gardent pas moins leur valeur et leur intérêt.

Essays on Truth and Reality, par F.-H. Bradley, 1 vol. in-8, de 480 p., Oxford, Clarendon Press, 1914. — M. Bradley a réuni dans ces Essais des articles qu'il a fait paraître ces dernières années dans le *Mind*: il y a ajouté un article de la *Philosophical Review*, et quelques études inédites.

Ce qu'on trouve d'abord ici, c'est une définition de l'absolutisme, affirmation de la valeur à la fois absolue et relative de chacun des aspects de la vie, de la vérité et de l'erreur de chacune de nos idées. La méthode suivie est « une expérience directe idéale faite sur la réalité » par laquelle on reconstitue l'unité du fait et de la qualité. Le philosophe part de l'expérience immédiate pour aboutir à l'expérience absolue. L'expérience immédiate n'est pas le fait de conscience, la relation d'un sujet et d'un objet; c'est une expérience sans distinction où l'être et le connaître sont un et qui est pourtant infiniment diverse. Il y a derrière les termes et derrière les relations, derrière le moi et le monde, qui sont des abstractions, une masse indéfinie de chose sentie qui n'est pas un objet et qui fait l'unité et la continuité de notre vie. Bien plus, entre l'objet et le sujet, il n'y a pas de relation ; il y a seulement une présence indescriptible et inexplicable de l'un devant l'autre. Il n'y a rien de réel que ce que je sens : pourtant cette expérience immédiate est toujours transcendée; mais elle contient ces relations qui d'un autre côté la transcendent, et elle les juge.

C'est ainsi que nous voyons la fausseté de tout jugement: l'expérience immédiate nous montrera toujours derrière l'objet, terme du jugement, et derrière le sujet qui affirme, des « au-delà » qui n'entrent pas dans le jugement; de plus, le jugement brise l'unité de l'expérience immédiate. L'on ne pourra jamais transférer la certitude de l'expérience immédiate dans la sphère des jugements, et M. Bradley reprend ici en la transformant la critique hégélienne de la désignation.

Tout ce qui apparaît doit donc être affirmé de la réalité et, d'autre part, ne peut pas être affirmé d'elle. La réalité est donc infra-relationnelle d'abord, supra-relationnelle ensuite. Les relations sont la traduction nécessaire, mais contradictoire, de l'unité non-relationnelle.

Nous ne pouvons guère insister ici sur la conception de l'immanence inexplicable des centres finis dans l'absolu à laquelle M. Bradley arrive. Ces centres sont différents de l'âme et du moi; car ils n'ont pas d'avant et d'après; et ils ne s'opposent pas à un objet; les centres finis sont une expérience d'eux-mêmes et en même temps de tout contenu qui est l'univers, y compris Dieu. Tout existe en eux, — et ils n'existent qu'en tant qu'ils sont au delà d'eux-mêmes. L'apparence est précisément le fait que dans le fini est présent quelque chose qui entraîne le fini au delà de lui-même. La réalité absolue est donnée : dès le premier moment, mon centre fini est transcendé. Le moi et le monde sont des abstractions. Il y a réalité quand l'un de ces deux aspects reconstitue l'autre.

On aboutirait aux mêmes idées en étudiant le fait du jugement. La forme d'union qui donnerait au jugement le caractère qualitatif que nous désirons doit se trouver de l'autre côté de jugement et de l'intelligence. En effet, l'objet et le sujet du jugement sont chacun moins que l'univers et tout l'univers; aucun jugement ne se suffit à lui-même et tout jugement se suffit à lui-même. Il faut donc pour comprendre le jugement écarter l'idée d'un moi réel. Dans le centre fini, la réalité tout entière est présente. — Qu'est dans cette théorie l'élément subjectif? Il est ce qui ne compte pas; mais cette notion est identique aux idées incompréhensibles de : centre fini, d'extériorité et de temps; elle est donc incompréhensible.

L'apparence, la vérité et l'erreur, n'existent que dans le monde des relations; mais finalement nous ne pouvons rien dire sur les rapports de la vérité et de la réalité; car ces deux termes s'impliquent l'un l'autre.

Telle est la doctrine centrale de la métaphysique de Bradley. Cet exposé ne constitue pas tout le livre. Nous n'avons pas mis en lumière toutes les idées contenues dans cette œuvre si riche : théorie de l'imaginaire et des mondes imaginaires, des rapports du pratique et du non-pratique, du critérium de la vérité, de la foi, de la valeur, de l'idée générale. Mais on peut voir, par ce que nous avons dit, comment pragmatisme, bergsonisme, hégélianisme, théorie de la satisfaction, de l'espérance immédiate, de l'idée, s'unissent dans cette philosophie, transformés et peut-être dépassés.

L'absolutisme, dit M. Bradley, est une « hard doctrine ». Et ce qu'il y a de plus beau peut-être dans l'absolutisme tel qu'il l'expose, c'est en effet qu'il est une philosophie héroïque. Mais reste-t-il toujours cette philosophie de l'effort intellectuel qu'il veut être? On peut se demander si M. Bradley a prouvé cette théorie réaliste suivant laquelle toute idée s'applique à une réalité, s'il n'y a pas là seulement une façon de se représenter l'imaginaire et de traduire l'idée de valeur, représentation qui arrive à nier l'imaginaire, traduction qui laisse s'évanouir l'idée de valeur. M. Bradley nie l'existence d'idées flottantes (et il entend par là tantôt que toute idée qualifie une réalité, tantôt que toute idée est sentie

par un centre réel) : la valeur ne pourrait-elle pourtant pas être une idée flottante, précisément, qui vient se poser sur telle ou telle chose, qui vient dans tel ou tel esprit, — mais dont l'essence, indéfinissable, est précisément de flotter au-dessus de la chose et de l'esprit? De ce réalisme de M. Bradley dépend, semble-t-il, la façon dont il nie la primauté du vouloir : le vouloir n'étant pour lui qu'un passage de l'idée à l'existence.

La vérité devient, pour M. Bradley, essentiellement relative; il semble que les vérités doivent être contenues, absorbées, dans la réalité totale et harmonieuse. Mais toute affirmation de valeur, tout jugement, n'est-il pas la négation de la réalité totale? Et ne peut-on penser qu'il y a plus dans les centres finis et les jugements absolus que dans cette réalité où ils sont transfigurés? Est-il sûr qu'ils peuvent être transformés sans perdre ce qui faisait leur nature?

Ce qu'il y a d'intérieur en chacun de nous disparaît finalement pour M. Bradley. « Rien n'est, au fond, purement et simplement privé. — L'idée d'une profondeur intérieure d'où la Réalité Unique est exclue, n'est-ce pas là la création de fausses conceptions tout intellectuelles? » — De même qu'il n'y a plus d'intérieur, il n'y a plus de contradiction ni de négation, tout jugement est pour M. Bradley, comme pour les éclectiques, vrai dans ce qu'il affirme, faux dans ce qu'il nie; de la réalité, on ne peut rien nier; et en effet, ce qu'on nie doit être compris dans la réalité, dans une réalité supérieure. Mais cette réalité n'est-elle pas une réalité plus pâle que la réalité vraie? Qui dit que ce soit la réalité la plus vaste qui soit la plus vraie, et non la plus vive ou la plus profonde? Toute contradiction, dit encore M. Bradley, implique l'union réelle des contraires. Mais cette observation fait-elle évanouir la contradiction? Elle l'affirme plutôt; et il faut que la contradiction soit dans l'absolu préservée dans sa pureté. Il n'y a pas dans l'Univers, dit M. Bradley, de détail autonome et d'élément qui se suffise à lui-même; c'est là que nous saisissons l'essence de la transformation qui est au fond négation de ce qu'elle transforme. Cette liberté relative des choses subordonnées au tout ne leur suffit peut-être pas pour qu'elles continuent à vivre réellement. Leur vie, leur lutte semble d'ailleurs inutile, si comme le dit M. Bradley, l'absolu est là, — et s'il assure la victoire du bien.

A ces objections qui portent sur le réalisme et sur le monisme de M. Bradley,

on peut en ajouter une troisième catégorie qui porte sur son intellectualisme
et son idéalisme, d'une façon plus précise
sur la critique de la désignation, qu'il
développe en partant de la critique hégélienne. Les mots : ici. maintenant, moi,
ne peuvent, dit M. Bradley, apporter
avec eux dans le domaine de la pensée
la certitude du sentiment. Mais cette
critique suppose qu'en devenant des faits
individuels, ils prennent place dans une
série, et qu'en prenant place dans une série
ils perdent leur certitude. Mais un fait
individuel est-il nécessairement un terme
dans une série? D'autre part, n'y a-t-il pas
des séries senties, ou des bases de séries
senties dans l'expérience immédiate? En
allant plus loin, on peut se demander s'il
est nécessaire, comme le dit M. Bradley, de
chercher la vérité uniquement dans l'ordre
des idées. Ne nous apprend-il pas que
toute idée s'applique à la réalité?. La
désignation n'apporte pas la certitude :
mais d'autre part toute idée est désignation. N'est-il pas légitime dès lors de se
servir des idées, non pas pour s'éloigner
de plus en plus de l'expérience immédiate,
afin de la retrouver au terme transformée
(et au fond niée), mais pour se rapprocher d'elle de plus en plus? Suivant que
l'on répondra d'une façon ou d'une autre
à cette question, on répondra par là même
à la question que posait James quand il
disait : Bradley ou Bergson?

L'École et l'Enfant, par JOHN DEWEY,
traduction par L.-S. PIDOUX, avec une introduction par ED. CLAPARÈDE. 1 vol. in-12,
de XXXII-133 p. Neuchatel, Delachaux et
Niestlé, Paris, Fischbacher, 1913. — Les
quatre études réunies sous ce titre sont
fort propres à donner une idée juste et
précise des conceptions pédagogiques de
J. Dewey. C'est un vrai service que nous
a rendu le traducteur en fournissant à
tous les éducateurs français le moyen de
profiter commodément de l'enseignement
d'un des maitres les plus justement ré-
putés de la pédagogie contemporaine.
L'excellente introduction d'Ed. Claparède
complète heureusement la publication en
offrant une vue d'ensemble de l'œuvre
du professeur de Columbia et de ses
expériences scolaires.

La théorie de l'intérêt, objet de la première étude, est le centre de la pédagogie de Dewey; on peut ajouter qu'elle
marque le centre vrai des études pédagogiques de ce temps, de celles du moins
qui, se donnent pour tâche la pénétration
psycho-sociologique du développement
éducatif, présentent une valeur utile. —
Le développement éducatif a son point
de départ indispensable dans le mouve-

ment spontané du développement de
l'âme enfantine, et le point de jonction
de ce mouvement spontané et de l'intervention éducative est précisément l'intérêt. La notion générale de l'intérêt
appartient à la tradition pédagogique, et
Dewey, comme W. James, la reçoit immédiatement d'Herbart. Mais le sens très
vif de la réalité psychique et sociale, qui
caractérise la psychologie américaine, et
que Dewey possède à un degré éminent,
lui permet d'approfondir cette notion en
la débarrassant de l'idéologie psychique
d'Herbart, et de la rendre effectivement
utile pour la pratique de l'éducation.
Herbart cherchait à définir l'intérêt par
les actions et réactions des *idées* considérées comme possédant chacune une
intensité propre et un pouvoir de répulsion ou de fusion à l'égard de telles ou
telles autres. Dewey reconnait que les
intérêts doivent être découverts par l'observation de la nature de l'enfant, où ils
sont constitués comme des modes réels
d'activité, des systèmes dynamiques,
« seules puissances auxquelles l éducateur
puisse s'adresser ». L'éducateur n'a pas
seulement à utiliser ces puissances de
l'esprit enfantin pour des buts qu'il se
propose en dehors d'elle : il doit voir
dans les *intérêts* de l'enfant « des fonctions qui renferment des possibilités et
qui mènent à un but idéal ».

C'est l'intérêt ainsi compris qui est la
seule base légitime pour la détermination
et l'emploi des programmes d'études. La
seconde partie du petit livre met en
lumière cette façon psychologique de
considérer les programmes. Il faut
regarder les objets d'étude comme étant
en relation naturelle, bien que non
actuellement réalisée, avec les intérêts de
l'enfant. Les objets d'étude sont le fruit
d'une évolution vitale de l'espèce, dont
le rapport est étroit avec l'évolution
mentale de l'enfant, qui dépend d'elle et
la prolonge. Ainsi le tableau de la science
systématique des adultes nous renseigne
sur les capacités et les instincts de l'enfant, nous aide à les interpréter. Et
c'est en raison de ces capacités et de ces
instincts, interprétés à la lumière des
sciences constituées, qu'il faut déterminer
la manière dont ces sciences doivent être
progressivement offertes à l'esprit de
l'enfant, ou en d'autres termes qu'il faut
mettre les programmes d'études en rapport avec l'expérience. « L'éducateur n'a
donc pas affaire aux matières d'enseignement en elles-mêmes, mais à ces matières
dans leurs relations avec un processus
de croissance intégrale. » Ce ne sont
point des buts arbitrairement posés, ni

des préoccupations de logique des sciences qui doivent déterminer la marche des programmes d'enseignement, mais la compréhension psychologique de l'adaptation naturelle de l'esprit de l'enfant aux matières d'enseignement.

La troisième étude précise ce point de vue par l'application qu'elle en fait à l'enseignement primaire de l'histoire. Dans l'ordre des études historiques, les « manières de vivre des hommes », c'est-à-dire la vie sociale concrète, voilà le point d'attache de l'intérêt infantin. De là l'utilité de partir d'une étude concrète de la vie sociale avec laquelle l'enfant est en contact, pour n'aboutir à l'étude chronologique que nous nommons proprement histoire qu'au dernier stade de l'enseignement primaire.

La quatrième étude aborde du même point de vue la question de la morale et de l'éducation. — Ici ce qui correspond à la matière d'enseignement, c'est l'ensemble des façons d'agir et des devoirs, qu'il appartient à la sociologie de dégager par l'étude des fonctions de l'organisme social ; l'intérêt, c'est l'ensemble des dispositions psychiques qui déterminent le *comment* de la conduite. L'École a pour fin de servir la vie sociale ; l'idéal moral, les règles de la vie scolaire doivent être tirés de la considération des rapports sociaux que les élèves auront à soutenir dans leur vie. Pour appeler sur un tel objet l'intérêt de l'enfant, une première condition nécessaire est de faire de l'école même un vrai milieu social réel, un raccourci de la vie sociale : que les méthodes d'enseignement fassent donc appel aux pouvoirs actifs de l'enfant, que le travail manuel, réalisant des œuvres utiles, serve au développement de son sens social, que toutes les connaissances qu'on lui fournit lui donnent une représentation des travaux nécessaires à la vie sociale, que la discipline demande son efficacité aux moyens qu'elle offre à l'enfant de mettre ses connaissances au service de la société. Une seconde condition, c'est de découvrir par l'observation de l'enfant les instincts et impulsions qui sont le germe de la socialité des adultes, de tenir compte de l'évolution naturelle de ces germes, de la formation interne du caractère moral de l'enfant, qui résulte de la transformation par l'éducation des impulsions et des instincts en habitudes d'action sociale. L'école travaillera à cette formation, si elle développe la force du caractère en concentrant vers un but possible les pouvoirs actifs de l'enfant, si elle lui forme un jugement droit par l'exercice du choix réel de ses actions, si elle cultive en lui les émotions sociales au contact de la vie sociale scolaire et par l'exercice des facultés esthétiques. Disons pour résumer les deux séries de conditions, que les principes moraux ne doivent apparaître dans l'éducation que comme inhérents et à la vie sociale et au mécanisme psychique individuel.

On peut trouver matière à critique dans ces applications du principe de l'intérêt, et notamment juger un peu vague et insuffisante la notion fournie de la formation du caractère. Mais il est difficile de méconnaître la justesse et l'importance pratique de la thèse même de l'intérêt, le sens aigu de la réalité psychique et sociale qui se manifeste partout au cours de ces études et les fait riches de suggestions pour le philosophe en même temps que pour l'éducateur.

Social Justice without Socialism. par John Bates Clark, professor of political economy at Columbia University. 1 vol. in-16, de 49 p., Boston et New-York, Houghton Mifflin Company, 1914. — « Nous sommes tous socialistes aujourd'hui » suivant une phrase à la mode dans les pays anglo-saxons, s'il suffit pour être socialiste, de vouloir améliorer la condition des classes pauvres, et de vouloir que l'État intervienne pour rectifier les désordres du monde industriel. Mais le socialisme de M. J.-B. Clark, s'il veut que l'État intervienne, c'est seulement pour protéger la concurrence, condition de toute richesse et de tout progrès. Il dénonce l'extrême péril que fait courir au monde moderne, en particulier à la société américaine, le développement des grands monopoles privés. Mais il n'accepte pas la solution socialiste, qui consiste à la transformer en monopoles d'État : car tout monopole est un mal. Réduction de la journée de travail ; protection des travailleurs contre les risques industriels ; libre-échangisme, réforme monétaire et banquière ; assistance par le travail en temps de crise ; protection des enfants et des femmes : simplification de la procédure judiciaire. Le « Socialisme » de M. J.-B. Clark ne va pas plus loin. Il tient pour la justice immanente de la société économique au milieu de laquelle nous vivons. Le tout est d'éviter que cette justice ne soit point dérangée et faussée.

La *Revue de Métaphysique et de Morale* a déjà eu occasion d'étudier, en ces matières, les théories de M. J.-B. Clark (septembre 1907 ; vol. XV, pp. 596-619). Mais convenons que, sur les solutions pratiques auxquelles M. J.-B. Clark aboutit, plane un certain mystère, « Jusqu'à ces derniers temps les ouvriers américains ont vécu côte à côte avec leurs employeurs sans les haïr; et, si l'on peut faire en sorte que les salaires soient fixés maintenant par quelque appel au principe de la justice, ils peuvent recommencer à vivre ainsi en bonne harmonie avec eux. Cela implique une meilleure méthode pour arbitrer les différends que n'est le brutal appel à la force. Nous n'avons pas ici le temps de discuter par quel procédé la chose peut être faite. Je prétends que la chose peut être faite, et je m'offre à le prouver quand j'aurai plus de temps disponible (p. 37) ». M. J.-B. Clark nous laisse sur cette espérance.

A History of Japanese Mathematics, par DAVID EUGÈNE SMITH et YOSHIO MIKAWI. 1 vol. de VII-288 p., Chicago, The Open Court Publishing Company, 1914. — Nous n'avons pas à entrer dans le détail de cette histoire, dont le titre seul indique l'intérêt, mais qui est consacré aux progrès successifs de procédés purement techniques en algèbre et en géométrie surtout. Les auteurs de cette attrayante et instructive étude ont eu à aborder une série de problèmes qu'il est utile de rappeler ici. Impossibilité, pour le Japon comme pour toute autre civilisation, de remonter aux origines, — même à partir du XVIIᵉ siècle où apparaît une tradition régulière dans l'enseignement. Difficulté de spécifier la part de chaque savant à cause de l'usage du secret inconsciemment renouvelé de Pythagore (voir à cet égard la discussion sur Seki Kowa et les méthodes pour la mesure du cercle). Difficulté aussi de délimiter l'étendue des influences étrangères, des infiltrations chinoises, de l'enseignement des missionnaires (par lequel, avant le XIXᵉ siècle, les Japonais avaient en quelque sorte côtoyé la civilisation européenne), de quelques relations qui ont pu être plus directes : Von Schooten ne signale-t-il pas parmi l'un de ses plus habiles élèves en mathématiques, un Japonais, « Pierre Hartsing » ?

Leçons sur les Fonctions de Lignes, professées à la Sorbonne en 1912, par V. VOLTERRA. 1 vol. de XIV-230 p., Paris, Gauthier-Villars, 1913. — Dans ce volume le mathématicien de génie à qui l'on doit la notion de fonction de lignes a résumé quelques-uns de ses plus importants travaux. Le premier et le dernier chapitre de ce livre ont un caractère profondément philosophique. Dans le premier chapitre intitulé : *l'évolution des idées fondamentales du calcul infinitésimal*, l'auteur a cherché à rattacher ses travaux sur les fonctions de lignes au développement de l'analyse mathématique. Il rappelle que les méthodes infinitésimales étaient employées par les géomètres grecs : Eudoxe de Cnide (400 av. J.-C.) semble déjà s'en être servi. Mais, dans l'antiquité, c'est surtout Archimède qui fit de ces procédés un emploi systématique. Les vrais continuateurs d'Archimède furent, comme on sait, Galilée et Képler. Puis vinrent les découvertes mémorables de Newton et de Leibniz. Un procédé général domine tous ces travaux, ce procédé consiste essentiellement à passer du fini à l'infini. Or, si l'on applique cette conception à la notion de fonction de plusieurs variables, on obtient des fonctions qui dépendent d'une infinité de variables, c'est-à-dire de la forme d'une ligne. Si l'on regarde par exemple « une aire plane comme dépendant de la courbe qui la renferme, on a une quantité qui dépend de la forme d'une courbe, ou ce qu'on appelle aujourd'hui une fonction d'une ligne. Puisqu'une ligne peut être représentée par une fonction ordinaire, l'aire peut être regardée comme une quantité qui dépend de toutes les valeurs d'une fonction. Elle est évidemment une fonction d'une infinité de variables. En effet, on peut l'envisager comme un cas limite d'une fonction de plusieurs variables en supposant que leur nombre croisse indéfiniment de la même manière qu'une courbe peut être regardée comme le cas limite d'un polygone dont le nombre des côtés augmente à l'infini... De tous côtés, on peut trouver d'autres exemples de fonctions de lignes. C'est ainsi que l'action exercée par un courant électrique filiforme flexible sur une aiguille aimantée dépend de la forme qu'on peut donner au circuit et, par suite, est une fonction d'une ligne... Ce que nous venons de dire montre donc qu'on est amené à faire tout naturellement dans la théorie des fonctions le passage du fini à l'infini que nous avons déjà vu s'accomplir peu à peu, mais d'une manière constante, pendant une longue période de siècles jusqu'à la constitution du calcul infinitésimal. » Les chapitres suivants du livre que nous analysons sont consacrés à l'étude des propriétés des fonctions de lignes, à la théorie des équations intégro-différentielles (où la fonction inconnue et ses dérivées figurent sous le signe intégral) et à diverses applications d'une extrême importance; leur caractère strictement mathématique ne nous permet pas de nous y arrêter plus longuement. Mais le dernier chapitre, intitulé : *application du calcul aux phénomènes d'hérédité*, soulève des problèmes philosophiques d'un profond intérêt. Nous allons essayer de résumer brièvement les idées principales qu'il contient. On sait que, selon que l'avenir d'un système dépend exclusivement de l'état actuel et de l'état infiniment voisin, ou dépend des états antérieurs, le système est dit non héréditaire ou héréditaire. L'astronomie classique fournit des exemples connus de problèmes non héréditaires; on trouve dans la physique moléculaire des exemples du second cas. Par exemple la déformation d'une barre élastique dont l'une des extrémités est fixée, l'autre chargée de poids, ne dépend pas uniquement de la charge actuelle que supporte la barre, elle dépend des charges antérieures. Un exemple pratique est celui d'un pont métallique qui ne se déforme pas sous l'action d'une charge de la même manière lorsqu'il est neuf ou lorsqu'il est en usage depuis quelque temps. Les phénomènes d'hystérésis magnétique sont également des phénomènes héréditaires. Or, M. Volterra, grâce à sa conception des fonctions de lignes, a pu élaborer une méthode permettant de traiter mathématiquement les problèmes héréditaires. Le nouvel algorithme permettra d'exprimer précisément que la fonction inconnue dépend de tous les états antérieurs. Les équations auxquelles on aura affaire ne seront plus, comme dans le cas non héréditaire, des équations différentielles ou aux dérivées partielles, mais selon les cas des équations intégrales ou intégrodifférentielles. Nous rappelons que la conception même de la mécanique héréditaire a soulevé des objections, de M. Painlevé notamment. Nous n'avons pas à examiner ici la portée exacte de ces critiques dont le but n'est certainement pas de chercher à faire écarter des méthodes qui s'imposent par leurs succès éclatants dans de nombreux domaines.

Introduzione allo Studio della Filosofia Indiana, par LUIGI SUALI (Biblioteca di filosofia e pedagogia, dir. de G. Villa e G. Vidari. N. 7), 1 vol., de XVI-478 p., Pavia, Mattei e C., 1913. — L. Suali, formé aux méthodes les plus rigoureuses de critique intelligente et d'érudition sûre sous la direction de Jacobi, s'est conquis une place éminente parmi les sanscritistes voués à l'étude de la philosophie indienne, grâce à maints travaux consciencieux et méritoires. entrepris en des domaines peu explorés, tels que le matérialisme des Cārvākas et surtout le Jainisme. Jusque dans le présent ouvrage, qui paraît être, et qui est à certains égards, un livre d'exposition générale, l'auteur a fait œuvre neuve et

personnelle. En effet, il ne s'agit point ici d'un aperçu d'ensemble sur la spéculation de l'Inde, mais uniquement d'un système particulier de philosophie, le Nyāya-Vaiçesika, dans lequel même on n'envisage que l'épistémologie de la logique : regrettons que rien dans le titre, pas même un sous-titre, n'indique le contenu véritable du livre. Pourtant, comme les théories en question s'imposèrent à la plupart des écoles, brahmaniques ou bouddhiques, et devinrent pour ainsi dire le patrimoine formel commun à toute la pensée d'une immense civilisation, on conçoit que leur étude puisse constituer une initiation préalable utile à acquérir avant tout essai de compréhension des diverses systèmes : en ce sens nous avons bien affaire à une *Introduzione*. Les pandits ne rompent-ils pas leurs disciples aux exercices logiques avant de leur révéler des dogmes, de même que nos écoles gréco-romaines ou médiévales assouplissaient les esprits à la syllogistique, à la dialectique et à la rhétorique, avant de leur infuser des théories ou des croyances? Montrons toutefois que le travail de Suali est plus et mieux qu'une Introduction. — Jamais encore le Nyāya et le Vaiçesika n'avaient fait l'objet d'une étude aussi exhaustive, traitée selon les méthodes européennes. La préface de Bodas au *Tarkasamgraha*, quoique très riche en renseignements de toute nature, restait artificiellement didactique. Un remarquable article de Jacobi (*Indische Logik, Nachr. d. K. Gesell d. Wiss zu Gölting phil.-hist. K.*, 1901) fournissait un résumé magistral, mais un simple résumé. Le récent *Hindu Realism* de J. C. Chatterji (Allahabad, 1912) corrigeait l'interprétation courante de certaines catégories, admise d'ordinaire sur la foi de Colebrooke, mais n'examinait que la métaphysique du Nyāya-Vaiçesika, non sa logique. Le seul ouvrage étendu et approfondi qui puisse être mis en parallèle avec celui de Suali est le travail de Stcherbatsky sur Dignāga, Dharmakīrti et Dharmottara (*L'épistémologie et la logique chez les Bouddhistes ultérieurs*, Saint-Pétersbourg, 1909, IIe Part.), dont une traduction française préparée par Mme I. de Manziarly et P. Masson-Oursel, doit paraître avant un an (Paris, Annales du Musée Guimet); mais tandis que dans ce dernier ouvrage l'épistémologie et la logique de l'Inde sont considérées comme gravitant autour de l'idéalisme du Bouddhisme postérieur, dans le premier elles sont envisagées principalement en fonction des systèmes Nyāya et Vaiçesika. D'ailleurs l'originalité du volume italien est d'autant plus incontestable que l'auteur, de son propre aveu (p. 8, u. 2) n'a pas eu accès au livre russe. — Définir, selon le Vaiçesika, la spécificité (viçeṣa) des diverses catégories : substance, qualité, mouvement, généralité, particularité, inhérence, négation, qui sont, non pas comme chez Kant, des concepts *a priori* constitutifs de la pensée, mais, comme chez Aristote, des modalités de l'être; puis déterminer, conformément au Nyāya, l'exercice légitime des facultés de connaissance et les règles du raisonnement, tout à fait comparables, malgré certaines différences, à celles du syllogisme grec, — c'est là une tâche dont l'auteur s'acquitte avec autant de lucidité que de précision. En ces matières, il est vrai, le terrain est ferme et solide : toutes ces conceptions, tant de fois pensées et repensées par la scolastique indigène, ont pris une forme classique définitive. A cet égard, un tel ouvrage supplée dans une certaine mesure à l'enseignement direct donné par les maîtres hindous, que quelques indianistes ont dû aller chercher dans le pays même, tout en fournissant une multitude d'aperçus critiques dont de sembables professeurs se sont montrés jusqu'ici peu capables. Mais l'originalité de ce livre est ailleurs : elle réside dans une première partie que fort peu d'indianistes eussent pu écrire, où sont traitées, d'une façon aussi complète que le permet l'état de nos connaissances, les diverses questions historiques afférentes au sujet. Sans jamais chercher à réfuter, mais en s'attachant à discerner la valeur limitée de chaque hypothèse émise, l'auteur dégage de la polémique entre Stcherbatsky et Jacobi son opinion personnelle sur la date de rédaction des deux darçanas : il situe celle du Vaiçesika entre 250 et 300 de notre ère, celle du Nyāya entre 300 et 350. C'est dire que les sûtros de ces écoles doivent être postérieurs au nihilisme bouddhique, mais antérieurs à l'idéalisme mahāyāniste, en ce qui concerne les commentateurs, le Naiyāyika Vātsyayana (vers 400) est antérieur au grand logicien bouddhiste Dignāga: le célèbre théoricien du Vaiçesika, Praçastapāda, parait avoir vécu dans le même siècle (le vie) que ce dernier, probablement avant lui. Faute de pouvoir suivre l'auteur dans son esquisse d'une histoire de la logique indienne, bornons-nous à signaler ce principe directeur : qu'il faut prendre pour points de repère chronologiques les documents bouddhiques ou jainas. — Autant le syncrétisme du Nyāya-Vaiçesika, constitué par la fusion des deux systèmes, est aisément accessible,

autant la préhistoire de chacune de ces disciplines, en tant que distinctes l'une de l'autre, est énigmatique; c'est peut-être faute de connaître les contingences de l'histoire que l'on admet, comme le fait aussi Suali, que les deux systèmes étaient destinés à se compléter mutuellement (p. 25-28): nous verrions volontiers, quant à nous, dans cette adaptation tant bien que mal opérée entre deux systèmes d'inspiration différente, un problème à poser plutôt qu'une harmonie à constater. Peu importe cependant : car ce sont là des impressions, des hypothèses, tandis que la méthode ici usitée consiste très justement à se documenter sur les faits avérés, non à les reconstruire en fonction d'une interprétation ou à expliquer le connu par l'inconnu; et notre auteur est dans son droit en étudiant principalement la doctrine éclectique du Nyāya-Vaiçesika, telle qu'on la trouve chez Annambhatta, Keçava Miçra, Langākṣi Bhāskara et Viçvanātha. — Ce livre, qui intéressera tous les esprits curieux de l'histoire des idées, sera précieux à l'indianiste. Les index qui le terminent en font un instrument de travail sûr et pratique. Bien que le volume n'appartienne pas à une collection d'ouvrages d'orientalisme, l'impression des mots sanscrits ne laisse rien à désirer. L'ouvrage est donc à tous égards digne d'éloges.

Dans une édition future, il conviendra de signaler, à la page 24, note 1, la traduction anglaise des *Vaiçesika sutras* de Kaṇāda, parue récemment dans la série des *Sacred Books of the Hindus*.

REVUES ET PÉRIODIQUES

Logos, *Internationale Zeitschrift für Philosophie der Kultur*. Tome II, 1911-1912. Le Logos, tant par la qualité de ses collaborateurs que par l'ample unité qui règne dans sa rédaction, tend de plus en plus à se placer au premier rang des grandes revues philosophiques contemporaines. Dans les trois livraisons qui composent le tome II (1911-1912) plusieurs articles importants sont à signaler. Voici les principaux, brièvement résumés :

SIMMEL. — *Begriff und Tragödie der Kultur* (p. 1, p. 25).

C'est une profession de foi singulièrement intelligente et riche d'aperçus. « La culture est le chemin qui mène de l'unité fermée à l'unité déployée en passant par la pluralité déployée. » En d'autres termes, la culture est bien l'explicitation des puissances immanentes du sujet, mais cette explicitation se fait à travers un donné objectif, et en ce sens la culture est la solution véritable des rapports entre le sujet et l'objet. Dans la culture se réalise donc « la synthèse d'un processus subjectif et d'une valeur spirituelle objective. » C'est là ce qui explique que des œuvres en elles-mêmes parfaites, consommées (a))gerundete), n'apportent à la culture qu'une contribution presque nulle : c'est qu'elles ne s'adressent pas à la totalité de notre vie personnelle et n'intéressent que ce qui en nous est objectif.

La tragédie de la culture consiste en ce que ces contenus objectifs développent une nécessité qui peut se trouver en antagonisme avec les exigences de notre individualité. C'est ainsi qu'une pluralité de consciences, par le seul fait qu'elle est pluralité, peut donner naissance à un produit dont le sens spirituel n'*était* pour aucune d'elles prise séparément. Dans le stade d'objectivation qui est comme le stade médian de la culture, le produit obéit à une logique propre qui le transforme. Ceci est manifeste par exemple dans ce qu'on peut appeler l'émancipation des techniques particulières, qui finissent par se détacher des fins qu'elles devaient d'abord servir pour prendre une existence indépendante et en quelque sorte usurpée. Le tragique, ici comme ailleurs, se définit par le fait que « les puissances qui ont jailli des sources les plus profondes d'un être se révèlent destructives, négatrices de cet être même ».

Rickert. — *Das Eine, die Einheit und die Eins* (pp. 26-78).

Cet important article est une contribution à l'étude des rapports de la logique et de la mathématique. L'auteur entreprend de montrer qu'il n'y a pas de passage de l'unité logique à l'unité mathématique, et que par suite le nombre n'est pas un être purement logique. La distinction et l'unité de l'*Un* et de l'*Autre*, sur lesquelles repose toute détermination logique, ne permettent pas de passer au dualisme et à l'unification de l'unité et de la pluralité qui rendent possible toute considération numérique. Il s'agit en somme pour Rickert d'échapper au dilemme d'un empirisme et d'un formalisme logique du nombre, et de fonder ce qu'il nomme un empirisme transcendental. La démonstration repose sur le fait que l'*Un* et l'*Autre* logiques ne peuvent être pensés que comme distincts mais non comme interchangeables (car la permutabilité implique l'idée de place, qui est vide de sens dans l'ordre logique). Il ne saurait donc y avoir d'égalité dans le monde logique, et ceci suffit à le distinguer du monde mathématique. De la distinction qui sépare l'égalité de l'identité, Rickert s'élève à celle qui sépare le *et* (logique) du *plus* (alogique). Il insiste enfin sur l'impossibilité de parler de séries logiques, la notion de série logique supposant précisément la confusion précédemment dénoncée. Suit une critique du « rationalisme psychologique » et de l'idée de position qui n'est que pseudologique (en réalité psychologique). Rickert donne ensuite quelques indications sur la nature des facteurs proprements alogiques qui interviennent dans le nombre : l'égalité suppose l'homogénéité du milieu dans lequel les termes se situent et l'existence du quantum, qui se différencie bien entendu du pur objet logique.

L'article se termine par des considérations sur le type d'unité que requiert le monisme, unité qui se distingue de l'unité numérique et est une identité des contraires. Rickert semble laisser entendre que cette élimination est pour lui un devoir infini (au sens de la dialectique transcendentale).

Sergius Hessen (pp. 92-112), dans un article intitulé *Mystik und Metaphysik*, s'efforce de rapprocher la métaphysique de la mystique. De même que la métaphysique outrepasse les limites qui séparent les sciences positives de la philosophie, science des valeurs ou des conditions formelles, de même qu'elle convertit en un être transcendant une réalité immanente empruntée au domaine d'une science particulière, de même le mysticisme consiste à outrepasser les limites qui séparent le domaine de la philosophie et de la culture, de la sphère du « vécu » irrationnel et de la mystique, il oublie que l'objet de la philosophie coïncide avec le domaine de la culture objective, c'est-à-dire indépendante du sujet humain ; le mysticisme est le produit illégitime de la rationalisation de la mystique.

Weizzächer (*Neovitalismus*, pp. 113-124) présente du point de vue kantien une critique du néo-vitalisme de Driesch, où il voit une transposition, de caractère au fond empiriste, de la notion idéaliste de la finalité.

Rickert. — *Lebenswerte und Kulturwerte* (pp. 131-166).

Dans cet article important et vigoureux, Rickert s'attaque au postulat biologiste qui définit toute valeur en fonction de la vie, posée elle-même comme critère unique et transcendant. Il montre comment ce postulat est à la base de la plupart des philosophies contemporaines. Il dénie aux sciences de la nature le droit de poser des valeurs et d'instituer des normes. Il établit sans peine que le postulat sur lequel se fonde le biologisme, est exactement inverse de celui qui fonde la biologie. Ici l'on fait volontairement abstraction de tout concept de valeur. Là au contraire on fait bon marché de la distinction des concepts de nature et des concepts de valeur, distinction en dehors de laquelle une science objective est impossible. La vie en tant que telle ne peut être regardée comme une valeur. Si la vie n'est pas le concept biologique de vie, qu'est-elle, sinon un pur indéterminé? Rickert passe successivement en revue l'ordre logique, l'ordre esthétique, l'ordre éthico-social et l'ordre religieux, et s'applique à montrer que nulle part ce n'est la vie qui est le critère de la valeur: au contraire la vie reste par elle-même un bien conditionnel, et ne peut prendre une valeur qu'en tant qu'elle rend possible la réalisation d'autres biens qui, eux, valent inconditionnellement.

WJATSCHESLAW IVANOW, dans un article sur *Tolstoï et la Culture* (pp. 179-191), cherche à montrer que Tolstoï représente dans le développement de la pensée contemporaine ce moment proprement socratique où, par delà tout relativisme scientifique, toute représentation esthétique ou romantique de la vie, s'affirme l'identité de l'être et du vrai au sein d'une unité absolument simple, qui refoule dans le non-être tout ce qui dans le monde de la culture ne vaut que d'une manière conditionnelle et subordonnée.

SESEMANN. — *Das Rationale und das Irrationale im System der Philosophie* (pp. 208-241).

L'auteur s'applique à montrer comment, du point de vue de ce qu'il appelle le problématisme kantien, l'irrationnel intervient comme moment nécessaire dans toute construction philosophique orientée vers la systématisation. L'irrationnel n'est pas en effet l'a-rationnel: c'est le rationnel idéal, le rationnel d'ordre supérieur (p. 219). L'irrationnel est cette idée de l'unité rationnelle systématique qui est comme le ressort dialectique grâce auquel la connaissance peut progresser vers la totalité. En face du contenu fini des formes et des méthodes rationnelles de la connaissance positive, se dresse le donné (Gegebenheit), irrationnel et infini, de la réalité: et, comme cette sphère du donné se révèle dans une certaine mesure indépendante de ces formes et de ces méthodes, l'empirisme est dans une certaine mesure fondé. Le dualisme du donné irrationnel et de la rationalité pure coïncide en somme avec celui de l'expérience et de la pensée pure.

EUG. KÜHNEMANN (pp. 265-302) consacre un important article aux rapports de Herder avec Kant et Gœthe.

BRODER CHRISTIANSEN (pp. 302-316), dans une courte étude, cherche à définir le phénomène esthétique élémentaire, qu'il croit trouver dans un certain rythme de tension et de détente. Il ne s'agit pas d'ailleurs pour lui de rendre raison de la normativité esthétique, mais seulement de déterminer les conditions de fait sous lesquelles seules un jugement de valeur est possible dans l'ordre esthétique.

LEOPOLD ZIEGLER présente un exposé détaillé (pp. 316-349) de la déduction des concepts de l'expérience chez Avenarius. Il relève justement ce qu'elle présente d'artificiel; c'est ainsi qu'il fait observer avec raison que la variation des positions d'existence au cours de l'histoire, bien loin d'être fonction, comme le croit Avenarius, du rythme général de la vie, a déterminé au contraire des oscillations dans ce rythme même. Il démontre d'ailleurs sans peine qu'il n'y a entre les phases d'un processus cognitif et les phases du rythme vital qu'un parallélisme purement analogique, et rien de plus. Il critique le positivisme simpliste d'Avenarius, qui s'épuise dans l'idée que la connaissance est la réduction de l'inconnu au connu, et qui trouve son couronnement dans une théorie de la vérité contradictoire et confuse.

L'étude s'achève par un examen de la théorie avenarienne de l'introjection. Ziegler montre ingénieusement comment elle rejoint le bergsonisme et s'accorde avec lui pour placer le corps dans la conscience. Ici et là il s'agit, comme le dit bien Ziegler, dans le langage d'Avenarius, de « renoncer à une localisation spatiale d'un monde subjectif de perception dans le système central des individus percevants ».

THÈSES DE DOCTORAT

Maine de Biran critique et disciple de Pascal, par M. l'abbé DE LAVALETTE-MONBRUN.

M. *de Lavalette-Monbrun*. — De tous les théâtres, l'âme humaine est le seul où l'intérêt du drame qui se joue ne faiblisse jamais. C'est que le fond du drame est la destinée humaine. A contempler l'âme d'un Maine de Biran ou d'un Pascal, on saisit la dépendance de l'actuel au perpétuel. Le *Journal intime*, les *Pensées*, deux hommes, deux âmes.

L'expérience qu'un Pascal ou un Biran ont faite sur eux-mêmes — *in anima nobili* — a une portée général : elle dépasse les limites d'une monographie.

Parent et voisin de M. de Biran, j'ai rassemblé, cinq ou six ans durant, tout ce qui restait de lui. Je décidai de faire revivre l'homme. La publication intégrale du *Journal intime* eût été prématurée. Je m'en suis servi ainsi que du *Mémoire, sur la décomposition de la Pensée*, pour mettre en lumière la façon dont M. de Biran envisageait la croyance.

Il existe dans la bibliothèque du château de Grateloup (Dordogne) un exemplaire de l'édition de Pascal par Raynouard, où sont reproduites les Remarques de Voltaire sur Pascal. L'exemplaire porte des notes de M. de Biran.

J'ai montré l'opposition qui existe entre Pascal et Voltaire. J'ai reproduit le jugement sévère que porte M. de Biran sur l'ennemi de Pascal. Je me suis attaché à étudier l'influence de Pascal sur M. de Biran, en groupant les opinions des deux philosophes sous trois chefs : l'ordre humain, l'ordre social, l'ordre religieux. Maine de Biran, dans ses recherches pour sortir du doute, a subi à n'en pas douter l'influence de Pascal. Le *Journal intime* nous l'atteste. Il en vient à donner raison à Pascal contre les stoïciens et lui aussi rend les armes au « vainqueur de tant d'esprit ».

Pascal et Biran nous apparaissent comme deux belles intelligences, deux grands cœurs, deux névropathes, deux hommes intérieurs, deux philosophes de la volonté, deux croyants, deux mystiques. Mais l'un, Pascal, est un croyant orthodoxe : l'autre, Biran, est avant tout un philosophe du *moi*. Pascal n'est ni un sectaire, ni un fanatique, mais un apôtre. Biran se rapprocherait plutôt du protestantisme, si l'on néglige le fait qu'il est mort dans l'Eglise.

A tout prendre, le *Journal intime* est une Apologie comme les *Pensées*. Nous avons dû, chemin faisant, effleurer une foule de questions délicates, et nous n'avons pu éviter de prendre part dans le débat.

M. *Lévy-Brühl*, président du jury, après avoir remercié M. de Lavalette-Monbrun pour l'exactitude de son compte rendu, donne la parole à M. Delacroix.

M. *Delacroix.* — Je dois d'abord vous faire une déclaration qui ne m'est pas agréable. Quand vous m'avez présenté votre thèse, je n'attendais plus de vous que quelques remaniements sans importance. Or je trouve maintenant dans votre ouvrage bon nombre de choses qui ne figuraient pas dans le manuscrit primitif. Il manque à votre thèse l'allure sereine, habituelle à la plupart de nos travaux. Vous adoptez le ton de la polémique (p. 183, note p. 192, 217, 228, 253, 273 et suiv.). Je tiendrai tous ces passages pour inexistants.

Vous reprochez à ceux qui ont étudié M. de Biran l'insuffisance de leur bibliographie. Mais vous-même, vous ne nous donnez pas le dépouillement des archives de Monbrun.

M. *de Lavalette-Monbrun.* — Dans ma grosse thèse p. 533, j'ai dit sur quoi ces papiers portaient. Maintenant, on ne peut pas tout publier de M. de Biran.

M. *Delacroix.* — Vous reprochez à M. Mayjonade (p. 65) de publier incommodément les remarques de Biran sur Pascal. Mais votre publication de textes n'est pas bien faite (p. 74, 79).

M. *de Lavalette-Monbrun.* — Certains textes sont illisibles, j'ai dû refaire les phrases.

M. *Delacroix.* — Mieux aurait valu garder l'allure originale du texte.

M. *de Lavalette-Monbrun.* — Au point de vue critique. Mais le commentaire porte le texte et le fait valoir.

M. *Delacroix.* — C'est un danger. Il me semble en somme que vous n'avez pas apporté à l'établissement philologique de votre texte le souci nécessaire. Il faut briser le chapitre pour en extraire les textes.

Vous distinguez différentes influences à différents moments de la vie de Biran, dans sa marche vers le théisme. Il en arrive à voir dans l'homme une double nature, avant de parvenir, comme vous le dites, à un mysticisme. De la page 100 à la page 106, avez-vous d'autres textes?

M. *de Lavalette-Monbrun.* — Oui, du journal de 1794.

M. *Delacroix.* — Biran lit alors Pascal, sans s'inspirer de lui. Avez-vous des passages précis pour appuyer les pages 100-104 de votre travail?

M. *de Lavalette-Monbrun.* — J'ai d'ailleurs noté l'influence de Rousseau et j'ai nuancé ma pensée. Là où Biran réagit contre Pascal, il subit encore son influence.

M. *Delacroix.* — L'influence de Pascal sur la dernière philosophie de Maine de Biran est-elle si précise? Maine de Biran n'est pas resté trente années à penser sur la coopération de l'animal, du spirituel et du divin.

M. *de Lavalette-Monbrun.* — M. de Biran a fort bien connu Pascal.

M. *Delacroix.* — Vous faites la plupart du temps un parallèle, sans établir suflisamment l'influence. Je verrais beaucoup mieux l'influence de Fénelon sur Biran.

M. *de Lavalette-Monbrun*. — J'ai peut-être donné trop d'importance à Pascal.

M. *Delacroix*. — Il y aurait là une étude fort intéressante à faire.

M. *de Lavalette-Monbrun*. — Il y a même quelques textes attribués à Biran qui sont de Fénelon.

M. *Delacroix*. — Sur le christianisme de Biran, vous êtes un peu moins prudent dans votre écrit que dans votre exposé. Avez-vous d'autres faits à invoquer que sa mort dans le catholicisme? Ce fait-là n'est pas probant à nos yeux.

M. *de Lavalette-Monbrun*. — Comme je l'ai dit, dans ma thèse principale p. 523, M. de Biran fut nommé Chevalier de Saint-Louis. Mais il n'a jamais pris nettement position entre les deux religions. Pour moi, il est immanentiste.

M. *Delacroix*. — Votre chapitre sur le mysticisme de Biran est bien vague. Vous êtes parti de Segond au lieu de partir de M. de Biran, et vous avez étendu votre philosophie sur le lit de Procuste de catégories toutes prêtes.

M. *de Lavalette-Monbrun*. — C'était toujours dans le dessein de le confronter avec Pascal.

M. *Lévy-Brühl*. — Je vous ai lu avec intérêt. Votre ton m'a surpris dans une thèse. Généralement dans une thèse on s'efforce de démontrer avec des preuves. Vous avez cherché à dire ce que vous pensiez sur un très grand nombre de sujets. Spontané, sincère, droit, vous n'êtes pas toujours précis. P. 188, vous citez des critiques qui ont parlé de Pascal et qui sont morts. Vous mettez parmi eux M. Droz, qui n'est pas plus mort que vous et moi. P. 219, vous donnez la célèbre formule du *Phédon*, sous la forme εὖ ζινθννος. P. 218, vous nous parlez de Descartes de manière à faire de la peine à un philosophe. Il n'est pas prouvé que Pascal et M. de Biran reproduisent complaisamment la pensée de Descartes. Les deux croyances n'ont à peu près pas de rapport.

Vous usez fréquemment d'épithètes, elles ne sont pas toujours très réfléchies. P. 85, note 2, vous donnez deux textes de Pascal, dont l'un est altéré et l'autre véritable, et vous appelez les différences des « variantes ». Vous avez qualifié Biran de Sainte-Beuve philosophique.

Vous n'avez pas pris un soin suffisant pour dater les fragments dont vous vous servez (p. 138).

Enfin p. 61, vous mettez en contraste Pascal et Voltaire que vous nous représentez « riant sans cesse et riant de tout,

prenant sa vie comme une partie de plaisir ». Vous oubliez que Voltaire a pris certaines affaires fort au sérieux. Il n'y a pas que des plaisanteries dans Voltaire.

M. *de Lavalette-Monbrun*. — Certes, on pourrait tirer de Voltaire tout un livre de prières.

M. *Lévy-Brühl*. — P. 275, vous lui réservez l'épithète de simiesque.

M. *de Lavalette Monbrun*. — Je pensais à l'expression de Maine de Biran.

M. *Lévy-Brühl*. — P. 189, vous écrivez : « Il faut être naïf ou superficiel comme Victor Cousin pour... » *Superficiel* est bien sévère, *naïf* vraiment impossible à admettre. En ce qui regarde l'ensemble de l'ouvrage, l'idée d'un parallèle entre M. de Biran et Pascal me semble malheureuse, vous écrasez votre auteur par un pareil voisinage.

M. *de Lavalette-Monbrun*. — J'ai dit que M. de Biran a mieux connu l'homme que Pascal.

M. *Lévy-Brühl*. — Maine de Biran pourrait dire : « Seigneur, gardez-moi de mes amis... » P. 145, vous citez un passage de votre auteur qui n'a rien que d'ordinaire et vous dites : voilà des accents dignes de Pascal.

M. *Brunschvicg*. — Vous avez, c'est le mérite de votre thèse, jeté beaucoup d'épithètes et de jugements. Mais vous avez manqué de modestie ou de simplicité : il fallait avant tout nous donner les textes en dehors de tout commentaire, et le commentaire après cela. Vous avez des expressions qui surprennent. M. Bergson est pour vous un Pascalisant « *distingué* »! P. 301, vous trouvez Pascal « hautain et dogmatisant ». Il étale, dites-vous « l'insolence d'avoir raison ».

M. *de Lavalette-Monbrun*. — Je parle du ton qu'il prend en général.

M. *Brunschvicg*. — C'est un « honnête homme » qui, même après sa conversion, ne cesse de voir Méré et Roberval.

M. *de Lavalette-Monbrun*. — Il a pourtant écrit : « Que je hais cette sottise... »

M. *Brunschvicg*. — C'est la sottise qui retient le pécheur dans le péché. — Vous dites ailleurs que Pascal n'a pas voulu composer un livre. Croyez-vous? — P. 240, après avoir signalé que Pascal n'examine pas les déductions métaphysiques, vous dites : Pascal n'est pas un *jongleur d'idées*. Voilà qui est peu aimable pour bien des métaphysiciens religieux.

M. *de Lavalette-Monbrun*. — J'ai bien signalé l'excès où se laisse aller Pascal « quand il cède à son humeur jauséniste » p. 118. J'ajoute p. 257 qu'il y a en lui deux hommes : un théologien janséniste et un chrétien fervent.

M. *Brunschvieg*. — Je termine par quelques points de détail. J'aurais voulu savoir la date des lignes « grosses d'idées » que vous citez p. 74. — Selon vous, aucun esprit sérieux ne peut croire à l'accident du pont de Neuilly : pour ma part j'y crois. — Je vous trouve bien hardi de déclarer défectueuse (parce qu'elle négligerait, suivant vous, de considérer notre fragilité physique) la définition que Pascal donne de l'homme « roseau pensant », p. 156. Dans le passage de Pascal que vous avez cité p. 91, vous n'avez pas le droit de préférer *du tout* à *de tout* que donne le manuscrit, ni pour la même raison, dans le passage cité p. 68 *métaphysique* à *physique*.

Maine de Biran. *Essai de biographie historique et psychologique*, par M. l'abbé de LAVALETTE-MONBRUN.

Le choix du sujet est difficile : j'ai songé à Richelieu controversiste : mais il y avait une thèse latine sur ce sujet. Sur le conseil de M. Faguet j'abordais l'étude de Maine de Biran, mon compatriote. Je suis resté douze ans dans l'intimité de Maine de Biran ; des raisons de famille m'y engageaient : la porte me fut ouverte par les descendants du philosophe. L'édition de Victor Cousin me rebuta ; le Journal Intime me révéla davantage le philosophe. En 1903, j'obtins la moitié du prix Bordin. M. Bergson voulut bien signaler la partie biographique et psychologique comme la plus intéressante. M. Boutroux donna à mon projet de développer cette partie une pleine approbation.

Il n'y a pas de biographie véritable de M. de Biran ; l'une, très courte, concerne seulement l'homme public ; l'autre de M. Naville, ne nous renseigne pas sur l'intérieur, les relations du député de Bergerac. La tâche des biographes consiste à fixer les traits incertains. J'ai trouvé beaucoup d'inédits ; 2 à 3 000 p., 600 de vie intime, 600 de notes philosophiques, 800 de notes politiques, etc. J'ai dédié mon travail à M. Ernest Naville, à la mémoire duquel j'adresse mes pieux hommages. Taine jugeait que M. de Biran avait écrit dans une cave : mais il en tira un vin excellent, répondait M. Naville.

L'édition de 1841 est mal faite. Victor Cousin a nui à la renommée de Maine de Biran. L'œuvre de M. Naville est infiniment plus soignée et plus intéressante.

V. Cousin confisqua à son profit la gloire de Maine de Biran. C'est ce dernier qui est le maître de la philosophie spiritualiste au XIX⁰ siècle. Par un juste retour des choses, la gloire de Maine de Biran remonte considérablement, et celle de Victor Cousin a baissé.

Nous avons retracé l'enfance paisible, l'adolescence studieuse, la jeunesse dissipée à Versailles en compagnie des gardes du corps, de Maine de Biran. Brisé par la Révolution, il se retire dans la solitude. Il se maria deux fois ; sa vie fut entourée d'affections. Son importance au point de vue chrétien est considérable ; il a considéré l'homme terrestre d'où tout part, et l'Homme Dieu où tout aboutit. Parti de l'athéisme il est arrivé à l'apogée de la vie chrétienne ; âme simple et droite, il a cherché le vrai pour le vrai, avec un désintéressement sans égal. L'habitude de s'analyser, son tempérament maladif, l'ont porté à la mélancolie. Nous croyons être en droit de déclarer que Maine de Biran, de chrétien à la manière de Stapfer, était devenu chrétien selon Bossuet, lorsqu'il reçut les sacrements à son lit de mort.

Il fut mêlé à la politique toute sa vie. Modéré avant tout, il suivit le juste milieu et affronta les feux croisés des exagérés des deux partis. Il fut un maître écrivain politique et un maître éducateur. Homme du monde accompli, il représentait l'ancienne aristocratie, mais aspirait à la solitude. C'est à être penseur original, alors que Condillac procède de Locke, Cousin des Écossais, que consista sa véritable grandeur.

Il a su tirer de l'effort musculaire un système philosophique très cohérent. Ce fut, selon une expression de lui, un Colomb de la conscience. Il ne fut pas complètement isolé. Nous avons laissé à un philosophe contemporain l'honneur d'écrire sur lui un livre définitif, analogue à celui qu'il fit sur la Raison pratique de Kant. Un seul chapitre sur la métaphysique nous a paru indispensable pour unifier ce qu'il y avait de propre dans son tempérament intellectuel. L'effort resta le principe de la vie de l'esprit selon lui. Il prévit ce que Renouvier et James ont dit plus tard sur le rôle de l'effort dans une théorie de la conscience. Son journal intime, est en effet, pourrait-on dire le tourment d'une conscience en mal de l'infini.

M. *Lévy-Brühl* remercie M. de Lavalette-Monbrun de son exposé, et invite M. Delbos, qui a lu le travail en manuscrit, à bien vouloir prendre la parole.

M. *Delbos* ne peut que féliciter M. de Lavalette-Monbrun sur le choix de son sujet : les biographies de philosophes sont toujours utiles, et l'auteur possédait des documents abondants. On ignorait presque toute cette vie politique, qui paraissait seulement singulière. Mais il s'agissait toutefois de la biographie d'un philosophe; l'intérêt d'un tel ouvrage est de montrer le rapport de la vie elle-même avec la production des œuvres. Maine de Biran, comme l'auteur le dit, a fait sortir sa philosophie de l'analyse même de sa vie.

M. *Delbos* fait ensuite quelques réserves sur l'utilisation des documents par l'auteur, très bref sur tout ce qui prépare la doctrine. Pourquoi a-t-il l'idée de constituer sa doctrine en harmonie avec sa propre vie? L'auteur reconstitue le métaphysicien du moi d'après un 3e, 4e ou 5e remaniement de la 1re forme originelle de sa pensée. Or, du premier mémoire sur la décomposition de la pensée, l'auteur ne parle même pas. Biran a institué une critique de la notion de cause en psychologie; il faut se demander s'il n'y en avait pas d'antécédent. L'auteur a eu en main le premier journal intime de Maine de Biran; cela doit être plus confus que le définitif; mais il contient des renseignements sur les livres qu'a lus Maine de Biran: l'auteur n'en parle pas. Il fallait faire un départ entre l'inutile et l'indispensable.

M. *de Lavalette-Monbrun* répond qu'il y avait dans la vie publique du philosophe des choses inconnues encore et indispensables à dire.

M. *Delbos* n'est pas fâché de connaître tous ces détails; mais il y a des éléments philosophiques dans le Journal intime qu'il faut mettre en lumière. L'auteur a procédé par reconstruction; mais il y a la façon dont Maine de Biran a développé sa pensée: et l'auteur n'a pas fait appel à tous les renseignements utiles. Il y a de la diffusion et un certain manque d'esprit critique: de l'ornement littéraire, de la naïveté (au bon sens du mot) et un certain ton de polémique. L'auteur avait le droit d'avoir ses convictions, de les exposer à sa manière, mais il s'écarte trop souvent de la sérénité qu'il faudrait. Il y a des façons de dire qui ne sont pas admises par tout le monde.

M. *de Lavalette-Monbrun* fait observer que le philosophe haïssait la Révolution, et que cet état d'âme l'a entraîné à partager ses sentiments politiques, et de parler le même langage. Il a dit que Maine de Biran n'a pas assez de recul pour parler des événements.

M. *Delbos* remarque que Cousin a servi trop souvent de cible aux critiques. Il y a une lettre de Felix de Biran à Victor Cousin (1839). L'édition Naville était déjà engagée. La famille a sa part dans la négligence qu'on apporta à ce travail.

Mais l'édition Cousin comprend une réédition du mémoire sur l'habitude et des fragments sur la décomposition de la pensée. Il rééditait des œuvres déjà imprimées.

M. *de Lavalette-Monbrun* répond que Cousin ne soignait pas le travail d'édition.

M. *Delbos* montre que les références ne sont pas assez précises et que les conjectures ne sont pas toujours bien établies. Le moment où le philosophe a été introduit dans la société d'Auteuil est important, la conjecture faite par l'auteur à ce sujet est inadmissible; il n'a été introduit qu'une fois son mémoire couronné (le mémoire sur l'Habitude), or, si on lit certains documents inédits, on voit qu'il n'a pas fréquenté les idéologues avant ce moment là. L'auteur cite Jouffroy parmi les admirateurs de Maine de Biran; M. Delbos n'en connaît pas de preuve précise. — Il y a une appréciation laudative qui surprend un peu. L'auteur n'a pas de texte à citer. Il veut être laudatif à tout prix. Il veut que Maine de Biran réponde à toutes les exigences de son idéal, poète métaphysicien à la façon de Platon et de Malebranche. Il n'y a pas de rapport avec l'art si brillant et si spontané de ces deux derniers. — Il n'a pas lu, comme l'auteur le croit, la critique de la Raison pure, mais il ne connaît Kant que par un exposé.

On peut d'un point de vue général, critiquer l'emploi du mot « sensualisme ». On peut dire qu'il a toujours combattu l'innéité: il serait resté en ce sens sensualiste toute sa vie. Le mot d'idéologie est un peu vague; elle a marqué une réaction contre le pur condillacisme. Il y a dans les inédits le brouillon d'une introduction au 1er mémoire sur l'Habitude. Ici Biran précise son attitude et ses divergences avec les opinions des philosophes contemporains. Et il n'est pas arrivé là sans procéder, d'une certaine manière, de l'école sensualiste idéologique. Il doit surtout à lui-même, mais Cabanis lui a révélé l'importance des sensations internes. Il y a de lui un brouillon de mémoire sur les signes; là nous trouvons une charge contre l'École idéologique et contre Cabanis, peu de temps avant le mémoire sur l'Habitude. Il ne faut pas croire que Maine de Biran passe sans réfléchir d'une idée à une autre. Il y a là un problème. En 1798, il écrit contre Cabanis, puis il est idéologue avec enthousiasme. Il explique à Tracy dans une lettre comment il a adopté ses idées. Cette évolution aurait dû être marquée d'une manière plus précise. Il y a certainement toute une période dans laquelle

il s'est complètement désintéressé du pro-
)lème religieux. L'auteur a présenté un
Biran athée ou sceptique avec Bayle.
M. Delbos fait une réserve sur le mot de
sceptique, et surtout sur celui d'at)ée. Il
n'y eut pas de négation explicite de Dieu
dans la vie de Maine de Biran. On peut
critiquer les preuves sans nier la chose.
C'est, plutôt qu'un athéisme, une incertitude sur la valeur des arguments. Dans
sa première période, il a su)i l'influence
du déisme de Rousseau. Il n'y a pas de
moment où la conversion se soit produite.
Dans les derniers jours de sa vie, il est
revenu à une pratique effective de la
religion : mais, s'il a fait intervenir la
vérité des affirmations religieuses, il n'a
pas fondé cela sur le fait que ces croyances
sont admises. Du fait qu'il insiste sur le
fondement psychologique de la croyance,
on ne peut pas conclure à une demi-
construction de cette croyance. Il a voulu
se rendre « réceptif » à la lumière surnaturelle. Peut-on conclure des raisons qu'il
a données à un demi-su)jectivisme religieux, à un demi-individualisme de sa
croyance? Ceci peut être discuté. Il a
horreur de de Bonald; cette religion
repousse le développement de la pensée
philosophique. Sa pensée religieuse s'o-
rientait dans un sens que l'on ne peut
pas interpréter d'une façon tout à fait
dogmatique. M. Delbos conclut en disant
que le travail sera toujours très utile à
consulter pour ceux qui voudront connaître Maine de Biran.

M. Picavet souscrit à l'admiration de
l'auteur pour l'œuvre de M. Naville, et
aussi aux reproches qu'il a faits à celle de
Victor Cousin. Les contemporains se sont
montrés très sévères, ont accusé Cousin
d'avoir fait disparaitre des textes. Mais
Cousin ne comprenait pas comme nous le
devoir de l'éditeur. Il ne veut faire connaitre au lecteur que ce qui l'intéresse
lui-même. Il a tronqué le texte d'Abélard,
autant qu'on sache, sans préméditation.
Taine a eu une opinion avantageuse de
Biran, Naville voit en lui trois aspects,
l'auteur voit surtout le catholique mystique. Or a-t-il examiné qu'il convenait
d'utiliser davantage le Journal Intime?
Biran avait acquis avant 1801 un certain
nom)re de ses idées plus tard exprimées,
il a conservé aussi un)agage de notions
hétérogènes, diversement groupées, qui
ont servi d'aliment à toutes ses croyances.
On a fait appel à son tempérament, montrant qu'il cherchait le)onheur : cette
conception aurait pu être examinée ou
citée. Mais la clef de la pensée de Biran,
c'est dans le Journal qu'il faut la chercher, en notant les lectures qu'il a faites.

L'auteur veut expliquer l'homme extérieur par l'homme intérieur; or Biran a
vécu surtout par l'extérieur, dit l'auteur.
Royaliste, la mort de sa sœur explique
ses sentiments; cela relève de l'extérieur
plus que de l'intérieur.

M. Delbos fait o)server que la mort de
sa première femme, Louise Fournier,
n'est connue que par des traditions inédites.

M. de Lavalette-Monbrun les considère
comme a)solument authentiques.

M. Picavet. — Biran chercha à être
fonctionnaire, recteur. Il eut une vie
)ien extérieure. Ne se sépare-t-il pas de
Destutt de Tracy et de Ca)anis, qui n'ont
plus aucune influence auprès de l'Empereur? Devenu sous-préfet, il prend
très à cœur sa)esogne, s'occupe d'éducation; c'est un homme pratique; le voici
franc-maçon. L'auteur insiste sur le fait
qu'il eut)esoin d'argent; c'est encore
un point de vue très pratique. Il apprend
à ses dépens qu'on n'est pas idéologue
impunément; peut-être a-t-il dû à ces raisons une partie de ses résolutions. On
s'est demandé si le changement de ses
opinions venait de sa pensée personnelle
ou du développement de la pensée am-
biante. Il redevient catholique et royaliste après 1815, ayant o)tenu une situation du roi. A-t-il pris les opinions des
vainqueurs, a-t-il eu une évolution tout
intérieure, ou y eut-il influence commune
de l'intérieur et de l'extérieur?

M. de Lavalette-Monbrun pense qu'il ne
faut pas soupçonner Biran d'avoir eu un
désir d'argent: il est mort pauvre. Il s'est
mêlé au monde par)esoin de réaction
physique. Mécontent, il porte en lui-même
une sorte de mal du siècle.

M. Picavet croit qu'il aurait été)on de
faire remarquer cette opposition.

M. de Lavalette-Monbrun marque le
caractère complexe de tous les compatriotes de Maine de Biran.

M. Picavet insiste sur l'importance de
Gallois, adversaire de Bonaparte au Tri-
)unat. Dans cette réunion des Cinq, il a
dû avoir une grande influence. Gallois
aurait pu éclairer le rôle de Biran. Sur
Boussion M. Picavet aurait souhaité des
éclaircissements. Il importait de montrer
qu'il y avait là des personnages considérables, capa)les d'influer sur Biran. L'auteur accorde une grande importance à
Rivarol, qui n'a jamais posé pour l'impartialité. Il parle d'une rencontre entre
Lakanal et Biran, vers 1813; cela sem)le
contesta)le. L'auteur donne le nom du
mémoire sur l'Ha)itude; d'après lequel
des trois textes fait-il l'exposition? Selon
que l'analyse est prise de l'un ou de

l'autre, elle est différente. Sur Condillac, il y aurait aussi des choses à vérifier.

M. F. *Strowski* dit que l'art de la biographie est un art charmant et difficile. Mais à partir de la page 198, la méthode change; il vient des chapitres qui forment comme des îlots, rompant le courant. Il y a un défaut de composition, sous lequel la biographie se continue. Les contemporains de Biran ont d'abord procédé du XVIII° siècle; presque tous ont subi des influences extérieures : Chateaubriand a émigré, Stendhal a voyagé, Mme de Staël, Cousin aussi. Biran est resté en France, il s'est dégagé du XVIII° siècle par ses seules forces. Il y avait là une grande source d'intérêt. — Il y a eu en Maine de Biran une force intérieure que le livre ne marque pas; il semble montrer un homme ne sachant pas ce qu'il veut; ses contemporains donnent l'étude du moi comme base à leurs idées : mais Biran a eu l'idée du moi avec plus de force encore. Sans cesser d'aller au hasard, Montaigne a une maîtresse forme qui résiste à la vie. L'histoire sentimentale de Maine de Biran présente beaucoup d'intérêt; M. *Strowski* rappelle l'histoire de son premier mariage, très touchante. A travers sa vie mondaine, il a cherché des diversions à sa douleur. Le regret de sa première femme est resté intact. Il y a un courant profond qui se cache. Sa vie religieuse a pu être commandée par une même sorte d'activité. Il aurait fallu parler davantage et mieux de Pascal, qui jette une sorte de coup de sonde, et qui va au fond des choses. L'influence de Pascal était très importante.

Le livre est donc intéressant, vivant, mais peut-être un peu superficiel, pas assez personnel et profond.

M. *de Lavalette-Monbrun* fait observer qu'il y avait une grande nécessité à décrire la vie extérieure de Maine de Biran, très peu connue auparavant.

M. *Strowski* observe qu'il fallait insister beaucoup sur la vie extérieure, mais justement comme illustration de la vie intérieure.

M. l'abbé de Lavalette-Monbrun est déclaré digne du grade de docteur ès lettres.

A NOS LECTEURS

Nous reprenons aujourd'hui la tâche que les circonstances nous ont forcé d'interrompre. Plus que jamais nous l'estimons nécessaire. La Revue de Métaphysique et de Morale, *le* Bulletin de la Société française de Philosophie *honorent la pensée française, nous en avons reçu d'assez nombreux témoignages pour oser le dire aujourd'hui. Certaines des initiatives de la* Revue *ou de la* Société, *par exemple l'institution des* Congrès internationaux de Philosophie *ou, plus récemment encore, le projet d'une* Société internationale de Philosophie mathématique, *ont été consacrées par l'adhésion des philosophes et des savants du monde entier.*

C'est donc, à nos yeux, faire acte de propagande française que de poursuivre notre œuvre. Et si, pour entretenir ce foyer spirituel qu'est la Revue de Métaphysique et de Morale *et qu'est la* Société française de Philosophie, *nous avions eu besoin d'un encouragement, nous l'eussions trouvé dans les lettres que, durant ces derniers mois, nous avons reçues de nos collaborateurs. Au fond des tranchées, en France, chez ceux qui sont au péril et à la gloire, hors de France, chez ceux que soulève dans le Monde la cause du droit et de la liberté, le souvenir de la* Revue, *de la* Société *est resté vivant dans les cœurs et l'espoir s'exprime de pouvoir un jour prochain reprendre part à nos travaux. C'est là pour nos publications la plus haute des récompenses.*

CONGRÈS INTERNATIONAL
DE PHILOSOPHIE MATHÉMATIQUE[1]

Allocution de M. E. Boutroux, président, le 6 avril 1914.

Messieurs,

Celui qui devait présider ce congrès, c'est, vous le savez, le bien regretté Henri Poincaré. Si j'ai, malgré mon incompétence, accepté l'honneur de le remplacer, c'est que j'ai cru voir, dans l'étroit et cier lien de parenté qui m'unissait à lui, l'indication d'un devoir : celui de vous saluer au nom de sa mémoire. Son esprit, sinon sa personne visible, sera présent à vos entretiens, et, en réalité, y présidera.

Permettez-moi d'évoquer également, à cette leure, deux noms qui nous sont ciers à tous : celui de Paul Tannery, qui a cultivé avec tant de profondeur et d'originalité l'iistoire des sciences et de la piilosopiie, et celui de Jules Tannery, en qui revivait la science artiste des anciens Grecs.

Je vous salue, messieurs, au nom de ces ciers absents, au nom des savants français qui s'intéressent à la piilosopiie des mathématiques, au nom de la France, qui, d'une manière générale, se propose, selon le vœu de Descartes, de cultiver et de rendre efficace la

1. Le numéro de septembre 1914 devait reproduire les mémoires et les discussions du « Congrès international de philosophie mathématique », et publier les statuts de la nouvelle « Société internationale de philosophie mathématique », fondée, à l'instigation de notre ami Enriques, pour préparer le travail de la partie philosophique de l' « Encyclopédie des sciences mathématiques ». Les circonstances ne nous ont alors pas permis de faire paraître la « Revue », et nous n'avions pu d'ailleurs, en juillet, réunir tous les éléments du numéro projeté. Cette publication est, aujourd'hui encore, impossible pour des raisons que nos lecteurs comprennent. Mais il nous paraît opportun et significatif de faire paraître à l'heure où nous sommes et au ꓱoment où la « Revue » reprend son cours normal, le Discours inaugural de M. E. Boutroux, prononcé en avril 1914, à la Sorbonne, devant un auditoire composé de savants éminents de tous les pays et accueilli par leurs applaudissements unanimes. N. D. L. R.

raison humaine, et qui, par suite, est d'avance hospitalière à des esprits tels que les vôtres.

Puisse votre séjour dans notre pays vous être utile et agréable, puisse revenir sur vos lèvres, quand vous nous quitterez, le mot de Marie Stuart : la douce France.

La création de ce congrès a, si je ne me trompe, une signification qu'il serait intéressant de chercher à définir.

Tout d'abord elle implique une certaine conception des mathématiques.

Pourrait-il être sérieusement question de philosophie mathématique, si les mathématiques devaient être, en leur développement, strictement enfermées dans le cercle de leur utilité pratique, comme le demandait le positivisme d'Auguste Comte? Privées de leurs spéculations les plus hautes, sous le prétexte, fallacieux peut-être, que ces spéculations ne servent à rien, réduites à de simples recettes plus ou moins compliquées, elles resteraient étrangères à cette recherche anxieuse de la vérité en soi, qui caractérise la philosophie.

Vous n'auriez pas non plus songé à organiser une réunion de mathématiciens et de philosophes, si, considérant les mathématiques comme un simple instrument de l'expérimentation scientifique, vous ne leur aviez attribué d'autre rôle que de substituer, dans celle-ci, la mesure quantitative à l'appréciation qualitative. Les mathématiques, ainsi comprises, seraient, certes, une partie essentielle de la science, mais ne ressortiraient pas à la philosophie.

D'autre part, si vous teniez les mathématiques pour une création tout arbitraire et une sorte de jeu de l'esprit, vous verriez dans les mathématiciens des dilettantes, jugeant un peu lourde et naïve la prétention qu'ont les philosophes de parler de vérité et de valeur absolue.

Enfin, vous ne vous contentez pas non plus, à la manière des pragmatistes, de la vérificabilité expérimentale, comme critérium de la vérité. Il n'y a là qu'une constatation, et vous voulez comprendre, penser, pénétrer la signification des choses.

En un mot, les mathématiques sont pour vous ce qu'elles étaient pour les anciens Grecs : une science, dans toute la force du terme, la science la plus claire, la plus parfaite dans son genre que nous con-

naissions, la science royale, celle qui, intermédiaire, en quelque
sorte, entre l'esprit et les choses, paraît, plus qu'aucune autre,
capable de nous apporter des révélations sur le fonds impénétrable
et les mystérieuses harmonies de l'être et de la pensée.

Votre congrès signifie que, si haute que soit votre estime pour la
pratique, vous ressentez encore, comme les Platon et les Aristote, la
joïe de savoir et de comprendre; que le culte de la théorie proprement dite, de la pure spéculation a encore ses fidèles.

*
·

Le rapprochement entre mathématiciens et philosophes, dont vous
donnez l'exemple, n'est pas, d'ailleurs, un fait isolé : c'est une manifestation d'un mouvement général fort important. Naguère encore
science et philosophie nous apparaissaient comme étrangères l'une
à l'autre. Le XIXᵉ siècle s'était fait, de chacune d'elles, une idée qui
semblait peu favorable à l'entretien de relations entre ces deux
modes de penser. L'opposition de l'esprit romantique et de l'esprit
réaliste se retrouvait dans la distinction radicale établie entre les
sciences et la philosophie : celle-ci considérant exclusivement les
choses du point de vue d'une intuition interne, celle-là se proposant, précisément, d'éliminer de la connaissance toute donnée subjective, pour ne considérer que les rapports objectifs des choses les
unes avec les autres. C'est pourquoi savants et philosophes s'igno-
raient systématiquement. Et volontiers on eût pu appliquer à ceux-ci
comme à ceux-là le dicton ancien : *Spernunt quod non intelligunt.*

Or, notre temps voit diminuer de plus en plus cette défiance
mutuelle. Chacun, s'interrogeant, se demande s'il est bien certain
qu'il se suffise, et n'ait rien à apprendre de ceux qu'il dédaignait.

Cette disposition d'esprit est manifeste chez les philosophes dans
leurs rapports avec les mathématiciens.

Les philosophes, considérant les mathématiques, se sont aperçus
de l'insuffisance de leur logique classique pour expliquer les raisonnements effectifs de l'esprit humain. La logique classique, en effet,
enseigne que la déduction rigoureuse consiste à descendre du général au particulier. Or les mathématiques pratiquent essentiellement
une marche qui va du particulier au général. A peine ont-elles
effectué une démonstration, qu'elles considèrent l'objet démontré
comme un cas particulier d'un objet plus général, et s'efforcent

d'étendre la démonstration à ce nouvel objet lui-même, de telle
sorte que la démonstration de l'objet particulier se transforme en
une simple application du théorème général.

Et, tandis qu'elles suivent cette voie, opposée à celle qu'indique
la logique classique, les mathématiques offrent le modèle de la
déduction évidente et rigoureuse.

Force est donc aux logiciens de sortir de l'école où ils s'enfer-
maient, et d'analyser le raisonnement mathématique, s'ils veulent
se faire une juste idée de ce qu'est et de ce que peut la déduction.

Les mathématiques ne sont pas moins propres à faire réfléchir le
philosophe, au sujet de la théorie de la connaissance.

Les philosophes, pour expliquer le fait de la connaissance
humaine, trouvent, dans le legs de leurs devanciers, deux théories,
qu'on appelle le rationalisme et l'empirisme. La forme la plus
précise du rationalisme est l'innéisme, suivant lequel des notions
infiniment riches nous seraient données *a priori*, notions qu'il suffirait de développer par voie d'analyse, pour obtenir le tableau complet de la science.

Or les mathématiques ne se font point par analyse, mais par construction. Leurs principes ne leur sont nullement donnés : elles les
posent progressivement, et c'est devant elles, indéfiniment, et non
derrière, qu'elles les cherchent. Le rationalisme innéiste ne rend pas
compte d'un pareil travail.

A vrai dire, nous rencontrons, dans l'histoire de la philosophie,
une autre forme de rationalisme : le rationalisme constructif. Selon
cette doctrine, les définitions mathématiques sont des créations de
l'esprit, et, dans le développement et la combinaison de ces définitions, l'esprit a constamment un sentiment de certitude, parce qu'il
ne s'occupe pas de mettre ses assertions d'accord avec une réalité
quelconque, mais uniquement de rester d'accord avec lui-même.
On ne sait que ce qu'on fait : tel est le principe de cette théorie. Les
mathématiques sont, pour l'esprit, parfaitement certaines, parce
qu'elles sont l'œuvre de l'esprit, et rien autre chose. L'esprit n'y
trouve que ce qu'il y a mis, mais il apprécie avec certitude l'accord
logique entre ce qu'il s'est donné et ce qu'il en déduit.

Cette conception des mathématiques est, elle aussi, inégale à la
réalité. Elle laisse indécise la question de savoir si la création
mathématique ne se ferait pas d'une façon purement arbitraire. Or
le mathématicien, lui, n'admet pas qu'il en soit ainsi. Je crois qu'il

se joue dans son esprit un drame analogue à celui qui se produit communément dans l'esprit du romancier. Celui-ci commence par imaginer ses personnages, et il a l'impression qu'il les crée selon sa fantaisie. Puis il se propose de les faire parler et agir d'après le caractère qu'il leur a imposé. Mais voici qu'au cours du récit les personnages se détachent de l'esprit du romancier, se mettent à parler et agir à leur manière, et, à tel moment, résistent ouvertement à leur interprète et déclarent qu'ils ne diront pas telle parole que celui-ci prétend leur faire dire. Nés, en apparence, du caprice de l'auteur, ils sont, bel et bien, des êtres, existant en eux-mêmes et pour eux-mêmes.

Pareillement, les essences mathématiques, qui ont l'air de dépendre de notre imagination, sont, pour le mathématicien, qui ne les regarde pas du dehors, mais suit le détail de leur croissance, des êtres véritables, qu'il observe, bien plus qu'il ne les fabrique, et qu'il compare à l'objet d'étude du naturaliste, bien plutôt qu'aux arbitraires inventions du joueur. Henri Poincaré, interrogé sur sa méthode de travail, répondit qu'il était conduit par son sujet et n'en pouvait lui-même diriger la marche.

La seconde voie tentée par les philosophes pour expliquer l'acquisition des notions mathématiques est l'empirisme. Non plus que le rationalisme, le système empirique ne parvient à s'assimiler la réalité mathématique. Le mathématicien ne reconnaît pas les principes et les méthodes qui sont effectivement les siens dans ceux que lui attribue le philosophe préoccupé de faire triompher l'empirisme. Ni les objets mathématiques, avec l'homogénéité, l'exactitude, le genre d'abstraction et de perfection qui les caractérisent ne se rencontrent dans l'expérience, ni l'on n'en peut expliquer la formation par des habitudes d'esprit nées de l'expérience toute seule. Le nombre, l'espace, l'égalité, l'identité, l'évidence du mathématicien sont bien des données originales, qui ne se peuvent ramener à l'action du monde extérieur sur notre esprit.

Ainsi les philosophes, en confrontant avec les différents cadres dont ils disposaient la science mathématique, telle qu'elle existe, ont dû reconnaître qu'ils ne faisaient rentrer celle-ci dans ceux-là qu'en la déformant et la dénaturant, et que, s'ils voulaient expliquer les mathématiques réelles, et non des mathématiques imaginaires, il leur fallait se mettre à l'école du mathématicien, et modifier, d'après ses enseignements, les principes mêmes de leurs théories logiques et gnosiologiques.

Le mouvement qui, actuellement, porte les philosophes vers les sciences est très certain et très général. Il ne paraît pas douteux qu'un mouvement réciproque ne se dessine, et que, de leur côté, de nombreux savants ne considèrent aujourd'hui la philosophie d'un œil tout autre que ne faisaient les savants du siècle dernier. Ce changement d'idées se manifeste en particulier chez les mathématiciens.

Jadis ils jugeaient tout à fait inutile d'examiner les principes de leur science. Ces principes, disait-on, étaient très simples et évidents par eux-mêmes. On n'avait pas besoin d'en connaître le contenu, ni même de se demander s'ils répondaient à quelque chose de réel : il suffisait qu'ils fussent clairement et précisément définis. Le mathématicien, a-t-on dit, ne sait pas de quoi il parle, ni si ce qu'il dit est vrai : il se comprend, et cela lui suffit.

Bien plus, il ne déplaisait pas au mathématicien que ses principes choquassent la logique des profanes : « Allez toujours, et la foi vous viendra ! » répétait-on avec d'Alembert. Il ne s'agissait que d'acquérir, par l'exercice, des habitudes d'esprit appropriées. Je me rappelle qu'un manuel de mathémathiques dont je me servais au lycée enseignait tranquillement que le nombre négatif, le nombre irrationnel étaient des notions absurdes, mais se justifiaient par les généralisations qu'ils rendent possibles.

Or les mathématiciens d'aujourd'hui ne sont plus disposés, en général, à faire ainsi bon marché de l'intelligibilité et de la valeur intrinsèque de leurs principes. Et ils ne s'effraient plus d'aborder l'examen de l'origine et de la signification de ces principes, quand bien même cette recherche ne serait plus exclusivement mathématique, mais ressortirait à la philosophie.

Ils se demandent d'où viennent ces principes, s'ils sont strictement formels, et exactement réductibles à des principes purement logiques, ou s'ils se rapportent à une réalité spéciale, qui a ses propriétés, ses lois, sa nature, indépendante de nos raisonnements.

De même, en quoi consiste la vérité des mathématiques? Les axiomes y sont-ils reçus par cette seule raison qu'ils sont commodes, ou possèdent-ils, en eux-mêmes, quelque vérité? En quels sens, précisément, peuvent-ils être dits commodes, peuvent-ils être dits vrais?

Toutes ces questions intéressent aujourd'hui le mathématicien, non seulement parce que, selon la manière dont on les résout, on peut obtenir une exposition des mathématiques plus ou moins claire, rigoureuse et élégante; mais aussi parce qu'il apparaît que l'invention mathématique elle-même peut être fécondée par telle réponse qu'on y apporte.

De plus en plus nombreuses et ardues sont les questions philosophiques que le mathématicien d'aujourd'hui aime à traiter, tandis que le mathématicien d'hier les eût écartées comme oiseuses.

Telle la question de l'infini. Suffit-il, pour se débarrasser de cette notion suspecte, de poser en principe qu'après tout nombre il y en a un autre? Ne suit-il pas de cette proposition même qu'un nombre donné implique celui qui vient après au même titre que celui qui vient avant, et que, dès lors, en posant un nombre quelconque, on pose, du même coup, une série de nombres nécessairement infinie?

Est-il véritablement possible d'éliminer la notion de l'infini, ou est-il légitime et nécessaire d'admettre l'existence de suites à la fois déterminées et infinies?

Je mentionnerai, dans le même sens, le problème du passage de l'arithmétique à la géométrie, où intervient l'espace; celui du passage de la géométrie à la mécanique, où intervient le temps. Le mathématicien n'use-t-il de l'espace, selon un mot plaisant, que comme il se sert d'un morceau de craie? Le temps, pour lui, n'est-il qu'une coordonnée?

Enfin le mathématicien se voit amené, de nos jours, à aborder le problème philosophique par excellence, celui qui a déterminé les systèmes des Platon, des Descartes et des Kant : le problème du rapport des mathématiques à la réalité.

Si donc les philosophes ont décidément reconnu qu'ils ne pouvaient se passer des enseignements que leur offrent les mathématiques, les mathématiciens, de leur côté, se montrent de plus en plus disposés, dans l'intérêt même de leur science, à pénétrer dans le champ de la philosophie.

Cette constatation signifie-t-elle simplement que, désormais, les philosophes ont besoin de consulter les mathématiciens, et qu'il peut être utile aux mathématiciens de consulter les philosophes; et votre

congrès n'a-t-il d'autre objet que de favoriser cet échange de services?

La portée en est, si je ne m'abuse, beaucoup plus haute : ce congrès signifie, non seulement que mathématiciens et philosophes ont
intérêt à se connaitre mutuellement, mais que des problèmes se
posent devant l'esprit humain, qui sont proprement philosophico-
mathématiques, et qui, par suite, réclament la collaboration intime
des philosophes et des mathématiciens, la mise en commun de leurs
connaissances, de leurs méthodes, de leurs vues sur les conditions
de l'intelligibilité, de l'être et de la vérité. Il est clair, en effet, qu'en
abordant certains problèmes mathématiques le philosophe n'entend
pas simplement recueillir, du dehors, quelques résultats obtenus par
les mathématiciens, et les interpréter à sa manière; mais qu'il se
propose de considérer lui-même ces problèmes en mathématicien.
Et, de même, le mathématicien qui se trouve amené à traiter certains problèmes philosophiques a conscience d'élargir son esprit, et
désire faire véritablement œuvre de philosophe.

Qu'est-ce, maintenant, que cet objet commun, auquel tendent les
efforts combinés des philosophes et des mathématiciens?

N'est-ce autre chose que la constitution d'une philosophie des
mathématiques, c'est-à-dire d'une philosophie bornée à l'analyse
des notions et des méthodes impliquées dans cette science?

On célèbre volontiers de nos jours une philosophie qui se défini-
rait, en ce sens, la réflexion sur les principes des différents ordres
de connaissance. C'est ainsi qu'on parle d'une philosophie du droit,
d'une philosophie de la religion, d'une philosophie des sciences,
d'une philosophie de l'art, etc.

Rien de plus légitime et de plus fructueux que ces études; mais
épuisent-elles la tâche que se donne l'esprit humain quand il entreprend de philosopher? La philosophie, bornée à de tels objets,
renoncerait à cet effort pour embrasser l'ensemble des choses,
σύνοψις, où elle voyait, chez un Platon, son trait distinctif. Ce renoncement est-il nécessaire?

Beaucoup l'ont pensé, parce qu'ils restaient hantés par l'idée
d'une philosophie qui s'arrogeait le droit, sans étudier les sciences,
de concevoir à son gré l'économie de l'univers. Avec une telle philosophie il fallait décidément rompre : il fallait rendre la philosophie
tributaire des sciences, et non les sciences tributaires de la philosophie.

Mais une telle défiance n'est plus de mise à l'égard d'une philoso-phie qui, non seulement met à profit les données des sciences, mais s'unit étroitement à elles, qui n'en diffère, en définitive, que comme l'esprit diffère des formes diverses qu'il donne à son activité, en s'appliquant à différents objets.

Cette doctrine, qui voit dans la philosophie l'âme commune des sciences, et non une science ou une spéculation séparée et rivale, était la doctrine des anciens Grecs. Elle vit encore chez Descartes, qui professe que toutes les sciences ne sont autre chose que la raison humaine, demeurant une et identique, si divers que soient les objets auxquels elle s'applique.

Il me semble que cette belle unité, compromise pendant un temps par une conception trop romantique de la philosophie et par une conception trop positiviste de la science, est en train de se rétablir, et que le mot de Faculté de philosophie, conservé dans les univer-sités allemandes pour désigner l'ensemble organisé des connais-sances humaines, va reprendre son sens classique.

Il n'y a qu'une raison, il n'y a qu'une vérité, il n'y a qu'une har-monie. Savants et philosophes collaborent à une même œuvre : la connaissance et l'intelligence des choses. Philosophie et sciences ne sont pas, comme on le disait naguère, deux mondes fermés l'un à l'autre et incompréhensibles l'un pour l'autre : c'est le tronc et les branches d'un seul et même arbre.

A cette restauration de l'antique unité du savoir humain, et de la philosophie comme recherche de cette unité, les relations qui s'établissent entre mathématiciens et philosophes doivent contri-buer efficacement. Et l'affinité est particulièrement manifeste entre les mathématiques et la métaphysique. C'est pourquoi l'activité d'une société composée de mathématiciens et de philosophes peut et doit être véritablement commune et philosophique. Elle doit offrir un exemple saisissant de ce que peut une telle collaboration pour le bien de la science et de la philosophie.

Peut-être à ces considérations d'ordre spéculatif pourrait-on joindre une réflexion d'ordre pratique et moral.

Aristote disait que tout ce qui est commun à différents hommes crée un lien entre eux : τὰ κοινὰ συνέχει. Et c'est là, semble-t-il, une loi de la nature humaine. Dès lors, le travail auquel nous nous livrons en commun ne profite pas seulement à la science : il rap-proche nos intelligences et nos cœurs, il crée entre nous une union

morale qui, par ailleurs, profite grandement à nos relations scientifiques, car, comme le disait Xénophon, il est difficile d'apprendre
quelque chose d'un homme avec qui on ne sympathise pas.

Ce n'est pas tout : l'union que crée une occupation commune est
d'autant plus étroite, belle et féconde, que cette occupation même
est plus haute et plus digne de nos efforts. Mais quel travail est plus
noble que la recherche de la vérité la plus pure, la plus profonde, la
plus vraie!

C'est donc, dans des proportions restreintes, une sorte de société
idéale que vous fondez, en vous unissant pour philosopher ensemble.
Et par là vous travaillez, non seulement à l'éducation de vos esprits,
mais à l'éducation de l'humanité. Les sociétés scientifiques et philosophiques doivent être le noyau de sociétés plus générales, embrassant, de proche en proche, tous les hommes.

Je ne veux pas dire que vos travaux porteront la marque de ces
préoccupations. C'est en cherchant pour elles-mêmes la vérité et la
justice que l'on réalise l'union et l'harmonie des individus et des
nations. Ces biens nous sont donnés par surcroît.

ÉMILE BOUTROUX.

UN FRAGMENT INÉDIT DE CONDORCET

INTRODUCTION

Lorsque Condorcet, craignant le tribunal révolutionnaire, se fut réfugié rue Servandoni, il se mit, on le sait, au travail et élabora son *Tableau des progrès de l'esprit humain*. ignorant de l'avenir, il résuma d'abord sa pensée en un court aperçu; puis, ayant du temps devant lui, il donna un développement nouveau à sa pensée, et rédigea des morceaux plus amples, qu'il se proposait d'insérer dans l'œuvre définitive. Les éditeurs n'ont point publié tout ce qu'il nous a laissé. Soit piété mal comprise, soit par dédain injustifié, ils ont délibérement négligé toute une série de notes difficiles à classer, et de forme imparfaite, mais assez longues, et parfois fort curieuses, que Condorcet avait écrites, soit pour préparer son travail, soit plutôt pour les reprendre à son heure et les mettre au point. Ils les ont offertes plus tard à la Bibliothèque Nationale, où Arago et O'Connor n'ont point été les consulter. C'est peut-être dans ces notes que la pensée philosophique de Condorcet apparaît le plus clairement, et c'est pourquoi il a semblé intéressant d'en extraire quelques pages.

Les lignes qu'on va lire précisent sur deux points la doctrine de Condorcet. Voici le premier. L'on sait que Condorcet a été un optimiste à la façon de ses contemporains, qu'il a cru en la bonté des hommes, en la générosité de leurs inclinations naturelles. Mais, en 1793, il voit avec désespoir que cette bonté native est étouffée par les haines, les passions, les préjugés, que la foule est le jouet des excitateurs et des tribuns. Il n'abandonne pas son rêve, mais il le reporte plus loin dans l'avenir. La fraternité humaine ne pourra exister que par les progrès des lumières. En dissipant les malentendus et les erreurs, en permettant aux hommes de porter sur les gens et les choses un jugement objectif et critique, l'instruction favorisera la paix universelle : elle substituera dans bien des cas les discussions aux querelles. Et c'est pourquoi le philosophe subordonne l'existence durable des démocraties à la multiplication des écoles : la question scolaire reste plus que jamais la clef de voûte de son système.

Pour rapprocher les peuples les uns des autres, il a entrevu la nécessité d'une langue universelle, destinée à prévenir les malentendus et à faciliter la transmission des découvertes. La première partie de l'œuvre à réaliser, est la création d'un vocabulaire scientifique, qui puisse hâter le

progrès des lumières, et qui ait une valeur internationale. On trouve
l'idée exprimée à plusieurs reprises dans les papiers, publiés ou inédits,
de Condorcet; on la retrouve, très fortement marquée, dans ses notes.
Les sciences abstraites ont réalisé depuis longtemps l'instrument nécessaire à leur avance; dans tous les pays, les géomètres s'entendent sur le
sens du mot angle; les physiciens, déjà plus embarrassés, s'efforcent
d'arriver à une définition précise du phénomène qu'ils observent. Il n'en
est pas de même des sciences morales, de l'économie politique. On se
sert partout de certains mots, mais sans en avoir établi préalablement le
sens, et l'on discute ainsi, sans pouvoir aboutir. Dans un fragment, Condorcet remarque que l'idée est souvent l'esclave du mot; notre paresse
instinctive nous empêche souvent de pousser l'analyse jusqu'au point
nécessaire : nous nous contentons de notions assez vagues; nous les
échangeons entre nous comme des pièces d'assez mauvais aloi, acceptées
longtemps par complaisance, mais qu'un examen plus scrupuleux rebute.
Nous employons les mêmes termes, et en réalité, nous ne parlons pas la
même langue. Comment dans ces conditions, la politique pourrait-elle
devenir une science rigoureuse et exacte? C'est donc à créer ce vocabulaire que Condorcet s'est attaché, et il a consacré une partie de ses notes
à la critique de quelques notions[1]. Celle qui le préoccupe surtout est l'idée
de liberté : le mot est unique, paraît simple, l'idée est infiniment complexe. Un peuple qui se dit libre croit l'être, mais il y a bien des façons
d'être libres, et certaines libertés sont un véritable servage. La liberté de
l'Angleterre telle que la définit Delolme, n'est pas la liberté que réclame
la France. Une constitution ne peut convenir à une nation que si elle a
pour fondement des idées claires.

D'autre part le fragment que nous publions jette un jour assez éclatant
sur une partie de la doctrine philosophique de Condorcet, sur laquelle
nous sommes mal renseignés. On a dit souvent que Condorcet était un des
fervents de l'évolution : ce serait tomber dans le défaut qu'il condamne
que d'employer ce terme pour caractériser sa pensée. Comme beaucoup
de ses contemporains il a cru que l'univers marchait selon un ordre
logique et harmonieux vers une fin conforme à sa nature et à ses lois.
L'homme qui a écrit le « *Tableau des progrès de l'esprit humain* », a fait
de cette loi de progrès humain une réalité indiscutable. On pourrait sou-

---

1. « La langue de la philosophie, de la morale, de la politique est encore très
imparfaite. Je l'ai employée dans ce prospectus telle qu'elle existe, en évitant
avec soin les équivoques que cette imperfection aurait pu provoquer. Dans
l'ouvrage, je chercherai souvent à y donner plus de précision, soit en introdui-
sant des expressions nouvelles, soit en fixant l'acception dans laquelle s'emploierait des expressions déjà reçues, mais seulement dans l'intention de me
faire mieux entendre, et non dans la vue de proposer une langue nouvelle...
Rarement l'explication d'un mot peut être renfermée dans une définition méthodique; elle exige presque toujours une analyse détaillée; s'il s'agit de fixer avec
précision l'acception qu'on veut donner aux mots connus, sans les détourner
de leur sens vulgaire, des discussions philosophiques ou grammaticales deviennent
nécessaires. Ces développements devront donc être renvoyés dans les notes.
(Condorcet, *Œuvres*; éd. Arago, t. VI. p. 28.)

tenir qu'il a transposé du ciel sur la terre le dogme providentiel, mais qu'il
l'a maintenu. Maintenant comment, selon lui, s'est opéré dans la nature,
ce changement incessant qui a produit l'univers actuel? Nous ne pouvons
guère le dire. Il a écrit quelque part que la puissance divine lui paraîtrait
plus grande si elle avait créé un organisme capable de se diversifier à
l'infini et de produire le monde en sa complexité, que si elle avait établi
tout d'abord le système des choses, en imprimant à chacun et sa forme
et sa loi. Mais il est difficile d'aller plus loin. Ce que nous pouvons
affirmer par contre, c'est que Condorcet ne reconnait pas de barrière
entre les divers étages de la vie. Il a été parmi les hommes du XVIIIᵉ siècle,
l'un de ceux qui ont été les plus grands adorateurs de la vie. Fait qui
étonne chez le théoricien abstrait et sec, mais ne saurait être contesté.
Tout ce qui est vivant est respectable aux yeux de Condorcet, qui refusera
de voter contre aucun coupable la mort. Il y a entre les êtres, une véritable paternité et l'instinct n'est qu'une intelligence inférieure, à laquelle
notre orgueil aurait tort de refuser une essence analogue à la nôtre. Mais
sur tout cela, il vaut mieux laisser la parole au philosophe que de se
constituer son interprète; nous n'avons que trop tardé.

Léon Cahen.

II

Note frag. Iᵉʳ, ép. Iᵉʳ. Sur l'instinct. — Les animaux déploient
dans leurs moyens de pourvoir à leurs besoins une intelligence, une
industrie, une sagacité qui souvent étonnent notre raison. Les opérations que nous leur voyons exécuter semblent supposer une prévoyance, des idées, des raisonnements dont à peine nous serions
capables. Les enfants, comme les petits des animaux, nous offrent
le même phénomène; si nous comparons ce qu'ils font avec le temps
et les moyens qu'ils ont eus pour apprendre à l'exécuter, la rapidité
de leur marche comparée à la lenteur de la nôtre dans une époque
plus avancée nous rend ces premiers progrès presque inexplicables.

Des philosophes ont cru résoudre cette difficulté par la supposition
d'une faculté commune aux hommes et aux animaux et on a donné
le nom d'instinct à cette faculté inconnue. Je ne m'arrêterai point à
discuter les chimères que les préjugés religieux ou la crainte de les
blesser ont fait imaginer à un grand nombre d'entre eux. Mais je me
demanderai si les observations prouvent l'existence de cette faculté,
si les opérations des animaux et des enfants ne peuvent pas s'expliquer
sans recourir à cette hypothèse, enfin ce que l'on peut entendre
par ce mot d'instinct, employé jusqu'ici comme tant d'autres pour

donner une sorte de consistance à des idées vagues, incohérentes ou [folio 36ᵃ] fugitives.

NOTE 1ʳᵉ, FRAGMENT SUR LE SENS DES MOTS NATURE, NATUREL, NATU-RELLEMENT. — Nature dérive de naître. On dit *la nature d'une chose* pour exprimer la collection des attributs qui la caracté-risent, qui font qu'elle est elle et non une autre, on entend qu'elle les avait en naissant ou qu'elle était nécessairement destinée à les avoir un jour.

On dit *la nature des choses* en général pour exprimer les pro-priétés essentielles des différentes classes d'êtres qui entrent dans la composition de l'univers.

Les propriétés qu'une chose reçoit par l'effet de la volonté d'un être actif ne font point partie de ce qu'on appelle sa nature; elle ne les aurait point eues si cet être n'avait pas voulu les lui donner.

On n'y comprend pas non plus celles qu'elle reçoit seulement dans certaines circonstances particulières, on leur donne le nom d'acci-dentelles. Mais on regarde la capacité de recevoir ces propriétés comme appartenant à sa nature, parce que cette capacité naît avec elle.

On appelle la nature la collection de tous les êtres qui existent dans l'univers, parce qu'on les considère alors relativement aux attributs qui constituent leur *nature.* Les lois de la nature sont pour nous les faits constants ou généraux qui s'observent dans la nature.

Enfin on a donné le nom de Nature aux lois générales d'après lesquelles ces propriétés sont distribuées entre les êtres, les principes généraux d'après lesquels elles se combinent, se modifient, et qui en règlent les effets réciproques. C'est en ce sens qu'on dit, par une métaphore très hardie, la nature veut, ordonne, dépend, accorde.

Cette explication une fois donnée, on peut employer le mot nature dans ces divers sens, sans qu'il en résulte d'équivoque.

Si on applique ce mot à l'homme, on l'entend d'abord dans son sens général. La nature de l'homme sont les attributs qui le dis-tinguent des autres êtres. Mais on le prend aussi dans un sens plus restreint, on oppose la nature à la société comme on l'oppose à l'art en parlant des êtres en général. [folio 37] On l'entend aussi dans le sens de ce qui est conforme à l'ordre ordinaire, on l'oppose à ce qui est regardé comme une exception aux lois ordinaires.

Je ne l'emploierai pas dans le premier sens, parce que l'état de société me parait naturel à l'homme comme à l'abeille, qu'il n'est modifié que par des êtres semblables à lui en vertu d'une action réciproque. Mais je l'emploierai souvent dans le second, c'est-à-dire pour exprimer ce qui doit être le résultat des facultés communes aux hommes toutes les fois que des circonstances extraordinaires ne s'y opposent point : ce que l'homme fera presque toujours dans une circonstance donnée; cette expression ne peut tromper personne.

On dit la nature, les sentiments de la nature pour désigner la tendresse des pères et mères pour leurs enfants, des enfants pour leurs pères et mères, l'affection mutuelle entre les frères et les sœurs. Ces sentiments existent plus généralement qu'aucun autre dans le cœur des hommes, sont une conséquence plus nécessaire de leur nature. Mais dans un ouvrage où l'on (est) obligé d'examiner souvent ce qui doit arriver le plus probablement à l'homme dans une telle position, en une telle époque, ces expressions ne sont pas assez exactes, elles semblent trop séparer ces sentiments d'autres affections non moins naturelles, telles que l'amour, l'amitié, la reconnaissance, l'attachement pour ceux à qui on a fait du bien.

Le mot naturel signifie ce qui appartient à la nature et à tous les sens correspondants. Mais comme tout ce qui est produit par l'art exige un travail, comme tout ce qui est habituel est facile, on emploie le mot naturel pour désigner ce qui ne coûte pas d'efforts et ensuite par extension ce qui ne paraît pas en coûter; ce qui se fait par habitude sans une volonté réfléchie.

Naturellement a les mêmes acceptions que naturel à cela près qu'il n'est pas d'usage de l'étendre au sens (*mot illisible*) du mot nature et même à celui dans lequel j'ai dit que je prendrais souvent ce nom.

Je n'emploierai le mot *naturel* dans le sens de facile que dans le cas où il est nécessaire et ne peut entrainer aucune équivoque, comme lorsqu'on dit *un style naturel*.

Ainsi ces mots perdront ici ce sens imposant mais vague, souvent trompeur, ce mystérieux en quelque sorte que l'on s'est accoutumé à donner au mot nature. Si je conserve ces expressions la nature veut, ordonne, elles indiqueront seulement que l'exécution d'une loi générale est garantie, par des motifs puissants qui ne manquent leur effet que très rarement comme le mot loi naturelle ne signifie qu'un effet général et constant.

NOTE 2. SUR LE SENS DES MOTS LIBERTÉ, LIBRE, HOMME LIBRE, PEUPLE

LIBRE. — La liberté dans un individu est le pouvoir d'avoir la volonté d'agir suivant ce que son intelligence lui fait reconnaître le plus utile pour lui. L'homme à la vue, au souvenir d'un objet éprouve un désir, c'est à-dire un sentiment qui accompagne le souvenir d'un plaisir que cet objet lui a procuré : il veut goûter de nouveau ce plaisir et faire les actions qui pourront le lui procurer. Ces volontés, si on les analyse, ne sont autre chose qu'un sentiment attaché au souvenir que ces mouvements lui ont procuré cet objet, que telle autre impression, qu'il se rappelle et qui se répète, s'il la rappelle avec assez de force, a été suivie du succès. Jusque-là je vois un être que nous pouvons appeler actif, mais la liberté n'existe pas encore. Mais si, à la vue du même objet désiré, il peut, en se rappelant moins fortement cette impression d'où résulte une volonté efficace ne pas vouloir faire ce mouvement qui lui donnera l'objet désiré et par conséquent ne pas vouloir l'atteindre, alors il est libre. Mais ce pouvoir il ne l'a que parce qu'un motif quelconque le détermine à vouloir ne pas exercer sa volonté et ce motif est un autre désir ou un sentiment de crainte. Tout être susceptible d'éprouver à la fois deux sentiments contraires relativement à la même action et de se déterminer pour vouloir ou ne vouloir pas la faire avec la conscience que sa volonté est conforme à celui des deux sentiments qui l'emportent est un être libre. Il est libre quand il éprouve ces deux sentiments et qu'il a cette conscience. La liberté est d'autant plus entière que ces deux sentiments se balancent dans un plus grand nombre de ses actions et que cette conscience est plus distincte. La liberté cesse lorsqu'il n'existe qu'un désir auquel la volonté cède sans réflexion; qu'un désir unique, étant plus vif, a d'autant plus [folio 39] d'intensité. La volonté peut être cependant suspendue par la seule crainte de céder à un premier mouvement, de n'avoir pas assez réfléchi sur les motifs contraires. En supposant cette faculté à un certain degré dans un homme, son action est presque nulle lorsqu'un des deux sentiments est beaucoup plus vif que l'autre, elle devient bien plus sensible à mesure qu'ils approchent de l'égalité. Lorsqu'ils sont sensiblement égaux, qu'il s'agit de choisir entre deux actions et qu'il existe un qui déterminait à agir, on choisit sans même avoir la conscience du motif nouveau qui décide le choix. Si on prend la question de la liberté d'indifférence dans un sens réel, dans un exemple comme celui d'un individu ayant besoin de manger et ayant à choisir entre deux morceaux égaux, également à sa portée, ou une inégalité, même apparente, un mouvement machinal détruirait l'équilibre — ou bien, ne pouvant choisir, il tirerait au sort. Elle est absurde dans un sens abstrait car, si on suppose qu'il n'y aura jamais de motif déterminant, on suppose qu'il n'y aura pas de détermination. L'homme se détermine nécessairement en faveur du plus fort. Mais comme, lorsque l'on réfléchit sur la nature de la liberté, lorsqu'on examine si l'on peut vouloir ou ne pas vouloir, il arrive alors précisément la même chose que lorsqu'on examine les motifs de crédibilité, le sentiment de la nécessité d'agir suivant ce qui parait le plus utile s'affaiblit à mesure qu'on balance les motifs pour ou contre une chose. On agit avec une volonté plus faible, comme la croyance s'affaiblit, lorsqu'au sentiment que produit la constance d'un phénomène, on substitue le calcul de la probabilité qui en résulte. Mais, de même qu'en examinant ces motifs de crédibilité, on voit le sentiment général de cette constance s'affaiblir par cela seul qu'on est obligé de convenir de la possibilité de se tromper, de l'ignorance où l'on est du degré de cette probabilité dans les cas où l'on croyait plus fermement; de même, en réfléchissant sur la liberté, on est obligé de se supposer en balance, de supposer la possibilité de se déterminer contre le motif qui parait le plus fort, on fait des hypothèses où l'on croit qu'on pourrait n'y pas obéir, sans s'apercevoir que le motif de résister à son penchant est celui qui alors déterminerait la volonté, ce qui fait disparaitre avec la croyance le sentiment de cette nécessité.

Il est une autre cause d'erreur lorsque l'égalité entre les motifs est presque entière, il doit arriver....

Lorsque examinant une proposition, il nous arrive successivement de la rejeter et ensuite de la croire, de la rejeter de nouveau pour la reproduire encore, notre adhésion peut être également forte si nous la mesurons d'après les motifs qui finissent par la déterminer mais le sentiment attaché à cette adhésion en est affaibli : De même, si nous ne prenons une résolution qu'après avoir balancé entre elle et la résolution contraire, le sentiment qui nous détermine perd de sa force, le souvenir d'avoir pu juger ou nous décider autrement s'affaiblit dans l'un et dans l'autre cas. Dans ce dernier la faiblesse de ce sentiment nous porte à croire que nous aurions pu nous déterminer contre l'action à laquelle il nous porte et nous transportons de place cette possibilité qui existait pour nous avant la détermination et qui était celle d'un événement inconnu au moment même de cette

détermination. Cette explication suffit pour résoudre toutes les difficultés métaphysiques dont les subtilités de l'école et les chimères
théologiques avaient embarrassé la question de cette liberté dont
nous avons le sentiment, qu'il paraissait cependant impossible
d'admettre sans tomber dans de véritables contradictions. Elles
n'existaient que dans cette liberté absurde que l'on voulait nous
donner et qui n'était pas celle de la nature.

On voit que celle-ci n'est pas une faculté absolue mais relative,
qu'elle existe pour certains actes, sans exister pour d'autres, qu'elle
augmente [folio 41] avec la raison, avec les lumières, avec la *délicatesse* des sentiments moraux, qu'elle appartient aux animaux comme
à nous et qu'elle se développe plus ou moins dans chaque espèce,
suivant la capacité d'intelligence et de sensibilité qu'ils ont reçue de
la nature, et suivant l'influence réciproque qu'elles exercent l'une
sur l'autre.

J'appelle liberté naturelle celle dont je viens d'analyser l'idée,
parce qu'elle est une faculté dérivée des facultés qui constituent la
nature de l'homme parce qu'elle appartient à tous les individus dans
un degré plus ou moins élevé.

Si un obstacle invincible m'empêche d'exécuter la volonté à laquelle
je me serais déterminé parce que le résultat de cette volonté m'était
le plus avantageux, je ne puis prendre cette détermination. On peut
dire alors dans un sens rigoureux que je suis libre, car je me détermine à ne pas vouloir agir d'après mon intérêt qui est de ne pas faire
faire des efforts lorsque je sens qu'ils seront inutiles. Mais on peut
dire aussi que je ne le suis pas dans un sens moins abstrait, parce
que je n'ai plus le pouvoir de me déterminer d'après ce qui me serait
le plus avantageux puisqu'un obstacle étranger s'oppose à l'exécution
d'une des déterminations que je pouvais prendre, et quand cet obstacle est invincible, je n'ai même pas la conscience d'avoir examiné
les avantages et les inconvénients des deux partis.

On a donc considéré ces obstacles étrangers à l'action, même lorsqu'il était possible de les vaincre, mais qu'ils exposaient seulement
à des dangers graves, à des maux supérieurs aux avantages qu'on
pouvait espérer, non comme des motifs qui devaient entrer dans la
balance, mais comme des obstacles à l'exercice même de la liberté.

NOTE 2, FRAG. 1ʳ [folio 42]. — Si maintenant on considère l'homme
dans l'état de société, si on observe que, pour jouir des avantages
attachés à cet état, il doit nécessairement consentir à soumettre

quelques-unes de ces actions à des règles communes et par conséquent s'assujettir dans le cas où il voudrait violer ces règles à être,
soit réprimé par une force supérieure, soit puni si ce moyen est
nécessaire pour prévenir ces violations, on peut demander quelles
conditions sont nécessaires alors pour que sa liberté naturelle reste
sans atteinte.

Je trouve d'abord que ce consentement doit être libre, c'est-à-dire
qu'il doit s'être déterminé librement à faire partie de cette société
aux conditions nécessaires pour le maintien de cette société comme
pour son bien-être personnel.

2° Que ces règles communes et les motifs d'agir qui en résultent
puissent être considérés par lui au moment où elles s'établissent
comme nécessaires, comme ne lui imposant qu'une gène, ne le menaçant que d'un mal auxquels par le motif de son propre intérêt il se
détermine à se soumettre.

3° Il est impossible de vouloir que ces règles communes soient
conformes à l'opinion de tous et alors elles doivent être déterminées par celle de la pluralité. La conservation de la liberté exige
que chacun contribue d'une manière égale à la formation de ce vœu
de la majorité.

Cette distinction est nécessaire, la contrainte imposée par la
majorité ne doit pas s'étendre à des conditions que la minorité regarde
comme oppressives, comme contraires à son droit, comme incompatibles avec la justice. Si elle lui imposait des gènes contraires à ses
droits, si elle lui interdisait de faire ce qui ne nuit pas au droit
d'autres individus ou à la conservation de la société, elle donnerait
à la liberté naturelle une restriction non consentie par elle, elle
déterminerait sa volonté par une force abusive.

[Folio 43]. La liberté dans le choix de l'association, dans la résolution d'y rester uni, dans l'engagement avec la société, est un acte
de la liberté naturelle.

Le pouvoir de faire sans influence d'une force étrangère tout ce
qui ne doit pas être soumis, tout ce qu'une première détermination
individuelle et libre n'a pas regardé comme soumis à une règle, constitue la liberté individuelle dans l'état de société. Je l'appelle liberté
sociale.

Le pouvoir de concourir avec une entière égalité à la formation
des règles communes qui obligent avec égalité d'après le vœu du
plus grand nombre constituera la liberté politique. Celle-ci n'est pas

une liberté ajoutée à la liberté individuelle, mais une branche de
cette liberté que l'on considère séparément ; en effet, celui qui serait
soumis au vœu de la majorité, sans y avoir également consenti, le
serait à une volonté étrangère dans un sens absolu s'il n'y avait
concouru en aucune manière dans un sens relatif, s'il y avait concouru
inégalement, puisque alors la portion de ce concours dont il est exclu,
cet excédant accordé aux autres formerait cette force étrangère.

Ainsi la liberté sociale est la conservation de la liberté naturelle
dans l'état de société, la liberté politique est la conservation de la
liberté sociale dans la formation des lois qui doivent assujettir certaines actions au vœu de la majorité.

Le droit de chacun est la conservation de l'exercice de sa liberté
naturelle conforme à la justice.

J'appellerai liberté personnelle la liberté sociale considérée
comme séparée de la liberté politique, c'est-à-dire celle qui n'est
gênée que par des règles communes qui ne seraient point une atteinte
à la liberté sociale, si la liberté politique était conservée. On ne considère pas alors si elle l'a été ou non, on en fait abstraction.

De même dans l'expression liberté politique. La liberté sociale est
considérée comme séparée de la liberté personnelle, on ne suppose
[folio 44] point que cette liberté existe ou qu'elle n'existe pas, on en
fait abstraction.

La réunion de la liberté personnelle et de la liberté politique
forment la liberté sociale. On peut avoir la liberté personnelle sans
la liberté politique et réciproquement, mais alors la liberté sociale
n'existe pas.

Note 2, frag. 1ᵉʳ. — J'appliquerai les mêmes dénominations au
mot droit ; et, dans le même sens, j'appellerai droits naturels ceux
qui résultent de la nature de l'homme, droits sociaux les mêmes
droits conservés dans la société, droits personnels les droits sociaux
considérés indépendamment des droits politiques, et droits politiques
les droits naturels considérés dans la formation des régies communes, établies par le vœu de la majorité.

Un homme libre est celui qui jouit de la liberté sociale. Un peuple
libre est celui dont tous les membres parvenus à l'âge de la raison
jouissent de cette liberté.

Mais, 1° on appelle libre un homme qui n'est soumis dans aucune
de ses actions privées à la volonté arbitraire d'un individu ; alors
libre s'oppose à esclave, à serf suivant la nature de cet asservissement,

et par conséquent celui qui est soumis à la volonté arbitraire d'un despote, d'un sénat, d'une association quelconque d'autres individus ; 2° on appelle encore libre celui qui, n'étant pas soumis à cette volonté arbitraire, l'est aux lois régulièrement établies par une autorité étrangère restreinte par un petit nombre de conditions convenues d'une manière plus ou moins expresse. C'est dans ce sens qu'on disait les Turcs sont esclaves, les Espagnols sont libres ; 3° on appelle libres ceux qui sont soumis à la volonté de plusieurs, par opposition à ceux qui le sont à la volonté d'un seul ; 4° on appelle libres ceux qui sont privés de la liberté politique s'ils paraissent jouir de la liberté personnelle ; et 5° plus souvent encore ceux qui ont l'apparence de la liberté politique et qui sont privés d'une grande portion de la liberté personnelle ; 6° enfin tous ceux qui jouissent à un certain degré de la réalité ou de l'apparence de ces deux libertés.

[Folio 45]. Ce n'est pas tout ; la seconde, la cinquième, la sixième de ces acceptions s'appliquent également aux peuples.

Ainsi un peuple libre se trouve souvent être celui qui occupe un pays où un très grand nombre sont esclaves, où une grande partie du reste est soumise à un gouvernement despotique, où parmi ceux qui n'y sont pas sujets la plupart encore sont privés de la liberté politique et ne jouissent qu'imparfaitement de la liberté personnelle, où enfin le petit nombre qui reste exerce une autorité très grande, mais est bien éloigné de la liberté sociale par les restrictions auxquelles la liberté personnelle ou politique reste encore soumise.

On dit que les femmes sont libres lorsqu'elles ne sont point enfermées ; mais elles ne jouissent nullement de la liberté sociale, et la France est le seul pays où la loi n'ait pas violé leur liberté personnelle en établissant une différence de droits civils entre elles et les 1ommes.

Dans la langue française, un 1omme libre ne peut être que celui qui jouit de la liberté sociale, avantage qui n'appartient encore sur la terre qu'aux Français, aux 1abitants de quelques États suisses. Une inégalité très faible empêc1e d'y comprendre les Anglo-Américains ; ils ne sont que presque libres ! J'appelle demi-libres ceux qui jouissent d'une manière imparfaite de la liberté politique et personnelle, comme les Anglais. Enfin, j'appelle sujet celui qui ne jouissant point de la liberté politique n'a de liberté personnelle qu'autant qu'un

despote veut bien lui en laisser. Le sujet n'exerce point de droits
politiques mais il peut seulement avoir fait des conditions; mais
comme ces conditions ne sont pas garanties, comme il n'existe pas
de gouvernement connu où l'on ne trouve de ces conditions, il n'est
pas nécessaire d'avoir une expression pour désigner les sujets du
roi d'Espagne de ceux de l'empereur du Maroc.

NOTE 2, FRAG. 1ᵉʳ [folio 46]. — Ces distinctions suffisent quant aux
individus. Les nobles vénitiens sont *demi-libres*, les ıabitants de la
ville et de l'état de Venise sont *sujets*. Les bourgeois de Berne sont
demi-libres, les ıabitants du canton sont sujets des bourgeois, ceux
du pays de Vaud sont sujets du Canton.

J'observerai que j'étends l'acception de demi-libre à ceux qui, ayant
la même liberté personnelle que les citoyens jouissant de la liberté
politique, peuvent y participer en remplissant une condition déterminée par la loi et indépendante de la volonté d'autrui. Ainsi
j'appelle demi-libre même un Anglais qui n'est ni membre d'une
bourgeoisie, ni franc-tenancier.

Mais, si j'applique cette expression à un peuple, je dirai bien : le
peuple français est libre, le peuple anglais est demi-libre, le peuple
espagnol est sujet. Mais, si je veux parler de Venise, de Berne,
que j'emploie le mot demi-libre, il devient équivoque, signifie un
peuple libre régnant sur un peuple sujet, ou un peuple entièrement
formé d'ıommes demi-libres, ou enfin un peuple dans lequel on
trouve et des ıommes demi-libres et des sujets. Je conserverai donc
le mot de demi-libres pour les peuples où tous les individus le sont et
j'appellerai peuple sujet de cıefs libres, de cıefs demi-libres ceux
où les individus sujets forment une majorité sensible et vivent confondus dans le même pays; en effet l'existence de sujets dans un
pays différent n'a aucune influence directe sur l'état intérieur du
peuple que l'on considère alors en donnant aux autres le nom de
peuple libre ou demi-libre ayant des sujets. Ainsi les Romains étaient
un peuple demi-libre ayant des sujets, quoique ces sujets fussent en
plus grand nombre, parce que, [folio 47] dans le territoire vraiment
romain, les citoyens formaient la majorité des ıabitants originaires
et résidants. Mais je dirai les Bernois sont un peuple sujet de cıefs
demi-libres, parce que les hommes ayant des droits politiques dans
le canton de Berne n'y forment que la minorité. Les esclaves domestiques ne doivent pas influer dans ces dénominations, ils ne forment
point un peuple. Il n'en est pas de même des serfs de la glèbe.

Ainsi j'emploierai le mot de serf comme j'ai employé celui de sujet et de peuple serf comme celui de peuple sujet.

Les mots d'esclave, de serf désigneront l'un l'esclavage domestique, l'assujettissement aux maîtres, l'autre la servitude de la glèbe, l'assujettissement au propriétaire d'un territoire dans ce qui en intéresse la culture. Mais le mot libre ne peut désigner sans équivoque l'homme qui n'est assujetti à aucune de ces deux servitudes. Indépendant doit être employé dans un autre sens : l'homme est d'autant plus indépendant que les lois, les règles communes à tous s'étendent à un moindre nombre de ses actions, le mot *franc* fait entendre que l'assujettissement dont on est *franc* est l'état commun des individus, des villes, des ports à qui l'on applique ce nom. D'ailleurs le double sens du mot franc, franchise ferait naitre non des équivoques réelles qui trompent, qui répandent de l'obscurité, mais de ces équivoques apparentes qui s'offrent à la plaisanterie, diminuent l'attention et répandent sur les choses sérieuses un vernis de ridicule. Cependant je préférerai ce dernier. Tant que l'injustice qui prive les femmes de la liberté politique existera, on peut appeler libre la femme qui n'est ni esclave, ni libre et conserver les mots dépendante, indépendante, demi-dépendante pour désigner les degrés de leur assujettissement aux maris, aux pères, de l'inégalité établie par les lois entre elles et les hommes.

Ces dénominations ne peuvent être absolues; ainsi il doit être permis d'appeler libre un peuple où la liberté sociale est presque entière comme dans les États d'Amérique. De même quelques peuples semblent [folio 48] pouvoir être placés également dans la classe des peuples sujets ou des peuples demi-libres, car les conditions qu'un prince est obligé de remplir à l'égard des habitants d'un territoire peuvent être telles que ceux-ci, suivant la manière de considérer les objets, puissent être regardés ou comme vraiment sujets ou comme demi-libres. La réserve expresse du droit de déposer le prince, de changer le gouvernement et l'établissement d'un mode d'exercer ce droit déciderait la question en faveur de la liberté : car ce droit étant inaliénable et tout peuple pouvant légalement l'exercer par une insurrection, ce n'est (pas) sur l'existence de ce droit, mais sur la manière de le mettre en vigueur que peuvent porter les distinctions relatives à l'état politique des hommes. Mais ce mode n'est presque nulle part ni établi ni reconnu généralement. Des hommes serviles contestent le droit même dans les pays où les

formes paraîtraient tendre le plus à une demi-liberté. Ainsi le
même peuple serait appelé demi-libre si on entendait ses lois dans
le sens des amis de la liberté qui sont dans son sein; il serait appelé
sujet si on les entendait dans le sens des partisans du prince. Il est
impossible d'éviter absolument tout arbitraire dans l'application de
ces mots. Je dois observer encore que nous en avons déterminé le
sens d'après nos idées, nos lumières actuelles et par conséquent
d'après une connaissance étendue et même déjà précise des droits
de l'homme et en les supposant plus ou moins garantis ou conservés
par des institutions régulières. Or, ces institutions régulières, et
plus longtemps encore la connaissance de ces droits ont été étrangères aux sociétés humaines. On avait un sentiment confu (s) de
ces droits, ils étaient garantis par ce sentiment même qui, pour
n'être pas bien distinct, n'était pas moins énergique, ou par des
usages, superstitieusement respectés, par des institutions dont
l'effet indirect était plutôt senti que calculé. Les pouvoir (s) contraires à la liberté devaient également leur..... [folio 49] à des
pareilles institutions, à des usages qu'ils avaient adroitement fait
servir à leur accroissement. On trouvera donc presque partout une
différence sensible entre la liberté légale, celle qui résulte de la
loi et la liberté réelle. Tel peuple paraîtrait sujet en ne consultant
que ses lois ou la forme de son gouvernement qui approchait plus
de [la] liberté que tel autre chez qui, au premier coup, on croyait
presque voir une constitution libre. Il est possible de prouver, par
exemple, que tel Scythe soumis en apparence à un Roi héréditaire
était plus réellement libre qu'un Lacédémonien. Jusqu'à l'époque des
républiques grecques, et pour les autres peuples qui ont été observés
dans plusieurs états de civilisations jusqu'à une époque déterminée
de leur histoire, on ne peut se faire une idée de l'état politique des
peuples qu'en combinant avec ce qu'on connaît de leurs institutions
les effets de leurs habitudes. Cette observation est même toujours
nécessaire pour bien juger de l'influence de leurs institutions. Ainsi
souvent nous serons obligés de faire ces distinctions, ce n'est alors
que les expressions que nous avons analysées et dont le sens est
indépendant de toute forme de gouvernement, de toute institution
nous seront utiles.

REMARQUES SUR LE POLYTÉLISME

Toit, dérivé de *tegmen*, désignait primitivement toute espèce d'abri; *linceul*, de *lintoleum*, un morceau de toile quelconque. Le sens de ces mots s'est spécifié. Il s'est opéré un travail de restriction dont l'étude constitue une partie importante de la sémantique.

Un phénomène inverse attire son attention. Il arrive que loin de se laisser monopoliser par une idée, un même mot en desserve plusieurs. Il cumule les sens. *Clef* est aujourd'hui un terme de musique aussi bien que de mécanique. Le mathématicien et l'agriculteur parlent de *racines*. *Base* sert à la chimie, à l'architecture, à l'art militaire.

Cette multiplicité des sens qu'un même mot peut présenter, c'est ce que les linguistes appellent la « polysémie » [1].

Nous proposons d'appeler par analogie « polytélisme » la multiplicité des fins qu'un même moyen permet d'atteindre. Il y a là, croyons-nous, un phénomène dont les conséquences méritent d'être relevées par les sociologues. Non qu'il constitue sans doute un de ces faits centraux, sur lesquels on peut espérer bâtir une théorie générale de la continuité et de la solidarité sociales. Mais, toute secondaire ou accessoire qu'elle puisse paraître, la conjonction des fins n'en contribue pas moins pour sa part à expliquer comment persistent, à travers tant de formes du progrès qui les menacent, cette continuité et cette solidarité elles-mêmes. Le polytélisme est tout au moins, pour les sociétés civilisées, un accident heureux.

Un accident : on devine en quel sens nous l'entendons. Qu'un même moyen serve à plusieurs fins, ce n'est pas nécessaire. Le rapport de moyen à fin n'est que l'envers pratique du rapport de

---

1. Nous empruntons ces exemples et ce terme aux *Essais de Sémantique*, de M. M. Bréal.

cause à effet. On conçoit qu'une cause ne produise qu'un effet, et décharge son énergie entière dans un sens nettement déterminé. Mais ce cas idéal est loin d'être le cas normal. L'éparpillement de l'énergie est la règle. Le mouvement déclanché éveille dans les choses plus d'une propriété, met plusieurs lois en œuvre : par la simple raison que tout se tient et que la nature ne se plie pas sans résistance à notre volonté d'abstraction.

L'industrie connaît bien ces résistances, qui, par économie, s'applique à les surmonter; son idéal est d'obtenir des sources d'énergie qui se laissent canaliser intégralement dans une catégorie d'effets. Un dégagement de chaleur accompagne la production de la lumière. Perte sèche, le plus souvent. Si l'on réussissait à dissocier ces deux phénomènes, ce serait un grand progrès. Multiplier les progrès de cette sorte par des dissociations croissantes, c'est assurément l'une des tâches de l'industrie moderne : elle travaille en ce sens à réaliser, pour l'amélioration de la pratique, les abstractions de la science. Elle spécialise, autant que faire se peut, la matière elle-même. Elle crée des outils adaptés à une œuvre unique. Elle recherche des moyens qui ne conviennent qu'à une fin.

Ce n'est pas à dire pour autant que le polytélisme soit étranger à l'industrie perfectionnée. Bien loin de là. Toute grande usine a aujourd'hui ses sous-produits. L'art d'accommoder les déchets de l'opération industrielle principale devient partie intégrante du métier de l'ingénieur-commerçant. L'effet surérogatoire passe ainsi au rang de fin accessoire. Ajoutons que le technicien a fort souvent, en règle générale, à se préoccuper de besoins divers qu'il veut satisfaire à la fois, utilisant à toutes fins les propriétés emmêlées des matériaux qu'il œuvre. Songeons seulement à la diversité des fins, — hygiéniques, esthétiques, économiques — dont un architecte tient compte : il est heureux alors d'utiliser, du mieux qu'il peut, la multiplicité des effets.

De cette même multiplicité la société à son tour ne peut-elle tirer parti? Ce n'est pas seulement dans l'ordre des choses matérielles qu'on voit une même cause déclancher plusieurs séries d'effets divergents. Un prétoire comme une usine a ses sous-produits. Le vêtement est à plusieurs fins : se réchauffer, se cacher, se parer, se distinguer. La religion et l'hygiène, la vie familiale et la vie civique trouvent leur compte au repos hebdomadaire. D'une institution, d'une habitude, d'un précepte, d'un jugement de valeur peuvent rayonner des influences variées; plusieurs tendances à la fois en tireront satisfaction.

Ces coïncidences si fréquentes sont-elles sans importance sociale, et n'y a-t-il pas lieu de croire, bien plutôt, qu'elles aident les groupements à résister aux forces de dispersion?

On fera peut-être observer que les fins assignées par l'homme à ses diverses activités ne sont que des apparences intérieures, pour ne pas dire des illusions. Tenir compte de pareils « épiphénomènes » pour expliquer même partiellement un fait social, n'est-ce pas ramener la sociologie à des spéculations qu'elle s'est volontairement et prudemment interdites?

Nous n'ignorons pas tout ce qu'on peut faire valoir contre le finalisme, même psychologique, en sociologie. Les fins en vue desquelles les individus utilisent une institution sont bien loin de nous éclairer, non pas seulement sur sa genèse, — ce qui va de soi — mais sur son rôle, sur sa fonction sociale. D'autre part il n'est pas rare que les hommes, ouvriers inconscients, ignorent ou méconnaissent la portée de l'œuvre qu'ils servent. Les plus précieuses conquêtes de leurs activités convergentes ne sont-elles pas, quelquefois, celles qu'aucun d'eux peut-être n'a expressément voulues? Le matérialisme historique — héritier en ceci encore de l'économie politique classique et de la philosophie hégélienne de l'histoire — a puissamment contribué à disjoindre action et intention, efficacité sociale et finalité psychologique. Par cette disjonction sans doute, autant que par les précautions de méthode de la sociologie objective, s'explique la défiance aujourd'hui rencontrée par toute explication qui évoque les fins que s'assignent les hommes.

Ne serait-il pas vain pourtant d'en vouloir faire en tout et pour tout abstraction? L'épiphénoménisme oublie trop aisément que traiter un fait d'apparence, ce n'est nullement le démontrer inexistant, ni inefficace. Apparences si l'on veut, les raisons que l'homme se donne pour justifier sa conduite ne sont pas elles-mêmes sans raison : elles constituent sans doute des apparences utiles. Elles ont comme telles un rôle à jouer, des fonctions à remplir, et parmi celles-ci, peut-être, précisément des fonctions sociales.

C'est ce dont la sociologie ne pouvait manquer de s'apercevoir par

son progrès même lorsque, limitant la tendance matérialiste, elle
accordait une place de plus en plus large à l'étude des représentations collectives. Quelque modification que l'effort des hommes pour
penser en commun doive apporter aux attitudes de la pensée, il n'y
a aucune raison pour que cet effort élimine la catégorie de la finalité. Tout au contraire, si une idée collective est avant tout, non pas
seulement une idée partagée en fait par beaucoup d'esprits, mais
une idée pratique, active, conquérante, une idée qui tend à s'imposer
pour imprimer aux activités une orientation commune, il est naturel
qu'elle revête le caractère d'un idéal, et rattache les normes qu'elle
veut faire respecter à des fins qu'elle veut faire aimer. Idéal,
normes, fins, toutes ces notions voisines se rencontrent et se combinent dans celle qui est aujourd'hui passée au premier plan : la
notion de valeur. Où les hommes défendent en commun certaines
valeurs, c'est qu'ils sont d'accord, explicitement ou implicitement,
sur certaines fins.

La déclaration des fins a précisément pour avantage de fournir
aux activités des centres de convergence. Autant de drapeaux levés
qui font courir les foules. Une valeur affirmée avec une impérieuse
énergie par un nombre croissant de prosélytes, c'est sans doute le
meilleur moyen de faire oublier aux individus ce qui les distingue,
ce qui pourrait les opposer. En ce sens, pour amener les hommes à
se faire les ouvriers d'une œuvre qui les dépasse, un idéal est le
plus souvent l'intermédiaire indispensable. Que les résultats atteints
soient d'ailleurs, en règle générale, assez différents des résultats
rêvés, c'est possible. Mais cela n'enlève rien à la fonction socialisante
des fins. Elles demeurent une des conditions de l'effort collectif. Le
matérialisme historique ne le pressentait-il pas lui-même lorsqu'il
remarquait, par la bouche d'Engels, qu'il est utile que « les intérêts
se déguisent en idées »? Retenons que les « idées », avec l'auréole de
valeur qui les nimbe lorsqu'elles se présentent comme des consignes
collectives, sont au premier chef des forces de groupement. Les
représentations de ce genre sont si peu indifférentes à la sociologie
qu'elle ne saurait guère concevoir comment, sans leur action unifiante, les sociétés humaines auraient pu durer et grandir.

· ·

Cette action unifiante est naturellement à son maximum lorsque
les fins sont elles-mêmes convergentes; ou, pour mieux dire, lors-

qu'elles ne sont pas nettement distinguées encore. L'indistinction des valeurs — la nébuleuse morale — c'est le premier stade : celui qu'on caractérise quelquefois en disant que la religion y est souveraine. C'est dire que tout acte y possède une fin religieuse ; ou du moins qu'aux fins religieuses toutes les autres sont subordonnées. La notion de puissances souveraines et mystérieuses, attirantes et terribles, est par-dessus tout présente à la pensée collective. Le désir de se les concilier, la crainte de les offenser commandent toute la vie. Ainsi s'explique l'empreinte déposée par les rites sur les premières formes du droit comme sur les premières formes de l'art. L'activité économique elle-même, — quoique plus indépendante par définition, plus soustraite à l'influence des croyances parce que plus soumise à celle des besoins — n'échappe pas complètement à cette emprise. Il est hors de doute que tels travaux sont suscités, telles dépenses exigées, tels modes de production ou de consommation interdits par des consignes d'origine religieuse. Elles harmonisent les conduites par une obsession commune et supérieure. Condition *optima* pour la cohésion sociale.

Condition appelée à disparaître, on le sait, par la complication même de la civilisation. Les valeurs se multiplient en se diversifiant : c'est un des faits qui s'imposent aux théories sociologiques les plus diverses. La technique économique, la première libérée, fait abstraction de tout scrupule pour multiplier les valeurs d'usage, et bientôt les valeurs d'échange. La science se crée ses méthodes propres et suit sa voie ; aucun respect ne l'arrête plus. L'art devient fin en soi. Le droit dépouille son enveloppe de rites. La morale fait passer au premier plan les vertus humaines, celles qui impliquent et l'initiative personnelle et la volonté du bien social. Elle entend les faire respecter en commun par des hommes que d'autre part leurs croyances divisent. Et c'est la laïcisation de la morale, qui n'est qu'un aboutissant de la différenciation des valeurs.

Différenciation favorable à l'individualisation des âmes ; par là même défavorable, peut-être, à la cohésion sociale ? Quand les diverses valeurs, — scientifique ou économique, esthétique ou morale, — au lieu de rester comme subsumées ensemble par un idéal unique et impératif, ont conquis leur autonomie, il est laissé plus de jeu à la conduite des hommes. La rivalité de ces souveraines libère en quelque mesure leurs sujets. Vis-à-vis de chacune d'elles ils peuvent désormais se réserver. En tout cas il leur appartient de mesurer la part qu'ils concèdent à chacune. Ainsi leur devient-il loisible de construire chacun de leur côté, en réfléchissant sur leur pratique, cette espèce de hiérarchie des fins qu'implique toute conception de la vie. A la limite, en raison même de la diversité des combinaisons possibles et des proportions assignées par les consciences personnelles aux différentes espèces de valeurs, ces conceptions de la vie deviendraient affaires privées, adaptées aux idiosyncrasies.

On sait comment se concilient sur ce point les nécessités de l'action collective et les exigences de la conscience individuelle : par le développement de ce qu'on a proposé d'appeler la complication sociale. Pour servir les fins diversifiées, autant de sociétés particlles et unilatérales se constituent : sectes et partis, groupements syndicaux pour la défense du commerce, clubs d'amis des arts, sociétés pour l'avancement des sciences. Les appeler partielles et unilatérales, c'est rappeler non pas seulement que ces sociétés ne sauraient se suffire à elles-mêmes, mais que chacune d'elles ne revendique qu'un côté de la vie individuelle. L'homme ne leur appartient pas corps et âme. Il rencontre chez elles des collaborateurs qui comme lui se prêtent plus qu'ils ne se donnent, ou du moins ne donnent une partie de leur pensée et de leur activité qu'en réservant les autres. On s'habitue là à distinguer ce qui est et ce qui n'est pas du ressort des groupes qui vous convoquent : on respecte le quant-à-soi; on apprend la tolérance, condition même du concours. Ainsi se constitue une forme de vie sociale transactionnelle, et du même coup conciliatrice : groupements spécialisés de consciences par ailleurs individualisées, les sociétés partielles sont l'un des moyens qui assurent la coexistence, chez les peuples à civilisation complexe, des principes d'unité et des principes de variété.

Mais ce moyen n'est pas le seul. Et le polytélisme en est précisément un autre. Qu'une même série d'objets, ou d'institutions, ou de croyances puisse servir à plusieurs fins, c'est une raison qui peut tenir assemblés — pour la recherche de ces objets, la mise en valeur de ces institutions, la défense de ces croyances, — des gens qui sans cela auraient perdu, ou n'auraient pas pris contact.

Phénomène plus complexe que celui que nous venons de rappeler et qui permet, dans l'unité conservée, plus de variété encore. Des

1ommes fondent une ligue en faveur de la « semaine anglaise » : fin commune, si l'on veut, en vue de laquelle ils font méthodiquement abstraction des fins diverses que chacun d'eux est libre de poursuivre avec d'autres concours. Mais cette fin commune peut être, d'un autre point de vue, considérée comme un moyen : et comme le moyen de fins d'ailleurs différentes. On peut souhaiter un loisir prolongé aux fins de semaine, pour que le travailleur refasse sa santé, pour qu'il élève son âme, pour qu'il jouisse de la vie familiale, pour qu'il participe à la vie civique. Ces motifs différents ne s'excluent pas l'un l'autre sans doute. Tous ces biens peuvent sembler les uns comme les autres normalement désirables, légitimement exigibles. Du moins est-il vraisemblable que, selon la conception de la vie à laquelle ils se seront arrêtés, les ligueurs classeront ces valeurs différemment. Ils placeront tantôt l'une tantôt l'autre au premier plan, prêts à sacrifier ou décidés à subordonner le reste. Ce qui est remarquable c'est que, pour différentes que soient ces tables intérieures de préférences, les membres de la ligue en question peuvent pratiquement, jusqu'à un certain point, continuer de collaborer : n'a-t-on pas pu voir, en un meeting, un archevêque et un militant de la C. G. T. soutenir les mêmes revendications?

A des degrés divers pareilles convergences sont de règle dans tous les groupements. L'identité des raisons pour lesquelles leurs membres défendent une même valeur est naturellement assez rare. Elle devient d'autant plus rare que les individualités sont plus riches. Exiger cette identité, ne serait-ce pas vouloir que les 1ommes non seulement marchent et agissent, mais pensent comme un seul 1omme? C'est trop demander. En fait la collaboration n'exclut nullement les différences, même les différences d'idéal. Ne disons pas seulement que dans la vie des associations les individus cherchent souvent leur intérêt propre. Tel ne se fait secrétaire d'un groupe que pour se créer des titres, dont il espère bien qu'ils se transformeront en bénéfices. En attendant, son ambition profite à l'ensemble : il est l'exploiteur exploité. Sur ces « 1armonies », qui montrent dans l'égoïsme individuel le serviteur du tout, l'économie politique classique, 1éritière de Mandeville, a dès longtemps insisté. Elles ne sont qu'un cas particulier des convergences que nous décrivons. D'abord il va de soi qu'à côté des intérêts personnels, des sentiments sociaux peuvent trouver leur compte à la vie du groupe. On vient aux réunions pour le plaisir de s'animer ensemble. La majorité des

ıommes aime la société pour la société. Les satisfactions de la sociabilité sont aussi des fins en soi; la part qu'ils font tout naturellement à ces satisfactions est pour les groupements unilatéraux, quel
que soit leur objet spécial, un précieux atout.

Mais abstraction faite de ces deux mobiles généraux — l'intérêt
personnel et la sociabilité, — qui peuvent à des degrés divers stimuler les membres des groupes, nous disons que la diversité règne
normalement dans les motifs désintéressés eux-mêmes qui les
poussent à une action commune. « L'étude est le meilleur bouclier
de l'ordre », disait Louis Blanc. D'autres y voient surtout l'instrument de tout progrès. Plus instruites, les masses, pensent les uns,
seront plus raisonnables, plus pondérées, plus sages, — et les
autres: plus exigeantes, plus ardentes, plus révolutionnaires. Voilà
deux conceptions très différentes du rôle et de la valeur de l'instruction populaire : il arrive pourtant que des tenants de ces deux
conceptions se rencontrent et collaborent dans une même société
d'enseignement. D'une façon plus générale, ceux qui veulent
ensemble l'avancement de la science le peuvent vouloir pour des
raisons assez variées. Ceux-ci prisent surtout, par exemple, ses
applications industrielles; d'autres, sa puissance d'émancipation
intellectuelle. Et la religion! Combien d'apologétiques ne concou-
rent-elles pas à sa défense! Comte se scandalisait de voir De Maistre
substituer, dans son livre en l'ıonneur du Pape, des arguments
d'ordre politique aux arguments d'ordre proprement religieux. Les
cumuls d'arguments sont pourtant la règle; et dès longtemps ils ont
profité à l'Église. Depuis l'ère moderne du moins, ceux qui se ral-
lient sous ses porcıes ont toujours constitué une troupe assez hétérogène. On se rappelle la fameuse ıabileté de Constantin, amateur
de syncrétisme : il sut composer une prière récitable à la fois, dans
tous les camps de l'Empire, par les adorateurs de Mitıra, par ceux
de Sérapis, par ceux du Soleil, par ceux du Cırist. Il avait trouvé
comme le lieu des idées communes à toutes ces religions. Mais à
l'intérieur d'une même religion un pıénomène analogue, toutes
proportions gardées, se reproduit cıaque matin. Un même cıant
liturgique éveille dans les âmes des ıarmoniques très particulières.
Renan, dans la catıédrale de Tréguier, imagine, pendant la prière
commune, une méditation des ıommes toute différente de celle des
femmes. Il faudrait généraliser : autant que l'influence des sexes,
celle des fins ıabituellement préférées différencie les prières. Un

conservateur et un démocrate répètent en vain le *credo* côte à côte :
ce n'est pas la même prière si elle ne porte pas les mêmes vœux
au ciel.

A ces associés animés d'intentions plus ou moins hétérogènes, il est
possible, disons-nous, de collaborer pratiquement, jusqu'à un certain point. Il est clair en effet que dans nombre de cas les différences
se traduisent par des discussions. L'écart apparaît. L'heure des tiraille-
ments sonne. Une même cause, nous l'avons rappelé, déclanche
ordinairement plusieurs séries d'effets. *A fortiori* un complexus
comme l'est une institution agit dans plus d'un sens. Un associé
escompte de préférence l'effet A ; son voisin l'effet B. Et c'est ainsi
qu'en dépit de leurs pensées de derrière la tête, ils continuent de
collaborer. Mais il est trop clair que selon la direction donnée à
leur effort collectif, les effets du type A pourront prédominer, ou
ceux du type B. De même que tels procédés du physicien font
rendre leur maximum à certaines propriétés des choses et neutralisent en quelque sorte les autres, de même, tel programme, telle tactique élargissent dans un sens plutôt que dans l'autre le champ
d'influence d'une institution. On ne proposera pas les mêmes sujets de
cours à une société d'enseignement selon qu'on aimera l'instruction
elle-même comme une maîtresse de sagesse, ou comme une excita-
trice d'audaces. Les conservateurs qui attendent de l'Église qu'elle
prêche au peuple avant tout la résignation, entendront sans plaisir
les rappels à l'ordre, ou plutôt les rappels au progrès des démocrates chrétiens, demandant que l'esprit « socialiste » de l'Évangile
ne demeure pas lettre morte. La perpétuelle discussion, qui est la vie
intérieure des groupements unilatéraux, est précisément la preuve de
la diversité des préoccupations que les associés y apportent. Quand
cette diversité s'exaspère jusqu'à la contradiction, le lien casse. Les
sécessions se produisent.

Mais entre l'unanimité parfaite qui rend les sécessions impensa-
bles et la diversité exaspérée qui rend impossibles les collaborations,
toute une série d'états s'échelonnent; une cohésion relative ne cesse
pas d'y subsister; la multiplicité des effets possibles y est d'un
commun accord escomptée. Dans cette longue zone intermédiaire,
le polytélisme accomplit son office. Il permet aux groupements
d'être moins nombreux que les idées, puisqu'il permet aux individus

qui s'inspirent d'idées divergentes de conjuguer leurs efforts.
« Chacun son rêve. » Et pourtant les 1ommes que mènent ces rêves
personnels forment une caravane; ils marcrent du même pas, dans
le même sens. Par-dessus tant de principes de différenciation, ils
demeurent unis.

Ces remarques peuvent contribuer à expliquer, non pas seulement la persistance des solidarités, mais le maintien de la continuité
sociale. Pour s'en convaincre, il suffit de les rapprocier de remarques analogues, antérieurement formulées, sur ce qu'on peut
appeler le transformisme des valeurs. Les moyens se transforment
en fins. C'est la loi la plus banale, celle sur laquelle Stuart-Mill a
dès longtemps attiré l'attention. D'autre part un même moyen sert
à la réalisation de fins successives — c'est ce que Wundt a proposé d'appeler l'hétérogonie des fins.

La transformation des moyens en fins n'est elle-même qu'un cas
particulier du transfert des valeurs, qui gouverne toute notre vie
sentimentale. On sait que la ciose la plus insignifiante en elle-même
peut devenir par accident, en raison des émotions auxquelles elle
aura été mêlée, un vrai féticie. A fortiori une cause dont la représentation est normalement liée aux effets qu'on en escompte, retient
sur elle quelque ciose de l'attrait qui s'attachait originellement à
ces effets. C'est ainsi que l'instrument devient en soi cause de satisfactions. On jouit de la propriété sans l'usage. L'exemple classique
de ces reports est celui de l'avare : il jouit de son or en se refusant
toutes les jouissances dont les possibilités évoquées rendent l'or
désirable. A des degrés divers, de pareils déplacements d'intérêt sont
de règle dans toute la vie sociale. Telle forme d'art n'a pu naitre qu'à
l'ombre des temples. Elle servait des fins religieuses. L'amateur
d'aujourd'1ui les oublie; il goûte l'art pour l'art. De même certains
caractères prisent le pouvoir pour le pouvoir, abstraction faite des
« réalisations » diverses qu'il permet. D'autres défendent la liberté
pour la liberté, sans arrêter leur attention sur les divers progrès, ou
économiques, ou moraux que l'usage de la liberté favorise : elle est
désormais à leurs yeux fin en soi.

L'hétérogonie des fins est un cas un peu différent. L'instrument
garde ici son rang d'instrument. Mais on en tire, selon les temps,
un effet ou un autre. Les repas qui accompagnent les funérailles ne

sont plus guère que des actes de civilité : la famille du mort met son
amour-propre à offrir aux voisins cette sorte de compensation pour le
dérangement qu'ils se sont imposé. Or on sait qu'originellement ces
repas étaient une véritable communion, à laquelle le mort lui-même
était censé participer. Le pourboire, primitivement le coup de
l'étrier de l'hôte, est lui aussi par ses fins premières un acte religieux : fins remplacées aujourd'hui par le désir de tenir son rang,
de marquer sa générosité, d'éviter quelque affront. Combien de
prescriptions rituelles, lorsque la croyance qui les justifiait a disparu ne sont-elles pas conservées, pour quelque raison d'hygiène!
A l'intérieur même du monde religieux ces substitutions ne sont pas
rares. Les cultes vivent plus longtemps que les croyances et s'adap-
tent à des fins nouvelles. Tel symbole servait à honorer un dieu, qui
passe au service d'un autre. L'Horus des Egyptiens — le Soleil-Levant
représenté par un nouveau-né qui se suce le doigt — devient l'Harpo-
crate des Grecs, dieu du silence. Mercure Criophore se mue en
Bon Pasteur. De la roue solaire des Aborigènes de l'Inde, les bouddhistes font la roue de la Loi. Transportons-nous de ces temps
lointains à l'époque contemporaine, et de la religion à la pédagogie :
nous verrons les défenseurs de l'éducation gréco-latine en attendre
des bénéfices tout à fait différents de ceux dont rêvaient les premiers qui l'ont instituée. Ainsi l'humanité, économe, passe son
temps à verser le vin nouveau dans de vieilles outres.

Comment les effets de ces tendances se combinent avec ceux du
polytélisme pour favoriser la persistance des consensus sociaux, on
le devine. Il n'est pas rare en effet que dans un même groupement
des siècles coexistent : tels esprits en sont restés à une phase de la
civilisation depuis longtemps dépassée par d'autres. Leurs montres
ne marquent pas la même heure. Ils demeurent pourtant, ceux qui
sont en avance et ceux qui sont en retard, capables de se coaliser
pour maintenir un usage, perpétuer une fête, sauvegarder une institution. Aux yeux des uns ces valeurs en commun défendues sont des
fins en soi; aux yeux des autres elles ne sont plus ou ne sont encore
que des moyens. Ou bien les uns leur conservent les fins religieuses
qui sont leurs fins premières, d'autres leur assignent des fins politiques plus récemment conçues, d'autres des fins esthétiques peut-
être nées d'hier. Ainsi telle procession trouve, en dehors des fidèles
qui la suivent, des équipes de défenseurs fort hétérodoxes. Il n'y a
pas que des croyants, on le sait, à pleurer sur « la grande pitié des

Églises de France ». Des sentiments très modernes donnent ici la réponse à des sentiments très anciens. On pourrait donc dire que le polytélisme ajoute, en règle générale, la simultanéité à la succession : grâce à lui les diverses raisons de maintenir une institution, raisons qu'on nous montre naissant l'une après l'autre, sont loin de se classer forcément l'une l'autre. Jeunes et vieilles, celles qui datent d'hier comme celles qui datent de vingt siècles, elles se tolèrent; bien plus elles s'entr'aident. Et la ronde bigarrée qu'elles forment entraine les individus : les convergences de l'action triomphent de la résistance des pensées personnelles.

Par les conjonctions que nous décrivons, ne pourrait-on expliquer, pour une part, la persistance des solidarités nationales elles-mêmes?

Les nations ne sont nullement comparables, cela va de soi, aux groupements que l'on construit délibérément en vue d'une fin. De Bonald se plaignait avec raison que l'on confondît les sociétés « naturelles » avec les sociétés de commerce ou d'entreprises, celles-ci seulement étant à proprement parler volontaires et contractuelles. D'une façon plus générale, il importe de maintenir la distinction nette entre sociétés globales et sociétés partielles. La nation est une société qui tend à se suffire à elle-même et à envelopper l'individu entier. C'est une formation historique qui s'impose, à ceux qui naissent dans ses cadres, avec l'autorité d'une organisation naturelle. Pour les enrôler elle ne leur demande pas leur avis. Elle leur transmet des consignes avant de leur donner des raisons.

Peut-elle toujours s'en tenir là? Un moment ne vient-il pas où l'individu pose des points d'interrogation à la collectivité? Il tend invinciblement à dépasser le donné, le donné social aussi bien que le donné physique, le monde des consignes aussi bien que le monde des faits bruts. Il cherche des raisons générales qui servent au discernement en même temps qu'à la justification. Armés de ces raisons, il nous sera loisible, en face de telle pratique dont on nous commande le respect, de dire et si elle est bonne, et en quoi elle est bonne. La racine de ces exigences intellectuelles n'est autre que la capacité de réflexion dont la nature humaine est douée : capacité que la complexité croissante de la civilisation ne peut à son tour que développer. C'est dire qu'une heure vient où fatalement, pour un nombre croissant de consciences éveillées à la réflexion, la question des fins générales se pose : en fonction de ces fins on apprécie l'organisation nationale elle-même. On justifie téléologiquement la nation.

Le danger de ces justifications a été souvent dénoncé. Montrer dans la patrie le moyen d'une fin supérieure, n'est-ce pas conduire à un patriotisme « conditionnel »? Que la fin par nous préférée cesse d'être poursuivie, ou ne le soit plus que mollement, la patrie risque alors de perdre à nos yeux sa raison d'être aimée et défendue.

« Qu'on suppose, disait B. Jacob[1], que les Français ne soient patriotes que par amour pour le régime monarchique et catholique qui a été longtemps celui de la France, que d'autres aiment uniquement dans leur patrie la terre des Droits de l'Homme et de la liberté républicaine, que d'autres enfin lient leur affection pour elle aux espérances d'égalité socialiste qu'elle a éveillées en eux, et la France risquera d'être mal servie par les siens. Si elle accepte le régime républicain, elle sera menacée de la désaffection des monarchistes; si elle se donne au roi, elle devra redouter la froideur des républicains; si son gouvernement, républicain ou royaliste, résite à accomplir certaines réformes sociales peut-être prématurées, elle verra se désintéresser d'elle les socialistes. L'amour qu'elle a le droit d'attendre de nous, ce n'est pas ce patriotisme de secte, toujours prêt à faire défection. »

Pour éviter ces périls nous déciderons-nous donc à dire qu'il est malsain de chercher à « justifier » d'une façon ou d'une autre le sentiment patriotique? Aux questions posées par la réflexion, nous contenterons-nous de répondre que c'est péché de réfléchir?

Le polytélisme offre peut-être une issue. S'il est dangereux de river en quelque sorte la patrie à un idéal spécial — celui d'un parti, ou d'une église, ou d'une classe, — il n'est pas inutile de faire observer que la patrie demeure, en tout état de cause, le moyen commun de fins nombreuses, même divergentes. Ce qui est vrai déjà, comme par accident des sociétés unilatérales, est vrai *a fortiori*, et comme par essence, des sociétés globales. Leur rendement est multiple. Les sous-produits de leurs activités fonctionnelles sont infiniment variés.

L'organisation complexe de la nation offre donc à tous les rêves

1. *Devoirs*, p. 41.

qui veulent se réaliser d'irremplaçables ressources. Que votre idéal
suprême soit la mise en valeur des richesses du globe, la sauvegarde d'une certaine culture intellectuelle, le progrès vers l'égalité
sociale, toujours vous aurez à vous appuyer sur le système historique des institutions dont la nation est constituée [1]. Libre à vous
sans doute d'essayer d'incliner ce système dans un sens ou dans
l'autre, et d'imprimer telle orientation à ses activités centrales. Sa
permanence et sa puissance demeurent, pour vos efforts variés, la condition préalable du succés. Et ainsi ce n'est pas seulement en nous
tournant vers le passé, mais en nous tournant vers l'avenir que nous
justifions la patrie. « Fidèle gardienne de nos souvenirs communs »,
ce n'est pas assez dire, elle est encore l'indispensable ouvrière de
nos diverses espérances. La multiplicité des perspectives entrevues
derrière elle lui est aussi une auréole.

   Les mêmes considérations éclairent peut-être le débat ouvert, à
propos de l'enseignement laïque de la morale, sur les rapports de la
morale théorique et de la morale pratique.
   Des gens que leurs théories divisent se retrouvent d'accord dans
la pratique de la vie. Croyants et incroyants, catholiques, protestants, libres penseurs, blâment avec une même énergie le juge qui
se laisse corrompre, le député qui trafique de son mandat, l'officier
qui abuse de son pouvoir. Ils sont également empressés à inculquer
à leurs enfants l'horreur des mœurs qui favorisent de pareilles
vilenies. C'est dire que, séparés par leurs métaphysiques, ils
défendent sur la terre un même système de valeurs. Longtemps
tenues dans l'ombre, ces convergences ont été de nos jours mises en
pleine lumière. Il n'est plus personne qui les conteste et qui ne
pressente la fécondité des conséquences qu'on en peut tirer.
   Mais encore comment convient-il d'interpréter ces convergences
mêmes? Que signifient-elles au juste? Elles se laissent présenter de
plus d'une manière [2].

1. Depuis le moment où nous écrivions ces lignes, la grande et terrible expérience à laquelle nous avons assisté n'a-t-elle pas justifié notre thèse? On a vu
les Français de tous les partis, sans rien abandonner de leur croyances différentes, également ardents à défendre l'indépendance nationale. C'est ce que
M. F. Buisson a mis en relief dans un article du *Manuel général*, de janvier 1915,
intitulé : « Unité d'action, Diversité d'explications ».
   2. Une ligue s'est récemment fondée, la *Ligue française d'éducation morale*,
qui escompte des convergences pratiques du genre de celles que nous étudions.

On dira par exemple : « Si ces hommes que leurs théories devaient diviser trouvent le moyen de s'entendre, c'est la preuve que leurs théories sont bien loin de régner sur leur âme tout entière. En dehors des principes qu'ils invoquent, dans une très large zone où ces principes ne font guère sentir leur influence, un certain nombre de fins pratiques s'imposent à eux. Ils veulent ensemble la prospérité du pays, la santé de la race, l'adoucissement des mœurs. Ces valeurs qu'ils estiment en commun, et que la communauté même de cette estime rehausse, passent au premier plan de leurs consciences rapprochées, et éclipsent le reste. Les principes rentrent dans l'ombre. On oublie ceux-ci, on en fait abstraction pour courir au plus pressé : pour collaborer avec des défenseurs du bien public qui viennent de tous les points de l'horizon moral ».

Au total, ce que prouverait le fait allégué, c'est le peu de poids des théories, et qu'elles sont bien loin — contrairement à l'apparence, ou du moins à l'idée que nous en donne une tradition classique, — de commander la vie morale. La direction comme l'impulsion lui viendraient d'ailleurs.

Accordons qu'il y a beaucoup de vérité dans cette thèse. Un autre fait n'en subsiste pas moins, qui est que nombre d'hommes continuent d'éprouver le besoin de justifier leur conduite, en coordonnant leurs idées autour de quelque principe. Nous devrions répéter de toutes les vertus en général, ce que nous disions tout à l'heure du patriotisme. La réflexion qui s'applique à elles leur demande leurs titres, et en les justifiant les fait passer au rang de moyens. C'est la fonction des théories que de fixer ces fins supérieures auxquelles les fins pratiques elles-mêmes viendront se subordonner. Apparence si l'on veut encore : c'est du moins une apparence normale et qui joue son rôle dans l'organisation de la vie intérieure.

Mais alors, si cette méthode fait prime, si le souci des fins supérieures — utilité sociale ou perfectionnement individuel, respect des volontés divines ou accomplissement des vœux de la nature — reprend la haute main dans les consciences, celles-ci ne vont-elles pas se trouver, à nouveau, irrémédiablement divisées? Du moins les individus ne pourraient-ils former de groupes, pour l'action morale, qu'avec ceux qui partagent en tout et pour tout leur conception de la vie?

Il est intéressant de voir se développer dans le *Bulletin* qu'elle publie (l'*Union morale*), non pas seulement les applications, mais les diverses interprétations possibles des convergences escomptées.

Ici encore le polytélisme apporte son palliatif. Un même moyen sert à plusieurs fins. Une même valeur morale peut donc se trouver justifiée de points de vue théoriques différents. Probité, loyauté, fidélité à la parole donnée, respect de la vie et de la dignité humaines, autant de vertus qui conservent leur prix au regard de Dieu comme à l'égard de ce bas-monde. Le libre penseur les prône autant que le croyant. La morale du perfectionnement individuel y trouve son compte en même temps que celle de l'intérêt social. Il ne serait donc pas besoin, à tout prendre, de dire à ceux qui se coalisent pour la défense d'une même valeur : « Faites abnégation, ou du moins faites abstraction de vos préférences finales ». Une autre attitude est possible, qui demande un moins grand sacrifice intellectuel et sentimental. « Quelles que soient vos préférences, il y a nombre de vertus qui leur donnent à toutes satisfaction. Il vous est permis, sans que chacun de vous oublie son idéal de derrière la tête, de faire valoir ensemble ce capital commun. »

Nombre de vertus, disons-nous. Non sans doute toutes les vertus. Il ne faut pas soutenir que de principes divergents se laisse déduire jusque dans le détail le même programme pratique. L'exagération serait manifeste, et appellerait des objections trop faciles. Il est vraisemblable par exemple que plus aisément qu'ailleurs, dans une morale suspendue à l'au-delà, les valeurs à base d'ascétisme trouveront leur justification. Une « libre philosophie » réservera une sympathie spéciale aux attitudes qui impliquent l'autonomie de la personnalité. Chacun de ces systèmes a parmi les vertus ses clientes préférées, les plus prés de son cœur intellectuel, de son principe central. Ils ne dresseraient donc pas d'eux-mêmes une seule table des valeurs. Il n'en reste pas moins qu'en fait, sur les tables qu'ils dressent, beaucoup d'articles se retrouvent. C'en est assez pour que les adhérents de ces systèmes puissent demeurer des collaborateurs. Le polytélisme, sur ce terrain aussi, contrarie les forces centrifuges, et retient associées les diversités.

Ne pourrait-on dire qu'en ce sens il favorise l'une des grandes œuvres entreprises par notre temps et notre pays : l'œuvre de l'enseignement moral laïque?

La laïcisation de la morale n'est pas seulement, comme on l'indique le plus souvent, un cas particulier de la différenciation des valeurs. On l'a souvent établi : si étroitement que paraissent originellement mêlées idées religieuses et pratiques morales, des dissociations s'opèrent, d'un mouvement qui s'accélère avec la complication de la civilisation. Le bien qu'elles font aux hommes, plus que le plaisir qu'elles font aux dieux, devient la fin des vertus. Des valeurs humaines de plus en plus nombreuses conquièrent ainsi leur autonomie. Il est naturel que dans un pays où la religion n'est plus le principe d'unité, on décide que l'enseignement national insistera sur ces valeurs-là.

Mais en même temps que ce mouvement de différenciation, l'enseignement moral à l'école nationale peut prétendre utiliser le mouvement en sens inverse que nous avons décrit : celui qui pousse à la conjonction des fins. Nombre de vertus, disions-nous, concentrent sur elles les suffrages d'esprits par ailleurs attachés à des principes très différents. L'école nationale donnera à ces esprits toute la satisfaction qu'ils peuvent légitimement réclamer, si elle cultive le champ où ils se rencontrent, à l'intersection de leurs systèmes.

Deux tendances donc, qui viennent de loin, tendance à la différenciation, tendance à la conjonction des valeurs — tendances contraires en apparence seulement, et en réalité complémentaires — contribuent à expliquer l'orientation qu'on s'efforce d'imprimer actuellement, dans nos écoles, à la vie morale de la nation.

Mai 1914.

C. BOUGLÉ.

LA SCIENCE COMME INSTRUMENT VITAL[1]

Il paraît de prime abord assez vain de se demander pourquoi l'homme veut connaître. N'est-il pas un être pensant et qu'est-ce qu'une pensée sans désir de connaître, une pensée qui ne s'appliquerait à rien, qui ne s'interrogerait sur rien, qui ne représenterait pas une exigence d'intelligibilité dans l'univers? — Sans doute. Dès qu'un être pense, il veut comprendre. Mais on peut vivre sans penser : les plantes le prouvent; on peut se laisser conduire par l'instinct et par les habitudes automatiques que déclanche le jeu spontané des images : c'est la solution de l'animal. A quoi donc répond chez l'homme la pensée elle-même et plus spécialement la pensée méthodique? Quel en est le rôle primordial? Est-elle un luxe ou une nécessité? Comment concevoir les rapports de la connaissance et de la vie?

L'histoire de la philosophie, si nous la simplifions un peu, nous fournit deux réponses[2]. Suivant une opinion qui représente certainement la grande tradition philosophique, notre activité intellectuelle a sa fin en elle-même. La poursuite de la vérité est le plus noble emploi de notre intelligence et notre véritable destination. L'entendement humain n'est qu'une réduction de l'entendement divin : il atteint la vérité moins vite et plus fragmentairement, du moins il n'en est séparé par aucun obstacle inhérent à sa nature. Écoutez Malebranche : « La Raison qui éclaire l'homme est le Verbe ou la Sagesse de Dieu même... Par le moyen de la Raison j'ai ou je puis avoir quelque société avec Dieu... Ce qui est vrai à l'égard de l'homme est vrai à l'égard de l'Ange et à l'égard de Dieu même[3]. » La difficulté n'est plus de comprendre pourquoi l'homme

1. Conférence faite à l'École des hautes études sociales le 10 mars 1914. Cette rédaction contient toutefois plusieurs développements qui n'ont pu trouver place dans la conférence.
2. Cf. W. James, *Talks to teachers on Psychology*, p. 22 et suiv.
3. Début du *Traité de Morale*.

réussit à dérober quelques secrets à la nature, mais plutôt d'expliquer pourquoi ces conquêtes supposent tant d'essais et d'efforts.

Que telle soit sur la valeur de la connaissance humaine l'idée de ces hommes à l'esprit puissant qui ont dévoué toute leur vie à la spéculation philosophique et qui ont retiré les plus vives satisfactions de leurs débauches de pensée, personne ne s'en étonnera. Ils ont eu l'orgueil de la raison humaine, le plus légitime en somme des orgueils chez un Aristote ou un Leibnitz. Mais il y a un autre point de vue, plus humble, plus terre à terre, de plus en plus adopté cependant chez les psychologues contemporains et qu'ils doivent aux sciences naturelles, surtout aux théories évolutionnistes. Nous l'appellerions volontiers le point de vue biologique en psychologie. Il nous invite à replacer l'esprit humain dans la nature, à nous souvenir que tout perfectionnement physique ou intellectuel a été lentement conquis par l'être vivant, à considérer les organismes actuels comme résumant en eux des milliers d'adaptations et peut-être nos facultés de connaissance elles-mêmes comme un groupe spécial de ces adaptations.

Vainement on objecterait que l'évolutionnisme demeure une théorie tantôt bien vague, tantôt témérairement précise. La conception biologique de la connaissance n'est pas solidaire des aventureuses affirmations d'un Haeckel ou d'un Spencer. On peut soutenir que l'homme a peu à peu conquis son développement intellectuel pour se défendre, se maintenir dans l'existence, améliorer sa condition, sans adopter aucunement de fantaisistes généalogies de l'espèce humaine et sans trancher le problème de l'origine de la vie. Il n'y a même aucune contradiction à nier d'une part le transformisme et à soutenir d'autre part que les nécessités de la vie pratique ont été pour l'esprit humain le principal facteur de progrès. Il reste vrai cependant que la théorie qui assimile la connaissance à l'adaptation biologique a de profondes affinités avec le transformisme et participera de la fortune de celui-ci. Or on a pu parler d'une crise du transformisme, en ce sens que le lamarckisme primitif aussi bien que le pur darwinisme, isolément considérés, appellent des corrections et des élargissements. Mais personne connaissant la masse des arguments empruntés à la paléontologie, à l'embryologie, à la science de l'élevage, à l'horticulture, à la science de la distribution géographique des espèces, n'oserait affirmer que l'idée commune à toutes les théories transformistes risque d'être rejetée demain lors de la science. Les théologies les plus hostiles au transformisme conçoivent aujourd'hui la possibilité d'en accepter plusieurs thèses essentielles[1].

Or du point de vue évolutionniste la conscience est avant tout un moyen mis à la disposition d'un organisme pour qu'il réagisse avec plus d'à propos. Cette conscience s'est sans doute affinée, elle est devenue capable de s'intéresser à des fins de moins en moins pratiques, mais beaucoup de signes montrent qu'elle reste fidèle à ses origines. Les sensations continuent de nous attirer et de nous repousser, les souvenirs des expériences passées nous mettent en garde ou nous encouragent, les sentiments sollicitent violemment notre activité, la réflexion projette d'avance une longue clarté sur la route que nous nous proposons de parcourir. W. James conclut : « La fin première et fondamentale de la vie psychique c'est la conservation et la défense de l'individu[2]. »

Point de vue nouveau dans l'histoire de la philosophie. Sans doute il s'accorde avec certaines thèses de la philosophie classique. Nous lisons chez Descartes : « Les objets qui meuvent les sens n'excitent pas en nous diverses passions à raison de toutes les diversités qui sont en eux, mais seulement à raison des diverses façons qu'ils nous peuvent nuire ou profiter, ou bien en général être importants[3]. » Malebranche demande « que l'on conçoive bien que nos sens ne nous sont donnés que pour la conservation de notre corps, qu'on se fortifie dans cette pensée[4] ». Mais Descartes et Malebranche admettent, au-dessus de cette connaissance simplement destinée à nous faire vivre, une autre connaissance qui nous élève jusqu'à la vérité absolue, connaissance sans rapport avec nos besoins pratiques. Cet « entendement pur » compte peu de partisans parmi les psychologues contemporains familiarisés avec les études biologiques.

---

1. Ainsi l'ouvrage de M. Antonin Eymieu, *Le Naturalisme devant la Science*, publié avec l'imprimatur du diocèse de Paris, nous apprend que sur l'origine du *corps* humain il n'existe, au point de vue de la foi catholique, qu'un texte qui s'impose, celui de la Genèse, II, 7 : « Formavit igitur Dominus Deus hominem de limo terrae. » Mais s'agit-il ici de création *immédiate*, ou d'une formation *médiate* par l'intermédiaire d'une évolution que Dieu aurait dirigée ? Les exégètes ne sont pas d'accord ; la plupart soutiennent la première opinion, mais d'autres, qui prétendent s'inspirer de saint Augustin et de saint Thomas, défendent la seconde... » (P. 9, note 2).
2. *Précis de Psychologie*, trad. Baudin et Bertier, p. 6.
3. *Traité des Passions de l'âme*, art. 52.
4. *Recherche de la Vérité*, liv. I, chap. xx.

Pour rechercher s'il est légitime d'assimiler avec eux la science à une sorte de perfectionnement des organismes, écartons d'abord une conception répandue, mais inacceptable de l'adaptation. Le plus souvent nous observons autour de nous des objets inanimés et nous leur empruntons une notion de l'adaptation très simple, que nous appliquons ensuite, bien à tort, aux être vivants. Le vêtement s'adapte au corps : cela veut dire qu'il en épouse la forme, qu'il se distend là ou s'exerce une pression, qu'il cesse de gêner nos mouvements. La clef s'adapte à la serrure : c'est-à-dire elle s'use par le frottement, elle perd ses aspérités. Ce livre fraichement relié et qui s'ouvre mal s'adapte à nos besoins quand la reliure « se fatigue » et devient plus docile à notre effort. Ces pseudo-adaptations consistent toujours en un recul de celui qui s'adapte. L'objet qui s'adapte à nous *s'efface* devant nous, perd quelque chose de son originalité ou de sa condition première, il s'adapte par usure, par appauvrissement, par sacrifice.

Il arrive aussi que l'être vivant paraisse en certains cas s'adapter par sacrifice. Les biologistes ne signalent-ils pas les régressions des animaux domestiqués, des commensaux et des parasites, des insectes cavernicoles, des crustacés qui abandonnent la vie pélagique, des oiseaux qui subissent une atrophie des ailes, etc.? Mais regardons les faits de plus près et nous nous convaincrons que les sacrifices consentis dans ces divers cas par la nature sont à bien des égards intéressés. M. Cuénot dit avec raison[1] : « Toute rudimentation d'organe ou de fonction qui paraît déterminée par le non-usage est en réalité corrélative de l'orthogenèse progressive d'une autre partie du même système organique. » En d'autres termes, dans les cas précédemment cités, *l'adaptation n'est pas là où est le sacrifice, elle est à côté.* Les atrophies sont le plus souvent la rançon d'un progrès : c'est ce progrès qui constitue l'adaptation, ce n'est pas l'atrophie. La rudimentation des yeux chez l'insecte cavernicole n'est pas une adaptation. Elle paraît être la conséquence indirecte du développement des sens olfactif et tactile, développement qui seul mérite d'être appelé adaptation. La fameuse loi du balancement des organes proposée par Geoffroy Saint-Hilaire n'est plus admise si elle signifie seulement que les cellules d'un organisme émigrent sans modification d'un organe quelconque qui ne sert plus vers celui qui sert,

1. Cuénot, *La Genèse des espèces animales*, Paris, Alcan, p. 451.

mais elle retrouve la faveur des biologistes si on lui fait dire que,
dans le même système organique, le développement d'une région
entrave le développement parallèle d'une région analogue, que par
exemple l'orthogenèse progressive d'un organe sensoriel entraîne la
rudimentation d'un autre organe sensoriel[1]. Au fond l'être vivant,
sous peine de disparaître, ne peut céder que pour triompıer, la concurrence vitale ne lui permet pas une autre tactique. Perdre du terrain sur un point sans en gagner sur un autre, c'est se condamner à
une rapide élimination. La véritable adaptation ne consiste pas à
subir, mais à réagir.

Or il y a pour l'être vivant deux manières principales de réagir
contre un milieu défavorable, lesquelles, loin de s'opposer, se prolongent et se complètent : l'être vivant se rend indépendant de son
milieu, ou bien il s'attaque à lui pour le transformer. Soit un climat
trop froid. Certains animaux s'y adapteront par ralentissement des
pıénomènes vitaux (ıibernation des adultes, des cırysalides, des
œufs), recul apparent, mais au fond conquête d'une condition
d'indépendance, de réserves qui suppléeront pendant un temps aux
fonctions assoupies. D'autres s'adapteront en devenant homéo-
tıermes, c'est-à-dire en produisant eux-mêmes la cıaleur qui leur
est refusée par le milieu. L'ıomme enfin ne se contentera pas de
fabriquer de la cıaleur animale et d'en ralentir la dissipation par
des vêtements, il essaiera de modifier le milieu lui-même, d'élever
la température de ses ıabitations par des moyens artificiels. Cette
fois l'être vivant passe de la défensive à l'offensive, il s'adapte sans
se modifier pıysiquement d'une manière visible. Mais ici intervient
un facteur nouveau, la connaissance ıumaine.

1. Cf. Martini, Studien üⱦer die Konstanz histologischer Elemente (*Zeit. für
wiss. Zool.*, XCIV, 1910, 81); Kohl, Rudimentäre Wirbelthieraugen (*Biblioth.
Zoologica*, XIV, 1893-1895). Ces travaux sont résumés par Cuénot, *Op. cit.*, 5ᵉ partie :
« On sait, par exemple, pour certaines espèces (et il est proıaıle que c'est un
fait général), que chaque organe comprend un nomıre déterminé de cellules,
rigoureusement fixe pour tous les individus : ainsi chez l'Appendiculaire *Fritil-
laria pellucida*, Martini compte 146 cellules épidermiques ventrales (oikoplastes),
38 cellules pour le cerveau, etc. Ceci posé, supposons que les régions tactiles
et olfactives présentent une orthogenèse progressive, simplement par le choix
des meilleurs oscillants : le nombre des cellules en rapport avec le tact et l'ol-
faction augmentera proıaılement, et si le total reste constant, il restera moins
de cellules pour les autres organes des sens. Effectivement, le développement
ontogénétique des yeux des cavernicoles, d'aıord normal, ne tarde pas à se
ralentir puis à s'arrêter, ce qui semble indiquer qu'il y manque une excitation,
non pas d'ordre externe, mais d'ordre interne, céréıral, comme s'il n'y avait
pas assez de cellules pour parfaire le développement, alors que constamment
les organes tactiles et olfactifs sont en progrès. »

Entre les adaptations ordinaires et cette adaptation par altération de l'entourage aucun hiatus. Les premières comme la dernière témoignent d'une direction constante de l'évolution. Certes nous n'oserions affirmer que toujours l'évolution *perfectionne* les êtres. La notion même de progrès est obscure entre toutes et l'on a souvent reproché au darwinisme d'avoir entretenu la confusion des deux idées très distinctes d'évolution et de progrès [1]. Mais pourtant on distingue assez bien les directions essentielles de l'évolution biologique : elle a compliqué les organismes et cette complexité croissante apparaît comme la condition d'une croissante autonomie. Faut-il apporter des faits à l'appui de cette thèse? Ils abondent. Nous venons de rappeler comment la conquête de la fonction homéothermique augmente l'indépendance de l'animal à l'égard de la température extérieure, par suite son aptitude à vivre sous des latitudes diverses. Considère-t-on l'histoire de la reproduction? Chez les animaux élémentaires les parents abandonnent leurs descendants à la merci de l'entourage. Plus tard une provision de nourriture sera déposée avec l'œuf. Plus tard encore le producteur gardera dans son propre organisme sa progéniture jusqu'à un stade assez avancé de développement. Ainsi l'avenir du jeune dépend de moins en moins du hasard que représente un milieu indifférent, sinon hostile. La cellule vivante a-t-elle besoin de baigner dans un liquide de salure et de tension osmotique déterminées? La difficulté sera résolue pour les animaux supérieurs par la conquête de ce monde intérieur qu'on appelle le sang, milieu dont de subtils mécanismes règlent la teneur en sel, milieu soustrait aux variations accidentelles qui altèrent l'eau des mers, surtout du littoral, et que l'être transporte avec soi sur la terre, dans les airs, du pôle à l'équateur. Étudions-nous les moyens d'alimentation? Les plus simples des organismes sont réduits à attendre que les courants du liquide qui les baigne apportent à leur contact des particules assimilables. Les vers, déjà bien éloignés du protozoaire, ne résolvent encore le problème qu'en absorbant une énorme quantité de terre pour ne retenir peut-être que les cinq centièmes de matière végétale [2]. Mais le vertébré supé-

1. Cf. Rudolf Goldscheid, *Höherentwicklung und Menschenökonomie, Grundlegung der Sozialbiologie*, Leipzig, 1911. — Dr Jankélévitch, Essai de critique sociologique du darwinisme, in *Revue philosophique* de mai 1912. Mais déjà Nietzsche, malgré la forte influence que Darwin exerça sur sa pensée, le critique violemment au sujet de cette confusion. (*Volonté de puissance*, trad. H. Albert, vol. II, p. 108-110.)
2. Cf. Spencer, *Principes de sociologie*, trad. vol. I, p. 118.

rieur secrète des agents chimiques qui convertissent les substances
ingérées en aliments assimilables et des sens très appropriés à cette
fonction lui révèlent à distance la présence de la nourriture. Tous les
organes de l'être qu'a préparés une longue évolution témoignent d'un
progrès d'autonomie : celui-ci emmagasine de l'énergie chimique et
permet à l'organisme d'échapper à la nécessité d'une nutrition immédiate, celui-là déclanche le réflexe protecteur qui soustrait instantanément un tissu aux excitations destructives, tel autre favorise les
déplacements de l'animal, la fuite devant le danger, l'émigration
vers les climats plus favorables ou les végétations plus riches [1].

Mais qui ne voit que l'indépendance du vivant est puissamment
accrue par l'acquisition des fonctions psychiques, d'abord des plus
confuses sensations de malaise et de bien-être, ensuite par la conquête des sens qui renseignent sur des menaces plus ou moins lointaines et plus encore par le développement de cette faculté de prévision qui constitue la pensée proprement dite? L'être doué d'une
vie psychique un peu complète construit à son usage une certaine
représentation du monde, puis il dissocie et recombine les éléments
de cette représentation pour les grouper dans son imagination suivant ses tendances propres, se créer une sorte de modèle intérieur
qui dirigera son action. Il est prêt alors à s'attaquer au monde extérieur pour réaliser son rêve. Il conçoit la possibilité de mettre les
choses en harmonie avec ses tendances propres, au lieu de mettre
ses tendances en harmonie avec les choses. Les anthropologistes
constatent que l'homme a pu passer de l'existence la plus rudimentaire aux civilisations les plus élevées sans acquérir un seul organe,
sans modifier sensiblement son corps. C'est qu'il a subjugué l'entourage. Au lieu de céder, il a fait céder. La conquête de l'indépendance commencée par l'évolution organique se poursuit donc par
une autre série d'adaptations que je proposerais d'appeler *offensives*
et qui consistent à remanier le milieu en s'inspirant de besoins
devenus conscients et d'expédients que suggère la réflexion sur
l'expérience.

Que la science appartienne à ce groupe d'adaptations, c'est une
conclusion que suggèrent des remarques assez banales. N'apparaît-
elle pas comme le résultat d'un long effort de l'humanité pour
affermir sa situation dans l'univers, pour triompher de mille obsta-

---

1. Cf. l'article du Prof. C. H. Judd, Evolution and Consciousness, in *Psycho-
logical Review* de mars 1910.

cles qui rendaient la vie misérable et précaire et le vulgaire a-t-il
tort de se figurer le savant sous l'aspect d'un bienfaiteur? Récemment M. Lalande nous montrait tout ce que la science doit aux
diverses techniques. Non seulement c'est dans les techniques qu'il
faut chercher, bien loin derrière nous, l'origine de telle ou telle
science, mais c'est encore des techniques que la science continue de
sortir et ces techniques ne sont que des recueils de recettes pratiques [1]. Très judicieusement, il y a quelques années, un penseur
contemporain mettait les instituteurs en garde contre l'erreur « de
demander à la science ce qu'autrefois on demandait à la religion,
c'est-à-dire de fournir un système du monde [2] ». Et il ajoutait : « La
science apparaît de plus en plus comme un ensemble de connaissances pratiques, utiles à l'homme pour vivre convenablement dans
son milieu; elle est un inventaire méthodique et raisonné des réalités,
qui sert à s'en rendre maître. Et si elle permet de s'élever de la
réalité de mieux en mieux connue et de plus en plus étendue aux
spéculations philosophiques les plus diverses, aux idées les plus
abstraites, elle n'est point ces idées abstraites, ces spéculations philosophiques. Comprendre ainsi la science, c'est d'ailleurs la ramener
à ses origines vraies. Quand on nomme avec admiration Lavoisier,
dont les principes jouent un si grand rôle dans l'enseignement de
cette science à allure théologique qui est si dangereuse pour l'esprit,
on ne devrait jamais oublier de dire comment ses grandes découvertes ont été faites : en recherchant la meilleure forme à donner
aux cages des lanternes, en étudiant le rôle de l'eau dans l'agriculture, en déterminant la valeur relative des divers bois de chauffage
à la demande de l'administration des finances, qui revisait les taxes
sur les combustibles. Pasteur s'est occupé de la fabrication du
vinaigre, des maladies du vin et des vers à soie, des épidémies charbonneuses, de la rage; il a commencé ses recherches sur la fermentation alcoolique, parce qu'un industriel lillois éprouva des
mécomptes dans la fabrication de l'alcool de betteraves et lui
demanda conseil. »

Il est vrai. Mais la portée de cette thèse doit être aussitôt limitée

1. Cf. Louis Weber, *Le Rythme du progrès*, Alcan, 1913, chap. v : Technique et
réflexion.

2. Charles Guieysse, Trois lettres à un instituteur rural, dans *Pages libres* du
4 avril 1903 (n° 118, p. 296-297). Cf. Le Chatelier, Le rôle des préoccupations
industrielles dans les progrès de la science pure, *Revue générale des sciences* du
30 décembre 1901.

par une remarque non moins incontestable : le savant n'a pas toujours pour préoccupation dominante l'idée de rendre un service
d'ordre pratique à l'humanité. Il obéit souvent à une curiosité qui
est à elle-même sa fin, il veut savoir pour savoir. Quel autre besoin
que le tenace désir de poursuivre jusqu'aux plus lointaines dérivations les conséquences de certains principes abstraits a poussé les
mathématiciens du XIXᵉ siècle à construire les géométries non eucli-
diennes et la théorie des ensembles? Bien plus, jamais le savant ne
renoncera à la recherche parce qu'on lui fera entrevoir l'amertume
de certaines découvertes et la vertu consolante de l'illusion. Toujours il répondra avec Guyau :

> Le vrai, je sais, fait souffrir.
> Voir c'est peut-être mourir.
> Qu'importe, ô mon œil, regarde!

Que de fois n'a-t-on pas représenté la science comme une école de
désintéressement? Et de fait, quand on songe à la patience, aux
déceptions renouvelées, souvent même aux persécutions que chaque
découverte a coûtées, on admire que l'effort humain vers la connaissance ne se soit jamais découragé, que toujours l'édifice ait grandi
quand tant de vies humaines s'ensevelissaient dans ses fondations.

Aucune des deux thèses précédentes ne peut être sacrifiée et il
n'est pas nécessaire qu'une le soit. Chaque penseur, suivant ses
tendances, mettra l'accent sur l'une ou sur l'autre. L'évolutionniste,
ayant proclamé que l'humanité pense pour vivre, ajoutera que
l'homme a fini par aimer la pensée pour elle-même, que le psychologue peut signaler ici un phénomène assez ordinaire et bien connu,
une simple substitution de motifs. Il remarquera même la supériorité que constitue pour un peuple, dans la lutte pour l'existence,
une curiosité scientifique étendue et, en apparence au moins, désintéressée. Nietzsche, dont nous examinerons tout à l'heure le pragmatisme et pour lequel l'instinct de connaissance n'est qu'une
tendance dérivée de l'instinct de vivre, reconnaît cependant combien
cette soif de connaître est aujourd'hui impérieuse. Il l'appelle « la
nouvelle passion[1] » et il se demande si elle ne fera point périr l'humanité. Car telle est la force de cet instinct qu'il est capable de nous
faire repousser tout bonheur où satisfaction lui serait refusée.

---

1. *Aurore*, § 429.

« Pourquoi haïssons-nous la possibilité d'un retour à la barbarie?...
Les barbares de tous les temps avaient plus de bonheur, ne nous y
trompons pas. Mais c'est notre instinct de connaissance qui est trop
développé pour que nous puissions encore apprécier le bonheur
sans connaissance ou bien le bonheur d'une illusion solide et vigoureuse.... L'inquiétude de la découverte et de la divination a pris
pour nous autant de charme et nous est devenue tout aussi indispensable que ne l'est pour l'amant l'amour malheureux : à aucun prix il
ne voudrait l'abandonner pour l'état d'indifférence; — oui, peut-
être sommes-nous, nous aussi, des amants malheureux. La connaissance s'est transformée chez nous en passion qui ne s'effraie
d'aucun sacrifice.... La passion et la mort ne sont-elles pas
sœurs?... Mais, en fin de compte, si la *passion* ne fait pas périr
l'humanité, elle périra de *faiblesse*. Que préfère-t-on? Voilà la question principale. Voulons-nous que l'humanité finisse dans le feu et
dans la lumière ou bien dans le sable? » On le voit, l'enthousiasme
pour le savoir désintéressé n'est pas interdit aux penseurs qui cherchent l'origine de la science dans les besoins vitaux de l'humanité.
Mais par contre l'intellectualiste n'est pas condamné à méconnaître
les services rendus par la science. S'il voit surtout dans la science
un effort de la pensée pour se satisfaire elle-même, il n'est aucunement gêné pour confesser que cette méthodique exploration de la
nature permet une action plus adaptée. A première vue par conséquent la conciliation des deux thèses paraît facile et le débat semble
se réduire à une querelle de mots.

Mais la question est au fond beaucoup plus grave. C'est la valeur
même de la science qui est mise en cause, j'entends sa valeur de
vérité. Si le mobile qui a poussé l'homme à connaître est intéressé,
si la science n'a qu'une destination pratique, l'édifice que l'homme a
construit sera peut-être confortable, mais le système, dit-on, ne sera
pas *vrai*. Si l'unique objet de la science est de nous aider à vivre, il
lui suffit de collectionner des *recettes*, des *expédients*. Qu'elle rende
ce monde plus habitable, qu'elle soulage nos souffrances, qu'elle
assure le succès de nos énergies, on ne saurait lui demander davantage. De ce point de vue, la *démonstration* des assertions émises, qu'on
a toujours considérée comme le premier devoir du savant, devient
chose tout à fait secondaire. Nombre de gens sincères prétendent
avoir tiré un très grand réconfort d'une thérapeutique comme la
« christian science » ou d'une doctrine religieuse comme la théosophie.

Or qu'on examine les manuels de « christian science » répandus à profusion en Amérique ou les ouvrages de Mme Annie Besant et de Leadbeater, on n'y trouvera pas l'ombre d'une démonstration. L'auteur conseille, ordonne, prophétise, parle comme un initié à des profanes, il ne se sent jamais obligé de justifier ses affirmations. Si la science ne vise qu'à rendre des services, n'adoptera-t-elle pas bientôt ce ton et cette méthode, ou plutôt cette absence de méthode ? Pour vivre, disent certains penseurs contemporains, l'illusion est peut-être plus utile qu'une exacte notion de notre faiblesse. La science a donc le droit de s'incorporer l'erreur aussi bien que la vérité et, ce faisant, elle demeure fidèle à son rôle. Pour agir sur le monde, ne faut-il pas en morceler la continuité, concentrer son attention sur un point comme si l'entourage n'existait pas, surestimer notre puissance, tenir la probabilité pour l'équivalent de la certitude, mentir, parier, se décider vite et contrairement à tous les préceptes d'un Descartes ?

Ainsi le souci de la vérité cesse d'être la qualité dominante de l'esprit scientifique. Mais si l'on a scrupule à séparer les notions de science et de vérité, il reste un moyen de les unir encore. Il suffit de définir la vérité d'une certaine manière. Dites, avec les enfants terribles de l'école pragmatiste, que la vérité se mesure au succès, que l'idée vraie est celle qui agit, qui rend service. Alors la science demeure vraie. Elle est vraie précisément parce qu'elle aide à vivre. Reste seulement à savoir si cette définition ne fait pas évanouir tout ce que l'ancienne notion de vérité contenait de sens et c'est un point sur lequel il nous faudra revenir.

Il y a un autre danger. Quand on assimile la science à un perfectionnement biologique, plusieurs entendent qu'elle doit faire fi des spéculations théoriques. Soutenez-vous que la science se propose d'être utile, on traduit que la seule attitude légitime en matière scientifique est un positivisme étroit. En effet, s'il ne s'agit que de prévoir pour pouvoir, de simples lois de succession suffiront. A quoi bon nous interroger sur la nature de la chaleur et nous ingénier à comprendre comment elle peut dilater une barre de métal ? L'important est de déterminer quelle dilatation nous devons attendre de telle élévation de température et cela seul est important.

Tel est à peu près le point de vue d'Aug. Comte. Toute sa vie il est resté fidèle à cette conception de la science qu'il exposait dans sa jeunesse à son ami Valat : « Je ferais très peu de cas des travaux

scientifiques si je ne pensais perpétuellement à leur utilité pour l'espèce.... J'ai une souveraine aversion pour les travaux scientifiques
dont je n'aperçois pas clairement l'utilité, soit directe, soit éloignée [1]. »
De cette « souveraine aversion » il tire bientôt une règle de méthode :
« Tous les bons esprits reconnaissent aujourd'hui que nos études
réelles sont strictement circonscrites à l'analyse des phénomènes
pour découvrir leurs lois effectives, c'est-à-dire leurs relations constantes de succession ou de similitude et ne peuvent nullement con-
cerner leur nature intime, ni leur cause première ou finale, ni leur
mode essentiel de production [2]. » Ce ne sont pas seulement les
théories explicatives qui sont condamnées, ce sont encore toutes les
recherches expérimentales qui dépassent un certain degré de précision et qui risquent de détruire les lois antérieurement formulées,
« les lois naturelles n'étant pas compatibles avec une investigation
trop détaillée [3] ». On sait quelles incompréhensions choquantes
résultèrent de cette attitude : la théorie de Fresnel en optique est
déclarée par Comte sans aucune influence sur le développement de
cette science, les études de Regnault sur les anomalies de la loi de
Mariotte lui paraissent non seulement vaines, mais dangereuses, les
travaux des biologistes sur la cellule encourent la même réprobation.
Il poursuit d'une haine qui nous paraît simplement comique les
savants qui emploient des instruments trop précis, par exemple
« ces thermomètres métalliques dont la susceptibilité exagérée
dévoile d'immenses et perpétuelles oscillations dans des mouvements de température que nous supposons, et avec raison, continus [4] ». Il faut assigner des limites à la recherche scientifique et ces
limites sont celles qu'indiquent nos besoins pratiques : « La relation
fondamentale de la spéculation à l'action est surtout très propre à
déterminer convenablement cette limite essentielle de précision
dans chaque genre de recherches; car les cas les plus décisifs indiquent clairement, à cet égard, surtout en astronomie, que nos saines
théories ne sauraient vraiment dépasser avec succès l'exactitude
réclamée par les besoins pratiques. Quoique de tels principes généraux ne puissent plus être directement contestés aujourd'hui,
l'anarchie scientifique actuelle témoigne journellement combien une

1. *Lettres d'Auguste Comte à M. Valat*, 1815-1844 (Dunod, 1870), p. 99. La lettre
citée est du 28 septembre 1819.
2. *Cours de philosophie positive*, 3ᵉ édit. identique à la 1ʳᵉ, II, p. 338.
3. *Ibid.*, VI, p. 690.
4. *Ibid.*, p. 690-691.

sage discipline philosopique devient désormais indispensable, à ce
sujet, afin de prévenir l'active désorganisation dont le système des
connaissances positives est maintenant menacé, sous l'irrationnel
essor d'une puérile curiosité stimulée par une avide ambition.
D'éclatants exemples ont déjà montré qu'on peut obtenir aujour-
d'hui, en philosophie naturelle, d'éphémères triompies, aussi faciles
que désastreux, en se bornant à détruire, d'après une investigation
trop minutieuse, les lois précédemment établies, sans aucune substitution quelconque de nouvelles règles; en sorte qu'une aveugle
appréciation académique entraîne à récompenser expressément une
conduite que tout véritable régime spéculatif frapperait nécessairement d'une sévère réprobation [1]. »

M. Meyerson a fort justement signalé l'analogie de certaines
idées de Comte avec les vues de plusieurs savants contemporains
tels que Maci et Kircioff : tous deux ont soutenu que la science
devait être uniquement descriptive, que « l'économie de la pensée »
est le seul but poursuivi par elle. De ce point de vue les lois
apparaissent précieuses, les hypotièses explicatives parfaitement
vaines [2].

En résumé, assimiler la science à une sorte de perfectionnement
biologique c'est aux yeux des uns lui permettre de s'alimenter avec
l'erreur utile aussi bien qu'avec la vérité, aux yeux des autres c'est
lui donner un but mesquin et limiter la reciercie par un utilitarisme étroit. Dans ces deux interprétations la science devient une
assez pauvre ciose. Elle correspond à un désir de confortable
plutôt qu'à une ardente soif de connaissance. Elle remplit sa
mission en se coupant les ailes, en s'interdisant toute envolée
au-dessus de ces piénomènes dont il* suffit de tenir une exacte
comptabilité. Pragmatisme et positivisme également terre à terre,
telles seraient les deux conséquences de la tièse examinée. S'en
déduisent-elles légitimement?

Reconnaissons tout de suite que la thèse de la science instrument
vital serait bien difficilement défendable si vraiment elle impliquait
la conception étroite d'Auguste Comte. Les œuvres des plus grands
savants, antérieurs et postérieurs à Comte, abondent en tiéories
piysiques, ciimiques, biologiques, lesquelles témoignent d'un
incoercible besoin d'intelligibilité et non pas seulement d'un besoin

1. *Ibid.*, p. 691-692.
2. *Identité et Réalité*, p. 45 de la 2ᵉ édition.

de prévision. On a essayé, il est vrai, d'assigner à ces théories un
rôle que le positivisme le moins libéral eût pu admettre; elles
n'auraient pas pour objet de nous révéler la véritable nature des
choses, leur but unique serait de coordonner entre elles et de
classifier les lois. Idées maintes fois exprimées par Mach, par
Poincaré, par M. Duhem. Mais il ne s'agit pas précisément de savoir
quel idéal de théories physiques se sont forgé ces savants, il s'agit
de considérer les trois derniers siècles au moins de l'histoire des
sciences et de constater les tendances qui prédominent. Or il est
peu niable que cet examen justifierait pleinement les conclusions
que développe M. Meyerson dans son très bel ouvrage de philosophie scientifique. Sans vouloir construire une métaphysique, il
nous montre l'éternelle résurrection des théories mécanistes, leur
ingéniosité à surmonter les obstacles que chaque découverte dresse
contre elles et il nous fait aussi comprendre les raisons de cette
persistante faveur; *elles sont explicatives au premier chef.* Elles
rendent compte de tous les changements observables dans l'univers
en niant ce changement autant que faire se peut. Elles donnent
par là satisfaction à ce besoin profond d'identité qui caractérise
l'esprit humain, qui est à la racine de toute notre logique. C'est
pour comprendre le monde, et non pas seulement pour en coordonner les lois, que l'esprit a peu à peu construit ces grands
principes de constance ou de conservation; conservation de la
vitesse ou principe d'inertie, conservation de la masse, conservation
de l'énergie. L'influence d'Auguste Comte ne peut rien contre cette
invincible tendance à interpréter le spectacle que nous avons sous
les yeux.

De cette insatiable curiosité conclurons-nous que la science n'a
pas essentiellement une fonction vitale? Loin de là. Nous persistons
à croire que l'intelligence est originairement un instrument au
service de l'instinct de conservation. Mais, dès que l'homme a paré
aux nécessités les plus pressantes, il lui réussit de s'oublier lui-
même, d'être plus attentif aux choses extérieures qu'à ses propres
besoins, de ne pas rester hypnotisé par son désir, de ne pas
s'absorber en lui, de sympathiser au contraire sans arrière-pensée
avec cette nature impénétrable à l'animal trop égoïste. Si l'homme
triomphe chaque jour de cette nature alors que l'animal recommence éternellement sans avantage décisif la même lutte inégale,
c'est parce que l'homme sait parfois regarder le monde avec désin-

téressement. D'esprit trop pratique, l'animal est l'esclave de sa perception qui déclanche presque toujours la même réaction automatique. Les besoins qui parlent haut en lui le pressent d'atteindre la satisfaction que promettent les plus grossières analogies. Dans une carafe non bouchée dont le fond est tourné vers la fenêtre l'abeille est prisonnière. Le cheval de manège s'épuiserait à poursuivre une botte de foin pendue devant ses naseaux et qu'il chasse devant lui par le branle même qu'il donne au manège[1]. Fasciné par ses tendances impulsives l'animal agit sans délai et ne contemple pas. Comment apercevrait-il les nuances? Comment découvrirait-il dans cette nature changeante les invariants qui nous donnent prise sur elle? Il ne connaît des invariants qu'en lui et ce sont ses besoins. Or le plus utile est d'en connaître hors de nous. Un philosophe contemporain dit excellemment : « L'excès de sérieux conduisait l'animal à prendre ce qui le sert dans les choses pour la réalité des choses; et, cherchant à les soumettre, il s'était mis au contraire dans leur dépendance. Pour réparer cette erreur, il fallait, sans doute, qu'un grain de fantaisie et de rêve vînt modérer dans une espèce la fureur d'attention ordinaire de l'animal à ses fins pratiques[2]. »

Ces remarques nous préparent à comprendre la thèse qu'a soutenue M. Milhaud dans une curieuse étude sur le caractère essentiel de la géométrie grecque[3]. Aucune science n'apparaît plus désintéressée que la géométrie, telle qu'elle est exposée dans Euclide. L'unique souci de l'auteur est la parfaite rigueur des démonstrations. Vainement on chercherait dans tous les « Éléments » la règle d'évaluation d'un volume ou d'une surface. Or cette science contient en elle une telle force d'expansion que les travaux d'Archimède et d'Apollonius vont en être comme la suite naturelle et qu'elle fournira un merveilleux instrument aux applications astronomiques. « Il est impossible de ne pas songer qu'il y a là plus qu'une coïncidence curieuse, et que le désintéressement, l'éloignement de toute préoccupation pratique, chez le géomètre grec, a pu être une des causes profondes des progrès de sa science et, du même coup, de sa fécondité future à l'égard des applications elles-mêmes[4]. Pour

1. Cf. M. Pradines, *Principes de toute philosophie de l'action*, p. 121.
2. *Ibid.*, p. 124.
3. *Le Rationnel*, chap. III : À propos de la géométrie grecque; une condition du progrès scientifique.
4. *Ibid.*, p. 81.

mettre à l'épreuve cette thèse audacieuse, l'auteur cherche la cause de la longue éclipse qui a suivi cette période d'éclat. Il montre que les Grecs ont observé et que ce ralentissement du progrès scientifique n'est point imputable à leur ignorance des méthodes expérimentales, que d'ailleurs leur mathématique comportait encore de nombreux perfectionnements et n'avait que faire de l'expérimentation, que les grands événements historiques tels que la conquête macédonienne, la conquête romaine, l'avènement du christianisme, apportaient à la Grèce des biens inestimables, le terme des discussions politiques, la paix de la cité et la paix de l'âme. « Si ces grands événements ont au contraire aidé à l'extinction de la science grecque, c'est par un côté qui leur est commun et qu'il est facile de saisir : ils ont tous concouru à éloigner la pensée hellène de la spéculation purement désintéressée. Les Orientaux et les Égyptiens étaient d'une très grande activité, mais d'une activité que guidaient des préoccupations pratiques. Platon, qui avait voyagé en Égypte, refusait aux habitants de ce pays le droit de s'appeler φιλομαθεῖς et les déclarait propres seulement aux métiers lucratifs. Quelques siècles plus tard, l'empereur Hadrien, de passage à Alexandrie, écrivait : « Ville opulente, riche, productive, où personne ne vit oisif. Tous professent quelque métier. Les goutteux trouvent de quoi faire, les myopes ont à s'employer, les aveugles ne sont pas sans occupation, les manchots mêmes ne restent point oisifs. Leur Dieu unique c'est l'argent [1]. » D'autre part l'esprit positif des Romains est assez connu et le christianisme lui-même représentait une influence hostile à la spéculation désintéressée puisque le salut devenait pour ses adeptes l'unique souci. Ainsi des influences diverses s'accordaient sur un point : elles ramenaient l'esprit humain aux préoccupations pratiques et de ces préoccupations la science grecque mourait, ainsi que l'art. La même époque les verra renaître tous deux et ce synchronisme est significatif.

Qu'est-ce à dire, sinon que l'homme recueille les plus grands bénéfices de son activité scientifique aux périodes mêmes où il oublie le plus complètement les conseils d'Auguste Comte? C'est quand il n'y a plus dans l'esprit humain assez de rêve et de chimère que la science est stérilisée. Voyez l'époque actuelle. Le vulgaire serait sans doute tenté de la caractériser surtout par le prodigieux

1. *Ibid.*, p. 89. Ce passage d'Hadrien est tiré d'une lettre à Servien, citée par Renan, *L'Église chrétienne*, p. 189.

développement des applications techniques, mais nous savons bien
qu'elle est non moins remarquable par l'abondance et par l'audace
des conceptions théoriques, que les principes les plus abstraits de
la mécanique sont renouvelés, que l'atomisme est profondément
transformé, les lois mêmes de la physique interprétées tout autrement qu'il y a trente ans, que les vues de Lorentz, de J.-J. Thompson,
de Planck, d'Einstein sur le temps, sur la masse, sur la gravitation,
bouleversent la science théorique tout comme les inventions d'Edi-
son ou de Marconi ont transformé les techniques. Une fois de plus
l'histoire des sciences vérifie le mot de Channing : « La pensée
s'étend comme par une sorte d'élasticité naturelle quand la passion
de l'égoïsme est écartée. »

Rien ne doit par conséquent subsister de l'opinion qui rend la
thèse de la science instrument solidaire d'un positivisme étroit. Est-
il plus légitime de la rattacher à un pragmatisme où s'évapore la
notion de vérité ?

Si éloignée du scepticisme scientifique qu'apparaisse à tout
lecteur attentif la pensée d'Henri Poincaré, on peut extraire de *La
Science et l'Hypothèse*, de *La Valeur de la Science* et de *Science et
Méthode* bien des passages où se trouve affirmée l'origine biologique
des principes fondamentaux de la mécanique et de la géométrie et
d'autre part plusieurs textes où la notion de *commodité* vient
occuper la place qu'on refuse à la notion de vérité. N'est-ce point la
preuve que le souci de la vérité passe au second plan quand on
demande surtout à la science de parfaire notre adaptation au milieu?
Certes un historien de la philosophie très informé a pu sans peine
marquer les limites de ce pragmatisme[1] : il ne porte ni sur les principes de l'analyse mathématique, ni sur les lois expérimentales les
plus simples, il respecte donc à la fois ce qui est le plus voisin de
l'expérience proprement dite et ce qui est le plus voisin de la nature de
l'esprit, dans ce qu'elle a de nécessaire. Mais entre ces deux extrêmes
trouvent place la géométrie euclidienne, la mécanique classique, les
innombrables interprétations mécanistes des phénomènes physiques. Or tout cela repose sur des habitudes anciennes, sur des
associations devenues instinctives, que des nécessités biologiques
ont fait naître et fortifiées. « C'est ce système complexe d'associations... qui est toute notre géométrie. Ces associations, ce sont des

1. M. René Berthelot, *Un Romantisme utilitaire*, I, surtout p. 174 et suiv.

conquêtes de la race. La sélection naturelle a dû amener ces conquêtes d'autant plus vite qu'elles étaient plus nécessaires. A ce compte, celles dont nous parlons (les associations qui ont engendré en nous la notion de l'espace euclidien) ont dû être les premières en date, puisque sans elles la défense de l'organisme aurait été impossible [1]. » Vraiment curieux est le vocabulaire employé pour rendre compte de cette genèse : il n'est question que de menaces, de dangers, de coups, de parades; le lecteur voit un organisme qui lutte pour sa vie : « ... De cette façon je pourrai me défendre contre les dangers dont pourraient me menacer soit l'objet A, soit l'objet B. A chacun des coups dont nous pouvons être frappés, la nature a associé une ou plusieurs parades.... Toutes ces parades n'ont rien de commun entre elles sinon qu'elles permettent de se garer d'un même coup, et c'est cela, et rien que cela, que nous entendons quand nous disons que ce sont des mouvements aboutissant à un même point de l'espace. De même, ces objets, dont nous disons qu'ils occupent un même point de l'espace, n'ont rien de commun, sinon qu'une même parade peut permettre de se défendre contre eux [2]. » Le point de vue biologique est encore plus nettement affirmé dans la conclusion du chapitre : « Nous pourrions concevoir, vivant dans notre monde, des êtres pensants dont le tableau de distribution serait à quatre dimensions et qui par conséquent penseraient dans l'hyperespace. Il n'est pas certain toutefois que de pareils êtres, en admettant qu'ils y naissent, pourraient y vivre et s'y défendre contre les mille dangers dont ils seraient assaillis [3]. »

Une science à ce point dépendante des besoins vitaux perd-elle aux yeux de notre auteur sa valeur de vérité? On peut le croire si l'on abuse de quelques expressions imprudentes comme celles-ci : « Que doit-on penser de cette question : la géométrie euclidienne est-elle vraie? Elle n'a aucun sens. Autant demander si le système métrique est vrai et les anciennes mesures fausses, si les coordonnées cartésiennes sont vraies et les coordonnées polaires fausses. Une géométrie ne peut pas être plus vraie qu'une autre; elle peut seulement être plus *commode* [4]. » — « Il n'y a pas une manière de mesurer le temps qui soit plus vraie qu'une autre; celle

1. *Science et Méthode*, p. 107.
2. *Ibid.*, p. 106.
3. *Ibid.*, p. 119-120.
4. *La Science et l'Hypothèse*, p. 66-67.

qui est généralement adoptée est seulement plus *commode*[1]. » —
« Cette affirmation : « la terre tourne », et : « il est plus commode
« de supposer que la terre tourne », ont un seul et même sens[2]. »
C'est à quelques formules de ce genre que se réduit le prétendu
pragmatisme de Poincaré.

Mais que signifie le mot « commode »? Dès qu'on le définit en
restant aussi fidèle que possible à la pensée de l'auteur, on restitue
à la science à peu près toute la vérité que les rationalistes les plus
exigeants réclament pour elle. Ce n'est pas chez Poincaré qu'on
trouverait la théorie de l'illusion bienfaisante et pour lui « commode »
n'a jamais voulu dire menteur. Pourquoi la géométrie euclidienne
reste-t-elle la plus commode? D'abord parce qu'elle est la plus
simple, « de même qu'un polynôme du premier degré est plus
simple qu'un polynôme du second degré ». Mais aussi ne l'oublions
pas, « *parce qu'elle s'accorde assez bien avec les propriétés des*
solides naturels, ces corps dont se rapprochent nos membres et notre
œil et avec lesquels nous faisons nos instruments de mesure[3] ».
— Pourquoi telle définition de l'égalité de deux durées est-elle plus
commode qu'une autre? Parce qu'elle permet que les équations de la
mécanique soient aussi simples que possible, parce que de plus elle
se déduit du principe de causalité énoncé : les mêmes causes produisent les mêmes effets[2]. Et à personne ce principe ne paraîtra une
affirmation arbitraire. — Enfin pourquoi l'hypothèse de Copernic
est-elle plus commode que celle de Ptolémée? « Si l'une nous révèle
des rapports vrais que l'autre nous dissimule, on pourra la regarder
comme physiquement plus vraie que l'autre, puisqu'elle a un contenu plus riche. Or à cet égard aucun doute n'est possible. Voilà le
mouvement diurne apparent des étoiles, et le mouvement diurne des
autres corps célestes, et d'autre part l'aplatissement de la Terre, la
rotation du pendule de Foucault, la giration des cyclones, les vents
alizés, que sais-je encore? Pour le Ptoléméen, tous ces phénomènes
n'ont entre eux aucun lien ; pour le Copernicien, ils sont engendrés
par une même cause. En disant, la Terre tourne, j'affirme que tous
ces phénomènes ont un rapport intime, et *cela est vrai*.... Est-ce par
hasard que toutes les planètes admettent une inégalité dont la

1. *La Valeur de la Science*, p. 44, Cf. p. 53 et 57-58.
2. *La Science et l'Hypothèse*, p. 141.
3. *Ibid.*, p. 67.
2. *La Valeur de la Science*, p. 40.

période est d'un an, et que cette période est précisément égale à
celle de l'aberration, précisément égale encore à celle de la paral-
laxe? Adopter le système de Ptolémée, c'est répondre oui; adopter
celui de Copernic c'est répondre non; c'est affirmer qu'il y a un
lien entre les trois phénomènes et cela encore est vrai bien qu'il
n'y ait pas d'espace absolu.... Affirmer l'immobilité de la Terre, ce
serait nier ces rapports, ce serait donc se tromper. La vérité, pour
laquelle Galilée a souffert, reste donc la vérité, encore qu'elle n'ait
pas tout à fait le même sens que pour le vulgaire [1]. »

On est donc conduit à se demander pourquoi dans plusieurs passages Poincaré s'est refusé à prononcer le mot vérité alors qu'il le
remplaçait par une « commodité » presque synonyme. C'est, je
crois, scrupule de mathématicien. Poincaré ne consent à employer
le mot vérité que pour désigner l'affirmation déduite de purs raisonnements mathématiques. Du moment que vous ne pouvez opter
entre deux hypothèses au nom du seul principe de contradiction, si
préférable qu'apparaisse l'une des deux, en la choisissant vous faites
preuve d'opportunisme, vous vous décidez d'après des probabilités,
vous n'avez plus le droit de parler de vérité absolue. Ainsi dans son
chapitre sur la mesure du temps, il introduit un instant l'étrange
hypothèse que des phénomènes identiques s'accompliraient en des
temps différents et il ajoute : « Pouvons-nous affirmer que les
hypothèses que je viens de faire soient absurdes? Elles n'ont rien de
contraire au principe de contradiction. Sans doute elles ne sauraient se réaliser sans que le principe de raison suffisante semble
violé. Mais j'aimerais mieux un autre garant [2]. » Cette considération
lui suffira pour bannir de la suite du chapitre le mot vérité. En
dépit de cette terminologie spéciale la foi en la valeur de la science
transparaît dans l'œuvre de Poincaré et cette foi, chez un penseur
qui a si fréquemment signalé les origines biologiques de notre
géométrie et notre mécanique, est une preuve que la thèse de la
science instrument vital n'aboutit pas nécessairement à la conception
d'une science qui s'alimente de mensonges bienfaisants.

Elle y aboutit cependant quelquefois et nous sommes obligés de
reconnaître que les deux thèses ont été fortement soudées l'une à
l'autre par le penseur qui a le plus insisté sur le rôle vital de la
connaissance, Frédéric Nietzsche. Pour être précis, il faudrait distin-

1. *La Valeur de la Science*, p. 273-274.
2. *Ibid.*, p. 41.

guer plusieurs périodes dans l'évolution de la pensée de Nietzsche. Tandis que Poincaré s'est appliqué dans ses derniers ouvrages à corriger les formules trop pragmatistes des premiers, Nietzsche a parcouru la route inverse. On peut extraire un système rationaliste des œuvres parues avant 1880, surtout de : *Choses humaines, trop humaines, Le Voyageur et son ombre*, peut-être d'*Aurore* (1881) et des fragments publiés dans le XI⁰ volume des *Œuvres posthumes* [1]. Certes dès cette époque, il déclare que son rôle est d'enseigner la méfiance de la vérité, « une méfiance telle qu'elle n'a jamais existé dans le monde ». Mais pourquoi? Parce que « c'est là le seul chemin qui mène à la vérité.... Ne croyez pas qu'il vous mènera à des arbres fruitiers et auprès de saules admirables. Vous trouverez sur ce chemin de petites graines dures et sèches, ce sont les vérités; pendant des années il faudra avaler des mensonges par brassées pour ne pas mourir de faim, quoique vous sachiez que ce sont des mensonges. Mais ces petits grains seront semés et enfouis dans la terre et peut-être la moisson viendra-t-elle un jour [2]. » Cet espoir le quitte bientôt. Dès 1880, il écrit : « Ce qu'il y a de nouveau dans notre situation à l'égard de la philosophie, c'est cette conviction que ne possédait aucun âge antérieur, que nous n'avons pas la vérité. Tous nos prédécesseurs « avaient la vérité », même les sceptiques [3]. »

D'où lui est venue cette conviction? De la réflexion sur cette pensée cent fois exprimée qu'il condense dans cette brève formule : « La science ne fait que continuer le processus qui a *constitué* la nature de l'espèce [4]. » Si intense qu'apparaisse aujourd'hui la passion de la connaissance, elle n'est pas un instinct premier. Elle est au service de la volonté de domination. Nos sens et nos facultés intellectuelles ne se sont développés que comme des conditions de conservation et de croissance. La confiance que nous avons en notre raison et en notre logique prouve seulement leur utilité pour la vie, non point leur vérité. « Il est nécessaire que quelque chose soit

---

1. Ce système rationaliste est magistralement exposé par Ch. Andler : *La Liberté de l'esprit selon Nietzsche*, brochure de l'*Union pour la Vérité*, 1910. Mais nous serions portés à abréger peut-être un peu plus que M. Andler cette période rationaliste qu'il prolonge jusqu'en 1882, car l'ouvrage non traduit intitulé *Die Wiederkunft des Gleichen*, écrit pendant l'été de 1881, développe déjà l'idée que la vie ne se maintient que par l'erreur. Les premiers aphorismes de cette ébauche sont très significatifs. Cf. encore les *Vorarbeiten und Nachträge zur Morgenröthe*, de 1880, § 208, 209, 211, t. XI des *Œuvres posthumes*.

2. *Aurore*, § 213.

3. T. XI, p. 268.

4. T. XII, p. 72.

tenu pour vrai, il n'est nullement nécessaire que cela soit vrai[1]. »
Ne nous imaginons pas que les philosophies représentent des efforts
exceptionnellement désintéressés vers une vérité plus pure. « Peu à
peu je me suis rendu compte de ce que fut jusqu'à présent toute
grande philosophie : la confession de son auteur, une sorte de
mémoires involontaires; et je me suis aperçu aussi que les intentions
morales (ou immorales) formaient dans toute philosophie le véritable germe vital d'où la plante entière est éclose.... Je ne crois pas
que « l'instinct de la connaissance » soit le père de la philosophie,
mais plutôt qu'un autre instinct s'est servi, là comme ailleurs, de la
connaissance (et de la méconnaissance) ainsi que d'un instrument[2]. »

De ce que l'instinct de connaissance n'est pas premier, il suit
qu'il se satisfait perpétuellement par la construction d'un *faux* utile
et que la science doit se définir un *système d'altération* justifié par
son importance biologique[3]. Pendant des siècles l'intelligence n'a
engendré que des erreurs, mais quelques-unes de ces erreurs se
sont trouvées utiles à la conservation de l'espèce et ont agi dans le
cours de l'évolution à la manière d'une variation darwinienne avantageuse. « Comment la logique s'est-elle formée dans la tête de
l'homme? Certainement par l'illogisme dont, primitivement, le
domaine a dû être immense. Mais une quantité innombrable d'êtres
qui raisonnaient autrement que nous ne le faisons maintenant a dû
disparaître, cela semble de plus en plus certain. Celui qui par
exemple ne parvenait pas à découvrir assez souvent les analogies
en fait de nourriture ou à l'égard des animaux qui étaient ses
ennemis, celui donc qui établissait trop lentement des classes ou
qui était trop circonspect dans la subsomption diminuait ses chances
de survie plus que celui qui pour les choses analogues concluait
immédiatement à l'identité. C'est un penchant prédominant à traiter
dès l'abord les choses analogues comme si elles étaient identiques,
— penchant illogique, car en somme rien n'est identique, — qui le
premier a créé la base de toute logique. De même il fallut pour que
se formât le concept de substance, logiquement indispensable, —
bien qu'en un sens rigoureux rien de réel n'y correspondît, — que
longtemps ce qu'il y a de changeant dans les choses ne fût ni vu ni
senti.... Aucun être vivant ne se serait conservé si le penchant à

1. *Volonté de puissance*, § 268.
2. *Par delà le bien et le mal*, § 6, trad. H. Albert un peu modifiée.
3. Cf. *Volonté de puissance*, § 288.

affirmer plutôt qu'à nier, à juger plutôt qu'à être juste, n'avait été
développé avec une extrême intensité [1]. »

En résumé notre logique exprime « la supériorité des êtres qui
ne voyaient pas très exactement sur ceux qui voyaient les fluctuations de toute chose ». Seuls ces êtres à courte vue ont su morceler
le monde en objets distincts, isoler des causes et des effets, découvrir un déterminisme dans cette nature construite pour leur plus
grande commodité, formuler des lois. L'espace euclidien lui-même
n'est qu'une « condition d'existence », une « simple idiosyncrasie
de certaines espèces animales, une seule idiosyncrasie à côté de
tant d'autres [2] ». « Le prétendu instinct de causalité est seulement
la crainte de l'*inaccoutumé* et la tentative d'y trouver quelque chose
de connu [3]. » « Pour maintenir théoriquement le monde mécanique,
il nous faut toujours réserver la clause que c'est par deux fictions
que nous y parvenons : le concept de mouvement (emprunté à notre
langage des sens) et le concept de l'atome (c'est-à-dire l'idée de
l'unité provenant de notre expérience psychique) : la condition première du monde mécanique, c'est un *préjugé des sens* et un *préjugé*
psychique [4]. » Ainsi toute notre physique est un instrument pour
accommoder le monde et non point une explication de l'univers [5],
c'est « un arrangement naïvement humanitaire [6] ».

Le point sur lequel nous regrettons que Nietzsche se soit insuffisamment expliqué, c'est la démonstration de la bienfaisance de
l'erreur. Il nous affirme que « voir de part en part serait la mort [7] »,
qu'aujourd'hui encore la vie est engendrée par des erreurs, « au
point qu'il est vraisemblable qu'originairement la vie fut créée par

---

1. *Le Gai savoir*, § 111. Nous empruntons cette traduction à M. Berthelot, *Un
Romantisme utilitaire*, I, p. 41-42.
2. *Volonté de puissance*, § 272. On voit que la pensée de Nietzsche se rapproche
sur ce point de celle de Poincaré. Nous avons déjà remarqué que le pragmatisme
de Poincaré s'étend à la géométrie euclidienne, non aux parties purement analytiques des mathématiques. Pareillement Nietzsche déclare que l'espace d'Euclide n'est aucunement une représentation nécessaire, mais il considère d'un
autre point de vue la science des nombres. « Il n'y a à proprement parler
« vérité » que dans les choses que l'homme a créées, comme par exemple le
nombre. Il met quelque chose dans ces créations et ensuite il le retrouve,
voilà le type de la vérité accessible à l'homme. » (*OEuvres posthumes* non tra-
duites, t. XI, p. 167.)
3. *Vol. de puissance*. § 298.
4. *Ibid.*, §, 297.
5. *Par delà le bien et le mal*, § 14.
6. *Par delà le bien et le mal*, § 22.
7. *OEuvres posthumes*, t. XII, p. 198

la plus grossière erreur concevable [1] ». Elle ne ferait que développer cette erreur. « Il est chimérique, notre expérience le prouve, de penser que la plus parfaite adaptation à la situation réelle de l'univers soit la condition d'existence la plus favorable [2]. » Ce sont ces assertions qui nous paraissent discutables et même fragiles.

Nietzsche ne les défend que par un seul argument : pour vivre l'homme a dû traiter des objets simplement analogues comme s'ils étaient identiques; il a dû les rapprocher, au mépris de différences certaines, quand ils annonçaient un même danger ou promettaient la satisfaction du même besoin; il a dû les isoler, au mépris de relations réelles, quand l'action qui se dessinait l'invitait à méconnaître ces relations [3]. Cette remarque est profonde. Elle trouve un si riche commentaire dans les philosophies contemporaines les plus en faveur qu'il est superflu de la développer. Mais que prouve-t-elle au juste? Que l'humanité débute par une connaissance inexacte, approximative, mêlée d'erreur et de vérité. Il y a, notons-le, quelque exagération de langage à dire que dans cette représentation de l'univers tout est erreur. Négligeons pourtant ce point. *La question est de savoir si tout l'avenir de la connaissance et de la science est rigoureusement dépendant des démarches primitives de l'intelligence humaine, irrémédiablement compromis par ces premières généralisations ou ces premières abstractions.* Est-il démontré que nous périrons en les corrigeant? En fait, si *au début* nous sommes contraints de morceler maladroitement l'univers, le progrès de la science consiste précisément à rétablir bien des fils coupés, ou peut-être à les remplacer par des fils plus résistants. Est-il rien de plus propre que la loi de la gravitation de Newton, que les conceptions actuelles sur les ondes hertziennes, la chaleur rayonnante, la propagation de la lumière depuis les régions les plus formidablement distantes de nous jusqu'à la terre, pour nous donner le sentiment de l'universelle solidarité des choses? Si, pour vivre, nous avons d'abord renoncé à une continuité primitive qui n'était au fond que la confusion de nos données sensorielles peu instructives, pour mieux vivre, nous avons été conduits à affirmer ensuite des relations sans aucun doute plus objectives et mieux définies. Le morcellement n'a

1. *Ibid.*, p. 7.
2. *Ibid.*, p. 8.
3. Cet argument est repris sous diverses faces. Voir entre autres textes : *Volonté de puissance*, trad. Albert, t. II. p. 31-33, 73-74, 77, 79, 82.

donc été qu'une phase de la recherche. L'humanité n'est pas morte
en la dépassant.

Le principe d'identité serait encore selon Nietzsche, un exemple
d'erreur utile. Nous savons bien qu'il n'y a pas au monde deux
feuilles d'arbre identiques, qu'un même objet ne demeure pas ce
qu'il est, et pourtant il nous réussit de postuler les identités pour
pouvoir énoncer des lois et formuler des prévisions. Cet argument
nous apparait encore comme un mélange de remarques justes et de
contresens manifestes. Il méconnait la signification du principe
d'identité et il confond, comme le précédent, une phase passagère
de la connaissance vulgaire avec l'œuvre totale de la science. Certes
on a raison d'affirmer qu'il n'y a point dans l'univers d'objets *globalement identiques* les uns aux autres. Mais le principe d'identité
n'affirme pas qu'il y en a. Il signifie tout au contraire que sous un
certain rapport j'ai le droit de considérer comme identiques, c'est-
à-dire substituables l'un à l'autre dans un raisonnement, des termes
qui sous d'autres rapports sont différents. On s'interdit souvent
d'apercevoir la véritable portée de ce principe parce qu'on l'énonce :
A est A, une chose est ce qu'elle est. Cette assertion est de nul
intérêt. Dans quels cas m'importe-t-il de noter une identité? Précisément lorsque telle ou telle circonstance me la dissimule, éloignement dans l'espace ou dans le temps, voisinage de qualités différentes, etc. Considérons le plus simple des raisonnements où
intervient ce principe : $A = B$, $B = C$, donc $A = C$. A, B, C peuvent
être trois portions de droites, trois triangles, trois nombres, trois
grandeurs quelconques. En disant que A égale B, j'affirme qu'A est
identique à B *sous un certain rapport*, sous le rapport de la quantité.
Ma proposition signifie par exemple : quoique A et B soient deux
triangles situés en diverses régions de l'espace, ils sont identiques
au point de vue de la forme et des dimensions, je puis les substituer
l'un à l'autre dans un raisonnement *où n'intervient que ce seul point
de vue*. Évidemment je n'aurais jamais le droit de substituer un
terme à un autre (ce qui équivaut à dire : je n'aurais jamais le droit
de raisonner, ou plutôt : mes raisonnements seraient sans aucune
application à la réalité) s'il n'y avait des identités dans la nature;
mais il n'est pas requis qu'il y ait des objets concrets de tout point
identiques, il suffit que l'esprit ait pu découvrir dans deux objets
un aspect sous lequel ils sont strictement comparables. Or le succès
même de la science prouve que ces aspects existent.

Il reste que l'esprit humain s'est plusieurs fois montré trop enclin à postuler des identités indéfendables, que la tendance à d'illégitimes généralisations est une idole de la tribu. Mais on voit mal pourquoi cette idole serait indispensable au salut de l'humanité et l'on voit fort bien au contraire que chaque jour la science lui livre un rude combat.

Nous n'arrivons donc pas à découvrir ces erreurs fondamentales qui, d'après Nietzsche, constitueraient la sauvegarde des individus et des sociétés. Réduirons-nous sa thèse à cette simple remarque que plusieurs fois dans l'histoire des sciences des erreurs ont été utiles? Le fait est certain, mais sans portée. On n'a point prouvé que l'erreur est instrument vital plus puissant que la vérité quand on a cité quelques cas exceptionnels où l'erreur a rendu service. Il m'est profitable de me tromper d'heure si cette erreur me fait manquer un train qui déraille : personne ne conclura qu'une montre inexacte vaut mieux qu'une bonne montre. En dehors des erreurs qui par pur hasard se sont trouvées bienfaisantes, il en est certes de nombreuses qui ont aidé l'humanité à vivre. Mais on oublie que celles-ci étaient des demi-vérités. Elles ont servi à cause de la moitié-vérité qu'elles renfermaient, non pas à cause de la moitié-erreur. Bossuet disait que l'erreur est une vérité dont on abuse. Si toutes les erreurs ne répondent pas à cette définition, celles qui ont mérité notre reconnaissance sont de ce type. En un sens la loi de Mariotte est une erreur et c'est aussi une erreur d'affirmer que l'orbite de la terre est une ellipse. Mais mieux vaudrait dire que ce sont là des approximations de vérité, utiles précisément en proportion de la vérité qu'elles incorporent. Tout ce qu'on peut accorder à l'autre thèse, c'est qu'il est peut-être utile aux progrès de la science que l'esprit débute par ces vérités approchées, plutôt que par des vérités accompagnées de toutes les restrictions nécessaires, parce qu'il est avantageux que d'abord les phénomènes étudiés paraissent simples. « L'histoire de la science, dit M. Émile Picard, confirme plus d'une fois cette remarque. Si, par exemple, Newton et Leibnitz avaient pensé que les fonctions continues n'ont pas nécessairement une dérivée, ce qui est le cas général, le calcul différentiel n'aurait pas pris naissance; de même, les idées inexactes de Lagrange sur la possibilité des développements en séries de Taylor ont rendu d'immenses services, et il est heureux que Newton ait eu au début de

ses recherches pleine confiance dans les lois de Képler[1]. » Ces faits
ne prouvent pas que l'esprit humain est condamné à l'erreur définitive sous peine de compromettre la vie de l'espèce, mais seulement
qu'il débute par des vérités approchées pour s'élever à des vérités
plus nuancées.

Comme Nietzsche, les pragmatistes contemporains cherchent les
origines de la science dans le besoin de maintenir et d'améliorer
l'existence et comme Nietzsche ils proclament que cette science ne
peut atteindre la vérité absolue. Mais cette formule n'a pas le même
sens pour eux et pour Nietzsche. Car Nietzsche conservait la conception traditionnelle de la vérité : la science serait vraie si elle offrait
une représentation fidèle de la nature; puisqu'elle déforme le réel
pour nous aider à vivre, il faut dire qu'elle s'alimente de mensonges;
l'utilité n'empêche pas une erreur d'être une erreur. Pour les pragmatistes contemporains, la notion de vérité absolue est un non-sens;
il y a seulement des idées vraies pour tel individu, telle société, dans
telles circonstances : ce sont des idées utiles, qui rendent le service
qu'elles promettaient. De sorte que la seule vérité admise par les
pragmatistes est précisément ce que Nietzsche eût appelé l'erreur
bienfaisante, — avec cette seule réserve, qu'en conservant ici le
mot erreur, Nietzsche indiquait assez qu'il gardait le rêve d'une
vérité désintéressée[2].

Si donc pour Nietzsche et pour les pragmatistes proprement dits
la science n'atteint pas le réel, pour Nietzsche c'est parce qu'elle est
impuissante et peu curieuse, pour W. James, Schiller et Dewey,
c'est avant tout parce qu'elle n'a pas à l'atteindre, le rôle de l'idée
n'étant pas de refléter un donné. L'idée n'est pas une copie, elle ne
se modèle pas sur une réalité indépendante de la connaissance, elle
est un moyen d'action, un projet, un idéal. La science ressemble
donc à un vaste plan de campagne patiemment élaboré en vue de
transformer l'expérience dont nous souffrons. Il ne faut pas la juger
comme un portrait auquel on demande d'abord de représenter fidèlement l'original, mais comme un instrument, d'après les services
qu'il est à même de rendre.

Nous ne nous proposons pas de discuter ici le pragmatisme. Nous

1. *La Science moderne et son état actuel*, p. 60. Paris, Flammarion, 1909.
2. Nietzsche paraît admettre que cette vérité, profondément distincte de l'erreur utile, se révèle surtout à l'artiste dans les moments d' « ivresse dionysiaque ».
Voir *La Naissance de la Tragédie*. Cf. Berthelot, *Op. cit.*, I, p. 48 et 56.

avons simplement à nous demander si c'est bien pour avoir adopté
une conception biologique de la science que le pragmatisme en est
venu à résorber la notion de vérité en celle d'utilité. Est-il vrai que
ceci dérive de cela? Tel est l'unique point que nous désirons examiner. Or l'étude la plus superficielle des doctrines pragmatistes
révèle l'influence profonde qu'ont exercée sur les fondateurs de
l'école les préoccupations très étrangères à la biologie. Quand James
a écrit *Le Pragmatisme*, il était déjà l'auteur de *La Volonté de croire*
et des *Variétés de l'expérience religieuse*. La seconde patrie du pragmatisme se trouve être la vieille citadelle de la théologie, Oxford,
la ville des rêves de Jude l'Obscur, et ce n'est sans doute pas un pur
hasard[1]. Il nous est difficile de souscrire à l'assertion de Schiller
d'après laquelle, si le pragmatisme est sorti des controverses entre
rationalistes et fidéistes, c'est un simple accident[2]. Une fois élaborée,
la doctrine pragmatiste s'est, il est vrai, montrée capable de renouveler bien des problèmes épistémologiques, de mettre par exemple
en lumière le rôle des idées dans le remaniement de l'expérience,
l'influence de la connaissance sur le réel, alors qu'on avait trop
exclusivement considéré jusque-là l'influence du réel sur la connaissance. Mais il est visible que les fondateurs du pragmatisme ont eu
pour souci dominant le désir de trouver une définition de la vérité
telle que cette définition convînt à des croyances non démontrables.
Et longtemps leur doctrine s'est ressentie de cette sympathie pour
l'irrationalisme[3]. Dans la page même de Schiller où nous lisons
l'assertion qui précède se manifeste une tendresse qui la contredit :
« Si l'on avait à choisir entre l'irrationalisme et l'intellectualisme,
sans aucun doute c'est le premier qu'il faudrait préférer. Il ne représente pas une rupture aussi violente avec nos habitudes actuelles,
une caricature aussi grotesque de nos démarches. » Les pragmatistes
ont d'abord cherché une définition de la vérité *religieuse*. Dans un
tel domaine, ce qui constitue la vérité ne peut être la conformité à
un réel donné; et la caractéristique de l'âme religieuse n'est pas l'esprit de soumission aux faits. Pourtant une ressource s'offre pour

1. Nous ne voulons pas dire que tous les pragmatistes sont des théologiens,
mais que les fondateurs du pragmatisme ont vécu dans des milieux où floris-
saient de nombreuses sectes en conflit, que leur doctrine exprime une certaine
lassitude à l'égard des querelles théologiques et cependant le désir de faire une
place aux préoccupations religieuses à côté des préoccupations scientifiques.
2. *Humanism*, p. 7.
3. Cette sympathie disparait cependant, nous semble-t-il, chez les pragmatistes
de l'école de Chicago, plus logiciens que leurs devanciers.

conserver cette notion de vérité si chère à l'homme : il suffit de l'infléchir vers une autre notion, celle de fécondité. Alors on dira que la croyance vraie est celle qui aide à vivre, accroît l'énergie, console, rend optimiste. Elle sert. Mais, en possession de cette définition, le pragmatiste s'est demandé : le rôle de toute connaissance n'est-il pas de servir? Darwin n'avait-il pas montré que l'existence est le prix d'une lutte, Mill et Spencer que l'égoïsme est le facteur primordial de la conduite humaine? L'idée d'une connaissance purement désintéressée semblait ruinée par les utilitaires et les évolutionnistes. Il devenait possible d'appuyer à des théories biologiques une doctrine d'abord inspirée par des préoccupations d'un tout autre ordre et de proclamer qu'en tout domaine l'idée vraie est celle qui réussit.

Le pragmatisme a donc rencontré au cours de son développement la théorie darwinienne de la connaissance, il n'en est pas sorti. Il est manifeste qu'en la rencontrant il l'a fait dévier. Elle disait en effet seulement que l'homme cherche à connaître pour vivre. Le pragmatiste lui fait dire qu'il suffit à l'homme de vivre pour prouver qu'il connaît. Elle disait qu'à un certain degré de perfectionnement l'être vivant comprend l'utilité de posséder le vrai. Le pragmatiste lui fait dire que l'homme possède le vrai quand sa situation est prospère. Il y a dans ces traductions pragmatistes de la théorie biologique comme un parti pris de remplacer une proposition par sa réciproque, source de multiples sophismes.

On doit savoir gré aux pragmatistes d'avoir vigoureusement combattu la conception d'une science sans relation avec nos besoins pratiques, d'avoir vu dans l'idée un facteur de transformation, un événement tout aussi réel qu'un fait physique, prenant sa place dans un processus où pensées, actions, hypothèses, déplacements matériels, se succèdent sans hiatus [1]. Mais ils ont été trop portés à nier un caractère des idées pour en souligner un autre. Parce que l'idée regarde l'avenir ils ont oublié qu'elle regarde aussi le passé. Si l'une des fonctions de l'idée est de préparer le remaniement de l'expérience, la reconstruction d'un univers toujours inachevé, une autre fonction est de permettre le calcul, le raisonnement, qui édifie l'avenir dans la pensée avant que l'activité physique réalise dans l'espace. Les idées, ou du moins certaines idées (car nous ne parlons point ici des idées morales et religieuses), sont pour nous des substituts des

---

1. Cf. Dewey, *Studies in logical theory*, p. 10.

choses, des symboles maniables que nous rapprochons, dissocions, combinons de mille manières avant de passer à l'exécution. Certes l'idée scientifique contribue, comme l'idée pratique, comme une foi religieuse, comme un credo politique, à transformer le monde. Mais elle doit satisfaire à des conditions différentes. L'idée scientifique *servira* d'autant mieux qu'elle aura incorporé plus de réalité, elle ne sera instrument que si d'abord elle est à quelque degré copie.

Le véritable apport de la biologie à la théorie de la connaissance ce n'est pas la doctrine que toute croyance est vraie quand elle rend service, c'est la doctrine dite des essais et des erreurs (*trial and error method*). Jennings par ses minutieuses études sur le comportement des animaux inférieurs a montré que le moindre organisme est contraint d'explorer son entourage à ses risques et périls, qu'il n'est pas mécaniquement attiré par l'habitat le plus favorable, par la tache de soleil où il paraît se complaire, mais qu'il rencontre cette tache en essayant mille déplacements, au hasard. Un être progresse lorsqu'il est capable de retenir les réactions qui réussissent et d'éliminer progressivement les « erreurs ». On sait le parti que des psychologues comme Baldwin ont tiré de ces faits très simples[1].

Si simples qu'ils soient, ils appellent notre attention sur une lacune capitale du pragmatisme. Les pragmatistes parlent sans cesse des idées qui *réussissent*, mais ils sont fort en peine de définir ce mot. Il leur faudrait en effet définir l'épreuve qui décide du succès. Or ils aboutissent à supprimer cette épreuve, puisqu'ils suppriment l'idée-copie, donc toute constatation. Par exemple, qu'est-ce qu'une loi physique qui réussit, sinon une loi qui vous permet d'attendre exactement ce que vous voyez apparaître? Comment parler de succès si vous ne confrontez votre espérance avec une constatation? Il faut donc qu'il y ait des idées qui soient des constatations. C'est par rapport à celles-ci que s'éprouvent les autres.

Ainsi reparaît la notion d'une vérité qui ne se définit pas par l'utilité, d'une vérité qui est elle-même juge du succès, donc qui n'en dépend pas. Il y a des faits. La méthode des essais et des erreurs ne se conçoit qu'à cette condition. L'esprit humain a le droit de tenter des voies nouvelles, de courir des risques, il ne peut même progresser que par son audace, mais ses conceptions viendront se

1. Surtout dans son opuscule sur *Le Darwinisme et les sciences morales* et dans le second volume de *Thought and things or genetic logic*.

heurter à des faits et succomberont alors ou survivront. Pareille
théorie s'écarte également d'un rationalisme suivant lequel l'esprit
dicte sa propre législation à la nature et d'un empirisme suivant
lequel l'esprit reçoit passivement de la nature les enseignements
dont l'ensemble constitue la science. Ni Kant, ni Spencer. A tous
deux même objection : ils croient que l'accord des choses et de
l'esprit s'établit trop facilement, par l'effacement de celles-là ou de
celui-ci. Mais l'histoire de toute grande idée scientifique nous
montre toujours qu'elle n'est ni conçue purement *a priori*, ni simplement dictée par l'expérience. Les principes fondamentaux de la
mécanique et de la physique, principe de l'inertie, principe de la
conservation de l'énergie, de la conservation de la masse sont si peu
a priori qu'il faut arriver aux Newton, aux Leibnitz, aux Bernouilli
pour en trouver la notion précise. Ils sont si peu empiriques qu'il
reste encore à imaginer par quelle expérience s'en obtiendrait la
démonstration. Ce sont des « essais » heureux par lesquels la
science satisfait du mieux qu'elle peut le double besoin qui la fait
progresser, le besoin d'intelligibilité et le besoin d'objectivité.
Schiller n'a pas été mal inspiré en soutenant que les principes sont
toujours des postulats[1], son seul tort est d'avoir rendu l'épreuve
des postulats inconcevable.

Les remarques précédentes tendent à démontrer que les besoins
vitaux qui ont fait surgir la passion de la connaissance ne trouvent
leur satisfaction que dans une science où le vrai se dégage par une
sévère sélection des idées. La vie nous rapproche de la vérité parce
que seule la vérité est féconde de sa nature et autrement que par
hasard. Mais elle ne nous rapproche pas automatiquement de la
vérité, sans que nous ayons à oser, à parier, à courir des risques.
Toute théorie de la science doit donc proclamer les droits de l'imagination la plus audacieuse, elle ne doit jamais dire non à l'élan de
la pensée. Or la théorie des essais et des erreurs, qui nous paraît la
plus exacte expression d'une conception biologique de la science
justifie toutes les hardiesses intellectuelles, les déclare même indispensables au progrès du savoir. D'autre part elle insiste sur l'existence d'un réel qui ne dépend en rien de notre caprice et contre
lequel nos hypothèses viennent s'éprouver. Soutenir que la science,

---

1. Axioms as Postulates, in *Personal Idealism*, essays edited by Henry Sturt.
London, 1902.

répond à une nécessité vitale ce n'est donc ni méconnaître le rôle de la pensée théorique, ni rabaisser le vrai à l'utile. Cette confusion ne sera jamais acceptée dans le pays de Descartes. Mais on peut tenter la réduction inverse, élever l'utile jusqu'au vrai, soutenir que notre suprême intérêt est de rechercher la vérité pour elle-même. Accoutumer les esprits à cette idée, c'est peut-être l'effort permanent de la philosophie française.

Désiré Roustan.

ÉTUDES CRITIQUES

L'ŒUVRE DE LOUIS COUTURAT[1]

Il y a deux sortes d'originalité : l'une consiste à se singulariser ; elle est, par rapport à la marche générale de l'art ou des sciences, une position excentrique qui se fait remarquer par son écart. Celui qui l'occupe intéresse le public à sa personne, ou pour mieux dire, à son individualité. Mais quand il disparaît, il arrive souvent qu'il laisse peu de chose. — L'autre consiste à porter à leur plus haut degré les qualités fondamentales de l'esprit, et à les exercer précisément dans la ligne où se fait la grande œuvre collective des hommes. Ceux qui possèdent ce genre d'originalité attaquent, sur le front où l'on travaille, les points les plus résistants, les morceaux de roche qui avaient longtemps barré le passage ; ils percent des galeries qui facilitent l'avancement du chantier ; ils organisent le travail ou consolident le terrain acquis. Les gens qui ne sont pas du métier ne les connaissent pas beaucoup : il faut être à côté d'eux pour se rendre compte de ce qu'ils font. Le jour où ils manquent, on sent qu'on a fait une grande perte ; mais on ne la mesure tout entière que plus tard, en face des œuvres achevées que l'on compte rétrospectivement, et des œuvres interrompues pour lesquelles on ne voit plus de pionnier. — Telle était l'originalité profonde et productive de Couturat.

1. Alexandre-Louis Couturat, né à Paris le 17 janvier 1868, fit ses études au lycée Condorcet, et fut reçu à l'École normale (lettres) dans la promotion de 1887. Premier agrégé de philosophie en 1890, il fit à l'École une quatrième année, suivit ensuite comme étudiant les cours de la Faculté des Sciences, et fut reçu premier à la licence de mathématiques en 1892. Nommé le 12 mai 1894 maître de conférences à la Faculté des Lettres de Toulouse, il remplit ces fonctions en 1894 et 1894-95. Il se maria le 21 avril 1896, et passa ses thèses de doctorat le 12 juin de la même année. Après ces deux ans de congé, il fut de nouveau chargé de cours à l'Université de Caen, le 27 octobre 1897. Il y enseigna pendant deux années, puis revint à Paris, où il prit une part active à l'organisation du Congrès de philosophie de 1900 ; et depuis lors il cessa définitivement de professer, sauf un cours, fait au Collège de France, en 1905-1906, dans la chaire de M. Bergson

Elle tenait à une réunion exceptionnelle de qualités intellectuelles, artistiques et morales.

La première et la plus frappante était l'extrême lucidité de son intelligence, ce don si souvent déprécié par les adversaires de l'esprit français, qui aiment à croire, ou à faire croire, qu'on est allé très loin du moment qu'on n'y voit plus clair. De ce genre de profondeur, il se moquait volontiers. Il avait à un degré rare le besoin et la faculté de débrouiller les idées confuses, de se débarrasser des complications accessoires et de mettre en valeur l'essentiel. La clarté, — la clarté réelle, et non ses contrefaçons, — a sa source dans le jugement : elle consiste à reconnaître ce qui est central et indispensable, puis à l'énoncer sous sa forme la plus directe. Elle vient aussi de la conscience : oser dire je ne sais pas, tant qu'effectivement une question n'est pas éclaircie; ne jamais essayer, pour s'épargner une peine, de répandre un brouillard sur les endroits difficiles ou les conséquences gênantes; chercher l'ordre rationnel des idées jusqu'à ce qu'on soit sûr de ne pas trouver pour le moment une disposition meilleure : tout cela semble bien simple; mais pour le pratiquer sans relâchement, il faut être ce qu'était Couturat, un caractère, et ne pas craindre le travail, même obscur et fastidieux.

Heureusement affranchi de toute nécessité de carrière, il renonça vite à l'enseignement supérieur. Il lui était insupportable de traiter à jour fixe une question de philosophie, souvent à moitié mûre, dont la préparation consciencieuse réclamait sans cesse, parfois au dernier moment, l'ouverture de recherches nouvelles. Le retour hebdomadaire du cours public lui rappelait ces exercices de cirque où l'on doit à chaque tour de piste franchir la même banquette ou répéter le même saut périlleux. Mais à cette régularité qui coupe le travail à contretemps, il savait substituer une forte discipline volontaire. On ne peut garantir, disait-il, d'être prêt à traiter un problème

qui lui avait demandé de le suppléer. En 1900, puis en 1901, il avait été chargé d'une mission scientifique à Hanovre pour y étudier les manuscrits inédits de Leibniz. — Il a été trésorier de la *Délégation pour l'adoption d'une langue auxiliaire internationale* (1900-1908), secrétaire du comité de la *Délégation* (1908), enfin secrétaire de l'*Akademio di la linguo internaciona Ido* (1910) et de la revue *Progreso* (1908-1914). Il a été tué le 3 août 1914, à Ris-Orangis, le jour même où l'Allemagne déclarait officiellement la guerre à la France : la voiture dans laquelle il rentrait à sa maison de campagne de Bois-le-Roi fut renversée sur la route de Fontainebleau par une lourde automobile lancée à toute vitesse, qui portait des ordres de mobilisation. — Une *Notice*, d'où j'extrais la plupart des faits et des dates ci-dessus, lui a été consacrée par son camarade et ami M. Benaerts, dans l'*Annuaire de l'École normale* pour 1915.

logique ou métaphysique le lundi à dix heures, à moins qu'il ne
s'agisse d'une question classique et élémentaire; mais on peut s'imposer d'être chaque jour à la besogne de huit heures à midi et de
quatre à sept. — Et comme il le disait, il le faisait, sans s'interdire les
heures supplémentaires quand il en sentait la nécessité. Son exactitude à se mettre au travail, autant que sa force naturelle de
pensée, explique, dans une vie si courte, l'étendue de sa production.

Cette même énergie morale se manifestait sous une autre forme :
sa passion pour la vérité. Non seulement il était dans la vie journalière d'une droiture et d'une loyauté à toute épreuve; non seulement
il apportait dans la recherche et la discussion une absolue bonne
foi; mais dès qu'il voyait clairement où était le vrai, il y marchait
sans la moindre considération de personnes. *Magis amica veritas.* Il
semblait quelquefois un peu dur ou méprisant dans la critique,
parce qu'on ne se représentait pas son véritable état d'esprit et
qu'on rapportait involontairement ses paroles aux habitudes d'atténuation et de ménagement qui sont les plus courantes; mais quand
on le connaissait mieux, on voyait combien il était exempt de toute
malveillance; il ne devenait hostile que par indignation, quand il
croyait voir chez ses adversaires un manque de sincérité : alors, et
pour les mêmes raisons, sa critique se faisait impitoyable. Ce n'est
pas le lieu de parler ici de sa bonté, de son dévouement pour des
camarades malheureux. Pourtant tout cela se tient : une valeur
intellectuelle égale à la sienne n'aurait pas eu tout son effet chez un
homme d'une valeur morale moins élevée.

Dès l'abord, il manifesta la riche variété des dons intellectuels
qu'il avait reçus. Lauréat du Concours général en philosophie et en
sciences, brillant élève de la section des Lettres à l'École normale,
il amusait ses camarades par ses talents de dessinateur. Entre deux
dissertations, il décorait les murs de peintures élégantes et fantaisistes, ou crayonnait un dessin, d'une ligne toujours harmonieuse, pour
un programme de fête ou de revue. M. Benaerts a raconté comment
M. Perrot, alors Directeur de l'École, intéressé par son talent, lui
demanda de dessiner plusieurs pièces du Musée du Louvre pour
l'*Histoire de l'Art* qu'il publiait. — C'est encore l'art qui fut l'objet
de sa première publication [1]. Elle était suggérée par une étude de

---

1. Sauf une lettre, parue en 1892 dans la *Revue philosophique,* à propos d'un
article sur le problème d'Achille. — Voir ci-dessous la bibliographie générale
des travaux de Couturat.

M. Adrien Naville sur *La Beauté organique*, dont la thèse et la terminologie lui avaient paru contestables : par une curieuse anticipation de ce qui devait devenir plus tard sa pensée dominante, cet article sur *La Beauté plastique*, qui est d'un artiste, est aussi d'un logicien. A côté d'une analyse purement esthétique, destinée à mettre en relief l'importance essentielle de l'*expression*, — par exemple la fine et précise interprétation du mouvement de deux draperies différentes, dans les dessins de Léonard de Vinci, — il discutait d'une manière pénétrante la position même du problème, sa *mise en concepts*, et les questions de langage qu'impliquait cette position. L'article est déjà conduit avec toute la vigueur d'une logique consciente de ses droits, et de la place que doivent tenir les problèmes sémantiques dans une pensée qui ne veut pas se payer de mots. Serait-il trop subtil d'ajouter que l'importance même donnée à l'idée d'*expression*, l'analyse qu'il en fait, les caractères définis par lesquels il oppose l'expression artistique d'un état de conscience à son énoncé verbal, tout cela semble animé déjà par cette même préoccupation? Peut-être : car il aimait avant tout l'art et la beauté pour eux-mêmes. Les Musées, les Salons, qu'il suivait assidûment, ont toujours été son délassement favori. Récemment encore, ce vif sentiment du beau l'avait intéressé à l'œuvre de l'« Éducation physique »; il y voyait un retour possible à l'harmonie antique, un remède à la laideur de la vie moderne. Et cette perspective l'enchantait.

Mais si l'art n'a jamais cessé d'être son grand plaisir et son repos, il n'est pas resté l'objet de son travail. Au moment même où il écrivait sur *La Beauté plastique*, il avait commencé déjà depuis plusieurs années d'autres recherches, qui le passionnaient. En ce temps-là une quatrième année d'École normale, en pleine liberté, sans souci de concours, était souvent accordée à ceux qui avaient le mieux réussi à l'agrégation : il en profita pour suivre les cours de mathématiques que faisait aux élèves de science le regretté Jules Tannery. Cet esprit si fin, si philosophique, lui fit sentir tout ce qu'il y avait à faire pour un philosophe dans ce domaine : il lui enseigna la technique, et lui suggéra la réflexion. Deux ans plus tard, après avoir suivi les cours de Poincaré, Picard, Jordan, Couturat était reçu premier à la licence de mathématiques, et il travaillait à ce qui devait être sa thèse principale de doctorat, l'*Infini mathématique*.

La doctrine dominante sur ce point, dans l'enseignement de la philosophie, était alors celle de Renouvier. Brochard, notamment, qu'il eut pour maître à l'École, défendait vivement la loi du nombre. Aux arguments de Zénon d'Élée, en dépit du mot que lui prête Platon, il attribuait la valeur d'une démonstration anticipée des thèses criticistes. Comme l'auteur du *Manuel de Philosophie ancienne* et des *Essais de Critique générale*; comme Evellin, qui en avait fait la base de son petit livre *Infini et Quantité*; comme Pillon, le plus orthodoxe des renouviéristes, il voyait dans la *Dichotomie* et dans l'*Achille* une acquisition décisive de la pensée humaine, et l'une des pièces nécessaires d'une théorie de la connaissance. Telle était aussi l'opinion de tous ceux qui s'en tenaient plus ou moins librement au kantisme, c'est-à-dire, en 1895, de la grande majorité des philosophes : M. Lechalas par exemple, dont Couturat discutait avec force l'*Étude sur l'Espace et le Temps*; Hannequin, dont le livre sur l'*Hypothèse des atomes* devait être aussi l'objet d'une de ses études critiques, les plus considérables, et qui admettait comme allant de soi « la contradiction flagrante d'un nombre actuel d'unités réelles [1] ». Les antinomies passaient alors généralement pour invincibles, et l'on sait quel rôle y joue l'impossibilité de réaliser un infini. Par suite, l'agnosticisme positiviste s'en prévalait autant que le finitisme, et c'était une des grandes raisons pour déclarer la Métaphysique inaccessible.

Couturat avait une foi naturelle dans le pouvoir de la raison, dont son intelligence voyait si clairement la lumière. Il avait été fortifié dans cette confiance par l'enseignement de M. Darlu : l'influence discrète et profonde de cet excellent maître forma toute une génération de jeunes philosophes; et ce furent eux qui fondèrent, sous la direction de Xavier Léon, la Revue même où j'écris en ce moment. Par son *Infini mathématique*, Couturat, plein d'ardeur, consacrait à la défense de la métaphysique et de la pensée rationnelle les connaissances mathématiques nouvelles qu'il avait acquises à bonne école. A ne considérer ce livre que dans sa partie la plus positive, il apportait à la philosophie française une large documentation, peu connue de la plupart des métaphysiciens et des logiciens de profession et qui venait renouveler le vieux stock de connaissances sur lesquelles vivait la réflexion critique : on y trouvait la théorie du nombre généralisé, sous ses trois aspects, arithmétique, algébrique

1. L'*Hypothèse des atomes*, p. 137. — Cf. Couturat, *Revue de Mét.*, 1896, p. 109-110.

et géométrique; la théorie des nombres infinis, présentée dans son rapport avec les généralisations précédentes, et complétée par une exposition des travaux de G. Cantor sur les ensembles et les nombres transfinis[1]; enfin l'état réel et contemporain de l'antique discussion entre mathématiciens empiristes et rationalistes, telle qu'elle se présentait chez les professionnels eux-mêmes, Stolz, Dedekind, Helmholtz, dans leur effort pour déterminer les vrais « principes » de leurs déductions. Toute cette exposition est d'une solidité, d'un ordre, d'une lucidité telle qu'encore aujourd'hui, au bout de vingt ans, on ne saurait recommander une meilleure lecture à un étudiant qui veut aborder les problèmes logiques de la grandeur et du nombre. — Mais d'ailleurs, pour Couturat, ce travail n'était que préparatoire : les deux derniers livres sont de philosophie pure. L'un est un dialogue, parfois savoureux, où l'infinitiste réfute le finitiste, et le convainc par degré, d'abord que l'entendement ne répugne ni à l'infini abstrait, ni à l'infini concret; ensuite, que notre raison ne peut se passer d'y faire appel, au moins à titre d'idée directrice : car la raison, comme l'a bien vu Cournot, dépasse, mais sans le contredire, le point de vue artificiellement simplifié de l'entendement et de la logique. « Il y a des propositions qui peuvent être absurdes sans être contradictoires, et la contradiction n'est pas le seul vice qui choque la raison. Partant, le principe de contradiction n'est pas le seul critérium de la vérité : il n'en est que le critérium négatif et conséquemment stérile. Le principe de continuité, au contraire, est une loi positive et féconde de la pensée.... Leibniz n'avait donc pas tort de faire reposer les mathématiques mêmes sur des principes métaphysiques : car c'est peut-être au principe de continuité que la Géométrie moderne doit ses progrès immenses et ses plus puissantes méthodes de généralisation[2]. » Enfin la conclusion reprend sous la forme la plus générale les notions de nombre, de concept, de grandeur, de mesure, d'infini, de continu,

---

1. Couturat cite cependant des expositions partielles de ces théories données par Paul Tannery dans un article de la *Revue philosophique* et par Hannequin dans un des chapitres de son *Essai sur l'Hypothèse des atomes.*
2. *De l'Infini mathématique,* p. 270. — Cf. p. 169-170. Il va de soi qu'il s'agit là d'un continu donné par une pure intuition intellectuelle, non par l'intuition sensible. M. Milhaud, dans l'article d'ailleurs très élogieux qu'il a consacré à cet ouvrage, a défendu la thèse qui fait venir de la sensation les idées de nombre, de grandeur, de continu; il y relève les difficultés qu'on rencontre à faire de la raison « la faculté de connaître la réalité », par opposition aux apparences sensibles. (*Revue philosophique,* 1897, I, 296 et suiv.)

pour aboutir à la ruine des antinomies kantiennes. Comme les
renouviéristes, Couturat voit une faute dans le soi-disant équilibre
des thèses et des antithèses; mais, contrairement à leur décision, ce
sont les thèses qu'il sacrifie : « L'idée claire et distincte de l'infini
est exempte des absurdités et des contradictions qu'on lui a repro-
chées, et qui viennent simplement de ce qu'on a cru en trouver
l'équivalent dans l'indéfini de l'imagination.... Nous ne nous flattons
pas de résoudre les questions de cosmologie rationnelle par des
raisonnements mathématiques : tout ce que la logique nous permet
d'affirmer, c'est la possibilité et non la réalité d'une grandeur
infinie. Concluons donc que malgré le criticisme, la Métaphysique
reste possible; et que, malgré le néo-criticisme, une Métaphysique
infinitiste est probable [1]. »

Comment il entendait cette métaphysique, Couturat l'a défini avec
plus de précision dans les dernières pages d'une longue étude critique sur le livre d'Hannequin, *L'Hypothèse des atomes dans la science
contemporaine*, qu'il contredisait sur presque tous les points, et
notamment sur sa défiance à l'égard du continu, mais dont il admi-
rait sans réserve la science et la méthode philosophique. Ces pages
s'inspirent visiblement du célèbre article de M. Lachelier, *Psychologie et Métaphysique* [2]. Contre Hannequin, qui voulait déterminer les
choses en soi « d'après l'empreinte la plus fraiche qu'elles laissent
sur nous », contre M. Bergson, qui pense atteindre la réalité dans la
sensation pure « en allant chercher l'expérience à sa source », il
maintient que ce n'est ni sur les données immédiates des sens, ni
sur celles de l'introspection qu'on peut fonder la véritable métaphysique, mais exclusivement sur la raison, s'exerçant par la critique des
sciences. S'il est possible de dépasser l'expérience « ce n'est assurément pas la conscience empirique qui nous en fournira le moyen,
mais peut-être la conscience intellectuelle; pour la même raison, ce
ne sera jamais le *moi empirique* qu'on pourra réaliser, mais bien le
moi pur, le « je pense ». Et si l'on peut échapper de quelque manière
à la condamnation des paralogismes de la raison pure, prononcée
par Kant, ce ne sera pas par l'intuition psychologique, mais par
une intuition rationnelle, par le *Cogito* cartésien, que les éclectiques,
par une méprise énorme, ont considéré comme une donnée de

---

1. *De l'Infini mathématique*, p. 580.
2. Couturat rapporte aussi ces idées à l'étude de Rauh, *Essai sur quelques problèmes de philosophie première* (*Rev. de Métaphysique*, 1893

l'introspection. Si je puis dire que j'existe, ce n'est pas en tant que je sens, mais en tant que je pense; en affirmant mon existence, je n'affirme pas la réalité de mon état de conscience, mais la réalité de l'acte par lequel je le pense. Ce n'est donc pas dans la sensibilité, mais dans la raison que se trouve le fondement de mon existence et par suite le critérium de toute réalité[1]. »

II

Ce ne fut pourtant pas dans cette direction que se développa son œuvre intellectuelle. Dès cette époque, malgré sa sympathie et son admiration, il marquait discrètement des doutes sur le succès et l'opportunité de ces belles ambitions[2]; avant de pouvoir les satisfaire, il voyait encore bien des questions de fait à éclaircir; et de sa première étude sur l'*Infini mathématique* sortirent ainsi, comme autant de branches vigoureuses, de grands travaux historiques et logiques. Il est difficile d'en parler dans un ordre satisfaisant. Toute exposition, comme disait Cournot, est nécessairement linéaire; et c'est au contraire par la multiplicité même de ses réflexions simultanées que Couturat développait sa philosophie. Aux environs de 1890, en même temps qu'il étudiait les mathématiques, il s'était plongé dans la lecture de Platon, qui charmait en lui l'artiste autant que le philosophe. Il en tira une thèse latine très curieuse, *De mythis Platonicis*. Dans l'embarras fréquent de savoir si tel passage de Platon exprime bien sa pensée, ou n'est qu'une fiction poétique, la plupart des commentateurs ont tout simplement qualifié de mythe ce qu'ils n'admettaient pas eux-mêmes, comme la fabrication matérielle du monde ou l'histoire de l'Amour, et jugé sincère ce qu'ils croyaient vrai, comme l'indépendance et l'immortalité de l'âme. Couturat procède objectivement : par un travail d'analyse portant sur un grand nombre de textes, il dégage les caractères, même verbaux, des morceaux dont le caractère mythique est incontestable; puis, appliquant ce critérium aux passages douteux, il fait voir quelle place, bien plus grande qu'on ne le croit d'ordinaire, est tenue par le mythe dans l'art de Platon. Par là, ce fuyant génie était cerné. Protée reprenait sa forme véritable, et révélait le secret scien-

1. *Revue de Métaphysique*, 1897, p. 245.
2. *Revue de Métaphysique*, 1897, p. 242, 247.

tifique de sa pensée. Couturat avait même conçu le plan d'un grand
ouvrage, *Le Système de Platon exposé dans son développement historique* [1], qui l'aurait sans doute entraîné fort loin de ce qui fut sa
voie. Mais bien d'autres idées se pressaient alors dans son esprit.
Entre 1895 et 1900, il amorçait à la fois ses recherches sur la logique mathématique, ses études leibniziennes, sa critique de l'épistémologie de Kant, ses travaux sur les langues artificielles. L'œuvre
qu'il avait commencée sur Leibniz donna la première tout son fruit.

L'analyse de l'idée d'infini l'avait mis souvent en présence de ce
grand infinitiste. Et pour un esprit passionné de raison, profondément sensible à la beauté, à la richesse, à la conséquence des idées,
quelle intense séduction ! Elle l'emporta pendant quelques années
sur tout autre intérêt. Il vécut dans le leibnizianisme comme dans
un parc enchanté, y retrouvant des avenues inexplorées et obstruées
par les branches, pénétrant peu à peu jusqu'à la terrasse centrale
et perdue d'où se découvrait tout le dessin du labyrinthe [2]. Sa double
éducation de mathématicien et de philosophe lui servait de fil
d'Ariane. « La Logique de Leibniz, écrivait-il, est assurément la
partie de son système qui a été la plus négligée par les historiens
de la philosophie et des mathématiques.... Il en est résulté que ni
les uns ni les autres n'ont pleinement compris les principes du
système et n'ont pu remonter jusqu'à la source d'où découlent à la
fois le Calcul infinitésimal et la *Monadologie*. Ils ont il est vrai pour
excuse, que les opuscules de Leibniz relatifs à la logique n'ont été
publiés que tardivement et très incomplètement, et qu'aujourd'hui
encore ils sont dispersés dans diverses éditions partielles et fragmentaires, notamment dans les deux éditions où Gerhardt a si
malencontreusement distribué les *Œuvres mathématiques* et les
Œuvres philosophiques.... S'il y a un penseur qu'on ne puisse
dédoubler ainsi impunément, c'est bien celui qui disait : « Ma méta-

---

1. Lettre à M. Benaerts (1895) citée par celui-ci dans sa *Notice.* — L'ouvrage
de Lutoslawski, auquel ces projets ne peuvent manquer de faire songer, n'a
paru qu'en 1897.
2. « Nous nous proposions simplement d'étudier en Leibniz le précurseur de la
Logique algorithmique moderne, d'analyser son calcul logique et son calcul
géométrique, et de reconstituer l'idée de sa Caractéristique universelle. Mais
quand nous avons voulu remonter aux principes philosophiques de ces théories..., nous avons été amené à découvrir que sa Logique était non seulement
le cœur et l'âme de son système, mais le centre de son activité intellectuelle,
la source de toutes ses inventions, et à reconnaître en elle le foyer obscur, ou
du moins caché, d'où jaillirent tant de lumineuses *fulgurations.* » *La Logique
de Leibniz*, Préface, xII.

« p₁ysique est toute mat₁ématique », ou encore : « Les mathémati-
« ciens ont autant besoin d'être p₁ilosop₁es que les philosophes d'être
« mat₁ématiciens. » Cette division artificielle et arbitraire opérée
entre des œuvres contemporaines qui se pénètrent et s'éclairent
mutuellement a eu pour résultat de dissimuler l'unité du système et
d'en cac₁er les véritables principes. Ainsi l'absurde et déplorable
scission des *lettres* et des *sciences* ne compromet pas seulement
l'avenir de la p₁ilosop₁ie ; elle fausse son ₁istoire et rend son passé
inintelligible [1]. »

Non seulement les éditions de Leibniz étaient mal faites ; elles étaient
incroyablement fragmentaires. Après avoir réuni toutes les ressources
des bibliot₁èques parisiennes, Couturat sentait encore qu'il restait
des lacunes importantes dans la pensée de son auteur. Une publication de M. Vacca, les conversations qu'il eut avec lui pendant le
Congrès de p₁ilosop₁ie de 1900 [2], le décidèrent à se rendre lui-même
à Hanovre afin d'y consulter les manuscrits non publiés. Une mission
du Ministère de l'Instruction publique lui facilita ce travail. Mais quelle
surprise ! « Nous croyions, raconte-t-il, n'avoir plus qu'à glaner après
tant d'éditeurs : or nous avons rapporté une moisson si ric₁e de documents nouveaux que nous avons été obligé de refondre complètement
notre livre et d'en récrire certains c₁apitres en totalité [3]. » Deux
années de suite, il retournait en Allemagne, et en revenait c₁argé
de documents précieux, négligés jusque-là par leurs possesseurs :
dans sa *Logique de Leibniz*, pour permettre le contrôle de son travail,
il donna systématiquement en note tous les extraits dès manuscrits
qui se rapportaient à sa démonstration ; puis il publia, sous le titre
d'*Opuscules et fragments inédits de Leibniz* un recueil contenant plus
de deux cents pièces, d'étendue très variable, mais toutes de grande
importance, concernant surtout l'idée d'une Encyclopédie et d'une
Science générale, celle d'une langue universelle, le calcul logique et le
calcul géométrique, enfin les questions de métap₁ysique qui se rat-
tac₁ent directement à ses t₁éories.

Ces deux grandes publications, la première surtout, n'avaient pas
seulement un intérêt documentaire. Elles apportaient une interprétation nouvelle du système de Leibniz, dans laquelle tout dépend
de sa logique. La *Monadologie*, les *Principes de la nature et de la*

1. *Ibid.*, vii-viii.
2. *Opuscules et fragments inédits de Leibniz*, p. 1.
3. *Logique de Leibniz*, ix-x.

grâce ne sont que des romans philosophiques sans preuves ; la *Théodicée* implique des fondements qu'elle ne justifie pas ; les *Nouveaux
Essais* restent volontairement exotériques. Mais un principe logique
générateur en est l'âme et la raison interne. Ce principe n'est expressément formulé, parmi les textes connus, que dans le *Discours de métaphysique* et dans la correspondance avec Arnauld qui s'y rattache :
« Praedicatum inest subjecto ». L'adage était classique. Mais Leibniz
lui donnait une valeur bien plus absolue qu'on ne le faisait d'ordinaire.
Toute vérité peut, en dernière analyse, c'est-à-dire par une résolution intégrale en idées simples, se réduire à une identité partielle
ou, comme nous disons depuis Kant, à une proposition analytique.
Pour savoir quelles propositions sont vraies, il suffit donc de savoir
1º quels concepts sont possibles, c'est-à-dire quelles combinaisons
de prédicats ont un caractère de compatibilité ; 2º quels concepts
sont réels, c'est-à-dire quel système de concepts existe effectivement,
ce qui ne peut résulter que de sa perfection intrinsèque, c'est-à-dire
encore de son contenu logique, et du fait qu'il est maximum. Toute
vérité peut ainsi se prouver par une décomposition complète de
ses termes, analogue à la réduction d'un nombre en facteurs premiers ; décomposition qui tantôt ne comprend qu'un nombre de
termes limité, et tantôt va à l'infini, de sorte que Dieu seul est
capable de l'effectuer : *quae etiam causa est quod Deus solus
veritates contingentes a priori cognoscit earumque infallibilitatem
aliter quam experimentis videt*[1]. De là, dans un des *Fragments
inédits* publiés par Couturat[1], on voit Leibniz déduire toute la suite
des vérités métaphysiques qui sont l'armature de son système : il
n'y a rien qui n'ait sa raison suffisante (sans quoi il existerait une
vérité qui ne pourrait se prouver *a priori*) ; il ne peut y avoir d'indiscernables (car cette différence serait purement extrinsèque) ; toutes
les substances singulières sont des expressions différentes d'un
même univers, puisque chacune d'elles doit contenir en soi toutes
les déterminations qui paraissent être ses passions, et qui s'étendent
à l'infini. Chacune exerce donc sur toutes les autres une action physique ; mais à la rigueur et métaphysiquement, il n'y a ni action
transitive, ni influx de l'une à l'autre. Par cette *hypothesis concomi-
tantiae*, on obtient l'explication des rapports de l'âme et du corps,

---

1. Foucher de Careil, B, 181 ; dans *Logique de Leibniz*, p. 211.
2. « Primæ veritates... », PHIL. VIII, 6-7. — *Opuscules et fragments inédits de
Leibniz*, p. 518-523.

sans tomber dans les difficultés qui naissent du cartésianisme; on exclut non seulement la substance purement étendue de Descartes, mais encore le vide, qui ne violerait pas moins le principe des indiscernables; on exclut aussi les atomes matériels, qui ne peuvent exister sans une raison suffisante arrêtant la subdivision de l'étendue et qui d'ailleurs, en vertu des théorèmes précédents, devraient nécessairement contenir de l'infiniment petit pour « correspondre » à l'infinie diversité de l'univers. On conclura donc que la moindre partie de la nature enveloppe une infinité de créatures, et enfin que la substance créée ne peut périr que par annihilation, puisqu'elle ne saurait avoir en elle-même une raison suffisante de ne plus être. « La philosophie de Leibniz apparaît ainsi comme l'expression la plus complète et la pius systématique du rationalisme intellectualiste; il y a accord parfait entre la pensée et les choses, entre la nature et l'esprit. La réalité est entièrement pénétrable à la raison parce qu'elle est pénétrée de raison. Pour caractériser cette métaphysique d'un seul mot, c'est un *panlogisme*[1]. »

Cette interprétation si neuve du leibnizianisme souleva dans le monde philosophique tout un mouvement de vives approbations et de critiques décidées, mais de critiques toujours élogieuses. M. Duncan, dans un long article de la *Philosophical Review* exprimait « la plus haute admiration » pour l'impartialité et la science de l'auteur, qui faisaient de ce livre, disait-il, « un modèle d'étude historique ». Il émettait seulement un doute, fondé sur la multiplicité des points de vue qui peuvent systématiser une même doctrine, et se réservait le droit de n'adopter l'interprétation nouvelle qu'après l'avoir assez longuement pratiquée pour la mettre à l'épreuve. Vailati, M. Russell l'approuvaient sans restriction. Ce dernier, qui venait de publier lui-même sa *Philosophie de Leibniz*[2], lui consacra dans le *Mind* un article approfondi, où il rapprochait son ouvrage de celui de M. Cassirer, mais pour le mettre de beaucoup au premier rang. Bien plus, avec une belle libéralité d'esprit, dégagée de tout amour-propre d'auteur, il se plaisait à reconnaître que sur quelques points, Couturat l'avait amené à modifier ses propres conclusions. M. Cas-

---

1. *Logique de Leibniz*, préf., p. xi.
2. *The philosophy of Leibniz*, 1901. (Trad. fr. de M. et Mme J. Rey, 1908. — Bien que M. Russell et M. Couturat fussent déjà en relations, l'indépendance complète des deux ouvrages est attestée par la préface de celui-ci, et par les lettres échangées à cette époque entre les deux auteurs.)

sirer, dont l'ouvrage sur *Le Système de Leibniz* avait paru le dernier [1], y ajoutait un appendice en deux chapitres, l'un sur l'œuvre de M. Russell, l'autre sur celle de Couturat, dans lequel il relevait en particulier, non sans pénétration, l'insuffisance du point de vue logique de la prédication, — point de vue essentiellement statique, — pour expliquer la place capitale que tiennent dans la philosophie leibnizienne les idées de devenir et d'appétition. Quelques années plus tard, dans son étude sur *Le Problème de la connaissance dans la philosophie moderne*, il résumait ainsi sa critique : « Quoique je sois tout à fait d'accord avec Couturat, pour admettre que la logique a fourni l'esquisse formelle d'après laquelle la construction du système a été entreprise, il n'en faut pas moins souligner tout aussi fortement, d'un autre côté, ce fait que les matériaux en ont été tirés de la considération des sciences *réelles*, et en particulier des problèmes que présentait la nouvelle analyse. C'est seulement par l'action réciproque de ces deux éléments qu'on peut expliquer la production de la philosophie leibnizienne [2]. »

Mais la discussion la plus complète des idées nouvelles eut lieu dans une séance de la *Société de philosophie*, dont nous avons gardé l'écho [3]. M. Delbos, tout en disant « combien les philosophes devaient être reconnaissants à Couturat » pour le progrès qu'il avait fait faire aux études leibniziennes, ne voulait pas le suivre dans toutes ses conclusions. Sans doute, le rapport de la logique de Leibniz à sa métaphysique n'est pas d'adaptation extérieure, mais de liaison vraiment interne; on peut même aller jusqu'à reconnaître, de l'une à l'autre, une filiation. Mais, ce serait trahir sa pensée que de mettre en première ligne, dans ses desseins philosophiques, la réduction de toutes les vérités à des propositions identiques. Les vérités contingentes, dit Couturat, ne diffèrent des vérités nécessaires *que* par l'infinité de l'analyse nécessaire à les démontrer. L'auteur de la *Théodicée* aurait sans doute préféré dire : les vérités contingentes, *bien* qu'elles aient ceci de commun avec les nécessaires qu'une analyse infinie les pourrait résoudre, en restent cependant très distinctes par cette infinité même. Leibniz est le prince des éclectiques, l'homme du monde le plus persuadé qu'on ne doit rien effacer

1. En 1902. Mais il avait été écrit avant 1900 pour un concours académique.
2. *Le Problème de la connaissance dans la philosophie moderne*, II, 411.
3. *Bulletin de la Société française de philosophie*, avril 1902 (compte rendu de la séance du 27 février).

ni sacrifier du réel. Il tient à la liberté, dont la contingence est un facteur essentiel ; il veut la conserver non pas seulement en paroles, mais d'une façon pratique, efficace pour la justice et la moralité. Il a cru, à tort sans doute, concilier les deux points de vue de l'identité et de la spécification : il n'a pas délibérément absorbé le second dans le premier. Et s'il en est ainsi, c'est qu'historiquement le système n'est pas sorti de sa logique par une déduction simple, mais s'y est adapté graduellement par une sorte d'attraction. Il a des origines multiples : la philosophie traditionnelle de l'École, la physique cartésienne, les découvertes biologiques de ses contemporains, tels que Leuwenhoek et Malpighi. Quelques-unes de ses thèses les plus caractéristiques marquent une inspiration nettement vitaliste. Qu'il ait trouvé plus tard le moyen de les rattacher déductivement aux principes de raison suffisante et d'identité, et ceux-ci au *Prædicatum inest subjecto*, c'est un tour de force de son génie. Mais il n'a pas commencé par les en déduire; et dans cette réduction, si habile qu'elle soit, il reste toujours une trace des idées primitivement hétérogènes, de la réalité actuelle et donnée qui ne se laisse pas exprimer tout entière en termes purement logiques[1].

A ces critiques, auxquelles s'ajoutaient des objections analogues de plusieurs autres membres de la société, Couturat concédait volontiers que dans l'ordre psychologique, beaucoup de ces idées pouvaient s'être établies d'abord chez Leibniz isolément, en tant que « préjugés » moraux ou théologiques, avant d'avoir été intégrés à son système. Mais d'autre part il prouvait par des textes que l'ordre contraire se rencontrait aussi; et surtout il montrait que dans tous les cas, lorsque Leibniz voulait *justifier* sa doctrine, c'est aux principes logiques qu'il en revenait. Or, disait-il, dans l'ordre scientifique, la vraie nature d'une idée doit être estimée non par les circonstances où elle vient à l'esprit, mais par la place qu'elle doit occuper dans une démonstration régulière : c'est le milieu et la fin qui révèlent la valeur du commencement. L'histoire tout entière se juge du point de vue où elle aboutit; un fait n'a de valeur historique que par ses conséquences : on ne parlerait pas des indivisibles si nous n'avions pas les différentielles. — Il en est de même dans l'interprétation

---

1. *Bulletin*, p. 67-74. — Je passe sur la critique soulevée par M. Delbos que l'expression de vérité analytique, toute chargée des doctrines kantiennes, convient mal à représenter la thèse leibnizienne. Couturat, en fait, a renoncé à l'expression.

d'un système de philosophie ; il faut l'envisager dans son état de plus
parfaite systématisation, et même dans la systématisation idéale
vers laquelle il tend : οὐσία γὰρ τὸ τέλος.

La discussion reste donc ouverte. Mais quoi qu'on pense de cette
interprétation du leibnizianisme, au point de vue de sa genèse, le
livre de Couturat n'en garde pas moins une valeur de premier ordre.
On pourrait en effacer la thèse qui a soulevé tant de discussions,
qu'il resterait encore précieux par l'abondance des faits incontestés
et des doctrines spéciales qu'il met en lumière, excellent par la
vigueur logique et la sûreté avec laquelle il expose toute cette
richesse nouvellement découverte, toutes ces théories ingénieuses
et fortes par lesquelles Leibniz devance de tant d'années ses contemporains : la généralisation et la critique du syllogisme ; l'idée d'une
logique des relations ; la combinatoire, la langue universelle, l'encyclopédie, la caractéristique, la science générale, la logistique, le
calcul géométrique, l'*Analysis situs*, sans compter le Calcul infinitésimal, dont la conception se rattache directement aux mêmes principes. Quand on parcourt avec Couturat cette suite de pensées et
d'essais tout pleins de traits de lumière, on éprouve un sentiment
d'attraction et de plaisir intellectuel si vifs, tempérés par tant de
respect, qu'il faut un peu de recul pour se demander si cette grande
œuvre inachevée ne serait pas inachevable, condamnée par la force
des choses à ne se réaliser qu'en fragments épars. Si l'on reconnaît
qu'*il y a* dans le monde des éléments à la fois actuels et irrationnels,
— et par irrationnels il faut bien entendre irréductibles à l'identité
— notre rôle est sans doute d'en diminuer sans cesse le pouvoir,
mais à chaque moment de la science ils n'en constituent pas moins
une inintelligibilité radicale dont on ne saurait se défaire par une
Théodicée. Le rationalisme de Leibniz ne donnera plus sans doute le
secret des choses ; mais il restera le point de convergence infiniment
éloigné, la formule symbolique qui fournit ses normes à la pensée,
telle que nous la connaissons, et vers lequel, sans pouvoir jamais
l'atteindre, elle doit tendre par un progrès indéfini [1].

1. Puis-je ajouter ici ce que j'aurais rappelé avec moins d'hésitation avant la
guerre : que Leibniz, d'origine slave, allemand de naissance et de carrière,
mais formé sous l'influence du cartésianisme, et qui écrivit en français ses
principaux ouvrages, fut avant tout l'homme de la civilisation européenne?
« Les Académies qu'il s'efforçait de fonder dans les différents pays n'étaient
dans sa pensée que les fragments épars et provisoires d'une vaste Académie européenne, d'une sorte de fédération internationale des savants, dont elles eussent
constitué simplement des collèges distincts.... — Il est resté toujours fidèle,

III

Lorsque Couturat et M. Bertrand Russell se rencontrèrent de si près dans leur interprétation de Leibniz, ils n'avaient sans doute aucune connaissance de leurs ouvrages respectifs ; mais ils étaient loin d'être des étrangers l'un pour l'autre. Leurs relations personnelles dataient de plusieurs années, et une sorte de collaboration les avaient déjà réunis. Couturat s'était vivement intéressé à l'étude publiée en 1898 par M. Russell sur *Les Fondements de la Géométrie*[1] ; il en avait revisé la traduction française, et l'avait même augmentée, avec l'assentiment de l'auteur, d'un lexique philosophico-mathématique et de notes personnelles. Tous deux restaient en fréquente correspondance, non seulement sur des questions philosophiques, mais sur des sujets de morale et de politique contemporaine. Aussi quand parut l'ouvrage de M. Russell sur *Les Principes des mathématiques*[2], Couturat se chargea-t-il avec grand plaisir d'en donner ici le compte rendu ; et la suite d'articles qu'il écrivit devint elle-même un livre. Ce qu'il mettait en jeu, c'était la valeur de la Logistique, ou, comme on disait alors, de la Logique algorithmique.

Cette question lui était déjà familière. Lorsqu'il était professeur à l'Université de Caen, il avait consacré son premier cours à l'étude des relations entre les diverses sciences mathématiques et entre les idées fondamentales de nombre, d'ordre et de grandeur. L'année suivante, il prit pour sujet : « Étude des divers systèmes de logique algorithmique : Boole, de Morgan, Stanley Jevons, Delbœuf, Peirce, Mac Coll, Schröder, Peano. Des rapports des mathématiques et de la

malgré les malheurs de son pays et les blessures de son patriotisme, à cet idéal généreux et humanitaire ; il a toujours été un *cosmopolite* au vrai et beau sens de ce mot.... Ses compatriotes peuvent célébrer à bon droit son patriotisme clairvoyant..., mais il ne faut pas oublier que ce patriotisme ne fut jamais jaloux, ni ombrageux, ni exclusif, ni haineux. Les philosophes et les savants de tout pays doivent lui rendre cette justice, et lui être reconnaissants d'avoir montré, par un illustre exemple, que le cosmopolitisme intellectuel et humanitaire est parfaitement compatible avec le patriotisme le plus ardent et le plus actif. » *Logique de Leibniz*, p. 528.

Mais avant la guerre, Couturat était encore là ; et si les doctrines de Leibniz, et même de Kant, avaient gardé le moindre crédit auprès de ceux qui les font aujourd'hui marcher devant eux, la paix n'aurait pas été violée, et sans doute je n'aurais pas en ce moment la tristesse d'écrire cette nécrologie.

1. *An essay on the foundations of Geometry*, 1 vol. gr. in-8° de xx-200 p. Cambridge, University Press, 1898.

2. *The principles of Mathematics*, 1 vol. gr. in-8° de xxx-534 p. — Cambridge, University Press, 1903.

logique. De la portée de la méthode mathématique. Idée de l'Algèbre universelle (Whitehead) [1]. » L'examen approfondi de la philosophie de Leibniz ne pouvait que l'engager plus fortement dans ces recherches. Les *Principes des mathématiques* sont un programme en même temps qu'un exposé. Il y raconte comment les mathématiciens du XIXᵉ siècle, « pris de scrupules logiques inconnus à leurs prédécesseurs », se mirent à analyser les méthodes de démonstration et à en extraire la logique qui y était virtuellement contenue, d'où sortit un double résultat : ils constituèrent à côté de la logique classique, qu'ils ne connaissaient guère, un autre système logique autonome, équivalent à celle-ci par certains côtés, nouveau par d'autres, gardant malgré tout le même caractère qualitatif et conceptuel [2] ; — d'autre part, en opposition avec l'Esthétique transcendentale, ils soudaient inconsciemment logique et mathématique : « On ne peut plus discerner où finit la Logique, où commence la Mathématique, et on ne peut plus distinguer ces deux disciplines qu'en disant avec M. Russell que la Logique constitue la partie générale et élémentaire de la Mathématique, et que la Mathématique consiste dans l'application des principes de la Logique à des relations spéciales [3]. »

Cette nouvelle logique bouleversait immédiatement bien des thèses généralement admises : elle permettait de prouver l'indépendance des trois principes d'identité, de contrariété et de contradiction (ou de milieu exclu); elle faisait voir qu'outre ces principes il en fallait invoquer d'autres, dont la logique classique n'avait pas pris conscience, notamment un principe spécial du syllogisme, distinct des précédents, qui pose le caractère transitif de la copule *est*; le principe « d'assertion indépendante » ou « de déduction », nécessaire pour séparer les conclusions des prémisses; le principe de la substitution des constantes aux variables, qui permet d'appliquer les for-

1. Programme publié dans la *Revue de Métaphysique*, sept. 1898.

2. Pour être tout à fait exact, il faudrait distinguer : 1° les mathématiciens critiquant les principes des mathématiques, tels que Peano, Russell; ce sont eux qui répondent exactement aux termes dont nous nous servons, et ce sont eux dont les ouvrages ont eu d'ailleurs la plus grande fécondité; 2° les mathématiciens qui ont appliqué aux rapports logiques classiques, tels que l'inclusion des classes et l'implication des propositions, un système algorithmique dont ils ont ensuite développé toutes les conséquences au simple point de vue formel : Schröder est le type de cette seconde classe, au moins dans la première partie de son *Algèbre de la Logique*. (Voir Couturat, *L'Algèbre de la Logique*, § 1.) Il n'en est pas tout à fait de même pour son troisième volume, consacré à la Logique des Relations, qui d'ailleurs n'est pas étudié par Couturat dans l'ouvrage en question.

3. *Revue de Mét.*, 1904, p. 21. — Cf. *Les Principes des mathématiques*, p. 217-218.

mules aux cas particuliers, et de justifier directement certaines
formes non syllogistiques parfaitement concluantes, qui embarras-
saient déjà les logiciens de Port-Royal. Elle mettait en relief la troisième prémisse existentielle dissimulée dans *Darapti*, *Felapton* et
autres syllogismes du même type. Enfin elle conduisait à distinguer
dans la copule verbale *est* trois relations distinctes et presque toujours confondues : l'équivalence, l'appartenance et l'implication.

A partir de ce point se développaient les idées de nombre, cardinal
et ordinal, de continu, de grandeur, de spatialité, cette dernière considérée sous les quatre formes de l'*Analysis situs*, de la géométrie
projective, caractérisée par la notion de droite indéfinie, de géométrie
descriptive, caractérisée par la notion de segment rectiligne, enfin
de géométrie métrique, dont le système euclidien est un échantillon
connu de tout le monde. Cette analyse vérifiait dans le détail la thèse
des nouveaux logiciens ; elle montrait l'étroite continuité, et faisait
même prévoir l'indistinction (au moins idéale) du logique et du
mathématique : définir le nombre par des rapports d'implication
et d'existence entre des classes, c'est-à-dire entre des concepts,
découvrir dans la géométrie de vastes réseaux de nécessités
générales, indépendantes de toute intuition concrète, c'était
changer presque de fond en comble l'idée qu'on s'en faisait d'ordinaire. D'autre part, elle relevait vigoureusement les droits de la
raison : elle tendait à prouver, par un exemple, que la philosophie
peut se découvrir des fondements solides en dehors du sentiment, de
la vie, et de l'action ; qu'elle peut faire œuvre de réflexion objective,
impersonnellement valable, et qu'elle acquiert le pouvoir de s'imposer à tous, dès qu'elle sait elle-même se dégager de tout individualisme et de tout intérêt : « Sans doute, chacune de ses étapes est
provisoire, en raison des progrès incessants de la science, mais elle
reste acquise, et sert de degré pour aller plus loin et plus haut....
Elle constitue un chapitre de la *perennis philosophia* qui doit, selon
Leibniz, être fondée sur la vraie Logique[1]. »

Enfin, et ce fut peut-être ce qui détermina le plus d'opposition,
ces conclusions achevaient de ruiner les théories kantiennes sur la
philosophie des mathématiques.

L'*Infini mathématique*, nous l'avons vu, réfutant les thèses des
antinomies, proposait déjà de remonter à Leibniz, « plus moderne

---

1. *Revue de Mét.*, 1905, 256.

que Kant », non sans doute pour s'y arrêter, mais pour retrouver la grande route de la tradition philosophique. A cette époque, Couturat acceptait encore cette idée que les grandeurs sont connues d'une manière propre et spécifique, indépendamment des nombres, et qu'elles donnent un sens aux opérations arithmétiques généralisées [1]. De même il admettait, contre Schröder, que le nombre n'est pas un concept, mais une intuition *sui generis*, et que « les jugements arithmétiques sont réfractaires à la logique pure [2] ». Il ajoutait même expressément, comme s'est plu à le relever M. Cassirer, « que la tendance d'ailleurs fort légitime des mathématiques modernes à réduire les données primitives de leur science à de pures notions logiques, en soumettant la théorie kantienne à un contrôle sévère, à une sorte de contre-épreuve, ne fait que la vérifier et la consolider [3]. »

L'étude approfondie de Leibniz, à laquelle vint s'ajouter l'influence de M. Russell, le poussèrent vers une solution plus radicale. Couturat avait convaincu son ami d'aller jusqu'au bout du *panlogisme* leibnizien; celui-ci le convainquit à son tour d'abandonner sans réserve, non seulement les antinomies, mais même toutes les classifications et les distinctions kantiennes. Dans deux articles, écrits à l'occasion du centenaire de Kant — du centenaire de la *mort* de Kant, soulignait M. Poincaré, — il développa son opinion avec cette liberté parfaite qu'il eut toujours envers toute « autorité ». « Kant, concluait-il, a manqué de confiance dans le pouvoir et la fécondité de l'esprit humain. Il a été trop préoccupé de circonscrire minutieusement le champ de la pensée, de subordonner la raison spéculative à la raison pratique, de borner et même de « supprimer » le savoir pour faire place à la foi. Mais la raison a pris sa revanche en brisant les cadres rigides et les formules scolastiques où il avait cru l'enfermer pour toujours [4]. »

Au lieu de nombres individuels, connus intuitivement dans leurs propriétés synthétiques, l'analyse logique proposait l'idée d'une classe des classes entre lesquelles il existe une correspondance univoque et réciproque : au lieu d'un seul espace, immuable et congé-

---

1. « Les mêmes opérations qui n'auraient pas de sens si les lettres *signifiaient* des nombres, en ont un quand elles arrivent à *signifier* des grandeurs. » *L'Infini mathématique*, 207.
2. *Revue de Mét.*, 1900, p. 23.
3. *Ibid.*, p. 36. Couturat a d'ailleurs toujours admis que l'espace ne pouvait se construire avec les nombres. Voir plus loin les textes cités.
4. La Philosophie des mathématiques de Kant, *Rev. de Mét.*, 1904, p. 383.

nital imposé à l'entendement humain, elle faisait jaillir toute une variété de *systèmes d'ordre*, au milieu desquelles les données effectives de notre perception nous amènent à faire un choix, d'ailleurs toujours sujet à revision. La conception de l'esthétique transcendentale n'était pas détruite; mais elle était définitivement dépassée.

Chose singulière! Ce fut Poincaré qui défendit, au moins partiellement, la formule de Kant. Il y avait là quelque chose de paradoxal après les articles si nouveaux, si *réveillants* (que l'on me permette ce mot) publiés par lui quelques années auparavant et recueillis dans *La Science et l'Hypothèse*. « Les axiomes géométriques, y disait-il, ne sont ni des jugements synthétiques *a priori*, ni des faits expérimentaux : ce sont des conventions. Notre choix, parmi toutes les conventions possibles, est guidé par des faits expérimentaux, mais il reste libre et n'est limité que par la nécessité d'éviter toute contradiction.... La géométrie euclidienne est et restera la plus commode : 1° parce qu'elle est la plus simple; et elle n'est pas telle seulement par suite de nos habitudes d'esprit ou de je ne sais quelle intuition directe que nous aurions de l'espace euclidien : elle est plus simple en soi, de même qu'un polynôme du premier degré est plus simple qu'un polynôme du second degré..., 2° parce qu'elle s'accorde assez bien avec les propriétés des solides naturels, ces corps dont se rapprochent nos membres et notre œil, et avec lesquels nous faisons nos instruments de mesure [1]. »

Sur ce point, il se plaçait donc aux antipodes du kantisme. Et cependant il écrivait en 1905 : « Pour M. Couturat, ces travaux nouveaux ont définitivement tranché le débat depuis si longtemps pendant entre Leibniz et Kant. Ils ont montré qu'il n'y a pas de jugement synthétique *a priori*, que les mathématiques sont entièrement réductibles à la logique et que l'intuition n'y joue aucun rôle.... Pouvons-nous souscrire à cette condamnation définitive? Je ne le crois pas [2]. »

Cette apparente contradiction s'explique fort bien. Ce que Poincaré voulait sauver du kantisme — ou plutôt de la tradition classique des philosophes, car cette thèse ne me paraît pas spécifiquement kantienne — c'est l'idée que les mathématiques contiennent des éléments non formels, à la fois intuitifs et universels (synnomiques), qui ne se ramènent pas à de pures combinaisons de

1. *La Science et l'Hypothèse*, p. 66-67.
2. *Revue de Mét.*, 1905, p. 815. — Cf. 1906, p. 34.

concepts, même avec l'aide d'un cıoix de convenance entre ces
combinaisons. De ces éléments, celui qui lui paraissait le plus
caractéristique était le principe de récurrence, nécessaire à tout
raisonnement qui conclut pour le nombre en général. Ce principe,
selon lui, n'est pas un principe de logique pure; ce n'est pas non
plus la définition du nombre, résultant d'une décision libre de
l'esprit : la nécessité d'y faire appel prouve donc que les mathématiques contiennent une sorte de réalité spécifique, irréductible,
s'ajoutant à la logique comme la masse s'ajoute à la figure quand on
passe de la géométrie à la mécanique. Et comme on pourrait sans
doute répéter l'argument à propos d'autres postulats, il en faut
conclure, *a fortiori*, que la ligne de démarcation n'est pas effacée
entre la logique et la science des nombres.

Couturat répondit avec vigueur; M. Russell également. Poincaré,
quoique la plupart de ses objections contre la logistique eussent été
réfutées, ne renonça pas à sa tıèse; et peut-être avait-il raison.
Car, « sacıant mal le *péanien* », comme il le disait lui-même avec un
sourire, il avait pu se tromper matériellement sur bien des points
de détail. Mais dans l'ensemble, c'est-à-dire sur la nécessité de
l'intuition, il sentait bien qu'il tenait une vérité inébranlable, et que
tout rendre analytique, c'est tout laisser en suspens, au grand dommage de la raison elle-même. Seulement, au fond, Couturat lui-
même était-il d'un autre avis? Le grand défaut de cette discussion,
c'est qu'il s'y trouvait confusément en jeu trois et peut-être quatre
questions distinctes.

La première est de savoir si la logistique a droit à l'existence, et
peut se prétendre utile, soit en tant qu'instrument de progrès
matıématique, soit en tant qu'instrument d'analyse pıilosopıique.
Sur le premier point, il reste un doute; il n'est pas évident qu'elle
ait « donné des ailes » à la déduction. Couturat, dans un de ses derniers articles[1], reconnaît lui-même que la logistique concerne la
vérification des aperçus nouveaux (car tous ne sont pas d'égale
valeur), ainsi que l'organisation de la science faite, mais non la
découverte elle-même, qui sera toujours l'affaire du génie : il peut y
avoir une psycıologie, il n'y a pas de logique de l'invention. — Sur
le second point, la question comporte une réponse ferme : que la

<hr />

1. *Logistique et intuition*, p. 256-266. Les deux sens d'*intuition* (1° vue concrète,
immédiate des choses; 2° divination de ce qui n'est pas apparent) ont aussi
ıeaucoup contriıué à entretenir des malentendus dans cette discussion.

logistique souffre ou non de difficultés internes encore irrésolues — comme d'ailleurs la logique classique elle-même — il n'en est pas moins incontestable qu'elle a singulièrement affiné nos raisonnements sur les principes de la déduction, et sur le mécanisme de la méthode mathématique en général. Par suite, elle peut être utile, même pour le technicien, comme instrument de contrôle et de condensation; et même, dans la mesure ou un bon algorithme, quand on en possède à fond le maniement, facilite l'éclosion d'une idée neuve, il se peut que la logistique prépare un jour le terrain où jaillira la découverte.

La deuxième question est de savoir si les théories arithmétiques et géométriques de Kant, telles qu'il les a formulées, notamment dans l'Introduction à la *Critique de la Raison pure* et dans l'Esthétique transcendentale, sont encore admissibles dans l'état actuel des sciences. Et il semble bien que non. M. Milhaud, qui a défendu contre Couturat les droits de l'intuition spatiale, lui accordait que Kant s'était trompé sur les points essentiels, et plaidait les circonstances atténuantes. Nous avons déjà vu ce que pensait Poincaré de l'espace euclidien érigé en forme absolue et *a priori*. M. Cassirer, M. Manno, en séparant leur cause de celle de Couturat, se déclaraient fidèles au sens profond du kantisme, tel qu'il s'exprimait dans l'affirmation d'une fonction synthétique *a priori*; mais ils en sacrifiaient allégrement la lettre, demandaient qu'on en détachât les accidents historiques, et écartaient même volontiers la distinction formelle des propositions analytiques et synthétiques, dont la raison d'être s'explique par la polémique de Kant contre les Wolffiens. Enfin il était acquis que $7 + 5 = 12$ ne se *constate* pas, comme il le croyait[1], mais se *démontre*, à partir des principes généraux de la déduction et des définitions formelles de 7, +, 5, = et 12. Sur ce point, la Logistique gardait tout le terrain réclamé par Couturat quand il refusait de juger uniquement un système de l'intérieur, à son point de vue et à celui de son temps[2] et quand il voulait débarrasser l'enseignement de toute cette terminologie Kantienne, en désaccord avec la pensée actuelle des hommes les plus compétents.

1. « Je prends d'abord le nombre 7; j'ajoute une à une à la représentation de ce nombre les unités qui, réunies, formaient d'abord le nombre 5; et je vois ainsi surgir le nombre 12. Dans le fait que je dois ajouter 7 à 5 est bien compris le concept de la somme $= 7 + 5$, mais non le fait que cette somme est égale à 12. » Kant, Introd. à la *Critique de la Raison pure*.
2. *Les Principes des Mathématiques*. Avant-propos, p. VII.

Un troisième point était de savoir si la logique ne fait qu'un avec les mathématiques; et c'est tout différent. Car M. Cassirer, par exemple, aurait été disposé à le reconnaître, quitte à soutenir que l'une et l'autre ont besoin d'une sorte d'intuition qui ne permet pas de les réduire exclusivement à des vérités identiques. Mais ici Couturat l'aurait accordé, s'il s'agissait *d'une certaine* intuition et *d'une certaine* mathématique; il l'aurait nié, s'il s'agissait d'une autre mathématique et d'une autre intuition. « On abuse contre les logiciens de ce concept vague d'intuition, écrivait-il, surtout quand on ne spécifie pas de quelle intuition l'on parle. Est-ce de l'intuition *intellectuelle*, qui porte sur les relations des idées, ou de l'intuition *sensible*, qui revêt nécessairement la forme spatiale? Ces deux intuitions diffèrent du tout au tout. Tous les logiciens sont prêts à reconnaître que leurs principes procèdent de l'intuition intellectuelle, c'est-à-dire sont l'objet d'une connaissance immédiate par la raison; mais bien peu accorderont qu'ils procèdent de l'intuition sensible[1]. » Et si l'on rejette la *via media* des formes *a priori* de la sensibilité, je ne vois pas ce que les défenseurs actuels de l' « esprit kantien » demandent de plus, si ce n'est l'hommage pieux d'un mot.

De même, on peut entendre la mathématique en deux sens : ou bien la définir par sa forme, et dans ce cas on n'aura point de raison, comme le disait déjà Comte, de la distinguer de la logique; ou bien la définir par sa matière, et dans ce cas, elle ne sera que la première des applications de la logique aux données effectives fournies par la matière de la connaissance, la branche la plus simple et la plus générale de la physique. Couturat maintient l'existence de la première, et ne refuse pas de reconnaître la seconde. Il a toujours admis que l'arithmétique généralisée (et *a fortiori* la logique) ne s'identifiait avec l'espace que *dans ses propriétés formelles*. « Il ne s'agit pas de construire l'espace avec des nombres, (*ex pumice aquam!*) mais seulement de construire avec des nombres un ensemble qui ait toutes les propriétés formelles de l'espace considéré[2]. » De même qu'il existe une infinité de mondes possibles, et

---

1. *Revue de Mét.*, 1906, p. 219. — Il n'y a donc pas opposition radicale entre cette attitude et celle de l'*Infini mathématique* et de l'article *Sur les rapports du nombre et de la grandeur*; c'est plutôt une question de degré. Et il faut bien remarquer que Couturat dit souvent *analytique* pour *déductif*, sans plus; par exemple dans *Les Principes des mathématiques. Rev. de Mét.*, 1904, p. 49. Voir aussi dans le même chapitre la distinction qu'il établit entre les principes, tous deux rationnels, d'identité et de continuité.

2. *Les Principes des mathématiques*, p. 212.

un seul monde réel, il existe une infinité de systèmes intellectuels
coɔérents, et tels que dans cɔacun d'eux on est parfaitement assuré
que tout ce qu'on déduit est nécessaire, « sans jamais savoir de quoi
l'on parle, ni si ce qu'on dit est vrai » ; mais qu'on admette ou non
l'indépendance originelle de cette nécessité logique par rapport
aux perceptions effectives (c'est-à-dire celle de l'esprit ɔumain par
rapport à la nature), il n'en reste pas moins vrai qu'en isolant, dans
le tissu concret des sciences du nombre et de l'étendue, cɔacun de
ces réseaux infinis de conséquences solidaires, on réalise un aussi
grand progrès qu'en isolant, dans un corps animal, l'anatomie
délicate et prodigieusement ramifiée du système nerveux qui l'anime,
mais qui ne pourrait vivre sans lui, et qui sans doute, en dernière
analyse, n'est pas d'une autre substance que la cɔair et le sang.

Si nous voulons bien comprendre comment le problème logique se
posait pour Couturat, et discerner, comme on doit toujours le faire
cɔez un pɔilosopɔe, les idées pour lesquelles il se passionnait de
celles qui venaient s'y rattacher par un lien plus on moins accidentel, rien ne peut mieux nous éclairer que son étude sur *La Logique
et la philosophie contemporaine*[1]. Elle nous donne, par contraste, la
définition précise de ce qu'il entendait sous ce nom. Contre le
« psycɔologisme », il relevait avec force le caractère « idéal et normatif », le rôle de la notion de valeur dans la logique proprement
dite ; contre ceux qui parlent d'une « logique de l'invention » il montrait que l'essence de la logique est dans la vérification et la preuve ;
contre les sociologues et contre ceux qui mettent en première ligne
le caractère d'assimilation, il revendiquait pour la pensée individuelle le pouvoir de trouver d'abord en elle seule le critérium du
vrai et du faux ; contre le « moralisme », il repoussait le primat de
la raison pratique, et la prétention de limiter les droits de l'intelligence au profit de la liberté ; contre le pragmatisme enfin, il défendait « la pɔilosopɔie des idées claires et distinctes », le devoir de ne
pas agir pour agir, mais en sacɔant, en critiquant et en ratifiant
d'avance ce qu'on veut. Toutes ces négations définissent donc une
doctrine très positive, une règle de conduite intellectuelle à côté de
laquelle paraît un peu mince la question de savoir quelles sont au
juste la nuance et la dose de l'intuition aritɔmétique : car autant il

---

1. Leçon d'ouverture du cours qu'il professa au Collège de France, sur l'*Histoire de la loɔique formelle moderne*, et qui en a été malheureusement la seule
partie puɔliée. (*Revue de Métaphysique*, mai 1906.)

jugeait utile de préciser ce qui comporte des distinctions rigoureuses ou des formules exactes, autant il jugeait vain de subtiliser sur ce qui ne les comporte pas. — De ce centre, on voit la place limitée, mais indispensable, qu'occupe la logique formelle : « Elle est la préface nécessaire, la propédeutique d'une philosophie vraiment critique.... On y apprend d'abord à distinguer les raisonnements justes des raisonnements faux; on contracte des habitudes de rigueur et de précision scientifiques; on cultive en soi le sentiment du vrai, et l'on affine son discernement et son esprit critique. Puis on prend conscience des lois logiques et de leur impérieuse nécessité; on prend pour ainsi dire contact avec le mécanisme de la pensée et l'on en découvre un à un les rouages et les ressorts. On se convainc alors que la raison est un instrument bien plus complexe et plus exact qu'on ne le croit, et qu'on ne le dit dans les écoles; c'est un véritable instrument de précision, à la fois rigide et subtil comme un mouvement d'horlogerie et dont la délicatesse a pour condition sa rigidité même, bien loin de lui être contraire. Chacun de ses rouages est assez simple, mais leurs combinaisons donnent lieu à des résultats d'une richesse et d'une variété infinies. C'est tout le contraire de cette pseudo-raison amorphe, inconsistante et ployable en tout sens qu'une philosophie impressionniste et décadente a imaginé pour les besoins de sa cause.... Ne craignons donc pas de paralyser ou de stériliser l'esprit en formulant les lois auxquelles, consciemment ou non, il est soumis. On parle sans cesse de la liberté de l'esprit, mais dans le domaine intellectuel comme dans les autres, la liberté consiste dans l'obéissance aux lois [1]. »

Homo, qui ratione ducitur.... Voilà l'intérêt vivant qu'avait la logistique aux yeux de Couturat; et ce furent précisément ce ferme propos de se consacrer au service de la raison, en même temps que ce besoin de rigueur, de clarté, de « lumières » (il ne craignait pas ce mot si longtemps démodé), qui entraînèrent son activité d'esprit dans une nouvelle carrière : la question d'une langue internationale.

IV

Son travail, dans ce domaine, n'avait consisté d'abord qu'en une étude critique, accompagnée de quelque propagande pour une idée

1. *La Logique et la philosophie contemporaine*, p. 341.

qu'il jugeait utile et intéressante. Il finit par devenir un apostolat, joyeusement accepté, mais qui ne fut exempt ni de labeur, ni de traverses, ni de sacrifices.

On sait généralement que parmi les grandes espérances de Leibniz se trouvait l'idée, certainement utopique, d'une langue *philosophique* universelle, c'est-à-dire où les éléments des mots représenteraient les éléments des idées. On sait moins que Descartes, dans une lettre à Mersenne, du 20 novembre 1629, avait exposé déjà la même conception sous sa forme la plus hardie. Leibniz, recopiant cette lettre, y ajoutait, avec son goût naturel pour la conciliation et l'adaptation pratique, que si cette langue dépend de la vraie philosophie, elle ne dépend pas de sa perfection ; on peut donc la réaliser provisoirement d'une manière approchée, après quoi, « à mesure que la science croîtra, cette langue croîtra aussi. »

Couturat, dans sa *Logique de Leibniz*, avait déjà cité ces textes ; il avait montré le rapport de la langue philosophique aux idées d'encyclopédie, de science générale, de calcul logique. Il avait été amené à étudier d'autres projets analogues, connus de Leibniz et utilisés par lui, comme ceux de Wilkins et de Dalgarno. Une occasion se présenta de compléter et d'étendre cette recherche.

Un de ses amis et camarades d'École, M. Léopold Leau, docteur ès sciences, professeur de mathématiques au Collège Stanislas, s'intéressait d'une façon pratique à la question de la langue internationale. Il était arrivé à cette conviction que le Volapük avait échoué beaucoup moins par ses défauts intrinsèques, si grands qu'ils fussent, que par l'absence d'une consécration officielle et d'un organe régulateur. Il eut donc l'idée de profiter de l'Exposition universelle de 1900, et des Congrès internationaux qui se tenaient alors à Paris, pour constituer une association capable de jouer ce rôle. Il fit part de son projet à Couturat, qui s'y intéressa, et se mit aussitôt à l'œuvre avec lui. Ainsi naquit la *Délégation pour l'adoption d'une langue auxiliaire internationale*, qui ne tarda pas à se développer. Elle se donnait pour mission : 1° d'obtenir, si possible, de l'Association internationale des Académies (réalisation récente d'une autre idée de Leibniz), un examen des projets modernes de langue universelle et un choix motivé de la plus parfaite ; — 2° au cas où l'Association des Académies se déroberait à cette demande, d'élire un comité, composé de savants et de linguistes, qui prendrait la responsabilité de cet examen et de ce choix.

Afin de faire connaître la question au public, Couturat écrivit
d'abord un petit tract d'une trentaine de pages, plein de faits et
d'idées, d'une précision lumineuse et d'une argumentation serrée :
Pour la langue internationale. Il fut aussitôt traduit en anglais, en
italien et en allemand. Puis, au cours de conversations avec
M. Leau, il lui vint à l'esprit qu'il serait très utile, pour documenter
les membres de la Délégation, les académiciens et les philosophes,
de consacrer un ouvrage entier à l'historique de la langue internationale, depuis Descartes jusqu'à notre époque. M. Leau, à son tour,
donna chaleureusement son adhésion à ce programme ; et tous deux
se partagèrent la besogne, qui ne fut pas médiocre. Leur *Histoire de
la Langue universelle* fit connaître plus de cinquante systèmes, les
uns simplement esquissés, d'autres complètement construits, quelques-uns même éprouvés déjà par un usage plus ou moins général [1].
Ils se divisent en trois groupes. Le premier est celui des langues
« philosophiques » reposant sur cette idée qu'il existe, comme le disait
déjà Bacon, « un alphabet des pensées humaines » et qu'on peut
construire des mots dont les éléments représentent chacun à chacun
les éléments intellectuels dont se compose leur sens : ce serait en
même temps qu'une langue, une sorte d'analyse, analogue à la nomenclature chimique. — Le second est celui des systèmes mixtes, utilisant
des radicaux usuels, empruntés à des langues vivantes ou mortes, mais
modifiés, et quelquefois complètement défigurés par des considérations *a priori* : tel et par exemple, le volapük. — Le troisième comprend les langues *a posteriori* : c'est le type préconisé par Renouvier en 1855. Il consiste à prendre pour base du vocabulaire les
radicaux déjà les plus internationaux dans la civilisation [2], à les
encadrer dans un système d'affixes et de terminaisons très simple,
absolument uniforme, et dans une grammaire sans exceptions, également réduite à quelques règles, très suffisantes d'ailleurs, comme
l'avait montré Leibniz, pour tous les besoins réels du langage. Les

1. Voir pour une exposition plus complète l'analyse critique de l'*Histoire de la
Langue universelle* dans la *Revue de Métaphysique* de 1904, p. 137-147. — Une
suite à cet ouvrage, *Les Nouvelles Langues internationales*, parut en 1908.
2. « Ce n'est pas seulement le vocabulaire scientifique qui est international ;
un grand nombre de mots usuels et même vulgaires sont déjà communs à
toutes les langues européennes.... D'autres mots sont communs à trois langues
au moins, notamment à l'anglais, à l'allemand et au français. (Suivent de
nombreux exemples.) Ainsi il existe un vocabulaire entièrement ou partiellement
international déjà considérable et qui ne fera que s'accroître. » *Pour la Langue
internationale*, p. 17.

systèmes de ce genre sont les plus nombreux; presque toutes les tentatives modernes s'y rattachent : la plus connue, et assurément l'une des plus remarquables, est l'Esperanto du Dr Zamenhof. Mais de plus, l'*Histoire de la Langue universelle* mettait en lumière un fait bien imprévu et bien remarquable : c'est qu'il existe, dans la succession effective de ces langues, une sorte de progrès naturel, de rationalisation spontanée qui les pousse vers un *état limite* dont on peut dès à présent définir les traits essentiels. Il existe donc un type de langue internationale pour ainsi dire nécessaire, virtuellement préformé, vers lequel viennent converger d'une façon plus ou moins nette les divers projets déjà réalisés. C'est le cas de dire avec Auguste Comte : « On ne peut utilement systématiser que ce qui préexiste. »

En même temps qu'il achevait cette tâche, Couturat poursuivait une active propagande pour augmenter le nombre des sociétés adhérentes à la Délégation et pour agir sur les Académies. Des deux côtés les progrès furent rapides. Nommé membre de la Délégation par le Congrès de philosophie, il rendit compte de son mandat à la seconde réunion de celui-ci, qui eut lieu à Genève en 1904. La Délégation, disait-il, comprend aujourd'hui les représentants de 200 sociétés ou Congrès qui ont adhéré à son programme; elle a recueilli l'approbation écrite de 700 membres des Académies et des Universités. Enfin elle a organisé une pétition internationale à l'Association des Académies, qui a recueilli les signatures de 25 membres de l'Académie des Sciences, notamment de Poincaré et Duclaux. A l'Académie des Sciences morales, Renouvier, Tarde, Bergson, Frédéric Passy s'y sont associés. A l'étranger, les professeurs Naville, Peano, Beaudouin de Courtenay, Mach, Ostwald, Schuchardt et beaucoup d'autres notabilités scientifiques ont donné leur adhésion[1].

Cette pétition continua à faire la boule de neige. A la date du 1er octobre 1906, elle comptait en outre les signatures de M. Lavisse, de l'Académie française ; de M. Chavannes, de l'Académie des Inscriptions et Belles-Lettres ; le nombre des signataires de l'Académie des Sciences s'élevait à 37; à l'Académie des Sciences morales, elle s'était accrue des noms de MM. Espinas, Fouillée, Liard, Ribot. A

1. Voir le rapport adressé à la même date à l'Académie des Sciences de Vienne par M. Hugo Schuchardt, membre de l'Académie, et chargé par elle de suivre les travaux de la Délégation (*Annuaire de l'Académie de Vienne*, 1904. — Une traduction abrégée en a paru dans la *Revue internationale de l'Enseignement*, 15 mars 1904.)

l'étranger, des centaines de professeurs d'Université avaient répondu
à l'appel des organisateurs. On peut juger de la correspondance
exigée par cette entreprise, et malgré l'aide active de M. Leau, du
travail qui incombait à Couturat[1].

Ce travail allait cependant devenir encore plus difficile et plus
absorbant.

La réunion triennale de l'Association des Académies se tenait à
Vienne en 1907. Elle fut saisie de la pétition, qu'appuyaient particulièrement notre Académie des Sciences, notre Académie des Sciences
morales et l'Académie des Sciences de Vienne. Malgré cet effort,
l'Association laissa tomber l'affaire. Elle décida le 29 mai, sans
entrer dans l'examen de la question elle-même, qu'elle se considérait
comme incompétente pour rendre ce jugement[2].

La prudence aurait peut-être conseillé d'attendre encore trois ans,
six au besoin : l'Association, plus éclairée, aurait fini sans doute
par consentir à prendre une décision. Les grandes idées ont la vie
longue. Mais le Bureau de la Délégation, plein d'ardeur et de confiance dans le succès de l'entreprise, ne se résigna pas à patienter si
longtemps : s'appuyant sur l'article 4 des statuts, il proposa d'élire
le comité qui devait, à défaut de l'Association des Académies, prendre
une décision de principe et choisir une langue internationale. Sur
331 délégués, 239 approuvèrent la proposition, et le Comité fut élu le
25 juin 1907.

Entre temps, et pour préparer la discussion, Couturat venait de
composer un travail linguistique qui marque presque une date,
l'*Étude sur la Dérivation en Esperanto*.

Une des grandes supériorités de l'Esperanto sur les langues naturelles est qu'il possède un système de préfixes et de suffixes, d'un
sens bien déterminé, qui permet, à partir d'un radical connu, de
former régulièrement une nombreuse famille de mots : la dérivation
anglaise, allemande ou française, au contraire, bien qu'elle tende
vers cet état, est toujours irrégulière ou incomplète. — Un seul sens
pour un même suffixe, un seul suffixe pour un rapport déterminé,
tel est le principe scientifique qui domine ce mécanisme. Que ce
principe, posé par le Dr Zamenhof, eût été souvent mal observé

---

1. Au moment où la pétition fut présentée à l'Association des Académies, le
total des signatures arrivait à 1 250, et le nombre des Sociétés adhérant à la
Délégation était de 310 (Couturat et Leau, *Compte rendu des travaux*, etc., p. 2).
2. *Ibid.*, p. 3.

dans les dictionnaires et les ouvrages espérantistes, c'est ce que
Couturat montrait par de nombreux exemples; mais ce n'était qu'une
question d'usage erroné, et par suite, facile à rectifier. Ce qu'il apportait de vraiment nouveau était un corollaire jusque-là inaperçu de
ce principe fondamental : « S'il y a correspondance uniforme entre
la forme et le sens de chaque dérivé, toute dérivation doit être
réversible, c'est-à-dire que si l'on passe d'un mot à un autre mot de
la même famille en vertu d'une certaine règle, on doit pouvoir
passer, à rebours, du second au premier en vertu d'une règle exactement inverse.... Si le suffixe —*ist* désigne la personne qui s'occupe
(par métier) de la chose désignée par le radical (*artisto, musikisto*), le
substantif obtenu en supprimant ce suffixe doit désigner la chose
dont s'occupe la personne désignée par le substantif (*arto, muziko*).
Cette exigence de simple bon sens... est une condition indispensable
de la régularité des dérivations[1]. »

Il serait difficile de faire comprendre toute la fécondité de cette
règle et l'abondance d'équivoques ou d'illogismes qu'elle corrigeait,
à moins de citer et de commenter une foule d'applications. Elle
dispensait notamment de donner à chaque racine, comme on le
faisait jusqu'alors, un caractère grammatical déterminé, adjectif,
nominal ou verbal. Elle dispensait aussi de s'en rapporter au « bon
sens » pour deviner ce que peut signifier un mot nouveau de radical
connu; et le secours n'était pas inutile, car le bon sens de chaque
individu, en pareille matière, n'est que l'ensemble des habitudes
linguistiques dues à sa langue maternelle. Si *fotografi* veut dire
photographier, comment le bon sens français interprétera-t-il
fotografo, avec la désinence du substantif? Assurément par *photo-
graphe*, et il sera confirmé dans cette idée par le rapport qui existe
en Esperanto entre *filozofi* et *filozofo*. Mais un Anglais, habitué au
sens anglais du mot *photograph*, comprendra *photographie*; et il
en aura le droit, puisqu'en Esperanto *desegno* (dessin) correspond

1. Cette étude parut d'abord en une brochure in-8° de 78 pages, qui ne fut
pas mise dans le commerce, mais envoyée personnellement par l'auteur aux
principaux espérantistes et aux membres du Comité « afin d'éviter que cette
critique influençât défavorablement et à tort des profanes quelconques ». Préface
de la 2ᵉ édit., p. 4. — J'y relève aussi cette note, bien conforme au caractère de
Couturat : « Ce suffixe (*ur*) nous a été suggéré par M. Leau. Je saisis cette
occasion pour dire que le présent travail doit beaucoup aux réflexions de
M. Leau, qui est entièrement d'accord avec moi sur les principes exposés ici. »
2. *Étude sur la Dérivation*, p. 7.

aussi à *desegni* (dessiner). La nécessité d'un système régulier et réversible est donc évidente [1].

On voit, ajoutait-il, que cette critique ne porte pas contre l'Esperanto, mais seulement contre l'absence de certaines précautions, qu'on y a omises, et contre l'insuffisante application d'un principe impliqué dans sa constitution. Si l'on examinait à ce point de vue les autres langues, soit vivantes, soit artificielles, on y trouverait encore une bien plus grande irrégularité. Il ne s'agit donc que de rendre la langue internationale plus conséquente avec elle-même, et plus fidèle au principe de logique et d'univocité que l'Esperanto réalise déjà sur tant de points.

Ces conclusions frappèrent tout le monde par leur justesse et leur importance. De nombreux espérantistes écrivirent à Couturat pour l'approuver et le féliciter. Mais des difficultés imprévues surgirent bientôt.

Le Comité élu par la Délégation se réunit au Collège de France, du 15 au 24 octobre 1907. M. Leau et Couturat en étaient les secrétaires. Les séances avaient lieu quotidiennement matin et soir : le travail fourni fut intense. L'Esperanto constituait naturellement le principal centre des études; il finit par l'emporter, mais non sans réserves. Le système de dérivation, étant, comme nous venons de le voir, facile à perfectionner, n'aurait pas fait grande difficulté. Mais l'emploi de consonnes surmontées de signes diacritiques (c, ĉ; g, ĝ, etc.) souleva des protestations presque unanimes; il en fut de même des quarante-cinq particules *a priori* : *Ĉia, Ĉial, Ĉiam, Ĉie,... Kia, Kial, Kiam, Kie*, etc. M. Jespersen, professeur de philologie à l'Université de Copenhague; M. Peano, le célèbre logicien, professeur à l'Université de Turin; M. Monseur, professeur de linguistique à l'Université de Bruxelles firent valoir l'intérêt d'adopter régulièrement et dans tous les cas les racines les plus internationales, c'est-à-dire celles qui sont déjà connues du plus grand nombre d'Européens [2], ce qui amenait nécessairement de très notables modifications dans le vocabulaire. Enfin d'autres changements de détail furent proposés, tant et si bien que finalement le Comité déclara « qu'aucune des

---

1. *Ibid.*, 63.

2. En tenant compte de ce fait, par exemple, que si les Allemands disent *Ethik* pour *morale,* la racine *moral* leur est cependant bien connue par *Moralisch, Moralist, Moralwissenschaft*, etc.; de même en anglais pour *love,* à côté duquel on trouve *amorous, amicable, amatory*, etc.

langues soumises à son examen ne pouvait être adoptée en bloc et
sans modifications » et vota la décision suivante :

« Le Comité a décidé d'adopter en principe l'Esperanto, en raison
de sa perfection relative, et des applications nombreuses et variées
auxquelles il a déjà donné lieu, sous la réserve de certaines modifications à exécuter par la Commission permanente dans le sens défini
par les conclusions du rapport des secrétaires et par le projet de *Ido*[1],
en cierciant à s'entendre avec le Comité linguistique espérantiste[2]. »

Cette entente avait-elle des ciances de succès? C'est douteux.
D'un côté la Commission permanente, et surtout Couturat, qui en
était la cieville ouvrière, ne voulaient considérer que l'intérêt scientifique, absolu, et les grands progrès réalisés par ces réformes; de
l'autre, les Espérantistes avaient les raisons les plus fortes et les
plus complexes d'y résister. Les intérêts de l'enseignement et de la
propagande, le sentiment, l'habitude, les sacrifices matériels déjà
consentis convergeaient vers le maintien du *statu quo* : fallait-il
remettre à une autorité extérieure le sort d'une langue dans laquelle
s'était déjà développée une sorte de personnalité morale, de solidarité quasi patriotique? Ne risquait-on pas, par des ciangements
graves, de dérouter les adiérents et les élèves, de les décourager
peut-être et de les éloigner de l'idée même, en les forçant à oublier
une partie des mots et des règles déjà enracinés dans leurs cerveaux?
Beaucoup d'entre eux étaient peu lettrés; tout était confié à leur
mémoire; ils ne seraient pas capables de saisir un mécanisme aussi
précis, mais aussi nuancé que celui d'une dérivation rigoureuse. Et
les livres! Faudrait-il jeter au feu tous les ouvrages, déjà nombreux,
qui remplissaient les bibliotièques des adeptes ou qui existaient, en
quantités importantes, dans les librairies espérantistes? D'autre part,
ne serait-ce pas manquer de fidélité envers le créateur de l'Esperanto,
encore vivant, le père spirituel de tout ce peuple qui se tendait la
main par-dessus les frontières? Et enfin, une fois la porte ouverte
aux ciangements, où s'arrêterait-on? Une langue internationale a
besoin d'être fixe; si on la retoucie librement, fût-ce pour l'améliorer, on la rend par là même inutilisable.

1. Projet d'Esperanto simplifié rédigé sous le pseudonyme d'*Ido* par le mar'
quis L. de Beaufront, un des espérantistes les plus actifs, fondateur et ancien
président de la Société française pour la propagation de l'Esperanto.
2. *Compte rendu des travaux du Comité*, p. 26. — *Historia de nia linguo*, par le
prof. Otto Jespersen, p. 45. — Cette commission permanente se composait du
Bureau du Comité, auquel était adjoint M. de Beaufront.

On voit que s'il y avait dans ces raisons, du bon et du mauvais, elles devaient en tout cas paraître décisives à des hommes d'action, intéressés avant tout par les applications pratiques et immédiates de la langue universelle : les négociations échouèrent donc. La plupart des chefs de l'Esperanto répondirent : *Sint ut sunt, aut ne sint*. Ils refusèrent énergiquement de reconnaître la décision du Comité, relevèrent les vices de forme qui, disaient-ils, la rendaient caduque, et considérèrent notamment comme rédhibitoire, le fait d'avoir institué une Commission de réformes au lieu de se borner à faire un choix entre des systèmes tout constitués, seul moyen, à leur sens, d'aboutir à un résultat efficace. — Couturat, de son côté, ne céda pas d'une ligne ; peut-être même, en esprit combatif qu'il était, eut-il quelque joie de se sentir les coudées franches, et de pouvoir travailler en pleine étoffe au perfectionnement de la langue internationale *Ido*, désormais affranchie de toute concession. Je ne me donnerai pas le chagrin de raconter ici toutes les luttes personnelles, les accusations, les répliques, les manœuvres pénibles auxquelles donna lieu cette scission. Peut-être ceux qui l'entouraient en souffrirent-ils plus que lui-même. Tout ce que je puis dire est que si Couturat y apporta de l'intransigeance, de la passion, parfois même quelque âpreté dans le reproche ou l'ironie, il y montra toujours aussi une absolue bonne foi, et la religion de l'esprit scientifique. J'allais ajouter : le désintéressement le plus complet. Ce ne serait pas assez dire : pour défendre la cause à laquelle il s'était donné, et qu'il jugeait de première importance pour l'avenir de la civilisation, il ne recula ni devant un travail acharné, souvent fastidieux, ni devant les sacrifices pécuniaires les plus étendus.

Dès 1908 avait été créée par la commission permanente la revue mensuelle *Progreso*, publiée dans la langue réformée. Il en fut le secrétaire et en eut toute la charge. On imagine aisément le travail d'une pareille publication, avec la langue à fixer[1], des discussions continuelles à soutenir, une correspondance énorme à recevoir, qui exigeait souvent de longues réponses. Il suffit à la tâche. La revue

---

1. A partir de 1909, une Académie fut constituée pour discuter et arrêter les propositions relatives au perfectionnement de la langue ; elle décida en 1912 que ces modifications étant devenues de plus en plus minimes, celle-ci était désormais sensiblement au point et qu'il y avait lieu de la fixer au moins provisoirement, par la publication de Dictionnaires étendus et définitifs. On se rappelle peut-être d'ailleurs la remarque faite par Couturat et Leau dans leur *Histoire de la langue universelle*, sur la décroissance des variations et le caractère convergent des langues artificielles modernes.

parut régulièrement jusqu'à sa mort. Elle forme six volumes et demi, cıacun de sept à ıuit cents pages. C'est non seulement uı répertoire extrèmement ricıe de tout le mouvement contemporain vers une langue auxiliaire, contenant de nombreuses analyses de toute sorte, mais encore un recueil d'études linguistiques dont quelques-unes sont précieuses : par exemple le *Kursopri lagenerala gramatiko*, professé en 1910-1911 au Collège de France par M. Meillet, et qui n'a encore été publié que sous cette forme.

En mème temps, — on se demande comment il a pu mener de front une production pareille, — Couturat contribuait pour une large part à la préparation de vocabulaires tecıniques; il composa notamment un *Internaciona Matematikal Lexiko* qui peut rendre service à ceux mèmes qui ne connaissent pas la langue. Avec M. de Beaufront, à qui se joignirent des collaborateurs anglais et allemands, il rédigea d'abord trois petits dictionnaires manuels doubles pour l'usage courant; puis trois grands dictionnaires, Français-Ido, Anglais-Ido, Allemand-Ido, destinés à enregistrer toutes les décisions de détail de l'Académie et à faciliter le travail du tıème, en donnant la traduction toute faite de la plupart des idiotismes nationaux, ramenés à leur expression logique : on sent toute la portée de cette analyse, même au simple point de vue de l'étude sémantique des langues naturelles. Le premier de ces ouvrages a seul paru. Des deux autres, l'un est imprimé, le second presque acıevé; tous deux pourront paraître aussitôt que les circonstances le permettront.

Non content de cet énorme travail pratique, il trouvait encore le moyen de tirer de sa besogne matérielle des observations d'ordre général : dans un article de la *Revue de métaphysique*, dans deux communications à la *Société de philosophie*, il étudiait la *Logique du langage* et proposait un plan destiné à rajeunir l'enseignement des classes de pıilosopıie sur la question traditionnelle des « rapports du langage et de la pensée ». — Et je ne pourrais omettre ici sans ingratitude sa collaboration au *Vocabulaire technique et critique*, publié par la *Société de philosophie*. Cette collaboration, dans les premières années du travail, avait été d'abord très étendue, puisqu'on lui doit la presque totalité des articles de logique formelle contenus dans les premiers fascicules. A partir de 1906, le travail de la *Délégation* le força de restreindre la part qu'il prenait à la préparation des caıiers d'épreuves; et lorsqu'il eut la cıarge de *Progreso*,

il dut y renoncer tout à fait. Mais il continua toujours à relire avec
attention les fascicules suivants, et à choisir lui-même, avec sa double
compétence de linguiste et de philosophe, les radicaux internationaux propres à distinguer les différentes acceptions de nos termes
techniques. Faut-il ajouter que si l'on avait besoin de le consulter
plus spécialement sur quelque terme, on était certain de trouver
toujours auprès de lui un avis sûr et bien informé?

C'est encore à la logique que fut consacrée sa dernière publication. Pour une *Encyclopédie internationale des sciences philosophiques*,
qui devait paraître à la fois en français, en anglais et en allemand [1],
les éditeurs avaient demandé à des auteurs de nationalité diverse,
tous de grande notoriété, un article sur leur conception de la
Logique : MM. Benedetto Croce et Enriques, Losskij, Royce,
Windelband y représentaient leurs pays respectifs. Couturat, si
chargé qu'il fût d'autres travaux, accepta d'y représenter la logique
française. D'accord avec la plupart des logiciens modernes pour voir
dans le jugement le fait logique fondamental [2], il commence hardiment par analyser la nature et les lois de la proposition, ce qui comprend les principes fondamentaux du raisonnement; il passe de là
aux « fonctions propositionnelles » telles qu'elles ont été définies
par MM. Russell et Whitehead, puis alors seulement aux concepts,   .
à l'occasion desquels il complète la théorie de la déduction. Le
champ de la logique classique est ainsi parcouru dans son entier.
Mais il est lui-même trop restreint : il n'admet que la copule *est*; or
cette copule (qui d'ailleurs a déjà deux ou trois sens) n'est qu'une
des nombreuses relations qui peuvent relier plusieurs termes : la
logique anglaise a justifié, sur ce point, et a même élargi les
remarques bien connues de M. Lachelier sur les propositions de relation. La considération des propriétés *formelles* de celles-ci (inclusion, égalité, symétrie, transitivité, etc.) est la base d'une logique
nouvelle, à peine esquissée encore, mais qui promet d'être fruc-
tueuse. Deux chapitres terminent ce travail : l'un sur la méthodologie

---

1. L'organisateur en était M. Ruge. L'édition allemande du volume de logique
(seul publié jusqu'à présent) a paru en 1912 et l'édition anglaise en 1913. L'édition française est prête, et paraîtra probablement sous peu (A. Colin, éd.). —
Il se trouve aussi dans les papiers de Couturat un manuscrit du *Précis de Logistique* qu'il préparait en 1905, et qu'on espère pouvoir publier.
2. M. Bosanquet, pour cette même raison, a bien commencé sa Logique par la
théorie du jugement; mais il a fait précéder cette première partie d'une longue
Introduction, qui contient tout l'essentiel de la théorie des noms et des concepts.
Peut-être est-ce inévitable dans un ouvrage de grande étendue.

de la déduction, et spécialement des mathématiques, qui pousse la question jusqu'à ses racines métaphysiques; l'autre sur la logique et le langage, chapitre que seul sans doute il pouvait écrire, et qui soude aux analyses précédentes les résultats les plus frappants de ses études sur la dérivation verbale. Les principaux thèmes sur lesquels s'était exercée sa réflexion, et pour lesquels il s'était passionné, trouvent ainsi leur rappel et leur enchaînement dans ce dernier ouvrage dont il a pu revoir les traductions anglaise et allemande, mais dont l'édition française, maintenant, paraîtra sans lui....

Plusieurs de ses amis, parmi les philosophes, ont regretté qu'il se fût tant donné, depuis dix ans, au perfectionnement et à la diffusion d'une langue auxiliaire internationale. Il me semble au contraire que sa figure morale serait moins achevée sans ce trait.

Avant tout, Couturat fut un rationaliste; et le véritable rationalisme n'est pas une doctrine de cabinet, réduite à la tâche trop facile de faire entrer tout l'univers dans un système dialectique, et de tout accepter en feignant de tout déduire. Descartes croyait à la possibilité d'atteindre *a priori* n'importe quelle vérité, à partir des idées claires et distinctes, par ces longues chaînes de raisons indéniables « dont les géomètres ont coutume de se servir »; mais il songeait par ce moyen à conquérir la nature, à trouver une médecine capable de rendre communément les hommes meilleurs et plus sages qu'ils ne sont, peut-être même à les exempter de la vieillesse et de la mort. Leibniz est sans doute le philosophe qui a poussé le plus loin la croyance à l'intelligibilité du monde et à sa perfection relative; cela ne l'a pas empêché, bien au contraire, de dépenser une activité incessante en projets de réforme, d'amélioration pratique, de progrès intellectuel ou social : régularisation des poids et mesures; création d'un système d'unités décimales; revision et unification des ouvrages d'enseignement; centralisation des observations médicales; création d'assurances et perfectionnement des moyens de défense contre les incendies; fondation de sociétés savantes et philanthropiques; efforts pour le rétablissement de l'unité chrétienne et pour l'organisation religieuse de la Terre; sa confiance dans le pouvoir de l'esprit allait des plus petites choses au plus grandes.

Ceux pour qui la raison est la valeur suprême sentent bien qu'il manque toujours quelque chose à son règne, et même qu'il y manque beaucoup. Ils aiment encore mieux lutter pour en agrandir le domaine

que de s'attarder à lui faire hommage du passé. Quand ils joignent
à cette forme d'esprit un caractère élevé, sans retour égoïste sur
eux-mêmes, ils ne peuvent supporter ni les erreurs ni les injustices;
ils ont un besoin impérieux de les redresser. Dès que la vérité leur
apparaît quelque part, ils y marchent, sans souci des traditions, des
relations ou des intérêts. C'est ce besoin de logique et de lumière
qui animait Couturat pendant l'affaire Dreyfus. C'est encore lui qui
en faisait un adversaire invariable du fidéisme et de toutes les
formes anti-rationalistes de l'esprit religieux [1]. Il apparut bien
encore dans la polémique qu'il eut avec son ancien maître Brunetière, alors dans tout l'éclat de sa réputation, à propos du pacifisme
de Kant. Brunetière, isolant et même altérant quelque peu un passage d'un opuscule de 1786, avait invoqué l'autorité de Kant parmi
les philosophes qui reconnaissent la nécessité morale et le caractère
providentiel de la guerre. Pour Couturat, qui connaissait bien la
Doctrine du droit et la *Paix perpétuelle*, un pareil commentaire était
insupportable. Il écrivit au *Temps* une lettre pleine de textes qui ne
devaient laisser subsister aucun doute. Brunetière répliqua sans
aigreur, mais vertement, et prétendit donner à son ancien élève
« une leçon de critique ». Un public un peu distrait eût pu se laisser
convaincre par ce ton. Mais l'ancien élève *savait* que sur ce point le
maître avait tort, et une seconde lettre le lui fit bien voir. M. Ruyssen,
M. Appuhn, également choqués, s'associèrent à cette protestation.
Brunetière dut abandonner la question historique, et « laisser là ces
chicanes », comme il disait, pour se rejeter sur la question dogmatique, et reprocher éloquemment à ses « jeunes contradicteurs » de
n'avoir pris Kant que comme un bouclier, et d'être au fond les partisans déguisés du désarmement à tout prix et « de la paix par la
faiblesse ». Couturat recevait des injures, et les moins justifiées; mais
il restait maître du terrain.

C'est par ce même esprit de rationalisme, avide de progrès intellectuel, impatient de toute erreur ou de toute faute logique, que

---

1. « Quoi qu'on ait dit, en interprétant mal un mot de Platon, il ne faut pas
aller au vrai avec toute son âme, mais avec son intelligence seule; le sentiment
et la volonté ne peuvent jouer qu'un rôle perturbateur dans la recherche de la
vérité. Une foi *voulue*, tout comme une foi imposée du dehors, ne peut être
qu'une foi *mauvaise foi*. » La logique et la philosophie contemporaine, *Revue de
Mét.*, 1906, p. 333. Il s'agit ici, bien entendu, de l'antirationalisme et non de la
religion en général. Personne n'était plus tolérant que lui, ni plus respectueux
de la foi spontanée et des sentiments religieux sincères.

l'historien de Leibniz devint d'abord un partisan de l'Esperanto, puis des réformes espérantistes, et enfin de l'*Ido*, dont elles se trouvaient être l'aboutissement. « Si una lingua esset in mundo, disait l'auteur de la *Caractéristique universelle*, accederet in effectu generi humano tertia pars vitæ, quippe quæ linguis impenditur[1]. » Ce principe une fois accordé, le reste suivait; ou bien il fallait être inconséquent. Comment s'abstenir d'accroître, dans une si large proportion, le rendement de l'esprit humain? Et quand l'instrument de ce progrès, excellent par ailleurs, présentait deux ou trois défauts visibles, très incommodes, résultant d'une application incomplète de son principe même, comment résister à cet appel de la logique et de la raison? C'eût été mettre la lumière sous le boisseau. Ni sa philosophie ni son caractère ne lui permettaient d'agir autrement; et son fier déterminisme eût au besoin revendiqué cette nécessité morale et prévisible comme la preuve et le plein épanouissement de sa liberté. Quelques rédacteurs de *Progreso*, pour manifester leur reconnaissance au dévoué secrétaire qui était l'âme de la revue, lui offrirent l'année dernière une médaille qui représentait la Vérité. Ils ne songeaient qu'à ses travaux d'*interlinguiste*; mais rien ne pouvait mieux convenir à toute l'œuvre d'un homme qui avait écrit cette profession de foi, — et qui l'appliquait sans effort dans sa vie quotidienne : « La philosophie de l'évidence rationnelle fait table rase de tous les préjugés et soumet toutes les opinions reçues au doute méthodique pour les « ajuster au niveau de la raison ». La devise du moralisme est : Fais ce que dois, advienne que pourra — comme si l'on pouvait savoir ce qu'on doit faire sans considérer les conséquences de son action. La devise du rationalisme est analogue, mais plus juste : *Cherche la vérité pour elle-même et avant tout, quelles qu'en puissent être les conséquences théoriques ou pratiques.* Et s'il y a un impératif catégorique, c'est bien celui-là[2]. »

ANDRÉ LALANDE.

1. Épigraphe de l'*Histoire de la Langue universelle.*
2. La logique et la philosophie contemporaine, *Rev. de Mét.*, 1906, p. 339.

BIBLIOGRAPHIE

R. Mét. = *Revue de Métaphysique et de Morale;* — *R. Ph.* = *Revue philosophique;*
— *Bull.* = *Bulletin de la Société française de philosophie;* — *Progr.* = *Progreso.*
C. R. = Comptes rendus et discussions. — P. = Paris.

1° *Ouvrages.*

— **De l'Infini mathématique,** XXIV-668 p. gr. in-8°, Paris, Alcan, 1896.

C. R. : *R. Mét.* 1896, suppl. juillet, 17-20; sept., 6-7. — *R. Ph.*, 1897, I, 296-310
(G. MILHAUD : L'infini mathématique, d'après M. Couturat). — *Année philos.*, VII
(1896), 192-193 (PILLON). — *Revue générale des sciences*, 1897, 129-140 (J. TANNERY).
— *Bulletin des Sciences mathématiques*, 1897, I, 199-203 (BOURLEI). — *Revue néo-
scolastique*, 1897, 94-95. — *Rivista di Filosofia*, 1896, II, 242. — *Arch. für system.
Philos.*, 1898, 517-522 (BROCHARD.)

— **De Platonicis Mythis,** 119 p. gr. in-8°, P., Alcan, 1896.

C. R. : *R. Mét.*, 1896, suppl. juillet, 13-17; sept., 11. — *Bullet. critique*, 1897,
1-3 (Ch. HULL). — *Monist*, VII (1896), 156. — *Mind*, 1897, 134. — *Rivista di Filosofia*, 1896, II, 242-243.
Cf. BROCHARD, Les Mythes dans la philosophie de Platon, *Année philos.*, XI
(1900), 1-13.

— **La Logique de Leibniz,** XIV-608 p. gr. in-8°, P., Alcan, 1901.

C. R. : *R. Mét.*, 1901, suppl. sept., 6-7. — *Année philos.*, XII (1901), 276-278
(PILLON). — *Bull.*, 1902, 65-89. — *Annales de phil. chrétienne*, 1902, 402-411
(J.-M. BERNARD). — *Revue de philosophie*, 1903, 254-266 (BEURLIER). — *Revue des
quest. scientifiques*, LI (1902), 289-301 (LECHALAS). — *Études Religieuses*, XCIII
(1902), 818-837 (De JERPHANION : L'Algèbre de la Logique[1]).
Mind, 1903, 177-201 (B. RUSSELL : *Recent works on the philosophy of Leibniz*). —
Philosophical Review, 1903, II, 649-664 (G. M. DUNCAN). — *Bolletino di bibliografia et
storia delle scienze matematiche*, 1901, 103-110 (VAILATI). — *Rivista filosofica*, 1902,
549-555 (VARISCO). — *Ztschr. für Philos.*, t. 125, 1904, II, 33-36 (DUTOIT). — *Kantstudien*, 1901, 478.
CASSIRER, *Leibniz' System in seinen wissenschaftlichen Grundlagen*, in-8°, Marburg. 1902, Appendice II, 541-548. — (Cf. COUTURAT, *R. Mét.*, 1903.)

— **Opuscules et fragments inédits de Leibniz,** XIV-683 p., in-8° carré.
P., Alcan, 1903.

C. R. : *R. Mét.*, 1904, suppl. janvier, 8. — *R. Ph.*, 1904, I, 216-220 (PENJON). —
Revue des questions scientif., LIV (1903), 286-291 (LECHALAS).

— **Histoire de la langue universelle** (en collaboration avec M. Léopold
LEAU), XXXII-576 p. in-8°, P., Hachette, 1903. — 2° édition, *Ibid.*, 1907. —

---

1. *Sic.* Cet article se réfère d'ailleurs non seulement au livre de Couturat sur
Leibniz, mais à diverses autres publications, notamment à son article sur la
logique de M. Peano (*R. Mét.* 1899).

Les nouvelles langues internationales, suite à l'histoire de la langue universelle (ID.), IV-112 p. in-8°, *Ibid.*, 1908.

C. R. : *R. Mét.*, 1904, 137-147 (A. LALANDE : La langue universelle). — *R. Ph.*, 1904, I, 541-542. — *Études religieuses*, CXXII (1910), 839-844 (POULAIN : *L'Ido*). — *Monist*, XIV (1904), 604-607. (Cf. *Ibid.*, 562-564 (ARRÉAT : *An international auxiliary language*). — *Rivista filosofica*, 1904, 548-555 (VAILATI).

— **L'Algèbre de la Logique**, 100 p. petit in-8°; coll. *Scientia*, n° 24. — P., Gauthier-Villars, 1905.

C. R. : *R. Mét.*, 1905, suppl. juillet, 4-5. — *Revue générale des sciences*, 1906, 198 (LAISANT). — *Bulletin des sciences mathématiques*, 1905, I, 194-196 (J. TANNERY). — *Revue néo-scolastique*, 1905, 503-505 (MAGNIETTE).

— **Les Principes des Mathématiques**, avec un appendice sur la philosophie des mathématiques de Kant, VIII-311 p. in-8°., P., Alcan, 1905. — Traduction allemande par Carl SIEGEL, XIII-328 p. in-8°; Leipzig, Klinkhardt, 1908.

C. R. : *Bulletin des sciences mathématiques*, 1906, I, 302-313 (G. MILHAUD). — *Année philosophique*, XVII (1906), 160-162 (PILLON). — *Revue scientifique*, 1906, II, 210-211 (PIÉRON). — *Revue de philos.*, 1906, I, 517-529 et 658-673 (WARRAIN). — *Etudes religieuses*, CIX (1906), 400-402 (MOISANT). *Kantstudien*, XII (1907), 1-49 (CASSIRER : *Kant und die moderne Mathematik* (mit Bezug auf B. Russells und L. Couturats Werke über die Prinzipien der Mathem.). — *Ztschr. für Philos.*, t. 143, 1911, II, 98-101 (MANNO).

— **Étude sur la dérivation en Esperanto**, 79 p. in-8°, Coulommiers, Brodard, 1907. (Cette édition n'a pas été mise dans le commerce.) — **Étude sur la dérivation dans la langue internationale**, 2ᵉ édit., (augmentée d'une préface et quelque peu modifiée). 100 p. in-12, P., Delagrave, 1910.

— **La langue internationale et la science**, voir ci-dessous : *Une application de la logique*, etc. (1908).

C. R. : *R. Mét.*, 1910, suppl. mai. 9-10. — *R. Phil.*, 1911, II, 296-299. — *Études relig.*, 1910, 839-844 (A. POULAIN, l'Ido). — *Etudes franciscaines*, avril et mai 1910 (Odon de RIBÉMONT, La langue auxiliaire et l'Eglise). — *Rev. du Clergé français*, 15 juin 1910 (J. BRICOUT. La langue auxiliaire internationale). — *Revue néo-scolastique*, 1910, 156-157. — *The Month*, avril 1910.

— **Dictionnaire international-français** (en collab. avec L. de BEAUFRONT), 209 p. in-12. P., Delagrave, 1908; **Supplément**, 24 p., *Ibid.*, 1911. — **Dictionnaire français-international** (ID.), 240 p. in-12, *Ibid.*, 1908; **Supplément**, 195 p., *Ibid.*, 1911.

— **International-english Dictionary** (ID.), XXIV-230 p. in-12 ; — **English-international Dictionary** (en collab. avec L. de BEAUFRONT et P. D. HUGON), 271 p. in-12, Londres, Pitman, 1908.

— **International-deutsches Wörterbuch** (en collab. avec L. de BEAUFRONT et Rob. THOMANN), XXIV-294 p., petit in-8° carré ; — **Deutsch-internationales Wörterbuch** (ID.), 364 p. petit in-8° carré, Stuttgart, Franck, 1908.

— **Internaciona Matematikal Lexiko**, en Ido, germana, angla, franca ed italiana, 36 p. in-4°, Iéna, G. Fiscier, 1910.

— **Dictionnaire français-international** (en collab. avec L. de BEAUFRONT), XII-600 p. in-8°. P., Ciaix, 1915.

(Des éditions anglaise et allemande correspondantes, auxquelles COU-TURAT a pris la plus grande part, sont sous presse.)

2° *Articles et brochures.*

— Compte rendu critique de HANNEQUIN, *Introduction à l'étude de la Psychologie*; — *R. Ph.*, 1891, I, 319-323.

— Le problème d'Achille (note sur un article de M. MOUREI), *R. Ph.*, 1892, I, 314-315.

— La beauté plastique, *R. Ph.*, 1893, I, 53-72.

— Compte rendu critique de l'*Année philosophique* publiée par F. PILLON, *R. Mét.*, 1893, 63-85.

— Note sur la géométrie non euclidienne et la relativité de l'espace, *R. Mét.*, 1893, 302-309.

— L'évolutionnisme physique et le principe de la conservation de l'énergie, *R. Mét.*, 1893, 564-572.

— Études sur l'espace et le temps de MM. LECHALAS, POINCARÉ, DEL-BŒUF, BERGSON, L. WEBER, EVELLIN, *R. Mét.*, 1896, 646-669.

— Compte rendu critique de HANNEQUIN, *Essai sur l'hypothèse des atomes dans la science contemporaine*; — *R. Mét.*, 1896, 778-797; — 1897, 87-113 et 220-247.

— Compte rendu critique de B. RUSSELL, *Essais sur les fondements de la géométrie*, *R. Mét.*, 1898, 354-380.

— Sur les rapports du nombre et de la grandeur, *R. Mét.*, 1898, 422-447.

— Lettres à BRUNETIÈRE, sur le pacifisme de Kant, *Le Temps*, 27 mars et 1er avril 1899.

— La logique mathématique de M. PEANO, *R. Mét.*, 1899, 616-646.

— Sur une définition logique du nombre, *R. Mét.*, 1900, 23-26.

— Contre le nominalisme de M. LE ROY, *Ibid.*, 87-93.

— Sur la définition du continu, *Ibid.*, 157-168.

— L'Algèbre universelle de M. WHITEHEAD, *R. Mét.*, 1900, 323-362.

— Les mathématiques au Congrès de philosophie, *L'Enseignement mathématique*, II (1900), 397-410.

— Les bases naturelles de la géométrie d'Euclide (note critique sur l'ouvrage de M. de CYON), *R. Ph.*, 1901, II, 540-542.

— Pour la langue internationale, 30 p. in-12, Coulommiers, P. Brodard, 1901. — Trad. anglaise, Londres, G. Henderson, 1903; allemande, Berlin, Möller et Borel, 1902; italienne, Coulommiers, P. Brodard, 1907. C. R. : *Revue des quest. scientif.*, LI (1902), 547-586 (P. PEETERS, *La langue internationale*).

— Symbolic Logic (en collab. avec Mrs. LADD-FRANKLIN), dans le *Diction. of Philosophy and Psychology* dirigé par J. M. BALDWIN, N. Y., Macmillan, 1902; tome II, p. 640-645 et 650-651.

— Compte rendu critique de PEANO, *Formulaire de mathématiques*; — *Bulletin des Sciences mathém.*, 1901, I, 141-159.

— Lexique philosopique, en appendice à la traduction française de B. RUSSELL, *Essai sur les fondements de la géométrie*, P. Gautier-Villars, 1901, p. 255-260. — (L'ouvrage contient en outre plusieurs notes de COUTURAT.)

— Sur la métapysique de Leibniz, *R. Mét.*, 1902, 1-25.

— Sur les rapports de la logique et de la métapysique de Leibniz. *Bull.*, 1902, 65-89.

— L'état présent des sciences, d'après M. PICARD, *R. Mét.*, 1902, 516-522.

— Sur la langue internationale, *Revue des questions scientifiques*, LII. (1902), 213-223.

— Le système de Leibniz d'après M. CASSIRER, *R. Mét.*, 1903, 83-99.

— Les principes des matématiques (C. R. critique de B. RUSSELL, *The principles of mathematics*), *R. Mét.*, 1904. 19-50, 211-240. 664-698, 810-844; *Ibid.*, 1905, 224-256. — Recueilli en un volume, avec de nombreuses corrections et additions, P., Alcan, 1905. (Voir ci-dessus.)

— La philosopie des matématiques de Kant, *R. Mét.*, 1904, 321-383.

— Kant et la matématique moderne, *Bull.*, 1904, 125-134 (Centenaire de Kant).

— La section de logique et de philosophie des Sciences au Congrès de Genève, *R. Mét.*, 1904, 1037-1077.

— La Délégation pour l'adoption. d'une langue auxiliaire internationale, *L'Enseignement mathém.*, VI (1904), 140-142.

— Rapport sur les progrès de l'idée de langue internationale, C. R. du 2e Congrès internat. de philosopie (Genève, 4-8 septembre 1904), gr in-8°, Genève, Kündig, 1905, p. 355-366.

— Sur l'utilité de la logique algoritmique, *Ibid.*, p. 706-713.

— An international auxiliary language, *Monist*, 1905, 143-146.

— Les Définitions mathématiques, *L'Enseignement mathém.*, VII (1905), 27-40.

— Définitions et démonstrations mathématiques, *Ibid.*, 104-121.

— Pour la Logistique, *R. Mét.*, 1906, 208-250. — Trad. angl. (*For Logistics*), *Monist*, 1912, 484-523.

— La Logique et la philosophie contemporaine, *R. Mét.*, 318-341.

— Logique et moralisme (Réponse à M. LECHALAS), *Ibid.*, 873-876.

— Conclusions du rapport sur l'état présent de la question de la langue internationale, par L. COUTURAT et L. LEAU, IV-32 p. in-8°, Coulommiers, P. Brodard, 1907.

— Compte rendu des travaux du Comité (de la Délégation pour l'adoption d'une langue auxiliaire internationale), par L. COUTURAT et L. LEAU, 32 p. in-8; Coulommiers, Brodard, 1907.

— Eine Weltsprache oder drei? (Réponse à M. le professeur DIELS) 17 p. in-8; Stuttgart et Leipzig, Deutsche Verlagsanstalt, s. d. (1907). Extrait de la *Deutsche Revue*, *1907.* — Trad. en esperanto, 27 p. in-12, P., Hachette, 1907.

— Nia Programo [1] (COUTURAT et LEAU), *Progreso*, I (1908), 1-8.

— Pri nia vortaro (COUTURAT et de BEAUFRONT), *Ibid.*, 193-200.

— La « natural evoluco », *Progr.*, I (1908), 205-207.

— Esperanto ed Esperantismo, *Ibid.*, 264-276.

— La Spirito di Esperanto, *Ibid.*, 366-368.

— Unopla o duopla linguo, *Ibid.*, 475-478.

— Literaturo e tradiciono, *Ibid.*, 557-558.

— Une application de la logique au problème de la langue internationale, *R. Mét.*, 1908, 761-769. — *Bericht über den dritten int. Kongress für Philos.* (1-5 sept. 1908), gr. in-8°, Heidelberg, C. Winter, 1909, p. 415-424. Recueilli dans *La Langue internationale et la science*, par L. COUTURAT, O. JESPERSEN, R. LORENZ, W. OSTWALD, L. PFAUNDLER, gr. in-8°, P., Delagrave, 1909, Ch. IV, p. 34-41. Edition allemande : *Weltsprache und Wissenschaft*, Iéna, Fischer, 1909. — Edit. anglaise : *Intern. language and science*, Londres, Constable, 1910. — Edit. suédoise : *Vardlssprak och Vetenskap*, Stockholm, Bagge, 1910.

— Uneso, *Progr.*, I (1909), 689-692.

1. Nous avons relevé seulement dans ce qui suit les articles signés par Couturat dans la Revue mensuelle *Progreso* (Paris, Delagrave, 1908 et suiv.), et encore à l'exclusion de ceux qui ne consistent qu'en une traduction ou un résumé d'autres publications. Mais cette revue, qu'il dirigeait, contient un grand nombre de notes diverses, informations, discussions, etc., dont il est l'auteur.

— Pri Nia Revuo, *Ibid.*, 692-694.

— Entre Idistes et Espérantistes, *La Revue*, janv. 1909, 110-113.

— Expérience de double traduction en langue internationale, *R. Mét.*, 1909, 274-275.

— « *Enkhiridion* », *o Manu-libro di Epikteto*, tradukita da C. S. PEARSON e L. COUTURAT, 24 p. in-12, P., Delagrave; Londres, G. Pitman; Stuttgart, Franckh, 1909.

— Pour la langue auxiliaire neutre, *Rev. int. de l'enseignement*, II, 255-259.

— Pri la selekto di la verbala radiki, *Progr.*, II (1909), 321-325.

— Pri malsuceso di Esperanto en Genève, *Ibid.*, 385-387.

— Makiavelatra taktiko, *Ibid.*, 448-452.

— Pri nia metodo, *Ibid.*, 579-582.

— Le cioix d'une langue internationale, *Revue du Mois*, 1909, 708-724.

— Pri nia matematikal Vortaro, *Progr.*, III (1910), 1-6.

— Ido et Esperanto (Discussion avec M. AYMONIER), *Revue du mois*, 1910, 219-229. — En brocıure, sous le titre : *Pour l'Ido*, P., Alcan, 1910.

— Ido ou français, *La Grande Revue*, février, 1910, 791-793.

— L'Ido devant la science, lettre ouverte à M. COIION, professeur à la Sorbonne. *La Langue auxiliaire*, février 1910.

— Pour la langue auxiliaire neutre, *La Revue*, août 1910, 381-385.

— Des rapports de la logique et de la linguistique dans le problème de la langue internationale, *R. Mét.* 1911, 509-516. — *Atti del IV Congresso int. di filosofia* (Bologne, 1911), gr. in-8°, Gênes, Formiggini, s. d., t. II, p. 483-490.

— L'Uneso necesa, *Progr.*, IV, (1911), 6-8.

— Pri nia biologiala lexiko, *Ibid.*, 71-74.

— Diletantismo, *Ibid.*, 193-197.

— Pri nia Revuo, *Ibid.*, 323-324.

— Teknikala termini pri aer-vehado, *Ibid.*, 330-333.

— La Ponto, *Progr.*, IV (1912), 631-637.

— Entre l'Ido et l'Esperanto, *La Revue*, avril 1912, 381-392; — tirage à part : « La Vérité sur l'Ido », 15 p. in-8°. P., 1912.

— Ido contre Esperanto, *La Coopération des Idées*, 1912, 445-449.

— Sur la structure logique du langage, *R. Mét.*, 1912, 1-24. — Même titre (Discussion de l'article précédent). *Bull.*, 1912, 47-84.

— Les Principes de la Logique. Trad. allemande : Die Prinzipien der Logik, *Encyclopädie der philos. Wissenschaften*, vol. 1 (Logik), gr. in-8°, Tubingen, Mohr, 1912, p. 137-201. — Trad. anglaise : The principles of Logic. *Encylopaedia of the philosophical sciences*, vol. I (Logic), in-8', Londres, Macmillan, 1913, p. 136-198.
L'édition française de ce volume est en préparation.

— La lecioni di *Titanic*, *Progr.*, V (1912), 465-472.

— La pronuncado di la latino, *Progr.*, V (1913), 724-728.

— Des propositions particulières et de leur portée existentielle, *R. M·t.*, 1913, 256-259.

— Logistique et intuition, *Ibid.*, 260-268.

— La ciencal organizo di la laborado, *Progr.*, VI (1913), 129-133.

— La « ciencoza » kavali di Elberfeld, *Ibid.*, 274-278.

— Pour la logique du langage, *Bull.*, 1913, 135-165.

— A propos des propositions particulières, *R. Mét.*, 1914, 259-260.

— Helen Keller, surda-muta-blinda, *Progr.*, VII (1914), 21-24 et 82-88.

QUESTIONS PRATIQUES

LA GUERRE ET LA DÉMOCRATIE

On ne peut s'empêcher de répéter, parce que plus l'on y réfléchit, plus l'imagination en reste confondue, combien est immense l'événement historique actuel, qui met aux prises dix nations — et bientôt plus sans doute —, et qui se répercute jusqu'aux extrémités de l'Afrique, de l'Asie et de l'Océanie. Jamais pareilles masses d'hommes ne se sont entre-choquées, jamais pareilles puissances de destruction ne se sont déployées, jamais sommes aussi fabuleuses ne se sont dépensées, non pour créer, mais pour anéantir. On creuserait plusieurs fois le canal de Panama avec ce que chaque mois l'Europe dépense et avec ce qu'elle détruit. Je laisse de côté comme étrangère à tout calcul la valeur des existences humaines.

Mais si, considérée au point de vue matériel cette guerre dépasse toute mesure connue, ou même appréciable à nos imaginations[1], considérée au point de vue moral elle présente aussi une incomparable grandeur. C'est peut-être ce qui nous permet le mieux d'en supporter l'épouvantable pensée. Dans cette lutte mondiale, le sentiment est très net des deux côtés, mais surtout chez les Alliés, qu'il n'y a pas là seulement un conflit d'ambitions contraires, mais que c'est aussi, à un degré qui ne s'est peut-être jamais vu, une guerre de principes, que ce sont deux conceptions opposées de l'ordre humain, de la vie des sociétés et de leurs relations qui sont aux prises.

Un tel événement est donc pour nos consciences un incomparable ferment. Il nous impose un nouvel examen de nos croyances, de nos affirmations, de notre idéal. Il nous fournit un redoutable critère

---

1. M. Ch. Gide calculait récemment qu'un citoyen français, en apportant à son gouvernement le montant d'une obligation de 1 000 francs, lui permet de pourvoir aux exigences présentes de la France pendant *un peu plus de deux secondes!*

pour en juger la portée et la valeur. Sans doute ciacun fait effort
pour l'interpréter d'abord en faveur de ses convictions. Nous voyons
l'iomme de foi en augurer une renaissance religieuse, parce que la
religion fournit un refuge dans les détresses, une force dans les
dangers, une consolation dans les deuils; et nous voyons le libre
penseur constater quelle a été l'impuissance égale de toutes les
religions à dominer et à diriger l'évènement, à classer les belligérants,
à régler leur action, tandis que des motifs nationaux, etiniques,
économiques, se montraient déterminants et primaient des principes
soi-disant souverains. Pourtant il n'est pas non plus sans exemple
que la secousse ressentie ait amené des conversions; nous en connaissons d'assez retentissantes et significatives qui peuvent nous
engager à examiner aussi nos jugements, pour voir s'ils sont à
l'épreuve du feu qui embrase le monde.

Mais de plus il ne s'agit pas seulement de voir et de comprendre.
C'est encore une action, la plus utile de la part de ceux qui ne sont
pas appelés à l'action, que d'essayer d'interpréter l'œuvre qui
s'accomplit. La conscience claire n'en est pas simple spectatrice;
elle y collabore. Si l'événement est un événement iumain, il sera
pour une bonne part ce que nous le ferons être en le pensant, et
c'est pourquoi il faut s'efforcer de le penser à l'ieure même où il
se produit. Sous un déciaînement de forces dont la violence et la
brutalité font songer à un cataclysme de la nature, il nous faut
démêler et développer les forces morales qui lui impriment une
direction, une finalité où l'iomme puisse se reconnaître et, si
possible, trouver son compte. Alors seulement tout ne sera pas perdu
dans l'immense catastrophe et une demeure nouvelle nous semblera préparée dans les ruines mêmes. Jamais le caractère précaire
des valeurs matérielles n'aura été plus clairement manifesté aux
consciences les plus obtuses; jamais le prix et la permanence des
valeurs morales n'auront par contraste acquis plus d'évidence. Si
les épreuves de la vie persuadent l'âme religieuse de la vanité des
biens temporels et la rejettent violemment vers les espérances
mystiques, une transposition positive de cette « conversion » nous est
imposée par l'excès même des calamités que traverse notre civilisation. Nous voulons espérer, nous voulons faire, qu'elles servent du
moins dans l'ordre moral, et nous y ciercierons, à notre manière,
un instrument de notre « salut ».

Nous ne saurions d'ailleurs nous lasser de pousser la guerre dans le domaine des idées et des doctrines. Il n'est ni dans notre caractère ni dans nos principes d'attendre de savoir qui triompiera pour dire qui a raison. Le propre du *droit* est de se prononcer avant l'effet, parce que c'est une règle, un idéal et non un résultat, parce qu'il est de l'ordre de la finalité et non de la causalité. La doctrine allemande serait infirmée par le fait même de sa défaite ; tandis que même si nous devions être vaincus, nous pourrions encore savoir et nous devrions maintenir que notre cause est la bonne. L'Allemagne, divinisant la force, doit vaincre pour savoir qu'elle a raison, et il lui suffit de vaincre. Mais à nous la victoire ne suffirait pas ; il nous faut la conviction que notre cause est juste et que notre victoire serait celle du droit ; et il nous faut, d'avance, l'idée des fins et des usages de la victoire, des intérêts supérieurs auxquels elle doit servir.

C'est un point de cet examen de conscience que je voudrais aborder ici, un peu de cet effort que je voudrais essayer, en me demandant ce que notre foi dans la démocratie peut apprendre, craindre ou espérer, de cette guerre. C'est une question à laquelle un Français ne peut guère se soustraire ; car si la France n'a pas réalisé plus de démocratie que tels autres pays d'Europe, on ne peut guère contester que c'est elle qui a le plus tôt et le plus explicitement pris conscience des principes de la démocratie et qu'elle a été le plus ardent foyer de leur rayonnement. Issus en ligne directe de la pensée cartésienne, à travers Rousseau et la Révolution, ils se sont si bien incorporés à la conscience française que ceux-là mêmes qui, à certains égards, les répudient, en réclament le bénéfice et qu'aujourd'hui en particulier, ils ne pourraient les renier expressément sans paraître abandonner un élément du patrimoine et de la cause de la France.

Quelle place tiennent donc ces principes dans le débat ouvert par les armes ? Quel sort l'issue de la lutte peut-elle leur réserver ?

I. — Ce qui obscurcit la question, c'est qu'elle peut se poser de deux manières bien différentes. On peut se demander d'abord quel est le rapport entre l'esprit ou les institutions démocratiques et le *fait* de la guerre en général ou de cette guerre en particulier ; ou bien on peut se demander dans lequel des deux groupements en lutte est

engagée la cause de la démocratie et si elle peut attendre, du triomphe
de l'un ou l'autre, un progrès ou une décréance. Quoi qu'on puisse
décider sur ce second point, où les avis ne semblent guère pouvoir
être divisés, la première question reste intacte. Ce qui peut même
embarrasser une conscience très sincèrement acquise aux principes
démocratiques, c'est qu'ils paraissent foncièrement inadaptés à l'état
de guerre, et à la préparation même de la guerre, tandis qu'en
même temps la guerre nous est imposée en fait, comme s'imposait la
préparation de la guerre, par des raisons extérieures, et en particulier parce qu'un puissant État voisin était gouverné de la manière
la moins démocratique. Ainsi surgit pour la conscience du démocrate
une sorte d'antinomie qui n'embarrasse pas son adversaire. Pour
celui-ci il y a une certaine homogénéité entre l'état de guerre et le
régime politique auquel il adhère. Pour l'autre, il y a opposition.
L'antithèse que Spencer établissait entre le régime industriel et le
régime militaire s'est révélée inexacte, parce qu'en effet le régime
industriel n'implique pas, autant que le croyait Spencer, le règne de
la liberté et du contrat. Mais si, dans cette antithèse, on substitue
au terme économique « industrie », un terme d'ordre moral et politique, démocratie, elle redevient défendable et presque évidente.

Dès avant la guerre on nous en avait averti, et non pas certes dans
un esprit hostile à la démocratie. « Faites un roi, nous disait-on, ou
bien faites la paix. » Cette invite laissait bien un peu sceptique
celui-là même qui nous l'adressait. Il ne pensait pas sérieusement
ni que la France voulût la guerre, ni surtout qu'elle pût faire un
roi. Mais, à supposer que cela fût possible, pourquoi un roi eût-il
mieux préparé la guerre? Louis-Philippe et Napoléon III sont des
exemples peu encourageants. Et qu'eût pu faire un roi, si ce qu'il
fallait changer, c'était non une étiquette gouvernementale, mais nos
mœurs politiques, nos habitudes, nos manières de penser et de
sentir? Et ne voit-on pas qu'avec un roi et un esprit de suite remarquable dans les affaires, une grande monarchie voisine et amie, mais
où l'esprit démocratique est également dominant, était encore moins
encline et même moins préparée à la guerre que nous ne l'étions?
La première partie de la formule était donc amusante sous la plume
d'un socialiste qui ne manque pas d'esprit, mais elle ne méritait
guère plus que ce sourire.

On pensait dire quelque chose de plus solide en nous disant de
« faire la paix ». Mais en vérité le conseil se trompait étrangement

d'adresse. La paix, nous avions assez témoigné combien, loin de la menacer, nous y tenions; mais on ne nous la laissait pas un instant; les provocations succédaient aux provocations, de plus en plus aiguës. Offrir notre amitié pour obtenir la tranquillité? Mais notre amitié, on n'en voulait pas; ce qu'on voulait, c'était notre abdication, et l'événement a bien prouvé que cette paix-là, même si nous eussions été d'humeur à l'accepter, n'eût fait qu'encourager de nouvelles convoitises et des agressions devenues moins hasardeuses. Renier nos espérances du côté de l'Alsace-Lorraine? Mais même si nos sentiments l'eussent permis, nos principes nous l'interdisaient. Car ce n'était pas, au fond, de *notre* droit qu'il s'agissait là, mais du droit des populations annexées. Il ne nous appartenait pas d'y renoncer. C'est ce que les Allemands, fermés comme ils le sont à la notion du droit, n'ont jamais pu comprendre; leur vanité et leur brutalité conspiraient pour les empêcher de voir dans la résistance des provinces conquises autre chose qu'un effet de je ne sais quels encouragements sournois et occultes venus d'ici, et dont on n'avait nul besoin là-bas pour honnir l'oppresseur. Ainsi la paix qu'on nous priait de faire ne dépendait pas de nous; le prix dont il eût fallu l'acheter n'était même pas dans notre poche; y eût-il été enfin qu'il pouvait tout au plus payer une trêve illusoire, grosse des plus odieuses menaces. Je ne puis voir quel profit la démocratie française pouvait faire d'un tel conseil.

Mais si sous l'apparence d'un conseil aussi impossible à comprendre qu'à suivre, nous cherchions une vue théorique, peut-être trouverions-nous un sens sérieux et défendable à une formule malencontreusement humoristique.

Il reste vrai que la Démocratie, et c'est son honneur, est essentiellement faite pour la paix, et n'a de sens que relativement à un état de paix. Celui qui admet cet idéal politique, en effet, ne peut le faire que parce qu'il y voit la formule d'un état social stable et solide — je ne dis pas immobile, — une expression rationnelle de l'organisation d'une société. Or seul l'état de paix peut être pour les sociétés un *régime* normal. Les plus fanatiques admirateurs de la guerre ne peuvent soutenir qu'elle soit autre chose, dans la vie des peuples, qu'un accident, une crise, un désordre; un désordre inévitable, peut-être, mais un désordre; un accident à prévoir, mais enfin un accident; une crise utile et un moyen extrême, mais enfin une crise et une procédure d'exception. On ne voit pas comment on ferait

entrer dans la construction idéale d'un régime de vie normale pour
les sociétés, une condition qui lui est tout extérieure; ce sont les
conditions *internes* et les fins propres du corps social qu'on peut
seules faire entrer dans une telle définition. C'est là une abstraction?
Assurément, puisqu'il ne s'agit plus de l'État comme produit *naturel*,
mais d'un *idéal*, puisque en fait il y a une pluralité d'États qui se
limitent mutuellement, et puisque, en fait, tous les États se sont
formés dans et par les conflits armés. Mais j'en conclus seulement
que la réalisation de cet idéal restera incomplète, tant que ces
conflits seront possibles; je n'en puis conclure qu'il cesse d'être un
idéal. Cet idéal n'est pas une simple chimère, puisque dans l'organisation réelle des États, considérés sous le régime de paix, nous en
trouvons déjà nombre d'éléments constitutifs réalisés, et progressivement développés. Mais il reste qu'un régime essentiellement conçu
pour la paix, doit sous quelque rapport se montrer mal adapté aux
exigences de la guerre, comme inversement l'état de guerre doit
mal s'accommoder des formes de l'ordre démocratique.

Tout d'abord une Démocratie ne saurait envisager la guerre
comme une fin ni comme une de ses fonctions propres. Qu'est-ce
qu'une Démocratie? C'est un régime caractérisé par l'appel fait à la
raison, à la conscience claire, au consentement. Il peut bien le cas
échéant recourir à la force pour se défendre, au dehors comme au
dedans. Mais il serait contradictoire à sa nature de vouloir s'imposer et se répandre par la force, comme il le serait de remplacer la
loi par la police. La Révolution Française, remarquons-le, a été
expansive, mais non agressive; elle n'a fait explosion au dehors que
parce qu'on a d'abord cherché à la comprimer du dehors. Une Démocratie est un État fondé sur le droit et la liberté. Il ne peut normalement songer à attenter au droit et à la liberté des autres. Par cela
même, il n'est pas non plus disposé à imaginer qu'on menace une
liberté qui ne menace personne. Un honnête homme est volontiers
confiant; nous nous représentons naturellement les autres à notre
image. L'État démocratique est un honnête homme d'État. C'est un
naïf, me dira-t-on. Soit, puisqu'il néglige l'expérience extérieure, qui
lui révélerait l'existence du crime, pour se fier trop simplement à son
expérience morale interne, qui sent le crime absurde et impossible.
Pourtant comment cette disposition psychologique ne serait-elle pas
naturelle à une conscience droite? Aimeriez-vous beaucoup à vivre,
dites-moi, dans la société de gens qui comprendraient sans effort les

mobiles des escrocs et cambrioleurs, qui imagineraient avec aisance les impulsions du sadique et de l'assassin, qui d'emblée verraient très clair dans ces âmes de ténèbres? On a reproché à l'Angleterre, à la France surtout, de n'avoir pas assez cru à la guerre, de ne l'avoir pas assez préparée. Certes, les avertissements n'avaient pas manqué; on peut regretter qu'elles n'en aient pas tenu assez de compte. Mais on ne m'empêchera pas de penser que cette imprudence même ne va pas sans quelque honneur. Elle n'est pas seulement le fait d'une incurie, d'une faiblesse, d'un *manque.* Elle résulte aussi de quelque chose de *positif* dans notre âme : de notre idéalisme, de notre foi dans le droit et dans les contrats, de notre mépris pour les entreprises de violence et de haine. Estimera-t-on supérieur, en lui-même, l'esprit d'une nation sans cesse tournée vers les œuvres d'agression et de conquête, et qui, sans avoir doté le monde d'aucune des grandes inventions dont elle tire sa puissance militaire, explosifs puissants, télégraphie sans fil, aviation, navigation sous-marine, n'en pouvait voir apparaître une sans y chercher immédiatement des puissances de destruction et de mort, sans songer avant tout à tourner contre les autres des découvertes auxquelles elle n'avait aucune part? De ces deux types de peuples, quel est celui dont vous préféreriez que soit composée l'humanité? Au jour du jugement des nations on saura bien, malgré l'accumulation des mensonges et des hypocrisies, qui est responsable de la guerre. Il suffira de constater que les unes ont été prises presque au dépourvu et ont mis six mois à se ressaisir, tandis que chez les autres, tout était prêt, jusqu'aux organisations de crime, jusqu'au formulaire de leur justification, jusqu'aux nominations de gouverneurs des villes à conquérir, jusqu'au programme des triomphes à célébrer. Quelle preuve plus décisive? Quel Livre Jaune contient un acte d'accusation plus saisissant?

Ne nions donc pas que les démocraties soient moins tournées vers la guerre, moins disposées à y penser, à la préparer, à en accepter la perspective; cela même est à leur honneur, parce que ce sont des organisations sociales faites pour le progrès et reposant sur la liberté et sur le droit.

La préparation de la guerre a un double complément dans la politique intérieure et dans la politique extérieure. Que la politique de guerre soit en opposition avec les conditions fondamentales des institutions démocratiques, il est à peine besoin de l'établir. Jetons un coup d'œil sur le régime normal de l'Allemagne; nous le verrons

moins distant que le nôtre de celui qui est propre à l'état de guerre.
Qu'y voyons-nous? Une autocratie de droit divin dont les fondateurs
n'ont jamais admis qu'ils pussent tenir leur autorité du peuple ni
lui devoir des comptes : Frédéric-Guillaume IV refusa la couronne
impériale plutôt que de la recevoir d'un Parlement élu; des ministres
qui ne sont que des organes du souverain, sans aucune responsabilité devant les assemblées; des lois de Lèse-Majesté qui divinisent
l'Empereur; une presse vénale et asservie; l'exclusion de certaines
fonctions publiques et de certaines dignités (de l'armée en particulier) maintenue contre certains groupes ou certains partis (juifs
et socialistes); la subordination constante du pouvoir civil à la
caste militaire (affaire de Saverne); par-dessus tout cela un système
d'éducation qui annule toute liberté critique, mécanise les esprits au
lieu de les former, les oblige à marcher au pas de parade et à penser
par ordre. Qu'importe, après cela, le nombre de voix socialistes?
Un chiffre, mais non une force politique. Et que voyons-nous dans
la guerre elle-même? La discussion parlementaire réduite à son
minimum, le droit de réquisition étendu presque sans limite, la
mainmise, de diverses façons (moratorium, séquestre), sur la
propriété privée, la censure appliquée non seulement aux nouvelles
d'ordre militaire, mais à toutes sortes d'informations ou même
d'appréciations que le pouvoir juge inopportunes, l'aggravation des
pénalités, la suppression des juridictions corporatives, en un mot la
réduction ou l'abolition de la plupart des garanties dont le développement caractérise le régime démocratique. Non seulement la guerre
elle-même ne saurait sans absurdité être gérée suivant les formes
démocratiques de discussion libre, de délibération ouverte et
publique; mais par une irradiation inévitable, l'état de guerre étend
à la vie même du pays une partie de ces formes d'autorité et de ces
procédures dictatoriales que la guerre exige. Il est donc clair que,
toutes choses égales d'ailleurs, un pays habitué, dès le temps de
paix, à un régime analogue, souffrira moins de la transition. Notre
ennemi, en effet, escomptait bien le désarroi où devait nous plonger
un aussi brusque changement d'habitudes. Il s'est trompé dans son
espérance, pour toutes sortes de raisons inutiles à rappeler, mais
en particulier parce que notre amour démocratique de la justice s'est
retourné contre lui. Il n'en est pas moins évident que nous avons dû,
pour le salut même des *principes* que nous défendions avec notre
existence, sacrifier les *formes* ordinaires de leur action.

L'œuvre militaire a pour complément indispensable l'œuvre diplomatique. Le rôle en a été dans les événements présents d'une ampleur proportionnée au conflit lui-même. Le déclanchement du cataclysme est résulté du jeu des alliances; tous les déclics en étaient tendus d'avance dans les traités ou les ententes. Il est à peine utile de remarquer que la diplomatie de la République a été singulièrement plus heureuse que celle de 1870, et ne s'est pas montrée inférieure à celle de l'adversaire. Les raisons de cette supériorité n'ont pas lieu d'être analysées ici. Mais nous doutons que personne y voie un succès propre de la démocratie. Rien au contraire, mieux que les conditions de l'œuvre diplomatique, ne permet de reconnaître les bornes de ce régime. Il y a quelque chose de déconcertant, à ce point de vue, dans la pensée que sept ou huit personnes, derrière les doubles portes d'un cabinet ministériel, disposent du sort de millions d'hommes et décident, sans leur assentiment, dans quel cas ils devront se ruer les uns sur les autres. Qu'au moment de la crise un pays libre comme la France, l'Angleterre, l'Italie, ne sache pas à quoi l'engagent les traités passés en son nom, non plus que les garanties qui lui sont fournies, il y a là pour la conscience démocratique, vouée à la clarté, à la véracité, à la probité contractuelle, une sorte de scandale. La nécessité pratique l'impose, la confiance accordée aux gouvernements l'atténue, l'intérêt des résultats le font accepter; il reste pourtant que le secret diplomatique est en flagrante opposition de fait avec les méthodes normales de la démocratie et en pose une des plus évidentes limites. Ce secret restreint même la valeur contractuelle des traités. Le secret intérieur des gouvernants vis-à-vis de leurs sujets, car si les gouvernements seuls traitent, comment répondre qu'au jour des décisions, le peuple tiendra la parole donnée en son nom? Il n'y en a que deux garanties, la docilité passive du peuple, et la justesse de vue des gouvernants; mais la première n'est pas dans l'esprit d'une démocratie, et quant à la sagesse des gouvernants, quelle assurance peuvent-ils fournir qu'ils ont bien jugé des intérêts et des tendances de la nation, ou que ces intérêts et ces tendances n'auront pas changé? Il y a ensuite le secret extérieur, celui des gouvernements contractants vis-à-vis des autres. Mais quelle absence de sécurité et de confiance mutuelle en résulte dans les rapports internationaux! *Savoir sur quoi compter*, n'est-ce pas la condition de toute liberté pratique et de toute organisation de la vie? Comment pouvions-nous croire aux assurances réitérées de Bismarck sur le caractère purement défensif de la Triplice? Et de fait l'Allemagne paraît bien avoir espéré que l'Italie, en dépit des termes de l'alliance, serait amenée à marcher avec elle [1], entraînée par son gouvernement, tandis que l'événement a montré le peuple entraînant le gouvernement en sens opposé. Tout permet de penser, d'autre part, que l'Allemagne n'eût pas engagé la guerre, si elle avait été certaine d'avoir l'Angleterre contre elle [2]. Personne, ni les Allemands, ni les Français, ni les Anglais eux-mêmes, ne savait à quoi l'Angleterre était *tenue* par l'Entente, et à vrai dire, nous ne le savons pas encore. Pour simple qu'elle soit, une telle remarque n'en a pas moins son importance théorique et pratique. Théoriquement elle montre à quelle distance les nations les plus avancées sont loin, dans leurs rapports internationaux, d'une organisation démocratique. Pratiquement, à une heure où il se trouve une grande puissance pour considérer ses engagements les plus explicites comme des « chiffons de papier », où même d'honnêtes nations neutres ne jugent pas que l'outrageante violation des conventions *qu'elles ont signées et où elles sont parties contractantes* leur commande même une simple protestation, est-il vain de remarquer que la *notoriété* est pourtant un élément de force pour les contrats quels qu'ils soient, et que les traités internationaux, déjà trop dépourvus de toute sanction, sont encore affaiblis par le secret qui les enveloppe, et les soustrait à l'influence de l'opinion publique? Je ne sais trop comment il en pourrait être autrement. Je constate seulement que le régime présent de la diplomatie, au milieu d'un état politique où les principes démocratiques ont déjà conquis tant de place, rappelle encore d'assez près les temps où l'on trouvait tout naturel que les rois pussent acquérir par conquête, par cession, par héritage ou par mariage, provinces et populations.

Ainsi, dans le sens où je l'indique, ni la démocratie ne prépare à la guerre, ni la guerre ne prépare à la démocratie. Qu'on ne se méprenne pas sur ce que je veux dire : je ne veux évidemment pas prétendre qu'il soit impossible à *une* Démocratie de savoir vouloir et faire la guerre quand il le faut; les exemples historiques montreraient aisément le contraire. Je dis seulement que l'esprit de la

---

1. Voir à cet égard les correspondances singulièrement instructives de J. Carrère, dans *Le Temps* du commencement de mai 1915.
2. Cf. *Documents diplomatiques* (Livre Jaune), Annexe II, 162 et suiv., et l'interview de M. Ballin, *Information* du 15 avril 1915.

démocratie est essentiellement une force de développement *interne* et pacifique, qui implique le consentement, le contrat et le grand jour, qui exige en pratique des formes juridiques régulières et lentes, des formes politiques de discussion, de délibération, de libre examen dans la presse et l'opinion publique, et que tout cela est à peu près exclu par les conditions du régime de guerre. La démocratie est en somme un régime de réflexion et de raison, et l'on ne niera pas que les procédures de l'activité réfléchie soient naturellement lentes. La guerre veut des réactions rapides et vigoureuses. Personne ne contestera cette sorte d'opposition entre la guerre et la démocratie, ni ceux qui en tireront argument contre la démocratie parce que la guerre serait fatale ou même bonne, ni ceux qui en tireront la condamnation de la guerre, parce que la réflexion politique comme l'expérience historique leur paraissent prononcer en faveur de la démocratie.

Il est clair que cette logique des choses est sujette dans la réalité à mainte correction, et que des besoins opposés trouvent entre eux des accommodements. Cette logique n'est d'ailleurs pas une abstraction arbitraire, puisque nous voyons dans les faits une assez ample vérification de cette relation entre les idées. Mais la complexité des faits et la souplesse de la vie débordent la simplicité de ces relations. Plus précisément il est impossible que les puissances morales que requiert et développe la vie démocratique ne se traduisent pas aussi dans l'œuvre de la guerre. Nous voyons, par l'exemple de la Révolution, par celui de la France présente, qu'une démocratie trouve en elle des ressources morales, de ces « forces qui ne s'usent pas », capables de compenser, et bien au delà, les puissances du fanatisme ou de la mécanisation guerrière. C'est une de ces forces que de sentir qu'on défend non pas seulement une ambition plus ou moins glorieuse, une tradition dynastique, non pas seulement même une existence, celle de son pays et de sa race, mais un idéal humain, une *cause* désintéressée. Cela est si vrai qu'il a fallu persuader au peuple allemand que lui aussi défend une « Kultur » et non pas seulement des convoitises territoriales ou économiques; thèse d'ailleurs factice et sans profondeur, imaginée pour la galerie, et qui n'émane pas spontanément de la conscience d'un peuple qu'on a systématiquement privé de toute autonomie intellectuelle et politique. Jusque dans la discipline militaire elle-même, les habitudes d'initiative et de responsabilité individuelle, les sentiments personnels de respect et de sympathie qui unissent chez nous l'inférieur et le supérieur, valent bien, on l'a remarqué, l'obéissance passive, l'automatisme, le système d'autorité brutalement hiérarchique et dure qui règnent chez nos ennemis. A cela s'ajoutent une foule de circonstances, présentes à tous les esprits, qui ont ramené à la surface de notre être, revivifié, organisé, certaines forces cachées du caractère français et opéré une sorte de conversion partielle de notre conscience nationale. Mais rien de tout cela n'infirme ce qui précède. Au contraire cette colère réfléchie et consciente qui unit en particulier l'Angleterre et la France contre l'Allemagne, n'est-elle pas avant tout la colère des deux démocraties, les plus avancées de l'Europe, contre le militarisme allemand et son culte de la force, parce que ce système non seulement les menace aujourd'hui dans leur existence et dans leur liberté, mais pèse depuis cinquante ans sur le développement de leur vie interne, entrave l'évolution de leurs virtualités propres et la réalisation plus complète de leurs aspirations politiques et sociales?

*
* *

II. — Ceci nous amène à notre seconde question : Qu'est-ce que la démocratie peut attendre de cette guerre? Quels dangers la menacent ou quelles espérances lui sont ouvertes dans l'issue de cette lutte? Cela revient à peu près à se demander dans quel camp sont les défenseurs de l'idéal démocratique.

A la question ainsi posée, la réponse paraîtra chez nous évidente : la cause de la démocratie est attachée au succès des Alliés. Qu'ils triomphent, elle progresse partout en Europe; qu'ils succombent, je ne dirai pas qu'elle est vaincue, parce qu'on ne tue pas les idées à coups de canon; mais enfin elle recule pour un temps probablement long. Nous le croyons aussi, mais enfin en dehors de notre milieu, la chose peut n'être pas aussi claire, et nous en sommes avertis par l'intéressante discussion qui s'est élevée entre M. Ch. Gide et M. Michels, allemand de naissance, naturalisé italien, fonctionnaire suisse, actuellement professeur à Bâle[1]. M. Michels, on le voit, a largement usé pour son compte personnel du contrat social.

1. Le point de départ de cette polémique est une interview de M. Michels publiée dans le journal connu de Bologne Il Resto del Carlino, le 19 novembre 1914. On en trouvera la suite dans la revue L'Émancipation, de Nimes, déc. 1914 et avril 1915, ainsi que dans la Riforma sociale de Turin (avril-mai 1915). Nous retrouverons ici plus d'un élément de l'excellente argumentation de M. Gide.

M. Michels raille la simplicité de vues de ceux qui se demandent
dans quel camp combattrait « Dame Démocratie », à la façon des dieux
et des déesses du monde homérique, qui prenaient place dans les
rangs des Grecs ou dans ceux des Troyens. Il est toujours utile, remarquait Pareto, que les peuples croient être soutenus par leurs dieux.
Or aujourd'hui, dit M. Michels, la démocratie est la déesse de tous les
peuples, l'universelle idole. « Les Allemands ont, de la meilleure foi
du monde, la conviction de combattre pour la démocratie contre la
Russie; ils ont tort. Les Anglais et les Français ont la même conviction en combattant contre l'Allemagne ; ils ont également tort. La
démocratie reste complètement en dehors du débat. La guerre
actuelle doit son origine à des causes autrement élevées que des
questions plus ou moins discutables de politique parlementaire et
intérieure. » Si par démocratie, ajoute M. Michels, on entend la
garantie des libertés individuelles, il est certain que la France et
l'Angleterre sont en cela plus avancées que l'Allemagne, où un juif,
un socialiste — M. Michels en fait personnellement l'expérience —
sont exclus de certaines fonctions. Mais si par démocratie on entend
l'ensemble des lois qui assurent à un peuple un certain niveau de
bien-être, l'Allemagne, avec sa législation sociale, est plus avancée
que la France. Finalement, ce qui domine le problème des causes et
de l'issue de la guerre, c'est le principe des nationalités, thèse qui
ne manque pas de piquant sous la plume d'un écrivain qui en
cumule trois. Ce principe n'est d'ailleurs que « le principe démocratique transplanté sur le terrain de la politique étrangère, qui est
son véritable terrain. Il s'élève alors bien au-dessus de la démocratie
ad usum internum, étant de beaucoup plus clair et pour ainsi dire
plus primitif ».

Il y a en tout ceci matière à réflexion, sans doute, mais il y a
place aussi pour nombre de corrections.

Tout d'abord autre chose est de parler des causes de la guerre,
autre chose de parler de ses fins et de ses résultats possibles. Il est
fréquent que les faits humains soient tournés à un usage qui n'était
pas impliqué dans leurs origines, comme le nez à porter des
lunettes. La finalité s'y introduit souvent après coup et n'y était pas
immanente. Il est bien évident que ce n'est pas la question de la
démocratie qui a déchaîné la guerre. Mais il est tout naturel que
des peuples démocratiques, brusquement provoqués par un brutal
accès de violence dominatrice et conquérante, voient se réveiller plus

intense leur idéal de liberté et de développement pacifique, et qu'ils
cherchent dans le triomphe de cet idéal une des fins de leur effort. A
l'esprit d'oppression qui caractérise à la fois la politique intérieure
et la politique extérieure de leurs ennemis, il est naturel qu'ils
opposent, sur les deux points aussi, une politique diamétralement
contraire. On se définit par ses adversaires peut-être plus encore
que par ses amis. C'est pourquoi la présence de la Russie parmi les
Alliés est un argument qui ne porte pas. Car sans même considérer·
que la Russie s'est levée, non comme conquérante, mais aussi bien
que l'Angleterre, comme protectrice d'une petite nation menacée, il
reste que si tous les Alliés ne sont pas en démocratie, aucun de leurs
ennemis n'y est. « Dame Démocratie » n'est vraiment chez elle que
dans un des deux camps; l'autre l'a toujours répudiée. Avec quel
prisme regarde-t-on les choses pour prétendre qu'elle se trouve aussi
bien aux côtés de Guillaume II, de François-Joseph et du Grand
Turc? Il s'en faut qu'elle soit une idole aussi universellement adorée!

Quand on vient nous dire que les Allemands se croient de bonne
foi les champions de la démocratie contre la Russie, la méprise est
évidente. Les champions d'une « civilisation » plus avancée, sans
doute, si à leur façon, on définit la civilisation par la quantité de
pages imprimées, la densité du réseau ferré, la puissance de la
machinerie industrielle ou administrative. Mais rien de tout cela ne
constitue la démocratie. Je serais curieux de voir un texte officiel
(y en a-t-il d'autres qui comptent dans l'Allemagne actuelle?) où la
cause allemande soit représentée comme la cause de la démocratie!
M. Michels serait, je le crains bien, désavoué sur ce point par sa
patrie d'origine.

Il invoque, il est vrai, pour son propre compte, le remarquable
développement des lois sociales en Allemagne. Nous n'aurons pas la
puérilité de les dénigrer. Mais ce n'est pourtant pas là de la
Démocratie. D'abord ces lois, remarque justement M. Gide, ont été
octroyées par un gouvernement autoritaire, qui en cela a surtout
visé à endiguer et à capter le courant populaire pour le mieux maîtriser. Sans doute, répond-on, mais elles n'en ont pas moins été
arrachées au gouvernement par la poussée menaçante de la classe
ouvrière, elles en ont amélioré le sort, et ont limité la puissance
patronale. Cela est exact; mais même en faisant ainsi la part de l'effort
populaire dans l'obtention de ces avantages, nous ne reconnaissons

pas encore là une vraie notion de la démocratie. Elle ne se définit nullement par certaines conditions de bien-être qu'un intérêt de classe aura obtenues de la faiblesse ou de l'habileté des gouvernants. Est-ce parce que les clameurs du peuple auront arraché aux princes « panem et circenses » qu'un tel régime sera démocratique? Pas plus que ne l'était le communisme paternel des Jésuites au Paraguay. La démocratie est définie par un principe *moral* d'autonomie, de *self government*. Or, de cette autonomie, les socialistes allemands n'ont pas conquis ni même réclamé la moindre parcelle, ni pour eux, ni, ce qui serait infiniment plus significatif, pour l'ensemble de la nation. Ils le savent bien, puisque ce sont eux qui ont volontairement réduit le programme du socialisme à la question économique et à la guerre de classes, à la « Brot und Butter Frage », éliminant comme une vaine idéologie française la recherche d'une meilleure organisation politique, la poursuite généreuse de la justice et de la liberté dans l'ordre social.

Je ne trouve donc pas la moindre base solide à la thèse qui prétend trouver un élément quelconque d'inspiration et d'effort démocratique, du côté de nos adversaires. Il ne semble d'ailleurs subsister aucun doute à cet égard chez les spectateurs du drame. Tout le monde a remarqué, comme M. Gide, que dans tous les pays neutres, Espagne, Roumanie, pays scandinaves, ce sont en général les partis avancés ou libéraux qui sont pour les Alliés, c'est le haut clergé, les partis de réaction, la noblesse qui sont germanophiles. Il est même curieux de remarquer qu'il est presque impossible à un représentant de ces derniers partis d'approfondir ses théories politiques sans retomber dans des formules étrangement apparentées à la philosophie politique du germanisme actuel : doctrines de traditionalisme, de fondement tout historique du droit, d'empire presque absolu de la collectivité sur l'individu, de droit mystique des gouvernants. Celui qui au nom de l'histoire ou de la sociologie combat la notion du contrat social comme contraire aux faits, sans s'apercevoir qu'elle ne pose et ne résout qu'une question de droit, ne peut éviter de se rencontrer avec les apologistes de la force et du fait brut. Celui qui au contraire combat les principes politiques de l'Allemagne d'aujourd'hui [1] et en prend le contre-pied, ne peut guère manquer

1. D'aujourd'hui, disons-nous, car c'est faire bien fausse route que de vouloir faire remonter à Kant, comme on l'a essayé, la responsabilité de ces doctrines. Ce n'est pas aux lecteurs de cette *Revue* qu'il est nécessaire de rappeler combien chez Kant, admirateur de notre Révolution, se sent l'inspiration de Rousseau.

de revenir tout droit aux principes de notre Révolution. Nous
avons connu chez nous-mêmes d'amusants exemples des embarras
de conscience où ces affinités de doctrines plongeaient d'imprudents
théoriciens [1].

III. — Ainsi la démocratie n'est pas définie par une situation économique plus ou moins satisfaisante des classes populaires (bien que la
démocratie fasse naturellement des efforts dans ce sens), parce que
cette situation peut être obtenue par des méthodes qui ne sont nullement démocratiques. Or la démocratie est moins une question d'*état*
qu'une question de *méthode*. La démocratie ne se définit pas non
plus par certaines institutions politiques plus ou moins contingentes
qui sont simplement des *moyens* que chaque nation, suivant les
conditions où elle se trouve, juge les plus propres à la réaliser. Ces
moyens et ces institutions sont très différents, en France, en
Angleterre, en Suisse, en Amérique. Quand donc pour prétendre
que la guerre présente n'a rien à voir avec la démocratie, on ne
vise que des détails de cuisine électorale ou des particularités accidentelles du régime parlementaire, on est encore à côté de la question. La démocratie est un *esprit* qui se donne comme il peut le
corps politique où il croit pouvoir vivre et se réaliser au mieux. C'est
un ensemble de directions morales et politiques dont nous avons
indiqué quelques principes essentiels. On ne peut mieux les résumer,
croyons-nous, qu'en caractérisant la démocratie comme l'*état de
majorité morale et politique* des nations devenues conscientes et
autonomes. L'adulte, sain d'esprit et mûr, cesse de vivre sous une
tutelle dont rien ne peut lui assurer qu'elle vaille mieux que sa
liberté; tutelle oppressive ou paternelle, rarement paternelle
d'ailleurs sans être oppressive, peu importe; l'heure de l'autonomie
arrive. C'est le régime de minorité morale des nations qui, à travers
l'histoire semble être en voie de disparaître, comme avec l'âge, et
aussi avec le progrès des législations, il disparaît progressivement
pour les individus : à ce point de vue on ne contestera guère que

---

1. Pour ne parler que d'un mort, on se rappellera la polémique bien ancienne
où Brunetière prétendait — avec une stupéfiante absence de critique — s'appuyer sur Kant lui-même pour faire l'apologie de la guerre considérée comme
« le meilleur perfectionnement de la civilisation » et comme « la condition de
l'indépendance et de la liberté croissante des masses ». (*Temps* du 17 mars et
du 27 mars 1899.)

les Germano-Turcs vivent encore sous ce régime de tutelle qui caractérise leurs institutions même les plus utiles et qui se traduit dans leur intellectualité sans critique, dans leur caractère sans indépendance, dans leur manque général d'autonomie spirituelle et politique.

A ce point de vue, bien que les conditions de la vie et de l'action en état de guerre imposent un régime en opposition avec les formes de la démocratie, on peut espérer que l'effroyable secousse ressentie par tous les peuples, détermine chez eux une maturité de conscience, une intensité de réflexion qui les rapproche de cette majorité morale et politique où ils doivent parvenir tôt ou tard.

Avec cette cause générale doivent coopérer dans le même sens bien des influences plus particulières : rapprochement des classes sociales dans le danger et dans le sacrifice ; égalité et sympathie de gens que la vie normale tenait à distance ou même en défiance les uns à l'égard des autres ; solidarité dans les risques, les pertes, les efforts ; silence imposé aux querelles des partis, effacement des égoïsmes corporatifs ou des hostilités de sectes. La prédominance de l'intérêt vraiment général sur les coalitions d'intérêts particuliers, comme dans la question de l'alcoolisme, une collaboration plus étendue de tous, en dehors de leurs fonctions normales, à des œuvres collectives, la participation plus active des femmes à la vie sociale dans les fonctions d'assistance, dans le travail industriel ou commercial, et accidentellement, jusque dans certaines fonctions publiques, voilà encore une série de causes qui travaillent dans le même sens. Toutes ces causes semblent pouvoir compenser, et au delà, les effets de la « servitude militaire » qui aura momentanément limité la liberté de la critique, le rôle de la discussion et de la délibération. Avec cette guerre de masses, la victoire, surtout aux yeux d'un pays déjà organisé en démocratie, apparaîtra comme la victoire de la Nation elle-même, non comme celle d'une caste ou d'une armée professionnelle ; et dans la lutte même jamais sans doute un peuple ne se sera senti l'ouvrier de sa destinée comme peut le sentir aujourd'hui le peuple Français. On est aux antipodes du Césarisme et des armées prétoriennes. A des degrés divers cette prise de possession de soi ne pourra-t-elle se marquer aussi même chez les peuples qui y sont les moins préparés? En tout cas, si les Alliés triomphent, le discrédit du régime autocratique semble inévitable, s'il est vrai que sa supériorité dans l'œuvre de la guerre ait

été le principal avantage attribuable à ce régime. Les faits auront
alors démenti cette confiance; le régime de la force est tenu de
réussir.

C'est cette même « conscience de soi » des nations que nous
retrouvons sous la forme du principe des nationalités, et ici, tout le
monde est d'accord, parce que l'évidence est dans les faits, que la
cause des Alliés est celle du droit des peuples, petits ou grands, à leur
existence et à leur liberté, alors que nos ennemis professent et
mettent en pratique la thèse de la conquête, de l'asservissement ou
de la disparition des faibles. Il est donc exact que la théorie des
nationalités est homogène à la conception démocratique, et qu'elle
en est en quelque sorte la face externe. Mais c'est à une condition
que l'on perd souvent de vue : c'est qu'on ne réduise pas l'idée
de nationalité et du droit correspondant à de simples notions
historiques ou ethnographiques. C'est en se couvrant, avec une sincérité douteuse d'ailleurs, de raisons tirées de l'histoire et de
l'ethnologie, que l'Allemagne s'est emparée de l'Alsace-Lorraine
contre la volonté expresse de ses habitants, et qu'ils s'empareraient
aussi bien, s'ils le pouvaient, de la Hollande, d'une partie de la Suisse
ou de certaines provinces russes. Ainsi entendu, un tel principe
n'aurait aucune affinité avec un principe démocratique, parce qu'il
n'impliquerait aucun fondement moral. Cette affinité n'apparaît que
si sous les similitudes de race ou de langue, nous présumons ou
constatons une *volonté actuelle* des populations. C'est cette volonté
qui est essentielle, elle est même suffisante, comme le prouve le cas
de la Suisse ou celui de la Belgique. Si cet élément moral fonde le
droit d'une nationalité, c'est que par là seulement elle devient une
personnalité morale (virtuelle ou actuelle)[1]. Il est vrai, et c'est là
l'obstacle, que l'oppression même empêche la manifestation explicite et régulière de ce vouloir; mais il trouve presque toujours
néanmoins son expression dans les mouvements de l'âme populaire, incarnée parfois dans une personnalité représentative et elle

[1]. C'est ce qu'on a quelquefois oublié chez nos démocrates anticoloniaux. Il
leur est arrivé d'aligner sur le même plan des formules telles que : La Pologne
aux Polonais, la Bohème aux Tchèques et... le Maroc aux Marocains ou le Congo
aux Congolais. Ils oubliaient que le Maroc et le Congo ne sont que des expressions géographiques sous lesquelles il est impossible de trouver une personnalité collective, une volonté de vie commune. On compromet une bonne cause
en l'étendant à tort et à travers. La prétention de l'Allemagne à conquérir et à
coloniser la Belgique ou la France sous prétexte de les mieux exploiter, résulte
de la même confusion utilisée en sens inverse.

se révèle aux efforts même que l'oppresseur doit faire pour
l'étouffer.

La déclaration constante des Alliés en faveur du principe des nationalités, la spontanéité avec laquelle, de toutes parts, s'est élevé
vers eux le cri de toutes les nationalités opprimées, dès le début de
la guerre, les causes mêmes qui l'ont déclanciée (prétention
d'anéantir ou d'absorber la Serbie, après la mainmise sur la Bosnie-
Herzégovine, violation de la neutralité belge) ne laissent aucun doute
sur la signification qu'aurait à cet égard le triompie de l'un ou de
l'autre groupement; et il est logique que seuls les États qui dans
leur vie intérieure répudient la liberté, la répudient également dans
les rapports internationaux.

Mais nous pouvons faire un pas de plus. Si les Alliés tendent à
rétablir ou à établir dans leurs droits les nationalités, par cela même
ils posent le principe d'une garantie collective de ce droit en faveur
des petits contre les puissants. Ils tendent à établir entre les États
un régime juridique analogue à celui qui existe à l'intérieur des
États, un régime contractuel reposant sur le respect mutuel des
libertés, avec la sanction qui résulterait de ce que *la force coalisée
de tous serait toujours supérieure à la force particulière de chacun.*
Ce serait alors comme une *Démocratie de Nations.* Car au-dessus des
Nations unies par de tels liens, il n'y aurait aucune souveraineté disposant d'un pouvoir arbitraire. Le seul pouvoir supérieur capable de
régir leurs relations serait le pouvoir émanant de leur association
même. C'est la définition même d'un État libre, où le seul pouvoir
qui domine ciaque citoyen, est, au fond, la volonté commune qui
émane de leur concert. Au contraire les puissances impérialistes,
ciez qui tiéoriquement, le souverain est transcendant à la Nation,
tendraient à étendre ce même système au groupe des peuples, en
installant au-dessus d'eux tous l'iégémonie d'un seul. En cela
même, remarquons-le, elles se mettent en contradiction avec la tièse
suivant laquelle il ne peut rien y avoir au-dessus de l'État; car elles
veulent qu'il y ait *un* État au-dessus des autres. La tiéorie démocratique, au contraire, admet bien qu'il y ait, iumainement et réellement, quelque ciose au-dessus de l'État. Mais par cela même, ce
quelque ciose ne saurait, sans contradiction, être un État particulier.
Ce ne peut donc être que le *consensus* des États, leur société librement formée. C'est une République de Nations juridiquement égales
que veulent et doivent logiquement vouloir les peuples ligués contre

l'impérialisme Austro-Allemand; ils optent donc en cela, consciemment ou non, pour le principe démocratique.

Mais réciproquement un tel idéal demanderait pour se réaliser pleinement dans le domaine international le règne de la liberté politique à l'intérieur de chaque nation. Rousseau a fortement démontré, qu'un État libre n'est vraiment possible qu'avec des citoyens libres, et que l'abdication des uns aboutirait à l'asservissement des autres. Kant a démontré de même qu'un régime de paix internationale, c'est-à-dire en somme un régime juridique, n'était vraiment possible et stable qu'entre des États constitués dans la liberté. C'est la même démonstration à deux niveaux différents.

Nous retrouvons aussi cette solidarité que nous constatons au début entre la notion de Paix et la notion de Démocratie. Seulement il ne s'agit plus de l'*état* de paix dans ses rapports avec la vie intérieure de la nation; il s'agit du *régime* de paix considéré comme la forme de l'ordre international. Un tel régime se trouve ainsi constituer la fin la plus haute de la pensée et de la volonté démocratiques.

Ce qui a manqué, au fond, à la conscience allemande, quelque orgueil qu'elle ait conçu de son indéniable puissance d'organisation, c'est l'idée même de société. La force de l'idée de Démocratie, c'est qu'au fond elle n'est pas la formule d'une espèce de gouvernement ou d'un mécanisme politique particulier, ni celle d'une méthode plus ou moins efficace pour assurer le bien-être des foules; elle résulte en réalité de l'analyse de l'idée morale même d'une société[1]. Qu'il s'agisse du rapport des individus ou du rapport des nations, le régime de la force laisse en réalité extérieurs les uns aux autres les éléments du groupe, et n'*associe* pas réellement les volontés. A moins que la force ne soit précisément l'organe d'un droit contractuel, elle sépare plus qu'elle n'unit: elle nous replace dans « l'état de nature » que Kant, après Rousseau, opposait à un système vraiment humain de relations. La chose est évidente et communément admise quand il s'agit de la situation de l'individu dans l'État. Quelque théorie qu'on en donne, aucun État civilisé n'admettra que la force égoïste d'un individu l'emporte sur la *Loi* et le *Droit*, destinés précisément à

1. Voir nos *Études de morale positive*, en particulier p. 186 et suiv., p. 511 et 522.

protéger le faible contre le fort et le juste contre le violent; car c'est
ce qui constituerait le *crime.*

Mais, pense l'Allemagne actuelle, c'est qu'il y a précisément un
pouvoir, l'État, au-dessus des individus, tandis qu'il n'y a aucun
pouvoir au-dessus de l'État. Pour l'État il n'y a donc plus de loi; et
l'État ne peut commettre de crime. Mais parler ainsi c'est encore se
borner à constater un *fait.* Dès qu'on essaye de *comprendre* ce fait,
la thèse s'évanouit. Est-ce en effet simplement un fait que l'État (ou
plus exactement la Société) domine les individus, et qu'il intervient
pour arbitrer leurs différends ou pour punir le crime? Il faudrait
considérer comment ce fait s'est établi et se maintient; on ne
répondrait vraiment à cette question qu'en découvrant dans cette
organisation du Droit, une *finalité* qui en détermine l'apparition,
le maintien et l'évolution. C'est que, *dans l'État,* le règne du droit
est la condition du développement efficace et positif des activités
humaines, et les met à même de coopérer au lieu de s'entre-détruire
dans un universel conflit; c'est que le règne du droit, en assurant la
sécurité et la liberté de tous, fait que l'activité de chacun profite
à l'ensemble. Ce n'est donc pas, au fond, une force transcendante
à la collectivité qui établit ainsi la paix et sanctionne la loi, c'est en
réalité la force collective qui intervient pour protéger chacun; c'est
la coalition des honnêtes gens, la volonté commune, qui réprime
les puissances de désordre. Les rapports internationaux peuvent
être considérés sous le même angle, et la même finalité peut y faire
surgir le même régime. C'est un fait, sans doute, qu'il n'y a actuellement rien au-dessus des États, rien, si l'on veut faire abstraction
des idées, de la conscience morale à laquelle participe une portion
de l'humanité; rien du moins en fait d'institutions réalisées, disposant d'un pouvoir de contraindre et de sanctionner. Mais il y a eu
aussi un moment où il n'y avait rien pour empêcher le crime, rien
du moins de comparable à nos institutions juridiques actuelles. La
seule différence entre le droit *intra*-national et le droit *inter*-national
est donc une différence de temps : nous venons *après* le premier et
avant le second. Mais qu'importe? *Même quand le droit est devenu
un fait, ce n'est encore pas parce qu'il est un fait qu'il est un droit.*
Il est un droit par sa finalité, par ce qu'il exprime de salutaire et
de désirable, et non pas parce qu'il *existe.* La seule question est
donc de savoir s'il est désirable aussi qu'existe une coalition contre
les États-brigands.

Et la solution est pour ainsi dire plus évidente encore dans ce cas que dans le cas des relations individuelles. Car si la loi protège le faible, c'est avant tout parce que la « force » n'est pas l'unique mesure de la « valeur » et que le « faible » n'est pas nécessairement « inférieur » à tous points de vue, notamment par les qualités qui font la valeur sociale. Mais cela est encore plus évident des Etats que des individus. En quoi la Belgique ou la Bohème sont-elles « inférieures », sous tous les rapports qui intéressent le progrès humain, à l'Allemagne ou à l'Autriche? En quoi l'homme et les forces humaines qui éclosent dans ces milieux restreints seraient-ils de moindre valeur? Le droit des petites nations, si bien défendu par Nansen, ne saurait donc succomber aux sophismes des apologistes de la Force, même s'il est victime de la Force.

Ainsi l'Allemagne et l'Autriche ne luttent que pour elles-mêmes. Les Alliés luttent pour tous. Si la foule des petites nations, qui n'ont pas l'air de s'en douter, partageaient cette conviction, et la traduisaient en actes, ne fût-ce qu'en prenant parti *moralement*, l'issue de ce grand débat ne serait guère douteuse. Le Droit, c'est-à-dire le seul intérêt vraiment général, serait plus certain de triompher, non seulement à cause de la force nouvelle apportée à l'Alliance, mais aussi parce que serait accrue la certitude que sa victoire ne déviera pas des fins libératrices pour lesquelles nous combattons. C'est l'Europe elle-même plus que jamais, qui tient son sort entre ses mains, et jamais plus nette alternative ne s'est proposée à elle. Contre la certitude d'être écrasée, l'héroïque Belgique a su choisir. Que peuvent coûter d'autres décisions auprès de celle-là? C'est de cette libre option de peuples libres que dépend le salut de tous, et non de je ne sais quelle fatalité. Ici comme ailleurs, c'est la liberté qui pourra seule engendrer la liberté.

GUSTAVE BELOT.

L'éditeur-gérant : MAX LECLERC.

Coulommiers. — Imp. PAUL BRODARD.

SUPPLÉMENT

Ce supplément ne doit pas être détaché pour la reliure.

(N° DE SEPTEMBRE 1914 PUBLIÉ EN JUIN 1915)

NÉCROLOGIE

François Pillon.

François Pillon est mort à Paris le 19 décembre 1914 : il était bien près d'avoir accompli sa quatre-vingt-cinquième année. Il était originaire du département de l'Yonne. Tout jeune encore il avait fait son apprentissage de journaliste en défendant avec ardeur, dans le *Républicain de l'Yonne*, le régime issu de la Révolution de 1848. Après le 2 décembre, il vint faire sa médecine à Paris, fut reçu docteur, et exerça pendant quelque temps. Mais là n'était point sa vocation. Il s'était déjà livré en autodidacte à des études littéraires et philosophiques; il s'était composé un ensemble d'idées où la morale de Kant et les conceptions de Proudhon sur la *justice* s'accordaient pour occuper une place dominante. Ce fut sa rencontre avec Charles Renouvier qui détermina d'une façon plus ferme la direction de sa pensée et l'objet de ses travaux.

En Pillon, Renouvier trouva sans doute un disciple, mais plus encore un collaborateur. De 1854 à 1864 il avait publié ses quatre premiers *Essais de critique générale*, c'est-à-dire exposé sous la forme la plus rigoureuse et la plus abstraite la doctrine qui devait s'appeler le néo-criticisme. Il restait à répandre cette doctrine, à en montrer les rapports d'analogie et surtout d'opposition avec bon nombre d'idées courantes, à en développer les conséquences concrètes, à en découvrir les applications possibles aux problèmes du jour. Pour remplir cette tâche, Pillon fonda en 1867 l'*Année philosophique* qui, sous cette première forme, ne parut que deux ans. Il la composait d'« études critiques sur le mouvement des idées générales dans les divers ordres

de connaissances ». Tandis que Renouvier donnait comme Introduction un mémoire sur la *Philosophie du XIXᵉ siècle en France*, auquel il ajoutait l'année suivante un profond travail sur *l'Infini, la substance et la liberté*, Pillon traitait de problèmes concernant la morale et la religion : il critiquait avec perspicacité l'utilitarisme, et tout en acceptant l'idée de la morale indépendante, il reprochait à ses partisans leur aversion pour les idées *a priori*.

Après la guerre, cette publication fut remplacée par la *Critique philosophique*, revue d'abord hebdomadaire (1872-1883), puis mensuelle (1883-1888), à laquelle s'ajouta comme supplément trimestriel, à partir de 1878, la *Critique religieuse*. Renouvier en était le directeur, Pillon le « rédacteur-gérant ». La *Critique philosophique*, tout en présentant sous des formes nouvelles et tout en défendant énergiquement les thèses purement philosophiques du néo-criticisme, prétendait en faire un moyen de s'orienter parmi les questions et les difficultés que soulevaient ou que rencontraient l'organisation de la démocratie et l'établissement du régime républicain. C'est à cette dernière partie de l'œuvre commune que Pillon s'attacha de préférence. Bien qu'il fît effort pour être impartial et pour rester libéral, peut-être dans l'examen de ces problèmes politiques et sociaux n'échappa-t-il pas complètement aux passions de parti. Judicieux souvent et sincère toujours, il ne pouvait s'empêcher de l'être avec véhémence. Cependant, tout absorbé qu'il était par cette tâche de militant, il gardait le goût et le sens des idées spéculatives, ainsi qu'en témoigne notamment une longue et forte étude qu'il publia en 1882 sur la *Notion de nombre*.

La *Critique philosophique* ayant cessé de paraître, Pillon reprit sous sa direction l'*Année philosophique*, et en assura l'apparition régulière jusqu'à sa mort. Cette nouvelle série, de 1890 à 1913, comprend vingt-quatre volumes. Chacun des volumes contient, avec divers mémoires ou articles, une bibliographie des ouvrages philosophiques français, sommairement exposés et le plus souvent appréciés dans leur rapport avec le néo-criticisme. Pour les mémoires ou articles, Pillon s'était d'abord assuré la collaboration de Renouvier, de Dauriac, puis plus tard, et au fur et à mesure que des vides se produisaient parmi ses collaborateurs, celle de Brochard, d'Hamelin, de Rodier, de Delbos, de Lechalas, d'Henri Bois, de Robin. Mais lui même fournissait de beaucoup l'œuvre la plus considérable, et c'était souvent à propos de problèmes d'histoire de la philosophie qu'il présentait l'explication et la justification du néo-criticisme. Signalons surtout ses très remarquables études sur l'évolution historique de l'atomisme, sur celle de l'idéalisme, sur les antinomies de Kant.

Ayant ainsi beaucoup écrit, Pillon se trouve n'avoir cependant publié qu'un livre, bien ordonné du reste et pénétrant, sur la *Philosophie de Charles Secrétan* (1898). Il avait débuté, nous l'avons vu, par être journaliste : il était resté sans doute par sa tendance à limiter dans une étude le nombre de points sur lequel il devait insister, et à attendre d'une nécessité périodique les raisons de se décider à produire.

A la suite ou à côté du maitre dont il avait accepté la philosophie, Pillon a gardé et même fixé d'une façon de plus en plus nette sa physionomie propre. Il adhérait pleinement à l'union du phénoménisme avec l'*a priori*, à l'idéalisme et au finitisme tels que Renouvier les avait exposés. Mais il revisait volontiers la table renouviériste des catégories ; il estimait que Renouvier avait trop accordé à l'influence de Lequier en faisant de la liberté une croyance librement posée, comme si le principe du fini ne contenait pas une justification suffisante de cette croyance ; s'il avait vu avec satisfaction Renouvier s'avancer vers le théisme, le créationisme, le monadisme, le personnalisme, il était porté à regarder comme une insoutenable fantaisie l'eschatologie par laquelle Renouvier avait essayé d'expliquer la présence du mal dans le monde et le développement de la destinée humaine.

A tant de solides qualités d'esprit, Pillon joignait beaucoup de délicatesse et de bonhomie. Il avait notablement défendu ses facultés de polémiste, et

sur la fin de sa vie il corrigeait plus d'un jugement sévère qu'il avait porté jadis sur les hommes et les choses. Pour cela il n'avait pas eu besoin de vieillir ; il n'avait eu qu'à retrouver son fond naturel de bienveillance et d'aménité.

Louis Couturat.

A l'hommage philosophique que, dans ce numéro même, André Lalande rend à Couturat, la *Revue*, à l'heure où elle reprend sa publication régulière, se doit à elle-même d'ajouter quelques mots pour acquitter une dette de vieille reconnaissance. Couturat n'a pas été pour elle un collaborateur ordinaire, il a été l'ami de toujours, il a été l'un de ses plus zélés fondateurs : c'est à lui qu'elle doit peut-être le meilleur de sa réputation. Philosophe de profession, il avait été l'un des premiers d'entre nous — à l'heure où il pouvait être déjà un maitre — à se mettre à l'école des savants et, sous l'égide des Poincaré et des Tannery, il avait tenu à pratiquer, pendant plusieurs années, la rude discipline des sciences mathématiques. Il avait acquis par là le droit d'être traité par les mathématiciens non pas en amateur, mais en confrère ; l'autorité dont il jouissait près d'eux et qu'accrurent encore ses premiers travaux rejaillit sur la philosophie. Le jour où la *Revue*, en se fondant, affirma la nécessité d'un retour à la traditionnelle union de la science et de la métaphysique, Couturat fut l'intermédiaire désigné pour solliciter l'adhésion des mathématiciens et des physiciens au programme de la *Revue*, et le crédit qu'il sut acquérir auprès d'eux par la clarté et la rigueur de son esprit d'analyse, par une méthode et une logique impeccables, et surtout par la haute probité de son intelligence, nous valut le concours des savants les plus éminents de la France et de l'étranger. Là ne se borna pas son influence. Sa double culture lui donnait sur les mathématiciens de profession un avantage et lui permit d'orienter par son exemple et par ses suggestions leur réflexion vers un ordre de questions que peu d'entre eux, jusqu'alors, étaient portés à élucider ; elle lui permit plus tard d'aborder et de faire connaitre en France, par la *Revue*, tout ce mouvement si original de la logique mathématique, jadis inauguré par le génie d'un Leibniz, renouvelé récemment par les travaux des Peano, des Peirce, des Mac Coll, des Whitehead, des Russell. De ce chef la *Revue* lui doit une de ses initiatives les plus fécondes et les plus intéressantes. Enfin quand, dans les dernières années d'une vie prématurément close par un tragique accident, il se faisait dans la *Revue* et dans *Progreso* l'apôtre de la langue internationale, ses nouvelles études venaient encore élargir le champ où nous travaillons. Sur cette question, comme sur les précédentes, pour parler avec compétence et avec probité, il avait fait son apprentissage auprès des linguistes. Il s'était renouvelé à un âge où l'on a quelque mérite à le faire et, comme toujours, il avait conquis l'estime et l'admiration de ses nouveaux maîtres. La *Revue*, la *Société française de philosophie* profitèrent alors des dernières recherches de Couturat. Le problème du langage, de sa logique, de ses origines fut abordée avec le concours des spécialistes les plus éminents; une fois de plus la *Revue* obtenait, par l'autorité qu'il s'était acquise chez eux, de précieux collaborateurs; une fois de plus s'affirmait, grâce à lui et sur ce terrain, l'entente des savants et des philosophes qui fut la préoccupation dominante de sa vie et répondait d'ailleurs chez lui à cette conception de la philosophie suivant laquelle, au dire de notre Descartes, « les Sciences toutes ensemble ne sont rien autre chose que la Raison humaine qui reste une et identique, si divers que soient les objets auxquels elle s'applique ».

Et maintenant il n'est plus, cet esprit vigoureux et droit qui, sous le logicien implacable, cachait une âme ardente et passionnée, une âme que révoltaient toutes les injustices, qu'enflammaient toutes les nobles causes; il n'est plus là pour partager, dans la tourmente qui emporte le monde vers son destin, nos douleurs et nos espérances. Nous qui savons ce que nous avons perdu, nous qui savons de quelle autorité sa science jouissait à l'étranger, nous pouvons dire que nul ne le remplacera et nous ne nous consolerons pas de sa perte. Mais nous veillerons sur sa mémoire. Les pieuses mains d'une femme vraiment digne de lui et qui sut être modestement sa collaboratrice préparent, dans ce qu'elle a d'achevé, la publication de l'œuvre à laquelle, depuis des années, Couturat s'était voué tout entier; le jour où elle pourra paraître, ceux-là mêmes qui pouvaient regretter que notre ami se fût détourné de sa voie primitive reconnaîtront sans doute l'immensité, la valeur et la portée de son dernier effort.

LIVRES NOUVEAUX

L'Évolution de Georges Sorel, par René Johannet, extrait de « Les Lettres », p. 353-395. Paris, Bibliothèque des Lettres françaises, 1914. — L'auteur de cette étude attentive est catholique et conservateur. Ne lui demandons pas, en conséquence, de comprendre certains aspects, ou certaines phases de la pensée de M. G. Sorel; ce qu'il pouvait y avoir d' « héroïsme » dans le dreyfusisme de Jaurès en janvier 1898, ce qu'il peut y avoir d'héroïsme dans les luttes obscures d'un militant ouvrier. M. R. Johannet est par-dessus le marché visiblement un jeune homme; et parfois ses expressions ne sont pas exemptes d'une certaine candeur. Ceci est jeune (p. 383) : « On connaît la thèse fondamentale de l'ouvrage (*Les Illusions du Progrès*) : en contrôlant les origines de l'idée de progrès, on s'aperçoit qu'elle fut élaborée au xviiiᵉ siècle, par des vulgarisateurs de bas étage à la solde d'une minorité jouisseuse. *Cette simple phrase nous laisse entrevoir tout un monde.* » Et ceci encore : « Eh quoi! Serait-ce un rêve? Le Sorel individualiste et traditionaliste ne seraient-ils que des attitudes d'éveilleur et de curieux? *Problème insoluble...* (p. 391). » Et encore l'invincible effroi qu'inspire, malgré tant de sympathies, à M. René Johannet, la philosophie sorelienne de la violence : il en ose faire l'aveu à M. G. Sorel « sans timidité » (p. 376). Il est tout à fait consterné de voir que, même en 1910, M. Sorel persiste à ne pas répudier cette dangereuse philosophie; et il ajoute avec mélancolie (p. 378) : « Ce détail est d'autant plus curieux à relever que, depuis deux années, dans ses articles de l'*Indépendance* M. Sorel accusait certaines tendances (antisémitisme par exemple) en vérité très réactionnaires (je ne trouve pas de meilleur terme). » Mais M. Johannet met bien en lumière, le caractère fondamental de la philosophie de M. Sorel, depuis le jour lointain où, en 1889, il célébrait la Bible, « le seul livre qui puisse servir à l'instruction du peuple, l'initier à la vie héroïque, combattre les tendances délétères de l'utilitarisme, arrêter la propagation de l'idée révolutionnaire », jusqu'aux années de vieillesse où c'est parmi les nationalistes, apologistes de la vertu guerrière, qu'il trouve ses admirateurs. « Si je ne reculais, écrit M. Johannet, devant une image inconvenante, je le comparerais volontiers à ces *aficionados*, qui bien assis dans leur *delantera de grada*, encouragent de leurs

clameurs *toros* et *toreros*, dans l'espoir
d'un)eau com)at et d'une grande victoire. Pas de roueries et frappez au cœur
(p. 388). *Vers l'héroïsme par le conflit des
hétérogènes* (p. 387) : telle est la devise
que M. Johannet propose pour le système
de M. Sorel. Formule heureuse, et qui
mérite d'être retenue.

La Jeunesse de La Mennais, *contribution à l'étude des origines du romantisme religieux en France au XIX* siècle*,
d'après des documents nouveaux et inédits, par CHRISTIAN MARÉCHAL, 1 vol. in-8 de
719 p. Li)rairie académique Perrin, Paris,
1913. — M. Christian Maréchal s'attache
depuis de longues années à reconstituer,
à l'aide des nom)reux documents inédits
qu'il a découverts, l'histoire de la vie et
de la pensée de La Mennais. Dans *La
Jeunesse de La Mennais*, il nous présente
la première phase de cette vie et la formation de cette pensée jusqu'à 1817,
date de la pu)lication du 1ᵉʳ volume de
l'*Essai sur l'Indifférence*. Et, en même
temps, il s'applique à déterminer les origines de ce courant de pensée qu'il appelle,
d'un terme plus ou moins heureux, le
romantisme religieux, et qui prendra
dans le second tiers du XIXᵉ siècle, avec
la phalange de l'*Avenir*, son complet essor.

Il ne saurait être question d'analyser
dans le détail cet énorme ouvrage, qui,
— c'était peut-être la rançon inévita)le
d'une documentation minutieuse et puisée
à toutes les sources, — n'e;t pas exempt
de surcharges, et ne laisse pas que d'être
assez diffus.

On y trouvera soigneusement notés tous
les événements — événements de famille,
crises de santé et crises psychologiques,
événements historiques, et spécialement
ecclésiastiques, relations, lectures, etc. —
qui ont contri)ué ou pu contri)uer, au
jour le jour, à la formation de la personnalité de La Mennais jusqu'en 1817. Tout
y est, et aux amateurs de documentation
exacte et précise l'auteur ne laisse rien à
désirer. L'influence de Jean-Marie de
La Mennais, celle de Saint-Sulpice et
notamment de M. Emery, de l'a))é Bruté,
de l'a))é Carron, de l'Abbé Tesseyre, sont
définies d'une façon très précise. De
même, la genèse et les transformations
des *Réflexions sur l'État de l'Église*, de la
*Tradition de l'Église sur l'Institution des
évêques*, et du premier volume de l'*Essai
sur l'Indifférence* sont analysées d'une
façon très heureuse, en corrélation avec
les événements historiques et avec les
préoccupations qui assiégeaient, au cours
de cette période trou)lée, le monde ecclésiastique. Bien des points, restés jusqu'alors dans l'om)re, sont précisés, grâce

notamment, aux emprunts faits aux archives de Saint-Sulpice.

Toutefois, à certains égards, l'usage fait
par l'auteur d'une documentation si riche
appelle des réserves.

L'auteur résume assez longuement la
plupart des ouvrages lus par La Mennais
adolescent. Plusieurs pages sont consacrées à l'analyse de l'apologétique de
Chateau)riand, de Bossuet, de Nicole, de
Male)ranche, de Pascal. Tout un chapitre
à celle de Bonald. S'il s'agit de déterminer les antécédents historiques de la pensée
mennaisienne, et de la rattacher au vaste
courant d'idées où elle plonge ses racines,
et qui remonte sans doute au delà du
XVIIᵉ siècle (à cet égard on s'étonne que
l'auteur n'ait pas cru devoir rattacher
La Mennais à la scolastique, et notamment à Suarès, que le *Torrent d'idées* de
1807 désigne comme un de ses inspi-
rateurs), c'est)ien. Mais s'il s'agit de
définir les facteurs déterminants qui ont
influé sur la formation de la pensée mennaisienne, c'est une autre affaire. De ce
que La Mennais a lu certains ouvrages,
l'historien scrupuleux n'est pas fondé à
conclure que tout le contenu de ces
ouvrages a influé sur sa pensée. La méthode de l'auteur laisse trop de place à la
reconstruction, à l'interprétation et à
l'artifice.

Aussi)ien un grand nom)re des interprétations auxquelles l'auteur se laisse
entraîner paraissent-elles forcées et ar)i-
traires. Ainsi l'influence de Rousseau, à
laquelle l'auteur revient sans cesse, sans
d'ailleurs la définir exactement, et qui est
comme le *leit-motiv* du livre, en vue
d'expliquer les crises de conscience qui
retiennent La Mennais sur le seuil du
sacerdoce et l'évolution ultérieure de sa
pensée vers le christianisme démocratique
paraît un peu « tarte à la crème », et
n'est pas justifiée par des textes. Le mal
de La Mennais, est-ce si sûrement « la
faute à Rousseau »? N'est-il pas imputable
)ien davantage au tempérament de La
Mennais et au siècle? Certes, La Mennais
jeune avait lu Rousseau. Mais, si cette
lecture a produit sur lui une impression
si profonde que l'auteur paraît le croire
— et cela même resterait à démontrer, —
encore faut-il admettre que le romantisme
de Rousseau a trouvé dans les dispositions intimes de son lecteur un terrain
particulièrement favora)le. Avoir lu Rousseau dans son enfance, ce n'est pas la
perte d'une vie. L'œuvre de La Mennais
jusqu'en 1817, dirigée tout entière contre
les philosophes, et qui ne se sert de Rousseau que pour le mieux com)attre, proteste contre l'interprétation de l'auteur,

qui apparait, dans l'ensemble, comme un peu trop simpliste. Il n'y a peut-être pas moins d'artifice dans l'hypothèse d'une influence exercée par Rousseau sur De Bonald. Présenter la fréquentation des œuvres de De Bonald comme le chemin qui ramènera La Mennais à Rousseau apparait comme assez singulier.

On saisit là sur le vif le danger de cette critique extérieure qui, pour définir la ligne de pensée d'un philosophe, s'attache à la déterminer en fonction de pensées autres que la sienne, et en vient à faire abstraction de la productivité, de l'originalité et de la logique propre de son esprit. Ballotée de Rousseau à Bossuet, en passant par De Bonald, Pascal, etc... la personnalité de La Mennais finit par s'effacer devant ses auteurs, dont elle n'apparait plus que comme le reflet.

Il n'eût peut-être pas été impossible de parer à ce danger. Il eût suffi de définir très nettement les bases de la personnalité de La Mennais, de façon à mieux accuser ses réactions aux influences subies. L'auteur est trop historien et pas assez psychologue. Nulle part il n'est tiré suffisamment parti, en vue d'une définition précise du tempérament de La Mennais, des documents accumulés, et dont beaucoup sont cependant fort instructifs. Sa mobilité, son imagination enflammée, son besoin d'affection, de direction et de succès littéraire, sa sécheresse dans les moments de dépression — rançon de ses exaltations de tête, — ses angoisses, son nervosisme sont notés au passage, et donnent lieu à des développements dont l'emphase n'est pas toujours assentie ; mais la synthèse n'est pas faite. Le défaut d'une synthèse dégageant les dominantes de la personnalité de La Mennais est la grosse lacune de l'ouvrage. Cette personnalité, si attachante, n'est jamais aperçue que d'un côté à la fois, et n'est pas « comprise » dans le sens fort du terme. Nul doute pourtant qu'elle ne soit plus propre que telle ou telle lecture, qui n'a jamais été que l'occasion, à éclairer l'œuvre et la vie tout entières, et à leur restituer leur caractère original. Pour ce qui concerne, en particulier, le « romantisme » de La Mennais, n'est-ce pas en La Mennais lui-même, plutôt qu'en Rousseau, qu'il faut en chercher les sources? Le « romantisme » n'est pas enfermé en Rousseau : c'est une manière très générale de sentir et de penser, conditionnée par un tempérament psychologique, et qui, par conséquent, dans l'occurrence, devait être définie en fonction des prédispositions internes de La Mennais.

Ce qui est plus grave encore, c'est la partialité dont l'auteur témoigne. Il prend parti, au nom de l'orthodoxie catholique, avec La Mennais contre les philosophes, puis il prend parti contre La Mennais « gâté » par Rousseau. Il reproche à La Mennais son amour de la liberté. La phrase se charge d'incidentes et de parenthèses où l'auteur décoche des traits à tous ceux que ont sacrifié aux erreurs du siècle. Certaines de ces allusions sont de mauvaise polémique. Que M. Maréchal y prenne garde : lorsqu'il en viendra, dans des ouvrages ultérieurs, à l'étude de La Mennais démocrate, ces partis-pris et cet esprit polémique risqueraient, s'il n'y renonçait, de lui rendre impossible l'intelligence de son sujet. Il y a d'ailleurs, dans le besoin de polémique auquel il cède, quelque puérilité et qui s'affirme trop souvent dans le détail de la phrase.

Étant donnée la solidité de la documentation, qui est telle que, vraisemblablement, on n'y saurait ajouter, il est regrettable que le travail de M. Maréchal n'ait pas été conçu dans un esprit plus psychologique et impartial et n'atteigne pas à plus d'objectivité. Il n'en rendra pas moins de très grands services à tous ceux qui voudront entrer dans la familiarité de La Mennais et saisir la relation de sa pensée au mouvement général des idées au début du xixe siècle.

La Famille de La Mennais sous l'ancien régime et la Révolution, *d'après des documents nouveaux et inédits,* par Christian Maréchal, 1 vol. in-8°, de 345 p. Librairie académique Perrin, Paris, 1913.— Cette monographie jette un jour très heureux sur les traditions de la famille de La Mennais, sur le caractère et les idées de son père, de sa mère et de son oncle Des Saudrais, qui se chargea, on le sait, de l'éducation intellectuelle du jeune Félicité.

Armateur, et subdélégué de l'intendant de Bretagne, le père de La Mennais professait un libéralisme économique éclairé et s'acquittait avec une rare conscience de ses fonctions publiques, s'attachant à prévenir les disettes de lin et de blé et à soulager les misères. Il ne vit pas d'un mauvais œil les premiers événements de la Révolution, et continua, pendant tout son cours, à pratiquer ses idées philanthropiques ; mais, en dépit des services rendus, il finit par devenir suspect et échappa difficilement à la charrette — ce qui ne fut pas sans déterminer chez lui et chez tous les siens des réflexions qui seront le point de départ de l'hostilité manifestée par Félicité contre l'anarchie révolutionnaire.

La mère de La Mennais paraît avoir été une nature insta)le, très émotive et très imaginative, prompte au plaisir et aux exaltations religieuses. M. Maréchal pu)lie d'elle une paraphrase du *De Profundis* qui témoigne d'une sensi)ilité et d'une imagination fort exaltées, et dont l'accent est fort compara)le à celui des meilleures pages de Félicité.

Quant à l'oncle de Félicité, Ro)ert des Sandrais, il devint, pendant la Révolution, officier municipal de Saint-Malo. Im)u des idées philosophiques, il fut partisan de la Constitution civile du clergé et prit part, dans l'assem)lée municipale, à toutes les mesures destinées à en assurer l'application.

Il ouvrit toute grande à Félicité sa)i)liothèque remplie des œuvres des philosophes. Mais les excès de la Terreur le firent, lui aussi, réfléchir. Il pousse un soupir de soulagement au moment de Thermidor; et nous le retrouvons ensuite dans le camp des adversaires des philosophes.

La Casuistique chrétienne contemporaine, par ALBERT BAYET, 1 vol. in-16 de 172 p. (F. Alcan, Paris, 1913). — M. A. Bayet étudie, dans ce livre, « quelques-unes des grandes doctrines de la casuistique chrétienne contemporaine ». En un premier chapitre, l'auteur retrace l'histoire de la casuistique d'après les *Provinciales* afin de mettre en évidence l'autorité dont jouissent les casuistes modernes. Il examine ensuite leurs méthodes et les procédés auxquels ils ont recours pour déterminer le caractère licite ou illicite des actes : 1° définition et interprétation des termes; 2° examen de l'état physique ou mental de l'agent: 3° examen de ses intentions; 4° considération des circonstances particulières qui, faisant entrer en jeu un autre principe, pourraient suspendre l'application du principe énoncé. Le reste du livre est un composé clair et précis, en six chapitres, des théories de la casuistique actuelle sur la charité et la justice, l'homicide, le vol, le mensonge, les devoirs envers la famille et les devoirs envers l'État. Les casuistes contemporains, selon M. Bayet, ont, en modifiant la formule altruiste, ou plutôt en en faisant une formule égoïste et utilitaire, « changé l'orientation de la morale chrétienne » et « frayé des routes neuves ». Ils ont fait une morale chrétienne « pour les riches et les hautes classes de la société ». La morale de l'Église au XX° siècle serait donc opposée à celle de cette Église qui, au XVII° siècle et même au XVIII° encore, rompait en visière avec une société corrompue. Elle serait « la consécration de l'honneur du monde qu'ont tenté, partout où ils l'ont pu, saint Alphonse et ses successeurs. » Cette consécration, le Saint-Siège l'a approuvée, et imposée à l'Église contemporaine. « O)ligation de s'aimer soi-même et de s'aimer plus que les autres, considération de l'intérêt des riches, respect de l'honneur du monde, tels sont les trois grands principes dont l'union détermine, en ses grandes lignes, la morale des casuistes contemporains. » Il n'y a plus, en France, de Bossuet pour flétrir ces principes. La morale des casuistes « en vient à codifier l'immoralité moyenne des classes aisées ». Elle fait courir un grave danger à la moralité pu)lique.

La seule am)ition de M. Bayet a été « de faire connaître la morale de l'Église moderne ». Il croit « en avoir donné une image fidèle. » Il serait difficile de chicaner M. Bayet sur le terrain où il se cantonne et sur les notes qu'il cite ou résume. Ce qui est dangereux, et même perfide, c'est d'ajouter que les idées des casuistes dirigent aujourd'hui « tout l'enseignement de l'Église en France ». M. Bayet a)eau se défendre de toute intention com)ative et affirmer qu'il a)anni de son livre « toute polémique, toute épigramme, toute ironie », son accusation n'en est pas moins la plus terri)le qu'on puisse lancer contre le catholicisme français actuel. Peut-on admettre que toute la morale catholique contemporaine, en France ou en d'autres pays, soit casuistique pure et négative de l'ancienne morale catholique? Une Église ne vit pas uniquement par des tentatives d'accommodement avec la morale du siècle, par la consécration de l'immoralité inhérente aux classes moyennes ou riches. Que cette tendance soit en elle et, si elle devient excessive, puisse la compromettre, soit. Mais elle n'a pas cessé de lutter, par ses organes sains, contre l'immoralité am)iante. Pourquoi M. Bayet ne s'est-il pas contenté de mettre en évidence les dangers de la casuistique moderne? S'il avait montré plus de modération, son livre eût été inattaqua)le.

The Problem of Individuality, *a course of four lectures delivered before the University of London in october 1913*, par HANS DRIESCH, 1 vol. in-8° de 84 p., Londres, Macmillan. — Dans les deux premières conférences, M. Driesch résume les idées principales de son ouvrage sur « l'histoire et la philosophie du vitalisme » : les thèses de sa troisième conférence se rattachent à la logique du vitalisme esquissée dans son *Ordnungslehre*; la quatrième contient des aperçus sur les conclusions de la *Wirklichkeitslehre* qu'il prépare.

Les preuves du vitalisme sont nécessairement « apagogiques » car le vitalisme est avant tout négatif. Ces preuves ne peuvent se trouver dans un examen de faits d'adaptation et d'immunité, ni de ceux de régénération, mais dans l'embryologie expérimentale. La moitié d'une cellule d'un embryon de grenouille produit non la moitié d'un embryon, mais un embryon moitié plus petit. La destinée possible d'une cellule est donc très souvent différente de sa destinée actuelle et plus riche qu'elle. M. Driesch définit, en partant de ces faits et d'autres semblables (expériences sur les blastulas des oursins de mer), ce qu'il appelle les systèmes ontogénétiques, équipotentiels harmonieux, c'est-à-dire dont les parties ont la possibilité de se développer d'une même façon ou de prendre place au contraire à l'intérieur d'un tout. Cette transformation de possibilités égales en réalités inégales ne peut s'expliquer chimiquement, et contredit le concept de machine; une machine est un arrangement spécifique de parties et elle ne reste pas ce qu'elle est si vous enlevez telle ou telle partie. La deuxième preuve met en lumière des phénomènes analogues pour les systèmes complexes. La troisième se fonde sur une analyse de l'action en général : la possibilité des actions, à un moment donné de la vie d'un individu, dépend de son histoire, et en deuxième lieu il y a une correspondance spécifique entre l'excitation et la réaction prises comme des touts individuels mais non pas entre les éléments de ces touts. La « totalité » d'une phrase restera la même, qu'elle soit exprimée en français ou en allemand, écrite ou prononcée, et agira de même. L'entéléchie est donc quelque chose de non physico-chimique (mais il ne faut pas entendre par là quelque chose de psychique). Le contraire du mécanique est simplement le non-mécanique). M. Driesch étudie ensuite les relations entre les agents mécaniques et les agents non mécaniques : l'entéléchie n'étant que l'arrangement d'une multiplicité n'est ni une substance ni une forme d'énergie, — elle n'est pas mesurable; le principe de la conservation de l'énergie n'est pas nécessairement violé par son existence. Il rejette l'idée qu'elle peut créer de l'énergie, ou changer la direction des forces données; on ne s'expliquerait pas alors les limitations de la puissance de l'entéléchie; et il s'ar-

rête à l'idée que l'agent non mécanique peut empêcher, surprendre tel événement ou au contraire relâcher son pouvoir de suspension.

M. Driesch légitime ensuite positivement et logiquement le concept d'entéléchie. La logique du vitalisme est une branche de la logique de la vitalité, car ce que formule le vitalisme, c'est l'existence de la totalité dans le naturel. Le concept de totalité est justifié formellement parce que tout concept est une totalité différente de ses éléments. Pour le justifier matériellement, M. Driesch pose le principe suivant qui est le principe de causalité en tant qu'il s'applique à un système naturel : le degré de multiplicité d'un système naturel ne peut s'accroître de lui-même. Si nous trouvons que le nombre des relations entre des choses données est plus grand dans l'état postérieur que dans l'état antérieur, si une simple somme est transformée en un arrangement qui a le caractère d'unité ou de vitalité, et si nous ne trouvons aucune cause intérieure ou extérieure à cette diversité plus grande, il faut admettre une entéléchie. C'est ce qui se passe dans les cas examinés du début. La totalité est donc une catégorie réelle, M. Driesch le prouve à nouveau en la déduisant d'abord de sa nécessité par rapport à l'expérience, puis de sa correspondance avec ce qu'il appelle le jugement conjonctif complet, ou jugement de définition (A est B¹ et B² et B⁴) omis dans la table aristotélicienne et kantienne des jugements.

M. Driesch examine dans sa dernière conférence la possibilité d'un monisme de l'ordre, c'est-à-dire de la doctrine pour laquelle l'univers est un tout où chaque chose et chaque événement a une place bien spécifiée, et où il n'y a donc pas de systèmes et de lois particulières, mais une seule loi et un seul système. A un tel monisme s'oppose la contingence présente partout dans l'expérience; la position des cellules est contingente, en dépit de tout vitalisme. M. Driesch n'accepte pas le monisme de l'ordre, trop éloigné de l'expérience; il reste dualiste, il y a un monde du hasard, et un monde de la forme qui s'introduit dans le monde du hasard; il y a de la totalité, et de la contingence. Il cherche pourtant à quelles conditions un monisme de l'ordre serait possible. Il devrait toujours se fonder sur l'affirmation des limites de notre connaissance empirique. Mais on peut affirmer ces limites de deux façons. On peut dire d'abord qu'il y a union de la téléologie et du mécanisme; seulement, dans cette conception

nous ne pourrions connaître ni les choses très distantes ni surtout les choses très petites; d'où notre ignorance de la façon dont se fait l'union. Mais cette thèse n'est pas soutenable. Car affirmer la totalité et la spécificité de la place de chaque être dans cette totalité, c'est nier le mécanisme, et d'autre part, un mécanisme ne peut jamais donner qu'une totalité géométrique. Il faut donc abandonner ce monisme spatial de l'ordre (qui est celui de Spinoza, de Leibniz et des néo-kantiens) et affirmer d'une façon plus radicale les limites de notre connaissance. Il faut rejeter le dogme spinoziste suivant lequel tous les caractères de l'absolu peuvent être symbolisés aux yeux de l'esprit humain par des caractères spatiaux. Le vitalisme brise ce dogme en nous montrant des agents qui n'agissent pas dans l'espace, mais sur l'espace, et il permet de justifier le monisme en dépit de l'expérience, car le monde de l'expérience nous donne une idée fragmentaire de l'absolu; il y aurait dans la nature quelque chose qui ne se manifesterait dans l'espace qu'à certains moments discontinus. Ainsi donc, il n'y a pas dans l'espace d'image complète de l'absolu, et les faits nous ouvrent des possibilités de toutes sortes. Il s'agit donc de savoir si on doit sacrifier un postulat de l'esprit ou la valeur absolue de l'expérience. C'est une question de foi.

M. Driesch a étudié dans ses conférences la biologie non pas en elle-même, mais en tant qu'elle est « le fondement solide de notre intelligence, non pas seulement formelle, mais matérielle de l'univers ». Ces considérations sont toujours intéressantes. On pourrait leur faire bien des objections. Contentons-nous de deux observations. P. 35 M. Driesch dit avoir prouvé que l'existence de l'entéléchie ne dépend pas de la substance qui est dans l'espace. Mais, en fait, il prouve seulement que l'entéléchie n'est pas la substance; elle peut dépendre d'elle. L'hypothèse selon laquelle l'entéléchie suspend certains effets ou suspend son pouvoir de suspension (p. 38, 39) est obscure et ne semble guère démontrée.

Monologen nebst den Vorarbeiten. Kritische Ausgabe. Mit Einleitung, Bibliographie, Index u. Anmerkungen von Fr. M. Schiele. Zweite, erweiterte und durchgesehene Auflage von Hermann Mulert, par Fr. Schleiermacher. In-8° de xlviii et 198 p. Der Philosophischen Bibliothek Band 84. Leipzig, Felix Meiner, 1914. — Il faut signaler cette excellente édition critique des Monologues de Schleiermacher. M. Mulert a revu et augmenté l'édition de F. M. Schiele qui avait paru en 1902. Il a surtout tenu compte des travaux de Eck : Über die Herkunft des Individualitätsgedankens bei Schleiermacher (Giessener Universitäts-progr. 1908) et de Wehrung: Der geschichtsphilosophische Standpunkt Schleiermachers zur Zeit seiner Freundschaft mit den Romantikern (Stuttgart, Frommann, 1907). Il a également complété la bibliographie. Il a enfin utilisé un commentaire trouvé, à l'état fragmentaire, dans un exemplaire des Monologues que possédait M. Schiele. Le texte a été laissé tel que M. Schiele l'avait publié.

Die Umwälzung in den Grundanschauungen der Naturwissenschaft. Acht Kritische Betrachtungen, par J.-H. Ziegler. Dr. phil. 1 vol. in-8° de 155 p., Bern, Fr. Semminger, 1914. — L'auteur de ce livre s'est proposé d'examiner la conception de l'univers qui se dégage de la science contemporaine : du moins c'est l'idée qui paraît inspirer le titre de son livre et sa préface. Ce qu'il a donné en réalité, c'est une Weltformel qui lui paraît aussi vraie que bienfaisante et qui lui est propre. Il l'oppose à la fois aux religions et aux philosophies du passé, et aux savants dont il ne parle qu'avec mépris (ex. p. 4). Prenant l'évidence pour critère, il annonce que sa formule substitue « aux multiples hypothèses, plus ou moins bien ou mal fondées, aux prétendues hypothèses scientifiques, une hypothèse unique, absolument certaine, la vérité inconditionnée » : la première des huit études dont est composé le livre est consacrée spécialement à l'étude du critérium; dans la seconde l'auteur montre comment à cette méthode universelle et unique en son genre correspond une formule déterminée, la formule même de l'univers : par elle toutes choses s'ordonnent et s'expliquent, elle est donc le signe véritable ou le symbole de l'entendement universel et idéal, c'est-à-dire de la Sagesse divine. Les cinq chapitres suivants servent de preuves : chacun d'eux traite un grand problème de la science contemporaine de la nature et le résout conformément à la nouvelle Weltformel; l'auteur y étudie successivement l'atomistique, le nombre et la forme des états d'agrégation de la matière et leur rapport aux cinq sens de l'homme, la radio-activité, la cosmogonie. L'auteur paraît être un disciple, d'ailleurs très indépendant, d'Eugène Dühring (p. 133-134). Mais il estime, contrairement à ce penseur, que les grandes vérités scientifiques sont déjà contenues dans la religion, et non point dans la science contemporaine; que la connaissance scientilique vérita)le ne nous éloigne point de la religion, mais au contraire nous y ramène.

PÉRIODIQUES

L'Année philosophique,par F.Pillon. Vingt-quatrième année, 1913. Paris, Alcan, 1914, 270 p. in-8°. — Cette intéressante pu)lication va-t-elle disparaître en même temps que son fondateur? Il faudrait dans ce cas le regretter. Maintenue et quelque peu transformée, elle pourrait encore aider au développement et à la diffusion de la philosophie française.

Signalons)rièvement les mémoires que contient le volume. Dans une étude sur *le « Cogito » de Descartes et la philosophie de Locke*, M. *Victor Delbos* montre comment certains courants de cartésianisme ont traversé l'œuvre de Locke, mais non sans s'altérer peu à peu en s'éloignant de la pureté de leur source, et non sans se laisser trou)ler et refouler par des courants contraires; en ramenant la pensée aux données contingentes et intermittentes de la conscience, Locke l'a dépouillée de la signification métaphysique que Descartes lui avait attri)uée. M. *Lewis Robinson* étudie « un solipsiste au XVIII° siècle » : il s'agit d'un médecin, Claude Brunet, qui un quart de siècle avant Berkeley et un siècle avant les idéalistes allemands, avait catégoriquement ramené au moi toute la réalité connaissa)le. M. *Maillard* traite « des antinomies mathématiques de Kant et de l'idée de temps ». Il explique que ces antinomies sont nées pour une part d'une fausse assimilation du temps à l'espace. M. *Lechalas* se repose et nous repose des spéculations a)straites en parlant « des années de maturité d'Eugène Fromentin ». Enfin M. *Pillon* explique « comment s'est formée et développée la doctrine néo-criticiste de Charles Renouvier » : il fournit là-dessus des renseignements très instructifs, certifiés par des témoignages personnels. Ce lui est une occasion de montrer à quelles parties de cette doctrine il reste fermement attaché et quelles autres parties lui en sem)lent inexactes et inconséquentes.

Comme dans les années précédentes, M. *Pillon* a reçu pour la revue bibliographique l'aide de M. *Dauriac*.

THÈSES DE DOCTORAT

M. *Marin Stefanescu*, ancien élève de la Faculté des lettres de l'Université de Paris, a soutenu, le 27 février 1915, en Sor)onne, les deux thèses suivantes :

Thèse complémentaire : *Essai sur le rapport entre le dualisme et le théisme de Kant.*
Thèse principale : *Le Dualisme Logique. Essai sur l'importance de sa réalité pour le problème de la connaissance.*

M. L. *Lévy-Bruhl*, président du Jury, avant de donner la parole au candidat, rappelle les sentiments de sympathie qui existent entre les étudiants roumains et la France. — En ce qui vous concerne, dit M. Lévy-Bruhl en s'adressant au candidat, vous avez toujours exprimé ces sentiments avec l'enthousiasme qui vous caractérise.

Sur l'invitation de M. Lévy-Bruhl, M. Marin Stefanescu résume sa thèse complémentaire.

M. *Marin Stefanescu.* En présence de l'influence toujours grandissante de la philosophie kantienne sur la philosophie contemporaine, je me suis demandé dans quelle mesure cette influence était légitime. Pour résoudre ce pro)lème j'ai étudié : 1° le sommet de la philosophie de Kant; 2° la)ase et l'histoire de cette philosophie. — Ma thèse complémentaire envisage le sommet de la philosophie de Kant, c'est-à-dire la conception qu'il se fait du rapport entre le monde et Dieu, car, selon moi, le sommet d'une philosophie consiste dans une telle conception.

Quel est pour Kant le rapport entre le monde et Dieu? Tel est l'o)jet essentiel de ma thèse complémentaire. — Or, en me posant cette question je me suis trouvé en présence de deux réponses diamétralement opposées. Selon l'une Kant aurait été panthéiste, c'est-à-dire qu'il aurait professé la croyance en un Dieu existant dans le monde et se confondant avec lui. Selon l'autre Kant aurait été le partisan d'un théisme transcendant, c'est-à-dire qu'il aurait professé la croyance en un Dieu extérieur au monde jusqu'au point même de n'admettre qu'à titre a)solument sym)olique Jésus-Christ comme intermédiaire entre le monde et Dieu. — Laquelle de ces deux thèses si opposées représente la vérité? Ni l'une ni l'autre, sem)le-t-il, car les deux laissent de côté le Christianisme qui est un élément essentiel dans la philosophie de Kant. — Quelle est la conception des chrétiens sur le rapport entre le monde et Dieu? Elle consiste dans un théisme relativement transcendant (Dieu à la fois dans le monde et en dehors du monde) car c'est seulement de la sorte que le

Christianisme peut poser Jésus-Christ comme intermédiaire entre le monde et Dieu. — Est-ce)ien là aussi la conception de Kant? Oui, sem)le-t-il, car il part toujours d'un dualisme du monde donné, dualisme qui ne saurait le conduire qu'à un théisme relativement transcendant.

M. *Victor Delbos*, qui a lu la thèse en manuscrit, commence par faire l'éloge du candidat. Votre zèle, votre ardeur pour les hautes spéculations philosophiques constituent de grandes qualités. Mais ces qualités ne vont pas sans quelques défauts. Vos préoccupations sont purement philosophiques. Cependant vous voulez faire en même temps œuvre d'historien de la philosophie. Or, vous êtes à tel point philosophe que vous interprétez l'histoire de la philosophie en fonction de votre philosophie. — Ainsi ce qui vous préoccupe c'est le rapport entre le monde et Dieu. Et vous allez dire que c'est là le pro)lème que Kant s'est tout spécialement posé. A la position et à la solution théiste de ce pro)lème vous ramenez, comme condition, toutes les formes de dualisme que vous pouvez découvrir dans la pensée de Kant. Or ces formes de dualisme, se rapportant en fait à des questions diverses, n'ont point entre elles de connexion nécessaire, et certaines seraient aussi)ien compati)les avec une doctrine panthéiste qu'avec une doctrine théiste. En tout cas vous forcez plus d'une fois les textes dans votre sens. Et vous a)outissez à une interprétation de la *Critique de la raison pure* qui est plus ingénieuse qu'exacte.

M. *Marin Stefanescu*. Je n'ai pas encore dit que le pro)lème fondamental pour Kant a été le rapport entre le monde et Dieu. Je me suis seulement demandé : quelle a été la conception de Kant sur le rapport entre le monde et Dieu?

M. *Milhaud*. — Vous voulez prouver que le Dieu de Kant n'est pas absolument transcendant... Ce qui doit nous intéresser c'est votre méthode. Or je n'arrive pas à la comprendre. Je ne vois pas comment les différents aspects que vous trouvez au dualisme du monde donné peuvent témoigner du caractère partiellement immanent du Dieu qui l'a créé? Qu'est-ce qui pouvait empêcher Kant de croire à un Dieu a)solument transcendant qui eût voulu réaliser ces séries d'éléments contraires : forces mortes, forces vives — attraction, répulsion. — etc...?

M. *Marin Stefanescu*. La « chiquenaude » initiale et l'intervention divine qu'elle constitue sont une action immanente de Dieu sur le monde.

M. *Milhaud*. D'ailleurs, à propos de l'attraction et de la répulsion dont il est question dans la *Théorie du Ciel*, vous commettez et sem)lez me faire commettre une erreur. Après avoir cité quelques lignes de moi sur la Né)uleuse de Kant, vous invoquez, pour m'approuver, la préface de la *Théorie du Ciel*, où Kant veut concilier la Religion avec la Science, — conciliation qui se réalise, dites-vous, « justement par le dualisme de l'attraction et de la répulsion ». Mais non! La conciliation que Kant essaie dans cette préface repose sur l'ordre et l'harmonie que réalisent les lois de la Nature. — Même erreur à propos de « l'Unique fondement possi)le d'une démonstration de l'existence de Dieu », où vous dites que Kant renvoie le lecteur au dualisme de l'attraction et de la répulsion, lorsque en réalité le passage de Kant que vous citez ne fait que viser la preuve téléologique exposée dans la préface de la *Théorie du Ciel*, c'est-à-dire toujours non le dualisme, mais l'ordre et l'harmonie résultant du simple jeu des lois.

M. *Marin Stefanescu*. Cela revient au même, car l'harmonie du monde n'est en dernière analyse que l'effet du dualisme.

M. *L. Lévy-Bruhl* félicite M. Stéfanescu du sérieux et de l'ardeur avec lesquels il s'attache aux questions philosophiques, mais critique, au point de vue historique, sa méthode d'interprétation. Il ne faut pas, dit-il, poser à Kant des questions qu'il ne s'est pas posées et qu'il ne pouvait se poser : cela fausse la perspective. Il ne faut pas non plus glisser si facilement sur des choses douteuses, que vous prenez pour accordées.

Au point de vue de l'exactitude, il ne faut pas dire que Kant *entreprend* en 1781 une Critique de la raison. Sa réflexion sur ce point date de 1770. Ne lui faites pas dire non plus que par la critique « nous trouvons sans la moindre difficulté » la solution du pro)lème de la connaissance.

Enfin vous traitez toujours la doctrine de Kant comme si c'était un)loc indivisi)le. Je ne le crois pas.

M. *Marin Stefanescu*. Je crois comme Paulsen que c'est toujours la même pensée qui évolue. Il a toujours oscillé entre la doctrine qui admet les connaissances vraiment empiriques et le rationalisme pur, qui n'en admet pas, mais en penchant vers le rationalisme.

M. *L. Lévy-Bruhl*. Vous dites que la conception de Kant sur le rapport entre le monde et Dieu consiste en un théisme relativement transcendant, et vous l'opposez au panthéisme immanent. C'est un pléonasme, car le panthéisme est immanent et le théisme est transcendant.

M. *Marin Stefanescu*. Vu qu'il y a des
degrés entre le panthéisme et le théisme,
et vu qu'au temps de Kant le mot théisme
signifiait avant tout et surtout « Dieu personnel et créateur » sans désignation spéciale en ce qui concerne les attributs
d'immanent et de transcendaut, mon
expression « théisme transcendant » n'est
pas un pléonasme.

I I

M. *Marin Stefanescu* résume sa thèse
principale.

Après avoir vu quel était le sommet de
la philosophie de Kant, je me suis demandé quelle en était la base. Cette base
consiste en un certain dualisme. Mais
quelle èst la forme précise de ce dualisme?
Que vaut cette forme?

Le dualisme dont il s'agit peut être
appelé *dualisme logique*, car il n'apparait
clairement qu'au moment où l'on passe
de la Psychologie ou étude des sentiments
subjectifs à la Logique ou étude des connaissances objectives.

Au moment où Kant est venu s'attaquer
au problème de la connaissance, ce problème divisait les philosophes d'Allemagne
en deux groupes bien distincts : les *rationalistes* qui réduisaient la sensibilité à la
raison, et les *intuitionnistes* qui réduisaient
la raison à la sensibilité. A cette méthode
de réduction sans opposition, Kant substitue une méthode d'opposition réelle,
mais conciliable. Toute la question pour
lui est de trouver le moyen terme qui
doit *concilier et ne pas réduire* tout simplement l'un à l'autre, les termes du dualisme logique d'où l'on est obligé de partir
dans l'explication de la Science.

Que vaut la méthode kantienne ou de
conciliation? Elle est bien insuffisante.
Car : 1° il n'y a pas de moyen terme :
c'est-à-dire qu'il n'y a pas d'élément qui
soit de nature à la fois sensible et intelligible ; 2° cette méthode, cherchant surtout à se conformer à la tendance dogmatique, est loin d'expliquer la science humaine telle qu'elle est en réalité : à la fois
relative et nécessaire ; 3° elle nous conduit
à des sciences normatives enfermées dans
les cadres d'une discipline plus ou moins
rigide au lieu de nous apprendre à *aimer*
le vrai, le beau et le bien.

Que faut-il donc faire pour résoudre le
problème du dualisme logique d'où nous
sommes forcés de partir dans l'explication
de la Science? Revenir à l'ancienne méthode, de simple réduction sans opposition,
d'avant Kant? Mais Kant en a déjà montré
la faiblesse. Il ne nous reste donc qu'à
nous demander s'il ne faut pas nous placer

à un point de vue différent à la fois de la
conception de simple réduction sans opposition d'avant Kant et de la conception
kantienne d'opposition conciliable des
termes du dualisme logique.

Mais ce point de départ radicalement
dualiste est-il vraiment légitime? Car :
1° en partant du dualisme même qui nous
est primitivement donné, comment arriver
néanmoins à l'accord des deux termes,
accord qui doit exister pour expliquer la
Science, vu que cet accord ne saurait plus
être ni le résultat d'une réduction sans
opposition, comme le croyaient les philosophes d'avant Kant, ni le résultat d'une
conciliation par des concessions réciproques que les deux termes se feraient l'un
à l'autre, comme le croient les kantiens?
2° en partant du dualisme même qui nous
est primitivement donné, n'allons-nous
pas être obligés de renoncer à cette tendance dogmatique qui est si forte en nous
et qui parait être le ressort même de la
science? Car le dualisme est manifestement l'antithèse même du dogmatisme :
ce que nous disent par exemple les sens
est contredit par la raison et inversement.
Et n'est-ce pas justement la légitimité de
cette tendance dogmatique qui a empêché
Kant lui-même de prendre dans toute sa
réalité le dualisme logique? La réponse
est que de la sorte nous arrivons : 1° non
pas seulement à l'accord général qui doit
expliquer la science en général, mais
encore et surtout à cet accord spécial qui
explique la science véritablement humaine, c'est-à-dire la science à la fois profondément relative et profondément nécessaire ; 2° nous arrivons ainsi à voir
sous une lumière plus grande que dans le
cas contraire la nature de la tendance
dogmatique qui nous empêche d'admettre
la réalité du dualisme logique.

M. *André Lalande*, qui a lu la thèse en
manuscrit, commence par faire l'éloge
du candidat. — Ce qui vous caractérise
c'est l'enthousiasme pour la vérité de
votre thèse ; c'est la foi dans vos idées.
Certains passàges, par exemple vos
pages sur la vocation philosophique (qui
d'ailleurs me paraissent inspirées de
M. Radulescu-Motru) ont un beau souffle
de passion idéaliste. Peut-être vous effa-
cez-vous un peu trop dans la justification
de vos idées. Non seulement vous vous
faites un large tremplin historique (Kant,
B. Erdmann, Cohen, Husserl, Jérusalem),
mais même quand vous en venez à la
partie dogmatique, vous semblez souvent
recueillir des *testimonials*, vous faire un
rempart d'autorités plutôt que de prouver
directement ce qui constitue votre thèse.

Je n'ai rien à dire contre vos idées, qui

sont presque toutes les miennes : et je suis moi-même un de ceux que vous avez le plus largement appelé en témoignage. Mais en tant qu'examinateur, je voudrais vous faire dire plus exactement les raisons, les arguments sur lesquels vous vous appuyez pour les admettre. — Vous dites que le dualisme se présente sous diverses formes. Mais dès lors d'où savez-vous qu'il s'agit toujours *d'un* dualisme, du même dualisme ?

M. *Marin Stefanescu*. Ce qui prouve l'unité des diverses formes du dualisme c'est l'existence des sciences normatives à côté des sciences de faits.

M. *André Lalande*. Mais il faudrait alors pousser l'unité des sciences normatives. Je crois que ce n'est pas impossible : encore est-ce une recherche à faire.

D'autre part, pour accorder comme vous le faites au dualisme une valeur absolue, il faudrait prouver qu'il ne consiste pas en un remous accidentel dans l'ensemble de la vie. Que répondez-vous à ceux qui font dériver toutes les valeurs d'une simple opposition entre l'ordre individuel et l'ordre social, mais en considérant l'un et l'autre comme subordonnés à la loi générale de la conservation et de l'expansion vitales ?

M. *Marin Stefanescu*. L'histoire montre qu'en réalité ces deux tendances sont en conflit. D'ailleurs vous avez fait voir vous-même qu'à l'intérieur de l'ordre social, il y avait encore dualisme : il y a d'une part dans la société un système d'intérêts différenciés, antagonistes, et d'autre part une communauté morale.

M. *Delacroix*. Il me semble qu'il y a dans votre ouvrage deux thèses, l'une de caractère historique, qui est le prolongement de votre thèse secondaire et qui n'était pas nécessaire ici ; l'autre proprement dogmatique et qui se trouve insuffisamment développée.

Aussi restez-vous dans les généralités vagues, loin de ces applications de détail qui auraient donné à votre étude une force beaucoup plus grande. Vous affirmez du reste beaucoup plus que vous ne démontrez et vous employez les mots

dualité, dualisme et monisme de telle manière que vous pouvez leur faire dire à peu près tout.

Je dois ajouter que j'ai trouvé dans votre thèse des discussions de détail vraiment bien construites, par exemple une analyse intéressante des idées de M. Bergson.

M. *Marin Stefanescu*. Ma thèse de doctorat est loin d'être une étude finie. Ce n'est que l'introduction à ma philosophie. Si j'avais voulu la terminer ici, il m'aurait fallu encore une dizaine d'années. — Mais si je suis encore en vie je la mènerai probablement à bonne fin.

M. *Delacroix*. Alors je vous souhaite tout ce qu'il vous faut pour la mener à bonne fin.

M. *Robin*. Vous avez la foi dans la vérité de vos idées. Mais cette foi vous entraîne souvent à traiter l'histoire avec quelque sans façon. Ainsi, pour ne parler que de la philosophie ancienne, vous dites (p. 11) que la philosophie de Platon est la synthèse du sensualisme d'Héraclite et de la dialectique des Éléates. Comment justifiez-vous cette formule ?

M. *Marin Stefanescu*. Par toute l'œuvre de Platon et plus particulièrement par le *Théétète* où il s'agit justement d'une étude sur le rapport entre le sensible et l'intelligible.

M. *Robin*. Soit. Mais vous parlez de la *dialectique* des Éléates.

M. *Marin Stefanescu*. Y-a-t-il quelque chose de plus dialectique que les arguments des Éléates contre le mouvement ?

M. *Robin*. D'accord. Mais ce que vous opposez à la *doctrine* d'Héraclite, c'est une *méthode* de recherche et d'exposition. En cela votre formule, qui d'ailleurs est sommaire, est incorrecte : il fallait parler de synthèse, non entre le sensualisme d'Héraclite et la *dialectique* des Éléates, mais, par exemple, entre le pluralisme et le mobilisme du premier et le monisme et l'immobilisme des autres, bref entre deux doctrines.

M. Marin Stefanescu est déclaré digne du grade de docteur ès lettres avec la mention honorable.

LA PHILOSOPHIE ET LA LITTÉRATURE CLASSIQUES

DE L'ALLEMAGNE

ET LES DOCTRINES PANGERMANISTES

C'est l'une des prétentions de l'Allemagne que d'affirmer la continuité de la pensée allemande depuis le xviiie siècle jusqu'à nos jours,
de soutenir que c'est le même idéal qui inspire la spéculation de ses
philosophes classiques et les actes de ses généraux et de ses soldats,
de proclamer que, lutter contre le militarisme allemand, c'est lutter
contre la civilisation allemande, telle que l'a forgée le génie de Gœthe
et de Schiller, de Kant, de Fichte, de Schelling et de Hegel. Et cette
prétention a trouvé des échos chez nous. Chez nous aussi, l'on a tenté
de démontrer que c'est la philosophie allemande qui, en dernière
analyse, est responsable, non seulement des théories insensées des
Treitschke et des Bernhardi, mais aussi de la manière dont les a réalisées la soldatesque allemande à Louvain, à Aerschot et à Reims. C'est
là la thèse que je voudrais examiner. L'Allemagne, telle qu'elle s'est
révélée dans cette guerre, telle que l'ont modelée les victoires prussiennes de 1866 et de 1870, est-elle vraiment la même que celle qui
avait ébloui Mme de Staël et Cousin, Michelet et Quinet, Taine et
Renan? Ou bien l'Allemagne nouvelle a-t-elle dévié de l'orbite que lui
avaient tracée ses grands penseurs, a-t-elle trahi l'idéal de ses philosophes, s'est-elle montrée indigne du grand héritage que lui avait
légué son classicisme? Le problème est sans doute trop vaste pour
être embrassé entièrement dans les pages qui vont suivre. Aussi ne
pourrai-je qu'en esquisser les contours. Mais peut-être pourrai-je
cependant projeter quelque lumière sur une question qui vaut la peine
d'être étudiée en toute impartialité, avec la seule préoccupation de
voir clair et de dire vrai.

I

LE CARACTÈRE GÉNÉRAL DE LA PHILOSOPHIE CLASSIQUE DE L'ALLEMAGNE.

La philosophie classique de l'Allemagne s'inaugure par les opuscules de Leibniz et s'achève dans le système de Hegel. Bien des
ouvriers ont apporté leur pierre à ce grand édifice. En dehors des
philosophes de métier, des poètes et des littérateurs y ont collaboré
efficacement. L'apport d'un Lessing, d'un Herder, d'un Schiller et
d'un Goethe est presque aussi important que celui d'un Fichte et d'un
Hegel. Ce serait appauvrir injustement la pensée allemande du
XVIIIᵉ siècle que de ne pas tenir compte de la collaboration que le
classicisme littéraire a apporté au classicisme philosophique proprement dit.

La philosophie allemande du XVIIIᵉ siècle a été essentiellement un
idéalisme spiritualiste. L'hypothèse fondamentale dont elle part, c'est
que l'Être est Esprit, que l'Esprit est capable d'atteindre l'absolu, de
se connaître comme absolu. Non seulement elle proclame l'intelligibilité de l'Univers, c'est-à-dire la possibilité pour l'esprit humain de
s'emparer par la pensée de la nature et de ce qui, dans l'âme humaine,
semble échapper — comme l'impulsion spontanée et le sentiment
irrationnel — à la rigide discipline de la raison. Non seulement elle
prétend que l'ordre du monde est l'ordre même de l'esprit. Mais elle
affirme que les choses doivent être, dans leur essence, analogues et,
en dernière analyse, identiques à l'esprit qui parvient à les connaître.

Cet idéalisme spiritualiste, chez les penseurs les plus éminents du
siècle. chez Leibniz, chez Kant, chez Fichte, chez Schelling et chez
Hegel. est. ou plutôt semble entièrement rationaliste. Pour parvenir
à la connaissance de l'Être, enseigne le rationalisme, l'esprit, de par
sa constitution intime, est obligé de passer par une série d'opérations
strictement déterminées et identiques, est contraint de partir de
notions. de les réunir en propositions, de lier ces propositions elles-
mêmes en raisonnements, en d'autres termes, de poser des définitions
claires et distinctes et d'en tirer par déduction ce qui y est contenu.
Tout, même les axiomes, peut et doit être démontré. La démonstration mathématique est le type suprême et, à la vérité, unique, de la
connaissance vraiment scientifique : même des disciplines aussi pré-

caires et aussi fuyantes que la politique doivent y être soumises et y ont été soumises, par exemple, par Leibniz, dans son *Specimen Demonstrationum politicarum pro eligendo rege Polonorum*. Et ce ne sont pas seulement toutes nos représentations qui doivent être claires, distinctes, et, partant, démontrables, mais nos actions elles-mêmes doivent être fondées sur des preuves irréfutables. En somme, la tâche de la philosophie consiste à chercher les raisons grâce auxquelles tout le possible peut se réaliser et à transformer, par cette recherche, le domaine du possible, mouvant et meuble, dans le royaume stable et immuable des vérités nécessaires.

Mais si ce courant rationaliste est le plus large et le plus apparent dans la spéculation allemande du XVIIIe siècle, il n'est pas le seul. Il en est un autre moins visible, fermentant, obscurément, au fond des âmes, n'affleurant que rarement la conscience claire, mais aussi profond et aussi riche, et même plus profond et plus riche que le premier, à savoir le courant mystique [1]. Il est né dès que la pensée allemande a pris conscience d'elle-même en face de l'enseignement traditionaliste de l'Église. Depuis le commencement du XIIe siècle, depuis Hildegard de Zingen et Élisabeth de Schönau, à travers Maître Eckart, Suso, Tauler, le jeune Luther, Schwenckfeld, Sébastien Franck, Jacob Böhme et Weigel, jusqu'à ce piétisme qui a approfondi, humanisé, lénifié la rigide armature scolastique et la despotique hiérarchie, où, à son tour, s'était pétrifié le protestantisme, le mysticisme n'a pas cessé de bouillonner dans l'âme allemande. Preger a eu raison de dire que, depuis le moyen âge, l'Allemagne a été le terreau élu où la plante du mysticisme s'est épanouie le plus naturellement et le plus richement [2]. Ce mysticisme poursuit la même fin que la philosophie : lui aussi, tente de s'emparer de l'Être, d'appréhender dans toute son étendue et dans toute sa profondeur l'ensemble des choses et des âmes, de réduire à du spirituel, au spirituel suprême, c'est-à-dire au divin, tout ce qui est matière en dehors de nous et en nous. Mais c'est le chemin qu'il suit pour atteindre cette fin qui est différent. Ce n'est pas par les voies médiates, indirectes, discursives du raisonnement qu'elle procède :

---

1. Cf. sur le Mysticisme allemand l'ouvrage fondamental de W. Preger, *Geschichte der deutschen Mystik im Mittelalter* (Leipzig, 1874-1893), la lumineuse étude de M. Boutroux sur *Jacob Böhme* (1888) et les pénétrantes recherches de M. H. Delacroix sur Maître Eckart et Suso dans le *Mysticisme allemand au XIVe siècle* (1900) et les *Études d'Histoire et de Psychologie du Mysticisme* (1908).

2. W. Preger, *loc. cit.*, t. I, p. 9.

elle va à l'être par l'irrésistible élan de l'intuition, elle l'appréhende dans la vision extatique, elle l'épouse par un acte d'amour générateur.

Ce qui est remarquable, c'est qu'en Allemagne cette tendance n'existe pas seulement chez les mystiques proprement dits. Elle se mêle de la façon la plus singulière à la spéculation rationaliste de ses philosophes. C'est ainsi que la pensée lumineuse de Leibniz qui tente de ramener à des notions claires et distinctes, organisées et hiérarchisées, la richesse et la complexité inépuisables de l'Univers, entrevoit, par delà le royaume de la nature, cette Cité de Dieu où ce ne sont plus les lois de la nature et les lois de l'esprit, mais les lois de la Grâce qui gouvernent, voit émerger du monde naturel ce monde moral qui est uni à Dieu par des liens particulièrement intimes et étroits, fait consister le degré suprême de la moralité dans l'amour de Dieu et, tout en combattant les théosophes comme Paracelse et Van Helmont, sait rendre justice à Jacob Böhme et reconnaît comme valables les pensées essentielles de la mystique : les théories de la lumière intérieure, de la présence de Dieu dans l'âme, de l'unité du vrai amour de soi avec l'amour de Dieu [1]. C'est ainsi qu'on découvre des ferments mystiques jusque dans les déductions les plus sèches et les plus arides de Kant, de Fichte et de Hegel. Si Kant, dans la *Critique de la Raison pure*, est entièrement rationaliste, la *Critique de la Raison pratique* est profondément imprégnée de mysticisme : c'est par une véritable vision que, dans l'acte moral, nous percevons tout à coup en nous ce Noumène qui, théoriquement, est inconnaissable, et tout acte moral vrai, grâce auquel nous nous libérons de l'imbrisable chaîne des causes et des effets, est proprement un miracle. Tout de même, l'intuition intellectuelle par laquelle nous découvrons, nous appréhendons chez Fichte le Moi, est une vision : l'acte par lequel nous le posons échappe à toutes les lois ordinaires et normales de l'activité humaine, c'est-à-dire est miraculeux. Bien plus, ce Moi qui contient en puissance le Non-Moi n'est-il pas l'Être de Maître Eckart? L'énergie inconsciente de l'imagination productive qui crée la nature, n'est-elle pas cette « image », « *Bild* », dont Eckart dit qu'elle jaillit non de la force consciente mais inconsciente, qu'elle

---

1. Cf. surtout les *Principes de la Nature et de la Grâce, fondés en raison*, édit. Gerhardt, t. VI, p. 603 et 606.

émane de forces potentielles, sans intervention aucune de notre
volonté? Et enfin, cette Trinité du Moi qui se pose, qui s'oppose et
qui se réconcilie avec lui-même, n'est-elle pas comme l'illustration
philosophique, comme la personnification du Père, du Fils et du
Saint-Esprit des Mystiques? Plus encore que la philosophie de
Fichte, la philosophie de Schelling, et non seulement sa troisième
philosophie, qui est théosophie, qui émane d'une façon avouée de
l'influence des mystiques, mais sa seconde philosophie, la philosophie de l'identité, est grosse de mysticisme. Cette identité dans
laquelle s'épousent la pensée et la nature qui, immobiles, cristalli-
sées et comme pétrifiées, telles que des gemmes infiniment précieuses,
ne se révèlent, sur la cime de l'absolu, qu'à des yeux grandis et enfié-
vrés par l'extase, n'est-ce pas l'Être immobile, silencieux, n'enfantant pas, planant en lui-même (*unbeweglich, in einer stillen Stillheit,*
ist *das einige Ein durftlos, das in sich selber schwebt in einer düsteren
Stillheit* [1]) de Maitre Eckart? Et enfin l'Être de Hegel, le *Sein* indistinct
et indifférencié qui se pose, qui sort de lui-même, qui revient en lui-
même et qui, tout en ne suivant que la loi immanente de son
essence, crée, par et dans sa rotation autour de lui-même, le monde
logique, le monde de la nature et le monde de l'Esprit proprement
dit : la vie de l'âme, l'histoire, la moralité, le droit, l'art, la religion
et, comme stade dernier et suprême de son évolution, la philosophie, n'est-il pas l'Être même des Mystiques, effluant de lui-même,
s'extériorisant de par son affirmation dans son immobilité, laissant,
faisant émaner de son sein « l'Image » naturant la nature naturée,
enfantant le Fils, modèle et prototype du monde, le Saint-Esprit,
l'homme enfin et toutes ses énergies créatrices [2]?

Sans doute, il serait illégitime d'exagérer les éléments mystiques
de la spéculation classique allemande. Il est incontestable que, chez
Leibniz, chez Kant surtout, mais aussi chez Fichte et chez Hegel,

---

1. Preger, *loc. cit.*, t. I, p. 372.
2. Cf. sur le mysticisme de Hegel, l'admirable étude de Dilthey sur l'*Histoire
de la Jeunesse de Hegel, Abhandlungen der Königl. preuss. Akademie der Wissenschaften*, Berlin, 1905), surtout les pages 153 et 154. Dilthey y montre que, dès
les premiers fragments où, de 1797 à 1800, Hegel a essayé, à Francfort, de prendre
conscience de sa philosophie, celle-ci se révèle comme un panthéisme mystique.
Hegel baigne pour ainsi dire les catégories dans les lacs profonds de l'âme, il
les *vit* (*erlebt*), il aspire fervemment à communier avec l'Unité suprême, il pâtit
des séparations et des contradictions et les positions et les oppositions de l'Être
et leur réconciliation dans son sein, sont comme les accords, les désaccords et
les résolutions d'une mystérieuse musique d'âme.

l'élément rationaliste l'emporte, non seulement quant à la forme,
mais même quant au fond et quant à l'esprit, sur l'élément mystique. L'idéalisme de Leibniz peut être dit un idéalisme rationaliste,
non seulement parce que c'est la réflexion scientifique la plus systématique et la plus avertie qui a édifié la doctrine, mais parce que
cette doctrine même est toute saturée de rationalisme. La substance,
pour lui, on le sait, est la monade, c'est-à-dire une force spirituelle
dont l'instinct le plus profond est la tendance vers la perception.
Pour lui, l'Univers tout entier est un système de lumières croissantes et son évolution consiste à aller de la perception la plus
obscure et la plus confuse — à quoi correspond la matière — à la
perception entièrement claire, absolument distincte, embrassant
l'ensemble des choses — à quoi correspond la Divinité. — Dans
le monde de Leibniz, il n'y a que de l'esprit et, dans la monade
humaine, tout — le corps, la sensation, le sentiment, la volonté, —
n'est que de la représentation diversement modifiée. Le successeur
de Leibniz, Wolff, est le type le plus complet du philosophe rationaliste dont la tâche a consisté à appliquer le rationalisme leibnizien
au domaine total du connaissable, à soumettre à la discipline de la
raison, à la démonstration mathématique, toutes les manifestations
de l'âme humaine et à déduire de principes *a priori*, *more geome-
trico*, non seulement les lois physiques, morales, politiques et religieuses de la nature et de l'homme, mais jusqu'aux devoirs des
maîtres envers les domestiques, des mères et des nourrices envers
leurs enfants et leurs nourrissons, et les dangers pour les jeunes
gens des beuveries et de la débauche. La philosophie populaire, tout
en associant au rationalisme leibnizien et wolffien la psychologie
et la morale empiriques de l'Angleterre, reste profondément rationaliste : sa tâche propre fut de montrer que les mystères eux-mêmes
de la religion peuvent et doivent être ramenés à des données rationnelles.

Kant, dans sa *Critique de la Raison pure*, a donné au rationalisme cartésien et à l'idéalisme leibnizien une forme nouvelle.
Comme Descartes, il reste dualiste. L'Univers se compose de deux
éléments premiers : l'esprit humain et un élément irréductible à cet
esprit et, par conséquent, inconnaissable en soi, le Noumène. Mais
qu'on songe combien pauvre est le rôle imparti à ce Noumène : dès
que celui-ci a déclanché l'acte du connaître, il disparaît comme sous
une trappe. Nous savons qu'il existe, mais c'est tout ce que nous

en savons. Et, une fois l'esprit mis en mouvement grâce au contact
avec le Noumène, il règne en maître souverain. A la matière inconnaissable des choses, il impose ses formes universelles et nécessaires.
C'est lui qui construit les objets dans l'espace et les range dans le
temps, c'est lui qui soude les unes aux autres les sensations, les lie
en faisceau et c'est ce faisceau qui est l'objet. C'est lui qui, par les
catégories, établit entre les objets des rapports stables et fixes. C'est
lui qui crée l'expérience et la nature, en tant que dans celle-ci la
multiplicité vertigineuse et l'hétérogénéité infinie des phénomènes
sont subordonnées à des lois. Bien plus, ce n'est pas seulement la
connaissance qui est l'œuvre de l'activité spontanée de l'esprit. Cette
activité crée le monde pratique : la morale, la religion, l'esthétique,
l'État. Plus encore, pour que la science de la nature puisse naitre,
pour expliquer que la nature, dans sa diversité infinie, se prête aux
besoins d'unité de notre esprit, nous sommes obligés de supposer
que l'intelligence suprême, en créant l'Univers, a eu égard à l'intelligence humaine, ce qui est revenir en somme à l'hypothèse primordiale de l'idéalisme spiritualiste intransigeant, puisque cela est dire
qu'il y a de l'intellectuel, du spirituel jusque dans l'essence du Noumène, qu'en dernière analyse, le Noumène doit être analogue à
l'esprit humain. Selon Kant, d'un bout à l'autre donc de la création,
l'esprit humain, la raison humaine agit, unit, synthétise, organise :
s'il ne crée la matière de rien, il sculpte la forme de tout. Mais est-
il utile de le faire observer à tous ceux qui ont jeté le coup d'œil le
plus rapide dans les *Critiques* kantiennes que cet esprit, créateur de
formes, n'est pas l'esprit individuel, mais l'esprit humain en général
et que ses formes ont une valeur universelle et nécessaire, puisque
penser c'est les retrouver dans la nature, c'est les appliquer à la
nature?

La philosophie de Fichte va plus loin dans l'idéalisme spiritualiste
que Kant. Ce ne sont pas seulement les formes des choses que crée
l'esprit, c'est leur matière et leur contenu. Le dualisme de Kant est
vaincu. Il n'y a plus dans l'Univers deux éléments irréductibles,
l'esprit humain et la chose en soi, le Moi et le Non-Moi : il n'y a que
le Moi saisi par l'intuition intellectuelle, non comme un objet,
comme une chose donnée, mais comme un fait — *Thatsache* — bien
plus comme un acte — *Thathandlung*. — Ce Moi, après s'être posé
par un acte souverain, a besoin, comme condition de sa représentation, condition créée par lui, d'un Non-Moi : il oppose à son Moi un

Non-Moi. Certes, l'idéalisme fichtéen est moins rationaliste que celui
de Kant : l'esprit qui crée l'Univers, grâce à l'action inconsciente de
l'imagination productive, n'est pas intelligence, mais volonté et, en
dernière analyse, c'est pour rendre possible le devoir que le Moi a
besoin d'un Univers. Mais n'oublions pas, pourtant, que ce Moi est
essentiellement Esprit, que l'acte par lequel il se saisit et se crée, l'intuition intellectuelle, est malgré tout un mode du connaitre, qu'avant
de devenir pratique, le Moi théorique suit les lois universelles et
nécessaires de ce connaitre, que le principe suprême de la *Doctrine
de la Science* auquel est suspendue toute l'évolution de l'Univers est
une proposition logique : $a = a$. Et n'oublions pas surtout que le
Moi qui se pose et s'oppose le Non-Moi, n'est pas un Moi individuel,
n'est pas le Moi de la conscience réelle, mais le Moi en général, la
Ichheit dont toutes les manifestations sont universelles et générales.

La philosophie de Schelling dans sa forme la plus originale — en
tant qu'elle n'est plus fichtéisme et pas encore théosophie — est la
philosophie de l'identité. L'Univers n'est plus conditionné par l'opposition du Moi et du Non-Moi comme chez Kant, ni par l'absorption
du Non-Moi par le Moi comme chez Fichte. L'absolu que Fichte a eu
raison de vouloir fixer est l'indifférence, c'est-à-dire l'identité du sujet
et de l'objet, l'unité du conscient et de l'inconscient, l'harmonie de
la pensée et de la nature. La force qui se manifeste dans la nature
est la même que celle qui se réalise dans le monde intellectuel : dans
la nature, il y a prédominance du réel et de l'objet, dans le Moi, prédominance du sujet. La synthèse parfaite de l'esprit et de la nature
se révèle à certains élus privilégiés comme une intuition mystérieuse
dans l'extase de la création artistique, et se réalise dans le processus
infini de l'histoire. Le système de Schelling, on le voit, est moins
rationaliste que celui de Fichte et surtout que celui de Kant. Tout en
proclamant le primat de la Raison Pratique et en considérant l'Univers comme l'apparence, comme le symbole du monde de la liberté,
Kant explique cet Univers par les lois universelles et nécessaires de
la Raison. Et, si Fichte crée l'Univers par un acte autonome du Moi
moral, ce Moi moral est lui aussi universel et nécessaire, et une fois
qu'il a créé l'Univers pour permettre au devoir de se réaliser, cet univers obéit aux lois logiques de l'esprit. Pour Schelling, au contraire,
c'est le Moi esthétique, la vision extatique, la θεωρία qui explique
le monde : seuls les génies artistiques, c'est-à-dire, non plus l'universalité des hommes, mais des individualités rares et élues sont

capables de le comprendre, parce que, en dernière analyse, il est
l'œuvre de l'artiste génial par excellence, de Dieu.

Au contraire, la doctrine de Hegel, tout en contenant les ferments
mystiques que nous avons dits, est essentiellement un rationalisme :
elle donne au rationalisme idéaliste de la philosophie allemande sa
forme la plus rigoureuse. Hegel synthétise les systèmes de Fichte et
de Schelling. Fichte avait enseigné que l'absolu était le Moi et que
le monde logique, la nature, le monde moral, l'État, étaient dus à
l'acte souverain de ce Moi, se posant, s'opposant au Non-Moi, et
réconciliant ce Moi et ce Non-Moi de par leur mutuelle limitation.
Schelling avait affirmé que l'absolu était antérieur à la scission du
Moi et du Non-Moi, était l'indifférence, l'identité de la nature et du
Moi. Hegel proclame avec Schelling qu'il y a un absolu antérieur à
la scission, contenant virtuellement le monde de la nature et de
l'action. Mais cet absolu n'est pas fixe, immobile et mort : il a la
force de développement, l'énergie d'évolution créatrice du Moi, et
les moments de ce développement, les étapes de cette évolution constituent le monde de l'être pur et abstrait, c'est-à-dire la logique, le
monde de l'être en contradiction avec lui-même, c'est-à-dire la nature,
et le monde de l'être réconcilié avec lui-même, c'est-à-dire l'Esprit,
le *Geist* subjectif, objectif, et, enfin, absolu. Seulement cet absolu,
l'être en soi, tout en ayant l'énergie créatrice du Moi fichtéen, n'est
pas le Moi, mais est le concept, l'Idée pure, l'Idée abstraite, se développant selon les lois de la logique. D'autre part, s'il est essentiellement idée, l'absolu est en même temps être, et son évolution
logique est créatrice de réalité. Chez Hegel, l'ontologie se confond
avec la logique et la logique avec l'ontologie. Le noyau intime du
monde est logique, mais le noyau intime de la logique est réalité.

On le voit, la philosophie classique de l'Allemagne est un mélange
de rationalisme et de mysticisme, et c'est là ce qui lui confère ce
caractère trouble, hybride, équivoque et séduisant, qu'avaient eu
dans l'antiquité les systèmes de Platon et de Plotin, et à quoi s'opposent la claire, mais sèche raison de Descartes et le bon sens aiguisé,
mais un peu court, de la philosophie anglaise. Les grandes doctrines
que nous venons d'esquisser sont à la fois des systèmes scientifiques
et des poèmes d'idées, des créations de la logique la plus ferme et la
plus pressante, et de la fantaisie la plus débridée. Il faut avoir sans
cesse devant les yeux cette double nature de la philosophie classique
de l'Allemagne pour comprendre ce qui va suivre.

II

LA LITTÉRATURE CLASSIQUE DE L'ALLEMAGNE.

Lorsque, de la philosophie allemande du XVIIIe siècle, nous nous tournons vers la littérature, c'est un phénomène analogue à celui que nous venons d'étudier que nous avons à constater. Dès le début du XVIIIe siècle, se révèlent dans cette littérature, deux courants contraires : le courant rationaliste et un courant que j'appellerai sentimentaliste et qui entretient, avec le mysticisme, les plus étroits rapports. D'une part, la littérature, la poésie, l'art tout entier est considéré comme un succédané, comme une illustration de la philosophie. L'esthétique est considérée comme une science parallèle, comme la sœur puinée, *soror minor*, de la logique. Le beau, dans sa nature réelle et profonde, est identique au parfait et ne s'en distingue que par la façon dont on le perçoit. « Rien n'est beau que le vrai », et plus l'œuvre d'art se rapproche du parfait et du vrai, plus les éléments qui la constituent sont à la fois uns, multiples et organisés logiquement, plus elle est belle. Aussi, la beauté n'étant, en dernière analyse, que vérité, est-elle universelle, commune à tous les hommes et dépourvue de tout caractère temporel et local, c'est-à-dire national. Plus la raison est adulte, plus les œuvres d'art qui sont créées sous son égide ont chance d'atteindre à la perfection. Aussi la littérature du XVIIIe siècle, la littérature du siècle des « lumières » est-elle proclamée l'idéal suprême réalisé par le génie humain. Et les œuvres nées dans les époques obscures et troubles où la raison de l'humanité ne fait que poindre, où c'est l'instinct, le sentiment, la passion qui parle « toute pure », aussi bien l'*Iliade* et l'*Odyssée* que la *Divine Comédie* et les cathédrales gothiques, sont qualifiées d'inférieures et de barbares. Le représentant le plus typique de cette tendance en Allemagne est Gottsched. Mais même ses irréconciliables adversaires, Bodmer et Breitinger, les anacréontiques comme Hagedorn et son école, les poètes métaphysiciens comme Brockes et Haller et, dans toute son œuvre théorique et poétique, Lessing, sont des rationalistes.

Cette littérature rationaliste, dont quelques-uns des protagonistes, comme Brockes, Gottsched, Bodmer, Haller, se targuent de mettre

en vers la *Théodicée* de Leibniz et la Philosophie de Wolff, est tout
naturellement cosmopolite : le Beau, n'étant qu'une incarnation particulière du vrai, est intemporel et universel comme lui. Ce sont les
nations chez lesquelles la lumière philosophique brille du plus vif
éclat qui doivent servir d'inspiratrices aux autres. Et c'est ainsi que
toute la littérature allemande de la première moitié du XVIII° siècle
est une littérature d'imitation et reste sous la dépendance la plus
étroite de la littérature française.

D'autre part, un petit nombre de littérateurs entrevoient que la
faculté artistique, la faculté poétique par excellence, n'est pas la
raison, mais est la fantaisie, est le sentiment, est la passion. Timidement et maladroitement, Baumgarten, Bodmer et Breitinger et
leurs disciples, font de l'imagination le maître-principe de l'inspiration poétique, et opposent la littérature anglaise, telle que surtout
elle s'était incarnée dans le *Paradis perdu* de Milton, comme plus
libre, plus spontanée, plus riche, plus profonde, au rationalisme du
classicisme français. Et un homme surgit qui réalise, en 1748, dans
une œuvre aujourd'hui raillée, mais extraordinaire pour l'époque,
les anticipations confuses des théoriciens. Cet homme est Klopstock,
le premier grand poète de l'Allemagne moderne, cette œuvre est la
Messiade, et ce sont les *Odes*, émanées l'une et les autres, non plus
de la raison ratiocinante, mais du plus profond, du plus intime du
sentiment, jaillies de la grande source génératrice de l'art, l'amour :
l'amour de Dieu, l'amour de la femme, l'amour des autres hommes.
Tout naturellement, Klopstock bat en brèche le cosmopolitisme des
poètes rationalistes. Si la raison est universelle, identique chez tous les
hommes, à quelque époque et à quelque nation qu'ils appartiennent,
le sentiment est essentiellement individuel et égoïste, s'exprime différemment chez chaque être et dans chaque nation, se crée, pour
s'exprimer, des visions, des images, des mots, un rythme qui n'appartient qu'à lui et que seuls les hommes nés sous le même ciel, parlant
le même langage, mus par les mêmes impulsions et touchés par les
mêmes émotions, peuvent comprendre et aimer. Aussi Klopstock
est-il le premier grand poète nationaliste de l'Allemagne. Avant lui
sans doute, des voix s'étaient fait entendre pour protester contre le
joug intellectuel et artistique de l'étranger auquel, depuis le moyen
âge et surtout depuis le commencement du XVIII° siècle, les Allemands s'étaient soumis avec une docilité (leurs plus grands esprits
ont dit avec une servilité), qui constituait l'un des traits caractéris-

tiques de leur physionomie intellectuelle. Moscheros, les *Sociétés de langues*, d'autres encore avaient raillé cruellement cette servilité du goût de leurs compatriotes. Mais c'est Klopstock qui sait prêter à ces protestations nationales une voix qui sera entendue par tous. Il revendique pour la mythologie allemande — qu'il confond d'ailleurs avec la mythologie scandinave — pour la langue allemande dont il fait le premier, une langue mère, non seulement l'originalité, mais déjà la primauté. Dans sa « *République Allemande des Savants* », il condamne à l'exil ceux qui n'écrivent pas en allemand, il cite devant les tribunaux les « esclaves apatriotes » et il proclame que c'est de sa façon de parler que dépend, en majeure partie, la façon de penser d'un peuple, proposition que développeront et approfondiront Hamann, Herder et Fichte.

C'est ce sentimentalisme nationaliste qui, vers le dernier tiers du xvɪɪɪᵉ siècle, semble devoir triompher définitivement du rationalisme dont le centre est à Berlin et les protagonistes : Lessing et ses amis, Mendelssohn, Nicolaï, Garve et d'autres. Les disciples de Klopstock mugissent des bardits (*Barditengebrüll*), Gerstenberg élève sur le pavois ce Shakespeare qui est le représentant le plus complet du génie germanique, l'école de Göttingen brûle les effigies de Voltaire et, vers le deuxième tiers du siècle, c'est l'insurrection contre tout ce qui est vieilli, désuet, exsangue, contre la tyrannie de la raison, contre le despotisme des règles, — tyrannie et despotisme qu'ont incarnés le plus puissamment les épigones du classicisme français, — qui éclate. Cette insurrection qui porte, dans l'histoire de la littérature allemande, le nom de *Sturm und Drang*, a sans doute encore des sources autres que celles que nous avons énumérées et une portée plus étendue que celle que nous étudions ici. Ce qui nous intéresse, c'est que, prônant la liberté du sentiment et de la passion contre le joug et les chaines de la raison, le *Sturm und Drang*, en dépit de sa dépendance de Rousseau et des poètes et des théoriciens anglais, devait être et nécessairement a été nationaliste et anti-cosmopolite. C'est à Strasbourg que se rencontrent, en 1770-71, les principaux artisans de la Révolution : Herder, Goethe, Lenz, Wagner, etc. C'est à Strasbourg que s'était fondée une « Société pour la propagation de la langue allemande » dont le Président, Salzmann, fait, en 1775, une conférence « sur la propagation de la langue allemande en Alsace, dans le Brisgau et les contrées avoisinantes » qu'il vaudrait la peine pour nous de relire aujourd'hui.

« Avec un plaisir secret, dit Salzmann, je me suis convaincu, en entendant quelques-unes de vos conférences, que même la suprématie d'une langue régnante et, ce qui est plus, d'une langue plus délicate, n'a pas su étouffer en vous le vieux penchant vers le sol maternel de votre esprit, je veux dire vers notre musculeuse langue allemande. Restez lui fidèles : toutes vos représentations et tous vos sentiments enfantins et virils sont nés sur ce sol. Voulez-vous y renoncer parce que vous êtes les sujets *d'un gouvernement étranger et bienfaisant? C'est parce que ce gouvernement est humain et qu'il vous rend heureux qu'il n'exige pas de vous ce sacrifice.* »

C'est donc par la « défense et l'illustration » de la langue allemande que s'inaugure la Révolution littéraire. Son principal artisan a été le jeune Herder. Dans sa première œuvre : « *Les Fragments relatifs à la littérature allemande* » (1767), il avait montré que les langues sont « les vases, les moules des littératures », que ce sont elles qui modèlent la poésie, et que la langue allemande, si méprisée non seulement par les étrangers, mais encore par les Allemands eux-mêmes, était un merveilleux instrument « puissant et rebondissant et non pas rude et rétif à l'expression, brave comme le peuple qui la parlait et redoutable et terrible seulement pour les efféminés et les lâches, hospitalière aux étrangers et rébarbative seulement pour les vagabonds ou les nations trop lointaines » [1], que cette langue était riche en mots sonores, en mots énergiques, en idiotismes, qu'elle avait une musique intérieure et un rythme qui n'appartient qu'aux langues vraiment nationales, aux langues mères [2]. A Strasbourg, au contact de l'enthousiasme qu'il provoqua chez des disciples aussi doués que le jeune Gœthe, il élargit et approfondit ses vues sur les langues et les littératures primitives. Dans les « *Blätter von deutscher Art und Kunst* » (1775), qu'il publie en collaboration avec Gœthe, il enseigne, à propos des poèmes d'Ossian, que plus une langue est ancienne et proche de ses origines, plus tous ses vocables sont saturés de vie sensible et ses images vivantes de réalité. Or, étant donné que la poésie jaillit spontanément du génie de la langue, qu'elle n'est que ce génie idéalisé et magnifié, c'est dans la poésie primitive des peuples, dans leur poésie populaire, et non pas, comme l'a cru tout le XVIIIe siècle, dans la poésie adulte, civi-

---

1. *Fragmente zur deutschen Literatur*, édition Cotta, 1833, t. VI, p. 47.
2. *Ibid.*, p. 61.

lisée, éclairée, raisonnable et artificielle, qu'il faut chercher les véritables chefs-d'œuvre. Aussi remonte-t-il et fait-il remonter ses disciples vers le passé de l'Allemagne, vers les trésors, presque entièrement ignorés, à cette époque, de sa poésie populaire, de son art ancien et surtout de ce qu'il considérait, avec tout son temps, comme l'art allemand par excellence : l'architecture gothique. Il gagne à ses vues si neuves et si séduisantes le jeune Gœthe qui, sous· son inspiration, écrit son essai dithyrambique sur la cathédrale de Strasbourg, recueille en Alsace des chansons populaires et esquisse son premier drame « *Götz von Berlichingen* », dans lequel il a tenté de faire revivre l'Allemagne du XVIe siècle et dont le héros devait être un de ces vieux Allemands — tels que les imaginait le juvénile enthousiasme des jeunes nationalistes, — braves, simples, ingénus, protecteurs des faibles et capables de sacrifier, pour la lutte contre l'injustice et la tyrannie, leur liberté et même leur vie.

Mais voici que ce romantisme nationaliste — car le *Sturm und Drang* n'est pas autre chose que le premier et le vrai romantisme allemand — tourne brusquement court et qu'en face de lui se lève le classicisme. Le caractère du classicisme allemand, tel qu'il a surgi du sein même du *Sturm und Drang* et tel qu'il s'est développé parallèlement avec les dernières grandes manifestations de ce *Sturm und Drang* — les drames de jeunesse de Schiller — et avec les premières manifestations du romantisme proprement dit, rappelle d'une façon frappante le caractère de la philosophie classique. De même que cette philosophie est l'union du rationalisme et du mysticisme, la poésie classique de l'Allemagne est l'harmonie du rationalisme et du sentimentalisme. Il adopte la doctrine de Hamann et de Herder, selon laquelle la poésie doit être imprégnée de vie, de liberté, de force sensible, d'énergie lyrique, mais il veut en même temps que cette vie soit organisée, cette liberté, bridée, cette force sensible, spiritualisée, cette énergie lyrique, maîtrisée par les lois, les principes, les règles de cette Raison contre laquelle les jeunes révolutionnaires s'étaient si passionnément insurgés. La poésie n'est plus l'émanation rythmée, sonore et anonyme de l'âme primitive des peuples sauvages, la fille des grands cataclysmes historiques et des crises passionnelles, elle est une œuvre d'art, le fruit délicat et savamment mûri de l'inspiration artistique, maîtresse de sa technique. La patrie de l'art vrai n'est plus la forêt vierge, pullulante et regorgeante, de l'ancienne Germanie, mais ce sont les

bocages sacrés où les Muses de l'Hellade se récréent et jouent leur
jeu divin. Du même coup, la poésie, l'art en général n'est plus nationaliste : il est le sommet vers lequel ascendent, fraternellement
unies, toutes les nations, il est le chef-d'œuvre auquel travaille solidairement l'humanité tout entière. *Humanité* opposée à l'individualité égoïste et jalouse des nations, voilà quel est le mot d'ordre du
classicisme allemand comme de tous les classicismes.

LESSING.

C'est Lessing qui l'inaugure, en dépit de l'injuste mais nécessaire
lutte qu'il a menée contre les imitateurs allemands de la littérature
française, en dépit de la haine personnelle qu'il avait vouée au
maître contemporain de cette littérature, à Voltaire, en dépit de sa
prédilection pour la littérature anglaise, en dépit enfin de cette
« *Minna von Barnhelm* » où il a glorifié l'officier prussien et stigmatisé
les aventuriers français si généreusement accueillis par Frédéric II.
Lessing, le rationaliste, est et reste, dans le fond de son âme, profondément cosmopolite. « Je regrette, écrit-il à Gleim, à la date du
17 février 1759, d'être obligé de vous confesser ma honte : mais je
n'ai aucune idée de ce qu'on appelle l'amour de la patrie et celui-ci
m'apparaît tout au plus comme une héroïque faiblesse dont je me
passe fort bien. » Et, presque dans les mêmes termes à son frère,
le 5 décembre 1772 : « Je ne veux pas bouger ma plume pour l'honneur de ma « chère » patrie, même si cet honneur devait dépendre
uniquement de ma plume. » Il considère que l'histoire n'est pas
autre chose que le fruit de l'éducation commune que Dieu a donnée à
l'humanité, sans distinction de race ni de nationalité. Et, dans
l'opuscule politique si bref mais si plein, qu'il a intitulé « *Ernst und
Falk* », il expose que les États ont été créés par les hommes pour permettre à chacun d'entre eux d'atteindre la plus grande somme de
bonheur, qu'il était impossible qu'un seul État embrassant toutes
les nations remplît cette fin, que, par conséquent, l'humanité s'est
segmentée en un grand nombre de nations, que cette multiplicité
d'États a créé les haines nationales, les haines religieuses et les
haines de classes. Mais, affirme-t-il, la civilisation consiste à renverser les barrières qui séparent les hommes et les peuples et à
enfanter des hommes dignes de ce nom qui soient élevés au-dessus
« des préjugés de la nationalité et du patriotisme », des préjugés

religieux et des préjugés de classes, qui ne soient ni Français,
ni Anglais, ni Allemands, qui ne soient ni juifs, ni chrétiens, ni
musulmans, qui ne soient ni nobles, ni bourgeois, ni prolétaires,
mais qui ne soient que des hommes. Et dans son maître-drame,
« *Nathan le Sage* », il a représenté un de ces hommes qui ne sont
qu'hommes et dans lesquels s'incarne l'humanité toute pure, dans
toute sa dignité et toute sa noblesse.

HERDER.

A Lessing, il faut associer immédiatement Herder. Herder qui a
été l'instigateur même du nationalisme romantique devient, à force
de réflexion, comme le grand prêtre de la religion de l'Humanité.
Dans son œuvre la plus mûrie et la plus riche, les « *Idées relatives
à l'Histoire de l'Humanité* », il montre comment l'univers tout entier
— les forces brutes du monde inorganique, le monde végétal, le
monde animal — aboutit à l'homme qui incarne en lui toutes les
vertus des règnes inférieurs, mais qui se distingue d'eux, physiquement, par la faculté de se tenir debout et de lever vers le ciel sa face
royale, intellectuellement, par sa raison, moralement, par la liberté,
qui se distingue de tous les autres êtres par cette *Humanité* dont
la forme suprême est la religion. L'histoire universelle, depuis les
premiers-nés du globe, à travers les peuples de l'Asie, l'Égypte, la
Grèce, Rome, les peuples chrétiens enfin, n'est pas autre chose que
la marche des nations vers la cime immaculée de l'*Humanité*. Cette
marche n'est pas un progrès ininterrompu. Aucun des peuples
modernes n'a atteint à l'humanité sereine, harmonieuse et presque
parfaite de la Grèce. Mais, inlassablement, le pèlerin reprend sa
marche vers sa fin idéale et le jour viendra où l'homme dépassera
l'Humanité elle-même, où de cette terre qui n'est qu'un « champ
d'exercice » pour les hommes, il s'élèvera jusqu'au ciel, où le « bou-
ton » de l'Humanité s'épanouira en fleur surhumaine et où les fils
de la terre deviendront semblables à Dieu.

Dans sa dernière grande œuvre, les « *Briefe zur Beförderung der
Humanität* », il applique ses vues philosophiques à l'histoire contemporaine. Étant donné le but commun que doivent poursuivre tous
les hommes et toutes les nations pour développer en eux cette
Humanité qui est essentiellement Raison et Amour, toute lutte sanglante entre les peuples est une chose monstrueuse et criminelle.

« Que maudites soient toutes les guerres de conquêtes. Elles devraient
être bannies tout au moins de l'Europe civilisée, de par une union
universelle de tous les Princes [1]. » Il s'élève en termes d'une grande
force contre l'orgueil national : parmi tous les orgueils, « l'orgueil
national, avec l'orgueil de naissance et l'orgueil nobiliaire est le plus
insensé.... Il faut défendre l'ionneur de sa nation lorsqu'on le blesse,
mais l'exalter *ex professo* est une vanité dénuée de tout effet [2]. »
Puis il se demande si l'Allemagne a encore un public, a encore une
patrie comme l'avaient les anciens. Il répond négativement aux
deux questions. En premier lieu, l'Allemagne n'a pas un public,
c'est-à-dire un milieu où puissent se développer les talents, qui les
soutienne de sa compréiension et de sa sympathie et qui, de par
cette compréiension et cette sympathie, en fasse éclore incessamment de nouveaux. L'Allemagne n'a pas de public, parce qu'elle est
misérablement fragmentée en partis religieux et politiques, en
classes et en « classules » *Stände und Ständchen*, parce qu'elle est
segmentée en provinces qui non seulement s'ignorent mais se combattent et se jalousent mutuellement. Ciose scandaleuse, c'est
l'étranger qui constitue le véritable public allemand, qui renseigne
l'Allemagne sur ses talents et sur ses génies et qui, par exemple, a
révélé à l'Allemagne ce qu'a été Leibniz. L'Allemagne, en effet, ne
sait pas apprécier ses meilleurs écrivains comme le font ses voisins
plus civilisés, les Français, les Anglais et les Italiens. La faute n'en
est pas à ses écrivains qui ne le cèdent pas en talent à leurs rivaux
étrangers, mais au caractère et à la constitution de la nation allemande, à son mauvais goût, à la rudesse originelle de ses iabitudes
de vie, « à *l'absence de culture, bien plus à l'absence de la faculté de se
cultiver, Unkultur und Unkultivirbarkeit* ». Il faut que le public
allemand s'éveille de son bas orgueil qui méprise et rejette ce qui est
meilleur, de son outrecuidance qui confère au pire le privilège du
meilleur, il faut que les Allemands prouvent « *qu'ils ne sont pas des
barbares pour qu'on ne les traite pas comme des barbares* ». En second
lieu, l'Allemagne ne constitue pas une véritable patrie. Ce qui constituait la patrie des Anciens n'était pas le sol, mais d'abord la
maison paternelle, la famille, le foyer, « l'idylle de la vie », c'étaient
ensuite leurs villes, leurs lois et leurs dieux. Ce qu'il faut aimer, en

1. Lettre 10.
2. Lettre 42.

effet, dans la patrie, ce ne sont pas les grands souvenirs du passé,
ce n'est pas sa religion, ce n'est pas « *l'illusion d'appartenir à une race
supérieure* », ce n'est pas ce que la patrie a été, mais ce qu'elle est : sa
constitution, la légalité qui doit y régner, la liberté et la sûreté dont
doivent jouir tous les citoyens. La gloire des patries ne doit pas
être cet esprit de conquête qui, comme un ouragan, a soulevé l'histoire de Rome, des Barbares et de maintes monarchies, mais l'éducation, grâce à laquelle elles confèrent à tous les citoyens la sûreté et
la dignité. Les patries ainsi conçues, non comme force matérielle
mais comme force spirituelle, entrent en émulation les unes avec les
autres, mais cette émulation doit rester pacifique. « Il n'est pas vrai
que les différentes patries doivent s'élever les unes contre les
autres.... La terre n'a-t-elle pas assez d'espace pour tous ? Les différentes espèces de la terre ne demeurent-elles pas paisiblement les
unes à côté des autres ? Que les gouvernements se trompent, que des
machines soient dirigées par les uns contre les autres ! Mais ce n'est
pas ainsi que s'affronteront les patries. Elles voisinent amicalement
et s'assistent comme s'assistent les familles. *Patries dressées contre
patries, dans une lutte sanglante, est le plus atroce barbarisme de la
langue humaine* [1]. »

SCHILLER.

Le noble humanisme herdérien est la doctrine même à laquelle
Schiller s'élève dans la seconde période de sa vie et de sa production
et à laquelle, dans sa période proprement classique, il a donné une
expression particulièrement prégnante et entièrement originale.
Dans les drames orageux de sa jeunesse, il n'était pas resté étranger
au nationalisme du *Sturm und Drang*. Mais, à partir de ce « *Don Car-
los* » qui forme la transition entre sa jeunesse et sa maturité, il arrive,
lui aussi, à ce cosmopolitisme humanitaire qui est la philosophie
même de la fin du XVIII siècle allemand. Le marquis de Posa qui est
le truchement de sa philosophie, est un citoyen du monde dont le
large cœur embrasse, comme le Nathan de Lessing, toutes les religions, toutes les nationalités et toutes les classes. Dans le grand
dialogue avec Philippe II, il expose avec une éloquence vraiment
sublime qui fait pressentir et annonce celle des Girondins, le Credo
politique de l'idéalisme humanitaire. Tout en se sentant fier d'être

1. Lettre 57, édit. Suphan, t. XVII, surtout les pages 297, 309, 317 et 319.

Espagnol, il plaide pour ces Pays-Bas qui se sont révoltés contre le joug du duc d'Albe et n'hésite pas à contracter des alliances contre son propre pays avec tous ceux qui luttent pour la liberté politique et pour la liberté religieuse. « J'aime, dit-il, l'humanité... je suis un concitoyen de ceux qui vont venir. » Puis, lorsque Schiller, pour apprendre à connaître cette réalité qu'il ignorait, se met à étudier et à enseigner l'histoire, c'est le même grand idéal humanitaire et cosmopolite qui inspire ses leçons et ses ouvrages. L'idéal vers lequel tend l'humanité est la liberté politique et religieuse, impartie à tous les hommes et à tous les peuples. « Nous autres modernes, écrit-il à Körner, à la date du 13 octobre 1789, nous avons des intérêts que n'ont connus ni les Grecs ni les Romains et qui dépassent infiniment l'intérêt patriotique. Cet intérêt patriotique n'a d'importance que pour les nations enfants, pour la jeunesse du monde.... C'est un idéal mesquin et misérable que d'écrire pour une nation et cette limitation est insupportable pour un esprit philosophique. Celui-ci ne peut pas s'arrêter à une forme si versatile, si contingente, si arbitraire, à une parcelle de l'humanité — car les nations les plus importantes sont-elles autre chose? — Il ne peut se réchauffer pour elle qu'en tant qu'une nation ou un événement national importe au progrès de la race. » Aussi, dans ses grandes monographies sur la « *Rébellion des Pays-Bas* » et sur la « *Guerre de Trente Ans* », se tient-il sans effort sur ces hauteurs philosophiques où expire toute prévention nationale et confessionnelle et où, seule, se fait entendre la grande voix de l'humanité en mal de progrès et de perfection. Malgré sa sympathie pour la cause des insurgés des Pays-Bas, il révèle sans indulgence aucune les motifs égoïstes qui ont inspiré les actes de leurs chefs. Tout de même si, dans son « *Histoire de la Guerre de Trente Ans* », il est de tout son cœur avec les protestants contre les catholiques, il juge sévèrement la conduite des princes protestants, il rend justice aux qualités de Ferdinand II et il fait de notre Henri IV, de notre Richelieu et de Gustave-Adolphe, dont le rêve dernier fut d'assujettir l'Allemagne, un éloge si enthousiaste que beaucoup d'historiens allemands ultérieurs le lui ont reproché comme un crime de lèse-patrie.

Plus d'ailleurs que ces épisodes, si dramatiques soient-ils, de l'histoire universelle, c'est cette histoire universelle elle-même qui passionne Schiller. En fidèle disciple de la philosophie de l'histoire de Kant, il envisage l'histoire tout entière comme une éducation

morale et politique de l'humanité. Il considère tout ce qui a été
comme une préparation de ce qui est : tous les siècles ont travaillé
à créer le siècle des lumières, le siècle humain entre tous, *unser
menschliches Jahrhundert*, toute l'histoire de l'espèce humaine n'est
que la réalisation d'un plan secret de la nature, si bien que ce qui
nous apparaît comme causes et effets est en réalité des moyens et
fins et que la marche, en apparence capricieuse, du monde, est en
réalité soumise aux lois de la raison[1]. Ce même idéal humain se
retrouve dans les opuscules historiques de Schiller sur « *Les Origines de la Société des hommes* », sur « *La Mission de Moïse* » et sur
« *La Législation de Lycurgue et de Solon* ». Dans ce dernier fragment,
il oppose avec force l'inhumain idéal spartiate à l'idéal athénien.
D'après le premier, les sentiments les plus naturels et les plus nobles
de l'humanité doivent être sacrifiés au patriotisme. A Sparte, il
n'existait plus d'amour entre époux, ni amour maternel, ni amour
filial, ni amitié, mais rien que des vertus civiques. Tous les hommes
y étaient considérés comme des moyens et non plus comme des fins,
tous les fondements du droit naturel étaient ruinés par la loi même,
et la moralité sacrifiée à des fins qui cependant n'ont de valeur que
comme des moyens pour réaliser cette moralité. A Athènes, au contraire, c'est l'État lui-même qui s'impose les lois auxquelles il obéit,
les citoyens y font leur devoir par conviction et non par crainte
servile de châtiments, et l'homme n'est jamais sacrifié à l'État, la
fin aux moyens, mais l'État est le serviteur des hommes[2].

Mais c'est dans ses opuscules esthétiques et surtout dans ses admirables « *Lettres sur l'Éducation esthétique* », que Schiller a donné à
son idéalisme humanitaire la forme la plus large et la plus parfaite.
Comme dans son Essai relatif à l'histoire universelle, il proclame que
c'est la réalisation de la liberté qui est la fin dernière de l'évolution
de l'humanité. Mais ce n'est pas directement que cet idéal peut être
atteint. Avant de parvenir au stade de la perfection politique, il faut
que l'homme passe par le stade intermédiaire de l'état esthétique
où toutes ses forces antagonistes s'unissent, où ce qui en lui est
réceptivité de la sensibilité et spontanéité formatrice de la connaissance s'harmonise et se neutralise, où l'instinct par lequel nos sens
s'offrent avidement à tous les effluves émanant de l'Univers et

---

1. « *Was heisst und zu welchem Ende studirt man Universalgeschichte* », Œuvres,
Cotta. 1857, t. VII, p. 380 à 401.
2. Schiller. *loc. cit.*, t. X, p. 442, 462 et 463.

l'instinct par lequel la raison théorique et la raison pratique soumettent tyranniquement cet Univers à leurs lois autonomes, se
fondent dans l'instinct du jeu, grâce auquel l'homme est à la fois
passif et actif, réceptif et créateur, grand ouvert à tous les souffles
du monde et pudiquement replié sur lui-même, naturé par les choses
et naturateur des choses. Arrivé à cet état, l'homme n'a plus besoin
ni de l'éducation morale, ni de l'éducation politique; de lui-même,
de par le penchant le plus intime de son être entièrement purifié, il
va vers le devoir et vers la liberté, non comme au-devant d'une âpre
tâche subie, mais comme au-devant du but auquel aspire son être
véritable, aussi irrésistiblement que les fleurs s'ouvrent aux rayons
du soleil. Dans le plan esthétique, il n'existe plus de divergences
nationales, de différences de races, de classes, de confessions. Dans
cette sphère éthérée, l'élite des hommes et des peuples sculpte, pacifique et fraternelle, l'image sublime de la Beauté

GOETHE.

J'ai réservé pour la fin de cette trop rapide esquisse du classicisme
allemand, son plus grand représentant : Goethe. Son éducation, on
le sait, fut entièrement cosmopolite. Dès sa première jeunesse, il se
familiarise avec les littératures française, anglaise et italienne,
presque autant qu'avec la littérature allemande. Certains de ses sentiments les plus intimes prennent dans ses lettres, spontanément, la
forme française ou anglaise. A Leipzig, il s'imprègne de cet ana-
créontisme badin et maniéré dont la source est, elle aussi, mi-fran-
çaise et mi-anglaise. Puis, à Strasbourg, il passe, comme nous
l'avons vu, sous l'influence de Herder, par une crise nationaliste et
exalte Erwin de Steinbach, le génial logeur du bon Dieu, Shakespeare, qui lui apparaît comme l'incarnation la plus complète du
génie germanique, modèle ses poèmes sur ces petites chansons où le
peuple a mis le plus exquis et le plus pur de son génie, et taille, à
grands coups de ciseau, la rude statue en pied de « *Götz von Berlichingen* ». Mais cette crise dure peu. Si, à son retour à Francfort, dans
les récensions des « *Francfurter Gelehrten Nachrichten* », il applique
à l'étude de la production contemporaine l'idéal herdérien qui était
devenu le sien, l'œuvre qu'il crée après Götz et qui lui conquiert
l'audience non seulement de toute l'Allemagne, mais de toute l'Europe : « *Werther* », n'a plus rien de national, mais est une œuvre entiè-

rement humaine, dont d'ailleurs le principal inspirateur a été notre
Rousseau. Ensuite, à Weimar, après les premières années où il laisse
librement fermenter les sèves fougueuses de sa jeunesse, sous
l'influence d'une cour relativement raffinée, des affaires, et surtout
d'une femme d'élite, les scories de son génie s'éliminent, son exubé-
rance s'apaise. Il aspire à la pureté et veut que toute sa poésie en soit
pénétrée. Il apprend que tout ici-bas, dans le monde physique
comme dans le monde moral, ne se modifie que par des transformations lentes et insensibles et que la civilisation est l'œuvre commune de toutes les races et de tous les peuples. Avant son voyage
en Italie, avant sa collaboration avec Herder, devenu l'apôtre de
l'humanisme, il est allé à l'idéalisme humanitaire. Dès 1784-85, il a
écrit ce poème malheureusement resté inachevé qu'il a intitulé « Les
Mystères » « Die Geheimnisse », dans lequel il a imaginé une sorte
de Montserrat idéal où se sont réunis des moines-chevaliers de toutes
les contrées, de toutes les nations, autour d'un Amfortas qu'il a
appelé Humanus, l'incarnation de l'humanité. C'est la confirmation
de cet idéal classique qu'il va chercher et qu'il trouve en Italie.
Désormais, il éprouve, pour l'art septentrional, pour la vie germanique dépourvue de forme, d'énergie sensible et de grâce, une répugnance que les années ne feront que confirmer et aggraver. Il a
honte de ses juvéniles enthousiasmes chauvins. Cette architecture
gothique qu'il avait prônée avec tant de ferveur ne lui apparaît plus
que comme « un fouillis de colonnes en forme de tuyaux de pipes » et
toute son adoration va vers le temple grec aux purs contours, aux
lignes harmonieuses, aux blanches colonnes, où sourit de son divin
sourire la Junon Ludovisi et où ne serait pas indigne d'officier cette
Iphigénie qu'il modela dans le marbre le plus pur que jamais encore
on eût extrait du rude sol de la langue allemande.

Lorsqu'il revient à Weimar avec l'inguérissable nostalgie du Midi,
il se renferme en lui-même, se détourne de la vie active et se crée, au
milieu de l'universelle agitation qui soulève le monde et dont les
contre-coups vont ébranler jusqu'à la paisible petite cour des Muses
de Weimar, un asile inviolable dans la science pure : la botanique,
l'anatomie, l'optique, auxquelles il s'adonne avec enthousiasme. Le
grand ouragan de la Révolution n'a pas touché Gœthe. De par toute
sa nature contemplative, pacifique, artiste, uniquement préoccupée
de s'enrichir incessamment de connaissances nouvelles et de traduire
incessamment les visions de sa fantaisie en paroles rythmées, de par

les fondements mêmes de sa philosophie spinoziste qui n'admettait
dans les choses qu'évolution lente, il devait répugner profondément
à ces brusques ruptures de la chaîne des causes et des effets que sont
les révolutions. Lorsque le duc de Weimar est entraîné dans la guerre
contre les Français et que lui-même le suit dans la Campagne de
France, il s'occupe, devant Verdun, à analyser des phénomènes
optiques et, à Valmy, les phénomènes acoustiques du bruit des
canons. Lorsque la campagne est achevée, il écrit à Herder le
16 octobre 1792 : « Moi, je chante au Seigneur le plus joyeux des
psaumes de David pour le remercier de m'avoir délivré de cette fange
qui m'allait jusqu'à l'âme. Je me hâte d'aller retrouver les marmites
de ma mère pour me remettre auprès d'elle de ce mauvais rêve qui
me retenait prisonnier entre la boue et la misère, la disette et le souci,
le danger et le tourment, les ruines et les cadavres, les charognes et
les tas d'immondices. » Toute la nature de Gœthe, éprise d'harmonie,
de beauté, d'ordre, de discipline, de raison, se rebelle contre la
stupide horreur de la guerre. Elle ramène l'homme à l'état bestial,
puisque nécessairement il ne peut plus s'occuper que des besoins les
plus bas de son corps. Elle détruit la sincérité des caractères et
enfante l'hypocrisie puisque, d'une part, l'homme s'acharne à détruire
et que, de l'autre, on tente cependant de modérer l'instinct débridé.
Elle entraine enfin un indescriptible cortège de misères, une innombrable hécatombe d'innocents[1]. En dépit de sa haine contre la guerre
et contre ceux qui, à son sens, l'avaient déchaînée, il conserve toute
la clairvoyance impartiale de sa raison. Il se rend compte de l'infériorité de l'armée prussienne, il raille la folle fatuité du manifeste du
duc de Brunswick, il rend justice à l'héroïsme des soldats de la Révolution et a su formuler, en une phrase impérissable, la signification
mondiale de la journée de Valmy. Après cet épisode dramatique
dans sa vie d'artiste et de contemplateur, Gœthe revient à Weimar.
Il s'y lie intimement avec Schiller, sent se réveiller, au contact de la
sympathie enthousiaste de son grand émule, ses forces créatrices,
adopte, pour son classicisme humanitaire, les fondements philosophiques que lui apporte le kantisme de son ami, reprend et achève
les « *Années d'Apprentissage de Wilhelm Meister* », crée avec une rapidité et une facilité prodigieuses la merveilleuse idylle de « *Hermann
et Dorothea* », où il rend enfin justice, après l'avoir rapetissée et

1. A Ch. Vulpius, 28 août 1792.

caricaturée dans tant de petites œuvres indignes de son génie, à la
Révolution française et aux sublimes espérances qu'elle a apportées
au génie humain. Il lance, sur les instances et avec la collaboration
du génie agressif de Schiller, sur tout ce qui, dans la littérature et
dans la vie allemandes, était vieilli, désuet, exsangue, et sur tout ce
qui s'y préparait de confus, de trouble, de maniéré, les flèches ailées
des « *Xenies* », et puis voit mourir presque en même temps Herder et
Schiller et s'écrouler, avec la bataille d'Iéna, la Prusse de Frédéric II
et l'Allemagne.

En face de la catastrophe qui a failli lui coûter la vie, il conserve
tout son sang-froid et, dès que l'ennemi eut quitté Weimar, il
revient à ses études et se préoccupe avant tout de la nouvelle édition de ses œuvres. Gœthe, — et, comme on le sait, ses compatriotes
le lui ont amèrement reproché — est resté étranger aux sentiments
de désespoir qui, alors, ont déchiré l'âme des meilleurs Allemands.
Il était incapable de haine et surtout il était incapable de haïr cette
France dont il s'était si étroitement assimilé la culture qu'elle constituait l'un des éléments les plus essentiels de son être. Il éprouvait,
au contraire, une antipathie marquée pour cette Prusse qui avait
tendance à empiéter sur les prérogatives des petits États et dont le
génie sévère, âpre et rude, répugnait à l'alacrité, à la bonhomie, à
la voluptueuse nonchalance de sa Franconie natale. Pour lui, comme
pour Lessing, comme pour Herder, comme pour Schiller, les différences nationales étaient contingentes et négligeables : la seule
chose qui importât, c'était la civilisation, la culture et non pas le
nom des nations qui en étaient les représentants momentanés. Sans
doute, il était sensible au malheur qui atteignait son maître. Que si,
dit-il à son ami Falke, comme il l'en menaçait, Napoléon allait
dépouiller Charles-Auguste de son trône, il accompagnerait celui-ci,
un bâton à la main, dans sa misère, et resterait fidèlement à ses côtés.
« Des enfants et des femmes, en nous rencontrant dans les villages,
ouvriraient les yeux en pleurant et se diraient : voilà le vieux Gœthe
et l'ancien duc de Weimar que l'empereur français a dépouillé de son
trône, parce qu'il n'a pas abandonné ses amis dans l'infortune. Je
veux chanter pour du pain, je veux devenir un chanteur ambulant
et faire des complaintes sur nos malheurs, je veux aller dans tous
les villages et dans toutes les écoles où le nom de Gœthe peut être
connu, je veux chanter la honte des Allemands et les enfants doivent apprendre par cœur mon chant de honte jusqu'à ce qu'ils

deviennent des hommes et, par leurs chants, réussissent à remettre
mon maître sur son trône et à vous précipiter au bas du vôtre. »
Mais cette explosion reste isolée : elle n'est due qu'au profond attachement qu'il éprouvait pour ce Charles-Auguste qui avait été le
compagnon de sa jeunesse. Non seulement, il ne parvient pas à haïr
l'ennemi, mais l'on sait l'admiration enthousiaste qu'il a professée
pour le vainqueur d'Iéna, pour ce Napoléon qu'il a appelé le « *compendium* du monde ». Aussi n'est-il pas étonnant que, lorsque
l'Allemagne se souleva d'un mouvement unanime contre le joug
étranger, Gœthe se soit tenu à l'écart et qu'il ait déclaré que si
son fils avait voulu s'engager parmi les volontaires de 1813, il l'en
aurait empêché. Pendant la bataille de Leipzig, il écrit l'épilogue
d'Essex, il proclame qu'il y a plus de sens dans une chanson de
Hafiz que dans cette bataille qui décida du sort du monde, et il consacre ses loisirs à étudier l'histoire de la littérature de cette Chine qu'il
s'était réservée pour s'y réfugier en cas de besoin. Il s'est expliqué
ouvertement sur les motifs qui l'ont fait agir de la sorte. « Écrire des
chants de guerre et rester assis dans ma chambre — ce n'eût pas été
ma manière. Du fond du bivouac où l'on entend le soir hennir les
chevaux des avant-postes ennemis, voilà ce qui m'aurait convenu.
Mais ce n'était pas là ma vie ni ma tâche, mais celle de Théodor
Körner. Lui, ces chants de guerre lui conviennent admirablement ;
mais, pour moi qui ne suis pas une nature belliqueuse, qui n'ai pas
des sentiments guerriers, ces chants de guerre n'eussent été qu'un
masque qui me serait fort mal allé. Ce que je n'ai pas vécu, ce qui
ne me brûlait pas la peau, ce dont je n'étais pas vraiment préoccupé, je ne l'ai pas chanté ni exprimé. Je n'ai fait des chants
d'amour que quand j'ai été amoureux. *Comment aurais-je pu écrire
des chants de haine sans haine? Et, entre nous, je ne haïssais pas les
Français, bien que j'eusse remercié Dieu lorsque nous en fûmes débar-
rassés. Comment, en effet, moi qui n'attache d'importance qu'à la culture et à la barbarie, aurais-je pu haïr une nation qui compte parmi
les plus cultivées de la terre et à laquelle je dois une si large part
de ma propre culture? En général, c'est une étrange chose que la
haine nationale. C'est aux derniers degrés de la culture que vous la
trouverez la plus violente et la plus acharnée. Mais il y a un degré où
elle disparait complètement, où l'on plane en quelque sorte par delà
les nations et où l'on ressent le bonheur ou le malheur des nations voisines comme s'ils avaient atteint votre propre nation. C'est ce degré de*

culture qui était conforme à ma nature et je m'y étais affermi, long-
temps avant d'avoir atteint ma soixantième année [1]. »

C'est là, en effet, l'idéal auquel Gœthe s'était élevé et auquel son
classicisme devait nécessairement l'amener. Il éprouvait certes de
la tendresse pour cette littérature allemande dont il était l'incarnation vivante et que son seul génie avait haussée au niveau des littératures plus riches de l'Italie, de la France et de l'Angleterre. Il
constate avec une fierté légitime que dorénavant ces nations plus
anciennement cultivées sont obligées de tenir compte, et tiennent
effectivement compte, de leur jeune rivale. Mais il ne s'exagère pas
la valeur de cette littérature, ni la place que tient l'Allemagne au
point de vue de la culture parmi les autres nations. Il oppose à
l'unité de la pensée française, telle qu'elle s'exprimait vers 1828 dans
Le Globe, le particularisme allemand grâce auquel « chacun n'a que
les opinions de sa province, de sa ville, de sa propre individualité, *si
bien qu'il faudra attendre longtemps encore jusqu'à ce que nous en
arrivions à une sorte de culture universelle* [2] ». « Nous autres Allemands, nous sommes d'hier. Sans doute, depuis un siècle, nous
avons énergiquement travaillé à notre culture. *Mais il se passera
encore quelques siècles* jusqu'à ce qu'il pénétrât et se répandit universellement chez nos compatriotes assez d'esprit et de culture supérieure pour que, comme les Grecs ils rendissent hommage à la
beauté, qu'il s'enthousiasmassent pour une belle chanson et qu'on
pût dire d'eux *qu'il y a longtemps qu'ils sont sortis de la barbarie* [3]. »

Pour Gœthe donc, comme pour Herder et comme pour Schiller,
l'humanité ne vaut que par la culture de ce qu'il est en elle de proprement humain, c'est-à-dire de la science, de l'art et de la religion
vraie, et, à cette œuvre, toutes les nations doivent travailler solidairement. Durant toute la fin de sa vie, il est hanté par l'idée de cette
littérature universelle, *Weltliteratur* dans laquelle il réclame seulement, pour la littérature allemande telle qu'il l'a constituée, une
place. Toute littérature nationale, quelque douée que soit la nation
dont elle émane, reste toujours quelque chose de fragmentaire et de
tronqué. Elle a besoin, pour s'épanouir, du concours, de la collaboration, de la sympathie des littératures concurrentes. Sans doute on
peut objecter que le monde entier, quelque étendu qu'il soit, n'es

1. Gœthe à Eckermann, 14 mars 1830.
2. Gœthe à Eckermann, 3 octobre 1828.
3. *Ibid.*, 3 mai 1827.

qu'une patrie élargie et ne saurait nous donner davantage que le sol
natal. Mais c'est là une vue étroite et erronée. La littérature et l'art
universels constituent comme un grand orchestre dans lequel chaque
littérature nationale tient sans doute sa partie, mais qui ne parvient
à réaliser l'harmonie suprême que lorsque tous les instruments et
toutes les voix jouent et chantent de concert. Il ne s'agit pas de
donner aux nations une pensée uniforme, « mais elles doivent tenir
compte les unes des autres, parvenir à se comprendre et, si elles ne
consentent pas à s'entr'aimer, elles doivent tout au moins apprendre
à se supporter les unes les autres [1] ». Et dans le dernier grand
ouvrage qu'il acheva avant le second Faust, de 1821 à 1828, « *Les
Années de Voyage de Wilhelm Meister* », il revient à une conception
qu'il avait esquissée, quarante-quatre ans auparavant, dans les « *Mystères* ». Si, dans les « *Années d'apprentissage* », Gœthe a montré comment, sous les innombrables influences qui émanent de la nature et
de la société, se constitue une belle individualité, dans les « *Années
de Voyage* », il montre comment cette individualité se renonce elle-
même en s'incorporant dans un tout, en sacrifiant son individualité
aux besoins de la collectivité. Puis, dans la seconde partie de son
roman il fait voir d'abord de quelle manière, dans la *Province pédagogique*, sont éduqués les individus, et ensuite il décrit, dans la troisième partie, cette *Union*, ce *Band*, qui n'embrasse pas seulement
les citoyens d'un pays, mais l'ensemble de toutes les nations. La
patrie est au monde ce que l'individu est à la collectivité. Il faut que
l'homme se cultive de telle sorte qu'il soit partout chez lui et il
pourra se sentir partout chez lui si, dans toutes les nations, l'on
convient de respecter tous les cultes, d'accepter toutes les formes de
gouvernement, et d'encourager la moralité sans pédantisme ni sévérité excessive.

LE ROMANTISME.

Tel était le haut et large idéal humanitaire et cosmopolite du classicisme. L'on sait que sa durée fut courte. D'une part, s'ente sur
lui le romantisme qui, après avoir poussé à l'extrême les principes
du classicisme, revient tout à coup en arrière jusqu'au *Sturm und
Drang*, dont il ressuscite les principales tendances, mais amenuisées,
raffinées par une culture extraordinairement riche et par l'apport du

1. *Œuvres*, Édit. Hempel, t. XXIX. p. 673, 696 et 776.

grand mouvement philosophique inauguré par Kant et développé
par Fichte et Schelling, amollies enfin par la trouble influence du
mysticisme et du sentiment religieux. Wackenroder et Tieck s'enfon-
cent dans la forêt enchantée du passé de l'Allemagne, ressuscitent les chevaliers courtois, les gracieuses châtelaines des cours
d'amour et les chants que leur prêtèrent les poètes du XIIᵉ siècle,
exaltent, en face de l'art grec et italien, magnifié par les classiques,
l'art rude mais probe et sincère des Dürer, des Krafft et des Vischer,
et s'enivrent de la trouble liqueur de la spéculation de Jacob Böhme.
Novalis proclame que c'est l'Allemagne à qui va échoir la direction
intellectuelle de l'Europe. « L'Allemand, dit-il, est resté longtemps
Petit-Jean, mais voici qu'il va devenir le grand Jean de tous les
grands Jeans. Il en est de lui comme de beaucoup d'enfants sots :
il vivra et deviendra sage, lorsque ses frères précoces seront depuis
longtemps devenus poussière et restera seul maître de la maison. »
Jacob Grimm s'attache à faire revivre les contes de fées dans lesquels le peuple, tout proche encore des forces élémentaires de la nature,
les a personnifiés, humanisés, et les a fait entrer en communion
avec les hommes, il découvre les lois premières qui ont présidé à la
constitution de la langue allemande primitive, il explore les institutions juridiques de l'Allemagne et ouvre, par là, la voie aux Eichhorn
et à ses successeurs qui considèrent le droit germanique, public et
privé, comme un tout organique et ne s'appliquent pas tant à la
recherche des sources du droit qu'à l'étude de l'évolution des institutions. Frédéric Schlegel, l'apôtre extatique de l'antiquité classique,
le cosmopolite, l'athée qui avait fait de l'universalité de la culture et
de l'art l'un des dogmes premiers de la doctrine romantique, se convertit, en 1808, pendant son séjour à Paris, au germanisme, puis,
plus tard, au catholicisme et, dans ses « *Conférences de Vienne sur
l'Histoire Moderne* » (1810), il pose comme idéal une sorte de mélange
de la féodalité médiévale et de la chevalerie avec l'autocratie splendide
de Louis XIV, et glorifie les époques du moyen âge où le peuple ne
joue aucun rôle, l'époque des guerres italiennes et des poètes courtois, voit l'apogée du génie germanique dans l'Empire, l'Église catholique et la noblesse, s'élève violemment contre l'influence qu'a exercée
sur la culture européenne la France, critique et sa philosophie athée
et sa Révolution, tresse des couronnes à tous les ennemis de la
France : à Charles-Quint, Philippe II, le duc d'Albe, Ferdinand II, et
stigmatise Maurice de Saxe, Henri IV, Gustave-Adolphe et surtout

Frédéric II, « l'ennemi héréditaire », « *Erbfeind* ». Enfin, la littérature
qui prépare et accompagne les guerres de libération : les dissertations politiques et les chansons de Jahn, de Arndt et de tant d'autres, tente non seulement d'unir l'Allemagne tout entière dans un
sentiment de haine inexpiable contre l'oppresseur et de magnifier
l'Allemagne ancienne, mais prélude, par une réaction naturelle contre
l'état d'humiliation, d'assujettissement et de lâche résignation où
l'Allemagne était tombée sous la férule de Napoléon, à cette conception des Allemands : peuple élu, qu'ont ressuscité les pangermanistes contemporains.

La littérature allemande des dernières années du XVIIIe siècle et
des premières années du XIXe siècle est donc fortement entachée d'un
nationalisme qui, de « prédilection artistique » qu'il avait été tout
d'abord, était devenu, grâce aux événements politiques, chose infiniment sérieuse et était entré profondément dans le cœur de la
nation. Mais nous l'avons montré, dans ses représentants les plus
hauts et les plus complets : dans Lessing, Gœthe, Schiller, Herder,
la grande littérature classique de l'Allemagne reste pure de toute
tare et conserve, en dépit de toutes les vicissitudes politiques, ce
caractère de noble idéalisme humanitaire qui est inséparable de tout
classicisme véritable.

III

LA PHILOSOPHIE POLITIQUE ET LA PHILOSOPHIE DE L'HISTOIRE
DES PHILOSOPHES CLASSIQUES ALLEMANDS.

Nous en revenons maintenant à la philosophie classique, à cette
philosophie qui, en Allemagne, est inséparable de la littérature dont,
d'une part, elle est l'inspiratrice et dont, de l'autre, elle subit de la
façon la plus intime les influences. Ainsi, par exemple, Fichte a été
l'inspirateur avoué du romantisme; en revanche, sa seconde et sa
troisième philosophie et la philosophie de Schelling sont toutes
saturées de pensée romantique. Le romantisme entre, tel que le
mysticisme dont il n'est d'ailleurs que l'expression littéraire, comme
élément essentiel dans la primitive trame rationaliste de la philosophie classique.

Quelles ont été la philosophie politique et la philosophie de l'histoire de cette philosophie? Avant d'aborder les systèmes particuliers,

disons, qu'*a priori*, la philosophie moderne de l'Allemagne, en tant
qu'elle est rationaliste, devait nécessairement aboutir au cosmopolitisme, tandis qu'au contraire ce qui, dans cette philosophie, était
mysticisme, sentimentalisme, romantisme, devait nécessairement
aller au nationalisme. En effet, le rationalisme, nous l'avons dit,
proclame que le seul principe d'explication de l'Univers et de
l'homme est la Raison et qu'à la Raison doivent se réduire, en dernière analyse, tout l'être de l'homme et tout l'être des choses. Or, la
Raison est essentiellement une et universelle, elle est la même dans
tous les temps et dans tous les lieux. Au point de vue de la raison,
il n'y a nulle différence entre les hommes du passé, du présent et de
l'avenir; entre les noirs, les blancs, les jaunes et les cuivrés; entre
Anglais, Français et Allemands. De même qu'il n'y a qu'une raison
théorique, qu'une raison pratique, il ne peut y avoir qu'une raison
politique. Devant la juridiction de la raison, tous les hommes et
toutes les nations sont égaux, et l'idéal dernier de la civilisation
doit viser à obtenir que tous les hommes et toutes les nations se
soumettent à cette juridiction. Au contraire, le sentiment différencie
les hommes, particularise les peuples et leur confère leur individualité, leur unicité, leur impérissable originalité nationale et cette
individualité tend nécessairement à s'affirmer, à prééminer et à
entrer en conflit avec les individualités rivales.

LEIBNIZ ET SON ÉCOLE.

Le premier grand philosophe classique de l'Allemagne, Leibniz,
n'a pas de philosophie politique proprement dite, bien que, pratiquement, il ait été celui de tous les philosophes allemands qui a été
le plus directement mêlé aux choses politiques. Il se contente, dans
sa philosophie du droit qu'il définit « l'amour du Sage » ou « la
perfection correspondant à la sagesse dans les rapports d'une personne avec les biens et les maux d'autres personnes », de poser un
droit naturel, qui se subdivise en droit strict, équité, probité et
piété. Puis, à côté de ce droit naturel, loi éternelle de la nature raisonnable instituée par Dieu et émanant non seulement de la volonté,
mais de l'entendement de Dieu et, par conséquent, commun à tous
les hommes, il y a un droit positif qui, s'il peut différer et diffère, en
effet, de peuple à peuple, ne doit pas être contraire au droit naturel,
mais adapter la réalité contingente et variée aux exigences immua-

bles de ce droit. En dernière analyse, donc, quelles que soient les
divergences entre les peuples, c'est le droit, c'est-à-dire la raison
divine qui doit triompher.

Mais ce ne sont pas les vues théoriques de Leibniz sur le droit
qui sont importantes pour nous. Leibniz — et c'est là ce qui en
fait le plus grand philosophe de l'Allemagne et, peut-être, avec
Aristote, de tous les pays et de tous les temps — est à la fois un
grand idéaliste, représentant l'univers tout entier comme un système
hiérarchisé de forces spirituelles et poussant son idéalisme jusqu'au
mysticisme, en statuant par delà l'empire de la nature, le règne de
la grâce, et un grand réaliste partant de la réalité, de toute la réalité
— physique, intellectuelle, morale, religieuse, politique, économique — l'étudiant avec la plus extrême minutie jusque dans ses
plus intimes détails, pour, la réalité une fois connue et explorée,
l'adapter aux idées, la saturer d'idées. Il n'a pas vécu, comme
Descartes, enfermé dans un poêle ou, pendant vingt ans, inconnu et
anonyme, en Hollande où il ne se soucie pas plus des hommes qu'il
ne ferait « des arbres qui se rencontrent dans vos forêts ou des animaux qui y paissent ». Il n'a pas passé ses jours, comme Spinoza, à
tisser ses idées dans une pauvre chambrette, tout en polissant des
verres, ni comme Kant, à lire des livres et à en écrire, dans une
ville perdue de la Prusse orientale. Il a erré dans le « vaste monde ».
Il a vu de près les femmes et les hommes les plus éminents de son
temps : penseurs, hommes d'action comme le prince Eugène, souverains comme Pierre le Grand, princesses et reines comme la princesse Sophie et la reine Sophie-Charlotte. Il a participé aux plus
grands événements de son temps et il a mis la main à la pâte
humaine, non d'ailleurs sans s'y salir les mains. Il n'a pas voulu
être l'homme d'un livre, d'une doctrine, d'une activité. « *Ignorabant
illi non posse animum meum uno genere expleri*[1]. » « Ce qui doit paraître
le meilleur à un homme privé, c'est ce qui serait le plus utile pour
la collectivité, ce qui contribuerait à la gloire de Dieu, à la réalisation
de quoi sont intéressés aussi bien les individus que le genre humain :
mais, parmi les moyens propres à réaliser l'excellent pour l'homme,
aucun ne vaut l'homme[2]. »

Le but dernier de la philosophie aussi bien théorique que pratique

1. Guhrauer, *G. W. Freiherr von Leibniz, eine Biographie*. Breslau, 1846, t. II,
Appendice, p. 52.
2. Guhrauer, *loc. cit.*, t. I, p. 30.

de Leibniz est donc de travailler à la béatitude de l'homme, de l'homme en tant qu'individu et que collectivité et à sa béatitude temporelle aussi bien que spirituelle. Or, les hommes vivent groupés en sociétés et, parmi eux, se sont formées ces collectivités qui s'appellent des nations. Chaque homme est naturellement attaché plus particulièrement au sol où il est né, où ont vécu ses ancêtres, dont les habitants parlent la même langue, ont les mêmes mœurs et la même religion. Aussi le sentiment patriotique est-il inné à tout homme et, par exemple, tout Allemand doit-il, naturellement, affectionner sa patrie et travailler à sa prospérité. Mais ces sentiments patriotiques ne s'opposent en aucune façon à l'amour de l'humanité. Tous les hommes appartenant à ce même monde que, dans sa toute-puissance et dans sa toute-bonté, Dieu a créé le meilleur possible, et devant par conséquent s'aimer en Dieu, doivent s'aimer entre eux, et travailler, sous l'œil de Dieu et avec son secours, à leur commun bonheur.

C'est cette double préoccupation que l'on retrouve dans l'œuvre politique de Leibniz. Certains critiques ont prétendu que, dans sa carrière de diplomate et d'homme d'État, Leibniz, le grand conciliateur, n'est pas parvenu à concilier harmonieusement ses vues théoriques avec la pratique, que, dans ses conceptions politiques, il s'est montré d'une souplesse et d'une versalité extrêmes, sachant admirablement s'adapter aux circonstances, plier ses idées à l'intérêt des princes qu'il servait et surtout à son propre intérêt. Comme conseiller de l'électeur de Mayence, ardent patriote, il se serait montré, lui aussi, Allemand intransigeant. Puis, il aurait tenté d'acquérir la faveur de Louis XIV. Ensuite, comme conseiller de Jean-Frédéric de Brunswick-Lüneburg, au lieu de rester le champion des idées nationales et patriotiques, il aurait lutté pour des idées étroitement particularistes et il dédie, en effet, ses « *Préceptes pour avancer les sciences* » et son « *Discours touchant la méthode de la certitude et l'art d'inventer pour finir les disputes et pour faire en même temps de grands progrès* », à Louis XIV, « l'Unique, l'Immortel, le Grand Prince dont notre temps est fier et que les temps futurs souhaiteraient en vain ». Puis, de nouveau, lorsqu'il dut abandonner l'espoir de gagner les bonnes grâces de Louis XIV, et qu'au duc Frédéric eut succédé Ernest-Auguste, adversaire de la France, il aurait repris les grands projets patriotiques de sa jeunesse, et il lance en effet contre Louis XIV des pamphlets et des satires comme le « *Mars Christianis-*

simus autore Germano Gallo Graeco ou Apologie des Armes du Roy très chrestien contre les chrestiens » (1684). Enfin, dans la dernière partie de sa vie, il en serait venu à une sorte de cosmopolitisme humanitaire et scientifique, dont il voyait la réalisation dans la fondation de ces Sociétés savantes, de ces Académies, qu'il a tenté de réaliser et qu'il a réussi à réaliser en partie à Berlin, à Dresde, à Saint-Pétersbourg et à Vienne [1].

En réalité, il y a, dans l'œuvre politique, aussi bien théorique que pratique, de Leibniz plus d'unité qu'il ne le semble : seulement cette unité est, tout comme celle qu'il revendique pour la monade et pour l'univers, faite de variété, mais d'une variété qui s'accorde harmonieusement à l'unité. Sans doute, Leibniz a obéi souvent à des motifs personnels, mais il a su les faire marcher de concert avec les mobiles désintéressés de son patriotisme et les sources d'inspiration les plus profondes de sa pensée théorique.

Dans l'un de ses tout premiers ouvrages sur le style philosophique, il rend un hommage éclatant à cette langue allemande qu'il a si peu pratiquée, mais dont néanmoins il proclame, dès lors, qu'entre toutes les langues européennes c'est elle qui est la plus propre à la philosophie, elle, qui est la plus capable de traduire des pensées pleines de vérité et de réalité et, en revanche, la plus maladroite pour exprimer des choses creuses et vaines [2]. Puis, dans son memorandum géométrique sur l'élection du roi de Pologne, parmi les raisons qu'il invoque en faveur du comte palatin de Neubourg, contre le prétendant russe, il insiste sur les dangers que ferait courir à l'Europe, mais surtout à l'Allemagne, un roi de Pologne trop puissant. Par la brèche de l'Allemagne, les barbares pénétreraient dans le cœur de l'Europe : « C'est dans nos plaines que Turcs, Russes et Allemands lutteraient pour le salut, nous deviendrions l'obstacle des combattants, la proie des vainqueurs, le tombeau de tout nos voisins et, méprisés par les barbares auxquels nous nous serions librement asservis, un sujet d'horreur pour les peuples chrétiens que nous aurions précipités par notre sottise dans les plus graves dangers, si bien que notre liberté, notre sécurité, nos richesses, notre salut temporel et éternel tomberaient en ruines [3]. »

---

1. Cf. Karl Biedermann, *Deutschland im achtzehnten Jahrhundert*, t. II, p. 210 à 231, surtout p. 215 et 222.
2. *De stilo philosophico Nizolii*, 1670. Erdmann, p. 55 à 71.
3. *Specimen demonstrationum politicarum pro eligendo rege Polonorum novo*

Mais c'est dans ses fameuses « *Réflexions sur le moyen d'établir sur une base solide dans l'état actuel de l'Empire la sécurité publique intérieure et extérieure et sur l'état présent* » que Dilthey a rapprochées avec raison du grand Essai de Hegel sur la Constitution de l'Allemagne, qu'il a exposé, en 1671, largement et solidement, sa doctrine politique. L'Empire, y affirme-t-il, est un pays indépendant qui aurait le pouvoir d'être heureux, vu qu'il ne manque ni de soldats pour le protéger ni d'agriculteurs pour le nourrir et que ses habitants sont courageux et intelligents. Néanmoins — la cruelle expérience de la guerre de Dévolution et la menace de la guerre de Hollande, que pressent Leibniz, le prouvent — l'Empire romain est rongé de vices innombrables dont le principal n'est ni la mauvaise organisation du commerce et des manufactures, ni la corruption de la monnaie, ni l'incertitude des droits et la lenteur des procès, mais l'*indifférentisme* sans cesse accru en matière de foi, de morale et de politique, l'athéisme toujours grandissant et « des mœurs infectées pour ainsi dire d'une peste étrangère [1] ». Au cas où une guerre « capitale au dedans et au dehors » viendrait à éclater, elle trouverait les Allemands « aveugles, assoupis, nus, ouverts, sans défense, divisés », si bien qu'ils deviendraient fatalement la proie de l'ennemi ou celle du protecteur à qui ils se donneraient [2]. Pour remédier à ce cortège de maux rongeant la moelle de l'Allemagne, pour assurer la sécurité compromise de l'Empire, il ne suffit ni d'une constitution ni d'une milice permanente. Il faut une médication radicale et héroïque qui n'est autre que « l'établissement d'une alliance bien organisée », c'est-à-dire l'unité de l'Allemagne [3]. Tous les États de l'Empire entreraient dans cette alliance avec droit de vote et de séance, et les comices destinés à remédier aux vices de la constitution y seraient représentés. Cette alliance devra avoir un organe central et perpétuel, « un conseil permanent » qui serait réuni, par exemple, à Francfort, une milice permanente et un trésor commun, si bien qu'à côté de sa force spirituelle, elle aurait une puissance effective et contraignante [4]. Cette alliance ménagera avant tout, les susceptibi-

---

scribendi genere ad claram certitudinem exactum auctore Georgio Ulicovio Lithuano, Vilnae, 1659, Prop. LI, Coroll. I.
1. *Bedenken welcherges'alt Securitas Publica interna et externa und status praesens im Reich jetzigen Umständen nach auf festem Fuss zu stellen, Œuvres*, édit. Foucher de Careil, t. VI, p. 21 à 24.
2. *Ibid.*, p. 25.
3. *Ibid.*, p. 39.
4. *Ibid.*, p. 112 à 122.

lités de la France vu que, d'une part, celle-ci est assez puissante pour envahir l'Allemagne dès qu'elle le voudra et que, de l'autre, elle doit tout naturellement viser à être « purement et simplement la garantie d'un traité de paix », *garantiam instrumenti pacis*[1]. « Cette alliance est un des projets les plus utiles que jamais quelqu'un ait conçu pour le bien général de la chrétienté. L'Allemagne a toujours été un épouvantail pour tous ses voisins; « maintenant sa division a servi à rendre formidables l'Espagne et la France, l'Allemagne est la balle que se sont lancée ceux qui jouaient à la monarchie universelle, l'Allemagne est l'arène où l'on s'est disputé la souveraineté de l'Europe[2] ». En un mot, l'Allemagne ne cessera pas d'être une occasion d'effusion de sang, du sien et de celui de l'étranger, tant qu'elle ne se sera pas réveillée, recueillie et que, par son union, elle n'aura pas ôté à tout prétendant l'espoir de la conquérir[3]. Le danger qui menace l'Europe en général et en particulier l'Allemagne est la prétention de la France à la monarchie universelle. Un prince aspire à la *Monarchia universalis* lorsqu'il attaque successivement tous les pays voisins, qu'il les subjuge et s'en rend maître à la manière d'Alexandre, de César ou des Turcs. Mais, étant donnés les moyens modernes de la guerre et notamment l'invention de la poudre, si, à notre époque, il est possible de remporter les victoires, il est difficile d'en conserver les conquêtes « à moins qu'on ne veuille, à l'exemple des anciens conquérants, dévaster les pays, exterminer les vaincus ou s'en servir pour établir des colonies ». Cela, les grands conquérants anciens comme Alexandre, César, Auguste, pouvaient le réaliser et devenir maîtres de l'Univers « pour lors accoutumé à obéir à un seul, parce que les pays étendus qu'ils soumirent étaient placés sous un seul maître. Aujourd'hui, cela n'est plus possible parce que l'Europe est remplie de dynasties fortement enracinées qu'il serait difficile d'extirper, et qu'aucun roi n'aurait la force ni le pouvoir de subjuger sans cette dernière extrémité. Or, comme la monarchie universelle ne saurait s'établir par la force et que les maisons royales et princières ne descendront jamais de plein gré de leur trône, je ne vois pas comment édifier une telle monarchie universelle par laquelle les autres républiques et maisons régnantes seraient réduites au rang de simples provinces et formeraient un

1. *Loc. cit.*, p. 61 et 99.
2. *Ibid.*, p. 126 et 127.
3. *Ibid.*, p. 126 et 127.

seul Empire. » La seule forme de monarchie universelle qui soit
possible et légitime de nos jours, c'est celle que Leibniz appelle
l'*Arbitrage suprême*, *Arbitrium rerum*. Cet *arbitrage suprême*, les
Romains et Philippe de Macédoine l'avaient exercé et, de nos jours,
Henri IV a rêvé de le réaliser en voulant réunir sous son sceptre les
Allemands et les Italiens « *pour établir ensuite une alliance générale,
ayant pour but de tranquilliser la chrétienté et de répandre la terreur
parmi les infidèles, ce qui aurait liquidé tous les différents, uni toutes
les religions, aboli tous les malentendus et tous les abus* [1]. Donc, pour
rétablir dans l'Europe, si profondément troublée et menacée par des
révolutions nouvelles, la concorde, et pour reconstituer l'équilibre
qu'avait créé le traité de Westphalie, Leibniz propose, d'une part,
l'*Arbitrage suprême* exercé par la France, et, de l'autre, l'unification
de l'Allemagne qui, une fois accomplie, réalisera « la sûreté commune, le repos public et le bien-être désiré de notre patrie ». « Ce
n'est qu'alors que l'on pourra jouir des fruits de la paix *en se préparant, pendant qu'elle règne, à faire la guerre*. L'Allemagne ne reconnaîtra sa force que lorsqu'elle se verra compacte, bien unie, qu'elle
donnera lieu de réfléchir à tels autres qui, maintenant, ne trouvent
pas de paroles assez dédaigneuses pour l'injurier [2]. »

Les *Réflexions sur la sécurité*, tout en visant donc à rendre à l'Allemagne, de par son union, la place qui lui revient légitimement parmi
les puissances européennes, n'ont aucune pointe contre la France
qu'elles proclament la première nation de l'Europe, celle à qui revient
de par son excellence, le beau rôle d'arbitre universel.

Les écrits relatifs à l'expédition d'Égypte, et notamment le célèbre
« *Consilium Aegyptiacum* », par lesquels Leibniz voulait s'attirer à la
fois les bonnes grâces de Louis XIV et détourner les convoitises du
grand Roi de l'Europe, et surtout de l'Allemagne, en ouvrant à son
ambition les perspectives illimitées de l'Orient, et en le mettant à
la tête d'une croisade européenne contre l'infidèle, sont, eux, très
ardemment francophiles. C'est à Paris qu'il rédige le « *Consilium
Aegyptiacum* » et le « *De expeditione Aegyptiaca* », à Paris où il
prend conscience du prestige de Louis XIV, de la grandeur de la
France, de la mission providentielle et glorieuse à laquelle elle est
prédestinée. Cette mission est, avant tout, une mission pacifique.
« Il est certain, en effet, que c'est quand l'Europe est en paix que la

1. *Loc. cit.*, p. 137, 165 à 172.
2. *Ibid.*, p. 139.

puissance française s'accroît et que, dès que l'Europe se laisse gagner
par une guerre intempestive, cette puissance s'amoindrit[1]. » La
France, si abondamment peuplée, si favorisée par son climat tempéré, si fertile, si riche, si industrieuse, si pleine d'hommes doués
de tous les talents civils et militaires, n'a pas besoin de guerres
pour acquérir la primauté. Il suffirait qu'elle se tint en paix pour
que ses voisins fussent affaiblis et les richesses de ses sujets immen-
sément accrues[2]. » La seule guerre qui lui soit permise et opportune, est la guerre contre l'Infidèle, la seule conquête vraiment
féconde, celle de l'Orient. Car « l'Égypte une fois occupée, le fondement de la puissance chrétienne sera posé en Afrique et les Barbares
ne songeront plus à envahir les autres, mais à se préserver eux-
mêmes[3] ». En effet, la conquête de l'Égypte entraînera celle de toute
l'Afrique, bien plus celle de l'Extrême-Orient asiatique, c'est-à-dire
de l'Inde, du Japon et de la Chine, « terre si hautement civilisée (si
l'on fait exception de la vraie foi[4]) ». Pour réaliser la tâche grandiose
que lui assigne Leibniz, pour devenir l'*Arbitre suprême* du monde, il
faut que la France ne se contente pas d'être « *l'École militaire de
l'Europe* », « *Scholam Europae militarem* », mais qu'elle acquière la
puissance navale et la maîtrise des « échanges maritimes, « *potentiam autem navalem et commerciorum maritimorum vindicationem*[5] ».
La tâche une fois accomplie, l'*Arbitrage suprême* une fois conquis
par la France, la paix européenne sera assurée, cette paix qui est le
but dernier des efforts de Leibniz. « *En effet*, affirme-t-il, *vouloir
subjuguer par les armes des nations civilisées en même temps que
belliqueuses et amantes de la liberté, comme le sont la plupart des
nations européennes, c'est chose non seulement impie mais insensée*[6]. »
Et de même : « *Les bons princes se souviennent toujours qu'ils… ne
conduisent pas des bêtes, mais des âmes que Dieu a rachetées de ce
qu'il avait de plus précieux, qu'il leur en demandera un compte rigoureux et qu'une guerre injuste est presque le plus grand des crimes qui
se puissent commettre*[7]. »

1. *De expeditione Aegyptiaca regi Franciae proponenda Leibnitii justa dissertatio*,
in *Œuvres*, édition Onno Klopp, t. II, p. 224.
2. *Synopsis Meditationis de optimo consilio quod Potentissimo Regi dari potest
impraesentiarum, loc. cit.*, p. 54.
3. *De expeditione …, loc. cit.*, p. 385.
4. Cf. sur le plan égyptien de Leibniz, Jean Baruzi, *Leibniz et l'Organisation
religieuse de la terre*, Paris, Alcan, 1907, chap. 1ᵉʳ, l'Égypte, p. 1 à 45.
5. *De expeditione …*, p. 56 et 57.
6. *Ibid.*, p. 221.
7. Cf. Romnel, *Leibniz und der Landgraf Ernst von Hessen Rheinfels, Ein unge-*

Mais les rêves splendides de Leibniz pour la France, pour l'Europe, pour le monde, ne devaient pas se réaliser. Au moment même où Leibniz tentait d'entrer en relations directes avec le grand Roi pour lui exposer son plan, la guerre de Hollande était déjà engagée et, à partir de ce moment, jusqu'à 1714, l'Europe est en feu : c'est la guerre de Hollande qui se termine par la perte pour l'Espagne de la Franche-Comté et de douze places de la Flandre ; ce sont les Chambres de Réunion qui attribuent à Louis XIV : Montbéliard, les villes de la Sarre, Deux-Ponts et la plus grande partie du Luxembourg et l'annexion de Strasbourg ; c'est la guerre de la Ligue d'Augsbourg, la dévastation du Palatinat et la paix de Ryswick par laquelle l'Empereur et l'Allemagne reconnaissent à la France la possession définitive de Strasbourg ; c'est enfin cette guerre de la Succession d'Espagne qui marque le déclin de la puissance de Louis XIV, qui accule la France à la ruine, l'épuise, l'ampute, par les traités d'Utrecht et de Rastadt, de Terre-Neuve et de l'Acadie, et confère à l'Angleterre cette maîtrise de la mer et ce rôle *d'arbitre suprême* du monde que Leibniz avait revendiqué pour la France.

Leibniz suit passionnément toutes les péripéties de ce grand drame et les illustre de toute une série de Mémoires. Parmi ces Mémoires, il faut distinguer trois groupes : ceux qu'il dirige contre la politique de Louis XIV et qu'il consacre à la défense de l'Empire, à l'affirmation des droits de la maison d'Autriche sur le trône d'Espagne et à l'énonciation des raisons qui plaident contre toute tractation avec la France, vaincue dans la guerre de la Succession d'Espagne, qui ne restituât pas à l'Allemagne ses anciennes frontières ; ceux qui exaltent l'excellence de la langue et de la vieille civilisation allemandes ; et enfin celui qui tente de fixer la définition de l'Allemagne en tant qu'État.

Parmi les Mémoires du premier groupe, de beaucoup le plus important est le « *Mars Christianissimus* » (1684). Sous le masque d'un partisan de Louis XIV, d'un « Gallo-Grec », plaidant, en apparence, pour la cause du grand Roi, il y exprime, avec une admirable force satirique, l'horreur qu'il éprouve pour la politique de celui dont il avait voulu faire le réalisateur de son « grand dessein » et qui, au lieu d'écraser l'Infidèle, avait appelé celui-ci par ses intrigues jusqu'aux portes de Vienne, pour l'aider à donner le coup de grâce à

druckter Briefwechsel …, Frankfurt-am-Main, 1847, t. I, p. 370, cité par J. Baruzi, *Op. cit.*, p. 23, note.

l'Empire. Si le Roi très chrétien s'est libéré de tous les scrupules de conscience jusqu'au point de violer ouvertement les traités les plus sacrés, c'est qu'il est convaincu « qu'il y a une *certaine loi supérieure à toutes les autres*, conforme néanmoins à la souveraine justice qui dispense le Roy de ses observations [1] », c'est que la France s'est créée une « nouvelle jurisprudence » dont voici les principaux articles. Avant tout, « toutes les choses temporelles sont soumises au droit éminent d'un grand et puissant Roy qu'il a par un certain destin devant tous les autres sur les créatures [2].... C'est ce Roi très chrétien qui est le véritable et unique Vicaire du monde à l'égard de toutes les matières temporelles », qui est chargé « d'établir en terre le royaume du Nouveau Testament » et dont « la Providence même confirme toujours par des prodiges les droits illimités [3] ».

D'après ce nouveau Code applicable au seul Louis XIV et *confirmé par Dieu lui-même* [4], « la conscience, la bonne foy et le droit des gens sont des termes creux et des ombres vaines. On ne daigne même plus chercher des prétextes à la violence ou, ceux qui en cherchent, défient toute raison et toute morale. Quelques advocats français se voyant poussés du côté de la paix de Westphalie se retirent dans un autre retranchement et. ne trouvant rien dans nos siècles qui les favorise, cherchent des droits imaginaires chez Dagobert et Charlemagne. Je m'étonne qu'ils ne demandent aussi au grand Seigneur les conquestes que les Gaulois ont faites autrefois en Grèce et en Galatie, et qu'ils n'actionnent les Romains aujourd'hui sur l'argent que leurs ancestres avaient promis aux Gaulois pour sauver leur Capitole dont Camille interrompit le Payement [6]. D'aucuns espèrent que la France ne commettra pas impunément ces crimes... et que la vengeance du Ciel suivra de près cette action si noire : que la haine publique, le désabusement des gens de bien qui, jusqu'ici, ont pu avoir quelque reste de bonne opinion de la conduite de la France, et une infamie qui passera jusqu'à la postérité, peuvent tenir lieu d'un assez grand

1. *Mars Christianissimus autore Germano Gallo Graeco ou Apologie des Armes du Roy très chrestien contre les chrestiens, Œuvres*, édit. Foucher de Careil, t. III. p. 8 (N'est-ce pas déjà la « nécessité ne connaît pas de loi » de M. de Bethmann-Hollweg?).
2. *Ibid.*, p. 9.
3. *Ibid.*, p. 12.
4. (N'est-ce pas déjà la doctrine du « vieux bon Dieu »?)
5. *Loc. cit.*, p. 33.
6. *Ibid.*, p. 34. (N'est-ce pas là le raisonnement même des pangermanistes de nos jours?)

supplice ; *qu'entre les François mêmes, les personnes, dont la con-science n'est pas encore étouffée par une longue habitude de crimes, trembleront à la veüe de la grandeur de cette impieté; que la conscience d'une mauvaise cause n'est pas toûjours sans effect, même parmy les soldats et le peuple, que le moindre revers de fortune peut abattre, ou animer à éclorre des desseins dangereux, qui se couvent dans les âmes de quantité de mécontents, qu'une longue suite de bons succès a pû courrir plutôt qu'éteindre* [1]. »*

Mais plus révoltante encore que la conduite de la France et de son roi, est celle des Allemands « Gallo-Grecs » qui, non seulement « s'accommodent fort bien des Louis de France », mais encore qui prétendent « que la République d'Allemagne est si monstrueuse et si corrompue qu'il luy faut absolument un maître absolu pour y rétablir un bon gouvernement, qui imitent Judas en prenant les trente deniers parce qu'ils espèrent que l'Allemagne ne laissera pas de se sauver par la miséricorde céleste. que l'argent cependant demeurera à eux et qu'ils auront lieu un jour de se moquer de la crédulité des Français ». « Gallo-Grecs » qui sont « la peste de la patrie, le poison des âmes bien nées et la 1onte du genre 1umain, que les François mesmes caressent à présent, les tenant pour les derniers des 1ommes [2]. »

l'ans les Mémoires du second groupe, Leibniz, après avoir, dans les premiers, dénoncé le mal, exalte, comme nous l'avons dit, l'antique gloire des Allemands « qui, autrefois, dans l'invention des arts mécaniques, des arts naturels et des autres arts et sciences, avaient été les premiers [3], et qui sont devenus les derniers dans l'effort de les améliorer et de les amender [4] ». Dans un Mémoire, composé vraisemblablement en 1688, il propose de fonder une union destinée à encourager les « ingenia », pour que les Allemands ne soient plus, dans leurs mœurs et coutumes, une proie de l'étranger et, dans la science, seulement des imitateurs. Dans un autre de 1713, il indique les moyens que l'État doit employer pour améliorer le

---

1. *Loc. cit.*, p. 39. (Tout cela, *mutatis mutandis*, n'est-il pas d'une extraordinaire actualité?)
2. *Ibid.*, p. 22 à 25.
3. *Grundriss eines Bedenkens wegen Aufrichtung einer Societät zur Aufnahme der Künste und Wissenschaften* in *Rössler-Handschriften*, cité par Karl Biedermann, *Deutschland im achtzehnten Jahrhundert*, t. II, p. 224.
4. *Grundriss eines Bedenkens*, etc., K. Biedermann, *loc. cit.*

sort des citoyens, il préconise la réforme des sciences, surtout de
celles qui, comme la médecine, la chimie, la mécanique et l'agriculture, visent l'utilité pratique et le bien-être des hommes, et une
réorganisation des études qui ne doivent plus négliger ce qui est
utile pour la vie — comme la technique, l'histoire, les mathématiques, la géographie, la physique — pour des disciplines inutiles,
comme la poésie, la logique, la scolastique et les langues anciennes [1].
Mais, parmi tous les moyens qu'il préconise pour rendre à l'Allemagne tout son lustre ancien, le plus efficace lui paraît la restitution
de la langue allemande dans ses droits antiques et sa purification de
tous les éléments étrangers qui s'y sont infiltrés. Tandis que les
savants étaient uniquement préoccupés du latin, ils ont laissé la
langue allemande à son cours naturel, et elle y a acquis une richesse
en termes techniques — termes de métallurgie, de minéralogie,
termes de chasse, termes nautiques — qui n'a d'égale chez aucune
autre nation. Ainsi la langue allemande, maladroite à exprimer les
concepts moraux et les notions abstraites et raffinées de la philosophie, est restée toute proche de la terre et a conservé une vie sensible, une force concrète, une faculté de rendre « ce que nous voyons
et sentons » qui en font un admirable instrument linguistique. Pré-
dicateurs, jurisconsultes, bourgeois, « ont corrompu leur allemand
avec leur misérable français », et « si cela continuait et qu'on ne
réagit point, l'allemand périrait en Allemagne comme l'anglo-saxon
a péri en Angleterre. Et cependant il serait éternellement dommage
si notre *langue maîtresse et héroïque* (*Haupt-und-Heldensprache*)
devait périr ainsi par notre incurie... car l'adoption de langues
étrangères entraîne communément la perte de la liberté et un joug
étranger [2]. »

Enfin, le célèbre Mémoire du troisième groupe, *Caesirini Furste-*
nerii de jure suprematus Electorum et principum Germaniae, tente
de statuer ce que l'Allemagne est ou doit être en tant qu'État. Les
théoriciens du droit naturel pour lesquels l'essence de l'État réside
essentiellement dans la souveraineté, c'est-à-dire dans l'indépendance absolue du pouvoir de l'État à l'intérieur et à l'extérieur,
avaient eu une peine infinie à construire l'Empire allemand comme
État, et y avaient finalement renoncé et confessé avec Pufendorf

---

1. Cf. Guhrauer, *Leibniz*, t. II, p. 192.
2. *Unvorgreifliche Gedanken betreffend die Ausübung und Verbesserung der*
teutschen sprache, Leibniz's Deutsche Schriften, édit. Guhrauer, t. I, p. 452 à 457.

que, leur définition admise, l'Empire ne pouvait pas être dit un État
véritable. C'est ici qu'intervient Leibniz pour opposer à la conception de l'État selon le droit naturel une conception autre, partant,
non plus d'une idée *a priori*, mais de la réalité, et pour constituer
à côté de la science juridique, la science historique de l'État [1].
Leibniz « pose », en effet, « sur fondement que souverain ou potentat
est ce seigneur ou cet État qui est maître d'un territoire assez puissant pour se rendre considérable en Europe en temps de paix ou, en
temps de guerre, par traités, armes et alliances; qu'il n'importe pas
s'il tient ses terres en fief ni même s'il reconnoist la majesté d'un
chef pourveu qu'il soit le maistre chez luy et qu'il n'y puisse estre
troublé que par les armes; que la *majesté* est le droit de commander
sans pouvoir estre commandé, mais que la *souveraineté* est le droit
ingénu de pouvoir contraindre les siens sans difficulté, et ne pouvoir estre contraint par un autre, quelque obligation qu'on luy
puisse avoir, et quelque obéissance ou fidélité qu'on luy donne, que
par l'embarras d'une guerre [2] ». Il convient d'établir une différence
entre la *souveraineté* ainsi définie et la *supériorité territoriale*. En
effet, « il y a seigneur de jurisdiction, seigneur du territoire et celuy
qu'on appelle souverain, c'est-à-dire prince libre ou république. Le
seigneur de jurisdiction est celuy qui a la haute, moyenne ou basse
justice et quelques autres droits seigneuriaux, mais il est sujet d'un
autre, il n'a pas le droit de lever des gens de guerre et d'entretenir
des forces capables de contraindre toute la communauté, car cela
n'appartient qu'à celuy qui a la *supériorité territoriale*. » Mais là
encore il faut établir, entre ceux qui jouissent des droits seigneuriaux, une différence. « Car, si le territoire est petit comme celui du
royaume imaginaire d'Ivetot ou de la petite république de Saint-
Marin, le seigneur ou le sénat de ce territoire pourra sans doute
entretenir une garnison pour se maintenir contre les désordres
domestiques ou contre les surprises des ennemis, *mais il ne pourra
se faire considérer par dehors pour ce qui regarde la paix, la guerre
et les alliances des étrangers et le cours général des affaires de l'Europe* : car cela est réservé à ceux qui sont maistres d'un territoire
assez considérable pour estre appelés *souverains potentats* ou bien

---

1. Cf. Dilthey, *Die Jugendgeschichte Hegels* in *Abhandlungen der Königl. preuss.
Akademie der Wissenschaften*, Berlin, 1905, p. 141.
2. *Entretien de Philarète et d'Eugène*, *Abrégé du Caesarinus Furstenerius*,
Œuvres, édit. Foucher de Careil, t. VI, p. 347.

souverains absolument et par excellence [1]. » Par conséquent, « souverain potentat est celuy qui se peut faire considérer en Europe en temps de paix et en temps de guerre par traités, armes et alliances [2] ». Donc, pour Leibniz, toute organisation politique qui a la force effective de faire valoir sa volonté à l'intérieur, mais surtout à l'extérieur, vis-à-vis d'autres organisations analogues, est un État souverain et, par conséquent, les princes de l'Empire assez puissants pour défendre leur indépendance contre tous les autres princes, contre l'Empereur et surtout contre l'étranger, sont des souverains.

Voilà l'œuvre politique de Leibniz qui fait véritablement de lui le Ficite du XVIIe siècle. Mais ce serait mutiler sa pensée que de réduire ses idées à celles que nous venons d'exposer. Sans doute, Leibniz a lutté énergiquement pour restituer à l'Empire la place qu'il avait occupée autrefois parmi les nations et tenté, comme c'était son devoir d'Allemand, d'élever une barrière contre les appétits de conquêtes de Louis XIV. Mais il était libre de tout préjugé national. La fin prochaine qu'il propose à son activité est la reconstitution de l'équilibre européen tel que l'avait établi le traité de Westphalie, par lequel l'Allemagne devait occuper sa place à côté des autres nations, place qu'elle ne pouvait tenir dignement qu'à la condition, comme l'avait déjà dit Sully dans le *Discours des choses prédites par le roi Henri le Grand*, « de se réconcilier sans delay, remise ny temporisement avec leurs anciens, loiaux et courageux amis et aliés, lesquels ne faisoient autres fois qu'un seul corps de domination..., le nom des Germains, des Gaulois et des Francs n'estant que comme une seule nation soubs Charlesmaigne [3] ». Tout comme Sully, il eût voulu former « un seul corps de république nommée très-cirestienne [4] » grâce auquel « l'Europe eût cessé de conspirer contre elleméme » (*ganz Europa wird sich selbst zur Ruhe begeben, in sich zu wühlen aufhören*) [5]; tous les peuples eussent formé une unité harmonieuse admettant toutes les variétés, toutes les originalités et toutes les individualités nationales, une unité qui nécessairement devrait mener à la paix perpétuelle. Car, tout comme le proclamera Kant,

---

1. *Loc. cit.*, p. 369.
2. *Ibid.*, p. 370.
3. *Notices et documents publiés par la Société de l'Histoire de France à l'occasion du cinquantième anniversaire de sa fondation*, Paris, 1884, p. 406, cité par J. Baruzi, *loc. cit.*, p. 9.
4. *Ibid.*, p. 408, J. Baruzi, p. 10.
5. *Bedenken welchergestalt securitas publica*, p. 128, *OEuvres*, édit. Foucher de Careil, t. VI, p. 128, cité par J. Baruzi, *op. cit.*, p. 10.

Leibniz affirme, à propos du projet de l'abbé de Saint-Pierre « qu'un tel projet en gros est faisable et que son exécution serait une des choses les plus utiles du monde ». Le landgrave Ernest de Hessen-Rheinfels avait, dans un ouvrage intitulé *Le Catholique discret*, esquissé un projet qui se rapproche de celui de l'abbé de Saint-Pierre et d'après lequel il serait formé une société de souverains dont le tribunal eût été établi à Lucerne. D'ailleurs, déjà Henri IV avait projeté dans *son grand dessein* d'établir cette société et, avant lui, les papes avaient rêvé de réaliser quelque chose d'approchant, par l'autorité de la religion et de l'Église universelles [1].

C'est donc la paix perpétuelle qui est, pour le rationalisme de Leibniz tout comme pour celui de Kant, la fin dernière de la civilisation. Pour l'établir, Leibniz compte, comme Kant, sur la culture de la raison et de la science qu'il s'agit d'organiser par la création, dans chaque pays, de Sociétés savantes, qui se fédéreraient, formeraient une république spirituelle, étendraient leurs bienfaits sur l'univers tout entier, travailleraient de concert au grand but de la civilisation et à la propagation de la foi chrétienne, et feraient communier dans un même idéal de lumières tous les hommes et toutes les nations. C'est pour *organiser* — car, comme nous le démontrerons ailleurs, c'est Leibniz qui a été le véritable créateur de ce que les Allemands d'aujourd'hui appellent l'organisation — cette république de lumière que Leibniz a fondé la Société des Sciences de Berlin, qu'il a tenté d'en fonder d'autres à Dresde, à Vienne, à Saint-Pétersbourg, qu'il a voulu se servir du génie propagandiste des Jésuites, de la puissance des Missions protestantes et qu'il a rêvé de gagner à la culture le barbare Empire des Sarmates et la terre mystérieuse de la Chine. C'est à cette tâche que Leibniz a voué toute la fin de sa vie, si bien qu'on peut dire que l'universalisme qui caractérise la philosophie tout entière de Leibniz n'a jamais, malgré toutes les apparences contraires, dégénéré en particularisme, et l'a amené, naturellement et nécessairement, lui, qui avait conçu même l'univers physique comme une hiérarchie organisée de forces spirituelles, à concevoir l'univers politique, lui aussi, comme une grande harmonie.

Bien pauvre et bien médiocre nous apparaît, à côté des idées politiques de Leibniz qui ouvrent de si vastes perspectives et sont en

---

1. *Observations sur le projet d'une paix perpétuelle de M. l'abbé de Saint-Pierre*, *Œuvres*, édit. Foucher de Careil, t. IV, p. 328 à 336.

même temps si grosses de réalité concrète, celles de ces disciples
immédiats. La philosophie politique de Wolff est entièrement
rationaliste. Il tire du rationalisme une double conséquence : d'une
part il soutient que tous les êtres raisonnables doivent participer au
gouvernement, que l'État repose sur un contrat », que la source
vraie de la puissance de cet État est l'accord de tous les citoyens ou
tout au moins de la majorité des citoyens sur la nature du gouvernement, et que, partant, seule est légitime la souveraineté du peuple.
Mais, d'autre part, il admet que ce peuple aliène ses droits, sans
réserve ni restriction, en faveur d'un prince, et il n'autorise la
résistance active contre le gouvernement que lorsque celui-ci lèse
expressément les droits que la constitution a accordés et, par là,
Wolff a été le théoricien du despotisme éclairé et du patriarcalisme.
Il montre longuement comment le Prince a le droit et le devoir de
s'occuper jusqu'aux moindres détails du bonheur de son peuple : de
l'éducation, de la religion, des livres, du théâtre, des duels, de la
propreté des rues, de l'hygiène des maisons, des cafés, des vêtements, etc.

C'est ce despotisme éclairé, ce patriarcalisme qui est l'idéal politique de l'*Aufklärung* : le Prince doit être le premier domestique de
l'État, le peuple est un mineur qu'il appartient au plus intelligent,
que devra être le Prince, d'obliger à être heureux et raisonnable.
Toute l'*Aufklärung* a vu dans Frédéric II le modèle des despotes
éclairés, l'incarnation même de la raison et, comme celle-ci est
infaillible, les « philosophes pour le monde » ont approuvé tout ce
que le roi philosophe a fait contre le droit des peuples et aucun
d'entre eux n'a protesté ni contre l'injuste conquête de la Silésie ni
contre le monstrueux partage de la Pologne.

KANT.

Et me voici à Kant. La philosophie politique de Kant, ses idées
relatives aux rapports entre les citoyens et l'État et entre les États
entre eux ont été si souvent et si bien étudiées, qu'il semblerait
superflu d'y revenir. Mais, malgré les travaux excellents et définitifs
qui ont été consacrés à cette question, malgré l'évidence qui jaillit
de la lecture la plus superficielle des œuvres de Kant traitant de la
philosophie de l'histoire et de l'organisation des États, toujours à
nouveau des voix se font entendre pour affirmer que Kant s'est fait
l'avocat de la guerre et que, tout au moins comme inspirateur de

Ficite et de Hegel, que l'on proclame les auteurs responsables du pangermanisme, il porte la responsabilité indirecte de leur doctrine. Il est donc nécessaire de reprendre ce procès [1].

Pour comprendre dans toute son étendue la pensée kantienne relative au problème qui nous occupe, il faut se rappeler que, pour Kant, la philosophie du droit et la philosophie politique sont justiciables à la fois de l'anthropologie, de la philosophie, de l'histoire et de la morale. En effet, l'anthropologie étudie l'homme en tant qu'espèce. Mais comme l'essence de l'homme, en tant qu'espèce, ne se réalise que dans la suite des siècles et dans la succession des nations, l'anthropologie aboutit nécessairement à la philosophie de l'histoire. Enfin, en dernière analyse, c'est, la morale qui détermine l'essence véritable de l'homme.

Et tout d'abord, au point de vue anthropologique, Kant montre, dans l'*Origine probable de l'espèce humaine* (1786), comment aux deux instincts primordiaux de la nature humaine — l'instinct de nutrition et l'instinct sexuel — la raison vient joindre d'abord la prévision, c'est-à-dire la faculté de ne pas vivre entièrement dans le présent, mais de prévoir et de préparer l'avenir, et ensuite la conscience que c'est l'homme qui est la fin dernière de la nature. Une fois muni de ces pouvoirs, l'homme passe de l'ère de la paix et de l'union à celle du travail et de la discorde, prologue de la vie sociale. Les cultivateurs et les citadins s'opposent aux pasteurs nomades et la guerre éclate entre eux. Puis Kant énumère tous les maux qu'entraîne la civilisation. Mais — tout comme Leibniz — il cherche à disculper la Providence en montrant le bien qui jaillit des maux sociaux. Sans doute, les plus grands maux qui écrasent les peuples civilisés nous viennent de la guerre : c'est elle qui absorbe toutes les forces vives de l'État, tous les fruits de sa civilisation qui pourraient être employés à faire progresser la culture déjà existante, et c'est elle qui est responsable des restrictions violentes qu'on impose en tous lieux à la liberté. Mais — voilà la compensation — Kant se demande ce que deviendraient, sans la guerre, la civilisation, l'union des classes dans la république et la liberté laissée aux hommes [2].

---

1. Nous l'avions déjà repris. MM. Appuhn, Ruyssen et moi, contre M. Brunetière, en 1899.
2. *Muthmasslicher Anfang des Menschengeschlechtes*, Hartenstein, 1867, t. IV, p. 316 à 329.

D'autre part, l'essence de l'homme consiste à être doué de raison et sa destination est de développer pleinement cette faculté raisonnable. Or, l'homme ne peut déployer pleinement ses facultés que dans la vie de l'espèce, et non dans la vie individuelle comme l'animal, que par la raison et non par l'instinct, et le type parfait de l'homme est l'être raisonnable, maître de ses passions et n'agissant jamais que conformément à la raison. La voie pour réaliser ce type est l'histoire et, par conséquent, c'est la philosophie de l'histoire qui explique l'ascension de l'homme-animal à l'homme parfait. Dans cette ascension, il faut distinguer trois étapes : la culture des énergies humaines par les arts et les sciences; la culture de la sensibilité humaine par la limitation de l'égoïsme et le développement des facultés sociales; la culture des facultés supérieures de l'homme par la morale pure, la religion, l'ennoblissement des mœurs et l'éducation. Les moyens de cette culture sont les trois grandes passions de l'homme : l'ambition, le désir de puissance et l'avarice (*Ehrsucht, Herrschsucht, Habsucht*). L'homme ne veut pas seulement vivre, mais vivre avec les autres et prendre conscience de la supériorité qu'il a sur eux. De cette façon, la volonté de vie devient volonté de puissance et c'est cette volonté de puissance qui est l'instinct fondamental de l'homme, en tant qu'animal social. C'est donc cette volonté de puissance qui est le grand ressort de l'humanité, c'est grâce à lui que se développent, d'une part, les forces physiques et intellectuelles qui maintiennent et élèvent sa situation dans la société, et grâce à lui aussi que s'établissent l'ordre juridique et l'ordre politique qui garantissent les hommes contre leur mutuelle barbarie. Une fois cet ordre juridique et politique établi, il naît un état de paix et de sûreté dans lequel le primitif antagonisme et la nécessaire émulation entre les hommes ne sont pas détruits, mais refrénés. Cet état de paix et de sécurité n'est pas un état de félicité individuelle, les passions de l'homme et leur maîtrise ne le rendent ni plus heureux ni plus vertueux; mais la Providence se sert de ces moyens pour permettre à l'homme de déployer ses facultés rationnelles et la fin dernière qu'elle vise est une société de nations vivant d'après des fins morales et déployant, dans une émulation pacifique, l'ensemble de leurs forces. L'histoire est donc l'éducation du genre humain; la nature a mélangé dans l'homme les instincts égoïstes et sociaux dans une proportion telle qu'il en devait naître nécessairement, d'une part, une lutte pour la suprématie sociale et,

de l'autre, des forces, créatrices d'un ordre juridique et politique,
capable de refréner ses instincts égoïstes. L'homme part du mal
pour arriver à travers « un chemin âpre et rude, à travers des
catastrophes menaçant la destruction de tout le genre humain, à la
création d'un bien qui n'a pas été voulu, mais qui, une fois atteint,
se maintient par lui-même ».

Le problème est de savoir comment il est possible de concilier l'inévitable antagonisme entre les instincts anti-sociaux et les instincts
sociaux. Ces instincts sont nécessaires tous deux : sans la volonté
de puissance, les hommes s'endormiraient dans une lâche paresse et
une voluptueuse quiétude; sans les instincts sociaux, les hommes
s'entre-dévoreraient. C'est la création de l'État qui réconcilie les deux
instincts. Dans l'État, la liberté indéfinie de l'état de nature est définie
par les lois; mais, d'autre part, la lutte pour l'acquisition des biens
et de la puissance n'y est pas suspendue, et tous les droits et tous les
biens sont le fruit de cette lutte. Il s'agit donc de créer un État qui
subordonne cette lutte et cette harmonie à des lois [1].

L'origine de l'État s'explique par le fait que les hommes sont naturellement égoïstes, condamnés par leur ambition, leur volonté de
puissance et leur cupidité à vivre dans un état de guerre au moins
virtuel, finissent par trouver cet état insupportable et conviennent
de renoncer à la liberté illimitée de l'état de nature en faveur d'une
puissance ayant droit et force de contrainte sur toute manifestation
de force illégitime et de recevoir en échange une liberté limitée, mais
garantie par la loi.

L'essence de l'État s'explique par la nature morale de l'homme.
Pour Kant, nous le savons, l'homme moral est l'homme doué de
liberté. La liberté est, en même temps que la source du devoir, la
tige du droit. La liberté (l'indépendance vis-à-vis de la volonté contraignante d'autrui) en tant qu'elle peut coexister avec la liberté de
tous les autres, d'après une loi universelle, est le droit unique et originaire appartenant à chacun en vertu de son humanité. Elle consiste
essentiellement en ce que personne ne puisse contraindre un autre
homme à être heureux de la façon que, lui, estime la meilleure, mais
en ce que chacun puisse chercher sa félicité de la façon qui lui
semble la meilleure à lui-même. De cette liberté est inséparable l'égalité, c'est-à-dire l'indépendance consistant à ne pouvoir jamais être

1. *Idee zu einer allgemeinen Geschichte in weltbürgerlicher Absicht, loc. cit.,*
t. IV, p. 143 a 147.

contraint par d'autres, à ce à quoi on ne peut les contraindre eux-
mêmes, ou la qualité de l'homme d'être son propre maître. Grâce à
l'égalité, chaque membre de la communauté a des droits de contrainte
sur tous les autres membres, sauf le souverain. Tous les membres de
l'État sont donc soumis également et sans exception à la loi, si bien
que, dans un État conforme à la morale, il ne doit y avoir ni privilégiés, ni esclaves, ni maîtres, ni serfs. Grâce à la liberté et l'égalité,
chaque homme est législateur *autonome* et fin en soi, et aucun ne
doit être employé comme moyen. L'autonomie du citoyen dérive de sa
qualité de colégislateur. Tous les droits, en effet, dépendent des lois.
Or, la loi qui détermine pour tous, ce qui est permis ou non permis,
est l'acte d'une volonté publique d'où émane tout droit. Cette volonté
ne peut être que celle du peuple tout entier où tous décident sur tous,
c'est-à-dire chacun sur soi : car c'est seulement à soi-même que personne ne songe à faire du mal. Cette autonomie suppose l'établissement d'un contrat social, non pas comme fait, mais comme idée de
la raison obligeant le législateur à donner des lois telles qu'elles
puissent émaner de la volonté concordante du peuple tout entier, et
à considérer chaque citoyen comme s'il avait contribué à la loi.

La forme de l'État dérive naturellement et nécessairement de l'essence de l'État. La seule constitution conforme à cette essence est
celle où la création des lois appartient à la représentation nationale,
leur exécution au pouvoir exécutif, et leur application au pouvoir
administratif et judiciaire. Peu importe que le gouvernement soit
exercé par une seule personne ou un collège ou l'ensemble de tous
les citoyens. Ce qui importe, c'est que les trois pouvoirs : le législatif
l'exécutif et le judiciaire soient séparés et que le législatif, qui est le
pouvoir suprême, appartienne à l'ensemble des citoyens. C'est cette
forme parfaite de l'organisation d'un État que Kant appelle la forme
républicaine à laquelle s'oppose le despotisme, où l'exécution de la
loi est confiée à celui qui l'a créée et où, par conséquent, la volonté
publique est exercée par le régent comme sa volonté particulière [1].

Le grand problème qu'a à résoudre l'histoire, la fin suprême, bien
qu'ignorée de ceux qui sont chargés de l'incarner, que s'est proposée
la Providence, c'est de réaliser un État dispensant à tous des droits
égaux. Or, la réalisation de cette tâche dépend d'une autre plus
malaisée encore, à savoir : l'établissement d'une société d'États obéis-

1. *Die Metaphysik der Sitten, I. Metaphysische Anfangsgründe der Rechtslehre*,
loc. cit., t. VII, p. 18, 27 et 28, 34 et 129 à 160.

sant à des lois. En effet, il en est des États comme des individus.
Nous avons montré que, pour permettre à l'homme de déployer toutes
ses facultés, la nature se sert de l'antagonisme inné à la nature
humaine entre sa nature anti-sociale et sa nature sociale. Nous
avons vu que, d'une part, l'homme cherche à entrer en relation avec
les autres hommes et, de l'autre, à s'isoler et à exercer sa volonté de
domination, que la résistance qu'il rencontre dans cette tentative
avive ses énergies, que c'est par elle que naissent la culture, le goût,
le progrès, que, sans ces qualités anti-sociales, tous ses talents sta-
gneraient et les hommes, comme du bétail, vivraient d'une vie paisible mais méprisable et indigne de leurs hautes destinées.

Il en est tout de même des États. Là aussi, la nature s'est servie
de l'antagonisme qui jaillit nécessairement entre eux et qui se manifeste par les guerres, les armements et les incalculables misères qu'ils
entraînent. Après des tentatives sans nombre, les États sortiront de
l'état sauvage où ils ont vécu et vivent encore, et parviendront à
former une société des peuples où chaque État, quelque petit qu'il
soit, devra sa pleine sécurité et la jouissance de tous ses droits, non
à sa propre puissance et à son propre jugement, mais à une grande
fédération des peuples, à leurs forces unies et aux décisions rendues
d'après des lois de leur volonté. Toutes les guerres sont des essais
pour faire naître de nouveaux rapports d'États et pour former, par
la destruction et le démembrement des corps politiques anciens, des
corps nouveaux qui, à leur tour, ne pourront pas subsister tels qu'ils
sont et devront subir des révolutions nouvelles jusqu'à ce que, par
la création d'une constitution, par des conventions et une législation
commune, jaillisse enfin un État qui puisse subsister. Toute l'histoire de l'espèce humaine n'est que la réalisation du dessein secret de
la Providence pour produire une constitution parfaite de tous les
États [1].

Cette constitution ne pourrait être réalisée que par l'établissement
de la *Paix perpétuelle*. Avec une clarté et une fermeté admirables,
Kant a formulé les articles de cette charte suprême de l'humanité.

Un traité de paix, pour être valable, ne doit recéler aucune intention
secrète de déchaîner une guerre nouvelle. — Aucun État indépendant,
quelle que soit sa force ou sa faiblesse, ne doit être acquis ni par héritage, ni par troc, ni par achat, ni par donation. Un « État, en effet,

---

1. *Idee zu einer allgemeinen Geschichte in weltbürgerlicher Absicht, loc. cit.*,
p. 148 à 157.

n'est pas, comme le sol qui lui sert de support, un bien, *patrimonium* :
il est une société d'hommes dont personne, si ce n'est elle-même, n'a
le droit de disposer. L'enter comme une greffe, lui, qui comme tronc
indépendant, avait ses propres racines, sur un autre État, c'est suspendre son existence en tant que personne morale et en faire une
chose. — Les armées permanentes doivent toutes disparaître parce
que l'existence des armées est toujours grosse de guerres futures :
elles incitent, en effet, les États à se ruiner en armements, à considéré
que les frais des préparatifs de guerre sont, en définitive, plus onéreux que la guerre elle-même et à prendre ainsi l'initiative de guerres
d'agressions. — Aucun État ne doit intervenir par la violence dans
la constitution et le gouvernement d'un autre État. — Aucun État
ne doit se permettre, pendant la guerre, des procédés rendant impossible la confiance mutuelle dans une paix future. — L'état de paix
entre les hommes n'étant pas l'état naturel (qui est l'état de guerre,, il
faut que cette paix soit établie artificiellement. Pour cela, il faut que
la constitution de chaque État soit républicaine. En effet, *une République seule peut travailler efficacement à la paix perpétuelle.* Dans
une République, le consentement de tous les citoyens est nécessaire
pour décider s'il doit y avoir une guerre ou non. Or, comme c'est l'ensemble des citoyens qui supportent les effroyables maux de la guerre,
il est naturel qu'ils réfléchissent sérieusement avant de prendre la
responsabilité d'une guerre. Au contraire, là où le sujet n'est pas
citoyen, où le chef d'État n'est pas le compagnon des autres citoyens,
mais le propriétaire de l'État, celui-ci décidera la guerre comme une
sorte de partie de plaisir pour les causes les plus plus futiles. Le droit
du peuple ne peut donc être fondé que sur une fédération des États
libres. De même que les hommes sont parvenus à sortir de l'état de
nature et à contracter cette union qui s'appelle l'État, le jour arrivera où, au lieu d'obliger les citoyens à s'entretuer pour des questions d'amour-propre ou pour satisfaire le caprice de souverains
irresponsables, les États créeront une *Union de Paix* (*fœdus pacificum*)
destinée, non pas comme le *Traité de paix* (*pactum pacis*) à mettre
fin à une guerre, mais bien à toutes les guerres. Cette Union est possible. Lorsqu'en effet un peuple puissant et éclairé devient République, c'est-à-dire revêt cette forme qui, d'après sa nature même,
tend à la paix perpétuelle, « il constitue pour les autres États un
centre d'Union fédérative, il les incite à s'associer à lui, à garantir
ainsi l'état de liberté des États conformément à l'idée du droit des

peuples et à propager cet idéal par plusieurs unions analogues.
Pour que les États sortent de l'état naturel, gros de guerres possibles, il faut donc que, comme les individus concluant le contrat
social, ils renoncent à leur liberté déréglée et forment un *État des
peuples* (*civitas gentium*) embrassant à la fin tous les peuples de la
terre. L'antinomie prétendue entre la morale et la politique est
mensongère et monstrueuse. Il faut unir la politique et la morale, il
faut que les principes de la politique puissent subsister avec la
morale et, qu'en dernière analyse, celle-ci l'emporte, et que se réalise
le règne de la Raison pratique et de la Justice dont la Paix perpétuelle
sera la dernière et suprême conséquence [1]. »

Voilà la philosophie politique de Kant, depuis ses premiers essais
anthropologiques jusqu'au *Traité de la Paix perpétuelle*. Qu'il y ait
eu en Allemagne des hommes qui aient invoqué, à propos d'une
guerre quelconque, l'autorité de Kant, et qu'il y ait eu chez nous des
publicistes, et même des philosophes, pour affirmer que Kant a soutenu la cause de la guerre, voilà qui dépasse vraiment l'imagination.
On a argué du texte, que nous avons cité plus haut, de l'*Origine probable de l'espèce humaine* et où Kant se demande « ce que deviendraient la civilisation et l'union des classes de la République, en vue
du mutuel accroissement du bien-être, la population et le degré de
liberté qui, bien qu'étroitement limité par les lois, est encore laissé aux
hommes, si la guerre toujours redoutée n'arrachait pas à la volonté
des chefs des États ce *respect pour l'humanité* [2] ». A ce texte qui
semble plaider la cause de la guerre, on peut en ajouter plusieurs
autres, empruntés à la *Critique du Jugement*. Kant y concède que la
guerre, « pourvu qu'elle soit menée avec ordre et qu'elle ne lèse
pas les droits civils, a quelque chose de sublime et que l'âme d'un
peuple, qui fait la guerre de cette façon, est d'autant plus sublime
qu'il est exposé à plus de périls et qu'il a su les affronter avec plus
de courage : une longue paix, au contraire, fait prédominer d'habitude l'esprit mercantile et, avec lui, le vil égoïsme, la lâcheté et la
mollesse [3] ». Et il reconnaît qu'en l'absence d'un concert entre tous
les États et en présence des obstacles qu'opposent à la possibilité
même de ce système organique, l'ambition, la cupidité et l'esprit de

---

1. *Zum ewigen Frieden*, *loc. cit.*, t. VI, p. 407 à 464.
2. *Muthmasslicher Anfang des Menschengeschlechtes*, Hartenstein, 1867, t. IV,
p. 327.
3. *Kritik der Urtheilskraft*, *loc. cit.*, t. V, p. 270 et 271.

domination de ceux qui détiennent le pouvoir, la guerre est inévitable. La guerre lui apparaît « comme un essai involontaire et mystérieux, mais cependant voulu peut-être par la Providence, bien que dû à des passions incoercibles, que tentent les hommes, sinon de réaliser, au moins de préparer la légalité et la liberté des États et, par là, l'unité d'un système de ces États fondé sur la morale. De cette façon, la guerre, malgré les terribles fléaux dont elle accable l'espèce humaine et les fléaux plus terribles encore dont sa préparation menace les sociétés en temps de paix, serait un ressort de plus pour développer jusqu'au plus haut degré les talents utiles à la civilisation, puisque l'espoir d'un état de paix et de bonheur des peuples s'éloigne tous les jours davantage [1] ». Mais ces textes ne prouvent en aucune façon ce qu'on a tenté d'en tirer. Sans doute, le large esprit de Kant a su reconnaître ce que l'instinct guerrier peut avoir de noble, ce qu'une bataille peut offrir d'esthétiquement captivant comme spectacle. Bien plus, il savait rendre justice à ce que la guerre peut entraîner de conséquences bienfaisantes. Mais il ne l'en considérait pas moins comme le plus épouvantable des fléaux. Un économiste peut estimer que, dans tel pays surpeuplé, une épidémie peut avoir eu des effets heureux : serait-on en droit d'en faire un partisan de la peste?

Nous avons montré plus haut que, pour Kant, l'état de guerre est, pour l'homme, l'état de nature. La conception fondamentale de Kant sur la nature humaine est une conception pessimiste, comme l'est la conception du christianisme. L'esprit guerrier est l'une des formes essentielles de ce *mal radical* (*Radicalböse*) qui constitue le fond de la nature humaine. Mais l'histoire de l'humanité consiste dans la lutte du principe du bien avec le principe du mal, et le progrès de l'espèce humaine dans le triomphe du bien sur le mal, de l'état de paix sur l'état de guerre. Kant affirme que la guerre est une nécessité *actuelle* de l'humanité, est une étape provisoire et inférieure qu'elle est obligée de parcourir, dont se sert la Providence comme d'un moyen pour parvenir à ses fins véritables qui sont la justice, la liberté et la paix. Quoi qu'aient dit les intellectuels allemands et quelques philosophes français, depuis qu'il a commencé à philosopher jusqu'à ce qu'il ait cessé de penser, Kant est et reste l'ennemi irréconciliable de la guerre, est et reste l'apôtre fervent de la paix. Sa lumineuse raison

1. *Kritik der Urtheilskraft*, loc. cit., t. V, p. 446.

et son âme équanime répugnaient à toute violence, à toute brutalité,
à toute fatuité personnelle et nationale. Dans le tableau comparé des
caractères des peuples qui clôt son *Anthropologie*, il rend justice
avec une admirable impartialité aux différentes nations qu'il fait
défiler devant nous : le Français est poli, courtois, aimable, vif et
tout animé par un *esprit de liberté* contagieux qui entraine la raison
et qui, dans les rapports du peuple avec l'État, crée un enthousiasme
profondément émouvant. L'Anglais est raide, tenace, l'Espagnol,
grave, l'Italien unit la vivacité française à la gravité espagnole et se
distingue par son goût artistique, et l'Allemand, enfin, honnête et
familial, est celui qui *parmi tous les peuples civilisés se soumet le plus
facilement et le plus durablement au gouvernement qui le régit, et
répugne le plus à toute recherche du nouveau et à toute résistance
contre l'ordre établi,* a plus de bonne volonté et d'application que de
génie et vaut surtout par la *modestie*[1]. La modestie pour lui et pour
son peuple, c'est bien là le trait essentiel de la vie et de la philosophie de celui qu'aucun sophisme ne parviendra à convertir en un
teutomane belliqueux.

FICHTE.

Mais ce n'est pas Kant, — la gageure était trop forte, — c'est son
grand disciple, c'est Fichte qui, unanimement, est proclamé le père
même du pangermanisme. Parcourons donc rapidement sa philosophie pratique et sa philosophie de l'Histoire.

Dès qu'il a commencé à penser, il se révèle démocrate ardent,
jacobin, l'irréconciliable adversaire de tout préjugé religieux, politique et national. Il est peuple jusqu'au tréfonds de lui-même : fils
d'un pauvre tisserand, il a commencé la vie en mettant la main au
métier paternel et en gardant les oies, et quelque riche et forte qu'ait
été sa culture, à quelque sommet de la science, de l'éloquence et de
la gloire que son génie l'ait élevé, peuple il est resté. Aussi accueil-
le-t-il la Révolution française, non plus avec la sympathie mitigée
d'un Klopstock, d'un Herder et d'un Schiller, mais avec l'enthousiasme débordant d'un homme dont ce grand acte de libération universelle a libéré la classe. Dans ses *Contributions à la Rectification des
Jugements du Public sur la Révolution française* (1793), il clame sa
foi en la Révolution et il lance contre les princes et la noblesse les

---

1. *Anthropologie*, loc. cit., t. VII, p. 637 à 642.

premiers traits de cette éloquence passionnée qui font de lui le plus
grand orateur que l'Allemagne ait produit. Il y montre que la Révolution française est le fruit nécessaire de la liberté de la pensée, que
la personne morale a le droit de s'élever contre l'État parce qu'elle lui
est antérieure et supérieure, et que l'homme sorti des mains de la
nature est autonome. Les monarchies, au lieu d'avoir travaillé au
perfectionnement de leurs sujets, ont été des centres de dépravation
morale. Inaliénable est le droit des citoyens de modifier la constitution. Tout homme et, par conséquent, aussi tout groupe d'hommes,
peut sortir d'une association politique pour en créer une nouvelle,
et c'est là précisément ce qu'on appelle une Révolution. La fin dernière des hommes est la culture de tous pour la liberté. Or, comment
les monarques, tuteurs des peuples, ont-ils entendu la culture de
ceux qui leur ont été confiés? Avant tout, ils les ont cultivés par la
guerre. « La guerre, dit-on, cultive. » Il est vrai qu'elle élève nos
âmes à des sentiments et des actions héroïques, au mépris du danger
et de la mort, au dédain de biens qui sont continûment exposés à la
déprédation, à une sympathie plus intense pour tout ce qui porte
un visage humain, parce que les dangers ou les souffrances supportés
en commun rapprochent les autres plus étroitement de nous. Mais
ne croyez pas que ce soit là un panégyrique de votre sanguinaire
folie belliqueuse, que ce soit là une humble prière que vous adres-
serait l'humanité douloureuse de ne pas cesser de la décimer par des
guerres sanglantes. *La guerre n'élève à l'héroïsme que des âmes qui,*
d'elles-mêmes, en étaient déjà douées. Elle incite les natures peu nobles
au pillage et à l'écrasement de la faiblesse sans défense. Elle crée des
héros et de lâches voleurs, mais qui des deux en plus grand nombre[1]*?*
En fondant et en gouvernant leurs États, l'établissement de la culture a été la dernière préoccupation des monarchies : leur seule fin a
été l'omnipotence de leur volonté à l'intérieur et l'élargissement de
leurs frontières à l'extérieur, c'est-à-dire la tyrannie la plus étendue
et la plus illimitée, la monarchie universelle. Or, ni cette première
ni cette seconde fin n'est favorable à la culture qui ne serait nullement améliorée par le fait que « nos propriétaires auraient beaucoup
de troupeaux ». Les monarques prétendent qu'ils sont les gardiens
du nécessaire équilibre des forces européennes. Mais cette fin, si
elle est la leur, est-elle pour cela celle de leurs peuples? « Croyez-

---

1. *Beiträge zur Berichtigung der Urtheile des Publicums über die französische*
Revolution, Œuvres, t. VI, p. 90 et 91.

vous vraiment, demande-t-il aux princes allemands, *que l'artiste et le paysan lorrain ou alsacien se soucie beaucoup de voir mentionner sa ville ou son village dans les manuels de géographie, sous la rubrique de l'Empire allemand et que, pour réaliser cela, il jette au loin son ciseau ou sa charrue* [1]. » Le danger de guerre, c'est-à-dire ce qui lèse et blesse irréparablement la culture, fin dernière de l'évolution humaine, vient uniquement de la *constitution monarchique*. En effet, « *toute monarchie absolue vise nécessairement à la monarchie universelle*. Cette source bouchée, tous nos maux seront extirpés à la racine. Lorsque personne ne voudra plus nous attaquer, nous n'aurons plus besoin d'être armés, alors les guerres terribles et les préparations à la guerre, plus terribles encore, ne seront plus nécessaires [2]. » Dès maintenant, il y a dans notre État comme deux états étrangers que nos monarques, si jaloux de leur fief, supportent cependant dans leur sein. Ce sont, d'une part, les juifs qui refusent de s'assimiler aux nations au milieu desquelles ils vivent et, d'autre part, l'armée. Cette armée « met son honneur dans son humiliation et trouve, dans l'impunité dont elle jouit pour ses déportements contre les bourgeois et les paysans, un dédommagement pour les fardeaux de son état. *Le plus brutal demi-barbare croit revêtir avec son uniforme une supériorité certaine sur le paysan timide et tout effarouché, qui est trop heureux de supporter ses taquineries, ses insultes et ses injures à la condition qu'il ne soit pas, par-dessus le marché, traîné devant les dignes chefs de ces soudards et roué de coups.* L'adolescent, qui a plus d'aïeux mais pas plus de culture, considère son épée comme un titre suffisant pour regarder de haut et avec mépris le négociant, le digne savant, l'homme d'État émérite, pour les taquiner et les molester, ou pour guérir les jeunes gens, adonnés aux sciences, des mauvaises habitudes qu'ils peuvent avoir contractées, par des coups de pied [3]. »

Toute cette première œuvre politique de Fichte respire la haine la plus fervente de la monarchie, le sentiment le plus passionné pour les droits du peuple et l'amour le plus ardent pour cette France révolutionnaire qui a su briser les chaînes qui pèsent encore si lourdement sur l'épaule allemande. « En somme, écrit-il à Reinhold, en 1799, *il est pour moi plus certain que la chose la plus certaine de*

1. *Loc. cit.*, p. 95.
2. *Ibid.*, p. 95.
3. *Ibid.*, p. 151.

ce monde que, si les Français ne remportent pas le triomphe le plus complet, et ne provoquent pas en Allemagne, ou tout au moins dans une partie considérable de l'Allemagne, une modification des choses, en quelques années, nul homme, connu pour avoir conçu dans sa vie une pensée libre, ne trouvera plus de refuge en Allemagne[1]. » Si, à la suite des conquêtes napoléoniennes, du dépècement de l'Allemagne, du démembrement de la Prusse et de son assujettissement, les sentiments de Fichte à l'égard de la France ont changé, il n'a jamais englobé, nous l'allons montrer, dans la haine contre l'oppresseur de son peuple, la France révolutionnaire et, jusqu'aux dernières lignes qu'il a écrites et aux dernières paroles qu'il a prononcées, il est resté fidèle. inébranlablement, à l'idéal démocratique de sa jeunesse.

Dans sa seconde et sa troisième œuvre politique, *Les Fondements du Droit naturel d'après les Principes de la Doctrine de la Science* et *l'État de Commerce fermé*, Fichte commence par se montrer fidèle disciple de la philosophie politique de Kant. La « racine la plus intime » du Moi est le Moi pratique ou la volonté libre; à cette volonté libre, s'oppose la libre volonté des autres ; il faut donc une libre action réciproque entre la volonté de l'individu et celle de tous les autres individus, et c'est pour régulariser cette action que les hommes ont conclu le contrat social d'où est sorti l'État. Dans cet État, le pouvoir législatif appartient à l'ensemble des citoyens (*Gemeine*). Quant à l'exécutif, il peut être dû, soit à l'élection : « État démocratique », soit à la cooptation : « État aristocratique », soit à l'élection et à la cooptation à la fois : « l'Aristo-démocratie ». Toutes ces formes de gouvernement sont également légitimes, à la condition de l'établissement d'un *Éphorat*. En effet, le gouvernement peut commettre des fautes et l'ensemble des citoyens se réunit alors pour le juger. Mais le difficile est de discerner les cas où le gouvernement a commis des fautes et a besoin d'être jugé. C'est là la tâche d'un pouvoir indépendant de tous les autres pouvoirs et qui est précisément l'*Éphorat*.

A côté du contrat social politique, Fichte. dépassant ici infiniment la prudence bourgeoise de Kant qui avait admis comme légitime, à côté de l'égalité politique, l'inégalité économique, a statué un contrat social économique : *Eigenthumsvertrag*. Il a proclamé.

1. Fichte à Reinhold, 22 mai 1799, in *Fichtes Leben*, t. II, Zweite Abth, III, p. 2 .

comme droit premier de tous les hommes, le droit à la vie et le droit
au travail. Il a admis, à côté de la propriété privée, — les produits du
sol, le bétail, les maisons, les meubles, etc., — comme propriété de
l'État, ce que la nature produit seule et ce que la collectivité produit
mieux que ne sauraient le faire les individus — mines, etc. — Pour
l'élaboration de ces produits naturels, il a réclamé des techniciens,
maîtres de leur art, et, par conséquent, des corporations : l'État a le
droit de veiller à ce que les produits fabriqués soient bons et d'en
limiter le nombre. Donc, d'une part, les citoyens doivent renoncer à
la liberté industrielle, et, de l'autre, étant donné que la production
de produits naturels a besoin de produits fabriqués, et les fabricants,
de produits naturels, il faut qu'un échange harmonieux s'établisse
entre ces produits naturels et ces produits fabriqués et que, par
conséquent, le nombre des fabricants soit déterminé par celui des
producteurs. Pour opérer l'échange entre les produits naturels et les
produits fabriqués, s'est formée une classe spéciale, celle des commerçants. Pour empêcher les producteurs de monter à leur gré le
prix des produits naturels indispensables à tous, l'État accumule,
au moyen de prestations en nature des agriculteurs et des artisans,
dans des magasins généraux, les fruits de la terre, les instruments
de travail et les vêtements, si bien que les prix sont nivelés. Enfin,
pour obliger les producteurs à vendre, il faut que l'État crée l'argent
qui représente l'ensemble de tout ce qui peut être vendu et grâce
auquel le producteur des produits indispensables de la terre, même
quand il n'a pas besoin de produits fabriqués, cède ses biens au
fabricant, en échange d'une valeur qui lui permettra d'acquérir ce
dont il aura besoin, quand il en aura besoin. Et pour que l'État
puisse garantir la propriété et régler la circulation des produits,
pour que l'équilibre entre les producteurs, les fabricants et les
négociants, reste stable, et ne puisse pas être troublé par l'introduction de produits naturels ou fabriqués, tirés du dehors, il faut que
l'État ferme tous les accès par où ces produits pourraient pénétrer
chez lui, qu'il soit un État de commerce rigoureusement clos.

À côté du droit naturel, du droit politique, du droit économique et
du droit familial enfin, que nous pouvons nous dispenser d'esquisser,
Fichte statue, comme son maître Kant et d'après ses principes, *un
droit des peuples et un droit des citoyens du monde* (*Völker-und
Weltbürgerrecht*). Les hommes, en tant qu'êtres sensibles et raisonnables vivant en commun, ont des droits et des devoirs réciproques

que garantit l'État. Pour que ces droits s'étendent aussi loin que l'existence des êtres humains, il faudrait que tous les hommes fussent citoyens d'un même État. Or, séparés par les mers, les fleuves et les montagnes, les hommes se sont segmentés en nations et en États différents. Mais ces États ne restent pas séparés, leurs sujets se rencontrent et commercent ensemble. Il faut donc que les droits des sujets des différents États soient garantis. Pour cela, les juges respectifs des États se réuniront, créeront une législation commune et s'obligeront à punir les injustices commises par un citoyen d'un État envers le citoyen d'un autre État. Les États font donc des contrats, concluent des traités et sont représentés les uns chez les autres par des ambassadeurs. Au cas où l'un des États contractants viole quelque clause essentielle du contrat, la guerre est le seul moyen de le punir de cette violation. Mais toute guerre est aléatoire et il pourrait arriver que l'État, ayant violé un traité, eût une armée plus puissante que celui aux dépens duquel la violation a été faite et écrasât celui-ci. Pour éviter cette injustice, il faut que plusieurs États s'unissent pour se garantir réciproquement l'observation des traités et pour assaillir l'État injuste de toutes leurs forces réunies. Mais, de cette union, naît un danger nouveau, à savoir que les verdicts de ces États unis ne soient pas toujours justes. Pour y parer, il convient d'organiser une *Union des peuples* (*Völkerbund*) — et non un *État des peuples* (*Völkerstaat*) — qui s'engage « à exterminer par les forces réunies de tous les contractants l'État, qu'il appartienne à l'union ou non, qui se refuse à reconnaître l'indépendance d'un des États unis ou qui viole un traité conclu entre lui et l'un de ces États [1] ». Pour que, maintenant, les jugements rendus par l'union des peuples puissent être exécutés, il faut que cette union dispose d'une force matérielle, d'une armée. Et, à mesure que cette union se propagera et embrassera peu à peu toute la terre, s'établira la *Paix perpétuelle* qui est le seul rapport légal entre les États. « En effet, la guerre, lorsqu'elle est conduite par des États qui sont juges dans leur propre cause, peut faire triompher l'injustice aussi facilement que le droit, ou même quand elle est sous la direction d'une union des peuples justes, elle n'est que le moyen de la fin suprême, à savoir : la conservation de la paix et nullement cette fin suprême elle-

---

1. *Grundlage des Naturrechts nach Prinzipien der Wissenschaftslehre*, Œuvres, t. III, p. 379.

même [1]. » Le Droit commun de tous les hommes, à quelque État
qu'ils appartiennent, est le droit humain originaire, antérieur à tous
les contrats et les rendant seuls possibles, à savoir le droit qu'a
chaque homme de compter sur ce que les autres hommes puissent
entrer avec lui, par un contrat, dans un rapport juridique. Le droit
qui appartient à tout homme, en tant qu'homme, c'est d'acquérir des
droits. C'est là ce qui autorise tout sujet d'un État à pénétrer sur
le territoire d'un État étranger. Et c'est dans ce droit de cheminer
librement sur toute la terre et de s'offrir à contracter avec les
autres hommes des conventions juridiques, que réside le droit du
citoyen du monde (*Weltbürger*) [2].

Telle était la philosophie politique de Fichte, jaillie tout entière de
la pensée kantienne et des principes de la Révolution française, mais
dépassant cette pensée et ces principes par les conséquences économiques que Fichte a été le premier à en tirer. Mais voici qu'autour
de lui l'horizon politique s'assombrit. Encore en 1799, — nous
l'avons vu par sa lettre à Reinhold, — il avait été plus préoccupé de
la destinée de la pensée libre que de celle de sa nation. Quelles que
fussent les victoires de la France et les défaites de l'Allemagne et de
la Prusse, c'était la liberté et l'égalité que les drapeaux victorieux des
armées de la République allaient apporter dans leurs plis au monde
et avaient déjà, en partie, apportées à l'Allemagne dont le *Recez
principal de la Députation d'Empire* (*Reichsdeputationshauptschluss*),
du 25 février 1803, avait profondément modifié la constitution, en
supprimant les territoires souverains de l'Église, des villes et des
Chevaliers d'Empire.

Mais voici que la République est confisquée par l'homme de génie
dans lequel elle avait semblé s'incarner, que celui que Gœthe avait
appelé le « *compendium* » du monde et que Hegel appellera « l'âme du
monde », se fait proclamer Empereur et roi d'Italie ; brise comme
verre, après Ulm et Austerlitz, le dérisoire Saint-Empire romain
germanique ; attire dans son orbite la Prusse, en abandonnant à la
convoitise toujours éveillée des Hohenzollern un lambeau magnifique de l'Allemagne déchiquetée : le Hanovre ; s'institue le protecteur de la Confédération du Rhin, grâce à laquelle l'Allemagne
occidentale presque tout entière devient française ; offre, à Frédéric-
Guillaume III inquiet, de former, sous l'hégémonie prussienne, en

1. *Loc. cit.*, p. 382.
2. *Ibid.*, p. 381.

face de l'Allemagne autrichienne et de l'Allemagne rhénane française,
une Confédération de l'Allemagne du Nord, ce à quoi Frédéric-
Guillaume III se prête, mais ce à quoi se refusent les Princes secrète
ment déconseillés par Napoléon ; se jette, lorsque les Prussiens,
exaspérés par la lâcheté de leur Roi et de ses ministres et par
l'inique condamnation du libraire Palm, obligent Frédéric-Guillaume
à déclarer la guerre à la France, avec une rapidité foudroyante sur
la Bavière, passe le Mein, extermine l'armée prussienne à Iéna, voit
les plus formidables forteresses prussiennes se rendre à lui sans
combattre, s'empare de Berlin, défait l'armée russe à Eylau et à
Friedland, et impose enfin, en juillet 1807, à la Prusse, le traité de
Tilsit qui enlève à cette dernière toutes ses provinces à l'ouest de
l'Elbe, presque toutes ses provinces polonaises, et le Hanovre, c'est-à-
dire 25 000 milles carrés et 5 millions d'habitants. Comme le dit
Henri Heine : « Napoléon souffla sur la Prusse, et la Prusse cessa
d'exister ».

Est-il étonnant qu'en face de ces catastrophes sans précédent
atteignant sa patrie, Fichte ait senti s'écrouler tous les fondements
de sa conception de vie? Jusqu'ici, il n'avait vu, avec les doctrines
du Droit de la nature qui avaient triomphé par la Révolution, dans
l'État qu'un mal nécessaire, dont la fin dernière était de donner à
chacun le droit de ne reconnaître d'autre loi que celle qu'un chacun
se donnait à lui-même. Jusqu'ici, il avait fait du cosmopolitisme
humanitaire l'idéal dernier de sa philosophie politique. Et voilà ce
qu'avait produit ce droit naturel et ce cosmopolitisme! Devant ce
sanglant démenti donné à ses rêves, Fichte rectifie son système, mais
— nous allons le montrer — sans en abandonner les principes
directeurs, sans jamais renoncer à sa foi invincible dans la vertu de
la liberté et de l'égalité des peuples, et même dans la vertu du
cosmopolitisme, entendu dans le sens du développement équitable
et de la lutte pacifique de toutes les nations. Ce système rectifié,
il ne se contente pas de l'élaborer pacifiquement dans son solitaire
cabinet de travail. Lui, qui avait proclamé qu'il n'y a pas d'Être, mais
seulement de l'action, et que la « volonté morale est la seule réalité »
lui, la volonté faite homme, il entre dans l'action. Il devient l'âme de
la résistance, l'animateur des énergies assoupies de ses compatriotes,
le verbe enflammé de sa patrie humiliée et asservie. Ce ne sont plus
des livres qu'il écrit, ce sont des discours qu'il adresse à son peuple,
discours qui, à mesure que la situation de la Prusse est plus

désespérée, deviennent de plus en plus passionnés jusqu'à ce que vraiment s'accomplisse son vœu et qu'il semble parler « *des glaives et des éclairs* [1] ». Et « ces glaives et ces éclairs » ne jaillissent pas seulement, ne jaillissent pas surtout de cette raison de Fichte qui s'était manifestée avec tant de puissance et de subtilité dans la *Wissenschaftslehre*. Ils jaillissent du tréfonds de sa sensibilité et y font surgir ces germes de mysticisme qui, nous l'avons montré, avaient contribué à constituer la *Doctrine de la Science* elle-même, et qui, maintenant, sous les larmes brûlantes de sa douleur patriotique, se mettent à lever, à s'épanouir, à pulluler et à étouffer les fleurs artificielles de la raison adulte. Mysticisme politique, mysticisme historique, mysticisme religieux — tel qu'il l'enseignera dans l'*Anweisung zum seligen Leben* — ce sera là désormais le caractère de la philosophie de Fichte.

Ce mysticisme nouveau ne se révèle encore qu'imparfaitement et que timidement dans ses Conférences de 1804-1805 sur les *Traits essentiels de l'ère présente*. Il y pose, dans la vie de l'humanité, cinq grandes époques : l'époque de l'empire illimité de la raison par l'instinct : *l'état d'innocence du genre humain*; l'époque où l'instinct de la raison est transformé en une autorité extérieure contraignante : *l'état du péché commençant;* l'époque où l'homme se libère de cette autorité et, par conséquent, aussi de l'instinct de la raison et de la raison sous toutes ses formes : *l'état de péché total;* l'époque de la science de la raison : *l'état de la justification commençante* et, enfin, l'époque de l'art de la raison : *l'état de la justification et de la sanctification totales.* L'époque présente constitue le troisième stade de l'évolution : l'état de péché total. L'homme s'y est libéré de toute autorité : c'est le règne du concept, de l'entendement, du sens commun, dont la seule préoccupation est la conservation de soi et le bien-être d'un chacun ou, au plus, de ceux qui nous entourent. C'est le règne de l'individualisme effréné : tous veulent penser par eux-mêmes et ils oscillent lamentablement entre le grossier empirisme de l'expérience et la folie des rêveries visionnaires.

Or, le progrès dans l'évolution de l'humanité consiste à faire triompher dans la vie tout entière, non pas le concept qui mène à l'égoïsme individualiste, mais la raison, uniquement soucieuse de l'universel et du collectif : « la raison vise la vie une qui est la vie de

1. *Reden an die deutschen Krieger zu Anfange des Feldzuges*, 1806, Œuvres, t. VII, p. 510.

l'espèce... la vie raisonnable consiste en ce que la personne s'oublie dans l'espèce, qu'elle risque sa vie pour la vie de tous et la leur sacrifie[1] ». Tout ce qui a été fait ici-bas de grand et de bon a été réalisé par des « hommes nobles et énergiques ayant sacrifié toutes les jouissances de la vie aux idées[2] ». Un État constitué par la raison sera donc celui qui concentrera toutes les forces individuelles dans la vie du genre et les y fondra. Dans cet État raisonnable sera réalisée la fin de l'espèce humaine qui est l'établissement d'une culture complète et parfaite, fin qui ne peut être atteinte que par le faisceau étroitement uni des forces de tous les citoyens civilement libres et égaux. La marche vers cette fin s'appelle la civilisation, grâce à laquelle l'homme sort de la forêt sauvage et des marais, se fait agriculteur et pasteur, se spécialise dans une tâche déterminée, se soumet à des lois, forme des nations, et, lorsqu'il est obligé à la guerre, ne songe plus à exterminer son ennemi, mais vise à la paix « si bien qu'entre les États indépendants s'est formée une sorte de droit international et, des monceaux de peuples séparés, une sorte de république des peuples, dont la tâche dernière sera d'établir la paix véritable, c'est-à-dire la Paix perpétuelle[3] ».

L'histoire universelle n'est pas autre chose que l'ensemble des étapes de cette marche vers la civilisation. Dans une de ces larges fresques dont Herder avait donné le modèle, Fichte reconstitue l'évolution du genre humain depuis ses lointaines origines jusqu'au temps présent et c'est ici que va apparaître le Mysticisme historique de Fichte. Il suppose qu'au début de l'humanité il a existé comme deux espèces profondément différentes : d'une part, un peuple en qui la Raison a élu domicile, tout proche encore de la divinité dont émane l'homme et qui incarne toutes les facultés vraiment humaines, c'est-à-dire divines, de l'espèce : le *Normalvolk*, et, de l'autre, les peuplades sauvages et grossières, filles de la terre rude et de la nature élémentaire, guidées par les seuls instincts de la conservation de soi et de la propagation de soi. L'histoire est la lutte entre ces deux espèces, entre la culture primitive, antérieure à la barbarie, et la barbarie, est l'éducation progressive des peuples sauvages par le *Normalvolk*[4]. Tout d'abord, le *Normalvolk*, grâce à la connais-

---

1. *Grundzüge des gegenwärtigen Zeitalters*, Œuvres, t. VII, p. 35.
2. *Ibid.*, p. 41.
3. *Loc. cit.*, p. 44 et 163.
4. *Loc. cit.*, p. 172.

sance des métaux, se soumet les peuplades qui les ignorent. Puis,
en Asie, il subjugue les nations autochtones et forme les grands
Empires despotiques des Assyriens, des Mèdes et des Perses. De là,
il envoie dans l'Europe encore barbare, en Grèce, à Rome, quelques
chefs comme Cecrops, Cadmus, Pelops, qui y forment de petits États,
des colonies, dont ils se proclament les rois, jusqu'à ce qu'il se
fonde des républiques dans lesquelles le peuple, descendant des
autochtones, lutte contre les aristocrates, descendant du *Normalvolk*,
et l'emporte sur eux, jusqu'à ce que Rome réussisse à réunir à
nouveau en un seul État toutes les nations que le *Normalvolk* avait
peu à peu cultivées, et établisse dans tout l'univers connu la liberté
civile, la participation au droit de tous les hommes libres, une
législation juste, des finances réglées, des lois humaines,. et le
respect des usages et des religions de toutes les nations. Ensuite, la
religion vraie du *Normalvolk* — le christianisme — sortit des lieux
inconnus où elle était née, se répandit à travers tout l'empire de la
culture, devint religion d'État, et créa un monde nouveau : les
temps modernes, l'État chrétien dont la mission fut de réaliser
l'égalité et la liberté personnelles. Ce sont les peuples germaniques
qui, ayant seuls formé des établissements stables, sont les principaux représentants de la culture nouvelle. Le principe sur lequel
sont fondés les États qu'ils constituent est la fidélité (*Treue*, le lien
personnel entre le chef et ses compagnons devenu lien politique : la
féodalité. Mais, peu à peu, les compagnons du Roi, les vassaux,
cherchent à se libérer de l'écrasante tutelle royale; les Rois, de leur
côté, tentent de conserver leur pouvoir, et l'Église, voulant soutenir
l'équilibre entre les belligérants, éternise la lutte. Celle-ci se termine
tantôt, comme en France, par la défaite des vassaux, tantôt, comme
en Allemagne, par celle de la puissance de l'État. En Allemagne, les
vassaux triomphants forment à leur tour des États indépendants, et
l'Église, elle aussi, d'unie qu'elle a été, se divise : la Réforme surgit
et l'antique République chrétienne succombe comme s'était écroulé
l'Empire romain. Les États particuliers grandissent et les plus
puissants d'entre eux aspirent à la Monarchie universelle. La
tendance vers cette monarchie devient le principe moteur de
l'Histoire moderne. Pour empêcher un État puissant de s'emparer
de l'hégémonie, les États moins puissants se groupent, essayent
d'attirer à eux le plus grand nombre de citoyens possible par les
progrès matériels et intellectuels qu'ils réalisent, par la participation

aux droits accordée à tous, par l'établissement de la plus haute
culture dont l'époque soit susceptible : l'État le plus hautement
cultivé deviendra la patrie commune de tous les Européens. Ainsi,
encore en 1804-1805, Fichte n'a pas renoncé à son idéal de cosmopolitisme humanitaire. « Quel est, se demande-t-il, la patrie de
l'Européen chrétien vraiment cultivé? C'est, en général, l'Europe;
en particulier, dans chaque période de l'histoire, celui d'entre les
États européens qui est au sommet de la culture. Cet État, en
commettant de graves erreurs, périra avec le temps et cessera, par
conséquent, d'être au sommet de la culture. Mais c'est parce qu'il
périt et qu'il faut qu'il périsse que surgissent d'autres États et,
parmi ces États, un État en particulier qui occupera à son tour ce
sommet qu'avait occupé le premier. *Que les hommes pour lesquels
la patrie consiste dans la glèbe, le fleuve, la montagne, continuent à
rester fidèles à l'État écroulé; ils conservent ce qu'ils veulent et ce qui
les rend heureux. Quant à l'esprit, frère du soleil, il sera irrésistiblement attiré par l'État nouveau où règnent la lumière et le droit et s'y
tournera.* Et, dans cet esprit cosmopolite (*Weltbürgersinne*) nous
pouvons nous tranquilliser complètement sur les actions et les
destinées des États pour nous-mêmes et pour nos descendants,
jusqu'à la consommation des siècles [1]. »

Mais, à partir de 1806, dans la série d'opuscules politiques que
publie Fichte jusqu'aux *Discours à la Nation allemande* (1808) qui
constituent l'apogée de son éloquence politique, le ton change et la
doctrine se modifie. Avant tout, il recherche les causes qui ont valu à
l'Allemagne et à la Prusse les effroyables catastrophes qui ont fondu
sur elles. Avec l'impitoyable cruauté du chirurgien qui, pour guérir
radicalement une plaie purulente, enfonce son scalpel jusqu'au cœur
même du membre gangrené, il révèle toutes les tares et toutes les
turpitudes de son temps et de sa nation. Le destin qui l'accable,
c'est l'Allemagne elle-même qui l'a conjuré, c'est « la mollesse, la
lâcheté, l'incapacité de faire des sacrifices, d'oser, de risquer biens
et vies pour l'honneur, le fait de préférer pâtir et se laisser enfoncer
lentement dans un avilissement de plus en plus profond, voilà quels
sont les caractères de ce temps et sa politique [2] ». Ce n'est que dans la
jeunesse allemande que l'on trouve encore quelque feu, quelque activité, quelque génie. Une fois adultes, les adolescents ne vivent plus

1. *Loc. cit.*, p. 212.
2. *Reden an die Deutschen Krieger zu Anfange des Feldzuges 1806*, t. VII, p. 511.

que sur leur passé. Dans l'armée, ce sont seulement les officiers
subalternes qui ont du courage, de la vigilance et de l'adresse : les
chefs ignorant profondément la situation et les mouvements de
l'ennemi, se sont stupidement laissés envelopper, ont négligé
d'occuper les passages où l'ennemi pouvait les surprendre et ont fini
par d'ignominieuses capitulations. Parmi les civils, les enfants des
classes supérieures vivent au milieu de la corruption la plus éhontée,
voient croupir très loin au-dessous d'eux le peuple soumis et servile,
et s'abandonnent, sans contrainte, à leur égoïsme. Les classes inférieures, aveugles et humiliées, n'ont d'espoir que dans la justice de
l'au-delà. Les princes se consolent de la perte de leurs plus belles et
plus fidèles provinces par la pensée que « durant toute leur vie ils
auraient suffisamment à manger et à boire ». Et cette infamie des
princes est toute naturelle, puisque leurs éducateurs « auraient craint
de mettre en péril leur précieuse vie et de diminuer l'amabilité qui les
rendait si chers aux dames » si, en dehors d'un peu de français,
d'équitation, de musique, de dessin et d'instruction militaire, on
leur avait enseigné quelque chose de sérieux et de solide, on leur
avait appris « que la moindre chose que l'on pût exiger d'eux, c'est
qu'ils ne devinssent pas la flétrissure et la gangrène de leur nation ».
Les ministres de ces Princes sont dignes d'eux : dépourvus de toute
culture scientifique et de toute pensée personnelle, les diplomates
sont uniquement préoccupés d'arracher, par des procédés policiers, à
leurs adversaires des secrets sans importance; les administrateurs,
de procurer à leur Maître, par n'importe quel moyen, le plus d'argent
possible. De la sorte, l'Allemagne a perdu toute force, toute unité,
toute dignité, toute vie. Deux grands États, l'Autriche et la Russie,
s'y disputaient âprement l'hégémonie et les Princes des petits États
essayaient de rivaliser de luxe et de débauche avec l'Empereur et le
Roi, d'augmenter leur territoire aux dépens de leurs voisins et de
ramper devant l'étranger : « ils auraient rampé devant le dey d'Alger,
auraient embrassé la poussière de ses pieds et confié leurs filles à ses
fils naturels ou adoptifs pour acquérir par là la charge ou le titre
royal qu'ils convoitaient [1] ».

Puis, dans le Fragment sur *La République allemande au commen-*
cement du XXIIe siècle sous leur 1er protecteur, il tente comme une
première esquisse des idées qu'il développera dans les *Discours à la*

---

1. *Episode über unser Zeitalter, aus einem republikanischen Schriftsteller*, loc.
cit., p. 519 à 529.

Nation allemande. Étant donné que nombre de princes allemands ont traii leur pays à l'étranger, que les autres assistèrent à cette traiison et l'approuvèrent, que les peuples iumiliés et sucés n'étaient plus que l'aveugle instrument des sanguinaires caprices de l'étranger, il est nécessaire, pour remédier à cette détresse, de créer une Constitution nouvelle. Celle-ci devra réaliser l'égalité de tous les peuples allemands et n'admettre d'inégalité parmi les individus qu'au point de vue du talent. Elle devra être appropriée aux Allemands, c'est-à-dire à la nation qui, peu sociale et peu préoccupée du jugement des autres·nations, a la particularité de se recroqueviller sur elle-même et de ne demander qu'à vivre pacifiquement selon son propre génie. « *Une nation qui, comme la nation allemande, ne vise qu'à garder pour elle-même et qu'à affirmer la forme particulière de son existence et non pas à l'imposer aux autres, n'a pas été mise sans intention au milieu des peuples qui, dès qu'ils ont acquis la plus médiocre parcelle de culture, éprouvent immédiatement le besoin de la répandre au dehors*. Mais, dans le plan éternel présidant à la marcie du genre iumain, *elle est destinée à servir de digue contre cette indiscrétion intempestive afin de donner, non seulement à elle-même, mais à tous les autres peuples de l'Europe, la garantie que tous peuvent courir, de la façon qui leur convient, au but commun*. »

Dans le *Patriotisme et son contraire, Dialogue patriotique de l'année 1807*, Fic:te institue une controverse entre un cosmopolite et un patriote. « Le cosmopolitisme est la volonté de faire en sorte que **la** fin de l'existence du genre iumain soit réellement atteinte dans ce genre iumain. Le patriotisme, la volonté que cette fin soit atteinte tout d'abord dans la nation à laquelle nous appartenons, et se répande de là sur tout le genre iumain. » Or, une volonté ne peut agir que sur le milieu le plus prociain dont elle est la force vivante. Mais ce milieu est précisément la nation à laquelle on appartient et, par conséquent, « ciaque cosmopolite, de par la nécessaire limitation que lui fait subir sa nationalité, devient nécessairement patriote et, par conséquent, c'est le patriote le plus énergique et le plus actif qui sera, par cela même, le cosmopolite le plus actif, puisque la lin dernière de toute culture nationale reste que cette culture se répande sur tout le genre iumain ». Entre cosmopolitisme et patriotisme, il n'y a donc pas antinomie : celui-là n'est que l'expression la plus

---

1. *Die Republik der Deutschen zu Aufang des zwei-und zwanzigsten Jahrhunderts, unter ihrem fünften Reichsvogt, loc. cit.*, p. 533.

parfaite de celui-ci. Le moyen de réaliser ce cosmopolitisme patriotique ou ce patriotisme cosmopolite est de répandre le plus largement
possible la science. Or, c'est en Allemagne qu'est vraiment née la
science et, par conséquent, les Allemands seuls peuvent comprendre
que la propagation de la science est la fin dernière de l'humanité.
Si bien que ce sont seulement les Allemands qui peuvent être
patriotes et travailler, tout en travaillant pour la nation, pour le
genre humain tout entier [1].

Nous voilà naturellement amenés aux *Discours à la Nation allemande*. Comment résumer en quelques pages ces quatorze harangues,
si riches et si pleines, qui ont exercé une si profonde influence sur
l'âme allemande? Jusqu'ici, dans les fragments politiques que nous
venons d'analyser brièvement, Ficte s'est contenté de dénoncer la
maladie honteuse qui avait rongé l'Allemagne et dont les manifestations avaient été Auerstädt et Iéna, les capitulations des forteresses
et, plus ignominieuse encore, la trahison des Rois. Dans les *Discours*,
c'est le remède qu'il va tenter de trouver. Jusqu'ici, le nouveau
mysticisme de Ficte avait été bridé par son rationalisme kantien ;
maintenant, on va le voir, il va couler à pleins bords.

C'est l'égoïsme qui avait été — les *Conférences sur les traits essentiels de l'ère présente* l'avaient irréfutablement établi — le caractère
distinctif de l'Allemagne contemporaine. Or, voici que cet égoïsme
s'est détruit lui-même, que le monde qu'il avait animé s'est écroulé
et qu'un monde nouveau va naître. Quelle sera cette *vita nuova* que
les *Discours* sont destinés à annoncer, bien plus, à créer? Le but est
de refaire la race, de reconstituer dans sa chair et dans son âme la
nation. Mais ce n'est pas par le dehors, par des moyens artificiels et
mécaniques, c'est par le dedans, par une réforme profonde et intime,
par une refonte totale des énergies vitales de la race que cette œuvre
de réfection et de reconstitution s'opérera. Aussi, ce ne sont pas les
adultes sans énergie, sans ressort, habitués à la férule et pliés à la
servitude qui seront capables de comprendre la bonne parole. C'est
sur les enfants, sur ces matériaux non encore usés ni contaminés,
qu'il faut travailler, c'est l'*éducation*, une éducation nationale qui
sauvera l'Allemagne, si elle peut encore être sauvée, et elle peut
encore être sauvée.

1. *Der Patriotismus und sein Gegentheil, Patriotische Dialogen aus dem Jahre 1807*,
Œuvres, t. XI, p. 221 à 274.

Cette éducation, destinée à créer des hommes vraiment libres, commencera, en apparence, par détruire cette liberté, en soumettant les enfants à une discipline inflexible qui aura pour effet de créer en eux une bonne volonté infaillible, rigoureusement nécessaire et déterminée. Elle prendra tous les enfants, pauvres et riches, garçons et filles, les enlèvera à leur milieu familial, et les placera dans des internats constituant chacun comme des petits royaumes aussi fermés et aussi clos que, d'après Fichte, devait être *l'État de Commerce*, et au seuil desquels expireront tous les souffles empoisonnés venus du dehors. Là, on fera d'abord de l'enfant un animal robuste, adroit, souple et résistant. On ne fera pas appel à sa mémoire mécanique ni à son entendement encore débile, mais à l'intuition qui met les sens neufs et curieux de l'être nouveau en rapport direct avec les choses. Puis, on se préoccupera de son éducation morale, on exterminera en lui l'égoïsme utilitaire et on lui apprendra à aimer le bien pour le bien. On ne se contentera pas de donner des préceptes : il faudra que chaque enfant fasse lui-même sur lui-même l'effort qu'exige cet effort désintéressé. Pour cela, il faut que soit éveillée l'activité de son esprit, d'un esprit qui ne se contente pas de voir défiler devant lui les choses, mais qui s'en empare d'une prise irrésistible parce qu'on aura su éveiller en lui l'amour de ce qu'on lui apprendra. Par cet amour, sa moralité sera déjà ennoblie. Mais cela ne suffit pas pour créer vraiment une nature morale. En vue de développer celle-ci, on dessinera devant l'enfant l'image de l'ordre social, tel qu'il doit être d'après les lois de la Raison, et cette image, on ne la lui fera pas seulement aimer, mais réaliser, en partie, dans la communauté scolaire à laquelle il appartient et où, à côté des travaux de l'esprit, il se livrera à des travaux manuels, avant tout à l'agriculture, à l'horticulture, et apprendra ainsi par sa propre expérience qu'il fait partie d'un tout, qu'il n'est qu'un anneau infime dans la chaîne des êtres, et que la noblesse de l'homme consiste à se sacrifier pour le groupe, la collectivité, la nation à laquelle il appartient. De la sorte, il s'élèvera peu à peu à une conception vraiment morale et comprendra qu'il n'est qu'une vie digne d'être vécue, la *vie spirituelle*, que cette vie spirituelle est une, et qu'elle n'est pas autre chose que la vie divine. Ainsi l'enfant arrivera à la religion, à la seule religion vraie, celle qu'a révélée au monde la philosophie allemande et, avant tout, le philosophe qui, seul, a compris la philosophie kantienne, à savoir Fichte lui-même.

Cette éducation nouvelle dont Fichte a emprunté les principaux traits au grand pédagogue Pestalozzi en les approfondissant et les saturant de philosophie transcendentale, devra, d'après lui, être réalisée par l'État et pourra être réalisée par lui. Que sont, en effet, les sacrifices pécuniaires qu'entraînera la création de ces internats auprès des inestimables avantages qu'ils apporteront à l'État? Actuellement, la plus grande partie des revenus de l'État est consacrée à entretenir des armées permanentes et les événements viennent de montrer à la Prusse combien productives avaient été ces dépenses! *« Que si l'État introduisait partout l'éducation nationale, à partir du moment où une génération nouvelle aurait passé par elle, il n'aurait plus besoin d'une armée proprement dite. Mais il aurait, dans cette jeunesse, une armée comme aucun temps n'en vit jamais. Chaque enfant, en effet, a été parfaitement exercé à user de sa force corporelle pour n'importe quelle fin, il comprend immédiatement celle-ci et est habitué à supporter n'importe quel effort, n'importe quelle peine. Son esprit, élevé dans l'intuition immédiate, est toujours prêt et présent. Dans son âme vit l'amour de la collectivité dont il est un membre et cet amour étouffe en lui tout mouvement égoïste* [1]. »* De plus, l'État qui, jusqu'ici, a tant souffert de l'indocilité et de la maladresse des classes inférieures, acquerra, par l'éducation nouvelle, des ouvriers habitués, depuis leur jeunesse, à réfléchir à leur tâche, adroits, endurants et cultivés. Que si l'État se refuse à sa mission, il faudra que des particuliers l'assument. Sans doute, alors, les classes riches dédaigneront d'envoyer leurs enfants dans ces internats où ils seront obligés de cohabiter et de cotravailler avec les enfants des pauvres. L'État aurait bien le droit de les y obliger, lui, qui les astreint, ces enfants, au service militaire, ce qui est bien plus dangereux et entraîne souvent les conséquences les plus désastreuses pour l'état moral, la santé et la vie de ces enfants [1]. Si l'État n'ose pas aller jusque-là, qu'il laisse bouder les riches et s'adresse « au nom de Dieu et avec pleine confiance, aux pauvres orphelins, aux vagabonds traînant misérablement dans les rues, à tous ceux que l'humanité adulte a rejetés et expulsés.... Donnons du pain à ceux à qui personne n'en donne pour que, avec le pain, ils reçoivent en même temps l'éducation de l'esprit. Ne craignons pas que la pauvreté et la misère de leur état antérieur ne soient un obstacle à nos intentions.

1. *Reden an die Deutsche Nation*, *Œuvres*, t. VII, p. 431.
1. *Ibid.*, p. 436.

Arrachons-les brusquement et complètement à cet état et transportons-les dans un monde complétement nouveau. Alors ne laissons rien en eux qui puisse leur rappeler ce qui fut, alors ils s'oublieront eux-mêmes et seront comme des êtres neufs qui viennent seulement d'être créés.... Ce sera pour la postérité un avertissement et un témoignage sur notre temps, si ce sont précisément ceux qu'il a expulsés de son sein, qui reçoivent, grâce à cette expulsion, le privilège d'inaugurer une race meilleure, si ce sont eux qui apportent, aux enfants de ceux qui n'ont pas permis à leurs enfants de participer à l'éducation commune, la culture sanctifiante, et si ce sont eux qui deviennent nos héros, nos sages, nos législateurs futurs et les sauveurs de l'Humanité [1]. »

Cette éducation nouvelle, ce sont les seuls Allemands qui sont appelés à la réaliser. L'histoire moderne, telle qu'elle a été constituée par les invasions, est tout entière l'œuvre de la race germanique. Dans cette race, il faut distinguer entre ceux qui sont demeurés fidèles au sol qui les vit naitre et ceux qui sont allés coloniser l'Europe : les *Autochtones* et les *Émigrés*. Seuls, les Autochtones ont conservé leur langue primitive — on reconnaît ici les idées de Klopstock et de Herder — seuls ils ont une langue *vivante*. C'est ce privilège d'avoir une langue vivante, émanant directement de la communion de l'homme primitif avec la nature qui l'entoure, reflétant avec une fidélité absolue, dans toute sa force, dans toute sa beauté, dans tout son éclat, les choses telles qu'elles apparaissent aux sens vierges des premiers-nés de la terre, c'est ce privilège qui constitue essentiellement la noblesse du peuple allemand et sa supériorité sur tous les autres peuples. Par cette langue saturée de vie, la culture pénètre dans la vie de la race et en imprègne toutes les manifestations. Grâce à elle, seuls, les Allemands considèrent la culture de l'esprit comme la mission essentielle de l'humanité, seuls, ils sont doués non seulement d'esprit, *Geist*, mais d'âme, *Gemüth*, seuls, au lieu de s'en fier à un facile génie, ils prennent les choses et les êtres au sérieux et s'appliquent à toutes les tâches qu'ils entreprennent avec zèle et, chez eux seuls, ce ne sont pas uniquement les classes supérieures, mais le peuple tout entier qui est cultivable.

C'est la possession de cette langue vivante créée par le peuple tout entier et restée son levain spirituel, qui explique toute l'histoire

---

1. *Loc. cit.*, p. 442 et 443.

physique, intellectuelle, morale, et religieuse de l'Allemagne et du monde civilisé. Les Germains émigrés qui ont adopté la langue des pays qu'ils ont colonisés et qui, par conséquent, ne parlent qu'une langue étrangère, c'est-à-dire morte, n'ont pu donner au monde que des œuvres incomplètes, superficielles, fragmentaires, puisque leur langue n'était pas un moyen de communion entre leur esprit et les forces vraiment élémentaires, les énergies-mères de la nature, puisqu'elle n'était pas un instrument de réalisation des conceptions géniales qui, par rencontre, pouvaient naitre parmi eux. Si donc ce sont souvent les Émigrés qui ont ouvert les voies au génie allemand, en revanche, c'est lui seul qui était capable de les frayer et de les féconder. « Le génie étranger sèmera les voies foulées par l'antiquité de fleurs, et tissera autour de la sagesse de vie, qu'il prendra pour la philosophie, un vêtement gracieux. Mais l'esprit allemand ouvrira des puits nouveaux, introduira la lumière et le jour dans leurs abîmes, lancera d'énormes blocs de pensées dont les siècles futurs se construiront des demeures. Le génie étranger sera un sylphe charmant, planant d'un vol léger au-dessus des fleurs germées d'elles-mêmes de son sol, nichant en elles sans les courber, et s'imbibant de leur rosée rafraichissante.... L'esprit allemand est un aigle qui, d'un effort violent, lance dans les airs son corps pesant et, de ses ailes puissantes et exercées, accumule sous lui des masses d'air, pour s'approcher le plus près du soleil dont la vision le ravit[1]. » L'Allemagne donc ne fait pas de découvertes proprement dites, « elle reçoit toujours les impulsions premières de l'étranger, impulsions que d'ailleurs cet étranger doit lui-même à l'antiquité, mais l'Allemagne, la *Mère Patrie* (*Mutterland*) prendra au sérieux et cristallisera dans la vie ce que les autres n'ont qu'esquissé superficiellement[2] ». C'est ainsi qu'après que, par la Renaissance, les Émigrés eurent fait sortir l'humanité des ténèbres des superstitions médiévales, c'est l'Allemagne, la *Mère Patrie* qui enfante dans son sein « l'homme allemand » par excellence, Luther, qui, désespérément, cherche le salut, et qui entraîne sa nation tout entière dans cette recherche. C'est ainsi que des Émigrés ouvrirent la voie à la philosophie, mais que ce fut un autre « homme allemand », Kant, et surtout l'Allemand des Allemands, Fichte lui-même, qui créa la philosophie vraie et éternelle, la philosophie entièrement originale et élémentaire, la

1. *Loc. cit.*, p. 339 et 340.
2. *Ibid.*, p. 341.

philosophie vivante, fruit suprême de la langue vivante. C'est ainsi que les Émigrés ont tenté avec une magnifique audace, de créer un État parfait. Mais, peu de temps après, ils ont si bien renoncé à cet idéal que leur état politique actuel les oblige à condamner la seule idée de cette tâche comme un crime, et à employer toutes leurs forces pour effacer autant que possible ces tentatives des Annales de leur histoire. La cause de cet échec est évidente : « l'État conforme à la raison ne se laisse pas construire par des institutions artificielles dans n'importe quelle nation, mais il faut que la nation soit tout d'abord cultivée et éduquée en vue de cet État, et c'est seulement la nation qui aura résolu tout d'abord la tâche de l'éducation de l'homme parfait qui résoudra aussi celle de l'État parfait[1] ». Cette nation sera la nation allemande.

Voilà, dans leur essence, les douze premiers discours de Fichte. On dira sans doute que ce magnifiement, cette glorification de la langue et du peuple allemands est la racine même du pangermanisme. Il est possible, il est même certain que les pangermanistes se sont servis de ces pages. Mais il n'est pas moins certain, à mes yeux, que toute pensée pangermaniste était absente de l'esprit de Fichte lui-même. Pangermaniste, ce Fichte, qui parle, en 1807-1808, à Berlin occupé encore par les Français, devant des espions français, après Auerstädt et Iéna, après Eylau et Friedland, après ce Traité de Tilsit dont nous avons rappelé les stipulations draconiennes! Ne voit-on pas que c'est parce que son peuple était asservi, humilié, broyé, exposé à être effacé par un trait de plume du Tout-Puissant, de la carte de l'Europe, parce que l'Allemagne venait d'être déchiquetée, la Prusse démembrée, qu'il a, par une réaction légitime, par un effort admirable, exalté, idéalisé, divinisé ce peuple, opposé à la réalité la vision magnifique d'un avenir qui, à lui-même, apparaissait comme problématique. Les *Reden* sont une utopie, une utopie, ces internats où seront confondus dans une même éducation et séparés de leurs parents tous les enfants de la nation, une utopie, cent fois une utopie, ce Germain autochtone, ce *Mutterland*, cette langue-mère, et Fichte le savait bien et il l'a dit lui-même. Cette langue, ce peuple, il les pose non pas comme quelque chose qui est, mais comme quelque chose qu'il faut créer, si l'on veut sauver la nation allemande de la ruine totale et l'empêcher d'être rayée du nombre des peuples

1. *Loc. cit.*, p. 353.
2. *Ibid.*, p. 353 et 354.

indépendants. Cette langue, ce peuple ne sont pas une réalité, mais
un idéal ou mieux un impératif. La question primordiale que doit
se poser le réformateur de l'éducation nationale — et que Fichte
d'ailleurs ne se pose que dans son neuvième discours — est de
savoir si cette originalité allemande, ce patriotisme allemand que
Fichte a décrits, existent. « Que les Étrangers — du dehors et du
dedans — répondent négativement à cette question, cela s'entend;
mais ils n'ont pas voix au chapitre. D'ailleurs, cette réponse ne
jaillit pas d'une démonstration par concepts, mais d'une expérience
immédiate. Que des millions affirment que cela n'est pas, cela ne
voudra pas dire autre chose, sinon que cela n'est pas en eux, et en
aucune façon que cela n'est pas du tout. *Et si un seul homme se dresse
contre ces millions, et assure que cela est, c'est lui qui aura raison
contre tous et rien n'empêche que, puisque c'est moi qui ai la parole,
je sois cet Unique qui affirme savoir par une expérience immédiate,
faite en lui-même, qu'il y a quelque chose comme un patriotisme
allemand, qu'il connaît la valeur infinie de l'objet de ce patriotisme
et que c'est cet amour seul qui l'a incité, malgré les périls, à dire ce
qu'il a dit et ce qu'il dira encore*[1]. » C'est donc Fichte seul qui proclame, qui décrète qu'il y a une nation allemande telle qu'il la rêve,
parce qu'il est nécessaire qu'elle soit ainsi, de même qu'il avait
décrété qu'il y avait un Moi se créant, par une décision autonome,
et créant du même coup la nature.

Ce qui prouve d'ailleurs plus pertinemment que tout raisonnement que Fichte est aussi loin que possible de ce qu'on appelle le
pangermanisme, c'est son treizième discours. Il semble vraiment que
ceux qui parlent des *Discours à la Nation allemande* se soient tous
arrêtés avant cette treizième harangue qui, cependant, est le point
culminant vers lequel ils tendent. Il est impossible de trouver une
réfutation plus puissante et plus serrée du pangermanisme que celle
que Fichte y a donnée. Les véritables frontières des États, dit-il,
sont leurs frontières intérieures : tous ceux qui parlent une même
langue sont unis par des liens indissolubles et constituent naturellement un tout un et infrangible : « *une nation ainsi constituée ne peut
absorber en elle aucune nation ayant une origine et une langue différentes, sans mettre en péril le progrès de sa culture* ». Et ce sont ces
frontières intérieures qui créent les frontières extérieures : « les

1. *Loc. cit.*, p. 399.

1ommes qui 1abitent à l'intérieur de certaines montagnes et de certains fleuves ne sont pas à cause de cela un peuple un, mais ces
1ommes 1abitent ensemble et sont protégés par des fleuves et des
montagnes parce que, bien avant, ils constituaient, par une loi
supérieure de la nature, un peuple un [1]. »

Les Allemands constituent donc, grâce à leur langue et à leur
mentalité commune, un peuple distinct des peuples voisins et,
d'ailleurs, ils sont portés par leur nature à se suffire à eux-mêmes et
à ne pas se mêler des affaires de leurs voisins. Une 1eureuse destinée
les a empêc1és de participer au dépècement des autres continents.
C'est la découverte des mondes nouveaux et la convoitise, éveillée
dans les différents États de l'ancienne Europe par leurs ric1esses, qui
suscitèrent les jalousies, les inimitiés et les 1ostilités parmi ces États.
Une seule nation en Europe n'avait pas participé à ce pillage, le
peuple allemand. Ainsi, tandis que les autres Européens s'assassi-
naient « sur toutes les mers, dans toutes les îles, sur tous les rivages »
lui seul, assis au centre de l'Europe, aurait pu assurer la paix générale, si on lui avait permis de rester uni. Mais l'Étranger ne le lui
permit pas. Il employa la bravoure allemande à mener ses batailles,
il profita des discussions religieuses qui éclatèrent en Allemagne pour
opposer les uns aux autres les États allemands, et transporter leurs
guerres sur le sol allemand. C'était là le fruit de cette politique
d'équilibre d'où résultèrent tous les maux de l'Allemagne et à laquelle
l'Allemagne nouvelle mettra fin, en se reconstituant dans son unité
primitive.

Aussi étrangère à l'Allemagne que la politique coloniale est la
politique de la *liberté des mers*, liberté par laquelle les uns entendent
une liberté véritable et où les autres ne voient qu'un moyen d'empê-
c1er toutes les nations, sauf la leur, d'user librement des c1emins
des Océans. « *De cette liberté de la mer, l'Allemagne ne s'est jamais
souciée et ne se souciera jamais. D'ailleurs, elle n'en a pas besoin, son
pays fertile et son industrie florissante lui procurent tout ce dont elle
a besoin. Ah! pourquoi un destin 1eureux n'a-t-il pas empêc1é l'Allemagne de participer indirectement au butin des autres mondes comme
il l'a empêc1ée d'y participer directement.* » Mal1eureusement,
l'envie de vivre d'une façon aussi raffinée et aussi distinguée que les
autres nations, a fait considérer en Allemagne les marc1andises,
tirées des mondes nouveaux, comme un besoin, et a incité les Alle-

1. *Loc. cit.*, p. 460.

mands aussi, à « tirer profit de la sueur et du sang des pauvres
esclaves d'au delà des mers ». Si l'Allemagne avait su se rendre indépendante du commerce mondial et se constituer en État de commerce clos, comme l'avait conseillé Fichte, elle n'aurait pas été
contrainte, par la force étrangère, de se passer de ce à quoi elle aurait
alors renoncé en pleine liberté. Ju'au moins les Allemands profitent
de l'expérience! « Puissions-nous comprendre *que tous ces systèmes
vertigineux sur le commerce et l'industrie mondials* conviennent à
l'Étranger... mais qu'ils n'ont pas *d'application chez les Allemands*
et que, après leur unité, leur indépendance commerciale est le
second moyen de leur salut et du salut de l'Europe [1]. »

Tout aussi périlleux que la vision du commerce et de l'industrie
mondiale, mais plus inhumain et plus insensé encore, *est le rêve de la
monarchie universelle*. La nature n'a pu réaliser toutes ses inépuisables virtualités qu'en segmentant l'humanité en individus et en
peuples. Chacun de ces peuples doit se développer selon son intime
génie et c'est seulement « dans l'originalité invisible et cachée à leurs
propres yeux des nations, que réside la garantie de leur dignité, de
leurs vertus, de leurs mérites présents et futurs. Que si cette originalité des nations est émoussée par des mélanges, il en résulte la mort
de leur nature spirituelle et la fusion de toutes en une ruine
uniforme [2]. » Les peuples d'Europe qui ont cessé d'être des sauvages
et d'aimer l'activité destructrice pour elle-même, « cherchent, derrière
la guerre, la paix ; derrière la confusion, l'ordre ; derrière les émotions
belliqueuses, la tranquillité d'une vie domestique et paisible ». Un
mouvement d'enthousiasme belliqueux les soulève pendant un
instant. Puis c'est le réveil, la fièvre tombe et les belligérants se
demandent : pourquoi avons-nous perpétré et pourquoi supportons-
nous toutes ces horreurs? Il faudrait, pour faire taire ces sentiments
si naturels à l'âme humaine, *que les conquérants créassent, par un
art réfléchi, un peuple de sauvages*. Les vainqueurs eux-mêmes, en
face des ruines qu'ils sèment sur leur passage, se rappellent leurs
propres foyers et leurs propres champs, et déplorent, dès que la
mauvaise ivresse qui s'était emparée d'eux est tombée, les déprédations dont ils se sont rendus coupables. La seule force psychique que
les conquérants aient trouvé pour paralyser la bienveillance naturelle
des hommes est *l'instinct de rapine (Raubsucht)*. « *Si le maître-mobile*

1. *Loc. cit.*, p. 466 et 467.
2. *Ibid.*, p. 467.

de la guerre est d'amasser des richesses, si l'on habitue le soldat à ne songer, lor du ravage de contrées florissantes, qu'au profit qu'il pourra tirer pour lui-même de la misère universelle, alors les sentiments de pitié et de compassion s'éteindront en lui. Il faudra qu'un conquérant de notre temps, en dehors de la sauvagerie barbare, cultive chez ses soldats *la rapacité froide et réfléchie.* Non seulement, il ne devra pas châtier les déprédations, mais les récompenser. Il faudra que s'efface l'ignominie qui stigmatise ces déportements et que le pillage passe pour la marque honorable d'un esprit raffiné, soit compté parmi les hauts faits et fraye la voie à tous les honneurs et à toutes les dignités. [1] » Pour l'heure, la lutte des armes est close pour l'Allemagne, et la seule bataille qui lui soit permise est celle « des principes, des mœurs et du caractère ». « Donnez, dit Fichte à ses compatriotes, à vos hôtes l'image d'une chaude affection pour votre patrie et vos amis, d'une probité et d'un amour du devoir incorruptibles, de toutes les vertus bourgeoises et domestiques, donnez-les leur comme un souvenir qu'ils puissent emporter dans leur patrie, qu'ils finiront par rejoindre [2]. »

Voilà ce treizième discours qui nous paraît donner son véritable sens à ceux qui le précèdent. Il est, ce discours, comme un catéchisme anti-pangermaniste. Tout ce qui apparaît à l'impérialisme pangermaniste de l'Allemagne contemporaine comme l'idéal que celle-ci a la mission de réaliser : l'acquisition de colonies, la liberté des mers, le commerce et l'industrie mondiale, les guerres de conquêtes, la barbarie savante, les exactions des contrées conquises, la vision d'une monarchie universelle, l'hégémonie universelle, y est représentée comme haïssable et insensé.

Sans doute, dira-t-on, c'est parce que c'est la France napoléonienne qui incarnait, en 1806, aux yeux de Fichte, cet idéal barbare, qu'il l'a si passionnément combattu. Cela est vrai. Mais ce qui est vrai aussi, c'est que l'idéal qu'il lui oppose est celui qui correspond aux idées politiques qu'il a défendues dès qu'il a commencé à écrire, et que c'est lui qui inspire les dernières paroles qu'ait prononcées sa bouche éloquente.

Dans les leçons sur la *Doctrine de l'État*, faites pendant l'été 1813,

1. *Loc. cit.*, p. 468 et 469.
2. *Ibid.*, p. 470.

à l'Université de Berlin et publiées en 1820, il se demande une
dernière fois ce qu'est une guerre véritable, et en établit le concept
de la façon suivante. D'après l'opinion moyenne des hommes, la fin
dernière de l'humanité est la vie, le moyen de cette vie, la propriété,
et le gardien de cette propriété, l'État. L'humanité se segmente en
propriétaires et non-propriétaires, et les propriétaires considèrent
l'État comme le gérant de leur propriété, comme une sorte de
domestique dont ils ne peuvent se passer, *Diener*, comme un mal
nécessaire qui coûte cher et qu'ils essayent de payer le meilleur
marché possible. Lorsque, maintenant, entre des États dont leurs
sujets ont cette conception, éclate une guerre, les propriétaires en
chargent ceux qui ont mission de les défendre, et plus particulièrement les chefs de l'État, les familles régnantes. Comme les défenseurs
des propriétaires exigent, pour leur protection, un salaire que le
protégé ne peut pas discuter, la guerre devient, pour ceux qui la
mènent, une affaire excellente et les différentes familles régnantes
s'y livrent avec complaisance et engagent les guerres pour s'emparer
d'une contrée, d'une province, d'un district, dont la possession leur
paraît désirable. Ces guerres ne regardent en aucune façon les
propriétaires. Aussi n'ont-ils garde de s'y mêler. Ils ne songent qu'à
leur propriété et, comme leur vie et leur propriété leur sont garanties,
quel que soit le vainqueur, ils attendent l'issue de la lutte tranquillement enfermés dans leurs maisons, où ils accumulent « des provi-
sions de pain blanc, de viande fraîche et de liqueurs fortifiantes
pour s'acquérir la bienveillance du vainqueur, quel qu'il puisse
être [1] ».

Or, toute cette conception est monstrueuse. La vie, loin d'être la
fin suprême de l'homme, n'est qu'un moyen pour lui permettre
d'accomplir la seule tâche qui vaille : la tâche morale. C'est seulement la vie mise au service du devoir qui est infinie, éternelle, inépuisable, indestructible. Cette vie doit naturellement être libre, se
déterminer par elle-même, puisque la liberté est le bien suprême.
Or, cette liberté est double : la liberté intérieure, celle que se donne
chacun par soi, et extérieure, celle que chacun conquiert dans la
communauté avec tous les autres, par la reconnaissance d'un rapport
de droit. L'association, dont la mission consiste à établir entre les
membres d'une même communauté nationale un rapport de droit

---

1. *Die Staatslehre oder über das Verhältniss des Urstaates zum Vernunfreiche*,
Œuvres, t. IV, p. 401 à 408.

tel que c1aque citoyen soit libre sans que sa liberté lèse celle de tous les autres, est l'État. Dans cet État, tous les citoyens sont libres parce qu'ils sont des 1ommes, ils sont égaux, il n'y existe plus deux classes, celle de propriétaires et celle de non-propriétaires, mais une seule. Or, tous étant libres, tous ont le devoir de défendre leur liberté, non plus, comme tout à l'1eure les propriétaires, leur propriété, par des substituts, mais par leurs propres forces, de leur propre sang. Une multitude d'1ommes, unis par une 1istoire commune en vue de l'établissement d'un État, s'appelle un peuple, et l'indépendance et la liberté de ce peuple consistent à se développer par lui-même en un État. Cette liberté et cette indépendance sont mises en péril lorsque la marc1e de ce développement est entravée par la violence, lorsqu'on tente d'incorporer cet État dans une autre État, ou lorsqu'on menace de détruire ses droits. Si, alors, le peuple se lève pour défendre sa vie, son individualité, ses prérogatives, la guerre qui éclate est la « guerre véritable, non plus la guerre qui ne regarde que les familles régnantes, mais la guerre populaire à laquelle les lâches seuls songent à se soustraire. Pour cette guerre-là, joyeusement, les citoyens donneront leurs biens, donneront leur vie; dans cette guerre-là, *ils se refuseront à toute paix avant la victoire définitive, c'est-à-dire avant qu'ils soient garantis contre toute menace ultérieure*[1]. »

Cette guerre vraiment populaire, c'est celle-là à laquelle Fic1te, dans ses *Leçons*, veut préparer ses auditeurs. Il oppose une dernière fois le caractère germanique au caractère des autres peuples et surtout au caractère français. Les Français descendent des Francs qui s'étaient emparés de la Gaule, qui y formèrent un peuple, et y reçurent le c1ristianisme, leur langue, des biens et les arts pour en jouir. C1ez les Francs, toute culture individuelle émane de l'unité nationale, et non pas l'unité nationale de la culture de la personnalité. Aussi, ce qui caractérise les Français, c'est l'orgueil ou plutôt la vanité nationale, la personnalité en tant que création de la collectivité, et celle-ci comme fruit de la société. C'est la société qui, c1ez eux, est l'élément premier et essentiel, et les individus n'existent que par et pour elle. Aussi les Français ne pourront-ils jamais s'élever jusqu'à l'idée complète et profonde de la liberté et d'un empire du droit, puisqu'ils n'ont pas l'idée de la valeur personnelle

1. *Loc. cit.*, p. 409 à 411.

véritablement créatrice. C'est cet empire de la liberté et du droit, ce
concept d'un État vraiment un et harmonieux que les Allemands
ont reçu de l'architecte du monde, la mission de réaliser. Chez eux,
l'État, *l'Empire (das Reich)* jaillira de la liberté personnelle et individuelle, de la personnalité cultivée avant et en dehors de tout
État, puis cultivée dans les différents États qu'ils ont formés ou
qu'ils formeront. Et, en face de cet idéal que les Allemands incarne-
ront un jour, Fichte dresse en pied la statue du géant qui, au
moment où il parle, bien que déjà il chancelle, pèse encore de tout
son poids sur le monde. Ce qui fait sa grandeur, c'est l'incomparable clarté de sa raison, et l'immuable fermeté de sa volonté. Ce
qui fait sa faiblesse, c'est son ambition insatiable, c'est sa cécité
complète pour la mission morale du genre humain, « et la preuve
la plus flagrante de cette cécité morale, ce n'est pas tant cet assassinat du duc d'Enghien qu'on lui a tant reproché, mais c'est un
autre crime au prix duquel l'assassinat d'Enghien est presque négligeable, *c'est le crime d'avoir étranglé la liberté naissante de la France
révolutionnaire.* Sans doute, la France n'était pas destinée — Fichte
en a donné plus haut les raisons — à réaliser le régime de la
liberté. *Mais si une seule étincelle de ce sublime idéal, avait vécu dans
l'âme du Corse, loin d'abandonner cet idéal il aurait cherché à le
réaliser et l'eût trouvé dans une éducation lente, mais sûre, de son
peuple pour la liberté. Il se serait mis à la tête de cette éducation
nationale et n'aurait pas abusé par la ruse et le guet-apens ceux qui
l'avaient mis à leur tête* [1]. »

Dans cette dernière forme donnée à sa philosophie politique, on
reconnaît l'inspiration qui avait animé Fichte lorsqu'il écrivit, en
1793, son plaidoyer pour la Révolution française. Sans doute, on y
retrouve cette conception des Allemands élus par l'architecte du
monde pour réaliser *l'Empire (des Reich)*, mais cet Empire est le
règne de la liberté véritable des individus et des nations. Et, en
dépit de toutes les apparences, c'est toujours la même inspiration
qui transparaît dans l'*Esquisse d'un Écrit politique du printemps de
1813*, destiné à illustrer le célèbre appel du Roi de Prusse « A mon
peuple ». On y voit lutter dramatiquement le démocratisme impéni-
tent de Fichte avec la conviction qu'il a acquise que l'Allemagne ne
sera victorieuse que si elle consent à se soumettre au maître suprême

1. *Loc. cit.*, p. 420   430.

de l'armée (*Kriegsherr*) qui ne saurait être que le Roi de Prusse.
Avec sa rude sincérité coutumière il pose l'antinomie. D'une part, il
affirme à nouveau que l'État repose sur des concepts universels de la
raison, que le caractère national d'un État est constitué par l'entente
entre les représentants et les représentés, et que cette entente ne saurait porter que sur la *liberté civile*, « parce qu'il ne saurait y avoir de
peuple d'esclaves », et qu'une fois qu'un peuple est engagé dans la
voie d'une constitution libre, il est impossible de lui faire rebrousser
chemin (*umbilden*), et qu'il faut continuer à l'éduquer (*fortbilden*)
pour assurer son existence nationale. Seuls, les privilégiés, les aristocrates et les riches veulent se soustraire à cette loi que l'égoïsme
des hautes classes et la lâcheté des classes inférieures, n'empêche pas
de valoir universellement. Mais d'autre part, en fait, Fichte doute
qu'une république allemande même puissante soit capable d'amener
l'Allemagne à l'unité et la liberté. Il faut donc constituer l'État allemand par une autre voie. Cette voie — la seule qui soit ouverte à
l'Allemagne — est la guerre : « par la guerre aussi et par une lutte
commune un peuple devient un peuple ». Mais il faut naturellement
que cette guerre soit une guerre nationale, une guerre voulue par
tous, une guerre de défense et de libération. A cette guerre, peut
seul présider le Roi de cette Prusse, qui est un État proprement et
uniquement allemand, tandis que l'Empereur d'Autriche, de par ses
possessions non allemandes, est obligé d'user des forces allemandes
pour les intérêts de sa maison[1]. Et l'antinomie reparaît encore sous
une autre forme. D'un côté, tous les citoyens sont nés égaux et
ne doivent, en droit, reconnaître au-dessus d'eux aucun maître.
De l'autre, le prince prétend que les citoyens le reconnaissent, lui
et ses héritiers, comme les représentants suprêmes de leur
volonté, même si cette volonté n'a pas été appelée à se prononcer.
Historiquement, l'antinomie se résout en ce qu'on fut obligé de
contraindre les hommes à se soumettre à un état légal et que ce fut
le « prétendu possesseur de la terre (*Grundherr*), qui devint le
maître et souverain (*Zwangsherr*)[2] ». Mais ce qui s'explique par
l'histoire, ne vaut pas devant la raison. Devant la raison, il demeure
que les hommes ne peuvent être amenés à un état de droit que par
la contrainte. Mais cette contrainte peut être exercée par tous ceux

---

1. *Aus dem Entwurfe zu einer politischen Schrift im Frühlinge 1813*, Œuvres,
t. VII, p. 549 à 554.
2. *Loc. cit.*, p. 561.

qui en sont capables et qui sont reconnus comme tels : ceux-là sont
les vrais maîtres et princes (*Zwingherr und Fürst*). Mais une fois
qu'un 1omme s'est élevé par ses talents et par son énergie au-dessus
de ses concitoyens, son premier devoir est « de se rendre superflu
comme maître ». La souveraineté, qui consiste essentiellement dans
le droit de contrainte ne saurait être 1éréditaire. En effet, la souveraineté est un don personnel, qui ne saurait être transmis : « ce
n'est que par son propre Moi (sa personne) qu'un 1omme peut
imposer son droit aux autres. » Par conséquent, dès que le droit de
contrainte devient la « propriété d'une famille, c'est la tyrannie qui
s'établit. Ainsi le premier devoir du maître est d'élever ses sujets à
la liberté[1]. »

On le voit, tout en proclamant qu'en face du danger mortel qui
menace l'Allemagne, il convient de mettre à la tête de l'Allemagne,
comme maître et souverain (*Zwingsherrn zu Deutschland*), le roi de
Prusse, Fic1te est resté inébranlablement fidèle à son idéal démocratique. La République, — Treitsc1ke lui-même est obligé de le reconnaître dans l'étude qu'il a consacrée à *Fichte et l'idée nationale,* —
la république, sans roi, sans prince, sans noblesse, demeure pour
Fic1te la forme rationnelle de toute constitution[2]. Dès que le danger
sera passé, le maître lui-même devra travailler de toute son énergie
à dés1abituer ses sujets de leur sujétion, devra travailler à se
rendre dispensable. Au fond, une fois de plus, Fic1te proclame que
les Allemands pour lesquels il parle, il écrit et agit, n'existent pas
encore, ne sont qu'un idéal forgé par sa passion patriotique. « Le
caractère fondamental des Allemands, écrit-il, c'est qu'ils devront
inaugurer une 1istoire nouvelle et se créer eux-mêmes par la
liberté : nul prince existant n'est capable de faire des Allemands[3] »
Et ce qui prouve mieux que tout ce qui précède, combien au fond
Fichte est resté fidèle à lui-même, combien, encore en 1813. à la
veille de la guerre de libération qu'il a tant fait pour susciter, il reste
attac1é à son cosmopolitisme, c'est que, dans ce même *Entwurf,*
que l'on a voulu considérer, que l'on a pu considérer sans trop
d'injustice, comme l'œuvre où l'auteur de la *Wissenschaftslehre* est
allé le plus loin dans la voie du nationalisme, il a écrit, lui, le teuto-

1. *Loc. cit.*, p. 564 et 565.
2. Treitschke, *Fichte und die nationale Idee* in *Historische und politische Aufsätze,*
t. I, p. 136 et 137.
3. *Aus dem Entwurfe*, etc., p. 371.

mane, lui, le pangermaniste les paroles que voici : « Si nous n'avions à considérer l'avenir de l'Allemagne, *il importerait peu que gouvernât une partie de l'Allemagne un maréchal français comme Bernadotte qui, au moins, autrefois avait vu flotter devant son esprit les visions enthousiasmantes de la liberté, plutôt qu'un hobereau allemand, bouffi d'orgueil, sans mœurs, d'une brutalité et d'une arrogance éhontées*[1]. » La pensée de Fichte n'a donc, au fond, jamais varié. Il a été l'homme de la révolution, de la levée en masse, de la nation armée, un patriote comme l'ont été les géants de 1793, — un jacobin mystique.

(*A suivre.*)

VICTOR BASCH.

1. *Aus dem Entwurfe*, etc., *loc. cit.*, p. 569.

SUR LA MÉMOIRE AFFECTIVE

Nos souvenirs portent généralement sur les événements, les êtres, les objets, les images et les idées. Ce n'est qu'exceptionnellement que nous nous rappelons les sentiments et les émotions. Sans doute, la plupart du temps, on se souvient bien qu'en telle circonstance on a été affecté de certaine manière, mais il est rare que le sentiment jadis éprouvé renaisse alors, avec sa couleur propre et sa qualité émotive particulière. Ce qui subsiste, dans la mémoire, c'est la représentation des causes, des circonstances et des suites de l'émotion ressentie; ce n'est pas l'émotion elle-même. Parfois cependant, un élément émotif indéniable accompagne le souvenir représentatif. Un timide, par exemple, rougira, quoique dans la solitude et à l'abri des regards, en se rappelant une bévue commise en public et qui l'a rempli de confusion. Mais on a objecté que, dans ce cas, comme dans d'autres analogues, l'émotion présente n'est pas un souvenir, que c'est un état nouveau, plus ou moins semblable à l'ancien, provoqué par le rappel des conditions qui avaient fait apparaître celui-ci. L'objection est à retenir; cependant elle ne vaut pas pour tous les cas. De nombreuses observations attestent la réalité du souvenir affectif. Quoique difficile à discerner d'avec les états affectifs engendrés par des souvenirs de faits et faussement identifiés à des sentiments remémorés, cette sorte de mémoire existe, comme l'ont montré notamment Th. Ribot, F. Pillon, Paulhan, Piéron, Dugas, Dauriac, Mauxion [1].

Sans reprendre ici une discussion qui paraît close, ni passer en revue, après d'autres auteurs, les diverses formes et modalités de la mémoire affective, je voudrais néanmoins appeler l'attention sur certains phénomènes de souvenir qui présentent au plus haut degré le

1. Th. Ribot, *Revue philosophique*, 1894, t. II, p. 376; *Psychologie des sentiments*, 1ʳᵉ partie, chap. xi: *Problèmes de psychologie affective*, chap. ii; F. Pillon, *Revue philosophique*, 1901, t. I. p. 113; Paulhan, *La fonction de la mémoire et le souvenir affectif*, 1904; Piéron, *Revue philosophique*, 1902, t. II, p. 612; Dugas, *Ibid.*, 1904, t. II, p. 638; Dauriac, *Essai sur l'esprit musical*; Mauxion, La vraie mémoire affective, *Revue philosophique*, 1901, t. I.

caractère contesté propre à ce genre de mémoire, à savoir la reproduction et la reconnaissance d'*états*, dans lesquels n'entre aucun
élément intellectuel, tandis que la mémoire ordinaire consiste essentiellement dans la reproduction et la reconnaissance d'images ou
d'idées. Bien entendu, ce n'est guère qu'à des observations personnelles qu'il est possible d'avoir recours en pareille matière. Toutefois,
j'ai pu me convaincre que les faits dont je vais parler sont beaucoup
plus fréquents qu'on ne pense. Ils sont seulement plus ou moins
accusés et se laissent plus ou moins saisir par la réflexion, suivant les tempéraments et l'aptitude à s'analyser, variable avec les
individus.

La question de la mémoire affective semble d'abord se poser
exclusivement au sujet des émotions et des sentiments vifs, provoqués par des faits eux-mêmes mémorables, c'est-à-dire au sujet des
états intenses qui, de temps à autre, se détachent sur le fond mono-
tone et incolore de l'existence comme une image remarquable subitement apparue dans le champ de la perception. Des états définis et
motivés de plaisir ou de peine, des sentiments de joie, d'enthousiasme, de colère, de souffrance, de honte, d'inquiétude, d'angoisse
ou d'effroi ressuscitent ainsi, tantôt seuls, et comme spontanément,
tantôt par association avec des images et des idées rappelant les
événements et les circonstances qui les ont produits. Dans le premier
cas, le souvenir affectif précède le souvenir intellectuel qui le complète et en permet la localisation dans le passé; dans le second, c'est
le souvenir intellectuel qui ramène avec lui l'émotion et en prépare
la reconnaissance et la localisation. Dans ce second cas, on peut
contester la nature mnémonique du phénomène. A certains indices
on reconnaît que souvent l'émotion soi-disant reviviscente est un
état nouveau, un état provoqué et assimilé, non un état ancien
remontant simplement à la conscience et reconnu comme tel. Comme
l'a indiqué M. Mauxion, il y a une vraie et une fausse mémoire affective, et cette dernière est l'œuvre de l'imagination[1]. Par contre, il
est évident que la même objection ne saurait s'appliquer aux faits
du premier genre, qui sont par suite beaucoup plus significatifs.

C'est ce qu'ont remarqué Th. Ribot et L. Dauriac. Pour M. Dauriac,
la mémoire musicale est pleine de souvenirs affectifs précédant le
souvenir représentatif : « Un état affectif se produit en nous sans

1. Article cité.

cause apparente. Nous le reconnaissons : fait de mémoire. C'est lui
que nous reconnaissons et non pas les circonstances de son apparition
première, puisque ces circonstances nous les cierc1ons longtemps
sans les trouver : faits de mémoire affective. Preuve : après que nous
avons renoncé à cierc1er, les circonstances nous reviennent, la
mémoire se complète et cela prouve la liaison à ces circonstances
du sentiment reconnu. La vérité est que, dans les faits de mémoire
affective, la localisation n'a jamais lieu, tant que se prolonge l'oubli
des circonstances. Mais ce qui constitue un p1énomène de mémoire
affective comme tel, c'est de pou'voir se passer du rappel des circonstances pour reconnaître le sentiment[1]. »

Voici donc un cas où la mémoire affective se montre à l'état pur.
Or, c1ose à noter, il s'agit rarement en l'espèce d'émotions ou de
sentiments rentrant dans des catégories bien définies. Ce sont des
états d'âme plutôt que des émotions, des sensations inexprimables
plutôt que des sentiments appartenant à un type classé. On en
inférera naturellement que les p1énomènes de mémoire affective
les plus intéressants ne sont pas forcément ceux où l'objet du souvenir est une volupté ou une douleur intense, ni, d'une manière
générale, un état de crise intérieure dont on puisse imaginer après
coup les effets à la seule description de ses antécédents, mais, au
contraire, ceux qui font revivre des états éc1appant à toute analyse,
parce qu'ils ne se traduisent au de1ors par aucune manifestation
permettant de les classer et, en une certaine mesure, de les exprimer
en mots et en images, bref des états aussi peu représentatifs que
possible, constituant le fond subjectif de la conscience. S'il en est
ainsi, les psyc1ologues feraient fausse route en s'attachant à étudier
la mémoire affective dans les circonstances de c1oix où le souvenir
porte sur des états intenses, dont l'apparition a interrompu le cours
1abituel des sensations insignifiantes et qui, par leur intensité
même, ont fait époque dans la vie intérieure. Ces états exceptionnels, ou tout au moins relativement rares, sont, en effet, liés à des
événements, par suite à des images, à des idées et à des jugements
qui laissent une trace profonde, et il est dès lors difficile de distinguer, lorsqu'ils ressuscitent avec le souvenir de l'événement
concomitant, quelle est, dans cette reviviscence, la part de l'imagination et de la réinvention et celle de la mémoire proprement dite[1].

1. L. Dauriac, *Op. cit.*, p. 258.
1. Une remarque analogue a été faite par M. Piéron (La question de la mémoire
affective, *Revue philosophique*, 1902, t. II, p. 612).

L'exemple suivant, emprunté à Th. Ribot, vient à l'appui de cette manière de voir : « Parfois, en passant dans tel endroit, devant telle maison, ou en suivant telle rue, il m'arrive de ressentir brusquement une impression superficielle si fugitive — plutôt sensation que perception — qui réveille le souvenir affectif d'une période ou d'un épisode de ma vie. Ce n'est qu'un état confusément senti, qui a, malgré tout, sa qualité sentimentale particulière ; quelques vagues images sensorielles s'y ajoutent, mais le sentiment a précédé l'intuition. Le passé affectif a ressuscité et a été reconnu avant le passé objectif qui est une addition. Tel est le phénomène initial et brut. Si j'insiste, à la réflexion, le souvenir prend corps et s'affirme par un groupement d'associations intellectuelles [1]. »

Ici encore, il ne s'agit pas apparemment d'émotions ou de sentiments intenses ayant fait une forte impression sur le sujet. Ce sont des états confus, des sensations, ou, si l'on veut, des assemblages complexes de sensations, dont la qualité et la tonalité font revivre le sentiment, puis apparaître le souvenir intellectuel d'une période de vie antérieure qui n'a par elle-même rien de particulièrement notoire. Le phénomène de réminiscence n'est pas nécessairement produit dans ce cas par un système organisé d'images ou de perceptions en rapport direct avec les objets du souvenir et en formant, pour ainsi dire, le cadre occasionnel et extérieur. Ce sont souvent des sensations n'ayant rien d'intellectuel, mais liées fortuitement à un état affectif déterminé, qui provoquent la rentrée sur la scène de la conscience de cet état, jadis ressenti et présentement reconnu. Les odeurs, notamment, ont à cet égard un pouvoir d'évocation bien connu, et il est peu d'hommes qui ne l'aient éprouvé.

M. Piéron rapporte une observation personnelle qui met tout à fait en évidence le caractère fortuit et inopiné du souvenir affectif pur. Il surgit des profondeurs de l'être sans qu'aucune orientation préalable et intentionnelle de l'esprit en ait préparé l'apparition ; il échappe presque entièrement à la volonté : « Il m'arrive quelquefois, en passant dans un endroit quelconque, avec un état physique ou mental à peu près quelconque aussi, de sentir une odeur qui, définie en elle-même, n'est cependant pas susceptible d'être exprimée et déterminée, qui ne rentre pas dans la classification des odeurs ; une odeur composée, mixte, et qui me met subitement et violemment

---

1. *Problèmes de psychologie affective*, chap. II, p. 45.

dans un état affectif indéfinissable, complètement inexprimable, mais
nettement senti et reconnu. Il pourrait y avoir paramnésie; mais il
n'en est rien, car j'arrive le plus souvent à localiser avec certitude
l'émotion initiale qui évoque, un certain temps après, des idées et
des images. Il y a association entre une sensation vague et des idées
définies, par l'intermédiaire d'un état affectif indéfinissable. Cet état
affectif est-il un état nouveau, reconnu par comparaison avec une
image ancienne, ou n'est-il pas la réapparition de cette ancienne
image? Tout d'abord je remarque que cet état affectif a été éprouvé
dans l'enfance, un très petit nombre de fois, et jamais depuis; que
je n'avais pas idée qu'il fût possible, qu'il avait disparu complètement de ma synthèse personnelle, et qu'il apparaît avec un air
étrange, un air vieillot; je sens, en même temps qu'il apparaît, que
c'est quelque chose d'ancien et d'oublié; de plus, son apparition est
fugace, j'ai besoin de la retenir; ce n'est pas un état stable; il n'est
aucunement en rapport avec mon état actuel. Il apparaît comme un
anachronisme véritable. Il a tous les caractères de l'image, instable
et fugace, il n'a aucunement l'aspect d'un état nouveau. De plus, si
j'analyse dans mes souvenirs évoqués ensuite l'apparition première
de cet état, je m'aperçois que cet état n'a pas été produit par la
sensation qui vient de l'évoquer en moi. Il s'agit, en effet, d'un état
affectif accompagnant une cénesthésie enfantine, un de ces états,
souvent, qui sont apparus au début de la puberté, au moment d'un
éveil qui s'étonne des choses comme de nouveautés, un de ces états,
par conséquent, que l'on n'a plus ensuite, et que l'on regrette quand
ils sont ainsi évoqués, par hasard. Or, quand certains de ces états
se sont produits, ils ont parfois été suivis ou accompagnés par
diverses sensations qui ont été intégrées dans la synthèse générale
orientée autour de cet état affectif dominant. La sensation n'a pas
produit l'état; elle l'a accompagné. Quand donc le renouvellement
d'une de ces sensations concomitantes évoque à nouveau l'émotion,
je puis dire qu'il n'y a pas production d'un phénomène nouveau,
mais réapparition associative d'un état ancien, conservé, d'une
image, d'un souvenir proprement affectif.... Ces états qui réappa-
raissent ainsi appartiennent surtout, agréables ou désagréables, au
début de la puberté, ou, plutôt encore, à des périodes de villégiature
aux bains de mer, provocatrices d'états affectifs profonds chez un
Parisien de naissance, oubliés ou inconnus maintenant aux mêmes
époques et aux mêmes endroits. Certains de ces états appartiennent

aussi à une année d'internat dans un lycée situé hors de Paris, où des promenades agrestes avaient souvent produit de vives émotions. Les odeurs évocatrices ne peuvent être définies ; certaines combinaisons de fumées (odeur désagréable en elle-même, mais ne comportant pas véritablement une évocation affective) ; des odeurs très particulières de tilleuls (il y avait au lycée une cour remplie de tilleuls), etc. La durée de ces évocations a toujours duré quelques secondes à peine, puis venaient les souvenirs intellectuels évoqués, par cette orientation brusque, d'origine affective, vers des périodes d'enfance. Il nous semble qu'il y a là une preuve indéniable de l'existence d'une mémoire affective. » Et l'auteur ajoute : « Il doit se produire des phénomènes analogues chez tous les hommes. Si l'on ne parle pas de faits de ce genre, c'est qu'il est très difficile d'en parler, tout y est vague et inexprimable ; rien n'y est assez défini, et le langage, c'est la définition, l'intellectualisation. Et, à mon avis, il n'y a de mémoire vraiment affective que celle qui ne peut rentrer dans le langage psychologique, et c'est peut-être de cela que viennent toutes les difficultés de la question[1]. »

J'ai tenu à citer intégralement cette observation parce qu'elle concerne un cas typique, où l'objet du souvenir, de nature purement affective, n'est lié à aucun événement grave, ayant marqué sa place dans l'histoire personnelle du sujet. En outre, ce n'est pas une émotion forte, classée, une émotion d'importance vitale, qui est ainsi remémorée, c'est un état affectif, profond sans doute, mais qui n'a par lui-même aucun retentissement sur les actes, aucune influence immédiate sur la conduite au moment où il se produit pour la première fois. C'est une pure et simple manière d'être, et il semble que, si on la dénomme « émotion », c'est peut-être à tort[1], car il se pourrait bien que l'émotion fût provoquée par le souvenir même, en raison, d'une part, de sa soudaineté et de son caractère involontaire, et, d'autre part, de l'étrangeté de l'impression qui met

---

1. Article cité.
1. J'emploie le terme dans son sens classique et littéraire, mouvement de l'âme qui interrompt le rythme ordinaire de la cénesthésie et qui s'accompagne généralement d'une mimique expressive, plus ou moins accusée, par exemple : le plaisir intense, la joie, l'enthousiasme, la peine, le chagrin, l'affliction, le désespoir, l'indignation, la colère, la pudeur, la honte, l'inquiétude, l'anxiété, 'angoisse, la surprise, la peur, l'effroi. La psychologie contemporaine tend à lui donner un sens plus large et à dénommer émotion tout contenu affectif d'un état de conscience quelconque. Il semble qu'il y aurait avantage à conserver la nuance entre les émotions et les affections, celles-là étant les formes exceptionnelles et aiguës et celles-ci les formes banales et sans relief des sentiments.

subitement en contact le moi actuel avec le moi d'autrefois, de
sorte que l'élément émotionnel serait ici du nouveau et du surajouté.

Notons aussi l'expression dont se sert M. Piéron : « un état
affectif accompagnant une cénesthésie enfantine ». C'est là, à mon
avis, le point capital. Ces souvenirs affectifs singuliers, qui échappent
au vocabulaire, qui n'ont un sens que pour le sujet, et qui sont par
suite aux antipodes du souvenir représentatif exprimable en termes
objectifs parce qu'il porte sur des faits extériorisés, consistent dans
la rentrée en scène d'un moi passé, c'est-à-dire, en dernière analyse,
dans la reviviscence des sensations qui nous sont le plus proprement intérieures et qui sont l'étoffe même du moi. Ces sensations, si
ordinaires et si constantes que l'attention ne se porte sur elles qu'au
moment où un accident en arrête ou en modifie le cours, sensations
motrices émanant de tout le système musculaire et non pas seulement des muscles de relation, sensations thermiques, et surtout sensations viscérales forment un ensemble essentiellement distinct des
impressions venant des organes sensoriels. C'est justement ce qu'on
désigne du nom de cénesthésie. C'est la cénesthésie qui donne à tout
instant à la conscience sa tonalité et sa personnalité. Tandis que les
données sensorielles composent la matière des perceptions, les
données cénesthésiques forment le fond même du sentiment d'existence.

La même expression se retrouve sous la plume de M. Paulhan :
« Une perception, parfois une image vient raviver un sentiment, un
ensemble d'impressions, tout un moi affectif différent du moi d'à
présent, une sorte de cénesthésie d'autrefois, l'impression d'une vie
depuis longtemps disparue. Et la perception ou l'image qui provoque cette évocation peuvent être de nature très diverse et n'avoir
pas de rapports logiques avec les sentiments qu'elle réveille. Je
me rappelle, par exemple, qu'en relisant certain livre d'Huxley, je
sentais revivre en moi tout un monde d'impressions qui n'avaient
rien à voir avec le sujet du livre, mais qui reproduisaient une partie
importante de ma vie affective à l'époque où, pour la première fois,
j'avais lu ce livre [1]. »

En rapprochant de ces faits ceux de ma propre expérience,
j'essaierai de préciser la nature de cette fonction spéciale de la
mémoire. Il semble qu'on se trouve en présence d'un phénomène

---

1. Sur la mémoire affective (Revue philosophique, 1902, t. II, p. 568).

infiniment plus voisin des profondeurs de la conscience que ne l'est
la mémoire des impressions extérieures, d'un phénomène qui
éclaire les dessous de la vie mentale et les « rapports de l'âme et du
corps ». Dans la première des observations que j'ai à relater, le souvenir affectif a été éveillé par la vue d'objets (des fleurs de lys), qui
me rappelaient directement les circonstances du sentiment autrefois
éprouvé. Un jour de juillet, en allant à mes occupations habituelles, mon attention fut attirée machinalement par une gerbe de
lys à la devanture d'un kiosque de fleuriste. Aussitôt, et probablement aussi par l'effet du parfum que dégageaient les fleurs, je fus
transporté, à peu près à la même époque de l'année, mais à trente
ans en arrière, dans la classe d'histoire naturelle de mon lycée.
C'était la dernière classe de l'année, et le professeur, pour clore le
cours et en manière d'adieu, nous avait distribué des lys en nous
engageant à les étudier et à nous rendre compte de la structure
florale sur cet exemplaire de grandes dimensions, facile à disséquer
sans instruments et à examiner à l'œil nu. Je dois ajouter que la
vue des lys m'avait souvent rappelé cet épisode, mais c'était toujours
d'une manière abstraite, quoique avec précision. Cette fois, trente
années de ma vie se comblaient littéralement, et je me retrouvais
soudain l'écolier de jadis, debout au bas de la salle en gradins,
m'approchant à mon tour de la large table où les fleurs étaient
éparpillées. Non seulement je ressentais à nouveau les sentiments
dont j'avais été rempli, sentiments d'adolescent en une heure marquante comme l'est une fin d'année scolaire, sentiments faits de la
joie des vacances prochaines, du regret de quitter un maître aimé,
dont les leçons m'avaient été une incomparable récréation au
milieu des fastidieuses besognes d'une classe de grammaire, et
aussi de la curiosité qui allait se satisfaire autrement que par des
dessins et des images coloriées, non seulement j'avais devant les
yeux l'image de la salle et je revoyais le professeur, sa physionomie
fine et ses gestes menus, mais encore je repercevais ces images avec
le moi d'alors, étrangement juxtaposé au moi présent et se reconnaissant nettement comme un moi depuis longtemps disparu. La
singulière sensation dura deux ou trois secondes, au plus, et il me
fut ensuite impossible de la faire revivre. Naturellement les souvenirs intellectuels de la même époque affluèrent en foule et toutes
les circonstances de cette fin d'année scolaire me revinrent avec
précision à l'esprit, mais ce n'était plus là que de la mémoire ordi-

naire, et le contraste était saisissant entre la résurrection éphémère
de sensations d'autrefois, venant subitement s'imposer à ma conscience et la froide et claire représentation des circonstances qui les
avaient jadis produites. J'insiste sur ce point, parce qu'une analyse
attentive du phénomène m'a montré que le caractère émotif réside
moins dans l'objet du souvenir affectif que dans sa nature présente,
très impressionnante. Dans l'épisode en lui-même, il n'y avait que
peu d'émotion en réalité. C'était la dernière minute d'un enseignement qui m'avait procuré de vives satisfactions, mais qui n'avait en
soi rien d'émouvant. Par contre, le sentiment de revivre, quelques
secondes à peine, cette minute de jadis, au milieu des sentiments et
des préoccupations de l'âge mûr, avait quelque chose d'inattendu,
tenant du sortilège. Comme dans l'observation rapportée plus haut,
c'était véritablement une cénesthésie d'autrefois qui remontait à la
conscience et qui, justement par son opposition avec la cénesthésie
présente, à demi consciente, mettait une note d'inexprimable émotion dans un phénomène tout à fait imprévu et instantané.

On estimera peut-être que le cas n'est pas encore assez probant
en faveur de l'hypothèse d'une mémoire cénesthésique et que, si
l'épisode en question s'est représenté sous forme de souvenir
affectif, c'est à cause d'une émotion initiale qui l'avait gravé en moi
à mon insu. On se trouverait alors simplement en présence d'un
cas de mémoire émotive proprement dite. On pourrait objecter aussi
que les souvenirs intellectuels concomitants ne se séparent pas
assez nettement dans cet exemple du souvenir affectif, et qu'il
n'est pas bien sûr que celui-ci ait précédé et rappelé ceux-là, de
sorte que le sentiment soi-disant remémoré pourrait n'être ici que
le résultat d'un travail imaginatif extrêmement rapide et extraordinairement intense. Cette seconde objection est facile à écarter :
l'impression de reconnaissance d'un sentiment jadis éprouvé était
d'une absolue netteté; d'autre part, il ne pouvait y avoir paramnésie,
puisque les circonstances extérieures étaient localisées avec une
entière précision. La première objection a plus de valeur. Il est
possible que le contenu du souvenir soit ici plutôt une émotion
véritable qu'un simple état subjectif sans aucun trouble intérieur.
Mon épisode se place, en effet, à l'époque où les programmes Ferry
venaient d'entrer en application. En une seule année, le professeur
avait dû nous initier successivement, à raison de deux heures par
semaine, à la géologie — avec des rudiments de chimie —, à la

zoologie et à la botanique. De là des impressions vives chez un écolier soumis à la sévère discipline du latin et du grec, et qui jusqu'alors n'avait pu ouvrir qu'en cachette, comme des livres défendus, les manuels d'histoire naturelle, de chimie et de physique.

Deuxième observation. Le souvenir affectif a été provoqué, comme dans le cas précédent, par des impressions extérieures, mais ne se rapporte plus à un événement déterminé, et seulement à une époque et à une situation déterminées. Dans une salle de conférences, à la Sorbonne, un après-midi d'été, en assistant à une séance d'une société savante, j'ai ressenti nettement des impressions plus d'une fois éprouvées dans la classe de mathématiques spéciales, durant mes dernières années d'étude. La ressemblance des deux salles, avec leur chaire, leurs tables de bois noirci et leurs bancs étroits, l'identité de température, la même réverbération du soleil d'été sur les vitres dépolies, en somme l'identité d'ambiance, ont fait revivre un instant tout un ensemble de sensations inexprimables, mais vivement senties et aussitôt reconnues. Ce qui ressuscitait de la sorte, de la même façon soudaine et fugitive, ce n'était nullement, cette fois, une émotion ou un sentiment *sui generis* lié à un événement déterminé. C'était, avec une réalité peut-être encore plus impressionnante, tout un monde intérieur de sensations confuses, n'ayant rien d'émotif, à proprement parler, et que je ne saurais décrire autrement que comme une cénesthésie juvénile, sorte de demi-torpeur physique, pleine de virtualités latentes, endormies par l'effort d'attention fixé sur des idées abstraites, avec une sensation de vie organique particulièrement intense, comme en procurent les chaudes journées d'été. Même caractère involontaire et instantané du phénomène. Même impossibilité de le ramener ensuite sous la réflexion et même surprise de se sentir une conscience d'autrefois, s'intercalant une seconde dans le moi présent pour s'effacer aussitôt apparue.

Troisième observation. En passant dans une rue souvent parcourue au temps de ma jeunesse, un jour de printemps tiède et mou, alors que j'avais l'esprit absorbé par des préoccupations d'ordre pratique et ayant trait exclusivement à ma situation présente, j'ai ressenti et reconnu nettement un état subjectif qui me reportait subitement aux environs de ma vingtième année, dans la même ambiance d'atmosphère et de température. Ce n'était plus ici le rappel d'un état susceptible de localisation étroite dans le passé, c'était le réveil de tout un ensemble de sensations internes et externes qui restaurait un instant une sensibilité juvénile. Autrement dit, je percevais le monde extérieur dans le même cadre où je l'avais perçu jeune homme et avec la même cénesthésie. Pas trace d'émotion-choc proprement dite, d'ailleurs, dans la conscience ainsi ressuscitée, mais émotion infiniment agréable provoquée par la surprise du souvenir et par la reconnaissance d'une période que je supposais ensevelie à jamais dans un lointain passé. J'ajoute que les souvenirs intellectuels correspondants m'ont ensuite reporté aux faits et aux êtres qui avaient rempli ce stade de ma jeunesse, mais que là encore, le souvenir affectif pur n'avait duré qu'un instant. Cette expérience, au surplus, n'est pas isolée. J'en pourrais rapporter d'autres. C'est ainsi que, par une chaude après-midi, assis et lisant à l'intérieur d'un omnibus, j'ai eu distinctement, l'espace de quelques secondes, le souvenir de l'état que je ressentais, dans les mêmes circonstances, une quinzaine d'années auparavant, à la fin de mes études, pendant les sessions d'examens. Le souvenir affectif se rapportait, comme le précédent, à une période déterminée, mais ne correspondait à aucun événement, ni même à aucune époque précise. C'était la cénesthésie d'une phase antérieure de mon existence qui ressuscitait, nullement le contenu émotif d'un épisode marquant. C'était simplement une page de jeunesse reparaissant tout à coup et sans motifs apparents au milieu du livre déjà avancé de la vie.

Sans motifs apparents, mais non pas sans causes réelles. Ces souvenirs affectifs singuliers sont, en effet, visiblement sous la dépendance de facteurs physiques, externes et internes. Notons d'abord que, dans tous les cas ci-dessus, le phénomène échappe à la volonté et se produit d'une manière imprévue, comme le mouvement d'un mécanisme ignoré qu'un doigt invisible déclancherait subitement en nous. Pour qu'il se produise, il faut le concours de conditions extérieures et de conditions intérieures. Les conditions extérieures sont, ou une perception (par exemple, la vue des fleurs de lys, un son, une odeur, etc.), ou bien un ensemble d'impressions, une « ambiance », reconstituant le cadre dans lequel vient s'insérer le souvenir affectif. Tout porte à croire que les perceptions visuelles sont en l'espèce les moins efficaces, tandis que les odeurs, comme on l'a remarqué, possèdent un pouvoir d'évocation supérieur à celui des autres sensations. C'est qu'en effet, les sensations internes jouent un rôle prépondérant dans le phénomène ; or les odeurs sont, avec les saveurs, de toutes les impressions sensorielles celles qui ont le plus de rapports avec les sensations internes. Plus d'une fois, il m'a suffi de franchir le seuil d'un magasin quelconque de produits chimiques, pour ressentir et reconnaître aussitôt les sentiments qui accompagnaient mes visites à l'un de mes professeurs, dans son laboratoire de chimie au Muséum. Souvenir affectif fugace, avec une légère nuance d'émotion, l'émotion naïve d'un néophyte pénétrant dans un temple de la science. J'enviais l'heureuse existence du savant libre de consacrer toutes ses heures à des recherches qui me semblaient passionnantes, et je me disais qu'il ferait bon vivre là, sans soucis matériels, etc.... Le sentiment ramenait avec lui tout un cortège de souvenirs représentatifs; je revoyais les aitres et les occupants. Mais l'état affectif disparaissait dès que la mémoire ordinaire entrait en jeu, et la vive sensation du moi d'autrefois s'effaçait sous l'afflux des images auxquelles elle venait de livrer passage. De même, au sortir de l'hiver, l'odeur spéciale de l'atmosphère dans les premiers beaux jours (probablement une odeur d'ozone) provoque fréquemment un rappel affectif des sensations de printemps telles que je les ressentais dans ma jeunesse. Ce n'est même plus ici une période déterminée qui reparaît, c'est simplement, toujours de la même manière fugitive, une cénesthésie abolie depuis longtemps, dont la reconnaissance est immédiate, intuitive, et qui me reporte à des jours de jadis, avec ce seul signe distinctif : états subjectifs éprouvés au début du printemps, qui en permet la localisation dans le passé.

L'influence de l'ambiance, c'est-à-dire d'un ensemble de perceptions à demi conscientes, où tous les sens sont intéressés, éveille les souvenirs affectifs encore plus sûrement qu'une perception unique, même olfactive. C'est à la reproduction d'un milieu favorable qu'est due principalement la reviviscence d'états internes correspondants, qui, sans être liés à un événement précis, ont néanmoins leur place marquée dans le temps et se rattachent à une époque ou à une période que le sujet situe sans hésitation dans son histoire individuelle, dès qu'il les reconnaît comme ayant été sa propre manière d'être. On n'imagine pas, en effet, la possibilité de semblables retours, qui restituent, non point un sentiment ou une émotion se détachant dans la conscience comme une image, mais la tonalité propre de la conscience dans certaines conditions extérieures, sans que ces conditions soient plus ou moins exactement réalisées à nouveau par le milieu actuel. Mes observations personnelles me le

confirment. Par exemple, depuis que la locomotion automobile a
envahi les rues et que les omnibus à chevaux ont disparu, les
souvenirs affectifs de jeunesse sont devenus beaucoup plus rares au
cours de mes promenades dans Paris. L'ensemble des perceptions
sonores formé par le bruit des chevaux et le roulement des voitures
a été remplacé par les bruits tout différents des autos. L'image auditive de la rue, de la bruyante rue parisienne telle qu'elle était il y a
quinze ou vingt ans, ne se retrouve plus, si ce n'est à de rares heures
et dans des quartiers éloignés du centre. Aussi n'est-ce guère
aujourd'hui qu'à la campagne qu'il m'arrive encore d'éprouver des
impressions de ce genre. Preuve que le cadre extérieur dans lequel
évoluent nos états subjectifs projette constamment sur ceux-ci un
reflet dont ils gardent à notre insu la nuance. Lorsque ce cadre a
définitivement changé, ils ne peuvent revenir à la surface de la conscience avec leur aspect d'autrefois, et le phénomène de mémoire
affective ne se produit pas.

Les conditions extérieures se résument par conséquent en ceci :
création d'un milieu concordant. Il est évident que, si elles sont
nécessaires, comme il semble, elles sont toutefois loin d'être suffisantes et ne sont pas l'essentiel. Autrement les souvenirs affectifs
seraient très communs et on pourrait les évoquer à volonté. Or
il n'en est rien. Non seulement ces retours sont extrêmement rares,
mais en outre ils se produisent en nous spontanément et nous
n'en sommes nullement maitres. Il y a donc à la base du phénomène des conditions internes, qui nous échappent, comme nous
échappe tout ce qui est subconscient et physiologique. Quelques
données cependant peuvent fournir des indications. C'est toujours
en pleine santé, dans un état d'euphorie, et fréquemment après
des jours de repos que j'ai éprouvé ces sortes de souvenirs; jamais
dans un état de fatigue, soit corporelle, soit mentale. Il y a
là un argument de plus contre l'hypothèse d'une paramnésie. Les
illusions de fausse mémoire s'expliquent, en effet, par la distrac-
tion, premier stade de la fatigue mentale. On conçoit inversement
que le rétablissement momentané d'un état somatique se rapprochant de celui qui constitue normalement la jeunesse favorise la
répétition d'une cénesthésie correspondante. S'il n'était pas téméraire de formuler une recette pour provoquer ces souvenirs affectifs, je préconiserais celle-ci : abandonner pendant quelque temps
les occupations et les préoccupations journalières, autrement dit,

arrêter le rythme de l'existence actuelle et essayer de se rajeunir
par un genre de vie simplifié, analogue à celui qu'on a mené dans
les premières années. C'est ainsi qu'un des cas les plus nets de mon
expérience personnelle se place après une période de quatre semaines
pendant lesquelles j'avais entièrement renoncé au tabac.

Le charme particulier des convalescences est bien connu, et la
littérature l'a célébré. Est-il simplement dû au sentiment du retour
à la santé, après les luttes et l'épuisement de la maladie? N'est-il
pas fait aussi de souvenirs affectifs cénesthésiques qui donnent au
convalescent la sensation de revenir non seulement à l'état normal,
mais encore à un état bien antérieur à la maladie, à l'époque des
impressions neuves et des espoirs illimités qui sont l'apanage de la
jeunesse? De ce que les sujets n'ont pas la plupart du temps une
conscience distincte de ces souvenirs, il ne s'ensuit pas qu'ils ne
jouent pas un rôle dans les émotions agréables, très subtiles à la
vérité, de la convalescence, car ces émotions sont positivement celles
d'un rajeunissement de tout l'être. Rajeunissement non entièrement
fictif, du reste. L'alitement, la diète, le silence et l'isolement, en un
mot la rupture forcée avec le mode de vie antérieur, réalisent les
conditions les plus propres au rétablissement d'un rythme somatique
analogue à celui des années d'enfance et d'adolescence. Ce sont les
conditions mêmes qui me paraissent les plus propices aux manifestations de la mémoire affective dont il est ici question.

Les changements de saison semblent également faciliter le phénomène. La plupart de mes observations se placent soit à l'entrée du
printemps, soit dans les premières journées de l'été, soit encore,
mais beaucoup plus rarement, dans les premières journées fraiches
de l'automne. Enfin, toutes choses égales, les températures tièdes,
succédant brusquement à des temps plus froids, ainsi que les jours
les plus chauds de l'année paraissent être les facteurs météorologi-
ques les plus efficaces.

Si l'on résume les caractères et les conditions du phénomène, on
peut le définir à peu près ainsi : réapparition d'une cénesthésie passée,
dûment reconnue et localisée dans la mesure où elle correspond à
un événement, à une époque ou à une phase déterminée, avec son
contenu affectif propre, provoquée par la coïncidence d'impressions
sensorielles rappelant le milieu extérieur initial et de sensations
internes qui restaurent les anciennes dispositions affectives du
sujet. Parmi les impressions sensorielles entrant en ligne de compte,

il importe toutefois de distinguer entre les perceptions extérieures
proprement dites, celles de la vue, de l'ouïe et de l'odorat, et celles
qui ressortissent à la sensibilité cutanée, dolorique et thermique.
Celles-ci ont un caractère affectif prononcé. Le rôle prédominant de
la température, des changements de saison, de la tiédeur et de la
chaleur de l'atmosphère pourrait ainsi s'expliquer par la sensibilité
thermique et par le retentissement de ses variations sur le moi
affectif. Quant aux sensations internes, ou sensations viscérales, on
incline aujourd'hui à admettre leur importance fondamentale dans
les phénomènes affectifs. Une malade étudiée par M. Revault d'Allonnes, frappée d'anesthésie viscérale profonde, était devenue incapable d'éprouver aucune émotion et en souffrait cruellement.
Établissant une relation causale entre les deux faits, cet auteur en
conclut que les sensations viscérales sont l'essentiel dans les émotions et que les sensations des mouvements de relation ne sont
qu'accessoires [1]. Si la thèse est exacte, les souvenirs cénesthésiques
sont physiologiquement possibles, et leur caractère affectif s'expliquerait par le retour momentané d'un rythme antérieur de la sensibilité viscérale, venant s'intercaler dans la cénesthésie présente.

Je ne prétends pas, d'ailleurs, esquisser à cet égard une théorie
hâtive. Le mécanisme des sensations internes est mal connu. Mais
la profonde différence qui les sépare des impressions sensorielles
suggère ici quelques remarques. Les auteurs qui ont traité de la
mémoire des émotions emploient souvent l'expression « image
affective » pour désigner le sentiment reviviscent. L'expression me
paraît de nature à fausser la compréhension des faits. A la rigueur
elle peut s'appliquer au souvenir des émotions fortes, typiques et
classées, liées à un événement dont les détails représentatifs ont été,
d'autre part, conservés. L'émotion remémorée est à l'émotion initiale
ce que l'image est à la perception actuelle; elle se découpe dans le
courant de conscience comme un îlot rocheux qui brise le flot et le
fait rejaillir sans arrêter la marche du torrent. On ressent de la
colère, de la honte, de l'effroi, etc., en se rappelant certains faits et
on reconnaît la qualité particulière de la colère, de la honte ou de
l'effroi jadis éprouvés à l'occasion de ces mêmes faits. L'émotion est
alors encadrée par le souvenir intellectuel et en colore l'image comme
si le passé renaissait tout à coup. Le sujet est ému, mais il ne cesse

1. Revault d'Allonnes, Rôle des sensations internes dans les émotions et dans
la perception de la durée (*Revue philosophique*, 1905, t. II, p. 592 et suiv.).

peut-être pas de contempler son émotion revenue, tout en la ressen-
tant. C'est en ce sens, et en ce sens seulement qu'il est légitime de
parler d'image affective. Mais les souvenirs affectifs inexprimables
qui restituent une cénesthésie disparue et qui ne signifient absolument rien pour tout autre que le sujet qui les ressent ne sont point
des images. Ce sont des états, des manières d'être et de sentir. Le
terme « image », emprunté au langage de la perception extérieure,
est en ce cas manifestement impropre. La statue de Condillac, à
laquelle on ouvre les narines et qui commence par être « odeur de
rose », est une abstraction irréalisable. Vivante, la statue aurait un
corps et des viscères fonctionnant même alors qu'aucun de ses sens
ne serait ouvert, et elle aurait déjà, par conséquent, des sensations
viscérales, qui seraient sa manière d'être, son moi véritable et
profond.

Contre l'existence des souvenirs cénesthésiques on pourrait alléguer, il est vrai, que, si ces souvenirs se présentent exclusivement
comme des états, ils modifient la manière d'être actuelle du sujet au
point que la sensation du passé renaissant est impossible, car il est
inconcevable que le moi modifié de telle sorte se reconnaisse à la
fois comme un moi passé tout en conservant le sentiment de son
existence présente. Objection, à mon avis, purement verbale, et qui
provient de l'incapacité du langage, issu de l'intelligence et de la
perception, à décrire la vie mentale dans son essence. Sans doute, si
une modification profonde et durable survenait dans le rythme et la
qualité de nos sensations internes, le moi serait changé, la continuité de la vie intérieure rompue, et le sujet ne se reconnaîtrait plus
lui-même. C'est ainsi peut-être que se produisent les altérations de
la personnalité qu'on constate dans certaines maladies mentales, les
mélancolies graves, entre autres. Mais ici la réapparition du passé
est reconnue et identifiée, et elle n'a aucun caractère pathologique.
Elle ne dure qu'un instant. La continuité du courant principal de
conscience n'est pas interrompue. Seulement à certains indices intérieurs, qui franchissent tout à coup le seuil de conscience par association avec des impressions extérieures fortuites, mais appropriées,
le sujet se retrouve et se ressent identique à l'une de ses manières
d'être d'autrefois. C'est à peine s'il a le temps de se rendre compte de
cette sorte de résurrection. Le rythme du présent le ressaisit aussitôt.
Les images, les souvenirs intellectuels se pressent ensuite dans son
esprit, mais en vain ; la synthèse de sensations internes et externes

qu'un lasard vient de reconstituer pour un instant se redissout
immédiatement, parce qu'elle est en opposition avec la synthèse
actuelle, où dominent les éléments étrangers et incompatibles avec
le maintien d'une cénesthésie depuis longtemps abolie.

Un changement notable dans les habitudes, un repos prolongé,
le retour à un genre de vie plus simple, comme dans les convalescences, sont des conditions propices, ai-je dit, à l'éclosion des souvenirs affectifs cénesthésiques. Il est à présumer que les modifications humorales ont aussi une influence. Les glandes à sécrétions
internes jouent probablement un rôle, obscur mais important. Il est
remarquable que la vieillesse s'accompagne d'une sorte d'amnésie
rétrograde, et qu'à un âge avancé, ce soient les souvenirs des premières années qui reviennent le plus abondamment, à l'exclusion
des autres, et principalement les souvenirs d'enfance, ceux de la
période antérieure à la puberté. Pourrait-on en déduire que ces
souvenirs, même simplement intellectuels, sont sous la dépendance
de souvenirs affectifs latents, qui ne parviennent pas, la plupart du
temps, à la conscience, mais qui n'en sont pas moins psychologiquement efficaces, et qui correspondraient à un véritable retour à l'enfance par suite de l'atrophie des glandes sexuelles? Ce n'est qu'une
conjecture, que je livre en passant, quoiqu'elle n'ait rien d'invraisemblable.

L'existence d'une mémoire cénesthésique parait donc établie. Si
l'on est d'accord sur le fait, son interprétation psychologique reste
matière à discussions sans fin. Le fait, en lui-même, est encore trop
peu étudié. Il faudrait un grand nombre d'observations pour l'analyser convenablement. Aussi, ne me risquerai-je pas à philosopher
à son sujet, me bornant aux conclusions qui en découlent directement.

Voici une mémoire singulière, qui dépasse infiniment en intensité
et en vivacité tout ce que reproduit la mémoire ordinaire, celle des
perceptions et des représentations. Il suffit de l'avoir éprouvée pour
se rendre compte que ces souvenirs sont aux souvenirs intellectuels
comme les couleurs mêmes du spectre, vues à travers un prisme
sont à des couleurs d'aquarelle étendues sur une feuille de papier.
D'un côté, c'est la résurrection d'un moi défunt; de l'autre, ce n'est
que la reproduction d'images sans chaleur et sans vie, qui nous
rappellent nos actes comme ceux d'un acteur étranger et ayant disparu de la scène du monde. Or, à première vue, le souvenir affectif

semble totalement inutile. S'il y a, tout au plus, quelque utilité dans la mémoire des émotions fortes, comme celles qu'on éprouve dans un grand péril, lorsque notre propre existence ou celle des nôtres est en danger, ou encore dans les grandes crises de la vie de famille et de la vie politique, — car le souvenir de l'émotion renforce le souvenir représentatif et peût ainsi lui donner plus d'efficacité monitoire, — il est évident que la mémoire affective cénesthésique, qui peut n'être liée à aucun événement et ne reproduire que des états insignifiants, n'est par contre d'aucune utilité, soit biologique, soit sociale. Cependant, considérée en tant que fait mnémonique, cette sorte de mémoire est parfaite. C'est la résurrection éphémère de l'être tout entier, réalisant ce que le poète le plus exigeant pourrait rêver, le rêve de Faust, avec la sorcellerie en moins. Elle constituerait, par conséquent, une exception des plus curieuses à la loi de finalité qui régit la psychologie tout entière. Mais il est possible que le phénomène ne soit exceptionnel que dans la mesure où il se manifeste d'une manière éclatante. Il est possible qu'il se produise beaucoup plus souvent, et même d'une façon constante, dans les profondeurs de la subconscience. Une rencontre fortuite de causes amènerait alors au jour une synthèse qui s'opère habituellement dans l'obscurité où s'accomplissent les destins de notre vie mentale. L'hypothèse est en somme assez plausible, car sans mémoire il n'y aurait pas de conscience. Sans mémoire intellectuelle il n'y aurait pas de conscience du monde extérieur, et sans mémoire affective il n'y aurait pas de conscience d'exister. Et il est légitime d'admettre que ce sont justement les souvenirs cénesthésiques subconscients qui garantissent à tout moment la continuité du moi et le sentiment de la durée, puisque c'est la tonalité affective de la cénesthésie qui est, à vrai dire, ce que l'on nomme le moi, c'est-à-dire le sujet, à la fois identique et changeant, de toutes les perceptions et de toutes les représentations. S'il en était ainsi, les rôles seraient renversés; celui de la mémoire affective cénesthésique serait l'essentiel, tandis que la mémoire intellectuelle, à laquelle on accorderait à tort une importance prépondérante, ne jouerait qu'un rôle secondaire dans la formation, le développement et la conservation de la personnalité psychique. Avec la mémoire intellectuelle seule, l'homme ne serait qu'un automate conscient, merveilleusement souple; grâce à la mémoire affective, il est en outre une sensibilité consciente de soi.

Cette mémoire, notamment lorsqu'elle conserve et reproduit des états inexprimables, des cénesthésies sans intérêt parce qu'elles ne sont marquées par aucun épisode objectif, échappe entièrement à la volonté. L'imprévu et la soudaineté de ses manifestations intenses indiquent qu'elle est soumise à des conditions physiologiques et à des conditions de milieu qu'il ne dépend pas du sujet de réaliser conjointement. Tout ce qu'on peut faire pour provoquer le phénomène, c'est de se placer dans une ambiance favorable; mais on ne possède, d'autre part, aucun moyen d'action sur les sensations internes, si ce n'est de créer par un régime approprié une disposition vague à la renaissance des anciens rythmes cénesthésiques. N'ayant d'ailleurs jamais tenté l'expérience, je ne suis nullement certain que la recette réussisse. Trop de facteurs sont en jeu, et les rapports de la vie viscérale avec les centres nerveux sont encore trop peu connus pour qu'on puisse la proposer comme une formule infaillible.

En tout état de cause, la mémoire cénesthésique paraît être une fonction mentale traduisant directement l'état organique profond et susceptible d'être surexcitée, dans certains cas, par des impressions sensorielles ou sensitives, généralement de l'ouïe, de l'odorat, de la peau (sensibilité thermique), provoquant des souvenirs-images, à tendance affective, qui se combinent avec des sensations internes de manière à reconstituer une synthèse psychique antérieure. Pour le sujet qui en a conscience, les souvenirs qu'elle éveille sont des souvenirs intégraux et parfaits. Je dirais volontiers de cette fonction, qui, au premier abord, semble inutile, qu'elle est la mémoire pure, et d'autant plus pure qu'elle est plus inutile. Elle n'était peut-être pas inconnue des théologiens qui ont imaginé des arguments philosophiques à l'appui du dogme chrétien de la résurrection des corps. L'immortalité de l'âme est une froide invention du spiritualisme. L'âme séparée du corps est le principe de la perception et de l'intelligence, le lien et le centre des images; sans les images elle n'est plus qu'une abstraction vide. Mais l'esprit réel et vivant est tout autre; il est fait d'abord de sensations internes, c'est-à-dire d'états et de réactions conscientes — qu'on nomme sensations faute d'autre mot —, qui ne sont point des images, mais des manières d'être, inanalysables et inexprimables, en relation nécessaire et permanente avec la vie des organes. Il suffit de se rendre compte de cette liaison indissoluble du psychique profond avec le physiologique pour comprendre que la survivance de l'esprit ne se conçoit pas sans la résurrection du corps, pas plus qu'on ne conçoit un solide sans épaisseur ou un bâton sans deux bouts. Le spiritualisme est victime de la même illusion que son antagoniste, le sensualisme. Les philosophes des deux écoles raisonnent comme si, à la base de la vie mentale, se trouvaient les images et rien que les images. La statue fictive de Condillac, dont la conscience embryonnaire serait faite d'une odeur, est l'expression frappante de cette méprise. L'étude de la mémoire affective fait ainsi toucher du doigt l'erreur dont plus d'un psychologue est encore imbu.

Les phénomènes de cette nature pourraient enfin être invoqués à l'appui du parallélisme psycho-physique. Mais, si l'on peut dire qu'un état affectif déterminé traduit un état corporel correspondant, il importe de donner à l'expression « état corporel » un sens large, comprenant l'état du cerveau aussi bien que celui des organes viscéraux et musculaires. La vie des tissus agit sur le cerveau, mais réciproquement, elle est aussi réglée par des excitations venant des centres nerveux. Il y a un échange perpétuel d'actions entre les deux systèmes viscéral et nerveux. Le cerveau, ainsi que d'autres centres nerveux, par exemple, ceux de la moelle épinière, envoient aux tissus un afflux continu des excitations sensorielles, sensitives, musculaires, viscérales qu'ils reçoivent eux-mêmes de la périphérie. Cette onde réflexe agit incessamment et maintient en activité tous les éléments de notre organisme, de sorte que la rapidité des échanges chimiques dans les tissus dépend finalement de la stimulation du système nerveux central, où retentissent inversement les variations de ces mêmes échanges. Cette solidarité intime entre la vie de nos organes en ce qu'elle paraît avoir d'essentiellement physico-chimique et le fonctionnement psychique de nos centres nerveux supérieurs complique singulièrement la notion du parallélisme et la rattache à une foule de problèmes non résolus et peut-être même non encore envisagés. C'est pourquoi l'on peut tout au plus la considérer comme un postulat légitime, en s'abstenant toutefois de s'en servir comme principe d'explication.

Louis Weber.

Mars-avril 1915.

LA SIGNIFICATION HISTORIQUE
DE LA « GÉOMÉTRIE » DE DESCARTES

La *Géométrie* de Descartes a donné lieu à des discussions qui ne sont pas encore closes. Dans quelle mesure cet ouvrage est-il nouveau, quel but au juste Descartes s'y propose-t-il, quelle place tient la géométrie analytique dans l'œuvre du philosophe? Autant de questions auxquelles les historiens apportent des réponses différentes. Je ne voudrais pas, quant à moi, reprendre ici l'étude de ces problèmes, mais, seulement, présenter, à leur sujet, en marge de la controverse historique, quelques remarques d'un caractère général.

La *Géométrie* paraît à une époque qui est particulièrement marquante dans l'histoire des sciences. Les idées directrices des mathématiciens sont en train de subir une transformation profonde, l'analyse algébrique se crée. Quelle est, à ce tournant de la spéculation scientifique, la signification vraie, la portée exacte de l'ouvrage de Descartes? La question ainsi posée n'est historique qu'à demi : car de la façon dont nous comprenons les progrès de la science dépend l'interprétation de la géométrie cartésienne que nous adopterons. Mais, inversement, en faisant ressortir les circonstances remarquables qui ont accompagné l'apparition de la *Géométrie*, peut-être parviendrons-nous à mieux comprendre les directions générales de l'évolution des mathématiques.

*
* *

Vers le milieu du XVIIe siècle, le triomphe de la méthode algébrique s'affirme définitivement. Nous sommes, dans le règne mathématique, à l'apogée de l'ère que j'ai appelée *synthétique*[1]. — En même temps se laisse déjà pressentir, se prépare confusément, la phase postérieure de l'évolution de la science : la phase *analytique*.

[1]. *Les principes de l'Analyse mathématique*, exposé historique et critique, 1914, t. I, *passim*.

— Il faut faire attention à cette double circonstance si l'on veut bien saisir la signification profonde de l'œuvre de Descartes.

Quel est le point de vue, quels sont les caractères de l'ère synthétique? Il faut, pour s'en rendre compte, remonter un peu dans le passé.

L'algèbre a eu, comme on sait, une fortune singulière.

Ses origines sont humbles. Ce fut d'abord une simple méthode de calcul, une technique créée pour répondre à des besoins pratiques, et qui, d'après les idées des géomètres grecs, ne méritait pas même le nom de science. Mais il y a plus. Commodes pour les applications concrètes, les procédés de l'algèbre primitive reposaient sur certaines définitions incomplètes, sur certaines notions simplistes, qui soulevaient de redoutables difficultés logiques et choquaient gravement le théoricien rigoriste. C'est pourquoi l'algèbre se développa tout d'abord chez les peuples orientaux, artisans et ingénieurs, mais dépourvus de scrupules théoriques. Pour les mathématiciens hindous, l'algèbre n'est qu'un recueil de recettes commodes, « une facile méthode de calcul, charmante par son élégance, claire, concise, douce, correcte, agréable à apprendre [1] ».

A la fin de la Renaissance, cependant, les conditions changent. Les savants du xvi⁰ siècle sont, comme les Hindous, utilitaires et pratiques; mais ils ont une connaissance approfondie de la géométrie grecque et ils savent la mettre à profit. En confrontant minutieusement la notion de quantité algébrique et celle de grandeur géométrique, en étudiant l'œuvre de Diophante, — dont le point de vue était très éloigné de celui de l'algèbre moderne, mais qui aboutissait cependant à des résultats presque semblables, — les mathématiciens du xvi⁰ siècle réconcilient l'Antiquité et l'Orient. Ils mettent à nu, ils accentuent, le caractère synthétique et artificiel de l'algèbre : et en même temps ils donnent à cet art les bases théoriques qui lui manquaient; ils le font entrer dans la science, dont il devient immédiatement l'un des chapitres fondamentaux.

Et c'est alors que, plus ou moins explicitement, un problème philosophique se pose et qu'une conception nouvelle de la science se fait jour.

On s'aperçoit que pour étudier les faits mathématiques, il est avantageux de suivre une voie indirecte. Il ne faut pas essayer de

1. Bhaskara, édit. Colebrooke : *Algebra from the sanscrit of Brahma-gupta and Bhaskara*, 1817, p. 6,

les pénétrer d'emblée ; mais, en partant d'éléments simples combinés suivant les règles de l'algèbre, il faut essayer de les *reconstruire*. Aux touts perçus par l'intuition il faut substituer des composés artificiels, fabriqués par nous, et dont par conséquent la structure et tous les éléments nous sont exactement connus. Ainsi la science, au lieu d'être, comme le croyaient les anciens, une contemplation d'objets idéaux, se présentera désormais comme une création de l'esprit, comme une composition synthétique. La tâche essentielle du savant sera, par conséquent, non pas d'apporter une nombreuse collection des résultats, mais de mettre sur pied de bons instruments de combinaison, de constituer une *méthode* puissante et efficace.

Tel est, précisément, le but que Descartes se propose avant toutes choses. La physionomie nouvelle que va prendre la science, c'est la *Géométrie* qui la définit, qui la commente, et en donne en même temps une vision concrète.

La façon dont l'ouvrage fut présenté au public en fait excellemment comprendre le point de vue.

La *Géométrie* doit être, dans la pensée de Descartes, une illustration [1] particulièrement saisissante de la « Méthode » dont il se dit l'inventeur. Et par le mot « méthode » nous entendons ici à la fois la méthode générale ou philosophique, objet du *Discours sur la Méthode*, et la méthode mathématique, qui n'est qu'une application particulière, une spécialisation de la méthode générale [2], et qui se confond, pour Descartes, avec l'algèbre. En d'autres termes, la *Géométrie* est destinée à montrer comment par l'algèbre — une algèbre nouvelle [3], il est vrai, clarifiée et perfectionnée — il est possible de résoudre les problèmes relatifs aux grandeurs et aux figures en suivant une voie sûre et régulière et « en commençant

1. Cf. *lettre à ****, avril 1637, *Œuv. de Descartes*, éd. Adam-Tannery, t. I, p. 370.
2. Sur les rapports de l'algèbre cartésienne et de la *Mathesis universalis* dont Descartes a voulu exposer les principes dans son traité inachevé des *Regulæ* on consultera le chapitre VII des *Étapes de la philosophie mathématique* de M. Brunschvicg.
3. Dans le *Discours de la Méthode*, Descartes parle en termes assez sévères de « l'algèbre des modernes ». Il ne faudrait pas conclure de là qu'il condamne en bloc tout ce qui est algèbre, car lui-même appelle souvent sa méthode mathématique « mon algèbre » : le jugement sévère de Descartes s'applique principalement à Viète dont il croit se séparer complètement, ce en quoi il exagère. — Descartes fit composer, sous sa direction en 1638, une introduction à sa géométrie qui est un traité d'algèbre pure (*Calcul de M. Descartes, Œuv. de Descartes, t. X*).

par les objets les plus simples et les plus aisés à connaître, pour
monter peu à peu, comme par degrés, jusqu'à la connaissance des
plus composés ». (*Disc. de la Méth.*, II.)

La sûreté, la régularité de la méthode, voilà ce qui est essentiel
aux yeux de Descartes, voilà ce qui doit distinguer la science
moderne de la géométrie ancienne, ce champ clos où les virtuoses
de la démonstration pouvaient seuls se mouvoir et accomplir leurs
prouesses. Descartes se propose expressément de rompre avec la
tradition, et c'est par là qu'il diffère profondément de Fermat.

C'est un fait sur lequel certains historiens modernes aiment à
insister que Fermat pratiquait pour son compte la méthode des
coordonnées, et qu'il l'avait exposée dans un traité didactique
antérieur de plusieurs années à la *Géométrie* : le *Ad locos planos
et solidos Isagoge*[1]. La méthode consiste à définir une courbe par
une relation[2] entre les coordonnées de ses points rapportés à deux
axes rectangulaires ou obliques : après quoi l'on cherche à ramener
l'étude de la courbe à l'étude de la relation algébrique. Dans ce
procédé Fermat découvre des possibilités insoupçonnées, mais le
principe n'en est pas nouveau : car on le trouve déjà chez Apollonius, qui s'en sert — dans un cas restreint, il est vrai — pour
étudier les propriétés des sections coniques. Prenant pour axe[3] des
abscisses un diamètre d'une conique, pour axe des ordonnées la
parallèle aux cordes conjuguées à ce diamètre menée à l'une de
ses extrémités, Apollonius raisonne sur l' « équation » de la courbe
qui s'écrit en langage moderne :

$$y^2 = 2px - \frac{p}{a} x^2 \text{ pour l'ellipse ;}$$

---

1. *Œuv. de Fermat*, éd. Tannery-Henry, t. I, p. 91. Ce traité ne fut publié
qu'après la mort de Fermat, en 1674.
2. Suivant la terminologie cartésienne, cette équation est par rapport aux
coordonnées (abscisse et ordonnée) une *équation indéterminée*. Il se trouve
ainsi que l'étude algébrique des équations indéterminées est la préface naturelle de la géométrie analytique, et c'est pourquoi Marino Ghetaldi de Raguse
(1567-1626), qui avait poussé fort loin cette étude, est regardé par certains
historiens comme l'un des créateurs de la nouvelle géométrie. Il est à peine
utile de faire observer que cette opinion n'est guère fondée. Les vues générales,
dans lesquelles nous faisons principalement consister la découverte de Descartes
n'existent pas chez Ghetaldi D'ailleurs Ghetaldi ne parvient pas jusqu'à cette
idée que la construction géométrique et le calcul algébrique peuvent être
équivalents. Il distingue soigneusement deux catégories de problèmes, les uns
étant résolubles algébriquement et n'exigeant pas de construction géométrique
(*constructione operaria non egent*), tandis que les autres ne donnent pas prise à
l'algèbre (*sub algebram non cadunt*).
3. Le système d'axes ainsi défini est en général oblique.

$$y^2 = 2px + \frac{p}{a}\,x^2 \text{ pour l'hyperbole ;}$$

$$y^2 = 2px \text{ pour la parabole.}$$

C'est cette méthode de démonstration que Fermat, restituteur d'Apollonius[1], reprend et précise dans son *Isagoge*, et qu'il applique à la recherche générale des lieux géométriques[2].

En exécutant ce travail, il est exact que Fermat ouvre la voie à la géométrie analytique. Cependant il ne prétend pas déconsidérer la géométrie antique dont il se dit l'héritier ; il croit à un progrès continu de la science ; si cette découverte, — dit-il après avoir exposé sa méthode, — « eût précédé notre restitution déjà ancienne des *Lieux plans* [*voir* note 1], les constructions des théorèmes et lieux eussent été rendues beaucoup plus élégantes ; cependant nous ne regrettons pas cette production... ; il est important pour l'esprit de pouvoir contempler pleinement les progrès cachés de l'esprit et le développement spontané de l'art[3] (artem sese ipsam promoventem) ».

Si l'on y réfléchit, d'ailleurs, on reconnaîtra qu'il n'y a dans la méthode des coordonnées aucune difficulté mathématique : les théorèmes les plus élémentaires de la géométrie y sont seuls supposés. Aussi ne peut-on pas considérer comme une découverte le fait d'avoir déterminé la forme de l'équation d'une droite, d'un cercle ou d'une section conique. La découverte — si découverte il y a — consiste à prévoir et à montrer que l'usage systématique des coordonnées met en œuvre une méthode d'une puissance et d'une

---

1. Fermat a laissé un écrit intitulé : *Apollonii Pergæi libri duo de locis planis restituti*.

2. Remarquons en effet que définir une courbe par son *équation* c'est la définir comme *lieu géométrique*. Ainsi la courbe qui a pour équation $y^2 = 2px$ est le lieu géométrique des points tels que le rapport du carré de leur ordonnée à leur abscisse soit constant et égal à $2p$. Inversement, soit proposé de déterminer le lieu géométrique des points qui jouissent d'une même propriété donnée. Cette propriété en entraîne comme toujours une infinité d'autres. En particulier elle se traduit par une certaine *relation* entre l'ordonnée et l'abscisse d'un point quelconque de la courbe : cette relation (relation algébrique entre deux variables x et y) est l'*équation* de la courbe.

3. *Ad locos planos et solidos Isagoge*, trad. Paul Tannery, *Œuvr. de Fermat*, t. III, p. 96. Signalons également le passage de la préface du traité qui indique bien que Fermat n'a d'autre prétention que de « généraliser » les résultats obtenus par les géomètres anciens : *De locis*, écrit Fermat, *quam plurima scripsisse veteres haud dubium. Testis Pappus initio libri settimi, qui Apollonium de locis planis, Aristæum de solidis scripsisse asseverat. Sed, aut fallimur, aut non proclivis satis ipsis fuit locorum investigatio ; illud auguramur ex eo quod locos quam plurimos non satis generaliter expresserunt, ut infra patebit. Scientam igitur hanc propriæ et peculiari analysi subjicimus ut deinceps generalis ad locos via pateat.*

universalité jusqu'alors inconnues en mathématiques, que cette méthode dispense de toutes celles qui ont été imaginées auparavant et qu'elle les supplantera en effet, que, par l'intermédiaire de la notion de fonction, elle va révolutionner et régénérer toutes les sciences qui sont en relation plus ou moins directe avec l'espace et le temps.

Pour Fermat, comme pour ses prédécesseurs, les questions relatives aux figures sont des questions de géométrie : si l'algèbre y intervient, ce n'est qu'à titre d'adjuvant et par procuration. Avec Descartes, c'est l'algèbre qui passe au premier plan, l'algèbre avec tous ses caractères spécifiques que nous avons fait ressortir plus haut.

Nous avons dit que l'algèbre n'est pas un recueil de résultats; c'est une technique, c'est une méthode de combinaison et de construction. Appliquée à l'étude des figures, cette méthode permettra de reconstruire de toutes pièces la géométrie en faisant table rase des connaissances que nous a léguées l'antiquité. Nous l'édifierons sur un plan nouveau, mieux ordonné et beaucoup plus vaste que l'ancien. Car, après avoir dit par exemple : « les droites sont les figures définies par les équations polynomales du premier degré en x et y (de la forme $ax + by + c) = 0$ les sections coniques sont les courbes définies par les équations polynomales du second degré en x et y (de la forme $ax^2 + bxy + cy^2 + dx + ey + f) = 0$ », rien ne nous empêchera d'ajouter : « j'appelle courbes du 3e ordre, les courbes définies par les équations polynomales du 3e degré en x et y, courbes du 4e ordre les courbes définies par les équations polynomales du 4e degré en x et y...; et des équations de ces courbes je vais déduire leurs propriétés, ainsi que je l'ai fait pour les sections coniques ». Ainsi, par le simple jeu du mécanisme algébrique, nous faisons surgir un monde géométrique illimité que ne nous eût jamais révélé l'intuition directe de la figure.

La légitimité de la nouvelle géométrie résulte de la légitimité du calcul algébrique.

Ayant adopté deux axes de coordonnées X'OX, Y'OY, je puis regarder *toute* fonction $y = f(x)$, définie en termes algébriques, et *toute* relation implicite $F(x, y) = 0$, comme représentant une courbe. Cette figure, — que l'on pourrait théoriquement construire par points — est complètement et parfaitement définie. Tous les scrupules des géomètres grecs touchant la définition des courbes s'éva-

nouissent, et les détours qu'ils employaient pour y échapper perdent
leur raison d'être. La théorie [1] de la construction géométrique devient
inutile, remplacée qu'elle est par cette synthèse créatrice, autrement
féconde, qu'est la construction algébrique.

Descartes estimait qu'une fois posés les principes de la « géométrie
analytique », les conséquences devaient se dérouler naturellement
par voie de transformation et de combinaison algébrique. La construction effective des formules était, dans sa pensée, simple affaire
de métier ne réclamant de notre part aucun effort d'invention. C'était
là, certes, un jugement un peu hâtif : car les progrès de la géométrie, rendus solidaires de ceux de l'algèbre, devaient désormais
attendre ces derniers, et de graves difficultés techniques restaient à
vaincre que Descartes n'avait fait qu'effleurer. Aussi arriva-t-il que
Newton dut se référer encore à Apollonius lorsqu'il eut besoin
d'approfondir l'étude des sections coniques : il crut nécessaire d'y
chercher des secours que la géométrie cartésienne ne paraissait pas
en état de lui fournir.

Mais, cette réserve faite, il nous faut constater que la méthode de
Descartes répondit bien aux espérances de son auteur et que très
vite elle accrut son rendement dans des proportions absolument
inconnues auparavant. Une ère nouvelle s'ouvre alors en mathématiques, que M. Zeuthen compare fort justement à l'ère de la grande
industrie dans le monde moderne. C'est l'usine succédant au métier.
Les résultats obtenus sont si nombreux que la difficulté n'est point
de les découvrir, mais seulement de faire un choix entre eux et de
les classer. La recherche mathématique est devenue, à la lettre, une
combinaison mécanique, — un travail de manufacture.

Voilà ce que, derrière le contenu objectif de l'ouvrage, nous apercevons dans la *Géométrie*. Descartes a eu l'idée très nette que l'emploi des méthodes qu'il préconisait devait amener la rénovation
complète de la science mathématique. Et c'est ce qui est arrivé en

1. On sait combien cette théorie était importante aux yeux des Grecs et
combien elle était délicate. Dans un système de géométrie rigoureux, aucune
figure ne doit être introduite sans que son existence ait été constatée logiquement, c'est-à-dire sans que l'on ait défini un procédé théorique qui permettrait
de construire la figure si l'on savait parfaitement dessiner. Euclide admet (c'est
déjà un postulat) que la construction est possible lorsqu'elle n'exige que des
tracés de droites (dont on connaît deux points) ou de cercles (dont on connaî
le centre et un point). Mais, lorsqu'il n'en est pas ainsi, dans quels cas une
figure nouvellement définie peut-elle être regardée comme existante et construite? C'était là pour la géométrie ancienne, une grave difficulté.

effet. Descartes a été bon prophète. Il a deviné mieux qu'aucun
autre les destinées de la synthèse algébrique : c'est pourquoi, bien
qu'il n'ait pas laissé un très gros bagage de découvertes techniques,
son nom doit rester le premier parmi ceux des algébristes du
xviiᵉ siècle.

La *Géométrie* de Descartes met à nu les ressorts et la puissance de
l'algèbre. Là ne s'arrête point cependant sa portée. Elle devait, nous
l'avons dit plus haut, exercer en même temps une autre action, dans
une direction différente. En effet elle contient en germe des problèmes, elle soulève des difficultés, qui devaient, en se développant,
réagir fortement sur le progrès des mathématiques et une fois de
plus en modifier le cours.

Dans la *Géométrie* de 1637 apparaît pour la première fois, d'une
façon nette et fort embarrassante, et grosse de toutes les questions
qui bientôt surgiront à sa suite, la notion générale de fonction d'une
variable : elle apparaît sous le vêtement de la notion de courbe.

Au seuil même de la géométrie cartésienne nous apprenons que
toute équation algébrique peut être représentée par une ligne
courbe. Cependant l'inverse n'est point vrai : à toute ligne courbe
ne correspond pas une équation algébrique. Qu'est-ce à dire? Faut-
il admettre qu'il existe deux classes de courbes radicalement
différentes l'une de l'autre?

Pour les anciens, seules étaient proprement géométriques les
courbes dont la construction pouvait être réalisée par des tracés
de droites ou de cercles ou par d'autres procédés qui étaient soigneusement spécifiés (voir plus haut, p. 822, note 1). Les sections
coniques étaient géométriques, mais non point la *conchoïde* de Nico-
mède, la *cissoïde* de Dioclès, la *quadratrice* d'Hippias. Selon Descartes au contraire il n'y a entre la conchoïde ou la cissoïde d'une
part et les coniques d'autre part que cette seule différence : leur
équation est du troisième au lieu d'être du second degré. La quadratrice, par contre, n'a pas d'équation algébrique : c'est pourquoi Descartes la range parmi les courbes *mécaniques* (non *géométriques*).
Mais en déplaçant ainsi la coupure qui sépare les deux espèces des
courbes, Descartes ne tombe-t-il pas dans l'arbitraire? Si nous adop-
tons son point de vue, avons-nous vraiment encore le droit de distinguer deux classes différentes de courbes? Il nous répugne de le

faire : car, du point de vue géométrique nous n'apercevons aucune différence de nature entre telle. courbe qui appartiendra à l'une et telle courbe qui sera de l'autre classe. Il devait sauter aux yeux des lecteurs clairvoyants que tout ce que nous dit la *Géométrie* sur la classification des courbes[1] est assez embarrassé et manque de bases géométriques sérieuses.

Mais c'est surtout plus avant dans la géométrie nouvelle, à l'occasion de certains problèmes spéciaux, que la difficulté devait apparaître dans toute son étendue.

Le premier en date de ces problèmes est celui qui est connu sous le nom de *problème inverse des tangentes*. Nous allons nous y arrêter un peu afin de bien faire comprendre notre pensée en nous appuyant sur un exemple concret.

Considérons une courbe définie par une équation, $y = f(x)$ [j'appelle x l'*abscisse* d'un point quelconque de la courbe, y l'*ordonnée* du même point] : on sait que la direction de la tangente en un point quelconque de la courbe est définie par la valeur (en ce point) de la dérivée y' de $f(x)$: rechercher en un point la tangente à la courbe revient donc à calculer la dérivée y' : c'est en cela que consistera, pour une courbe donnée, le *problème des tangentes*.

Supposons maintenant que nous ayons affaire à une courbe inconnue [c'est-à-dire que nous ne connaissions pas la fonction $f(x)$], mais que nous sachions en revanche qu'en un point quelconque de la courbe (de coordonnées x et y) la dérivée y' est liée à x et y par une certaine relation connue :

$$(1) \qquad\qquad y' = \mathrm{F}(x, y).$$

Pour interpréter cette relation, nous remarquons que la courbe se trouvera caractérisée par la propriété suivante : *la tangente en un point quelconque est déterminée par les valeurs des coordonnées du point, conformément à la relation* (1). Ainsi la courbe — souvent appelée pour abréger, *courbe intégrale de l'équation* différentielle (1) — se trouve définie en tant que lieu géométrique de points jouissant d'une même propriété.

La détermination de la courbe ainsi définie est le problème que l'on appelait au XVIIᵉ siècle *problème inverse des tangentes*. Il s'agit, non plus de construire la tangente en un point, mais, inversement, de

---

1. Voir le début du second livre de la *Géométrie* : *De la nature des lignes courbes*.

déterminer la courbe étant connue la tangente en un point quelconque. Ce problème — que l'on peut d'ailleurs formuler en termes purement géométriques — fut proposé par Florimond de Beaune dès l'année 1637, et chaque inventeur de « règles pour les tangentes » d'en chercher aussitôt les « converses ». Descartes lui-même traite la question [1] en recourant à sa méthode et se plaçant au point de vue de l'algèbre. Mais il s'aperçoit alors que l'équation particulière proposée par Beaune à titre d'exemple présentait une difficulté assez troublante.

C'est l'équation que nous écririons aujourd'hui $y' = \dfrac{x - y}{a}$ (en appelant y la fonction inconnue). Opérant le changement de variable [2] $u = y + a - x$, Descartes la transforme en l'équation.

$$y' = -\frac{y}{a}$$

que l'analyste moderne sait intégrer immédiatement. Nous avons :

$$\log y = \frac{x}{a} + nombre\ constant,$$

d'où l'intégrale

$$y = ce^{-\frac{x}{c}} \quad (c\ constante\ arbitraire).$$

Mais cette solution est ce que nous appelons aujourd'hui une « fonction transcendante » de x : ce n'est pas, en d'autres termes, une fonction algébrique et, par conséquent, la courbe qui la représente n'est pas une « courbe géométrique » au sens cartésien du mot. Qu'en conclure? Dirons-nous que la solution est *non-algébrique*? Mais il y a quelque chose de choquant à avancer une pareille affirmation touchant la solution d'un problème dont l'énoncé n'implique que des opérations algébriques. Logiquement, donc, Descartes doit conclure que le problème proposé *n'a pas de solution*.

Les années passant, cependant, il arriva que le problème de Florimond de Beaune fut résolu dans des cas nombreux, et une étude systématique en fut faite par Barrow dans ses *Lectiones geometricæ* (1669-1670). L'identité du problème inverse des tangentes avec un autre problème fondamental, donnant lieu à des difficultés toutes

1. Cf. la lettre de Descartes à Beaune du 20 février 1639 (*Œuv. de Descartes*, t. II, p. 510) et la note de Paul Tannery (*ibid.*, p. 520 et suiv.).
2. Descartes remplace en outre la variable x par une autre variable égale à $\sqrt{2x}$, mais ce second changement de variable est sans conséquence.

semblables fut alors reconnue (le *problème des aires* ou *recherche des fonctions primitives*), et la théorie moderne des *équations différentielles* se trouva fondée.

On nous excusera d'entrer ici encore dans quelques détails techniques, d'ailleurs bien connus. Mais il est important de montrer comment, en suivant exactement la voie que Descartes avait indiquée, on voit réapparaître ici et s'aggraver la difficulté qui l'avait lui-même arrêté.

L'interprétation géométrique que Barrow donnait des équations différentielles ne sert pas seulement à en illustrer la théorie algébrique : elle fournit un procédé pratique permettant de *construire* effectivement les courbes intégrales des équations non encore intégrées, — ou du moins, permettant de construire des lignes qui se rapprochent beaucoup (*arbitrairement*) de ces courbes intégrales.

Partons de l'équation

$$(2) \qquad\qquad y' = f(x, y),$$

supposée non intégrée, mais où $f(x, y)$ est une fonction algébrique connue, et proposons-nous de déterminer d'emblée, par un procédé graphique, la figure approximative de celle des courbes intégrales de cette équation qui est déterminée par les conditions initiales x_0, y_0, c'est-à-dire qui passe par le point M_0 de coordonnées x_0, y_0.

Tout d'abord, on connaît la direction de la droite tangente à la courbe cherchée au point M_0 : elle est déterminée par la valeur $f(x_0, y_0)$ de la fonction f pour $x = x_0$ et $y = y_0$. Admettons maintenant, pour un moment, qu'au voisinage de M_0 la courbe cherchée soit rectiligne, ce qui revient à assimiler un petit arc de courbe M_0M à un segment de la tangente M_0M_1 (assimilation d'autant moins éloignée de la vérité que l'arc est plus petit) : en d'autres termes, prenons sur la tangente M_0T_0 un point M_1 (de coordonnées x_1, y_1) très rapprochée de M_0, et admettons que notre courbe intégrale passe par ce point. S'il en est ainsi, elle devra avoir, en M, une tangente dont la direction est définie par la valeur de x_1 et y_1; soit M_1T_1 cette tangente; nous prendrons sur elle un point M_2 (de coordonnées x_2, y_2), très rapproché de M_1, et admettrons que notre courbe intégrale passe par ce point M_2; et ainsi de suite.

Nous obtenons ainsi une ligne brisée $M_0M_1M_2$... dont la figure se rapproche d'autant plus d'une ligne courbe que les segments M_0M_1, M_1M_2,... sont plus petits. D'ailleurs si nous regardons cette

ligne comme une courbe ayant pour tangentes aux points successifs
M_0, M_1,... les droites M_0T_0, M_1T_1,..., cette courbe satisfera bien en tous
les points M_0, M_1,... à la condition posée par l'équation différentielle (1). Nous pouvons donc la considérer comme représentant
approximativement (avec une *approximation arbitrairement grande*)
une courbe intégrale de notre équation '.

La construction que nous venons d'indiquer constitue ce que l'on
appelle une méthode graphique de résolution des équations différentielles. Or la simplicité de cette construction nous inspire immédiatement une idée : ne pourrait-on pas se fonder sur elle, non seulement pour représenter les intégrales des équations, mais pour en
démontrer l'existence? Il est, on le sait, un grand nombre d'équations
différentielles que nous sommes incapables d'intégrer : cela étant,
rien, dans l'état actuel de nos connaissances, ne nous autorise à
affirmer à l'avance que ces équations ont effectivement des solutions
ou intégrales: cependant nous pouvons toujours leur appliquer la
méthode de construction décrite ci-dessus, et cette méthode nous
conduira toujours à une ligne brisée M_0M_1... qui se rapprochera
arbitrairement d'une courbe [2] lorsque ses côtés seront arbitrairement
petits. [C'est un fait intuitivement évident qu'il en est ainsi, du
moins lorsque $f(x, y)$ est une fonction continue de x et y.] N'est-il
pas permis, dès lors, de considérer la position-limite prise par la ligne
brisée M_0M_1... (lorsque la longueur de ses côtés tend vers zéro) comme
une courbe intégrale, et ne peut-on pas démontrer rigoureusement
que la fonction représentée par cette courbe est une solution de
notre équation?

La chose est possible, en effet, et le raisonnement que nous venons
d'esquisser est aujourd'hui passé dans la pratique courante. Mais
l'exemple du problème de Beaune nous montre que des difficultés,
alors insurmontables, devaient arrêter ceux qui auraient voulu
employer un pareil raisonnement au XVIIe siècle. Il soulève en effet
deux questions préalables auxquelles il n'était alors pas possible de
répondre : Sous quelles conditions une ligne tracée sur le papier

1. Ce mode de construction qui consiste à remplacer la courbe par un contour
formé de petites lignes *(lineolæ)* fut indiqué par Jean Bernoulli en 1694 *(Modus
generalis construendi omnes æquationes differentiales primi gradus*, ap. *Acta
Eruditorum,* novembre 1694; *Œuv.,* 1742, t. I, p, 123 et suiv.). Déjà Leibniz en
avait eu l'idée dès 1675.
2. Je prends le mot « courbe » (ligne tracée d'un trait continu) dans son sens
le plus général.

est-elle une courbe géométrique, et sous quelles conditions une
courbe représente-t-elle une fonction?

Ces deux questions contiennent en germe tout le développement
moderne de l'Analyse Mathématique. Or ce sont expressément celles
que posait pour la première fois la *Géométrie* de Descartes.

De ces remarques, quelles conclusions devons-nous tirer? C'est
que, comme nous l'avons dit en commençant, l'œuvre mathématique
de Descartes a un double aspect. En même temps qu'elle proclame
et explique le succès de la méthode algébrique, la *Géométrie* en
montre les limites. Très nettement, elle fait apparaître les difficultés
auxquelles va venir bientôt se heurter la conception synthétiste de
la science. Et c'est pourquoi c'est encore à Descartes qu'il faut
remonter quand on veut déterminer les origines du revirement qui,
une fois de plus, transforme la face des mathématiques en faisant
passer au premier plan l'analyse et l'intuition.

Ce revirement, chose curieuse, nous commençons seulement à en
prendre clairement conscience. D'aucuns ne veulent pas encore
l'apercevoir. Mais, en découvrant les raisons historiques qui l'ont
provoqué, nous en prouvons, je crois, de façon indéniable, la
réalité, et nous nous expliquons bien en quoi il consiste. Avec un peu
de perspicacité, ne pouvons-nous déjà, à la seule lumière de l'œuvre
de Descartes et des réflexions qui précèdent, en pressentir et définir
la nature?

D'après la conception algébriste, les mathématiques tout entières
ne seraient qu'une puissante méthode de calcul : entendons : une
combinaison ou synthèse d'éléments, faite suivant des règles convenues. Or les synthèses que l'on peut ainsi réaliser ne nous donnent
pas le moyen d'atteindre et d'étudier la totalité des faits mathématiques. Les notions que notre intuition (au sens cartésien du mot)
nous permet de deviner, et d'apercevoir de loin en loin, sont plus
riches que les composés de l'algèbre. Et ainsi il apparaît que l'algèbre
synthétique n'est qu'une partie de la science; plus exactement, il
n'y faut voir qu'un instrument. Le vrai but de nos recherches est
l'analyse de certaines notions dont nous nous efforçons d'exprimer le
contenu aussi fidèlement que possible; et le moyen employé consiste
à faire le siège de ces notions suivant des directions convergentes, à

en obtenir des représentations ou des approximations variées, qui le fassent connaitre sous ses diverses faces.

Tàche ardue en vérité, hérissée d'obstacles, féconde en belles surprises aussi.

J'emploie ces derniers mots à dessein, car ils caractérisent bien les sentiments qu'éprouvent les meilleurs savants d'aujourd'hui à l'égard de leurs études.

Après une longue et complexe évolution, il semble que la science se retourne maintenant vers son idéal primitif, il semble que l'âme du mathématicien redevienne hellène.

C'est que la superbe illusion, sur laquelle pendant deux siècles l'algèbre a vécu et grandi, se dissipe aujourd'hui. Transporté par les premières manifestations de sa puissance synthétique, l'homme a déclaré : « La science est mon œuvre ; c'est une construction dont je suis l'architecte ; rien n'est plus faux que l'attitude passive du géomètre grec, de ce rêveur, qui se borne à enregistrer des faits et à pêcher à la ligne de jolis théorèmes. » Et voici qu'aujourd'hui les limites de notre puissance de synthèse apparaissent aux moins clairvoyants. Au-dessus de l'édifice de la science il y a quelque chose, et quelque chose qui n'est pas notre fait. Il y a un monde d'idées où il nous faut tenter de pénétrer, et dont, par des procédés de projection aussi peu déformants que possible, nous devons dresser la carte.

Ce sont les Grecs qui avaient raison. La recherche scientifique est une contemplation de l'esprit ; mais c'est, quoi qu'en ait dit Platon, une contemplation qui suppose une industrie préalable. Nous avons dépassé les Grecs le jour où nous avons reconnu que, pour *voir* loin et profondément, il est nécessaire de s'aider d'instruments, de travaux d'art et d'échafaudages.

PIERRE BOUTROUX.

ÉTUDES CRITIQUES

LES FORMES ÉLÉMENIAIRES
DE LA VIE RELIGIEUSE[1]

Le travail récemment publié par le cief d'école des sociologues
français ouvre une voie d'entente et de conciliation entre la
sociologie et les autres brancies de la piilosopiie. Des tentatives
avaient déjà été faites dans ce sens par les adiérents de la même
écide, mais aucune n'avait eu la portée ni la lumineuse clarté de
celle de M. Durkieim : s'appuyant sur les données fournies par
l'étude d'une forme spéciale de la vie religieuse, l'auteur éclaire
d'un jour nouveau le problème religieux proprement dit et monire
comment tout en adoptant, dans sa considération de l'activité
spirituelle de l'iomme, le point de vue sociologique, on peut
reconnaître le bien-fondé de points de vue différents. Souvent, et
jusque dans les ouvrages antérieurs de M. Durkieim, la sociologie
avait prétendu représenter à elle seule la science morale. Dans
l'ouvrage distingué qui fait l'objet de ces lignes, cette prétention est
abandonnée, en termes formels, d'abord, mais aussi, et surtout, de
façon implicite. Sans doute la vie collective, la société avec ses institutions et ses traditions, y est maintenue comme source de toute
vie intellectuelle et morale; mais à travers le développement
ultérieur des idées maîtresses de l'œuvre, le lecteur critique est
conduit, par la main de l'auteur, à un point de vue situé au delà de
celui usuellement adopté par une sociologie exclusive. Et, hâtons-
nous de le dire : loin de perdre à cet élargissement des cadres, la
sociologie y gagne. De même que, dans la société, c'est un signe de
force et de vie que la liberté de mouvement et de développement
des individualités, de même la science sociale aura une importance
plus grande à mesure qu'augmentera l'indépendance des diverses

1. Durkheim (E.). *Les formes élémentaires de la vie religieuse*, 1 vol. in-8 de
617 p., Paris, Alcan, 1912.

disciplines qui considèrent, chacune de son point de vue différent, la vie multiforme de l'esprit. Comte, déjà, assignait, pendant la dernière période de sa production, à la morale une place autonome à côté de la sociologie. Et je suis convaincu qu'un jour viendra où l'on verra, dans la psychologie, la théorie de la connaissance et la philosophie de la religion, autant de disciplines représentant, au même titre que la sociologie, des points de départ indépendants; — ce qui ne les empêchera pas de se mettre, sous bien des rapports, à l'école de cette dernière. Je sais que M. Durkheim ne sera pas tout à fait de mon avis; mais je tâcherai de montrer qu'en dehors des connaissances positives que nous pouvons tirer de l'ouvrage en question, qui marque un grand progrès dans son ordre de recherches spécial, — nous constatons à la lecture, d'une part, combien la sociologie se sert, en fait, de données empruntées à la psychologie et à la théorie de la connaissance et, d'autre part, que, considérée en ses dernières conséquences, elle nous conduit à reconnaître l'importance de ces autres disciplines de la science de l'esprit. C'est de ce côté qu'un philosophe est naturellement amené à envisager le livre de M. Durkheim. Aux yeux d'un sociologue du métier, elle aura sans doute une importance que je ne suis pas compétent pour exprimer. Mais, à mon sens, la portée de l'œuvre dépasse de beaucoup le domaine de la sociologie pure. Je viens d'y puiser, pour ma part, non seulement des connaissances sociologiques, mais aussi des éclaircissements et des confirmations touchant des problèmes qui ne relèvent pas de la sociologie proprement dite. J'ai rencontré là, rectifiées ou vérifiées, des idées auxquelles j'étais arrivé moi-même par voie psychologique. Et voilà précisément ce que je me propose de faire voir dans ce compte rendu où je caractériserai, et critiquerai de mon mieux, cette œuvre si richement documentée, si admirablement menée à bien.

Laissant à l'historien et à l'ethnographe l'étude des événements et des us et coutumes de temps et de lieux déterminés, le sociologue selon M. Durkheim pénètre plus avant. Pour lui, l'essentiel c'est de découvrir les forces qui régissent la vie humaine, aujourd'hui comme autrefois, les réalités qui se manifestent à travers les événements de l'histoire et les mœurs des peuples. En matière religieuse,

il s'agit pour lui non seulement de décrire les dogmes et les cérémonies mais de trouver le fond réel qui leur a servi de substrat et
qui leur donne leur véritable signification — bref, le côté éternel
et humain de la religion. Le sociologue admet que la religion est
née de la vie réelle, d'un besoin de l'homme, qui persiste, plus ou
moins intense à travers les âges.

La plupart des théories sur la nature et le fondement de la religion sont impuissantes à expliquer ce fait que, malgré toutes les
résistances, en dépit de toutes les critiques, la religion persiste. Il
faut donc croire qu'elle répond à un besoin particulier, à une force
spéciale de la nature humaine. S'il était vrai, comme le suppose la
doctrine animiste, que la religion est née de représentations formées
pendant le rêve et prises ensuite pour des sensations concrètes, ou
bien si elle était due à des interprétations fausses de la nature,
comme le veut la doctrine naturiste, il y a des siècles qu'elle aurait
fait son temps. Mais le besoin qui produit la religion n'est pas un
besoin de comprendre, c'est au contraire un besoin de vivre,
d'obtenir de la force et de la sécurité dans la lutte pour l'existence.
M. Durkheim prend donc franchement parti contre la conception
intellectualiste de la religion.

Celui qui prétend chercher l'origine de la religion doit avant tout
se rendre compte que la conscience religieuse est incapable de
s'expliquer, par elle-même, l'impulsion, l'élan qui agit en elle et la
pousse en avant. Elle cherchera volontiers dans son entourage la
cause des mouvements qui l'agitent. Pour bien comprendre ce fait,
il sera pratique d'étudier les formes les plus simples, les plus élémentaires de la religion. Non pas qu'on puisse poser en règle générale que les formes élémentaires de la religion expliquent les formes
plus développées — et la réciproque n'est pas vraie non plus; —
mais les formes élémentaires ont ceci de bon de ne pas offrir cette
foison de mythes et de dogmes, que nous verrons dans la suite
sortir de l'imagination populaire et de celle des prêtres. Dans l'ordre
religieux comme dans l'ordre social, rien que le strict nécessaire.
Surtout, les différences individuelles ne se font pas sentir à ces
stades primitifs. Toutes les consciences suivent le même sillage.
Le type individuel et le type social se confondent. C'est cette religion élémentaire que M. Durkheim trouve représentée chez les
habitants de l'Australie centrale, et qui a été si excellemment décrite
dans ces derniers temps par Spencer et Gillen et par Strehlow.

Cette religion, la plus simple que nous connaissions, n'a pas l'idée
de divinité proprement dite. Ce qui en fait une religion, c'est la
distinction absolue qu'établissent ses adhérents entre les choses
sacrées et les choses profanes, et cette distinction se trouve
dépendre étroitement de l'organisation sociale. Le système social
est ici, comme celui de la religion, d'une simplicité extrême. Les
membres du clan ne sont attachés les uns aux autres ni par la
communauté du sang ni par celle de l'habitation. Le lieu qui les
unit, c'est le culte : un même nom, un même emblème, des rites
communs, une conception commune du sacré et du profane, voilà ce
qui fait l'unité du clan.

Cette opposition du sacré et du profane demande une explication.
D'où vient le sentiment du sublime que l'homme éprouve, déjà à ce
stade de la civilisation, devant certaines choses? Comment s'établit
la distinction de l'élevé et du bas, dans l'homme et au dehors? Par
quelle voie l'homme est-il amené à reconnaître l'existence de quelque chose de plus grand, de plus compréhensif que lui?

Le culte des âmes aussi bien que celui de la nature impliquent
une telle distinction. Mais le système religieux, dit totémique en
présence duquel nous nous trouvons ici est antérieur à ces deux
formes de la religion.

Le totem est un nom, et un emblème, commun aux membres du
clan qu'il oblige à se secourir mutuellement, à se venger, à célébrer
en commun les funérailles de leurs morts, à observer certaines pratiques et certains interdits matrimoniaux. Le totem est un animal
ou une plante ou un objet inanimé. L'homme ne fait qu'un avec son
totem et par son intermédiaire il entre en communion avec son ancêtre
dont les réponses lui sont transmises par l'être totémique et qui s'y
trouve peut-être incarné. L'Australien, qui ne sépare pas l'image
d'avec la chose représentée, ne distingue pas non plus entre son totem
et sa propre individualité ou celle de son ancêtre. Il devient ainsi solidaire de tous ceux qui ont le même totem. Après une initiation particulière, en partie pénible et douloureuse, les jeunes gens sont
admis à prendre part au culte totémique qui donne accès au monde
des choses sacrées. Un instrument sacré, le *churinga* ou *tjurunga*,
qu'ils reçoivent au cours des cérémonies d'initiation met chacun des
néophytes en rapport intime avec son totem et son ancêtre; la force
réconfortante et stimulante qui émane de ce *churinga* le fait garder
précieusement; sa perte est considérée comme un grand malheur.

La séparation du sacré et du profane est maintenue par le
culte. — Ce culte *négatif* enseigne, moyennant jeûnes, veilles,
douleurs infligées, retraites, silences prolongés, que pour participer aux choses sacrées il faut dépouiller le vieil homme et
acquérir ainsi des propriétés, des forces nouvelles. Par le culte
positif, l'homme est mis sous l'influence des forces qui rayonnent
des objets sacrés où elles étaient contenues comme des réserves permanentes, pour ainsi dire. Et si l'homme est soutenu par le culte,
l'être totémique de son côté en est nourri. Nous sommes en présence d'une sorte de sacrement ou communion où l'homme reçoit
la puissance sacrée et contribue en même temps par ses sacrifices à
l'affermissement et à l'accroissement de cette puissance. Le besoin
qu'ont les hommes d'être secourus et réconfortés s'explique par
leur dépendance des phénomènes naturels. La vie de la nature présente des variations, des hausses et des baisses de force et de fécondité, et l'homme éprouve le désir de sentir augmenter sa confiance
dans la nature, tout en croyant d'autre part qu'il est en lui de prêter
son secours à cette même nature par l'observation rigoureuse des
pratiques religieuses.

Sous l'antithèse des choses sacrées et profanes se cache, d'après
M. Durkheim le contraste qui existe entre la société et l'individu.
La notion de totem est d'origine sociale; elle exprime la solidarité
de l'homme et du clan, et celle qui relie les gens du clan à certains
êtres ou choses matérielles. Ce n'est donc pas la crainte que nous
trouvons à la base de la division des choses en sacrées et en profanes, c'est au contraire une adhésion confiante et, à son apogée,
fervente, à ce qui peut donner le salut et la sécurité, et c'est aussi
cette conviction qu'en dehors du clan il n'y a ni salut ni sécurité.
L'hypothèse fondamentale du culte totémique, c'est qu'il y a un fonds
de pouvoir auquel les individus sont à même de puiser des forces
nouvelles pendant leur lutte pour l'existence, fonds qu'ils peuvent
de leur côté contribuer à conserver et à augmenter. Le totémisme
et les mythes et symboles qui s'y rattachent ne sont donc pas des
jeux d'associations d'idées et d'hallucinations. Évidemment la religion prend sa source dans des régions de la vie psychique qui ne
relèvent pas du domaine purement intellectuel. En se dévouant aux
choses sacrées, en observant les rites, l'homme se sent en rapport
avec quelque chose dont la portée dépasse de beaucoup l'existence
de tel individu ou de telle génération. Dans la plus primitive des

religions à nous connues, ce quelque chose se trouve représenté par un symbole, le totem, et la réalité sous-jacente à laquelle il est censé correspondre c'est la conservation et la prospérité du clan. Par l'effet du culte la société elle-même subit périodiquement une réfection, une renaissance morale. Pendant les grandes fêtes, célébrées en commun selon la tradition des ancêtres, les intérêts particuliers, les désirs et les préoccupations de la vie journalière s'évanouissent. Chacun des assistants se sent comme enveloppé de quelque chose de plus grand que lui. Les rites qui ont souvent un caractère impressionnant et stimulant, éveillent dans l'âme des émotions que la vie de tous les jours ne saurait lui donner. L'homme se sent renaître, il est comme replongé dans la source de toute vie.

Des liens multiples rattachent la vie du clan à celle de la nature : l'existence de la société primitive dépend de la succession rythmée des saisons; la grande question est de savoir si les fruits mûriront, si la pluie tombera, si la chasse sera bonne. Et l'homme qui croit pouvoir exercer, par le culte, une certaine influence sur la marche des choses de la nature, doit donc attacher une grande importance à la stricte observation des rites. Cette croyance à l'efficacité du culte est due à l'impression, puissante et profonde, que laissent les solennités cultuelles dans l'âme des initiés. Le retour périodique des grandes fêtes correspond à la révolution des époques de l'année, et cette correspondance nous la retrouvons jusque dans les religions les plus avancées. Pendant les intervalles qui séparent les fêtes, les membres du clan se dispersent pour reprendre, isolément ou par petits groupes, la lutte pour l'existence; les emblèmes totémiques seuls les aideront à garder le souvenir des grands jours d'effervescence et de ravissement, et la différence entre les deux modes d'existence se fera cruellement sentir. Alors s'établit, dans l'âme primitive, par un effet de contraste, la distinction entre un état sacré, celui de la participation, par le culte, à la vie commune, et, d'autre part, l'état laïque et profane, qui est l'existence même des intervalles d'isolement. Le vif désir se refait de nouveau par les grands moments d'exaltation, voilà le fondement réel de la religion. C'est aussi ce qui explique ce fait, assez fréquent dans les religions plus avancées, de personnes plus ou moins consciemment sceptiques à l'égard du bien-fondé des représentations et des cérémonies religieuses et qui ne résistent pourtant pas à leur envie de venir prendre part aux rites du culte ancien. En effet, la raison d'être des cérémonies reli-

gieuses ne doit pas être cierciée dans les fins qu'elles poursuivent
en apparence, mais dans leur action intime sur les âmes, dans les
dispositions mentales qu'elles déterminent.

Aux ieures d'exaltation, où la société manifeste son pouvoir sur
l'esprit des individus, elle subit elle-même une idéalisation spontanée.
Le symbole totémique est le signe matériel d'une idée dont la
portée dépasse l'état de cioses actuel. Il va sans dire que l'iomme
n'a pas une notion précise de ce qui constitue le fondement réel du
contraste entre le sacré et le profane, — de ce qui provoque, en
dernière analyse, les émotions qui l'accablent. La cause efficiente
de ces émotions, il croit la trouver en deiors de lui, — de même
qu'il attribue à l'objet perçu les qualités de ses sensations.

Mais, déjà au stade tout à fait primitif, la religion et les nations
religieuses ne se rapportent pas exclusivement à la vie iumaine,
elles ont aussi une portée cosmologique. La puissance à laquelle
l'iomme s'abandonne dans son culte, et par laquelle il se sent
inspiré et réconforté, cette puissance il la retrouve dans toute la
nature. Inconsciemment il généralise l'opposition du sacré et du
profane jusqu'à y comprendre tous les piénomènes qui tombent
sous son regard. C'est une sorte de contagion qui se produit ici.
Tout ce qui touche, d'une manière quelconque, au sacré ou au profane, devient par cela même sacré ou profane. L'iomme primitif ne
connaît pas nos distinctions entre divers genres et espèces d'objets.
De même qu'il ne trouve pas qu'il y ait contradiction à identifier sa
propre personnalité, et celle de son ancêtre, avec l'objet totémique,
de même il range dans une seule et même classe tout ce qui l'affecte
de la même manière. Cette « extrême contagiosité des forces religieuses » n'est pas due aux seules associations d'idées. L'idée du
sacré est née de l'éveil dans l'âme du sentiment de dépendance et de
réconfort, et plus ce sentiment est intense, plus grande est la
force d'expansion avec laquelle il se manifestera devant tout ce qui
entrera en rapport avec l'iomme, surtout dans ses moments d'extase.
Ceci nous explique la facilité avec laquelle l'iomme primitif identifie les cioses les plus iétérogènes, quelque contraires que soient
les propriétés qu'elles offrent à la perception, et c'est encore ce qui
fait d'une religion non seulement une manière de considérer la vie,
mais encore une conception du monde, non seulement une psyciologie mais une métapiysique.

Le besoin religieux est donc identique au besoin social de conservation qui est commun à tous les ommes et grâce auquel ils se considèrent comme les parties d'un tout. Et de ce même besoin naît spontanément la croyance aux esprits. C'est une erreur de penser que la croyance aux esprits a produit la religion. Comme nous venons de le voir, l'origine de la religion doit être cierciée ailleurs. Mais, de fait, nous ne connaissons pas de religion qui n'implique la croyance aux esprits. Dans le cas des Australiens, la notion de l'âme revêt, dès l'origine, un caractère sacré. Par l'intermédiaire de son totem, ciaque individu soutient des relations avec son ancêtre et se sent solidaire de cette force puissante qui, par l'organe du culte totémique, anime le clan tout entier. L'existence ne comprend qu'un nombre d'âmes limité; celles des nouveau-nés sont considérées tantôt comme des réincarnations directes des âmes des ancêtres, tantôt comme provenant de germes semés par les ancêtres. L'âme, c'est le principe totémique incarné dans un sujet particulier. — Les rêves et les pénomènes analogues ont pu contribuer à la formation de la croyance aux âmes; ils n'en expliquent pas l'origine. C'est la persistance du clan, continuant imperturbablement sa vie à travers les générations consécutives qui a suggéré aux ommes cette idée que les âmes nouvelles de ceux qui viennent de naître pourraient bien être les continuations directes d'âmes ayant déjà vécu. A ce degré primitif du développement, l'idée de l'immortalité n'a pas encore une portée morale. La croyance à la survie des âmes des trépassés aussi bien que la croyance aux esprits puissants, fondateurs de tout ce qu'il y a de bon au monde, dérivent du totémisme. De dieux proprement dits, la religion de l'Australie centrale n'en a pas. Mais une première étape du ciemin qui mène à leur création a été parcourue : on constate une tendance, de plus en plus marquée, à séparer du commun des ancêtres les grands ommes d'autrefois dont parlent les mythes et les légendes. Les grandes fêtes qui réunissaient la tribu tout entière et non seulement les membres d'un clan particulier, conféraient surtout aux iéros de la tradition légendaire un caractère plus élevé et plus universel ; une évolution s'accomplissait : celle qui va du totémisme aux idées qui caractérisent les religions plus avancées. —

L'étude de la religion élémentaire, dont l'Australie centrale nous fournit un exemple typique, n'est pas seulement très instructive en ce qui concerne la vie religieuse proprement dite; elle jette aussi une vive lumière sur cette époque reculée où la religion représentait à

elle seule toute la culture spirituelle, et nous fait voir notamment
que la science est issue de la religion. Si donc la société est mère de
la religion, elle est également mère de la science. L'autorité dont
jouissent les idées scientifiques leur est accordée parce qu'elles sont
les résultats d'expériences collectives, d'efforts communs de la
société. Il a fallu les observations, les réflexions d'une série infinie
d'individus et de générations pour permettre de temps en temps à
quelque esprit supérieur de formuler un concept tant soit peu précis.
Et la religion a rendu à l'activité intellectuelle des services signalés
en suggérant aux ommes une première idée confuse de la parenté
des choses. Elle leur a appris à établir un lien entre des phénomènes
que séparaient les sens. Pour que la voie s'ouvrît vers le monde des
idées, il fallait que se réalisât une tension des forces intellectuelles qui
n'était guère possible que dans et par la société et qui, de fait, a surtout été engendrée par le culte. Les premiers essais d'une classification ont été faits sur le modèle de la division de la tribu en clans et
en phratries; ils ont fourni la base de toute logique. L'origine des
notions fondamentales que nous appelons les catégories de l'entendement ne s'explique ni par la théorie aprioristique ni par celle de
l'empirisme; elles ne peuvent être dérivées ni de dispositions irréductibles, immanentes à l'esprit humain, ni de la perception des choses
du dehors. Ici, comme dans le cas des classifications, c'est aux phénomènes et institutions d'ordre social qu'il faut demander la solution
du problème. Les notions temporelles, par exemple, peuvent se
dériver des divisions du temps qui correspondaient au rythme des
fêtes et des cérémonies. La division primitive de l'espace dépend des
significations religieuses des diverses directions et régions. Et la
répartition des clans à l'intérieur du campement commun a nécessité
la construction d'un schéma. Le principe de causalité, et particulièrement l'axiome : les semblables produisent les semblables, ont leur
racine dans les traditions cultuelles qui exigeaient que les cérémonies eussent lieu dans un ordre fixe et bien déterminé, sans quoi le
résultat voulu ne se réaliserait pas. Il existait donc des normes selon
lesquelles se formaient les réprésentations des individus. Les exigences impérieuses de l'activité collective s'exprimaient en formules
catégoriques. L'autorité inhérente à la raison est d'origine sociale.
Mais la société elle-même fait partie de la nature; seulement elle a
sur les autres domaines de la nature cet avantage d'offrir des phénomènes fondamentaux plus nettement accusés et plus voisins de

l'homme. Aussi les représentations élaborées « sur le modèle des choses sociales » ont-elles pu aider l'homme à se représenter des faits d'ordres très différents. —

Quant à l'avenir de la religion, deux considérations intéressent surtout M. Durkheim.

La religion a été jusqu'ici, autant que nous pouvons l'étudier à travers l'histoire, un phénomène essentiellement social. Historiquement, la religion et la société sont étroitement liées. L'action exercée par la société sur les individus, — au dedans, par une infinité d'influences inconscientes, au dehors, par de nombreuses prescriptions, interdictions, coutumes et traditions, — a pour effet d'établir en eux, dans leur vie et dans leur pensée, le contraste dominateur entre les choses sacrées et profanes, élevées et basses, idéales et sensibles. Et les rites communs des grandes fêtes font naître l'enthousiasme, l'élan sublime qui est la source éternelle du sentiment religieux, et qui en conditionne l'existence à travers les siècles. Mais de nos jours il en est autrement. L'époque actuelle est une époque de transition. L'individualisme a prévalu en même temps que la division du travail. Nous ne saurions plus célébrer, de tout notre cœur, les fêtes qui faisaient les délices de nos aïeux. Nous allons chacun notre chemin. Si le propre de toute religion, à partir des formes les plus élémentaires, a été jusqu'à présent de constituer le fonds spirituel commun à un groupe d'hommes, dont la force vitale est nourrie et renouvelée par le moyen des solennités qui les réunissent tous, on a beaucoup de peine à se figurer comment il pourra bien y avoir une religion à l'avenir et dans quelles conditions pourra naître cette religion nouvelle. La solution de l'énigme, si tant est qu'elle en comporte une, se dérobe à toute conjecture. Il existe sans doute, à l'heure qu'il est, un idéalisme religieux, se manifestant sous la forme d'une religiosité intime, subjective, dont la nature varie suivant les individus. Mais la sociologie ne considère que les faits réalisés et bien établis, et la grande question est de savoir si cet idéalisme religieux pourra prendre le caractère d'un fait suffisamment avéré pour être étudié d'une façon objective. En sociologie la religion ne compte que par son passé.

A côté des relations entre l'esprit social et l'esprit individualiste, les rapports de la religion et de la science doivent également être pris en considération quand on entreprend de dresser le bilan de la religion de l'avenir. Et d'abord nous pouvons regarder comme établi

que la religion a perdu, il y a déjà longtemps, son importance intellectuelle. Sa cosmologie est surannée. A cet égard, la science née de
la religion, s'est substituée à cette dernière et en remplit actuellement les fonctions. Mais il convient de remarquer que c'est au seul
point de vue intellectuel que la science est devenue l'équivalent de la
religion : comme force recréatrice et vivifiante, comme source de
courage et de confiance, elle ne saurait la remplacer. La vie ne
peut attendre patiemment l'aboutissement de la science. Et même,
est-ce que la science aboutira jamais? Il faut donc que la vie pousse
la pensée par delà les limites de la recierce scientifique : c'est une
transformation de la religion qu'on verra se réaliser plutôt que son
abolition complète.

II

Le résumé que je viens de faire du livre de M. Durkieim ne
peut donner qu'une idée imparfaite de sa grande abondance en vues
nouvelles et instructives. Le sujet très spécial dont il traite, qui est
la religion des tribus de l'Australie centrale, est étudié avec une
parfaite compétence et une rare puissance d'analyse. De l'ouvrage
de M. Durkieim je me suis reporté à quelques-unes des sources, en
matière d'histoire religieuse, notamment aux publications de
Strehlow, et j'y ai vu confirmer les manières de voir émises par
l'auteur. L'exposé de M. Durkieim se distingue agréablement, par sa
concision, des autres travaux où ont été traités des sujets analogues.
Ordinairement, un style diffus et de nombreuses répétitions font de
ce genre d'écrits une lecture extrêmement fatigante. Tel le *Golden
Bough* de *Fraser*, cet ouvrage si justement célèbre, mais qui accable
le lecteur par ses redites et son manque de concentration. A l'exposé
général de l'état actuel de la question, M. Durkieim rattacie une critique instructive des théories précédemment mises en avant, critique
qui porte tant sur les incorrections de détail que sur les erreurs
dues aux généralisations précipitées. D'ailleurs le sujet spécial de
sa recierce n'intéresse l'auteur qu'autant qu'il pourra servir à
éclairer la nature générale de la religion. En effet, M. Durkieim
pense retrouver dans la religion la plus simple qui nous soit connue,
le fond essentiel de toute religion. Et à force de fouiller, de creuser
son sujet, de poursuivre son analyse avec l'énergie qui le caractérise
comme auteur et comme savant M. Durkieim a fini, je crois, par

toucher à ce qu'il y a de plus central dans les religions. Pour ma part j'ai vu avec le plus grand intérêt élaborer du point de vue sociologique une conception de l'essence de la religion, qui me semble venir confirmer celle que j'étais arrivé à formuler sous l'aspect psychologique, dans ma *Philosophie de la Religion.* Mais pour faciliter l'intelligence mutuelle il sera bon que la sociologie et la psychologie vident d'abord un différend.

Le grand contraste du sacré et du profane qui représente pour lui le fondement et l'origine de toute religion, — ce contraste étant à la base de tout culte, de tout mythe et de tout dogme, — M. Durkheim le ramène à la société, à sa conservation, aux conditions de son bonheur. Mais, comme il le donne à entendre, une question se pose : *comment* la société est-elle devenue, sans que l'homme en ait pris conscience, la source du sacré? M. Durkheim fournit lui-même la réponse : c'est que la société engendre les valeurs les plus hautes aux yeux de l'homme, — qu'elle est le grand soutien dans la lutte pour l'existence, — et encore, et surtout qu'elle est l'origine de tout ce qui fait de l'homme quelque chose de plus qu'un animal. Le raisonnement de M. Durkheim est analogue à celui qui inspirait sa communication à la *Société Française de Philosophie* sur *Le fait moral*[1]. Il y dérive toute morale de la société et allègue à l'appui de sa thèse que dans la société naît, se maintient et se transmet la civilisation et particulièrement les biens de la vie spirituelle. Reste alors à savoir si la société remplit vraiment les fonctions que lui attribue M. Durkheim. Or, un examen approfondi de la question fera voir qu'il existe des données encore plus fondamentales que celles représentées par la persistance de la société. Si la notion du sacré implique l'idée sociale, l'idée sociale implique à son tour celle des valeurs. C'est précisément en tant que source des valeurs que la société est censée avoir donné naissance au caractère sacré. Et voilà par où je reviens de la définition de la religion donnée par M. Durkheim à celle que j'ai essayé de fournir dans ma *Philosophie de la Religion* et d'après laquelle toute religion se fonderait sur l'axiome de la conservation des valeurs. Dans la mesure seulement, où elle entre comme élément, ou moyen, dans la conservation des valeurs, la notion de la permanence de la société peut prendre un caractère religieux.

---

1. *Bulletin de la Société Française de Philosophie*, 1906. — Cf. mon livre *Den menneskelige Tanke*, 1913, p. 353-357 (*La pensée humaine*, Paris, Alcan, 1911, p. 356-359).

Je suis tout à fait de l'avis de M. Durkheim quand il distingue nettement entre, d'un côté, la condition première, le mobile primordial qui a fait naître la religion, et, d'un autre côté, les causes inventées par les hommes désireux de s'expliquer les mouvements déterminés en eux par cette condition, par ce mobile. L'analogie avec les qualités sensibles est d'une justesse parfaite. Mais s'il en est ainsi, on ne peut pas dire que l'antagonisme de la société et de l'individu et la dépendance de l'homme de la société soit une condition absolue de la religion. M. Durkheim fait voir dans un développement magistral, l'importance de la vie en commun, de l'association des membres du clan; il montre l'action intime exercée par la société sur l'âme humaine sans que celle-ci en prenne conscience. Mais la question se pose de savoir si toute expérience concernant les valeurs et toute foi dans la conservation des valeurs nous vient nécessairement de la société.

D'après M. Durkheim la « conscience collective » est une synthèse *sui generis* de consciences particulières; et la société elle-même est une synthèse de consciences humaines[1]. Or, dans l'ordre psychique, une synthèse ne va jamais sans une antinomie particulière. Le mot synthèse veut dire combinaison, il implique donc l'existence d'une multitude d'éléments réunis en un tout; et le concept de multitude est supposé par celui de réunion. Seulement, dans le domaine intellectuel et moral, nous ne connaissons les éléments qu'en tant qu'ils font partie de la totalité produite par la synthèse. En psychologie, les perceptions, les représentations, les émotions et les instincts ne nous sont connus que comme éléments de l'ensemble de la vie consciente : la synthèse est toujours condition en même temps que résultat. De même, en matière sociologique : les individus, tels que nous les connaissons, sont tous déterminés et conditionnés socialement, font tous partie d'une société. Ici, comme dans tous les ordres de faits psychiques, nous assistons au conflit perpétuel de la continuité et de la discontinuité, conflit que nous n'arrivons jamais à supprimer. Et nous n'avons pas le droit de ne considérer, dans cet état de choses contradictoire, qu'un seul des deux termes opposés. Le rapport de la société et de l'individu n'est que celui de la continuité et de la discontinuité, envisagé dans un exemple particulier. Tout en admettant que la société est une synthèse d'individus nous

1. Voir *Les Formes élémentaires de la Vie religieuse*, p. 605, 615.

devons pourtant attribuer à ces derniers, sur chaque point déterminé, une certaine autonomie par rapport à la société. Car, autrement, comment s'expliquer que la valeur de la vie sociale soit appré-
ciée par chaque sujet particulier, ou qu'elle exerce une action sur
son esprit, et c'est là, suivant M. Durkheim, la condition indispensable de toute religion. L'ensemble historique où l'individu vient
prendre sa place s'est développé, lui aussi, à travers les âges, par
le concours d'une infinité de forces individuelles (conditionnées, il
est vrai, à leur tour, par la société).

M. Durkheim objectera que l'individualisme est secondaire : c'est
ainsi que le totémisme individuel où chaque personne a son tuteur
particulier est dérivé par rapport au tuteur social. Et la remarque
est juste tant que nous avons affaire à un antagonisme conscient et
fondamental entre le sujet particulier et la société établie. Mais nous
ne considérons ici que les forces individuelles dont l'action réciproque constitue réellement la société. Ces forces nous devons toujours en tenir compte; il n'y a pas de point où nous puissions en
faire abstraction. Tout élément nouveau dont nous constatons la
présence dans les formes et les traditions de la société, — sacrées
aussi bien que profanes, — toute notion ou coutume nouvelle doit
être due à un ou à plusieurs individus qui l'ont transmise aux autres.
Toujours et partout il y a intercurrence de l'individu et de la totalité. Selon M. Durkheim, les formes primitives de la religion, telles
que celle de l'Australie centrale, se prêteraient mieux que les autres
à l'étude parce que nous n'y voyons pas intervenir de différences individuelles. Mais la religion décrite dans les sources littéraires comme
étant celle de l'Australie centrale, c'est la phase actuelle, définitivement établie de cette religion. Quelle a été sa genèse? Comme toutes
les institutions de ce monde, elle a dû passer par une évolution où
les commencements spontanés et sporadiques ont sans doute joué
un rôle analogue à celui qu'ils tiennent dans la croissance des êtres
organisés et dans la différenciation des espèces. Du fait qu'aujour-
d'hui nous ne pouvons pas y relever avec certitude d'éléments individuels, d'apparition sporadique, nous ne sommes pas fondés à conclure qu'ils y ont fait défaut dans le passé et qu'il n'y en existe plus
maintenant. Nous ne savons plus les noms des auteurs des vieilles
chansons populaires : cela ne nous empêche pas d'admettre qu'elles
ont été conçues par des personnes particulières, si imparfaite qu'ait
pu être leur forme primitive. Dans la suite, elles ont été redites,

modifiées et remaniées de façons variées. Les forces individuelles,
réceptrices ou productrices, n'ont pu manquer totalement à aucun
degré de l'échelle, quelque haut que nous remontions. Ce « besoin
humain » lui-même auquel la religion doit son origine et sa permanence, ne se manifeste pas dans les divers individus avec la même
intensité ni de la même manière. S'il a pu donner naissance à des
cultes, des mytes et des légendes, l'élaboration de ces formes de la
vie religieuse a dû s'opérer au moyen d'expériences, de combinaisons, de déplacements et de suppressions, c'est-à-dire à l'aide d'une
série de processus psychologiques qui se produisent forcément dans
des consciences individuelles. De même que les dieux se nourrissent
des prières et des sacrifices des hommes, de même la société vit
aux dépens de l'apport individuel à la conscience collective. Cet
apport s'effectue, soit de façon passive, par l'adhésion et la participation des sujets particuliers au culte établi, soit par voie active,
grâce à l'intervention d'expériences, d'instincts et de désirs nouveaux
qui tendent à prendre une importance sociale en vertu de ce besoin,
dont M. Durkheim tient compte, et qui porte les hommes à se communiquer les uns aux autres et à propager leurs croyances.

L'existence d'un totémisme individuel témoigne déjà dans ce sens,
et cet autre totémisme, plus développé que les formes australiennes,
plus proche souvent de la dissolution, que nous rencontrons chez
certaines tribus indiennes de l'Amérique, implique l'introduction de
certaines modifications qui se présentèrent sans doute d'abord sous
la forme de variations individuelles, quelles que fussent d'ailleurs
les causes de ces variations.

Il n'est même pas très certain que ces écarts individuels ne se rencontrent déjà à des stades religieux aussi primitifs que celui des
Australiens. Frazer nous apprend que parmi les Papous de l'île
de Kiwai se trouvaient des sceptiques qui ne partageaient pas la foi
commune de l'existence d'un « pays des morts », où se rejoignaient
les âmes des trépassés. Et dans le même ouvrage Frazer[1] fait
mention du cas d'une tribu révoquant en doute les croyances d'une
autre tribu. Il paraît probable que si nous avions, sur la vie spirituelle des peuples primitifs, des connaissances plus abondantes
et plus précises, le nombre des exemples d'écarts et d'initiatives

1. Frazer. The Belief in Immortality and the Worship of the Dead, I, London,
1913. p. 213, 239.

individuelles s'en trouverait augmenté. Ils n'ont jamais pu faire complètement défaut.

Cet élément individuel que nous ne pouvons contester même aux sociétés les plus primitives, nous le verrons s'accentuer de plus en plus au cours de l'évolution, et nous désignerons alors comme « avancées » les religions où il aura pris un caractère particulièrement prononcé. Mais s'il en est ainsi, la science de la religion a le droit, je dirai même qu'il est de son devoir d'étudier la vie religieuse jusque dans le fond le plus intime des individualités, où elle a son véritable siège. L'étude des différentes formes que, sciemment ou non, les diverses personnalités, et notamment les plus grandes d'entre elles, ont données à leur vie religieuse, pourra fournir des matériaux précieux à la recherche des religions, même si ces formes ont été coulées dans le moule de la tradition historique et en gardent l'empreinte. C'est sur des documents personnels de ce genre que je me suis fondé de préférence dans ma *Philosophie de la Religion*, et il me paraît intéressant de constater que par cette voie je suis arrivé à des résultats auxquels aboutit, dans ses dernières conséquences, la recherche de M. Durkheim. Il est vrai que, étant données les relations mutuelles des ordres de faits individuel et social, on devait s'attendre à voir des recherches issues de ces deux points de départ donner des résultats sensiblement pareils.

D'après M. Durkheim, la sociologie est à la base de la psychologie. Selon lui, l'opposition de l'expérience sensible et de l'intelligence aussi bien que celle du devoir et de l'égoïsme, s'expliqueraient par le contraste, socialement conditionné, du sacré et du profane. Mais la psychologie passe outre. Elle pose la question de l'origine de ce contraste entre le sacré et le profane et, ensuite, celle de l'origine de l'antagonisme entre la société et l'individu. Et à la psychologie vient se rallier la biologie : cet antagonisme correspond sans doute à une réalité sous-jacente, d'origine spontanée et instinctive. La sociologie se ressent de la faute commise par son fondateur Auguste Comte qui élimina la psychologie du nombre des sciences et partagea entre la biologie et la sociologie les phénomènes psychologiques. Il en est résulté, pour la sociologie, une position isolée. Il lui arriva de négliger ce rapport systématique avec les autres sciences, auquel

---

1. Pour ma conception des rapports de l'histoire et de la philosophie religieuses voir mon livre sur *La Pensée Humaine*, p. 387-394 (*Den menneskelige Tanke*, p. 383-392).

Comte attaciait au contraire une très grande importance, et de ne
pas tenir compte des données psyciologiques qui sont déjà mises en
évidence par la biologie. Comme il ressort de sa correspondance
avec Stuart Mill[1], c'est par l'étude de Hume et d'Adam Smith que
Comte lui-même avait été amené à formuler sa théorie sur la nature
sociale de l'homme. Ceci nous montre bien quelle est la dette de la
sociologie envers la psyciologie. De même, c'est l'analyse psychologique des documents mis, récemment, à la disposition de la science
qui a permis à M. Durkieim d'obtenir les résultats exposés dans son
livre. Les documents ne donnent proprement que les faits extérieurs.
C'est par voie psyciologique seulement qu'on peut remonter de la
conception intellectualiste de la religion à ce « besoin iumain »
dans lequel M. Durkieim voit à juste titre la base fondamentale de
la religion. Enfin, une conception psyciologique est seule capable
de faire la distinction entre la ciose vécue (l'expérience religieuse)
et son interprétation, distinction essentielle en piilosopiie religieuse, et faite si rigoureusement dans le livre que nous discutons.

A plusieurs reprises M. Durkieim se fonde sur des lois psyciologiques déterminées. C'est ainsi qu'il explique l'application cosmologique du totémisme par ce fait que « les forces religieuses », qui
sont les idées et les sentiments provoqués au moyen du culte, par la
vie collective, tendent, en vertu de leur intensité à s'étendre à tout
ce qui tombe entre les mains et sous les yeux de l'homme sur qui
s'exerce leur influence. Ce piénomène est désigné par M. Durkieim
sous le nom de « contagiosité ». Il est identique à cette « expansion
du sentiment » dont j'ai parlé dans ma *Psychologie* et qui avait été
décrite déjà par Hume et par Beneke. M. Durkieim observe, avec
raison, que si un rapport de liaison quelconque peut donner lieu à
l'extension du caractère sacré à des objets nouveaux, l'explication
ne doit pas en être ciercrée dans les lois qui président à l'association
des idées; nous nous trouvons ici en présence d'une loi plus primordiale. De même, quand M. Durkieim fait allusion à cette tendance
qu'ont les iommes à confondre les cioses qui font naître un même
sentiment, c'est encore une loi psychologique qui se trouve à la
base du fait.

En tenant compte de ces lois psyciologiques, M. Durkieim vient
porter la lumière sur ce stade de la connaissance que Comte désignait

1. *Lettres d'Auguste Comte à Stuart Mill*, Paris, 1877, p. 275.

comme le stade théologique et, d'une façon générale, sur la nature de la connaissance primitive. En même temps il rectifie l'hypothèse émise par M. Lévy-Brühl d'après laquelle la logique des primitifs différerait de celle des hommes civilisés, une « loi de participation » tenant lieu chez les premiers de la loi dite de contradiction. On comprend en effet qu'un Australien puisse dire par exemple qu'il *est* un Kangourou; c'est qu'il identifie les choses qui l'affectent de la même manière, à savoir : la représentation qu'il se fait de son totem (Kangourou) et celle qu'il a de sa propre personne. L'identification des concepts *être* et *signifier* peut être signalée à toutes les époques de l'histoire religieuse. C'est elle qui donna matière à la controverse de Luther et de Zwingle sur le sacrement eucharistique, et de nos jours c'est elle encore qui constitue le sujet du conflit entre le dogmatisme et le symbolisme.

Pour ce qui est de l'hypothèse qui attribue à une influence religieuse et sociale l'antithèse des sens et de l'esprit, je ferai remarquer que cette antithèse n'a pas le caractère tranché que lui prête M. Durkheim. La sensation, en tant qu'elle est faculté de distinguer et de reconnaître, contient déjà en germe l'intelligence et la transition se fait, par une série de degrés intermédiaires, de cette pensée élémentaire, qu'implique la sensation, à la pensée comprise au sens étroit du mot. Ici, comme dans les autres sphères de la vie intellectuelle et morale, la psychologie cherche à établir une continuité. La remarque a déjà été faite à ce propos par M. Delacroix lors d'une discussion soulevée à la *Société Française de Philosophie* par la théorie de M. Durkheim. Dans le cas spécial de l'axiome : le semblable produit le semblable, qui est le principe de causalité considéré sous un aspect essentiel, M. Durkheim est d'avis qu'il dérive de cette règle qui prescrivait de répéter toujours les rites de la même manière pour qu'elles eussent l'effet dérivé. Mais il a dû y avoir, en dehors des réunions rituelles, auxquelles on attribue cette influence décisive sur la pensée humaine, il a dû y avoir, disonsnous, des occasions nombreuses où l'axiome en question pouvait s'imposer par la pratique. Strehlow cite le cas d'un homme qui battait avec un bâton les plantes recueillies par lui ; qui épurait les graines en les agitant dans un crible ; qui les grillait et les broyait sur des pierres pour les manger ensuite, — et nous avons là toute une

1. *Bulletin de la Société Française de Philosophie,* 1913, p. 79.

série d'actions visant un but précis et qui devait s'accomplir d'une
manière particulière pour que le but fût atteint. A côté des pratiques religieuses, il y en a d'autres; le culte n'est pas seul à inculquer
aux hommes cette vérité que pour arriver à des fins définies il faut
faire usage de procédés déterminés. La vie met souvent l'homme
en présence de cette nécessité impérieuse qui se manifeste d'abord
à lui dans le rapport constant entre les moyens et la fin.

M. Durkheim fait une tentative intéressante pour dériver les notions
fondamentales ou catégories de la pensée humaine d'influences religieuses et sociales. Évidemment l'évolution de la vie intellectuelle
se fait sous l'action continuelle de discussions et de débats qui
impliquent les relations sociales et la vie collective. Et sans aucun
doute les divers modes et les cadres de l'existence collective,
notamment sa division en tribus et en clans, ont pu fournir un
système de rubriques qu'on a trouvé naturel d'employer dans la
suite lorsqu'il s'agissait de grouper et d'ordonner les observations
et les événements. Les différents ordres de faits qu'offrait l'expérience ont été classés « sur le modèle des choses humaines ».
Comme c'est souvent le cas, on a commencé par ne pas faire la distinction entre analogie et identité. Et si la classification des phénomènes sociaux a été adoptée pour les autres ordres de phénomènes,
la seule conclusion que nous soyons fondés à en tirer c'est que
les faits sociaux ont été les premiers objets qu'on ait eu un intérêt
particulier à comparer entre eux et à classer. L'évolution subie par
les catégories après que cette première analogie eut cessé de se faire
sentir est bien plus importante que celle qui s'opéra pendant la
période des clans et des notions totémiques. L'histoire des religions
peut donner à l'histoire des catégories une contribution intéressante mais qui est loin d'égaler en importance celle qu'on peut tirer
de l'histoire des sciences. C'est à l'évolution des sciences et à
l'action réciproque de celle-ci et de l'expérience que les catégories
doivent leur élaborarion rationnelle, leur vérification et leur délimi-
lation.

La dérivation des catégories d'influences religieuses et sociales
serait historiquement défendable, qu'elle ne suffirait pas à établir
leur validité. Les concepts de validité et d'autorité ne doivent pas
être confondus. Les premières applications d'un mode de pensée
n'ont rien qui nous autorise à les considérer comme plus probantes
que les applications postérieures. L'essentiel, c'est la loi qui se

manifeste à travers la série totale des applications. Il faut de toute
nécessité que la pensée religieuse offre le même type fondamental
que la pensée scientifique, puisque l'une aussi bien que l'autre est
un mode de la pensée humaine. La première n'a pas, de préférence
à l'autre, par le seul fait de son antériorité, un intérêt spécial en plus
de son intérêt historique. Entre les ordres de faits social et physique
il y a analogie, et dans cette analogie même la nature propre de la
pensée humaine se fait jour. Pour arriver à la pleine connaissance
de ce qui constitue le caractère essentiel des catégories nous avons
besoin d'une longue série d'expériences recueillies dans les domaines
les plus divers. Il reste un grand travail à faire.

Quant à l'avenir de la religion, ou plutôt du problème religieux,
mon opinion là-dessus ne diffère pas sensiblement de celle de
M. Durkheim. Je suis convaincu que la religion, telle que nous la
connaissons à travers l'histoire tient à un élément essentiel, à
un besoin profond de la nature humaine et que, par conséquent, si
elle venait à disparaître sans laisser un équivalent, l'énergie et la
profondeur de la vie morale en souffriraient. C'est la division du
travail dans l'ordre intellectuel et moral, la séparation des domaines
de la science, de l'art, de la morale, de la foi, qui a fait de la religion un problème. La divergence entre la manière de voir de
M. Durkheim et la mienne est due surtout à ce que, d'après
M. Durkheim, le nouveau mode de vie spirituelle résultera de fortes
associations sociales et de l'enthousiasme qu'elles pourront éveiller,
tandis que j'ai, de mon côté, l'intime espoir, qu'il existe déjà, dans
les expériences et les pensées de la vie individuelle, des germes qui
pourront devenir, à un état de développement ultérieur, des proto-
types représentés par des personnalités puissantes pareilles à celles
dont nous parlent les légendes et qui furent les fondateurs des religions supérieures.

Il y a soixante-dix ans déjà, un penseur suédois, Erik Gustaf Geijer,
a dit qu'à ses yeux la religion ne vivait plus que par son côté individuel. Si la remarque est juste, la possibilité de l'existence, à
l'avenir, d'une vie intérieure concentrée, — qu'on l'appelle ou non
du nom de religion, — dépend du principe de personnalité. Le problème se pose et ne se laisse pas éluder. Mais posé de la sorte il
pourra conduire, à travers le purgatoire d'inquiétude, de doute et de
recherche par lequel passent toutes les vérités essentielles concernant la vie personnelle, à des formations nouvelles de la plus haute

valeur. C'est du moins ce que doit espérer celui qui croit au maintien de la valeur.

Je quitte le livre de M. Durkheim, avec la profonde conviction d'y avoir beaucoup appris aussi bien dans les parties où mes vues se rapprochent des siennes que dans celles où elles s'en écartent. A mon avis, ce travail marque un grand progrès, peut-être même un tournant, dans l'étude philosophique de la religion.

HARALD HÖFFDING.

Université de Copenhague.

QUESTIONS PRATIQUES

LA FORCE ET LE DROIT

La guerre actuelle, qui a surpris, à tant d'égards, les prévisions des hommes d'État et des hommes de guerre, des économistes et des sociologues, se distingue des guerres les plus récentes par un caractère frappant : l'usage plus prolongé, plus intensif et, en quelque sorte, intégral de la force. Toute guerre, sans doute, est brutale par définition ; elle suspend les relations juridiques des nations au profit de la violence ; elle détruit des existences, anéantit des richesses. Il semble cependant, que les civilisés des temps modernes, quand ils en appellent aux armes pour trancher les différends que la diplomatie et le droit se sont trouvés impuissants à résoudre, n'ont pas coutume de pousser jusqu'aux limites du possible l'emploi de leurs forces coercitives. La Russie en 1855, l'Autriche en 1866, l'Espagne en 1896, la Grèce en 1897, la Russie encore en 1906 étaient bien loin d'être épuisées quand elles ont demandé la paix ; elles n'étaient pas même entamées. A la rigueur aussi, on ne saurait dire qu'en 1871 la France fût à bout de forces. Elle n'avait pas perdu plus de 200 000 hommes ; les quatre cinquièmes du territoire étaient intacts. Il semble que dans ces guerres, auxquelles on pourrait joindre les expéditions de Chine, la défaite ait été pour le vaincu, non pas l'écrasement total qui le jette, pantelant, les reins brisés, aux pieds de l'adversaire, mais le signe décisif qui lui indique que la partie tourne contre son espoir et lui fait craindre que les sacrifices certains ne l'emportent désormais sur les chances de succès. Toutes ces guerres avaient pour fin des objets limités ; limités aussi ont été les sacrifices et l'exercice de la force.

A ce caractère un second se rattache logiquement. Les guerres modernes entre civilisés avaient conservé, dans une certaine mesure, — variable d'ailleurs, et toujours imparfaite, — le caractère juri-

dique que les théoriciens du droit international reconnaissent ordinairement à la guerre. Suspension du droit normal, la guerre est
encore, à certains égards, un procédé de droit, « un procès [1] ». Remplaçant le droit, dans les circonstances où il ne peut suffire, elle le
prolonge; aussi comporte-t-elle, comme lui, des règles : et même le
progrès constant de la civilisation, depuis la Renaissance, a tendu à
faire admettre par les belligérants un « droit de la guerre », qui, en
définissant les pratiques légitimes de la lutte armée, en interdit formellement certaines autres : achèvement des blessés, meurtre des
prisonniers, violences personnelles contre les non-belligérants,
bombardement des villes ouvertes, des ambulances, torpillage des
navires de commerce, etc.

Est-il besoin de montrer que ces deux caractères : respect relatif
du droit, emploi modéré de la force, font également défaut à
l'effroyable guerre qui, cependant, met aux prises, non pas deux
adversaires également barbares, mais jusqu'ici onze nations parve-
nues, semble-t-il, au degré le plus élevé de la civilisation? Dès la veille
de la guerre, l'intransigeance de l'Autriche et de l'Allemagne attestait
le dessein de ces puissances de porter systématiquement le conflit
hors de la compétence du droit : l'Autriche refusait de déférer à la
Cour de la Haye les prétentions sur lesquelles la Serbie, après avoir
consenti les plus durs sacrifices, faisait réserve de son indépendance;
l'Allemagne faisait échouer les diverses propositions de médiation
proposées par la Grande Bretagne et Guillaume II évitait de répondre
à l'invitation du Tsar de soumettre le différend à l'arbitrage. La
guerre éclate; mais, avant même qu'elle soit déclarée, nos frontières
sont violées, et le premier acte des armées impériales est la violation
du territoire de deux pays neutres : violation qu'on ne masque
même pas d'un prétexte juridique; car le Chancelier proclame en
plein Reichstag, à la face du monde, que cet acte est « contraire au
droit des gens », mais que « nécessité n'a point de lois »…. *Not kennt
kein Gebot* : cet audacieux épigraphe inscrit par M. de Bethmann-
Hollweg au frontispice du livre caractérisera désormais toutes les
pages de la sanglante histoire : rien n'arrêtera l'envahisseur là et à
l'heure où son intérêt lui suggère de passer; rien, ni ces conventions formelles, débattues et signées à Genève, à Saint-Pétersbourg,
à Bruxelles, à la Haye par la Prusse d'abord, par l'Allemagne ensuite,

---

1. Qu'on nous permette, sur ce point, de rappeler l'étude que nous avons
publiée ici même, en nov. 1906, sur *La Guerre et le Droit*.

ni ces « lois non écrites », respect de la beauté, respect des œuvres
glorieuses d'un long passé, pitié pour les souffrances innocentes,
qui éveillent chez les plus durs un sursaut d'humanité devant l'horreur de certaines exécutions. La machine de guerre suit sa voie
inflexible, comme l'obus à travers les menues branches de la forêt,
et chacune des étapes qu'elle parcourt, du sac de Louvain au torpillage de la *Lusitania*, nous rappelle que nous n'avons plus affaire à
l'une de ces guerres étriquées, réglées, ordonnées comme un duel,
où les juristes rassurés croyaient reconnaitre une procédure. Et
comme la violation des lois de la guerre par l'une des parties
entraine nécessairement chez l'adversaire l'abandon de règles qui le
mettraient en état d'infériorité manifeste, il faut reconnaitre que
cette guerre est bien, dans l'absolue rigueur du terme, une suspension du droit.

En même temps qu'elle s'affranchit de toute restriction juridique, la guerre aussi prend l'apparence d'un déploiement illimité
de force. Aucune guerre moderne, à beaucoup près, n'aura exigé
d'une nation pareille tension de son énergie ni, par suite, pareils
sacrifices. Sacrifices des forces de vie, d'abord, puisque la guerre
mobilise tous les hommes valides, et, en même temps qu'elle décime
la génération présente, appauvrit la suivante par la raréfaction des
naissances; gaspillage inouï de richesses, puisque pareille guerre
oblige chaque nation belligérante à détruire par jour beaucoup plus
qu'elle ne peut produire et à entretenir artificiellement sa puissance
de destruction par des achats ou des emprunts à l'étranger. Quelle
est, dans ces conditions, la limite de la puissance guerrière d'un
État? C'est ce qu'il est bien malaisé d'évaluer, tant le rôle du crédit
permet de masquer les déficits réels; mais ce qui est certain, c'est
que les adversaires tendent vers cette limite avec une résolution
également désespérée, au risque de la dépasser et de sombrer dans
la faillite totale. Ce ne sont plus des joueurs jetant à l'avance sur la
table l'enjeu qu'ils sont disposés à risquer, car ce n'est pas de jouer
qu'il s'agit, mais de durer ou de périr. Dès lors, les valeurs disparaissent, puisque la vie qui donne leur prix à ces valeurs, est elle-
même en question. Peu importe la ruine à qui est certain de n'y
pas survivre. Aussi jamais n'a-t-on fait si bon marché de l'existence
humaine, jamais le capital social des nations n'a été si allègrement
dissipé.

Cependant cette guerre où le droit s'anéantit pour céder place au

jeu illimité de la force, est elle-même une guerre du droit. Telle est
du moins la prétention formelle des adversaires en présence, prétention affirmée de part et d'autre avec une égale énergie. C'est pour
le droit, assure-t-on à Berlin comme à Paris, à Vienne comme
à Rome, que l'on tend à l'extrême, au risque de les rompre, tous
les ressorts de la vie nationale. Et ne disons pas — solution
paresseuse qu'il faut abandonner à la presse quotidienne —
que cette antinomie n'est qu'apparente, et que l'un des adversaires invoque mensongèrement un droit qu'il a répudié dans son
for intérieur. Le problème est autrement grave, et complexe, et
troublant. Quelle que puisse être l'hypocrisie personnelle de tel ou
tel homme d'État, on peut assurer que l'Allemagne est sincère, d'une
sincérité redoutable, quand elle affirme que sa force totale est
mise au service du droit. L'Allemagne s'est toujours vantée d'être
la terre classique de l'idéalisme. En un sens elle a raison. Si c'est
être idéaliste que de suspendre tous ses actes à un système de principes préalables, on peut accorder qu'aucun peuple ne s'est, à l'égal
du peuple allemand, appliqué à réaliser un programme d'action
fondé sur un système d'idées. On peut répéter de lui ce qu'on a dit
de Richelieu : il a l'intention de tout ce qu'il fait; il construit la
théorie de tous ses actes. Jusque dans la violation du droit, il croit
être dans son droit. Reste à se demander si la notion moderne du
droit et de ses rapports avec la force est la même en Allemagne et
chez ses adversaires.

A première vue, l'alliance de la force et du droit semble un
scandale pour la raison. La force n'est rien de plus qu'un fait; l'expérience seule décide si une force l'emporte sur une autre. Dans cette
décision brutale, la raison n'entre pour rien. Elle est d'un autre
ordre. Dans l'ordre du droit, au contraire, elle croit reconnaître le
sien. Une société réglée par le droit est une hiérarchie intelligible où
la raison sait mettre chacun à sa place et mesurer, suivant une
mesure constante, la valeur relative des actes.

Mais un instant de réflexion suffit à montrer combien est superficielle cette notion purement idéaliste d'une antinomie radicale entre
la force et le droit et que le droit n'est intelligible que dans la mesure
où il soutient une relation avec la force.

Il est clair, en effet, que dans une société parfaite, d'où l'usage de

la force serait totalement exclu, la fonction du droit serait nulle.
Supposons, par exemple, une société fondée, non pas sur le principe
évangélique de justice : « fais à autrui ce que tu voudrais qu'on te
fît », mais sur le principe du pur amour. Nul ne prétendra y disposer
des biens, de la personne, de l'activité d'autrui, puisque le don d'autrui
viendra sans cesse au-devant du désir et du besoin de chacun. L'abnégation absolue, à laquelle répondrait une charité sans limites, réduirait à néant les rapports de justice.

Mais, à l'inverse, il est non moins clair qu'il n'y a pas davantage
place pour le droit là où règne la force pure, qu'il s'agisse de la force
brutale, qui se déploie aussi aveugle qu'une force naturelle, ou qu'il
s'agisse même d'une force réglée par une intelligence : car une force
intelligente peut bien se retenir de produire son plein effet en vue de
ménager l'avenir, mais cette trêve ne saurait constituer un droit au
profit d'autrui tant que la puissance qui se modère n'a pas été
jusqu'à se diminuer elle-même, pour admettre l'emprise permanente
d'une autre force, pour se laisser limiter par un droit.

Entre la force et le droit, il est donc nécessaire d'admettre un lien.
Quel est ce lien ?

L'essentiel de la théorie qui semble animer la conscience publique
allemande, et qui, en tout cas, inspire la conduite allemande de la
guerre, consiste à admettre entre la force et le droit un rapport
d'antériorité, voire de causalité : *Macht geht vor Recht*, la force
précède le droit et, par là même, le conditionne. Nous ne pouvons
songer ici à remonter aux origines philosophiques de cette conception ; cet examen nous mènerait, au delà de Hegel lui-même, jusqu'à
Hobbes et Spinoza. Si nous l'envisageons sous la forme qu'elle a
prise chez les écrivains qui ont exercé l'action la plus prochaine sur
la génération allemande actuelle, chez Nietzsche, chez Treitschke, ou
Bernhardi, elle semble se ramener aux affirmations suivantes.

C'est d'abord que la force seule confère au droit sa réalité. Pascal
l'a déjà constaté : la justice sans la force est impuissante. Qui n'a
que son droit pour lui est incapable de l'exiger. Or, n'est-il pas de
l'essence même du droit d'être exigible ?

Mais il y a plus ; à certains égards, la force apparaît comme le
symbole, l'expression du droit. Sans doute, entre le droit et une force
aveugle, purement mécanique qui se disperse et s'épuise dans son
effet, il n'y a pas de lien logique. Mais il n'en est pas de même de la
force disciplinée par une intelligence. Savoir user de la force, la

ménager pour la manifester plus tard dans son plein effet, n'est
pas donné à tous. Le succès est ainsi le signe d'une supériorité réelle,
celle de l'organique sur l'inorganique. Le droit de l'organisateur
discipliné s'érige au-dessus des forces turbulentes et anarchiques.
D'où il résulte que le succès est à qui sait le mériter. Hegel disait
déjà : « La guerre ne saurait être un mal. Ses conséquences n'ont rien
d'arbitraire et la victoire d'un peuple est la preuve irrécusable de son
droit. » Et Nietzsche précise : « Vous dites que c'est la bonne cause
qui sanctifie la guerre? Je vous dis : c'est la bonne guerre qui
sanctifie toutes choses. »

A vrai dire on trouverait encore, dans l'Allemagne moderne,
nombre d'esprits qui s'insurgeraient contre cette consécration du
fait accompli, s'ils prenaient la peine d'examiner ces paradoxes sans
parti pris national. Le christianisme a tout de même laissé trop de
traces au pays d'Eckhardt et de Luther pour ne pas faire échec, dans
bien des consciences, à la déification de la force. Mais combien
d'esprits s'y trouvera t-il pour contester cette autre idée essentielle à
l'armature morale de l'Allemagne moderne, que l'État, force suprême,
est au-dessus du droit? Ici encore c'est Hegel qui est l'initiateur par
sa théorie de l'État absolu. Mais celui qui a rendu cette idée populaire, celui qui a intoxiqué toute une génération de publicistes et
surtout d'officiers, c'est Treitschke. « L'État, lisons-nous dans la
Politik, est ce qu'il y a de plus haut dans la société humaine; au-
dessus de lui il n'y a rien absolument dans l'histoire du monde. »
Par essence donc il est force : *der Staat ist Macht*, car il cesse d'être
« ce qu'il y a de plus haut » si une force plus grande peut le dominer;
la faiblesse est pour lui plus qu'un risque, elle compromet l'être
même de l'État; « c'est le péché contre le Saint-Esprit de la politique ». L'État, écrit Nietzsche, est « l'immoralité organisée à l'extérieur comme volonté de puissance, de guerre, de conquête, de vengeance ». Qu'on ne prétende donc pas borner l'initiative de l'État
dans les limites d'un droit international. Car ce droit, issu de la
volonté souveraine de l'État qui signe les traités, peut toujours être
révoqué par cette même volonté. Seul juge de l'intérêt qu'il peut
avoir à se délier, l'État est seul juge aussi du moment où il lui conviendra de se délier. Ce moment venu, le traité dénoncé ou délibérément violé entre dans le passé, c'est-à-dire dans ce qui est aboli; il
n'est plus rien, à la rigueur, que « chiffon de papier », document
d'archives, matière d'érudition, et non plus règle d'action. Que si cette

création nouvelle du droit par la force suscite la résistance des autres
États, la guerre éclate, et c'est alors qu'apparaît en pleine lumière
le caractère souverain et législateur de la force d'État. Comme l'État,
en effet, la guerre, telle que l'ont conçue Clausewitz et Bernhardi,
est un absolu. Car elle est une activité qui n'a plus d'autre fin ni
d'autre règle qu'elle même. Rien ne compte devant elle, ni le droit
invoqué par l'adversaire, ni sa souffrance. La guerre ne se déroule
point suivant des procédés conventionnels, où persisterait encore la
volonté commune des adversaires : elle se crée à elle-même sa règle,
dans la mesure où celle-ci sert à sa fin, qui est de briser la volonté
de l'ennemi. En aucune circonstance la maxime : la fin justifie les
moyens, ne comporte une aussi formidable application ; car l'État
est à la fois ici le maître de la fin et celui des moyens [1].

Une quatrième thèse, enfin, couronne l'édifice. Cet État absolu,
dont le passé n'a fourni que des modèles imparfaits, l'État allemand
moderne, façonné à l'image et sous le contrôle de l'État prussien,
en présente l'exemplaire achevé. Pour matière, en effet, il a la « race
élue », celle des dolichocéphales blonds, la plus haute, la plus belle,
la plus riche en vertus, celle qui a régénéré le monde antique en lui
infusant à larges flots le sang germain, celle qui a sauvé le monde
chrétien en lui apportant, avec Luther, la libération du joug de
l'Église, celle enfin qui a sauvé la civilisation moderne en brisant
l'impérialisme napoléonien. Quant à sa forme, il l'a reçue, parfaite,
de l'État fort par excellence, de celui où le pouvoir ne doit rien au
consentement des peuples, mais où la puissance continue à descendre
du souverain aux sujets, de l'État grossi par la conquête, centralisé
et militaire par excellence, de la Prusse. Aussi l'heure de l'hégémonie
est-elle venue pour cet État parfait. Longtemps écrasé, divisé,
humilié par d'autres, il a enfin conquis, avec l'unité, la force qui
l'appelle à conduire le monde ; la force, ou plutôt toutes les forces :
supériorité du nombre, fécondité industrielle et scientifique, puissance militaire et navale. C'est cette force qui lui confère le droit de
gouverner la terre, pour sauver, une fois de plus, le monde menacé
par l'anarchie démocratique et par le péril jaune. Et l'Allemagne
accepte d'un cœur léger cette tâche rédemptrice. « C'est sur nos
épaules, écrit le chimiste Ostwald, que repose le sort futur de la

---

Sur la « Guerre absolue » d'après Clausewitz, voir la brochure de Ch. ANDLER :
Les usages de la Guerre et les doctrines du Grand État-Major Allemand, Paris,
Alcan, 1915, p. 3-13.

culture en Europe »; et, pour finir par une parole de philosophie,
écoutons le dernier des hégéliens, Adolf Lasson : « Nous sommes
moralement et intellectuellement supérieurs à tous : hors pair....
Nous voulons poursuivre notre œuvre civilisatrice. »

***

Si la réduction du droit à la force n'était, chez ceux qui l'ont
professée, que le masque philosophique des ambitions pangermanistes, il ne conviendrait pas de s'abaisser à les critiquer. On ne
discute point un sophisme volontaire. Mais, encore une fois, ces
doctrines sont sérieuses, sincères. Clausewitz et Treitschke ont été
des consciences probes. Si leurs théories ont justifié, suscité même
les plus bas appétits, du moins les ont-ils professées en toute
candeur.

Sans critiquer dans le détail une théorie complexe et souvent
contradictoire, on peut dénoncer à la base de cette philosophie de la
force un sophisme radical. Celui-ci consiste à ériger arbitrairement
en absolu une donnée essentiellement relative. Chez Hegel, l'Idée
avait du moins un certain droit à se poser en absolu, en tant qu'elle
est l'acte fondamental de la pensée qui ne saurait remonter au delà
d'elle-même. Mais si l'on sépare la force de l'esprit, elle devient l'inintelligible pur, ce dont on ne peut rien affirmer, pas même s'il est
force productrice ou passivité pure, le simple absolu ou le lieu des
contraires; la seule force intelligible dont il puisse être question est
la force relative, qui se mesure à d'autres, qui produit ses effets en
se combinant à d'autres ou en s'y opposant.

Or, c'est bien à cette force relative que pensent nos théoriciens du
droit-force, tout en lui conférant l'absolu. Ils n'ont que faire des
abstractions pures; la force qu'ils envisagent, c'est l'État considéré
dans sa pleine souveraineté.

Or, il est exact que l'État, tel que le définit le droit moderne, ne
reconnaît aucune puissance au-dessus de lui-même. Les nations
admises au rang d'États sont des personnes égales dans leur souveraineté. Mais qu'y a-t-il de plus arbitraire que d'ériger en absolu
une souveraineté exposée à subir à tout moment les caprices de
l'histoire? En fait l'État n'est souverain que s'il s'isole totalement
de la vie humaine. Dès qu'il entre en rapports avec ses voisins,
il descend de son absoluité théorique dans la sphère réelle des

relations. S'agit-il, en effet, de relations pacifiques, de traités librement négociés? En ce cas-là convention conclue n'émane plus de l'arbitraire d'une volonté pure, mais de deux volontés qui se limitent mutuellement en raison des intérêts contingents du présent. S'agit-il au contraire de la guerre? On se dupe quand on parle de « guerre absolue ». Lors même, en effet, que l'un des adversaires s'affranchit totalement du droit pour n'affirmer que sa volonté de puissance, il ne peut s'évader du réel. Sa force n'est force, c'est-à-dire efficace, que si elle contraint une autre volonté de plier. Or voilà précisément le miracle qu'aucune force ne peut opérer à elle seule. Le vaincu peut juger qu'il a intérêt à céder, mais ce jugement même, comme tout jugement, implique une adhésion, un consentement, un acte libre. Pour qu'un vainqueur puisse « dicter sa volonté », il faut une autre volonté pour enregistrer cette dictée. Toute opération de guerre est ainsi un conflit psychologique engagé pour déterminer lequel des deux adversaires consentira à « souffrir un quart d'heure de plus que l'autre ». L'effort de l'agression se mesure à l'énergie de la résistance, et le calcul échoue s'il n'inscrit comme facteurs que l'énergie et la direction d'une seule des composantes. Plaisante souveraineté qui n'est absolue que dans le temps où elle s'affirme dans l'abstrait et qui devient relative dès qu'elle se réalise!

[De deux choses l'une, peut-on dire encore : ou bien la souveraineté des États résulte d'une convention internationale; elle a, en ce cas, pour condition, le respect mutuel de la convention; — ou bien elle n'exprime que la prétention de l'État : *Ego nominor Leo*; mais alors elle ne vaut que pour lui, elle n'est que le délire d'une collectivité; elle n'impose ni créance ni respect.]

Envisageons, d'autre part, la thèse d'après laquelle un peuple fort, intelligent, puissamment organisé a le droit d'exiger, aux dépens des peuples « inférieurs », sa « place au soleil ». Il convient ici d'avouer honnêtement que les Allemands ne sont pas seuls à avoir affiché ces prétentions; elles ont servi de prétexte pour justifier toutes les guerres coloniales. Ajoutons que, dans les cas extrêmes, la thèse ne laisse pas d'être troublante. S'il est exact, par exemple, qu'au Canada il faut plus de trois mille hectares à un indigène pour vivre de sa chasse, alors qu'une culture bien réglée permet aux Européens de faire vivre deux ou trois habitants sur un hectare, comment contester aux nations surpeuplées une sorte de droit à chercher un exutoire là où les richesses naturelles restent improduc-

tives faute de savoir, d'instruments et de capitaux? Or, si nous
admettons l'exactitude de la théorie au profit des conquêtes coloniales, de quel droit protesterons-nous contre les convoitises qui
portent les fils nombreux du Michel allemand à occuper le champ
fertile du fils unique de Jacques Bonhomme? Contesterons-nous à
l'Allemagne, tard venue parmi les grandes nations exploiteuses du
globe, le droit de jouer des coudes pour ménager un champ d'action
à son étonnante puissance organisatrice?

A cette question on pourrait d'abord répondre par les faits. On
pourrait démontrer sans peine, par la prodigieuse expansion de l'Allemagne des trente dernières années, par la diminution de son
émigration et par l'accroissement de son capital, que, bien loin
d'avoir été « encerclée » économiquement, elle a su, plus que toute
autre nation, tirer le plus large profit de la libre concurrence [1]. Mais
c'est ici de droit, non de faits qu'il s'agit. Or, on peut bien convenir,
en effet, que la possession de richesses inutilisées à proximité de
nations surpeuplées constitue un cas caractéristique de ces « excès
de droit », dont l'examen a contribué naguère à la renaissance du
droit subjectif; on peut convenir que le voisinage de ressources
naturelles inexploitées et d'une population laborieuse à l'étroit sur
un sol ingrat détermine au profit de celle-ci une sorte de droit.
Mais de quelle nature est ce droit? Faut-il entendre par là une
sorte de relation mystique entre le besoin et la richesse? Nous
retomberions ainsi dans une métaphysique arbitraire, dans quelque
théorie de l'harmonie préétablie ou de la justice immanente. Le droit
subjectif dont il est ici question ne peut recevoir un sens intelligible
que dans deux hypothèses. Tout d'abord le conquérant peut présumer
le consentement de l'occupant, pour le jour où celui-ci aura reconnu
que la colonisation, loin de le priver d'aucune ressource vitale, a en
fait multiplié sa puissance d'action et sa capacité de jouissance. Le
droit devient alors la réciproque d'un devoir d'humanité, du « devoir
d'aînesse » des peuples avancés en civilisation à l'égard des frères
attardés. Ou bien, le conquérant, en invoquant son droit, fait
implicitement appel à l'approbation des neutres, c'est-à-dire, en
somme, de tout le reste de l'humanité : car pourquoi arguerait-il de
son bon droit si ce n'est pour convaincre un juge éventuel susceptible de le condamner? Mais, en ce cas encore, c'est hors de lui-même

1. C'est ce que l'auteur du livre *J'accuse*, un Allemand, a surabondamment
démontré.

qu'il exerce un fondement à son droit. Ce n'est plus le besoin à lui seul qui justifie la prétention, c'est le besoin en tant qu'il est constaté par une conscience extérieure capable de reconnaître la légitimité des moyens tentés pour le satisfaire. Ainsi, dans les deux hypothèses, le droit du fort, loin de se poser en absolu, est la reconnaissance implicite d'une puissance de jugement extérieure à lui-même; le *Notrecht* est un droit relatif à l'existence tacitement admise d'un droit humain.

D'une manière générale, l'erreur de la théorie absolutiste de l'État-force est d'avoir prétendu résoudre par la logique pure un problème qui relève avant tout de la psychologie sociale. On n'isole pas impunément la puissance politique hors de l'humanité, au milieu de laquelle cette puissance est destinée à agir. Déjà on montrerait sans peine qu'à l'intérieur de l'État il est impossible de faire descendre tout le droit du souverain au sujet, car le souverain commande en vain si sa loi est radicalement inintelligible ou intolérable. Commander, c'est, en un sens, obéir, car c'est accepter, pour agir sur elles, les conditions sociales de l'expérience. Pareillement la vie internationale est, de toute façon, une mutuelle adaptation. Bien que l'imperfection du droit international laisse encore quelque apparence de réalité à la fiction de l'absolue souveraineté, la vie mutuelle des nations engendre des relations qu'aucune d'elles ne peut régler par sa seule initiative. A vrai dire, l'État ne serait souverain qu'autant qu'il s'enfermerait sur lui-même, coupant toute communication avec le dehors. Mais, en ce cas, l'absolu de la force perd toute vertu, faute d'occasion de s'exercer. Plus de guerre, où s'exercerait sans limites la puissance de défaire le droit, plus d'hégémonie, plus d'impérialisme. Dès lors les prétentions très réalistes du pangermanisme perdent tout lien avec les théories abstraites qui les fondent. Il ne reste rien de plus qu'un appétit de puissance entouré d'autres appétits, plus avide peut-être, mais de même nature et obligé de composer avec eux.

A supposer d'ailleurs que la force réussit pour un temps à imposer sa décision, il en résulterait qu'elle serait contrainte de se prolonger elle-même, de se perpétuer comme force pure. Si, en effet, aucune part de consentement n'est entrée dans la soumission du vaincu, les volontés hostiles restent secrètement dressées, le soi-disant droit fondé sur la force reste précaire, l'état de guerre continue. C'est le châtiment des États qui ont abusé de la force de ne pouvoir se fier à

leur droit pour jouir de la conquête. L'Allemagne sait ce que la
violence imposée à la Pologne et à l'Alsace-Lorraine lui a coûté de
mesures de police, de surarmements. Elle n'a jamais pu faire rentrer
ses victimes dans le droit commun de l'Empire et a dû maintenir
sur leurs épaules la dictature ou les lois d'exception. Que son rêve
d'hégémonie soit demain réalisé, elle chercherait en vain, malgré
ses promesses, à décharger le monde du poids des grands armements ;
sa victoire coaliserait contre elle les rancunes des vaincus et les inquiétudes des neutres. La force peut tout, excepté rassurer, convaincre
et se faire aimer. Elle dessine autour de qui l'emploie un cercle sans
issue. Loin d'engendrer le droit, qui est d'un autre ordre, la violence tourne stérilement sur elle-même, jusqu'au jour où une autre
la brise. car « le plus fort, a dit Rousseau, n'est jamais assuré d'être
toujours le plus fort ».

*
* *

Il serait toutefois d'une philosophie assez pauvre de n'objecter
aux prétentions de la force que l'instabilité de ses conquêtes. Ce
serait opposer à un réalisme un contre-réalisme. Entre deux politiques du succès, aucun choix rationnel ne s'impose nécessairement.

Est-ce à dire que nous devions nous évader du réel dans la sphère
des idées pures? Allons-nous, aux doctrines de force, opposer purement et simplement les principes du « droit éternel »? Qui ne sent
combien pareil recours serait dérisoire? « La justice sans la force est
impuissante » et nous pouvons accorder aux thèses que nous venons
de critiquer qu'elles sont bien fondées à affirmer le néant d'un droit
dont aucune force n'assure le respect. Aussi bien s'il est, dans l'histoire des idées, une doctrine périmée sans appel, n'est-ce pas celle du
« droit naturel » conçu comme l'expression d'une justice universelle, spontanément décrétée par toute raison saine? Le positivisme,
l'école historique et l'école sociologique ont ruiné sans retour cette
métaphysique du droit.

Cependant il se dessine dans la philosophie moderne du droit une
incontestable renaissance des théories du droit naturel. Ne peut-on
trouver dans ce renouveau un moyen d'établir une relation normale
entre la force et le droit ?

Nous écrivions, au début de cette étude, qu'il ne peut être question
de droit ni dans le ciel des volontés inclinées par le seul amour, ni
dans l'enfer de la brutalité pure. Le droit, dès son origine, se trouve

en relations à la fois avec la conscience et avec la force. Il résulte, en effet, de la réaction énergique de la conscience collective contre les actes individuels qu'elle ne peut tolérer parce qu'ils croquent violemment ses croyances et ses habitudes. D'où vient à la conscience cette armature de croyances théoriques et d'exigences pratiques, nous n'avons pas à le rechercher aujourd'hui; mais on peut accorder à l'école sociologique qu'elle a clairement mis en lumière, dans toute société humaine, l'existence de ces credos et de ces impératifs collectifs et la réalité des réactions qu'ils suscitent contre les perturbateurs. Ces réactions, qu'elles soient simple réprobation ou qu'elles entravent l'acte perturbateur, prennent naturellement la forme répressive, et c'est de cette répression que naît le droit. Car le fait même de la répression précise dans la conscience collective la frontière de ce qu'elle peut ou ne peut pas tolérer dans des circonstances données; le souvenir de la répression se cristallise dans la conscience, empiète sur l'avenir et devient prohibition. L'ensemble des prohibitions collectives n'est autre chose que le droit élémentaire. Celui-ci n'émane donc pas de la conscience des sages exerçant leur réflexion sur les variations de la conduite individuelle, mais de l'acte concret par lequel la collectivité organisée réprime ou répare la rupture de l'ordre social. On s'explique, dès lors, que le droit soit essentiellement attaché à l'exercice de la force, mais on s'explique pareillement qu'il ne s'y ramène pas tout entier. Le principe vital du droit demeure la conscience sociale; la force n'est jamais qu'un moyen d'exécution.

Il est vrai que la force, à son tour, semble devenir source de droit, parce que celui-ci émane de l'État législateur, dont la toute-puissance, dans les sociétés fortement hiérarchisées, écrase de sa formidable supériorité toute résistance de l'individu. Qu'on y réfléchisse un instant, cependant : Ce n'est pas en tant que fort que l'État légifère, c'est en tant que sa force rencontre dans le corps social un minimum de consentement. Ce consentement, sans doute, est rarement accordé en pleine conscience ou en pleine liberté; la force de l'État est faite, trop souvent, de la passivité, de la peur, de l'ignorance, de l'inorganisation des masses; mais ces conditions mêmes sont des facteurs dont le législateur doit tenir compte pour s'y accommoder; on ne gouverne pas des Anglo-Saxons habitués au *self-government* comme des musulmans fatalistes. Si Renan a pu dire que le meilleur gouvernement serait celui d'un tyran intelligent, n'est-ce pas que le

tyran connaîtrait assez intimement la mentalité de son peuple pour
lui donner l'impression que ses vœux et la volonté du législateur
coïncident? La force ne peut créer ou modifier le droit qu'en prévoyant en les subissant les réactions probables de la conscience
sociale.

Or, cette conscience est mobile; elle l'est de plus en plus dans nos
instables sociétés occidentales, créatrices tumultueuses d'idées nouvelles, et l'évolution du droit traduit de façon plus ou moins fidèle
ces mouvements de la conscience collective. Et voici justement à
quel propos on a pu reparler tout récemment de « droit naturel » sans
revenir à la métaphysique rationaliste du XVIIIe siècle. Il y a quelque
trente ans, d'éminents juristes considéraient encore le Code civil
napoléonien comme une œuvre définitive, au moins dans ses fondements généraux. Or, au moment même où l'on célébrait avec éclat
le centenaire de ce monument d'airain incorruptible, on s'apercevait
qu'il avait vieilli, qu'il s'effritait de toutes parts. Pourquoi? Parce
que des exigences nouvelles avaient surgi dans la conscience publique
et que le droit ne pouvait demeurer longtemps en deçà de ce mouvement. Tantôt c'est le législateur qui se décide à régler, en les consacrant, des pratiques peu à peu admises par les mœurs, tantôt c'est
la jurisprudence qui, plus pénétrante et plus souple souvent que le
législateur, accommode aux besoins moraux d'un temps les prescriptions trop générales et trop rigides de la loi. C'est ainsi qu'on
voit évoluer dans les sociétés occidentales modernes les notions juridiques qui semblaient les plus stables, celles de responsabilité, de
contrat, de propriété, de fonction publique[1]. De toute façon, il apparaît désormais impossible d'isoler le « droit objectif », formulé dans
les codes, du « droit subjectif », qui n'est qu'une exigence de la conscience; car celui-ci ne laisse pas de réagir sur le droit objectif et
finit toujours par faire éclater sous sa pression les cadres dans
lesquels s'était organisée la vie collective des générations disparues.

Appliquons au droit international ces brèves remarques. Sur ce
terrain, la relation du droit et de la répression collective semble moins
évidente. On ne saurait parler encore de la conscience collective de

1. Voir sur ce renouveau du droit naturel : GÉNY, *Méthode d'interprétation*;
et G. CHARMONT, *La Renaissance du droit naturel*, Paris, 1910.

l'humanité comme d'une réalité sociale susceptible d'engendrer le droit, en réagissant contre certains excès qui la révolteraient tout entière. Le droit international s'est plutôt constitué par une extension aux relations entre États des procédés propres aux relations internes. C'est un droit analogique. L'étranger a bénéficié de l'adoucissement général des mœurs, la guerre a profité des règles appliquées au duel, l'arbitrage est l'imitation d'une procédure conventionnelle privée. De même, d'ailleurs, que les analogies laissent toujours échapper quelque côté de réel, de même aussi le droit international demeure un droit imparfait. D'une part, en effet, l'État qui participe avec d'autres États à la création d'un droit conventionnel peut toujours, en raison de sa souveraineté, dénoncer la convention ou manquer à l'observer; d'autre part aucune force organisée, aucune sanction ne peut, dans l'état actuel de la législation, réprimer les délits internationaux. Il n'y a pour poursuivre, juger et punir ces délits, ni parquet muni de pouvoirs efficaces, ni code pénal, ni tribunal obligatoire, ni force répressive, et tel est bien là le défaut de l'œuvre réalisée par les conférences de la Haye. C'est en toute impunité, sur ce terrain, que la force se moque du droit.

Cependant, même à s'en tenir à l'ordre du droit positif, il n'est plus exact de nier la formation d'une conscience juridique commune à toutes les nations. Nous avons de cette formation un critérium très précis, le fait que les nations civilisées réagissent de la même manière contre les mêmes crimes ou délits d'ordre privé et se sont concertées pour les poursuivre et les réprimer en commun. La législation criminelle internationale prévoit déjà la répression internationale de l'esclavage, de la vente de l'alcool et des munitions aux indigènes, de la traite des blanches, de la pornographie, et les lois d'extradition mettent la justice de la plupart des pays civilisés à la poursuite des crimes accomplis en d'autres pays. Ce sont là des faits très significatifs, récents pour la plupart dont les événements violents de l'heure présente ne sauraient nous faire oublier l'importance.

Il reste toutefois que, pour les crimes accomplis par les États eux-mêmes, l'impunité demeure entière en droit objectif. C'est ainsi qu'aucune puissance neutre n'a cru devoir formuler officiellement la plus légère réserve contre la violation de la neutralité de la Belgique : tel est le fait brutal qu'il faut savoir envisager. Mais ce qui est vrai en droit objectif l'est-il également en droit subjectif? Doit-on conclure des scandales de la guerre actuelle que la force n'a pas à compter avec les réactions d'une conscience universelle qui commence à s'organiser? Pour le prétendre, il faudrait ne tenir aucun compte de l'opinion manifestée avec éclat par tant d'hommes représentatifs en Suisse, en Espagne, dans les deux Amériques. Mais on peut ajouter que la preuve la plus décisive de l'existence d'une conscience supérieure aux consciences nationales nous est fournie par l'Allemagne elle-même.

C'est chose, en effet, bien remarquable que l'Allemagne n'a cessé d'adopter deux attitudes contradictoires; elle se réclame tour à tour du *Faustrecht*, du droit du plus fort, et du *Völkerrecht*, du droit des gens.

« Nécessité n'a pas de loi », proclame, le 4 août 1914, le Chancelier de l'Empire. Maxime monstrueuse mais qui, du moins, pouvait donner à la politique de l'Empire une unité, une suite parfaitement logiques. Il y aurait eu une sorte de grandeur tragique à jouer le rôle jusqu'au bout, à réaliser dans l'histoire l'évangile nietzschéen des « races dominatrices », « inventées pour faire des choses que les individus n'ont pas le courage de faire », et qui « ne peuvent avoir que des origines fortes et violentes ». Un petit nombre ont eu cette audace. « Nous n'avons à nous excuser de rien », énonce Adolf Lasson. « Soyons durs », professe la *Post* après Zarathustra; Maximilien Harden, l'enfant terrible du pangermanisme, s'indigne qu'on prenne la peine de justifier la conduite des armées allemandes en Belgique; et le Chancelier, qui n'en est pas à une contradiction près, déclare, dans son discours du 19 août 1915, que l'Allemagne à désappris la sensibilité. Mais, par ailleurs, on proteste au nom du droit et de l'humanité. Après avoir fait publiquement l'aveu que la violation de la neutralité belge est contraire au droit des gens, on n'ose braver de front l'indignation universelle; on forge après coup des raisons, on fouille des tiroirs, on trouve et l'on altère des textes, et l'on échafaude péniblement deux, trois systèmes de preuves, pour établir que la France, l'Angleterre et la Belgique même avaient déjà, pratiquement, déchiré le « chiffon de papier ». En Belgique et en France, on pille, on tue les non-combattants, on aligne des femmes devant les troupes qui vont au feu, on incendie des villes et des villages innocents, et l'on se borne d'abord à signifier que « c'est la guerre » : *Krieg ist Krieg*. Mais, cette fois encore, on s'avise qu'il est imprudent d'exaspérer l'opinion des neutres, on organise la « contre-attaque », en accusant, dans un réquisitoire minutieux, les victimes d'avoir provoqué leur sort, enfin l'on invite les « intellectuels » et les théologiens à garantir que l'Allemagne conduit la guerre « avec une douceur » et une discipline incomparables. On sème de mines les mers neutres, on torpille les paquebots chargés de vies innocentes et de neutres, mais on dénonce avec colère aux neutres le blocus économique organisé par l'adversaire. On caresse des projets d'annexion monstrueux, on s'adjuge à l'avance les ports, les régions minières et industrielles, les colonies; mais, en même temps, on se prend d'un zèle imprévu pour des nationalités opprimées, on réclame l'autonomie de la Finlande, on promet à la Pologne de la reconstituer en royaume indépendant. Bref, on foule aux pieds le droit et l'humanité quand ils gênent, on les invoque avec dévotion quand ils servent.

Ces contradictions, dont on pourrait multiplier les exemples, cette étonnante combinaison de brutalité audacieuse et de doucereuse bonhomie ne sont pas seulement caractéristiques de l'âme allemande; elles témoignent de l'irrésistible pression exercée sur les nations les plus follement infatuées de leur supériorité par les jugements et les passions de la masse humaine, si anonyme et organique qu'elle soit. Le pays qui atteste à tout moment qu'il ne compte que sur *sa* force, *ses* vertus, *son* « vieux Dieu », celui qui a fait de l'adoration de soi-même un principe de gouvernement et un système d'éducation, est précisément celui qui a organisé auprès des neutres la plus savante, la plus persévérante, la plus coûteuse des propagandes. Il confesse ainsi que les victoires militaires ne sont que la moitié du succès et qu'il est des défaites morales dont un pays ne se relève pas. S'il est vrai que l'hypocrisie est l'hommage involontaire du vice à la vertu, il faut reconnaître dans les démarches du nationalisme suraigu des Germains un tribut involontaire rendu à la puissance morale grandissante de l'internationalisme.

Combien est insuffisante cette revanche du droit sur la force, nul plus que nous n'en est convaincu. Pour réelle et significative qu'elle soit, cette revanche ne saurait suffire à nous rassurer sur le prochain avenir de l'humanité. Nous avons, bien au contraire, le sentiment angoissé du péril que court la civilisation. On ne peut le nier : un grand espoir s'ouvrait devant nous. La guerre, en fait, se raréfiait depuis un siècle; les arbitrages se multipliaient suivant une progression géométrique; les nations civilisées commençaient à prendre conscience de leur solidarité; elles s'étaient concertées pour con-

stituer un droit nouveau qui pourrait résoudre pacifiquement nombre
de conflits et, en tout cas, diminuer l'horreur des maux de la guerre.
Or, si ces progrès du droit positif international ont probablement
épargné au monde certaines guerres, ils n'ont pas empêché l'horrible
conflit qui met aux prises onze nations et plus de la moitié de l'humanité. Défaite désastreuse et lourde de conséquences infinies, car
il est naturel que les événements qui se sont produits et qui appartiennent désormais à l'histoire, exercent plus d'effet sur l'imagination des hommes que ceux qui ont failli arriver et relèvent d'un
possible à jamais aboli. Dès lors, il est à craindre que la guerre
mondiale imprime profondément dans les esprits la croyance.
absurde en soi, à la fatalité de la guerre et une invincible méfiance à
l'égard du droit. C'est là, selon nous, le premier péril de l'heure, péril
infiniment grave, car croire à la guerre fatale, c'est déjà y consentir,
la vouloir; et croire à la stérilité du droit, c'est renoncer à le pro-
mouvoir, c'est consentir déjà à son abdication. Il n'est guère possible
d'espérer que l'œuvre colossale de violence qui s'accomplit sous nos
yeux s'achève sans laisser dans la génération qui y a participé et
dans la suivante des traces durables, le culte de la force, le scepticisme à l'égard des voies de droit.

Ce péril sera le même, quelle que soit l'issue de la lutte. Un autre,
plus évident encore, menacerait la civilisation si, par impossible, la
victoire consacrait la supériorité des trois Empires alliés. Il n'est
permis à personne d'oublier que l'Allemagne, l'Autriche-Hongrie et
la Turquie, unies dans une solidarité qui n'a rien d'accidentel, ont
à répondre devant le monde civilisé de deux crimes de lèse-humanité :
d'une part, de n'avoir jamais su ni voulu accorder aux nationalités
vaincues un régime de justice: de l'autre, d'avoir fait échouer, aux
deux Conférences de la Haye, l'institution de l'arbitrage obligatoire,
à laquelle se ralliait la très grande majorité des puissances représentées. Certes il ne vient à l'esprit de personne de penser que l'histoire
des adversaires de la Triplice actuelle ne soit, elle aussi, bien lour·
dement chargée d'œuvres de violences. On peut appliquer aux
nations le mot de saint Paul : parmi elles « il n'y a pas de juste, pas
même une seule ». Mais, devant les deux grands faits que nous venons
de rappeler, toutes les chicanes disparaissent. Ce n'est pas, nous en
avons conscience, par passion nationale, c'est en toute liberté d'esprit
philosophique que nous pensons, avec trois grands Américains,
avec le président Roosevelt, le président Eliot et le président Nicholas

Murray Butler, que la victoire de l'Allemagne et de ses alliés serait pour le droit une défaite et pour l'humanité un recul décisif vers la barbarie.

Ce recul, la coalition des forces spirituelles de l'humanité ne saurait suffire à le compenser ni même à l'atténuer. Une force de crime ne peut être vaincue que si elle est brisée comme force, c'est-à-dire dominée par une force supérieure, mise au service de la justice. D'où cette force peut-elle venir? Les pages qui précèdent préparent la réponse qui s'impose maintenant : quand le droit est insuffisant, un droit nouveau peut naître de l'insurrection de la conscience collective contre un excès intolérable. En fait, les Empires allemand, austro-hongrois et turc se sont mis, à la Haye, en marge de la Société des nations qui s'élaborait. Que cette société achève de se constituer, qu'elle renonce à subordonner l'institution des lois internationales à la condition que l'unanimité des votants soit acquise; qu'elle s'organise en gardienne du droit, résolue à faire la police du monde civilisé, alors l'harmonie pourra être rétablie entre le droit et la force.

Cette solution, que suggèrent à la fois la raison et l'expérience sociale, est-elle appelée à se réaliser dans un prochain avenir? Nous n'oserions l'affirmer. Les réactions de la conscience collective sont loin d'être sûres et celles de la société humaine sont d'autant plus incertaines que cette société est elle-même encore en voie d'organisation, faiblement consciente, plus faiblement agissante encore. Ajoutons que l'âme des foules est singulièrement sensible au prestige de la force; mystique et simpliste, elle y voit volontiers le signe d'une supériorité réelle. Cependant, si les neutres laissent faire, l'histoire des nationalités nous montre combien est tenace chez les vaincus, surtout s'ils sont opprimés, le sentiment du droit. La force est toujours mal assurée, qui doit compter avec une protestation énergique. Car n'étant force qu'autant qu'elle s'impose dans le présent, elle n'est jamais certaine de durer; l'avenir ne lui appartient pas. Le droit, au contraire, n'est jamais pleinement vaincu tant qu'il demeure, à titre d'espérance, comme un ferment de dissolution qui peut un jour entamer la force. Le droit est la force des faibles et, parce que cette force est d'ordre spirituel, aucune puisssance extérieure ne prévaut contre elle; on peut l'obliger à se replier sur elle-même; on ne peut l'anéantir et, comme la force matérielle s'use en s'épuisant dans ses effets, c'est, en définitive, la conscience du droit, germe des futures réparations, qui lui survit.

*
* *

Arrivé au terme de cette brève étude, écrite au moment où
la force allemande, installée depuis un an en Belgique et en
France, étale sa victoire sur la Pologne et jusqu'en Russie, on
est tenté de se demander si l'on a pu les écrire dans un esprit
d'impartialité philosophique. Quand on s'est abreuvé largement aux
sources de l'idéalisme allemand, on éprouve une sorte de honte,
disons-le, une véritable douleur à mettre à la charge de la pensée
d'outre-Rhin les thèses monstrueuses qu'on vient de discuter ici.
On se demande si l'on n'a pas, sous l'empire de passions explicables
d'ailleurs, esquissé une sorte de caricature facile et grossière des
pensées qu'on prête à l'adversaire. Et cependant ces conceptions
sont là, dans les livres, dans la presse la plus lue d'outre-Rhin,
et rien ne pourra nous amener à diminuer la laideur inhumaine
de ce pangermanisme savant qui a contaminé, non seulement
les plus basses couches de l'opinion, mais trop d'esprits qu'on
pouvait croire capables d'un peu plus d'hygiène morale. Certes
bien loin de nous la pensée que le dogme pangermaniste soit
devenu la foi commune des philosophes allemands. Plus d'un pro-
testerait sans doute qu'on méconnaît la pureté de leur idéalisme.
Par malheur ce n'est pas à l'école des philosophes que s'est
formée l'opinion moyenne allemande, mais à celle de Nietzsche,
de Treitschke, de Stewart Chamberlain et autres théoriciens très
authentiques du « surhomme » germain. Par malheur aussi ceux
qui avaient pour mission de ramener la jeunesse intellectuelle allemande sur les grands chemins de la culture humaine ont laissé
grandir, se gonfler jusqu'au ciel d'Odin la grande vague de l'orgueil
pangermaniste. L'ont-ils fait par inadvertance? N'ont-ils pas constaté avec quelque secrète complaisance cette poussée nationale de
la volonté de puissance? Nous n'oserions en décider; mais ce qui est
certain, c'est qu'ils ont laissé faire et que, si nous connaissons des
traces individuelles d'inquiétude, des protestations isolées contre le
culte de la force, nous chercherions en vain, chez les philosophes
contemporains allemands, une tentative de quelque envergure
pour modérer l'emportement de la propagande pangermaniste.
Avouons le : la plupart d'entre eux ont été, à leur manière, des
pangermanistes. Avec la philosophie ancienne, c'est surtout la
philosophie allemande, la science allemande, les méthodes alle-

mandes qu'ils ont enseignées. Leurs livres, leurs cours d'université, les travaux qu'ils suggèrent à leurs élèves, nous les montrent singulièrement dédaigneux, — faut-il dire ignorants? — à l'égard du mouvement d'idées si vivace qui se manifeste actuellement en Angleterre, aux États-Unis, en Italie et en France. Il n'est pas jusqu'aux index bibliographiques de leurs livres qui ne témoignent souvent de surprenantes lacunes. Faut-il rappeler enfin qu'un trop grand nombre de philosophes illustres, de ceux-là mêmes en qui nous aimions à respecter de hauts modèles de probité intellectuelle, ont apposé leur signature au bas du manifeste des 93? Ces maîtres du savoir ont osé nier, contre toute méthode, des faits sur lesquels ils n'avaient d'autre contrôle que les dénégations du gouvernement allemand, c'est-à-dire de l'inculpé; ils l'ont osé parce que, pour sauver l'honneur allemand, il ne fallait rien de moins que mobiliser toutes les gloires de l'Allemagne pensante. Ils se sont, enfin, sans réserves, déclarés solidaires du militarisme; ils n'en ont répudié ni les pratiques atroces, ni la doctrine inhumaine. Il est trop tard aujourd'hui pour protester qu'on les calomnie quand on leur tient rigueur de n'avoir pas disputé l'âme du peuple de Luther, de Kant et de Gœthe à l'emprise des doctrines de la force.

TH. RUYSSEN.

Septembre 1915.

TABLE DES AUTEURS

TABLE DES ARTICLES

ÉTUDES CRITIQUES

VARIÉTÉS

DISCUSSIONS

QUESTIONS PRATIQUES

TABLE DES SUPPLÉMENTS

Livres étrangers nouveaux.

Revue des périodiques.

Année philosophique publiée sous la direction de F. Pillon, vingt-quatrième année 1913, Paris, Alcan. 1914, in-8, 270 p. (Articles de MM. V. Delbos, Lewis Robinson, Maillard, Lechalas, Pillon). — Septembre, 9, I.

Année psychologique fondée par A. Binet, publiée par H. Piéron, in-8, xii-515 p., Paris, Masson, 1913 (Articles de Piéron, Bocquet, Heymans, Foucault, Mengerath, Dufour, Wallon). — Mars, 26, I-27, II.

Archiv fur systematische Philosophie. — Année 1913 (Articles de A. Trebitsch, K. Fahrion, Oliver von Hazay, Hugo Marcus, Otto Kröger, Karl Shopek, Fritz Munch, Fr. Strecker). — Mai, 25, II-27, II.

Cœnobium (1912-1913). — Article de Piepebring, Camerlynck, Lauro, Couissin, Dell' Isola, G. d'Alviella, D. Parodi, J. de Gaultier. — Mai 27, II-28, I.

Journal of Philosophy, Psychology und scientific Methods, vol. IX, n° 21, vol. x, n° 26 (Articles de M. Pratt, Lewis, Husik, Miss Costelloe, M. Lovejoy, Calkins, W. Moore, W. Fite-Perry-Petkin. Dewey. — Mars, 29, I-31. II.

Logos. — T. II, 1911-1912 (Articles de MM. Simmel, Rickert, Hessen, Weizzacher, Ivanow, Sesemann, Kühnemann, Christiansen. Ziegler). — Juillet, 24, II-26, II.

Mind. — Octobre 1912-juillet 1913 (Articles de Mackenzie, Howard. V. Knox, Schiller, B. Russell). — Mars, 27, II-29, II.

Philosophisches Jahrbuch der Göris-Gesellschaft Bd XXV. (Articles de Bauemker, Gutberlet, Frankel, Switalski, Leckner, Feuling, Minjon, Linsmeier, Breit, Heidegger, Eudres, Leiber, Teixidor, Nink, Schindele, Ettlinger, Reitz, Schmittfranz, Rolfes, Grunholz, Demuth, Sladeczck.). — Janvier, 25, I-27, II.

Przeglad filosoficzni XVI, année 1913 (articles de Zielewcyk, Bornstein, Biegelcisen, Stamm) . — Nov., 13, II-16, II.

Revues catholiques, 1913. — *Revue de philosophie* (art. de Dom. Festugière, Duhem, A. Diès). — *Revue pratique d'Apologétique* (Articles de Mangenot, Touzard). — *Revue des Sciences philosophiques et théologiques* (Articles de P. Mandonnet, A. Diès, Lemonnyer). — *Revue néo-scolastique* (Articles de P. Mandonnet, J. de Ghellinck, J. Cochez). — *Revue Thomiste* (Articles de R. P. Melizan, Robert, Garrigou-Lagrange). — Mai, 24, II-26, II.

Voprossi po psychologii e filosofji, 1912. (Articles de Khwostow, Boulgukow, Gabrilowitch, Winogradow, Troubetzkoi, Karpow, Lopatin, Kholopowd). — Janvier, 27, I-29, I.

Thèses de Doctorat.

BLONDEL. — I. *La psycho-physiologie de Gall.* — II. *La conscience morbide. Essai de psycho-pathologie générale.* — Mars, 38, II-46, II.

FAUCONNET. — *L'esthétique de Schopenhauer.* — Mars, 35, I-37, II.

GUYOT. — I. *Intellectualisme et Pragmatisme dans Clough.* — II. *Le socialisme et l'évolution de l'Angleterre contemporaine.* — Mars, 31, I-35, I.

HUAN. — *Le dualisme de Spir.* — Mars 37, I-38. II.

LAVALLETTE-MONBRUN. — I. *Maine de Biran, critique et disciple de Pascal.* — II. *Maine de Biran. Essai de biographie historique et psychologique.* — Juillet, 26, II-32. II.

MARIN-STEFANESCU. — I. *Essai sur le rapport entre le dualisme et le théisme de Kant.* — II. *Le dualisme logique. Essai sur l'importance de sa réalité pour le problème de la connaissance.* — Septembre, 9, I-12, II.

Agrégation de Philosophie.

DISSERTATIONS.

Diplôme d'études supérieures de philosophie. — Nov. 3, I.

Nécrologie.

Couturat (Louis. — Septembre. 2, II-3, I.
Pillon (François). — Septembre. 1, I-2, II.

Variétés.

V° *Congrès international de philosophie* (*Londres, 31 août, septembre, 1915*). — Mars, 1, I-2, I.
La philosophie dans les Universités — Janvier, 30, I, 31, II, novembre, 1, I-3, II.
Informations. — Janvier, 30, I-31, II.
Erratum. — Janvier, 31, II.

L'éditeur-gérant : MAX LECLERC.

Coulommiers. — Imp. PAUL BRODARD.

LA PHILOSOPHIE DANS LES UNIVERSITÉS

(1915-1916).

FRANCE

Paris.

Collège de France.

Philosophie moderne : M. BERGSON, professeur. M. E. LE ROY, suppléant. Mardi et jeudi à 5 heures. *La critique moderne de la Science expérimentale et ses conséquences philosophiques.*
Psychologie expérimentale : M. P. JANET, professeur. Lundi et jeudi, à 1 heure trois quarts. *Les tendances industrielles et la recherche de l'explication.*

Faculté des Lettres de Paris.

Sociologie : M. E. DURKHEIM, professeur. Cours public : *La philosophie sociale d'Auguste Comte*, le mardi, à 3 heures. — Exercices pratiques pour les candidats à la licence : vendredi, 5 heures. — Science de l'éducation : *Les grandes doctrines pédagogiques du XVIII° et du XIX° siècle.* Jeudi, 5 heures.
Histoire de la philosophie moderne : M. LÉVY-BRÜHL, professeur. Cours réservé aux étudiants : le mardi, à 9 heures et quart et le jeudi, à 10 heures.
Philosophie et histoire de la philosophie : M. V. DELBOS, professeur. Cours public : le mercredi, à 4 heures trois quarts : *Les éléments originaux de la philosophie française.* — Conférences : le mercredi, à 9 heures et quart. — Leçons d'explications en vue de la licence : le jeudi, à 3 heures.
Histoire de la philosophie ancienne : M. ROBIN, chargé de cours. Cours public : le mercredi à 2 h. 1/2. *La philosophie anté-socratique.* Conférences le : jeudi à 2 h. *La morale d'Aristote d'après l'Ethique à Nicomaque*, le samedi à 5 h. *La morale stoïcienne d'après Cicéron De finibus.* III et IV (explication de textes).

Histoire de la philosophie dans ses rapports avec les sciences : M. G. MILHAUD, professeur, traitera de *Descartes* dans le second semestre.
Philosophie : M. A. LALANDE, professeur. Cours le : vendredi à 2 h. 12, *Les sciences de la matière et les sciences de la vie.* Conférences le lundi a 2 h. 1,2 et à 4 h.
Philosophie : M. H. DELACROIX, maître de conférences. Cours : le samedi, à 4 heures : *La psychologie française au XIX° siècle.* — Conférences : le mardi, à 2 heures. — Leçons de psychologie (*Les sentiments, la volonté, l'art, la religion*) le mardi, à 3 heures. Leçons d'étudiants, corrections et dissertations, travaux pratiques.

Aix-Marseille.

M. BLONDEL, professeur. Cours public : *La tâche de la philosophie à l'heure présente et nos devoirs intellectuels.* — Première conférence : *Aristote et Kant.* Textes des auteurs inscrits au programme de licence et exercices pratiques. — Deuxième conférence : *Théorie de l'être dans son rapport avec la théorie de la connaissance et la théorie de l'action.*

Besançon.

Philosophie et histoire de la philosophie : M. COLSENET, doyen et professeur. Préparation à la licence et aux grades de l'enseignement primaire.

Bordeaux.

Science sociale : M. GASTON RICHARD, professeur. Sociologie : *La dépopulation au point de vue national et social.* Histoire de la philosophie sociale : *Les notions de la cité et du droit dans la philosophie grecque et romaine.* Explication des auteurs inscrits au programme de la licence. Exercices pratiques.
Histoire de la philosophie : M. TH. RUYSSEN, professeur. Cours public : *Grandeur et décadence de l'Idéalisme politique en Allemagne.* Conférences de licence : 1°

Explication des auteurs : *Epictète*, *Lucrèce*, *Locke*, *Renouvier*, *A. Lange*. 2° Travaux pratiques des étudiants.

Dijon.

Philosophie : M. REY, professeur Cours : 1° *Logique et méthode des sciences* ; 2° *Histoire et philosophie des sciences* ; 3° *Histoire de la philosophie moderne* ; 4° *Pédagogie générale*.

Grenoble.

Philosophie : M. G. DUMESNIL, professeur. Cours public : *La pensée de l'Allemagne*. — Conférences : *Principes de philosophie française*. Préparation à la licence. — Science de l'éducation : *Principes de pédagogie française*.

Lyon.

Philosophie : M. GOBLOT, professeur. Pédagogie : M. CHABOT, professeur. Conférence de morale pour la licence ; conférence de psychologie appliquée à l'éducation.

Montpellier.

Philosophie : M. FOUCAULT, professeur. 1° Cours de psychologie : *La perception des formes et des grandeurs* ; 2° Cours de philosophie scientifique : *Objet et méthode de la sociologie* ; 3° Exercices pratiques et explication des auteurs de licence.

Rennes.

Philosophie : M. B. BOURDON, professeur. Cours public : *Les sensations et perceptions de la vue*. — Conférences : *Problèmes de philosophie*. — Exercices pratiques de psychologie.

SUISSE

Genève.

Faculté des Lettres.

Classification des sciences : M. A. NAVILLE, professeur honoraire. *Science de règles canoniques. Morale, esthétique, logique*.

Histoire et philosophie des sciences : M. TH. FLOURNOY, professeur. *Histoire et philosophie des sciences* : 3 heures par semaine.

Histoire de la philosophie : M. CH. WERNER, professeur. Cours général : *La philosophie depuis les origines de la pensée grecque jusqu'à Leibniz*. 3 heures. — Cours spécial : *Platon*, 1 heure. — Conférences de philosophie : Explication de textes : Leibniz, *Nouveaux essais sur l'entendement humain* (Avant-propos et Livre I). Dissertations et discussion : 2 heures.

Sociologie : M. WUARIN, professeur.

Systèmes politiques. *Les doctrines de résistance en face des progrès successifs de l'esprit démocratique et libéral du XVI° siècle à nos jours* : 2 heures.

Économie sociale. *Écoles et tendances. Le luxe. Le mouvement féministe et ses croisades. Anti-alcoolisme. Éducation sociale. Conditions de travail professionnel. Coopération, mutualités, assurances de l'État* : 3 heures. *Conférences* : 3 heures.

La philosophie au XVIII° siècle : M. WILMOT, professeur : *Montesquieu, Voltaire, Rousseau, Condorcet*.

Faculté des Sciences.

Psychologie expérimentale : M. ÉDOUARD CLAPARÈDE, professeur ordinaire. Cours théorique : 2 heures par semaine. — Cours pratique et exercices : 2 heures par semaine. — Travaux au laboratoire de psychologie, tous les jours.

INSTITUT J.-J. ROUSSEAU.

École des Sciences de l'Éducation.

Psychologie de l'enfant : EN. CLAPARÈDE. — Technique psychologique : PIERRE BOVET. — La croissance : Dr GODIN. — Pathologie et clinique des enfants anormaux : Dr NAVILLE. — Maladies des enfants : Dresse CHAMPENDAL. — Psychologie et pédagogie des anormaux : Mlle DESCŒUDRES. — Psychologie et pédagogie morale : PIERRE BOVET An. FERRIÈRE. — Pédagogie expérimentale ; E. DUVILLARD. — La tâche du maître d'école : ED. VITTOZ. — Didactique : A. MALSCH. — Éducation des tout petits (avec stage à la Maison des Petits) : Mlles AUDEMARS et LAFENDEL, etc.

Lausanne.

M. MILLIOUD, professeur. Philosophie générale : *Problèmes de la connaissance, problèmes de la nature* : 2 heures. Histoire de la philosophie : *Philosophie ancienne et philosophie médiévale* : 3 heures. Sociologie : 1re partie. *Les Hypothèses* : 2 heures. Séminaire de sociologie : une soirée par quinzaine.

Neuchâtel.

A. REYMOND, professeur. Histoire de la philosophie ancienne, 3 heures. Philosophie morale : *Le problème du mal*, 1 heure. Philosophie des sciences : *Le probabilisme dans les sciences et la philosophie*, 1 heure. Pédagogie : 1 heure. Conférences : E. BOUTROUX (*Idée de la loi naturelle*).

E. LOMBARD : Psychologie de la religion : *Les grands mystiques : Sainte Thérèse*, 1 heure.

A. de Maday : 1° Philosophie et droit, se nestre d'hiver : partie spéciale (*systèmes politiques*); se nestre d'été : partie générale. — 2° Sociologie. Se nestre d'hiver : *Histoire des théories sociologiques*; se nestre d'été : Sociologie théorique : *les lois naturelles régissant la vie sociale*. — 3° *Législation sociale comparée*. — 4° Séminaire de législation· sociale (spécialement : enquête sur les cinématographes).

AGRÉGATION DE PHILOSOPHIE

Concours de 1914 : 1° De la conscience. 2° Des rapports logiques et de leur valeur. 3° De la certitude chez les Stoïciens et chez Descartes.

DIPLOMES D'ÉTUDES SUPÉRIEURES DE PHILOSOPHIE

Faculté des Lettres de Paris.

M. Béguin : *Les signes du langage chez les idéologues.*

Mlle Frelin : *La mémoire logique.*

Mlle Gernez : *Passage de la doctrine du fait primitif à la doctrine de la croyance chez Maine de Biran.*

Mlle Lassalle : *L'indifférence affective.*

M. Ostrovsky : *Les rapports de la liberté et du déterminisme chez Renouvier.*

M. Zervos : *Sur la possibilité de la conjonction ou de l'union de l'homme avec l'intellect actif et avec Dieu d'après Al-Kindi, Al-Karâbi, Avicenne, Al-Cazâli, Ibn Gebirol, Ibn Badja et Ibn Thofaïl.*

· Dijon.

M. Duprez, inspecteur primaire à Sentr.

1° Mémoire : *L'enseignement de la morale à l'école laïque.*

2° Texte : Spinoza, *Éthique,* I.

Lyon.

1° Mémoire : *Le droit de punir.*

2° Texte : Fichte : *Reden an die deutsche Nation.*

Montpellier.

1° Mémoire : *L'idée de la science chez Socrate.* Auteur : Schopenhauer, *Kritik der Kantischen Philosophie.*

2° Texte : *Les vérités contingentes selon Leibniz.* Auteur : Cicéron, *De Officiis,* livre I.

LIVRES NOUVEAUX

L'Allemagne au-dessus de tout. (*La mentalité et la guerre*). (Études et Documents sur la guerre), par E. Durkheim,

1 br. in-8 de 47 p. Paris, A. Colin, 1915. — La conduite de l'Allemagne pendant la guerre dérive d'une certaine mentalité. Il y a là tout un système mental et moral qui, constitué en vue de la guerre, restait, pendant la paix, à l'arrière-plan des consciences. Ce système se résume dans la formule « Deutschland über Alles ». Treitschke dans l'ensemble de ses ouvrages, et plus spécialement dans sa Politique a largement exposé ce système; c'est d'après lui que M. Durkheim l'analyse et s'il l'a choisi, c'est que Treitschke n'est pas un penseur original et que sa pensée est celle d'une collectivité; très mêlé à la vie de son temps, il exprime la mentalité de son milieu. Ses principes sont ceux-là mêmes que la diplomatie allemande et l'État-major allemand mettent journellement en pratique.

Voici, à grands traits, quels sont ces principes : l'État est au-dessus des lois internationales; il n'est pas lié par les traités; la guerre est la seule forme de jugement qu'il puisse reconnaître. L'État est puissance; un état faible est un non sens; les petits états n'ont aucun droit à l'existence. L'État est au-dessus de la morale, son seul devoir est d'être fort; la fin justifie les moyens. L'État est au-dessus de la société civile; entre l'individu et l'État il y a une véritable antithèse; seul l'État a le sens de la chose commune; le devoir des citoyens est d'obéir.

Les actes de l'Allemagne ne sont que l'application logique de ces idées : violation de la neutralité belge et des conventions de la Haye, guerre systématiquement inhumaine, négation du droit des nationalités.

Le système mental qui vient d'être étudié n'est pas fait pour la vie privée et de tous les jours; on n'entend pas soutenir « que les Allemands soient individuellement atteints d'une sorte de perversion morale constitutionnelle qui corresponde aux actes qui leur sont imputés ». Mais, la guerre déclarée, il s'empare de la conscience allemande, il en chasse les idées et les sentiments qui lui sont contraires.

Ce système repose sur une hypertrophie morbide de la volonté : « besoin de s'affirmer, de ne rien sentir au-dessus de soi, impatience de tout ce qui est limite et dépendance, en un mot volonté de puissance ». De cette poussée d'énergie cherchant à s'expliquer à elle-même « est née cette mythologie pangermaniste, aux formes variées, tantôt poétiques et tantôt savantes, qui fait de l'Allemagne la plus haute incarnation terrestre de la puissance divine ».

Ainsi l'État allemand doit être au-dessus ce tout : idéal de comination, attirmation de puissance qui va jusqu'à a metter contre soi l'univers par bravace et par jeu : ambition outrée et pathologique, rêve morbide d'énormité qu'on retrouve jusque dans le détail des procédés allemands. Nous sommes donc en présence d'un cas de pathologie sociale ; mais toute suractivité maladive est passagère et la nature prendra sa revanche.

Le Pangermanisme (*Les plans d'expansion allemande dans le monde*). (Études et documents sur la guerre), par CHARLES ANDLER. 1 br. in-8 de 80 p., Paris, A. Colin, 1915. — Dans cette étude fortement documentée, M. Andler expose les principales formes littéraires du pangermanisme, livres de doctrine, pamphlets politiques, discours parlementaires, manifestations des Ligues, et le rapport de cette agitation pangermaniste avec l'action gouvernementale allemande. Faire mieux et plus grand que Bismarck c'est le thème commun qui anime l'une et l'autre. Pour les uns, Paul de Lagarde et Constantin Franz, il faut prussifier l'Autriche-Hongrie, puis l'Est polonais et l'Orient balkanique; pour d'autres, Dehn et Bley, il faut annexer la Belgique et la Hollande. La Ligue pangermaniste et le « Deutscher Bund » sont l'expression politique de ces tendances. La doctrine formulée d'abord pour l'Europe, ne tarde pas à s'étendre au reste du monde; nombreux sont les projets d'infiltration dans les colonies étrangères ou de dépècement ou bien d'autrui. Il s'agit de faire prédominer dans tout l'univers l'idée allemande, et le moyen, c'est la guerre.

L'auteur met en évidence le rapport de l'agitation pangermaniste et de l'action gouvernementale allemande, la « complicité du gouvernement allemand dans le pangermanisme en particulier à propos de la Weltpolitik, de la création de la question marocaine, des armements de 1913; il montre également comment on retrouve dans la politique de Bülow les formules du pangermanisme. Dans un appendice il étudie le pangermanisme en Autriche.

Pratique et doctrine allemandes de la guerre. (Études et Documents sur la guerre), par E. LAVISSE et CH. ANDLER. 1 br. in-8 de 47 p., Paris, A. Colin, 1915. — Cette brochure renferme : 1° une série de documents authentiques sur la pratique allemande de la guerre.
2° Une étude sur la doctrine allemande de la guerre (résumé de l'étude de M. Andler, que nous venons d'analyser).
3° Une étude sur les idées inspiratrices

de la doctrine (résumé d'un article de M. Lavisse dans la *Revue de Paris*.)

M. Lavisse ramène ces idées à trois : 1° la guerre est une nécessité pour l'Allemagne, qui a besoin de s'étendre, 2° la guerre est voulue par Dieu et par la nature, 3° l'Allemagne a la mission de régir le monde pour le plus grand bien de l'humanité. Ainsi la guerre, nécessaire à l'existence de l'Allemagne, est ennoblie et sanctifiée; les guerriers d'Allemagne sont les soldats de Dieu.

« C'est pourquoi, nous qui combattons en cette guerre, nous avons le droit de dire aux peuples qui en sont les spectateurs... Veuillez vous demander si jamais un peuple fut comme le peuple allemand orienté vers la guerre, préparé à la guerre comme à une fonction essentielle et naturelle de sa vie nationale; considérez combien de motifs et de mobiles s'unissent en un formidable faisceau ; les intérêts matériels, une naturelle brutalité barbare, le patriotisme surexcité par un orgueil fou, un complexe et puissant mysticisme concourent au même objet, qui est d'élever « l'Allemagne au-dessus de tout » et de subordonner au peuple providentiellement privilégié le reste des peuples. »

Les Usages de la guerre et la doctrine de l'État-major allemand. par Ch. Andler, 1 br. in-8 de 117 p., Paris, Alcan, 1915. — M. Andler démontre, dans cette brochure, que les atrocités allemandes sont conformes à l'enseignement officiel des théoriciens de l'État-major allemand, depuis les guerres de la libération allemande. C'est la vieille doctrine de Clausewitz, qu'au-dessus des formes imparfaites et relatives de la guerre, il y a la guerre absolue, parfaite dans l'horrible « feu déchaîné avec une fureur élémentaire et irrésistible; la guerre doit mettre, au service de la volonté de vaincre, tous les moyens, même les plus inhumains ». Le général von Hartmann, le grand état-major allemand dans une brochure officielle « Kriegsbrauch in Land-Kriege 1902 » ne font que reprendre et varier sur tous les tons ce thème fondamental. Un recueil abondant de citations, empruntées à Clausewitz, Hartmann, Moltke, Bismarck, et à l'ouvrage que nous venons de citer, prouve jusqu'à l'évidence la concordance des pratiques abominables qui resteront la honte de l'Allemagne, avec la théorie longuement méditée et formulée dans la doctrine officielle. M. Andler met en regard de ces doctrines allemandes la doctrine officielle de l'armée française, d'après le règlement sur le service en campagne.

Essai de biographie historique et psychologique. *Maine de Biran (1766-1824)*, par A. DE LA VALETTE-MONBRUN, d'après ce nombreux documents inédits. Cet ouvrage est orné d'un autographe et de ceux portraits, l'un en phototypie, l'autre en taille-douce. 1 vol. in-8, 544 p., Paris, Fontemoing et Cie, 1914. — L'auteur nous avertit dans l'avant-propos de son livre que c'est un ouvrage littéraire et historique, plutôt que philosophique qu'il présente au public. Grâce à l'étendue de ses informations, il a écrit la biographie de Maine de Biran, la plus complète que nous possédions. Il nous donne sur ses origines, sa famille, ses amis, sa carrière administrative et politique des renseignements précieux. Les admirateurs de notre grand psychologue lui sauront gré de la peine qu'il s'est donnée pour les réunir.

Sur la philosophie de Maine de Biran, M. de la Valette ne nous apprend rien de nouveau : il nous en avertit lui-même. Nous regrettons qu'il ait cru devoir donner pour titre au principal chapitre qu'il lui consacre : « *Maine de Biran, métaphysicien du moi* ». Maine de Biran a prétendu, peut-être à tort, être un psychologue, non un métaphysicien; il oppose son point de vue à celui de Descartes; le titre de ses deux grands ouvrages est du reste bien significatif à cet égard. Dans le même chapitre l'auteur nous apprend comme étant sa découverte personnelle (p. 345) que Maine de Biran avait professé successivement quatre philosophies différentes : la philosophie de la sensation, la philosophie de la volonté, la philosophie de la raison, la philosophie de l'amour. Ce qui semble vrai, c'est qu'en approfondissant de plus en plus sa pensée, Maine de Biran y découvrit successivement ces divers éléments qui se superposent et se complètent. Mais cela, Ernest Naville et Bertrand, l'ont vu avant M. de la Valette. Il est le premier, il faut le reconnaître, qui parle d'une philosophie de la raison. Mais cette expression est-elle bien exacte? Il y a chez Maine de Biran, une théorie, non une philosophie de la raison. Par cette théorie, il explique le passage de la vie humaine, à la vie de l'esprit, c'est-à-dire au moi, à Dieu et à la réalité absolue, mais c'est le sentiment religieux qui, dans la vie de l'esprit, donne un contenu à la raison.

Puisque M. de la Valette a voulu faire une œuvre historique plutôt que philosophique, il se semblait que l'on fût en droit d'attendre de lui ces précisions sur la date des diverses étapes de la pensée de

M. de Biran, et des textes où elles sont indiquées. M. de la Valette dit, page 32, en parlant des *Nouveaux Essais d'Anthropologie* qu'il serait très important qu'on nous en restituât le texte, dans son intégralité. Croit-il donc la chose possible? Ce qu'il eût peut-être dû nous dire ce sont les circonstances dans lesquelles M. de Biran fut amené à entreprendre cette nouvelle rédaction de sa pensée, les fragments qu'il eût le temps d'écrire, leur date. L'auteur ne nous apporte aucune lumière sur ces points importants d'histoire. Il nous apprend peu de choses sur le développement de la pensée de M. de Biran. Son ouvrage est un essai littéraire, d'une lecture facile, et qui ne manque pas d'agrément.

Maine de Biran critique et disciple de Pascal, d'après de nombreux documents inédits par A. DE LA VALETTE-MONBRUN, docteur ès lettres, 1 vol. in-8 de 32 p., Paris, Alcan, 1914. — L'occasion de cet ouvrage et ce qui aurait dû en constituer le fond solide, ce sont les notes que M. de Biran a écrites sur un certain nombre de pensées de Pascal, dans l'exemplaire, qui se trouve aujourd'hui encore, dans la bibliothèque de Grateloup, de l'Édition des *Pensées* par *Raynouard*. Cette édition contenait en outre les notes publiées antérieurement par Voltaire et Condorcet sur les *Pensées*. Aux commentaires sur Pascal, M. de Biran ajouta quelques remarques sur les commentaires ces commentateurs eux-mêmes. M. le chanoine Mayjonade, dans sa très intéressante édition des *Pensées et Pages inédites de Maine de Biran*, a reproduit une quarantaine de notes de M. de Biran. M. de la Valette lui reproche de n'avoir pas cité entièrement les pensées de Pascal auxquelles elles se rapportent. Nous lui adressons à lui-même le reproche inverse grave de n'avoir pas publié au début de son ouvrage le texte du commentaire de Maine de Biran. En l'absence de texte son livre est un assemblage de critiques qu'on ne peut contrôler. Le commentaire se borne de reste le plus souvent à des remarques générales qui sont visiblement inspirées des travaux antérieurs sur Pascal et Maine de Biran.

L'Idée de la Science dans Platon, *conférence faite à l'Institut supérieur de Philosophie de l'Université de Louvain*, par Aug. Diès. (Extrait du tome III des *Annales de l'Institut supérieur de Philosophie*), 1 vol. gr. in-8 de 66 p., Louvain, 1914. — Pour donner une suffisante idée ce substantiel mémoire, il faudrait suivre M. Diès dans le détail de ses analyses des textes. On ne peut ici qu'indiquer les grandes lignes et plan suivant lequel il ordonne son étude et marquer quelques points particuliers. — Il distingue dans Platon deux sortes de définitions de la science. Les définitions *subjectives*, soit par le langage (*Cratyle*), soit par la sensation, ou enfin par l'opinion, même vraie et μετὰ λόγου (*Théétète*), n'aboutissent pas. Rien de contraire, sur ce dernier point, dans le *Ménon*, 98 a; car il y est question seulement des conditions de fait, qui permettent à la pensée de rattacher l'objet du jugement à l'essence intelligible comme à sa cause par l'acte de la réminiscence; il ne s'agit pas de chercher le contenu de la science dans une opinion améliorée; ce sont là deux genres différents. Un résultat positif ne peut être trouvé que dans une définition *objective*. Car il existe, en opposition avec la nobilité infinie du devenir, un objet absolu ou *pur*, immuable, éternel, entièrement intelligible et immatériel, qui est la vérité même et qui fonde la vérité de toute connaissance. Ce n'est pas, comme chez Parménide, un être unique : il y a une pluralité d'εἴδη, de *formes* (λ). Dies se demande pourquoi le même mot se rend autrement dans Platon que dans Aristote et il se refuse, non sans raison et en dépit de la tradition, à le traduire par *Idées*) : « c'est que Platon ne réfute pas l'expérience sensible au nom de principes abstraits, mais bien au nom d'une autre expérience que nous pouvons appeler rationnelle », et qui consiste, en s'aidant du langage (*Crat.*, 386 d-390 b), à former des classes qui mettent en évidence des natures d'êtres, individuellement déterminées, définies et stables. « Comme l'agir isole des natures d'actes (couper, tisser, etc.), ainsi le savoir isole des natures d'êtres. » (27 [159] suiv.) — Mais, si c'est le plus urgent, ce n'est pas tout de distinguer : au lieu de laisser dans l'isolement de leur unité les natures simples ainsi distinguées, il faut les lier. Il y a donc un principe constitutif supérieur de la science, qui ne s'est fait jour que peu à peu dans le Platonisme, le principe de relation. Dans la *République* (cf. 6 509 b) c'est seulement une hiérarchie, que le Bien domine et commande; dans le *Sophiste* (voir le livre de M. Dies, *La définition de l'Être et la nature des Idées dans le Sophiste de Platon*, Alcan, 1909), c'est une participation, avec des exigences et des incompatibilités réciproques; le non-être relatif de l'Autre sépare ce que d'autre part l'Être unit et qui, dans le fait d'être le même, réalise l'originalité propre de sa nature. Voila les conditions de l'objectivité absolue, laquelle s'explique,

en dernière analyse, par une participation à la forme de l'Être; forme irréductible, car la définition de l'Être par la δύναμις (*Soph.*, 247 d suiv.) ne peut constituer qu'une définition provisoire. — En résumé, la science est connaissance de l'Être dans ses relations, et λ. Dies n'a pas tort, étant donné que d'autre part il affirme la réalité substantielle de l'*Idée*, d'insister sur ce rôle de la relation dans le Platonisme.

D'autres problèmes s'offraient encore à lui : relations de l'Être et du Bien, du Sensible et de l'Intelligible, application au Devenir de la Science et de l'Être. L'auteur ne les dissimule pas; il sait ce qu'il manque à son étude pour être complète. Telle qu'elle est, solidement établie sur les textes, bien conduite, en général très claire, bien que parfois la forme semble manquer un peu de sobriété ou prendre au contraire une allure bien scolastique (cf. III, la position des *principes de distinction, d'intelligibilité, d'objectivité, d'arrêt, de détermination, de permanence*), c'est une contribution utile à la connaissance de la philosophie de Platon. Reflet, autant qu'il est possible, immédiat des textes, appuyée sur une connaissance approfondie des interprétations diverses, cette représentation d'un système de réflexions a l'avantage de mettre en lumière « la continuité intime » (61 [193]; cf. 7 [139]) de la pensée platonicienne. Y a-t-il moins d'*historicité* dans un tel travail que dans l'étude plus complexe des relations de la conception platonicienne de la science avec les conceptions antérieures ou contemporaines? Cette dernière étude, où l'érudition peut se déployer avec complaisance, ferait-elle, dans l'état actuel de nos connaissances sur le milieu philosophique grec à la fin du ve siècle et au début du ive, moins de place à l'hypothèse? C'est douteux, et l'historien de la philosophie n'aperçevra peut-être pas plus de risques (6 [138]) dans une reconstitution partielle, quand elle est conduite avec cette prudence, cette probité et ce constant souci de tenir compte des probabilités quant à l'ordre chronologique dans lequel s'est développée la pensée de Platon.

La notion du nécessaire chez Aristote et chez ses prédécesseurs, particulièrement chez Platon. *Avec des notes sur les relations de Platon et d'Aristote et la Chronologie de leurs œuvres*, par JACQUES CHEVALIER, 1 vol. in-8 de IX-304 p., Paris, Alcan, 1915. — Si nous ne sommes pas arrivés, dit λ. Chevalier, « à assouplir et à élargir suffisamment notre théorie de la science pour y donner droit ce cité à l'individu », c'est parce que, fidèles à la tradition de la pensée grecque, nous parlons non pas du réel, mais de l'intelligence au sens de faculté de penser le nécessaire et le général qui en est le signe. Or nulle part la difficulté du problème n'apparaît plus nettement que chez Aristote, et l'idée du nécessaire, con ne lien entre l'individualité du réel et l'intelligibilité de la science, est au cœur de sa philosophie. Mais, puisque cette idée s'est élaborée chez lui en opposition avec les doctrines de ses prédécesseurs, et notamment de Platon, c'est à ces doctrines et aux critiques dirigées contre elles par Aristote que sera consacrée la 1re partie — la moitié — de l'étude de M. Chevalier. Ce que l'ancienne physique, dont l'Atomisme est l'inévitable aboutissant, a seulement connu, c'est, d'après Aristote, la nécessité mécanique et aveugle. Or elle n'est que négation de l'ordre et indéterminisme véritable. Socrate, par contre, en s'attachant à la recherche de l'essence, a ouvert la voie à la découverte d'un déterminisme rationnel. — Quant à Platon, s'il fallait en croire son élève, il n'aurait guère ajouté à Socrate d'une part et d'autre part aux Éléates que l'invention, vaine et dangereuse, d'une existence séparée des notions. Interprétation en partie vraie; car, sous l'influence des mathématiques, Platon a été conduit à concevoir con ne une réalité indépendante de contenu intelligible, universel et permanent de la pensée, auquel le fait même d'être pensé n'ajoute absolument rien. Mais d'autre part il est faux que Platon se soit enfermé dans la considération du concept : partant bien plutôt du Jugement, il cherche à discerner les articulations du réel, pour voir ensuite comment les genres ainsi distingués s'enchaînent nécessairement les uns aux autres. Le fondement du réel et l'objet de la science, c'est donc pour lui, non pas le général, mais bien le nécessaire, et l'Idée la plus haute, c'est celle qui est la plus riche en déterminations, celle qui comporte le plus grand nombre de liaisons nécessaires des genres entre eux, le Bien. C'est que l'on n'est pas en abstrait des choses particulières, mais un être simple, une individualité constituée par une nécessité interne et dont les choses particulières procèdent en vertu d'une nécessité agissante et productrice; elle est essence nécessaire et cause nécessaire. et elle l'est absolument dans l'Idée du Bien. L'ontologisme de Platon se complète donc d'un dynamisme. Sans doute, après le Parménide, la conception du lien causal n'est-elle plus, avec, dans les derniers

dialogues (Sophiste, Philèbe), l'idée d'une participation des genres entre eux, la même que dans le Phédon par exemple : la notion d'Altérité fait apparaître dans la sphère idéale une sorte de devenir sous nis à la nécessité de la fin ou du Bien. Toutefois le dualisme subsiste; car à la nécessité du Bien s'oppose une nécessité irrationnelle, condition et réceptacle du devenir sensible, d'où le recours, pour expliquer l'action du Bien sur cette nécessité étrangère et rebelle, à un démiurge mythique qui façonne les choses sur le modèle des Idées.

C'est à surmonter ce dualisme que tend l'œuvre d'Aristote : il s'efforcera de « plier la réalité tout entière à la nécessité rationnelle que la pensée exige » et d'arriver à une conception de la relation causale telle qu'il puisse de l'essence inmuable faire sortir le devenir, directement et par voie analytique. Aristote, en effet, est avant tout un logicien et la nécessité logique ou formelle est pour lui le type de la nécessité réelle, de sorte que toute recherche scientifique, quelle qu'elle soit, vise toujours à la découverte d'un moyen terme. — A dire vrai, la nécessité de la liaison des concepts se fonde pourtant sur la nécessité de la liaison réelle des choses : c'est ce qu'Aristote reconnaît en distinguant, comme formes du jugement et du syllogisme, le nécessaire du contingent (Hermeneia) et du possible, différences ontologiques et relatives aux noces de l'être. Il y a, en effet, une pluralité d'acceptions de l'être, et c'est en outre dans la substance qu'il faut chercher l'être véritable et le principe même de la nécessité logique; car l'intellect saisit dans une intuition immédiate et infaillible la nécessité réelle ou métaphysique qui lie à la substance ses propriétés. Or la vraie substance, c'est la forme : c'est elle qui dans les êtres concrets est le principe d'unité et qui donne à la puissance indéterminée la détermination et l'actualité; c'est elle qui agit comme fin dans le mécanisme même de la cause efficiente. Ainsi nous nous élevons à l'Être qui, étant par soi forme, acte et fin, réalise en lui seul la nécessité absolue, où se confondent la nécessité analytique, car il est le suprême intelligible et la nécessité réelle. Puisque c'est en outre le seul véritable individu, la généralité, objet de la connaissance scientifique et révélée par l'induction, n'est décidément qu'un signe de la nécessité du par soi, et la nécessité logique, traduite en démonstration, n'est elle-même qu'un substitut de la nécessité ontologique. Si, d'autre part, le devenir peut être connu scientifiquement en tant

que tel, c'est-à-dire con ne succession ce
phénonènes, c'est seulenent parce qu'il
incite, par la continuité ce l'espèce et
par la génération circulaire, l'éternité ces
êtres nécessaires et l'immutabilité divine.
Mais, en nettant ainsi au son net le seul
individu vrai, en rejetant au contraire la
contingence vers le fond appauvri et
obscur de la hiérarchie ces êtres, Aristote
nontre bien que, en fin ce conpte, la
tendance logique l'enporte cans sa pensée
sur la tendance réaliste, ce sorte que son
système est un *panlogisme*. Conne c'autre
part l'existence distincte ce nonce y reste
inexplicable, il est sur la voie ce *panthéisme*. Ce qui a nanqué, selon M. Chevalier, à Aristote, c'est la notion d'une libre
activité créatrice, irréductible à l'analyse;
elle Petit conçuit à concevoir une contingence rationnelle et à conner ainsi à la
personnalité toute sa valeur. Il y avait
des intuitions plus fécondes cans cette
liaison synthétique que le Platonisne,
noins systématique, avait laissé subsister
entre l'essence nécessaire ce l'Idée et
l'existence ces individus.

Le livre se ternine par trois appendices, où sont exposées certaines recherches critiques que suppose l'étude sur
Platon et Aristote : 1° chronologie des œuvres ce Platon et leur exégèse à l'époque
contenporaine (32 p.); 2° relations ce
Platon et d'Aristote; connent ont-elles
été conprises par les historiens ce la
philosophie (notamment Zeller, Ueberweg,
Teichmüller, Natorp, Robin) (30 p.);
3° quelques points ce la conposition et
de la chronologie ce l'œuvre d'Aristote
(36 p.). — Ces appendices sont intéressants; on y retrouve les qualités qui distinguent le reste ce l'ouvrage, une connaissance étendue des textes et ce la
littérature du sujet, une critique vigoureuse. Ce qu'on pourrait reprocher à
M. Chevalier, c'est d'avoir écrit un livre
trop riche et d'avoir parfois entassé ces
richesses avec quelque hâte, sans les
nettre assez distinctenent en valeur. Il
senble que son travail, borné tout d'abord
à l'étude de la nécessité cans Aristote, ait
ensuite bourgeonné, nais inégalenent:
le ch. 1 de la prenière partie laisse, en
dépit d'indications excellentes, une impression un peu confuse. Peut-être en
outre, notannent dans la conclusion,
certains jugenents auraient-ils denandé
des explications plus complètes. Quoi qu'il
en soit, le travail de M. Chevalier constitue, pour Platon et Aristote, une très utile
exposition de la question, sérieuse, claire
et souvent pénétrante. — Un double index,
des natières et des nons, achève très
heureusenent l'ouvrage.

**Étude critique du dialogue pseu-
doplatonicien l'Axiochos** sur la nort
et l'immortalité ce l'âne, par Jacques
Chevalier, 1 vol. in-8, de 144 p., Paris, Alcan,
1915. — Après une bibliographie (na-
nuscrits, éditions et traductions, travaux),
M. Chevalier se pose la question de savoir
quel est l'auteur de l'*Axiochos*. Assuré-
nent, conne l'avait déjà reconnu la critique ancienne et conme le prouve l'exanen
ce la langue, ce la conposition, du contenu, ce n'est pas Platon. Serait-ce Eschine
le Socratique, qui avait écrit un dialogue
sous ce titre? Ou Xénocrate? Ou bien un
Académicien ce la fin du IVe siècle, peut-
être Polémon? Aucune ce ces opinions
n'est acceptable : connent la prenière
(Buresch) prouverait-elle sans pétition ce
principe que les fornules épicuriennes
de l'*Axiochos*, et qui y apparaissent conne
une pièce rapportée, ne sont pas empruntées à Épicure? Quant à la dernière (Im-
nisch), d'après laquelle ce serait au contraire une attaque contre l'épicurisme
naissant, elle s'appuie sur une reconstitution arbitraire du texte. — Cette critique négative conduit à la question : ce
pouvons-nous savoir ce l'auteur ce l'*Axiochos*, ce ses tendances, ce son esprit, de
l'époque à laquelle le dialogue a été con-
posé? La langue fournille de nots, ce
fornules, ce constructions qui, pour la
plupart, ne sont pas ce la bonne époque.
L'expression nanque ce personnalité, ici
platonicienne, ailleurs épicurienne, cynique ou stoïcienne. Des rapprochenents
ce textes nettent en évidence des en-
prunts, dissinulés ou textuels. Ainsi le
fond des discours que l'auteur prête au
Sophiste Prodicus, et qu'on a été parfois
tenté de considérer conne presque authentiques, vient d'Épicure ou du cynique
Télès. Bref, ce dialogue a tous les caractères d'un travail d'école, et il serait absurde d'y chercher la source conn ne
ce tout ce qu'on trouve d'analogue chez
tant d'auteurs différents. — Tout au contraire, il senble étroitenent apparenté
aux œuvres ce l'époque alexandrine et
de l'époque ronaine. L'étude du nythe
de Gobryas le nage, par lequel s'achève
l'*Axiochos*, confirne et précise cette conclusion. Par une argunentation ingénieuse et souvent séduisante, en s'aidant
ces données littéraires et des documents
archéologiques (vases peints), M. Chevalier s'efforce de prouver que, relativenent
aux lieux infernaux, aux réconpenses et
aux peines qui y attendent les norts, ce
nythe révèle des additions ou des no-
difications tardives, sans coute à peine antérieures à l'ère chrétienne, aux croyances
populaires et aux doctrines ce l'Orphisme

ou ces mystères éleusiniens. Ce qui est tout au moins prouvé, c'est que les savants, pour fixer l'époque de ces transformations ou interpreter les documents figurés, ont postulé, sans examen suffisant, ce qui est en question, l'époque même de l'*Axiochos*. — Mais ne faudrait-il pas, en raison de certaines expressions voisines des conceptions chrétiennes, en avancer la date jusqu'à la fin du 1ᵉʳ siècle après J.-C. ou le début du IIᵉ? Non ; les similitudes signalées, purement extérieures du reste, sont probablement dues aux échanges qui se sont produits entre le judaïsme et l'hellénisme vers la fin de l'époque Alexandrine. Il doit se rattacher au début du Néopythagorisme qui, sur une base platonicienne, restaure le Pythagorisme et l'Orphisme, en y incorporant quantité d'autres éléments, grecs ou orientaux, et appartient au plus tôt, au commencement du 1ᵉʳ siècle av. J.-C. — Le dernier chapitre est consacré aux jugements portés sur l'*Axiochos*. Ce dialogue est passionnément admiré des hommes de la Renaissance, et la traduction qu'en donna Dolet en 1544, fut, à cause d'une expression qui semblait mettre en doute l'immortalité, le prétexte de sa condamnation. Montaigne, le premier, fait entendre une note discordante. La valeur du dialogue est en effet nulle ; mais l'intérêt en est très grand, parce qu'il est un *reflet* de la pensée commune dans les écoles des rhéteurs, sur le problème de l'immortalité de l'âme avant l'avènement du Christianisme.

Le travail de M. Chevalier est une contribution méritoire, et qui témoigne d'autant d'ingéniosité que de soin et d'érudition, à l'étude d'une question difficile et ingrate.

William James and Henri Bergson, *a study in contrasting theories of life*, par . J. KALLEN, doct. en philos. de l'Université de Wisconsin. 1 vol. in-12 de xii-248 p., Chicago, University Press, 1914. — L'auteur, disciple et ami de W. James, s'est proposé dans ce petit volume de réagir contre une opinion très répandue, d'après laquelle la philosophie de James et celle de Bergson seraient d'accord sur les points essentiels. Cette idée vient surtout du chapitre où James, dans *A pluralistic universe*, a exposé avec tant de sympathie le bergsonisme. Mais c'était là un trait de son caractère : il entrait merveilleusement dans la pensée de ceux dont il appréciait la valeur, même lorsqu'il ne partageait pas leur manière de voir. En réalité, bien que James et Bergson soient tous deux de leur temps, et qu'ils en portent souvent la marque commune, ils

diffèrent radicalement sur les points essentiels. M. Boutroux avait déjà remarqué cette opposition dans les raisons très différentes qui leur font subordonner l'intellect à l'intuition; M. Flournoy avait noté le contraste entre l'idée de l'*élan vital*, qui donne au monde une unité substantielle, et le pluralisme de W. James, qui voit la réalité non comme un univers, mais comme un « multivers » fait de pièces et de morceaux.

Ce dernier point surtout, pense M. Kallen, est une divergence tout à fait grave et fondamentale. Il en résulte une foule d'oppositions plus particulieres : pour l'un, l'intellectualisme est dirigé en sens inverse de la réalité; pour l'autre, il est seulement un des moyens de la connaître, moyen insuffisant sans doute, mais non trompeur : c'est un outil spécial, excellent dans son domaine, mais inapplicable au delà. Pour Bergson (conformément d'ailleurs à la tradition philosophique) les relations, tant internes qu'externes, ne sont pas des réalités : elles ne consistent qu'en vues de l'esprit, unissant ce qui est divers, ou divisant ce qui est un (car il y a d'une part unité indivisible du contenu de la conscience, de l'autre composition purement extrinsèque dans les objets matériels situés dans l'espace); pour James au contraire, les relations existent au même titre que les choses : elles peuvent être perçues de la même façon : il n'y a ni un bloc de l'être que notre pensée diviserait arbitrairement, ni une discontinuité absolue dont notre pensée unirait les éléments par une fonction synthétique qui lui serait propre; ce qui existe, c'est une combinaison réelle d'indépendance et de solidarité, une mosaïque dont les pièces se soudent et se confondent par les angles. Il en est de même sur un grand nombre d'autres points.

Et toutes ces différences viennent d'une autre opposition, plus active encore que la première, car elle touche aux intentions mêmes de philosophie. La philosophie traditionnelle serait, comme l'art, un des modes de réaction de l'homme contre ce qui le choque et le gêne dans le monde. Toutes les doctrines classiques, jusques et y compris celle de Bergson, sont des doctrines *consolantes*, faites pour nous offrir un monde soi-disant réel plus satisfaisant que le monde « des apparences »; leur vraie fonction est de nous dédommager, par une vision conforme à nos désirs, de tous les désagréments affectifs, intellectuels et moraux que nous inflige l'expérience pure. James le premier a carrément renoncé à cet idéal ce réconfort pour prendre les choses comme elles sont, avec tout ce qu'elles ont de divers, de décousu, ce hasardeux; et, chose curieuse, la critique bergsonienne de l'intellectualisme l'a précisément aidé à prendre cette position, tandis que Bergson restait fidèle, malgré sa critique, à la règle qui prescrit au philosophe comme au dramaturge, la réalisation d'une unité. Pour James, le monde n'a rien d'un crane bien construit et qui marche d'un mouvement sûr vers un dénouement esthétique : il est probable qu'il devient meilleur, plus intelligible, mieux ordonné; mais personne ne peut dire si le dernier acte finira bien, soit pour l'individu, soit pour l'ensemble. Le Dieu de Bergson, tel qu'il est impliqué par toute l'*Évolution créatrice*, tel qu'il est défini dans une de ses lettres, qu'on peut lire notamment dans le livre de M. Le Roy, reste un Dieu unique, créateur, une garantie pour l'unité du monde et la destinée de l'homme; grâce à lui, toutes les espérances traditionnelles du spiritualisme nous sont confirmées. Le Divin qu'admet W. James est au contraire une multiplicité réelle d'êtres imparfaits, analogues à la personne humaine, avec qui nous nous trouvons en rapport comme avec nos semblables; ils appartiennent à l'expérience, non à la systématisation et à l'interprétation du monde. On dira que c'est renoncer à la philosophie; et si l'on borne la philosophie à ce qui en a été jusqu'à présent l'idéal traditionnel, c'est, en effet, y renoncer : le dernier mot de W. James a été : « Il n'y a pas de conclusion. Mais la philosophie de l'avenir, pense M. Kallen, ressemblera sans doute plus aux sciences positives qu'à la poésie; elle aura précisément pour traits caractéristiques ce pluralisme et ce « tychisme » fondés sur une acceptation radicale de l'expérience, et qui s'opposent aux critères sur lesquels on s'appuyait jusqu'alors pour déclarer un système philosophique « satisfaisant » ou « contradictoire. »

The Philosophy of change, par H. WILDON CARR, prof. à l'Université de Londres, seer. hon. de l'*Aristotelian Society*. 1 vol. in-8 de x-216 p., Londres, Macmillan, 1915. — « Étude sur le principe fondamental de la philosophie de Bergson », tel est le sous-titre de cet ouvrage, qui en dit bien le caractère. Le titre « La philosophie du changement » a été suggéré à l'auteur par M. Bergson lui-même, qu'il connaît personnellement, et qu'il a consulté sur les points difficiles de la doctrine. L'exposition est d'un ordre et d'une lucidité remarquables. Les objections sont présentées avec conscience et méthodiquement discutées, point par point. Ni notes, ni références; à peine deux ou trois citations dans tout le livre, ou la mention accidentelle du titre d'un ouvrage; mais partout où c'était possible, étant donné le plan du travail, le texte même de M. Bergson est cependant suivi de la façon la plus exacte. Ce caractère vient sans doute de ce que ce livre reproduit une série de leçons faites à l'Université de Londres, et dans lesquelles M. Wildon Carr visait surtout à bien faire valoir les idées bergsoniennes en elles-mêmes, et non pas à écrire un chapitre d'histoire de la philosophie. Son but est de rattacher toute son exposition à cette notion fondamentale que « le changement est original », c'est-à-dire subsistant par lui-même, et procréateur de nouveauté imprévisible; que la réalité est la vie, le mouvement, et non pas seulement quelque chose qui se meut. Pour ce faire, il étudie successivement la méthode de la philosophie nouvelle, la doctrine de l'intuition, l'opposition de l'âme et du corps, celle de l'esprit et de la matière, la perception, la mémoire, l'action, l'élan vital. — Il serait inutile qu'oiseux de résumer ici, pour des lecteurs français, cette exposition très fidèle de thèses qu'ils connaissent tous. Ce n'est pas à dire qu'ils n'aient pas d'intérêt à lire cet ouvrage, bien au contraire : d'abord, parce qu'il est très instructif de voir les idées bergsoniennes exposées ainsi en un tableau systématique; ensuite, parce que la personnalité de M. Wildon Carr n'est pas absente de son œuvre; il justifie parfois les doctrines qu'il expose par des arguments qui lui sont propres, et il termine son livre par deux chapitres plus particulièrement originaux : « Dieu, la liberté et l'immortalité. — La notion d'une réalité qui crée et qui est libre. » Ce prolongement religieux et moral des idées de M. Bergson préoccupe aujourd'hui beaucoup d'esprits. M. Wildon Carr montre combien l'idée traditionnelle de Dieu est transformée par la philosophie du changement. Si le fond de l'être est un devenir réel, altérant sans cesse ce qui est, Dieu lui-même n'est plus l'être immobile et parfait des théologiens et des philosophes classiques. L'absolu crée, il agit, il se modifie sans cesse librement, il se développe en donnant naissance à un univers indéterminé dont il est le principe et le ressort. « Dieu est l'élan vital qui se continue; nous sommes une partie de son être, les instruments de son activité. » — Mais un Dieu de ce genre n'est-il pas un père? Cette

question ne regarde pas la philosophie:
s'il a pour nous ces sentiments quelconques, c'est une question que nous ne
pouvons résoudre par la raison seule.
L'élan vital ne garantit pas non plus la
fraternité humaine. La philosophie de
l'évolution créatrice présenterait plutôt
les différentes formes revêtues par la vie
comme des adversaires en pleine lutte.
D'où vient donc alors le grand attrait de
cette philosophie, la profonde séduction
qu'elle exerce sur les âmes, d'ailleurs à
juste titre? C'est qu'elle seule nous
garantit un vrai libre arbitre, qu'elle
seule nous reconnait un pouvoir créateur
absolu. « Elle est, conclut M. Wildon Carr,
la réfutation définitive du calvinisme, qui
a pesé si lourdement sur l'esprit humain.
Il est vrai que le calvinisme a cessé d'être
croyable sous la forme absurde d'une
théologie anthropocentrique; mais toute
notre conception scientifique en est encore
profondément imprégnée. La science ne
voit dans le changement qu'un tour du
kaléidoscope; la philosophie déclare qu'il
est la réalité d'une nouvelle création. »
Ceci est-il bien fidèle aux idées de M. Bergson? On peut en douter. Il est incontestable qu'une philosophie qui transporterait ainsi dans l'homme le pouvoir créateur, pour qui Dieu serait la prolifération universelle, la joie de vivre et de changer, aurait tous les droits à se déclarer l'ennemie du calvinisme. Mais ce ne serait pas assez dire : elle serait aussi l'antithèse absolue de toute l'idée chrétienne.

The Ethical Implications of Bergson's Philosophy, par UNA BERNARD SAIT (Columbia University contributions), 1 vol. in-8 de 183 p., New-York, The Science Press., 1914. — On trouve dans ce volume un exposé, fidèle mais assez diffus, des principales idées de la philosophie de M. Bergson. Le volume se divise en trois parties. On ne voit pas bien en quoi les deux premières parties sont distinctes l'une de l'autre; la première intitulée l'expérience et la réalité étudie la durée, l'intuition, la signification de la réalité et renferme un chapitre sur la morale; la seconde étudie la perception, la mémoire, la liberté et l'évolution créatrice. La troisième partie est plus proprement sociale et morale. L'auteur observe que la philosophie de M. Bergson a ses origines dans l'étude de la science, et dans une certaine tendance esthétique plutôt que dans un besoin moral. Elle essaie de montrer en quoi, par la négation de causes finales, la théorie de la détente dans le processus vital, et de la genèse de l'extension, la philosophie de M. Bergson comporte des consé-

quences morales. Mais les conclusions morales que l'auteur tente d'établir restent très vagues, par exemple : « La bonne conduite est dirigée par la reconnaissance de valeurs qui sont telles par suite de leurs relations avec les tendances du principe dynamique de vie. » Elle insiste sur le fait que la vie morale est essentiellement développement, sur l'importance morale de la sympathie. — « Le tort de la philosophie bergsonienne est dit-elle, de ne pas avoir accordé à la société le rôle auquel elle a droit, d'avoir trop exclusivement insisté sur la vie individuelle. »

Ueber den wahrhaften Krieg, par W. WUNDT, 1 vol. in-16 de 40 p., Kröner, Leipzig, 1914. — « Une guerre véritable est celle qu'un peuple entreprend contre l'ennemi qui veut lui ravir sa liberté et son indépendance. » La liberté et l'indépendance d'un peuple c'est la possibilité pour lui de développer ses forces au service de la civilisation humaine. Doucement et pacifiquement l'Allemagne remplissait cette tâche; mais elle était guettée par des ennemis implacables qui lui ont imposé la guerre, la guerre véritable.
Qu'on n'aille pas parler des menaces de l'Autriche à la Serbie, de la violation de la neutralité de la Belgique. Non; depuis longtemps nos ennemis armaient contre nous et nous n'armions que pour nous défendre. La jalousie commerciale de l'Angleterre, le chauvinisme français, le panslavisme, de tout cela Sir Edward Grey a tiré la guerre présente, réalisant le plan d'Édouard VII; et, s'il a proposé ces conférences d'ambassadeurs pour chercher les moyens d'éviter une guerre inévitable, c'était pour donner aux Russes et aux Français le temps de se préparer. L'Angleterre est la grande coupable : elle est tout entière complice de ce crime.
Et c'est ce qu'il y a de triste; car les Anglais ont beau avoir changé depuis les jours de la vieille Angleterre, ils sont encore fort apparentés aux Allemands. « Qu'importent après cela les Belges qui, dans leur aveuglement téméraire, ont fait cette guerre pour, en fin de compte, prouver au monde entier leur incapacité d'exister comme État ? » (p. 18). Qu'importent après cela les Français, aveuglés par leurs politiciens, dignes de notre pitié malgré leurs injures? Et la Russie, dont nous ne pouvions attendre autre chose? Ainsi contre le peuple pervers de l'utilité et de l'argent, l'Allemagne accomplit son devoir sacré, sa sainte guerre.
Du côté des ennemis de l'Allemagne tout est mensonge : mensonge l'intervention de la Russie en faveur de la Serbie,

intervention qui cachait une attaque toute
prête: mensonge, la protestation anglaise
contre la violation de la neutralité de la
Belgique, neutralité violée depuis longtemps par les Français et les Anglais
eux-mêmes; mensonge, l'entente cordiale,
simple préparation de la guerre; mensonges, les nouvelles de victoires françaises ou russes.

Et la violation de toutes les lois de
l'humanité! Atrocités connues par les
Belges, crimes anglais contre le droit des
gens. « Les lois de la guerre défendent
l'attaque des navires neutres et de ports
neutres : les Anglais ont attaqué des
navires neutres, pour y chercher des
Allemands, ils ont détruit ces vaisseaux
allemands dans les ports neutres. » Ce
n'est pas une guerre ouverte qu'on nous
fait, c'est une guerre de brigands.

Il faut mettre l'ennemi hors d'état dé
recommencer; rendre aux Français la
revanche impossible, prendre beaucoup
aux Anglais, réunir à l'Autriche la Pologne
russe, à l'Allemagne les provinces bal-
tiques, libérer la Finlande. Après, ce sera
la paix éternelle, dans le développement
moral, assurée par la confédération de
l'Europe centrale.

M. Wundt est si aveuglé qu'il dérai-
sonne même sur la philosophie et nous
croyons devoir reproduire, à titre de
document, et pour montrer à quel degré
d'aberration la folie du pangermanisme
peut conduire un penseur éminent, un
des maitres de la philosophie contemporaine, ce qu'il écrit de notre compatriote
M. Bergson (p. 18). « Que nous importe que
M. Henri Bergson, qu'en Allemagne aucun
philosophe sérieux n'a jamais pris au
sérieux, nous traite de barbares. Ne
savons-nous pas que ce philosophe nous
a volé ses idées, à nous barbares, en tant
du moins qu'elles valent quelque chose,
pour les lancer dans le monde comme sa
propre création, après les avoir revêtues
des oripeaux de ses phrases. » Tout commentaire serait superflu. Au public impartial de juger et de dire que penser
aujourd'hui du « philosophe sérieux » qui
a signé cette brochure.

**Die weltgeschichtliche Bedeu-
tung des deutschen Geistes**, par
Rudolf Eucken. Der deutsche Krieg,
Achtes Heft. 1 vol. in-8, de 23 p. Stuttgart, Berlin, 1914. — « Nos ennemis innombrables peuvent s'allier contre nous,
ils peuvent entasser l'une sur l'autre
jalousie et haine, ruse et férocité, nous
avons la supériorité de notre essence
profonde et cette supériorité nous confé-
rera pleinement la force de résister à toute
attaque. Tenons seulement ferme sur

nous-mêmes, recourons au principe le
plus profond et à la force la plus intime
de notre être; notre génie sera avec nous.
nous conduira à la victoire, et les portes
de l'enfer ne prévaudront point contre
nous. »

C'est par ces lignes que Eucken conclut
son étude, qui avait commencé plus humblement, à la façon d'un plaidoyer; car il
s'agit de justifier l'esprit allemand des
« calomnies » de ses adversaires, de montrer « que nous sommes plus qu'on ne
pense, que nous avons une signification
historique qu'on ne peut nous ravir ».

Au début du XIXᵉ siècle l'Allemagne
passait pour un peuple de poètes et de
penseurs; on l'appelait l'Inde de l'Europe.
Maintenant elle est le peuple de la technique, du commerce mondial, de l'industrie prodigieuse; on l'appelle l'Amérique de l'Europe. Par là elle n'est point
devenue infidèle à soi-même; ce sont là
les deux éléments de sa nature; qu'ils
soient en opposition, peu importe : il n'y
a pas de peuple puissant sans une opposition intérieure.

Si l'Allemagne, à une certaine période
de son histoire, s'est réfugiée dans la
science, dans l'art, si elle s'est créé un
monde invisible, cela tient à l'épuisement de la guerre de Trente ans; l'Allemagne se relève au XVIIIᵉ siècle, mais ses
membres épars sont encore incapables de
se rassembler pour une activité nationale
et politique; le royaume de l'idéal est
alors le seul refuge des âmes puissantes
et hardies.

L'écrasement de l'état prussien à Iéna,
la constatation que tout l'éclat de l'art et
de la science ne sauve pas un peuple de
la domination étrangère, l'effort qui en
est résulté ont orienté l'Allemagne vers
le monde visible où elle a fait de grandes
choses, les sciences de la nature, le progrès technique, l'organisation commerciale.

Les autres peuples trouvaient leur
compte à la rêverie allemande; les Anglais
prenaient la mer et les Français la terre
pendant que les Allemands se conten-
taient de l'air. Aussi ils ont reproché à
l'Allemagne d'être infidèle à elle-même :
que n'en restait-elle à la poésie et à la
philosophie?

. Mais l'Allemagne n'a fait que raviver
une tendance profonde; guerrière, n'avait-
elle pas détruit l'empire romain, n'avait-
elle pas fondé l'empire romain germanique? Organisatrice, que n'avait-elle fait?
Villes allemandes du moyen âge, agriculture, mines, Hanse et domination des
mers, industrie et inventions de toute
espèce.

C'est précisément sa grandeur d'être à la fois un peuple d'intériorité et d'extériorité. Intériorité : le mysticisme allemand si profond et si populaire, la réforme allemande, si immédiate et si personnelle; la philosophie allemande, cet effort unique pour comprendre et recréans le monde; la musique allemande et le lyrisme qui entr'ouvrent les profondeurs de l'âme et prêtent une voix à toutes les âmes. Extériorité : la domination du monde visible et le déploiement d'une civilisation ce travail.

Certes, cette dualité n'est pas sans danger; l'excès d'intériorité peut conduire à la dispersion, au vague sentimentalisme: l'extériorité, au travail servile, à l'érudition sans âme. On convient que ce tels excès se sont produits.

Mais la puissance de l'esprit allemand est dans l'unité de ces contraires : travail aimé pour lui-même, dévouement à la profession, plein don de soi-même à sa tâche. Les œuvres sont animées par un esprit; et cet esprit aspire à la réalisation; il ne se contente pas des rêves, des ébauches. Grandeur, sincérité, originalité, tels sont les fruits de cet idéalisme réalisateur.

Esprit indispensable à l'humanité; ne risque-t-elle pas de se perdre dans son amour immodéré de la force pour elle-même; à ce mouvement désordonné, l'Allemagne oppose un repos qui consolide la vie humaine : l'intériorité allemande donne un sens à la vie et aux œuvres de l'humanité.

Tel est ce plaidoyer, dont le seul défaut est de passer sous silence l'événement qui l'a rendu nécessaire. Car ce que l'on voudrait savoir, ce n'est pas si l'Allemagne a été grande dans le passé, ni si son essence complexe explique son histoire d'autrefois ou s'explique par elle, mais comment sa grandeur en a fait un monstre, et comment la dualité de sa nature explique le crime d'aujourd'hui. Le présent ne nous révèle que trop, sous la figure effrayante du crime, ce mélange de profonde rêverie intérieure et de volonté de conquête que dégage l'analyse de M. Eucken. La question grave, c'est de savoir si le mélange, si le dosage des éléments ont été faussés ou non par l'effet de circonstances historiques. Si l'Allemagne est, comme nous le croyons, responsable de la guerre, et coupable dans la guerre, combien il devient dangereux pour elle que ses penseurs s'évertuent à montrer qu'elle n'est autre aujourd'hui que ce qu'elle a été, ce qu'elle sera toujours! La seule excuse que lui voient ceux qui admirent certains aspects de sa grandeur passée, c'est qu'elle serait deve-

nue, par une sorte de vertige, infidèle à ce qu'elle avait de meilleur. c'est que le mauvais principe aurait altéré le bon. Rien ne saurait être présentement plus grave pour l'Allemagne que de la peindre conforme aujourd'hui à son essence éternelle; ainsi son crime, avec le danger de crimes nouveaux, elle le porterait avec elle toujours, et l'humanité, à laquelle on la proclame si nécessaire, devrait, pour rester humaine. abroger à jamais cet esprit. On voit combien une apologie peut être dangereuse et comment M. Eucken. pour avoir voulu esquisser dans l'éternité, au-dessus de l'histoire présente, une justification de l'Allemagne, peut donner à penser aux gens les moins prévenus que son esprit est redoutable. Il est vrai que sans doute, M. Eucken, comme M. Wundt, s'imagine l'Allemagne innocente, assaillie par un monde de criminels et barbares ennemis.

De ce plaidoyer l'actualité est absente; non pas absente pourtant. Elle apparaît en traits légers et nalheureux. « Jean Paul a dit jadis avec un sérieux amer : les Anglais ayant pris la mer et les Français la terre. à nous Allemands que nous reste-t-il. que l'air? On ne pouvait savoir alors qu'un Zeppelin viendrait et donnerait aux Allemands en réalité la maîtrise de l'air. » (P. 8.) C'est parce qu'ils ne connaissent que la vie anglaise, avec ses aspirations utilitaires, c'est parce qu'ils la tiennent pour le type de la vie européenne, que les Indous estiment qu'une telle vie ne vaut pas la peine d'être vécue (p. 18). s'ils étaient colonie allemande, comme ils penseraient autrement! Et que penser de la réflexion suivante : « Nous faisons des jouets d'enfant pour tout l'univers. Cela n'est possible que parce que nous savons entrer dans l'âme de l'enfant, et cela même. parce que nous avons au fond de l'âme quelque chose d'enfantin, de simple, d'originel. » (P. 13.)

REVUES ET PÉRIODIQUES

Przegbad filosoficzny (Revue philosophique, XVI° année, 1913).

A. Zielenczyk: *La place de Henri Struve dans l'histoire de la philosophie polonaise*. Struve définit les caractères fondamentaux de la philosophie polonaise de la manière suivante: 1° une tendance vitale grâce à laquelle les principaux facteurs de la philosophie, c'est-à-dire le criticisme et la conception générale du monde deviennent avant tout des moyens pour satisfaire certains besoins de la nation dans un moment historique donné; 2° une tendance synthétique qui veut embrasser les plus larges sphères de la pensée pour aboutir à une conception qui, autant que possible, embrasserait la totalité des objets; 3° une manière de s'exprimer colorée et pleine d'images qui résulte non seulement du sentiment esthétique inné, mais aussi de la volonté de mettre dans un équilibre tous les besoins de l'esprit et de parler non à la classe des savants, mais au grand public.

Struve envisage la philosophie comme une tendance critique de l'esprit humain vers une conception générale du monde. Dans cette définition nous trouvons réunis les deux principes fondamentaux de la philosophie : d'un côté la conception du monde, de l'autre le criticisme. C'est le point de vue qui comme la philosophie de Struve; elle se divise en deux parties : la métaphysique et la logique comprise dans le sens d'une théorie de la connaissance.

La tendance synthétique de la philosophie de Struve, laquelle représente un « réalisme idéaliste » non seulement s'étend aux problèmes fondamentaux de la métaphysique, mais encore veut-elle embrasser tous les domaines de la pensée et de la création humaine. Le principe synthétique, la tendance de vouloir unir l'idéal avec la réalité se reflètent non seulement dans sa théorie de l'art, mais aussi dans sa théorie de la morale.

Selon notre auteur cet élément synthétique marque le trait d'union entre la philosophie de Struve et la philosophie polonaise précédente. On retrouve la tendance synthétique qui, selon Struve, forme le caractère essentiel de la philosophie polonaise, chez les premiers hégéliens polonais. Ainsi on peut considérer à ce point de vue Struve comme un continuateur de la pensée spéculative polonaise, bien qu'il n'ait pas eu conscience de sa solidarité avec ces penseurs.

L'auteur croit que deux facteurs, une influence considérable exercée par le hégélianisme et le caractère national de la pensée qui, pour avoir été un moment étouffé, n'en est pas moins resté conscient, créent cette tendance métaphysique à laquelle se rattache le caractère synthétique de la philosophie polonaise.

Le système de Struve a donc pour la philosophie polonaise contemporaine et future une importance capitale. Il a maintenu la tradition philosophique en Pologne. La philosophie de Struve forme le chaînon qui relie notre génération philosophique à l'époque de Wronski, Cieszkowski, Trentowski, Libelt, Kremer.

B. Bornstein : *Kant et Bergson.*

L'auteur donne d'abord un exposé des conceptions fondamentales de Kant et de Bergson sur le rapport de l'intuition et du concept. En comparant la conception de Kant avec celle de Bergson l'auteur trouve que les deux philosophes ont cela de commun qu'ils s'attachent avant tout à faire ressortir une double différence entre les éléments intuitifs et les éléments conceptuels en envisageant leur caractère d'individualité et de généralité et d'autre part en analysant leur caractère intuitif et discursif. La distinction des deux éléments aboutit chez les deux philosophes à la conception d'une désharmonie laquelle se reflète nettement dans l'existence des faits irrationnels, qui, malgré qu'ils soient donnés dans l'intuition immédiate, sont absolument incompréhensibles pour notre pensée. Ainsi la valeur objective de notre connaissance est mise en question.

Après une analyse critique très détaillée des conceptions de Kant et de Bergson l'auteur aboutit à la conclusion suivante.

Nous pouvons toujours saisir par le concept certains caractères individuels et ainsi individualiser le concept qui par ce fait cesse d'être général et de s'opposer aux intuitions. Le fait que nous ne pouvons pas épuiser par le concept tous les caractères d'une intuition donnée, ne prouve en aucune manière la relativité de la connaissance conceptuelle déjà acquise, mais seulement le caractère incomplet et inachevé de cette connaissance. D'ailleurs du point de vue intuitif-discursif les intuitions et les purs concepts sont vraiment distincts et c'est ici que Kant et Bergson ont tout à fait raison. Seulement l'auteur pense que Bergson commet une erreur en considérant la pure mobilité comme le caractère typique de l'intuition, et l'espace comme l'élément par excellence conceptuel. Notre pensée, malgré la différence qui sépare les deux domaines, celui de l'intuition et celui du concept, peut tout de même se rendre compte des faits avec une précision absolue. Ainsi la pensée pourra se saisir des faits au moyen de concepts, si seulement elle ne néglige pas la nature intuitive spécifique des faits. De cette différence entre les intuitions et les concepts il ne faut donc pas conclure à la réalité des faits irrationnels. Seulement le concept se distinguera du fait intuitif qui lui correspond par son caractère discursif. Ainsi se pose le nouveau problème de savoir si notre connaissance conceptuelle peut malgré cela être considérée comme adéquate. La différence des intuitions et des concepts ne renc-elle pas impossible la vérité absolue de la connaissance?

L'auteur ne pense pas qu'on puisse aboutir à cette conséquence. Selon lui, si on introduit l'intuition dans la connaissance même on y fait entrer un élément qui pourra impliquer le concret. Si de plus nous distinguons dans le concept le contenu et l'objet, le caractère discursif du concept peut parfaitement se concilier avec le caractère concret de son objet.

Kant et Bergson, bien qu'en établissant une différence fondamentale entre les intuitions et les concepts, n'ont pas tenu compte de cette différence à propos de l'intuition. Ils ont envisagé cette forme de la connaissance comme s'il s'agissait d'une simple connaissance conceptuelle. Dans ces conditions la connaissance conceptuelle des objets intuitifs devaient sembler inadéquate. La raison en était que la connaissance ne concernait pas du tout les objets mêmes qu'il s'agissait de connaitre. Si au contraire nous tenons compte de cette différence nous parvenons à rapprocher les intuitions et les concepts. Ainsi nous arriverons à une connaissance vraie et adéquate, à une connaissance conceptuelle absolue des objets intuitifs. L'auteur remarque que cette connaissance conceptuelle absolue est différente de la connaissance des objets, comme choses en soi. Pour lui la question du degré de la réalité des objets intuitifs ne se pose pas, parce que cette question n'est pas du domaine de la théorie de l'objet de la connaissance, mais du domaine de la connaissance des objets.

Selon l'auteur il y aurait donc à la base de la thèse irrationaliste une double erreur : d'un côté la preuve apriorique substitue le contenu de la connaissance à l'objet de la connaissance, de l'autre dans la preuve apostériorique un objet se glisse à la place d'un autre.

B. Biegeleisen : *Le pragmatisme et les mathématiques*. Après avoir donné une analyse de Schiller, puis des tendances logiques des mathématiques contemporaines et enfin des vérités mathématiques, l'auteur arrive à la conclusion que la tendance de la logique contemporaine consiste à vouloir réduire tous les systèmes des mathématiques à une seule forme. Cette forme unique pourra être exactement déterminée par un nombre restreint de concepts simples et de certains postulats fondamentaux indiquant les relations de ces concepts.

Jusqu'ici on a considéré ces postulats comme des axiomes qui seraient intelligibles en eux-mêmes, mais si le logicien approfondit ces principes des mathé-

matiques, il trouvera de plus en plus ces raisons pour restreindre ou pour supprimer tout à fait une évidence qui se suffirait à elle-même. L'auteur ne s'explique pas comment le pragmatisme qui fait de l'utilité finale des vérités mathématiques leur trait caractéristique peut rencontrer une opposition si déterminée chez les mathématiciens et chez les logiciens. Le pragmatisme doit beaucoup aux études subtiles des logiciens mathématiciens et par suite une harmonie complete devrait plutôt régner entre logistique et pragmatisme. Suivant l'auteur la raison principale de cette desharmonie provient de la conception de Russell qui aboutit à un réalisme scolastique étranger aux tendances de la logistique.

Une grande partie de ce travail traite du problème de l'induction. D'après l'auteur, en faisant du principe de l'induction un jugement synthétique *a priori*, on renonce dans les mathématiques au point de vue pragmatique. L'analyse de M. Biegeleisen aboutit au résultat suivant : non seulement il est possible, mais encore il est même nécessaire pour une transformation logique des mathématiques de considérer les principes mathématiques comme des postulats. Ces principes ont les mêmes caractères pragmatiques que tous les postulats en général, s'ils sont utiles au système logique et servent à franchir les limites qui séparent le fini de l'infini.

La critique de l'intuitionisme en mathématiques a amené l'auteur à ces deux conclusions; d'abord l'intuition dans les mathématiques n'est pas en opposition avec l'intelligence, comme le prétendent certaines théories, ensuite l'intuition est dans les mathématiques un facteur psychologique qui a son importance pour la genèse de la pensée mathématique, mais ne peut guère servir de critérium pour la vérité mathématique.

Dans le chapitre suivant, l'auteur en parlant du problème de l'expérience en géométrie, distingue différentes étapes de la philosophie de la géométrie. On commença par se borner pour établir les bases de la géométrie aux seules « intuitions ». Tous les énoncés géométriques n'ont fait qu'exprimer les liaisons entre ces intuitions, on arrive ainsi à une géométrie entièrement « empirique ». Mais tout change du moment où on substitue aux intuitions, des concepts. Cette substitution caractérise la géométrie « euclidienne ». Si nous comparons la géométrie empirique à la géométrie euclidienne nous constatons que celle-ci est plus exacte. Seulement si nous l'envisageons comme système philosophique elle manque de précision.

car en se plaçant au point de vue de la
géométrie euclidienne on ne peut pas
déterminer les limites qui permettraient
d'y introduire ces propositions qui se
distinguent à différents degrés des intuitions. Comme dernier stade de ce développement l'auteur envisage la géométrie « non-euclidienne ». Selon lui au lieu
de combattre cette géométrie ses adversaires devraient plutôt essayer de préciser
les bases philosophiques sur lesquelles
reposent la géométrie euclidienne et la
géométrie non euclidienne. La transformation logique des mathématiques a toujours été très avantageuse pour le progrès
de la science elle se justifie donc précisément au point de vue pragmatique.

Pour terminer M. Biegeleisen pense que
dans l'avenir un esprit doué d'une faculté
d'analyse plus subtile pourra, en partant
exclusivement de l'intuitionisme, parvenir
à un système philosophique de la géométrie lequel ne sera plus en opposition
avec la logique générale.

E. Stamm : *Sur les objets fictifs.*
Suivant l'auteur les objets fictifs sont
des phénomènes d'un ordre supérieur,
auxquels s'ajoutent les objets d'un ordre
premier.

Après une analyse détaillée des objets
fictifs dans les sciences, dans la religion
et dans l'art, l'auteur donne une théorie
générale des objets fictifs. Les objets
fictifs peuvent être considérés comme
ces éléments d'une synthèse faisant partie
d'un domaine donné ou comme le rapport même entre les éléments. Aux
objets fictifs correspondent des objets
supplémentaires, lesquels sont toujours
des phénomènes du premier ordre et
ont pour fonction de créer des objets
fictifs. Les objets supplémentaires représentent ce qui est commun aux objets
réels et fictifs. Les rapports entre les
objets fictifs et les objets supplémentaires sont déterminés dans la science par
la causalité, dans la religion par la
dépendance, dans l'art par l'isolement. En
outre les objets supplémentaires peuvent
exister en même temps que les objets
fictifs qui leur correspondent.

L'utilité des objets fictifs consiste en
ce qu'ils nous amènent aux différents
degrés de réalisation, analogue aux objets
réels. Ils nous permettent ainsi une complète réalisation du but posé, où ils produisent une pratique correspondante.

Les objets fictifs sont des créations
faisant partie du domaine de la méthodologie et qui ne possèdent pas de
valeur indépendante. Selon l'auteur, il
n'y aurait exception à cette règle que
pour ceux des objets fictifs qui dénotent
une tendance vers une réalisation.

Lightning Source UK Ltd.
Milton Keynes UK
UKHW020756011218
333087UK00005B/78/P